献给

为成都市农村金融服务综合改革试点

付出努力的人们

农村金融改革与发展

——成都市农村金融服务综合改革试点实践

李　波　李宏伟　主编

中国金融出版社

责任编辑：任　娟
责任校对：孙　蕊
责任印制：赵燕红

图书在版编目（CIP）数据

农村金融改革与发展（Nongcun Jinrong Gaige yu Fazhan）——成都市农村金融服务综合改革试点实践/李波，李宏伟主编．—北京：中国金融出版社，2018.5

ISBN 978 -7 -5049 -9588 -9

Ⅰ.①农…　Ⅱ.①李…②李…　Ⅲ.①农村金融改革—研究—成都②农村金融—经济发展—研究—成都　Ⅳ.①F832.35

中国版本图书馆 CIP 数据核字（2018）第 104944 号

出版发行　中国金融出版社
社址　北京市丰台区益泽路 2 号
市场开发部　(010)63266347，63805472，63439533（传真）
网上书店　http://www.chinafph.com
(010)63286832，63365686（传真）
读者服务部　(010)66070833，62568380
邮编　100071
经销　新华书店
印刷　北京市松源印刷有限公司
尺寸　169 毫米×239 毫米
印张　19.25
字数　327 千
版次　2018 年 5 月第 1 版
印次　2018 年 5 月第 1 次印刷
定价　58.00 元
ISBN 978 -7 -5049 -9588 -9
如出现印装错误本社负责调换　联系电话(010)63263947

编委会

序

本书作者希望我能为中国人民银行成都分行营业管理部集体撰写的《农村金融改革与发展——成都市农村金融服务综合改革试点实践》一书写个序。领命后，我或详或略地通读，首先感受到的是我从书中汲取了诸多的营养和知识，学习到了颇多新事物、新经验，受益良多。其次是拜读后，自己有一些感受、体会和理解。

本书在梳理、分析了农村金融理论和阐述了21世纪以来成都市新一轮农业农村改革——统筹城乡一体化发展的改革实践基础上，系统、全面、理性地描述、分析、总结了新时期成都农村金融服务综合改革试点的生动实践过程和内容，归纳了成功经验，也指出了问题和需改进之处。成都市遵循2015年7月中国人民银行、国家发改委等五部委和四川省人民政府联合制定印发的《成都市农村金融服务综合改革试点方案》及试点实施意见的要求，稳步、深入推进农村金融改革，涉及面宽、内容丰富、成效卓著，初步建立起具有成都特色、适应“三农”发展需要、逐步完备的农村金融服务体系。

本书观点鲜明、内容丰富、资料翔实、逻辑清晰，从理论与实践的结合上向读者展现了一幅成都市农村金融改革两年多来丰硕成果的全景图。在此，我试图对本书的一些重点内容做一梳理摘编，或许也能对读者起某种导读作用。

一、农村金融的相关理论

农村金融理论研究界的理论演进从农业信贷补贴理论到农村金融市场理论，再到不完全竞争市场理论，可以看到理论思想对政府和市场在农村金融发展中关系的认识不断清晰、完善，其相应的政策主张也尽可能符合现实的需要。不完全竞争市场理论强调市场在资源配置中的基础性作用，主张政府的作用主要是排除阻碍农村金融市场有效运行的因素，通过政府介入农村金融市场，弥补市场本身的缺陷和提供公共产品不足带来的金融服务环境不理想。

在我国现实背景下，依据不完全竞争市场理论、金融深化理论、普惠金融理论、农业现代化理论中的一些重要原理，政府在坚持市场化原则下进行适度干预，是符合我国农业农村改革和农村金融改革实际的。政府加强农业农村改革为农村金融改革奠定坚实基础，政府与金融的紧密互动为农村金融改革破除工作障碍，政府通过资源整合为形成合理、包容、开放、高效的农村金融服务体制机制提供重要保障。

二、关于成都农村金融服务综合改革试点的现实条件及方向

2015 年 7 月制定印发的《成都市农村金融服务综合改革试点方案》，使成都市成为全国首个农村金融服务综合改革的试点城市。该试点方案与以往不同的最大亮点是将农业农村改革内容——深化农村土地制度改革、建立农村产权市场体系、改善农业生产经营条件、调整支农政策使用方式等作为推动此次农村金融改革的重要基础，使农业农村改革与农村金融改革互动发展、相互促进。

从 2007 年获批全国统筹城乡综合配套改革试验区起，经过十年努力，成都市在多个重要领域加大改革力度，促进了现代农业的跨越式发展，农业农村发生了深刻变化。以土地制度改革为重点的农村经济得以快速发展，农业生产向以规模化为特征的现代生产经营方式转化，各类新型农业经营主体大量涌现，农村资金的运用环境和农村资金的需求主体发生了重大变化；而且，近年来成都农村居民人均可支配收入的平均增长速度明显高于城市居民，这些都极大地改变了农村金融服务的基础条件。

近年来，随着成都农业适度规模经营迅速发展，农业产业新兴业态加速呈现，从客观上要求农村金融服务进行适应性改变。比如，要求金融由小微额度的经营模式向小微、中小、大中额度相互协调的经营模式转变，由传统的、同质化服务方式尽快向现代的、差异化服务方式转变，由单一的信用信息采集方式向建设新型农业经营主体信用信息基础数据库转变，由金融、财政单兵突进的改革方式向政府与金融互动协调的改革方式转变。

三、关于健全农村金融组织体系

成都市农村金融组织体系的健全与发展主要体现在四个方面：存量农村金融机构的发展、新兴金融机构的发展、乡村基层金融组织的发展、合作金融组织的发展。

存量农村金融机构的发展主要是推动现有的政策性农村金融机构——中国农业发展银行开展突出政策性功能定位、建立资本约束和健全法人治理的改革；商业性农村金融机构——中国农业银行、中国邮政储蓄银行开展了促

进农村金融服务的三农金融事业部改革；成都农商银行等地方法人机构更加突出了服务“三农”的定位；一些非涉农金融机构也深入农村市场拓展业务。存量农村金融机构的改革发展，进一步强化了其在农村金融组织体系中的主导地位。

新兴金融机构的发展主要是推动一些新的商业性金融机构——互联网银行、融资租赁公司、保险公司等运用自身的特色业务模式，将专门的产品技术运用于“三农”金融领域。

乡村基层金融组织的发展是为了切实弥补区域性金融服务空白和业务品类的缺失。银行在不增加机构网点的情况下，使村民足不出村便能够享受到更加丰富的金融服务。成都市将借助“农贷通”平台机制形成的有利条件，动员更多的金融机构参与其中，加快微银行机具的布放进度，早日实现成都市农村数字普惠金融。

合作金融组织的发展旨在探索在成都市目前的农业农村发展条件下，合作经济内生合作金融服务的可行性。总的来看，作为一种改革的尝试，成都市农村合作金融组织成效并不显著。这类金融组织未来的生存和发展是值得深入研究的课题。

四、关于创新农村金融产品和服务方式

创新农村金融产品和服务方式主要从四个维度展开：构造新的抵（质）押标的、利用新的信用特征、设计新的融资机制、支持新的政策目标。

构造新的抵（质）押标的，是在以商业性金融为主的背景下开展的改革创新。例如，针对粮食生产“农业共营制”（股份合作社、农业职业经理人、农业综合服务站三个共营主体）开展金融产品创新，实践中构造出了新的抵押标的，即“授权职业经理人用土地经营权抵押”的融资产品；此外，还推出了仓单质押融资产品，“土地经营权+花木”抵押、集中居住农房抵押和农业企业的“豆瓣存货”质押等金融创新产品。

利用新的信用特征，是针对现代农业发展中出现的新的信用特征开展金融产品和服务创新。成都市政府建立起一套针对农业职业经理人教育培训、等级考核和执业标准等统一、规范的管理体系，根据考核成绩由政府主管部门颁发初级、中级、高级技能资格证书。商业银行结合农业职业经理人经营业绩，也相应给予20万~50万元的贷款额度授信，成都农商银行等金融机构还适时扩大了对信用户的小额信用贷款覆盖范围。此外，成都市建立了新型农业经营主体信用信息基础数据库，运用互联网手段将全市的信用信息数据集中于“农贷通”平台，为金融机构提供公共服务。

设计新的融资机制，重点强调的是差异化的金融产品和服务方式创新，做到一个金融产品体现一种融资机制，真正实现量身定制，让产品“适销对路”，成都彭州市的农产品仓单质押融资便是一例。这不仅涉及构造新的抵（质）押标的，还包含了农产品的仓储管理、价值评估、农业保险等各个环节，形成了一种全新的金融制度性安排。成都市将类似的金融产品和服务创新通过“农贷通”平台由点复制推广到了面上的各个地区。

支持新的政策目标，是为了能够通过政策引导，着力解决一些关键环节的问题，推动乡村振兴、普惠金融战略部署真正落地。比如，在支持推动农业基础设施建设中，成都结合农业产业发展规划，通过专项农业建设基金等政策引导，紧密结合商业性金融和政策性金融的市场化运作。又如，配合当地财政的风险补偿基金和人民银行的再贷款、再贴现等政策，成都运用“农贷通”平台实现财政和金融政策对金融机构的定向引导。总之，通过做好政策的系统配套，特别是通过做好政府财政政策与金融政策的协调互动，成都以明确的政策目标引导金融机构积极支持农业农村发展。

五、关于优化金融生态环境建设

成都对农村信用体系建设工作思路的调整和创新，主要体现在以下几个方面：一是在建设理念上，把过去以采集农户的信用信息为主调整为以采集新型农业经营主体的信用信息为主。二是在建设的原则上，把“人民银行主导”调整为“政府主导，人民银行牵头，市场运作”。三是在建设的方法上，将农村信用信息分为三个部分，分别从三个渠道获取，使之共同构成农村信用信息的有机整体，即从市级政府层面定期归集覆盖全市新型农业经营主体的基础信息；连接农村电商，实时获取新型农业经营主体的交易信息；建立村级金融服务站，由村级金融联络员及时更新新型农业经营主体的辅助信息。政府主动作为、积极作为是推动这一工程顺利建设的根本，人民银行密切配合而不缺位是推动这一工程正确建设的关键。

农村信用体系建设存在需要进一步改进和完善的地方。首先，需要建立和完善农村信用信息制度，切实将工作中涉及的重点和难点通过明确任务、落实责任等纳入制度化、规范化、常态化轨道。其次，需要尽快通过扩大与农村电商的接入面，进一步做实并规范和完善村级金融服务站，确保交易信息和辅助信息的质量。再次，需要打牢建设信用信息基础数据库与提供征信产品服务的基础。最后，需要进一步挖掘信用信息和征信服务在“农贷通”

平台中的应用价值。

六、关于建立和完善农村金融资源配置机制

一般来讲，实现金融资源配置主要包括间接融资和直接融资两个方面，间接融资主要是银行类机构贷款，直接融资又分为股权融资和债权融资。如何引导存款类金融机构将更多的金融资源投向“三农”是农村金融改革工作的重点；与此同时，需要积极打造和改进直接融资环境。

成都把发展、规范和健全农村产权交易市场体系，作为建立和完善金融资源配置机制、实现引导存款类金融机构将更多的金融资源投向农业农村市场的关键，主要抓了以下工作：一是建立全市农村产权交易市场体系。二是升级改进农村产权交易系统，进一步优化交易程序，改善客户交易体验，将交易系统接入“农贷通”平台，实现互联互通并延伸至村。三是规范农村产权交易市场管理，将市场参与主体，如土地流出方（农户）、土地流入方(新型农业经营主体)、接受抵（质）押资产的担保公司、收储公司、商业银行等纳入市场统一管理。另外，规范场内交易秩序，逐步减少直至杜绝场外交易，以更好地发挥市场公开、公平、公正的作用。四是加强与金融机构的合作，与金融机构签订全方位合作协议，为需要处置不良抵贷资产的银行提供相应服务。

农村产权交易市场从建立到规范完善需要经历一个长期的过程。比如，为解决产权价值评估的问题，成都辖内各级政府相继成立了不同的产业协会、联盟或专家库，由它们对各类不动产和动产制定出相对合理的指导价格，给市场提供参考。又如，成都引导成立了市级和县级收储公司、收储联盟等，增加市场化处置抵贷资产中的风险缓释层次，提高农村产权交易市场与金融机构抵押融资创新产品的对接效率。

成都市农村产权交易市场的建设和发展时间不长，许多基础性的工作还有待进一步完善和加强：一是要尽快建立动产统一登记制度。二是农村产权交易市场要与金融更加紧密地结合。目前，在挂牌交易的产权品类中，很少有与金融服务直接对接的产权品种。另外，金融机构进入农村产权交易市场的参与面较窄；产权交易市场与金融机构签订合作协议的家数偏少，缺乏互信与互惠。三是要尽快完善对市场参与主体的统一规范，因为这直接关系到产权市场效能和作用的发挥。

七、关于成都市“农贷通”平台建设

信用信息基础数据库建设及征信服务、财政和金融支持政策及风险补偿、融资对接及抵（质）押物的市场化处置共同构成成都市“农贷通”平台的三大重要支柱。“农贷通”平台集普惠金融、财政和金融政策、信用体系、产权交易、资金汇聚、现代服务于一体，已经成为成都市农村金融服务综合改革的重要基础性工程。有了这个平台，就能高效地实现点对点的对接，达到“让信息多跑路，农户少跑路或不跑路”的目的。通过政府的政策引导与市场化的保险机制相结合，成都市摸索出一条有效形成金融支农风险缓释机制的闭环路径。

“农贷通”平台的建成应用使工作痕迹清晰了，透明度进一步提高了。政府职能部门能够从平台上实时掌握各个区县的业绩完成情况。金融监管部门能够从总量和结构上及时掌握金融支农的动态情况。金融机构能够从对资源整合的利用上及时获得优质服务，依靠政策和技术支撑，便利地在平台上主动筛选和储备客户。借款人能够从平台上实时了解和选择金融产品，并在提出贷款申请后看到审批流程进度，良好的用户体验进一步提高了新型农业经营主体对平台的使用频率。

目前，“农贷通”平台建设还面临一些问题，比如信用信息如何更加简化适用、如何将资金的汇聚功能有机嵌入其中、政策引导怎样尽快实现向市场化的平稳过渡等。在进一步优化完善“农贷通”平台的过程中，还有许多基础性工作需要跟上。

本书总结认为，两年多来，对成都市农村金融服务综合改革实践，总体体会是农村金融改革不能只满足于取得应景式的“成果”，更不能浅尝辄止地避重就轻，需要下大力气建立完备的农村金融服务体制机制；农村金融改革不是只解决小农经济的融资问题，也不是只解决现代农业的融资问题，而是要根据各个地区的不同生产力发展水平实现满足农村经济主体多样化服务需求的普惠金融。

我十分认同以上观点。现在我国已进入中国特色社会主义新时代，我国社会主要矛盾已经转化为人民日益增长的美好生活需要和不平衡、不充分的发展之间的矛盾。我认为，我国农村金融的现状也是这对主要矛盾的一种反映和表现，我国农村金融现在仍然是金融体系中最薄弱的环节，而成都市农业农村改革和农村金融改革就是试图缓解和解决我国社会长期以来的原有主要矛盾，以及继续探索解决新时代主要矛盾的实践尝试。

在对本书一些重要内容的介绍中，我还有以下几点感受：

一是成都市统筹城乡一体化发展的改革的出发点，是突破我国既有土地制度，政府推进土地确权和土地整治项目，打通城乡分割的土地市场，增加农民的土地转让权，从而分享城市化带来的土地增值收益，城乡差距得以缩小。成都市农业农村改革和农村金融改革经验的重要内容是通过不断打破城乡二元分割结构和制度，努力促进各种资源要素在城乡间的自由合理流动，从而建立更为完整的农村产权体系和市场交易体系，提升农村农民的资产收入。乡村由此得到了启动振兴的资金和人才，也形成了自我良性循环发展的机制。

二是要遵循党中央所要求的充分发挥市场在资源配置中的决定性作用，同时更好地发挥政府的作用这一经济建设工作的指导原则。我国坚持社会主义市场经济改革方向，核心问题就是要处理好市场与政府作用的关系。市场决定资源配置的本质要求，是在经济活动中要遵循价值规律、供求规律、竞争规律的要求。政府的作用主要是对宏观经济实施有效管理，保持宏观经济稳定，为市场有效配置资源和经济有序运行创造良好环境；加强市场监管，维护市场秩序，实现市场主体利益和公共利益的统一；加强和优化公共产品服务，推进基本公共服务均等化，保障和改善民生；促进共同富裕，维护社会公平正义，弥补市场失灵。本书多处都涉及这一核心问题。本书作者认为，在我国现实背景下，依据不完全竞争市场理论、农业现代化理论中的一些重要原理，政府在坚持市场化原则下进行适度干预，是符合我国农业农村改革和农村金融改革实际的。不过，政府作用尤其是财政支撑的边界应在哪里？对微观某一具体经济项目或活动的财税政策支持是否应该和如何支持？对这些问题，可能不同的人会有一些不同看法。

三是本书的一种观点和表述值得探讨。本书作者认为，农村金融供给和需求两端存在各自的问题，但矛盾的主要方面是在农村金融的需求端，即由于农村产权功能弱化、信用信息公共服务滞后、财政和金融政策相互隔离，农村金融供给与需求之间缺乏有效的连接机制。作者认为，成都梳理出推进农村金融改革的解决思路，即通过从农村金融需求端发力，搭建桥梁，连通农村金融供给与需求两端，为建立完备的农村金融服务体制机制创造必要条件；解决农村金融需求端存在的问题需要由政府代表农村金融需求端，负责组织环境的打造和条件的提供，为农村金融供给的适时跟进增添动力。我认为，这种表述可能需要调整。实际上，本书作者提出的问题涉及如何看待农村金融的供求矛盾以及政府如何在其中起作用。我认为，与农村金融相关的主体，其实不只是供求两方，至少应是供给方、需求方、政府及监管方三方。

作者上面提到的农村产权功能弱化、信用信息公共服务滞后、财政和金融政策相互隔离问题，不应视作金融需求方的问题，而应是政府及监管方的问题。因此，说“矛盾的主要方面在农村金融的需求端”似有不妥。

成都市农村金融服务综合改革试点的时间虽然只有两年多，但能取得如此具有突破性的进展和成绩很值得称赞。当然，一些做法仍有待实践和历史的检验，一些做法还需要进一步规范完善，一些做法还值得探讨和商榷。

我认为检验成都市农村金融试验区工作，进而推而广之，评价各地农村金融工作好坏和成效高低的最终标准应是：对于金融需求方而言，“三农”发展和当前及今后乡村振兴战略所需要的金融服务是否得以全覆盖，是否完全能够获得，以及是否真正满意；对于金融供给方而言，则是能否在满足客户需求的同时，有效防控风险，自身能否实现可持续发展。从这个角度上讲，成都市农村金融试验区的工作意义重大，任重而道远。我衷心祝愿试验区能取得更大成绩，为我国农村金融改革事业作出更大贡献。

本书对从事农村金融研究、实践者以及政策制定和监管者有重要的参考、借鉴、思考和研究作用，是一部有价值的专业书，值得认真研读。我期待并相信本书的出版将会给相关方面提供研究参考、实践借鉴，作出基础性、显著性贡献。本书作者和成都市农村金融服务综合改革的决策者也能够在自省的基础上，听到方方面面的评价和意见，有助于今后成都市农村金融改革创新进一步的改进、深化、完善，能更好地为新时代的乡村振兴战略服好务。

是为序。

中国社科院农村发展所　杜晓山

2018 年 3 月 23 日

目 录

Contents

专　栏：成都农村金融服务综合改革试点典型案例

第一章　农村金融理论、发展沿革及运行特征

农村金融是金融体系的重要组成部分。农村金融改革以农村金融理论为基础。纵观农村金融理论的发展历程，根据政府和市场在农村金融发展中发挥作用的不同，先后出现了以农业信贷补贴理论、农村金融市场理论和不完全竞争市场理论为代表的三种主流农村金融理论。其间，金融深化、金融约束、普惠金融、农业现代化等金融理论在指导农村金融改革与实践中也发挥着重要作用。本章对农村金融重要理论进行了系统梳理，并从金融组织体系的视角，回顾了改革开放以来在农村金融理论指引下我国农村金融发展实践经历的主要阶段；结合近年来成都农村金融发展实际，从金融总量、金融结构、资金价格三个维度揭示了成都农村金融面貌；通过农村金融理论综述，梳理农村金融发展沿革，分析成都农村金融运行特征，旨在为成都进一步深化农村金融服务综合改革提供科学的理论支撑和丰富的实践依据。

第一节　农村金融理论

一、农村金融概念

关于农村金融，一直以来学界尚无统一的定义。随着认识的不断深化，农村金融的内涵和外延也在不断发生变化。根据传统经济学中金融内生于经济发展战略的思想，林毅夫等（1994）认为农村金融是为了有效动员农民、农业和农村的经济资源和经济剩余，农业发展水平的不同带来了动员方式的差异。因此，不同的农业发展阶段应当有不同的农村金融形态与之相匹配。[①]刘鸿儒（1996）认为农村金融是农村货币流通和信用活动的概括，主要涉及存款、贷款、现金收支、转账以及发展农村信用合作社等。它是随着商品生产和商品交换的发展，货币在农村领域发挥流通手段和支付手段等职能所形

① 林毅夫．90年代中国农村改革的主要问题与展望［J］．管理世界，1994（3）：139－144.

成的经济范畴，是一种依存于农村物质资料再生产的货币信用关系。① 邹帆、李明贤（2006）在其所著的《农村金融学》中将农村金融界定为“农村货币资金的融通，是指在农村以及与农业有密切关系的各个领域中，为农业和农村经济服务而组织和调剂农村资金的活动，包括农村中的资金营运、货币流通和信用活动②”。

农村金融的发展与农村经济发展息息相关。由于中国农村经济发展具有较强的地域性和层次性特征，农村经济主体对农村金融的需求也表现出较强的多样性。不同地区以满足农村金融需求为己任的农村金融组织，也就应该具有不同的功能。在借鉴前人研究的基础上，本书立足于农业、农村经济社会发展实际探讨农村金融问题，基于金融功能的视角，将农村金融界定为为农业、农村改革发展提供信贷服务、保险服务、融资服务等金融服务的各项活动以及金融服务提供过程中的相关配套体系。

二、农村金融理论演进

过去，人们重点关注资本、土地、人力资源等实物生产要素对经济增长的影响，金融对经济发展的作用机制却长时间被忽视。20 世纪 60 年代初期，世界银行的一项研究指出，金融体系发达国家的人均经济增长率是金融体系不发达国家的两倍多，金融体系的作用逐步受到重视。早在 1955 年，格利和肖（Gurley and Shaw）在《美国经济评论》上发表的《经济发展中的金融方面》就率先提出了金融发展与经济发展间的货币关系。③ 随后，以格利和肖（Gurley and Shaw，1960）、帕特里克（Patrick，1966）、戈德史密斯（Goldsmith，1969）、麦金农（McKinnon，1973）为代表的经济学家重点就金融对经济发展的影响展开了全面的分析，为现代金融发展理论的形成奠定了基础。

金融理论的快速发展带动了其细分领域中农村金融理论的流行。不同的历史时期，伴随经济发展所带来的新变化和新问题，对农村金融问题的研究和分析逐步深入，带动了主流农村金融理论的更新。理论界从政府是否干预农村金融市场、是否进行利率管制，以及如何提升贷款资金回收效率等方面进行分析，先后主要出现了三种具有代表性的农村金融理论，分别为农业信

---

① 刘鸿儒．简明金融词典［M］．北京：改革出版社，1996.

② 邹帆，李明贤．农村金融学［M］．北京：中国农业出版社，2006.

③ JOHN G GURLEY，E S SHAW. Financial Aspects of Economic Development［J］. The American Economic Review，1955，45：515－538.

贷补贴理论（Subsidized Rural Credit Paradigm）、农村金融市场理论（Rural Financial Systems Paradigm）和不完全竞争市场理论（Imperfect Market Paradigm）。在上述三种主流农村金融理论以外，其他相关金融理论在指导农业生产实践中也发挥了重要作用。

（一）农业信贷补贴理论

20世纪80年代以前，受凯恩斯“政府干预主义”思潮的影响，主流的农村金融理论以农业信贷补贴理论为代表。农业信贷补贴理论认为，一方面，广大农村居民尤其是贫困阶层缺乏储蓄能力，农村自有资金的积累困难较大；另一方面，农业生产的分散性、投资收益低等特点使得农户难以从商业性金融机构获得资金支持。所以，农村地区的经济发展需要得到外部资金的支持，此时，政府干预便成为必要的手段。

1. 理论假设。一是较低的农业生产率导致农户家庭收入普遍不高，储蓄能力较弱，尤其是贫困阶层几乎没有任何储蓄能力，使得储蓄转化为投资的资金量较小。农村所面临的问题主要源于自有资金积累不足。二是农业的弱质性（低投资回报率、长生产周期、弱产品差异）导致农业信贷具有高成本和高风险的“双高”特点，基于资本的逐利本质，以利润最大化为目标的商业银行在农村地区开展业务的积极性较低。

2. 主要结论。农业信贷补贴理论认为，一方面，农村经济的发展不能仅仅依靠农村内部资金的循环，应当通过注入外部政策性资金并建立专门的非营利性金融机构的方式来完成资金分配，发展以贫困农户为支持对象的专项贷款。另一方面，政策性资金的使用不应以盈利为目标，而应以政策导向为依据，为有资金需求的农业项目提供低利率贷款。应通过向贫困户提供信贷补贴、增加低息贷款等方式为广大农户提供低成本的信贷资金，进而带动农村经济发展和农民增收。同时，要引导商业银行增设农村地区分支机构，加强合作性金融组织培育，使低息资金能够通过正规金融渠道供给农户，压缩高利贷的生存空间。

以该结论为依据，20世纪60~70年代，巴西、墨西哥、印度、菲律宾等国家通过设立专门的金融机构、实施金融补贴等方式实现了资金向农村的转移，一定程度上缓解了农村信贷紧张局面，促进了农村经济发展。

3. 存在的缺陷。农业信贷补贴理论体现了金融抑制论的理论观点和政策主张，对发展中国家的农村经济发展有一定的指导作用。但是，农业信贷补贴理论的假设过于苛刻并与现实的偏差较大，使得许多国家在依据该理论实施相应的金融政策时，常常陷入困境，无法从根本上打破“三农”发展所面临的资金瓶颈。其理论缺陷主要体现在以下四个方面：(1) 农村金融机构失去吸储动力。由于农村金融机构存在可以持续获得政府廉价资金的预期以及贷款利率上限的规定，其在动员农村储蓄方面的动力不足，对外部资金的依赖性较高，无法成为真正有活力的金融中介。(2) 低息信贷资金的运用结果同政策目标相去甚远。在农业信贷补贴理论下，贫困农户并非低息贷款的主要受益人。当较低的利率上限无法补偿向贫困农户提供贷款的交易成本时，金融机构更倾向于将贷款资金投放给信用风险相对较小的客户，小企业和贫困农户的资金需求无法得到有效满足，偏离了以低息资金满足农村贫困阶层信贷需求的初衷。(3) 资金回收效率低。政府所支持的农村金融机构缺乏有效监督贷款资金用途和贷款者偿债能力的动力。衡量该类信贷业务的主要依据是贷款审批速度和贷款额度变化，弱化了资金安全方面的考量，部分农户故意拖欠贷款和只贷不还的风险提高。(4) 农村金融机构缺乏可持续发展能力。由于农业信贷补贴的政策实质上损害了金融市场的生存能力，使得金融机构的活力减弱，加重了贫困农户对政策资金的依赖，最终导致农业信贷补贴政策的代价高昂，但对缓解贫困的贡献甚微。因此，以该理论为指导，无法建立一个自主、高效、可持续的农村金融体系。

（二）农村金融市场理论

1973 年，麦金龙和肖的研究共同构成了金融深化理论。二者以发展中国家的货币金融问题为研究对象，分别从金融抑制和金融深化两个不同角度，全面论证了金融与经济发展之间的辩证关系，认为相对落后的金融制度带来的金融抑制限制了投资规模和效率，对经济增长有阻碍作用，而经济停滞反过来又将制约金融制度的发展。所以，要解除金融抑制，需进行金融深化（自由化），减少政府对金融市场的过多干预，通过市场自身作用的发挥来调动人们储蓄和投资的积极性，从而实现金融与经济发展的良性循环。

20 世纪 70 年代末到 80 年代初期，随着发展中国家的经济向市场经济体制转轨，农业信贷补贴理论因其固有缺陷而不能适应经济发展需要。学界在对农业信贷补贴理论进行批判的基础上，以肖和麦金农的金融深化和金融抑制理论为理论参考，寻求新的农村金融理论。在此期间，部分国家的微型金融组织在服务农村方面取得巨大成功，加之新古典经济学的兴起，以 Adams

为代表的学者提出的农村金融市场理论①在 80 年代被广泛接受。

1. 理论假设。农村金融市场理论的假设与农业信贷补贴理论正好相反，而且更强调市场机制作用的发挥。其理论假设如下：一是所有农户、农村企业包括贫困农户在利率自由化的金融市场上均有储蓄意愿和能力，因此农村地区的资金需求可以在农村金融体系内得到满足。二是农村金融市场是有效的，低息贷款支持政策降低了农户储蓄意愿，减少了金融机构的资金来源，抑制了金融发展。倡导无补贴的金融服务是经济增长和消除贫困的必要条件，政府不当干预反而会导致农村金融市场的失衡。三是农村正规金融供给不足，农村民间金融面临较高的成本和风险，因此其资金的高利率符合市场规律。

2. 主要结论。农村金融资金的缺乏并不是农民没有储蓄能力所导致的，而是源于农村金融体系中不合理的金融安排抑制了金融发展。所以，应当充分发挥市场机制的作用，减少政府干预，逐步实现利率市场化和农村资金的供求平衡。政府应当营造良好的市场和金融发展环境，适当发展农村民间金融市场，解决农村金融资金缺乏的困境。

农村金融市场理论主要有以下几点政策主张：（1）农村内部的金融中介在农村金融中具有重要作用，动员农户储蓄是关键。（2）储蓄的动员应当以利率市场化为条件，扣除通货膨胀等因素的影响，实际存款利率应大于零，实现对农村储蓄的有效动员和资金供求的平衡。（3）农村金融的发展是否成功，应当根据金融机构的独立经营能力和经营可持续性来判断。（4）为特定利益集团服务的定向信贷政策有违市场规律，应当予以逐步取消。（5）农村民间金融作为正规金融的补充，其存在具有合理性，应当注重正确引导民间金融发展，充分发挥其资金供给作用，使其同正规金融一起满足农村信贷需求。

3. 存在的缺陷。一方面，利率自由化虽然有利于吸引正规金融机构服务农村市场，但同时也可能导致信贷总需求下降。这是因为，大量的贫困农户、中小企业在面对较高的借贷成本时望而却步，加之担保物品的缺乏，其难以获得所需要的全部资金。另一方面，由于发展中国家农村金融的市场化程度低，理论同现实的差距较大，完全依靠市场的作用而取消政策性金融行为将会带来市场失灵，最终导致农村金融供给同需求的不匹配。

---

① ADAMS D W, D GRAHAM, J VON PISCHKE. Undermining Rural Development with Cheap Credit [M]. Boulder: Westview Press, 1984.

（三）不完全竞争市场理论

20世纪90年代初期，前苏联在市场经济转型过程中出现的乱象以及拉丁美洲和东南亚金融危机等一系列事件反映出完全依靠市场这双“看不见的手”是存在缺陷的。学界认识到培育稳定而有效的农村金融市场离不开非市场因素的作用，比如政府这只“看得见的手”的合理干预。Stiglitz 和 Weiss 所提出的不完全竞争市场理论为上述认识提供了理论基础①。

1. 理论假设。一是发展中国家农村金融市场中借款人与贷款人之间的信息不对称，导致农村金融市场存在不完全竞争，交易成本的上升容易引发逆向选择和道德风险；二是为了缓解不完全竞争带来的市场失灵，可以引入非市场要素进行补充，政府通过间接的调控手段，根据一定的原则确立监管范围和标准。

2. 主要结论。区别于农业信贷补贴理论和农村金融市场理论，不完全竞争市场理论认为，政府可以通过行使以下职能来改善农村金融环境，进而带动农村经济发展：（1）营造稳定的、低通胀的宏观环境，保障金融市场稳定发展。（2）有计划、有步骤地推进利率市场化。政府可以将实际利率水平保持在正常范围内，同时控制好存贷款利率的增长。（3）政府可以实施部分特殊政策，比如提高农村金融市场的准入门槛、对新参与者实施限制等来推动金融机构的发展。（4）建立借款人连带责任小组和互助合作组织，进行贷款担保，即通过连带责任小组成员和互助合作组织成员间的相互监督和风险分担降低贷款资金所面临的风险，提升农村金融机构贷款回收率。（5）应通过政府间接性的、政策性的方法解决非正规金融市场效率较低的问题。

3. 理论贡献。不完全竞争市场理论通过运用信息经济学的分析工具对农村金融市场进行分析，更加贴近发展中国家农村经济发展实际，它介于农业信贷补贴理论和农村金融市场理论之间，并对这两种理论做了较为合理的补充和完善（见表1-1）。通过政府适度干预的方式来解决市场的不完全信息问题，让政府这只“看得见的手”弥补市场这只“看不见的手”的不足，提高对分散在不同时间和地点的局部知识的利用效率。所以，通过政府干预的方式来缓解不完全信息问题，更好地契合了不完全市场竞争条件下的农村经济发展现状，为解决信息不对称等问题提供了宝贵的解决思路。

---

① STIGLITZ J E, WEISS A. Credit Rationing in Markets with Imperfect Information [J]. American Economic Review, 1981.

表1－1　　三大农村金融理论的要点对比

理论	农业信贷补贴理论	农村金融市场理论	不完全竞争市场理论
是否需要政府干预	需要	不需要	在特定范围和条件下需要
是否进行利率管制	低利率管制	不管制，由市场供需决定	放松管制
农村资金来源	农村外部资金	农村内部资金	农村内部不足的部分由外部注入
金融机构管制	需要	不需要	在发展阶段初期需要，但应逐步放松
专项贷款是否有效	有效	无效	方法适当时有效
农村民间金融是否有效	无效	大多数情况下有效	政府加强管理，使之更有效

（四）其他相关理论

1. 金融深化理论。1973年，罗纳德·麦金农在《经济发展中的货币和资本》中提出了“金融抑制”的概念。1988年，爱德华·肖出版的《经济发展中的金融深化》提出了“金融深化”的观点。金融抑制和金融深化作为同一问题的两个方面，对发展中国家金融发展与经济增长的辩证关系进行了开拓性研究，并得出了一致性的结论，构成了著名的金融深化理论。金融深化理论认为，受市场机制不完善、金融市场特别是资本市场落后等因素的影响，发展中国家金融市场难以有效吸收社会闲置资金并将其分配到投资领域，抑制了私人储蓄和投资的形成，降低了资本利用效率，因此摆脱贫困、促进经济发展的合理选择是通过放松管制实现金融自由化，即实施金融深化政策。

金融深化理论的主要政策主张包括：（1）在不完全市场经济中，应扩大金融机构活动的广度和深度，充分吸收国内闲置资金，提高金融资本累积存量；（2）应当充分发挥金融机构吸收储蓄、优化资金配置的功能，扩大并提高储蓄向投资转化的规模和效率，促进经济增速的提高。所以，金融深化政策倡导取消金融的各种管制，放开利率，实行以利率市场化为主的金融自由化。

2. 金融约束理论。以金融深化理论为基础，发展中国家尤其是非洲和拉美一些国家开始了金融自由化改革，但实际改革效果同理论预期存在较大差距，以消除金融抑制为目的的金融改革并没有在这些国家形成金融和经济的良性循环。在此背景下，Hellmann、Murdock和Stiglitz等基于不完全信息市场的视角提出了金融约束理论。

金融约束理论认为，政府对金融部门进行选择性干预有助于金融深化。信息不对称带来的金融市场失灵使得金融交易制度难以有效运行，所以政府应当提供有约束力的权威制度，来保证市场机制的充分发挥。这就要求政府通过金融约束政策对金融体系的运作进行选择性干预，为金融机构和生产部门创造获得“租金”的机会，进而通过租金效应激励金融机构改善金融市场上的信息不对称现象，从而促进金融体系的培育和经济增长。

3. 普惠金融理论。普惠金融是在基础金融、小额信贷和微型金融的基础上逐步发展起来的。2005 年 5 月，联合国在瑞士日内瓦召开全球普惠金融启动大会，对普惠金融给出了一个简明定义，即“能有效、全方位地为社会所有阶层和群体提供服务的金融体系”。前文所述的农业信贷补贴理论、农村金融市场理论和不完全竞争市场理论对政府和国有金融机构在金融扶贫中应有的角色和担当进行了分析，为普惠金融理论的提出提供了理论借鉴。

普惠金融理论认为，目前的金融机构之所以不适应农村金融市场，归根结底在于金融产品的匹配性不足。因此，通过设计适合小额、低门槛的金融产品等方式，有针对性地服务农业生产的金融需求有助于将农村金融市场转变为蕴含机遇的大市场，实现金融机构自身的可持续发展。

4. 农业现代化理论。农业现代化是由传统农业向现代农业转化的过程。农业现代化理论的提出建立在舒尔茨关于传统农业改造的理论基础之上。舒尔茨在其 1964 年出版的《改造传统农业》一书中指出，“完全以农民世代使用的各种生产要素为基础的农业可以称之为传统农业”“一个依靠传统农业的国家必然是贫穷的”；传统农业因为技术状况保持不变、持有和获得收入来源的偏好和动机状况保持不变而处于一种均衡状态——这是一种“停滞落后”的状态；处于传统农业状态的国家或地区如果试图让其农业成为经济增长的强大发动机，需要将传统农业改造为生产率高的经济部门，实现农业现代化。

舒尔茨关于传统农业“停滞落后”的观点被众多学者和政府所接受，他们认为小农生产是落后的生产方式，必须打破，由此衍生出农业现代化理论。农业现代化的具体含义随着社会经济的发展而不断更新。20 世纪 50 ~ 60 年代，学界将农业现代化概括为“四化”，即机械化、化学化、水利化和电气化。现阶段，我国农业现代化的内涵大致包含七个方面：农业工业化，劳动者知识化，农业市场化，农业可持续化，农业功能的多元化，农业生产产业化、标准化、组织化，农业服务社会化[①]。但无论农业现代化的含义如何变化，其核心思想是不变的，即通过市场激励（农产品和生产要素的价格变动）的方式来引进现代农业生产要素，实现对传统农业的改造。

5. 金融知识与行为相关理论。金融知识反映的是人们掌握基本经济知识和金融概念以及在使用和管理资金的时候能够运用这些知识和技能有效配置金融资源以实现终生财务保障的能力。Beck 等人指出，如果公众对金融产品不了解或不熟悉，他们就不会有需求。[②] 个体金融知识水平的高低对其金融服务利用会产生显著影响[③]。部分研究显示，金融知识水平的提升会增加家庭与个人创业的概率，提高融资需求[④]。同时，金融知识越丰富的家庭遭受正规信贷约束的可能性越低[⑤]，即金融知识水平越强，家庭正规信贷可得性越强，家庭也会从正规金融机构获得更多信贷，从而有利于缓解家庭信贷约束。

三、农村金融发展与农村经济增长关系

20 世纪 90 年代以来，农村金融发展与农村经济增长之间的关系和相互作用机制一直是金融界重点研究的课题之一。现有理论认为，农村金融发展同农村经济增长之间的关系符合更广义的金融与经济的关系，也主要有“供给主导”和“需求遵从”两种模式，而且“供给主导”和“需求遵从”的前后顺序同经济的发展水平密切相关：在经济发展初期，经济发展水平相对落后，金融需求较少，金融部门主要通过增设机构网点来提供金融服务以促进经济增长，即“供给主导”；随着经济的进一步发展，经济主体对金融服务的需求快速增加，使得“需求遵从”的特征逐步显现，此时的经济增长将带动金融发展。

我国农村金融发展与农村经济增长之间的作用机制主要体现为：农村经济增长决定农村金融发展水平，农村金融贯穿于农业生产经营的各个环节，

---

① 孟秋菊．现代农业与农业现代化概念辨析［J］．农业现代化研究，2008（5）．

② THORSTEN BECK，ASLI DEMIRGUC – KUNT，MARIA SOLEDAD MARTINEZ PERIA. Banking Services for Everyone? Barriers to Bank Access and Use Around the World［R］. Policy Research Working Paper，Series 4079，The World Bank，2006.

③ KEFEL GLIRMAI. The Case for Financial Literacy in Developing Countries：Promoting Access to Finance by Empowering Consumers［J］. Educational Research & Reviews，2009.

④ 马双，赵朋飞．金融知识、家庭创业与信贷约束［J］．投资研究，2015（1）．

⑤ 宋全云，吴雨，尹志超．金融知识视角下的家庭信贷行为研究［J］．金融研究，2017（6）．

影响着农村经济的发展，二者之间相互影响、相互促进。具体而言，农村经济的发展水平决定农村金融的发展状况：一是农村经济发展深度和广度决定着农村金融的规模和范围，二是农业成长形态决定着农村金融的需求种类和数量，三是农村经济发展水平决定着农村金融业务的具体内容和更新速度。作为“农村经济血液”的农村金融，主要是通过以下途径影响农村经济发展的：筹集和分配金融资源，适时引导资金流向，提高农村经济效益；发挥信贷资金的杠杆作用，助力农村产业结构调整；组织和调整农村地区的货币流通数量与结构，实现国家信贷收支平衡。

由于我国农村经济基础薄弱，农村金融呈现出以下特点：一是二元结构。经济的二元结构导致金融系统也呈现出二元性。城乡经济发展差异使得城乡金融市场处于割裂状态，正规和相对发达的金融中介和资本市场主要在城市，农村金融市场发展相对落后，即形成了由发达的银行以及证券、保险等组成的现代金融体系服务于城市经济的城市金融市场，以及由规模较小的农村商业银行、村镇银行等组成的单一粗放金融组织服务于农村经济的农村金融市场。二是存在信贷配给现象。受信息不对称和交易成本高等因素影响，农村地区的信用环境建设相对滞后。由于抵押品价值较低，农户在申请贷款时往往会面临更高的利率定价，从而引发农村金融的信贷配给。农村金融信贷配给带来的后果是：较高的利率迫使一部分农户退出借款人行列，使得该部分农户陷入价格配给；金融机构为规避逆向选择和道德风险，更倾向于与农村地区生产规模大、有稳定收入的少数农户建立信贷关系，而将愿意承担更高利率却不具备上述特征的农户“拒之门外”，使得该类农户面临数量型的信贷配给。因此，信贷配给现象严重限制了农村地区微观经济主体实现最优投资水平和平滑消费的能力，降低了他们的收入和福利水平。三是政府过度干预。农村金融市场的不完全性所带来的农村金融市场分割，成为政府干预的现实需求和理由，也使得政府干预成为农村金融市场的必要补充，并在一定程度上能够发挥正向作用。但是，在实际的操作过程中，政府干预常常会出现过度的倾向，从而导致金融市场资源配置效率下降、风险分散能力弱化、中介机构创新缓慢等问题。

同时，要建立现代农村金融制度，我们还应当清楚地认识到，不同的农业成长形态对融资的需求种类和数量不尽相同，所以应当有相应的农村金融类型可供选择。伴随着农业发展由低级形态向高级形态的演变，农村金融呈现出以下变化趋势：在农业生产的发展初期，生产工具落后，农户收入水平较低，在这一阶段应采用以互助和合作为主的金融产权模式，通过政府补贴和民间融资为农业生产提供信贷资金；在农业生产的发展中期，生产规模适度扩张，生产力和农户收入水平有所提高，应采用以合作制为主的金融模式，通过正规金融和民间金融相结合的方式为农业生产提供信贷支持；进入现代农业生产形态后，农业生产实现专业化、规模化，农户收入持续增加，此时则应由股份制的金融产权模式通过正规金融市场为农业生产提供信贷支持①。

第二节　农村金融发展沿革

改革开放以来，为了适应农村经济和金融市场的发展，我国在农村金融领域进行了一系列改革。其中，农村金融组织体系的改革是最为核心的内容。如果从农村金融组织体系的视角进行回溯，改革开放以来我国农村金融的发展历程可以大致分为四个阶段：（1）1978—1992 年，农村金融由乱到治，形成了信用社体制；（2）1993—2002 年，国有银行商业化转型和民间金融整顿；（3）2003—2008 年，“花钱买机制”的农村信用社体制改革；（4）2007 年以来，传统机构调整和新型机构的兴起。

一、1978—1992 年：中国农村金融由乱到治

1978 年 12 月，党的十一届三中全会拉开了中国改革开放大幕，家庭联产承保责任制的实施极大地调动了农民生产积极性。与此同时，乡村经济市场化与工业化改革带动了乡镇企业的迅速发展。经济领域的大变革推动了金融领域的改革与深化，金融机构不断增加，金融工具日益丰富，金融市场得以发展，逐步形成了结构多元的农村金融组织体系。

（一）农业银行恢复

农业银行是中华人民共和国设立的第一家专业银行，也是改革开放后第一家恢复成立的国家专业银行。党的十一届三中全会后通过的《中共中央关于加快农业发展若干问题的决定》高度重视农村信贷事业的发展，要求恢复建设于 1965 年撤销的中国农业银行。1979 年 2 月，中国农业银行正式恢复，随后在省、自治区设立分行，在地区设立中心支行，县设立支行等分支机构。恢复后的农业银行承接了中国人民银行管理的农村金融业务，主要任务是统一管理支农资金，集中办理农村信贷，代管农村信用社，发展农村金融事业。

① 李宏伟．我国农村金融类型选择研究——兼论农村信用社改革［D］．成都：西南财经大学，2009.

自此，我国逐步形成了以农业银行为主体、相对独立的农村金融体系。

（二）农村信用社的发展

在改革开放和农村金融改革大背景下，农村信用社体制也面临着调整的必要。如果农村信用社的产权和治理权继续由国家集中管理，将无法实现良性循环，也无法满足广大农村地区经济发展对金融的需求。因此，信用社的经营自主权在这一时期逐步下放，国务院批转了中国农业银行《关于改革信用社管理体制的报告》，提出把农村信用社真正办成群众性的合作金融组织，在农业银行的领导、监督下自主开展存贷款业务。农村信用社县级联社相继成立，各项业务发展和内部管理逐步完善，农村信用社体制初步形成。

尽管这一时期农村信用社业务得到了一些恢复和发展，但是长久以来农村信用社自身内部管理缺失。因此，虽然农村信用社内部制衡和激励约束机制逐步建立，体制机制逐步完善，但是这一阶段农村信用社的产权仍未明晰，名义上的产权所有人——农户并不能充分行使对信用社的管理权力。

（三）农村合作基金会快速发展

1984 年，中共中央下发《关于 1984 年农村工作的通知》，放松了对民间借贷的监管要求，允许农民和集体资金自由或有组织地流动，不受地域限制。在此背景下，农村地区特别是沿海地区的农村民间金融快速发展，其中又以农村合作基金会快速扩张为代表。

农村合作基金会是在解决人民公社改制过程中产生的集体资产流失问题和盘活乡社积累资本的基础上，依照“清财收欠，以欠转贷”方针而成立的新的农村金融组织。农村合作基金会分为社区性农村合作基金会、专业性农村合作基金会、企业性农村股份合作基金会三类，主要有以救灾扶贫为目的的互助储金会、以发展生产为目的的生产发展基金会、农村互助储金会等具体形式。1985 年 6 月，首个农村合作基金会在江苏省大丰县万盈乡成立。截至 1992 年末，全国已有 36.7% 的乡建立了农村合作基金会，约 1.74 万个；15.4% 的村建立了农村合作基金会，约 11.25 万个。农村合作基金会的规模快速扩张，截至 1992 年末，筹集社会资金 164.9 亿元。

二、1993—2002 年：国有银行商业化转型

1993 年，党的十四届三中全会正式确立了中国特色社会主义经济体制改革方向。同年 12 月，国务院发布《关于金融体制改革的决定》，明确了我国经济体制和金融体制改革目标，提出农村金融领域要“逐步形成政策性银

行、商业性银行、合作金融组织密切配合的金融体系”，要深化金融改革，促使中国工商银行、中国农业银行、中国银行、中国建设银行由专业银行向国有大型商业银行转变。1994—2002 年，我国农村金融体系先后实现了政策性金融、合作性金融同商业性金融的分离。

（一）中国农业发展银行的成立与发展

1993 年 12 月，国务院发布的《关于金融体制改革的决定》提出组建中国农业发展银行，原中国农业银行、中国工商银行等国有银行的农业政策性贷款划转至中国农业发展银行。1994 年 11 月，中国农业发展银行正式挂牌成立。作为专门服务农村经济的政策性银行，中国农业发展银行的主要任务是按照国家的法律法规和方针政策，以国家信用为基础，筹集农业政策性信贷资金，承担国家规定的农业政策性金融业务和经批准开办的涉农商业性，代理财政性支农资金的拨付，为农业和农村经济发展服务。在具体经营过程中，中国农业发展银行的主要业务包括农副产品收购、粮棉产品加工、扶贫、农业综合开发、基建技改贷款等。

1998—2003 年，中国农业发展银行专门从事收购资金封闭管理。1998 年 4 月，国务院决定深化粮食流通体制改革，调整中国农业发展银行业务范围，将原来由中国农业发展银行承担的扶贫贴息、农业综合开发等非粮棉油企业贷款划回中国农业银行。1998 年 11 月，为了适应粮食流通体制改革关于主营业务与附营业务分离的要求，我国将中国农业发展银行的粮棉油加工、附营企业贷款业务划归中国农业银行。经过两次业务划转，中国农业发展银行的贷款业务仅剩下粮棉油储备、收购、调销等纯政策性贷款。

（二）国有银行商业化转型

中国工商银行、中国农业银行、中国银行、中国建设银行等四大国有银行改革是这一阶段我国金融体制改革的重点。1994 年起，专业银行商业化转型进程提速，开始向国有独资商业银行转型，各行之间的竞争逐步展开，打破了原有专业银行的分工格局。中国工商银行、中国建设银行和中国银行在商业化和股份制改造过程中，大规模撤并了县级及以下营业网点，农村地区的机构和人员数量大幅萎缩，客观上导致了农村地区资金大量外流。其间，以涉农服务为主的中国农业银行的撤并影响最大，商业化转型调整使得中国农业银行开始转向追求规模化和城市化发展，并全面实行经营目标责任制，向商业化方向改革。1998—2002 年，四大国有银行共撤并 3.1 万个县及县级以下机构，逐步上收了贷款权限。2000 年，中国农业银行向长城资产管理公司剥离了3458亿元不良资产，其经营业务也从农户个人和乡镇等小额、分散的贷款领域中退出。

国有银行商业化转型取得了积极进展，但同时也应当看到，在商业化原则下，其农村业务明显萎缩，弱化了对农业、农村的金融支持。从四川省的情况看，中国农业银行在全省的机构网点由1996年的3637个下降至2003年的1500个左右，机构网点数量减少逾50%。机构网点数量的减少，导致农户和乡镇企业更难以从正规农村金融机构获得信贷支持。农村金融组织体系被削弱，为了追逐利益最大化，农村资金通过邮政储蓄和农村信用社大量流入城市，导致农村地区资金的供求矛盾越来越突出。农户的生产性和消费性贷款难以得到满足，农村基础设施建设和公共服务资金需求也无法得到有效保证。国有银行在农村金融服务中的缺位，导致了农村金融与城市金融的市场分割，加剧了金融城乡二元结构矛盾的积累。

（三）农村信用社从农业银行分离

国有银行的商业化转型，迫使农村信用社成为农村的唯一正规金融机构而获得金融支农“主力军”称谓。1997年，中国人民银行颁布《农村信用合作社管理规定》，按照合作社体制改造农村信用社，在1978—1992年改革的基础上进一步探索去官办化，同中国农业银行脱离行政隶属关系。探索由社员入股、实行民主管理、主要为社员提供金融服务的运作方式，逐步恢复合作金融组织性质。这一阶段的主要工作是下放农村信用社的管理权限，鼓励其独立自主地开展存贷款业务；改革农村信用社的管理和运营体制，着力构建产权清晰、政企分开、自主经营、民主管理、自负盈亏的管理体制，并开展农村信用合作社股份合作制改革试点。

（四）农村合作基金会被取缔

农村合作基金会在发展过程中，出现了严重的经营性偏差，给金融秩序和社会稳定带来了较大风险隐患。为了尽快扭转这一局面，国务院于1996年发布《关于农村金融体制改革的决定》，要求整顿农村合作基金会。1998年8月，国务院转发中国人民银行《整顿乱集资乱批设金融机构和乱办金融业务实施方案》，对基金会、储金会、互助会等各种形式的“会”进行整顿。亚洲金融危机爆发后，为防范金融风险，全国统一取缔了农村合作基金会，符合一定条件的基金会，按要求并入农村信用社；资不抵债的基金会，通过清盘、关闭的方式退出市场。在这期间，农村经济服务部、金融服务部等类似于信用合作的民间金融组织一律被取缔。自此以后，农村民间金融发展进入低潮期，各类形式的“会”和投资公司的规模骤减并转向地下经营。

三、2003—2008年：“花钱买机制”的农村信用社改革

随着农村合作基金会在20世纪90年代末被取缔以及中国农业银行机构网点从乡镇撤出，农村信用社垄断了县城以下的农村金融市场。农村信用社在农村金融市场中的份额持续保持在90%左右，成为机构网点和业务数量最多的农村正规金融机构。但是，农村信用社的持续垄断也导致其为农服务功能弱化，加之存在产权不明晰、法人治理结构不完善和经营性偏差等问题，其经营因大面积亏损而出现严重资不抵债。农村信用社成为新一轮农村金融改革的主角。

（一）农村信用社改革路径

2002年中共中央、国务院在《关于进一步加强金融监管，深化金融企业改革，促进金融业健康发展的若干意见》中指出，农村信用社的改革重点是明确产权关系和管理责任。2003年6月，国务院印发《深化农村信用社改革试点方案》，首批选取吉林等8个地区①为试点地区，对农村信用社改革提出了新的要求。2004年国务院办公厅《关于进一步深化农村信用社改革试点的意见》将试点范围扩大到北京、四川等21个地区②，农村信用社改革在全国全面展开。

这一轮改革明确提出了“明晰产权关系、强化约束机制、增强服务功能、国家适当支持、地方政府负责”的总体要求，强调农村信用社应当通过构建新的产权体系、完善法人治理结构等方式来明晰产权关系，妥善处理历史包袱。要在原有股权范围基础上，做好清产核资工作；按照现代企业制度要求，完善法人治理结构；坚持服务“三农”的经营方向。要按照“自主经营、自我约束、自我发展、自担风险”原则建立健全农村信用社激励和约束机制，切实加强内部管理，完善内控机制。通过加快农村信用社管理体制和产权制度改革，把农村信用社逐步办成由农民、农村工商户和各类经济组织入股，为农民、农业和农村经济发展服务的社区性地方金融机构。充分发挥农村信用社的农村金融主力军和联系农民的金融纽带作用，更好地支持农村经济结构调整，促进城乡经济协调发展。

① 吉林、山东、江西、浙江、陕西、重庆、贵州和江苏。

② 北京、广东、天津、河北、湖北、云南、甘肃、山西、宁夏、青海、内蒙古、辽宁、黑龙江、安徽、福建、上海、河南、湖南、广西、四川和新疆。

（二）“花钱买机制”

从制度经济学的角度来看，新一轮农村信用社改革可以看作政府主导的强制性制度变迁，中央和地方政府是本次改革的主要力量。中央除了出台文件引导改革以外，还给予本次改革大量的政策支持，主要包括专项中央银行票据的发行和专项贷款的发放，通过将资金支持同农村信用社的改革效果挂钩，实现在实施政策支持、妥善处理农村信用社历史包袱的同时，推动农村信用社产权的进一步明晰，进而完善法人治理结构和激励约束机制，推动农村信用社的可持续发展。与此同时，本轮改革也推动了省级人民政府更好地承担对辖内农村信用社的管理职能，为农村信用社的可持续发展营造了良好的外部环境。这一轮农村信用社改革以投入大量政策和资金扶持的方式进行，被称为“花钱买机制”的改革。

2005 年 3 月，成都按照全国统一部署，启动了农村信用社改革试点。在中国人民银行支持下，全市各（区）县农村信用联社在改革中共获得 21.79 亿元专项中央银行票据，置换不良贷款 20.97 亿元和历年亏损挂账 0.82 亿元。截至2008 年 10 月末，21.79 亿元专项中央银行票据全部实现兑付。专项中央银行票据兑付后，随着资本实力提高和资产质量改善，成都市农村信用联社于 2009 年初完成了市级统一法人改革，并在此基础上，于 2009 年末组建了成都农商银行。在信用社改革过程中，除了专项中央银行票据支持外，地方政府也配套出台了相关政策措施给予支持：一是按照四川省和成都市文件要求，成都各区（市）县人民政府以属地化原则帮助化解原成都市农村信用联社因政府举债、乡村债务和基金会并入形成的不良贷款 14.45 亿元。二是由成都市投资控股集团出资 3.92 亿元，按账面价值收购原成都市农村信用联社各种零散的、手续欠完善的 1161 亩抵债土地。三是成都市及各区（市）县国土、房管、地税、工商等部门按照政策要求，补办原成都市农村信用社抵债资产、固定资产手续 708 宗，依法减免原成都市农村信用联社因统一法人和组建农村商业银行涉及的权属登记、变更、过户等有关税费 1.41 亿元。四是做好宣传引导工作，形成了社会支持、帮助、推动成都农村信用社改革的良好氛围。

四、2007 年以来：传统农村金融机构调整和新型农村金融机构兴起

2007 年以后，传统农村金融机构调整和新型农村金融机构兴起成为这一阶段农村金融发展的主要内容。中国农业银行积极推动股份制改造，实施并

逐步深化三农金融事业部改革。2009 年中国农业银行《关于三农金融事业部管理章程》、2011 年中国人民银行《关于扩大中国农业银行“三农金融事业部”改革试点范围等有关事项的通知》等规范性文件先后出台，三农金融事业部建设工作有序推进，也为中国农业银行回归农村金融市场起到了积极的促进作用。2006 年，银监会出台《关于调整放宽农村地区银行业金融机构准入政策　更好支持社会主义新农村建设的若干意见》，放宽了农村地区银行业金融机构的准入条件，按照“低门槛、严监管”原则，鼓励和引导符合条件的境内外金融资本、产业资本和民间资本在农村地区投资设立村镇银行、贷款公司和农村资金互助社三类新型农村金融机构。新型农村金融机构的设立，不仅丰富了农村金融机构类型，也促进了农村金融市场效率的提升。

（一）中国农业银行三农金融事业部制改革

2007 年，全国金融工作会议明确了中国农业银行改革的十六字原则：“面向‘三农’、整体改制、商业运作、择机上市”，要求中国农业银行“成为农村金融体系的骨干和支柱。稳定和发展在农村地区的网点和业务，充分利用在县域的资金、网络和专业等方面优势，更好地为‘三农’和县域经济服务”。2008 年 3 月，中国农业银行从东部地区、中部地区和西部地区分别选取部分分支机构开展三农金融事业部制改革试点。2009 年 4 月，银监会发布《中国农业银行三农金融事业部制改革与监管指引》，对三农金融事业部的组织架构、经营机制、监督管理提出规范性要求，成为指导三农金融事业部制改革的纲领性文件。

2010 年 5 月，中国农业银行三农金融事业部制改革扩大至四川、重庆、甘肃、福建、广西、吉林、湖北、山东等 8 个省的部分分支机构。试点地区实行总行、试点省分行、地市分行管理部门三级督导，对纳入改革试点的县域支行建立“六个单独”（单独的资本管理、信贷管理、会计核算、风险拨备和核销、资金平衡、绩效考评）运行机制，并给予政策扶持。2011 年 9 月，试点范围继续扩大到黑龙江、河南等省的县域支行。改革试点初步探索了符合“三农”需要的可持续金融支持模式。至此，中国农业银行被削弱了的“三农”金融服务能力得到明显恢复和改善。

（二）中国邮政储蓄银行改革

1986 年，中国人民银行和邮电部按照国务院的指示恢复了邮政储蓄业务，从此邮政储蓄便成为农村金融市场中的重要组成部分。但是，在 2007 年 3 月邮政储蓄业务从邮电部分离出来以前，邮政储蓄作为农村金融市场中的特殊机构仅办理负债业务，不发放贷款，吸收的存款全部存入中国人民银行。虽然存入中央银行的存款可以通过再贷款的形式流入市场，但是规模很小，实质上仍然难以阻止农村资金严重外流的情况。

2004—2016 年，中央 1 号文件连续 13 次聚焦“三农”，其中 11 次对邮政储蓄、邮储银行提出明确要求。2007 年，中国邮政储蓄银行正式挂牌成立，其定位是充分发挥自身服务网络优势，服务“三农”、服务中小企业、服务城乡居民的大型零售商业银行，加强对农村地区的贷款业务支持。2016 年 9 月 8 日，中国邮政储蓄银行三农金融事业部成立大会在北京召开，标志着中国邮政储蓄银行正式开始推进三农金融事业部制改革。2017 年 7 月，中国邮政储蓄银行三农金融事业部四川省分部挂牌成立，随后部分市级邮政储蓄银行三农金融事业分部也相继成立。中国邮政储蓄银行在四川省各地市（州）的分支机构成立了“三农”金融专职小贷客户经理团队，积极打造零售信贷专业化队伍，加快推进农村金融综合服务。

（三）村镇银行兴起

村镇银行是经中国银监会依据有关法律法规批准，由境内外金融机构、境内非金融企业法人或境内自然人出资，在农村地区设立的主要为当地农民、农业和农村经济发展提供存贷款等金融服务的存款类金融机构，属于一级法人机构。作为新型农村金融组织的重要发展形式，村镇银行的发展是我国农村金融市场开放的有益尝试。其经营的业务内容同一般商业银行类似，可以吸收公众存款，发放短期、中期和长期贷款，办理国内结算，从事同业拆借、从事银行卡业务以及银监会批准的其他业务。

2007 年 3 月，全国首家村镇银行——四川仪陇惠民村镇银行正式成立，拉开了村镇银行发展大幕。2009 年 7 月，中国银监会发布《新型农村金融机构 2009 年—2011 年总体工作安排》，鼓励和支持中小金融机构在农村地区发展。计划 3 年内，在全国 35 个省（区、市，西藏除外）、计划单列市共设立 1294 家新型农村金融机构，其中村镇银行 1027 家、贷款公司 106 家、农村资金互助社 161 家。为保证三年总体工作目标顺利完成，中国银监会要求银行业金融机构主发起人按照社会责任和商业利益、网点覆盖和战略布局、自主选点和监督指导有机结合的原则，首先在国家扶贫开发工作重点县和中西部地区设立村镇银行和贷款公司。村镇银行在建设过程中实施“东西挂钩、城乡挂钩、发达与欠发达挂钩”的准入措施，主发起人在全国百强县或大中城市市辖区设立村镇银行的，原则上应与国家扶贫开发工作重点县实行 1∶1 挂钩，或与中西部地区实行 1∶2 挂钩，主发起人在这些地区没有分支机构的可以设立分支机构；在东部地区规划地点发起设立村镇银行的，原则上与国定贫困县实行 2∶1 挂钩，或与中西部地区实行 1∶1 挂钩，主发起人在这些地区没有分支机构的可以设立分支机构。从制度出台到 2016 年末，全国共设立村镇银行 1519 家，并在机构数量、资本规模和业务发展方面得到了较好的发展，在一定程度上弥补了我国农村金融服务空白。

成都紧紧抓住新一轮农村金融改革的发展机遇，鼓励和支持新型农村金融机构发展。自 2007 年成都首家村镇银行开业以来，已陆续在 12 个区（市）县（不包括简阳市）成立村镇银行 12 家，设有机构网点 63 个，资产规模达到 223.2 亿元。近年来，村镇银行秉承扎根农村、服务基层的经营理念，合理运用中央银行支农再贷款等货币政策工具，在支持成都农业农村经济发展中发挥了重要作用。

（四）小额贷款公司快速发展

小额贷款公司是由自然人、企业法人或社会组织投资成立，禁止吸收公众存款，经营小额贷款业务，以盈利为目的的有限责任公司或股份有限公司。小额贷款公司是国家为丰富农村金融市场和缓解微型企业融资困难而设立的新型农村金融机构。总的来看，我国的小额贷款公司主要分为两种类型：一种是经银行业监管部门批准的、具有金融业务经营许可证的小额贷款公司，属于非银行金融机构；另一种是经地方政府批准的、没有金融业务经营许可证的小额贷款公司，属于从事金融业务（贷款业务）的非金融企业。

2008 年 4 月，中国人民银行和中国银监会联合下发了《关于村镇银行、贷款公司、农村资金互助社、小额贷款公司有关政策的通知》，并于 2008 年 5 月联合下发《关于小额贷款公司试点的指导意见》，从政策层面上鼓励和规范小额贷款公司发展。2008 年末，全国小额贷款公司仅有 497 家，经过几年来的快速发展，小额贷款公司数量和贷款余额均呈快速增长趋势。截至 2016 年末，全国共有小额贷款公司 8673 家，贷款余额达 9273 亿元。小额贷款公司以其独特的组织形式和经营方式在促进小微企业发展、缓解“三农”融资难问题和维护社会稳定方面作出了积极贡献。

（五）农村资金互助社的发展

农村资金互助社是由具有类似或关联生产的农民共同发起、拥有和管理，为了获取便利的融资服务或经济利益，按照资本入股、民主管理、互助互利的原则建立的互助金融组织。2007 年以前，全国各地已经开始了农民合作社和资金互助的实践探索，但尚未得到国家政策的明确认可。2006 年末，中国银监会发文允许农村地区的农民和农村小企业发起设立实行民主管理的社区性合作金融组织，并在 2007 年印发了《农村资金互助社管理暂行规定》和《农村资金互助社示范章程》。2007 年 3 月，吉林梨树百信资金互助社得到了第一张资金互助社的金融许可证。到 2012 年 6 月，全国共有 49 家农村资金互助社得到金融许可证。但其间，一些地区发生的借资金互助社之名非法集资“跑路”事件引发了人们对于资金互助社的质疑。在这之后，中国银监会便暂停审批农村资金互助社牌照，尽管正规化的审批大门关闭了，但资金互助组织仍然以各种形式在全国乡村发展和演变。1978—2016 年我国农村金融的发展历程如表 1－2 所示。

表 1－2　农村金融体系建设和改革路线（1978—2016 年）

年份	主要改革内容
1977	明确农村信用社的集体金融组织性质
1979	恢复中国农业银行，作为国务院的直属机构，由人民银行代管
1982	启动恢复农村信用社“三性”管理体制改革试点
1984	提出要把农村信用社真正办成群众性的合作金融组织，组建县级联社
1985—1993	（1）在产权清晰、政企分开、自主经营、自负盈亏等独立性方面开展农村信用社管理体制的探索；（2）农村民间金融快速发展
1994—1997	（1）中国农业发展银行成立，主要开展农业政策性金融业务；（2）农业银行商业化改革；（3）农村信用社同农业银行分离；（4）农村民间金融整顿
1998	（1）农业发展银行将部分业务划转农业银行，专门从事纯政策性农业贷款业务；（2）明确农村信用社扩股方式，真正恢复农村信用社合作制度的性质；（3）四大国有商业银行从农村金融市场退出；（4）开展县级农村信用社一级法人制规范试点
1999	（1）人民银行推出“支农再贷款”业务；（2）农业银行大量撤并县以下网点，业务重心向城市转移
2003	实施“花钱买机制”的农村信用社改革
2007	（1）涉农金融机构战略调整，农业银行三农金融事业部成立，邮政储蓄银行正式成立；（2）村镇银行、贷款公司和农村资金互助社等新型农村金融机构兴起

第三节　农村金融运行特征

自2007年获批全国统筹城乡综合配套改革试验区以来，成都本着务实精神，攻坚克难、主动作为，有力促进了城乡经济结构逐步调整和优化，农业人口占比由2007年的46.5%下降至2015年末的32.5%；地区生产总值由2007年的3324.2亿元增长至2016年的1.2万亿元，9年间增长2.6倍，年平均增长率15.5%；同时期第一产业生产总值由235.1亿元增长至474.9亿元，9年间增长1.02倍，年平均增长率8.1%，逐步走出了"大城市带大农村"的发展模式。成都城市居民人均可支配收入由2007年的14849元增长1.4倍至2016年的35902元，农村居民人均可支配收入由2007年的5642元增长至2016年的18605元，增长了2.3倍，农村经济实现了更快速度、更高质量的发展。在成都农业农村改革为促进城乡统筹发展带来强劲动力的同时，城市和农村经济的发展差异仍然存在，尤其是农村金融发展滞后的问题尤为突出，农村金融市场化程度与农村经济市场化程度不匹配，农村金融产品和服务创新与农业产业发展状况不适应，农村金融生态环境不理想，农村金融资源配置机制与现代农业日益增长的多样化融资需求不衔接。这些问题又对进一步深化成都农业农村改革形成严重制约。

一、农村金融总量特征

（一）县域存贷款规模差距逐步扩大，中心城区存贷款规模差距先扩大后减小

图1－1和图1－2反映了2001—2016年，成都中心城区和县域地区存贷款余额变动情况。总体上看，金融增长同经济的发展相适应，中心城区和县域的存贷款总量均呈上升趋势，但是从贷存差额来看，却呈现出明显的差异，反映出了县域金融资源配置与中心城区相比还存在明显差距。从绝对额来看，中心城区存贷款总量显著高于县域，其差距有继续扩大之势。这表明，一方面，虽然农业农村改革为金融介入提供了更好的基础，但是与中心城区相比，县域对金融的吸引力仍然很弱；另一方面，受市场、风险、外部环境和政策等因素影响，金融机构在主动研究县域（农村）市场、探索建立农村金融资源配置机制上所做的努力还不够。

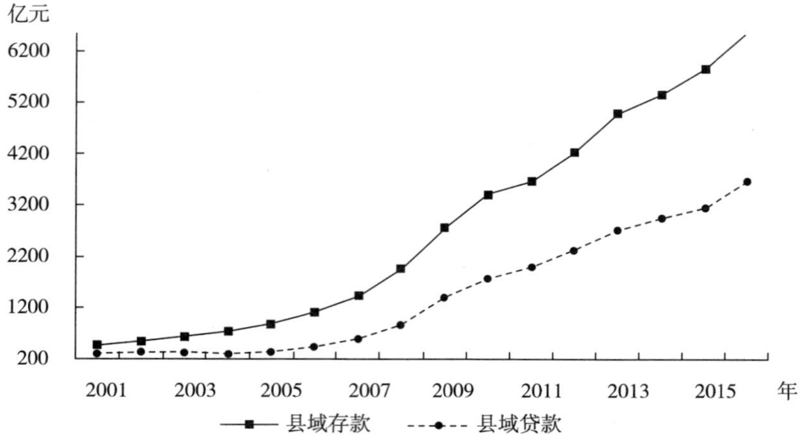

数据来源：人民银行成都分行营业管理部。

图1-1　成都县域存贷款变动

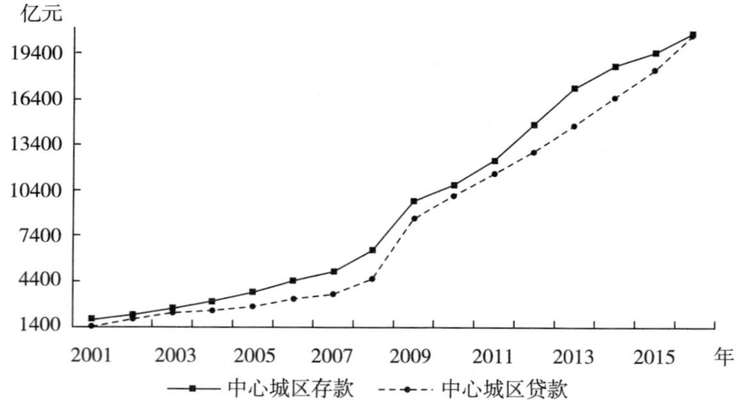

数据来源：人民银行成都分行营业管理部。

图1-2　成都中心城区存贷款变动

（二）中心城区和县域地区贷款走势趋同，但基数差异作用明显

进一步观察贷款增速的变动（见图1-3）可以发现，2001—2016年，成都县域贷款增速走势与同期中心城区基本一致。县域存款和贷款占比从2005年开始逐步提高并在近几年维持稳定。样本期间，如图1-4所示，成都县域存款在全市存款总额中的比重有波动但幅度较小，比例维持在21.64%左右，县域贷款在全市贷款总额中的比重一直维持在14.28%的水平，反映出近年

来成都统筹城乡改革和农村金融服务综合改革，金融供给在支持农村经济发展中取得了成效，同时对如何继续加大农村金融支持力度，以适应农业产业转型升级和现代农业农村发展需要提出了更高要求，因此补齐农村金融短板，成为下一步深化农村金融改革的重要努力方向。

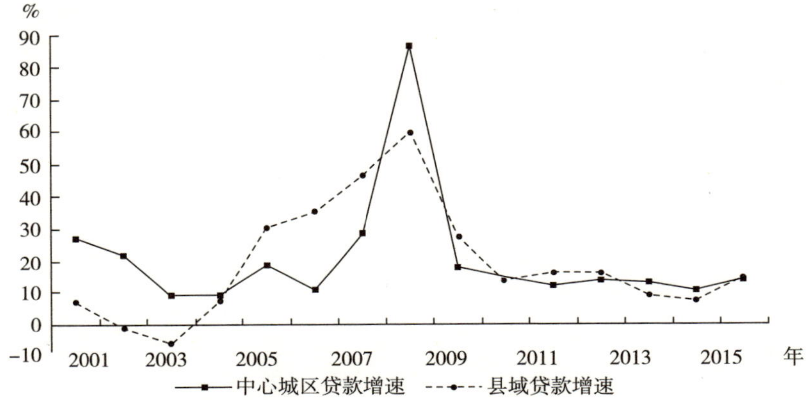

数据来源：人民银行成都分行营业管理部。

图 1-3 成都贷款增速变动情况

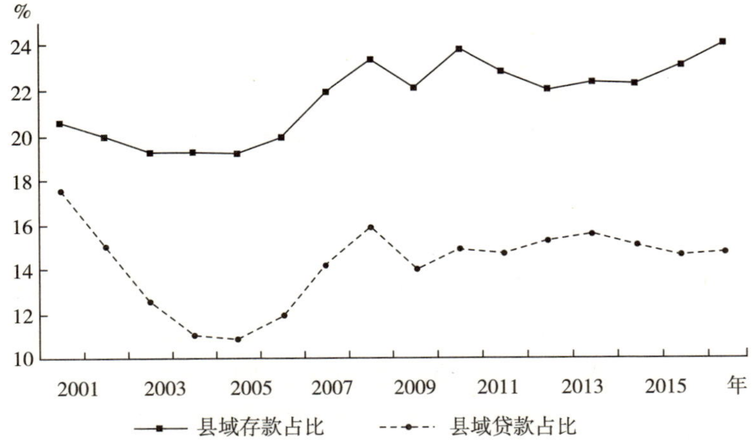

数据来源：人民银行成都分行营业管理部。

图 1-4 成都农业存贷款占比变动

（三）县域贷存比较低，农村资金用于支持本地不够充分

贷存比（贷款/存款）一定程度上反映了资金的利用效率，图 1-5 揭示

了信贷资金分配在成都中心城区与县域之间的差异情况。2001—2016 年，成都全市平均贷存比为 77.46%，其中中心城区平均贷存比为 84.76%，县域地区平均贷存比为 51.2%。虽然成都县域地区的存款和贷款总量都在增长，但是贷存比却一直维持在相对较低的水平，揭示出相当部分农村存款未能有效转化为本地的支农贷款，导致农村资金净流出。由此可见，受农业生产的弱质性、农村金融服务空白和安全性、盈利性等因素的影响，农村存款流向投资回报率更高的城市，反映了金融资源配置的非农化倾向。

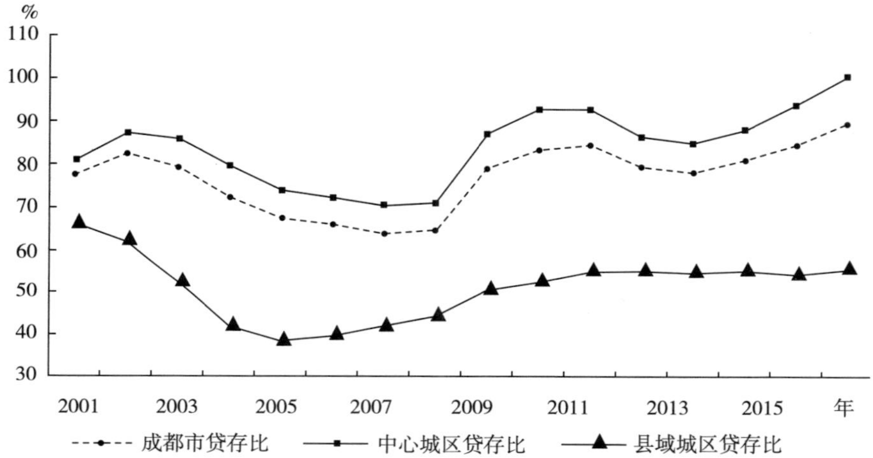

数据来源：人民银行成都分行营业管理部。

图 1－5　成都贷存比的城乡差异

二、农村金融结构特征

（一）农村金融信贷供给主体较为集中，新型农村金融机构的渗透率有待提高

2016 年末成都各金融机构涉农信贷的供给情况如图 1－6 所示。政策性银行和传统银行业金融机构作为支农主力，发放了全市约 98.34% 的支农贷款；新型农村金融机构总体规模较小，全市 12 家村镇银行所发放的支农贷款仅占全市支农贷款总额的 1.66%。由农村信用社改制的成都农商银行作为支农的重要力量，以其基层网点多、支农业务种类丰富的优势，发放了约占全市 1/5 的支农贷款；国家开发银行和中国农业发展银行在支持农村基础设施改造等方面也给予了有力的资金支持，2016 年合计发放了全市 14.23% 的支

农贷款；中国农业银行在三农金融事业部制改革推动下支农力度加大，成效明显，支农贷款占全市支农贷款总额的9.03%。农村信贷供给的差异也反映出金融机构在农村市场发展中的不平衡。农村金融的发展不能仅仅依靠传统涉农金融机构，应当进一步加强政策引导和市场培育，鼓励各类金融机构在农村金融市场进行积极探索，因地制宜地创新产品，不断完善金融基础设施，提升服务水平。

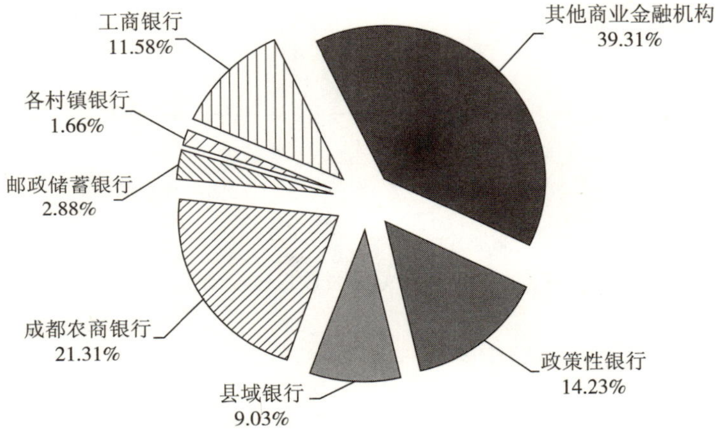

数据来源：人民银行成都分行营业管理部。

图1－6　2016年末成都各金融机构涉农信贷供给占比

（二）县域地区短期贷款占比高于中心城区，二者的差异逐步缩小

图1－7为成都市城市和农村短期贷款在各自贷款中的占比变动情况。一是样本期间城市和农村短期贷款占比的变动均呈倒“U”形趋势，短期贷款的占比从2010年开始逐步增长，2014年3月以后占比开始下降。二是短期贷款占比的变动呈现出城乡差异，即农村短期贷款的占比显著高于城市，表明农村仍然是以农业生产经营的短期资金需求为主，中长期贷款占比不高也反映出农业基础设施建设相对滞后，而基础设施完善、投资驱动发展特征明显的城市对中长期贷款的需求更为旺盛。三是受经济下行影响，商业银行放贷更为谨慎，对部分风险较高的短期贷款进行了压缩，农村和城市短期贷款的占比呈收敛趋势，这是从2013年以后反映出的一个阶段性特征。

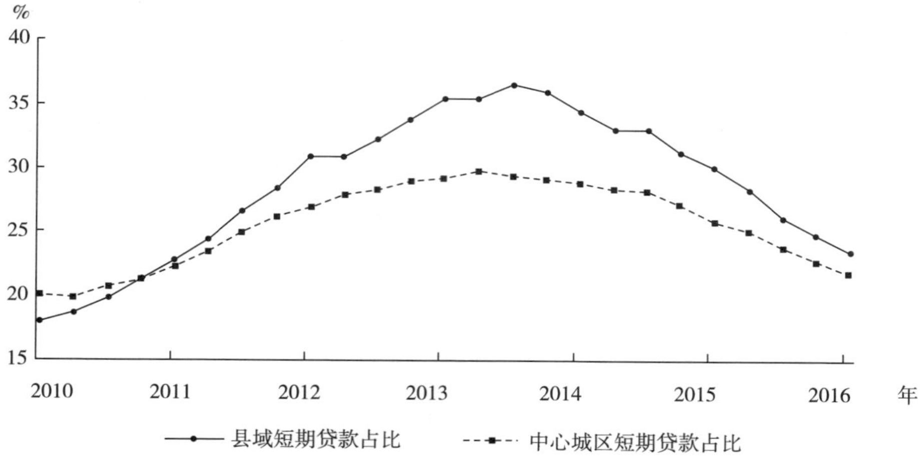

数据来源：人民银行成都分行营业管理部。

图1－7　成都市短期贷款占比变动情况

三、农村资金价格特征

（一）县域贷款的加权平均利率持续高于中心城区，城乡资金价格差异较大

利率作为资金的价格，在市场经济条件下对资金的合理配置起着重要作用。贷款利率市场化增强了金融机构的自主定价能力。在基准利率、资金成本和供需双方博弈等因素的影响下，不同的市场环境中逐渐形成了不同的利率结构。由图1－8可知，县域贷款加权平均利率和中心城区贷款加权平均利率的走势基本相同，呈现出较高的相关性。但从贷款利率水平来看，二者的差距较为明显。受农业生产不确定性较大、农村地区信用环境较差、农产品抵押价值偏低等因素影响，金融机构在提供农村金融服务时面临较大的风险敞口，需以较高的贷款利率作为补偿。样本期间县域贷款的加权平均利率为7.15%，中心城区贷款的加权平均利率为5.94%，农村获得贷款的资金成本比中心城市平均高出1.21个百分点。

（二）县域金融机构贷款定价区间相对中心城区更分散

2010年3月到2016年12月，以地方金融机构为代表的县域地区金融机构贷款最偏好利率区间为（1.1，1.5]，而以国有银行为代表的中心城区金融机构贷款最偏好利率区间为[0.9，1.0]，上述偏好区间在基准利率波动的过程中无明显变动（见图1-9）。样本期间，国有商业银行最偏好区间的贷款投放额占总贷款比重的平均值为61.32%，地方金融机构最偏好区间的贷款投放额占总贷款比重的平均值为47.11%。可见，国有商业银行在更低、更窄的利率区间内有更高的贷款集中度，反映出中心城区金融机构的竞争更为充分，企业和个人面临的贷款成本也更低；反之，县域金融机构竞争不充分，贷款利率定价区间相对更分散。

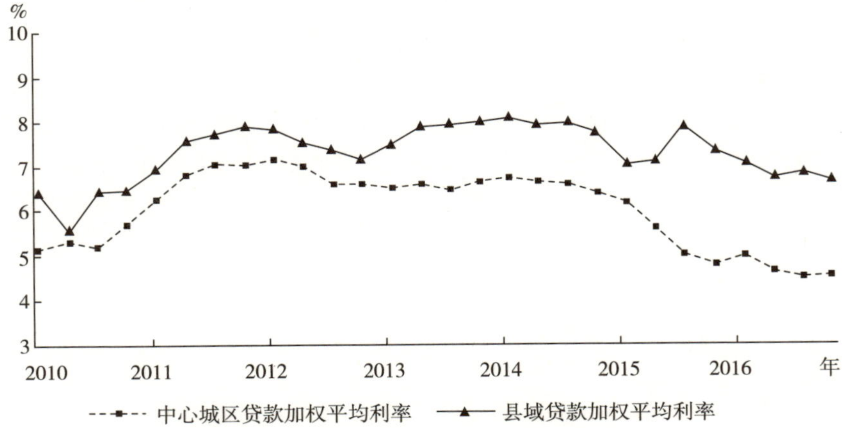

数据来源：人民银行成都分行营业管理部。

图1-8　成都城市和农村贷款利率走势

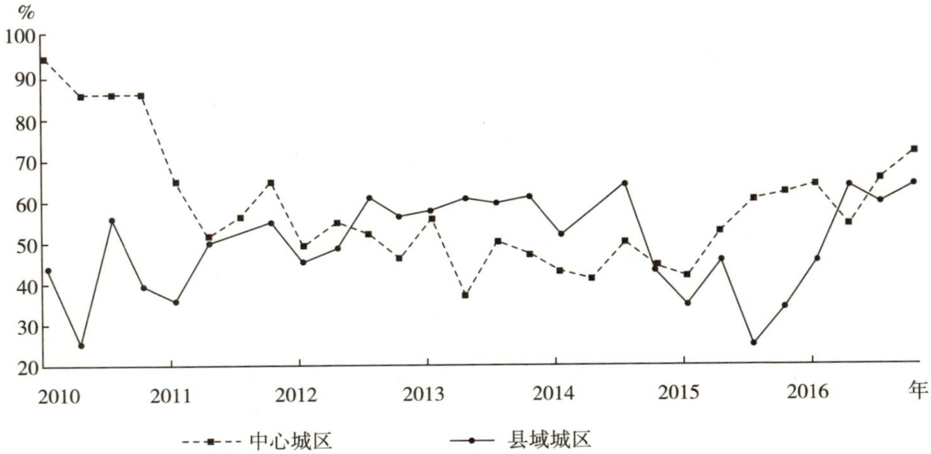

数据来源：人民银行成都分行营业管理部。

图1-9　金融机构最偏好利率区间贷款发放占比变动情况

我国市场的基础条件还不够完备，特别是在农村，对农村金融组织体系的发展历程和金融运行特征的全面分析充分显示出，它还是一个不完全竞争市场。因此，在这样的现实背景下，依据不完全竞争市场理论、金融深化理论、普惠金融理论、农业现代化理论中的一些重要原理，让政府在坚持市场化原则的前提下进行适度干预，是符合我国农业农村改革和农村金融改革实际的。在农业农村改革方面，政府的改革规划与农业产业转型升级和现代农业农村改革方向相一致，政府的组织推动与农村集体经济组织和农民的意愿相吻合，政府的管理方式与科学性、系统性、务实性要求相统一，政府的政策支持与确定的重点领域与关键环节相配套。在农村金融改革方面，政府加大农业农村改革力度能够为农村金融改革奠定坚实基础，政府与金融的紧密互动能够为农村金融改革破除工作障碍，政府通过资源整合可以为形成合理、包容、开放、高效和更加完备的农村金融服务体制机制提供重要保障。

第二章　成都农村金融改革的提出背景与改革思路

经济发展规律和经验表明，经济决定金融，金融作为经济的血液，它们又共存共生。同样，农村经济决定农村金融，农村金融作为农村经济的血液，它们既相互影响，又相互促进。2002 年 11 月，党的十六大提出“统筹城乡经济社会发展”，成为新一轮农业农村改革的重要时间节点，又一次有力地推动了我国农村经济社会的伟大变迁。在这十多年的改革发展中，我国农业农村面貌已经发生了深刻变化，土地集约化经营加快发展，农业经营模式提档升级，新型农业经营主体迅速成长，各次产业间的融合更加紧密，农业生产力水平极大提高，可以说这一轮的农业农村改革已经取得了丰硕成果。从资金来源看，前期受农业风险不可控、信息不对称、环境不理想等因素的制约，农业农村改革主要是依靠财政资金的支持，而金融资金的支农作用明显不足。财政资金与金融资金的性质不同，因而作用于农村经济的方式和适用的阶段也不相同。不难看出，前期的财政资金投入为农业农村改革奠定了良好基础，但是，当农业生产力水平达到一定程度后，农村产权制度和市场机制逐步建立完善，财政资金的支持效应也会相应递减。如果农村金融此时不能随之跟进，农村经济血液得不到及时、有效的补充，那么必将成为制约农业农村进一步发展的瓶颈。

十多年来，成都作为先行者，在农业农村改革方面一直走在全国前列，进行了现代农业发展的许多有益尝试，积累了丰富的经验。在这些改革成果基础上，为了弥补农村金融发展的短板，成都坚持结合实际探索农村金融发展路径，努力寻找农村金融改革突破口。2015 年 7 月，中国人民银行、国家发展和改革委员会、中国银监会、中国证监会、中国保监会和四川省人民政府联合制定印发了《成都市农村金融服务综合改革试点方案》，使成都成为全国首个农村金融服务综合改革的试点城市。该试点方案与以往不同的最大亮点，是将农业农村改革内容——深化农村土地制度改革、建立农村产权市场体系、改善农业生产经营条件、调整支农政策使用方式等作为推动此次农村金融改革的重要基础，使农业农村改革与农村金融改革互动发展、相互促进。从制度发轫路径看，农村金融制度生发的根源始终是农业农村的现实条件，未来农村金融的改革发展也必须从农业农村发展中寻找路径和方向。循着这样的思路，我们首先需要对成都十多年来农业农村改革发展情况进行全面梳理，然后再厘清农村金融改革与之对应的关系和所要达到的目的。有了这样的基础，农村金融改革的突破口才能够比较清晰地呈现出来。

第一节 农业农村改革历程

统筹城乡是我国新一轮农业农村改革的开端。2002 年 11 月，党的十六大报告提出“统筹城乡经济社会发展，建设现代农业，发展农村经济，增加农民收入，是全面建设小康社会的重大任务”。2003 年 10 月，党的十六届三中全会通过《中共中央关于完善社会主义市场经济体制若干问题的决定》，提出了“五个统筹”，即按照统筹城乡发展、统筹区域发展、统筹经济社会发展、统筹人与自然和谐发展、统筹国内发展和对外开放的要求，为全面建设小康社会提供强有力的体制保障。“五个统筹”的提出深刻阐述了统筹城乡发展和其他几个统筹发展之间的辩证关系，同时将统筹城乡发展放在首位，充分体现了统筹城乡发展在我国经济社会发展中的重要作用。此后，党的十六届四中全会又提出了工业反哺农业、城市支持农村的重要论断。2007 年 10 月，党的十七大报告对统筹城乡发展进行了更为全面的论述：“统筹城乡发展，推进社会主义新农村建设。”“加强农业基础地位，走中国特色农业现代化道路，建立以工促农、以城带乡长效机制，形成城乡经济社会发展一体化新格局。”

统筹城乡发展是党中央根据我国几十年来处理城乡关系的经验教训提出的重要战略思想，是党从根本上解决“三农”问题、打破城乡二元结构、促进城乡协调发展而提出的新的发展思路与方针，是对全面建设小康社会作出的重大决策。早在 2003 年 3 月，成都就按照中央确定的方针，在全国率先拉开了统筹城乡改革的帷幕。成都市委、市政府在深入调研的基础上，确定龙泉驿区、都江堰市、大邑县、郫县、双流县五个区（市）县为加快城市化进程的试点地区。2003 年 8 月，成都进一步扩大试点，将金牛区、青羊区、武侯区、成华区、锦江区等五个城区纳入试点范围。2003 年 10 月，成都市委、市政府在双流县召开现场会，部署全面推进城乡一体化工作，同年开始推进“工业向集中发展区集中，农民向城镇集中，土地向规模经营集中”，即“三个集中”战略部署。2004 年 2 月，成都市委、市政府发布了《关于统筹城乡

经济社会发展 推进城乡一体化的意见》，明确了统筹城乡的指导思想、目标任务、工作重点和政策要求。该文件明确指出："统筹城乡经济社会发展、推进城乡一体化是新形势下解决'三农'问题的根本途径，是探索西部大开发新路的有益尝试，是全面建设小康社会的重大举措，对于贯彻落实十六届三中全会精神、牢固树立科学的发展观、推动成都经济社会事业全面协调和可持续发展具有重要的战略意义。"2005 年 12 月，成都市委全委会提出把推进城乡一体化作为成都经济社会发展总体战略的建议，并于 2006 年纳入了成都国民经济和社会发展"十一五"规划。2006 年 3 月，成都市委、市政府进一步发布了《关于深入推进城乡一体化 建设社会主义新农村的意见》。

2007 年 6 月 7 日，国家发展和改革委员会印发《国家发展和改革委员会关于批准重庆市和成都市设立全国统筹城乡综合配套改革试验区的通知》。2007 年 7 月，成都市委、市政府发布了《关于推进统筹城乡综合配套改革试验区建设的意见》，在全国范围内率先承担起统筹城乡发展的试验任务，逐渐走出了"大城市带大农村"的城乡一体化发展模式，这其中蕴含了农业农村改革的很多内容。2009 年 5 月，国务院正式批复成都上报的《成都市统筹城乡综合配套改革试验总体方案》，允许在九个方面先行先试。批复方案成为指导成都试验区进行统筹城乡综合配套改革的纲领性文件。2010 年，成都获批成为首批国家现代农业示范区，并在多个重要领域加大改革力度，促进了现代农业的快速发展。2014 年，四川获批成为全国第二批农村改革试验区，成都承担了 11 项改革试验任务，主要着力于农村土地制度、农业支持保护体系、农村金融制度、农村集体产权制度、乡村治理等问题的改革探索。

探索城乡一体化发展下的现代农业模式，是我国农业转型升级的重要方向，也是农业供给侧结构性改革的重要内容，但这种探索对区域经济基础实力和发展水平有很高的要求。成都是四川省省会，拥有丰富的自然资源和深厚的历史传承，其发展现代农业具有得天独厚的优势。成都是国务院确定的西南地区科技、商贸、金融中心和交通、通信枢纽，产业基础雄厚，带动能力强，市场经济发育成熟。全市辖 11 区 5 市 4 县及成都高新区和成都天府新区直管区，面积 1.43 万平方公里，常住人口 1591.76 万人，其中农业人口 467.66 万人，直接从事农业的劳动力 143.91 万人，耕地面积 88.6 万公顷。适宜的气候、肥沃的土地、便利的交通和丰富的劳动力为成都农业产业发展提供了有利条件。从 2003 年至今，成都卧薪尝胆，十多年来始终坚持以推进城乡一体化为核心，把破除城乡二元体制、解决"三农"问题作为重中之重，在多个领域加大改革力度，农业竞争力显著提升。统筹城乡发展背景下的成都农业农村改革以农村产权制度改革为根基，在明晰产权的基础上积极稳妥地推进土地流转和各项配套改革，促进土地规模集中和特色产业集中集聚，已经初步形成了以适度规模经营为特征的现代化农业产业。

第二节　农村产权制度改革

农村产权制度改革是统筹城乡发展的理论和实践基础，是盘活农村资源、促进农业农村发展的首要任务。长期以来，农村地区地形地貌丰富、经济社会历史复杂，造成农村产权一直处于不清晰状态，影响了生产要素在城乡之间的自由流动。从成都的情况看，土地主要由平原和部分低山丘陵组成，多种地形交错并存，历史原因曾造成农村耕地布局散乱、碎片化严重、基础设施不完善，农村耕地、宅基地及农民房屋等相关权属的历史和现状迫切需要通过改革厘清。成都立足于这一现状，在统筹城乡发展过程中，紧紧抓住农村产权改革这个关键，并以此为切入点推动总体改革工作，着力构建以市场化为导向，以“还权赋能”“农民自主”为核心，归属清晰、权责明确、保护严格、流转顺畅的现代农村产权制度，取得了显著成效。2014 年，国家和发展改革委员会开展统筹城乡改革试验区中期评估，备选推广的 47 条试验区成熟经验中成都贡献了 9 条。同年，成都农村产权制度改革荣获第七届“中国地方政府创新奖”优胜奖。

一、完成农村产权确权登记颁证

农村产权制度改革首先需要对农村产权进行确权颁证。成都在全面摸清农村产权历史和现状基础上，开展了“六权”的确权颁证工作，即农村土地所有权、集体建设用地使用权、土地承包经营权、农村房屋所有权、林权和集体资产股权。随后，又启动了“五权”的确权颁证工作，即农村土地经营权、农业生产设施所有权、农村养殖水面经营权、小型水利设施所有权、非林地上经济林木（果）所有权。截至 2017 年末，全市确权颁证已经基本完成，实现了“应确尽确、应颁尽颁”，累计颁发各类产权证和股权证 919.11 万本，其中集体土地所有权证 3.64 万本，集体土地使用权证 247.28 万本，农村土地承包经营权证 215.52 万本，房屋所有权证 189.55 万本，林权证 67.09 万本，股权证 196.03 万本。

（一）严格确权登记颁证的标准和要求

成都在确权登记颁证工作中，严格按照“五个一致、应确尽确、程序规范、群众满意”的确权工作标准和要求，做到“确实权、颁铁证”。“五个一致”即确权登记颁证要做到土地、台账、证书、合同、耕保基金一一对应，账（证）实相符；“应确尽确”即只要是农村集体土地及集体土地上的建筑物，除违法违规占用的土地和建设的建筑物外，都应进行确权登记颁证，保证改革不留死角；“程序规范”即严格执行“组织动员、调查测绘、方案议决、结果公示、确权颁证、耕保基金发放”的农村产权制度改革工作程序；“群众满意”即通过建立第三方调查评估机制，邀请国家统计局成都调查队等单位对农村产权制度改革进行第三方调查评估和群众满意度测评，建立纠纷调处机制，化解各类矛盾，做到改革让群众满意。

专栏 2.1

农村产权制度改革的破冰实践

柳街镇鹤鸣村位于成都都江堰市，有着“中国农村产权制度改革第一村”之称。2008 年，作为成都农村产权制度改革试点区（市）县之一的都江堰市，以柳街镇鹤鸣村为“点中点”开展试点，迈出了以农村确权登记颁证为核心破解城乡二元结构的破冰之举。这个位于成都远郊的川西小村庄，也因此被载入中国农村产权制度改革的史册。

在这次实践中，柳街镇每家每户拿到了被大家称作“财产证明”的四个“红本本”——集体建设用地使用权证、房屋所有权证、土地承包经营权证、林权证，效果立即显现：鹤鸣村引进四川华西集团进行土地整治，把原来散居的农户进行集中安置。村里原有建设用地 408 亩，集中居住后，只用了 150 多亩，节约出 200 多亩，鹤鸣村把节约出来的建设用地指标拿到成都进行交易，获得了 7800 万元的集体收益。

此后，成都率先在全域实行“承包地长久不变实测确权登记颁证”改革试点，鹤鸣村再次入选试点。经过这次调整后，给农民颁发的证书上多了几个字——“长久不变”。确权的原则是：农村房屋和土地按现有户主登记，承包地确给现有经营者，农房确给现有户主，宅基地确给现有使用者，若需变更权利主体人，双方必须签订协议书。长久以来，农民对自己的土地没有处置权，对自己的土地上产生的效益也没有分配权。以确权为核心的成都农村产权制度改革，最根本的意义在于它厘清了农民的权利边界。鹤鸣村的改革获得了中央农村工作领导小组的肯定，从这里开启的农村产权制度改革也被推广到全国。目前鹤鸣村已有 70% 以上的农地进行了流转，曾经分散的地块变成了现代化蔬菜基地和水果基地；从土地上解放出的村民，或就近或外出务工，每年还可获得稳定的财产性收入——土地租金。

（二）实行农村产权据实测量

成都市、区（市）县两级制定了村、组集体土地、集体建设用地、承包地、房屋测绘测量的具体办法。它们结合第二次土地调查，利用高分辨率卫星及航空遥感影像图，将专业测绘和人工丈量相结合，全面开展农村承包地到农户、到地块实测工作，制作地块分布示意图和台账，将实测数据导入农村土地调查数据库进行集中统一管理。

（三）探索建立长久不变的产权关系

成都制定了开展农村产权长久不变工作指导意见，引导和支持农民群众通过集体经济组织成员会议自主、自愿、规范签订长久不变协议，实现农村各类产权的长久不变。截至 2017 年末，全市共有 32001 个村民小组达成农村各类产权长久不变协议，占农村产权制度改革涉及村民小组（35970 个）的 89%。

（四）推进农村集体资产股份化

在农村集体产权“应确尽确”基础上，成都对集体的资金、资产、资源进行全面清理核实，对集体所有的未确权到户的土地，房屋、设备、设施等固定资产，现金、银行存款及有价证券，商标、商誉、专利权等无形资产，以集体名义入股形成的股权及收益，集体所有的债权、债务，集体兴办企业形成的资产以及其他资产全面进行股份量化，向农户颁发农村集体资产股权证，实现股权到人。全市村、组集体经济组织完成股份量化到户到人的面达到 98.4%。

（五）完善农村产权管理服务体系

为确保农村产权确权登记颁证工作的规范化运行，成都切实完善农村产权管理服务体系。一是严格规范农村产权登记管理，完善登记管理系统和登记服务机构，健全登记规则，强化农村产权权属登记的常态化管理。二是探索农村产权管理服务模式，在区（市）县、乡镇、村（社区）分别设立相应的农村产权管理服务中心，划分各层级管理服务职责。三是加强农村产权登记管理信息系统建设，推进国土、房管、农业、林业等部门开展农村产权“全域数据库”建设，推进市、县、乡三级农村产权登记管理信息系统联网运行，做好农村产权基础数据信息的动态更新、互联共享，推动全市农村产权管理服务的网络化、信息化。

二、健全农村产权流转交易机制

农村产权流转是实现城乡要素自由流动的根本路径，是农村产权制度改革的必然要求。成都为了推动农村产权流转，积极建立一整套政策机制和服务体系，在构建农村产权流转的法理基础、产业基础、交易平台、收益分配等方面都进行了大胆尝试和探索，农村产权流转工作机制不断健全。

（一）构建农村产权流转的法理基础

成都积极推进农村土地所有权、承包权、经营权“三权分置”，从法理上理顺农村承包土地经营权流转的条件。为促进农村房屋产权流转，成都建立城乡统一的房屋产权流转制度，逐步实现城乡房屋同证、同权。为促进集体建设用地使用权流转，成都建立集体建设用地使用权出让制度，在符合土地利用总体规划、城乡建设规划和产业发展布局规划的前提下，允许集体建设用地通过使用权出让、出租、作价入股（出资）、联营等形式进行流转，按照规定用于工业、商业、旅游业、服务业等经营性用途。

专栏 2.2

试点农村集体经营性建设用地入市

2015 年 2 月 27 日，第十二届全国人民代表大会常务委员会第十三次会议通过了《全国人民代表大会常务委员会关于授权国务院在北京市大兴区等三十三个试点县（市、区）行政区域暂时调整实施有关法律规定的决定》，成都市郫都区作为 33 个试点县（市、区）之一，负责农村集体经营性建设用地入市改革试点工作。

郫都区积极做好农村集体经营性建设用地入市的各项基础工作。一是摸底可入市集体建设用地规模。试点初期，郫都区按照“符合规划、用途管制、依法取得”的原则，围绕“三定”（定基数、定图斑、定规模）进行摸底，最终确定试点期间可入市土地资源 4932.79 亩。二是建立完善相关制度体系。为确保农村集体经营性建设用地入市改革试点工作顺利推进，郫都区先后出台了 21 个配套办法，包括围绕确权登记、专项规划、入市主体、抵押登记等方面的 6 个基础管理制度，围绕入市规定、调整入市、城中村整治入市、协议入市等方面的 6 个入市管理制度，围绕调节金收取、收益分配、资产处置、财务监管等方面的 9 个配套管理制度，这些制度的制定为农村集体经营性建设用地入市构建了较为完整的行为规则和政策体系。

郫都区战旗村完成首宗农村集体经营性建设用地入市交易。郫都区唐昌街道战旗村占地2.06平方公里，耕地面积1930亩，辖9个村民小组、529户、1704人。2015年，战旗村抓住郫都区作为全国农村土地制度改革试点的有利时机，在积极推动农业产业转型升级、农业生产经营体系不断优化基础上，着力探索农村集体产权制度改革，全面完成确权登记颁证、清产核资和股权量化等工作，同时组建了战旗村集体资产管理公司。2015年9月7日，战旗村通过郫都区公共资源交易中心（目前已成立成都农交所郫都支公司）公开挂牌转让使用权，完成全省第一宗农村集体经营性建设用地入市交易，交易对手方为四川迈高旅游资源开发有限公司，此次入市地块面积为13.45亩，每亩价格52.5万元，共获得价款收益约706万元。该宗地的成功交易，成为四川农村集体经营性建设用地入市改革试点的历史性标志。

郫都区农村集体建设用地入市试点成效明显。自战旗村实现首宗交易后，郫都区农村集体经营性建设用地入市交易呈现联动效应。2016年3月11日，白云村以挂牌方式出让四宗共计19.91亩集体经营性建设用地使用权给多利（成都）农业发展有限公司，按照68万元/亩的出让单价，共获得土地使用权出让金1353.88万元。2016年7月28日，郫都区青杠树村以60万元/亩的挂牌起始价、共计97.48亩出让四宗农村集体经营性建设用地使用权给成都漫生活休闲文化产业有限公司，获得土地出让价款5848.8万元。该宗地的成功交易，成为农村集体经营性建设用地入市推动农业新兴业态发展的典型。截至2017年末，郫都区共完成了33宗399亩农村集体经营性建设用地入市交易，获得成交价款2.5亿元，收取土地增值收益调节金5023万元，征得与契税相当的调节金609万元。郫都区农村集体建设用地入市取得了明显的发展成果：一是发展了农业新型业态，尤其推动了以发展现代农业为主的第一、第三产业共融。二是壮大了农村集体经济。以战旗村为例，该村拍卖了13.44亩农村集体经营性建设用地，实现收益705.97万元，除去20%的现金分红，绝大多数作为集体股份公司的公益公积金，村集体资产突破2000万元。随着后续60余亩集体经营性建设用地的入市，该村集体经济还将持续壮大。三是实现了农民持续增收。同样以战旗村为例，土地入市交易之后，村民股东现金分配88.61万元，人均增收520元，集体经济组织成员股增值2600元。

（二）夯实农村产权流转的产业基础

成都积极推动农业产业适度规模经营，切实创造农村产权流转的产业条件。在实践中，成都坚持农村基本经营制度，充分尊重农民意愿，充分保障农民权益，严格遵循“依法、自愿、有偿”原则，着力从产业发展上引导适度规模经营，出台了粮食、蔬菜、猕猴桃、伏季水果、食用菌等产业发展意见，提出了各产业发展适度规模经营的具体要求和扶持政策，大力推进连线成片建设规模化、标准化的农产品生产基地和农业园区，引导发展都市现代农业。2014年，成都市人民政府出台1号、2号文件，分别明确了粮食规模化经营和“菜篮子”工程建设的扶持政策，设立1亿元专项资金对50亩以上粮食规模化经营主体给予奖励，最高每亩奖励200元；支持现有35万亩常年基本菜地基础设施提升建设，对建设达标的市级财政按照800元/亩给予一次性奖励。

（三）建立统一的农村产权交易平台

为了培育规范的农村产权交易市场，促进农业农村的市场化改革，成都建立了全国首个农村产权综合交易平台——成都农村产权交易所，在14个区（市）县建立分所，在257个乡镇建立农村产权交易服务站，培养了2000余名农村产权信息员和经纪人，形成了较为完整的农村产权流转交易服务体系，依托成都农村产权交易所建立了全省统一的农村产权交易平台。目前，成都农村产权交易所已与四川省内10个市州、83个区（市）县农村产权交易所联网运行，同时制定形成了一整套农村产权流转交易程序、规则和流程。按照“统一信息系统、交易规则、交易鉴证、交易结算、交易监管、服务标准和分层交易”的模式，成都农村产权交易所自成立以来，已在资源、资产、知识产权、投融资等方面开展了4个大类21个小类的流转服务。截至2017年末，农村产权交易平台累计完成各类农村产权交易15211宗，成交金额达到762.8亿元。其中，农村土地经营权流转交易12152宗，成交金额达到295.2亿元。

（四）建立健全农村产权价值评估体系

为了更好地适应农村产权流转交易需求，成都制定了一系列农村产权价值评估制度，包括《关于开展农村集体建设用地基准地价评估工作的实施意见（试行）》《成都市集体林森林资源资产评估咨询指导意见》《成都市农村房地产估价规范（试行）》《成都市农村土地经营权价格评估办法（试行）》《成都市农村土地经营权价格评估技术导则（试行）》等。在促进农村产权价值评估制度化、规范化的同时，成都积极培育和引进农村产权价值评估机构，目前已有农村房屋评估机构 154 家、农村土地经营权评估机构 22 家；林权评估方面，委托具有林业调查规划设计资质的单位进行价值评估，并建立了指导价格信息发布机制。

（五）探索建立农村产权收储机制

为丰富农村产权交易市场层次，提高农村产权市场效率，成都积极培育农村产权收储机制。成都市现代农业发展投资有限公司、成都农村产权交易所有限责任公司及国有成都鼎立资产经营管理有限公司共同发起成立了农村产权收储公司，注册资本 1 亿元。农村产权收储公司对农村集体建设用地使用权、农村土地承包经营权、农村房屋产权和集体林权等农村产权进行作价收购，并通过拍挂、出租、入股、委托经营、资产重组等方式进行再处置，从而有效防范农村产权在流转交易和抵押融资中出现的风险。

（六）强化土地流转行为管理

针对土地流转中可能出现的各种风险，成都积极加强对土地流转行为的管理：建立了市、县、乡三级土地承包流转管理服务机构，并实施土地流转使用巡查监管、土地流转合同备案、土地流转情况定期统计、土地承包流转经营纠纷调处四项制度；积极完善土地流转风险保障机制，将耕保基金的10%提作土地流转担保和农业保险补贴，探索试点土地流转行为担保，完善农业政策性保险政策，目前开设的险种已达到21 个，同时开展了土地流转履约保证保险试点。

专栏 2.3

防范土地流转风险的主要做法

作为全国第二批农村改革试验区，近年来，成都市在推进农村产权流转交易工作中，积极构建完善农村土地流转风险防范机制，收到了积极成效。其采取的主要措施如下：

一、创新建立土地“预流转”机制

按照土地流转相关规定，每户农户要与土地流入方签订书面流转合同，当土地流入方看好某一块地后，需通过镇、村、组逐一做群众工作，一方面造成签约周期长、人工投入大、成本增加等问题；另一方面，如遇个别农户漫天要价，导致流转合同难以签订，影响土地集中连片经营，甚至导致项目不能实施等问题。针对这些问题，成都从2014年开始创新探索建立土地“预流转”机制，具体做法是：在全面完成农村土地承包经营权确权登记颁证的基础上，充分尊重农民意愿，引导村组集体经济组织成立土地合作社或农业公司，按集体经济组织成员讨论确定价格，将农户分散的土地“预流转”至合作社或农业公司，由集体结合幸福美丽新村建设进行统一规划，确定主导产业，在成都农村产权交易所“挂牌”，对外公开招引经营业主。“预流转”期间，土地仍由农户自行耕种，一旦新的经营业主入场，农户按事先达成的“预流转”协议及时将土地交由业主经营。土地“预流转”机制的建立，有效解决了农户分散流转带来的弊端，促进了土地适度规模经营和特色产业集聚发展。迄今为止，土地“预流转”已在成都全域范围内推广，全市通过“预流转”方式规范、有序流转农地331.6万亩，推动建成高标准农田180万亩，形成了10个集中连片粮经高产高效产业示范基地和7个特色农产品精品园区。

二、构建土地流转规范交易机制

为有效规范农村土地经营权流转交易行为，成都建立健全了市、县、乡三级农村土地流转服务体系，加强对经营业主的审查和流转合同的规范，升级完善了农村土地流转管理服务系统平台，采用信息化手段，根据流转面积规模分级对土地流转合同进行备案管理。从2008年开始，成都按照“三级平台、四级体系”构架和“六个统一”标准，将农村产权交易所逐步建成覆盖全域的农村产权综合交易体系，形成了农村产权流转交易、价值评估、抵押担保和融资贷款一站式服务平台。在推动各类农村产权入场交易的同时，通过制定完善配套的制度办法，采取积极的财政扶持政策，着重引导农村土地经营权进入农村产权交易所，按照“公开、公平、公正”的原则，规范流转和交易，对进场交易的农村土地经营权，由农村产权交易所出具统一规范的交易鉴证书。

三、探索建立土地流转履约保证保险机制

农业产业的弱质性，主要表现在面临自然灾害和市场变化双重风险上。在土地流转过程中，一方面存在部分业主因项目选择失误、自身经营不善、遭受自然灾害等原因，中途“跑路”而导致农户土地租金“打水漂”的问题；另一方面，存在部分农户嫉妒业主经营效益好，强行收回流转土地，导致土地流转合同非正常终止的问题。针对上述问题，成都在认真贯彻落实农业部、中央农办、国土资源部等部委意见，完善土地流转风险保障金制度的基础上，按照“政府扶持引导、市场化运作”原则，探索建立了土地流转履约保证保险机制。通过引入商业性保险机构，设立土地流转履约保证保险产品，对农户和业主履行土地流转合同的行为进行保险，有效防范土地流转过程中失约带来的经济损失风险。保费一般按土地流转年租金的3%收取，农户承担20%，业主承担80%，地方财政给予农户和业主各50%的补贴。目前，成都已专门出台推进土地流转履约保证保险的意见，在全域范围内推广。2016年，全市土地流转履约保证保险参保面积21.6万亩，并力争三年内实现50亩以上农地流转参保覆盖面达90%以上。2017年5月，完成了首单土地流转履约保证保险赔付，金额31.75万元。

四、完善农村产权纠纷调处机制

一是建立健全农村产权纠纷调处组织体系。按照《成都市农村产权制度改革纠纷调处的指导意见》，成都建立完善了市、区（市）县、乡镇（街道）、村（社区）四级农村产权纠纷调处机制，及时快速处理涉及群众与农村产权相关利益的矛盾和问题；市、县两级统筹委、国土局、房管局、农业局、林业局等部门按照职能分工，均设立并公开咨询投诉电话，确定专人负责政策咨询、投诉受理、纠纷调处并跟踪办理情况。二是建立健全农村产权法律援助制度。组建了“成都市农村产权维护法律援助中心”，在区（市）县法律援助中心增挂“农村产权维护法律援助中心”牌子，在全国率先把农村产权保护纳入法律援助范围。截至2016年末，已开展农村产权维护法律援助宣传200余场次，发放资料近11万份，提供农村产权咨询12000余人次，化解和处理农村产权纠纷369件，较好地防止和纠正了侵害农村产权的行为。三是开展农村产权纠纷调解仲裁。在全国首创成立了“成都农村产权仲裁院”，为农村产权纠纷调处增设了仲裁新途径，主要解决除农村土地承包经营权纠纷以外的其他农村产权纠纷。截至2016年末，仲裁院共接收案件17件，争议标的额共计1702.8万元。农村产权纠纷仲裁机制的建立，有效增加了当事人的权利救济渠道，实现了明显的社会效益。成都农村产权纠纷仲裁工作荣获第三届“中国法治政府奖”。

第三节 形成以适度规模经营为特征的现代农业经营体系

成都农村产权制度改革所取得的成果，为积极稳妥地推进农村土地流转、加快发展农业适度规模经营创造了良好条件。截至2017年末，在全市485.5万亩的耕地流转面积中，流转形式以出租、入股和转包为主。其中，出租393.3万亩，占总耕地流转面积的81.0%；入股37.3万亩，占7.7%；转包44.1万亩，占9.1%；转让、互换、托管和其他方式流转10.8万亩，占2.2%。从产业来看，耕地流转从事粮油生产144.7万亩，占29.8%；从事蔬菜产业99.1万亩，占20.4%；从事花卉、水果等经作生产165.3万亩，占34.0%；从事观光农业27.9万亩，占5.7%；从事养殖业15.7万亩，占3.2%；从事农产品初加工、物流等27.9万亩，占5.7%；从事其他农业产业4.9万亩，占1%。在此基础上，成都在多个重点领域加大改革力度，大力推动以农业适度规模经营为特点的都市现代农业发展，实现了农业增效、农民增收、农村繁荣。

一、改善农业适度规模经营基础条件

（一）切实强化耕地保护

要实现土地集约化经营，首先必须对耕地进行严格保护。成都在推进农村产权流转交易工作中，始终不放松耕地保护，建立了新型耕地保护机制。一是完善土地保护总体规划安排。按照“全域成都”的理念，优化完善全市土地利用总体规划，在对全市耕地进行质量普查基础上，按土地质量和综合生产能力对耕地进行等级划分，实行耕地的分级保护。二是优化耕保基金的使用。成都统筹使用耕地占用税、市和县两级新增建设用地土地有偿使用费、一定比例的土地出让收入以及财政资金（目前全市每年提取资金约29亿元），设立了耕地保护基金。在耕地保护基金使用中，把耕地保护与健全农村社会养老、医疗保险体系和完善农业保险、防范农村产权流转风险结合起来，耕地保护基金的90%发给承担耕地保护责任的农户，用于农民购买养老和医疗保险个人缴费支出和其他支出；10%用于全市范围内耕地流转担保资金和农业保险补贴。

（二）大力推进土地集约化生产

2009—2016年，连续8个中央1号文件都强调要大力推进高标准农田建

设。成都认真贯彻落实中央部署，针对农田基础设施不完善、建设投入标准偏低、“重建设、轻管护”等问题，着力提升耕地质量水平，大力实施测土配方施肥、秸秆还田利用，加快建设旱涝保收稳产高产标准农田。2016 年，全市新建成高标准农田 50 万亩，累计 260 万亩。“十二五”期间，成都在高标准农田建设上投入了近 30 亿元，“十三五”期间还将继续加大资金投入力度，再增加 50 亿～60 亿元。《成都市高标准农田建设总体规划（2011—2020 年）》明确要在 10 年期间，建成 258.2 万亩集中连片、旱涝保收的高标准农田。其中，“10＋7＋3”是成都高标准农田建设的核心内容，即建设 10 个 10 万亩以上规模的粮经产业综合示范基地、7 个 2 万亩以上规模的现代农业精品园区、3 条都市现代农业示范带。此外，成都还着力加大基础设施建设力度，整合叠加使用中央、省、市涉农项目资金，引导社会资金加大投入，推进粮经产业成片规划、连片提升、集中发展、集约经营。

二、培育新型农业经营主体

目前，成都新型农业经营主体带动农户面已达 81.6%，农业产业化龙头企业、农民合作社、家庭农场等市场经营主体已经成为带动农民发展现代农业、实现持续稳定增收的中坚力量。近年来，成都坚持把培育发展农业市场经营主体作为构建新型农业经营体系、加快推进农业现代化的重要抓手，通过完善扶持政策、强化规范引导、创新体制机制，着力推动新型农业经营主体发展，有效提高了农业的市场化、组织化程度，促进了农业持续增效和农民稳定增收。成都还相继出台了支持龙头企业、农民合作社、家庭农场、农业职业经理人和农业行业协会的一系列政策性文件，市级财政加大对各类新型农业经营主体专项扶持资金的投入。截至 2017 年末，全市发展市级以上农业龙头企业 513 家，其中国家级 26 家、省级 129 家；发展各种类型、不同层次的农民合作社 10715 家；培训农业职业经理人 9142 人、新型职业农民 3 万人以上。这些新型农业经营主体已成为成都现代农业建设的主导力量。

（一）强化财政资金支持

成都市人民政府为了有力促进做大做强农业产业化龙头企业、加快发展农民合作社、加快推进家庭农场发展和加强农业职业经理人队伍建设等，专门制定政策扶持新型农业经营主体发展，并注重政策的落实。在强化支农资金整合的基础上，市级财政每年安排预算不少于 1 亿元的新型农业经营主体专项扶持资金，其中农业产业化龙头企业专项扶持资金 6000 万元、农民合作社专项扶持资金1200万元，家庭农场扶持资金1000万元、市级涉农协会奖补资金300万元，农业职业经理人专项资金1200万元，支持有条件的新型农业经营主体开展自身能力提升建设、实施现代农业产业发展项目、加强基础设施建设、创建特色农产品品牌、完善农产品营销体系等，加上其他农业专项资金和区（市）县配套资金，每年全市各级财政用于扶持新型农业经营主体发展的资金超过5亿元。

（二）完善配套扶持政策

在加快农产品加工业发展、加强都市现代农业招商引资等工作方面，成都市人民政府制定了配套政策性文件20余个，从土地使用政策、产权确权颁证、抵押担保融资、政策性农业保险等方面全方位为新型农业经营主体提供政策支持保障。率先在全国建立农产品加工项目使用集体建设用地补贴机制，率先在省会城市和副省级城市中推出蔬菜和生猪目标价格指数保险。对龙头企业，明确了经营上台阶、品牌创建、企业上市等方面的奖励补贴政策；对合作社和家庭农场，明确了发展农产品加工、开展粮食规模经营、实施“农超对接”[①] 的配套奖励扶持政策，并纳入农业产业化、设施农业发展、“菜篮子”工程建设、小额信贷保证保险、准公益性贷款扶持范围，鼓励金融保险机构为农民合作社和家庭农场提供土地经营权、农业设施所有权等农村产权抵押融资；对农业职业经理人，明确了领办和新办生产基地、农机购置追加补贴以及购买城镇职工养老保险、信用贷款授信等相关配套政策。

（三）引导规范健康发展

成都根据不同圈层、不同地域、不同行业、不同产业的特点，有针对性地引导规范新型农业经营主体发展。在做好农业招商引资的基础上，鼓励引导有条件的龙头企业按照现代企业制度开展生产经营，进一步做大做强；积极支持和引导农户在自主自愿的基础上组建农民专业合作社，重点支持农户采取自愿联合、土地入股方式组建实体经营的土地股份合作社；支持有条件的农户或社会业主租赁流转农地设立家庭农场，发展特色种养业和农业适度规模经营；加强农业职业经理人的培养教育，引导一批有志者进入农业领域。全市制定出台了龙头企业、农民合作社的示范章程，并通过不同形式的培训，指导新型农业经营主体完善相关的内部管理制度，定期组织农业项目申报，

① “农超对接”是指超市直接向农产品生产者采购农产品，或者农产品生产者直接把自己生产的农产品出售给超市的一种新型农产品物流体系。

开展农业项目检查验收。全市每年开展新型农业经营主体培训超过3万人次，促进新型农业经营主体规范健康发展。

（四）创新经营体制机制

在贯彻落实和大力推动农村土地“三权分置”工作中，成都市人民政府鼓励和引导新型农业经营主体采取入股、租赁、转包等多种方式流转土地，促进适度规模经营发展；支持各类新型农业经营主体围绕实施“米袋子”“菜篮子”“果盘子”工程，建设集中连片特色产业基地，发展休闲观光农业，推动三大产业融合发展；支持采用电子商务、会员直销、现场采摘、品牌推广等现代营销手段开拓市场。鼓励引导新型农业经营主体运用农村产权改革成果，以产品、资金、技术、土地、劳动力等要素开展联合与合作，在农业经营体制机制上进行探索创新。总结推广以“土地股份合作社＋农业职业经理人＋社会化服务”为核心的“农业共营制”、“土地预流转＋履约保证保险”的规模经营新方式、“生产全托管、服务大包干”的生产经营模式和“两股一改”的农村集体股份化改革等创新机制，为推动新型农业经营主体发展、构建新型农业经营体系探索了新路、积累了经验。

（五）加强试点示范建设

为促进新型农业经营主体规范发展，成都市人民政府制定了市级重点龙头企业、市级农民合作社示范社、示范性家庭农场和不同级别农业职业经理人的管理办法和评定标准，每年按照农业市场经营主体的经营状况、产销业绩、带动能力、内部管理和盈余分配等情况，采取公开、公平方式，评选公布一批市级重点龙头企业、示范性农民合作社和示范性家庭农场，并给予新获批示范性合作社和家庭农场各10万元的奖补资金支持，定期向省、部推荐申报省级和国家级龙头企业、农民合作社和家庭农场；每年评选表彰十佳优秀农业职业经理人，为其提供创新创业资金支持。通过发挥示范引导和引领带动作用，有效促进了全市农业市场经营主体依法规范经营。

专栏2.4

以产业化龙头企业为核心的现代农业经营体系发展实践

——以联想佳沃集团为例

联想佳沃集团借助自身在长期投资、运营管理、品牌信誉等发展现代农业方面的优势，用了3年时间在全球进行全方位考察，最终选定在蒲江发展蓝莓和猕猴桃产业。蒲江地处成都龙门山脉，不仅气候湿润，地势平缓，土壤酸碱度最佳，最适合猕猴桃种植，而且具有良好的农业农村改革环境。联想佳沃集团进入蒲江后，在当地政府支持下，经过几年的不懈努力，已初步构建起“龙头企业＋农民土地股份合作社＋家庭农场”的现代农业经营体系，其中自建标准化猕猴桃产业园区1万亩，并以此作为示范，带动形成了9万亩猕猴桃产业基地，它是工商资本下乡在成都的典范，为工商资本参与现代农业农村建设作出了创新性的探索。

第一，实施“三全”战略，打造猕猴桃国际化、世界级产业基地。一是全产业链运营，建立从品种选育、种植管理、采摘分选到冷链物流和营销网络的全流程业务模式。二是全球化布局。联想佳沃集团在智利、新西兰收购和建立农业基地，在蒲江已建成1万亩猕猴桃种植核心基地、万吨冷链物流中心，蒲江猕猴桃产业已经纳入联想的全球化战略布局，将与联想的其他农业产业共享全球化的基地、市场、技术、品种、品牌等资源。三是全程质量可追溯。建立从种植基地地块到客户手中产品的全程可追溯系统，实施责任到人的质量管控体系，详细记录全程信息。目前，联想佳沃集团在成都的公司已牵头成立蒲江猕猴桃协会，积极参与蒲江县政府实施的“猕猴桃质量安全监管服务体系”建设，实现了从田间到餐桌、全程可追溯的猕猴桃质量监管。

第二，引入IT企业委托设计与制造原始设计制造商（Original Design Manufacture，ODM）的生产模式，构建现代农业经营体系。借鉴IT企业委托设计与制造ODM生产模式经验，建立统一品种授权、统一作业标准、统一品质监管、统一农资农具、统一销售产品、统一协助融资为核心的“六统一”标准管理体系，建立适合蒲江发展的现代农业经营体系。联想佳沃集团通过整合各利益主体的优势资源，实现农业产业扩张和规模经营，并与经营主体共同分享种植、加工和销售环节的利润，实现猕猴桃产业由过去传统的农户分散种植经营模式升级为现在的信息化、工业化的联动发展模式。在此基础上，进一步完善利益联结机制，提高农民的市场组织化程度，主要体现在：一是大力实施“公司＋农民土地股份合作社”模式。农民土地股份合作社中，农民以土地承包经营权入股，占总股份的95%；公司以现金入股，占总股份的5%。公司又与农民土地股份合作社共同组建股份合作公司，在股份合作公司中，农民土地股份合作社以入股农户的土地承包经营权折价入股，占总股份的30%；公司以资金、专利品种、种植技术、管理等要素折价入股，占总股份的70%。合作双方共同分享种植、加工和销售环节的利润，形成龙头企业与农民的多方利益共同体。目前，蒲江县已经成立农民土地股份合作社3家、股份合作公司1家，涉及农民650余人，承包土地1500多亩。二是推行“公司+家庭农场”模式。家庭农场是联想佳沃集团着力培养的合作对象，对拥有30亩以上猕猴桃种植的家庭农场主，承诺实施“六统一”标准管理体系，由公司负责专利品种提供、种植技术指导、质量检测以及市场销售。家庭农场则要按公司统一标准种植，建立质量追溯体系，确保生产全程可控。公司与家庭农场按照4∶6进行利益分成，实现双方稳定的利益回报。目前，公司已与全县31个家庭农场实行合作，种植面积4200多亩。三是探索“大园区+小业主”模式。联想佳沃集团将整个猕猴桃标准化种植园划分为20～30亩一个单元，通过竞争方式返包给符合条件的新型农业经营主体，返包者需严格按照公司“六统一”标准进行生产管理，公司按返包面积和管理质量支付相应的报酬。目前，与公司签订返包协议的新型农业经营主体达155个，面积3000余亩。

第三，拓宽销售渠道，实现农民增收。联想佳沃集团通过经营机制创新，提升了全县猕猴桃种植标准、农资规范、质量控制、科学作业水平，形成了初具国际化的世界级猕猴桃产业基地雏形。目前“蒲江猕猴桃”公共品牌价值已达10.55亿元。蒲江猕猴桃高端品牌“柳桃”联合天猫进行线上销售，产品远销欧洲、东南亚等地，果农通过分享公司品牌溢价，实现了收入增长。

联想佳沃集团致力于猕猴桃产业链条上微笑曲线的两端，农民土地股份合作社和家庭农场致力于基地生产管理，在获取生产环节利润的同时，分享加工和营销环节的利润。未来，联想佳沃集团将进一步携手家庭农场等新型农业经营主体，健全佳沃特色现代农业经营体系，引领成都猕猴桃产业走向世界。

三、创新农业适度规模经营方式

从土地集中和集约化生产的形成路径看，成都农业适度规模经营方式大致分为以下六类。

（一）家庭适度规模经营

种养大户或家庭农场通过租赁流转取得周边农户承包土地的经营权，发展家庭适度规模经营。截至 2017 年末，全市种养业大户已发展到 4610 户，规模经营土地面积 37.1 万亩，平均每户经营面积 80.5 亩。工商注册的家庭农场 5330 家，规模经营土地 36.7 万亩，平均每家经营面积 68.9 亩。家庭农场经营已成为成都家庭适度规模经营的升级版。

（二）专业合作经营

农民专业合作社集中流转土地，建设农产品生产基地或园区，实行统一种植和养殖品种、统一农资采购供应、统一生产技术标准、统一病虫害防治、统一品牌包装销售等“五统一”生产经营和服务。截至 2016 年末，全市专业合作社共建设粮经复合产业基地 350.2 万亩（含复种），为保障农产品质量安全和城乡居民“米袋子”“菜篮子”“果盘子”产品有效供给作出了积极贡献。

（三）企业租赁经营

承包农户将土地经营权自主或委托集体经济组织租赁给农业企业。农业企业自主开展生产经营，农民按流转合同约定定期获得土地租金收入，同时也可进入农业企业务工而获得劳务收入。截至 2017 年末，全市规模经营土地的农业企业超过 8227 家，经营规模 90.2 万亩。

（四）土地股份合作共营

由土地股份合作社选聘农业职业经理人，配套社会化服务体系，形成“土地股份合作社 + 农业职业经理人 + 社会化服务”三位一体的“农业共营制”模式，开展规模化、标准化、集约化和品牌化经营。截至 2017 年末，全市共有 1901 家土地股份合作社采用“农业共营制”经营模式。“农业共营制”已成为成都创新农业经营体系享誉全国的亮点。

专栏 2.5

基于土地股份合作的“农业共营制”

“农业共营制”是以“土地股份合作社 + 农业职业经理人 + 农业社会化服务体系”为核心的新型农业经营体系的简称，主要做法如下：

一、成立土地股份合作社，破解农业“谁来经营”难题

成都紧扣“放活土地经营权、发展适度规模经营”目标，运用土地承包经营权确权登记颁证成果，积极探索推广以土地经营权入股成立土地股份合作社，解决新形势下农业“谁来经营”问题，推进农业经营组织化、规模化。一是创新组织形式。按照“入社自愿、退社自由、利益

共享、风险共担”原则，引导农户以土地经营权量化入股，经工商登记注册成立土地股份合作社。合作社按照章程选举产生理事会、监事会和理事长、监事长，健全法人治理结构，推进规范建设。其中，村集体经济组织、农业企业、种养大户等领办或参与组建土地股份合作社的，严格区分其与合作社之间的产权，确保土地股份合作社独立经营、运转顺畅。二是规范运行机制。借鉴现代企业管理制度，公开选聘农业职业经理人，构建了“土地股份合作社＋农业职业经理人”运行机制。合作社社员全程参与生产决策、农业职业经理人选聘、分配方案确定等。理事会代表社员决策“种什么”，负责选聘农业职业经理人，并与其签订聘用合同，明确产量指标、生产费用、奖赔责任，在明确生产目标的基础上实行超奖减赔。农业职业经理人负责“怎么种”，提出具体生产意见、生产成本预算、产量指标等，交由理事会讨论通过后执行，并负责统一组织生产管理，实行能人科学种田。生产经营资金由社员自行筹集，或由合作社将土地经营权授予农业职业经理人，通过抵押贷款筹集等方式，由理事会统一管理，将收支与分配情况及时公示，接受社员和监事会监督。三是强化利益联结。通过灵活多样的分配方式，切实保障农民利益。在收入分配上，以按股除本分红为主，收益由农业职业经理人与合作社在聘用合同中协商确定，经营利润一般按1∶2∶7的比例分配，即10%作为公积金、20%作为农业职业经理人佣金、70%作为社员土地入股分红，同时辅之以超产分成、二次分红等其他分配方式。

二、培育农业职业经理人，破解农村“谁来种地”难题

按照“因需而培、培而有为”原则，搭建四个平台，积极培育懂技术、会经营、善管理的农业职业经理人，解决“谁来种田”“谁来种粮”“谁来带头”问题，推进农业生产专业化。一是搭建培训平台。采取自愿报名与乡镇推荐相结合，再由农业部门审查的办法，把符合条件、有意愿从事农业生产经营管理的人员纳入培训计划，免费开展法律法规、种养技术、科技管理、市场营销、电子商务、食品安全、农村金融等知识培训，重点把有一定文化程度和农业生产管理技能的种养能手，以及投身农业的返乡农民工、城镇居民、复员转业军人等人员培养成为适应现代农业发展的农业职业经理人。目前，成都正在整合涉农科研教育机构的培训资源，组建成都农业职业经理人学院。二是搭建管理平台。成立农业职业经理人评价委员会，健全选拔、培训、评定和考核等机制，对经培训考核合格、符合认定条件的，颁发“农业职业经理人资格证

书”，并建立市、县两级农业职业经理人信息库，实行行业准入及动态管理。每两年从职业素养、业绩、诚信等方面组织考核，对业绩突出的予以提升等级，对考核不合格的予以降低等级或取消资格。目前，成都取得资格认证的农业职业经理人达到7903人，其中高级99人、中级2446人。三是搭建发展平台。以土地股份合作社为载体，为农业职业经理人提供创业平台，推进农业职业经理人规范化管理考核、专业化生产经营。建立“农业职业经理人之家”，公开农业职业经理人特长、绩效、诚信等动态信息，采取优先推荐、公开竞聘等方式，实现土地股份合作社与农业职业经理人的双向选择。同时，组织开展十佳农业职业经理人评选等活动，促进农业职业经理人全域交流选聘，优化人才资源的配置和使用。四是搭建扶持平台。市、县两级设立农业职业经理人专项培训经费，并纳入本级财政预算。制定粮食规模种植补贴、城镇职工养老保险补贴、信用贷款贴息扶持等配套扶持政策，激发农业职业经理人的创业热情。如以上一年度全省在岗职工月平均工资的60%为缴费基数，缴费费率为20%，财政补贴12%，支持农业职业经理人以个体身份参加城镇职工养老保险；参加成都政策性农业保险的，自缴保费部分由市级政策性农业保险专项资金补助20%；符合粮食规模化经营扶持政策的，奖补标准上浮10%；符合设施农业补贴政策的，补贴标准上浮10%。

三、健全社会化服务体系，破解农业“谁来服务”难题

通过政府引导、市场参与、多元合作，探索构建农业科技、公用品牌、农村金融和综合服务四大体系，解决农业“谁来服务”问题，推进农业服务社会化。一是构建新型农业科技服务体系。依托“一校两院”（四川农业大学、四川省农业科学院、成都市农林科学院），建成农业专家大院，入驻专家105人。通过政府补贴、有偿服务、项目提成等激励机制，构建“领衔专家+科技推广团队”与“农业职业经理人+新型职业农民”上下互通的农业科技服务体系，解决了农业科技服务“最后一公里”问题。二是构建农业品牌服务体系。鼓励和支持区（市）县注册区域型综合性农业公用品牌，支持合作社注册企业品牌、产品品牌，建立“公用品牌+土地股份合作社+农业基地”联结机制，构建从田间到餐桌的全程质量监控机制，实现品牌农产品质量可溯源。公用品牌按约定方式授权使用，推动了农业的标准化。目前，全市培育了“西蜀巧妹”“仟佰上善”“文井源”“田岭涧”等农业公用品牌。三是构建农村金融服务体系。健全农村产权融资担保中心、农村产权交易服务中心、农村

土地承包流转服务中心，探索建立农业农村投融资体制，探索实践农村产权抵押贷款、农业经营主体信用贷款、农业产业风险互助、合作社社员资金互助，从制度上构建农村金融服务体系。四是构建农业综合服务体系。整合公益性服务资源，培育发展技术咨询、劳务服务、农机作业、农资配送、专业育秧、病虫防治、粮食烘储和粮食银行等经营性服务机构，依托统一规划建设的农业综合服务站，搭建“农业服务超市”，服务项目、内容、质量和价格公开出示、明码标价，产前、产中和产后各环节的服务需求一站式配套到位，供服务对象询价、比价、自由选择。

“农业共营制”这一创新模式通过发展土地股份合作社，既坚持和完善了农村基本经营制度，探索创新了“三权分置”的有效实现形式，又保障了农民的决策权、收益权，让农民“离地不失利”；通过培育农业职业经理人、构建多元开放的农业社会化服务体系，极大地改变了农民种田的传统思维，促进了农业专业化、规模化、标准化和品牌化，有效破解了农业生产经营中“地碎、人少、钱散、缺服务”四个制约和“谁来经营”“谁来种地”“谁来服务”三个难题，实现了经营主体“共建共营”、经营收益“共营共享”、经营目标“共营多赢”。

（五）“大园区+小农场”

由政府引导、统一规划、统一规模流转土地，建立现代农业园区或基地，配套完善基础设施，进而引导合作社成员或其他种植大户进入园区，通过单元化流转土地发展家庭农场经营。园区、基地实行规范化管理，大户和家庭农场围绕规划的特色产业，按照统一的技术要求、质量标准和产品品牌，开展标准化、规模化、集约化经营。

（六）“农户+合作社+专业机构”托管经营

农民或其他土地规模经营业主与专业化公司或合作社签订托管协议，采取“生产全托管，服务大包干”方式，把生产管理、收割、仓储、运输、销售环节的繁杂农活委托给专业机构打理。截至2017年末，全市土地托管的规模达到24.8万亩，主要分布在成都温江、青白江、都江堰、崇州和新津等地，在粮食、茶叶、伏季水果产业上均有运用。

近年来，成都围绕转变农业发展方式，重点探索推广以“土地股份合作社+农业职业经理人+社会化服务”为核心的“农业共营制”，以及“生产全托管，服务大包干”“土地预流转+履约保证保险”“大园区+小农场”等经营方式，有力地促进了农业产业转型升级在部分区县的加速实现，现代化农业经营体系已经初步成型。

专栏 2.6

创新机制推进农业适度规模经营改革实践

邛崃市冉义镇自推进实施高标准农田建设以来，引入各类新型农业经营主体41家，其中有27家粮油种植合作社，形成了1.2万亩粮经复合、种养循环的优质高效现代农业产业基地，全镇98%的土地实现了规模化经营。这些种粮合作组织成为冉义镇促进农业适度规模经营的新生力量，它们的生产经营状况直接影响着冉义镇现代农业产业的发展。以前，粮食经营主体大都各自为政，相互间恶意杀价，把粮食卖给小商小贩，虽然是规模化经营，但是却把生产环节节约的成本消耗殆尽于销售环节，经营效益很低。如何推进机制创新，破解规模种植效益不高的难题，成为推进农业适度规模经营必须解决的课题。邛崃市在推进经营体制创新实践中，通过建立土地股份合作联社（以下简称合作联社）的方式，找到了破解这一困局的有效方法。

一、建立合作联社

适度规模经营不仅包括土地经营规模的扩大，也包括经营方式、技术水平和组织形式的配套与创新。当前，新型农业经营主体虽然具备规模生产的技术与经验，但普遍缺乏有效的管理能力，尤其是在缺乏有效组织的情况下，其在市场竞争中始终处于被动地位，生产效益也很难得到提高。找到了问题的症结后，邛崃市便将改革的重心转到创新经营组织体制上来。2015年8月6日，在成都市农业委员会指导下，邛崃市首个农民专业合作联社——成都市稻香土地合作联社在冉义镇成立。该联社主要由邛崃市共富土地专业合作社、邛崃市园林土地种植专业合作社、邛崃市欣阳土地种植专业合作社等10家村级土地股份合作社，27家粮油种植合作社和4家农机专业合作社组成，旨在从生产到销售实现对合作联社各成员的全流程服务。为了确保合作联社的有效运行，对规模种植面积设定了必须达到50亩以上的限制条件，社员按照种植面积每亩10元/年缴纳会费，不足1000元的按照1000元缴纳；合作联社与新型农业经营主体按照5∶5进行收益分配，合作联社的收益部分按照2∶3与村土地股份合作社进行分配，土地股份合作社的收益部分按照土地入股比例分配给农户。土地合作联社的建立，实现了冉义镇土地规模经营物资采购、技术服务、生产品种和市场销售的四个统一，组织制度的建立保证了适度规模化生产经营的效益。

二、防范土地流转风险

土地流转、资金周转、产品质量等风险都会对粮油生产经营构成直接威胁。为了综合解决好这些问题，邛崃市政府及相关职能部门在深入调查基础上积极研究应对之策。一方面，研究制定了《邛崃市农村土地流转风险防范机制实施意见》，通过引入第三方担保机构，为土地流转提供担保，担保费为交易额的3%（其中，流入方承担2.5%，流出方承担0.5%），政府财政分别给予流入方和流出方40%和60%的财政补贴，加快了土地的流转。目前，冉义镇的福洲、民兴、友良三家种植专业合作社都办理了土地流转行为担保，涉及担保土地面积3100多亩，缴纳担保费5万余元。另一方面，制定了《邛崃市农村产权抵押融资风险基金使用实施细则》，与上级有关政策相衔接，即按照市财政和本级财政7∶3的比例建立农村产权融资风险基金。同时，邛崃市农林局加快对冉义镇种植合作社土地经营权证的颁发，积极推动新型农业经营主体运用土地经营权证办理抵押融资，促使土地经营权在抵押赋能上迈出可喜步伐。

三、拓宽经营销售渠道

为了解决新型农业经营主体粮油卖不起价、经营收益低等问题，冉义镇通过发挥合作联社在综合服务方面的优势，积极参与市场营销，开辟了农产品销售新渠道。一是以加工促销售。冉义镇政府与合作联社的共同努力，实现了与成都军区军供粮加工基地的合作，充分利用部队完善的销售渠道，采取代加工方式扩大了产品营销。二是以品牌促销售。合作联社将27家粮食种植专业合作社联合起来，在科学种植的基础上努力打造品牌效应，并以地域特色申请注册了“冉义贡米”商标，通过统一包装、绿色认证、二维码溯源、统一商品规格和统一经营销售等综合方式营销，使产品品牌得到市场认可，有效地解决了单一合作社对接市场难的问题。三是以大客户促销售。合作联社将冉义镇几十家新型农业经营主体集中起来，形成了约15000亩的粮油生产规模，其产品品质和生产成本在市场中占有明显优势，市场地位显著提高，由此受到中粮集团的关注，双方签订了高于市场价格0.1元/斤的粮食收购供销合同。这样的联合既避免了合作社之间相互竞争引起的内耗，实现了共赢，也增强了新型农业经营主体生产经营的实力，提高了其投入生产的积极性。

四、采用现代化生产管理方式

合作联社的抱团式发展，使冉义镇实现了从生产经营到产品销售的专业化分工管理，促进了合作联社的有效运行。一是统一物资采购。它们与亚太、云农场等农村电商平台合作，为成员提供高效的线上服务，从线上选择优质优价和可追溯的农业生产物资企业，保证了物资供应的质量与安全；通过线下比选，筛选出符合资质条件的良种、化肥、农药等优秀龙头企业，供合作联社成员选择，并与选中的企业统一签订购买协议。二是专业化田间管理。合作联社与四川省农业科学院、四川农业大学、成都农业技术科学院等签订种植项目合作协议，组建专家团队，及时为新型农业经营主体提供种植技术服务与培训指导，推广示范宜香2115、精优、Y良优等良种种植。合作联社充分利用市场化服务方式购买植保服务，有效解决了粮油种植的绿色达标与病虫害的专业化系统防治问题。它们还积极开展土壤改良工作，配合市级主管部门开展土壤环境检测，确定26个土壤污染监控点，推行测土配方精准种植，依托本地粪污转运合作社将畜禽粪便转化为绿色农家肥，实行种养结合，同时采用秸秆粉碎翻耕还田技术，促进了土壤质量的改善。三是机械化播种收割。合作联社充分发挥自己的农机合作社作用，为联社成员提供统一的机械化播种收割服务，相较之前的分散服务，降低了农机具的市场交易成本和运输成本，提高了土地适度规模经营的机械化水平。四是团队式营销服务。合作联社建立了专业的市场营销团队，参与粮油的市场价格谈判与销售渠道的拓展，帮助新型农业经营主体减少了询价成本，加之销售渠道的拓展与畅通，有效地维护了经营者的利益。

上述案例展示出农业适度规模经营的实际面貌，即从育苗播种、田间管理到作物收割的全流程标准化生产，建立了执行监督档案，进行数据跟踪，保证了粮油产品质量安全，提高了农业适度规模经营效益。合作联社的建立，让新型农业经营主体看到了搞好农业生产经营的希望，也提高了他们投入生产的热情，有力地促进了农村土地的有序流转。

四、建立完善现代农业服务体系

（一）大力推进农业农村科技改革

一是大力支持农业科技人员创新创业。成都市科技局、成都市农业委员会共同印发了《成都市激励农业科技人员及大学生创新创业的政策措施》；组织开展油菜优质高产栽培技术沙龙、休闲农业与农事教育沙龙等各类创新创业活动12场，吸引农业创客近1000人参加；对获评“十佳”“优秀”农业创新创业项目的，分别给予10万元、5万元创业资金支持。二是推进农业科技体制改革试点，深化校院协同创新、产学研有机融合，共建现代农业产业技术研究院，探索农业领域产业技术研究市场化运作的新方式。围绕科技成果转化、科技人员兼职取酬和领办创办科技型企业等政策，激励农业科技人员创新创业，增强创新创业活力。三是加快构建新型农村科技服务体系。引导高等学校、科研院所开展科技服务，推行科技特派员制度，鼓励支持科技特派员深入一线创新创业。探索"互联网+"农村科技服务新模式，以成都农业科技创新创业服务平台和农村科技信息服务站为依托，采取"线上+线下"的服务手段，开展农业科技创新创业服务，为农业农村转型发展提供完善的农村科技服务保障。

（二）不断创新财政投入支农方式

为了更好地发挥政府财政资金在支农中的作用，成都市人民政府提出改进财政投入支农新方式：一是完善财政支农配套政策，逐年加大财政资金投入，建立了耕地保护基金、现代农业发展基金、高标准农田建设基金等，充分发挥财政资金的引导作用，共撬动社会资本投入农业300多亿元。二是创新涉农资金投入方式。整合投向相近、目标相似和来源不同的各项涉农资金集中投放，综合运用投资引导基金、以奖代补、贷款贴息、保费补偿、风险补偿和融资担保等方式，放大财政政策效果。市级支农项目整合归类为5项，各级各类涉农补贴资金超过40亿元。三是提升财政资金使用效能。强化财政资金使用绩效，推进支农资金"补"改"投"，探索将财政投入形成的资产股份量化分配给农户或农民合作社社员持有和管护，发挥财政资金使用效能。全市财政资金资产股权量化达到1.2亿元。四是推进农业水价综合改革，健全推进农业水价综合改革工作机制，结合中央和省市财政农田水利建设项目，将改革成本纳入项目预算，从制度上保障该项改革顺利推进。

（三）完善农业社会化服务体系

近年来，成都市人民政府结合推进供销合作社综合改革，不断配套完善农业社会化服务体系：一是构建功能完备、运行高效的供销服务体系，制定了《成都市深化供销合作社综合改革实施意见》，通过构建新型组织体系，探索"供销合作社+农村合作经济组织联合会+为农服务中心（站，下同）"和"综合服务社+村集体经济组织+农民合作社"的有效实现形式，健全完善与农民的利益联结机制和基层治理结构。二是积极推进为农服务中心建设。以土地托管为重点，推动农业适度规模经营，支持供销社建设经营性与公益性相结合的为农服务中心。目前，成都市、县两级财政投资 6.6 亿元，全面建成了 146 个标准化农业综合服务站，围绕农业企业、农民合作社和家庭农场的需求，提供订单式、托管式等经营性服务，发展农机租赁、农资配送、劳务服务、粮食烘干、仓储营销和冷链物流等社会化服务组织。全市农业社会化服务组织已发展到 4603 家。三是大力开展“互联网 + 供销社”行动，发展农村电子商务，依托基层供销社，建设区域品牌线下体验店和物品自提点，加快构建县到镇、村双向运行电商物流体系。四是持续拓展供销社社会化服务内容，以农业服务中心为依托，积极开展土地托管、农资供应、技术咨询、农机作业和病虫统防等多种社会化服务，探索财务代账、档案管理、涉农审批和法律咨询等代理服务试点。

第四节　农业农村改革背景下的农村金融改革

大力推进农村产权制度和建设现代农业经营体系等改革，为成都农业农村带来了深刻变化：农村产权制度改革优化了土地资源配置，带来了经营规模的扩大和科技投入的增加，激活了更多的生产要素，提高了土地产出率、资源利用率和劳动生产率，全市 20 亩以上土地适度规模经营 311.7 万亩，占总耕地面积的近 50%。构建新型农业经营体系带动了农业产业转型升级和新型农业经营主体的加快成长，丰富了农业综合服务内容，催生出多样化的产业新业态，促进了农业产业链和价值链的延伸，全市新型农业经营主体带动农户面达 81.6%。提升农业现代化水平促进了农业市场化程度的逐步提高，推进了集中成片的标准化农产品基地和农业园区建设，加快了农业优势特色产业、高端种业和设施农业的发展，提升了农业机械化、信息化和品牌化水平，全市建成标准化、规范化的现代农业产业示范园区 145 个、示范基地 253 个，农机化率达 68%。可以看出，成都农业农村改革所取得的成果，已经深刻地改变了农村金融的基础条件。

一、农业农村改革与农村金融改革关系

农业农村改革决定农村金融改革。从 2003 年统筹城乡发展开始，成都在多个领域加大改革力度，促进了现代农业经营体系的形成，既改变了农村金融运行的基础条件，又对农村金融服务提出了更高的要求，主要体现在以下四个方面：

一是迅速扩大的农业适度规模经营，要求金融由小微额度的经营模式尽

快向小微、中小、大中额度相互协调的经营模式转变。这种转变一方面需要金融机构通过对自身经营管理、内设部门和业务流程进行调整和改进，增强其对农业适度规模经营发展的适应能力，另一方面则需要通过健全农村金融组织体系，以不同金融机构类型的多样化服务来满足规模层次更加丰富的农业经营。在当前农村金融机构类型较少、竞争不够充分的情况下，健全宽领域、广覆盖、可持续的农村金融组织体系显得尤为重要。

二是农业产业转型升级、新型农业经营主体快速成长和农业综合服务配套跟进，要求金融服务由传统的、同质化服务方式尽快向现代的、差异化服务方式转变。在新的农村经营体系形成过程中，新型农业经营主体已经成为促进农业产业转型升级的重要力量，它的出现从根本上改变了农业的生产经营方式，实现了土地的集约化经营，资金需求也由原来的以农户为主变成了以新型农业经营主体为主。农业综合服务的配套与完善，促进了农业产业链和价值链的形成，由单一的生产经营，逐步向为生产服务的诸如烘焙、冷藏、储运、加工、质检、农机租赁和物流配送等综合经营延伸，集约化生产代替了农户的分散生产。体验式农业、休闲农业、观光农业和旅游农业的兴起为农村带来了更多的商业机会。这些对如何加快农村金融产品和服务方式创新提出了严肃而紧迫的课题。

三是新兴农业生产经营模式带来的农村资金需求主体的变化，要求农村信用信息数据库的建设把新型农业经营主体作为信息采集的重点对象。新型农业经营主体已逐步并必将成为农业适度规模经营的主要力量，它的快速成长对于实现我国农业农村现代化有着重要意义。因此，建设新型农业经营主体的信用信息数据库已经迫在眉睫。它不仅对于培育新型农业经营主体守信光荣、失信可耻的诚信意识，减少交易成本意义重大，也有助于明晰新型农业经营主体与农村各类产权的关系，完善农业产权管理，建立农村信用信息公共服务制度，改善农村金融服务。它是农业农村改革的基础，更是农村金融改革的基础。为此，需要确立农村信用体系的建设原则、建设主体和建设方法，密切地方政府与人民银行分支机构的协同与配合，加快促进地区金融生态环境优化。

四是现代农业发展和农业市场化程度的提高，要求金融改革由单兵突进的方式尽快向政府与金融互动协调的方式转变。现代农业发展和农业市场化程度的提高，集中体现在土地适度规模经营、农业技术投入增加、高标准农田建设、经营专业化技能提高、农业产业转型升级和农村要素市场形成等方面。这为明晰农村产权和对其确权登记颁证奠定了重要基础，也为扩大对农村产权赋能和增加农民的财产性收入创造了良好条件，有力地促进了农业的市场化发展。金融的市场化与农业的市场化实现有效对接，比如把新型农业经营主体的信用资源转化为信用资本，寻找解决融资难、融资贵的有效方法；又如，实现政府的财政政策和金融政策协调融合，提高政策对市场资金的引导效能；再如，实现抵贷资产的市场化处置，激发金融对产权类融资的创新动力等，所有这些都要求我们必须加强制度建设、财政和金融政策互动和要素市场培育等，促进农村金融资源合理配置。

二、成都农村金融服务综合改革的提出及分项改革思路

农业农村改革决定农村金融改革；反之，农村金融作为农村经济的血液，在逐步健全、加快创新和不断优化的过程中，也将对农业农村改革的进一步深化起到积极的推动和促进作用，进而形成农业农村改革和农村金融改革的良性互动。

随着我国农业农村改革的深入推进，农村金融的基础条件也在发生深刻变化。过去，在家庭为主的传统经营模式下，农户作为金融的主要需求者，对资金的实际需求量不大，对金融的多样性服务要求也不高。近年来，受到农村土地制度改革的激励，农业经营模式的创新速度日益加快，新型农业经营主体逐步替代农户并成为农村金融服务的主要需求者，资金需求量和金融服务要求也不断提高。这一变化说明，农业农村发展的阶段不同，农村金融改革的基础条件也不相同。面对不同的基础条件，农村金融改革突破口会呈现出很大差异。面对传统农业，解决农村金融问题的关键是从农村金融供给端发力，实现农村金融的宽领域和广覆盖；面对现代农业，农村金融改革的关键则是从农村金融需求端发力，由政府为其提供必要的环境和条件。无数事实表明，如果对上述差异不加以区别，或者不能准确找到农村金融改革的关键点，就会导致改革出现偏差。

2015 年 7 月，中国人民银行、国家发改委、中国银监会、中国证监会、中国保监会和四川省人民政府联合制定印发了《成都市农村金融服务综合改革试点方案》，使成都市成为全国首个农村金融服务综合改革的试点城市。按照试点方案所确定的指导思想、基本原则和主要目标，结合成都的农业农村改革与发展实际，成都确定了以下四项改革内容：一是完善金融组织体系，包括分类推进金融机构改革、鼓励发展新型农村金融机构和组织、探索开展农村地区普惠金融综合服务等。二是创新金融产品和服务方式，包括创新农村多元化的财产权抵（质）押方式、改进信贷管理模式、加大对重点领域的

金融支持力度、完善担保机制、创新涉农保险服务等。三是优化金融生态环境，包括完善农村守信激励和失信惩戒机制、加强农村征信市场培育、探索统一的涉农动产融资登记等。四是合理配置金融资源，培育发展多层次资本市场，健全政策配套措施，包括积极发展债务融资、发展区域性场外交易市场、建立农业股权投资基金、健全农村产权交易市场、加大财税政策扶持力度、综合运用好各种货币政策工具、加强金融管理等。上述内容为成都市农村金融改革搭建了一个总体架构——以改进农村金融资源配置为核心，以优化农村金融生态环境为基础，以完善农村金融政策扶持为支撑，通过在关键领域和重点环节取得突破，形成推动新型城镇化和农业现代化发展的金融支撑体系，建立包容、高效、开放、可持续和较为完备的农村金融服务体制机制。

第三章　成都农村金融组织体系改革发展

金融组织体系是指在一定的社会经济及金融制度下，由国家法律形式确定的银行体系和非银行金融机构的组织结构，以及各类金融机构在整个金融体系中的地位、职能和相互关系。农村金融组织体系实质上就是一个为农村经济发展提供农村金融资源配置的组织系统。运行良好的农村金融组织体系必须是宽领域、广覆盖、可持续地为农业农村发展提供充裕的资金支持和优质的金融服务。根据国家法律赋予的权责，农村金融组织依其性质专注于各自的主营业务，按照市场化原则自主经营，充分发挥服务“三农”的功能。《成都市农村金融服务综合改革试点方案》基于农村金融组织发展现状，从机构类别和金融服务性质的角度，提出了成都农村金融组织体系改革发展的方向和路径，即分类推进金融机构改革、鼓励发展新型农村金融机构和组织、探索开展农村地区普惠金融综合服务。从现实情况看，成都农村金融组织体系脱胎于国家金融体制的数轮改革变迁，与全国农村金融组织体系有相当程度的共性，即在金融资源配置效率方面，农村仍明显落后于中心城区。随着成都统筹城乡改革的深入推进，农村金融组织体系面临的外部条件已经发生深刻改变，这一过程叠加国家农村金融体制改革进程，对成都农村金融组织体系的发展提供了持续的推动力。目前，成都农村金融机构围绕新理念、新目标，在机构设置、业务整合等方面积极探索，以不断适应农村经济环境的发展变化；一些具有新的经营理念的金融组织也已开始出现，这些组织或专注于互联网信用，或充分挖掘利用现代农业的新信用特征，或体现普惠金融政策理念，呈现出全新的生命力和市场活力；带有合作金融性质的组织也不断发展，合作金融实践从自发到自觉，从内生到外生，成为农村金融组织体系的有机组成部分。

第一节　存量农村金融组织改革发展

一、农业发展银行

（一）改革思路

在国有大型商业银行完成股份制改革并成功上市之后，我国政策性金融机构的改革被提上日程，党的十八届三中全会明确提出了“推进政策性金融机构改革”。中国农业发展银行的改革思路主要有以下几个方面[①]：一是合理界定业务范围，突出政策性功能定位，坚持以政策性业务为主体，对现有业务进行科学分类，实行分账管理、分类核算。二是建立资本约束机制，对政策性业务和自营性业务按不同的资本充足率补充资本金，实施以资本约束为核心的审慎监管；建立消化政策性财务挂账的新机制，逐步解决历史遗留问题。三是借鉴国外政策性金融机构的通行做法，遵循现代公司制度的要求，健全法人治理结构，进一步完善管理体制。四是建立健全激励约束机制，实行差别化监管，完善绩效考评机制。五是明确财税、货币扶持政策，体现国家支持“三农”的政策意图。六是修订中国农业发展银行章程，经国务院批准后作为外部监管和内部约束的依据。2014 年 12 月，国务院批复了中国人民银行提出的中国农业发展银行改革实施总体方案，要求中国农业发展银行改革坚持以政策性业务为主。通过对政策性业务和自营性业务实施分账管理、分类核算，明确责任和风险补偿机制，确立以资本充足率为核心的约束机制，建立规范的治理结构和决策机制，把中国农业发展银行建设成为具备可持续发展能力的农业政策性银行。

（二）成都地区农业发展银行的改革实践及成效

中国农业发展银行四川省分行营业部目前下辖营业室 1 个，各区（市）县支行 15 个，在职员工 369 人。近年来，该部结合成都实际，积极开展业务创新，在做好传统的粮油收储业务基础上，重点在农村基础设施建设方面加大投放力度，积极支持新型城镇化、高标准农田建设、农村路网、水利建设和棚户区（城中村）改造等多个领域。

---

① 杨洋．突出政策性功能定位　开启改革发展新篇章——访中国农业发展银行行长、党委书记郑晖［N］．金融时报，2014－02－06.

1. 助推新型城镇化建设。中国农业发展银行四川省分行营业部结合新型城镇化建设贷款“额度大、期限长、领域广”的特点，积极争取上级行信贷规模和政策倾斜；同时，强化深度介入，开展项目培育和包装。三年来，该部先后对接落实30余个城镇化建设项目，覆盖成都辖内所有区（市）县，贷款金额超过800亿元。其中，2015年发放成都龙泉驿区新型城镇化建设项目一期72亿元贷款中的首笔贷款30亿元，成为全国农业发展银行首批支持新型城镇化建设贷款额度最大的项目。2016年，该部以成都郫县被国务院确定为首批“大众创业、万众创新”示范基地为契机，积极向总行争取将国家级“双创”示范基地——菁蓉镇整体城镇化项目纳入特色小城镇贷款准入范围，成为中国农业发展银行在服务国家发展“双创”战略中打造的样板和典范。

2. 支持高标准农田建设。开展高标准农田建设是推动农业适度规模经营、加快转变农村经济发展方式的重要基础。中国农业发展银行四川省分行营业部在全国率先探索支持高标准农田建设经验。2013年以来，该部按照成都“成片规划、连片规划、连片提升、产村相融、集中发展”的思路，积极介入高标准农田建设。2014年，为支持成都崇州市“10万亩现代农业示范区项目”建设，该部积极协调开通项目贷款绿色通道，在三个月内完成了贷款审批的全部流程，共计发放贷款8.8亿元，占总投资的67.9%，目前该笔贷款已完成全部投放。

3. 创新支持农业水利建设。近年来，中国农业发展银行四川省分行营业部积极探索新的业务模式，支持农业水利建设。2015年，探索PPP模式下公司类业务的具体运作模式，与北京东方园林股份有限公司签署了战略合作备忘录，同时与四川能源投资集团、成都兴蓉集团进行对接，在农业水利建设项目中找到切入点。当年与6个水利建设项目达成初步融资意向，洽谈贷款金额约17亿元，实际投放农业水利建设贷款5.5亿元。

4. 支持棚户区（城中村）改造。积极配合成都市财政、房管等部门完善政府购买棚户区（城中村）改造服务流程。截至2016年末，发放棚户区（城中村）改造项目贷款67亿元。

二、农业银行

（一）中国农业银行三农金融事业部改革思路

为了有效发挥统一法人和专业化经营优势，中国农业银行于2008年开始启动实施三农金融事业部改革试点，成都地区属于首批试点范围。中国农业银行三农金融事业部改革的目标是确保有专门的机构、专门的人员、专门的资源，专心致志地服务好“三农”。改革的核心内容是落实“三级督导、一级经营”的事业部管理体制，在总行、一级分行和二级分行都设置了专门机构，做好督导服务，并通过下沉经营重心、加大对县域支行业务授权和资源投入力度等措施，强化了县域支行的经营能力。

（二）成都地区农业银行三农金融事业部改革内容

1. 明确职能定位。中国农业银行的县域支行作为三农金融事业部经营单元，按照职能定位要求，精减了中后台人员。中国农业银行在成都分行层面，设立了专门的三农金融事业部相关部门，切实强化了服务“三农”的职能。

2. 建立六个单独运行机制。一是资本管理方面，中国农业银行成都分行根据“三农”信贷计划和经济资本占用控制额，将经济资本限额按照县域一类行和二类行进行区别和分解，以确保业务发展规模与经济资本相匹配。二是资金管理方面，随着改革的推进，由差额资金管理向全额资金管理转变。三是财务核算方面，改革后可定期生成单独的县域支行核算报表。四是信贷管理方面，从政策制度、授权管理、审批通道和担保方式等方面进行调整和修订，优先确保“三农”资金需求。五是风险管理方面，建立了单独的“三农”业务风险拨备机制；设立“三农”风险管控中心，实行风险经理派驻和风险双线报告制度；定期对县域法人客户不良贷款进行单项减值测试（DCF），提高“三农”贷款拨备水平。六是激励机制方面，建立了单独的激励机制，从考核体系和资源配置两个方面加强对县域支行的激励。

3. 结合成都实际实行管理体制改革，进一步强化服务“三农”的职能。为促进成都地区农业银行的发展，2017 年 8 月，中国农业银行四川省分行启动了对成都机构的管理体制改革，原分行部分直属支行并入中国农业银行四川省分行营业部。同年 11 月，中国农业银行四川省分行营业部正式更名为中国农业银行成都分行。在此次管理体制改革中，中国农业银行成都分行的内设机构职能也进行了相应调整，原三农金融事业部管理委员会的职能得到了进一步强化，增加了普惠金融管理职能。新的三农及普惠金融事业部管理委员会在涉农信贷、互联网服务“三农”、农村基础金融服务方面的职责更加明确，县域各三农金融事业部的内设部门职能也得到相应的细化和强化。目前，中国农业银行成都分行共辖 11 个县域三农金融事业部，包含网点 101 个，员工总数 1808 人。

（三）成都地区农业银行三农金融事业部运行实践及成效

自三农金融事业部改革以来，中国农业银行业务重新回归曾一度被忽略的农村市场，更加明确了县域支行的定位和发展重心，业务发展紧紧围绕县域实际和成都统筹城乡改革思路，细分和切入农村金融市场，取得了明显成效。

1. 围绕提升县域支行竞争力创新业务工作机制。根据中国农业银行每年出台的有关县域业务支持政策、重点县域支行发展意见等文件，成都地区分支机构通过各类业务营销、业务竞赛以及与政府、企业深度合作等途径，在拓展县域支行业务空间、增强县域支行业务活力和强化县域支行分类管理等方面积极开展工作，形成了新的业务工作机制，提升了“三农”金融服务水平。

2. 持续增加县域涉农信贷投放。一是重点支持农村城镇化建设，立足成都城乡统筹发展战略，侧重在城镇道路、电网、水利等基础设施建设，农村土地综合整治，农民新型社区建设等重点领域增加信贷投入。近年来，在该领域的授信规模超过 20 亿元。二是加大对农业产业化龙头企业的支持力度，每年制定农业产业化龙头企业的营销方案，加强考核激励。目前，对成都地区省级及以上龙头企业的金融服务覆盖率和信贷服务覆盖率分别超过 70% 和 20%。三是支持有市场需求，有人口、产业、规划和资金等支撑优势的县域大型批发市场和特色商品流通市场建设。四是积极推进农村“两权”抵押贷款试点。截至 2017 年末，两个农村土地经营权抵押贷款试点支行（崇州、温江）和一个农民住房财产权抵押贷款试点支行（西区）全部实现投放，累计投放 5158 万元，受益农户 59 户。五是充分运用“政府增信”模式发放涉农贷款。2016 年，县域支行与四川省农村信用担保、成都市农村产权担保和金堂农业担保等 3 家政策性担保公司合作，累计发放“农担贷”65 笔 2455 万元；大邑支行试点发放“财补贷”6 笔 180 万元；彭州支行全国首创“安置贷”并发放 127 笔 3536 万元；创新开办的“保证保险贷款”方案获批；简阳支行依托“惠农贷”发放扶贫小额贷款 222 笔 216. 6 万元。

3. 农村金融服务深度、广度不断拓展。县域服务重点的强化直接推动了中国农业银行金融服务重心持续下沉。通过发放惠农卡、增设电子化设备，中国农业银行在县域的金融服务覆盖面更为广泛。截至 2017 年末，中国农业银行成都分行惠农卡有效客户数超过 65 万户，惠农通服务覆盖 275 个乡镇、2430 个行政村，乡镇、行政村覆盖率分别为 100% 和 76%。县域支行资金用于当地的比例明显增长。2016 年末，中国农业银行在成都的县域支行存贷比达 47.5%，较 2010 年提高了 11.5 个百分点，较改革前提高了 26.4 个百分点，对县域经济发展的支持力度显著提升。

三、邮政储蓄银行

（一）改革发展思路

中国邮政储蓄银行产生于原来的邮政体制，于 2007 年 3 月组建，各级分支机构于 2008 年上半年陆续挂牌开业。邮政金融改革使邮政储蓄银行在管理体制、风险管理和经营发展能力等方面发生了明显变化，其意义重大而深远。中国邮政储蓄银行立足“服务三农、服务社区、服务中小微企业，打造大型现代零售商业银行”的战略定位，实行“一级法人，分级授权经营”的管理模式，现已建成覆盖全国城乡网点面最广、交易额最多的个人金融服务网络，拥有储蓄营业网点 3.7 万个、汇兑营业网点 4.5 万个、国际汇款营业网点 2 万个。近几年，中国邮政储蓄银行加快对三农金融事业部的改革进程，2016 年、2017 年中央 1 号文件连续两年对中国邮政储蓄银行三农金融事业部相关工作提出明确要求。2016 年 9 月，中国邮政储蓄银行三农金融事业部组建成立，随后在广东、吉林、内蒙古、河南、安徽的五家分行相继启动改革试点，2017 年，四川地区邮政储蓄银行开始推进三农金融事业部改革，并于 7 月 26 日实现省、市、县三级三农金融事业部机构同步挂牌。

（二）成都地区邮政储蓄银行金融服务实践及成效

1. 加强现代农业示范区特色支行建设，充分挖掘当地特色行业优势，以市场为导向，以客户为中心，制定差异化的营销计划及开发模式，积极引入政府担保基金、保证保险、担保公司等增信方式，不断拓宽涉农主体融资渠道。

2. 积极开拓农村产权抵押融资新业务。一是确定成都崇州市、郫县、温江区和简阳市等 4 个区县支行作为农村产权改革试点行。其中，简阳支行建立风险补偿基金 300 万元。二是持续深入调研林权、非林地经济林作物、农业生产设施和仓单质押等农业抵（质）押方式，以土地经营权、农民住房财产权抵押为突破口，拓展抵（质）押融资服务空间。截至 2017 年末，中国邮政储蓄银行成都市分行在成都地区发放农村产权抵押贷款共计约 1.46 亿元，贷款余额 7200 万元。其中，发放农村土地承包经营权抵押贷款 40 户，金额共计 1.3 亿元；林权抵押贷款（含果木林权证抵押）12 户，金额共计

1480 万元；水面经营权抵押贷款 4 户，金额共计 125 万元；农村房屋所有权抵押贷款 1 户，金额 20 万元。

3. 探索为新型农业经营主体增信的有效路径。一是积极引入政府担保基金、涉农担保机构，着力解决家庭农场、农民专业合作社等涉农主体的贷款担保难题。2017 年 6 月，中国邮政储蓄银行成都市分行与四川省农村产权担保公司建立了 1 亿元专项担保额度资金，专门用于支持部分经营能力强、经营规模适度，但担保能力不足的涉农贷款客户。二是推动新型农业经营主体及农业龙头企业信息数据库建设。截至 2017 年末，已收集合作社名单 463 个，其中国家级 18 个、省级 170 个、市级 275 个，共计为 88 户合作社发放贷款 5073 万元；收集家庭农场（专业大户）名单 617 户，为 746 户发放贷款 3.2 亿元；收集农业龙头企业名单 484 个，其中国家级 27 个、省级 108 个、市级 349 个，为 109 家涉农企业发放贷款 10.5 亿元。

4. 积极开展产业链贷款业务。农业产业链贷款是指贷款人对农业核心企业进行综合授信后，由核心企业对其产业链上下游客户进行担保，进而开展的产业链批量授信业务。这种模式依托企业产业链信用，在不需要另寻其他担保方式的条件下即可满足企业融资需求，缓解企业应收账款回款难题。截至 2016 年末，中国邮政储蓄银行成都市分行通过开展产业链贷款业务，共为铁骑力士、四川傲农、四川大北农、成都正大、四川驰阳、新希望等农业龙头企业上下游产业链客户发放贷款 6811.9 万元。

5. 积极实践信贷工厂业务模式。该分行从总行主动引入行业先进经验，在成都地区建立零售信贷工厂，通过系统分析、线上操作，高效率、高质量完成相关贷款品种的审核，提升了作业效率。目前，信贷工厂业务模式在中国邮政储蓄银行成都高新、双楠、郫县、龙泉等几家支行试点，取得了积极成效。

6. 持续下沉金融服务重心。目前，中国邮政储蓄银行成都市分行在全市共设立营业网点 337 个，其中自营网点 91 个、代理网点 246 个；在成都简阳市、双流区、邛崃市、郫都区、蒲江县、彭州市、新都区等区县的部分乡镇设立助农取款点 110 个；在崇州市五星村、金堂县淮口镇、邛崃市冉义镇建立了“三农”金融服务站，县及县以下地区网点覆盖面达 70% 以上，在打通金融服务“最后一公里”中发挥了重要作用。

四、成都银行

（一）农村金融业务改革发展总体思路

作为成都本土的唯一一家城市商业银行，成都银行一直以来把主要业务放在城市的工商企业上，相比其他涉农银行机构，成都银行在农村乡镇网点少，农村金融业务发展偏弱。为了服务成都构筑现代都市农业新高地的目标，成都银行面向农村主动拓展市场领域，以农业产业结构调整、培育农业农村发展新动能和农村产权制度改革为抓手，积极推进农村金融业务创新发展。

（二）农村金融业务创新

1. 充分发挥自身优势加大金融支农力度。一是支持以“小组微生”① 为特征的新农村建设。按照成都市委、市政府加快推进“小组微生”新农村综合体与农村产业融合发展试点示范的相关要求，成都银行结合实际探索创新金融服务方式，有力助推双流区幸福美丽新村建设。截至2017年末，为双流区幸福美丽新村农民集中建房整理项目授信2.7亿元，实际贷款投放1.9亿元，安置农户1653户，5469名农民从过去的土坯房或砖瓦房迁入居住条件不亚于城市商品房的“新村”，此举也有力促进了农村土地集约化经营。二是推动成都现代农业发展投资集团的债券发行。成都银行充分利用已取得中国银行间市场交易商协会B类主承销商资质的契机，积极推动农业农村直接债务融资发展，成功发行了首期2亿元的农业投融资平台中期票据。这是我国银行间市场发行的全国首单农业的类金融企业中期票据，对于拓展现代农业发展的低成本融资渠道具有积极的示范意义。

2. 加强农业信贷投放与结构优化。一是积极参与成都“农贷通”平台建设，深化与市、县、乡三级政府相关部门的合作，将自身的业务系统直接接入平台，借助“农贷通”平台实现了金融产品的信息发布、推介宣传与“三农”的无障碍连接，通过线上、线下业务一体化为客户提供融资服务。二是合理运用人民银行支小再贷款等货币政策工具，做好对农村新产业、新业态的金融服务。三是加强对新型农业经营主体的信贷支持，做深做细基础工作，对每一个注册的新型农业经营主体的有效信贷需求都及时匹配相应的融资服务。

3. 推进农村产权抵押融资试点。2016年成都崇州市、温江区和郫县三个

① 小规模聚居、组团式布局、微田园风光和生态化建设。

区县获得国家“两权”抵押贷款的试点资格，以土地经营权、农民住房财产权“两权”抵押为突破口，加大“三农”金融服务力度。截至2016年末，成都银行在成都地区发放农村产权抵押贷款40笔，金额1.15亿元。2017年以来，成都银行深入探索“土地经营权+”等多种组合担保方式，同时积极引入政府增信机制，将“两权”抵押试点对象扩大至涉农企业、专业合作社等新型农业经营主体，对扩大农村产权抵押融资进行了积极探索。

4. 创新产品满足各类农业主体多元化资金需求。一是依托“农贷通”平台积极开发“农贷通—惠农贷”融资产品，培育更多优质农业企业和优质特色农产品品牌。二是积极探索并推动彭州农产品仓单质押试点，帮助农业企业盘活库存，规避市场风险，推动现代农业全产业链发展。三是积极与成都政策性农业担保公司、农村产权交易所合作，推出为农村土地整理企业提供配套金融服务的“指标贷”，助推企业参与农村土地综合整治项目。

五、成都农商银行

（一）成都农商银行围绕支农主业理清业务发展思路

成都农商银行2009年由成都市农村信用联社改制而来，是成都地区规模最大的一家地方法人金融机构。截至2017年末，成都农商银行总资产规模6800亿元，各项存款余额4313亿元，各项贷款余额2047亿元。成都农商银行自成立以来，积极推进结构调整和业务转型，努力争取全牌照业务，已发展成为一家综合性商业银行。从成都农商银行的发展实践看，“三农”业务一直是其各项业务的重要基础，为了突出“三农”业务的发展地位和发展方向，该行建立了专门的“三农”业务组织架构：在董事会下设“三农”金融服务委员会和“三农”业务发展委员会，负责制定“三农”业务年度和长期发展规划，协调解决发展中出现的问题；在总行成立“三农”个人金融服务部和现代农业事业部，分别负责实施“三农”工作和重大农业项目金融对接；在支行设立“三农”个人金融服务部，负责“三农”业务落地。成都农村金融服务综合改革试点实施以来，成都农商银行积极落实改革要求，在创新工作机制、设计新的产品和服务等方面都进行了积极探索。

（二）成都农商银行“三农”业务的改革创新

1. 积极推进农村产权融资改革。一是探索推出“金土地足值贷”新产品，专门针对在农村承包土地的经营权流转中新型农业经营主体的融资需求，通过“土地经营权抵押+收益权质押”“土地经营权抵押+自然人保证”等方式，将土地经营权的抵押率提升至100%。二是鼓励各分支机构结合县域实际探索农村产权融资新模式。比如，温江支行根据当地花木产业的发展状况，探索了“土地经营权抵押＋花木抵押”的农村产权融资模式；崇州支行针对重点产业项目以及10万亩粮食高产稳产区，探索“授权职业经理人土地经营权抵押”“农村产权抵押＋风险基金”“土地经营权抵押＋政策性补贴”“土地经营权抵押＋自然灾害保险”等农村产权融资模式；彭州支行根据当地蔬菜产业链的保鲜冻库建设需求，运用彭州市农村产权担保基金提供风险担保，探索出了“农村产权融资＋风险基金”的融资新模式；郫县支行针对新农村产业发展、打造特色乡村旅游、支持当地农房生产经营及创业等方面的市场需求，充分利用郫县作为全国农民住房财产权抵押试点地区的政策优势，积极推进农房直接抵押贷款并探索推出“农房＋”贷款创新模式；蒲江支行积极与政府相关部门沟通实施农村产权融资新模式，蒲江县统筹城乡综合配套改革小组制定并颁发了关于农村产权抵押融资、价格评审、风险基金管理等的八个配套办法后，探索推行“产权抵押＋收益权质押”的模式，加大对蒲江县特色产业项目的资金支持力度。三是在开展“两权”抵押融资的同时，将农业设施、林权等纳入抵（质）押范围，并创新引入政府指导价作为农村产权价值评估的参考，进一步打通了制约农村产权融资的各流程环节。截至2017年末，成都农商银行农村产权抵押融资余额43.2亿元，其中农村承包土地的经营权抵押贷款2.5亿元、农民住房财产权抵押贷款3.1亿元、集体建设用地抵押贷款36.1亿元、林权抵押贷款2081万元、农业生产设施抵押贷款9035万元。

2. 积极实践农业产业链融资。一是与大北农集团、正大集团等农业大型龙头企业进行战略合作，为上下游农户和新型农业经营主体提供批量授信支持，涉及金额超过10亿元。二是探索试行“公司＋家庭农场＋风险转移金”生猪（养殖）产业融资，支持绿色生猪产业发展。参与成都生猪产业（养殖）风险补偿资金池筹集，弥补家庭农场生猪的养殖风险损失和市场风险损失，从源头上降低产业链融资风险。

3. 积极运用互联网思维构建新的服务模式。一是依托“互联网＋”创新农村金融产品。2016年，成都农商银行更新了农户信用信息数据和授信评级机制，首期为农业职业经理人、职业农民、专业大户和家庭农场等新型农业经营主体建立经济档案近2万户，同时运用信用评定结果和“互联网＋”方式，推出了“手机信贷—农贷通”线上标准化农户授信业务，实现申请、评级、审批、放款、还款等全部线上办理，大大提高了申请贷款和发放贷款的效率。截至2017年末，为评级主体1.3万户发放小额信用贷款（农户）5.6亿元。其中，通过手机信贷方式发放贷款1912笔，金额8243万元。二是生产并投入运营“安e帮”社区综合金融O2O服务平台。“安e帮”旨在打造农产品资金流、商品流闭环服务体系，为新型农业经营主体及农户提供线上销售农产品及生产、生活资料。自2016年5月上线至2017年末，平台注册用户数已达7451人，微信关注者5122人，与118户涉农商户开展了合作，交易订单8920笔，交易额145.6万元。

第二节　新型农村金融组织发展

一、村镇银行

（一）村镇银行发展定位及思路

成都积极创造条件，大力引进村镇银行。2007年以来，由国家开发银行、交通银行、民生银行、上海银行、广州农村商业银行和攀枝花商业银行等作为主发起行，目前已在成都地区成立了13家村镇银行，基本覆盖成都近远郊所有区（市）县（见表3-1）。截至2017年末，全市村镇银行各项存款余额148.9亿元，各项贷款余额114.7亿元。村镇银行自成立以来，坚持立足县域、服务“三农”、服务社区，秉承“小额、流动、分散”的原则，切实打造扎根基层、深入村镇的新型农村金融机构。作为农村金融组织生力军，村镇银行积极发挥独立法人机构的优势，切实贯彻差异化、专业化、错位化的发展理念，不断探索灵活、便捷的信贷管理和服务模式，努力提高“三农”金融服务水平。

表3-1　成都市13家村镇银行基本情况

银行名称	开业年份	注册资本（万元）	从业人数（人）	主发起行出资比例（%）	主发起行
大邑交银兴民村镇银行	2008	6000	53	61.00	交通银行
双流诚民村镇银行	2009	8100	44	51.98	江苏江阴农村商业银行
都江堰金都村镇银行	2008	29920	92	32.53	攀枝花市商业银行

续表

银行名称	开业年份	注册资本（万元）	从业人数（人）	主发起行出资比例（%）	主发起行
彭州民生村镇银行	2008	5500	83	36.36	民生银行
邛崃国民村镇银行	2007	10000	85	54.8	宁波鄞州农村合作银行
金堂汇金村镇银行	2010	26000	85	35.00	自贡市商业银行
新津珠江村镇银行	2011	10000	61	35.00	广州农村商业银行
新都桂城村镇银行	2011	30000	98	35.00	包商银行
蒲江民富村镇银行	2011	7240	73	63.40	乐山市商业银行
郫县国开村镇银行①	2011	10000	24	51.00	国家开发银行
龙泉驿稠州村镇银行	2012	21000	94	30.00②	浙江稠州商业银行
崇州上银村镇银行	2012	13000	28	51.00	上海银行
青白江融兴村镇银行	2017	10000	22	70	哈尔滨银行

注：①2017 年 12 月，郫县国开村镇银行已更名为郫都中银富登村镇银行，主发起行为中国银行。②2017 年 7 月，龙泉驿稠州村镇银行的主发起行——浙江稠州商业银行的出资比例由 30% 变更为 69.26%。

数据来源：中国人民银行成都分行营业管理部。

（二）村镇银行业务实践与成效

1. 结合实际设计差异化特色产品。村镇银行在拓展业务的实践中，紧紧围绕当地农业农村发展实际，贴近市场，深入研究特定领域资金需求，积极开发差异化信贷产品，农村金融服务呈现出比较明显的个性特征和较高的辨识度。比如，崇州上银村镇银行根据崇州当地农村产权改革发展较快的实际，专门设计“农权贷”系列产品，整个贷款流程有专门的制度机制保证。大邑兴民村镇银行根据万亩葡萄园发展实际，为其专门定制了“葡萄贷”产品。彭州民生村镇银行结合当地农产品仓储业发展规模较大的实际，创新了“农仓贷”产品，对以农产品作为质押的仓储贷款整体授信 6000 万元；针对农家乐经济发展较好的特点，推出“农家乐贷”产品，共计对 231 户农家乐经营者投放贷款 5104 万元。新津珠江村镇银行推出企业“连连贷”信贷产品，为信誉良好的小微企业减少了融资成本。新都桂城村镇银行和金堂汇金村镇银行也分别推出了富有特色的“富农贷”和“汇金”系列产品。

2. 积极拓展新型信用特征产品。为了尽快站稳脚跟，得到市场认同，村镇银行在扩大金融服务覆盖面、力求提高竞争力中，有着较强的创新意识和创新动力，它们针对农村经济领域出现的新信用特征积极开发新产品。一是开发互联网环境下的金融服务产品。崇州上银村镇银行积极支持成都惠丰生态农业科技有限公司搭建“土而奇”电商平台，深入分析和掌握当地参与电商平台的新型农业经营主体的融资需求特点，对其开通绿色通道，优先给予信贷支持。二是开展动产质押融资。郫县国开村镇银行针对当地豆瓣加工企业资金需求季节性明显、存货多且不易变现、抵押物稀缺的现实，创新推出“存货动态质押”融资服务，以企业储椒池内的辣椒作为质押物，累计向56家豆瓣加工企业提供流动资金贷款5.1亿元，有效盘活了企业存货，直接创造农民工就业岗位5000余个，支持并带动了县域特色产业和配套种植业发展。三是开发产业链融资产品。双流诚民村镇银行针对当地饲料企业合作养殖户及经销商数量众多、企业应收账款账期过长等情况，为其量身定制了产业链贷款产品，由公司提供担保，为合作农户及经销商发放小额农户贷款，在帮扶养殖农户的同时提高了企业应收账款回收率，取得了多赢效果。

3. 积极推进农村金融基础设施建设。借助农村金融服务综合改革试点契机，成都各个村镇银行主动参与改革，积极寻找市场立足点。它们在政府引导下，按照金融监管部门要求，主动参与建立村级金融综合服务站，选聘专门人员，明确服务职能，制定工作制度，开辟金融宣传专栏，安装自助金融服务终端，实现了银行服务向乡镇和村组的延伸。蒲江民富村镇银行通过金融服务站推荐，累计发放农户贷款200余万元。各个村镇银行积极参与“农贷通”平台建设，依托“农贷通”平台提供的公共服务，主动筛选客户，帮助农户、家庭农场和专业合作社等新型农业经营主体通过“农贷通”平台实现与融资服务的对接，享受便捷高效的金融服务。

4. 开展“扫街式”金融服务。各村镇银行充分利用贴近基层的优势，结合自身业务发展实际，要求客户经理分片包村、走村串户，深入到每一个农业经营主体了解需求并提供精准金融服务。同时，招聘乡镇本地人员组建金融联络员队伍，做好金融宣传、营销和信息收集工作，积极探索提高普惠金融服务质量的新方式。

二、基于互联网的金融机构

四川新网银行成立于2016年12月28日，是经中国银监会批准，由新希望集团有限公司、四川银米科技有限责任公司和成都红旗连锁股份有限公司等8家优质民营企业共同发起设立的四川省首家民营银行、全国第三家互联网银行，总部位于成都高新区，注册资本30亿元。其中，新希望集团有限公司、四川银米科技有限责任公司、成都红旗连锁股份有限公司分别出资9亿元、8.85亿元、4.5亿元，占比分别为30%、29.5%、15%。四川新网银行以建设“新一代互联网银行”为愿景，以“普惠小贷”为市场定位，以“移动互联”为特定战略，以“普惠补位、线上线下”为经营方针，运用互联网大数据风控、云计算和人工智能等技术，致力于为客户提供具有高可得性和良好用户体验的金融产品，成为普惠金融的践行者、长尾市场的服务者及大中型主流银行的补位者，打造具有“中国特色、国际视野、创新精神、包容思想”的精品银行。

四川新网银行于2017年正式对外营业，目前各项业务及经营工作发展态势良好。截至2017年末，该行各项贷款余额101.3亿元，客户数超过320万户，不良贷款150万元，不良贷款率0.03%，主要监管指标良好。作为全新的基于互联网的金融机构，四川新网银行正在依托其股东资源优势，积极探索涉农供应链金融服务，并通过平台化合作模式，探索农村消费金融服务。

三、金融租赁机构

四川天府金融租赁股份有限公司成立于2016年12月8日，由四川天府银行股份有限公司发起，与四川锐丰投资管理集团有限公司、四川品信汽车集团有限公司、上海中胜达资产管理有限公司、万腾实业集团有限公司和四川南充康达汽车零部件集团有限公司共同出资设立，注册资本10亿元，注册地为四川成都，是四川省内首家取得金融租赁牌照的企业。经批准，公司经营如下本外币业务：融资租赁业务、转让和受让融资租赁资产、固定收益类证券投资业务、接受承租人的租赁保证金、吸收非银行股东3个月（含）以上定期存款、同业拆借、向金融机构借款、境外借款、租赁物变卖及处理业务、经济咨询。

作为四川首家金融租赁股份有限公司，四川天府金融租赁股份有限公司的成立对完善成都金融组织体系具有积极意义。参照租赁行业的通行情况，四川天府金融租赁股份有限公司的主要收入来源为利差收益、手续费收入、残值处理收入和少量的咨询顾问收入。在农业租赁业务方面，目前四川天府金融租赁股份有限公司将重点放在细分行业研究和产品研发方面，初步确定了养殖和小型农机子行业，相关的生猪养殖和小微农机的产品研发正在完善。依托于支农产品研发，目前该公司已经储备了一定数量的农业项目，也正在积极对接种植、养殖、农机制造或农产品销售流通的相关企业，各项农业租赁业务正加紧推进。

四、融资租赁机构

中垦融资租赁股份有限公司是在农业部提出实施农垦“三联”战略[①]、打造国际大粮商的背景下，由北京、重庆、四川、安徽、河北、广西和山东等省（市）的国有、社会资本共10家发起人于2016年8月在重庆组建的农业系统首家“中字号”跨区域融资租赁平台。成都国有政策性农业投资平台公司——成都市现代农业发展投资有限公司出资2.05亿元，持股比例20.5%，是中垦融资租赁股份有限公司的第二大股东。中垦融资租赁股份有限公司的战略发展定位是：中国农垦建设国际大粮商的重要金融平台、全产业链重要节点的增值服务商、中国融资租赁业跨越发展的中坚力量。中垦融资租赁股份有限公司的成立，被农业部农垦局誉为“开辟了农垦改革发展的新时代，开辟了农垦产业的新领域，开辟了农垦创新发展的新动力”。在成都市现代农业发展投资公司的推动下，2017年7月，中垦融资租赁股份有限公司成都办事处成立，填补了成都无专业化农业融资租赁服务机构的空白，标志着成都农业金融组织体系再添生力军。

中垦融资租赁股份有限公司的发展目标是在“十三五”期间，以“全国化布局、区域化深耕、特色化经营”的思路在国内建成5~8家子公司，在农业产业链（包括农资、种植、养殖、收储、加工、流通、销售）等各个环节全面拓展业务，并通过直接租赁、售后回租、转租租赁等多种经营模式拓宽盈利渠道，逐步成为融资租赁业务达到400亿元专注于农业的大型综合性融资租赁集团以及全国首个农业融资租赁上市企业，在服务“三农”中探索出更宽更广的路子。

中垦融资租赁股份有限公司的成立，对于推进成都农村金融服务综合改革具有十分重要的意义，成都新型农业经营主体在农业设施设备购置、农业基础设施建设及农产品流通贸易等环节中必将获得更丰富、更多元的融资服务和更多渠道的资金来源。成都现代农业发展投资公司计划推动中垦融资租赁股份有限公司“十三五”期间实现在蓉业务突破50亿元，推动成都构建具有国际竞争力和区域带动力的都市现代农业产业体系，为建设全面体现新发展理念的国家中心城市提供产业支撑。截至2017年6月末，中垦融资租赁股份有限公司的成都市蛋鸡规模化养殖、生猪种养循环一体化等10个融资租

---

① 通过联合、联盟、联营的方式，将分散的资源整合起来，把各自为战的经营主体组织起来，形成市场竞合，达到互利共赢的目的。

赁项目已完成立项，总投资超过4.5亿元。

五、保险机构

锦泰财产保险股份有限公司（以下简称锦泰保险公司）于2011年1月经中国保监会批准开业，是成都市和四川省唯一一家本土法人财产保险公司。公司注册资本金11亿元，现有股东9家。其中，成都金融控股集团等5家成都市属国有企业合计持股57.27%，四川省投资集团等3家省属国有企业合计持股22.73%，央企控股企业国投资本控股有限公司持股20%。2016年12月锦泰保险公司在新三板挂牌，是中西部第一家、全国第三家在新三板挂牌的保险公司。

锦泰保险公司坚持“特色化经营、差异化发展”的策略，业务发展特色突出，在财产险、农险、信用保证保险等多个领域推出在全国首创的新产品，受到市场和社会好评；机构实行差异化布局，按照“根植成都、立足四川、依托西部、面向全国”的战略，锦泰保险公司已在四川、贵州、陕西、重庆和甘肃等省市设立近80家机构；在方便客户服务方面，设立了电话、网络、移动互联三大服务平台，为客户提供保险服务和增值服务。

锦泰保险公司紧紧围绕成都农村经济发展需求，积极拓展农业保险业务。2012年，锦泰保险公司在成都市人民政府大力支持下，获得了政策性农业保险业务开办资格。除开展传统农险业务外，锦泰保险公司积极创新涉农保险产品，拓宽保险责任范围，不断提高涉农保险服务水平。2012年，锦泰保险公司推出蔬菜种植保险业务，并获得成都蔬菜种植保险单一承保主体资格，首年实现保费收入4469万元，为47136户农户提供了7.74亿元自然风险保障，成为成都第一大特色农险产品，随后陆续推出了特色蔬菜价格指数保险和生猪价格指数保险。2016年6月，锦泰保险公司为了解决土地流转租金收入难题，又创新开展了农村土地经营权流转履约保证保险业务。经过持续的探索实践，锦泰保险公司在成都的农业保险业务实现了跨越式发展，产品创新持续推进，业务规模快速增长，承保覆盖面稳步扩张，保障范围和保障水平全面升级。截至2017年末，锦泰保险公司已开办政策性农业保险险种120种，受益农户达25.6万户次，累计实现保费9.9亿元，为农业生产提供了225.3亿元的风险保障。

第三节　普惠金融组织发展

一、普及助农取款服务点

助农取款服务点开始于2011年人民银行组织推动并实施的“迅通工程”建设，主导思想是为了更好地贯彻落实国家“强农、惠农、利农、便民”政策，解决农村金融服务空白地区农民取款难问题，改善农村地区支付服务环境，提升农村金融服务水平。实践中，由商业银行投入资金，在村委会设立助农取款服务点，布放机具。同时，也在部分有固定场所、运营稳定、经营规范、信誉良好、有一定经济实力的商户设立服务点。助农取款服务的主要方式是通过POS机具实现取现。商业银行在取款服务点POS机具的选择上，使用银行POS机和电话POS机。其中，银行POS机能够接受所有签约银行发放的借记卡刷卡取现业务，还可以办理现金汇款、转账汇款、代理缴费等业务，用户方便程度较高。为了进一步改进服务，2016年以来，中国人民银行成都分行营业管理部推动实施“支付惠农示范工程”，按照助农取款优质服务示范标准，督促各银行机构助农取款点在硬件设施、电力通信、操作人员、业务功能和业务交易等方面逐一落实改进措施，推动助农取款服务点在硬件和软件建设上迈上了一个新的台阶。截至2017年末，成都农村地区共发展银行卡助农取款服务点4347个。其中，中国工商银行68个，中国农业银行2917个，成都农商银行1301个，中国邮政储蓄银行33个，民生银行3个，中国银行25个。2017年，助农取款服务点累计办理业务72.71万笔，同比增长164%；交易额达3.37亿元。

二、普及银行机构服务终端

近年来，成都地区商业银行不断加大服务终端下沉力度，农村地区银行卡受理环境持续完善，农村金融服务水平不断提高。一是商业银行加大了ATM、POS机等服务机具在农村地区的布放力度。二是商业银行加强农民工银行卡特色服务。中国邮政储蓄银行成都市分行针对外出务工人员推出了“乡情卡”；中国农业银行启动“银讯通”业务试点，依托“银讯通”平台不仅可以办理助农缴费、助农取款、余额查询、转账挂失等银行业务，还可为广大农村居民提供新农保、新农合、农业补贴资金代理发放，水电气、通信、视讯等公用事业缴费，服务功能更加强大。截至2017年末，成都农村地区银行卡持卡量达3711.4万张，同比增长20.4%；布放ATM自助设备4532台，同比增长1.6%。三是商业银行不断丰富完善农村地区支付结算工具。为推动非现金支付工具在农村地区的使用，各商业银行积极拓展农村地区的网上银行、电话银行、手机银行等服务，非现金支付工具使用呈快速上升之势。截至2017年末，开通网上银行的客户有699.51万户，开通手机银行的客户有743.7万户，开通电话银行的客户有374万户，同比增长率分别为14.7%、20.6%、10.5%。四是商业银行不断扩大代理业务。近年来，各商业银行积极对接各种代理项目，在巩固扩大新农保、新农合代理的基础上，大力拓展农业财政补贴和农村公用事业项目。截至2017年末，成都辖内金融机构代理新农保发放1125.3万笔，金额达103.4亿元；代理新农合发放122.2万笔，金额达7亿元；代理财政涉农补贴发放271.9万笔，金额达40.8亿元。

专栏3.1

农村金融支付服务的奖补措施

目前，成都地区农村金融支付服务终端主要可获得两个方面的奖补，即财政奖补和银行机构的奖补。

一是财政奖补。按照成都市人民政府农村支付环境建设财政补助的相关规定，由相关银行机构自行申报，人民银行组织对各银行机构的申报材料进行严格审核。2016年，该项奖补金额达263.8万元，有效激励了各银行机构加大农村支付环境建设投入的积极性。

二是银行机构的奖补。中国农业银行四川省分行按照每个助农取款有效服务点200元/年的标准下拨商户服务费，对服务点银行性交易按1元/笔的标准补贴交易手续费；中国农业银行四川省分行各支行根据辖内服务点交易量，制定具体的补贴细则，定期向商户兑现补贴；2015年第三季度成都农商银行与中国银联四川分公司联合开展银行卡助农取款服务点激励活动，活动期间，共奖励服务点115个，合计奖励金额7720元；中国邮政储蓄银行成都市分行针对外出务工人员推出了“乡情卡”，在借记卡年费及交易手续费上予以一定的优惠，为农村外出务工人员和留守人员的资金提供了流转平台；双流辖内成都银行、南充商业银行、浙江民泰商业银行等对卡片工本费、开卡费、年费、全国跨行ATM取现、网银开通等实行部分或全部免收手续费。

三、建设村级农村金融综合服务站

村级农村金融综合服务站（以下简称村级金融服务站）建设始于2016年成都市提出的建立村级公共服务金融联动机制设想。中国人民银行成都分行营业管理部积极配合政府相关职能部门，主动参与，率先推动实践，要求辖内县支行在农村金融改革推进工作中，必须依托村级金融服务站，建立标准化、常态化的农村金融知识普及机制，大力开展农村信用体系建设，提高农村小额信用贷款覆盖率，推广应用银行卡业务，形成四位一体的农村普惠金融体系。2017年以来，随着成都农村金融服务综合改革试点工作逐步深入，以及“农贷通”平台建设工作思路逐渐成熟，村级金融服务站建设工作被纳入“农贷通”平台建设工作进行统一规划。政府对所有村级金融服务站进行统一标识，并配备必要的办公场所、电脑等硬件以及专兼职工作人员，同时“农贷通”平台系统开通到站，金融机构根据情况配备助农取款设备（惠农终端），农户足不出村即可办理“农贷通”平台应用、信用信息采集、银行卡取款、转账及查询、农村电商交易等多项业务。截至2017年末，成都已建成2153个村级金融服务站对全部行政村的覆盖面达到了70%。村级金融服务站建设有效弥补了金融机构网点服务难以延伸到村的不足，是成都解决农村金融“开始一公里和最后一公里”问题、真正实现农村金融服务全覆盖目标而进行的富有成效的尝试，已成为成都发展普惠金融组织的重要路径和核心支撑。

专栏3.2

村级金融服务站建设

成都把村级金融服务站建设作为推进农村金融改革工作的重要着力点，将其纳入“农贷通”平台建设工作进行统筹规划和系统推进，体现了显著的政策推动特点。一是明确建设思路和目标。2017年1月，成都市人民政府明确提出将三个服务站（村级金融服务站、农业农村电商服务站和农村产权交易服务站）建设作为“农贷通”平台建设的重要任务之一，实行“三块牌子、一套人马、一套硬件设施、一站式服务”。服务站聘用1~2名工作人员，具体承担农村产权流转处置、信息采集、融资引导和支付服务、金融宣传、农业农村电商服务等职责。成都采取政府购买服务和金融机构支持的方式，落实服务站运行保障经费和配套设备设施。二是制定建设规范。2017年2月，成都市人民政府发文，明确提出“农贷通”平台所涉及的三个服务站采取“三合一”方式建设，并规定统一标识，细化规定了服务站的服务内容和管理制度等。三是加快工作进度。2017 年 6 月，成都市人民政府公布“农贷通”平台建设推进工作方案，对村级金融服务站提出了机构、标识、设备、人员等要求，对相关经费保障措施提出了明确的时间进度要求。

在成都市人民政府的有力推动下，各区县村级金融服务站建设取得了积极成效。都江堰市率先开展村级金融服务站建设，首批建成的 4 个服务站做到了“每周有宣传，每月有对接，每季有农金课堂”。崇州市村级金融服务站效率较高，在“农贷通”平台辅助信用信息收集中发挥了积极作用，在一年的时间里完成采集入库 592 户新型农业经营主体信息，受理贷款申请 378 笔，成功放款 353 笔，金额 1.84 亿元。邛崃市将 209 个村（社）干部确定为村级金融服务站联络员，充分发挥其人缘、地缘与资源优势开展工作，在金融知识宣传工作中成功阻止了四起电信金融诈骗事件，还针对性地开展了“农民金融夜校”活动。温江区探索以“互联网 + 金融”方式推动村级金融服务站建设。

成都村级金融服务站建设作为“农贷通”平台的物理依托，有效地弥补了金融机构网点服务难以延伸到村的不足，让农业经营主体足不出村便可获得全面的金融服务，对形成具有成都特色的农村普惠金融发挥着重要的促进作用，并将对农村金融改革的成效产生持续、深远的影响。但同时我们也应看到，目前村级金融服务站的发展还存在一些不足，主要表现在：一是大部分村站无专岗专职人员且现有人员素质不高；二是村站工作经费不足，业务模式单一，自我“造血”能力不足，难以吸引人才；三是一些基层政府自身对村站建设存在一定的认识局限等。

针对村级金融服务站建设存在的问题，成都积极探索可持续的管理机制。在农村金融改革领导协调小组的积极协调下，成都准备确定由建设“农贷通”平台系统的金控征信公司采取市场化方式，对全市 2000 多个村级金融服务站进行管理。金控征信公司按照成都农村金融改革领导协调小组的要求，经过考察调研、征求意见和反复修改，初步制定出实施方案，总体思路是按照市场化导向，政府给予一定补贴；强化公共服务职能，积极拓展金融服务范围；坚持监督与管理并重，促进效率管理与风险控制平衡发展，以此推动形成村级金融服务站发展的长效机制。

方案一旦确定，成都将选择崇州市、彭州市和新津市进行村级金融综合服务站市场化管理试点。试点目标是验证方案的有效性。进度安排如下：在“农贷通”联席会议确定之后签订协议，金控征信公司与金融、保险、通信等机构进行业务合作，对村级金融综合服务站人员进行选聘、培训和管理，总结试点经验，成立专业化运营公司，推广至成都全域。整个工作计划在2018年第三季度以前完成。

四、探索惠农微银行业务模式

目前，成都农商银行已在成都市辖20个村开展惠农微银行业务试点，为金融更好地服务“三农”和拓展普惠金融内涵探索了有益经验。

（一）微银行业务的政策背景

一是2014年8月中国银监会办公厅印发《关于推进基础金融服务“村村通”的指导意见》，要求全国乡镇进一步推动基础金融服务向行政村延伸，打通农村基础金融服务“最后一公里”，力争用3～5年时间总体实现行政村基础金融服务“村村通”，加快农村地区普惠金融发展。二是重庆农商银行从2011年开始，以惠农终端为载体开展农村金融助农服务点建设，办理银行卡（存折）查询、转账、小额存取、缴费等业务，目前全市已建设800多个该类服务点；四川省农村信用联社2015年在德阳罗江、眉山等地试点农村惠农终端业务，2016年开始全面推广。三是互联网金融企业开始拓展农村金融业务，如阿里巴巴“千县万村”农村淘宝服务点、京东县级服务中心等，依托农村电商、物流配送等开展农村金融服务。

（二）微银行业务的政策意义

一是填补农村金融服务空白，做深做透农村市场。微银行以其灵活便捷的服务理念，以及因地制宜布放的业务机具，可以将服务触角延伸至许多农村金融服务空白地区，真正促进农村金融服务的不断深化。二是激发农村金融市场活力，完善农村金融产品种类。微银行业务在提供基础金融服务的同时，逐步丰富了金融服务功能，主要有小额存取款、转账、账户查询、补打存折、代缴代扣和购买理财产品等金融服务。农民足不出村便可获得各类金融服务，提高了农村金融服务可得性。三是有形站点与人机互动相结合，进一步提升了客户体验。农村客户文化水平普遍偏低，留驻人口基本上为中老年人，微银行业务以有形站点的形式存在于乡村，通过可交互的人机操作界面、丰富的业务功能，与农村客户增加交流，开展金融知识宣传，培育用户习惯，进一步优化了客户体验。四是分流站点压力，提高金融服务满意度。微银行业务可分流银行站点柜面查询、小额存取等业务，减少客户等待时间，避免客户多次往返银行站点，节省了客户时间，减少了客户的交通费用支出，提高了客户满意度。

（三）成都农商银行的惠农微银行业务模式

运作模式如下：第一，在当地符合条件的小卖部、超市、药店等商户或村委会布放机具，开展惠农业务。具体管理和运营机具的人员为金融联络员。第二，金融联络员指导和协助客户办理金融业务，办理业务过程中涉及的资金均为金融联络员自有资金，由其自行负责资金结算及现金管理。第三，金融联络员办理取款、转账等业务可从成都农商银行获得每笔1元的固定报酬。第四，成都农商银行制定了微银行业务管理员制度，管理员负责与每个微银行业务站点对接，管理微银行业务日常运营工作，微银行业务运营情况与管理员考核挂钩。

微银行业务功能包括银行卡及存折的账户查询、明细查询、密码服务、转账、小额存取、补登存折、他行卡取款、定活互转、信用卡还款、手机充值、代缴费（燃气、水费、广电费）等生活缴费类业务，后续还将继续拓展综合金融服务（业务转介）功能，如基金购买、理财购买、保险购买、信用卡申请、短信签约、网银及移动银行签约、小额贷款申请和新产品宣传等。

第四节　农村合作金融组织发展

一、农村合作金融组织分类

本节研究的农村合作金融组织主要指具有类似或关联生产的农民，为了获取便利的融资服务或经济利益而建立，并由村民自己管理的信用合作或资金互助组织。从实践看，农村合作金融组织大致有以下类别：

（一）社区互助性银行业金融组织

它是经银行业监督管理机构批准，由乡（镇）、行政村农民、农村小企业、农民专业合作社社员自愿入股组成，为农村资金互助社社员提供存款、贷款、结算等业务的合作制社区互助性银行业金融组织。作为独立企业法人，由农民和农村小企业自愿入股组成，入股资金最低100元，最高3万元，注册资本不低于30万元（在行政村设立不低于10万元），单个农民或农村小企业持股比例不超过股金总额的10%，不得设立分支机构；以股金、社员存款、社会捐赠资金和向其他银行业金融机构融入资金作为资金来源。目前，成都地区尚无这类资金互助社。

（二）基于农民专业合作社的信用合作组织

这类组织依托农民专业合作社发展起来，合作社社员在开展生产经营活动的同时进行资金互助。近年来，中央1号文件明确支持和鼓励发展这类组织，提出在管理民主、运行规范、带动力强的农民合作社基础上，培育发展农村合作金融，不断丰富农村地区金融类型。目前，成都地区基于农民专业合作社的信用合作组织已经开始探索发展，成都温江区幸福田园花木营销专业合作社、郫县君羊花卉种植专业合作社是其典型代表，崇州市也曾依托土地股份合作社探索开展资金互助。

（三）地方政府引导建立的资金互助社

该类组织由地方政府颁发相关监管注册证书，纳入地方政府的政策设计安排。其特点是名称中含有明确的“资金互助社”字样，有固定办公场所和配套的办公设备，设立理事会和监事会机构，有固定工作人员，组织架构相对完善，管理较为规范。目前，成都地区只有一家此类机构，即彭州市旭力资金互助社。

（四）完全扶贫性质的互助社

它根据《农民专业合作社法》《关于开展建立“贫困村村级发展互助资金”试点工作的通知》成立，在民政部门注册，资金来源以财政扶贫资金为引导，村民自愿按一定比例缴纳互助金，以社会捐赠资金为补充，筹集资金只用于向社员发放贷款，在互助社内部封闭运行。这类互助社主要通过TCC5项目和四川省扶贫开发办公室开展的贫困村村级互助资金项目推动。2008年8月和9月，成都在金堂县和邛崃市选择25个贫困村成立了25个资金互助社，2009年初正式开始运作。由于存在制度设计缺陷、风控难度较大等方面的原因，这类资金互助社很快关闭。

二、基于农民专业合作社的信用合作及资金互助

（一）社员信用联保

这种信用合作方式在合作社内较为普遍。实际工作中的主要做法是，合作社为社员提供连带保证责任，由合作社向商业银行推荐社员并审批社员的贷款额度，商业银行在审查社员资料的基础上，采取3~5户社员联保和合作社担保方式向社员发放贷款。

（二）社员资金互助

合作社股东和社员出资建立互助资金池，对内部社员短期资金需求提供互助。如成都温江区幸福田园花木营销专业合作社从2010年起，由幸福村当地28户花木种植大户和12家花木种植企业先后投入股金2000万元，吸引周边298户花木种植户以现金、花木、“现金+花木”三种形式折算股份，按1元/股筹资153.8万元，建立互助资金池。该合作社成员以股金质押，最高可获相当于自己股金70%的借款，如超过该限额则需由其他成员提供担保，借款额度也在联保成员股金总额的70%之内。目前，合作社已累计为40多户社员提供互助资金2000多万元，最低借款额5000元，最高借款额60万元。合作社按照月息最高不超过1.5%收取资金占用费，收取的资金占用费3年内不进行分红，全部进入互助资金池，3年之后按照《农民专业合作社法》，在弥补亏损、提取公积金后的可分配盈余中，按60%对社员进行比例返还，社员按入股份额进行分红。2015年以来，受宏观环境影响，花木市场持续低迷，合作社业务持续萎缩，社员资金互助也逐渐停止。

成都君羊花卉专业合作社于2008年1月在郫县成立，2014年5月注册资本增资至5100万元。为了解决社内成员扩大苗圃种植规模、绿化工程垫资、苗木买卖等生产和经营的资金需求，合作社为社内成员提供资金互助。合作社互助资金由社内成员出资，现金出资金额不少于1000元的社内成员可向合作社申请其出资金额10倍的互助资金，但不超过互助资金总额的20%，即社内成员申请的互助资金金额最高为100万元。社内成员使用合作社互助资金必须严格按照《成都君羊花卉专业合作社资金互助管理办法》来执行。该合作社自成立以来，共计办理社内成员资金互助业务134宗（次），累计金额达到3126万元。其中，单宗（次）最小金额3万元，最大金额100万元，每宗（次）平均金额23.4万元。由于花木产业受宏观环境影响，该合作社的资金互助业务也同样萎缩，至2015年初资金互助贷款仅余25万元，之后也同样停办。据2017年9月的调查，该合作社认为花木市场价格已经触底，市场将重新进入上升通道，拟重新启动资金互助业务以支持社员业务拓展。在其新方案中，互助金筹集规模将由过去的500万元降至100万元，筹集社员数按70～80人控制。同时，在地方政府支持下，该合作社正积极筹建发起成立专门的资金互助社。

（三）互助金担保互助

2012年，成都温江区花木专业合作社由5户最大股东共同出资1000万元成立融资担保风险基金，为社员融资提供信贷担保。民生银行崇州支行与该合作社签订了合作协议，双方按照“依法经营、平等互利”原则，由银行授权其可承担风险基金最高10倍的担保额度。合作社充当担保人角色并按照社员贷款金额收取不超过3%的担保费。社员贷款出现不良的，由合作社进行资产回购。目前，合作社已向30多名社员2000万元的贷款提供担保，收取担保费60万元，担保费全部进入担保风险基金。

（四）土地股份合作社的资金互助

土地股份合作社是土地经营权入股与农民专业合作相结合的产物，是近年来成都实施土地“三权分置”改革的制度性创新，对成都深化农业农村改革和推动农业适度规模经营具有十分重要的意义。成都崇州市土地股份合作社曾开展过资金互助的探索。在这种互助形式下，合作社社员向合作社提供互助资金，政府给予贴息支持，合作社按同期银行基准利率向社员支付利息。据不完全统计，2014年崇州市200多家土地股份合作社中有超过30%开展了资金互助实践，当年筹集互助资金2000余万元。随着成都农村金融改革试点的实施以及出于对防范风险的考虑，2015年以后，崇州市土地股份合作社的资金互助逐渐停办。

专栏3.3

土地股份合作社的资金互助探索

一、资金互助目的

资金互助在管理民主、运行规范、带动力强的土地股份合作社实施，坚持社员制、封闭性原则，在不对外吸储放贷的前提下，拓展土地股份合作社的生产经营融资渠道，解决土地股份合作社在生产经营过程中融资难的问题。

二、资金互助类型

资金互助的类型主要有生产成本资金互助和经营性设施建设资金互助。

1. 生产成本资金互助。由农业职业经理人根据土地股份合作社生产计划，预算种植生产成本，交由理事会讨论。理事会根据生产成本开展社员资金互助，明确互助的金额、还款时间等，并向社员公告，优先满足入社社员；若入社社员互助资金不足，可吸收农业职业经理人参与资金互助；资金统一进入合作社专户，禁止以个人名义筹资，由理事长签署出资证明，作为还款及分红的依据，资金互助完成后及时向社员公示互助情况，接受群众监督。

2. 经营性设施建设资金互助。土地股份合作社建设粮食烘储中心、加工中心等经营性设施，由理事会预算工程总投入，除去各级政策扶持资金外，剩余资金采用资金互助的方式，经过社员大会表决同意，开展社员资金互助。项目竣工验收合格后，形成的资产平均分配到个人账户，量化为该成员的公积金份额；土地股份合作社则按项目实施时入社会员登记的股份进行量化。

三、互助资金管理

合作社支付生产成本，由农业职业经理人提出申请，理事长和监事长共同签字才能从专户中列支，要求票据齐全、及时入账。合作社落实专人负责农资具的管理，对合作社采购农资具的放置、申领、使用及使用后的处理等，及时登记造册，确保农资具使用的规范性、有效性和安全性。合作社所有的收支必须经过专账，严禁坐收坐支或挪用，实行财务公开，接受监事会和社员的监督。建立成员账户，记载成员入社的土地股权，量化成员的公积金份额、分红等往来经济事项。

四、相关扶持政策

对土地股份合作社示范社开展社员资金互助，崇州市人民政府按银行农业贷款年利率 7.8%（或月利率 6.5‰）给予贴息扶持。2013 年，崇州市土地股份合作社开展资金互助 3332.47 万元，资金互助农户 5811 户；其中，大春水稻生产开展资金互助 705.12 万元，贴息金额 27.83 万元。

三、农村资金互助合作社

2014 年 8 月 5 日四川省人民政府金融工作办公室和省农业发展工作委员会批准建立彭州市旭力农村资金互助合作社，2014 年 11 月 3 日正式注册成立。该资金互助合作社是根据《四川省试点农村资金互助合作组织监督管理暂行办法》，由彭州市聚慧蔬菜产销农民专业合作社发起，成都目前唯一的以“资金互助合作社”命名的农村合作金融组织。该社现有社员 181 名，注册资本 700 万元，有固定办公场所和配套的办公设施，设立理事会和监事会，有固定工作人员。旭力农村资金互助合作社的运行情况如下：

一是在蔬菜产业流通环节对社员开展资金互助。旭力农村资金互助合作社试点新鲜蔬菜做抵押，社员将新鲜蔬菜存放在指定场地，凭库存仓单就能从资金互助社获得贷款。这种方式既满足了社员资金的“救急”需求，也为资金互助合作社自身找到了盈利点，从而接续了蔬菜产业流通环节资金链的“断点”。实践证明，这一创新举措收到了积极的效果，呈现出较强的生命力。2015 年 4 月末，成都范围内出现白菜滞销，在旭力农村资金互助合作社的支持下，彭州市数千亩滞销丰产白菜基本被彭州本地经销商（资金互助社社员）收购完毕，彭州白菜行情止跌企稳，有效防止了“菜贱伤农”情形的发生，资金互助合作社既实现了社会效益，也实现了经济效益。

二是贷款质量较好。旭力农村资金互助合作社发放的贷款具有小额、分散、短期的特点。在业务操作中，资金互助合作社严格依照内控风险流程审核贷款，遵循信用良好社员优先、自然人优先、一般社员优先的原则发放贷款，风险得到较好的控制。目前，该资金互助合作社发放的贷款尚未出现逾期。

三是资金互助合作社的治理比较规范。旭力农村资金互助合作社成立以来，先后召开社员代表大会 5 次，理事会、监事会 45 次，重大事项均及时向社员进行了信息披露，资金托管银行为彭州民生村镇银行。相关部门按月对资金互助合作社进行检查。目前，未发现违规发放贷款和提供担保的情况；未发现以固定回报吸收股金，违规吸收新社员、增资的情况；无账外经营；无管理层社员、法人社员侵占一般社员和自然人社员合法权益的现象。

旭力农村资金互助合作社取得的成效受到了相关部门、媒体、科研部门的关注和肯定，该社自身也形成了较好的盈利机制。截至 2017 年末，该社在试点经营期内获得利息收入 127.8 万元，扣除工资薪酬和其他运行成本费用后，共盈利 82.9 万元，实现了“保本微利”；累计向社员发放贷款 55 笔 2448 万元，直接撬动社会资金 7800 余万元参与彭州市蔬菜流通，较好地缓解了农产品生产流通环节的融资难问题，为成都农村金融改革创造了新的经验。

对不同类别农村金融组织建立发展和运行特征的分析，可以使我们从更高的站位和更宽的视野看到各类金融组织的差异化改革理念和各自的发展逻辑。传统的存量农村金融组织旨在围绕修正和强化支农目标定位，努力塑造全新的、有助于服务“三农”的内部管理机制，积极拓展新的支农服务方式，在更好地适应农村金融发展新趋势中，努力保持在金融支农中的主体地位。新兴金融组织则着力于绕开传统存量农村金融组织已经占据的主流信贷市场，旨在从更加细分的市场中找到适合发挥自身优势的市场空间，以其特有的产品、灵活的服务方式满足更加多样化的农村金融服务需求。普惠金融组织主要借助政府、金融监管部门的政策引导和推动，从弥补长期存在的农村金融服务空白以及解决金融服务种类单一问题入手，以传统存量金融组织为载体，以村民服务点和村级商业网点为依托，用普惠的理念借助现代服务方式，从寻求解决金融服务“开始一公里和最后一公里”问题中实现其业务向农村腹地的延伸。合作金融组织则是发端于农业各合作社内部、旨在通过探索以信用合作的方式服务于内生性金融需求的金融组织。总之，不同的农村金融组织在不同领域，或相同领域的不同方面共同发挥作用，它们在凸显各自主营业务优势的同时实现功能互补，并以此促进我国现代农村金融组织体系的不断丰富、完善和发展。

第四章　成都农村金融产品和服务方式创新

农村金融产品和服务方式创新是农业农村改革发展的客观要求，也是农村金融改革成效最直接和最直观的反映。在农业适度规模经营加快发展背景下，对农村产权还权赋能，建立农村信用服务体系，促进财政、金融政策互动等，并发挥它们在促进金融资源配置中的作用显得愈加重要，不仅可以让新型农业经营主体在促使农业农村经济发展中不断成长，累积新的信用特征，还能为农村金融组织在寻求产品和服务方式创新中开辟更加广阔的市场空间。《成都市农村金融服务综合改革试点方案》正是顺应了这种变化，在创新农村金融产品和服务方式中，明确提出要创新农村多元化的财产权抵（质）押方式、改进信贷管理模式、加大对重点领域的金融支持力度等具体任务要求。从现实情况看，成都在创新农村金融产品和服务方式方面起步较早，因此，自试点方案实施以来，这方面的改革工作从一开始就呈现出加快发展的态势：一是结合实际，积极探索“两权”（土地经营权和农民住房财产权）抵押试点，与之配套的要素市场建设和政策措施同步跟进，为国家试点“两权”抵押贷款的顺利推进奠定了良好基础。到 2017 年末，在两年时间里，成都 3 个试点区县累计发放的农村承包土地经营权抵押贷款和农民住房财产权抵押贷款分别占到四川省的 38.6%、94.8%。二是拓展更加多元的农村产权抵（质）押范围，完成了对农村产权与股权证书的颁发，以及流转交易的登记与鉴证等工作；适时开发花木仓单质押贷款、农产品仓单质押贷款、集体资产股权抵押担保贷款等新产品。三是探索优化信用贷款授信与管理新方式。通过建立农业职业经理人培育、管理、考核机制和运用大数据技术，实现对取得不同等级资格证书农业职业经理人的区别授信，以及对达到评级要求的农户实行标准化的批量授信，促进了信用贷款范围的扩大。四是突出支持重点领域的产品开发，建立健全财政、金融政策互动机制。在已取得 10 万亩高标准农田建设经验基础上，成都又启动了 100 万亩高标准农田建设项目，并在全域推动实施了农业基础设施建设项目和以“小组微生”为特征的幸福美丽新村建设项目。

第一节　抵（质）押融资产品创新

抵（质）押融资产品创新的核心是构造新的抵（质）押标的。成都在推进农村金融产品和服务方式创新中，将农村产权依法还权赋能，把农村产权抵（质）押作为重中之重，并进行了大胆探索和积极推动。2009 年，成都在全国先行先试，整体推进农村产权抵（质）押创新，具体来说主要抓了三个方面：一是全面推进农村产权制度改革，完成农村产权确权登记颁证工作，累计颁发各类产权证和股权证 890 余万本，其中土地确权登记颁证村组完成面达 99. 9%，耕地颁证面积达到总耕地面积的 94. 7%。二是加强农村产权抵（质）押配套制度建设。建立完善与农村集体建设用地使用权、农村房屋所有权、农村土地承包经营权等农村产权抵押相关的基础制度建设，发展要素市场，构建价值评估体系，建立收储机制等。三是制定促进农村产权抵（质）押政策措施，建立政策性担保机构，实施商业性保险和商业银行支农政策，建立市县两级农村产权融资风险补偿机制等。截至 2017 年末，全市农村产权抵押贷款累计发放 180. 5 亿元，余额 119. 3 亿元。

一、实物物权抵押融资

（一）花木抵押贷款

随着城市化进程的加快和城乡居民对居住环境要求的不断提高，园林绿化业高速发展。成都温江区是我国第二大花木集散地和中国西部“花木之乡”，花木具有价值高、所有权清晰、品牌效应强等特点，成为成都农村较早用于抵押的资产。2005 年，四川省农村信用联社温江区联社用花木大树做押品尝试，推出了花木抵押贷款。2009 年，随着花木产业进入鼎盛期，在温江区辖内的金融机构开始大规模介入花木信贷市场，针对花木产业探索推出了多款金融产品。当时花木的直接抵押是通过在工商局办理“浮动抵押”来实现的。随着花木经营主体规模越来越大，花木抵押贷款模式也逐渐演变为花木仓单质押贷款、“花木 + 土地经营权”抵押贷款和“花木仓单 + 土地经营权”抵押贷款等，较好地满足了花木产业发展的资金需求。相对于其他产业而言，由于花木受自然条件和种植技术的影响较大，而且流动性强，价格变化也大，客观上存在一定的风险，因此，如何在支持花木产业发展中确保贷款的安全是金融机构普遍关心的问题。

（二）农业生产设施所有权抵押贷款

农业生产设施的所有权通常比较清晰，将其用于抵押没有法律障碍。2015 年 5 月，成都对农业生产设施所有权的登记管理制定了专门的规范性文件，对农业生产设施的范围也进行了明确：（1）直接用于农产品生产的设施，包括标准化钢架大棚，作物栽培中有钢架结构的玻璃或 PC 板连栋温室，规模化养殖中的畜禽舍、畜禽有机物处置等生产设施，现代渔业生产设施等。（2）农业专业大户、家庭农场、农民合作社和农业企业等从事规模化粮食生产所必需的配套设施，包括粮食烘干设施、仓储设施和大型农机具存放库房等。可以看出，这里的农业生产设施基本属于不动产，拆卸后一般不影响再次使用。针对农业生产设施性质界定、位置确定和使用期限确定等难题，成都积极探索和完善了农业生产设施所有权登记管理制度，为金融产品创新提供了重要保证。截至 2017 年末，成都已累计发放 1.12 亿元农业生产设施抵押贷款，余额 9345 万元。

二、用益物权抵押融资

根据物权的权利主体是否是财产所有人，可以把物权分为自物权与他物权。自物权是指权利人依法对自己所有物享有的占有、使用、受益、处分的权利，所有权是唯一的自物权种类。他物权是指非所有人根据法律或合同的规定，对他人财产享有的物权，也称为限制物权。根据设立的目的不同，他物权还可以进一步分为用益物权和担保物权。用益物权是以物的使用、受益为目的而设立的他物权。农村土地的承包经营权、集体建设用地使用权等均属于用益物权。

（一）农村承包土地经营权抵押贷款

1. 现行法律障碍。2014 年中央一号文件明确提出“在落实农村土地集体所有权的基础上，稳定农户承包权、放活土地经营权，允许承包土地的经营权向金融机构抵押融资”。但当时在法律上对这一提法并不支持：自 2007 年起施行的《中华人民共和国物权法》第一百八十四条规定：“下列财产不得抵押：……（二）耕地、宅基地、自留地、自留山等集体所有的土地使用权，但法律规定可以抵押的除外。”《中华人民共和国担保法》第三十七条规定：“下列财产不得抵押：……（二）耕地、宅基地、自留地、自留山等集体所有的土地使用权，但本法第三十四条第五项、第三十六条第三款规定的除外。”根据定义，“三权分置”后农村承包土地的经营权也应属于使用权而不得抵押。

2. 试点地区对现行法律的调整实施。2015 年 12 月，十二届全国人大常委会第十八次会议授权国务院，在全国包括成都温江区、崇州市在内的若干地区开展农村承包土地的经营权抵押贷款试点。在试点期 2015 年 12 月 28 日至 2017 年 12 月 31 日内，对试点地区暂时调整实施《中华人民共和国物权法》《中华人民共和国担保法》关于集体所有的耕地使用权不得抵押的规定。2016 年 3 月 15 日，中国人民银行、中国银监会、中国保监会、财政部、农业部印发《农村承包土地的经营权抵押贷款试点暂行办法》，将农村承包土地的经营权抵押贷款定义为“以承包土地的经营权作抵押、由银行业金融机构（以下称贷款人）向符合条件的承包方农户或农业经营主体发放的、在约定期限内还本付息的贷款”。农村承包土地的经营权抵押的法律障碍在试点地区得到解决。截至 2017 年末，成都试点的两个区县累计发放农村承包土地的经营权抵押贷款 590 笔 14.9 亿元，余额 6.5 亿元。

成都温江区农村承包土地的经营权抵押贷款试点的特点是引入实物物权进行增信，同时探索引入抵押物的市场处置机制安排。温江区开展花木抵押融资的实践较早，2015 年末全国“两权”抵押贷款试点政策出台后，温江区探索将花木的所有权与土地经营权进行“捆绑”，探索开发出“农村承包土地的经营权 + 农业生产设施使用权 + 地面苗木林木权”“三证合一”的融资产品，实现了土地经营权和地上附着物的捆绑抵押。2016 年以来，温江区在前期实践基础上又逐步建立起抵押物的市场处置机制，引入本地的国有公司、龙头企业、农民专业合作社和收储公司等专业化的市场主体作为处置企业，全程参与抵押资产的价值认定、资产监管和风险处置，从事前、事中、事后三个环节协助银行控制抵贷资产风险。

专栏 4.1

“土地经营权 + 花木”抵押贷款

一、温江区开展农村承包土地经营权抵押贷款基础条件较好

截至 2016 年末，温江区流转承包耕地总面积 12.8 万亩，占全区承包耕地总面积的 66.8%，其中规模经营面积 9.31 万亩，占已流转土地面积的 72.7%，呈现出规模经营程度高、产业发展集中、流转对象和方式多样的特点。从事花木种植、科普、展销、物流、旅游的各类新型农业经营主体 4500 多个，花木从业人员 5.5 万人，花木在地资产达 160 亿元。为有效盘活花木资产，激活农村承包土地的经营权抵押功能，实现

温江区农业主导产业——花木产业的转型升级、资源整合、优势互补和健康发展，温江区人民政府在成都市的总体政策框架下出台了确权登记颁证、流转平台搭建、价值评估、风险补偿、抵押物处置、风险防范控制和化解等配套制度，努力促进财政政策和金融政策相融合，推动“两权”（土地经营权和农民住房财产权）抵押贷款试点工作顺利开展。

二、引入增信机制发放农村承包土地经营权抵押贷款

2016年11月4日，哈尔滨银行温江支行为温江区寿安镇汪家湾社区农户汪某发放了50万元农村承包土地的经营权抵押贷款。该笔贷款是借款人汪某以4.72亩自有承包土地的经营权及其地上附着物（盆景）直接抵押获得的。温江区花乡农盟花卉苗木专业合作社作为不良抵贷资产处置企业，牵头成立了抵押资产价值认定小组（由贷款人、处置企业、借款人、专家库成员和当地村委会推荐成员各1名组成），按照温江区农村土地经营权基准价格和苗木基准价格对借款人的土地经营权和地上附着物进行价值认定，并出具“农村承包土地的经营权（含附作物）价值认定书”。借贷双方按程序办理土地经营权和地上附着物抵押登记手续后，银行、不良抵贷资产处置企业和借款人签订《抵押资产市场化处置三方协议》，约定由处置企业对借款人抵押资产进行监管，若借款人出现本金或利息逾期，处置企业须在80天以内完成抵押资产处置，并将处置资金用于偿还借款人债务，并办理强制执行公证。在此基础上，哈尔滨银行按50%的抵押率向汪某发放了4万元土地经营权抵押贷款，按30%的抵押率发放了地上附着物抵押贷款46万元，合计发放贷款50万元，贷款利率上浮30%。此外，哈尔滨银行还将该借款合同向当地政府农村产权抵押融资风险补偿基金的承办机构进行了备案，纳入风险基金补偿范围。

从上述案例中可以看出，由于农村土地经营权抵押贷款中对风险抵贷资产处置的收储风险缓释环节和对收储的政府风险补偿环节的设计较为合理，作为对产权交易市场的有效补充，最终形成了风险处置的闭环，使得该产品成为“两权”抵押贷款试点的一个成功案例。

成都崇州市农村承包土地经营权抵押贷款试点与温江区有所不同，其创新做法是将土地经营权抵押与农业职业经理人贷款相结合，即在粮食生产的“农业共营制”模式下，由土地股份合作社将本合作社的土地经营权授予农业职业经理人，再由农业职业经理人将其作为抵押向商业银行申请贷款。从

本书第二章中谈到的成都崇州市粮食生产“农业共营制”模式可以看出，在“农业共营制”涉及的土地股份合作社、农业职业经理人、综合服务组织等三个主体的职责分工中，只有农业职业经理人是生产经营资金的需求者。因此，在考虑解决农业职业经理人如何用土地经营权做抵押并向商业银行申请贷款时，崇州市金融部门在当地政府的大力支持和配合下进行了积极探索，并创新出本节开始时述及的“授权抵押贷款”模式。同时，为同步解决好农业职业经理人的债务清偿问题，在人民银行当地分支机构指导下，金融机构与土地股份合作社共同形成决议，将农业职业经理人、土地股份合作社、商业银行之间的责权利明确到决议中，较好地解决了土地经营权抵押在前期授权和后期抵押物盘活及风险处置等方面的问题。这种方式既满足了农业职业经理人作为资金使用主体的需求，又明晰了债权、债务边界，能够充分发挥土地经营权的融资抵押功能。成都农商银行崇州支行、崇州上银村镇银行按照这一模式，先后发放67笔1075.5万元土地经营权抵押贷款，有效解决了土地股份合作社生产经营资金需求。

专栏4.2

股份合作社授权职业经理人用土地经营权抵押贷款

1. 面临的困惑

金融机构向“农业共营制”发放抵押贷款时，在选择承贷主体的问题上产生过犹豫：是选择土地股份合作社理事会，还是农业职业经理人？因为资金的实际需求主体是农业职业经理人，土地股份合作社理事会却是土地经营权的权利主体，但从分工看，农业职业经理人与股份制企业的CEO相似，他更符合有利于债务锁定的条件，因而商业银行在实际的业务操作中，更愿意向农业职业经理人发放贷款。统计数据显示，截至2015年6月末，崇州银行共计66笔1567.5万元贷款中，有61笔1312.5万元是向农业职业经理人发放的贷款，5笔255万元是向土地股份合作社发放的贷款。

2. 需要解决的问题

一是依规解决农业职业经理人的土地经营权抵押资格，二是规范完善农村产权交易市场，三是建立发展农业职业经理人市场，四是协调处理好农业职业经理人债务风险与“农业共营制”的关系。在成都，第二和第三个问题已经得到初步解决，重点需要解决第一和第四个问题。

3. 解决问题的思路

第一个问题，要让农业职业经理人获得土地经营权的抵押资格，可以通过完善股份合作社章程、明确授权管理等予以解决。目前的章程在对农业职业经理人的授权管理方面还不完善，需要做进一步修改，明确农业职业经理人作为合作社理事长的代理人（法定代表）对外的民事权利和义务，比如合作社经理事长授权，农业职业经理人可将土地经营权用作抵押，向银行申请生产性借款，并负责履行相应的到期债务等。第四个问题，在“农业共营制”中，合作社理事会与农业职业经理人之间关系的本质不在于“共营”，而在于“分工”。从分工的角度看，并不包括他们共同负有承担借款债务的责任，因此可以认为，农业职业经理人因生产而产生资金需求，因资金需求而获得土地经营权抵押授权，因使用土地经营权抵押而成为债务主体，这也是“农业共营制”为我们揭示出的非常重要的内涵。

4. 债务的清偿

债务的清偿有三种情况，一是当经营正常，并实现预期收益时，可如期履行债务。二是当土地经营周期尚未完结，因个人原因向合作社理事会提出终止聘任时，农业职业经理人应当承担违约责任。此时，土地经营尚在继续，借款资金尚未受到损失，银行可以要求合作社理事会更换农业职业经理人，以延续原有债务，保持资产安全。三是当土地经营周期已经完结，由于市场变化或是经营不善等原因导致借款资金损失，而不能履行到期债务时，农业职业经理人用个人财产进行偿还。个人财产不足以偿还额度时，用土地股份合作社的公积金抵扣；仍然不足部分，对农业职业经理人的违约行为实施法律追索。同时，政府启动风险补偿机制进行代偿。有鉴于此，合作社理事会应当在前一经营周期完结时，及时将土地经营权拿到农村产权交易市场挂出，重新选聘农业职业经理人，确保土地的经营不因债务纠纷而中断。

5. 目前的情况

在土地股份合作社章程修改之前，是以召开社员代表会议的方式，按照《崇州市××土地股份合作社成员代表大会关于向××银行融资的决议》模板予以实施，实现将土地经营权的抵押权授予职业经理人，按照这种方式已经完成了67笔“授权抵押贷款”。待土地股份合作社章程修改完善之后，授权程序将进一步简化，这类贷款的发放效率会大大提高。

股份合作社授权农业职业经理人将土地经营权用于抵押贷款的创新之处，在于打通了土地经营权向农业职业经理人授权抵押的环节，以及当不能履行到期债务时通过更换农业职业经理人的方式来实现对抵贷资产的处置。一旦国家通过修法，允许土地经营权用于抵押，这样的案例将对推动全国农村搞活土地经营权具有积极的示范意义。

（二）农民住房财产权抵押贷款

《中华人民共和国物权法》明确规定地上建筑物抵押时，地下土地使用权应一并抵押。农民的住房都是建在宅基地上的，因此农民住房财产权抵押贷款变成了宅基地使用权和宅基地上住房的捆绑抵押贷款。2009 年，成都市人民政府批复了《成都市农村房屋抵押融资管理办法（试行）》，要求农房抵押须合法取得集体土地使用权证（使用权类型为集体建设用地使用权）和房屋所有权证。但当时由于地震灾后重建的特殊背景，部分地区在国土资源部门不知情的情况下，仅由房管部门为宅基地上的农房办理了抵押登记。两证合一后，这种做法给已经形成的农房抵押债权债务关系留下了隐患。

2015 年 12 月，十二届全国人大常委会第十八次会议授权国务院在全国包括成都市郫县（现郫都区）在内的若干地区开展农民住房财产权抵押贷款试点。在试点期 2015 年 12 月 28 日至 2017 年 12 月 31 日内，对试点地区暂时调整实施《中华人民共和国物权法》《中华人民共和国担保法》关于集体所有的宅基地使用权不得抵押的规定。2016 年 3 月 15 日，中国人民银行、中国银监会、中国保监会、财政部、国土资源部、住房和城乡建设部联合印发《农民住房财产权抵押贷款试点暂行办法》，将农民住房财产权抵押贷款定义为在不改变宅基地所有权性质的前提下，以农民住房所有权及所占宅基地使用权作为抵押、由银行业金融机构向符合条件的农民住房所有人发放的、在约定期限内还本付息的贷款。

自开展农民住房财产权抵押贷款试点以来，成都郫都区结合实际积极协调农民住房登记，完善流转平台，并加强风险补偿和抵押物处置等配套机制建设，较好地盘活了农民住房财产权。截至 2017 年末，郫都区农民住房的财产权抵押贷款累计发放 108 笔 3.2 亿元，余额 1.2 亿元。

专栏 4.3

家庭农场主住房直接抵押贷款

郫都区唐昌镇战旗村村民朱某于 2016 年 7 月 15 日从郫都区唐昌镇

战旗村蔬菜专业合作社获得31.8亩流转土地的经营权，注册了“郫都区晨曦家庭农场”，主要从事蔬菜种植、销售、配送、采摘和观光服务，前期投入已将近30万元，面临资金缺口10余万元。

成都农商银行郫都区支行了解到该农户的资金需求后，于2016年8月20日指派客户经理与之进行专门对接，当了解到朱某只有位于战旗村农民新居的农房一套，无其他可抵押资产时，成都农商银行向朱某讲解了郫都区开展农民住房财产权抵押贷款试点的相关政策，8月22日朱某向银行提出农房抵押贷款申请。经第三方评估机构评估，其房屋价值为28.94万元。朱某提供了他处居住等证明并办理了抵押登记。根据郫都区农房抵押贷款实施方案，农户朱某、成都农商银行郫都区支行和惠农担保公司签订了农村产权抵押贷款风险补偿三方协议。成都农商银行通过信用评估，在协议签订完成后，于9月2日按房屋价值的50%向朱某发放了1年期抵押贷款15万元。如朱某按时偿还本金及利息，贷款到期后，还可向郫都区财政申请1年期基准利率贴息；如未按期还款，成都农商银行郫都区支行将在与惠农担保公司签署债权收购协议后先期从郫都区风险基金获得未偿还本息80%的补偿。

成都郫都区农民住房财产权抵押贷款试点工作取得了积极成效，但仍面临一些问题，最主要的问题是农房价值低、抵押率低、可替代性强。由于宅基地处置面临的法律限制较多，实践中农房价值评估并未考虑宅基地价值，主要考虑建筑成本以及区位、交通等因素，散居农房平均评估价格1130元/平方米，集中居住小区农户评估价格2160元/平方米。此外，郫都区8家金融机构出台的农房抵押贷款办法均要求抵押率不能超过五成，远低于商品住宅抵押率，加之价值评估体系不完善，评估价值较低，200平方米的农房抵押能获得的贷款金额不到20万元。农房抵押贷款达不到一定金额，很容易被其他融资形式替代。

（三）林权抵押贷款

林权是划定的自留山和林地经营承包中取得的林地使用权、林木所有权、林木使用权的总称。集体林权制度改革是农村家庭承包制度从耕地向林地的拓展和延伸，是农村基本经营制度的又一次创新和完善，对于加快山区农民增收、提升林区规模经营水平和产出率、推动山区农业经济发展具有十分重要的意义。2008年6月，《中共中央　国务院关于全面推进集体林权制度改革意见》提出要全面推进集体林权制度改革，进一步解放和发展林业生产力。2008年12月，国务院办公厅在印发的《关于当前金融促进经济发展的若干意见》中，明确提出要在扩大农村有效担保物范围基础上，积极探索发展农村多种形式担保的信贷产品，指导农村金融机构开展林权抵押贷款业务。2009年1月，国务院《关于2009年促进农业稳定发展农民持续增收的若干意见》明确要求，用5年左右时间基本完成明细产权、承包到户的集体林权制度改革。为了贯彻落实党中央、国务院关于推进集体林权制度改革的总体要求，进一步改进和提升农村金融服务水平，实现金融与林业相互促进和互利共赢，2009年5月，中国人民银行、财政部、中国银监会、中国保监会、国家林业局印发了《关于做好集体林权制度改革与林业发展金融服务工作的指导意见》。

林权抵押贷款是林权所有人将其拥有的森林、林木的所有权或使用权和林地的使用权作为抵押物，向金融机构借款，或为第三方提供借款担保的行为。从信用关系看，主要有以下五种模式：一是单户直接林权抵押贷款，农户个体以其自身拥有的林权证用作抵押申请贷款。二是农户联保贷款（“林权+联保”），农户在“自愿联合、多户联保、定期还款、风险共担”的原则下，以林权证为信用担保，自愿组成联保小组，向金融机构申请林业联保贷款。三是担保机构反担保贷款（“林权+担保”），农户向金融机构提出贷款申请，由担保机构提供担保，借款人将林权证提供给担保机构作为反担保。四是林业信用共同体贷款，林业协会、林农或林业中小企业按照“平等自愿、严格准入、互惠互利”的原则，组建利益共享、风险共担的信用共同体，缴存一定的担保基金，金融机构按照担保基金的4~8倍向林农或林业企业发放贷款。五是合作经济组织、经营大户或企业林权抵押贷款，这几类主体以其拥有的林权证或可以统一经营许可的林权证用作抵押，经中介机构评估，按一般商业抵押贷款条件向金融机构提出贷款申请。

成都林权抵押贷款业务开展较早。2009年，成都市人民政府出台了《成都市林权抵押贷款管理办法》。成都大邑县作为全市最大的林业县，早在2008年前后就通过颁发林权证，开展“林权+担保”“林权+联保”以及林权直接抵押贷款。2011年起，成都市人民政府又先后出台了《成都市集体林权流转管理办法》《成都市集体林权登记管理办法》《成都市深化集体林权制度改革试点实施方案》等一系列指导性文件，逐步建立起了开展林权抵押贷款较为完善的制度基础。2015年，四川省林业厅、四川省农业工作委员会、中国人民银行成都分行、中国银监会四川监管局等四部门联合印发《关于开展林权抵押贷款改革试点的通知》，成都崇州市被确定为全省5个试点县区之一。该项试点中除林权证抵押外，还提出探索开展林地经营权抵押贷款和林木（竹、果）权抵押贷款。同年，四部门再次联合发文，进一步扩大了经济林木（果）权抵押贷款的试点范围。

2017 年，为进一步深化集体林权制度改革，健全完善金融支持林业发展制度，成都市人民政府再次修订完善了《林权抵押贷款管理办法》。相较于四川省 2015 年的试点通知，成都新修订的管理办法具有以下特点：一是简化和细化了林权抵押贷款评估程序。针对 1000 万元以下的林权抵押贷款，新办法简化了林权评估程序。金融机构推出“一次核定、随用随贷、余额控制、动态调整”的农户便捷信贷新模式。二是提高了林权抵押贷款的抵押率。新办法规定，林权抵押贷款的抵押率原则上不低于 50%，最高可达到 70%，比过去 30% ~50% 的抵押率有了大幅度提高。三是扩大了适用范围。新办法适用于在蓉所有金融机构，进一步优化了森林资源的市场化配置，拓宽了林业发展的投融资渠道。

专栏 4.4

林地经营权抵押贷款

2015 年 6 月 19 日，崇州市上银村镇银行向崇州市某茶园林地股份互助合作社授信 200 万元，与互助合作社成员陈某、田某和周某进行现场签约并分别发放了林地经营权抵押贷款 10 万元、60 万元、20 万元。

这三笔贷款是崇州市运用颁发的林地经营权证，率先在全省发放的首宗林地经营权抵押贷款。为了做好与林地经营权抵押融资配套的相关工作，崇州市人民政府高度重视，建立完善了工作机制并积极研究配套措施，包括积极推动林地经营权证的颁发，实现承包权与经营权分离；研究制定《崇州市开展林权抵押贷款改革试点实施方案》《崇州市农村产权指导价格评审发布办法》等规范性文件，引导农民以林地经营权入股组建林地股份互助合作社，确保了林权等各项改革的顺利推进。崇州市三郎镇茶园林地股份互助合作社应运而生。

三郎镇茶园林地股份互助合作社注册资本 139.6 万元。该社由 6 名股东出资，出资方式为 1396 亩林地以 1000 元/亩折价计算。合作社凭借林地经营权证、林（竹、果）权证，连同提供产权抵押融资备案登记表、经营证照等要件向金融机构申请贷款。在贷款的申请过程中，崇州上银村镇银行加强同三郎镇茶园林地股份互助合作社的对接，积极指导其完善内部管理制度及登记办理相关权证，按照崇州市农村产权指导价格评审工作小组、崇州市公共资源交易中心公开发布的指导价格进行估价和授信。在风险防控方面，主要是将林地经营权抵押贷款纳入政府设立的农村产权抵押贷款风险基金进行管理，一旦出现违约风险，风险基金与银行方面按 8∶2 的比例进行分担。

此笔贷款成功落地的意义不仅在于林地经营权抵押方式的创新，还包括有效促进了林地股份互助合作社这一融资主体的创新，以及互助合作社提供担保、整体授信的方式创新。一系列的创新不仅为农村金融改革提供了重要基础，也较好地解决了林地经营者融资难的瓶颈，为金融支持林业发展提供了新的服务模式。

（四）集体建设用地使用权抵押贷款

集体建设用地又称作乡（镇）村建设用地或农村集体土地建设用地，是指乡（镇）村集体经济组织和农村个人投资或集资，进行各项非农业建设所使用的土地。集体建设用地使用权抵押贷款一般是指集体经营性建设用地的抵押贷款。党的十八届三中全会通过的《中共中央关于全面深化改革若干重大问题的决定》指出，要建立城乡统一的建设用地市场。在符合规划和用途管制前提下，允许农村集体经营性建设用地出让、租赁、入股，实行与国有土地同等入市、同权同价。所谓“集体经营性建设用地入市”，是指在符合规划和用途管制前提下，农村集体经营性建设用地可以出让、租赁、入股等方式参与市场交易，享受和国有土地同等权利。

2015 年 9 月，成都郫都区被列为全国农村集体经营性建设用地入市、土地征收制度改革试点地区。除郫都区外，成都双流区等地围绕幸福美丽新村建设的资金投入问题，充分利用成都农村产权制度改革成果和土地整治有关政策，也实现了集体建设用地使用权的直接抵押融资。经过制度的不断完善和持续的实践探索，截至 2017 年末，成都集体建设用地使用权抵押贷款已累计发放 137.8 亿元，贷款余额 104.4 亿元。集体建设用地使用权抵押贷款分为集体建设用地使用权抵押担保贷款、集体建设用地使用权直接抵押贷款和企业通过流转集体建设用地使用权直接抵押贷款三类。

一是集体建设用地使用权抵押担保贷款。村集体首先进行土地整理，组建村集体资产管理公司。此类公司作为贷款主体被商业银行认为偿付能力有限，在用集体建设用地使用权申请抵押贷款时需由担保公司担保。集体建设用地使用权抵押担保贷款主要流程是：组建村集体资产管理公司—农户与公司签订土地入股协议和委托经营协议—收回宅基地办理集体建设用地使用权证书—向担保公司提出融资担保申请—担保公司出具项目担保函—签订合同—商业银行放款。

专栏 4.5

集体建设用地使用权抵押担保贷款

花牌村位于郫都区古城镇东南，辖区面积 4725.1 亩，全村共有 925 户农户，总人口 2865 人。2010 年 1 月，经四川省国土资源厅批准花牌村增减挂钩立项后，全村 881 户 2534 人自愿报名参加土地综合整治。2010 年 4 月，参与农户共同组建了花牌资产管理公司，自主实施土地综合整治。

一是流转集体建设用地使用权。花牌资产管理公司与自愿申请参与土地综合整治的 407 户农户签订协议，通过整理取得 488 亩集体建设用地使用权，公司按协议约定对农户进行相应补偿；区国土局为花牌资产管理公司流转取得的 488 亩集体建设用地使用权进行变更登记，并颁发集体建设用地使用权证书，为其申请抵押贷款创造了条件。

二是争取担保机构担保，获得银行贷款。成都惠农公司、成都市农村产权流转担保公司、成都市现代农业担保公司等 7 家担保机构为花牌资产管理公司提供了连带责任保证担保。以流转的 488 亩集体建设用地使用权、拟整理产生的建设用地挂钩周转指标，以及挂钩指标落地后获得的国有建设用地使用权作为抵押反担保资产，2011 年 5 月，花牌资产管理公司获得成都银行百花潭支行发放的期限 5 年、总额 2.35 亿元的贷款。

三是加强贷款资金监管。花牌资产管理公司与惠农公司签订《委托经营管理协议》，将 2.35 亿元贷款一次性转到惠农公司开设的资金专户。花牌资产管理公司按照项目工程进度、票据等提出资金使用申请，惠农公司按照项目进度进行支付，保证专款专用。

四是明确偿还贷款资金来源，分别由周转“挂钩指标”出让收益和“挂钩指标地块”出让收益偿还。

目前，花牌村土地综合整治项目一期建成安置房 12 万平方米，770 户 1950 名农民已入住新居，完成四川省省级验收，节约集体建设用地指标 48.762 亩；二期正在编制竣工验收资料，待验收完成“挂钩指标”和“挂钩指标地块”出让后，立即进入还款程序。

二是集体建设用地使用权直接抵押贷款。主要流程是：组建集体资产管理公司—农户与公司签订集体建设用地使用权委托经营协议—办理集体建设用地使用权证—县级职能部门审核出具项目实施意见—向商业银行申请贷款，按要求提交资料—商业银行受理，对项目进行调查评估—增减挂钩项目由县土地储备中心出具收储意见并签订收储协议—商业银行审批通过—办理集体建设用地他项权登记及签订贷款合同—商业银行放款—制订资金使用计划和资金拨付申请—验收合格，指标收益偿还贷款。

三是企业通过流转集体建设用地使用权直接抵押贷款。在郫都区被列为全国农村集体经营性建设用地入市试点地区后，企业通过流转获得的集体经营性建设用地使用权可直接向商业银行申请抵押贷款，贷款流程有了很大程度的简化。主要流程是：企业通过招拍挂或协议流转方式取得集体建设用地使用权—企业向商业银行申请集体建设用地抵押贷款—评估机构对企业提供的抵押物进行评估—商业银行调查审核—签订合同，商业银行授信—商业银行放款—项目收益偿还贷款。

专栏 4.6

企业通过流转集体建设用地使用权直接抵押贷款

唐昌镇战旗村是郫都区首批建成的幸福美丽新村。为进一步推动战旗村乡村旅游产业发展，结合村内已有的“第五季妈妈农庄”景区资源实现产业互动、促进经济升级，带动村民致富增收，形成能够辐射带动周边区域的乡村旅游度假目的地和示范性品牌，2015 年 9 月 7 日，四川迈高旅游资源开发有限公司以 705 万元拍得战旗村一宗 13.45 亩集体建设用地进行乡村旅游开发。这是成都第一宗、全国第二宗农村集体建设用地入市案例。2016 年，为解决公司建设资金需求，成都农商银行郫县支行向四川迈高旅游资源开发有限公司提供了集体经营性建设用地使用权直接抵押贷款授信业务，实现贷款投放 410 万元。

（五）养殖水面经营权抵押贷款

成都农村养殖水面经营权登记工作开始于 2014 年。成都崇州市新型农业经营主体通过正常途径取得农村养殖水面经营权后，向崇州市农业发展局申报，办理成都市农村养殖水面经营权登记。养殖水面经营权的确权颁证，使得经营权成为明确的抵押物，为商业银行创新以养殖水面经营权为抵押的金融产品提供了必要条件。

专栏 4.7

养殖水面经营权抵押贷款

崇州市集贤乡山泉村的青年农民张某，2006 年毕业于四川农业大学。2008 年国际金融危机爆发，细心的张某观察到，她在广东从事的建材贸易受到严重影响的同时，水产品出口却一直保持着繁荣的景象，其中广东、江苏连云港等地的泥鳅均能以较好的价格出口到韩国和日本等地，丝毫未受到金融危机的影响。这使张某萌生了要把泥鳅养殖这一项目带回家乡进行试验推广，以此带动家乡人民共同致富的想法。

启动资金和技术准备到位以后，张某于 2012 年末返乡开始泥鳅养殖。经过一年的发展，养殖规模逐步扩大到 102 亩。由于泥鳅种苗需求无法得到有效满足，张某打算通过扩大苗种孵化繁育解决这一问题。前期张某在养殖池塘建设、饲料和人工方面已经投入较大成本，要修建孵化大棚，面临的最大问题就是如何筹集资金。张某讲道："创业的时候真是一分钱难倒英雄汉。"正当张某为寻找资金一筹莫展之际，中国人民银行崇州市支行在摸排农村融资需求时，了解到了她的创业历程和目前的困境，便着手帮助她想办法解决创业所需资金问题。由于泥鳅经营具有一定的特殊性，当时并无成熟的信贷产品与之相匹配。中国人民银行崇州市支行及时与共青团崇州市委、市科协和中国邮政储蓄银行崇州市支行联系，就如何解决农村青年创业的金融支持问题进行积极沟通，研究相关举措。在此基础上，中国邮政储蓄银行崇州市支行为张某扩大泥鳅养殖专门定制了以水面经营权证作为抵押的贷款方案，即以集贤乡山泉村骏景泥鳅养殖农业专业合作社 102 亩的成都市农村养殖水面经营权证做抵押，向张某发放了首期 15 万元、期限 1 年的抵押贷款（政府以基准利率贴息 50%），解决了资金缺口问题。这也是成都第一单养殖水面经营权抵押贷款。

三、权益性资产质押融资

除农地、农房、农业生产设施等农村产权以外，随着农村产权制度的进一步发展完善以及金融产品和服务方式创新，一些基于金融资产或未来收益的权益性资产质押融资方式也开始出现。

（一）集体资产股权抵押贷款

2015 年 5 月 6 日，农业部、中央农办、国家林业局下发了《关于积极发展农民股份合作赋予农民对集体资产股份权能的改革试点工作的批复》，在全国 29 个县（市、区）开展农民股份合作的改革试点，赋予农民对集体资产的股份权能。其中，在 18 个县（市、区）开展赋予农民对集体资产股份抵押权、担保权试点。成都温江区作为 18 个试点县（市、区）之一，结合自身实际积极开展探索。温江区万春镇天乡路社区从以下五个方面开展工作：一是全面清理核实经营性资产、非经营性资产和资源性资产。二是组建股份经济合作社，将集体资产股份量化到人，颁证到户，赋予集体经济组织成员对集体资产股份的占有权和收益权以及有偿退出、继承、抵押和担保四项权能。三是探索以预期收益为基础的股权价值认定方式，让农民能够使用股权证向银行办理质押贷款。四是引入农村产权市场收储机制，探索风险抵贷资产的市场化处置方式，同时将其纳入农村产权风险基金补偿范围。五是采取土地流转、委托经营、BOT 和自主经营等模式统一经营和管理集体资产。2016 年，成都农商银行办理了集体资产股份抵押担保贷款 2 宗，金额 20 万元，得到农业部的充分肯定。

（二）农业补贴担保贷款

为调动农户种粮积极性，国家惠农政策不断强化，财政补贴向农业生产的倾斜力度逐渐加大。成都除贯彻落实国家直补政策外，还根据当地实际进一步完善了种粮大户奖补政策。财政惠农补贴的长期性和稳定性特点，为补贴资金设定担保提供了有利条件。2016 年初，中国农业银行四川省分行营业部按照“以农民以后年度获得的财政惠农补贴资金做担保为农民提供贷款，不能还款的扣缴以后年度财政惠农补贴资金用于还本付息”的思路，设计并推出“财补贷”产品。“财补贷”通过财政惠农补贴资金作为担保满足新型农业经营主体的融资需求，实现了信贷资金与政府支农资金的结合，有效缓解了贷款难和贷款贵问题，契合了当前及今后一段时期加快农村土地产权制度改革、支持新型农业经营主体成长、推进现代农业发展的农业农村改革新形势。

第二节　农业适度规模经营融资机制创新

随着农业适度规模经营的不断发展，农产品产量不断增加，基于规模农产品的动产质押融资需求不断增加。政府部门、金融机构、农业企业等各方协调配合、积极作为、主动顺应、努力探索，创造出基于农产品等动产质押的新的融资机制。

一、农产品存货质押融资

农产品存货质押融资是农业经营主体将其拥有的存货作为担保物，向金融机构出质，同时将质物转交给具有合法保管动产资质的仓储公司进行保管（不开具仓单），进而获得银行贷款的相关活动。

专栏 4.8

农产品存货动态质押贷款

都江堰金都村镇银行针对都江堰某茶叶有限公司的实际贷款需求以及茶叶采购季节性较强、存货较多、价值较高、易于流通和变现等特点，积极探索为其定制农产品存货质押贷款产品，并向该企业发放贷款 500 万元。存货质押融资模式是将“死”的存货变成“活”的资金的过程。

该茶叶有限公司向都江堰金都村镇银行提供价值不低于 1000 万元的茶叶作为质押，引入四川五月阳光金融仓储有限责任公司对质押茶业进行实时监管，创新了担保方式。金融仓储公司使用租赁茶叶公司仓库，通过派驻现场监管人员入场监管和 24 小时摄像监控相结合的方式对质押品实施管控，定期向都江堰金都村镇银行通报质押物相关情况。同时，该金融仓储公司在履行监管责任时，还根据质押物状况购买了由中国人民财产保险公司推出的财产基本险，切实防范自然灾害等因素导致的质押物价值损失。存货质押贷款业务的主要流程详见图 4－1。

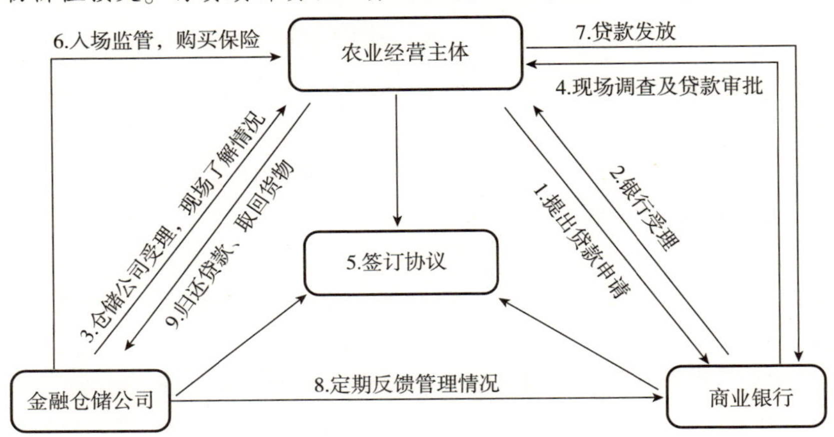

图 4－1　存货质押贷款业务的主要流程

都江堰金都村镇银行创新的农产品存货质押贷款，在仓储物品存储位置上属于本地质押，在融资主体上属于银行质押，在质押方式上属于动态质押。动态质押可分为循环质押和置换质押，循环质押是为了使存货企业日常经营不受影响，维持企业正常的经营活动以及保护质押物，根据融资企业所提出的申请，在存货质押期间和质押物价值不变的条件下，融资企业用同等数量的产品替代原有质押物的质押模式。循环质押利于质押物的新旧更换，保障质押物的价值和数量，减少质押物的自然损坏。置换质押模式是指通过融资企业向银行开设的特定账户增加保证金，从而获得一定数量的质押物用于企业生产与经营，在金融机构可承受的风险范围内调整质押物的数量。

为了实现质押物循环流动，加速企业资金周转，该茶叶公司与都江堰金都村镇银行经过协商，采取动态质押的方式，即该茶叶公司可根据自身经营与季节需要，经都江堰金都村镇银行同意后，通过以物易物、保证金置换和提前还款等方式进行存货置换。

二、包含企业存货质押的“全厂质押”融资

这类融资的突出特点是将动产（存货）引入作为企业增信方式之一，同时将企业的土地、厂房、股权、商标、存货等资产整合起来授信，是一种综合性的融资解决方案。

专栏 4.9

豆瓣企业“全厂质押”贷款

郫都区某食品科技有限公司成立于2002年，是从事郫县豆瓣和复合调料研发、生产与销售的专业化调味品公司，致力于3000年蜀酱文化的挖掘，融合现代生物技术，建设绿色健康的标准化食品基地，着力打造卓越的川菜文化产业园。近年来，该企业研发和技改经费投入较大，同时受豆瓣企业季节性集中采购原材料的影响，面临较大的资金缺口。前期该企业通过固定资产和企业机器设备抵押，仅获得贷款500万～800万元，难以满足企业发展需要。

2015年以来，该企业通过兴业银行成都郫都支行“全厂质押”方式累计获得贷款4000万元，解决了企业经营发展中的资金难题。“全厂质押”融资产品是兴业银行成都郫都支行根据郫县豆瓣企业需求开发的创

新贷款产品。该产品结合豆瓣企业生产特点，创造性地将企业的土地、厂房、存货、股权、商标使用权等资产进行有效整合，作为其在银行申请贷款的考察要素以及担保方式。其特点如下：一是将存货（原料、半成品、成品）质押作为企业融资的担保方式之一，解决了豆瓣行业中普遍存在的有效抵押物不足的难题；二是单户最高可获3000万元的授信额度，可满足行业中大部分企业的需求；三是按照郫县豆瓣生产周期长的特点，将单笔贷款期限设定为2年。在兴业银行成都郫都支行"全厂质押"产品的创新带动下，郫都区辖内的村镇银行、农村商业银行、农业银行、邮政储蓄银行等机构纷纷推出存货质押类产品。截至2017年11月，全区金融机构通过"全厂质押""存货质押"发放的豆瓣企业贷款余额超过30亿元，为促进郫县豆瓣企业发展壮大提供了重要保障。

三、农产品仓单质押融资

农产品仓单质押融资是指农产品的拥有者为取得贷款资金支持，将农产品存储到标准仓库，由独立的第三方进行检验和管理，出具仓单，银行以农产品仓单作为质押物，按照相应的贷款审批流程向农产品拥有者发放贷款。农产品仓单质押作为农业适度规模经营条件下的金融创新实践，在国内还处于起步阶段。由于这类融资涉及的主体较多，融资机制往往包含一些比较精细的制度设计。在成都彭州市的农产品仓单质押融资探索中，整个融资环节中所涉及的巡查、定期价格推送、平仓和允许提前解质等机制，就是该类金融产品精细化设计思想的具体体现。农产品仓单质押的及时推出，为解决现代农业发展中的融资问题提供了新的思路，有力地助推了现代农业全产业链发展。截至2017年末，成都农产品仓单质押贷款余额980万元，大部分贷款为2016—2017年发放的。2017年9月，成都彭州市农产品仓储质押融资项目受邀在世界银行集团国际金融公司等主办的第五届仓储融资和担保品管理国际研讨会上进行了交流展示。

专栏4.10

农产品仓单质押贷款

彭州市拥有"中国大蒜之乡""中国莴笋之乡""中国川芎之乡"国家地理保护标志，是国家级蔬菜市场、全国五大蔬菜生产基地之一，是西部蔬菜之乡、全国第二个国家级蔬菜博览会永久举办地，拥有中国西部最大的农产品集散物流中心——四川国际农产品交易中心，全年农产品交易量达500亿元。彭州蔬菜生产经营者在流通环节的资金短缺往往会造成在收获季节出现大量蔬菜无人收购、价格暴跌甚至烂于田间的现象，制约了产品生产基地及流通集散市场的进一步发展壮大。彭州市利用全市52处仓库（冻库）26万吨存储量（居全国第二）的优势，通过体制机制的全面配套完善，积极探索以耐储存的蔬菜、中药材、禽畜肉类、黄谷等农产品仓单质押融资业务。

农产品仓单质押融资的主要流程是，首先，农户或农业企业向银行提出贷款申请后，将农产品存储在当地的仓库中，由仓储公司开具仓单并进行监管。其次，保险公司、评估公司分别对农产品货物进行保险和价值评估。之后，仓储公司、银行、农户或农业企业三方签订仓单质押协议，银行放款。最后，借款农户或企业在到期后偿还欠款，取回货物。在质押过程中，仓储公司定期反馈农产品管理情况（见图4－2）。

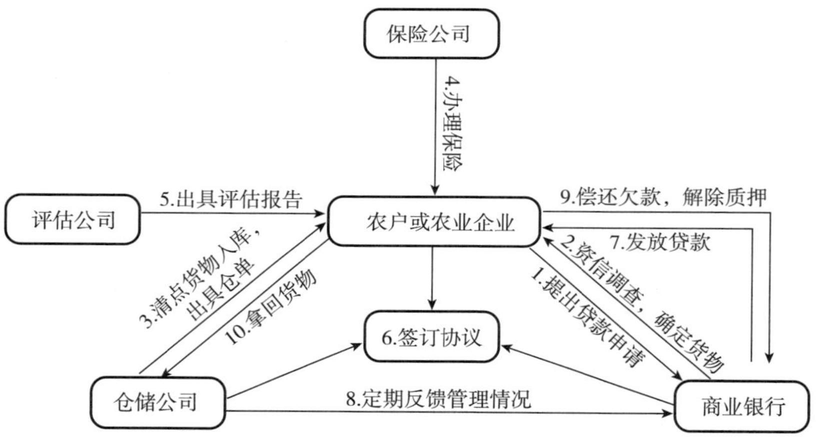

图4－2　仓单质押业务主要流程

彭州市农产品仓单质押融资模式在仓储物品存储位置上属于本地仓单质押，在质押方式上属于静态质押，在融资主体上属于银行质押。这种模式的优势在于可以利用本地的仓库进行货物储存，仓储公司承担的风险较小，监管成本较低。

彭州市农产品仓单质押融资拓宽了银行业务，调动了银行的积极性，解决了银行“放心贷”的问题。总的来说，彭州市农产品仓单质押融资业务可以概括为以下几点：

1. 以成立金融仓储公司和农村产权评估公司来解决质押农产品管理

难、评估难的问题。彭州市成立了成都首家农产品金融仓储公司——成都旭力农产品仓储有限公司，由仓储公司出具仓单作为质押要件，并为银行提供贷前调查、质押物管理等服务。由农村产权职能部门专业技术人员和长期经营农产品的经纪人组成“专家库”和“智囊团”，成立了成都首家农村产权评估公司——彭州市民益农村产权评估有限公司，负责农产品和农村产权价值评估与咨询，并出具可行性评估报告，解决了农产品价值评估难的问题。

2. 以创新保险产品和成立风险基金来防范融资风险。引导保险公司扩大保险业务范围，创新保险产品。中华联合财险彭州支公司针对农产品仓单质押融资项目创新推出财产一切险，纳入彭州政策性农业保险范围，防范质押物变质、丢失等风险问题，并且将农产品纳入彭州市农村产权抵押融资风险基金范围，当贷款出现损失时，由彭州市农村产权抵押融资风险基金按8：2与银行进行风险分担，解决风险缓释的问题。

3. 以巡查和定期价格推送来提升质押农产品的管理效果。仓储公司负责质押物管理，对质押农产品进行巡查，并定期向银行、保险公司报告质押物情况；此外，金融仓储公司依托在全国一级农产品批发市场设立的农产品价格信息平台，定期向银行推送质押农产品价格，在一定程度上解决了农产品价格信息不对称的问题。

4. 以平仓和允许提前解质的方式来提高质押品处理的灵活性。当农产品的价值降到评估价值的70%时，银行通知借款人以现金或同等质货物进行补仓。在规定的工作日不补仓的，由银行通知仓储公司进行平仓，化解农产品价格剧烈波动带来的风险。而且，在农产品质押期间，如果借款农户或农产品生产企业需要部分或全部提前出货，可选择由彭州旭力农村资金互助社提供解质资金，解决部分农户和企业临时变现资金不足的问题。

5. 以财政支持来提高农户、农业企业融资的积极性。为促进农村产权（农产品）抵押融资，深化城乡生产要素自由流动改革，彭州市制定了农村产权（农产品）贷款贴息和保费补贴政策，对农产品仓单质押贷款按贷款利率的20%贴息，并对借款人予以50%的保费补贴，使得农户和企业融资贵的问题得到缓解。

第三节 基于信用特征的产品创新

在农业农村改革发展过程中，新型农业经营主体和新型经营业态的出现从根本上改变了农业生产经营方式，资金需求主体也由原来的以农户为主变成了以新型农业经营主体为主，农村金融赖以运行的信用基础也因此发生了改变。在传统的家庭信用条件下，小额信用农贷和农户联保贷款是比较常见的融资产品，而在新型农业经营主体的新的信用条件下，为规模经营定制的金融产品和服务创新则成为主要特征。

一、传统家庭信用融资产品

（一）基于农户家庭信用的小额信用农贷

农户小额信用贷款在传统农业生产方式下，为了解决分散生产单元的小额资金需求，由金融机构通过优化业务流程，简化贷款手续，基于农户家庭信用向农户发放不需要抵押、担保的贷款，是解决农户生产经营活动中小额信贷需求的主要手段。截至 2017 年末，成都辖内金融机构累计发放单笔金额 10 万元以下农户小额信用贷款 52.1 亿元，受益农户累计达 11.5 万户，户均贷款 4.5 万元，贷款余额 10.8 亿元。

（二）农户联保贷款

农户联保贷款是指由农户组成联保小组，贷款人对联保小组发放的，由联保小组成员互相承担连带保证责任的贷款。以成都邛崃市为例，该市桑园镇为了扶持农民大棚种植，打造万亩生态农产品基地，成立了果蔬种植合作社。合作社成员由蔬菜种植户组成，每户平均种植面积约 150 亩。由于蔬菜大棚建设的前期投入较大，且无抵押物，面临融资难问题。2013 年 11 月，邛崃国民村镇银行、乡人民政府通过与合作社进行协调，召集桑园镇的蔬菜种植户，在乡人民政府举行融资恳谈会，现场与种植户就贷款金额、贷款期限、贷款利率、担保方式、投放时间等事宜进行协商并达成了共识，确定由种植户自由组合，形成农户联保小组为借款人提供担保，制定农户联保实施办法，规范操作流程，大大提高了联保效率，从提出贷款申请、办完联保手续到完成贷款发放仅用一周时间，高效率的审批流程使农户能够更快地拿到资金并投入生产。2013 年 11 月至 2017 年末的 4 年间，邛崃国民村镇银行投放此类贷款 34 笔，累计发放贷款 1835 万元。

二、新型农业经营主体信用融资产品

（一）农业专业合作社贷款

农业专业合作社是新型农业经营主体的典型代表。针对这类新型农业经营主体的融资需求，成都辖内金融机构积极探索新的融资机制。实践中，农业专业合作社贷款通常会引入第三方担保、土地经营权等增信措施，通过把银行的贷款流程与新型农业经营主体的各个生产环节进行精准衔接，形成新的商业化融资机制，让金融在支农中能够更加充分地体现新型农业经营主体的信用特征。

专栏 4.11

花木合作社信用条件下的融资案例

成都温江区某花木合作社成立于2008年，是集产、供、销、科研于一体的紫薇产业专业合作社，注册资本5000万元。近年来该花木合作社快速发展，现有在地资产超过2亿元，社员230多户，年销售收入过亿元，产品远销江苏、陕西、云南、湖南、河北、湖北、上海、北京、安徽、江西、浙江、贵州等全国大部分地区，建立了标准化花木产业基地6000多亩，新技术示范种植红花紫薇面积达5000亩以上。

合作社发展之初，屡屡遭遇资金困局。2009年，中国人民银行成都分行营业管理部在了解到这一情况之后到温江区开展调研，与四家合作社和部分金融机构进行座谈充分听取各方意见，帮助合作社寻找破解困局之策。2009年12月9日，交通银行温江支行主动配合跟进服务，采用“担保公司担保+公司（组织）财产及法人财产抵押”方式，为合作社发放了1笔1年期200万元的流动资金贷款，允许循环使用，实现了温江区金融机构对农村专业合作组织贷款零的突破，使合作社在第一时间完成了300亩红花紫薇基地的建设，为温江区“红花紫薇”走向全国打下了基础。2014年1月24日，该花木合作社以流转的122.53亩土地经营权做反担保，由成都温江区三联融资担保有限责任公司按收益法评估价值88.1万元的0.7倍进行担保，担保金额62万元，担保费率1.5%，成都银行温江支行为合作社发放一年期流动资金贷款62万元，贷款利率上浮15%，用于合作社“紫微博览园”建设。这是中国人民银行成都分行和四川省农业厅等联合下发《四川省农村土地流转收益保证贷款试点工作方案》后，第一笔成功落地的贷款。

“真是没有想到，从提出申请到获得贷款一共只用了7天时间。”合作社社员杨某感慨地说，在成都新都区宝光寺200万元绿化工程项目中标后，急需增加50万元资金以解决项目开工。这时，成都农商银行温江支行针对该合作社的情况，专门定制了“专合贷”产品。“专合贷”无须农户固定资产或其他传统意义上的抵押物，通过合作社的信用及担保能力，以“合作社”为中心，以“农户自然人联保”为辅助，可在第一时间解决合作社社员的资金难题。2014年7月，成都农商银行温江支行与该合作社签订5000万元授信协议，采用“银行+合作社+农户”模式加大了对该合作社社员的信贷支持，单户最高额度达到100万元。目前，成都农商银行温江支行已向该合作社的5户社员发放贷款共290万元。

（二）农业职业经理人信用条件下的贷款

农业职业经理人经过专业化培训，通过考核认定，取得资格证书，便可受聘于土地股份合作社，他们当中有大中专毕业生、返乡农民工和企业老板等。大部分农业职业经理人受聘以后，有的要向合作社缴纳竞聘上岗保证金，有的还需要购置农机具，因而普遍缺乏经营性资金。农业职业经理人贷款主要有接受合作社授权将土地经营权用于抵押的贷款和凭借自身资质条件的信用贷款两类。目前，成都的农业职业经理人贷款主要分布在崇州市和邛崃市等地。截至2017年末，崇州市已累计发放职业经理人贷款169笔、3561.7万元，余额1467.3万元。

一是合作社授权农业职业经理人将土地经营权用于抵押贷款，即土地股份合作社授权农业职业经理人以土地经营权向银行抵押贷款。关于土地股份合作社授权农业职业经理人用土地经营权抵押贷款，本章第一节已从新的抵押标的角度述及，这里谈及的土地经营权抵押贷款主要是围绕农业职业经理人设计的融资产品，这类融资产品包含了土地股份合作社、农业职业经理人、商业银行等多方主体之间的契约关系，体现出一种新的、比较复杂的信用特征。如果从所有权人（或使用权人）角度看，农村产权抵押不仅可以为农业经营主体自营增信，还可以把它授权给他人进行增信，这样就可以把农村产权在融资方面的作用进行拓展。因此，加快对农村产权的赋能，并以此充分挖掘新的增信路径，设计体现新的信用特征的农村金融产品，应成为农村金融改革需要深入研究和解决的重要课题。

二是农业职业经理人信用贷款。成都对农业职业经理人的执业标准和任职资格进行统一管理，并开展统一的教育培训和等级考核，相关主管部门根据考核成绩向农业职业经理人颁发初级、中级、高级技能资格证书。商业银行根据农业职业经理人的技能资格证书，结合其经营业绩，在满足担保的条件下分别给予20万元、30万元、50万元的信用贷款授信额度，主要用于购买农业机械设备、扩大生产经营规模、投入种养循环、开展农副产品加工销售等与生产经营相关的投入。成都农商银行、中国邮政储蓄银行成都分行、崇州上银村镇银行等商业银行都开办了农业职业经理人信用贷款业务，为农业职业经理人提供快捷高效的贷款咨询及贷款服务。申请人按要求提供相关资料，银行可在受理的3个工作日内完成贷款审批发放手续。农业职业经理人信用贷款利率原则上按照银行同期贷款基准利率执行，上浮不超过10%。成都崇州市人民政府还专门拿出500万元财政资金，建立了“崇州市农业职业经理人担保贷款风险保证金”，进一步完善了贷款风险缓释机制。与此同时，按照“守信者奖、失信者罚”的原则，对按期结清贷款本息的借款人，由当地政府按照商业银行同期贷款基准利率的50%予以补贴；对恶意逃债的借款人，将逃债记录录入相应的信用信息基础数据库，由相关管理部门注销其农业职业经理人资格，并依法进行债务追偿。

三、供应链信用融资

相比传统的农村金融产品，农业供应链金融的优势是能够有效利用供应链参与者之间稳定的契约和相互间的熟悉信任关系，解决信息不对称的问题。这一金融服务方式的改进，使得贷款方更容易甄别、判定借款方的风险，获悉市场环境变化和识别价格风险。从农业经营形成的各类供应链看，不同的资金供给模式对应不同供应链的运行形态。

（一）赊销模式

赊销模式是一种“先拉货，后付款”的交易方式。比如，成都某农业公司的“扶持金”产品根据客户的资信评分，为其提供一定额度、一定账期的赊销，账期内相当于无息贷款，超出账期的按照一定比例收取资金占用费。另一化工农业企业则基于其深耕农村市场20年的经验，长期为一些资信条件好的经销商提供赊销。二者的不同之处在于，前者是凭“数据”，后者是凭“经验”。由于赊销是一种非常优厚的融资方式，下游客户为争取继续赊销的资格，极少发生不按期还款的情况。

（二）银行模式

在银行模式下，产业链中的核心企业以自身信用为基础，将上下游客户推荐给商业银行融资，即当经销商、养殖场等上下游客户在与供应链中的核心企业进行货物交易时，由商业银行作为放贷人，核心企业作为担保人，为上下游企业进行融资。当经销商销售资金回笼、养殖场出栏销售完成时，再向商业银行归还贷款。由于核心企业大多为上市公司，在对外担保方面有严格要求，一些核心企业采取了信誉担保的方式。

专栏 4.12

某农业公司合作小额互助担保贷款

四川大北农公司与中国邮政储蓄银行成都分行于2014 年正式启动小额互助担保贷款项目，即中国邮政储蓄银行成都分行向供应链中的经销商、养殖户发放小额贷款，用于向大北农公司购进饲料。大北农公司出资成立一个基金池，覆盖贷款总额中 10% 的违约风险（见图 4－3）。

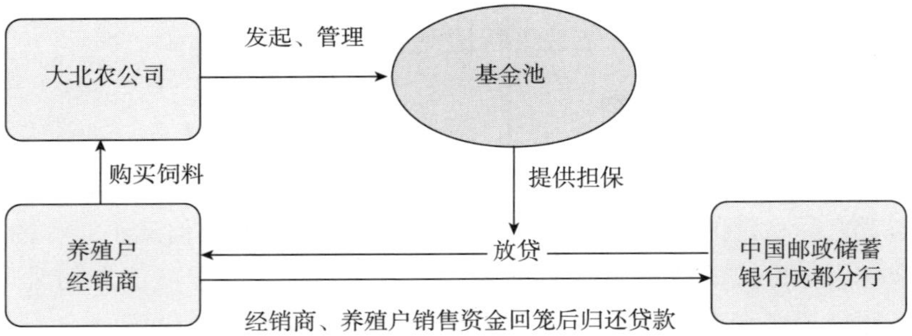

图 4－3　大北农公司为下游客户提供担保的模式

中国邮政储蓄银行成都分行自 2014 年与四川大北农公司合作小额互助担保贷款以来，累计发放贷款 1717 万元，结余 297 万元。其中，2014 年发放贷款 1325 万元，2015 年发放贷款 95 万元。受市场经济和互助贷产品本身特点影响，贷款发放量出现了萎缩。对此，中国邮政储蓄银行成都分行积极对目标客户和同业产品进行跟踪调查，发现小额互助贷金额已无法满足大北农公司下游经销商及养殖户的融资需求。为了提高该行产品竞争力，降低客户营销和维护成本，解决核心企业下游融资需求，提供适合其特点的融资产品，中国邮政储蓄银行成都分行于 2016 年对四川大北农公司下游经销商及养殖户贷款要素进行了调整，当年发放贷款297万元。

（三）小贷模式

由核心企业投资成立小额贷款公司，向产业链下游企业提供贷款服务，满足其向供应商支付货款的短期资金需求。尽管小贷模式和银行模式的运行原理相似，但二者在操作方式上存在明显差异：银行模式大多在线下进行，在借款人已提供抵押或担保的情况下，由客户经理对借款人进行尽职调查，并根据银行自身的风险评估标准完成评估后放贷；小贷模式则是在线上完成，核心企业根据借款人在网络平台上的交易数据、资金流水、财务管理等信息，在对其完成资信评估后放贷。与传统银行的抵押、质押方式不同，线上的小额贷款是一种典型的“数据质押”模式，也称为“数据贷”，其最大的优势在于解决了传统贷款模式下农户信用信息不完善、贷款线下审核成本高、农户缺乏抵押和担保手段等问题。

（四）众筹模式

“农业众筹”不仅是一个筹资平台，更是一个孵化平台，主要用于支持创新性农业的发展。目前，京东等平台已推出产品众筹（项目成功后可以获得产品回报）和股权众筹（项目成功后可获得股权回报）两类产品。从互联网农业的发展趋势来看，未来众筹与农业结合还有很大空间。

四、互联网信用融资

目前，国内互联网金融公司呈加快增长态势，农业互联网平台也快速发展，除京东等极少数电商外，大多数平台难以从互联网端获取农户的借贷、交易和消费数据，在信息不对称的情况下难以控制风险，因此贷款审批往往只能在线下完成，否则只能贷给“老客户”。对于大型农业企业（如上述供应链金融中的农业企业）和传统金融机构来讲，既是难点也是机遇，即如何加快发展互联网金融。成都的金融机构在这方面进行了积极探索。

专栏 4.13

成都农商银行手机信贷—信用农贷通

成都农商银行在传统线下的农户小额信用贷款基础上，结合互联网科技积极探索线上支农信贷，初步形成了农户小额信用贷款的线上产品——“手机信贷—信用农贷通”。截至2017年9月末，手机信贷—信用农贷通已累计发放7423万元，受益农户数达1541户，余额6917万元。在农户小额信用贷款线上化的推进工作中，成都农商银行经历了半线上业务模式和全线上业务模式两个阶段。

2014—2016年，成都农商银行结合“互联网+”技术，研发手机信贷模式，在线下建立经济档案、线下预先评级授信、线下面签贷款文件的基础上，实现线上申请贷款、线上审批（引用线下预先评级授信的结果）、线上申请用款和还款的功能，该模式称为半线上业务模式。

2017年，成都农商银行对半线上业务模式进一步优化，实现客户全线上业务体验，称为全线上业务模式。优化点主要体现在两个方面：一是客户经理将线下采集的经济档案信息录入信贷系统，在客户有贷款需求时，信贷系统根据评级授信模型自动生成评级授信结果；二是结合人脸识别技术进行在线征信授权、在线签署合同、在线实时提款。截至目前，全线上业务模式已实现线上申贷、线上面签、系统在线自动审批、在线提款和还款的功能。但鉴于系统根据授信模型自动生成评级授信结果的运用实践尚处于探索期，目前全线上业务适用范围暂限于存量农户小额信用贷款。

第四节　农村土地集约化经营金融服务创新

成都在组织推动农村金融改革工作中，特别注重突出对农村土地集约化经营等重点领域的金融支持，尤其是通过财政和金融协调互动、商业性和政策性金融协调配合，围绕成都“一圈五带四区”[①] 现代农业总体布局，重点支持全市79个农业产业化生产基地，支持大规模推进土地连片规模经营和幸福美丽新村建设。截至2017年末，全市农村基础设施贷款余额1871亿元，较年初增加245亿元，支持幸福美丽新村贷款余额243.5亿元。

一、财政政策和金融政策协调互动

在鼓励金融支农中，成都市人民政府与中国人民银行成都分行营业管理部联合发文，对于在支持农业农村发展中作出积极贡献的金融机构，明确了

① “一圈”即成都第二绕城高速两侧；“五带”即成温邛快速通道、成新蒲快速路、沙西线沿线、成金青快速路、成简快速路示范带；“四区”即西南部邛崃、大邑、崇州、新津粮油区，北部彭州、郫都、都江堰、新都蔬菜区，龙泉、金堂、简阳、青白江瓜果区，天府国际机场生态功能区。

政府奖补和人民银行的激励政策。2017 年，全市共计 28 家金融机构的信贷投放符合支农财政奖补条件，共获得 8561 万元贴息资金。

二、金融支持幸福美丽新村建设

2013 年 10 月，中共四川省委办公厅、四川省人民政府办公厅制定出台了《关于建设幸福美丽新村的意见》，要求建设一批业兴、家富、人和、村美的幸福美丽新村，带动县域新农村建设提档升级，推动加快形成城乡一体化发展新格局。幸福美丽新村建设是新时期土地整治的升级版，主要任务包括基础设施建设、新型村庄建设、主导产业发展、公共服务完善等，其中，农民集中建房整理项目是重点，资金需求量也最大。成都双流区、郫都区等地积极探索集体建设用地使用权抵押融资，为幸福美丽新村建设提供了有力支持。

专栏 4.14

金融支持幸福美丽新村建设案例

双流区于 2015 年启动幸福美丽新村建设，区人民政府出台了相应的配套支持政策，农民集中建房整理项目完成后，节余的集体建设用地指标可以流转产生收益，为社会资金投入和金融机构信贷支持创造了条件。围绕幸福美丽新村建设的资金投入问题，双流区积极探索，充分利用成都农村产权制度、农村金融改革成果和土地整治有关政策，以市场化方式实现了农民自主的集体建设用地使用权直接抵押融资，主要做法如下：

1. 新村建设实现农民完全自主。双流区幸福美丽新村建设以农民完全自主方式开展①，参与农户以自有资金、自家集体建设用地使用权（宅基地）作价入股，成立土地股份合作社，由土地股份合作社实施项目建设和融资。双流区商业银行积极跟进，加大探索力度，将农户建房补差现金、土地作价入股和财政补贴等资产作为项目贷款的自筹资金予以认可，解决了贷款主体无自有资金或自有资金不足的问题。

2. 融资模式更加市场化。双流区部分地方以村的名义成立资产管理公司，由资产管理公司实施项目建设和融资，政府通过建立政策性担保

① 双流区幸福美丽新村建设以群众真参与、真做主、真受益为目标，创新“五自”模式，即是否参与自主选、实施方案自主议、资金安排自主定、建设质量自主控、建好新村自主管，受到《人民日报》《中国经济时报》《四川日报》《成都日报》等众多媒体的广泛报道。

公司为项目贷款提供全额保证担保。从金融机构的积极响应中可以看出，政府信用仍是金融支农的重要保障。为了确保其融资模式可持续，双流区人民政府依照市场化原则加强规划引导和政策支持，不参与建设和融资的具体过程，也不直接由政府为项目提供融资担保。

3. 集体建设用地使用权“小证”换“大证”实现直接抵押。以前是由国有公司作为融资主体，尽管自身实力较强，可抵押资产较多，担保问题不突出，但是很好地发挥了集体建设用地使用权的权能作用。后来，部分地方的村级资产管理公司向银行申请贷款，由政策性担保公司担保，集体建设用地使用权作为反担保措施，尽管发挥了集体建设用地使用权的抵押功能，但是它只是发挥了间接的辅助性功能，并没有发挥其直接的抵押权能作用。双流区结合实际，对上述存在的不足进行了进一步完善，即将农户个人手中的集体建设用地使用权“小证”集中更换为合作社所有的“大证”，然后用“大证”向银行申请抵押贷款，抵押不足的再由政策性担保公司进行担保，首次实现了集体建设用地使用权的直接抵押融资。

为了支持幸福美丽新村建设，降低农民融资成本，金融机构、担保公司都分别给予了利率和费率优惠，政府对担保费进行补贴。如成都银行贷款发放利率为6%，低于其他贷款利率，还代为支付抵押评估费。双流聚源担保公司只收取1.5%的担保费，由区人民政府直接拨付。成都农村产权担保公司收取1%的担保费，在没有政府补贴的情况下，成都银行通过降低贷款利率，保证了融资总成本不增加。

三、金融支持高标准农田建设

高标准农田建设在成都起步较早，政府统一规划、投入和金融支持对促进高标准农田建设的顺利实施发挥了重要作用。经过上下努力，到2015年，成都市已累计建成高标准农田400余万亩，占全市耕地的63.8%，在全省率先制定了市级高标准农田建设技术规范，走在了全省前列。崇州市10万亩粮食高产稳产综合示范基地是成都建设较早的高标准农田。在建设过程中，中国农业发展银行四川省分行营业部向其提供了有力的金融支持。

专栏 4.15

政策性金融支持 10 万亩高标准农田建设

2013 年以来，中国农业发展银行四川省分行营业部积极支持成都按照“成片规划、连片规划、连片提升、产村相融、集中发展”的思路，促进成都农业现代化发展，提高粮食生产能力，优化农业产业结构，改善农业生产模式，促进农民增收、农田增效。2014 年，崇州市启动 10 万亩现代农业示范区项目建设，该项目建设期 3 年，预算总投资 12.97 亿元，其中财政拨款 4.17 亿元，占预算总投资的 32.15%。该项目由崇州市土地储备中心作为承贷主体，向中国农业发展银行四川省分行营业部申请贷款 8.8 亿元，占预算总投资的 67.85%。在贷款申报过程中，中国农业发展银行总行、四川省分行、四川省分行营业部和崇州市支行形成了四级联动机制，为崇州市 10 万亩现代农业示范区项目开辟了信贷绿色通道，在短短 3 个月时间内，完成了项目申报、调查、审查、审批和发放等一系列环节。2014 年 12 月，中国农业发展银行总行批准了该建设项目贷款 8.8 亿元。目前，该笔贷款已完成全部投放。

崇州市 10 万亩现代农业示范区项目的实施，对该片区起到了很好的示范效应。一是改变了项目辖区内桤泉、道明、隆兴、集贤、燎原、济协、白头和王场等 8 个乡镇的农业生产生活方式，累计建成高标准农田 65 万亩，改建渠系 1307 公里，新改建道路 1742 公里，建成新农村综合体 734 个。二是引导了更多的社会资金投入，两年来累计投入各类资金 38 亿元，带动了当地农民增收致富，惠及农户 41 万户，发展农业新型经营主体 1474 个、农业科技集成技术应用 283 项，发展社会化服务组织 300 个，打造农产品品牌 129 个。2015 年 6 月，全国高标准农田建设现场会在崇州市的项目地召开，该项目得到了中央及省市领导的高度评价。

为实现高标准农田建设提档升级，2016 年，成都印发了《成都市 100 万亩菜粮基地高标准农田建设提升行动计划》，决定用 3 年时间，实施 100 万亩菜粮基地高标准农田建设提升行动计划。该项目由成都市人民政府主导，政府下属国有公司（土地储备中心为主）为实施主体，于 2016 年第四季度启动，项目预计投资 57.9 亿元，涉及 15 个主要的农业区（市）县和成都天府新区，建成后将实现耕地地力平均提高 1 个等级以上、农田粮食生产能力每亩提高 100 公斤以上。项目采用“统一规划、企业建设、银行贷款”的投资建设模式，在项目总投资额中，市属公司负责融资46亿元，项目所在区（市）县人民政府通过整合国土土地整理、财政农业综合开发等项目和当地财政预算保障等方式，落实项目20%（约12亿元）的资本金。截至2017年末，中国农业发展银行四川省分行的12亿元贷款已经进入审批流程。

四、国家专项建设基金支农情况

2015年8月，国家出台专项建设基金政策，这是支持稳增长、促投资、调结构、惠民生的重要举措。该基金由国家发改委主管，最初由国家开发银行和中国农业发展银行向中国邮政储蓄银行定向发行专项金融债筹集，中央财政按照债券利率的90%贴息。现发行方式已逐步市场化，第五批专项金融债定向发行对象已扩大至中国工商银行、中国农业银行、中国银行、中国建设银行以及全国性股份制商业银行等，全国规模在2万亿元左右。截至2017年末，成都支农专项建设基金投放24.9亿元，余额为24.9亿元。国家开发银行四川省分行在成都投放的支农基金项目共14个，金额5.95亿元，主要集中于供排水、污水治理、高标准农田建设等领域。中国农业发展银行四川省分行营业部投放支农基金项目18.93亿元，主要集中在农村网络、河道治理等领域。其中，采取股权投资方式的项目8个，金额7.66亿元；采取股东借款方式的投资项目4个，金额11.27亿元。

第五章　成都农村信用体系建设探索与实践

农村信用体系建设是社会信用体系建设的重要组成部分，也是改善农村金融服务的一项重要的基础性工程。深化农村信用体系建设、优化农村金融生态环境是《成都市农村金融服务综合改革试点方案》确定的重要内容之一，其建设质量和建设进度不仅会直接影响到成都市社会信用体系建设的整体效果，也会对成都农村金融服务综合改革的成效产生根本影响。新时期成都农村信用体系的建设路径是在充分总结前期建设经验基础上的自我完善和更优选择。成都农村信用体系建设在前期的实践探索中取得了一定成绩，但并没有形成可持续的工作机制。2015 年，成都先后获批全国农村金融服务综合改革试点、国家首批社会信用体系建设示范城市，这对成都农村信用体系建设提出了更新、更高、更紧迫的要求。在新的农业农村改革发展背景下，成都结合自身实际，积极探索农村信用体系建设工程的新定位和新思路，明确了信用体系建设工程的建设主体、信用信息采集的主要对象以及信用信息系统的承建主体，务实地建立起由政府主导、人民银行牵头、市场化运作的可持续工作机制。经过两年来的努力，具有成都特色的农村信用信息库网平台搭建、农村征信市场培育、农村信用文化建设等各项工作有序推进，并取得明显进展，为成都农村金融改革的顺利推进奠定了坚实基础。

第一节　农村信用体系建设发展历程

我国农村信用体系建设工作始于 2004 年中国人民银行行长周小川提出的金融生态环境建设。各地参照金融生态基本内涵，结合本地实际，通过不同方式开展了以信用档案采集，信用户、信用村、信用乡（镇）评定为主的实践。尽管存在信用信息指标设计不够规范合理、评价标准不尽完善、应用效果还不理想等问题，但是它所带来的积极意义是明显的：无论是地方政府构建社会信用体系的理念，还是普通农户自觉遵循诚实守信的意识，都得到大大增强，社会信用环境逐步改善。这为我们在新时期更加科学地实施农村信用体系建设工程奠定了重要的实践基础。2014 年，国务院在《社会信用体系建设规划纲要（2014—2020年）》中明确提出，实施农村信用体系建设工程。2015年，中国人民银行对全面推进中小企业和农村信用体系建设进行了专门安排部署，这是中国人民银行落实规划纲要、进一步主动探索破解农村融资难题的一项重要举措。

与全国大部分地区一样，成都农村信用体系建设的前期探索，也是始于农村金融机构为了自身业务需要而为农业经营主体建立的信用档案。金融生态环境建设的理念提出之后，中国人民银行成都分行营业管理部着力于指导成都农村信用联社在各区县开展农户信用档案建设，以信用户、信用村、信用乡（镇）创建工作为抓手，积极推动辖内农村信用体系建设。随着农业产业化和现代农业的发展，信用在农业农村经济社会发展中的作用日益凸显，构建适应现代农业发展要求的农村信用体系已成为成都农村信用体系建设面临的重要任务。回顾成都农村信用体系建设历程，可以将其分为三个阶段。

（一）第一阶段：2006年之前，成都农村信用体系建设处在分散摸索和早期探索阶段

这一时期，农村信用体系建设主要是农村金融机构为满足自身业务发展需要、降低经营风险而建立农业经营主体信用档案。对建档农业经营主体信用信息数据的采集和应用，都是源于金融机构自身的业务经营需要，因而各金融机构在信用信息采集过程中，不可避免地出现各取所需、各自为政的无序状态，不但造成人力、物力的大量重复性投入，而且建设效率不高、应用效果不佳，没有形成统一的工作机制。

2001年，四川省农村信用联社印发了《四川省农村信用社创建农村信用乡（镇）、信用村、信用户试行办法》。成都农村信用联社在贯彻落实相关要求时，结合辖内农业产业发展实际细化了评定办法，以农户小额信用贷款为载体，开展了以信用户、信用村、信用乡（镇）创建为主的农村信用工程建设。对评定并获得授牌的信用户、信用村、信用乡（镇），在信贷政策、信贷服务等方面给予相应优惠，并以此为基础，建立了“红名单”“黑名单”制度。这是成都农村地区三项评定较早的尝试。2003年，四川省农村信用联社按照四川省人民政府关于农村信用体系建设的要求，在全省组织推动区（市）县、镇（乡）两级成立创建工作领导机构，成立由当地人民政府、人民银行分支行、中国银行业监督管理委员会银监分局、农村信用联社（信用社）、农村合作银行等部门组成的创建工作领导小组和办公室，制定创建工作的实施方案，明确了职责和任务措施。各村也建立了工作小组，按照工作

要求，建立运行机制，通过宣传教育引导农户增强诚实守信意识，积极推进信用村的建设。

2004年，中国人民银行成都分行营业管理部按照金融生态建设基本要求，结合成都实际，主动为辖内农村金融机构开展信用户、信用村、信用乡（镇）创建工作提供指导。2006年，四川省农村信用联社印发《四川省农村信用社创建信用工程管理暂行办法》，进一步明确了农村信用体系建设工作的具体要求：一是评选条件中的各项定量指标必须达到规定比例，并确保指标准确、真实；各项定性指标必须事实清楚，依据确凿。二是严格按照创建单位申报、评审委员会审议、张榜公布、授牌表彰的评定程序规范操作，不得随意增加或减少评定步骤。三是实行"定期复审、降格摘牌"的动态管理制度。对已评定对象进行一次全面复审，出现信用缺失或其他问题的，坚决摘牌，取消其资格，并予以通报。同时，要求信用社各分支机构严格评选条件和评定步骤，确保评选质量。

（二）第二阶段：2007—2014年，成都农村信用体系建设进入大力推进阶段

在成都市人民政府和中国人民银行成都分行营业管理部指导下，成都形成了各方参与、共同推动的工作格局。这一时期，人民银行在农村信用体系建设中的主导作用更加凸显。中国人民银行成都分行营业管理部按照农村信用体系建设工作的指导意见，主动向地方党委政府汇报工作，加强与政府有关部门的协调沟通，争取得到各方的重视和支持。同时，推动各级政府出台农村信用体系建设相关文件，并结合成都统筹城乡配套改革试验区建设实际，指导和督促农村金融机构积极参与农村信用体系建设工作。

2007年8月，中国人民银行成都分行营业管理部根据《四川省农村信用体系建设试点工作方案》，结合成都实际，确定了金堂县、都江堰市、双流县、彭州市、邛崃市、新津县等6个农村信用体系建设试点县市，并将金堂县确定为重点推动地区。2008年，中国人民银行成都分行营业管理部制定并印发《关于进一步推进辖内农村信用体系建设的指导意见》，明确了"政府主导、多方参与、统一标准、重点突破"的工作原则，督促成都农村信用联社参照《农户信用档案参考指标》，制定全市统一的农户信用档案指标体系，推进农户信息采集工作。2009年，又印发了《关于进一步推进农村信用体系建设的通知》，对辖内农村金融机构、人民银行各支行推进农村信用体系建设明确了具体工作要求，并积极向成都市人民政府提出工作推进建议。代政

府拟写了成都进一步推进农村信用体系建设的意见，要求各区（市）县人民政府加强对农村信用体系建设的组织领导，将农村信用体系建设纳入政府目标进行管理和考核，政府相关职能部门和单位各司其职、积极配合。成都市人民政府办公厅将该文转发各区（市）县人民政府，加大推动辖内农村信用体系建设的工作力度。同时，成都市委、市政府制定了《关于贯彻落实国务院批复精神　深入推进统筹城乡综合配套改革试验区建设的意见》，在具体任务分工中明确指出，要“开展农村信用体系建设，建立和完善农户信用评价，进一步扩大企业和个人信用信息基础数据库在农村地区的覆盖率”。2010 年，成都各区（市）县人民政府陆续转发了农村信用体系建设文件，成立了领导小组，加强对工作的组织推动。

综合考虑到辖内各区（市）县经济金融状况和农村信用体系建设工作的实际，成都探索将农村信用体系建设与统筹城乡配套改革试验区建设、灾后重建、农村产权制度改革紧密结合，不断充实和丰富农村信用体系建设的内容。2011 年，中国人民银行成都分行营业管理部印发《关于在崇州等地开展农村信用体系建设试验区试点工作的通知》，选择在崇州市深化农村信用体系建设试验区试点，建立基于中国人民银行城域网的“农村信用信息管理数据库”，督促、指导中国人民银行崇州市支行加强信用信息采集，及时整理试验区采集的 15.6 万户农户土地承包经营权信息、2200 余户信用户的基础信息。2012 年，崇州市 25 个乡镇人民政府均已建立起农村信用体系建设工作机构，231 个行政村及社区成立了农村信用档案征集及信用户考评小组，负责本村的信用宣传教育、农户信用档案征集和审核工作。成都农商银行崇州市支行、中国农业银行崇州市支行、中国邮政储蓄银行崇州市支行、成都银行崇州市支行等金融机构相继出台了针对信用村、信用户的专项优惠政策。2013 年，中国人民银行崇州市支行开展了农村金融机构落实“信用村”“信用户”金融支持政策效果评估，推动了信用成果的转化。

2014 年，为了贯彻落实国务院社会信用体系建设规划纲要中关于实施农村信用体系建设工程的要求，中国人民银行印发了《关于加快小微企业和农村信用体系建设的意见》，对推进中小企业和农村信用体系建设工作进行了安排部署。同年，中国人民银行成都分行营业管理部联合成都市人民政府金融工作办公室，制定了信用户、信用村、信用镇评定标准，首次从市级层面按照统一标准全面组织开展三项评定，共评定信用户 42582 户、信用村 1373 个、信用镇 117 个；联合对崇州市白头镇等 117 个信用乡镇（街道）进行了通报，信用户、信用村则由人民银行各支行、各区（市）县人民政府金融工作办公室进行通报。

（三）第三阶段：2015 年至今，成都农村信用体系建设进入全面深化改革阶段

成都结合农业农村改革发展实际，以新的视角与时俱进地确立了农村信用体系工程建设的新方位，明确了地方政府、人民银行、市场在农村信用体系建设中的定位与作用，并积极推动相关改革理念的落地实施，确定了“政府主导、人民银行牵头、市场运作”的工作原则。

2015 年，国家五部委和四川省人民政府在《成都市农村金融服务综合改革试点方案》中明确，要推动农村信用体系建设，完善农村守信激励和失信惩戒机制，为农户、农民合作社和农产品生产、加工企业等农村社会成员建立健全信用档案，加强农村征信市场培育，进一步优化金融生态环境等。为了尽快找准工作方向、找对工作方法，中国人民银行成都分行营业管理部选择在成都崇州市试点，指导中国人民银行崇州市支行在全市开展基于互联网农村信用信息库网平台建设的探索，实现新型农业经营主体信息共享，促进了农村金融服务创新与现代农业发展需求的有效对接。

在对过去的工作进行系统梳理和认真总结的基础上，2016 年，中国人民银行成都分行营业管理部印发了《转发关于全面推进小微企业和农村信用体系建设工作意见的通知》，明确提出要紧紧围绕成都农村金融服务综合改革试点、加快农业农村电子商务发展、创建社会信用体系建设示范城市，坚持以“政府主导、人民银行牵头、市场化运作”的原则全面推进农村信用体系建设，以需求为导向开展以“数据库 + 网络”为核心的信用信息服务平台建设。同时，加强与成都市发展和改革委员会、市农业发展委员会、市统筹城乡发展委员会、市财政局等政府职能部门以及相关金融机构的协调，构建了多方参与、协同推进的工作机制。作为成都“农村信用体系和农村金融服务改革试验区”，崇州市于 2016 年 3 月开始探索以“互联网 + 农村金融”的模式推动农村信用体系建设，通过整合政府部门基础信息、电子商务交易信息、金融机构服务信息以及其他辅助信息，形成农村信用信息数据库与网络相结合的农村金融综合服务平台，取得了积极成效。2016 年 8 月 9 日，成都“农贷通”平台建设暨农村产权交易体系建设现场会在崇州召开，四川省和成都市领导对崇州市的探索给予了充分肯定。2016 年 11 月，中国人民银行成都分行营业管理部、市农业发展委员会、市金融工作办公室联合发文，将农村信用体系建设试点地区由崇州市扩大到彭州市和都江堰市。试点面的进一步

扩大，为建设成都全市统一的金融综合服务平台探索了有益经验。2017 年 1 月，成都制定出台的《关于建立“农贷通”平台促进现代农业与现代金融有机融合的试行意见》明确将农村信用体系建设作为“农贷通”平台建设的重要基础，这就从制度上进一步明确了农村信用体系建设与农村金融改革的关系，也明确了建设农村信用体系与发展培育农村征信市场的关系。2017 年 7 月，全市统一的“农贷通”平台系统通过成都市人民政府的门户网站正式对外发布运行，标志着以农村信用体系建设为基础的“县县互通、县市互通”的全域“农贷通”综合融资服务平台建设目标初步实现。

第二节　新时期农村信用体系建设定位与思路

一、农业产业发展环境新变化

自 2007 年以来，成都在统筹城乡综合配套改革方面经过十多年的探索实践，在推进城乡制度统筹、城乡建设统筹、城乡产业统筹、城乡公共服务统筹和城乡社会治理统筹，建立健全城乡生产要素自由流动、城乡公共资源均衡配置的体制机制等方面进行了大胆探索，并在推进农村产权制度改革、加快发展农业适度规模经营、统筹城乡等方面取得显著成效。成都农业农村基础环境的改变，不仅对农村金融改革创新提出了新的要求，也为建设具有成都特色的农村信用体系工程提供了重要条件。

一是奠定了新的农村产权基础。农村产权制度改革的深入推进为农村金融产品和服务创新提供了巨大空间。目前，成都市已累计颁发各类产权证和股权证 895 万本，其中不动产产权证 179. 96 万本，基本完成了农村产权确权登记颁证，在全国率先让农民享有比较明晰、相对完整和可以流转的财产权利，这就为在农村建立市场经济体制、促进金融进入农村打通了制度闸门。目前全市已实现农村产权流转 1. 4 万宗，累计流转交易额达 567 亿元。

二是形成了新的农业经营模式。土地加快流转促进了农业适度规模经营的顺利发展，推动形成了新的农业经营模式。截至 2016 年末，成都辖区土地流转面积 452. 5 万亩，土地规模经营率达 56. 7%，集体建设用地流转面积年均增长 5%；有农民合作社 9682 家、家庭农场 3857 家，培训农业职业经理人 7134 人、新型职业农民 3 万人，农机化率达到 68%。始于成都崇州市的以土地股份合作社为基础的“农业共营制”已逐渐成为开展粮食规模化生产的主要模式。农业生产经营方式的转变、农户集中居住和家庭收入的提高释放出更多农村金融服务需求。另外，农村公共服务的不断完善也进一步增强了农业经营主体承担经营性风险的能力，适度规模经营范围扩大对农村信用体系建设提出了新的更高要求。

三是出现了新的农村金融需求。截至2016年末，成都各区（市）县的耕地流转面积达到全市总耕地面积的71.2%，主要以出租、入股、转包、转让、互换、托管和其他流转方式，从事粮油、蔬菜、花卉、水果、观光农业、养殖业、农产品初加工和物流等产业。土地集约化经营程度的不断提高以及新的农业业态促进了农业经营的资金需求从小额、分散向大额、集中转变，资金用途由维持传统小农生产向主要用于集约化现代农业生产转变，单一的信贷需求向多样化的结构性资金需求转变。新的农村金融需求要求农村信用体系的建设也必须与时俱进，增强与新需求的适应性。

搞好农村信用体系建设需要明确新的目标和思路，需要充分考虑农业产业的发展环境和外部条件的深刻变化，在吸取过去工作经验教训的基础上，准确定位新时期农村信用体系建设主体、信用信息采集对象、信用体系承建、信用信息数据库应用等重点问题，以此推动新时期农村信用体系建设深入开展。

二、农村信用体系建设主体

建设主体是谁，关系到农村信用体系建设的主体责任及工作成效等问题。地方政府及相关部门普遍十分重视新时期农业统计制度的建立和完善，经过多年的探索，对涉农相关数据的统计也日渐及时完整、更加科学合理。如对新型农业经营主体、农房、农地（确权登记颁证和流转）、其他产权、农业经营模式、经营产业、农田建设、乡村道路等各类数据的统计逐步实现了制度化和规范化，为及时、全面、深入地掌握情况、分析问题、研究措施提供了较大的便利。但由于各涉农管理部门工作的侧重点不同，同一类别数据在部门间分散管理的情况普遍存在。受到部门管理的限制和部门利益的驱使，要想从一个部门获取关于农村某一领域的情况比较完整的数据就会显得非常困难，协调成本也会很高。比如，高标准农田建设涉及的项目包括沟渠规划、道路建设、农地整理、农房迁移等，按照部门职责划分，这些项目又分属水利、交通、农业、房管等部门管理。又如，农村土地承包经营权综合服务涉及的项目包括确权登记颁证、流转、价值评估、挂牌价格等，这些数据分属统筹委、农委、政府类公司等部门管理。如此看来，过去开展农村信用体系建设工作之所以收效不大，除了政府的数据统计不规范以外，也与政府部门之间难以协调、作用没有得到很好的发挥直接相关。同时，人民银行以前只重视了实施建设工程的方向是否正确，而忽视了实施建设工程的方法是否妥当。由此不难看出，在地方政府、人民银行、工程建设方、商业银行之间能否合理划分责任，形成各部门各司其职、共同参与的工作合力，是建设工程能否得以顺利进行的关键。因此，实施农村信用体系建设工程，需要由地方政府承担主体责任，负责把分散在政府部门间、与农业经营主体相关的基础信息全面、及时、准确地向信用信息数据库进行推送。同时，也需要当地人民银行分支机构承担组织和推动责任，使建设工程在符合金融管理与金融政策要求的基础上，能够比较充分地满足商业银行对客户信用信息的需求、信贷技术的规范和业务流程的优化要求。因此，“政府主导、人民银行牵头”是新时期推动农村信用体系工程建设应当遵循的重要原则。

三、农村信用信息采集对象

农村信用信息采集对象是谁，是关系到农村信用体系建设的工作方向是否正确的重要问题。过去，在农村家庭分散生产经营的条件下，为了改善农户小微额度资金需求的金融生态环境问题，通常是把农户作为主要的信用信息采集对象，把农户的生产经营、生产能力、收益水平、个人人品、家庭人数和家庭财产等作为主要的信用信息采集内容。但实践表明，这种做法效果并不理想，主要原因是：量大分散、手段落后；不能对信息进行及时更新，无法对信息系统进行有效维护；尤其是信息的采集与信息的运用脱节等，最终导致其应用价值逐年递减。长期以来，农村的小微信贷市场并非以银行供给为主，而是以民间借贷为主。之所以造成这样的局面，除了农村金融竞争不充分、门槛较高等因素外，信息不对称和金融机构搜寻信息成本高也是其中的重要原因。新时期的农村信用体系建设如果不吸取这些教训、不在思路和方法上作出大的调整和突破，就会重走老路，落入窠臼而失去应有的意义。应当看到，以土地流转为重要特征的农村土地制度改革有力地促进了农业的适度规模经营，使得农业经营主体已经由原来的以农户为主变成了现在的以新型农业经营主体（家庭农场、合作社、种植大户、农业企业等）为主，并且新型农业经营主体的种类和数量都呈现出快速发展势头。农业经营主体内涵所发生的根本改变，有力地促进了农业产业链的延伸，新经营模式和新产业业态的形成使得农业对资金的需求已经由过去的以农户小微额度为主，变成了现在的以新型农业经营主体的大中额度为主，单位资金需求数量和总体资金需求数量都比过去有了较大幅度的增加。资金需求主体的变化决定了信用信息的采集对象也应当随之改变。

四、农村信用体系承建主体

依托谁来建设，关系到农村信用体系建设工程应用价值的大小和是否可持续等问题。目前，国内各地开展农村信用体系建设工作的主体不一样，有的地方是依托政府部门来建设，更多的地方则是依托人民银行来建设。依托政府部门建设的好处是加大了政府对工程建设的责任，可以较好地解决部门间的协调问题，有利于实现各部门对相关信用信息的归集和更新。但存在的不足是，在制定科学合理的信用信息指标体系、搭建安全可信的信用信息数据库运维系统、建设便捷高效的金融信用信息服务平台、建立协调包容的融资双方对接互信关系和打造规范透明的金融政策衔接机制等方面，难以做到及时满足金融机构在业务管理、风险控制、流程优化、信用评级等方面的要求和借款人对金融产品的灵活选择需求。此外，政府部门难以保证系统有针对性的技术升级和对系统运维在资金上的持续性投入。依托人民银行建设，从目前各地的工作推进情况看，尽管其做法在形式上貌似比过去有了较大改进，但从实质上却仍然没有摆脱大包大揽的弊端，不仅显得力不从心，效果也难以圆满实现。过去的教训告诉我们，必须摒弃这种吃力不讨好、不可持续、不可复制的模式。除了地方政府和人民银行分支机构以外，依托第三方公司来建设，以市场化方式实现商业可持续的建设模式不仅能够发挥依托政府部门和人民银行的优点，还能够有效克服它们各自存在的不足，满足价值最大化和可持续发展的要求。因此，“市场运作”是推动农村信用体系建设应当遵循的又一重要原则。

对第三方公司的选择，是关系到农村信用体系建设工程能否顺利进行的又一重要因素。第三方公司必须满足相应的条件，比如需要同时满足信息安全、市场化程度高、实力较强、有参与工程建设的积极性等条件，如果不能同时满足这些条件，可能会在较大程度上影响建设工程的效果。从第三方公司的性质来看，除了有政府注资的公司以外，还有纯市场化公司。纯市场化公司在技术、人员等方面具有较强实力，但在信息安全等方面可能会存在一些问题和缺陷。政府部门提供的信用信息具有公共产品的属性，与纯市场化公司通过提供私人产品逐利的天性有着显著区别。在资金保障方面，信用信息数据库和金融服务平台的建设、改造和运维需要可持续的资金投入作为保障，但纯市场化公司的经营模式大多是“拿钱做事”，并且往往要价很高，从农村信用体系建设工程的长期可持续来看，无论是对政府还是对人民银行而言都是难以承担的。在管理理念方面，如果政府或人民银行仍然继续抱着无论做什么事都首先强调是否具有“控制力”“主导权”，而将实施农村信用体系建设工程当成拥有某种资源权力的抓手，极易造成建设工程在管理和运行中重新回到行政化的老路上，最终会影响建设工程的持续有效运行。再看由政府注资的公司，一是它们对参与建设工程抱有很高的、持续的热情，建设工程的实施不仅可以满足国家等相关政策要求，也能够使公司在为借贷双方提供金融信息服务中明确自身的市场发展定位。二是公司业务与建设工程业务的关联度较高，在政府部门和人民银行的共同支持、推动下，将农业经营主体的基础信息、交易信息和辅助信息集中录入数据库，可以持续、稳定和极大地丰富公司业务发展所需要的信用信息资源。三是有技术、人员和经验的保障，能够保证系统的升级改造和运维的日常管理。四是在政府部门初期引导资金的支持下，公司通过市场化运作，有意愿也有能力补充后续资金。五是在信用信息系统的建设和运行中，公司乐意接受并配合政府部门和人民银行的政策管理和业务指导。

五、农村信用信息数据库的运用

实施农村信用体系建设工程，是试图通过地方政府主导，将农业经营主体的信用信息作为公共产品，为金融机构提供信用信息服务，以解决金融机构因信息不对称而出现的“不愿贷”或“凡贷必担保”所带来的融资难、融资贵问题。归集信用信息的目的在于应用，因此农村信用体系工程建设的关键是要将信用信息数据库与金融的相关服务进行充分对接，即通过信用信息数据库归集农业经营主体的信用信息，将数据库与金融服务平台相连接，使金融机构可以以较低成本充分地获取客户（农业经营主体）的信用信息，并在该服务平台上依据客户信用信息状况授信，实现客户信用信息由信用资源向信用资本转化。一是可以让金融机构根据信贷业务管理要求，从信用信息数据库中及时、全面、准确地了解客户，通过信用评定对客户进行选择。二是可以让农业经营主体根据其资金需求情况，从金融服务平台十分便捷地了解到各金融机构能够提供的金融产品，通过在线或移动终端对金融产品进行选择。三是当金融机构对客户的选择和客户对金融服务或产品的选择相一致时，即可通过金融服务平台实现线上“信用贷款”的发放。发放“信用贷款”是实施农村信用体系建设工程的本意，它是在金融机构认为能够承受的安全额度之内的贷款。随着社会信用环境的不断改善，金融机构可以承受的“信用放款”安全额度也会逐渐提高，所以，农村信用体系建设工程要着力解决并不断扩大线上中小额度的“信用贷款”需求，这是当前及未来我国农村的信贷市场都是以家庭承包、适度规模经营为基础决定的。但同时，随着农业产业转型升级，新兴农业产业业态形成，对资金的需求也会远大于生产经营环节，因而实施农村信用体系建设工程还要能够同时满足线上和线下相结合的大中额度的“担保贷款”需求，使之真正成为覆盖农村信贷市场、具有“互联网＋”功能的新型农村金融模式。因此，在我国实施新时期农村信用体系建设工程具有重要的现实意义和深远的历史意义。

六、农村信用体系建设总体思路

结合成都农业农村改革发展实际，成都农村信用体系建设工程按照“政府主导，人民银行牵头，市场运作”原则，依托由地方政府注资的第三方公司开展平台建设，在平台上实现政策资源、信用信息资源和金融资源的汇聚以及融资对接。中国人民银行成都分行营业管理部参照中国人民银行总行印发的农村信用信息指标体系，将全市新型农业经营主体与之进行逐一对应，把信用信息指标体系划分为三个部分：政府部门提供的基础信息、农村电商形成的交易信息、村级金融服务站采集的辅助信息。基础信息主要包括新型农业经营主体的人员身份、文化程度、专业证书、土地状况、经营情况、财产、收益、权证等信息，交易信息主要包括新型农业经营主体参与农村电商市场商品交易的次数、种类、数量、金额、收付款等信息，辅助信息主要包括新型农业经营主体的诚实友善、道德品行、获得荣誉、个人爱好、生产技能、生活习惯、社会关系等信息。当对应新型农业经营主体的信用信息指标初步确定之后，人民银行再就这三个信用信息指标与金融机构充分讨论沟通，最后按照新型农业经营主体不同类别进行分类确认。以此为基础经过进一步梳理后，把最终确定的信用信息指标分解落实到相关单位和部门，由其制度化地向农村信用信息数据库定期导入或报送。

信用信息的采集必须满足“易得性、可靠性、完整性”要求，它直接决定农村信用体系建设工程的价值程度。从信用信息的来源渠道看，政府部门的基础信息在指标的名称、含义、收集，统计的表式、时间、组织、方式等方面都有较为成熟的制度和系统保障，符合易得、可靠和完整的要求；农村电商的交易信息是各新型农业经营主体参与电商平台交易时在平台系统内留下的实时、客观的信息，这类信息也完全能够满足上述条件要求；村级金融服务站的辅助信息是政府通过购买服务的方式，由金融联络员（村干部）对新型农业经营主体的相关信息定期进行逐个采集的，也能确保其满足上述条件要求。由于辅助信息具有敏感性和相对稳定性，有较高的保密要求，因此需要定期逐个进行采集，并实行分级授权管理，确保信息安全。

循着这样的思路，成都确定先选择在一个县开展农村信用体系建设新模式试点，以新的思路确立新的定位，使农村信用体系建设工程能够成为促进农村金融生态环境改善、促进农业经营主体信用信息有效利用、改进农村金融服务方式的重要基础。待试点相对成熟后，按照试点县的工程建设技术标准，为其他区县复制相应的系统模块，逐步向其他地区和领域扩展，直至建成全市的统一平台。经过不断改进和完善，进一步丰富农村信用体系建设工程的服务内容和服务功能，使农村信用体系建设工程成为高效连接金融机构与客户的借贷服务平台，成为精准实施货币信贷政策的技术支持平台，成为有效落实财政、金融互动的政策操作平台，成为务实引导各类资金开放式聚合的基础对接平台。

第三节　新时期农村信用体系建设创新与实践

一、推动农村信用信息库网平台建设

为了推动成都农村金融服务综合改革试点取得实质性突破，中国人民银行成都分行营业管理部将“信用信息数据库建设及征信服务”与“财政金融支持政策及风险补偿”“融资对接及抵质押物的市场化处置”，共同作为成都“农贷通”平台的构成要素，它们也是“农贷通”平台的三个重要支柱。成都将农村信用体系建设融入“农贷通”平台的整体政策框架，在平台上实现了政策资源、信用信息资源、金融资源和要素市场资源的汇聚以及高效的融资对接，因此，培育征信机构、发展征信市场就显得尤为重要。把成都金控征信公司作为“农贷通”平台建设的运营主体，正是充分考虑到它具有政府注资的背景，不仅有利于实现政府各职能部门在确保安全的前提下进行信用信息归集和更新，有利于将其作为公共服务产品为金融机构提供信息服务，也有利于保证系统建设运维资金的持续性投入，实现农村信用体系建设与征信市场协调发展。可以说，成都“农贷通”融资综合服务平台的建设，为农村信用体系建设工程及其应用的落地生根，也为“农贷通”平台的价值实现提供了基础性保证。

（一）成都市农村信用信息数据库建设的先期试点

经过多次实地调查和反复论证，2016 年，中国人民银行成都分行营业管

理部确定在成都崇州市开展农村信用体系建设工程试点。在中国人民银行崇州市支行的组织推动和崇州市人民政府的大力支持下，相关各方积极参与、主动配合，促进了试点工作的顺利开展。崇州市人民政府制定了加快推进“互联网+农村金融”发展实施方案，确立了农村信用体系建设的工作目标、工作内容、工作步骤、工作职责和保障措施等，以及政府相关职能部门的工作职责。方案明确，崇州市人民政府出资35万元，由该市供销合作社下属公司建设“崇州市农村金融综合服务平台”。该平台以“数据库+网络”为核心，旨在通过运用互联网技术实现政府职能部门信息归集、农村电商数据接入和村级金融服务站信息采集录入等方式，建立新型农业经营主体信用信息数据库，搭建融资平台，帮助用户在信息对称前提下实现贷款的线上申请与受理。通过健全农村信用激励与惩戒机制，达到提升农村金融服务效率的目的，实现让新型农业经营主体通过平台了解金融机构、金融政策、服务和产品，进行贷前咨询、贷款申请、资料提交；让金融机构通过平台介绍产品、了解客户、线上初审、通知放款等功能。

经过一段时间的努力，在中国人民银行崇州市支行的积极推动下，该平台按照“边建边用，以用促建”的思路，完成了系统的技术开发并从2016年7月开始进入试运行。截至2016年末，崇州市已经完成对154户专合社、家庭农场、农业企业，193户种养大户等新型农业经营主体的信用信息录入，6家商业银行的产品种类、贷款流程、信贷政策等内容已通过系统平台向客户进行展示。已录入信用信息的新型农业经营主体通过平台共发起147笔贷款申请，有5家商业银行发放贷款115笔5942万元；其中信用贷款34笔440万元，平均每笔12.9万元；担保贷款81笔5502万元，平均每笔67.9万元。试运行的情况表明，该平台系统主体框架已基本成熟。新型农业经营主体对平台提供的金融服务普遍给予好评，认为通过互联网在村上或家中就可以实现向银行进行资料提交、申请贷款和得到受理，感受到了更为方便快捷的金融服务，以前办理一笔信用放款需要5天，现在缩短到2天，办理担保贷款也大约节省了1/3的时间，实现了让信息“多跑路”，农户“少跑路”。

当然，要实现在线上进行贷款的申请、审核、发放，不仅会让新型农业经营主体有一个从了解到熟悉的适应过程，也会给金融机构的信贷产品创新和业务流程再造提出新的要求。为此，还需要按照“边用边训，以训促用”的思路，着力加强对“农贷通”平台相关知识和使用的宣传和培训，努力整合各方力量，确保宣传和培训的工作质量。

专栏 5.1

农村信用信息数据库建设的前期探索

崇州市被确定为成都农村信用体系建设试点市以后，自 2016 年 3 月起，崇州市立即行动，明确工作思路、建立组织机制、加强制度建设、制定工作措施，把加强农村信用信息数据库建设作为推进农村信用体系建设及农村金融服务综合改革的基础性工作，依托农村电商，建设以“数据库 + 网络”为核心的崇州市农村金融综合服务平台，为成都农村信用信息数据库建设提供了有益的经验。

一个新模式——“互联网 + 农村金融”模式。中国人民银行崇州市支行在当地政府的大力支持下，组织政府职能部门、金融机构进行多次讨论研究，统一思想，明确工作着力点。按照形成的共识，崇州市人民政府制定并印发了《崇州市加快推进“互联网 + 农村金融”发展实施方案》：一是依托崇州市农村电商平台，开发建设以“数据库 + 网络”为核心的崇州市农村金融服务和信用信息平台，实现新型农业经营主体信息的采集与共享，提高金融服务和融资对接效率。二是建立覆盖全市行政村的农村金融与电子商务村级服务站，将物理网点建设作为平台的有力依托，推动金融服务平台落地到村。三是明确崇州市农发局、供销社、人民银行、金融机构、农村电商等各参与单位的工作职责，依托库网建设，建立完善新型农业经营主体信用评价体系，通过“互联网 + 农村金融”发挥“服务政府、辅助银行、惠及三农”的作用。

一个大平台——搭建“数据库 + 网络”农村金融服务和信用信息平台。其主要特点和优势如下：一是实现对新型农业经营主体信用信息的汇集管理。按照“易获得、能更新、可运用”的原则，重点采集农业企业、土地股份合作社、农民专业合作社、家庭农场、农业职业经理人等新型农业经营主体的信息。新型农业经营主体的信用信息主要包括政府部门的基础信息、金融服务站的辅助信息和农村电商的交易信息，保证了信息来源的及时可靠。二是实现信息共享与融资高效对接。崇州市辖内 6 家银行机构、4 家保险机构以及本地政策性担保公司将金融产品在平台上进行发布。新型农业经营主体通过该平台可以全面了解银行涉农金融产品，进行贷前咨询、贷款申请、资料提交等；银行机构也可以通过平台了解客户信贷需求情况、发掘潜在客户、线上初审、通知放款等，信贷对接更加便捷高效。三是探索建立完善新型农业经营主体信用评价体系。在平台有效运行基础上，探索建立了符合家庭农场、种养专业大户、农民专业合作社、农业产业化龙头企业等新型农业经营主体信用特点的信用评价体系。同时，将信用评价结果作为金融培育、融资对接、政府评先扶持的重要参考，初步实现了信用评定成果的有效应用。

五个工作机制——一是按照“人民银行组织、政府支持、各方参与”的原则，形成了推动工作的联动机制。崇州市人民政府高度重视“互联网+农村金融”的发展思路，充分发挥支持协调作用，拨出35万元专项经费用于“崇州市农村金融服务和信用信息平台”系统开发。中国人民银行崇州市支行组织崇州市统筹委、农发局、供销联社、农村电商平台等部门建立协作机制，分工明确、负责落实，各部门齐心协力，共同推动试点工作顺利开展。二是建立农业信用信息数据库，形成信息服务共享机制。新型农业经营主体可登录平台选择合意金融产品并提出贷款申请，银行通过线上受理能够及时、全面、准确地掌握客户信息并快速实现信用评估和授信。为了促进信息服务共享机制的规范运行，中国人民银行崇州市支行制定印发了《崇州市农村金融服务和信用信息平台用户管理办法》，确保平台规范运行。三是建立基于互联网的融资对接机制。按照“互联网+”思路完成了平台系统建设，用户可以通过PC或移动终端实现对平台的应用，商业银行通过平台3日内对申请人提交的相关资料进行审核，进入线下对接及放款流程，银行帮助借款人完善申请信息填写，实现贷款发放。同时，借款人可通过短信及时获知贷款申请流程的变动情况。四是建立信用文化宣传教育机制。通过平台发布农村信用体系建设的政策法规等，同时在村级金融服务站开设“农金课堂”开展金融知识宣传，让征信知识和金融知识宣传实现入村入社常态化。实行商业银行入驻村级金融服务站制度，对村级金融服务站联络员适时开展培训，打造一批懂科技、懂金融的村级人才队伍。五是建立信用激励和惩戒机制。一方面，对诚实守信、经营良好的新型农业经营主体加大政策扶持力度，金融机构给予“政策倾斜、利率优惠、额度放宽、手续从简”的优惠支持；另一方面，获得贷款支持的新型农业经营主体出现逾期偿付和拒还贷款的，由崇州市农村产权抵押融资工作领导小组列入黑名单，5年内取消其申报各类示范及各级财政扶持政策的资格。

（二）成都农村信用信息数据库建设的扩面试点

成都崇州市的前期探索取得了积极成效，形成的工作机制、建设模式、指标体系等具有可复制、易推广的特点，初步具备了由点到面扩展的基础。为此，2016 年 10 月，中国人民银行成都分行营业管理部、市农委、市金融工作局决定在崇州市试点的基础上，进一步扩大农村信用体系建设试点范围，探索建设崇州市、彭州市和都江堰市的“农贷通”平台，经过半年的努力，于 2017 年 4 月建成并开通了全市区域性系统平台，为下一步全面升级为市级统一平台奠定了重要基础。

成都都江堰市按照试点要求积极推进“数据库 + 网络”的农村信用信息共享体系建设。中国人民银行都江堰市支行会同该市发改局、农林局、财政局等部门，邀请成都金控征信公司、方米科技公司等单位，多次开展研究论证，形成了《都江堰市农村信用体系建设实施方案》，向市政府提交了《关于加快推进农村信用信息数据库和农村金融综合服务平台建设的报告》。都江堰市人民政府高度重视，先后印发了《关于转发都江堰市农村信用体系建设实施方案的通知》《关于都江堰市 2017 年“农贷通”平台建设工作的实施意见》等文件，对全市农村信用体系建设和“农贷通”平台建设的各项工作进行了全面部署。同时，都江堰市人民政府多次组织召开“农贷通”平台建设工作推进会议，提出了 2017 年 7 月末前全面运行平台系统的明确目标和具体要求，并由该市农林局按月对各乡镇落实情况进行考核通报。截至 2017 年末，包括有商业银行、保险公司、担保公司和信用评级公司在内的 19 家金融机构及第三方机构注册使用都江堰市“农贷通”融资综合服务平台，累计入库 184 户新型农业经营主体信用信息，重点支持项目 41 个，通过“农贷通”平台发放贷款 108 笔，金额 1.95 亿元。2017 年 9 月，国家信用建设示范城市评估组对都江堰市旅游行业信用体系建设和农村信用体系建设工作进行评估，对都江堰市依托镇、村两级农村金融服务站，搭建“数据库 + 网络”的农村信用体系建设思路给予了充分肯定。

彭州市按照试点要求积极开展“农贷通”融资服务平台建设，创新银行与农业经营主体信息共享机制。在彭州市委、市政府的大力支持下，中国人民银行彭州市支行多次牵头组织金融机构对新型农业经营主体信用信息指标进行逐项讨论，针对信用信息指标采集涉及的 12 家政府职能部门、相关行业协会、农产品市场，通过召开专题会议、实地走访、发放信用信息指标采集情况表等方式，对各单位掌握的信用信息、采集方式、更新频率等进行了全面调查摸底和对接。按照“易获得、能更新、可运用、真实性”的原则，形成了农村信用信息指标体系模板，明确了各类信用信息指标的采集来源和更新频率，优化“农贷通”平台的系统构架和服务功能。2017 年 3 月 29 日，彭州“农贷通”融资综合服务平台实现上线运行，成为彭州推动农村金融服务下沉落地的基础性工程。截至 2017 年 11 月末，彭州市辖内金融机构全面参与平台建设，共发布 57 个农村金融产品。平台已采集分散于农发、林业、水务、法院、税务等 11 个部门的 1700 余户新型农业经营主体基础信息、权证信息和辅助信息；通过平台实现融资对接，共向 600 余户新型农业经营主体发放贷款 3.74 亿元。

专栏 5.2

农村信用信息数据库建设扩面试点情况

彭州市作为扩大试点地区之一，高度重视农村信用信息数据库建设，落实工作举措，扎实抓好信用信息指标设计、采集及运用工作，为农村信用信息数据库建设扩面试点工作提供了经验，主要做法如下：

一是全面梳理形成农村信用信息指标体系。中国人民银行彭州市支行牵头金融机构多次对新型农业经营主体信用信息指标进行逐项讨论，针对信用信息指标采集涉及的 11 家政府职能部门、相关行业协会、农产品市场，通过召开专题会议、实地走访、发放信用信息指标采集情况表等方式，对各单位掌握的信用信息、采集方式、更新频率等进行了全面调查摸底和对接，形成了全面细致的农村信用信息指标体系模板。二是建立健全农村信用激励惩戒机制。将“把诚实守信作为享受各种财政扶持政策的必备条件。对新型农业经营主体出现逾期偿还和拒还贷款的，由市农村产权抵押融资工作领导小组列入黑名单，5 年内取消其申报国家、省和市级农业产业化重点龙头企业、农业专业合作社示范社、家庭农场示范单位的资格及申报各级财政扶持项目的资格。凡列入黑名单的个人，取消其申报各级评优资格及各类财政扶持项目等”纳入《彭州市“农贷通”平台建设工作实施方案》。三是推动新型农业经营主体的信用评定。深入领会成都市政府《关于成都市农村金融服务综合改革试点的实施意见》精神，结合彭州市农村经济主体发展的现实，由人民银行、金融办、农发局、统筹办开展了 2016 年度信用新型农业经营主体评定工作，经部门推荐、金融机构排查、联合审定等相关工作，评定出了首批“信用专业合作社”22 家、“信用家庭农场”18 家、“信用农业职业经理人”18人，发挥了信用主体的示范效应。

截至2017年8月末，彭州市“农贷通”融资综合服务平台已采集1755户新型农村经营主体的基础信息、20户职业经理人的基础信息；27333条政策性农业保险；259条新型农业经营主体纳税信用等级；5户法院黑名单和23户法院执行名单；共采集来自农发局、林业局、水务局等部门的相关权证信息476632条。

从成都崇州市的前期探索，到崇州市、都江堰市、彭州市的扩大试点中可以看出，这个时期的工作都是由中国人民银行成都分行营业管理部组织推动，在当地人民银行支行的组织和协调下开展的，它的好处是能够按照人民银行的政策意图开展工作，能够保持工作方向不偏，做到协调环节精准，让工作不走弯路或少走弯路。但是，其弊端也非常明显，主要表现在协调政府各个职能部门的效率很低，且不可持续。因此，为了改变这种状况，成都在全市全面推动农村信用体系建设中，改变了建设主体，即在政府主导下，将农村信用体系建设纳入政府的年度目标任务，建设效率得以大大提升，从扩大试点（3个区县，用时半年）到市级平台系统建成（13个区县）并正式对外发布，仅用了3个月时间。

（三）“农贷通”平台实现成都各区（市）县全面覆盖

在成都崇州市、彭州市、都江堰市扩大试点的基础上，成都将农村信用体系建设改由政府主导，从2017年4月开始，各区（市）县按照成都市人民政府统一部署加快了“农贷通”平台建设的步伐。到2017年7月31日，全市统一的“农贷通”平台正式上线运行，全面打通原崇州市、彭州市、都江堰市三个试点地区及其他区（市）县平台，实现了成都各区（市）县全覆盖，并于2017年11月1日对平台系统完成了一次全面升级。目前，成都各主要银行机构共145家分支机构、各地村镇银行以及中国人寿、安邦保险、成都锦泰保险、中华保险等13家保险公司及分支机构和4家担保机构已入驻平台，各机构发布金融产品近400个。成都农商银行、成都银行的业务系统已与平台系统实现直接对接，保证了融资双方交互高效、快速响应。成都各区（市）县已通过平台发布村务、用工、特色景点、种植指导、特色美食等信息300余条，2000余个村级服务站采集新型农业经营主体辅助信息3000多户。依托平台和农村信用信息数据库，已经开始为融资对接提供信用信息运用和征信产品服务，新型农业经营主体和农户在“农贷通”平台上申请贷款只需简单四步：注册、选择意向银行或产品提交申请、银行在线审批、审批通过放款。截至2017年末，全市已累计受理涉农贷款14亿元，成功放款12亿元，在线放款率高达86%，有效满足了农业生产经营的融资需求，初步实现了农村信用体系建设的目标。下一步，成都市人民政府和中国人民银行成都分行营业管理部还将继续努力，进一步把“农贷通”平台这一具有成都特色的农村信用信息数据平台打造成为全国农村金融改革的示范标杆、西部金融中心建设的特色名片和成都乡村振兴战略的重要引擎。

成都以“农贷通”平台建设为抓手，努力探索农村信用体系建设新模式并取得初步成果，得到了国家有关领导、相关部委、省市有关部门和人民银行总分行的肯定。《经济日报》《金融时报》《农民日报》等媒体先后多次予以报道。在2017年9月的国家社会信用体系建设示范城市专家评审会上，成都市将“建设农贷通平台 创新推动农村信用体系建设”作为社会信用体系示范城市创建工作的重要内容进行了专题汇报。“农贷通”平台建设成效为成都市作为中西部地区唯一入选全国首批社会信用体系建设示范城市发挥了积极作用。

二、加强农村征信市场培育

目前，成都农村征信市场的培育重点是发展第三方机构，以此推进农村征信市场基础设施建设并提供农村信用信息服务。成都市现有备案企业征信机构5家，其功能定位主要是企业信用调查，但专门针对农村市场的征信服务还比较欠缺。为了更好地服务成都农村金融改革，推动农村征信市场发展，按照“政府主导，人民银行牵头，市场运作”原则，在中国人民银行成都分行营业管理部的积极推动下，成都市国资委下属公司出资成立了成都金控征信有限公司。目前，该公司正在向中国人民银行成都分行办理企业征信机构备案，并已进入备案工作程序。成都金控征信有限公司是新时期成都建设农村信用体系的第三方公司。它能以市场化方式实现商业的可持续发展，同时作为全资国有企业，也拥有较强的技术实力，能够实现数据安全保障、系统和业务的持续投入与稳定运营。

目前，在中国人民银行成都分行营业管理部、成都市农业发展委员会等部门的指导下，成都金控征信有限公司设计、开发和运营的“农贷通”平台已上线运行，在全省乃至全国第一次实现了由专业化征信机构对农村信用信息系统的承建运营。通过市、县两级部门汇集的农委、工商、国土、水利、法院、公积金、社保等基础信息，村级服务站采集的经营、收益、行为、用工、物资采购等辅助信息，网络爬虫系统采集的交易信息，以及用户注册申贷时填报的实名信息构建了成都农村地区信用信息数据库，各类数据互为补充、交相印证又开放共享。一方面，通过有针对性地培育成都征信机构，促进了涉农征信机构的平稳健康发展；另一方面，加强对征信机构的业务指导，也为农村征信市场的规范化和可持续发展奠定了坚实基础。

下一步，中国人民银行成都分行营业管理部将督促指导成都金控征信有限公司进一步发挥优势，整合分散的新型农业经营主体信用信息，利用大数据技术加强对“农贷通”平台信用信息数据库的深度分析与挖掘，并结合新型农业经营主体特征和金融机构需求，持续推动农村征信产品研发，为成都农村金融改革提供更加多元化的征信服务。

专栏 5.3

农村征信市场的重要主体——成都金控征信有限公司

“农贷通”平台建设的难点之一是确定平台的建设运营单位。中国人民银行成都分行营业管理部与成都市人民政府有关职能部门在充分研究基础上，提出了将“农贷通”平台建设系统交由政府注资的市场化公司来建设和运维，这一建设性意见得到了政府的支持与认可。2016 年 10 月，成都市人民政府最终决定由成都金控集团下属的成都金控征信有限公司负责“农贷通”平台的设计、建设和运营，运用大数据技术生产高质量的征信产品，提供周到的征信服务，致力于打造具有全国影响力和成都特色的农村金融综合服务改革示范标杆。成都金控征信有限公司按照成都市人民政府和中国人民银行成都分行营业管理部的要求开始起步发展，紧扣成都农村金融服务综合改革要求和集团发展战略，坚持政府和金融的政策导向，以“服务农村，拥抱市场”为定位，致力于农村信用体系建设，并在以下几方面凸显其独有的优势和特点。

一是有长期稳定经营的基础。成都“农贷通”平台有很强的公益性，是推动成都农村金融改革的重要抓手，必须保证平台建设运营的长期稳定性。成都金控征信有限公司是成都市金控集团旗下的全资子公司，作为地方国有企业，成都金控征信有限公司一开始起步就将服务政府作为自己天然的社会责任，并依托母公司的金融控股平台优势，有着雄厚的资金保障，同时还能得到比较完善的金融产业链支持，这为成都金控征信有限公司的长期稳定经营和发展打下了坚实基础。

二是数据归集和数据安全性优势。建立新型农业经营主体信用信息数据库既是成都金控征信有限公司业务的核心，也是解决融资信息不对称问题的关键，数据库是否规范、安全、高效关系到成都“农贷通”平台建设能否取得成功。成都“农贷通”平台需要汇集市、县两级政府若干个职能部门掌握的基础信息，各新型农业经营主体在农村电商的交易信息，以及全市2700多个村级服务站持续采集的新型农业经营主体的辅助信息，数据量大且保密性要求高。成都金控征信有限公司有背靠政府的优势，因而也有可持续和富有特色的数据源，其自建的分布式网络爬虫系统具有充分归集数据的能力，其建立的大数据平台已通过国家信息安全等级保护三级测评。

三是有较强的运营拓展能力。成都金控征信有限公司在接受“农贷通”平台系统的建设任务后，充分展示出市场化公司积极主动、安全可靠、建设高效的特点。它们组建了60多人的研发团队，在6个月时间内完成了两个系统版本的上线发布，用1个月时间完成了全市17个区（市）县近5000人的现场培训推广。截至2017年末，“农贷通”平台累计入驻各类金融机构（含分支机构）200余家，发布金融产品近400个，采集新型农业经营主体信息3000多户，贷款规模突破12亿元。目前，成都金控征信有限公司按照要求正在制定村级金融服务站的市场化管理方案，打造线上、线下一体化运营模式，计划在2018年实现对“农贷通”平台系统的再次蝶变；在此基础上，通过平台系统和村级金融服务站两线发力，围绕农业农村场景需求，不断加载更多的应用和服务。

三、加强农村信用文化建设

信用文化是社会信用体系建设的关键环节。开展诚信文化教育、提升农户信用意识，对于农村社会信用体系建设具有深远意义。成都一直重视信用文化建设，在农村信用体系建设过程中，坚持通过多渠道、多维度强化农村信用文化建设。一是持续开展征信知识宣传。在春节、元旦两节，“6·14”信用记录关爱日和征信知识宣传月等重要时间节点，中国人民银行成都分行营业管理部都会在学校、金融机构营业网点、乡镇（街道）及村委会等各类场所，广泛组织开展各类征信知识宣传活动，同时利用电视、电台、网站、微信等各类媒体发布征信知识，联合相关部门建立校园诚信文化教育工作机制，切实营造信用文化建设的浓厚氛围。二是依托村级金融服务站开展诚信文化教育。成都各区（市）县以推进“农贷通”平台建设为契机，在已建的村级金融服务站，通过主题宣传、知识培训等方式加强诚信教育，为增强农户信用意识、提高农户参与信用体系建设的自觉性发挥了积极作用，有效推动了农村信用体系建设向纵深开展。三是建立守信激励和失信惩戒机制。成都组织开展了金融失信问题专项治理，公布三批失信名单，加大联合惩戒。成都温江区、崇州市、都江堰市、彭州市等各区（市）县人民政府出台文件，明确把诚实守信作为享受各种财政扶持政策的必备条件，对获得银行贷款支持的农业经营主体出现逾期偿还和拒绝还贷的直接列入黑名单，5 年内取消其申报国家、省和市级农业产业化重点龙头企业、农民专业合作社示范社、家庭农场示范场的资格，以及申报各级财政扶持项目的资格。守信激励和失信惩戒的机制不断强化，推动了农村金融生态环境的持续改善。

综上所述，具有成都特色的农村信用体系建设，其特色主要体现在：一是建设机制具有可持续性和可复制性，这是由“政府主导、人民银行牵头、市场运作”的建设原则所决定的。二是建设目的体现了务实管用的理念，这是由成都农业农村改革带来的融资主体新变化，以及成都农村金融改革对信息服务的新需求所决定的。三是采取小步试、快步走的建设方式达到了弯道超车效果，这是由成都善于在探索中及时总结，以及在总结后果断决策所决定的。

第六章　成都农村金融资源配置机制建设

本书第三、第四、第五章顺着成都农村金融改革的逻辑，分别对健全金融组织体系、创新金融产品和服务方式、优化金融生态环境等进行了梳理分析，这些改革的最终目的都是为了合理配置金融资源。也就是说，合理配置金融资源是前述三项改革的最终归宿，因而也是成都农村金融改革的应有之意，是农村金融改革不可或缺的重要内容，它与前面三项改革共同构成成都农村金融服务综合改革的总体框架。

进一步理解成都农村金融改革试点方案，那就是，只有在上述四个分项改革取得积极成效的基础上，才谈得上构建较为完备或是完备的农村金融服务体制机制。现在回到本章的主题，看看成都是如何推动合理配置金融资源的。首先是建立一种机制，能够让间接融资和直接融资平衡协调发展。直接融资的起点相对较高，在农村市场化基础尚不健全的情况下，直接融资虽然有一个逐步发展的过程，但必须抓紧创造条件做好相关基础性工作；而间接融资的起点相对较低，它也是农村普惠金融在融资服务方面的主要实现形式，因此，成都将改革的着力点放在疏通农村间接融资渠道上。其次是加强与间接融资相关的配套改革。间接融资主要分为信用贷款和担保（抵押）贷款，信用贷款随着信用环境的改善和服务方式的改进会得到逐步发展，但它占总贷款的比重较低，因此，成都将配套改革的重点放在拓宽担保（抵押）融资空间上，目标是通过对农村产权赋能加快盘活农村巨大的产权资源，破解对违约抵贷资产的市场化处置难题。在理清改革思路的基础上，成都紧紧抓住农村产权制度改革这个核心，在建立完善农村产权交易体系、价值评估体系、金融风险补偿机制和违约抵贷资产市场化处置等关键环节上着力，系统性地探索建立和完善金融资源配置机制，有效拓宽了信贷资金流入农村市场的渠道。同时，积极充实和完善直接融资机制，通过全国银行间市场的直接债务融资、政策性农业产业基金的投入、区域性股权交易中心的股权融资等，进一步丰富了不同性质资金的来源渠道。在促进间接融资和直接融资平衡发展的同时，成都市人民政府不断改进财政资金支农的投入方式，进一步优化财政与金融的协调互动机制，不断完善政策支持体系。

第一节 农村产权交易平台建设

建立充分完善的农村产权交易市场，对于促进要素自由流动、引导金融资源高效配置具有至关重要的意义。为搭建规范化、市场化的农村产权交易平台，2008 年 10 月，成都在全国率先成立农村产权交易所，这是经国务院六部委备案和四川省人民政府批准保留的全省唯一一家农村产权交易所。成都市农村产权交易所的成立，为农村产权交易提供了协作联动的交易平台和网络化的交易渠道。经过近 10 年的发展，目前成都市农村产权交易所已与银行、保险等多家金融机构在产权融资、抵贷资产处置等八个方面开展全方位合作，已辐射全省 10 个市州 99 个区县并实现了联网运行，在成都辖内 17 个区（市）县建立了分（子）公司，负责当地的农村产权登记和鉴证业务，在各个乡（镇）村建立了农村产权流转交易服务站，形成了市、县、乡、村四级农村产权流转交易服务体系，培养了 200 余名农村产权经纪人。截至 2017 年末，成都农村产权交易所各类农村产权累计流转交易笔数 1.5 万余宗，交易额 673 亿元，交易总量位居全国同类交易所第一。

一是完善交易平台体系。成都市农村产权交易所在全市辖内大力推进交易体系的建立和完善。截至 2017 年 8 月，成都天府新区、双流区、温江区等 12 个分公司已完成工商注册，并取得营业执照；成都郫都区、龙泉驿区、崇州市和简阳市 4 个子公司的设立已进入报批程序。与此同时，成都市农村产权交易所在四川省内外积极拓展交易平台。成都市农村产权交易所德阳分中心建设加快推进，巴中分所的组建也在顺利推进之中；与贵州省贵阳市初步达成合资共建农村产权交易中心的意向。在系统建设方面，成都市农村产权交易所加快农村产权流转交易信息系统的升级改造，初步形成了高效规范的农村产权大数据平台，实现了四川省农村产权流转交易信息的互联共享，为建立全省统一的农村产权流转交易信息发布中心、业务处理中心和联网交易提供了重要的技术保障。

二是支持农村产权抵押融资和流转交易。2016 年以来，成都市农村产权交易所抓住“两权”（承包土地的经营权和农民住房财产权）抵押贷款试点的有利时机，在成都温江区、崇州市、郫都区 3 个试点县，充分发挥农村产权交易平台一站式服务作用，帮助有借款意愿的客户顺利取得农村土地经营权、集体建设用地使用权等权证，同时帮助其做好农村产权价值评估、抵押登记等工作，有力地支持了“两权”抵押贷款试点工作。成都市农村产权交易所还在全面总结四川省首批15个集体林权制度改革试点县经验做法的基础上，努力扩大试点范围。到2017年末，已将林权交易试点县扩展至100个，初步形成覆盖全省的省、市、县、乡四级集体林权流转交易体系。

三是构建多层次业务合作体系。为推动业务深入开展，成都市农村产权交易所积极探索和创新，努力构建多层次业务合作体系。在与商业银行的合作方面，成都市农村产权交易所与成都农商银行、民生银行成都分行签订了战略合作协议，明确在农村产权融资、违约抵贷资产市场化处置、农村产权流转支付结算服务等八个方面开展深度合作。在与保险、基金等机构的合作方面，成都市农村产权交易所联合成都锦泰保险公司、成都农村产权担保公司、四川发展聚信基金等机构，探索开展了农村土地流转履约保证保险、行为担保、建设用地指标“收储”等业务。在与民营资本的合作方面，成都市农村产权交易所与重庆美村科技有限公司等6家民营机构签订了合作协议，并于2016年举办了首次农村土地综合整治项目路演会，为成都青白江区福洪镇城乡建设用地增减挂钩项目募集资金4000万元。成都市农村产权交易所还加强了与其他省市兄弟机构的合作，在农业部支持下，与北京、武汉等全国11家农村产权交易机构共同发起成立了中国农村产权交易行业协会（筹）；同时，还争取四川省、成都市人民政府相关部门支持，积极发起成立农村产权交易经纪人协会（筹）。

总的来看，成都市农村产权交易所的建立和发展取得了积极成效，较好地推动了农村产权的自由流转和场内交易。但是，成都农村产权市场的发展还存在诸多不足，还需要进一步规范完善。目前，仍然存在农村产权场外交易不规范等情况，场内产权交易品种较为单一，尤其是登记、评估、抵押、流转、处置等的市场化机制尚未完全建立，市场化能力有待提高，通过市场增强农村产权抵（质）押功能仍亟待深入挖掘。

第二节 农村产权价值评估机制建设

建立科学合理的农村产权价值评估机制是实现农村产权融资功能的关键环节。成都对农村产权的价值认定，在前期多以银行自主评估和第三方评估为主，由于方法和标准不统一，其复制性和推广性较低。2009年以来，经过不断探索，逐步建立起了以政府引导为主的农村产权价值评估体系，政府公布农村承包土地经营权基准价格、集体建设用地使用权的基准价格和最低保护价格，抵押融资双方以此为基础，共同协商确定产权价值或者交由双方认可的、具有评估资质的中介机构评估确定。

一、农村承包土地经营权价值评估

作为对产权交易市场尚不具备价格发现功能的一种补充，成都农村承包土地经营权的价值评估大体经历了探索、规范和完善三个阶段，在这一过程中，逐步找到并形成了符合成都实际的农村承包土地的经营权等农村产权的价值评估机制。

（一）探索阶段：无统一评价标准和评价方法

在农村承包土地经营权流转初期，市场尚缺乏统一的规范和评估标准。在此情况下，银行机构对于符合“自主评估”规定的承包土地经营权，多以自主评估为主。由于部分银行自身缺乏具有承包土地经营权评估资质的从业人员，不得不采取第三方评估的方式。第三方评估机构因专业素养方面的差异，所使用的评估方法和得到的评估结果也各不相同，因此银行机构普遍不愿意依托第三方机构开展评估。基于这些原因，探索阶段评估方式的规范性、复制性和推广性极低。

（二）规范阶段：政府引导，为价值评估提供参考标准

2009 年，成都市人民政府制定了农村产权抵押融资总体方案，明确由各区（市）县人民政府具体负责制定并公布本区域内农村承包土地经营权的基础指导价。2010 年，成都崇州市率先推出《崇州市农村土地承包经营权评估基准价办法（试行）》，将承包土地分成水田、旱地[①]、园林、“四荒地”四个类型，每亩每年基准价从 95 元到 1000 斤大米（或者 1700 元）及以上不等，较好地解决了土地价值难以统一测算的瓶颈问题。同年 12 月，崇州市参照基准价发放了成都首笔农村承包土地经营权抵押贷款。此后，成都其他各区县也参照崇州市经验，陆续制定了本地区的农村产权基准价格评估办法，承包土地经营权的抵押价值有了稳定的、较为合理的参照标准。

这个阶段，农村承包土地经营权评估基准的制定，是在兼顾现行流转费标准和按常规种植评估效益基础上，依照水稻、小麦等的产出（不含地上的经济作物等附属物和固定农业设备）计算得出的。对于种植经济作物的承包土地经营权价值，通常也只能参考这一基准进行确定。尽管在这期间也出现了一些运用专业评估理论对农村承包土地经营权进行价值评估的探索和尝试，

---

① 水田、旱地根据区位优势、地力水平等因素划分不同等级。

试图以此来修正经济作物土地价值评估不合理的状况，但实践证明这种方式仍然难以被普遍复制和推广。总体上看，这个阶段农村承包土地经营权价值普遍被严重低估，而这也直接影响了土地融资功能的充分实现。

专栏 6.1

运用评估理论对承包土地经营权进行价值评估的初期探索

根据资产评估相关理论，承包土地经营权作为一种无形资产，其内在价值来源于土地产生的未来收益，可表示为 $V = \sum_{t=1}^{n} \frac{R_t}{(1+i)^t}$，其中 V 表示承包经营权的价值，R_t 表示第 t 年的年预期净收益额，n 表示土地承包年限，i 表示折现率。

2013 年，成都市佳惟他农业有限公司通过土地流转获得了 558.15 亩的承包土地经营权，用于发展猕猴桃种植。在进行抵押贷款时，该公司委托成都比尔农业科技咨询公司开展价值评估。咨询公司根据上述理论，选择按照 15% 的折现率来对未来各期正常年份的纯收益进行折现，最终评估价值为 1379.08 万元。彭州民生村镇银行根据此评估价值，并参照相关价格，最终为公司授信 600 万元。

（三）完善阶段：健全评估机制、拓展评估内涵

在总结前一阶段实践基础上，成都进一步探索完善农村承包土地经营权价值评估机制，2016 年印发了《成都市农村土地经营权价格评估办法（试行）》《成都市农村土地承包经营权退出价格评估办法（试行）》和《成都市农村土地经营权价格评估技术导则（试行）》。三个文件明确规定了第三方评估机构应当具备的资质条件，要求对基准价格和流转价格的确定参照新办法执行。随后，在此政策框架下，成都各区（市）县结合实际，在评估机制建设和拓展评估内容（地上附着物及农业设施设备）等方面进行了积极探索。

1. 成立专业化的农村产权指导价格评审工作小组。为了向参与抵押的相关各方提供更加科学合理的指导价格，成都各区（市）县陆续成立了价格指导评审组。如成都崇州市成立了由政府相关职能部门、金融机构、业主代表共同组成的农村产权指导价格评审工作小组。评审小组按照不同区域、不同产业和不同年度制定出农村产权抵押融资指导价格，并将其通过农村产权交易平台公开发布。成都温江区在依托第三方评估机构基础上，采取了多方价值认定方式，即由贷款人、处置企业、借款人、专家库成员以及当地村委会

各推荐1名成员组成抵押资产价值认定小组，对借款人的土地经营权及地上（含地下）附着物进行价值认定，以防止资产价值被低估而影响农村产权金融功能的发挥。

2. 规范农村产权评估机构的准入标准。成都市人民政府规定，进行产权评估的第三方机构必须是独立法人，且具有土地价格评估或房地产价格评估资质。符合条件的评估机构可向市级农业行政主管部门提出申请，审查通过后，纳入全市农村土地经营权价格评估机构名录库实行动态管理。名录由成都市农业发展委员会按年向社会公布。成都崇州市在探索中，还结合自身实际进行了补充完善，由崇州市公共资源交易中心建立当地农村产权评估机构名录库，作为成都农村产权交易价值评估机构库的补充。通过报名比选，目前有13家第三方评估公司入选。凡是选择由入选机构开展农村产权价值评估的，崇州市财政按实际发生评估服务费的50%进行补贴，补贴上限为1000元/宗。

3. 将地面附着物、农业设备纳入土地的经营权评估范围。成都各区（市）县积极探索拓展评估内容，将土地经营权加上地面经济作物等附属物和固定农业设备进行“捆绑”评估，其中以温江区最具代表性。温江区作为成都的主要花木产业基地，绝大部分流转土地都以种植花木为主，租金一年一付，在价值认定环节，花木的价值往往要远高于土地经营权的价值。因此，借贷双方都有意愿将地面附着物和农业设备纳入土地经营权进行“捆绑”评估。实际操作中，温江区农村承包土地经营权价值包含了土地经营权价值和地上附着物价值两部分。

专栏 6.2

地上附着物纳入土地承包经营权价值评估的实践

一、地上附着物不纳入评估范围

成都银行温江支行目前对流转土地价值进行评估的做法是，地上附着物不纳入评估范围，但在办理农村土地承包经营权时，地上附着物一并抵押，且抵押率原则上不超过抵押物评估价值的50%。如温江区某产业化龙头企业217.22亩流转土地评估价值为20万元，按照50%的抵押率发放贷款10万元，贷款利率按基准利率上浮30%。

二、地上附着物纳入评估范围

中国邮政储蓄银行温江支行在综合考虑农用地分等定级估价成果、土地已付租金、平均预期纯收入、经营权剩余期限以及地上（含地下）

附着物等因素的基础上确定土地经营权抵押价值，但贷款额度最高不得超过评估认定价值的60%。如某专业大户流转20亩土地，通过第三方评估，单位流转价格2000元/亩，由于地租采取一年一付的方式，经营权剩余期限为0，则着重于地上附着物价值，以每亩3万元（小苗）计算，土地经营权价值为60万元，中国邮政储蓄银行温江支行按50%的抵押率发放贷款30万元。在此案例中，土地经营权价值=单位流转价格×土地面积×经营权剩余期限+地上附着物价值。

4. 制定差异化评估方法。《成都市农村土地经营权价格评估技术导则（试行）》规定，承包土地经营权的基准价格可采取样本价格平均法、定级指数模型法、基准地块评估法等来确定，承包土地经营权的流转价格可采用市场比较法、基准价格修正法、收益还原法、剩余法、成本逼近法等确定。具体操作中，成都温江区制定了农村产权价值评估体系构建方案，在遵循现有农用地评估规程基础上，创造性地提出以土地区位和产业规划布局作为土地均值区域划分的核心因素。委托专业评估机构对各均值区域分别评估，并公开发布了三类农村土地经营权基准价格。商业银行等机构在做具体宗地价值评估时，对照政府公布的基准价格和影响因素分析表，能够迅速估算出单宗土地经营权价值。

专栏6.3

承包土地经营权价值评估的几种方法

一、市场比较法

市场比较法适用于农村土地经营权流转市场发育较充分、流转价格相对透明或县级（含）以上政府按年编制流转参考价格的区域。其中，市价可参考当地政府公布的基准价格及当地市场公允的流转价格合理确定。对于以家庭承包方式取得的农村土地经营权，以承包合同剩余年限-1作为测算年限计算评估价值；对于以招标、拍卖、协商等方式承包或以流转方式取得的农村土地经营权，则须考虑已缴清租金或承包费用年限，以没有后续费用的年限-1作为测算年限计算评估价值。

农村土地经营权评估价值=市价（元/亩·年）×面积（亩）×（家庭承包合同剩余年限或已缴清租金的剩余使用年限-1）。

二、成本逼近法

对于不适用市场比较法的区域，以招标、拍卖公开协商等方式承包及以流转等须缴付租金或其他费用方式取得的农村土地经营权，可用取得农村土地经营权的成本测算评估价值。

农村土地经营权评估价值 = 已缴清租金金额 ×（已缴清租金的剩余使用年限 - 1）/已缴清租金年限。

三、收益还原法

对于不适用以上两种方法的区域，以家庭承包方式取得的农村土地经营权，可用农村土地经营权收益测算评估价值。该种方法适用于年收益稳定且容易测算的农村土地经营权。其中，年均预期收益通过调查农产品年均收入及土地维护费用、生产费用等相应生产经营费用计算，折现率参照同期农户贷款利率确定，剩余年限以家庭承包合同剩余年限确定。

农村土地经营权评估价值 = 年均预期收益/折现率 $\left[1-1/(1+\text{折现率})^{\text{剩余年限}-1}\right]$。

四、对附着物的处理

对于以地上附着物组合担保的农村土地经营权抵押业务，一般将农村土地经营权与地上附着物价值分开测算，以市场比较法等测算农村土地经营权价值，以成本逼近法等测算温室大棚、多年生经济作物等地上附着物价值；对于个别地区，多年生经济作物流转市场成熟且流转价格透明，可将经济作物与农村土地经营权作为整体确定流转市价，以市场比较法统一测算价值。对于逐年缴付租金的农村土地经营权，应主要考虑用于组合担保的地上附着物的价值，合理测算抵押品评估价值。

二、农民住房财产权价值评估

（一）以政府部门为主导推进农房价值评估机制建设

2009年，成都市人民政府相关职能部门陆续制定印发了《关于成都市农村产权抵押融资总体方案及相关管理办法的通知》《成都市农村房屋抵押融资管理办法》《成都市集体建设用地使用权抵押融资管理办法（试行）》（以下简称“一通知两办法”），从政策层面为农村房产抵押价值评估提供了重要依据。同年9月，成都市房管局印发《成都市农村房地产估价规范（试行）》（以下简称《估价规范》），从技术操作层面为农村房地产价值评估提供了指引。2011年3月，成都市城乡房产管理局对外发布《成都市城乡房地产抵押融资担保评估操作规则（试行）》（以下简称《操作规则》），从评估机构业务层面进行了规范（见表6-1）。

表 6－1　成都农村房产评估机制建设过程

文件	具体规定
“一通知两办法”（2009）	由区（市）县政府制定本区域内集体建设用地使用权基准价格和最低保护价格，并以此作为农村房屋产权的价值评估参考依据；仅办理集体建设用地使用权的流转，其所在的农村集体经济组织需要在基准地价基础上上浮一定比例来确定集体建设用地评估价格
《估价规范》（2009）	对农村房屋评估的基本事项、评估方法及依据、评估采用的技术路线及资料等都作出了明确规定，不同交易情况下评估方法的选取不同。如一般的农村房地产评估应当优先选择市场估价法，对商业经营的农村住宅采用收益测算法，具有投资开发价值的采用假设开发法，集体建设用地可采用基准地价系数修正法
《操作规则》（2011）	对从事农村房屋抵押融资担保评估的中介评估机构，从提供的资料、依照的程序、评估方法及报告规范等业务层面作出统一要求

（二）成都郫都区开展农房价值评估的实践

成都郫都区共有耕地面积 30.14 万亩，其中宅基地占用约 2.84 万亩，户均宅基地 216.46 平方米，人均宅基地面积 63.9 平方米。按照“确实权、颁铁证”的要求，2011 年 6 月已全面完成农村集体土地所有权、集体建设用地（宅基地）使用权、房屋所有权确权颁证，确权率达 100%。

2015 年 12 月，郫县获批成为全国 59 个、全省 3 个经全国人大常委会批准暂时调整实施有关法律规定，授权国务院开展农民住房财产权抵押贷款的试点县之一。为了推动试点工作的开展，郫县人民政府制定了《郫县农民住房财产权抵押贷款试点实施方案》《郫县农村宅基地抵押登记实施细则》《郫县农村土地经营权及附着物指导价格评审发布办法（试行）》。经过两年来的试点探索，目前郫都区农民住房财产权抵押价值评估以第三方评估为主，采取建筑成本核算法，同时参考农房产权的地理位置、房屋用途、房龄和变现能力等因素，按照“一户一评”的原则，开展农民住房价值评估，评估后抵押率为 20%～50%。

专栏 6.4

农民住房财产权价值评估实例

2016 年 5 月初，郫都区安靖镇林湾村村民杨某向中国农业银行郫县支行申请农房抵押贷款 50 万元。准备用于抵押的房屋面积为砖混结构

(底层为商铺，2~6楼为住宅，合计6层)。杨某邀请郫县精点测绘有限公司对该房屋进行测绘，测绘确认面积747平方米。郫县吉祥评估有限公司对杨某房屋价值进行评估，评估价值201万元（商铺5000元/平方米，住宅1700元/平方米)。中国农业银行郫县支行结合该农房地域(位于西南交大附近）和用途（商铺和住宅出租）认可其价值为168万元；6月3日，按照抵押率29%发放贷款50万元。

从农民住房财产权抵押贷款试点情况看，散居农户通过农房申请抵押贷款的实际数量并不多，这是因为受到散居农房的价值不高、受政策限制过多、办理抵押程序复杂、综合融资成本较高等诸多因素的影响；相反，集中居住农户通过农房申请抵押贷款的潜力较大，只要对集中居住农房及时确权登记颁证，且放宽政策限制，其房屋价值要远高于散居房。如果将宅基地产权比照承包地产权进行三权分置，并在政策跟进配套的情况下，对集中居住的农民住房财产权的抵押将具有广阔的前景。

三、地面附着物、各类经济作物和农机等动产价值评估

地面附着物、各类经济作物和农机等动产涉及的种类繁多，由于缺乏基本的操作规范，要对其进行全面的价值评估难度很大。成都各区（市）县结合当地实际，对各类涉农动产的价值评估进行了有益的探索。温江区对花木价值的评估，主要是参考政府定期发布的花卉、苗木等指导基准价格，再根据市场的变化动态进行把握；地上附着物作为农业生产设施，则是根据设施建造成本和折旧加以确认。崇州市经过制定地面经济林木（竹、果）指导价格的探索，形成了一套较为有效的评估方法。主要做法是通过委托第三方评估机构——成都香林林业规划设计有限公司和四川中天资产评估有限公司进行评估。如对樱花、金叶复叶槭等经济林木，依据其径级不同确定相应的指导价格（米径单株指导价格)；对猕猴桃、葡萄等经济作物则是根据其幼龄期、初产期、盛产期三个阶段，分别采取重置成本法、收益现值法和现行市价法等不同方法来制定不同的指导价格。

第三节　农村产权融资风险补偿及分担机制建设

制定风险补偿政策和建立风险分担机制是推进农村产权抵押融资的核心制度性安排。成都在推进农村产权融资实践中大胆尝试，不断探索，在研究

制定风险补偿政策和探索完善分担机制建设中能够自亮家丑，并进行自我革新和自我完善。在风险基金方面，从最初的市、县两级风险基金发展到全市统一管理的风险资金；在担保机制方面，从最初的市、县两级担保逐渐向更多元的两级联保、银担联保等模式拓展；在保险机制方面，从最初针对某个农产品开发的单一产品到努力构建覆盖主要农产品、服务县域全域的涉农保险服务体系等。通过从探索建立农村产权抵押融资风险基金、农村产权担保体系、涉农保险机制等多渠道发力，成都农村产权风险补偿政策和分担体系逐渐完善。

一、设立农村产权抵押融资风险基金

（一）第一阶段：设立市、县两级农村产权抵押融资风险基金

2009年，成都着手建立经常性农村产权抵押融资风险准备金制度，2010年制定了《农村产权抵押融资风险基金筹集与使用管理暂行办法》，2014年进一步细化并印发了《成都市农村产权抵押融资风险基金实施细则（暂行)》。成都明确提出了设立农村产权抵押融资风险基金，规定了首次筹集规模为市级3000万元，并要求每个区（市）县首次筹集风险基金规模不得低于400万元，募集的资金用于收购从事农村产权抵押融资业务的银行、小贷公司等到期无法偿还的抵债资产，对农村产权抵押物的处置损失进行补偿。贷款损失的80%由农村产权抵押融资风险基金承担，剩下的20%由金融机构自行承担。2011年，成都各区县农村产权抵押融资风险基金全部划拨到位。到2015年，成都市级农村产权抵押融资风险基金已增加到6000万元。

专栏6.5

县级农村产权风险基金设立和使用情况

温江区人民政府安排财政资金建立了500万元农村产权抵押融资风险基金，每年的筹集规模按照上年度农村产权抵押融资贷款余额的4%计算确定。建立由借款主体、金融机构和政府性基金共同承担损失的风险分担体系，并通过加大对金融机构、担保机构、保险公司、收储机构和处置企业的业务补助、资本投入和创新奖励等多种方式建立风险缓释机制。同时，建立农用地流转行为风险担保基金。由土地流转双方按照担保价值标的5%缴纳农用地流转行为担保保证金，流转受让方承担80%，转出方承担20%，主要用于流转期间，双方不按合同约定履约造

成对方受损的补偿。

崇州市探索农村土地经营权抵押贷款风险补偿办法，旨在化解农村土地经营权抵押贷款风险损失；建立了农村土地经营权抵押贷款担保贴息制度，将农村土地经营权流转贷款担保贴息纳入崇州市农村产权抵押融资风险基金使用范围，并逐年增资，扩大规模；建立了农村土地经营权贷款损失的风险分担体系，由金融机构、政府风险基金分别承担农村土地经营权贷款风险损失的20%、80%。

郫县人民政府通过预算拿出财政资金400万元建立了农村产权抵押融资风险基金，并由县惠农担保公司进行代管。各金融机构发放农村产权抵押贷款前，与县惠农担保公司签订三方协议，贷款一旦发生风险，由风险基金代偿80%，银行承担20%（贷款金额不超过200万元），再由县惠农公司处置相关抵押物，进行清算。郫县人民政府金融工作办公室于2015年初修订了风险基金使用实施细则，进一步明确了风险基金使用规则，为金融机构处置农房抵押不良贷款奠定了制度基础。

（二）第二阶段：将农村产权抵押融资风险基金整合为“农贷通”风险资金

前一阶段的实践取得了积极成效，特别是从政府的角度来看，在如何运用财政政策鼓励与引导金融机构解决农村的融资难、融资贵问题方面，从过去的政策空白到现在通过改革迈出重要步伐，应当说是一个重大的制度创新。但是，在探索阶段，由于存在很多需要突破的阻力和限制，因此在这个时期的制度安排中，对政策设置的限制性条件过多过严，导致政策无法兑现——自风险补偿机制建立以来，当金融机构遇到借款人不能履行债务时，政府因担心承担不了“兜底”责任，几年来风险补偿资金成为“画饼”而从未被动用过。2016年，成都抓住农村金融服务综合改革试点的有利时机，着力改变前期创新实践中存在的关键问题，以用得了、用得好作为工作的出发点，重新研究并建立起财政、金融政策互动新模式，将政府贴息、奖励、风险补偿等财政政策和人民银行支农再贷款等货币政策工具作为杠杆，引导和撬动金融机构积极进入农村市场。

在此基础上，2017年，由成都市财政局牵头，市农委、市金融工作局联合制定了《成都市“农贷通”风险资金管理暂行办法》，规定“农贷通”风险资金首期保留原来市级的6000万元，并将各区（市）县分别不少于500万元、总规模不低于1.7亿元的资金进行统一管理。“农贷通”风险资金按照农村产权直接抵（质）押融资风险资金、农贷通惠农贷风险资金、保险公司信用保证保险风险资金（见表6－2）进行设立。同时，上述风险资金采取专户下分账核算、专款专用，授权有资质的第三方公司进行管理，并将管理流程通过“农贷通”平台系统实现线上审批，确保一经确认违约能够快速拨付风险资金。

表6－2　“农贷通”风险资金管理

资金	首期规模	用途	风险分担
农村产权直接抵（质）押融资风险资金	8000万元	银行机构开展农村产权直接抵押融资风险补偿	在风险资金足额的条件下，风险资金承担农村产权直接抵（质）押贷款最终损失额的80%
农贷通惠农贷风险资金	6000万元	银行机构与融资性担保机构开展涉农贷款业务的风险补偿	在风险资金能够足额提取的情况下，由合作银行、融资性担保机构与风险资金按最终损失额的80%：20%分担，银担风险分担比例以协议约定为准（其中银行风险分担比例不低于10%）
保险公司信用保证保险风险资金	2000万元	保险公司和银行机构合作开展涉农信用保证保险贷款，对保险公司的风险补偿	风险资金、合作银行和保险公司对贷款本息损失按照三方约定比例进行分摊，其中合作银行风险分担比例不超过30%；保险公司保证保险整体赔付率达到一定比例时，由风险资金根据赔付率超过的区间范围对其给予累进补偿

二、构建农村产权担保体系

（一）成立市、县两级农村产权担保公司

在实施“两权”（承包土地的经营权和农民住房财产权）抵押贷款试点前，成都便开始着手推进建立农村产权流转担保体系。2008年5月，在成都市人民政府推动下，成都市现代农业发展投资有限公司、成都市小城镇投资有限公司、成都城乡商贸物流发展投资（集团）有限公司等15家区（市）县国有投资公司联合成立了成都市农村产权流转融资担保股份有限公司，专门负责农村产权抵押担保业务。成都市农村产权流转融资担保公司注册资本

3亿元，年担保资金额度为24亿元。截至2017年末，该公司累计办理担保项目623笔，担保金额50.5亿元，在保余额为15.8亿元，放大倍数达5.3倍。在成都市农村产权流转融资担保公司的带动下，成都农村产权担保市场不断发育成长，几年间在市、县两级涌现出一大批专门为农村产权提供融资担保的服务机构，主要有三类：一是在成都市人民政府推动下成立的国有担保公司，如成都市农村产权流转融资担保公司。二是成都市人民政府出资成立的专业担保机构，如成都市住房置业担保有限公司。这两类公司属于市级农村产权政策性担保公司。三是成都各区（市）县人民政府出资成立的政策性担保机构，如温江区人民政府通过财政出资成立的三联农村产权融资担保公司、崇州市人民政府通过财政出资成立的蜀兴农村产权融资担保公司等，共同形成了政府主导下的市、县两级农村产权政策性担保组织体系。

专栏6.6

农村产权流转融资担保股份有限公司业务情况

为了深化成都农村产权制度改革，建立健全全市农村资源的市场化配置机制，2008年5月，成都成立了农村产权流转融资担保股份有限公司（以下简称公司）。自成立以来，公司积极搭建农村资源资本化服务平台，从以下五个方面着手，有力地推动了成都农村产权资源的资本化、市场化和金融化。

1. 通过产权抵押反担保为农业经营主体提供信用保证。公司组建初期，依托成都开展的农村产权确权颁证及初步建立的抵押登记机制，针对银行信贷风险控制需求，运用“两权”（农村承包土地经营权、农民住房财产权）以及“新四权”（农村土地经营权、农业生产设施所有权、农村养殖水面经营权和小型水利设施所有权）做抵押进行反担保，为农业经营主体申请银行贷款提供信用保证。截至2017年8月，其推进的农村产权抵押反担保项目累计365个，累计承保金额26.3亿元，盘活了农村土地经营权16.3万亩、林权9363.72亩、设施用地权10.6万平方米、农村集体建设用地使用权4330.73亩。

2. 加大对小微农业主体的融资担保增信力度。公司按照中央促进中小企业融资的总体思路及成都市人民政府赋予的“提供政策性农业信贷担保服务”的职责要求，建立起符合小微农业融资担保项目特点的业务模式，为小微农业经营主体获得银行贷款提供保证担保。截至2017年8月，已为农民、农民专业合作社、家庭农场等254户新型农业经营主体累计提供 1.27 亿元担保贷款。

3. 通过银担合作为新农村建设项目提供资金支持。围绕“小组微生”发展战略创新发挥担保杠杆作用。根据“农民集中居住土地综合整治类”“城乡建设用地增减挂钩指标交易类”项目特点设立了“幸福美丽新村建设担”“指标担”等业务产品，在全市范围内优选项目与银行合作，通过担保信用保证为新型农业经营主体申请银行贷款提供了增信支持。针对资金需求量大但担保物缺乏的突出问题，采取农村集体建设用地抵押、挂钩指标交易应收账款质押等风险控制措施，保证了项目的顺利实施。截至 2017 年 8 月，已为 22 户新农村建设项目经营主体提供 19.79 亿元授信担保，激活了近 20 亿元的农村资产，撬动了 28.59 亿元的社会资本。

4. 依托“农贷通”平台创新涉农惠农产品。2016 年以来，公司积极参与“农贷通”平台建设，通过惠农贷产品方案，着力支持新型农业经营主体，为成都新型农业经营主体提供更多、更有效的融资解决方案。截至 2017 年 8 月，已推出“两权惠农担”“新四权担”“联动担”“指标担”“设施担”“幸福美丽新村担”“美居担”“信用担”“农腾担”“助农出口担”等十项创新产品。自产品推出以来，累计完成创新项目 89 个，担保金额 11.29 亿元，目前在保余额 15.4 亿元，较 2015 年增长 228.32%。

5. 通过降低担保费支持涉农项目发展。自成立以来，公司充分发挥政策性担保职能优势，坚持降低收费，助农增收。目前平均担保费率在 1.5% 以内，远低于 2.5% ~2.8% 的市场通行费率水平，尤其对于担保金额在 100 万元以下的项目仅收取 0.5% 的担保费，50 万元以下项目免收担保费。以 2016 年为例，参照 2.5% 的市场通行费率水平计算，该公司共向各申保主体让利 700 余万元。

（二）拓展“两级联保”和“银担联保”模式

在农村产权流转融资担保公司成立之初，成都主要是通过第三方担保公司对土地经营权等产权提供反担保措施，来解决农村产权抵押难问题。随着探索实践的不断深入，成都市农村产权流转融资担保公司不断创新担保方式，发展出了“两级联保”和“银担联保”的新担保模式。

一是“两级联保”。成都温江区充分运用市、县两级财政政策，于 2009 年 7 月促成成都市农村产权流转融资担保公司与温江三联担保公司签订了

《农户贷款担保合作协议》，由两级担保机构共同为温江区的农户贷款提供担保。同时，还为获得确权登记颁证的农村产权提供20万元以下的小额贷款担保。为了明确责任和分散风险，合作协议中约定了市、县两级担保公司应当承担的担保责任和具体比例。

二是“银担联保”。长期以来，担保机构因缺乏风险转移的有效渠道，客观上承担了比较大的经营压力。为了促进担保市场建立可持续的风险缓释机制，成都积极探索由银行机构和担保机构共同分担风险的“银担联保”模式。2010年4月，成都市农村产权流转融资担保公司牵头组织崇州市、大邑县、新津县、郫都区等区县担保公司同中国建设银行四川省分行联合建立了成都农业担保网，按照规模化、规范化、网络化方式为“三农”融资提供担保服务。2016年5月，四川省再担保有限公司与十余家银行进行合作，并在“银担联保”合作协议中明确，由合作银行承担10%～30%的实质性风险，通过在担保行业建立起更加广泛的风险分担机制，使担保潜能在成都农村地区得到了极大的释放。

专栏6.7

村镇银行与农业信贷担保公司的合作

2017年8月，金堂汇金村镇银行与四川省农业信贷担保有限公司签订了《银担合作协议》，该村镇银行成为四川省农业信贷担保公司在全省范围内签约合作的第一家村镇银行。四川省农业信贷担保公司是经四川省人民政府批准、省财政厅出资组建的国有独资政策性农业担保公司，注册资本金10亿元，于2015年12月正式成立。

金堂汇金村镇银行与四川省农业信贷担保公司签约授信1亿元，其中“集合担保”授信6000万元，“比例担保”授信4000万元。“集合担保”即由金堂汇金村镇银行对符合条件的客户承担相应担保费用，并给予利率优惠；“比例担保”则由担保公司和银行共同分担风险。银担合作的项目是指符合约定条件的粮食生产、畜牧水产养殖、菜果茶等优势特色产业、与农业生产直接相关的三大产业融合发展项目、观光农业、贫困村基础设施建设、公共服务设施建设等项目。

三、建立涉农保险机制

在探索防范农业经营风险中，成都积极建立健全涉农保险机制。2007

年，在规范发展商业性农业保险基础上，开始试点政策性农业保险，产品涉及水稻、玉米、油菜、商品猪、能繁母猪、奶牛、马铃薯等。同时，还开展了食用菌、猕猴桃、水产养殖等具有自主特色的政策性农业保险试点，保险范围基本上覆盖了现代农业发展中的主要农产品。截至2017年末，全市已开办9个品种的传统政策性农业保险、11个品种的政策性特色保险；累计实现保费36.72亿元，为农业生产提供了2876.7亿元的风险保障。

为了切实增强涉农保险服务的有效性和灵活性，成都紧紧围绕农业产业发展痛点和改革关键环节，专门为其设计有针对性的保险产品。比如，针对生猪价格波动，专门开发了生猪价格指数保险产品，促进了作为成都重要产业的生猪养殖业的平稳发展；针对农业产业易受气候变化影响的传统难题，专门设计了农作物气象指数保险产品，为农业稳产高产提供了保障；针对土地流转租用合同期限长与土地租金按年支付的矛盾，专门设计了土地流转履约保证保险产品，有效促进了土地流转工作的顺利开展，并对保护农民利益和维护农村社会稳定发挥了积极作用。

为进一步提高保险支农效率，成都积极试点“险资直投”创新业务。所谓“险资直投”，是指保险公司运用保险资金通过保单质押方式直接为农业生产经营融资。2016年，中国人民财产保险公司在成都大邑县开始试点“险资直投”业务，2017年7月向该县林业生产种植大户郭某办理了20万元“险资直投”业务，这是全省首笔“险资直投”业务。该业务以郭某投保的林木火灾保险保单（保险金额22万元，保险费率3‰）作为质押，直投20万元，期限1年，年利率6.5%。此后，保险公司相继对大邑县生猪养殖大户办理15笔共计4000万元“险资直投”业务。“险资直投”业务具有中间环节少、融资成本低的特点，这种产品的出现为新型农业经营主体融资开辟了新的渠道，也为保险资金进入农村金融服务领域拓展了新的路径。

为了切实保证涉农保险服务质量，成都积极做好农业保险服务相关基础性工作。在涉农保险业务开展过程中，常常出现的赔付难题是出险点位多、农户多、查勘工作量大，风灾暴雨等受灾证据现场有效采集时间短，保险公司的基层经验和农业专业技术人才不足，保险公司与农户对标的物受损鉴定的意见存在分歧，农业保险理赔时间长、服务不到位、农户投诉多等。针对这些问题，成都彭州市通过引入第三方服务方式来寻找解决办法，在当地政府引导下，由保险公司按照市场化原则，通过比选产生出第三方农业技术服务机构，协助保险公司开展服务网络建设、政策宣传、承保、查勘、防灾防损、农户投诉沟通等基础性和辅助性工作。这种方式在实践中收到了积极效果，有利于实现县、镇、村三级农业保险服务体系的全覆盖，为确保涉农保险服务质量提供了保障。

专栏 6.8

涉农保险新品种

一、生猪价格指数保险

2014 年上半年，面对生猪价格的“跌跌不休”，成都锦泰保险公司有针对性地开发了以生猪出栏价格作为理赔触发参数的生猪价格指数保险产品。经过近 4 年的发展，生猪价格指数保险产品已由成都推广至四川省的自贡市、宜宾市和遂宁市等地区。2016 年，四川省全省生猪价格指数保险保费共计约 7234 万元，成都锦泰保险公司的出栏价格方案实现保费收入 5699 万元，占全省的比重达到 79%。其中，该产品在成都实现保费收入 4660 万元，占成都地区市场份额的 82%。同年，四川省财政厅发文，将出栏价格方案的生猪价格指数保险纳入省级财政补贴范围。2017 年上半年，受市场变化的影响，成都生猪价格打破高位运行态势，行情急转直下，生猪价格指数保险理赔机制再次被触发。成都锦泰保险公司迅速启动“T+0”全自动理赔模式，向成都辖内投保养殖户支付赔款 1200 余万元，有效补偿了猪价下跌给养殖户带来的经济损失。

二、农作物气象指数保险

针对农业生产经营容易受到气候变化影响的特点，成都在蒲江县探索开展了气象指数保险试点。蒲江县有杂柑、猕猴桃、茶叶三大国家现代农业示范区，面积共 10 万亩。由于产业发展相对成熟，产业发展思路清晰，2016 年，中航安盟保险公司四川分公司对蒲江气象的历史数据进行深入分析后，专门为柑橘种植量身定制出四川省第一款农产品气象指数保险——柑橘冻害气象指数保险产品。2017 年，又为猕猴桃种植定制了高温气象指数保险产品。目前，正在为茶叶种植进行气象指数保险产品的开发。气象指数保险以农作物种植期间的低温（高温）为指标，对参加保险的农作物的生长提供风险保障，当作物的生长因气象原因达到约定的受灾条件后，保险公司按照合同约定立即履行分级赔偿义务。蒲江县首批柑橘冻害气象指数保险的承保面积为 311 亩，参保经营主体 10 户，承保额 62.2 万元。2017 年 7 月，蒲江县有 3 户 92 亩柑橘种植农户因冻害造成损失，中航安盟保险公司四川分公司及时履约，完成了相应的赔付工作，共计赔付 33120 元，这是蒲江县自开办柑橘冻害气象指数保险后完成的首次赔付。

三、土地流转履约保证保险

随着农村土地流转规模的不断扩大，特别是在以签订租用合同方式进行土地流转的情况下，因存在土地租用合同期限长而土地租金却是按年支付的矛盾，土地流转风险日渐显现。为了妥善解决这一问题，2015年，成都邛崃市在全国率先实践土地流转履约保证保险业务，该业务随后在成都全域推广。2016年8月，成都锦泰保险公司与中国平安保险公司成都分公司以共保体的方式，为邛崃市大同乡民鑫魔芋种植专业合作社（该合社共流转635亩土地经营权）提供土地流转履约保证保险服务。同年，该合作社经营不善导致资金链断裂，无力支付2017年土地流转租金31.75万元，保险公司立即启动赔付程序，于2017年5月共向54户被保险人（村民）支付保险赔款31.75万元，成为该险种的全国首笔赔付。赔付结束后，该片流转土地再次进入成都农村产权交易所邛崃分公司进行信息发布，按照相关程序重新招标流转。截至2017年9月1日，成都已在邛崃市、都江堰市、郫都区和新都区等区县开展土地流转履约保证保险业务，承保面积共计7.1万亩土地，承保金额达5788万元。

第四节 农村产权市场化处置机制建设

建立健全农村产权的市场化处置机制是产权抵押融资制度建设的根本要求。为解决长期存在的农村产权市场化处置难题，成都坚持大胆探索，在实践中不断创新，依托农村产权交易市场建设的深入推进，设立专门的市场化运作的农村产权“收储公司”，组建专业收储联盟，努力构建起多层次、规范化的农村抵贷资产市场化处置体系。

一、农村产权处置的初期设想及实践

2009年，成都在农村产权抵押融资总体方案中，以债权实现的形式对农村产权的处置行为作出了规范，具体的产权处置办法由抵押权人与抵押人双方进行协商，实际的操作流程是“市场拍卖—基金补偿—司法处置”。但是，由于存在法律上的障碍，方案中的设想在这一阶段难以实现。2010年以来，随着成都农村产权交易所挂牌产品数量的大幅增加和交易额的快速增长，特

别是对周边的辐射效应日益增强，该交易所已经成为我国西南地区农村产权交易信息的重要服务平台，这非常有利于该交易所发挥促进产权流转交易、收集和发布农村产权信息的作用。但这一阶段，该交易所涉及的主要产品还是土地等农村产权的流转交易，风险抵贷资产的市场化处置仍然未能得到很好的解决。

二、成立专业化收储公司

2016 年以来，成都加快推进农村产权交易市场体系建设，下决心将风险抵贷资产的市场化处置作为重要的工作着力点。为了丰富农村产权交易层次，2016 年 9 月 28 日，成都市农村产权收储有限公司正式注册成立，这是全国首家以“农村产权收储”冠名的市场主体，由成都市农业发展投资公司、成都市农村产权交易所、鼎立资产管理公司共同出资成立。公司注册资本 1 亿元，其中成都市农业发展投资公司持股 80%，成都市农村产权交易所、鼎立资产管理公司分别持股 10%。作为对农村产权交易市场的有效补充，成都市农村产权收储有限公司主要从四个方面建立产权收储机制。

（一）开展涉农不良债权收储业务

开展这项业务，一方面为具备持续经营能力但暂时不能偿还金融机构债务的农业经营主体走出财务困境赢得时间和空间；另一方面，通过资产管理业务，为金融机构、农业担保机构卸下因支农惠农形成的历史包袱进行有益探索。截至 2017 年末，该公司已累计开展涉农不良债权收储业务 6330 万元。

（二）开展土地经营权预收储业务

土地经营权预收储业务是收储公司买入土地经营权后，返租给土地的事实经营者，以此实现减轻土地流入方资金压力、保障农户承包土地租金权益的目的。土地使用权人一旦经营不善，收储公司将按预收储协议进行资产处置，实现土地再流转。截至 2017 年末，该公司与合作方签订了 1000 万元的合作授信协议，已使用 320 万元，并完成了 34 笔土地经营权收储项目。土地经营权预收储业务加快了农业适度规模经营进程。

（三）开展农业生产设施“收储—委托融资租赁”业务

农业生产设施“收储—委托融资租赁”业务是农村产权收储公司经过深入的调查研究后，于 2017 年 3 月开展的一项新业务。2017 年 3 月，成都汇菇源公司投资 3000 万元修建 4 幢现代化金针菇生产车间，向农村产权收储公司进行融资租赁，是四川省首笔农业生产设施“收储—委托融资租赁”业务。

本次融资金额为1100万元，5年期，每月以租金的方式归还本息，融资标的物已取得农业生产设施所有权证，融资期满后，产权将过户回汇菇源公司，或再次协商继续融资租赁。该笔资金将用于打造黄色金针菇工业化生产基地，项目建成后日均产能将达80吨，年产值将达1.4亿元。在该笔融资租赁业务中，农村产权收储公司在对农业设施收储以后，委托专业融资租赁公司以融资租赁形式将农业设施让渡给新型农业经营主体，此举不仅大大增强了农业设施的融资功能，还有效缓解了新型农业经营主体的融资困难，优化了农业企业的资产结构。

（四）开展平台化收储业务

作为全国首个农村金融服务综合改革试点城市，成都在积极推进“农贷通”平台建设工程中，将农村产权交易作为该平台的核心构成要素之一进行整合。收储公司作为农村产权交易市场的重要参与主体，正努力探索通过“农贷通”平台实现“产权收储”功能。

三、建立涉农抵押资产收储联盟

2016年，成都温江区结合本地实际，主动探索研究对地面附着物，即花木资产和农业生产设施的处置办法，并制定了探索市场化处置方式、推进农村承包土地的经营权抵押贷款试点工作的规范性文件。其中规定，贷款人根据需要可以引入专业化的市场主体组成收储联盟，具体包括农业产业化龙头企业、农民合作社、收储公司或地方国有平台公司等，对土地经营权抵押贷款中形成的不良资产，包括但不限于土地已付租金、土地预期收益、经营权剩余年限以及地上（含地下）附着物等进行处置。资产的处置方式由“抵押资产市场化处置两方协议”和“抵押资产市场化处置三方协议”等两个协议加以明确。“两方协议”由贷款人和收储联盟签订，约定双方的权利、义务和条件；“三方协议”则是在两方的基础上加上借款人，规定借款人在处置抵押资产时应该承担的义务，配合贷款人和收储联盟完成对资产的处置。在资产的整个处置过程中，收储联盟将全程参与抵押物的价值认定、资产监管和风险处置，协助贷款银行控制抵贷资产的风险。

（一）抵押资产的价值认定阶段

由贷款人、收储联盟、借款人、专家库成员（区农发局提供10名成员，并预留签名模板）和当地村委会各推荐1名成员，组成抵押资产价值认定小组，按照公平、公正、客观、合理的原则，对借款人的土地经营权以及地上

（含地下）附着物进行价值认定，并出具农村承包土地的经营权（含附作物）价值认定书。以此为基础，由贷款人自评估或由借贷双方协商确定抵押资产价值，在此过程中还须征求收储联盟意见并获得认可。未经收储联盟认可的，收储联盟不对抵押资产处置负责。具体流程为：借款人向主管部门提出办理申请—由收储联盟牵头进行价值认定并出具价值认定书—商业银行和收储联盟综合参考确定贷款金额、期限及利率水平。

（二）抵押资产的监督管理阶段

如何对抵贷资产进行有效监管，是贷款人十分关心的问题。成都在实践中，主要是委托第三方即委托收储联盟对抵贷资产进行监督管理。收储联盟受托监管抵贷资产前，通常会与贷款人进行沟通，明确各自的权利、义务和责任，并在委托协议中载明。同时，委托协议还规定，监管期间收储联盟必须采取专人值守、定期巡查等方式保证抵贷资产的完整性，并将抵贷资产的情况按月向贷款人通报。委托监管的实践显示，由于贷款人约定对借款人实行费率优惠，借款人的此类融资成本明显低于担保类贷款，也在一定程度上减轻了借款人的融资负担。具体流程为：借款人将资产权证抵押给银行，同时与银行和收储联盟签订抵押资产市场化处置三方协议，并经公证—银行与借款人签订借款合同—借款人向收储联盟专户存入风险保证金—银行向农村产权抵押融资风险补偿基金承办机构备案—贷款发放。

（三）抵贷资产的处置变现阶段

委托协议规定，当抵贷资产进入处置变现阶段后，贷款人应召集借款人和收储联盟对抵贷资产按当时的市场价格重新进行价值认定，待价值认定经过上述三方一致确认后，贷款人通过网络、电视、报刊等媒体对抵贷资产处置情况进行公示。如若公示 7 天后仍未处置，贷款人则向收储联盟出具“农村承包土地的经营权抵押资产委托处置函”，收储联盟接受委托并对抵贷资产进行处置。对于进入处置程序的抵贷资产，收储联盟须在 80 天以内完成抵贷资产处置，并将处置资金存入银行专户。在 80 天以内仍未完成处置，而抵贷资产又能完全覆盖借款人借款本息的，贷款人有权要求收储联盟代借款人偿还借款本息，贷款人向收储联盟整体转让借款人债权。在 80 天以内已经完成抵贷资产处置并全部偿还贷款人债权的，处置程序终止。抵贷资产处置后不能完全覆盖贷款人债权的，贷款的净损失部分由贷款人按照《成都市温江区农村产权抵押融资风险基金使用实施细则》申请风险资金补偿。具体流程为：出现本息逾期且到期未进行归还，处置程序启动—重新进行价值认定，并通过公示进行社会化处置—若社会化处置完成，则处置程序终止—社会化处置未完成，由银行委托收储联盟继续进行处置—在能够覆盖债权的情况下，收储联盟须在80天以内完成处置，超过80天未完成则由银行向收储联盟整体转让借款人债权，收储联盟代还本息—债权未能覆盖时，债务履行期届满30天后，银行可向温江区三联融资担保有限公司出让债权和转让抵押资产处置权。

专栏6.9

通过市场化处置方式发放“两权合一”直接抵押贷款

2016年12月27日，成都农商银行温江支行为温江区寿安镇百花社区专业大户黄某发放了85万元农村承包土地的经营权抵押贷款，此笔贷款由黄某流转的49.02亩农村承包土地的经营权+经济林木（果）权直接抵押发放。

首先，黄某在取得承包农户同意（通过完善流转合同方式取得农户书面同意）将土地经营权用于抵押的基础上，向成都农村产权交易所申请办理成都市农村土地经营权流转交易鉴证书，取得交易鉴证书后，向温江区农发局申请办理农村承包土地的经营权，同时向温江区花卉园林局申请办理经济林木（果）权证。

然后，成都温江区花乡农盟花卉苗木专业合作社作为处置企业，牵头成立抵押资产价值认定小组（由贷款人、处置企业、借款人、专家库成员和当地村委会推荐成员各1名组成），按照温江区农村土地经营权基准价格和苗木基准价格，对借款人土地经营权和地上附着物进行价值认定，并出具农村承包土地的经营权（含附作物）价值认定书。借贷双方按程序分别在温江区农发局办理土地经营权、在温江区花卉园林局办理经济林木（果）权抵押登记手续，银行、处置企业和借款人签订《抵押资产市场化处置三方协议》，约定由处置企业对借款人抵押资产进行监管，若借款人出现本金或利息逾期，处置企业须在80天以内完成抵押资产处置，并将处置资金用于偿还借款人债务，同时办理强制执行公证。

最后，成都农商银行按41.58%的抵押率向黄某发放了85万元土地经营权抵押贷款，贷款利率上浮30%。此外，按照《成都市温江区农村产权风险基金实施细则》，成都农商银行温江支行将该笔贷款向农村产权抵押融资风险基金的承办机构三联担保公司进行备案，纳入风险基金补偿范围。

第五节 涉农直接融资机制建设

随着现代农业的不断发展和新型农业经营主体的快速成长，对金融服务的需求也日益多样化。成都通过深化农村产权制度等改革，为农村间接融资机制创新创造了条件，也为银行通过信贷市场支持农业发展提供了制度保障。在间接融资机制不断完善的同时，成都大力推进涉农直接融资机制的发展，通过促进银行间市场直接债务融资发展、培育区域性股权交易市场、设立农业产业基金等方式，不断拓宽成都农业发展的直接融资渠道。

一、促进银行间市场直接债务融资发展

全国银行间市场债券发行实行注册制，发行方式灵活、简便高效，可一次注册，在有效期内多次滚动发行。成都敏锐地意识到这个市场对于缓解“三农”资金压力的重要性，积极推动涉农企业通过银行间市场融资。截至2017年末，成都涉农企业通过全国银行间市场发债实现融资171亿元，全国银行间市场已成为在促进农村金融资源合理配置中扩大直接融资、降低融资成本的重要渠道。

（一）支持两家地方法人机构取得银行间债券市场承销资格

2014年8月，中国银行间市场交易商协会发布了《关于意向承销类会员（银行类）市场评价结果的公告》，成都银行榜上有名，取得了承销类会员资格。为了进一步畅通涉农企业直接融资渠道，成都市人民政府在《成都市农村金融服务综合改革试点实施意见》中，明确要求中国人民银行成都分行营业管理部、成都市金融办等多个部门重点培育成都银行、成都农商银行成为银行间债券市场B类主承销会员。在相关部门的大力支持下，经过近一年的认真准备，成都银行和成都农商银行于2016年5月分别取得了B类主承销商和承销商资质，填补了成都没有地方性主承销商的空白。

（二）发行全国首单涉农企业债务融资工具

成都农商银行和成都银行两家法人金融机构在取得全国银行间债券市场承销资格后，积极拓展涉农直接融资业务。2016年5月，成都银行在了解到客户有在银行间市场发行债务融资工具的意愿后，主动与客户进行对接，并积极与中国银行间市场交易商协会进行沟通。同年11月，成都银行、浦发银行成都分行和成都市现代农业发展投资有限公司三方正式签署承销协议。

2017年9月18日，在成都市委、市政府的大力支持和中国人民银行成都分行营业管理部的指导下，由浦发银行成都分行担任主承销商、成都银行担任联席主承销商的“成都市现代农业发展投资有限公司2017年度第一期中期票据”成功发行。这是国内银行间债券市场首单涉农、类金融企业[①]债务融资票据。该中期票据注册金额10亿元，首期发行2亿元，期限“3+2”年（附第3年末发行人调整利率选择权和投资者回售选择权），发行利率5.38%，募集资金主要用于归还公司银行借款，帮助发行人优化债务结构、降低融资成本。本单债务融资工具是成都农业投资平台公司发行的首只涉农中期票据，开启了金融惠农、创新金融扶持农业的新模式，对推动成都现代农业的发展具有里程碑意义。

（三）搭建涉农直接融资项目库

为推进农业直接融资向纵深发展，由中国人民银行成都分行营业管理部牵头，成都市发展和改革委员会等政府职能部门配合，探索搭建涉农直接债务融资项目库，通过整合政府相关部门资源，为具有承销资质的银行和有发债需求的企业实现高效对接提供服务。该项目库以成都农业发展投资公司等农业投融资平台为主体，已初步筛选出100家规模较大、质量较好的涉农企业进入项目库进行孵化和培育。在项目库中，债券承销机构可根据不同企业的发债需求，为其提供发行企业债、公司债、私募债、短期融资券、中期票据、定向债务融资工具、非公开定向债务融资工具、资产支持证券、项目收益票据和供应链票据等多种方式的融资服务。

专栏6.10

创新银行间市场债务融资工具　支持川菜产业发展

蜀都川菜产业投资发展公司是郫都区国有独资企业，信用评级为AA级，主营业务为豆瓣销售、项目代建、乡村特色旅游和自来水业务等，其主打品牌“鹃城豆瓣”在全国知名度较高。该企业在成都建设中国川菜总部基地、川菜文化体验区等方面扮演着重要角色。近年来，其规划建设了3.7平方公里的川菜产业食品加工基地，打造了全国唯一的、以地方菜系为主导特色的“中国川菜产业园区”，集中发展调味品、川菜原辅料和农副产品精深加工。该公司日常融资渠道以银行信贷为主，贷

① 我国类金融企业并无官方严格定义，主要指“一行两会”直接监管以外的、经营活动具有金融活动属性但未获得金融许可证的企业。

款期限普遍低于1年，最长未超过3年，且平均利率成本7%左右，不能满足其较为旺盛的资金需求。在中国人民银行成都分行营业管理部的积极推动和大力支持下，2017年3月，由浙商银行成都分行、东方证券股份有限公司担任主承销商的成都蜀都川菜产业投资发展有限公司非公开定向债务融资工具（PPN）在银行间债券市场成功发行，该笔PPN发行总额为10亿元，首期发行5亿元，发行价格为5.5%，发行期限为“3+2”年，募集资金全部用于置换支持川菜产业发展的借款。该笔债券是川菜企业首次在银行间市场发行的债务融资工具，对于拓宽融资渠道、降低融资成本、提供稳定的资金来源具有积极意义，同时为其他符合条件的川菜企业打通银行间市场融资渠道提供了可供借鉴的融资模式，具有较强的示范效应。

二、培育区域性股权交易市场

2013年11月，成都开始筹建成都（川藏）股权交易中心，建立小微企业上市培育梯度推进机制。2014年10月，川藏股权交易中心［现更名为天府（四川）联合股权交易中心］挂牌成立。它是四川省和西藏自治区联合批准设立的、全国唯一的跨省区的区域性股权交易市场，其核心功能是帮助成都符合条件的企业进行股权融资。截至2017年末，天府（四川）联合股权交易中心已为成都198余家涉农企业进行展示、48家涉农企业进行挂牌[①]。

三、探索设立农业产业基金

2015年，成都市提出探索设立“新型农业产业发展投资基金”，并确定将该基金重点投向具有发展潜力、高成长性的新型农业产业化企业。在基金设立后，支持符合条件的涉农创业投资企业在成都市发展和改革委员会备案，按照税法规定享受相关企业所得税应纳税所得额抵扣，国有创业投资机构股权转持义务豁免。2017年，成都依托财政划拨的项目资本金，设立了5亿元的“成都市现代农业产业发展引导基金”，并以该引导基金出资发起或通过参股方式撬动社会资金投入，放大倍数约20倍，总规模逾100亿元。该基金已与多家金融机构签订了120亿元的合作协议，通过政策性资金的引导和与市场化选择相结合的方式，在创新金融服务“三农”方面进行了有益的探

① 其中，金融科技版挂牌4家，“双创”企业版挂牌43家，融资版挂牌1家。

索。目前，成都蒲江耕地质量提升产业基金等 3 只基金正在积极推动落实，规模达 40.5 亿元。

第六节　农村金融支持政策体系

成都不断健全农村金融扶持政策体系。通过改进财政投入、完善财政和金融互动、深化中央银行货币政策工具运用等机制，农村金融改革发展的资金保障力度不断加大，政策扶持体系日趋完善。

一、完善财政投入机制

一是创新涉农资金投入方式。重点引导投向相近、目标相似、来源不同的各项涉农资金集中投放，充分发挥投资引导基金、以奖代补、贷款贴息、保费补偿、风险补偿和融资担保等功能，释放资金集聚效应。截至 2016 年，市级支农项目整合归类到 5 项，各级各类补贴资金总计超过 40 亿元。二是发挥政策性资金的引导作用。由财政出资建立现代农业发展基金、高标准农田建设基金、新农村建设基金、一二三产业融合发展用地价格补助和创新耕地保护基金等，带动社会资金更多地投入农业农村。截至 2016 年，全市撬动各类社会资本投入农业 300 多亿元。三是提升财政资金使用效能。推进支农资金“补”改“投”，探索将财政投入形成的资产股份量化分配给农户或农民合作社，由社员持有和管护，激活了农业农村生产力潜能。截至 2016 年，全市财政资金形成的资产股权量化达到 1.2 亿元。四是完善财政金融互动奖补政策。奖补对象包括相关金融机构支农、涉农企业及新型农业经营主体等多种类别，奖补事项包括发放支农贷款、开展农村金融基础设施建设、开展农村产权抵押贷款贴息、促进涉农直接融资等多个方面。2016 年，全市金融机构申请涉农贷款增量奖励、农村支付环境建设补助、精准扶贫贷款奖补等共计 8800 万元。

专栏 6.11

促进涉农直接融资财政奖补政策

为了引导更多金融资源推动直接融资市场的发展，四川省人民政府制定出台了支持直接融资的财政奖补政策（见表 6－3），鼓励企业提高直接融资比例。在此基础上，成都及各区（市）县也结合实际细化了实施细则。如成都市按年制定金融业发展专项资金实施方案，对上市公司再融资、非上市企业债券融资等项目给予奖励；崇州市出台了《崇州市支持企业利用资本市场直接融资奖励实施细则》，重点给予涉农企业在主板、中小板、创业板上市奖励。2016 年，成都市在新三板新增挂牌涉农企业 4 家。2015 年初至 2017 年 8 月末，成都市涉农企业直接债务融资累计达 199 亿元。

表 6－3　　直接融资财政奖补政策

条件	补助对象	补助标准
2015 年 1 月 1 日后，通过特定市场成功进行股权融资	满足总部和业务归属条件的企业	按照挂牌市场不同，一次性补助 50 万元或者 80 万元
	提供服务的保荐（推荐）机构	给予户均 10 万元的差异化补助
2015 年 10 月 1 日后，成功发行债务融资工具	在债券存续期的企业	按照融资金额和是否为重点领域项目分档、分段给予贴息
	提供服务的主承销商	按年内实际承销金额的 0.03% 给予一次性补助
2015 年 10 月 1 日后，符合条件的涉农贷款资产证券化融资	原始受益人	按融资规模的 0.5%，但不超过 500 万元给予一次性补助
	专项计划管理人	按融资规模的 0.05%，但不超过 50 万元给予一次性补助

资料来源：《四川省鼓励直接融资财政奖补资金管理办法》（川财金〔2016〕4 号）。

二、发挥差别存款准备金政策导向作用

差别存款准备金政策对于分类引导金融机构支农行为、精准支持“三农”发展具有重要意义。中国人民银行成都分行营业管理部按照上级行要求，结合成都农村金融改革实际，对辖内农村商业银行、村镇银行、农业银行三农金融事业部等金融机构实行差别存款准备金政策。一是对重要农村金融机构——成都农商银行和简阳农商银行，根据其在服务“三农”中发挥的作用以及内控管理质量等，分别执行 13.5% 和 12% 的存款准备金率，比大型商业银行分别低 3.5 个和 5 个百分点。二是在对村镇银行的监测和评估基础上，对蒲江民富村镇银行、崇州上银村镇银行执行 8% 的存款准备金率，对其余 10 家村镇银行执行 9% 的存款准备金率。三是中国农业银行成都分行在区（市、县）的三农金融事业部执行比农业银行低 2 个百分点的存款准备金

率。四是明确了县域法人金融机构满足新增存款70%用于当地贷款的，其存款准备金率可再降1个百分点；符合审慎经营要求且上年末“三农”贷款增量占比达到15%的，可执行较同类机构法定水平低0.5个百分点的存款准备金率；符合审慎经营要求且上年末“三农”贷款增量占比达到50%、余额占比达到30%的，可执行较同类机构法定水平低1.5个百分点的存款准备金率。差别化存款准备金政策的运用，使更多的涉农金融机构享受到低存款准备金率优惠，有利于释放农村地区资金流动性，激励其提升服务农村地区的水平，支持农村经济的发展。

三、改进支农再贷款和再贴现货币政策工具运用方式

（一）利用支农再贷款支持农业适度规模经营

中国人民银行成都分行营业管理部积极运用支农再贷款货币政策工具，支持农业适度规模经营、现代农业产业发展。2014年，为支持成都现代农业省级示范基地的创建和开展“公司+农户”合作的农业产业化龙头企业加快发展，支持全省现代农业、新农村建设加快推进，经中国人民银行崇州市支行和崇州市农业发展局联合推荐，国家现代农业示范区——崇州市10万亩粮食高产综合示范基地成功申报“支农再贷款支持现代农业省级示范基地”。成都农商银行发放支农再贷款2000万元，定向支持该项目。2016年以来，成都实现了支农再贷款的基地化投放，重点支持全市46个农业产业化生产基地，累计向参与农村金融改革试点的成都崇州市、彭州市和都江堰市发放支农再贷款1.75亿元，金融机构运用支农再贷款及配套资金发放贷款3.81亿元，支农再贷款直接支持了新型农业经营主体165户。2016年全年，中国人民银行成都分行营业管理部共发放支农再贷款6.03亿元，2017年全年共计发放6亿元。

（二）创新支农再贷款货币政策工具运用

一是通过信贷资产质押方式加强支农再贷款运用。2015年，中国人民银行成都分行营业管理部开始试点信贷资产质押再贷款工作。在前期开展地方法人金融机构评级的基础上，鼓励辖内支行开展法人金融机构信贷资产质押创新，加强支农再贷款的使用。中国人民银行彭州市支行结合“中征应收账款质押融资登记系统”，向彭州民生村镇银行发放优质信贷资产质押支农再贷款1000万元；中国人民银行新都支行推动发起行债券质押，向新都桂城村镇银行发放债券质押支农再贷款4000万元，为人民银行分支机构拓展货币政

策工具的抵押品管理进行了有益探索。二是通过平台化方式运用支农再贷款。2016 年以来，中国人民银行成都分行营业管理部积极推动打造整合各项支农惠农政策的“农贷通”平台，并强化通过该平台运用支农再贷款，不断培育引导资本和资金向农村集聚的市场化机制。

（三）利用再贴现货币政策工具支持涉农企业发展

中国人民银行成都分行营业管理部积极开展对涉农企业签发、承兑、持有票据的再贴现业务，并给予优惠利率支持，特别是对 500 万元以下的涉农票据优先办理再贴现，大大改善了涉农企业的资金状况。2016 年，成都市共办理涉农企业票据融资 9.2 亿元；2017 年，共办理涉农企业票据融资 18.66 亿元。

四、加强抵押补充贷款货币政策工具运用

2014 年，中国人民银行开始对国家开发银行、中国进出口银行和中国农业发展银行发放以优质信贷资产等合格抵押品为担保的抵押补充贷款，用于支持农业农村重大水利工程、棚户区改造、农村公路建设等重点领域和薄弱环节中获利能力较差、回收期较长的项目。截至 2017 年 8 月，国家开发银行四川省分行、中国农业发展银行四川省分行已成功申请了该项业务，前者抵押补充贷款主要用于棚户区改造项目，后者主要用于四川兴蜀公路建设发展有限责任公司的农村路网建设（52.42 亿元）和崇州市羊马新城建设投资发展有限责任公司的地方水利建设（0.47 亿元）。

五、完善涉农信贷政策导向效果评估机制，强化宏观审慎管理

自 2010 年起，中国人民银行成都分行营业管理部开始对辖内 73 家机构开展涉农信贷政策导向效果评估，以引导金融机构增加对“三农”的信贷投入。经过几年的探索积累，评估方案不断调整优化，评估结果的可靠性也不断提高。2017 年 6 月，涉农信贷政策导向效果评估范围进一步拓宽至 156 家机构。为了更好地开展评估工作，中国人民银行成都分行营业管理部结合农村实际制定了主办银行制度，在成都按照二圈层、三圈层的划分，选定农村金融机构一级支行和村镇银行作为主办行，召开金融服务推进会，重点围绕新型农业经营主体开展金融服务。据统计，截至 2017 年，全市通过主办银行服务为新型农业经营主体发放了 9 亿元贷款。截至 2017 年末，250 个新型农业经营主体贷款余额达 38.63 亿元。同时，准确把握宏观审慎评估体系内涵，

利用宏观审慎评估政策引导在蓉金融机构对接成都经济社会发展的融资需求，通过采取按日监测、按月预评估、按季评估、培训、宣讲、约见谈话等措施，督促指导成都市法人金融机构增强自我约束、自我管理的主动性。

综上所述，本章重点介绍了在农村金融组织体系逐步完善、农村金融产品的差异化定制和服务方式创新、不断优化农村信用体系建设的基础上，如何更加有效地合理配置农村金融资源。合理配置农村金融资源更多地体现在体制机制的建设和政策的配套上，其目的就是要通过建立科学的体制机制和优化政策引导，鼓励更多的金融组织面向农业农村，拿出更多"适销对路"的产品和更多样化的服务来满足现代农业农村发展的需求。只有到了这时，在第四、第五、第六、第七章涉及的四个方面的农村金融改革都取得了一定成效之后，我们才能够比较清晰地看到农村金融改革的目标——农村金融服务体制机制得以建立并有效运行。

第七章　成都“农贷通”平台建设

——金融基础设施的重大探索与突破

本书的第三章至第六章围绕《成都市农村金融服务综合改革试点方案》确定的农村金融改革内容——完善金融组织体系、创新金融产品和服务、优化金融生态环境、建立金融资源配置机制等方面进行了系统阐述和深入分析。这些分析给我们带来的思考是如何让每一个分项改革从“点上”的突破走向对“面上”的覆盖、如何让每一个相对“独立”的分项改革形成一个较为“完备”的金融服务体制机制、如何让政府的“行政和财政”资源与金融的“监管和服务”资源实现有机结合、如何让“传统、低效”的金融服务转变为“现代、高效”的金融服务等。尽管之前在点上也不乏一些好的做法，但如果上述这些问题在改革试点中不能找到一个有效的解决办法，那么农村金融改革的难题仍然难以真正得到破解。解决上述问题的关键，是必须抓住“牛鼻子”。这个“牛鼻子”的内涵在于，一方面，它不仅与各个分项改革内容高度关联，还能对其进行有机整合，使之形成互为促进、互为强化的关系；另一方面，它不仅能将政府的各类支农资源进行有效整合，还能将金融的各类涉农资源进行有效整合，使得两方面的资源通过它能够更好地实现自然融合。可以预见，如果抓住了这个“牛鼻子”，随着相关配套措施的跟进与完善，就有可能把它建设成为可持续、可复制、可推广、具有成都特色的农村金融服务新机制。现实中，这个“牛鼻子”就是成都的“农贷通”平台。“农贷通”平台集“普惠金融、财金政策、信用体系、产权交易、资金汇聚、现代服务”为一体，经过一年多的探索实践和不断完善，已经成为成都农村金融服务综合改革的重要基础性工程，得到各级政府及职能部门、金融监管部门、农业经营主体、金融机构和社会各方的广泛认同，影响力日益扩大，成为实现农村金融改革突破的关键切入点。

第一节　成都“农贷通”平台建设的背景及思路

中国人民银行、国家发展和改革委员会、中国银行业监督管理委员会、中国证券监督管理委员会、中国保险监督管理委员会、四川省人民政府联合制定的《成都市农村金融服务综合改革试点方案》于2015年7月获批，明确了五大方面18条改革任务，为成都市农村金融改革搭建了总体架构，即以改进农村金融资源配置为核心，以优化农村金融生态环境为基础，以完善农村金融政策扶持为支撑，通过在关键领域和重点环节取得突破，形成推动新型城镇化和农业农村现代化发展的金融支撑体系，建立包容、高效、开放、可持续和较为完备的农村金融服务体制机制。按照试点方案所确定的改革任务和要求，2015年12月，成都市人民政府与省发改委、省金融工作局和金融监管部门共同制定了《成都市农村金融服务综合改革试点的实施意见》，明确了66条改革措施，并将相关工作目标任务分解到19个政府部门、4家金融监管部门、所有金融机构和5家政府类公司。成都农村金融改革综合性强、牵涉面广、内容丰富，必须统一认识、抓住关键，尽快找到突破口和着力点，才能推动改革试点取得实质性进展。

从成都农村金融改革的实践看，只要政府部门、金融机构等相关各方在短时期内予以配合，分项改革内容在一定时间内都可以取得一定的“改革突破”效果和经验。但是，要将这些点上看似成功的做法变成可持续、可推广的成果，避免成为昙花一现式的改革，还需要从培育改革的内生动力、形成改革试点良性运转的有效机制着手。这是一项艰苦复杂的长期工程。为将成都农村金融改革打造成金字招牌，真正为全省乃至全国农村金融改革发展发挥示范带动作用，成都从一开始就十分注重对农村金融现状和影响农村金融改革发展的原因进行调研，并在全面深入的调查分析基础上，不断调整改革思路、端正改革方向、确定改革目标。

长期以来，受农业产业的弱质性、农村土地制度的特殊性和农业的弱商品属性等因素影响，我国农村市场化程度低与金融市场化程度高之间的矛盾难以调和。这一矛盾对于农村市场化程度低的地区来讲更为突出。即便成都自2003年起就在农业农村改革领域先行一步，目前农村市场化基础较好，以上问题也依然存在。如果从供需双方着眼，反映在农村金融需求方的问题是风险不可控、信息不对称、环境不理想。风险不可控是指农业生产经营的稳定性受气候、土壤、技术、经营方式、市场条件、政策适应性等诸多因素的影响，如果没有切实可行的措施做保障，金融投入便存在较大的风险敞口。信息不对称是指农业经营主体的个体信息量大、分散、变化快、管理不集中，金融机构若要获得这些信息，会付出很大的搜寻成本。环境不理想是指市场机制不完善、信用体系不健全、财金政策不衔接、综合服务不配套等而让金融投入有所担心。这些问题也是造成“难贷款”的主要原因。反映在农村金融供给方的问题是进入门槛高、融资成本贵、服务空白多。进入门槛高是指金融机构对客户的融资申请，因从总体上更加强调安全性和盈利性而牺牲了流动性所带来的结果。融资成本贵是指金融机构对符合条件的客户融资，因从结构上强调安全性而用较少流动性去换取较多盈利性所带来的结果。服务空白多是指金融机构将网点和业务重心转向城镇，从而弱化了在农村开展普惠金融的责任。这些问题则是造成“贷款难”的最大障碍。

表面上看，这些问题似乎反映在农村金融供给和农村金融需求两端，但问题的因果关系表明，矛盾的主要方面是在农村金融的需求端，即农村产权功能弱化、信用信息公共服务滞后、财政金融政策相互隔离，使得农村金融供给与需求之间缺乏有效的连接机制。因此，应当首先从需求端入手，破解农村金融改革难题。

农村产权功能弱化。我国农村的产权制度具有其复杂性和特殊性，其中最重要的当属农村土地产权制度。2014 年我国首次提出农村土地制度“三权分置”之后，全国部分地区开展了“两权”（土地经营权和农民住房财产权）抵押贷款试点。“两权”试点只是在试点地区由全国人大授权暂停执行相关法律条款，赋予了土地经营权、宅基地抵押功能。但土地流转方式的多样性，加之在法律授权之外的严格政策限制①、缺乏科学的价值评估机制、尚不规范的产权交易市场、高成本的部门利益协调等制约因素，为农村产权市场建设增添了困难。此外，农村土地地面附着物和各类经济作物涉及的类别繁多，要对其进行价值评估、颁证、登记、鉴证、收储和抵押管理等，由于缺乏基本的市场规范和完善的公共服务，这部分财产的抵押功能被严重抑制。存货、仓储、农机和应收账款等动产质押也是金融创新的重要领域，但因其所对应的统一登记制度等市场配套机制严重滞后，动产质押功能也难以实现。可见，各类农村产权功能弱化，除法律和政策层面因素以外，都集中反映出建立健

① 政策规定，土地经营权抵押必须逐个征得承包农户的书面签字同意；宅基地转让一是只能在本集体经济组织内转让，二是一户农户不能在同一集体经济组织内拥有两块以上宅基地，三是农房转让时必须拥有别的稳定居所。

全农村产权交易市场体系刻不容缓。

信用信息公共服务滞后。农村土地制度改革有力地推动了农业适度规模经营的蓬勃发展，带动了新型农业经营主体成长，并使之成为农业经营资金的主要需求者。但是，其登记注册后的基础信息分散在政府的各个相关职能部门，由此带来了两个问题：一是金融机构非常渴望却难以从政府职能部门获得这些信息，更无力承担由自己收集这些信息的成本；二是应当以什么样的方式来归集政府部门的这些信息，并使之形成准公共产品，为金融机构提供公共服务。前一个问题涉及的是金融机构在业务经营过程中的一个重要的基础性需求。如果是单一的大客户，金融机构往往都会愿意为获得这一基础性需求，支付它们认为比较便宜的价格；如果是普惠客户，金融机构可能宁愿选择放弃这一基础性需求，也不会支付它们认为相对昂贵的价格。在农村，金融机构面临的绝大多数都是普惠客户。因此，工作的重心应当放到对后一个问题的解决上，依靠地方政府实现对部门间信息的归集，创造性地开展农村信用体系建设。

财政金融政策相互隔离。金融政策在这里主要是指中国人民银行支农再贷款等货币政策工具。它的最初含义，是对符合条件的金融机构在支持“三农”时因资金不足而给予的流动性补充。随着流动性的逐渐宽松，政策含义开始向引导金融机构以较低的资金价格加大对“三农”支持的方向延伸。财政政策是指各地政府出台的支农惠农政策，虽然力度不小，但由于各种奖励、补助、贴息和风险补偿等名目繁多，且政出多门、各自为政，其政策效应并不理想。金融政策虽然突出了对金融机构的投向和价格引导，但金融机构通常只是在中国人民银行低利率资金的吸引下有限地接受其引导，当达到规定的放贷倍数时，便不再愿意继续增加投放。这是因为在缺乏必要的风险分担情况下，包括中央银行支农再贷款在内的所有的贷款风险都要由金融机构自行承担。金融机构乐意接受低成本的政策性资金引导，但是，它们把资金安全看得更加重要。绝大多数金融机构表示，只要能够把风险控制在适度的范围以内，它们愿意把更多的资金投向农村市场。因此，在财政金融结合空间日益拓宽的情况下，加强财政金融政策功能互补和互动融合就显得尤为重要。

综上所述，解决农村金融需求端存在的问题，需要由政府代表农村金融需求端，负责组织环境的打造和条件的提供，为农村金融供给的适时跟进增添动力。基于此，成都梳理出推进农村金融改革的解决思路：通过从农村金融需求端发力，搭建桥梁，连通农村金融供给与需求两端，为建立完备的农村金融服务体制机制创造必要条件，而提高农业市场化程度和建立财政金融政策互动机制则是搭建桥梁的重要基础。

第二节　成都“农贷通”平台建设的演进和完善

成都“农贷通”平台的建设过程表明，由于是围绕解决农村金融需求端的问题，因此“农贷通”平台建设的几个核心要素都与农村金融需求端直接相关。因此，地方政府是否能够深度参与并主导推动，就成为决定本次改革成败的关键。中国人民银行成都分行营业管理部作为成都农村金融改革试点的重要推动力量，从“农贷通”平台建设思路的形成，到提出“农贷通”平台建设的具体架构，几经反复论证，多次调整修正，才逐渐形成现在比较清晰完整的建设思路。“农贷通”平台建设也经历了一个从试点到扩大试点，再到全市推广，直至效果显现的逐步完善的过程。

一、启动探索阶段（2016 年 1 月至 2016 年 8 月）

这一阶段，成都“农贷通”平台建设定位于引入政府支持政策，旨在强化人民银行支农再贷款的引导和撬动作用，试图激发农村金融的创新动力，并通过“一县一策”整合支农惠农政策，初见成效。

2016 年 1 月，中国人民银行成都分行营业管理部在改革试点工作启动之后不久，便提出了建设“农贷通”平台的构想，即以区县创新发展为主体，以人民银行支农再贷款为主线，以市县资源整合为主导，促进财政政策与金融政策相融合，探索形成培育和满足涉农信贷需求的、可持续的长效工作机制，力争用 3 ~5 年时间，实现对农业经营主体“应贷尽贷”。主要做法是在中国人民银行支农再贷款等货币政策工具运用中引入政府产业支持政策和财政奖补政策，强化中国人民银行支农再贷款的引导和撬动作用。

“农贷通”平台建设得到了成都市人民政府相关职能部门和部分区县人民政府的积极响应。2016 年 2 月，成都崇州市“农贷通”平台启动暨签约仪式拉开了部分区县“农贷通”平台建设的序幕。一些基础条件较好的区（市）县以中国人民银行支农再贷款基地化投放为主线，同时辅之以财政奖补政策、农业产业发展支持政策，引导金融机构支农信贷高效、精准投放，取得了积极成效，形成了成都各地各具特色的信贷支持模式。到当年 6 月末近半年的时间，全市已发放中国人民银行支农再贷款 3. 13 亿元，满足了 400 余户农业经营主体的贷款需求。同时，运用中国人民银行再贴现帮助涉农企业实现票据融资8.67亿元，金融机构贷款利率比市场平均利率低1.45个百分点。全市支农再贷款、涉农企业再贴现投放金额比上年同期分别增长10%和245%。

财政金融政策互动，有效降低了商业银行的运营成本和新型农业经营主体的融资成本，提高了商业银行投放涉农信贷的积极性，激发了参与各方的创新热情。如在中国人民银行成都分行营业管理部的推动下，成都崇州市从2016年3月开始探索搭建的“数据库+网络”农村金融服务和信用信息平台于2016年7月开始进入试运行，实现了贷款申请的网上提交和实时对接。成都金堂县探索借助“农贷通”平台开展金融精准扶贫，运用中国人民银行支农再贷款支持食用菌基地发展，得到了市县人民政府领导的充分肯定。各商业银行还结合农业农村改革提供的条件，有针对性地开发了农业设施抵押贷款、存货抵押贷款等新的信贷品种。

在主动履职、积极探索改革创新的同时，中国人民银行成都分行营业管理部及时将相关工作推进情况向市委、市政府分管领导汇报，并就“农贷通”平台建设提出建议。经过近半年的试点探索，“农贷通”平台建设取得的成效得到了成都市委领导的充分肯定，2016年6月市委常委作出“整合市县资源、形成政策合力”的批示，要求对“农贷通”平台建设进行总结，尽快将“农贷通”平台建设在全市进行推广。

专栏7.1

运用“农贷通”平台支持食用菌产业发展

食用菌产业是金堂县农业主导产业之一，年产值逾21亿元。金堂县清江镇有食用菌产业化龙头企业4户、注册家庭农场18家、农民合作社15家，食用菌姬菇种植量8000万袋以上，新型农业经营主体资金需求旺盛。

2016年初，中国人民银行金堂县支行推动政府建立了相关部门的协商联动机制，印发了《金堂县财政金融合力助推食用菌产业发展工作方案》，出台对食用菌标准化、工厂化生产按3000元/亩或投资额的10%给予补贴，对使用人民银行支农再贷款按贷款利息10%贴息等六项支持政策，引导各农村金融机构在“农贷通”平台上支持金堂县食用菌产业发展。当年4月，金堂汇金村镇银行与清江镇政府签订全面战略合作协议，“十三五”期间向清江镇授信8亿元，在项目建设、产业发展方面深入开展政银合作。金堂汇金村镇银行使用人民银行支农再贷款资金，首期即向清江镇各类新型农业经营主体、龙头企业发放贷款2300万元。金堂县清江镇建设和运用“农贷通”平台的做法获得成都市委、市政府领导的高度肯定，为平台建设提档升级增添了动力。

二、升级发展阶段（2016年8月至2017年7月）

按照成都市委、市政府要求，中国人民银行成都分行营业管理部组织力量，参照成都崇州市试点经验，形成了成都“农贷通”平台建设的建议方案。方案得到了成都市委、市政府领导的肯定，并在全市推广。应当说，这个阶段“农贷通”平台建设方案和建设机制的形成，为平台的系统建设奠定了重要基础。

2016年8月初，成都市人民政府在崇州市组织召开了全市“农贷通”平台建设现场会议，成都市分管农业的市委常委和分管副市长参加了会议。会议要求各级党委政府把建设“农贷通”平台作为深化成都农村金融服务综合改革的重要抓手加以推动，提出要将“农贷通”平台建设成为在全国有影响力的农村金融创新品牌。现场会议后，按照市委、市政府安排，中国人民银行成都分行营业管理部会同成都市农业发展委员会、成都市金融工作办公室等部门起草了《关于建立“农贷通”平台促进现代农业与现代金融有机融合的试行意见》。2017年1月，成都市人民政府正式印发了该意见，标志着经过近一年的探索实践，“农贷通”平台正式升级为全市统一的平台，“农贷通”平台建设工作在成都各区（市）县全面铺开。该意见明确了“农贷通”平台建设的“1334”思路。即搭建一个平台——基于互联网的政银企综合性融资服务平台，建设三个服务站（中心）——村级金融服务站、农村产权交易服务站、农业农村电商服务站（各乡镇相应建设服务中心），强化三个支撑——以农村产权流转交易、农村产权（资产）收购处置、农村信用征集服务为重点的支撑体系，完善四个体系——政策支持体系、聚合融资体系、风险分担体系、信用信息共享体系（见图7-1）。与“农贷通”平台建设配套的村级金融服务站和乡镇金融服务中心建设规范、“农贷通”平台支持项目目录、贷款贴息政策、风险资金管理办法、鼓励引导金融机构参与平台服务等五个文件也于之后的半年内陆续印发。

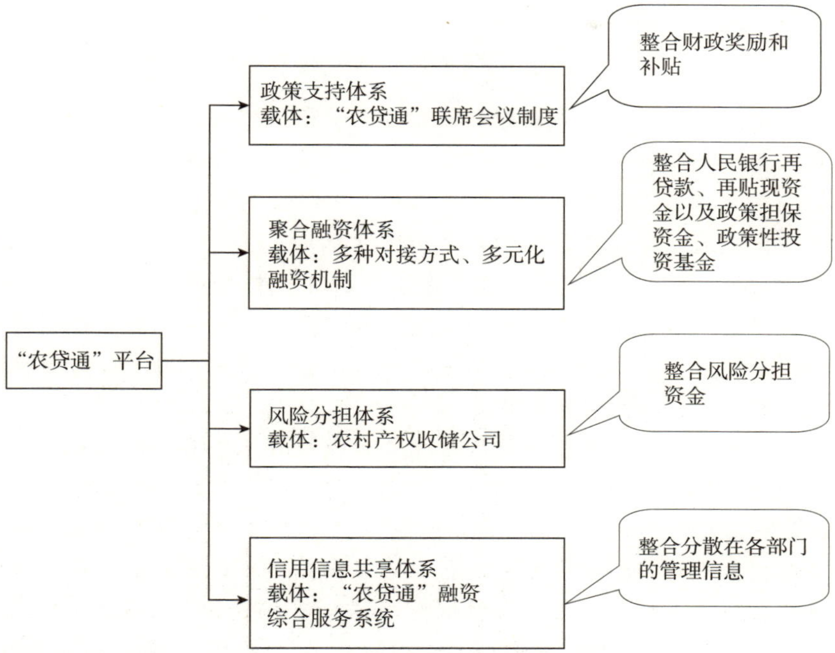

图7－1　"农贷通"平台的四个体系

在"农贷通"平台建设的整体规划、配套文件相继出台的同时，相关各项重点工作也在有序推进。

一是探索建设基于互联网的综合性融资服务平台。2016年3月，中国人民银行成都分行营业管理部确定将这项工作放在基础较好的崇州市进行试点。中国人民银行崇州市支行在当地政府的大力支持下，率先探索依托互联网开展融资对接。经过4个月的艰苦努力，崇州市农村金融服务和信用信息平台于2016年7月开始上线试运行。该平台在畅通银行与客户互动渠道、提高融资对接效率方面取得了明显成效，得到了四川省人民政府等的高度肯定。在崇州市试点取得成效的基础上，中国人民银行成都分行营业管理部、成都市农业发展委员会和市金融工作办公室共同确定于2016年11月，将试点由崇州市进一步扩大至彭州市和都江堰市，在三地开展"农贷通"融资综合服务平台系统建设，为下一步在全市推广积累经验。

专栏 7.2

依托互联网创新银农对接模式

2016 年 3 月，中国人民银行成都分行营业管理部指导崇州市支行在辖内探索依托互联网创新银行与农业经营主体对接模式，“互联网 + 农村金融”的工作思路得到了崇州市人民政府领导的高度认同和重视。崇州市人民政府制定印发了《崇州市加快推进“互联网 + 农村金融”发展实施方案》，拨付专项建设经费并要求中国人民银行崇州市支行牵头组织实施。崇州市建立了多方联动机制，政府相关职能部门在采集共享信用信息、建立信用激励惩戒机制方面积极配合、深度参与，促成试点工作顺利开展并取得积极的成效。

崇州市农村金融服务和信用信息平台历经近 4 个月时间的研发，于 2016 年 7 月实现上线运行。其主要做法是：（1）创建一个新模式——“互联网 + 农村金融”模式。开发建设以“数据库 + 网络”为核心的崇州市农村金融服务和信用信息平台，建立覆盖该市行政村的农村金融与电子商务村级服务站，助推农村信用对接与服务平台下沉落地，实现新型农村经济主体信息的采集与共享，提升金融服务和融资对接效率。（2）搭建一个大平台——“数据库 + 网络”农村金融服务和信用信息平台。依托库网建设，建立完善新型农业经营主体信用信息数据库、信用评价体系及信用激励与惩戒机制。

平台建成运行后，可顺利实现从借款人申请到银行放款的全流程融资对接，借款人还可通过短信及时获知贷款申请流程的变动情况。以信用放款的小额农贷为例，通过平台申请并进行线上资料提交及审批，贷款流程可以由原本的 5 天左右缩短为 2 天左右。该系统上线仅一个月，即已采集入库 94 户新型农业经营主体、39 户种养大户相关信用信息指标，新型农业经营主体通过平台获得贷款 38 笔 2146 万元。2016 年 8 月 9 日，四川省人民政府副省长到现场调研后，对崇州市的探索给予了充分肯定，要求继续深化平台建设，让农民不出门就能享受到及时、优惠的信贷产品，逐步化解贷款融资难、融资贵的问题。

二是开展村级金融服务站建设。建设村级金融服务站，是推动“农贷通”平台建设应用落地到村的不可或缺的重要配套举措，它是由政府以购买服务的方式进行建设的。在“农贷通”平台建设初期，成都就把村级金融服务站建设放在极其重要的位置进行规划和推动。为了保证金融服务的全覆盖，成都市人民政府经过深入调研，反复研究和调整，最后从全市的3100个行政村中确定在2679个行政村建设村级金融服务站。借助成都农村公共服务体系比较完善以及助农取款点全覆盖的优势，将村级金融服务站有机嵌入其中，不仅丰富了村级公共服务的内涵，也让金融服务的触角在不增设网点的情况下得以延伸至村，从而使得农村普惠金融框架更加清晰。为了充分发挥村级金融服务站作为“农贷通”平台线上、线下重要物理依托的作用，各村级金融服务站都聘请了金融服务联络员并引导金融机构入驻，提供融资对接、小额存取款、信息采集、宣传、咨询、培训等服务。

三是积极搭建“农贷通”平台支持项目库。按照“农贷通”平台重点服务新型农业经营主体的思路，中国人民银行成都分行营业管理部各基层机构积极配合当地政府的农业等职能部门，按照成都农村金融改革要求和各区县农业产业发展实际，在对本地农业产业进行全面梳理的基础上，确定了重点支持项目清单，并将其录入“农贷通”平台系统，形成项目库。项目库建设为金融机构通过“农贷通”平台开展融资业务提供了是否能享受风险补偿等政策支持的依据，也有利于金融机构在对相关业务进行选择时，能够事前作出选择性判断。同时，成都市农业发展委员会、市财政局也针对“农贷通”平台支持项目库的不同类别制定了相应的贴息政策。项目库的建立和“农贷通”平台支持项目贴息政策的制定，改变了银行与新型农业经营主体的信息沟通方式，为政府了解银行支持了什么、哪些农业项目需要得到金融服务支持，金融机构怎样作出金融产品和服务的选择，金融监管部门实时掌握金融支农和农业产业发展状况等提供了极大方便。

四是进一步完善政策支持保障体系。农村产权市场交易体系建设，事关金融机构在抵押融资方面的创新动力和创新空间。如果农村产权交易缺失，不仅会直接影响风险抵贷资产的快速变现，也会让金融机构在面对众多农村产权资源的情况下望而却步。成都市人民政府充分意识到加强农村产权市场交易体系建设是突破农村金融改革的关键，将其作为“农贷通”平台建设的核心要素之一大力推动，并不断规范和完善。2016年末，成都市农村产权交易所在各个区县的子（分）公司全面建成，全国首家农村产权收储公司挂牌成立。“农贷通”平台的另一个核心要素是政府财政风险补偿资金的建立。成都市人民政府通过财政出资，专门建立了“农贷通”风险缓释机制，作为引导和推动对新型农业经营主体的农村产权抵（质）押贷款、担保贷款以及信用保证保险贷款的风险分担。“农贷通”平台的第三个核心要素是农村信用体系建设，即由政府协调相关职能部门，归集新型农业经营主体信用信息，在“农贷通”平台上建立农村信用信息数据库，为金融机构提供公共服务，彻底解决农村金融信息不对称的问题。同时，成都市人民政府还针对“农贷通”平台系统建设、金融支农激励、村（镇）级金融服务站（中心）建设规范等专门出台文件，为“农贷通”平台建设提供了制度保障。

专栏 7.3

多措并举加强“农贷通”平台建设

彭州市是“农贷通”平台建设的扩大试点地区之一。中国人民银行彭州市支行把搭建“农贷通”平台作为推进农村金融服务综合改革的基础性工程，列入支行党组重要工作议程，主动作为，协调各方攻坚克难，扎实有效地开展先行先试工作，为全辖工作树立了标杆，为全面推广提供了有益经验。

1. 建立机制，确保“农贷通”平台建设推进有力。在中国人民银行彭州市支行的有力推动下，彭州市人民政府于 2017 年 1 月 10 日正式出台“农贷通”平台建设工作实施方案，建立了由市委分管常委为总召集人、分管副市长具体负责、相关职能部门主要负责人参与的联席会议协调机制；落实了 35 万元专项经费及每年 4 万元系统维护费用，并对配合采集农户及新型农业经营主体辅助信息的村级金融服务联络员按 5 元/户的标准给予工作经费；完善了“农贷通”平台财政奖补政策，对纳入“农贷通”平台项目并利用农村产权融资的农业经营主体的贷款利息实施财政贴息，贴息期为 2017—2019 年，逐年最高按 20%、18%、16% 贴息；把农产品金融仓储保险纳入政策性农业保险范围，对借款人的保费支出财政逐年最高按 50%、40%、30% 予以补贴。有效的组织领导机制和财政政策支持机制的建立，为“农贷通”平台建设的顺利实施奠定了扎实基础。

2. 聚焦重点，提升信用信息指标体系的有效性。信用信息指标体系是“农贷通”平台建设的核心内容，中国人民银行彭州市支行按照“易获得、能更新、可运用、真实性”的原则，牵头建立并形成了标准化的农村信用信息指标体系模板，明确各类信用信息指标采集来源和更新频率，优化“农贷通”平台功能。督促指导建立农业经营主体信用信息数据库，重点采集农业企业、合作社、家庭农场、职业经理人和农户等新型农业经营主体的信用信息。农业经营信用主体的信息指标包括基础信息、权证信息和辅助信息。其中，基础信息主要来源于该市农发局、财政局、法院、国税局和地税局等部门提供的信息，能较好地满足银行评级授信需求。权证信息主要来源于农发局、国土局、林业局、水务局等部门所提供的11类产权资料信息。辅助信息主要来源于村级服务联络员采集的相关信息和银行受理贷款申请中由农业经营主体补充完善的相关信息。截至2017年11月末，彭州市共采集1775户新型农村经营主体信息，21247条政策性农业保险信息，1288条林地所有权证、158050条森林林木所有权证、158323条林地使用权证、158050条森林林木使用权证等相关权证信息等。

3. 全面覆盖，实现对现代农业产业链的全面支持。彭州市在20个镇服务中心和324个村（社区）服务站基础上，将金融服务站的设立延伸到农产品交易市场、专业合作社及农业行业协会等，实现金融服务与农业经营主体的直接对接，真正实现金融服务全覆盖。除了切实发挥金融服务站应用“农贷通”系统、宣传、咨询、培训及采集辅助信用信息等功能以外，还在部分金融服务站布放硬币兑换机、助农取款和惠农“微银行”业务机具，实现了金融服务站的功能拓展。辖内11家银行机构、1家农村资金互助社、4家农业保险公司、1家政策性担保公司全部参与彭州市“农贷通”平台建设与应用，共发布57个农村金融产品。目前，11家银行和1家农村资金互助社已在平台上实现对接放款，通过平台向716户农业经营主体发放3.8亿元贷款。

4. 先行先试，积极为成都“农贷通”提供“彭州经验”。彭州市按照制度先行或制度同步的原则，推动试点工作。在短短的半年时间内，彭州市陆续出台了十余个系列配套文件，为打通各类农村产权抵押融资提供了重要保证。该市成立了成都首家专业农村产权评估公司；成立了成都市首家农产品金融仓储公司，为金融精准对接农产品仓储流通配套搭建了中介平台；推动农产品仓单质押融资成为可复制、可推广的标准化金融产品。截至2017年11月末，彭州市农产品仓储质押融资已累计发放贷款31笔1700万元。探索建立“农贷通”平台融资项目库，制定了《彭州市“农贷通”融资项目库管理办法（试行）》，实现“农贷通”平台项目库规范管理动态更新，共梳理入库3批次347个项目，向入库项目累计发放贷款3.6亿元。

三、全市推广阶段（2017年7月至今）

成都“农贷通”平台系统建设在三个区县扩大试点取得成功以后，于

2017 年 3 月进入到全市统一的“农贷通”平台系统建设阶段。按照成都市人民政府要求，成都金控集团旗下的金控征信有限公司接手建设，同年 6 月末初步实现上线，7 月末“农贷通”平台系统通过成都市人民政府的门户网站正式对外发布，10 月末又完成了系统的一次全面升级。“农贷通”平台系统建设进度加快，平台功能进一步完善，为成都各区（市）县有序运用“农贷通”平台系统提供了重要保证。

2017 年 7 月末，成都召开全市“农贷通”平台系统宣传培训会，正式面向全市发布“农贷通”平台系统，并开展了系统宣传和技术培训，标志着该系统在全市正式运行。从整体架构看，该系统分为市、县两级系统，并延伸到乡镇服务中心和村级服务站。其中，市级平台是总纲，是“农贷通”平台的统一入口，主要实现宣传引导、成果展示的功能；区县业务系统是核心，承担融资业务在线对接与审批职责，并以区县为单位承载政策支持、融资对接、风险分担、产权处置、信用信息共享等功能板块；乡镇服务中心是纽带，承担村级信息的汇集与初审职责，并负责向区县业务系统推送相关信息；村级服务站是基础，实现信息和业务的交互，提供农村金融、农村产权和农业农村电商三合一服务，以及物流收发、村务信息、便民缴费等辅助服务。目前，“农贷通”平台系统已建成支农政策及金融产品发布、在线融资对接、信用信息采集、数据统计展示等板块，并将逐步完善融资风险补偿、风险抵贷资产市场化处置、提供信用信息服务等功能。该系统不仅可以通过互联网页面（http：//www. ndtcd. cn）登录，还可通过手机下载 APP 实现应用。

自“农贷通”平台系统发布以来，金控征信有限公司按照统一要求，组织对全市 16 个区县的政府部门、金融机构、村级金融服务站人员和新型农业经营主体开展培训。到 2017 年 10 月，已累计开展 30 多场培训，覆盖 280 多个乡镇服务中心、2700 多个村级金融服务站，培训平台用户达 5000 余人次。经过培训，相关部门的职责和分工进一步明确，充实系统内容的工作也逐步开展起来；村级金融服务站联络员、金融机构业务员、农业经营主体进一步熟悉了“农贷通”平台系统操作，并作为系统用户逐步开始实现应用，成都邛崃市、蒲江县等多个区县已经实现了线上融资对接。成都农商银行、成都银行作为本地的法人机构。已将其业务系统接入“农贷通”平台系统，大大提高了线上融资对接效率。

专栏 7.4

“农贷通”平台提升农业经营主体融资效率

2017 年 7 月中旬，彭州市天彭镇先锋村村民高某通过村级金融服务站首次接触到彭州市“农贷通”平台，并通过平台了解到彭州民生村镇银行发布了一款适合于自己的金融产品——“乡村旅游贷”。8 月 3 日，高某在金融服务联络员的指导下完成了注册，并通过线上向彭州民生村镇银行提交了“乡村旅游贷”申请。8 月 4 日上午，彭州民生村镇银行工作人员通过高某在平台中预留的电话与其取得了联系并进行初步了解。当日下午，该银行即派客户经理上门开展贷前调查。经调查，高某在彭州经营农家乐多年，有固定经营场所，具有完全民事行为能力，有较强还款能力和良好还款意愿，目前无负债。银行确认该客户符合“乡村旅游贷”的授信标准。8 月 11 日，彭州民生村镇银行正式向借款人高某发放贷款 25 万元、期限 1 年、年利率 9.5% 的授信，担保方式为信用。

从提出贷款申请到获得贷款，仅仅用了 6 个工作日，村民高某对此感慨地说道：“开始我以为‘农贷通’平台只是一个信息发布的平台，对通过这个平台贷款没抱什么希望。当村镇银行的客户经理找到我进行贷前调查的时候，我才真正意识到这个平台真的能贷到款，而且仅仅用了几天时间就拿到了贷款，这在以前简直是无法想象的。这个平台好，可以让我们老百姓更加方便、快捷地获得贷款。”

彭州民生村镇银行客户经理在谈到这次放款时也很有感触：“‘农贷通’平台高效地实现了银行与客户的信息对接，拉近了银行与客户之间的距离，使银行了解客户的情况更加及时、更加充分。这个平台可以让我们在第一时间了解到客户的需求，可以为客户提供更具针对性和个性化的服务，特别是对于像我们这样小银行的发展来说，实现我们‘支农支小、服务社区’的功能定位具有重要意义。”

专栏 7.5

成都农商银行率先与“农贷通”平台实现系统对接

2017 年 7 月 19 日，成都农商银行与“农贷通”平台实现了系统对接，成为全市第一家与“农贷通”平台实现系统对接的金融机构。成都农商银行加强与金控征信有限公司的沟通与合作，在实现系统对接的同时，积极部署内部业务培训，确保了相关金融产品在“农贷通”平台上的及时发布，实现了融资供求双方的高效对接。

实现系统对接后，成都农商银行办理“农贷通”平台贷款业务的流程如下：

1. 业务申请。推广阶段主要由客户经理引导客户首先在“农贷通”平台完成注册、完善相关信息，注册成功后即可随时发起融资需求申请。贷款申请时点击系统页面“我要贷款”，填写贷款产品、选择银行、贷款用途、贷款金额、申请期限、担保方式、“农贷通”支持类型、是否同意协议，最后完成提交。

2. 成都农商银行系统接收、分配。经“农贷通”平台审核后的客户申请，会自动推送到该行信贷系统，信贷系统按照客户经营地址或住址，精确匹配并推送至对应机构分配人系统中，机构分配人具体分派至经办客户经理。

3. 业务办理。接收到业务申请后，客户经理原则上在24小时内与客户联系并启动调查，其余业务办理全流程都按照该行现有产品流程和制度执行。贷款审批通过后，即在信贷系统进行合同登记，客户经理联系客户再次确认、核实合同之后进行放款，客户融资成功。

4. 贷款信息导入。成都农商银行通过“农贷通”平台接口程序将信贷系统中的贷款信息导入“农贷通”平台。

5. 贷后管理。成都农商银行通过信贷系统对该笔贷款进行贷后管理。

如成都新津县五津镇古家村涂某于2017年8月22日登录“农贷通”平台，向成都农商银行花源支行申请农户小额信用贷款5万元用于副食经营。客户申请信息经系统推送至成都农商银行业务分配管理员信贷系统，业务分配管理员于当日将该笔申请信息分配至花源支行客户经理信贷系统。客户经理收到推送信息后，及时在信贷系统中点击受理，进行单笔授信申请处理，同时与客户取得联系，开展贷前调查并补充身份证复印件、经营资料等相关授信资料。8月30日，资料收集齐全后，通过该行内部审批程序同意向涂某发放小额农户信用贷款5万元，签订合同并完成贷款发放。

第三节 成都“农贷通”平台的基本要素和建设理念

经过不断的调整、规范和完善，成都“农贷通”平台建设已逐步形成较为系统和完整的思路。它的基本属性是集普惠金融、财政金融政策、信用体系、产权交易、资金汇聚、现代服务于一体的融资综合服务平台，是推动成都农村金融服务综合改革各项任务全面落实的重要基础性工程。

一、“农贷通”平台的构成要素

一是财政金融支持政策及风险补偿——“农贷通”的核心和灵魂。成都首期整合原农村产权抵押融资风险基金共计1.65亿元（各区县财政出资不低于500万元、市级财政6000万元）成立“农贷通”风险资金，按照规定的比例分别用于农村产权直接抵（质）押贷款、惠农担保贷款和信用保证保险贷款的风险分担。下一步，还拟整合其他支农资金4.5亿元，风险资金规模总计将超过6亿元；同时，中国人民银行成都分行营业管理部每年拿出8亿元支农再贷款和8亿元再贴现，用于符合条件金融机构的流动性补充或对其信贷投向与价格的引导。财政金融政策引导方式的调整，打消了金融机构对风险不可控的担心，极大地增强了农村市场对金融机构的吸引力。

二是信用信息数据库及征信服务——“农贷通”的基础和操作平台。整合分散在政府各职能部门、单位和金融机构的新型农业经营主体信用信息，建立以新型农业经营主体为对象的信用信息数据库。以上信用信息是由政府职能部门掌握的基础信息、农村电商的交易信息、村级金融服务站采集的辅助信息构成的。按照“易得性、可靠性、完整性”要求，首先，由人民银行与金融机构进行充分沟通，建立信用信息指标体系，筛选确定每一个信息指标。其次，由人民银行对信息指标进行分类，按不同归属将信息指标分解到政府相关职能部门。最后，由政府确定牵头部门，定期通过电子报表将更新数据汇总后导入数据库。数据库由成都金控征信有限公司负责建设，政府将其作为特定产品为金融机构提供公共服务。目前，成都各区县人民政府已分别出资35万元、市财政出资800万元用于数据库建设。在此基础上，逐步形成成都农业经济大数据，为融资对接提供信用信息运用，为金融机构提供征信产品服务。农村信用体系建设作用的发挥，打消了金融机构对“信息不对称”的担心，提高了经营效率，降低了运营成本。

三是融资对接及抵（质）押物的市场化处置——“农贷通”的助推器和催化剂。在信用信息数据库基础上实现融资服务对接，并同步实现与成都市农村产权交易系统的互联互通，为风险抵贷资产提供市场化处置手段。一方面，让金融机构在从“农贷通”平台获得信用信息服务和财政金融政策的支持中，感受到服务环境和政策环境的改善；另一方面，也让金融机构在从

“农贷通”平台获得抵贷资产的市场化处置中，感受到市场环境的改善，打消金融机构对“环境不理想”的担心。

二、“农贷通”平台的建设理念

一是依托村级金融服务站。所有村级金融服务站均统一标识，配备专（兼）职工作人员以及电脑、网络设备等硬件设施，由政府以购买服务的方式给予建设和运行经费保障。村级金融服务站的职责包括：一是应用“农贷通”系统，协助开展融资对接及信用信息采集；二是代办助农存取款、转账、查询、代缴代扣、购买理财产品及其他基础金融业务；三是开展支农政策及金融知识宣传、咨询、培训。村级金融服务站的建立，实现了在不增加金融机构网点的情况下，将存贷汇等基本金融服务覆盖至村，既有效填补了在地域上的金融服务空白，也有效填补了在业务种类上的金融服务空白。金融服务“最初一公里”和“最后一公里”问题的解决，使成都的农村普惠金融真正得以实现。

二是运用“互联网＋融资”模式。运用现代信息技术，通过平台信息网络互联互通和综合服务体系全覆盖，使得农村金融市场环境得到实质性改善，农村产权要素得到有效激活，农村产业融资能力得到整体提升。平台系统建设坚持“统一性、先进性、成熟性、实用性、可扩展性、安全性”的原则，由核心系统、接入资源和应用服务三个部分组成。核心系统利用互联网或业务专网方式接入各类业务、数据信息资源，利用先进的业务调度及大数据技术进行业务与数据融合，面向政府及行业监管部门、金融机构、涉农产业链企业、农村经营主体等提供丰富的在线业务。接入资源包括“农贷通”专项财政金融互动融合的政策资源，金融业务对接和拓展资金聚合渠道的金融资源，实现信用信息、项目信息、交易信息等各类资源的汇聚、互通、分析和展示的数据资源，产权交易和收储服务数据及相关业务的要素资源，农业产业各个环节进行生产要素等对接的产业资源，以及村务、物流等的服务资源。应用服务包括向政府、金融机构、经营主体和产业链提供的融资对接、风险分担、信用信息、商品交易、产权处置、政策宣传等应用服务。

三是提供开放式融资公共服务。成都“农贷通”平台的系统建设架构包括市、县页面。市级页面以宣传引导、成果展示为主，发布农业政策尤其是“农贷通”平台相关政策，对成果进行多维度展示。县级页面是在本县域内融资对接服务的直接载体，由于金融的属地化经营原则和各县所具有的不同农业产业特点，该页面的系统模块使得各个县能够保持相对独立。县级模块作为全市系统的重要组成部分，可以在市、县之间任意切换，并与风险分担、审核等功能实现联动。成都“农贷通”平台系统端口直接延伸至乡（镇）和村的金融服务中心（站），各区（市）县的金融机构可从“农贷通”平台进入本辖区的系统模块，通过客户（新型农业经营主体）信息资源对其进行评级和授信。其放款只要投向和利率符合相关规定，即可享受政府的风险补偿或人民银行的支农再贷款等政策支持；借款人利用PC或移动终端即可从“农贷通”平台进入本辖区的系统模块获得金融服务，也可以进入市级系统获得政策咨询等其他服务。

四是坚持市场化发展方向。实现市场化运作是成都“农贷通”平台建设可持续发展的前提。目前，在农业农村市场化发展初期，许多与农村市场相关的要素发展还远未完善、规范和配套，因此需要政府加以引导。当农业产业化发展和农村产权制度改革有了一定基础之后，如何发挥财政、金融政策的协同效应就显得尤为重要。在吸引金融机构加大对农业的投入方面，财政政策具有分担风险的优势，金融政策具有补充流动性或引导投向和利率的优势，但是农村金融改革的政策性支持只能是阶段性的，最终必须让位于市场。那么，成都“农贷通”平台建设是怎样由政策支撑让位于市场的呢？可以从平台的运行逻辑中找到答案：金融机构投入/政策性资金投入=政策性杠杆率。政策性杠杆率的高低，取决于违约率的高低，即违约率越低，政策性杠杆率越高，反之则相反。当违约率降低到一定程度时，市场风险投资的进入意愿会有所增强，直至逐步替代政策性的风险分担。

五是汇聚各类不同性质的资金。新型城镇化和农业农村现代化的发展对融资的需求将是多层次和多样化的，这就要求我们必须加快农村投融资体制改革。除目前的间接债务融资需求外，直接债务融资需求、股权融资需求、众筹融资需求、投贷联动融资需求、产业发展投资和风险投资需求、银政银保银信政保等跨界服务和产品需求将会加快增长。因此，成都“农贷通”平台建设可以充分利用目前所拥有的政策支撑优势，以及下一步市场化发展的现代信息化服务优势，待间接债务融资发展较为成熟后，加快拓宽不同性质资金的汇聚通道，实现间接融资与直接融资的协调、平衡发展。

六是以“应贷尽贷”为目标。力争用3～5年时间，实现对农业经营主体的“应贷尽贷”和“应投尽投”。

第四节 成都“农贷通”平台建设初步成效

一、支农惠农政策有效整合

一是结合农业产业政策和发展规划，成都市人民政府在《“农贷通”平台融资贷款项目支持目录清单》中规定，对“农贷通”平台支持的八大类项目给予基准利率30%~80%的贷款贴息，各区（市）县人民政府都结合本地实际和产业特色建立了“农贷通”平台支持项目库。目前，经各地主管部门审核，入库项目已达823个。二是整合市、县两级农村产权融资风险补偿基金，建立了首批1.65亿元的“农贷通”贷款风险资金，用于农村产权直接抵（质）押、惠农担保和信用保证保险等三类贷款的风险分担。其中，对农村产权直接抵（质）押贷款的风险分担比例达80%。目前，风险资金管理流程得到进一步优化，能够实现对风险的快速补偿，并将这一流程嵌入“农贷通”平台系统，实现线上审核。三是中国人民银行成都分行营业管理部通过货币政策工具，引导金融机构加大对农业产业化的信贷投放。自2016年以来，全市已累计发放中央银行支农再贷款11.6亿元，累计办理中央银行涉农企业票据再贴现17.5亿元，支持农业经营主体1400余户，引导金融机构投放支农贷款（含贴现）48.1亿元。

二、农村信用体系建设持续加强

按照“政府主导，人民银行牵头，市场运作”的原则，在成都“农贷通”平台的总体架构下，成都市人民政府主动担负主导责任，中国人民银行成都分行营业管理部积极配合、加强指导，探索建立起以新型农业经营主体为主要对象的农村信用信息数据库，成都金控征信有限公司也在中国人民银行成都分行营业管理部的大力支持和培育下，逐渐成为成都征信市场中服务于数字普惠金融的重要力量。成都农村信用体系建设工作涉及市级10余个政府职能部门以及16个区（市）县人民政府的相关职能部门，在明确政府各职能部门责任前提下，由指定的牵头部门负责涉农信用数据的归集及更新。目前，成都市工商局企业信用信息系统已接入“农贷通”平台系统，导入1500余万条企业数据（其中包括全市已登记注册的新型农业经营主体），保证了数据的同步更新；成都各区（市）县已将4520个新型经营主体的信用信息录入数据库。村级金融服务站也逐步全面开展新型农业经营主体辅助信息的采集工作。全市信用乡镇、信用村、信用户建设机制更加完善，信用评定成果运用更加充分，成都崇州市、彭州市、蒲江县等地还对新型农业经营主体开展了信用评级工作，出台了与信用状况与财政奖补政策挂钩的激励惩戒措施。

三、多层次融资对接机制逐步完善

成都“农贷通”平台在完成系统建设、信用信息采集、支持项目库建立、金融服务站建设等基础设施基础上，初步形成“库、网、平台”的框架，已经基本实现了融资双方快速对接的功能。据统计，目前全市已初步建成243个乡镇农村金融服务中心、2153个村级金融服务站，在金融知识宣传、融资需求对接和信用信息采集等方面发挥着积极的作用；搭建了包括823个项目的“农贷通”支持项目库，收集融资需求46.7亿元，实现线上、线下融资28.3亿元，其中线上服务贷款客户750户，发放贷款707笔4.2亿元。成都“农贷通”平台的集聚力、影响力不断增强，已有30家金融机构进入平台，其中银行15家、担保公司7家、保险公司6家；通过平台展示各类金融产品近100个；13家银行已成功实现线上贷款发放，部分小贷公司、农民资金互助社也积极参与到平台的建设和应用当中。

四、农村金融服务水平不断提升

一是形成各具特色的信贷支持模式。在成都“一圈五带四区”的现代农业总体布局下，成都“农贷通”平台重点支持了全市46个农业产业化发展基地，各区县形成了各具特色的信贷支持模式，支持对象涵盖了从小规模种植到产业化发展等不同规模的农业经营主体以及农村基础设施建设项目。二是农村金融创新深入推进。积极推进“两权”（土地经营权和农民住房财产权）抵押贷款试点，截至2017年末，成都崇州市、温江区、郫都区等三个试点区县累计发放“两权”抵押贷款18.1亿元，在全国、全省评估中排名靠前。各地从实际出发积极探索农产品抵（质）押贷款新模式，成都彭州市农产品仓单质押贷款首批授信达2.7亿元，郫都区创新向豆瓣企业发放存货抵押贷款超过2亿元。以土地流转履约保证保险、信用保证保险、气象指数保险为代表的新型涉农保险业务加速发展，进一步完善了农业风险分担机制。三是农村地区普惠金融服务水平大幅提升。村级金融服务站、“微银行”终端等业务的开展，真正实现了“让农户少跑路或不跑路”。四是农业农村融资成本大幅下降。通过人民银行再贷款、再贴现货币政策工具，引导金融机构定向投放涉农贷款（含贴现），获得支持的各类农业经营主体贷款、票据贴现加权平均利率分别低至5.56%、3.49%。同时，通过不同幅度的财政贴息、担保费或保费补贴等措施，进一步降低了农业农村各类经营主体融资成本。

五、农村产权交易及收储体系进一步完善

成都农村产权交易所在区（县）的子（分）公司全面建成，并已与省内10个市州和99个县（市、区）联网运行，累计实现各类农村产权交易673亿元，探索开展了农村产权交易鉴证、集体林地经营权网上电子竞价拍卖等业务。成都市农村产权收储公司挂牌成立，积极探索开展了土地经营权预收储、农业生产设施收储—委托融资租赁等业务。成都温江区引入收储企业建立涉农抵贷资产收储联盟，积极探索市场化处置方式推进“两权”抵押贷款试点工作取得明显成效。

成都“农贷通”平台作为成都农村金融服务综合改革试点的基础性工程，先后获得四川省人民政府副省长、中央农村经济办公室主任等有关领导肯定；中国人民银行领导认为“成都农村金融服务改革取得显著成效，值得总结推广”；国务院参事室及人民银行总行参事室联合调研组来蓉调研后，评价指出“‘农贷通’平台很了不起，设计得非常好，通过平台搭建整合了财政金融政策、信用信息服务、农业金融需求、金融产品和服务等，有了这个平台，就能高效地实现点对点的对接，很有推广价值”。《金融时报》《经济日报》《农民日报》等媒体先后多次予以报道。中国人民银行成都分行要求四川省内各地系统学习推广成都“农贷通”平台建设经验。

专栏7.6

成都市“农贷通”平台建设大事记

2015年7月3日，中国人民银行、发改委等五部委及四川省人民政府联合印发《成都市农村金融服务综合改革试点方案》（银发〔2015〕15号）。

2015年12月30日，成都市人民政府联合中国人民银行成都分行、四川省发改委等厅局印发《关于成都市农村金融服务综合改革试点的实施意见》（成府发〔2015〕41号）。

2016年1月25日，中国人民银行成都分行营业管理部印发《关于印发深入推进各区（市）县农村金融服务综合改革试点工作行动方案的通知》（成银营发〔2016〕5号），首次提出建设“农贷通”平台的设想。

2016年2月25日，成都崇州市举行“农贷通”平台启动暨签约仪式，拉开了区县平台建设的序幕。

2016年3~6月，中国人民银行成都分行营业管理部多次向中共成都市委常委汇报成都市农村金融改革及“农贷通”平台建设工作，并提出工作建议。6月22日，市委领导作出“整合市县资源、形成政策合力”的批示，要求对“农贷通”平台建设进行总结，将“农贷通”平台升级为政府主导的市级平台。

2016年3月，成都崇州市探索开展的以信用信息数据库为基础、依托互联网的“崇州市农村金融服务和信用信息平台”建成并于同年7月上线运行。8月9日，四川省人民政府副省长到现场调研后，对崇州市的探索给予了充分肯定，要求继续深化平台建设。

2016年8月9日，成都市人民政府在崇州市召开全市“农贷通”平台建设现场会议，要求将“农贷通”平台作为深化农村金融改革的重要举措统筹推动，努力建设成为全国有影响力的农村金融创新品牌。

2017年1月11日，成都市人民政府办公厅印发《关于建立“农贷通”平台促进现代农业与现代金融有机融合的试行意见》（成办函〔2017〕7号）。

2017年2月24日，成都市农委、市金融办、中国人民银行成都分行营业管理部等七部门联合印发《关于印发〈成都市“农贷通”平台村级服务站和乡（镇）服务中心建设规范（试行）〉的通知》（成农办〔2017〕19号）。

2017年3月3日，成都市财政局、市农委联合印发《关于做好“农贷通”平台支持项目贷款贴息工作有关事项的通知》（成财农〔2017〕26号）。

2017年4月16日，全国人大调研组到温江区、崇州市两地开展调研，充分肯定了“农贷通”平台在惠农、便民和解决农村金融服务“最后一公里”问题中发挥的积极作用。

2017年4月24日，中国人民银行总行调研组到成都调研农村金融服务综合改革试点工作，对成都农村金融改革取得的成绩给予了充分肯定。

2017年5月25日，中国人民银行成都分行召开省市相关政府部门、金融监管部门、金融机构以及中国人民银行四川省内各中心支行参加的成都市农村金融服务综合改革试点经验交流及工作推进会，“农贷通”

平台建设作为重要工作经验在会上进行交流。

2017年6月1日，成都市农委、市金融工作局、中国人民银行成都分行营业管理部等五个部门联合印发《关于印发〈成都市“农贷通”平台建设推进方案〉和〈成都市“农贷通”平台融资贷款项目支持目录清单〉的通知》(成农办〔2017〕52号)。

2017年6月5日，成都市金融工作局、市财政局、中国人民银行成都分行营业管理部联合印发《关于鼓励和引导金融机构参与“农贷通”平台服务意见的通知》(成金发〔2017〕30号)。

2017年6月5日，成都市财政局、市农委、市金融工作局联合印发《关于印发〈成都市“农贷通”风险资金管理暂行办法〉的通知》(成财农〔2017〕65号)。

2017年6月7~8日，国务院参事室、中国人民银行参事室联合调研组一行九人来蓉调研成都市农村金融服务综合改革试点工作，充分肯定了成都市统筹城乡改革和农村金融改革取得的成效。

2017年6月30日，全市统一的“农贷通”平台系统上线。

2017年7月31日，成都市召开“农贷通”平台建设技术培训会，会上成都“农贷通”平台正式发布运行。

2017年10月31日，“农贷通”平台系统完成全面升级，三个试点县市完成新老系统对接。

“农贷通”平台是成都推进农村金融改革过程中生发出的一个重要抓手，它针对当前农村金融中存在的风险不可控、信息不对称、环境不理想等痛点和难点问题，整合相关政策资源和政府职能部门力量加以解决，同时将一些在点上取得的改革成果纳入平台进行整合，以促进其可持续地发挥整体的系统效应。成都“农贷通”平台建设所涉及的“市场导向、政策支撑、服务创新、金融生态、‘互联网+’、资源配置”等关键词，都与成都农村金融改革方案所确定的指导思想、基本原则和主要目标高度契合。“农贷通”平台不是成都农村金融改革的全部，但是它将各个分项改革进行整合，将“普惠金融、财金政策、信用信息、产权交易、资金汇聚、现代服务”集于一体，高效率地让融资双方实现点对点的对接，它是由成都市人民政府和国家金融监管部门在当地的分支机构共同为农村金融供需双方提供的一个开放式公共服务平台，是成都农村金融改革的突破口，也是成都市农村金融改革至关重要的基础性工程。

第八章　成都农村金融改革发展启示及思考

一、农村金融相关理论

农村金融理论来源于金融发展理论在细分领域的发展演变，已形成较丰富完善的理论体系。总的来看，农村金融理论发展的主线逻辑仍然是围绕政府与市场的关系，回答和解决如何在农村地区增加金融资源配置，达到促进农村经济发展的目的。从农业信贷补贴理论到农村金融市场理论，再到不完全竞争市场理论，我们可以看到理论思想对政府和市场在农村金融发展中关系的认识不断清晰、完善，其相应的政策主张也尽可能符合现实的需要。不完全竞争市场理论并非农业信贷补贴理论的翻版，它强调市场在资源配置中的基础性作用，主张政府的作用主要是排除阻碍农村金融市场有效运行的障碍，通过政府介入农村金融市场，弥补市场本身的缺陷和提供公共产品不足带来的金融服务环境不理想。无论怎样，市场配置资源是经典农村金融理论的基本主张，同时政府干预构建农村金融也有充分的理论依据，在实践中政府干预也的确收到了显著的效果。

改革开放以来，我国农村金融的发展沿革清晰勾勒出农村资金供给体制的变化轨迹。从机构变化角度看，其间经历了农村金融机构的调整、撤并、新增等多个阶段；从资金渠道性质看，经历了从以农村合作金融为主向以农村商业金融为主演变的过程。其间，政策性金融不断强化，其他性质的农村金融也在持续发育。但同时应当看到，与城乡二元结构相似，供给主导下的农村金融发展到今天，城乡金融也呈现出明显的二元特征。关于城乡金融二元特征，本书根据成都农村金融运行实际在第一章已有论述，主要表现在城乡资金的配置效率差异，以及城乡资金的价格差异和城乡市场的结构差异等方面。从成都的发展实际看，这种城乡金融的二元特征已经明显不适应城乡经济的发展水平。成都自统筹城乡改革以来，以土地制度改革为重点的农村经济得以快速发展，农业生产向以适度规模经营为特征的现代生产经营方式转化，各类新型农业经营主体大量涌现，农村资金的运用环境和农村资金的需求主体发生了重大变化。与此同时，成都农村居民的人均收入水平稳步上升，近年来成都农村居民人均可支配收入的平均增长速度明显高于城市居民，这些都极大地改变了农村金融服务的基础条件。农业农村改革的深化和快速发展使得农村金融向需求遵从转变已经成为现实。目前成都农村金融与之相适应，尽快实现这种转变显得尤为迫切。

需要特别说明的是，将农村金融相关理论概述安排在本书的开始，其目的就是用农村金融基本理论来指导农村金融改革实践。关于农村金融理论，应当这样来看：金融理论本不应做城市金融理论和农村金融理论之分，是因为客观现实中的城市经济与农村经济具有太多的不同，因此，出于对这两种不同经济类型的区分而形成了特有的农村金融理论分支。当然，有的农村金融理论揭示的是城市经济与农村经济差异不是太大情况下的一般金融规律，而有的农村金融理论揭示的则是城市经济与农村经济差异非常大的情况下的一般金融规律。但无论是哪一种农村金融理论，它们都不是就金融论金融，而是将农村金融理论的研究深深地根植于农业农村经济的现实发展。因此，农村金融理论对于推动农村金融改革工作的指导，可以从农村金融理论揭示出的“市场遵循”和“政府必要政策干预”规律中得到一些启示。但是，农村金融改革实践与农村金融理论研究有着很大的不同。农村金融改革实践需要在农村金融理论揭示的一般原理指导下，着力于促进农业农村基础环境的改变，为金融改革创造必要条件，而农村金融理论研究则只需要将农村经济与农村金融中的各种关系理清，着力于揭示“关系”与“结果”之间的一般规律，为理论的确立找到根据。因此可以认为，推动农村金融改革除了需要将相关理论作为开展工作的一般遵循之外，更为重要的是要着力于通过协调政府等相关方面，促进农业农村基础环境的改变，为农村金融改革创造必要条件。因此本书第二章的内容安排也就成为后面几章的重要基础。

二、关于成都农村金融服务综合改革试点现实条件及方向

从2007年获批全国统筹城乡综合配套改革试验区，到2010年获批首批国家现代农业示范区，再到2014年成为第二批全国农村改革试验区，成都卧薪尝胆，经过十年努力，在多个重要领域加大改革力度，促进了现代农业的跨越发展，农业农村发生了深刻变化：农村产权制度改革优化了土地资源配置，带来了经营规模的扩大和科技投入的增加，激活了更多的生产要素，提高了土地产出率、资源利用率和劳动生产率。构建新型农业经营体系带动了农业产业转型升级和新型农业经营主体加快成长，丰富了农业综合服务内容，催生出多样化的农业产业新业态，促进了农业产业链和价值链的延伸。提升

农业现代化水平促进了农业市场化程度的提高，推进了集中成片的标准化农产品基地和农业园区建设，加快了农业优势特色产业和高端种业、设施农业发展，提升了农业机械化、信息化、品牌化水平。可以看出，成都农业农村改革所取得的成果，已经深刻地改变了农村金融服务的基础条件。实施农村金融改革也必须以此为基础，对工作面临的形势作出科学合理的判断。

由农村金融基本理论可知，农村经济决定农村金融，因此，农村金融改革也必须从农业农村改革的实践中去寻找答案。近年来，随着农业适度规模经营迅速发展，农业产业新兴业态加速呈现，从客观上要求农村金融服务进行适应性改变。比如，要求金融由小微额度的经营模式向小微、中小、大中额度相互协调的经营模式转变，由传统的、同质化服务方式尽快向现代的、差异化服务方式转变，由单一的信用信息采集方式向建设新型农业经营主体信用信息数据库转变，由金融、财政单兵突进的改革方式向政府与金融互动协调的改革方式转变。当农村金融应农村经济之需作出适时改变之后，作为农村经济的血液，农村金融改革又会反作用于农业农村改革，对加快推动现代农业农村的形成必将起到积极的促进作用。

然而，长期以来，对农村金融改革的理解，通常停留在如何解决以单一的农户为生产单元的资金需求上，很少去考虑农业农村改革为农村金融提出了什么新的要求，以及与农村金融改革之间是什么样的关系等。中央提出发展农业产业化和实现现代农业的要求之后，有的地方在农业农村改革特别是土地制度改革等方面先行先试，为农村金融改革提供了很好的条件。但遗憾的是，这些地区没有把农业农村改革所取得的成果与农村金融改革进行有针对性的对接，使得农村金融供给与需求中存在的问题仍然没有得到有效解决。

因此，可以认为，农村金融改革是要探索建立有利于促进现代农业农村发展的金融支持体系，而不是改良“维持小农经济状况”的传统金融；农村金融改革是要探索建立有利于引导加大农业投入的财政、金融政策互动机制，而不是改良“政府与金融在各自领域”的支持政策。因此，无论是前一种情况还是后一种情况，要破解农村金融改革难题，都需要以政府推动农业农村改革为先导——通过改变农村金融服务的基础，为农村金融提供更多的商业机会和更加广阔的改革创新空间；通过对金融支农的政策引导，使农村金融在生态环境不断优化的过程中更加主动和更大力度地进入农村市场。关于这个结论，本书第三章到第七章逐一展开叙述。

三、关于健全农村金融组织体系

健全农村金融组织体系之所以仍然是农村金融改革的重要内容之一，是因为我国不同地区间农业农村的发展不平衡，即农业生产力发展水平的不平衡，加上农业生产的弱质性，使得政策制定者在考虑农村金融的供给时，首先需要考虑的是不同性质农村金融机构的设立，以便从健全组织体系上实现金融服务对农村市场多样性需求的全覆盖。成都农村金融组织体系的健全与发展主要体现在四个方面：存量农村金融机构的发展、新兴金融机构的发展、普惠金融组织的发展和合作金融组织的发展。这四类农村金融组织都是在农业农村改革背景下，为适应新的农村金融需求而发展的。

存量农村金融机构的发展，主要是推动现有的政策性农村金融机构——中国农业发展银行开展了突出政策性功能定位、建立资本约束和健全法人治理的改革；商业性农村金融机构——农业银行、邮政储蓄银行开展了促进农村金融服务的三农金融事业部改革，特别是中国农业银行四川省分行营业部于 2017 年 11 月 20 日正式更名为中国农业银行成都分行，其内部管理职能也相应调整，以进一步提高服务“三农”和践行普惠金融的能力；成都农商银行等地方法人机构更加突出了服务“三农”的定位；一些非涉农金融机构也结合农村金融需求日益多样化的实际，积极深入农村市场拓展业务。存量农村金融机构的改革发展，进一步强化了其在农村金融组织体系中的主导地位。

新兴金融机构的发展，主要是推动一些新的商业性金融机构——互联网银行、融资租赁公司、保险公司等运用自身的特色业务模式，将专门的产品技术运用于“三农”金融领域。互联网银行以其先进的“一点”服务模式，突破了传统的“多点”服务模式，改变了在农村必须依靠机构网点开展业务的观念。融资租赁无疑对加快农业生产机械化进程、降低机械化普及成本起到了积极的促进作用。保险业务进入农业的生产经营环节，对于以市场化方式分散农业风险和金融风险、实现农业稳产增收和扩大农村融资渠道不仅具有重要的现实意义，更具有深远的历史意义。新兴金融机构更专注于细分市场，在特定的金融业务领域发挥着它们的优势，是当前农村金融组织体系改革发展的新生力量，呈现出蓬勃生机。

普惠金融组织的发展，是为了切实解决区域性金融服务空白和业务品类的缺失。按照这样的思路，部分大中型银行增设了专司普惠金融的职能部门，相关金融机构还充分利用成都市人民政府建设村级金融服务站的有利时机，对过去的“迅通”工程（小额助农取款 POS 机）进行升级改造，在填补区域性金融服务空白的基础上，努力解决业务品类的缺失问题。主要做法是将原来单一的小额助农取款通过机具升级，使其业务范围由单一的小额取款扩大到小额存取款、转账、查询、代缴代扣、打印存折、购买理财产品等。通过将机具布放在村里有一定现金流的小卖部，经改造升级后，银行在不增加机构网点的情况下，村民足不出村便能够享受到更加丰富的金融服务。目前，成都农商银行与个别村镇银行已经在30个村布放了“微银行”机具，深受当地农民欢迎。接下来，成都将借助“农贷通”平台机制形成的有利条件，动员更多的金融机构参与其中，加快“微银行”机具的布放进度，使之成为农村金融改革的有机组成部分，早日实现成都的农村数字普惠金融。

合作金融组织的发展，旨在探索在成都目前的农业农村发展条件下，合作经济内生合作金融服务的可行性。总的来看，作为一种改革的尝试，成都农村合作金融组织成效并不显著。从农业经济发展的机理来讲，发轫于农业合作生产组织内部的信用合作应当是一个内生的、自然的形成过程。但是，尽管各种形式的农业合作社仍然存在，但在外部环境已经发生重大变化的情况下，传统意义上的信用合作能否在更适宜商业性金融发展的土壤中寻找到自己的立足之地，还需要通过不断的实践来验证。总之，这类金融组织的产生有其历史发展和现实改革的必然性，在由传统农业向现代农业转型的过程中，这类金融组织未来的生存和发展是值得深入研究的课题。

从成都推进健全农村金融组织体系工作的现实情况看，有两点重要启示：一是随着农业生产力发展水平的不断提高，农村信用合作已经难以在农村经济合作中内生和发展壮大。我国解放初期发端于农村的信用合作，曾在一个较短的时期发挥了显著作用。但是，伴随着土地制度以及金融体制的变迁，特别是在一些农业生产力发展水平相对较高的地区，农村信用合作组织促进生产的作用已经逐步由商业性金融所替代。比如，目前成都农村的新型农业经营主体中尽管依然存在着多样化的农业合作社，但此合作社已非彼合作社。首先，它已经不是劳动合作，即便是土地合作，也是更大规模并且寻求更加现代化生产方式的合作，在这一过程中已经可以通过市场化方式获得更高效率、更大额度的融资支持。因此可以认为，信用合作存在的条件，是在农业生产力发展水平低下、外生性金融组织体系不健全（尽管有高度商业化的金融组织存在，但农业经营主体不能负担其高昂的融资成本）的情况下出现的一种内生性需求。其次，互联网技术的出现及其在金融领域的应用，带来了金融服务理念的全新变革，让人们强烈地意识到在新的科学技术发展趋势下推进农村金融改革、健全金融组织体系的任务需要从单纯地增加机构网点数量加快转向更加丰富和完善的金融服务功能。成都“农贷通”平台的建设和应用成效已经在这方面起到了积极的示范作用。

四、关于创新农村金融产品和服务方式

创新农村金融产品和服务方式是农村金融改革的关键，成都主要从四个维度展开：构造新的抵（质）押标的、利用新的信用特征、设计新的融资机制、支持新的政策目标。成都紧贴农业农村改革发展实际，围绕多样化金融服务需求推进金融产品和服务方式创新，形成了各具特色又互补联动的格局。

构造新的抵（质）押标的，是在以商业性金融为主的背景下开展的改革创新，也是农村产权在受到法规的强约束条件下，依法寻求产权赋能的创新。在农村市场等基础设施尚不完备的情况下，商业银行为了控制风险，通常在发放贷款时要求借款人提供足值的抵（质）押品。为此，成都结合土地经营权抵押贷款试点，选择崇州市土地股份合作社作为样本，针对粮食生产“农业共营制”开展金融产品创新。调查发现，在土地股份合作社、农业职业经理人、农业综合服务站三个共营主体的分工中，合作社负责决定“种什么”并对土地拥有支配权，农业职业经理人受聘负责“怎么种”，农业综合服务站负责解决“谁服务”的问题。从分工可以看出，农业职业经理人（相当于CEO）是生产资金的实际需求者，但他没有土地支配权。为了解决好资金需求主体申请贷款时抵（质）押不足的问题，成都在实践中构造出了新的抵押标的——“授权职业经理人用土地经营权抵押”的融资产品。在过渡期，暂时采取召开社员代表会议的方式予以授权，最终将过渡到通过完善合作社章程来实现授权。同时，该产品还对农业职业经理人的贷款使用管理、违约抵贷资产的处置进行了制度性设计。可以预见，这是一个可复制、可推广的金融创新产品。在构造新的抵（质）押标的中，成都还根据不同地区的农业产业特点，推动有差别的金融产品和服务方式创新。比如，结合成都彭州市蔬菜生产基地和冷链库建设规模在全国领先的实际，设计出仓单质押融资产品，实现了金融产品设计与农产品仓储流程的精准对接，凸显了差异化、个性化特征，“农产品也可以贷款了”成为市场主体对这一产品的普遍称道。成都温江区的“土地经营权＋花木”抵押、郫都区的集中居住农房抵押和农业企业的“豆瓣存货”质押等金融创新产品不断呈现，展现出农村金融改革的蓬勃生机。

利用新的信用特征，是针对现代农业发展中出现的新的信用特征开展金融产品和服务创新。对于农村金融改革而言，信用信息机制的建立是一项更

具基础性的工作。对于借款人来讲，信用增信的途径一是靠自己守信，二是靠他人增信，靠他人增信则必须以个人守信为基础。市场经济是信用经济，市场的信用意识强、信用环境好，市场交易的违约率就低，市场运转的效率就高。因此，信用是市场的基础，也是市场的润滑剂。如果人人守信，便可以将每一个个人的信用资源变成巨大的社会信用资本，不仅能够大大降低社会交易成本，也能够大大降低个人的融资成本。基于这样的认识，成都把利用新的信用特征开展金融创新放在农村金融改革十分重要的位置。成都崇州市和邛崃市对农业职业经理人发放的信用贷款是个人守信的典型案例。成都市人民政府建立起一套针对农业职业经理人教育培训、等级考核和执业标准等统一、规范的管理体系，根据考核成绩由政府主管部门对其颁发初级、中级、高级技能资格证书。商业银行结合其经营业绩，也相应给予 20 万 ~ 50 万元的贷款额度授信，成都农商银行等金融机构还适时扩大了对信用户的小额信用贷款覆盖范围。对于一些经营规模大、能力强、仅凭个人信用难以满足其融资需要的农业经营主体来讲，则需要依靠他人增信的方式予以补充。成都温江区和崇州市的合作社模式以及新都区大北农公司的供应链融资模式则是利用他人增信而获得合意贷款的成功案例。在利用新的信用特征开展金融创新的过程中，针对新型农业经营主体快速成长的实际，成都还建立了“新型农业经营主体信用信息基础数据库”，运用互联网手段将全市的信用信息数据集中于“农贷通”平台，为金融机构提供公共服务。该项服务上线以后，金融机构可以及时、全面、准确地获得客户信息，不仅能够实时掌握借款人的信用状况，还能对借款人是否符合他人增信的条件作出及时判断。

设计新的融资机制，重点强调的是差异化的金融产品和服务方式创新。众所周知，当整个金融市场都充斥着粗放的同质化产品的时候，要想体现产品差异化是非常困难的。因为在卖方市场条件下，金融机构用低成本的同质化产品便能获得不错的收益，这种粗放的经营方式一旦形成惯性，即便卖方市场已经发生了变化，也很难在短时间内摆脱其路径依赖。这在农村金融领域表现得尤为突出。调查发现，商业银行的许多基层机构对于开展产品和服务创新有着较强意愿，却很难得到上级行的理解和支持，其主要原因是上级行不了解下情，而是习惯性地按照过去的思维看待和处理问题。面对商业银行内部管理上下脱节带来的阻碍，成都着力通过建立一种新的融资机制来改变这一状况。比如，针对规模化农产品的生产和流通特征，鼓励商业银行的上级机构与基层机构一道在深入调研的基础上，围绕既能满足融资相关各方需求又能有效控制各环节风险的目标，以产品为基础进行科学合理的融资机制设计。应当说，这是成都农村金融改革中的又一项重要尝试。它的核心理念是让金融机构能够完全贴近农产品的生产流通全过程，并将过程中涉及的每一个关键节点、每一个经营主体、每一种管理方式和每一条风控措施等都在金融产品的设计中得到体现，做到一个金融产品体现一种融资机制，真正实现量身定制，让产品适销对路。成都彭州市开展的农产品仓单质押融资便是这一尝试的具体体现。这个尝试不仅涉及构造新的抵（质）押标的，同时还包含了农产品的仓储管理、价值评估、农业保险等各个环节，形成了一种全新的金融制度性安排。成都将类似的金融产品和服务创新，通过“农贷通”平台由点复制和推广到了面上的其他地区。

支持新的政策目标，是为了能够通过政策引导，着力解决一些关键环节的问题，推动资金汇聚和普惠金融发展，让乡村振兴战略的各项部署能够真正落地。比如，在支持推动农业基础设施建设中，成都结合农业产业发展规划，通过专项农业建设基金等政策引导，紧密结合商业性金融和政策性金融的市场化运作，着重解决资金需求量大、建设周期长的农业基础设施建设、高标准农田建设、幸福美丽新村建设等融资需求。又如，为了支持农业发展的薄弱环节，根据成都市人民政府确定的农业产业支持目录清单，配合当地财政的风险补偿基金和中央银行的再贷款、再贴现等政策，运用“农贷通”平台实现财政和金融政策对金融机构的定向引导。再如，为了鼓励金融加大支农力度，成都对支农贡献度大的金融机构给予政府奖补和人民银行激励政策支持。总之，通过做好政策的系统配套，特别是通过财政政策与金融政策协调互动，以明确的政策目标引导金融机构和社会各类资金积极支持农业农村发展，这是成都在深化农村金融改革工作中始终坚持和不断努力的方向。

在创新金融产品和服务方式实践中，随着农业农村经济的快速发展，以单一金融机构为主的产品和服务方式创新已经难以适应需求，因而需要“独自创新”和“共同创新”相协调，特别是需要有更多跨界金融产品和服务方式的出现，以满足日益丰富的农业产业业态发展的需要。这是因为：一是农业产业的弱质性，从防范风险上需要财政政策与商业银行的跨界结合，如政银合作等；或不同商业性金融机构间跨界的结合，如银保合作等。二是农业产业的特殊性，从满足需求上需要多方跨界的结合，如政银企保合作等；或不同性质商业性金融机构的跨界结合，如银信、银租、银保、银信租保合作等。三是农业产业的政策性，从政策引导上需要政府与金融监管部门的跨界结合，如财政和金融互动等；或政府与政策性金融的跨界结合，如购买服务等；或政策性金融与商业性金融的跨界结合，如批发与零售合作等。

五、关于优化金融生态环境建设

在优化农村金融生态环境的改革过程中，成都结合新型农业经营主体已经成为农业资金需求主体的实际，对农村信用体系建设工作思路进行规划设计。在崇州市开展农村信用体系建设试点取得成效的基础上，成都将试点范围迅速由崇州市扩大到彭州市和都江堰市等三个区县，并进一步在全市进行推广。通过一年的试点工作，成都不仅确立了农村信用体系工程的建设理念、建设原则、建设方法，还探索建立了“互联网+农村信用信息”模式，初步达到了“让信息多跑路，农户少跑路或不跑路”的目的。

成都对农村信用体系建设工作思路的调整和创新，主要体现在以下几个方面：一是在建设理念上，把过去以采集农户的信用信息为主，调整为以采集新型农业经营主体的信用信息为主。也就是说，通过新型农业经营主体信用信息的采集，把过去主要解决农户的融资问题调整为主要解决新型农业经营主体的融资问题，以更好地支持成都农业产业的转型升级和现代农业农村的发展。二是在建设的原则上，把“人民银行主导”调整为“政府主导、人民银行牵头、市场运作”。政府主导，即由政府协调各职能部门进行信息归集，将归集的农村信用信息作为政府向金融机构提供的公共服务；人民银行牵头，即由人民银行确定建设总体规划，对建设工程进行政策和业务指导，确保农村信用体系建设工程的安全、规范和高效；市场运作，即通过培育具有政府背景的商业化征信机构来承建农村信用体系建设工程，确保机制、人员、资金和技术的可持续性。三是在建设的方法上，将农村信用信息分为三个部分，分别从三个渠道获取，使之共同构成农村信用信息的有机整体。在吸取过去教训的基础上，成都将信息指标分解落实到政府相关职能部门，从市级政府层面定期归集覆盖全市新型农业经营主体的基础信息；连接农村电商，实时获取新型农业经营主体的交易信息；建立村级金融服务站，由村级金融联络员及时更新新型农业经营主体的辅助信息，从机制上有效地保证了数据库信息的易得性、及时性和准确性。

具有成都特色的农村信用体系建设的实践表明，政府主动作为、积极作为是推动这一工程顺利建设的根本，人民银行密切配合、不缺位是推动这一工程正确建设的关键。“互联网+农村信用信息”融资模式的形成，不仅为农村信用信息实现应用提供了系统服务平台，也为融资双方实现高效对接提供了现代化服务手段。

同时也应当看到，成都农村信用体系建设还有不少需要进一步改进和完善的地方。首先，需要建立和完善农村信用信息制度。前一阶段工作尽管对相关环节的责任提出了要求，但还需要通过健全制度来加以规范，切实将工作中涉及的重点和难点通过明确任务、落实责任等，纳入制度化、规范化、常态化轨道。其次，需要尽快通过扩大与农村电商的接入面，进一步做实并规范和完善村级金融服务站，确保交易信息和辅助信息的质量。三是需要打牢信用信息数据库建设与提供征信产品服务的基础。一方面，在实现信用信息数据库的应用中，应针对持续优化数据库、网、平台的用户体验建立相应的保障机制；另一方面，应当尽快推动征信机构开展提供征信产品的大数据分析和业务管理等基础设施建设，为充分应用信用信息数据库、生产高质量和高附加值的征信产品提供基础条件。四是需要进一步挖掘信用信息和征信服务在“农贷通”平台中的应用价值，使之在与其他资源的整合中共同为“农贷通”平台走向更加市场化奠定坚实基础。

六、关于建立农村金融资源配置机制

成都农村金融改革的重要任务之一是合理配置金融资源。金融资源应当是一个广义的概念，而不仅仅指银行贷款。金融资源的合理配置需要通过建立与之相适应的机制予以实现，将更多的金融资源引导到农村市场。过去，没有建立这样的机制或是有机制但不够完善，造成无论是金融资源丰富还是匮乏都不愿意进入农村市场的尴尬局面，合理配置金融资源也就无从谈起。为此，成都在推动落实合理配置金融资源的改革任务中，紧紧围绕建立和完善农村金融资源配置机制，突出重点，有针对性地开展工作。一般来讲，实现金融资源配置主要包括间接融资和直接融资两个方面，间接融资主要是银行类机构贷款，直接融资又分为股权融资和债权融资。可以认为，在当前和今后相当长一个时期内，我国农业农村的融资需求仍然是以银行类机构贷款即间接融资为主，尤其对农业生产经营环节来讲更是如此。因此，如何引导存款类金融机构将更多的金融资源投向“三农”，便成为农村金融改革工作的重点。

存款类金融机构作为高度市场化的商业性企业，追求风险与效益的平衡是它们的首要选择。防范风险是实现收益的前提。基于对防范风险的考虑，即便在农村市场，抵（质）押类贷款也会占据商业银行贷款总量的绝大部分。这就会出现一个问题，即当借款人不能履行债务时，抵贷资产如何处置。这个问题如果解决不好，存款类金融机构就会心有余悸，进而影响它们将金融资源主动地配置到农村市场。过去不少地方（包括成都在内）试图通过采取单一的担保、收储等办法以寻求问题的解决，但是效果并不理想。究其原因，担保或收储机构在向商业银行进行风险代偿之后，自己手里拿着的抵（质）押物不能通过科学有效的途径实现快速处置。因此，在总结过去教训的基础上，成都把发展、规范和健全农村产权交易市场体系作为建立和完善金融资源配置机制、引导存款类金融机构将更多的金融资源投向农业农村市场的关键。

成都在规范和健全农村产权交易市场体系中，主要抓了以下工作：一是建立全市农村产权交易市场体系，在各区（市）县设立了分（子）公司，重点为当地农村土地流转提供登记、鉴证等服务。二是升级改进农村产权交易系统，进一步优化和规范交易程序，改善客户交易体验，将交易系统接入“农贷通”平台实现互联互通并延伸至村，在土地流转、抵贷资产处置等方面，为土地承包农户、新型农业经营主体、担保机构、收储公司、商业银行等市场参与主体提供了便捷的农村产权交易服务。三是规范农村产权交易市场管理。一方面，将市场参与主体，如土地流出方的农户、土地流入方的新型农业经营主体、接受抵（质）押资产的担保公司、收储公司、商业银行等纳入市场统一管理；另一方面，规范场内交易秩序，逐步减少直至杜绝场外交易，以更好地发挥市场的价格发现功能和公开、公平、公正的作用。四是加强与金融机构的合作，不仅为农村产权与金融产品相结合创造了条件，设计出土地经营权抵押贷款等金融创新产品，还与金融机构签订全方位合作协议，为需要处置不良抵贷资产的银行提供相应服务。

由于农村产权的特殊性和复杂性，农村产权交易市场从建立到规范完善需要经历一个比较长期的过程。如产权价值评估的问题，即便在产权交易市场建立起来之后，这依然是需要予以重点关注和亟待解决的问题。以土地产权交易为例，目前是以每亩800～1000斤黄谷的市场价作为流转土地的指导价，土地作为大宗流转的不动产，其价值尚不能通过农村产权市场的交易来确定，地面固定设施、养殖水面等不动产，以及更大数量的地面经济作物、农机具、设施设备等动产的价值更是无从科学合理定价。为了解决这一过渡时期的难题，促进农村产权交易市场顺利向前发展，成都辖内各级人民政府相继成立了不同的产业协会、联盟或专家库，由这些专门组织对农村各类不动产和动产制定出相对合理的指导价格，为市场提供参考。

为了推动搞好农村产权交易市场建设工作，成都市人民政府通过积极的政策引导，陆续成立了市县级收储公司、收储联盟等作为扩大农村产权抵押效能的有益补充。这样，不仅可以在农村产权交易市场的统一规范下，通过丰富市场主体，增加市场化处置抵贷资产中的风险缓释层次，提高农村产权交易市场与金融机构抵押融资创新产品的对接效率，也有利于增强商业银行拓展创新抵（质）押融资产品的信心和动力。

总之，成都在寻找合理配置金融资源路径的过程中，以建立健全农村产权交易市场体系为核心，努力为引导存款类金融机构将更多的金融资源向“三农”倾斜创造良好的市场环境和政策环境。与此同时，积极打造和改进直接融资环境，使成都农业农村在获得合理金融资源配置的过程中，进一步实现间接融资和直接融资平衡协调发展的目标。

成都农村产权交易市场的建设和发展时间不长，许多基础性工作还有待进一步完善和加强：一是应尽快建立动产统一登记制度。到 2016 年末，成都全辖已发放各种农村产权证书 895 万本，其中发放土地经营权证书 4142 本、土地承包经营权证书 179.96 万本。从中大致可以看出，各类产权证书中动产权证的占比较大。由于动产统一登记制度建设滞后，较大地影响了农村动产产权质押功能的发挥。二是农村产权交易市场应与金融更加紧密地结合。目前，一方面，市场的交易品种较为单一，在挂牌交易的产权品类中，很少有与金融服务直接对接的产权品种；另一方面，金融机构在农村产权交易市场中的参与面较窄。比如，在农村产权流转交易成交后，金融机构要为其提供服务，又受到基础条件尚不完善等因素的制约，金融服务效率大大降低；再如，农村产权交易市场与金融机构签订合作协议的家数偏少，由于缺乏互信与互惠，农村产权交易市场与金融机构间的合作变得较为困难。三是应尽快完善对农村产权交易市场参与主体的统一规范，因为这将直接关系到农村产权交易的统一与规范，直接关系到农村产权交易市场效能作用的发挥。

七、关于成都“农贷通”平台建设

将本书前面各个章节的内容进行系统梳理分析后可以发现，无论是涉及农村金融改革基础环境的建设，涉及各个分项农村金融改革任务的落实，涉及农村金融改革的制度建设，还是涉及农村金融改革组织机制的形成，最终都会把关注的焦点集中到成都“农贷通”平台的建设上来。“农贷通”平台所承载的政策理念已日益凸显其理论意义和改革价值。随着成都农村金融服务综合改革工作的迅速展开，“农贷通”平台逐渐引起了社会各个层面的关注。特别从 2016 年开始，经过了一年的努力，进入 2017 年之后，全国人大、政协，国家有关部委，知名专家学者，以及省、市领导陆续到成都开展调研，并考察农村金融改革工作情况。他们一路走、一路看、一路听、一路问，在对成都农村金融改革给予充分肯定后，都会不约而同地谈到“农贷通”平台，认为“农贷通”这个平台设计得非常好，一些做法也符合国际惯例，它整合了财政政策、农业金融需求、金融产品和服务等资源，有了这个平台就能高效地实现点对点的对接，达到“让信息多跑路、农户少跑路或不跑路”的目的。他们的评价，让直接参与成都农村金融改革工作的各个主体自身也对“农贷通”平台有了更进一步的理解，这是我们事前谁都没有预料到的。

一是高效实现点对点的对接。在传统的金融服务中，从银行端来看，通常都是“一对多”的服务方式，即当多个借款人提出贷款申请之后，便要开始忍受银行漫长审查所带来的排队等候痛苦，最后还不一定能够通过。“农贷通”平台通过资源整合后采取的现代化服务方式，让借款人可以不受地理位置的限制，便可以随时向自己选定的银行提出贷款申请，银行也能够从中迅速获得客户的必要信息，尤其是对于没有事前选定银行的优质客户，还可能出现银行在平台上抢单的情况；相反，也可能遭到银行的共同拒单。高效实现点对点的对接带来的深刻启示是，将来银行的内部服务流程可能会因削减一些不必要的管理层级而得到不断优化，银行机构网点的设置还可能会因为转向更加重视金融功能的拓展而变得更加科学合理，这不仅会大大提高银行的经营效率，还会大大降低银行的管理成本。

二是符合国际惯例。“农贷通”平台已经涉及保险，并且力度较大，这为我国农村金融改革提供了一个较好的示范。目前，在我国很多地区，出于对农业高风险的顾虑，保险机构普遍不愿意涉足农村市场，也不愿意为之设计保险产品，这在很大程度上阻碍了中国农村金融改革的推进。众所周知，风险防控是建立在健全的风险缓释机制基础之上的。当政府将收储、担保和再担保作为建立金融支农的风险屏障之后，再担保的风险应当由谁来承担呢?根据国际经验，这是可以由保险机构来承担的。从这个意义上说，成都农村金融改革方向和方法的正确，是使其成效凸显的重要原因之一。要有运用国际视野来解决现实改革难题的精神和勇气，这是“符合国际惯例”的评价带来的启示。通过政府的政策引导和与市场化的保险机制相结合，成都摸索出一条有效形成金融支农风险缓释机制的闭环路径。

三是促进了融资理念的转变。农村金融改革的根本目的是加大金融支农力度。为了达到这一目的，政府在着力解决金融需求端存在问题的基础上，最终都会寄希望于通过金融机构发力来解决金融供给端的问题。应当说，这样的认识也是对的。只是因为“农贷通”平台目前所具有的功能，和它潜在功能的被发掘，为未来发展可能出现的新的融资方式提供了广阔的想象空间，有一些需要的时间可能会长一点，比如金融的许多跨界产品怎样通过在“农贷通”平台上生成和应用；有一些可能不会需要很长的时间，比如众筹。目前，在成都的广大乡村，体验式农业已经达到了相当的规模。城市居民在农村的家庭农场或专业合作社“认地种菜”“领养果树”或“认养猪羊”等逐渐成为健康生活的时尚，即出现了由农业生产者直接提供“投资品”来吸引城市居民对其进行“投资”。这就出现了一个十分有趣的“反向融资”现象。循着这个思路，政府可以进一步通过实施农产品的品牌发展战略，将农业的品牌产品打造成人们喜爱的高品质绿色产品，然后由产品生产者在“农贷通”平台上发起众筹。融资理念的改变，极大地丰富了各方对下一步深化农村金融改革的认识，由此也将催生更多的农村金融改革创新案例。

四是改变推进改革工作的方法。“农贷通”平台建成应用后，给各个方面带来的最大感受，是工作痕迹清晰了，透明度进一步提高了。政府职能部门能够从平台上实时掌握各个区县的业绩完成情况，在相互比较中增强了各级政府查找差距、补齐短板的主动性。金融监管部门能够从总量和结构上及时掌握金融支农的动态情况，在全面把握中突出了工作指导的针对性和及时性。金融机构能够从对资源的整合利用上及时获得优质服务，依靠政策和技术支撑，为在平台上主动筛选和储备客户提供了便利。借款人能够从平台上实时了解和选择金融产品，并在提出贷款申请后看到审批流程进度，良好的用户体验进一步提高了农业经营主体对平台的使用频率。从各方使用“农贷通”平台的良好反馈可以看出，随着“农贷通”平台新机制的应用进入常态化、规范化，与之相适应的改革工作新方法也将逐步形成，工作方法改变后的工作制度也会逐步建立完善。

为了加快推进“农贷通”平台建设，成都市人民政府制定的涉及农村金融改革的七个文件中，有六个都是与“农贷通”平台建设相关的，并且这六个文件都是在 2017 年内制定下发的。这些文件大部分是多个部门联合制定的，从中可以看到政府不遗余力推动农村金融改革的决心。尽管众多外部的评价指出“农贷通”平台在未来发展中蕴含着更深刻的内涵，但我们仍应清醒地认识到目前“农贷通”平台建设还存在许多不足，比如信用信息如何更加简化适用、如何将资金的汇聚功能有机嵌入其中、政策引导怎样尽快实现向市场化的平稳过渡等。在进一步优化完善“农贷通”平台建设过程中，还有许多困难需要面对，还有许多基础性工作需要跟上。

总之，关于农村金融改革问题，其实多年来全国各地一直在提，也在做，并且有的地方还能找到一些好的做法，但是总体来看效果似乎并不理想，这是因为没有弄明白农村金融改革的真正含义。一年多来，成都农村金融服务综合改革实践总的体会是：农村金融改革不只是金融的事，更不只是涉农金融机构的事，它是一个需要政府部门、金融监管部门、金融机构、相关第三方机构等共同参与的系统性工程。农村金融改革不只是要解决农村金融供给端的问题，更需要解决农村金融需求端的问题，从着力于解决这些问题中科学搭建连接农村金融供需两端的桥梁。农村金融改革不能只满足于取得应景式的成果，更不能浅尝辄止地避重就轻，需要下大力气建立完备的农村金融服务体制机制。农村金融改革不是只解决小农经济的融资问题，也不是只解决现代农业的融资问题，而是要根据各个地区的不同生产力发展水平，实现对农村经济主体多样化服务需求的普惠金融。

附录：成都农村金融服务综合改革试点文件汇编

一、成都农村金融改革与建立领导机制文件

1. 中国人民银行　国家发改委　中国银行业监督管理委员会　中国证券监督管理委员会　中国保险监督管理委员会　四川省人民政府关于印发《成都市农村金融服务综合改革试点方案》的通知

为深入贯彻落实党的十八大、十八届三中、四中全会精神和《国务院关于成都市统筹城乡综合配套改革试验总体方案的批复》（国函〔2009〕55号）、《国务院办公厅关于金融服务“三农”发展的若干意见》（国办发〔2014〕17号）、《中共中央　国务院关于加大改革创新力度加快农业现代化建设的若干意见》（中发〔2015〕1号）等有关部署，根据金融改革专项设计的要求，结合成都实际，特制定本方案。

一、总体要求

（一）指导思想

以邓小平理论、“三个代表”重要思想、科学发展观为指导，深入贯彻习近平总书记系列重要讲话精神，坚持以人为本，加强城乡统筹发展，以改进农村金融资源配置为核心，以优化农村金融生态环境为基础，以完善农村金融政策扶持为支撑，构建新型农村金融服务体系，健全农村金融运行体制机制，拓宽农村地区和县域融资渠道，创新农村金融产品与服务方式，强化农村金融在农业增效、农村发展、农民增收中的积极作用，努力构建城乡金融均等化发展的新格局。

（二）基本原则

1. 坚持市场导向、政策支撑。坚持市场化和政策扶持相结合，以市场化为导向，以政策扶持为支撑，充分发挥市场配置资源的决定性作用，注重财税政策、货币政策、监管政策、产业政策等的协调配套，健全激励约束机制，

形成政策性金融、商业性金融和合作性金融协调配合的发展格局。

2. 坚持分类推进、突出重点。坚持从实效出发，根据新型城镇化和农业现代化不同需求，分类推进创新农村金融产品与服务方式。加强与区域和产业发展规划的衔接，重点支持农业发展方式转变和城乡一体化发展，努力寻求金融在服务和促进土地经营权流转、赋予农民更多财产权利等农村改革重点领域新的突破，着力提升新型城镇化和农业现代化的金融服务水平。

3. 坚持风险可控、经验可复制推广。在现行法律政策框架下，审慎稳健地推进农村金融改革创新，落实合理分担风险的措施，使涉农金融机构在可持续良性发展的基础上，全面提升农村金融供给的能力和服务水平，确保改革试点风险可控，形成可复制、可推广的经验，在适当时候推广到全省，为全省以及全国城乡金融均等化发展发挥示范带动作用。

（三）主要目标

力争到2020年，建立较为完备的农村金融服务体制机制，在完善金融组织体系、创新金融产品和服务方式、优化金融生态环境及合理配置金融资源等关键领域、重点环节取得重大突破，率先形成推动新型城镇化和农业现代化发展的金融支撑体系，基本实现城乡金融服务均等化。

二、完善金融组织体系，激发农村金融市场活力

（一）分类推进金融机构改革

大力培育适应利率市场化等金融改革发展的市场经济主体，引导各金融机构加快经营战略转型，增强风险定价能力、配置资产能力和产品创新能力，加强对“三农”发展的金融支持。继续深化中国农业银行三农金融事业部改革，强化县事业部“一级经营”能力，提升对农村地区的综合服务水平。强化中国邮政储蓄银行成都各县（市）以下机构网点功能建设，稳步扩大涉农业务范围。不断充实和增强地方法人金融机构资本实力，完善法人治理结构，鼓励成都农商银行、村镇银行进一步下沉服务重心，在县（市）以下设立分支机构，开展面向“三农”的差异化、特色化服务。

（二）鼓励发展新型农村金融机构和组织

支持和鼓励地方法人金融机构和符合准入条件的民间资本依法发起设立或参与发起设立服务“三农”的中小型民营银行、村镇银行和金融租赁公司，优先引入和培育本地优质企业和种养大户投资入股。通过制定小额贷款公司、融资性担保公司行业标准、开展信用评级等方式，正向激励小额贷款公司、融资性担保公司更好发挥支农服务作用。制定地方性新型农村合作金融管理办法，在管理民主、运行规范、带动力强的农民合作社和供销合作社

基础上培育发展新型农村合作金融组织。

（三）探索开展农村地区普惠金融综合服务

持续推动农村基础金融服务全覆盖，提供金融综合服务，拓展农村地区助农取款服务点在代理支付、缴费、征信服务、保险、理财业务以及提供农产品现货期货价格信息等方面的功能。鼓励金融机构和支付机构按照普惠原则，利用现代科技手段和便捷服务方式，加强网上银行、手机支付等在农村地区的推广和应用，扩大金融服务覆盖面、公平性和可得性。

三、创新金融产品和服务方式，提升农村金融服务水平

（四）创新农村多元化的财产权抵（质）押方式

扩大林权、水域滩涂养殖权抵押贷款规模。发展农业设施抵押贷款。开展农业设备、农作物、农产品等农村动产抵（质）押贷款。按照全国统一安排，稳步推进农村承包土地的经营权抵押贷款试点，慎重稳妥地开展农民住房财产权抵押试点。积极探索大型农机具等农业设施设备金融租赁业务。大力发展涉农仓储金融。支持农业、农村电商发展。建立农村财产权抵押资产处置机制。建立农村财产权抵押融资风险基金。探索农村财产权抵押资产再流转、收储、评估、处置和资产处置损益评估机制。

（五）改进信贷管理模式

鼓励金融机构利用微贷技术进行信贷流程再造，积极向符合条件的农户、新型农业经营主体发放信用贷款。推广产业链金融模式，鼓励金融机构以新型农业经营主体为依托，设计服务农业生产销售各个环节的金融服务产品。鼓励金融机构单列涉农信贷计划，下放贷款审批权限，简化业务决策流程，创新“三农”服务专门机构和业务模式。推动金融机构公开和优化金融服务的标准和流程，推行通俗易懂的合同文本，规范服务收费，合理确定利率水平。优化涉农信贷绩效考核机制，推行尽职免责制度。

（六）加大对重点领域的金融支持

重点支持特色农业、农副产品加工、旅游、民族文化产业等特色优势产业发展。鼓励农业发展银行等金融机构加大对农业开发和水利、农村地区道路交通、饮水安全、电力保障、危房改造等农业农村基础设施建设的贷款力度。国家开发银行、农业发展银行等金融机构要创新服务“三农”融资模式，进一步加大对农业农村建设的中长期信贷投放。探索支持新型城镇化发展的有效方式，创新适应新型城镇化发展的金融服务机制，着力做好农业转移人口的综合性金融服务。大力发展绿色金融，促进节水农业、循环农业和生态友好型农业发展。

（七）完善担保机制

鼓励县（市、区）政府出资的涉农担保机构吸纳民营资本，增强资本实力。支持其他融资性担保机构为农业生产经营主体提供融资担保服务。鼓励建立专门服务农业的融资性担保机构。探索建立合作性村级融资担保基金。完善涉农信贷风险补偿基金，健全政银担合作的风险分担机制。

（八）创新涉农保险服务

扩大农业保险覆盖面，鼓励发展特色农业保险、扶贫小额保险，扩大特色种养业险种，鼓励保险公司和银行业金融机构共同开展小额借款人意外伤害保险，在农村地区全面推广小额人身保险。加大农业保险支持力度，鼓励农业龙头企业资助农户参加农业保险，支持保险机构开发保障适度、保费低廉、保单通俗的农业保险产品。支持开展地震等巨灾保险和生猪、蔬菜等农产品价格保险试点。支持将涉农保险投保情况作为授信要素，拓宽涉农保单质押范围。积极开展保险资金运用创新试点。建立农业保险与财政补助相结合的农业风险防范和救助机制。完善保险与病死畜禽无害化处理联动机制。

四、培育发展多层次资本市场，拓宽“三农”融资渠道

（九）积极发展债务融资

支持符合条件的新型农业经营主体通过发行企业债、公司债（含中小企业私募债）、短期融资券、中期票据、定向债务融资工具、资产支持证券等多种方式融资。研究支持符合条件的涉农小额贷款公司通过定向发债、资产转让、资产证券化等方式开展直接融资。积极培育成都市相关金融机构成为银行间市场B类主承销类会员，开展债券承销业务。鼓励符合条件的商业银行以优质涉农信贷资产为基础，开展信贷资产证券化和发行“三农”金融债。

（十）稳步发展区域性场外交易市场

培育合格机构投资者，发展成都农村产权交易所、四川金融资产交易所、成都（川藏）股权交易中心，严格按照国家规定，为涉农非上市公司股权转让和技术产权、私募债券、金融资产提供交易平台。研究探索设立相关大宗农产品期货交割库。

（十一）建立农业股权投资基金

鼓励建立农业科技创业投资基金、农业产业投资基金和农业私募股权投资基金。重点投向高成长性的农业产业化及关联产业的涉农企业。

五、大力推动农村信用体系建设，优化金融生态环境

（十二）完善农村守信激励和失信惩戒机制

为农户、农民合作社和农产品生产、加工企业等农村社会成员建立健全

信用档案，开展信用户、信用村、信用乡（镇）创建活动，进一步完善农村信用体系。严厉打击逃废金融债务的违法违规行为，依法保护金融资产产权，维护金融交易秩序，改善金融交易环境。建立完善农村金融知识普及与宣传教育体系。构建多元化的涉农金融纠纷解决机制，更好地发挥成都金融仲裁院在解决涉农金融纠纷中的积极作用。

（十三）加强农村征信市场培育

鼓励评级机构制定适合农村经济主体的评级方法体系。鼓励金融机构依托统一的金融信用信息基础数据库，开展内部授信评价，提升新型农业经营主体和涉农小微企业的诚信意识。推动政府和企事业单位使用信用产品和服务，提升农村信用体系建设成效。

（十四）探索统一的涉农动产融资登记

联合政府相关职能部门，以人民银行动产融资登记平台为基础，开展统一的涉农动产融资登记试点，逐步扩大涉农动产融资登记范围，引导金融机构大力发展应收账款及与“三农”相关的其他一般动产抵（质）押融资业务。

六、健全配套政策措施，完善市场体系建设

（十五）健全农村产权交易市场

围绕城乡要素平等交易和自由流动，逐步将林地使用权、林木所有权、承包土地的经营权、农村集体资产股权，及已确权的农业设施的转让、出租、入股、抵押等纳入一体化的农村产权交易市场，促进农村产权顺畅流转。充分利用和发挥各专业评估中介的服务、支撑作用。

（十六）加大财税政策扶持力度

充分发挥中央财政和地方财政对农村金融业务的共同支持和引导作用，推动落实县域金融机构涉农贷款增量奖励、农村金融机构定向费用补贴等政策，降低农村地区金融机构经营成本，调动金融机构布点展业的积极性。对金融机构农户小额贷款继续实施税收优惠政策，对新增存款一定比例用于当地贷款考核达标的县域法人金融机构，有条件的地方可研究制定财政补贴政策，符合条件的县域农村金融机构可按规定享受3%营业税优惠政策。制定落实小额人身保险财政补贴和税收优惠政策。符合条件的成都地方法人金融机构以及民间金融组织，可按规定享受西部大开发减按15%税率缴纳企业所得税的优惠政策。

（十七）综合运用好各种货币政策工具

充分发挥定向降准评估等货币信贷政策的导向作用。结合成都农村经济社会发展实际，合理设置地方法人金融机构差别准备金动态调整公式相关参数，对涉农贷款达到一定比例的地方法人银行业金融机构实施优惠存款准备金政策。加大对成都地区的支农支小再贷款支持力度，继续完善再贴现业务管理，支持农村企业尤其是农村中小企业获得融资。组织金融机构开展合格审慎评估。

（十八）加强金融管理

进一步完善中央和地方金融监管工作协调机制，加强金融监管。规范地方政府对金融机构出资人职责，避免对金融机构商业性经营活动的行政干预。地方政府着力做好风险识别、监测、评估、预警和控制工作，依法做好非法证券期货活动查处打击工作，切实维护金融安全。做好存款保险制度实施工作。根据金融机构涉农贷款的风险、成本和核销等具体情况，对不良贷款率实行差异化考核，适当提高对银行业金融机构“三农”和县域涉农小微企业不良贷款率的容忍度。提高破产法的执行效率。在有效保护股东利益的前提下，提高金融机构不良贷款核销效率。

（十九）加强对改革试点的组织领导

中国人民银行、有关部门和四川省人民政府对成都市开展农村金融服务综合改革试点进行专项协调管理。建立四川省金融办、中国人民银行成都分行、四川省发展改革委、四川银监局、四川证监局、四川保监局、四川省农业厅、四川省财政厅、四川省国土资源厅共同负责的协调机制，完善联席会议制度，定期组织各部门会商研究，建立农村金融供给需求定期调查评估和报告制度，及时解决改革试点中出现的问题，细化工作措施，落实部门职责，分解工作任务，推动改革试点工作顺利开展。同时，加强宣传工作，充分运用各种媒体加大宣传力度，统一各方思想，激发各方参与积极性，提高社会关注度，为推进农村金融服务综合改革试点工作营造良好氛围。

2. 成都市人民政府　人民银行成都分行　四川省发展和改革委员会　四川省人民政府金融办公室　中国银监会四川监管局　中国证监会四川监管局　中国保监会四川监管局关于成都市农村金融服务综合改革试点实施意见

（成府发〔2015〕41号）

2015年12月30日

为深入贯彻落实党的十八大和十八届三中、四中、五中全会精神以及中共中央、国务院《关于加大改革创新力度加快农业现代化建设的若干意见》

（中发〔2015〕1号）、中共中央办公厅、国务院办公厅《印发〈关于在部分区域系统推进全面创新改革试验的总体方案〉的通知》（中办发〔2015〕48号）等有关部署，按照人民银行等5部委和省政府《关于印发〈成都市农村金融服务综合改革试点方案〉的通知》（银发〔2015〕215号）有关要求，加快推进我市农村金融服务综合改革试点工作，结合成都实际，特制定本实施意见。

一、加快完善金融组织体系，激发农村金融市场活力

（一）分类推进金融机构改革

1. 推动农业银行四川省分行营业部积极构建权、责、利相结合的县域“三农”事业部制经营管理体制，按“突出三农特色”“资金资源向县域倾斜”的原则，优化绩效考核体系，提高县域支行对“三农”服务效率。力争2018年末前全市10个农业银行“三农金融事业部”考核全部达标，打造10个服务“三农”的样板行和骨干行。（责任单位：人民银行成都分行、四川银监局、农业银行四川省分行）

2. 推动农业发展银行四川省分行营业部加快落实金融改革任务，进一步完善公司治理结构、经营管理体制、内部绩效考评机制，充分发挥政策性金融在支持“三农”建设方面的优势，进一步加大对成都市农村重点领域、重点项目的金融支持力度。（责任单位：人民银行成都分行、四川银监局、农发行四川省分行）

3. 推动邮政储蓄银行成都市分行强化乡镇以下网点、服务点功能建设，持续提高村级基础金融服务的多样性和满足度，2015—2020年涉农贷款年均增速不低于全部贷款年均增速。（责任单位：人民银行成都分行、四川银监局、邮储银行四川省分行）

4. 推动成都银行、成都农商行上市或增资扩股，增强服务“三农”的能力。支持成都银行推进社区金融服务，支持成都农商行坚持支农市场定位。推动地方法人银行机构进一步下沉服务重心，结合农村新居工程和小城镇建设，调整优化网点布局，鼓励在乡镇设立支行或营业网点。2015—2020年全部地方法人金融机构乡镇以下网点数量稳定增长，涉农贷款增长实现“一个不低于”。（责任单位：四川银监局、四川证监局、人民银行成都分行、成都银行、成都农商行、成都各村镇银行）

（二）鼓励发展新型农村金融机构

5. 积极推动具备条件的农业龙头企业依法发起设立或参与发起设立中小型民营银行。积极争取并努力推进民营银行筹建工作。（责任单位：四川银

监局、人民银行成都分行、成都市金融办）

6. 支持符合条件的银行机构、民间资本在成都设立村镇银行或参与村镇银行增资扩股。力争 2018 年末前实现成都主城区外的区（市）县村镇银行全覆盖。（责任单位：四川银监局、人民银行成都分行、成都市金融办）

7. 推进符合条件的商业银行在成都新设金融租赁公司，积极开展大型农业机具、农业设施设备租赁业务。力争到 2017 年末前完成金融租赁公司设立工作。（责任单位：四川银监局、成都市金融办）

（三）鼓励发展新型农村金融组织

8. 鼓励区（市）县通过直接注资、引进战略投资者、资本托管等形式，自主选择实现涉农担保机构整合壮大。探索设立再担保公司，合理分担融资性担保公司经营风险。探索建立合作性村级融资担保基金，完善融资担保行业运行机制。（责任单位：成都市经信委、成都市农委、成都市财政局、成都市金融办）

9. 通过制定小额贷款公司行业标准、开展信用评级等方式，正向激励小额贷款公司更好发挥支农服务作用。建立小额贷款公司和融资性担保机构设立审批权限下放工作制度，推动监管权责有机融合。力争 2016 年末前制定发布小额贷款公司、融资性担保公司行业标准。（责任单位：成都市金融办、人民银行成都分行）

10. 制定农村资金互助合作组织试点细化方案和配套政策，探索发展新型农村合作金融的有效途径。在试点基础上，进一步完善地方性新型农村合作金融管理办法，力争 2018 年末前新设 1 ~2 家农村资金互助合作组织。（责任单位：成都市金融办、成都市农委、成都市统筹委）

11. 鼓励融资租赁企业拓展业务领域，积极开展农业设施设备融资租赁业务，涉农融资租赁业务规模显著提升。（责任单位：成都市商务委、成都市农委、成都市金融办）

12. 研究制定支持仓储金融发展的政策措施，鼓励金融仓储公司面向农业农村开展保兑仓业务、标准仓单业务和动产监管保值等业务，盘活涉农企业存货。力争到 2020 年推动民营资本新设立 2 ~4 家仓储金融机构。（责任单位：成都市金融办、成都市农委、人民银行成都分行）

（四）探索开展农村地区普惠金融综合服务

13. 深入推进支付惠农示范工程建设和保险下村工程。2015 年末前各银行卡助农取款服务点全面实现联网通用功能，2015—2017 年逐步增加代理缴费、汇款、保险、理财业务以及提供农产品现货期货价格信息、开展金融知识宣传等功能。争取2016年末前实现保险“协办到乡镇、网络到村、服务到户”。力争2017年末前各涉农金融机构乡镇级网点至少安装一台自助服务设备。结合县域经济金融实际情况，逐步升级助农取款服务点，探索建设“金融便利店”。到2017年末前创建一批助农取款优质服务示范点、农村金融综合服务示范站、支付惠农示范行。（责任单位：人民银行成都分行、四川保监局、成都市金融办、成都市农委、涉农金融机构）

14. 建立“村级公共服务金融联动机制”，按需将金融服务植入村级公共服务体系，实现金融与社会服务同规划、同部署，资源共享和整合。在行政村公开选聘金融服务联络员，负责收集金融服务需求信息，解决农村金融服务“最后一公里”问题。（责任单位：成都市统筹委、成都市农委、成都市金融办、四川银监局、人民银行成都分行、涉农金融机构）

二、加快金融产品和服务方式创新，提升农村金融服务水平

（五）扩大林权、养殖水面经营权抵押贷款规模

15. 进一步完善林木（竹、果）权证、林地经营权流转证确权颁证制度，探索设立林农互助担保合作社，逐步形成以《林权证》《林木（竹、果）权证》《林地经营权流转证》等为基础的林权抵押贷款制度。力争2015年末前在崇州市启动以“两证一社”为基础的林权抵押融资试点，2017年末前在全市推广。（责任单位：成都市林业园林局、成都市农委、成都市统筹委、人民银行成都分行、涉农金融机构）

16. 探索建立养殖水面经营权确权颁证制度，引导金融机构开展养殖水面经营权抵押融资。（责任单位：成都市农委、成都市金融办、人民银行成都分行、涉农金融机构）

（六）稳步推进农村土地抵押贷款

17. 加快推进农村土地经营权抵押融资。根据国家有关试点统一部署，按照《成都市农村土地经营权抵押融资管理办法》和《成都市农村土地经营权抵押登记实施细则》的要求，加快推进土地经营权直接抵押融资业务。（责任单位：成都市金融办、成都市农委、成都市统筹委、人民银行成都分行、涉农金融机构）

18. 积极推进农村土地流转收益保证贷款。落实《四川省农村土地流转收益保证贷款暂行办法》，推动金融机构优化相关金融产品设计，贷款利率原则上不超过人民银行同期限档次贷款基准利率的1.3倍。（责任单位：人民银行成都分行、成都市农委、成都市金融办、成都市统筹委、涉农金融机构）

19. 积极推进农村集体建设用地抵押融资。鼓励银行机构和小额贷款公司参照同等条件国有建设用地对农村集体建设用地进行价值评估，做大农村集体建设用地使用权抵押融资规模。探索开展集体建设用地增减挂钩指标、占补平衡指标抵押融资，支持新农村建设。（责任单位：成都市国土局、成都市统筹委、成都市金融办、人民银行成都分行、涉农金融机构）

（七）慎重稳妥开展农民住房财产权抵押试点

20. 根据国家有关试点统一部署和要求，修订完善《成都市农村房屋抵押融资管理办法》和《成都市集体建设用地上房屋抵押登记（暂行）规定》，进一步简化抵押登记流程。（责任单位：成都市房管局、成都市金融办、成都市国土局、成都市统筹委、人民银行成都分行、涉农金融机构）

（八）发展农村动产及其他财产权抵（质）押贷款

21. 启动农业生产设施所有权确权颁证工作，制定出台《关于财政支农资金用于支持农业生产设施抵押贷款的意见》《成都市农业生产设施抵押融资管理办法》。（责任单位：成都市农委、成都市统筹委、成都市财政局、成都市金融办）

22. 鼓励金融机构开展农业设施设备、农作物、农产品等农村动产抵（质）押贷款。（责任单位：人民银行成都分行、成都市金融办、涉农金融机构）

23. 积极推进成都农村集体资产股份化改革，完善农村集体资产股权权能，探索集体资产股权抵押融资。探索家庭农场、农民合作社、农业产业化龙头企业等新型农业经营主体的资本（股本）抵押融资工作。（责任单位：成都市统筹委、成都市农委、成都市金融办、人民银行成都分行、涉农金融机构）

（九）支持“互联网+”农村金融发展

24. 加快推进农村电子商务示范试点工程建设，建立相应互联网支付服务体系。发展农村电话银行、网上银行业务，搭建综合金融O2O平台。（责任单位：成都市商务委、成都市农委、成都市金融办、人民银行成都分行、涉农金融机构）

25. 加大对本土电商平台的培育力度，引进国内知名电商企业，鼓励金融机构与电商平台合作共享数据信息或自主搭建线上金融服务平台，降低沟通成本，简化审批程序，拓宽“三农”金融服务范围。运用实物众筹和股权众筹等方式，实现社会资金和“三农”项目、涉农企业的有效对接。（责任单位：四川银监局、四川证监局、人民银行成都分行、成都市商务委、成都

市金融办、涉农金融机构）

26. 优化农村电商和互联网金融发展环境。加强农产品电商品牌建设和推广，鼓励创建农产品电子商务自有品牌和产品追溯体系。深入实施农产品质量安全基地建设，依托成都市蒲江、龙泉农产品出口示范基地建设，加强农产品流通标准体系建设，尤其是生鲜农产品的标准制定，逐步规范农产品的网上流通。（责任单位：成都市商务委、成都市农委）

（十）建立农村财产权抵押资产处置机制

27. 全面贯彻落实《成都市农村产权抵押融资风险基金使用实施细则》，设立农村产权抵押融资风险基金，用于收购以农村房屋、农村土地经营权、花卉苗木（不含林权）和农业设施（不含农村集体建设用地使用权）为抵押但到期不能清偿的债务。力争2016年末前市级和区（市）县农村产权抵押融资风险基金足额到位，并有效运行。（责任单位：成都市财政局、成都市金融办、成都市统筹委、成都市农委）

（十一）建立农村财产权抵押资产再流转、收储和评估机制

28. 成立成都市农村产权收储公司，探索完善农村产权收储工作流程，建立完整可行的农村财产权抵押资产收储、再流转的制度体系，形成完整可行的全流程工作机制。（责任单位：成都市农委、成都农发投公司）

29. 加强对农村产权资产评估机构的规范管理，引导农村产权资产评估机构按照市场化模式运作，鼓励金融机构将成都农村产权交易所出具的交易鉴证书作为抵押融资评估的基础，拓展农村产权价值评估业务，逐步建立健全农村产权价值评估体系。（责任单位：成都市国土局、成都市农委、成都农交所、成都市金融办、涉农金融机构）

（十二）改进信贷管理模式

30. 鼓励金融机构利用微贷技术进行信贷流程再造，积极发放农村小额信用贷款，为农村小规模经营者、各小微养殖户以及促进农村城镇化的服务业开拓者提供信贷服务，探索推广农业职业经理人信用贷款业务。（责任单位：人民银行成都分行、成都市统筹委、成都市农委、涉农金融机构）

31. 支持涉农金融机构积极创新运用产业链金融产品，依托农业产业化龙头企业和农村电商平台，加大银企金融合作，共享数据信息，针对农业生产销售各环节设计金融服务产品，开展订单仓单融资、应收账款融资、资产包转移等业务，实现产业链经营整体管理、龙头企业主体支持、农户贷款批量投放的金融服务模式。（责任单位：人民银行成都分行、四川银监局、涉农金融机构）

32. 鼓励金融机构单列涉农信贷计划，向县以下分支机构下放涉农贷款审批权限，设立“三农”服务业务中心或专业支行，简化业务审批环节和流程。（责任单位：人民银行成都分行、四川银监局、涉农金融机构）

33. 鼓励地方法人金融机构积极推行信贷产品和服务标准化，面向“三农”提供标准化、规范化的信贷产品和金融服务，推行简易合同，规范收费标准，合理确定利率。（责任单位：人民银行成都分行、四川银监局、成都农商银行、成都银行、成都各村镇银行）

34. 鼓励金融机构提升农户小额贷款不良容忍度，推行贷款尽职免责制度。推动金融机构进一步优化内部考核机制，运用内部激励约束手段引导分支机构加大涉农信贷投放力度。（责任单位：四川银监局、人民银行成都分行、涉农金融机构）

（十三）加大对重点领域的金融支持

35. 按年制定《金融支持成都市“三农”经济发展信贷指引》，明确信贷政策支持的重点领域和各涉农金融机构的支持重点，引导涉农金融机构找准定位和分工，实现农业产业化龙头企业、新型城镇化项目、农村基础设施建设项目等领域客户金融服务覆盖率明显提升。（责任单位：人民银行成都分行、涉农金融机构）

36. 充分发挥涉农金融机构尤其是政策性金融、开发性金融在农业农村重点领域中的作用，以新型城镇化、水利建设、农村路网和高标准农田建设为主要切入点，持续加大农业农村中长期信贷投放，做好农业转移人口的综合性金融服务。（责任单位：人民银行成都分行、四川银监局、国开行四川省分行、涉农金融机构）

37. 各涉农金融机构根据重点支持领域和项目名录，加强与地方政府、职能部门、项目业主、行业协会的对接合作，深入落实新型农业经营主体金融服务主办行制度，大力发展绿色金融，加大现代农业示范基地、现代粮食产业基地、特色农业、生态农业、休闲农业等优势特色农业产业项目的信贷支持力度。（责任单位：人民银行成都分行、四川银监局、成都市农委、涉农金融机构）

（十四）创新涉农保险服务

38. 巩固现有政策性农业保险成果，继续推进全市传统和特色品种保险试点，适时扩大农产品价格指数保险。加大涉农商业性保险产品创新力度，探索发展蔬菜质量保险等新型涉农保险产品，发展农机保险、农业基础设施保险、农村小额人身保险等。建立农业保险理赔与病死畜禽无害化处理联动机制，严格落实将病死畜禽无害化处理作为农业保险理赔前提条件的要求。（责任单位：四川保监局、成都市财政局、成都市农委、成都市金融办、涉农保险机构）

39. 加强银保合作，推动保险公司与银行、农户签订三方协议，积极开展“银保财”互动融资。发展保单质押和农村小额信用保证保险业务，支持保险机构通过助贷平台向涉农中小微企业和农村居民提供支农支小贷款。（责任单位：四川保监局、成都市金融办、成都市财政局、涉农保险机构）

40. 积极参与和推进“险资入川”，创新保险资金综合运用，支持保险机构通过债权投资计划、建设养老社区和直投重点农林牧渔建设项目等加大投资力度。（责任单位：四川保监局、成都市金融办、成都市财政局、涉农保险机构）

三、培育发展多层次资本市场，拓宽“三农”融资渠道

（十五）对接多层次资本市场

41. 推动符合条件的涉农企业加入“创业板行动计划”，鼓励农业优势企业、龙头企业和大型专业化公司改制上市，支持村镇银行、涉农小额贷款机构、涉农企业在新三板、区域性股权交易市场挂牌融资。力争到2020年全市新增10家涉农上市企业。（责任单位：四川证监局、成都市农委、成都市金融办、成都市科技局）

（十六）积极发展直接债务融资

42. 筛选100家涉农企业建设“三农”直接债务融资项目库，搭建银行、证券等各类金融机构与涉农企业对接平台，为涉农企业提供全方位金融服务。支持涉农企业通过发行企业债、公司债、私募债、短期融资券、中期票据、定向债务融资工具、非公开定向债务融资工具、资产支持证券、项目收益票据和供应链票据等多种方式融资。以成都农发投公司等农业投融资平台公司为主体，探索发行企业债券支持“三农”发展。（责任单位：人民银行成都分行、四川银监局、四川证监局、成都市发改委、成都农发投公司）

43. 支持符合条件的涉农地方法人银行机构、涉农小贷公司通过定向发债、资产转让、资产证券化等方式融资；鼓励符合条件的商业银行以优质涉农信贷资产为基础，开展资产证券化和发行“三农”金融债。（责任单位：人民银行成都分行、四川证监局、四川银监局、成都市金融办）

44. 重点培育成都市地方法人金融机构成为银行间市场B类主承销会员、主承销会员，逐步拓展主承销业务范围。力争2016年成都银行获得B类主承销会员资格。（责任单位：人民银行成都分行、四川证监局、四川银监局、

成都市金融办）

（十七）稳步发展区域性场外交易市场

45. 推动成都农村产权交易所、四川金融资产交易所、成都（川藏）股权交易中心规范开展涉农非上市企业股权、非公开发行债权的挂牌转让等服务，为涉农非上市公司股权和物权转让提供交易平台。[责任单位：四川证监局、成都市金融办、成都农交所、四川金融资产交易所、成都（川藏）股权交易中心]

46. 引导涉农企业、农业生产组织与期货市场对接，提高利用期货市场发现价格、管理风险的能力。积极推动大连商品交易所在成都设立猪肉期货交割库和纤维板期货交割库。（责任单位：四川证监局、成都市农委、成都市金融办）

（十八）建立农业股权投资基金

47. 探索推动设立“新型农业产业发展投资基金”，重点投向具有发展潜力、高成长性的新型农业产业化企业。支持符合条件的涉农创投企业在市发改委备案，按照税法规定享受相关企业所得税应纳税所得额抵扣，国有创业投资机构股权转持义务豁免。（责任单位：成都市发改委、成都市农委、成都市金融办、成都市科技局）

四、大力推动农村信用体系建设，优化金融生态环境

（十九）完善农村守信激励和失信惩戒机制

48. 按《成都市社会信用体系建设规划（2015—2020 年）》部署，以崇州市为重点推进农村信用体系建设，整合政府部门、金融机构、农村产权交易所、征信机构等方面的涉农主体信用信息，探索建立以新型农业经营主体为主的农村信用信息系统。力争 2016 年末前初步完成农村信用信息系统建设。（责任单位：人民银行成都分行、成都市金融办、成都市发改委、成都市农委、成都农交所、涉农金融机构）

49. 开展信用户、信用村、信用乡（镇）评定工作，加大对信用户、信用村、信用乡（镇）的政策扶持力度。政府各相关部门要明确对信用户、信用村、信用乡（镇、社区）的配套支持政策，把诚实守信作为享受各种扶持政策的必备条件之一；涉农金融机构要在贷款审批、期限、利率等方面为守信农村经济组织和农户提供便利，初步形成制度化的工作机制。（责任单位：人民银行成都分行、成都市金融办、成都市发改委、成都市农委、涉农金融机构）

50. 率先在涉农领域使用信用信息和信用产品，推动在政府投资项目、

社会保障、土地开发利用等政府管理和公共服务领域使用信用产品和服务。（责任单位：成都市发改委、成都市农委、成都市民政局、成都市人社局、成都市国土局、市属国有企业）

51. 鼓励涉农金融机构依托金融信用信息基础数据库、农村信用信息系统，进一步完善对新型农业经营主体、涉农小微企业、农户的内部授信评价机制。引导征信机构针对农村经济主体提供信用产品和服务，鼓励评级机构制定适合农村经济主体的评级指标体系。（责任单位：人民银行成都分行、各涉农金融机构）

（二十）建立涉农纠纷调处机制

52. 完善涉农金融仲裁案件管理相关制度，规范金融仲裁程序。充分运用专家咨询会机制，加强对涉农金融疑难仲裁案件的研讨。探索开展涉农金融仲裁案件巡回办案制度，按照当事人申请，开展现场开庭、调解，建立相关管理办法，规范巡回办案行为，完善巡回仲裁保障措施。（责任单位：成都金融仲裁院）

（二十一）探索统一的涉农动产融资登记

53. 探索以人民银行动产融资登记平台为基础，开展统一的涉农动产融资登记试点，逐步扩大涉农动产融资登记范围。鼓励和引导各涉农金融机构利用应收账款融资服务平台，为农业经济组织、涉农企业等开展应收账款及其他涉农动产融资服务。力争 2015 年末前各涉农金融机构分支机构完成中征应收账款融资服务平台注册，引导农业经济组织、涉农企业等注册并应用平台融资。（责任单位：人民银行成都分行、成都市金融办、成都市农委、成都市经信委、涉农金融机构）

五、健全配套政策措施，完善市场体系建设

（二十二）健全农村产权交易市场

54. 制定出台相关支持政策，推动全市农村产权及已确权农业设施在成都农村产权交易所交易。鼓励成都农村产权交易所积极对接评估机构、金融机构等，努力实现“交易—鉴证—登记—抵押—融资”模式，推动农业资源资本化。力争到 2016 年末前建成农村建设用地使用权、农村土地经营权、林权交易鉴证体系，实现统一鉴证。拓展成都农交所业务领域和范围，力争 2017 年末前在省内设立 1 ~ 2 个分所，并逐步建立全省统一的农村产权交易信息系统。（责任单位：成都市国土局、成都市农委、成都市林业园林局、成都投控集团、成都农交所）

（二十三）加大财税政策扶持力度

55. 研究出台《成都市中小微企业贷款风险补偿机制》，设立贷款风险补偿资金池，通过直接与银行合作、直接与非银行金融机构合作、支持推行小额贷款保证保险等支持包括涉农在内的中小企业融资。（责任单位：成都市财政局、成都市经信委、成都市金融办、人民银行成都分行）

56. 落实涉农贷款增量奖励、增设服务网点奖励、农村金融机构定向费用补贴等政策，对符合当年贷款平均余额同比增长，且存贷比高于50%等条件的新型农村金融机构，给予当年贷款平均余额2%的财政补贴；对年度涉农贷款平均余额增长幅度超过一定比例，且贷款质量符合规定贷款的县域金融机构，对余额增超部分给予一定比例的奖励。（责任单位：成都市财政局、人民银行成都分行、成都市经信委、成都市金融办）

57. 对符合条件的农村金融机构执行3%营业税优惠政策，对符合西部大开发税收优惠政策的地方法人金融机构以及民间金融组织减按15%税率缴纳企业所得税。（责任单位：成都市国税局、成都市地税局）

58. 在成都市农委现代渔业发展专项资金中安排专项补助资金，与涉农金融机构开展渔业项目合作，试点推进财政“以奖代补”补助资金抵押融资。力争2015年末前启动渔业项目补助资金抵押融资试点。（责任单位：成都市农委、成都市财政局、涉农金融机构）

（二十四）综合运用好各种货币政策工具

59. 科学开展差别存款准备金动态调整，对符合新增存款一定比例用于当地的地方法人金融机构实施优惠存款准备金政策。（责任单位：人民银行成都分行、成都银行、成都农商银行、成都各村镇银行）

60. 创新信贷资产抵押等担保方式，使用人民银行再贷款工具，充分发挥“央行农贷通”“央行小贷通”作用，加大支农支小再贷款支持力度，增强涉农法人金融机构资金实力，引导金融支持现代农业示范基地、现代粮食产业基地等基地建设。（责任单位：人民银行成都分行、涉农金融机构）

61. 创新“央行农票通”支持农村企业尤其是农村中小企业票据贴现融资，支持有产品、有市场、有前景等的涉农经济主体的健康发展。（责任单位：人民银行成都分行、涉农金融机构）

62. 建立农村金融服务综合改革情况监测制度，将相关统计指标纳入涉农信贷政策导向效果评估和对金融机构的综合评价、合格审慎评估。（责任单位：人民银行成都分行、涉农金融机构）

（二十五）加强金融管理

63. 加强人民银行与金融监管部门、成都市金融办的工作协调，进一步探索中央和地方金融监管工作协调机制，建立健全金融监管及风险监测信息共享机制，增强金融监管效率。（责任单位：成都市金融办、人民银行成都分行、四川银监局、四川证监局、四川保监局）

64. 做好风险识别、监测、评估、预警和控制工作，依法打击非法集资、非法证券期货、逃废债务和金融领域其他违法行为，完善风险处置手段，建立金融案件快速反应通道，提高《企业破产法》执行效率，切实维护金融安全。（责任单位：成都市处非办、成都市中级人民法院、成都市公安局、成都市工商局、人民银行成都分行、四川银监局、四川证监局、四川保监局）

65. 加强农村地区存款保险制度宣传，大力实施存款保险制度，通过差别费率、早期纠正等措施，引导涉农法人金融机构稳健持续经营。（责任单位：人民银行成都分行）

66. 对金融机构涉农贷款的不良贷款率实行差异化考核，提高对银行业金融机构“三农”和县域涉农小微企业不良贷款率的容忍度；在有效保护股东利益的前提下，提高金融机构不良贷款核销效率。（责任单位：四川银监局、涉农金融机构）

六、保障措施

67. 健全组织领导机制，建立由成都市政府分管负责同志牵头，邀请人民银行成都分行、四川银监局、四川证监局、四川保监局参加的联席会议机制，共同加强对成都市试点工作的领导，健全督导考核机制，进一步明确部门和企业试点工作目标任务，定期督查和通报工作推进情况，确保各项试点任务落到实处。健全定期汇报机制，定期梳理汇总各试点工作任务推进情况，专题研究和协商解决试点推进中的重大事项，及时向省委、省政府和人民银行报告工作情况。

68. 各区（市）县政府、成都高新区管委会、成都天府新区管委会要加强对农村金融服务综合改革试点工作的组织实施，建立工作机制，加大工作推进力度，及时总结推广工作经验，确保2020年前取得实质性成果。人民银行各支行和监管部门县级派出机构加强与地方政府协调配合，积极支持、参与和推动试点。

69. 人民银行成都分行营业管理部和成都市金融办按照《成都市农村金融服务综合改革试点方案》确定的主要目标，按年定期开展农村金融供给需求调查评估，对改革效果进行科学评价。

70. 加强宣传工作，充分运用各种媒体，加大试点工作宣传和农村金融知识宣传，提高社会关注度、认知度，营造良好试点氛围。

本意见自发布之日起施行，有效期5年。

3. 成都市人民政府办公厅关于成立农村金融服务综合改革试点工作领导小组的通知

（成办函〔2017〕151号）

2017年9月16日

各区（市）县政府，市政府各部门：

为加快推进我市农村金融服务综合改革，加强对试点工作的组织领导和政策协调，市政府决定成立农村金融服务综合改革试点工作领导小组（以下简称领导小组）。现将有关事项通知如下。

一、主要职责

组织领导全市农村金融服务综合改革试点工作，制定试点方案、明确改革目标任务，统筹推进改革试点；及时召开领导小组工作会议，审议农村金融服务综合改革重要政策措施，审议各成员单位和区（市）县政府试点工作年度计划和工作方案；研究解决跨部门、跨领域的改革重点难点问题，督促检查重要改革事项落实情况；及时向省委、省政府和人民银行报告工作情况。

二、组成人员

组长：

谢瑞武　市委常委、常务副市长

副组长：

刘宏葆　副市长

覃文林　市政府副秘书长

高建军　市政府副秘书长

成员：

梁其洲　市金融工作局局长

程桦市　金融工作局副局长

潘　斌　市统筹城乡和农业委副主任

白金栋　市财政局副局长

李宏伟　人民银行成都分行营业管理部副主任

冯劲夫　市发改委副主任

郑中礼　市经信委副主任
吴　健　市科技局副局长
黄晓兰　市国土局副局长
刘志斌　市林业园林局副局长
宋明学　市商务委副巡视员

三、工作机构

领导小组办公室设在市金融工作局，承担领导小组日常工作。市金融工作局局长梁其洲同志兼任办公室主任，市金融工作局副局长程桦、市统筹城乡和农业委副主任潘斌、市财政局副局长白金栋和人民银行成都分行营业管理部副主任李宏伟同志兼任办公室副主任，领导小组成员单位有关处室负责人担任办公室成员。

领导小组成员因工作变动需要调整的，由所在单位向领导小组办公室提出，按程序报领导小组组长审批。

成都市人民政府办公厅
2017 年 9 月 16 日

二、成都推广农业经营模式和农村产权市场体系建设文件

4. 成都市人民政府办公厅关于推广“农业共营制”加快农业用地适度规模经营的实施意见

（成办函〔2017〕83 号）
2017 年 5 月 20

成都高新区、成都天府新区管委会，各区（市）县政府，市政府有关部门：

为大力推进农村产权制度改革及成果运用，进一步推广“土地股份合作社＋农业职业经理人＋农业综合服务体系”为核心的“农业共营制”，加快构建新型农业经营体系，实现土地股份化、田型标准化、生产机械化、农民职业化、管理智能化、服务社会化，确保 2020 年全市新型职业农民超过 10 万人，农业职业经理人超过 2 万人，农村土地适度规模经营率达 80%，现提出如下实施意见。

一、推动土地股份合作，促进农业经营规模化

（一）创新组织形式。构建完善农村土地所有权、承包权、经营权“三权分置”机制。充分运用农村土地确权颁证成果，充分尊重农民意愿，引导

农户按照“入股自愿、退股自由、利益共享、风险共担”原则，采取土地经营权作价量化入股等方式，经工商注册成立土地股份合作社。村集体经济组织、农业企业、种养大户等领办或参与组建土地股份合作社的，应严格区分其与合作社之间的产权。

（二）完善运行机制。按照《土地股份合作社章程》选举产生理事会、监事会和理事长、监事长，健全内部管理制度，推进土地股份合作社规范化建设。引导组建土地股份合作社联合社或行业协会，为合作社提供规范化的财会培训或代理服务。财政补助形成的资产转交合作社持有和管护的，应明晰产权，量化股权，建立健全管护机制。引导和鼓励合作社借鉴现代企业管理制度，落实理事长法人治理机制，公开聘用农业职业经理人，构建“土地股份合作社＋农业职业经理人”的运行机制。

（三）强化利益联结。充分发扬民主管理，合作社社员全程参与生产经营决策，理事会代表社员决策生产类别，农业职业经理人提出生产意见、成本预算、产量指标等生产经营方案，经理事会讨论决定后实施，生产经营成本由社员出资，理事会统一管理，收益由社员与农业职业经理人协商确定。探索保底分红、二次返利、购买保险、风险补助、应急资金支持等多种形式的利益联结机制，收支及利润分配应及时公示，接受社员和监事会监督。

（四）发展规模经营。支持土地股份合作社按照“大春抓粮、小春抓钱”粮经齐抓的思路组织生产，大力发展水稻、蔬菜、食用菌等规模经营，提高资源利用率、劳动生产率和土地产出率。推广种子统供、农资统配、病虫统防、生产统管、技术统训、产品统销“六统一”模式，使用节地、节水、节肥、节药等技术措施，建立健全生产记录，推进农业标准化、品牌化和规模化。引导合作社对接市场，签订稳定的农产品供销合同，发展订单农业，确保生产稳定发展。鼓励合作社发展种养循环、稻田综合种养、一二三产业融合、乡村旅游综合体，实现大幅增收。

（五）创新合作经营方式。探索土地经营权入股发展农业产业化经营，鼓励土地股份合作社以农村土地经营权作价折股，农业产业化企业以技术、资金、管理等要素作价折股，探索“优先股＋二次返利”、股份分红等多种形式的利益分配方式，形成“土地股份合作社＋农业职业经理人＋农业产业化企业＋农业综合服务”运行机制，分享农业产业化经营收益，充分让资源、资金、劳动、技术等要素优化配置，实现一二三产业融合发展。

二、推动新型农民培育，促进农业产销专业化

（一）健全选拔机制。重点从大中专毕业生、有一定文化程度和农业生

产管理技能的种养能手以及有意投身农业事业的返乡农民工、城镇居民、复员转业军人和熟悉农业生产经营管理的其他人员中，采取个人自愿报名、乡镇政府（街道办事处）推荐、区（市）县农业部门培训的方式，培养一批生产经营型、专业技能型、社会服务型等新型职业农民，通过考核、遴选的办法，选拔一批爱农业、懂技术、善经营的农业职业经理人，并颁发初级农业职业经理人证书。

（二）加强技能培训。实施农业职业经理人、新型职业农民“双培训”，免费开展农业法律法规、专业技术、科技管理、市场营销、电子商务、食品安全、农村金融等知识培训。创新培训方式，采取理论培训与实践操作相促进、市内培训与外出考察相结合、集中培训与分产业培训相配套的方式，每年开展知识更新培训。优化整合培训资源，依托成都农职学院、市农林科学院等涉农科研机构组建成都农业职业经理人学院，依托规模化农业基地建立实训基地，健全导师制度，提高培训的针对性、实效性。

（三）强化人才管理。建立健全农业职业经理人分级评定制度和考核机制，对获得考核合格证书的农业职业经理人，每两年组织对其职业素养、业绩、诚信等情况进行考核，对业绩突出的予以提升等级，对考核不合格的予以降低等级或取消资格。组织开展“十佳”优秀农业职业经理人评选活动。建立健全市、区（市）县两级农业职业经理人信息库，及时公开农业职业经理人特长、绩效、诚信等动态信息，促进人才全域交流聘用。探索建立生产经营型、专业技能型、社会服务型等新型职业农民考核认定机制。

（四）完善服务机制。支持设立农业职业经理人服务中心，依托基层农业综合服务站设立服务点，为农业职业经理人提供政策咨询、信息查询、手续办理等服务。鼓励建立和发展壮大农业职业经理人协会及产业分会，支持其在农业职业经理人分类管理、交流活动组织、新品种新技术新材料试验示范和农业基地建设以及诚信评定、优秀推荐、产地培训等方面充分发挥作用。

三、推动服务平台建设，促进农业服务社会化

（一）构建新型农业科技服务体系。积极对接在蓉涉农科研院所，采取政府补贴、有偿服务等方式组建农业专家团队，共建农业专家大院，构建“专家团队 + 科技推广团队 + 农业职业经理人团队”上下互通的农业科技服务体系。充分发挥农业公益性服务平台作用，采取政府购买服务等方式，为各类经营业主提供农业公共服务，解决农业科技成果转化和推广“最后一公里”问题。

（二）构建新型农业品牌服务体系。支持成立农业品牌管理委员会，引

导土地股份合作社对接农业产业化龙头企业，建设农产品加工专用原材料基地，形成“品牌企业＋农业基地”的利益联结机制。大力推进“三品一标”认证，通过公用品牌授权使用、企业品牌有偿使用或自创自建品牌等方式，推动农业标准化生产、品牌化经营。加快健全从田间到餐桌的全程质量监控机制，实现品牌农产品质量安全可溯源。推进农业“天府品牌”创建工作，加大品牌宣传、品牌推广、品牌营销力度，促进“天府源、成都味”农产品迈向全国、走向世界。

（三）构建新型农村金融服务体系。完善农业农村投融资平台，健全农村产权融资担保体系、农村产权交易服务体系、农村信用信息体系，探索推进农村产权抵押贷款、农业职业经理人信用贷款、合作社社员资金互助，优化完善农村金融服务环境。引导金融机构对土地股份合作社、农业职业经理人开展信用评级，将评价结果引入贷款审核过程。引导金融机构创新融资贷款产品和服务，探索开发农业经营主体用工保险产品，鼓励对土地股份合作社、农业职业经理人予以授信，化解短期农业生产融资难题。

（四）推广“一站式”农业综合服务。整合农业技术咨询、农业劳务、全程农机化、农资配送、专业育秧（苗）、病虫害防治、物流运输、粮食代烘代储等各类社会化服务资源，依托基层农业综合服务站，搭建“农业服务超市”综合平台，采取“菜单式”公示服务项目、内容、质量、价格等，为各类经营业主提供“一站式”的农业综合服务，供服务对象询价、比价、自由选择。

四、落实保障措施，确保推广工作取得实效

（一）强化组织领导。各区（市）县政府（含成都高新区、成都天府新区管委会）是推广“农业共营制”的工作主体和责任主体，要高度重视推广工作，加强组织领导，列入重要议事日程，纳入绩效管理。要结合自身实际，抓紧制定推广实施方案，明确工作任务和时间节点，抓好试点示范。加强工作督查，由市农委会同市政府督查室，按时间节点定期组织督查，确保推广工作顺利开展和各项任务全面完成。

（二）强化部门合作。市级有关部门（单位）要加强协作配合，按照各自职责，加大对区（市）县的指导服务和政策支持力度。市农委要做好牵头协调工作，市科技局要加大对科技服务体系建设的支持力度，市工商局要做好土地股份合作社登记注册和农业公共品牌创建的指导服务，市商务委要加强对农产品现代营销的指导服务，市金融工作局要协调金融机构创新农村金融产品和服务方式，发改、国土、财政、水务、质监、食药监等部门要结合自身职能职责做好相应指导服务。

（三）强化政策扶持。加大财政扶持力度，每年在成都市现代农业专项资金中安排一定的资金，用于支持“农业共营制”推广工作，支持打造“天府源”农业公共品牌。对运行规范、带动作用明显的土地股份合作社示范社，逐步提高奖补标准；对使用集体建设用地建设粮食烘储、农产品产地分级包装等设施的合作社，优先纳入农产品加工用地价格补差政策扶持范围；资助农业职业经理人以个人身份参加城镇职工养老保险；对农业职业经理人领办新办的农业生产基地，在政策性农业保险和粮食规模化经营扶持补贴政策上给予优惠。制定出台加快农业社会化服务体系建设办法，健全品牌创建、金融创新、科技推广、农机作业等配套政策体系。

（四）强化统筹推进。要把“农业共营制”推广与深化农村改革试验区建设结合起来，通过发展土地股份合作社、培育农业职业经理人、构建农业社会化服务体系，推动土地承包经营权流转管理、土地经营权入股发展农业产业化经营、农村“两权”抵押等农村改革试点试验项目落实。进一步加大涉农资金整合投入力度，结合100万亩菜粮基地高标准农田建设提升行动计划实施和集中连片都市现代农业产业示范基地建设，强化“农业共营制”推广，加快促进农业经营方式转变。

该意见自印发之日起实施，有效期五年。

成都市人民政府办公厅
2017年5月20日

5. 中共成都市委办公厅　成都市人民政府办公厅印发《关于深化农村产权制度专项改革方案》的通知

（成委办〔2014〕35号）
2014年9月11日

各区（市）县委和人民政府，市级各部门：

《关于深化农村产权制度专项改革方案》已经市委、市政府领导同志同意，现印发给你们，请认真贯彻实施。

中共成都市委办公厅
成都市人民政府办公厅

2014 年 9 月 11 日

关于深化农村产权制度专项改革方案

为深入贯彻党的十八届三中全会、省委十届四次全会、市委十二届三次全会精神，进一步深化农村产权制度改革，制定本方案。

一、总体思路

（一）工作要求。按照建立健全归属清晰、权责明确、保护严格、流转顺畅的现代农村产权制度的要求，进一步深化农村产权制度改革，切实推动农村资产资本化，率先推动农民实现更多财产权利，为生产要素在城乡之间自由流动奠定坚实基础，从根本上保障好、维护好和发展好农民权益。

（二）工作目标。深化农村产权确权颁证，明晰农村各类产权权属。健全农村产权登记管理服务体系，实现农村产权登记管理服务常态化、信息化。完善农村产权保护体系，有效保障农民合法权益。健全农村产权交易服务体系，着力打造西南农村产权交易中心。

二、重点工作

（一）深化农村产权确权颁证

1. 巩固农村产权确权颁证成果。市国土局、市房管局、市农委、市林业园林局等市级相关部门要加强对已确权颁证农村产权的常态化管理，对农村产权有权属变化的及时开展变更登记。2013 年末前已验收完成的土地综合整治项目，督促指导农村集体经济组织及其成员及时申请并完成土地权属变更登记。

2. 拓展农村产权登记颁证范围。市农委、市国土局、市水务局、市林业园林局等市级相关部门负责制定出台农村承包土地的经营权、农业生产设施所有权、农村养殖水面经营权、小型水利工程所有权、林业设施所有权等农村产权登记管理办法，2014 年开展登记颁证试点并实现颁证，力争 2015 年在全市全面推开。

3. 深入开展清产核资和股份量化工作。市农委负责修订完善农村集体资产股权登记和交易管理办法，进一步对尚未确权到户的土地、房屋和其他集体资产进行清产核资，折股量化到集体经济组织成员，力争 2015 年基本完成。

（二）健全农村产权登记管理服务体系

1. 完善农村产权登记管理规则。根据农村产权流转、抵押、担保以及遗失补办等现实需求，市国土局、市房管局、市农委、市林业园林局等市级相关部门，于2014年末前修订完善农村产权初始登记、变更登记的登记规则，进一步优化登记流程、简化登记手续、缩短办理时限。市级相关部门按照“服务下沉”的要求，建立“授权管理”机制，科学划分区（市）县（含天府新区成都片区，下同）、乡镇、（涉农街道）农村产权管理服务的职能，指导区（市）县、乡镇（涉农街道）规范高效地开展农村产权登记管理服务，切实方便产权持有人及时办理产权登记。

2. 健全农村产权登记管理服务平台。2014年末前，各区（市）县完成在政务服务中心设立农村产权登记管理服务窗口，按照市级相关部门制定的农村产权登记管理规则开展登记管理服务。有条件的区（市）县也可将农村产权登记管理服务平台与农村产权流转交易服务平台整合设立“农村产权综合服务中心”，集中开展农村产权登记管理、流转交易服务。推动农村产权登记管理服务职能向乡镇（涉农街道）延伸，在乡镇人民政府（涉农街道办事处）相关内设机构加挂“农村产权管理服务中心”牌子，负责农村产权长久不变备案管理、农村产权数据信息动态更新、农村产权咨询投诉和纠纷调处，以及按授权范围开展农村产权登记管理、农村集体股权管理、农村产权流转交易服务等工作。2014年率先完成各重点镇农村产权管理服务中心建设，2015年完成所有乡镇（涉农街道）农村产权管理服务中心建设。

3. 加强农村产权登记管理信息系统建设。市国土局、市房管局、市农委、市林业园林局等市级相关部门要加快农村产权“全域数据库”建设，做好农村产权基础数据信息的动态更新、互联共享。2015年末，实现市、区（市）县、乡镇（涉农街道）三级农村产权管理信息系统联网运行，推动全市农村产权管理服务的网络化、信息化。

（三）完善农村产权保护体系

1. 完善农村产权纠纷调处机制。健全市、区（市）县、乡镇（涉农街道）、村（社区）四级农村产权制度改革纠纷调处体系，进一步强化相关行政主管部门农村产权咨询投诉机构的职责，将农村产权确权颁证、流转交易等事项纳入咨询投诉和纠纷调处的常态管理。

2. 畅通农村产权维护法律援助渠道。充分发挥农村产权维护法律援助工作机构的作用，做好农村产权维护法律援助工作，实现“应援尽援”。

3. 鼓励农民通过仲裁解决农村产权纠纷。充分发挥成都农村产权仲裁院的作用，引导农民运用仲裁手段解决农村产权纠纷，及时化解确权颁证、农村产权流转过程中的矛盾纠纷。

（四）健全农村产权交易服务体系

1. 做大做强成都农村产权交易所。建立农村产权交易联席会议制度，由市国土局牵头，会同市委统筹委、市房管局、市农委、市林业园林局等市级相关部门共同履行好业务管理职责，加强对成都农村产权交易所的指导，完善法人治理结构，促进其规范高效运行。2014 年研究制定成都农村产权交易所农村产权交易目录、收费标准，探索推进农村产权经纪人队伍建设。完善成都农村产权交易所统一交易规则、统一交易鉴证、统一服务标准、统一交易监管、统一信息平台、统一诚信建设“六统一”管理模式，切实保护好交易双方的合法权益。2015 年建立完善鼓励支持成都农村产权交易所发展的政策体系。

2. 强化农村产权交易服务业务指导。进一步理顺成都农村产权交易所与区（市）县、乡镇（涉农街道）的关系，建立完善逐级业务指导机制，加快构成多级联动、整体协同、覆盖全市、带动西南的农村产权交易市场服务体系。

3. 加快一站式综合服务平台建设。市国土局牵头，会同市金融办、市委统筹委、市经信委于 2014 年末前研究制定农村产权交易一站式综合服务平台和产权交易综合信息系统建设方案，引导产权登记管理、法律援助、产权评估、融资担保、金融、公证、仲裁等驻场支持，将成都农村产权交易所建成一站式综合性平台。建立农村产权交易网络信息系统，推动农村产权交易的电子商务化和管理服务现代化。

三、推进措施

（一）加强组织领导。市委统筹城乡综合配套改革专项小组要加强对深化农村产权制度改革工作的组织协调，及时研究改革过程中出现的矛盾和问题。各区（市）县要高度重视，建立强有力的统筹协调机制，主要领导要亲自抓，及时协调改革过程中的问题，扎实推进各项工作。

（二）落实责任分工。市级相关部门要细化工作方案，分解落实各项改革工作任务，明确责任单位、任务分工、工作职责、完成时限等。建立部门沟通协调机制，形成权责明确、分工协作、齐抓共管的工作格局，确保改革任务顺利推进。

（三）强化督促考核。市委统筹委要及时汇总深化农村产权制度改革进展情况，采取多种方式加强督促检查，有关督查结果及时进行通报。将各项改革任务纳入目标考核，明确具体内容和目标要求，确保改革责任到位、措施落实、成效明显、群众满意。

6. 成都市人民政府办公厅关于印发《成都农村产权交易所区（市）县分公司（子公司）建设方案》的通知

（成办函〔2016〕146号）

2016年9月29日

各区（市）县政府，成都高新区、成都天府新区管委会，市政府有关部门，有关单位：

《成都农村产权交易所区（市）县分公司（子公司）建设方案》已经市委、市政府同意，现印发你们，请认真组织实施。

成都市人民政府办公厅

2016年9月29日

成都农村产权交易所区（市）县分公司（子公司）建设方案

按照省政府办公厅《关于全省农村产权流转交易市场体系建设的指导意见》（川办发〔2015〕58号）和市政府办公厅《关于印发成都市鼓励和引导农村产权入场流转交易办法的通知》（成办函〔2016〕27号）精神，为进一步规范农村产权流转交易行为，深化统筹城乡发展和农村改革，完善全市农村产权交易服务体系，指导各涉农区（市）县组建成都农村产权交易所（以下简称成都农交所）分公司（子公司），特制定本方案。

一、宗旨目标

（一）经营宗旨

以创新为手段，以市场为导向，以服务“三农”和统筹城乡发展为目标，通过农村产权公开、规范流转交易，促进农村资源资本化和生产要素自由流动，切实推动统筹城乡综合配套改革试验区建设和农村改革工作。

（二）工作目标

按照“统一信息系统、统一交易规则、统一交易鉴证、统一服务标准、统一交易结算和统一交易监管”的模式，开展农村产权交易一站式服务，创新构建全市农村产权交易服务体系和市场体系，形成全市一个交易平台、四级服务体系和政府鼓励引导、市县分级交易、乡村宣传初核、社会支持配合的良好格局。

二、组织构架

（一）组织形式

成都农交所分公司（子公司）以市场化的方式促进农村产权流转交易。原则上，区（市）县（含成都天府新区，下同）以设立成都农交所分公司为主，对于当地确有需要设立成都农交所子公司的，可由成都农交所出资51%，区（市）县政府（管委会，下同）确定的国有全资公司出资49%，共同投资设立注册资本为100万元的有限责任公司，负责当地农村产权交易工作。

成都农交所区（市）县分公司（子公司）按照现代企业制度的要求统一管理。过渡时期的业务工作、目标管理、绩效考核由成都农交所统筹管理，班子队伍建设和乡镇农村产权服务站（中心）的管理由区（市）县业务主管部门负责，或与成都农交所共管，具体管理方案由区（市）县政府确定的业务主管部门与成都农交所协商确定。

（二）职能职责

成都农交所区（市）县分公司（子公司）负责所在区（市）县的农村土地经营权、林权、农村房屋所有权、养殖水面使用权、农业生产设施所有权、农村集体经济组织股权、农业类知识产权、农业产业化项目、农村土地综合整治项目、资产处置等各类农村产权流转交易的咨询、辅导、接件及交易组织等工作；负责各项农村产权流转交易的权证代办、金融服务及其他交易后续服务等工作；负责本区域内的农村产权经纪人队伍建设与管理工作。

乡镇农村产权交易服务站整合原乡镇（街道）农村产权管理服务中心、农村产权交易服务站职能职责，负责受理农村产权流转项目信息的收集、发布工作。乡镇便民服务中心至少设置1席农村产权流转服务窗口。

村（社区）农村产权交易服务点负责农村产权流转项目受理及流转信息的收集、发布工作。在村（社区）便民服务站增设1席农村产权流转服务窗口，具备条件的地方，可将“农贷通”村级金融服务站与农村产权窗口合并运行。

各类农村产权的交易组织、鉴证管理由成都农交所和成都农交所区（市）县分公司（子公司）负责，公共资源交易服务中心不再负责；市、区（市）县有关部门要做好政策配套、督促协调和一站式服务管理等工作；乡镇、村（社区）要做好政策宣传、咨询服务、信息初核等工作。

（三）经营范围

农村土地承包经营权、林权、农村房屋所有权、农村集体经济组织股权、农业类知识产权等各类农村产权的交易；农村土地综合整治项目招商；资产处置；市场信息咨询服务。

（四）队伍建设

1. 成都农交所区（市）县分公司机构设置。设分公司经理1名，市场拓展岗、项目受理岗各1~3名，岗位职责和人员要求由成都农交所另行明确。运营初期所需人员可由区（市）县在当地熟悉农业、林业、房管、国土、统筹等方面政策的人员中推荐，以人才派遣、招聘等方式到公司工作，由成都农交所负责其考核和业务培训。

2. 成都农交所区（市）县子公司机构设置。不设董事会和监事会，设执行董事1人（为公司法定代表人），监事1人，总经理1人，其他经营层人员1~2名。执行董事由成都农交所委派，总经理由区（市）县业务主管部门委派。公司内部可设综合管理部、市场拓展部、交易服务部和财务计划部等部门，运行初期配备工作人员5~10人。

三、交易场馆

（一）过渡时期场馆

交易场地由区（市）县负责选定，并无偿提供使用，设“成都农交所×××区（市）县农村产权流转交易服务中心”统一标识。若交易场馆设在政务中心或公共资源交易中心，区（市）县政府负责提供2~3个农村产权接件窗口和不少于50平方米的办公场所；若交易场馆单独设立，区（市）县政府负责提供不少于200平方米的交易和办公场所。

（二）中后期场馆

由区（市）县政府与成都农交所另行研究决定。

四、保障措施

（一）加强领导

区（市）县政府要会同成都农交所成立成都农交所分公司（子公司）建设筹备小组，政府分管负责人负责成都农交所分公司（子公司）前期建设的指导和协调工作，2016年10月底前完成筹备工作。区（市）县要建立农村产权交易联席会议制度，负责农村产权流转交易工作的监督与管理；联席会议办公室设在区（市）县政府确定的牵头主管部门，由该部门主要负责人兼任办公室主任，业务牵头主管部门分管负责人和成都农交所分公司（子公司）负责人兼任办公室副主任。

（二）明确分工

区（市）县业务主管部门负责搞好平台建设、政策体系建设、协调督促等工作，不动产登记中心要在成都农交所及其区（市）县分（子）公司设置窗口或分中心，开展农村产权初始登记、变更登记、他项权利登记等工作；国土、房管、农林、水务、统筹等部门应尽快出台鼓励和引导农村产权入场流转的办法措施，并明确专人作为农村产权流转交易、权证办理的联络人，与成都农交所区（市）县分公司（子公司）形成工作互动机制。

（三）政策支持

区（市）县要组建农村产权流转交易监督管理委员会，负责监管当地农村产权流转交易市场，研究出台鼓励和引导农村产权入场交易的政策，督促有关部门落实相应的政策措施，督促有关乡镇、村（社区）搞好农村产权交易体系建设等工作；确定业务主管部门负责农村产权交易体系协调管理工作和监管成都农交所区（市）县分公司（子公司）。

（四）资金支持

1. 成都农交所区（市）县分公司（子公司）成立时，由当地政府一次性给予不少于20万元的开办资金。

2. 成都农交所区（市）县分公司（子公司）成立后，每年按照交易额（以成都农交所出具的交易鉴证书为准）的相应比例给予资金支持。当年交易金额5亿元（含）以下的部分按交易金额的1%给予支持；当年交易金额5亿元以上至10亿元（含）之间的部分按交易金额的0.5%给予支持；当年交易金额10亿元以上的部分，按交易金额的0.3%给予支持。

区（市）县政府可采取提前预支部分农村产权补贴资金、强化目标考核、推荐优秀干部等方式加强对成都农交所区（市）县分公司（子公司）的扶持和监督力度。

7. 成都市人民政府办公厅关于印发《成都市鼓励和引导农村产权入场流转交易办法》的通知

（成办函〔2016〕27号）

2016年2月26日

各区（市）县政府，成都高新区、成都天府新区管委会，市政府有关部门，有关单位：

《成都市鼓励和引导农村产权入场流转交易办法》已经市政府同意，现印发你们，请认真贯彻执行。

成都市人民政府办公厅
2016 年 2 月 26 日

成都市鼓励和引导农村产权入场流转交易办法

第一章　总　则

第一条　为贯彻落实省政府办公厅《关于全省农村产权流转交易市场体系建设的指导意见》（川办发〔2015〕58 号）精神，充分发挥成都农村产权交易所（以下简称成都农交所）的平台作用，进一步鼓励和引导各类农村产权入场流转交易，规范流转交易行为，提高要素资源配置和利用效率，结合实际，制定本办法。

第二条　本办法所称农村产权入场流转交易，是指权属明晰的农村产权，通过农村产权交易市场以招标、拍卖、挂牌、电子竞价、协议转让、一次性密封报价等方式寻求受让方的流转交易行为。

第三条　鼓励和引导农村产权入场流转交易应坚持以下原则：市场化原则，公开、公平、公正原则，保障农民合法权益原则，政府引导原则。

第二章　交易品种

第四条　凡属《成都市农村产权流转交易目录》范围的农村产权和项目，适用本办法。

第五条　依法采取租赁、出让、入股、合资或者以其他方式流转交易的农村集体资产，以及农村集体经济组织受委托进行流转交易的农村产权和项目，原则上应入场流转交易。标的额在 10 万元以上的农村集体资产流转必须入场公开交易。

第六条　集体经营性建设用地使用权初次流转、农村土地综合整治项目产生的“持证准用”建设用地指标和耕地占补平衡指标交易，以及由农村集体经济组织实施的农村土地综合整治项目招商引资，应在成都农交所公开进行。

第七条　个人拥有的农村产权和专业大户、家庭农场、家庭林场、农民合作社、涉农企业等新型农业经营主体的各类农村产权流转交易时，鼓励其入场流转交易。

第三章　交易服务

第八条　成都农交所为我市依法设立的农村产权综合交易平台，为各类农村产权流转交易提供场所设施、信息发布和组织交易等服务。

第九条　成都农交所应对各类农村产权入场流转交易活动进行鉴证，出具交易鉴证书，并发布成交公告。

第十条　成都农交所组织开展各类农村产权推介活动，提供政策法律咨询和信息查询服务。

第十一条　建立农村产权流转交易“一站式”服务。成都农交所应设置农村产权权证代办服务窗口，受国土、房管、市水务、农业、林业等部门委托，对申请人的资格、资料等信息进行初核接件，为交易主体提供代办服务；有关部门也可派员到成都农交所代办服务窗口提供服务。市国土局、市房管局、市水务局、市农委、市林业园林局等部门负责做好代办服务的指导和协调工作。

第十二条　鼓励公证、仲裁、金融等机构在成都农交所设立办事窗口。

第四章　政策措施

第十三条　取得交易鉴证书的涉农项目，凡符合享受市、区（市）县两级财政有关涉农优惠政策的，应优先给予支持。市、区（市）县两级有关部门要认真完善有关配套政策。

第十四条　国土、房管、水务、农业、林业等部门可将交易鉴证书作为办理农村产权权证登记的重要依据，优化相应办证手续。标的额在10万元以上的农村集体资产流转交易后申请变更（转移）登记时，应提供证明公开交易的材料（交易鉴证书或成交公告或公开交易付款凭证均可）。市级有关部门要进一步完善农村产权登记办法，积极鼓励农村产权入场交易。

第十五条　引导银行、保险、融资租赁、商业保理和担保公司等机构将交易鉴证书记载的成交价格作为抵押融资标的资产的价值评估依据之一，优先为交易主体提供融资、担保等金融服务。

第十六条　自本办法施行之日起3年内，我市农村土地经营权、林权、农村房屋所有权、农村集体资产股权、农业类知识产权在成都农交所实现流转交易的，不收取作为转让方的农村集体经济组织和农户的交易服务费，所免除的交易服务费由市财政给予成都农交所补助。

自本办法施行之日起3年内，我市农村产权在成都农交所实现流转交易的，其公证服务费由成都农交所支付，市财政按年度给予成都农交所全额补贴。

第五章　附　则

第十七条　本办法由市国土局、市房管局、市水务局、市农委、市林业园林局按职能负责解释。

第十八条　本办法自印发之日起30日后施行，有效期3年。原《成都市引导和鼓励农村产权入场交易暂行办法》同时废止。

附件

成都市农村产权流转交易目录

项　　目	内　　容	主管部门
一、资源类项目		
1. 建设用地指标	建设用地指标交易	市国土局
2. 耕地占补平衡指标	耕地占补平衡指标交易	市国土局
3. 林权	（1）林地经营权流转交易	市林业园林局
	（2）林木所有权转让	市林业园林局
	（3）林木使用权流转交易	市林业园林局
	（4）山林股权转让	市林业园林局
	（5）采伐权指标转让	市林业园林局
4. 农村承包土地经营权	农村承包土地经营权流转	市农委
5. 农村房屋所有权	各类农村房屋所有权转让	市房管局
6. 集体经营性建设用地使用权	集体经营性建设用地使用权流转、出租、入股	市国土局
7. 农村水域、滩涂养殖权	农村养殖水面经营权的流转交易	市农委
8. 农业生产设施所有权	农业生产设施所有权的流转交易	市农委
9. 农村集体资产股权	农村集体资产股权转让	市农委
10. 农村集体经济组织“四荒地”承包经营权	各类农村集体经济组织“四荒地”发包以及经营权流转交易	市农委
11. 小型水利设施所有权、经营权、水权和使用权	小型水利设施所有权、经营权、水权和使用权的流转交易	市水务局
二、资产类项目		
1. 资产处置	集体经济组织资产处置	市农委及相关职能部门
2. 农村集体经营性资产	农村集体经营性资产所有权和使用权流转交易	市农委、市国土局、市房管局
三、知识产权类项目		
1. 农业类知识产权	各种农业类知识产权转让	市农委、市科技局
四、投融资服务类项目		
1. 农村产权抵押融资	各类农村产权抵押融资服务	市级相关职能部门
2. 农村土地综合整治项目交易	农村土地综合整治项目挂牌寻求投资者	市国土局
3. 农村建设招标、产业项目	农村建设招标、产业项目招商和转让	市农委、市发改委

三、成都“农贷通”平台建设文件

8. 成都市人民政府办公厅关于建立“农贷通”平台促进现代农业与现代金融有机融合的试行意见

（成办函〔2017〕7号）

2017年1月11日

成都天府新区管委会，相关区（市）县政府，市政府有关部门，有关单位：

“农贷通”平台是围绕解决农业农村面临的“融资难、融资贵”和金融机构“贷款难、贷款成本高”问题，整合农村产权、农业政策、农村金融等各类资源，建设的集农业政策咨询、产权流转服务、融资供需对接、金融风险分担、信用信息共享等多功能于一体、线上线下结合的农村金融综合服务平台。为深入贯彻落实市委、市政府《关于以发展新理念为引领加快农业现代化高标准全面建成小康的意见》（成委发〔2016〕19号）精神，进一步深化农村金融服务综合改革试验区建设，经市政府同意，决定在全市推进“农贷通”平台建设，现提出如下意见。

一、总体要求

（一）总体思路

以盘活农村各类资源，推动农业产业化经营为核心，按照“一个平台、三级管理、市县互动”思路，加快建设“农贷通”平台，充分发挥财政金融支农政策的导向和撬动作用，畅通和拓展融资渠道，形成农业农村资金投入可持续增长的机制，实现农村产业信贷资金需求的“应贷尽贷”。

（二）工作目标

到2017年3月底，全市涉农区（市）县（含成都天府新区，下同）所有行政村建立农村金融综合服务站、农业农村电商服务站和农村产权交易服务站；到2017年末，初步建成“风险分担、快捷高效、应贷尽贷”的“农贷通”平台，实现平台信息网络的互联互通和综合服务体系全覆盖，使农村产权要素得到有效激活，农村金融市场环境得到实质改善，农村产业融资能力得到整体提升。

二、主要任务

（一）搭建“一个平台”

以区（市）县为责任主体，运用现代信息技术，搭建集信贷需求征集、支农政策集成、农业信息和农村金融产品发布、资金供需对接、农产品供需对接、农产品众筹、信用信息汇集等功能于一体的“政银企”综合性融资服务平台，通过线上线下业务一体化提供融资对接服务。支持征信服务机构完成县级“农贷通”服务平台建设的系统设计和开发，逐步构建“县县互通、市县互通”的全域成都综合融资服务平台，不断拓展平台功能，扩大参与面和覆盖面。

（二）建设“三个服务中心”

在所有乡镇（涉农街道）建立农村金融综合服务中心、农业农村电商服务中心和农村产权交易服务中心，实行“三块牌子、一套人马”，承担农村产权流转处置、农业农村电子商务、农村金融贷款和保险等供需信息汇集、融资审核相关职责，开展一站式服务。“三个服务中心”主要依托乡镇基层农业综合服务站进行建设，未设立基层农业综合服务站的乡镇（涉农街道），可挂设在相应的为农服务内部机构。服务中心的人员配置和设备设施及保障经费由所在区（市）县统筹解决。

（三）建设“三个服务站”

按照统一规范的建设标准，在所有行政村建立村级农村金融综合服务站、农业农村电商服务站和农村产权交易服务站，实行“三块牌子、一套人马、一套硬件设施、一站式服务”。服务站聘用1～2名工作人员，具体承担农村产权流转处置、信息采集、融资和支付服务、金融宣传、农业农村电商服务等职责。采取政府购买服务和金融机构支持的方式，落实服务站运行保障经费和配套设备设施。

（四）强化“三个支撑”

依托政策性投融资服务平台，建设以农村产权流转交易、农村产权（资产）收购处置、农村信用征集服务为重点的支撑体系，为“农贷通”融资服务平台提供支撑。支持农村产权交易机构在区（市）县建立分支机构，健全覆盖全域的农村产权交易体系。支持农村产权收储机构开展农村产权（资产）收购处置和运营，受托开展农村债权处置工作。整合分散在各部门、单位和金融机构的农村信用信息，构建完善全域成都综合融资征信服务平台，逐步形成征信产品，提供征信服务。

（五）完善“四个体系”

完善政策支持体系，制定出台鼓励支持项目包装、入场交易、金融创新等方面的配套政策措施和具有操作性的实施办法，加大支农政策性资金整合力度，发挥政策扶持引导和风险缓释保障功能。完善聚合融资体系，整合人民银行再贷款资金、再贴现资金、政策性担保资金、投资资金，引导金融机构、担保公司、农业投资公司、保险公司、非银行金融机构等改进服务、创新产品，建立包含多层次融资对接方式，覆盖信贷融资、直接债务融资、股权融资等多种融资实现方式的融资体系。完善风险分担体系，统筹整合涉农风险补偿资金，建立风险分担机制，引导商业银行持续增加信贷投入，建立风险可控、责权明确、操作便捷的风险资金管理制度，增强商业银行的放贷信心和经营主体的融资能力。完善信用信息共享体系，整合分散的农业经营主体信用管理信息，实现信息互通共享，形成全市统一的“农贷通”信用信息共享体系。

三、工作措施

（一）建立多层次的信贷供需对接机制

相关区（市）县要建立相关部门、金融机构的定期对接会商制度和重点扶持对象项目库。充分依托“农贷通”融资服务平台，构建农林牧副渔业经营主体与农村金融综合服务站、金融机构相衔接的多层次融资对接机制，推动“农贷通”融资服务平台线上申请的实时对接，实现融资进度的全流程跟踪。[责任单位：人民银行成都分行营业管理部、市农委、市金融办、成都金控集团，相关区（市）县政府]

（二）建立多元化的融资实现机制

对经营主体的贷款申请，由金融机构依据信用信息提出受理意见，农业部门提出是否符合产业发展、扶贫开发、新农村建设等方面政策的审核意见，对符合要求的项目纳入“农贷通”服务平台。金融机构根据受理和政策审核意见提出综合融资方案，指导经营主体完成融资。支持金融机构开展各类农村动产和不动产融资，探索开展统一的涉农动产融资登记试点，逐步扩大涉农动产融资登记范围。支持各类金融机构积极对接农村产权交易机构，充分利用交易机构形成的市场公允价格开发各类金融创新产品，促进产权交易与金融服务的有效联动。促进银行与保险公司的联动合作，推广信用保证保险业务，培育农村票据市场。加强对农业产业化龙头企业的培育，鼓励和引导企业通过上市、发债等方式筹集资金。完善各类农村产权的颁证、抵押登记、信息共享以及入场流转等工作，逐步扩大可抵押的农村产权种类，建立农村产权价值评估体系，定期发布各类农村产权的指导价格，并与资产收购处置、信贷风险分担紧密结合。探索试行农业股权投资、农业众筹等新途径和办法，建立完善农业股权投资体系。[责任单位：市金融办、市农委、人民银行成都分行营业管理部、成都金控集团、市农发投公司，相关区（市）县政府]

（三）建立贷款损失风险分担机制

整合各类担保基金，建立政策性农业担保公司的资本金补充机制。市级担保公司综合采取注资、联合担保、再担保等手段增强区（市）县担保公司的担保能力。整合设立“农贷通”风险基金，合理确定银行、保险公司、担保公司、风险基金的风险分担比例，制定完善风险基金管理办法，明确风险责任分担机制，在确定的“农贷通”平台信贷损失分担比例基础上，简化操作手续，实行信贷风险的及时按约定分担。委托农村产权收储机构管理“农贷通”风险基金，加强同各类资产管理公司的合作，开展农村产权和农村债权的收购处置工作。[责任单位：市财政局、市农委、人民银行成都分行营业管理部、市金融办、市农发投公司及相关金融机构，相关区（市）县政府]

（四）建立基层服务站综合服务机制

相关区（市）县政府负责乡镇（涉农街道）、村（涉农社区）农村金融综合服务、农业农村电商服务、农村产权交易服务等机构的场所、硬件和人员配备工作，农村产权交易机构和征信服务机构负责软件系统配备工作，金融机构负责自助机具布放、支付环境和宣传资料准备以及必要的培训工作。落实基层服务机构工作任务和工作职责，健全服务机构综合服务机制，引导农村产权入场流转交易，协助开展农村产权处置，受理、推荐和跟踪信贷需求等融资服务，采集信用信息，布放银行自助机具并提供小额支付服务，开展金融知识和金融产品宣传，搞好农业农村电商服务。[责任单位：市农委、市金融办、人民银行成都分行营业管理部、市统筹委、市商务委、成都农商银行及其他金融机构、成都金控集团，相关区（市）县政府]

（五）建立完善信用信息数据库

利用“农贷通”融资服务平台，从有融资需求的农业经营主体入手，把分散在各部门的管理数据汇总起来，逐步积累、完善信用信息数据并及时充实和更新。在政策和法律法规许可的范围内，市和区（市）县有关部门积极支持征信服务机构开展农村信用信息管理数据的采集工作，做到管理数据的实时更新。[责任单位：人民银行成都分行营业管理部、市金融办、市农委、市农发投公司、成都金控集团、成都农商银行及其他金融机构，相关区（市）县政府]

（六）建立可持续的数据平台运营模式

建立分阶段的工作推进机制，优先建立各参与方互联互通的“农贷通”融资服务平台综合信息系统，整合信息流和业务流，实现信息共享和融资线上对接。逐步拓展信息系统功能，将用户群体扩大到农业（林业）企业、农民合作社、家庭农（林）场等新型经营主体及市民，推广应用线上对接线下交易模式，形成紧密联结农业供需的“生态圈”，建设农业综合服务 OTO 系统。[责任单位：成都金控集团、人民银行成都分行营业管理部、市金融办、市农委、市农发投公司、成都农商银行及其他金融机构，相关区（市）县政府]

四、保障措施

（一）强化组织保障

建立由市政府分管领导任总召集人，市政府协调处理农业农村工作副秘书长为副召集人，市农委、市统筹委、市发改委、市财政局、市国土局、市房管局、市水务局、市林业园林局、市工商局、市金融办和相关单位为成员的“农贷通”平台建设联席会议制度，加强对“农贷通”平台建设的组织领导和协调督促，及时跟踪掌握工作开展情况，协调解决工作推进中的问题，及时总结推广好经验、好做法。相关区（市）县要建立相应的工作制度，推动辖区内“农贷通”平台建设，落实“农贷通”平台建设各项工作要求，形成“银政保”对接机制。[责任单位：市农委、市金融办、人民银行成都分行营业管理部、市财政局、市统筹委、市发改委、市国土局、市房管局、市林业园林局、成都金控集团、市农发投公司，相关区（市）县政府]

（二）强化政策扶持

市级整合设立不低于 6000 万元、区（市）县建立不低于 500 万元的“农贷通”平台风险补偿基金；对农村产权交易机构在区（市）县设立分支机构的，由所在区（市）县落实不少于 20 万元的开办经费；对“农贷通”融资服务平台、农村信用信息共享体系和村级农村金融、农业农村电商、农村产权交易综合服务站建设，市和区（市）县两级财政每年给予适当的资金补助。人民银行成都分行营业管理部提供不少于 8 亿元的支农再贷款和 8 亿元再贴现资金，支持村镇银行等中小法人银行机构增强放贷能力，引导降低融资利率，对参与涉农业务的非银行金融机构参照金融机构财政贴息政策，给予一定补偿。推行贷款对象财政贴息政策，在项目贷款期限内，对从事大宗粮食种植生产的贷款项目，按基准利率给予贷款主体 80% 贴息；对从事特色种养业生产的贷款项目，按基准利率给予贷款主体 50% 贴息；对从事一二三产业融合发展的贷款项目，按基准利率给予贷款主体 30% 贴息；贴息资金由市和区（市）县财政按不同比例分担（成都天府新区为 2∶8，龙泉驿区、新都区、温江区、双流区、郫都区为 4∶6，青白江区、简阳市、都江堰市、彭州市、邛崃市、崇州市、金堂县、新津县、大邑县、蒲江县为 6∶4）。每个项目贴息资金总额不超过200万元。[责任单位：市财政局、市金融办、市统筹委、市农委、人民银行成都分行营业管理部及其他金融机构，相关区（市）县政府]

（三）强化金融服务

支持涉农金融机构抓住政策机遇，积极主动参与农村金融改革试点和“农贷通”平台建设工作，围绕“农贷通”平台服务的支持重点，综合调配信贷资源，在风险可控的前提下满足农林牧副渔业经营主体的信贷需求。鼓励涉农金融机构完善内部激励约束机制，将财政奖补政策落实到对基层分支机构和基层信贷人员的激励上，建立健全涉农信贷激励办法，引导基层机构改进服务，主动加强与农林牧副渔业经营主体的对接，将金融支农工作开展情况纳入基层行社经营考核目标，对涉农贷款进行单独考核，调动基层机构和人员的创新积极性。积极开展金融创新，大力推广农村产权融资、银保担合作产品，多渠道满足农业经营主体的资金需求。[责任单位：市金融办、市农委、人民银行成都分行营业管理部和相关区（市）县支行及其他金融机构，相关区（市）县政府]

（四）强化检查督促

将农村产权交易体系、“农贷通”平台和农业农村电商服务体系建设，纳入对市级相关部门和区（市）县“三农”工作的重要考核内容。建立健全信息上报机制，实行月报制度，区（市）县每月定期向市级“农贷通”平台、农村产权交易体系和农业农村电商服务体系建设工作联席会议牵头部门报送工作进度。由市级牵头部门负责定期组织抽查，对工作中存在的问题及时分析和督促整改，对不能按期完成工作任务的区（市）县给予通报批评。[责任单位：市农委、市金融办、市国土局、人民银行成都分行营业管理部，相关区（市）县政府]

本意见自印发之日起施行，有效期2年。

9. 成都市财政局　成都市农业委员会　成都市金融工作局关于印发《成都市“农贷通”风险资金管理暂行办法》的通知

（成财农〔2017〕65号）

2017年6月5日

各区（市）县政府，成都高新区、成都天府新区管委会，市政府有关部门、有关单位：

按照成都市人民政府办公厅《关于建立“农贷通”平台促进现代农业与现代金融有机融合的试行意见》（成办函〔2017〕7号）和报经市政府同意的《关于整合原农村产权抵押融资风险基金建立“农贷通”平台风险资金的请示》（成金〔2017〕118号）精神，现将《成都市“农贷通”风险资金管理暂行办法》《成都市“农贷通”农村产权直接抵（质）押融资风险资金使用实施细则》《成都市“农贷通－惠农贷”风险资金实施细则》《成都市“农贷通”风险资金－保险公司信用保证保险风险资金实施细则》印发你们，请遵照执行。

附件：1. 成都市“农贷通”风险资金管理暂行办法

2. 成都市“农贷通”农村产权直接抵（质）押融资风险资金使用实施细则

3. 成都市“农贷通—惠农贷”风险资金实施细则

4. 成都市“农贷通”风险资金—保险公司信用保证保险风险资金实施细则

成都市财政局

成都市农业委员会

成都市金融工作局

2017年6月5日

附件1

成都市“农贷通”风险资金管理暂行办法

第一章　总　则

第一条（目的及依据）　为贯彻落实成都市人民政府办公厅《关于建立“农贷通”平台促进现代农业与现代金融有机融合的试行意见》（成办函〔2017〕7号）文件精神，通过设立成都市“农贷通风险资金”（简称：风险资金），发挥财政资金杠杆效应，积极推进农村产权抵（质）押贷款，完善银担、银保合作和风险分担机制，引导推广农业企业定制化融资产品，有效缓解农业农村“融资难、融资贵”问题。为加强资金管理，规范运作和提高使用效益，特制定本办法。

第二条（资金来源） 整合市级、区（市）县农村产权抵押融资风险基金及“风险资金”的利息收益。根据“风险资金”使用情况，每年县级财政根据区域贷款损失给予补充，市财政按不高于50%的比例给予补助。

第三条（作用及用途） 发挥财政资金杠杆作用，完善政府、银行、担保、保险支持融资的风险分担机制，引导我市行政区域内银行金融机构、融资性担保公司、保险公司对我市新型农业经营主体开展融资贷款业务，并承担部分融资贷款业务发生的损失。

第二章 分级管理与职责分工

第四条（分级管理） 市农委、市财政局、市金融办作为“风险资金”的主管部门，负责制定管理办法、落实资金预算；“农贷通”平台服务机构是“农贷通”平台的建设和管理者，是金融机构与贷款主体（经营业主或企业）的链接纽带，要向金融机构推荐好的项目，向业主（企业）推荐好的金融产品；“农贷通”联席会议负责确认风险损失、划拨补偿资金和绩效考核与评估；区（市）县农业主管部门和财政局负责筹措本级资金，筛选推荐优质新型农业经营主体（业主），通过“农贷通”平台向各金融机构推荐融资需求企业，协助处置风险；担保机构、保险公司及合作银行负责审查推荐项目，把控项目风险和维护信贷资金安全，承担相应风险和损失，每月在“农贷通”平台上报发放贷款（担保、承保）项目情况，并通过“农贷通”平台进行损失申报、审核。

第五条（专户托管） “风险资金”由市农委、市财政局、市金融办委托成都市农村产权收储公司进行管理，并在合作银行设立资金专户托管。在“风险资金”存续期间，除用于贷款风险补偿外，参与各方不得以任何理由支取或划转资金。合作银行定期向市农委、市财政局和市金融办上报托管资金动向。

第六条（合作银行） 本办法所称合作银行，是与“农贷通”平台签订了业务合作框架协议，承诺承担风险分担机制，提供优质服务的银行，包括各类政策性银行、国有商业银行、中资股份制商业银行、城市商业银行、农村商业银行、村镇银行总行或分行。

第七条（担保机构） 依法设立两年以上、注册资本金1亿元以上、取得融资性担保经营许可证；第三方信用评级在A以上（包括A级）；运作规范、财务管理制度健全，近两年未因违法违规行为受到县级上财政部门及其他监管部门处罚并按要求向市农委报送相关信息的融资性担保机构，可向市农委提交申请，经“农贷通”联席会议审定，通过协议方式落实政、银、担（保）风险分担机制，纳入合作范围，开展融资项目担保业务。

第八条（保险机构） 经“农贷通”联席会议审定的保险机构为新型农业经营主体提供贷款保证保险业务，可向市农委提出申请，经“农贷通”联席会议审定，纳入合作范围，享受风险资金政策支持。

第三章 运作方式

第九条（分类管理） 为提高资金使用效率，强化资金的监管，“风险资金”实行分类管理制度。首期资金主要为整合市、县“农村产权抵押贷款风险资金”筹集，其中：市级6000万元、各区（市）县不少于500万元。分别设立农村产权直接抵（质）押融资风险资金；农贷通惠农贷风险资金；保险公司信用保证保险风险资金。上述资金在“风险资金”专户下分账核算、专款专用，互不调剂。

第十条（支持范围） 支持进入成都市“农贷通”平台的新型农业经营主体。项目审查由银行、融资性担保公司、保险公司独立审贷审保。合作银行、融资性担保公司、保险公司须放宽抵（质）押范围，接受能办理抵（质）押登记的农村产权、股权、专利等。若担保方式为保险公司保证保险的，对个别风险较高的借款人，合作银行在进行贷款审查时，可要求借款人提供抵（质）押、担保公司保证担保等形式的等比例风险覆盖。单户贷款企业授信最高额度为500万元，农业个人生产经营授信最高额度为100万元。

第十一条（申请贷款） 有融资需求的业主（企业）需通过“农贷通”平台网上填报申请，同时须承诺自愿接受银行和担保机构在《成都市公共信用信息系统》《人民银行征信系统》的信息查询。“农贷通”平台服务机构向合作银行、担保公司、保险公司推荐，并将获贷信息录入“农贷通”平台。

第十二条（利率及担保费率） 合作银行对贷款用于农业生产的农业经营主体（或企业）的贷款利率上浮比例不超过人民银行同期限档次基准利率的30%。融资性担保公司的保费率每年不超过2.0%。保险公司保费费率每年不超过2.5%。银行、担保公司、保险公司均不得以保证金、咨询费、评估费等任何形式提高或变相提高企业贷款（担保）成本。符合享受贷款贴息政策的业主（企业），按《成都市财政局、成都市农业委员会关于做好“农贷通”平台支持项目贷款贴息工作有关事项的通知》（成财农〔2017〕26号）相关政策执行。

第十三条（风险损失分担）

（一）银行抵（质）押贷款方式

在“风险资金—农村产权直接抵（质）押融资风险资金”足额的条件下，农村产权直接抵（质）押贷款最终损失［含成都市农村产权收储公司对抵（质）押物的处置费用］，由风险资金承担80%。年度内当“风险资金－农村产权直接抵（质）押融资风险资金”余额不足，暂停拨付。

（二）担保公司保证担保方式

担保公司承担保证担保责任，当贷款业主（企业）发生逾期直至无力偿还的最终损失，在“风险资金－农贷通惠农贷风险资金”能足额提供补偿资金的情况下，由合作银行、融资性担保机构与风险资金按最终损失额的80%：20%分担，其中银担风险分担比例按协议约定为准（银行风险分担比例不低于10%）。年度内当“风险资金－农贷通惠农贷风险资金”余额不足，暂停拨付。

（三）保险公司保证保险方式

“风险资金－保险公司信用保证保险风险资金”、合作银行与保险公司对贷款本息损失按三方约定比例分摊。其中，合作银行风险分担比例不超过30%。当保险公司贷款保证保险整体赔付率达到一定比例时，由“风险资金－保险公司信用保证保险风险资金”根据赔付率超过的区间范围对保险公司给予累进补偿。具体为：在一个自然年度内，对保险公司涉农小额贷款保证保险赔付率（已决赔款总额/实收保费总额）超过80%～100%的部分，由“风险资金－保险公司信用保证保险风险资金”按50%的比例补偿；赔付率超过101%～140%的部分按55%的比例补偿；赔付率超过141%的部分按60%的比例补偿。在一个年度内，当试点保险公司在市域内所承保的贷款保证保险赔付率达到90%，或贷款不良率达到3%时，该保险公司暂停办理新业务。年度内当“风险资金－保险公司信用保证保险风险资金”余额不足时，暂停拨付。

上述风险资金补偿办法由市农委、市财政局、市金融办另行制定实施细则。

第十四条（补偿程序） 享受“农贷通”风险资金政策扶持的涉农贷款，合作银行、担保公司、保险公司需在贷款发放前将贷款详细录入“农贷通”平台。发生贷款逾期或代偿后，由银行、担保公司、保险公司按季向项目所在地“农贷通”平台服务机构提出补偿申请，并提交代偿（或最终损失）的相关资料，经项目所在地“农贷通”平台服务机构初审，县级“农贷通”平台联席会议复审，报市“农贷通”平台联席会议办公室。由“农贷通”联席会议办公室聘请中介机构进行审计。对中介机构审计确认的补偿事项，由“农贷通”平台联席会议办公室召集成员单位进行审议，并下达拨款通知书，由成都市农村产权收储公司在代管账户中将补偿资金拨付给银行、担保公司和保险公司。

第十五条（风险追偿） 在实施代偿以后，担保公司、保险公司会同合作银行执行债务追偿程序。追索回的资金或企业恢复还款收回的资金在扣除相应追偿费用后，剩余资金按照各方约定的损失分摊比例进行分配，退还到“风险资金”各方账户。

第四章　取消资格及协议终止

第十六条（取消资格） “农贷通”联席会议对合作银行和融资性担保机构、保险公司的工作业绩进行监督考核，对违反上述约定的有权取消合作资格。贷款企业逾期不还的，如属主观恶意拖欠、抽逃资金等行为，纳入“成都市公共信用信息系统”和“中国人民银行征信系统”管理。构成犯罪的，移送司法机关依法处理。

第十七条（协议终止） 当“风险资金”连续两年不足分担贷款损失风险时，经“农贷通”联席会议会同合作银行、担保公司、保险公司协商一致共同签署《终止协议通知书》，即合作银行和担保机构停止办理新的授信业务，直至债权债务清偿审计结束，才终止协议的履行。风险分担和追偿按照第十三条和第十五条执行。

第五章　监督管理

第十八条（监督考核） 银行、融资性担保机构、保险公司和企业须按规定如实报送有关材料，不得弄虚作假，骗取、套取风险资金，不得违规变相收取贷款利息或担保费用以外的其他任何费用。对违反规定的，将收回已拨付的风险补偿资金，三年内禁止申报各级财政资金。情节严重的，按照《财政违法行为处罚处分条例》等有关法律法规进行处罚。对从事专项资金相关工作人员徇私舞弊、玩忽职守的，按国家相关规定追究其行政责任和法律责任。

第十九条（审计监督） 风险补偿资金的管理使用，应接受农业、财政、金融、审计等部门的监督检查。具体监管细则另行制定。

第六章 附 则

第二十条（合作机构） 第六条、第七条、第八条所指的合作银行、担保机构和支持业主（企业）范围，如需增加、取消或变更，须报“农贷通”联席会议确定。

第二十一条（服务费用） 按照本办法规定，委托中介机构开展项目资金管理、绩效考核评价、补助资金专项审计等服务项目，按照协议约定支付一定的服务费用，原则上在“风险资金”中列支。具体项目金额由“农贷通”联席会议核定。

第二十二条（解释权限） 本办法由市农委、市财政局、市金融办负责解释。

第二十三条（有效期限） 本办法自颁发之日起30日后施行，有效期2年。

附件2

成都市“农贷通”农村产权直接抵（质）押融资风险资金使用实施细则

第一章 总 则

第一条（目的及依据） 为贯彻落实成都市人民政府办公厅《关于建立“农贷通”平台促进现代农业与现代金融有机融合的试行意见》（成办函〔2017〕7号）文件精神，充分发挥“农贷通”平台支农惠农作用，进一步完善农村产权直接抵（质）押融资风险补偿机制，鼓励金融机构深入开展农村产权直接抵（质）押融资业务，按照《成都市“农贷通”风险资金管理暂行办法》有关规定，结合我市前期运行实际，制定本实施细则。

第二条［产权抵（质）押融资范围］ 本实施细则所指农村产权直接抵（质）押融资是指以农民住房财产权、农村土地经营权、花卉苗木所有权、林权、农业生产设施所有权、农产品仓单、养殖水面经营权和农村集体经济组织股权等抵（质）押登记机关认可的农村产权为抵（质）押物，向银行申请融入资金。

第三条（来源及用途） 本实施细则所指“农村产权直接抵（质）押融

资风险资金”是由“农贷通”风险资金安排，专项用于对从事农村产权抵（质）押融资业务的银行到期未清偿债务风险予以分担的专项资金。

第二章 风险资金的筹集

第四条（筹集规模） “农村产权直接抵（质）押融资风险资金”初期安排规模为8000万元，并视使用情况在下一年度进行追加。追加资金由市、县财政共同承担。

第五条（委托管理） “农村产权直接抵（质）押融资风险资金”由市农委、市财政局、市金融办委托成都市农村产权收储公司进行管理。

第三章 风险资金的使用

第六条（风险损失分担） 农村产权直接抵（质）押贷款最终损失由“农村产权直接抵（质）押融资风险资金”承担80%，合作银行承担20%。

第七条（名单制登记管理）

（一）利率要求。银行贷款利率最高不超过人民银行同期基准利率上浮30%。

（二）名单制管理。从2017年起，全市范围内“农贷通”农村产权直接抵（质）押贷款业务实施名单登记制管理，农村产权直接抵（质）押融资风险资金仅对名单内借款人发生的风险进行补偿。通过成都市“农贷通”联席会议办公室在线审批，决定借款人是否进入“农贷通”平台业主（新型经营主体或企业）名单。要求借款人相关数据按实录入，不得弄虚作假，一经发现取消其登记资格。

（三）资格审核。借贷当事人双方须在“农贷通”平台注册，并录入借款人相关经营数据、贷款有关信息等，由成都市“农贷通”联席会议办公室在线审批，决定贷款是否属于享受风险资金补偿政策范围。

第八条（初次补偿申请和拨付）

（一）当农村产权直接抵（质）押贷款出现违约，抵（质）押权人可根据法律法规及合同约定直接通过市场化方式处置抵（质）押物。债务履行期届满30天后，抵（质）押物未能处置或处置后不能全额覆盖债务的，债权人可在属地“农贷通”平台提交借款合同、抵（质）押合同复印件，催收通知书复印件等资料，在提交资料完善的情况下由属地“农贷通”平台服务机构在10个工作日内进行初审，县级“农贷通”联席会议在初审通过后10个工作日内进行复审，报市“农贷通”平台联席会议办公室。由市“农贷通”

联席会议办公室聘请中介机构进行审计。对中介机构审计确认的补偿事项，由成都市“农贷通”平台联席会议办公室按季召集成员单位进行审议。

（二）经成都市“农贷通”联席会议审核通过后，由成都市“农贷通”联席会议办公室向成都市农村产权收储有限公司发放《初次补偿拨付通知书》，成都市农村产权收储有限公司在收到《初次补偿拨付通知书》之日起5个工作日内完成对债权人的资金拨付，并与债权人完成农村产权抵（质）押融资债权转让手续。首次补偿金额为截至补偿申请日未清偿本息的（不含罚息）60%。

第九条（农村产权处置） 经成都市“农贷通”平台联席会议审批，成都市农村产权收储公司受让债权后，按照市场化原则，对农村产权进行处置，农村产权处置期间，涉及的流转租金、评估、拍卖等处置费用支出，列入处置成本（费用）。

第十条（二次结算和补偿）

（一）二次结算原则。成都市农村产权收储公司完成农村产权处置后，在10个工作日内完成损益结算。截至初次补偿申请日未清偿本息（不含罚息）与产权处置及债权人其他清收措施追偿所得净值之间差额为农村产权抵（质）押贷款最终损益。在扣除相关产权处置成本（费用）后，按照多退少补的原则，农村产权处置所得优先补偿“农村产权直接抵（质）押融资风险资金”，再补偿原债权人损失，剩余部分退还借款人，“农村产权直接抵（质）押融资风险资金”承担最终损失的80%。

（二）二次补偿申请。在成都市农村产权收储公司完成农村产权处置结算后，原债权人获得补偿金额仍未达到农村产权直接抵（质）押融资风险资金应承担最终损失的80%时，原债权人可通过“农贷通”平台向成都市“农贷通”联席会议提出贷款损失二次补偿申请。

（三）二次补偿拨付。经成都市“农贷通”联席会议审核通过后，由成都市“农贷通”联席会议办公室向成都市农村产权收储有限公司发放《二次补偿拨付通知书》，成都市农村产权收储有限公司在收到《二次补偿拨付通知书》之日起5个工作日内完成二次补偿资金拨付。

第十一条（叫停机制） 年度内当“农村产权抵（质）押融资风险资金”余额不足时，停止办理农村产权抵（质）押融资业务，由合作银行立即对该产品项下未结清融资进行风险排查，并根据排查情况妥善制定风险处置方案。所有融资结清后，恢复办理农村产权抵（质）押融资业务。

第四章　风险资金管理职责分工

第十二条（联席会议职责） 成都市“农贷通”联席会议负责统一研究决定我市“农村产权直接抵（质）押融资风险资金”的筹集、使用和监管等重大事项，并审批风险资金的筹集与使用。

第十三条（联席会议办公室职责） 成都市“农贷通”联席会议办公室视本年度“农村产权直接抵（质）押融资风险资金”使用情况及各区（市）县区域贷款风险补偿额，提出年度“农村产权直接抵（质）押融资风险资金”补充方案，报联席会议审定。

第十四条（市级部门职责） 市农委、市财政局、市金融办负责督促区（市）县落实年度“农村产权直接抵（质）押融资风险资金”补充方案，及时归集风险资金。

第十五条（资金受托机构职责） 成都市农村产权收储有限公司负责支付“农村产权直接抵（质）押融资风险资金”以及农村产权的处置，并对全市补偿情况及农村产权处置情况做好统计和分析。

第五章　监督管理

第十六条（违规责任） 承办银行要规范农村产权抵（质）押融资的操作流程，加强内部管理和风险控制，按规定如实报送申请风险资金补偿的有关材料，不得弄虚作假，骗取、套取风险资金。对违反规定的承办机构，将收回已拨付的补偿资金并取消其申报资格，对弄虚作假和套取挪用的，按照《财政违法行为处罚处分条例》等国家有关法律法规的规定，除全额收缴风险补偿资金外，将追究有关责任人、责任单位的责任。涉嫌犯罪的，移交司法机关追究刑事责任。

第十七条（监督检查） 成都市“农贷通”联席会议对专项资金的申报和使用情况进行监督检查和绩效评价，或聘请会计师事务所进行核查，及时掌握资金的使用和管理情况，督促整改存在的问题。

第六章　附　则

第十八条（解释权限） 本实施细则由市农委、市财政局、市金融办负责解释。

第十九条（有效期限） 本实施细则自颁发之日起30日后施行，有效期2年。

附件 3

成都市“农贷通—惠农贷”风险资金实施细则

第一章　总　则

第一条（目的及依据） 为贯彻落实成都市人民政府办公厅《关于建立“农贷通”平台促进现代农业与现代金融有机融合的试行意见》（成办函〔2017〕7 号）文件精神，发挥财政资金杠杆效应，积极推进完善政银担风险分担机制，按照《成都市“农贷通”风险资金管理暂行办法》有关规定，结合我市前期运行实际，制定本实施细则。

第二条（产品概念） 本实施细则所称“惠农贷”产品，是银行与担保公司在现有的合作框架下，以“农贷通”平台名录的业主（新型经营主体或企业）为服务对象，向其提供低价、灵活的融资服务，并建立风险损失分摊补偿机制，以财政风险资金对合作银行、担保公司信贷损失进行适当分担的授信业务。

第三条（分摊机制） 本实施细则所称的风险损失分摊机制，是指由市、县财政筹集设立的“农贷通—惠农贷风险资金”，作为“惠农贷”风险补偿资金的重要来源。“惠农贷”项下信贷资产发生损失后，“农贷通”平台在风险资金池出资范围内对银行和担保公司的逾期贷款本息进行一定比例的分担。

第二章　风险资金筹集

第四条（筹集规模） “农贷通惠农贷风险资金”初期筹集规模为 6000 万元，并视使用情况在下一年度进行追加。追加资金由市、县财政共同承担。

第五条（委托管理） “农贷通惠农贷风险资金”由市农委、市财政局、市金融办委托成都市农村产权收储公司进行管理，并在合作银行设立资金专户托管。

第三章　风险资金使用

第六条（风险损失分担） “惠农贷”最终损失由“农贷通惠农贷风险资金”承担 20%，合作银行、担保公司承担 80%，银担风险分担比例按协议约定为准（银行风险分担比例不低于 10%）。

第七条（名单制登记管理）

（一）融资成本。银行贷款利率最高不超过人民银行同期基准利率上浮 30%，融资性担保公司的保费率每年不超过 2.0%。

（二）登记申请。从2017年起全市范围内“农贷通惠农贷”业务实施名单登记制管理。借款人须在“农贷通”平台注册，并录入借款人相关经营数据等。要求借款人相关数据按实录入，不得弄虚作假，一经发现取消其登记资格。

（三）资格审核。借贷当事人双方须在“农贷通”平台注册，并录入借款人相关经营数据、贷款有关信息等，由成都市“农贷通”联席会议办公室在线审批，决定贷款是否属于享受风险资金补偿政策范围。

第八条（补偿申请） 被授信人未能按时支付利息或未能到期清偿债务，导致贷款本息发生逾期或表外形成垫款后，由合作银行向保证人出具《履行担保责任通知书》，合作银行和担保公司须在“农贷通”平台录入借款人贷款本息发生逾期或表外垫款的相关信息，当贷款发生逾期或表外垫款超过30天，保证人在规定时间内应按照合作协议的约定履行担保责任，并同时在属地“农贷通”平台发起“农贷通惠农贷风险资金”补偿申请，提交贷款本息发生逾期或表外垫款相关资料和担保公司代偿资料。经属地“农贷通”平台服务机构初审，县级“农贷通”平台联席会议办公室复审，报市“农贷通”平台联席会议办公室。由成都市“农贷通”联席会议办公室聘请中介机构进行审计。对中介机构审计确认的补偿事项，由“农贷通”平台联席会议办公室按季召集成员单位进行审议。

第九条（资金划转） 经成都市“农贷通”联席会议审核通过后，由成都市“农贷通”联席会议办公室向成都市农村产权收储有限公司发放《拨付通知书》，成都市农村产权收储有限公司在收到《拨付通知书》之日起5个工作日内完成对保证人的资金拨付。

第十条（叫停机制） “惠农贷”产品项下出现逾期贷款或表外垫款累计达约定金额或农贷通惠农贷风险资金不足当年度期初金额的50%时，停止办理“惠农贷”业务，由合作银行与担保公司立即对该产品项下未结清融资进行风险排查，并根据排查情况妥善制定风险处置方案。所有融资结清后，恢复办理农贷通惠农贷业务。

第四章　风险基金的管理职责分工

第十一条（联席会议职责） 成都市“农贷通”联席会议负责统一研究决定我市“农贷通惠农贷风险资金”的筹集、使用和监管等重大事项，并审批风险资金的筹集与使用。

第十二条（联席会议办公室职责） 成都市“农贷通”联席会议办公室视本年度“农贷通惠农贷风险资金”使用情况及各区（市）县区域贷款风险

补偿额，提出年度“农贷通惠农贷风险资金”补充方案，报联席会议审定。

第十三条（市级部门职责） 市农委、市财政局、市金融办负责督促区（市）县落实年度“农贷通惠农贷风险资金”补充方案，及时归集风险资金。

第十四条（合作机构职责） 合作担保机构、合作银行应独立负责审查项目，把控风险、承担风险和维护信贷资金安全，每月向成都市“农贷通”联席会议办公室上报发放贷款（承保）项目。

第五章　监督管理

第十五条（违规责任） 合作银行和担保公司要按“惠农贷”产品的操作流程，加强内部管理和风险控制，按规定如实报送申请风险资金补偿的有关材料，不得弄虚作假，骗取、套取风险资金。对违反规定的承办机构将收回已拨付的补偿资金并取消其申报资格，对弄虚作假和套取挪用的，按照《财政违法行为处罚处分条例》等国家有关法律法规的规定，除全额收缴风险补偿资金外，将追究有关责任人、责任单位的责任。涉嫌犯罪的，移交司法机关追究刑事责任。

第十六条（监督检查） 成都市“农贷通”联席会议对专项资金的申报和使用情况进行监督检查和绩效评价，或聘请会计师事务所进行核查，及时掌握资金的使用和管理情况，督促整改存在问题。

第六章　附　则

第十七条（解释权限） 本实施细则由市农委、市财政局、市金融办负责解释。

第十八条（有效期限） 本实施细则自颁发之日起 30 日后施行，有效期 2 年。

附件 4

成都市“农贷通”风险资金—保险公司信用保证保险风险资金实施细则

第一章　总　则

第一条（目的及依据） 为贯彻落实成都市人民政府办公厅《关于建立

“农贷通”平台促进现代农业与现代金融有机融合的试行意见》（成办函〔2017〕7号）文件精神，发挥财政资金杠杆效应，积极推进完善政银保风险分担机制，根据《成都市“农贷通”风险资金管理暂行办法》有关规定，制定本实施细则。

第二条（产品概念） 本实施细则所称贷款保证保险，是指以“农贷通”平台企业名录库中的新型农业经营主体为服务对象，农业经营主体通过“农贷通”平台申请贷款时，以向保险公司投保，银行以保单作为担保的方式向投保人发放贷款，当借款人未按合同约定履行还贷义务并在等待期结束后，由保险公司按照相关约定承担贷款赔偿损失责任的保险，并建立风险损失分摊补偿机制，以财政风险资金对保险公司开展涉农贷款信用保证保险损失进行适当分担的保险业务。

第三条（来源及用途） 本实施细则所指“保险公司信用保证保险风险资金”是由“农贷通”风险资金安排，用于对从事贷款保证保险业务的保险公司风险予以分担的专项资金。

第四条（风险损失分摊） 本实施细则中所称的风险损失分摊机制是指“保险公司信用保证保险风险资金”、合作银行与保险公司对贷款本息损失按三方约定方式分摊。其中，合作银行风险分担比例不低于贷款本息损失的10%，不超过30%。当贷款保证保险整体赔付率超过80%阀值时，由风险补偿专项资金根据赔付率超出的区间范围对保险公司进行补偿。

第二章 风险资金的筹集

第五条（筹集规模） “保险公司信用保证保险风险资金”初期规模为2000万元。以后年度视情况进行追加。追加资金由市、县财政共同承担。

第六条（委托管理） “保险公司信用保证保险风险资金”由市农委、市财政局、市金融办委托成都市农村产权收储公司进行管理。

第三章 风险资金的使用

第七条（保险损失补偿） 当保险公司贷款保证保险整体赔付率达到一定比例时，由“保险公司信用保证保险风险资金”根据赔付率超过的区间范围对保险公司给予累进补偿。具体为：当年1月1日至12月31日为一个结算年度，结算年度内保险公司贷款保证保险赔付率（已决贷款保证保险赔款总额/实收贷款保证保险保费总额）80%～100%（含100%）的部分，由“保险公司信用保证保险风险资金”按50%的比例补偿；赔付率100%～

140%（含140%）的部分按55%的比例补偿；赔付率超过140%的部分按60%的比例补偿。在一个年度内，当试点保险公司在市域内所承保的贷款保证保险赔付率达到90%，或贷款不良率达到3%时，该保险公司暂停办理新业务。结算年度内当“保险公司信用保证保险风险资金”余额不足时，暂停拨付，待“保险公司信用保证保险风险资金”补足后再行拨付。

风险补偿具体计算方式为：

风险补偿金额 = {［max（赔付率，80%）- 80%］×50%

+［max（赔付率，100%）- 100%］×5%

+［max（赔付率，140%）- 140%］×5%}×涉农小额贷款实收保费总额

注：当 x≥y，max（x，y）= x。

第八条（名单制登记管理）

（一）融资成本。银行贷款利率最高不超过人民银行同期基准利率上浮30%，保险费率以保险公司在保险监管机关备案或核准的费率为基础，年化费率最高不超过贷款本金的2.5%。单笔贷款额不得超过200万元（其中，家庭农场类经营主体单笔贷款额不超过50万元、专合组织类经营主体单笔贷款额不超过100万元），期限最长不得超过24个月。

（二）登记申请。从2017年起全市范围内“贷款保证保险业务”实施名单登记制管理。借款人须在“农贷通”平台注册，并录入借款人相关经营数据等。要求借款人相关数据按实录入，不得弄虚作假，一经发现取消其登记资格。

（三）资格审核。借贷当事人及保险公司须在“农贷通”平台注册，并录入借款人相关经营数据、贷款和保费收取有关信息等，由成都市“农贷通”联席会议办公室在线审批，决定该笔保险是否属于享受风险资金补偿政策范围。

第九条（补偿申请）

借款人未按照贷款合同约定足额履行义务，贷款银行在30日内仍追偿未果的，即可向保险机构提出索赔。保险机构在收到银行书面索赔申请后10个工作日内向银行进行理赔。不良贷款由保险机构和银行共同进行追缴，追缴的贷款本息在抵扣追索费用、违约金后，按比例偿还银行与保险机构，如保险公司对该笔不良贷款的赔偿损失已获得政府风险补偿，则追偿所得应首先偿还政府风险补偿。合作银行和保险公司须在“农贷通”平台录入借款人贷款本息发生逾期和保险赔付的相关信息。

每年1月底，保险公司按照上一年度贷款保证保险赔付率，在“农贷

通”平台向成都市“农贷通”联席会议发起“保险公司信用保证保险风险资金”补偿申请，同时提交贷款本息发生逾期或表外垫款相关资料和保险公司赔付资料等。

第十条（资金拨付） 经成都市“农贷通”联席会议审核通过后，由成都市“农贷通”联席会议办公室向成都市农村产权收储有限公司发放《补偿拨付通知书》，成都市农村产权收储有限公司在收到《补偿拨付通知书》之日起5个工作日内完成对保险公司的资金拨付。

第十一条（叫停机制） 年度内当“保险公司信用保证保险风险资金”余额不足时，停止办理贷款保证保险业务，由合作银行与保险公司立即对该产品项下未结清融资进行风险排查，并根据排查情况妥善制定风险处置方案。所有融资结清后，恢复办理信用保证保险业务。

第四章 风险基金的管理职责分工

第十二条（联席会议职责） 成都市“农贷通”联席会议负责统一研究决定我市“保险公司信用保证保险风险资金”的筹集、使用和监管等重大事项，并审批风险资金的筹集与使用。

第十三条（联席会议办公室职责） 成都市“农贷通”联席会议办公室视本年度“保险公司信用保证保险风险资金”使用情况，及各区（市）县区域贷款风险补偿额，提出年度“保险公司信用保证保险风险资金”补充方案，报联席会议审定并督促及时到位。

第十四条（市级部门职责） 市农委、市财政局、市金融办负责督促区（市）县落实年度“保险公司信用保证保险风险资金”补充方案，及时归集风险资金。

第十五条（合作机构职责） 合作保险机构会同合作银行负责审查项目把控风险并承担相应的风险和损失，以及不良贷款的处置和追缴。每月向成都市“农贷通”联席会议办公室上报发放贷款（承保）项目情况。

第五章 监督管理

第十六条（违规责任） 合作银行和保险公司要规范“保险公司信用保证保险”产品的操作流程，加强内部管理和风险控制，按规定如实报送申请“保险公司信用保证保险风险资金”补偿的有关材料，不得弄虚作假，骗取、套取风险资金。对违反规定的承办机构将收回已拨付的补偿资金并取消其申报资格，对弄虚作假和套取挪用的，按照《财政违法行为处罚处分条例》等国家有关法律法规的规定，除全额收缴风险补偿资金外，将追究有关责任人、责任单位的责任。涉嫌犯罪的，移交司法机关追究刑事责任。

第十七条（监督检查） 成都市“农贷通”联席会议对专项资金的申报和使用情况进行监督检查和绩效评价，或聘请会计师事务所进行核查，及时掌握资金的使用和管理情况，督促整改存在问题。

第六章 附 则

第十八条（解释权限） 本实施细则由市农委、市财政局、市金融办负责解释。

第十九条（有效期限） 本实施细则自颁发之日起30日后施行，有效期2年。

10. 成都市农业委员会 成都市金融工作办公室 中国人民银行成都分行营业管理部 成都市统筹城乡工作委员会 成都市财政局 成都市商务委员会 成都农村产权交易所关于印发《成都市“农贷通”平台村级服务站和乡（镇）服务中心建设规范（试行）》的通知

成农办〔2017〕19号

（2017年2月24日）

成都天府新区管委会，相关区（市）县政府，市政府有关部门，有关单位：

《成都市“农贷通”平台村级服务站和乡（镇）服务中心建设规范（试行）》已经市委、市政府领导同志同意，现印发给你们，请结合实际认真贯彻执行。

成都市农业委员会 成都市金融工作办公室

中国人民银行成都分行营业管理部

成都市统筹城乡工作委员会

成都市财政局 成都市商务委员会

成都农村产权交易所

2017年2月24日

成都市“农贷通”平台村级服务站和乡（镇）服务中心建设规范（试行）

根据《成都市人民政府办公厅关于建立“农贷通”平台 促进现代农业与现代金融有机融合的试行意见》（成办函〔2017〕7号）精神，现就全市村级农村金融综合服务站、农村产权交易服务站、农业农村电商服务站和乡（镇）农村金融综合服务中心、农村产权交易服务中心、农业农村电商服务中心建设制定如下规范：

一、标识设置

成都市“农贷通”平台所涉“村级农村金融综合服务站、农村产权交易服务站、农业农村电商服务站”和“乡（镇）农村金融综合服务中心、农村产权交易服务中心、农业农村电商服务中心”采取“三合一”的方式建设。村级服务站和乡（镇）服务中心实行统一标识，注重体现“农贷通”服务内涵，以亲民、便民为主题，力求做到名称规范、标志明显，以达到“见标志即知晓成都‘农贷通’平台”的效果。为此，村级服务站和乡（镇）服务中心统一标识设计集中体现成都地域文化、农业背景和金融元素，使之融合为一个整体。

村级服务站和乡（镇）服务中心的标识用色采用金黄色系，力求体现成都农业农村欣欣向荣的色彩性格；标识字体统一使用汉仪中宋简（简体），字体明显醒目。

（一）分类

村级服务站和乡（镇）服务中心统一标识分为标志、名称标牌两类。

（二）技术要求

1. 用色

标志（上下黄色渐变，系参数为：C6，M＝19，Y＝88，K＝0到C＝9，M＝82，Y＝95，K＝0。）

名称标牌（黄色，系参数为：C＝3，M＝47，Y＝92，K＝0。底色为绿色，系参数为：C＝82，M＝28，Y＝100，K＝0。）

2. 字体

标志汉字：方正兰亭中黑。

拼音：Arial。

标牌汉字：汉仪中宋简。

3. 标识

标识版面应包含的图案、字样等要素的比例关系应符合下图要求。

4. 名称标牌

名称标牌版面应包含的图案、字样等要素的比例关系应符合下图要求（可根据实际情况，按比例进行放大或缩小）。

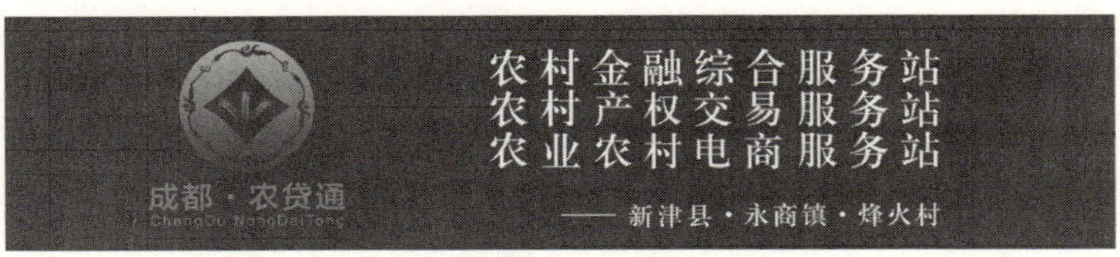

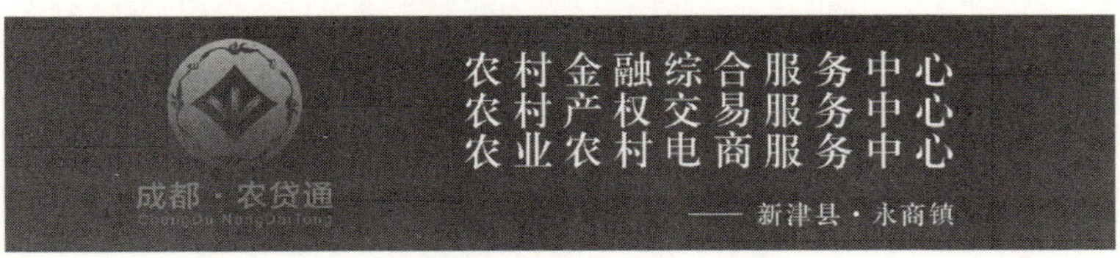

标牌尺寸：长：4528mm，宽：988mm，厚：25mm；

标牌文字：左右居中，横向排列；

标牌站名称：从上往下分三排排列，字体大小为160磅，县镇村名称在下，单列，字体大小为100磅。

二、服务内容

（一）村级服务站服务内容

1. 相关政策宣传咨询。面向农业经营主体和广大农户开展农村金融政策、农村产权流转交易政策、农业农村电商政策和其他相关各类政策的宣传、咨询。

2. 相关产品推介发布。面向农业经营主体和广大农户开展各类金融机构为农服务金融产品、农村产权交易机构为农服务产品、电商平台为农服务产品的推介、发布。

3. 相关信息收集上传。面向农业经营主体和广大农户开展贷款、农业保险、产权流转、农资采购、农产品销售等需求信息的收集、初审、上传。

4. 其他相关业务代办。面向农业经营主体和广大农户开展贷款、农业保险、产权交易前后服务、农资采购、农产品销售等相关业务代办；协助各类涉农金融机构、农村产权交易机构、农村电商服务平台开展相关需求信息的核查和处理客户投诉、纠纷。

（二）乡镇服务中心服务内容

1. 相关政策宣传咨询。面向村级服务站、农业经营主体和广大农户开展农村金融政策、农村产权流转交易政策、农业农村电商政策和其他相关各类政策的宣传、咨询。

2. 相关产品推介发布。面向农业经营主体和广大农户开展各类金融机构为农服务金融产品、农村产权交易机构为农服务产品、电商平台为农服务产品的推介、发布。

3. 相关信息汇集上传。汇集村级服务站收集上传的贷款、农业保险、产权流转、农资采购、农产品销售等需求信息，整理和审核后上传县级服务平台。

4. 其他相关业务代办。协助政府相关部门开展村级服务站的监督管理和服务人员培训；协助各类涉农金融机构、农村产权交易机构、农村电商服务平台开展相关需求信息的核查和处理客户投诉、纠纷。

三、工作职责

（一）村级服务站工作职责

1. 负责相关政策宣传咨询。通过组织培训、现场答疑、张贴图片、信息发布等形式，开展农村金融政策、农村产权流转交易政策和农业农村电商政策等相关政策宣传咨询。

2. 负责农村金融业务咨询代理。包括：

（1）收集农业经营主体和农户贷款需求信息，指导借款人准备相关材料，向金融机构推荐和报送申请资料。

（2）协助金融机构开展贷前调查、监督贷款使用、催收到期贷款。

（3）协助金融机构开展其他涉农业务办理和处理客户投诉、纠纷。

3. 负责农村产权流转交易业务咨询代理。包括：

（1）收集农业经营主体和农户农村产权流转交易需求信息，指导产权流转双方准备相关材料，向农村产权交易机构推荐和报送申请资料。

（2）协助农村产权交易机构开展交易信息收集、代发交易鉴证、监督流转交易后实施情况。

（3）协助农村产权交易机构开展其他业务办理和处理客户投诉、纠纷。

4. 负责农业农村电商业务咨询代理。包括：

（1）收集农业经营主体和农户电商需求信息，做好相关信息上网推介，指导开展产品设计包装和农业品牌创建。

（2）为农业经营主体和农户提供网上代购商品、网上销售农产品、代收代发快递等服务。

（3）协助政府相关部门开展网上创业就业学习培训，指导农业经营主体和农户创办电商网店。

5. 负责其他相关管理服务工作。包括：

（1）做好农业经营主体和农户信用信息的采集、更新、报送和异议处理中的核实工作。

（2）完成政府相关部门交办的其他相关工作，定期学习了解支农惠农政策。

（3）收集反馈“农贷通”平台系统建设中存在的相关问题，按月上报服务站工作情况。

（4）做好服务站相关设备设施安全管理和相关客户信息保密工作。

（二）乡镇服务中心工作职责

1. 负责相关政策宣传咨询。通过组织培训、现场答疑、张贴图片、信息发布等形式，开展农村金融政策、农村产权流转交易政策和农业农村电商政策等相关政策宣传咨询。

2. 负责相关信息汇集上传。汇集村级服务站收集上传的贷款、农业保险、产权流转、农资采购、农产品销售等需求信息，整理和审核后上传县级服务平台。

3. 负责相关业务代办代理。协助各类涉农金融机构、农村产权交易机构、农村电商服务平台开展相关需求信息的核查和处理客户投诉、纠纷。

4. 负责村级服务站管理指导。对村级服务站人员和设备设施开展监督管理，协助政府相关部门开展村级服务站工作人员培训。

5. 负责服务中心管理工作。做好服务中心相关设备设施安全管理，按月上报本服务中心和域内村级服务站工作情况，完成政府相关部门交办的其他相关工作。

四、管理制度

（一）认真贯彻执行中央、省、市、县有关文件精神，按照全市统一规范要求做好农村金融、农村产权交易和农业农村电子商务等服务工作。

（二）坚持“面向三农、服务为本”的宗旨，遵循“公开、公平、公正”的原则，全方位提供优质便捷快速服务。

（三）服务站（服务中心）实行规范管理。相关服务内容、工作职责、管理制度上墙公示，服务场所保持干净整洁。

（四）工作人员着装整洁，按要求佩戴相应工作证，保持良好精神面貌，对待服务对象热情友好。

（五）认真开展相关政策宣传咨询，对农业经营业主体和农户咨询事项能当场答复的当场答复，不能当场答复的应在7个工作日内予以答复，每月开展政策宣传咨询不少于50人次。

（六）及时开展相关需求信息收集上传，相关需求信息经初审后应在3个工作日内上传系统平台，每月收集各类需求信息不少于30条次。

（七）加强设备设施管理维护，设备设施由工作人员负责管理，安全规范使用，不得平调和外借，出现故障应及时报修。

（八）建立工作报告制度，每月工作情况及时汇总，并于次月5日前向上级主管部门或服务机构上报。

（九）建立完善相关工作档案，健全客户隐私信息保护制度，相关资料和处理过程应有记录，并按要求归档保存。

（十）实行统一规范服务制度。服务时间：国家法定工作日，上午9：00～12：00，下午13：00～17：00。

五、人员及硬件配置

（一）人员配置

1. 村级农村金融综合服务站、农村产权交易服务站、农业农村电商服务站实行“三合一”的建设模式，根据业务量配备专职或兼职工作人员。

2. 乡镇农村金融综合服务中心、农村产权交易服务中心、农业农村电商服务中心实行“三合一”的建设模式，尽可能依托农业综合服务站或农业农村电子商务综合服务站设置。根据工作量大小，由乡镇上报配备工作人员职数报区（市）县农发局、金融办审定，由所在区（市）县负责选聘。

（二）办公用房

村级服务站办公用房面积不小于20平方米，乡（镇）服务中心办公用房面积不小于10平方米。

（三）办公设备

1. 村级服务站的办公设备

（1）办公桌椅：办公桌、办公椅、展示货架等；

（2）通信类：传真机、电话（座机）、路由器；

（3）IT硬件设施：电脑（台式）、电子显示屏、打印机、复印机、扫描仪、计算器；

（4）宣传类："农贷通"平台宣传海报与宣传册、支农惠农政策宣传册、银行金融类宣传册、征信类宣传册；

（5）金融类：在基础条件较好的村级服务站设置保险柜、POS机、ATM等设备；

（6）安全设施：监控主机、摄像头、消防设施。

2. 乡（镇）服务中心的办公设备

（1）办公桌椅：办公桌、办公椅、展示货架等；

（2）通信类：传真机、电话（座机）、路由器；

（3）IT硬件设施：电脑（台式）、电子显示屏、打印机、复印机、扫描仪、计算器；

（4）宣传类："农贷通"平台宣传海报与宣传册、支农惠农政策宣传册、银行金融类宣传册、征信类宣传册；

（5）安全设施：监控主机、摄像头、消防设施。

（四）经费保障

1. 村级"三站"建设经费由区（市）县政府解决，农村产权、农村电商、农村金融的非营利性代办服务，各村（涉农社区）可按民主管理程序通过购买服务的方式在村公资金中列支。

2. 乡镇"三中心"工作经费由区（市）县政府统筹解决，工作人员工资按照区（市）县政府购买服务原则给予补贴。

3. 成都农交所区（市）县分（子）公司、金融机构和电商企业可根据乡镇中心和村级服务站工作绩效情况给予适当奖励或补贴。

11. 成都市农业委员会　成都市统筹城乡工作委员会　成都市金融工作局　人民银行成都分行营业管理部　关于印发《成都市“农贷通”平台建设推进方案》和《成都市“农贷通”平台融资贷款项目支持目录清单》的通知

（成农办〔2017〕52 号）

2017 年 6 月 1 日

各区（市）县农发（农林、统筹）局，金融办（工作局），人民银行区（市）县支行，成都高新区经发局，成都天府新区经发局：

根据《成都市人民政府办公厅关于建立“农贷通”平台促进现代农业与现代金融有机融合的试行意见》（成办函〔2017〕7 号）精神，为了进一步明确成都市“农贷通”平台建设推进工作分工和目标任务，以及成都市“农贷通”平台正式上线运行后，农业经营主体通过成都市“农贷通”平台申请的融资贷款项目的相关政策支持范围和条件，我们在充分征求意见的基础上，制定了《成都市“农贷通”平台建设推进方案》和《成都市“农贷通”平台融资贷款项目支持目录清单》，现印发给你们，请你们在推进成都市“农贷通”平台建设相关工作和落实支持政策中认真遵照执行。

特此通知。

附件 1：成都市“农贷通”平台建设推进工作方案

附件 2：成都市“农贷通”平台融资贷款项目支持目录清单

成都市农业委员会　成都市统筹城乡工作委员会
成都市金融工作局　人民银行成都分行营业管理部
2017 年 6 月 1 日

附件 1

成都市“农贷通”平台建设推进工作方案

为加快推进我市“农贷通”“政保银企”综合融资平台建设，市农委会同市财政局、市金融工作局、人民银行成都分行营业管理部、成都金控征信公司（以下简称市金控征信公司）等研究讨论，制定成都市“农贷通”平台建设推进工作方案如下：

一、体系建设

（一）机构设置。成都市市级建立市“农贷通”平台建设联席会议，负责全市“农贷通”平台建设的统一组织领导工作，联席会议下设办公室（设立在市农委），负责全市“农贷通”平台建设的推进、协调管理、信息汇总、督促检查以及其他日常工作；各区（市）县政府也要建立“农贷通”平台建设联席会议制度或“农贷通”平台建设领导协调机构，牵头负责辖区内“农贷通”平台建设的统一组织领导工作，并确定县级“农贷通”平台建设牵头部门和“农贷通”平台信息系统管理部门，完成时限：2017 年 6 月底前。

（二）村站（中心）建立。各区（市）县“农贷通”平台建设牵头部门负责辖区内“农贷通”平台村级金融服务站、农村产权交易服务站、农业农村电商服务站和乡（镇）金融服务中心、农村产权交易服务中心、农业农村电商服务中心按照“三站（中心）合一”的建设要求，统一规范标志标识、配备硬件软件、落实农村金融综合服务员，力争 2017 年 5 月底全面完成村级综合服务站和乡（镇）综合服务中心的建设。

（三）标志标识。各区（市）县“农贷通”平台建设牵头部门负责辖区内“农贷通”平台村级金融服务站、农村产权交易服务站、农业农村电商服务站和乡（镇）金融服务中心、农村产权交易服务中心、农业农村电商服务中心悬挂统一、规范的标志标识，完成时限：2017 年 5 月底前。

（四）设备设施。各区（市）县“农贷通”平台建设牵头部门负责辖区内“农贷通”平台村级金融服务站、农村产权交易服务站、农业农村电商服务站和乡（镇）金融服务中心、农村产权交易服务中心、农业农村电商服务中心配备办公桌椅、电脑、显示屏等设备设施，完成时限：2017 年 6 月底前。

（五）人员配置。各区（市）县“农贷通”平台建设牵头部门负责辖区内“农贷通”平台村级金融服务站、农村产权交易服务站、农业农村电商服务站和乡（镇）金融服务中心、农村产权交易服务中心、农业农村电商服务中心配备至少 1 名农村金融综合服务人员，完成时限：2017 年 5 月底前。

二、信息系统

（一）系统软件开发。由市金控征信公司牵头负责，各区（市）县要明确当地“农贷通”信息系统建设承建方，积极配合市金控征信公司，按照时间进度安排，完成当地“农贷通”信息系统建设。完成时限：2017 年 6 月底上线运行，7 月底全面完成。

（二）系统部署。由有关各区（市）县牵头，按属地化原则，负责本区域“农贷通”平台各级系统部署，完成时限：2017 年 7 月底。

（三）系统推广。由市“农贷通”联席会议办公室牵头，会同市金控征信公司、市金融办、市财政局、人民银行成都分行营业管理部和有关区（市）县、金融机构，抓好“农贷通”平台系统建设推进和推广、培训工作，完成时限：2017 年 7 月底全面完成。

（四）系统维护。各区（市）县“农贷通”平台建设牵头部门会同市金控征信公司，负责牵头做好辖区内“农贷通”平台建设的上线运行和信息系统维护管理工作。完成时限：2017 年 6 月底至 12 月底。

（五）运营模式。由市金控征信公司负责探索平台市场化运营模式，建立长效机制，保障“农贷通”平台的持续、稳定、健康运行。

三、信用信息

（一）数据汇聚。由市“农贷通”联席会议办公室牵头，会同市农委、市金融办、市工商局、市大数据和电子政务管理办公室、市国土局、市水务局、市林业局、市国税局、市地税局、市法院等部门根据自身实际情况，负责全市或市级层面数据落实；各区（市）县由当地“农贷通”平台建设主管部门牵头，负责与市金控征信公司对接，协调、督促辖区内各相关部门配合支持“农贷通”平台信息系统建设，落实辖区内数据和村级服务站的信息采集任务。数据源应与平台系统对接方式进行涉农数据全面汇聚与持续更新，并制定相应数据采集、更新管理制度。完成时限：2017 年 6 月底。

（二）建立完善数据库。由市金控征信公司牵头，负责将各部门、各区（市）县信用信息数据汇集，建立完善信用信息数据库，完成时限：2017 年 11 月底。

四、金融服务

（一）政策配套。由市农委牵头，会同市金融工作局、市财政局、人民银行成都分行营业管理部，完成“农贷通”平台系列文件汇编，完成时限：2017 年 6 月底。

（二）金融产品。由人民银行成都分行营业管理部负责，将有关金融机构基本情况、服务流程、服务产品等产品信息录入“农贷通”平台系统，完成时限：2017 年 6 月底。

（三）金融机构。由市金融工作局负责，根据有关金融机构服务现状和实际情况，科学合理布局，负责村级综合服务站和乡（镇）综合服务中心金融服务设施设备的配备工作。完成时限：2017 年 6 月底。

五、人员培训

（一）管理人员。由市农委牵头负责，组织区（市）县管理人员开展“农贷通”建设和运行管理等有关技术培训；由各区（市）县“农贷通”平台建设主管部门牵头，负责组织对当地有关部门和农业经营主体的“农贷通”平台的宣传及相关培训工作。完成时限：2017年6月底。

（二）操作人员。由市金控征信公司负责，以区（市）县为责任主体，组织“农贷通”村级金融综合服务员和乡（镇）中心金融综合服务人员的操作培训，完成时限：2017年6月20日前。

（三）金融机构。由市金融办负责，组织有关银行、保险等金融机构人员开展“农贷通”平台相关技术培训，完成时限：2017年6月20日前。

六、制度机制建设

（一）村级服务站、乡（镇）中心。由有关区（市）县负责，完成村级服务站、乡（镇）中心的岗位职责、管理制度等上墙，完成时限：2017年5月底。

（二）系统运作流程。

1. 信息采集：村站采集→乡镇核实→区县汇集→市级汇聚。

2. 贷款流程：经营主体申请→提交到银行业务系统→银行内部流程审核→贷款发放。

3. 风险分担：风险发生→银行申请→区县农贷通平台审核→第三方评估机构审核→市农贷通联席会议→风险补偿资金初次发放→资产处置→风险资金二次补偿（或结算）申请→联席会议审核→风险资金二次补偿（或结算）发放。

4. 奖补申请：经营主体申请→提交各相应的业务主管部门（或业务系统）→各相应的业务主管部门（或业务系统）审核通过→发放奖补。

5. 政策（信息）发布：填写需要发布的政策（信息）→相应的主管（或业务系统）审核通过→对外发布。

完成时限：2017年6月底。

（三）部门会商机制（风险预控制管理）。当贷款企业出现逾期、需要动用风险资金或出现不足分担贷款损失风险时，由市“农贷通”联席会议依据《成都市“农贷通”风险资金管理办法》启动风险预控制管理机制，研究处理贷款企业逾期、动用风险资金等事项，完成时限：2017年6月底。

七、保障措施

（一）措施保障。各区（市）县“农贷通”平台建设牵头部门负责研究解决“农贷通”信息系统推广应用工作中的问题，分解工作任务并纳入年度目标考核，考核相关单位及乡镇相关工作完成情况。各区（市）县农业行政主管部门牵头建立“农贷通”平台项目库，发布和更新涉农政策尤其是“农贷通”相关政策。完成时限：2017 年 11 月。

（二）经费保障。各有关区（市）县农业行政主管部门会同当地财政部门，落实“农贷通”平台信息系统开发及维护经费保障。分别与金控征信签订县级系统建设、运维、服务合作协议，费用标准参考前期试点区域费用：即平台系统建设费 35 万元，平台系统运维费 4 万元/年，每个村级综合服务站和乡（镇）综合服务中心 200 元/月，完成时限：2017 年 9 月。

附件 2

成都市“农贷通”平台融资贷款项目支持目录清单

一、农业科研类项目★

主要包括创新创业孵化中心、工程实验室，农业、林业、畜牧业、水产养殖业的新品种、新技术、新材料的研发、推广应用类融资贷款项目。

二、基础设施类项目★

主要指为农业、林业、畜牧业、水产养殖业生产服务的土壤改良、田型调整、圈舍改造、沟渠配套、道路配套、电路配套等类项目。

三、生产类项目★

为确保农业、林业、畜牧业、水产养殖业生产的正常开展，配套的育苗中心、大棚设施、购买生产资料（种子种苗及投入品等）类融资贷款项目。

四、加工类项目★

开展产地初加工和精深加工，购买加工原料、加工机械、分选设备，修建冷藏设施、烘干设施等类融资贷款项目。

五、市场营销★

修建和购买农产品冷藏设施设备、购买冷链运输设备、建设农产品专卖店等类融资贷款项目。

六、新产业、新业态★

实施一二三产业融合发展、开展农业农村电商服务相关设施配套等类融资贷款项目。

七、服务类★

为一产业搭建服务平台，提供技术、植保、机械等服务类融资贷款项目。

八、生活消费类项目

（一）农民住房新建（改扩建）、装修等类融资贷款项目；

（二）农民购汽车等生活资料消费类融资贷款项目。

九、其他★

市及区（市）县政府确定的重大投资促进类融资贷款项目。

十、禁止类项目（负面清单）

（一）对环境造成污染的项目，或者虽配套治理设施，但仍不能实现“达标排放”或“零排放”的项目。

（二）发生过严重农产品质量安全事故，或者因农产品质量安全问题受到过相关法律法规处罚，目前仍在处罚有效期内的经营主体。

（三）有偷逃税收行为的经营主体。

（四）在金融机关有不良贷款记录的经营主体。

（五）不符合《成都市都市现代农业功能区规划》（2016—2025）的项目。

“★”表示符合条件可享受贷款贴息的项目

12. 成都市财政局　成都市农业委员会关于做好“农贷通”平台支持项目贷款贴息工作有关事项的通知

（成财农〔2017〕26 号）

2017 年 3 月 3 日

有关区（市）县财政局、农村发展（农业与林业）局，成都天府新区财金局、经发局：

为认真贯彻《成都市人民政府办公厅关于建立“农贷通”平台促进现代农业与现代金融有机融合的试行意见》（成办函〔2017〕7 号，以下简称《试行意见》）文件精神，落实好“农贷通”平台支持项目贷款贴息有关工作，经研究，现将有关事项通知如下：

一、贴息项目

符合《试行意见》有关规定，且通过“农贷通”平台推荐审核并取得银行贷款的涉农项目。

二、条件及范围

（一）大宗粮食种植项目

从事水稻、小麦生产，面积在50亩（含）以上。

（二）特色种植业项目

1. 从事蔬菜生产，包括：

（1）叶菜类：莴笋、芹菜（西芹除外）、莲花白、大白菜。

（2）茄果类：大番茄、茄子、青椒。

（3）瓜类：黄瓜、冬瓜。

（4）根茎类：白萝卜。

（5）甘蓝类：花菜。

以上特色种植面积露地50亩（含）以上，大棚15亩（含）以上，且已连续种植满两年。

2. 从事伏季水果、猕猴桃生产，露地50亩（含）以上，大棚15亩（含）以上，且已连续种植满两年。

3. 从事茶叶、中药材生产，露地50亩（含）以上，大棚15亩（含）以上，且已连续种植满两年。

4. 从事食用菌生产，露地10亩（含）以上，大棚3亩（含）以上，且已连续种植满两年。

（三）特色养殖业项目

1. 生猪：年出栏量1000头（含）以上，且已连续养殖满两年。

2. 肉羊：年出栏量1000只（含）以上，且已连续养殖满两年。

3. 肉牛：年出栏量100头（含）以上，且已连续养殖满两年。

4. 肉鸡：年出栏量10万只（含）以上，且已连续养殖满两年。

5. 从事水产养殖的，养殖水面面积20亩（含）以上，或者流水面积2000平方米（含）以上，且已连续养殖满两年。

（四）一二三产业融合发展项目

1. 对于续建、新建的一二三产业融合发展项目，固定资产投资在600万元（含）以上的，不包括用于支付的土地流转费用。

2. 对农产品加工项目，加工企业固定资产投资在2000万元（含）以上的，不包括用于支付的土地流转费用。

3. 对农业生产服务项目，固定资产投资在200万元以上的，不包括用于支付的土地流转费用。

三、贴息标准

“农贷通”平台支持项目贷款贴息按照“突出重点、择优扶持、额度控制、先付后贴”的原则实施。

（一）对从事大宗粮食种植的贷款项目，按当期银行贷款基准利率给予贷款主体80%贴息；对从事特色种养业生产的贷款项目，按当期银行贷款基准利率给予贷款主体50%贴息；对从事一二三产业融合发展的贷款项目，按当期银行贷款基准利率给予贷款主体30%贴息。

（二）每个贷款项目贴息资金总额不超过200万元。

（三）在贴息时限内获得其他贷款贴息的项目不得重复享受贴息补助；同一个贷款项目不得重复享受贴息补。

四、贴息资金分担比例

贴息资金由市和区（市）县财政按不同比例分担，其中：成都天府新区为2∶8，龙泉驿区、新都区、温江区、双流区、郫都区为4∶6，青白江区、简阳市、都江堰市、彭州市、邛崃市、崇州市、金堂县、新津县、大邑县、蒲江县为6∶4。

五、工作要求

（一）按期申报。申报时间为每年6月底前，各有关区（市）县农业部门、财政部门按照《试行意见》精神和本通知要求组织“村级金融综合服务站”开展“农贷通”贷款贴息项目申报工作，贷款项目业主申报时需填报《“农贷通”支持项目贷款贴息申报表》（附件1），并附“农贷通”平台贷款推荐凭证、贷款合同、放款凭证、利息付款凭证等。申报贴息的时限范围为上一年度7月至当前年度6月（共12个月）。

（二）严格审核。申报的项目经“村级金融综合服务站”初审后，乡镇级中心汇集复审，转报县级农业部门和财政部门。各有关区（市）县农业部门、财政部门要严格把好审核关，对上报项目的合规性、真实性、有效性负责。区（市）县农业部门会同财政部门对审核通过的项目以正式文件上报市农委、市财政局审批，并填报《县级贴息资金申请汇总表》（附件2）。市农委会同市财政局对申报的项目进行复审，对贴息资金申报不准确、手续不齐备、资料不完善的申报项目，视为无效申报，不予以贴息支持。在审核的基础上，对符合贴息对象和条件要求的项目贴息资金纳入下年度市级都市现代农业发展专项资金预算中，给予统筹安排，并于当年12月底前以预通知的形式，下达市级贴息补助资金。

（三）加强监管。贴息资金实行县级报账制管理，结合县本级预算安排，由县级农业部门于次年2月底前通过财政国库集中支付的方式，将贴息资金直接拨付贷款项目业主。市农委、市财政局要充分发挥党风廉政建设的主体责任和监管责任，将不定期抽查贴息项目，对弄虚作假，骗取、套取市级财政贴息资金的，按照《财政违法行为处罚处分条例》进行处理，涉嫌犯罪的移交司法机关。同时，收回其贴息资金并纳入“黑名单”，不再给予财政涉农专项资金支持。

本通知由市农委、市财政局负责解释。

特此通知。

成都市财政局　成都市农业委员会
2017年3月3日

13. 成都市金融工作局　成都市财政局　中国人民银行成都分行营业管理部　关于鼓励和引导金融机构参与“农贷通”平台服务意见的通知

（成金发〔2017〕30号）

2017年6月5日

成都天府新区管委会，相关区（市）县政府，市政府有关部门，人民银行各支行，有关单位：

为深入贯彻落实成都市第十三次党代会精神，按照成都市人民政府办公厅《关于建立“农贷通”平台促进现代农业与现代金融有机融合的试行意见》（成办函〔2017〕7号）有关要求，加快“农贷通”融资综合服务平台（以下简称“农贷通”平台）建设，充分发挥其支农惠农作用，畅通和拓展融资渠道，形成农业农村资金投入可持续增长机制，现就鼓励和引导金融机构参与“农贷通”平台服务提出如下意见。

一、对金融机构向农村延伸经营网点和布放设备给予补贴

（一）鼓励银行业金融机构在“农贷通”平台乡（镇）服务中心和“农贷通”平台村级服务站设置ATM、微银行自助终端和POS机。银行机构在服务中心（站）设立自助设备（ATM、微银行自助终端）每台补贴2万元，在一二圈层区（市）县服务中心（站）安装电话POS机每台补贴1000元，在三圈层区（市）县服务中心（站）安装电话POS机每台补贴2000元，单个银行机构补贴不超过30万元。

（二）银行机构在农村（乡镇或村，不含城关镇）延伸网点，按照新设立经营性网点每个补贴5万元，单个银行机构补贴最高不超过30万元。

（三）保险机构在农村（乡镇或村，不含城关镇）延伸网点，按照新设立经营性网点每个补贴5万元，单个保险机构补贴最高不超过30万元。

二、对金融机构通过“农贷通”平台开展贷款业务给予奖励

（一）对于通过“农贷通”平台开展农村产权抵押贷款的银行，按其年度新增抵押贷款余额的1%给予奖励，最高不超过50万元。

（二）对于通过“农贷通”平台开展“惠农贷”担保贷款业务的担保公司，按其年度新增该类涉农贷款在保余额的1%给予奖励，最高不超过50万元。

（三）对于通过“农贷通”平台开展贷款信用保证保险业务的保险公司，按其年度该类涉农贷款信用保证保险保费收入的10%给予奖励，最高不超过50万元。

三、发挥信贷政策导向作用，鼓励金融机构参与“农贷通”平台服务

（一）对涉农贷款和小微贷款达标的法人机构实施定向降准。执行农业银行“三农金融事业部”改革试点差别化存款准备金政策和县域法人机构新增存款一定比例用于当地贷款的考核办法。

（二）将参与农村金融服务综合改革试点工作及“农贷通”平台服务情况纳入对辖内金融机构的宏观审慎评估、综合评价和涉农信贷政策评估，提高考核分值占比。

（三）对积极参与农村金融服务综合改革试点及“农贷通”平台服务的金融机构，提高其加入人民银行金融服务体系的便利性，优先金融市场准入和开展各项金融创新试点工作。

四、综合运用货币政策工具，引导金融机构通过“农贷通”平台投放贷款

（一）对符合条件的金融机构通过“农贷通”平台发放贷款资金需求，优先给予支农支小再贷款支持。

（二）支持为新型农业经营主体签发、承兑汇票的金融机构需求，为其优先办理再贴现。

五、其他事项

（一）对金融机构延伸网点、设置机具补贴和贷款奖励，由成都市金融办、市财政局通过成都市市级金融业发展专项资金安排，申报内容在2018年成都市市级金融业发展专项资金实施方案中另行规定。

（二）相关各区（市）县要做好“农贷通”平台的建设工作，力争到2017年6月底前初步建成“风险分担、快捷高效、应贷尽贷”的“农贷通”融资综合服务平台，2017年7月底前全面完成建设，实现平台信息网络的互联互通和综合服务体系全覆盖，使农村产权要素得到有效激活，农村金融市场环境得到实质改善，农村产业融资能力得到整体提升。

（三）人民银行各支行和各区（市）县金融工作部门要会同农业部门，加大对金融机构的指导和督促力度，充分运用定期通报、现场调研督导、约见金融机构负责人等手段，激励金融机构参与“农贷通”平台服务。

（四）各金融机构要利用好“农贷通”平台的相关支持政策，主动参与农村金融改革试点和“农贷通”平台服务。建立健全涉农信贷内部激励机制，综合调配信贷资源，加大基层分支机构授权，激励信贷人员主动加强对农业经营主体的服务。围绕“农贷通”平台产业支持目录，突出重点，在风险可控的前提下充分满足农业经营主体的信贷需求，实现“应贷尽贷”。

特此通知。

成都市金融工作局　成都市财政局
中国人民银行成都分行营业管理部
2017年6月5日

后　记

我们撰写本书的目的主要是对成都农村金融服务综合改革试点两年多来的实践情况进行客观、及时、全面、系统的梳理和归纳，以便能够从中总结出一些好的做法和经验以及发现存在的问题和不足，为做好下一阶段改革工作提供有益的依据。在这里，我们要特别感谢中共成都市委常委、市政府常务副市长谢瑞武，中国人民银行成都分行党委书记、行长周晓强，他们不仅努力促成了全国农村金融服务综合改革在成都试点，全力组织、协调、推动和督促各项改革工作取得了显著成效，还大力支持并悉心指导了本书的撰写工作。

由于本书内容涉及的面较广，不仅涉及农业农村改革中的农村土地制度改革情况、农村产权市场建设情况、农业经营模式变化情况、农业经营综合服务发展情况等，还涉及农村金融服务综合改革中的金融组织体系建设情况、金融产品和服务创新情况、金融生态环境优化情况、农村金融资源配置机制建立情况等，因此需要政府部门、金融监管部门、金融机构和市场化服务机构等提供大量的情况和数据支持。

由于农村金融改革的各项工作都正在进行当中，要完成本书的撰写，事前需要认真面对如下问题：一是如何对重点工作进行认定和提炼，二是如何保证数据收集的完整性和准确性，三是如何将实践中的感性认识上升为理性认识等。因此，我们深切地体会到，本书能够得以形成确属不易。如果说本书在原创性和完整性上能够立得住，在总结归纳改革的方式方法上能够体现出成都的特色，离不开成都市农业委员会、成都市金融工作局、成都市财政局等政府职能部门的大力支持，离不开成都农商银行、成都银行、国家开发银行四川省分行、农业发展银行四川省分行营业部、农业银行成都分行、邮政储蓄银行成都市分行、四川新网银行、四川天府金融租赁股份有限公司、锦泰财产保险股份有限公司、中垦融资租赁股份有限公司、大邑交银兴民村镇银行、双流诚民村镇银行、都江堰金都村镇银行、彭州民生村镇银行、邛崃国民村镇银行、金堂汇金村镇银行、新津珠江村镇银行、新都桂城村镇银行、蒲江民富村镇银行、郫都中银富登村镇银行、崇州上银村镇银行等金融机构的大力支持，也离不开成都金控征信有限公司、成都农村产权交易所、成都市现代农业发展投资有限公司、成都市农村产权收储有限公司、成都市农村产权流转融资担保股份有限公司、成都君羊花卉专业合作社等市场化服务机构的大力支持。上述部门不仅为本书的撰写提供了富有创意的工作智慧，还提供了大量来自改革实践一线的翔实的鲜活素材。在此，对各方给予的大力支持表示衷心感谢！

在对全书的框架结构经过反复讨论、修改确定之后，编委会决定将各个章节的撰写任务分配落实给中国人民银行成都分行营业管理部机关不同处室的相关人员，他们以强烈的责任心和饱满的热情投入到本书的写作之中，克服了许多困难，牺牲了许多休息时间，以较好的质量完成了写作任务。他们是货币信贷统计处的刘飞、林园、叶代鹏、周歆霖，办公室的赵银银、王明彬，征信管理处的杨海林、周飞。同时，本书的写作还得到了中国人民银行成都分行营业管理部机关各处室和各支行的大力支持，它们不仅提供了人员支持，还提供了许多与写作本书相关的重要工作素材，在此一并致谢！

由于时间仓促和水平有限，加之许多改革工作尚处于探索之中，还需要经历实践的检验，因此书中的一些观点和做法难免会存在不足，敬请各位读者谅解并给予批评指正。

中国人民银行成都分行营业管理部编委会
2018 年 5 月

图书在版编目(CIP)数据

伍修权传 /《伍修权传》编写组著. -- 北京：当代中国出版社，2016. 1
ISBN 978-7-5154-0594-0

Ⅰ. ①伍… Ⅱ. ①伍… Ⅲ. ①伍修权(1908~1997)—传记 Ⅳ. ①K827=7

中国版本图书馆 CIP 数据核字(2015)第 058588 号

出 版 人　曹宏举
责任编辑　姜楷杰
责任校对　康　莹
封面设计　古涧文化
出版发行　当代中国出版社
地　　址　北京市地安门西大街旌勇里 8 号
网　　址　http://www.ddzg.net　邮箱：ddzgcbs@sina.com
邮政编码　100009
编 辑 部　(010)66572264　66572154　66572132
市 场 部　(010)66572281 或 66572155/56/57/58/59 转
印　　刷　北京润田金辉印刷有限公司
开　　本　720 毫米×1060 毫米　1/16
印　　张　22.75 印张　12 插页　插图 114 幅　356 千字
版　　次　2016 年 1 月第 1 版
印　　次　2016 年 1 月第 1 次印刷
定　　价　59.00 元

出版前言

1982年，中共中央书记处讨论通过、中共中央宣传部发文布置在全国范围内编写出版《当代中国》丛书。根据编写计划，《当代中国》丛书依内容共分为五类，人物传记是其中之一。由于人物传记涉及方方面面，情况繁杂，且编写时间长，1991年人物传记从《当代中国》丛书中分立出来，确定为《当代中国人物传记》丛书。

《当代中国人物传记》丛书编辑委员会在丛书总序中说：

“二十世纪的中国，是一个风云际会、英杰辈出的时代。正是伟大的时代造就出灿若群星的历史伟人；也正是历史伟人们艰苦卓绝的奋斗历程和忘我建树的光辉业绩，才能充分地体现着潮流之所趋、人心之所向，才最深刻最生动地反映着奔腾前进的伟大时代。他们一生的业绩，恰恰构成了从旧中国到新中国这一旷古未有的历史性大变革的缩影。正因为这样，修撰作为中华人民共和国缔造者的一代杰出历史人物的传记，其意义自是远远超越记述个人身世的范围。这套传记丛书，无疑应当看作是，当代中国千百万爱国志士、革命先驱的杰出代表用毕生的血和汗谱写出的挽救祖国、振兴中华的可歌可泣的历史画卷，它将是永远矗立于世世代代人民心中的革命丰碑。《当代中国人物传记》丛书中的每一部传记，都可读作当代中国的救国史，中华人民共和国的开国史、建国史；每一部传记都可读作结束中国苦难危亡命运的革命史，披荆斩棘建设社会主义的奠基史、创业史。”

“《当代中国人物传记》丛书，首批编撰的是中华人民共和国建国时期的开国元勋和各方面的最杰出人士的传记。这批传记的主人公将包括：党和国家的主要领导人（其中毛泽东、周恩来、刘少奇、朱德、邓小平、陈云的传记，将由中共中央文献研究室编写、出版）、人民军队中功勋卓著的元帅、参与新中国创建大业的各民主党派的领导人和各方面的著名爱国人士、贡献突出的著名科学家、文学家和艺术家，以及为中国民主革命事业和社会主义事业做出重大贡献的国际主义战士，等等。毫无疑问，他们既是当代中国最卓越的代表，同时也是彪炳千秋青史的历史巨人。当然，如同一切历史人物一样，我们时代的杰出代表也不可能不受到历史条件的限制，也必然会具有这样那样的弱点、短处，一生中也不免会发生这样那样的某些过失。但是，所有这些，当如日月之蚀，堂堂正正公之于众亦无损于他们形象的光辉。他们为中华民族创建的功业，他们的革命精神、高尚情操，他们的鸿才睿智、嘉言懿行，无不震古铄今，垂范后世。这是中华民族一份永远值得倍加珍摄的宝贵精神财富。”

“愿人们从这部《当代中国人物传记》丛书中，以这些历史人物的光辉业绩为典范，学习他们的革命献身精神、爱国主义情操和坚定的社会主义信念，为中华民族的历史伟业做出更大的贡献。”

我社有幸承担了《当代中国人物传记》丛书的编辑出版工作，自1991年以来陆续出版了一批中华人民共和国开国元勋的传记，获得很好的社会影响。我们将继续按照丛书的编辑出版方针，把《当代中国人物传记》丛书编辑出版工作做好，以飨读者。

当代中国出版社

伍修权

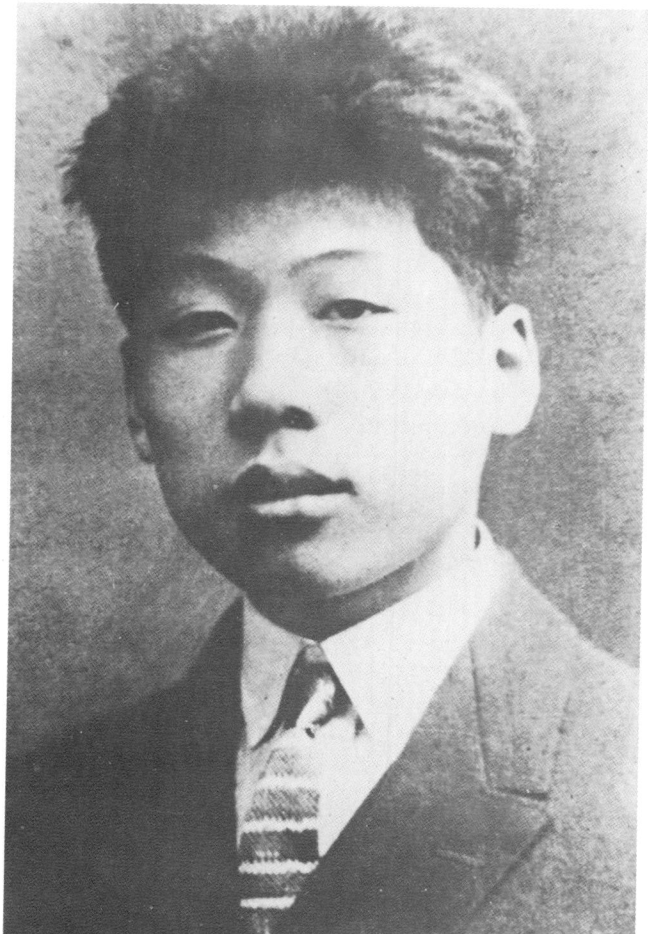

1925 年底伍修权入莫斯科中山大学时的证件照

1935 年 10 月长征胜利到达陕北时的伍修权

1938 年伍修权（右）任八路军驻甘肃办事处处长时与谢觉哉合影

1945 年伍修权拟以特区（陕甘宁边区）代表身份随董必武参加联合国成立大会时，与送行者在延安机场合影。前排左一至四：周恩来、陈家康、董必武、伍修权，右一至三：叶剑英、朱德、陈毅

1946 年伍修权（右）担任军调部长春分部中共首席代表时与叶剑英在北平

1950 年 11 月，伍修权（前左一）被任命为大使衔特派代表，出席联合国安理会讨论中华人民共和国中央人民政府所提出的控诉美国武装侵略台湾案的会议

1950 年 12 月 30 日，伍修权（右一）率新中国第一个赴联合国安理会的代表团回国时，中国保卫世界和平大会主席郭沫若（前左一）等到机场迎接

1955 年 5 月伍修权（右）出任中华人民共和国首任驻南斯拉夫大使时向南总统铁托（左）递交国书

1959 年 3 月伍修权作为以朱德为团长的中共代表团成员出席波兰统一工人党第三次代表大会（前排左二起：伍修权、王炳南、朱德、王稼祥）

1960 年 4 月伍修权（右二）陪同毛泽东（右一）会见古巴人民社会党总书记罗加（左一）及其夫人

1961年4月24日，伍修权陪同毛泽东等（左二起：毛泽东、周恩来、陈毅、伍修权、乔冠华）会见访华的老挝王国首相梭发那·富马亲王（右二）和老挝爱国战线党主席苏发努冯亲王（右三）

1963 年 9 月周恩来等欢送刘少奇出访朝鲜时合影（左起：邓子恢、薄一波、聂荣臻、李先念、伍修权、李维汉、周恩来、蔡廷锴、于立群、乌兰夫、程潜、郭沫若、万里）

伍修权（左二）陪同邓小平（中）接见比利时工会代表团客人

1964 年 2 月伍修权陪同毛泽东会见新西兰共产党总书记威尔科克斯及其夫人（右起：伍修权、威尔科克斯夫人、毛泽东、威尔科克斯、赵毅敏、俞志英）

1965 年伍修权（左一）在北京机场迎接越南劳动党主席胡志明（右二）

1966 年 5 月 10 日伍修权（前排右四）陪同毛泽东（前排左四）接见阿尔巴尼亚领导人卡博、谢胡

1977 年 10 月 27 日伍修权（前排右三）、杨勇（前排左三）陪同邓小平（前排中）会见瑞典三军总司令辛纳格伦上将率领的军事代表团

1978年6月7日伍修权（前排右三）、萧劲光（前排左四）陪同华国锋（前排右五）会见缅甸国防部长觉挺上将率领的缅甸军事代表团

1980年11月伍修权在审判林彪、江青“两案”的审判席上（前排右起：江华、伍修权、曾汉周、黄玉昆）

1981 年 5 月伍修权（前排左五）率中国军事友好参观团出访朝鲜时与朝鲜党和国家领导人金日成（前排中）等合影

1982 年 11 月 2 日伍修权（前排左四）陪同时任中央军委副主席的杨尚昆（前排中）视察总参机关

1983年伍修权（右四）与邓小平（左五）、乌兰夫（左三）、汪锋（右三）等会见原莫斯科中山大学老同学高理文（左四）及其夫人（右五）

1983年10月4日伍修权（右）陪同胡耀邦（中）接见南斯拉夫内务部长斯坦奈·多兰茨

1986 年伍修权等会见参与东北老航校创建的日本友人林弥一郎（左起：朱光、林弥一郎、伍修权、吕黎平、王海）

1988 年 7 月伍修权（前排中）率中苏友协代表团访苏时与苏中文化交流协会负责人库利科娃（前排右二）等合影

1995 年纪念遵义会议 60 周年座谈会上，江泽民（左）同伍修权（右）握手问候（中为迟浩田）

1997 年伍修权（左）去三〇一医院病房探望杨尚昆

目　录

第一章　青少年时期

一、人生第一课

光绪三十四年二月初四（1908 年 3 月 6 日），伍修权出生于湖北武昌。

武昌古称夏口，地处南北要津、长江中游，居中国水陆两条大动脉的交汇中心，是兵家、商家必争之所，清末管辖数省的湖广总督衙门就设在此处。

伍修权出生时，清王朝已处于风雨飘摇之中：仁人志士或倡导宪制改革，或举起反清大旗。而当年的伍家，几代人都与这个王朝不无瓜葛。伍修权的祖父伍伦奎在湖广总督衙门当差，虽只是其下属机构里专管抄抄写写的书吏，但职位最高时有一份五品顶戴的俸禄。他的父亲伍理钊后来也进了总督衙门，做过堤工、洋务等差事，官至通判，也享有一份与其父不相上下的俸禄。

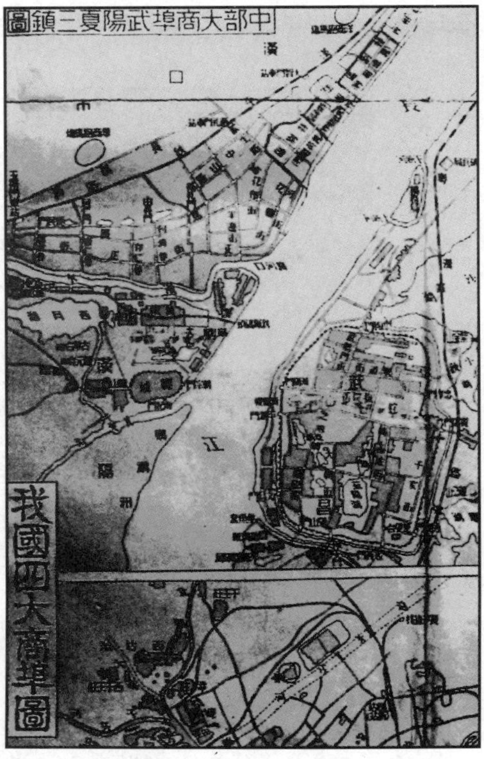

20 世纪 30 年代的武汉三镇图

1911 年，即伍修权 3 岁那年，辛亥革命爆发。武昌首义之后，伍修权的祖父和父亲当差的衙门被“革”掉了，全家人赖以生存的经济来源随之中断。最初还能靠有限的积蓄维持生计，积蓄告罄后开始变卖或典当衣物。眼看家底快卖光了，伍伦奎在焦虑中一病不起，于 1913 年撒手人寰。伍理钊为节省开支，先后搬了四次家，最后搬到长江边、蛇山下的穷人聚居地。左邻右舍，除了汉阳兵工厂等的工人，就是剃头、修鞋的手艺人和小商小贩。

上有高堂老母，下有一群儿女，伍理钊只得求亲托友寻找谋生之路。他一度在祖籍襄阳的吴元泽[①]家管文牍事务。黎元洪被推举为民国大总统不久，吴元泽去北京另谋高就，伍理钊也跟随进京。到京后，吴元泽将他推荐给一个湖北同乡，即在民国陆军部任职的李书城[②]。李书城念及乡谊，为他谋到了一个候差的空衔。伍理钊虽然每月可以领到一份干薪，却仅够个人食宿开销，解决不了一家老小的生活问题。他在京等了好几个月，补缺无望，又记挂着家中老小，无奈只得返乡。

1918 年，伍理钊从北京回到武汉。其时已 10 岁的伍修权和兄弟们兴奋地迎回了远行归来的父亲，他们还不能清楚地理解父亲的沉重心情，只是眼巴巴地看着他的一个随身小包裹，猜测着里头有些什么让他们惊喜的东西。等到伍理钊向母亲请了安，与妻子打过招呼，慢慢把包裹解开时，伍修权他们只见里头滚出了两个皮色青绿的萝卜。伍理钊看着孩子们好奇的眼神，一边让妻子拿来菜刀，一边向孩子们解释道："这是爸爸特地从北京给你们带回来的一种萝卜，叫'心里美'。"切开萝卜，哎，真是红瓤，颜色好诱人！看着孩子们欣喜的目光，伍理钊慈爱地一片片分给他们，还让伍修权拿一片给祖母尝尝。随后，他又从包裹里取出一个纸包，里面是两个小手指粗细的眼药水瓶和两小包"金老鼠屎"。伍理钊把眼药水递给母亲说："您老眼睛不好，这是专为您家[③]从北京同仁堂买的。"又把"金老鼠屎"交给妻子，说家里孩子多，断不了头疼脑热、伤风感冒，一吃这个就好。这虽是便宜的药品，却是从北京带回来的，又是家里随时用得着的，妻子珍惜地收了起来。

伍修权的父亲伍理钊与母亲朱三姑

① 吴元泽是伍修权从苏联回国时担任中共中央秘密交通局局长的吴德峰的叔叔。

② 李书城是中共一大代表李汉俊的哥哥，一大开幕时的会场就是通过李汉俊借到的李书城在上海的宅院。

③ "您家"是武汉话中对长辈的尊称。

民国初期的武汉民居

伍修权的母亲是江夏人，因排行第三，取名朱三姑，19 岁就嫁到伍家，生有八男二女。由于家境贫寒，有两个孩子生下来就夭折了，伍修权在活下来的兄妹中排行老四。朱三姑总是无怨无悔地帮着丈夫支撑这个家。多少年后，她当年的身影，仍珍藏在伍修权的心头："她在烟熏火燎中为我们烧饭煮红苕；她在昏暗灯光下为我们做鞋补衣衫；天不亮她就在扫地提水，别人已歇息，她还在涮锅洗衣；她从不为家穷唉声叹气，也从不对我们生气发火，一年到头，每天每晚，都是这样默默地劳动着。"[①] 伍修权的母亲不仅勤劳能干、谦和宽厚，更有一种坚韧的品格。与他们母子俩接触较多的人，都认为伍修权的秉性、品格中有不少受他母亲的影响。

家境的贫寒，使伍修权从小就懂得为父母分忧。为了生计，他赤着脚、光着膀子，跟与他同样瘦弱的小伙伴们，有时在江边拣拾人们丢弃后又被江水冲上来的菜帮之类的"食物"，有时在武昌火车站铁路旁拾煤渣，有时结伴到十几里路外的乡下去买比城里便宜的红苕。紧靠他们家的蛇山、洪山，既是他们儿时的玩乐处，又是他们拾树枝、割野草、挖荠菜、采野果的地方。

伍理钊从北京回来后，又到处找谋生门路。经过一段时间的奔波，他找到一个为学校抄写讲义和刻写石印蜡纸的活计。为了多挣几文钱，他常常在昏暗的灯光下通宵达旦地抄写。那时武汉国民政府常常要搞名目繁多的选举，选票要按一定格式叠好，这在伍理钊看来是份不错的活计。当他揽到折叠选票的零活时，就发动全家老小一起折叠。然而这类零活不是天天都有的，伍家还是常常受到饥饿的威胁。好不容易又找到糊火柴盒的活儿，又是全家动员。一家人常常除了吃饭睡觉睁开眼就干。

生活在社会底层，使伍修权从小养成了吃苦耐劳和生活简朴的品格。他说：

①《伍修权回忆录》，中国青年出版社 2009 年版，第 7 页。

“我少年时的家境和我的社会环境，实际上成了我的人生第一课堂，我在这里得到的教育，大大有助于自己后来的投身革命。”①

二、12岁入学读复式班

1919年，五四运动爆发。这场运动从北京开始，迅速波及武汉市，街上不断出现各个学校的游行队伍。

有一天，11岁的伍修权同几个小伙伴在蛇山上挖红土，准备弄回家和泥炭。山下突如其来的喧闹声吸引了他们，循声望去，只见南坡下的大马路上人流滚滚、彩旗飞扬。好奇心使这几个孩子丢下手里的活计，迅速跑下山去看热闹。只见学生们正在游行，他们挥动着彩色纸旗，此呼彼应地高喊着口号。从未上过学的伍修权，听到“反对二十一条”、“打倒卖国贼”等等，并不明白是什么意思。他和小伙伴们挤进围观的人群里，从人们的言谈中得知，当晚还要举行提灯游行。晚饭后，小伙伴们相约赶到贯穿武昌的南北长街和当时名叫察院坡的东西向大街上，那里早已是人潮涌动。游行者提着红绿纸糊成的灯笼，数千个灯笼在江城大道上形成了一道彩虹。游行队伍走到哪里，哪里就是一片欢腾。挤在人群中的伍修权和小伙伴们，哪儿热闹就往哪儿钻，像过年一样兴高采烈。伍修权兴奋中带着羡慕：他渴望成为那些学生中的一员，内心撞击着越来越强烈的想要上学的愿望。伍理钊夫妇又何尝没有想过让孩子们进学堂呢！然而贫寒的家境使他们的这种想法成了奢望。为了弥补心中的缺憾，伍理钊常抽空教子女们认字、读书，伍修权学得特别认真，是兄弟姐妹中最用功的。

在五四时期倡导的新文化运动和教育平等思想的启示下，一些有远见卓识的人士把眼光投向了平民教育。就在五四运动的第二年，国立武昌高等师范学校（简称“武昌高师”）的附属小学附设了一个复式班——初小四个年级的四十多名学生挤在一间教室里，由同一个老师授课。复式班条件虽差，却给上不起学又很想读书的寒门子弟提供了机会。伍修权的小伙伴中有人进了这个班，他一听说就兴奋地告诉了父亲。伍理钊听说那个班免收学费，当即同意他去报名。1920年开春，12岁的伍修权第一次踏进了学堂的大门。因为有父亲教的文化底子，老师没有让伍修权从一年级上起，而是插入了二年级。上课时，老师先布置不同年级的学生做各自的课堂作业或自学指定内容，有的写作文，有的做算术，接着一个年级一个年级分头上课。这种复式教学使伍修权同时学了几个年级的教学内容，一年之内，他学完了初小四年的课程。

1921年夏，由于上头给学校的拨款难以为继，伍修权所在的复式班因经费短缺不得不停办，刚上了一年半小学的伍修权又面临失学。老师不忍眼看着这个成绩优异的学生失去学习机会，鼎力向武昌高师附属小学推荐。经过测试，伍修

①《伍修权回忆录》，中国青年出版社2009年版，第7页。

伍修权接受启蒙教育的武昌高等师范学校附属小学

权跳级插进高师附小四年级。

武昌高师附属小学是所正规学校，对学生的要求也比较严格。学校规定，学生入学后必须穿统一的校服。伍修权知道，家里穷得吃了上顿愁下顿，哪有钱给自己做校服呢？他没有让父母为难，而是向关心他的老师诉说了家里的境况。爱生如子，对优秀寒门子弟偏爱有加的老师不仅免收了伍修权的学费，还破例允许他不穿校服。于是，在附小四年级的课堂后排、队列末尾，就出现了一个穿着家常旧布衫的特殊学生。底层社会生活让这个懵懂少年过早地懂得：一个人要能自立并受到别人尊重，不在于衣着外表，而在于品行学识。伍修权并不理会一些同学的冷眼和嘲讽，而是以刻苦学习所取得的优异成绩，逐渐赢得了同学们的认可。他课余主动热心帮助成绩差的同学，更赢得了许多同学的友谊和尊重，也成了受老师器重的尖子学生。

伍修权除了学习刻苦，还积极参加学校组织的活动。他的级任老师熊器叔是湖南长沙第一师范学校的毕业生，不仅思想进步，教学经验丰富，而且是个文艺爱好者，负责主持全校至少每月一次的游艺会，组织演讲比赛、话剧演出等。熊器叔写的演说稿、编写的剧本，多半由伍修权主讲或主演。

体育方面，伍修权也不甘落后。学校运动会，按年龄分为甲、乙两组，结果伍修权几乎囊括了乙组各种比赛项目的冠军。当时武昌高师附小的运动项目，除了跳远、跳高、赛跑和高低栏外，还有算术竞走和提灯竞走。前者边走边算题，一到终点马上写出答案，体力脑力一起赛；后者既要走得稳，保证烛火不灭，又

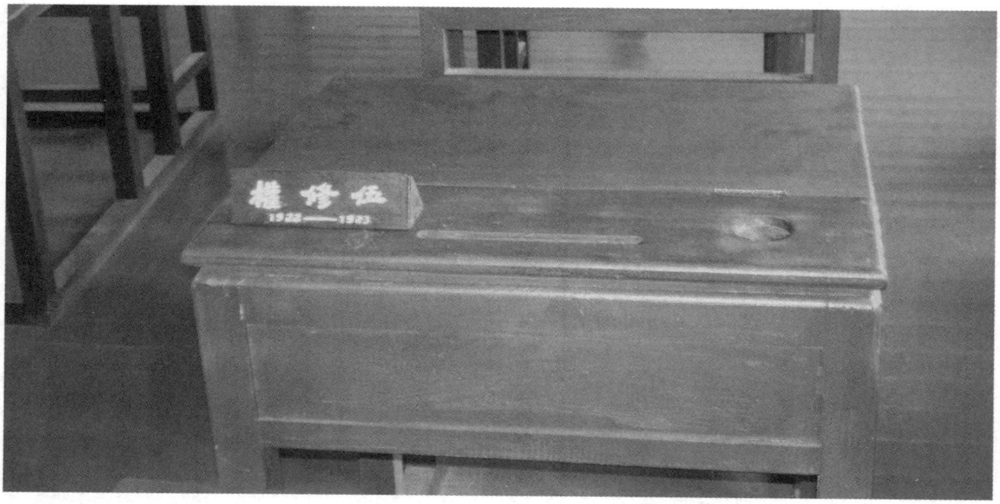

伍修权就读于武昌高师附小时的座位

要走得快，首先到达终点。在这类比赛中，伍修权也常常夺冠。校内各种球赛，他也是主力队员之一。由于伍修权注重体育锻炼，身体相当结实，同学给他取了个“台炮”的绰号，这是湖北方言中对体格特别健壮者的叫法。

三、幸遇革命引路人陈潭秋

1922 年秋，伍修权升入五年级。因为个子高，他坐在教室的倒数第二排。从个头到年龄，他都是小伙子了。

当时每个年级都有一位级任老师，除教学之外，还负责所在班级学生的教育管理工作，与学生的接触比一般任课教师多。伍修权此时的级任老师是陈潭秋。

陈潭秋是湖北黄冈人，与董必武等都是中国共产党在武汉地区从事革命活动的早期领导人。1921 年参加中共一大后回到武汉，他按照大会宗旨开展活动，任务之一，就是壮大革命队伍，伍修权成了他发现、培养的对象之一。

陈潭秋给五年级上国文课和历史课。通过这两门课，他向学生传授了许多社会知识和革命思想。讲授历史课时，他反复启发学生，不要仅仅从帝王的更迭来看待历史的演变，而要从经济和社会的发展来考察历史的进步。他还给学生讲解社会发展史，从劳动怎样创造了人类本身，讲到新的更先进的社会制度必然要取代旧的落后的社会制度，这是不以人们的意志为转移的历史发展规律。每个想要对社会有所贡献的人，必须站在推动社会前进的方面，而不是站在逆历史潮流而动的一面。

20 世纪 20 年代的中国，各种代表人物竞相登上历史舞台，各派治国方略众说纷纭，有主张教育救国的，有提出实业救国的，听起来都颇能吸引人。陈潭秋结合中国的历史和现实，指出这些办法治标不治本，认为彻底改变现存的社会制度，推翻反动统治，根除人压迫人、人剥削人的不平等现象，才是救国富民的唯一道路。

伍修权生活在社会的底层，切身的感受使他格外爱听陈潭秋讲的这些道理，从中受到的教育、启发也更深，常常提出一些自己想不明白的问题。有一次，他问陈潭秋，许多像自己这样的穷孩子都上不起学，该怎么办？陈潭秋说，这不是个别人的问题，要根本解决问题，只有彻底推翻旧社会，让劳动人民当家做主，穷孩子才能都获得上学的机会。

陈潭秋

陈潭秋还常带学生走出校门，把社会当课堂。一次，他们来到停泊着许多外国舰船的长江边，陈潭秋指着炮管又粗又长的列强的军舰，以及不断吐出洋货又吞进中国特产的外国商船，要学生们好好想想，为什么外国舰船能在中国内河长驱直入，洋人为什么能肆无忌惮地在中国倾销商品，掠夺资源？他用眼前的事实剖析中国半封建半殖民地社会的特点，告诉学生们只有反对帝国主义侵略，彻底改变中国的封建剥削制度，才能求得民族的独立解放。

有一次，伍修权过江去汉口，在租界的大街上，见一个坐黄包车的洋人下车时，车夫让他付钱，那人傲慢地掏出钱随手扔在地上。车夫强忍着屈辱低头拾起来，发现钱数不够，就要洋人再给一点。那洋人听而不闻，扬长而去，车夫和周围的人敢怒而不敢言。这种事情几乎天天都有，伍修权过去见了，最多对车夫表示同情，此时却与半殖民地半封建的社会现实联系起来，认识到只有改变社会制度，推翻反动统治，国家才能独立，才能富强，劳苦大众才能不再遭受这样的侮辱欺凌。陈潭秋对伍修权的认识深感欣慰。他让伍修权参加党团组织的外围活动，读进步书刊。在他的熏陶下，伍修权的视野逐渐开阔起来，从自己一人一家的境遇，渐渐扩大到对整个社会和国家民族命运的关注。他说："我感到这位陈老师不仅是我学习上的老师，更是我人生的导师……。他在我面前，打开了一扇明亮的思想之窗，使我看到了一个新世界。"①

经过一年多的教育、考察，陈潭秋与当时武汉中国共产党组织中负责青年团工作的何恐，于 1923 年冬介绍伍修权加入了中国社会主义青年团，与他同时入团的还有附小的两个同学。陈潭秋和何恐主持了伍修权等人的入团仪式。由于条件的限制，这个仪式没有大会宣誓，而是在下课以后，由陈潭秋和何恐把伍修权等带进一间小屋子里，通知他们，组织上已经批准他们加入青年团，还对他

①《伍修权回忆录》，中国青年出版社 2009 年版，第 12 页。

们讲了青年团的任务、对团员的要求、今后的工作等等，同时决定伍修权和另两名一起入团的同学组成高师附小的第一个团小组，伍修权为第一任小组长，这年他 15 岁。加入中国社会主义青年团被伍修权视为“一生中第一个最重要的转折点”，他说：“社会的不平，国家的不幸，深深地刺痛了我们这些开始观察社会和思索人生的少年的心。陈潭秋同志成为我们思想上的启蒙人，也成为我走上革命道路的第一个引路人。”①

伍修权入团后的首要任务，是发现和物色志同道合者，将他们吸收到团组织中来，以扩大革命队伍。在上级党团组织的领导帮助下，他们最初的三人团小组，后来扩大为十名，成为中国共产党在高师附小的重要助手。伍修权加入青年团后，虽然遵照组织纪律，不能向父母兄长透露，但是家人还是慢慢发现了他的一些秘密。父母看到他藏在家里的传单、内部刊物等，总是叮嘱他多加小心，并帮助他把那些“违禁品”藏得更严密些。

伍修权升入六年级后，级任老师是张朗轩。他是陈潭秋的密友，思想进步，学识丰富，朴实可亲。张朗轩对伍修权也十分关心，从课外到课内都给予许多帮助、教育和指导，被伍修权称为“又一个终生难忘的恩师”。出于当时的纪律规定，伍修权没有也不便问张朗轩是不是中国共产党党员，但确信他是一位值得信赖的长者。

当时，武汉的革命形势风起云涌。伍修权遵照上级的要求和布置，参与组织了种种革命活动。1924 年春天，为了支持孙中山先生提出的“联俄、联共、扶助农工”三大政策，实现共产党与国民党的第一次合作，高师附小三年级以上的同学，在进步教师的带领下走上街头，与武昌各校师生一起，联合举行了一次声势浩大的游行。领导这次游行的钱介磐（又名钱亦石）是由董必武、陈潭秋介绍加入中国共产党的早期党员，又是武汉国共合作机构的负责人之一。伍修权带领团小组成员，事先制作了一批写好标语口号的彩色纸旗，游行前分发给同学们，又在行进中边走边领着大家高呼“打倒帝国主义”、“打倒军阀”等口号。在这次游行中，伍修权还负责附小游行队伍殿后的一个笛鼓队。笛鼓队由几十名同学组成，有十几支竖笛、几支铜号、两只大军鼓和十来只小军鼓，一路上号笛鼓乐齐鸣，成了游行队伍中一支格外引人注目的小分队。

1924 年夏天，伍修权从高师附小毕业。同年秋，介绍伍修权入团后不久被中国共产党派到安源，组织发动那里铁路和煤矿工人斗争的陈潭秋又回到武汉，继续以高师附小为红色据点，并使之成为共产党在当地的重要指导中心。伍修权对母校充满感激之情，为自己启蒙教育阶段接连遇上陈潭秋、熊器叔、张朗轩等老师而庆幸。他回忆说：“在毕业离校时，我对这个小小的革命摇篮万分留恋。我在这里的生活，实际上影响和决定了我一生的道路。”②

---

①《伍修权回忆录》，中国青年出版社 2009 年版，第 14 页。

②《伍修权回忆录》，中国青年出版社 2009 年版，第 18 页。

1924年7月，由于家境贫寒，小学毕业的伍修权升学无望。他不得不找一份工作，从经济上分担一点家庭困难。好在这时他已有了不断关心帮助他的组织与战友。当地的开明人士在武汉开了一家共进书社，向知识分子和青年学生出售进步书刊，兼卖一些文化用品。伍修权打听到那里要招收学徒，就跑去应聘并被录用。书社内已有一男一女两名共青团员，伍修权去后就加入了团小组。

因为伍修权刚进书社，环境和业务都不熟悉，书社经理开始只让他干杂活，如搬运书籍、给学校送书之类。但不管什么工作，伍修权总是努力做好，他很珍惜这份工作。武汉是长江沿线“三大火炉”之一，夏天很热。这给伍修权添了一份季节性的活儿——为经理扇扇子。那时没有电风扇，只能在房子里吊个大布幛子，用绳子不断拉来拉去，伍修权常常因此而汗流浃背。他的勤恳淳朴、吃苦耐劳得到书社经理的赏识，干了一段时间的杂活后，被安排帮着誊写账目，也参加书店的一些业务工作。伍修权上学时成绩就很好，有这个扎实功底，干得比较顺手，加上对工作认真负责，又待人随和，大家都很喜欢他。

伍修权虽然有了稳定的工作，但仍为不能继续读书而深感遗憾，总渴望能有继续学习的机会。出乎他意料的是，这个愿望不久真的实现了。原来，在书店时，他常常见到或接待在附小读书时的同学和老师。这些师友也为他的失学惋惜，三番五次动员他继续读书。伍修权只得将自己不得不来此谋生的无奈告诉他们。几个家境较好的同窗好友经过商议，决定凑钱帮他交学费。伍修权喜出望外，经过补考，他插班进了武昌高师附属中学的初中一年级。

1924年冬复学后，伍修权十分珍惜这个来之不易的机会，全身心投入学习中。只是高师附中离他家约有十里路，他每天步行上学，来回得两小时左右。上小学时离家近，中午回家吃饭，现在可不行了，如果在学校搭伙，又得花不少钱。于是，伍修权中午通常到街头小摊上买个大饼充饥。有时几个铜板的零用钱也没有了，只得饿肚子。有一次，他家里也断了炊，连着几天揭不开锅。尽管饿着肚子，伍修权仍然强打精神去上学。一个同学发现他气色不对，问出隐情后，马上解囊相助，送他一枚银元，让他去买东西吃。伍修权感激地接过银元，但并没有买吃的，而是放学后赶紧跑回家，把钱交给父母，以解全家燃眉之急。

伍修权读初中时，中国正处于大革命高潮中，各派政治势力异常活跃，年轻的中国共产党及青年团组织也不例外。

读初中的伍修权仍然是青年团活动中的积极分子，他经常按照上级指示，在课余时间特别是晚上，外出散发传单，在路口张贴标语，以宣传中国共产党的主张，扩大中国共产党的影响。每次受领任务后，伍修权通常先去实地察看，摸清情况，回来再在团小组内商定对策。执行任务时，常常由一两个人先同警察故意纠缠，分散其注意力，其他人趁机迅速贴出标语，分散离开，再到新的地点相机行动。伍修权还在街头向过往行人分发传单。街上是什么人都有的，分发传单时就得识别不同的对象，有的人会接受宣传品，有的人则不予理睬甚至投来白眼，遇到反动家伙还可能挨揍甚至被抓。伍修权注意观察，逐渐积累了一些经验，一眼就能看出什么人可以给传单，什么人得离远些。

中国共产党建党初期，陈潭秋、董必武等在武汉组织、主持了一系列革命活动，还多次召开会议研究工作、学习文件。一次，伍修权接到通知去高师附小，在母校临街楼上的会议室里，参加了一个二十多人的党团员骨干分子会议。在这次会上，他不仅与陈潭秋重逢，而且见到了董必武。董必武当时有双重身份：既是中国共产党汉口地委委员长，又是正与共产党合作的国民党中央特派员和湖北省临时党部委员。林育南、刘昌群、李子芬、何恐等当时武汉革命活动的活跃分子也参加了这次会议。

1925 年初，社会主义青年团更名为共产主义青年团，在中国共产党的领导下，开展了许多重要活动。当年 3 月 12 日，孙中山逝世。为了悼念他，陈潭秋、董必武等在武汉公开组织了一次规模宏大的纪念大会。伍修权等年轻的党团员都参加了大会服务工作，从会前分发通知、布置会场，到大会开始后维持秩序，在场内散发或出售宣传孙中山先生在国事遗嘱中提出的“必须唤起民众，及联合世界上以平等待我之民族，共同奋斗”，以及“三民主义”等思想、主张的书籍和材料。

不久，上海发生了日本资本家屠杀上海纱厂工人顾正红和英帝国主义在南京路屠杀工人、学生的“五卅”惨案，由此引发了全国各界反对帝国主义侵略的“五卅”运动。武汉的中共组织又发动党团员分散到武汉三镇，宣传“五卅”惨案真相，揭露列强的暴行。伍修权所在的团小组被分派到江北的汉口市内，三人为一组，在街头向各界同胞宣传，历数帝国主义侵略中国、欺凌同胞的暴行，号召大家起来反抗侵略，抵制日货。听众多时达上百人，少时也有几十人。大家还在街头唱反日歌曲：“高丽国（指朝鲜），琉球岛，与台湾，地不小，可怜都被他（指日本）侵吞了。为奴为仆眼前到，这国耻，几时消……”歌声传递着中国人民的屈辱与愤怒，感染了不少听众。这次活动受到国民党军警的粗暴干涉，当军警持枪舞棍驱散人群时，伍修权他们立即转移阵地，继续进行宣传活动，一坚持就是好几天。

陈潭秋为了深入工人群众，发动工人运动，在武昌城郊江边上一个叫徐家棚的工人聚居区，开办了一所工人子弟学校。伍修权等几个共青团员，利用课余时间，去那里帮助他开展工作，参与建校、教学、家访等一系列活动。伍修权深知，这所学校对于工人子女，就像几年前自己就读复式班一样重要，因此干得格外起劲。初来时，这里没有校舍，他们就和工人们一起，找来些竹架和稻草，搭起一座约 20 平方米的大敞棚，在地上垒起土坯砖块，再架上木板木条，就成了课桌和板凳。工人们把 10 岁上下因没钱而上不了学的孩子领来了，这些孩子成了这所子弟学校的第一批学生。徐家棚的“草棚学校”开办以后，陈潭秋常常因为有别的重要任务而不能来，就由伍修权等按照他的布置，轮流来这里开展日常教学工作。课余时间和节假日，伍修权他们也常来这里辅导学生。陈潭秋还让他们利用这个机会进行社会调查，了解工人们的疾苦，倾听工人们的愿望。伍修权也曾是一个上不起学的孩子，他与这些学生及其家长有更多的共同语言。陈潭秋布置的这些工作，他干得得心应手，而且从中学到了许多在学校和课本里学不到的东西。在这里，他不仅扩大了眼界和生活圈，还启迪了思想，提高了认识，更加坚定了革命的信念。

除了陈潭秋直接领导和布置的工作外，伍修权还参加了武汉地区党团组织开展的其他活动。何恐经常组织他们上团课，学习马克思主义基本理论。何恐的工作方法灵活多样，多次组织团员到武昌的风景名胜区去上团课，这样一来增加了大家的学习兴趣，效果自然很好。伍修权从陈潭秋等的言传身教中接触到的阶级斗争理论、辩证唯物主义观点、无产阶级革命和共产主义运动的知识，在活动中得到加强。何恐还邀请当地的中国共产党负责人和懂得马列主义的武汉知识界、教育界进步人士，来为团员们讲课或主持学习讨论。伍修权在这段时间里先后听过彭泽湘、许之桢和自己熟悉的钱介磐、张朗轩、熊器叔、何春桥、刘季良、江子麟等高师附小、附中老师的专题讲座。团课上，他们还常常可以读到一些革命书刊。伍修权就是在那时第一次读到了《共产党宣言》、《共产主义 ABC》等著作，还看过《向导》、《新青年》、《中国青年》等中国共产党内部刊物或由共产党人主办的刊物。有时，何恐还拿来国家主义派办的《醒狮》杂志，让他们与革命书刊比较着看。

陈潭秋等革命家的诱导引领、初中阶段的早期革命活动、马克思主义的启蒙教育，逐渐使伍修权成长为青年革命者。

四、被选送出国

1925 年秋，伍修权升入高师附中的初中二年级。不久后的一天，他放学路过钱介磐老师家门口时，被钱老师叫进家里，说是要同他谈一件大事。

钱介磐告诉他，由于孙中山与苏联的友好关系，苏共中央和苏联政府及共产国际总部，决定在莫斯科开办一所中山大学，为中国革命培训人才。武汉的中国共产党组织从湖北党团员和进步青年中推荐了一批人去苏联学习，其中就有伍修权。钱介磐还说，武汉的国民党方面，也正在进行同样的选拔工作，到时候将一起去上海报到并同往苏联。这个消息对于伍修权来说，真是天赐良机。他回忆道："从我踏进革命行列的第一天起，就知道并向往着工人阶级掌了权的苏维埃国家。红色首都莫斯科，更是我们心目中的革命圣地。那里是十月社会主义革命的发祥地，是列宁主义的故乡。要能够亲自到那里学习，简直是想也不敢想的事。现在这么个意外的好机会，居然降临到我的头上，我兴奋得心里怦怦直跳，几乎没有考虑，马上就对钱老师说：'我去，我去，我当然要去！'"①

钱介磐把激动得站了起来的伍修权按回到椅子上说，根据通知，由于活动经费有限，凡是选拔出来准备去苏联学习的人，去上海报到的旅费和一路开销，以及出国的行李等，一律由个人解决。这对于伍修权的家庭来说，是一笔不小的费

①《伍修权回忆录》，中国青年出版社 2009 年版，第 24 页。

用。因此伍修权要与家里人商量，一起想办法。

从钱介磐家出来，伍修权心潮翻滚，但一想到费用问题，步履又沉重起来。自己那么多兄弟，就他一个人上了学，全家节衣缩食，才勉强供他读书至今。现在自己有机会出国学习，大家当然会高兴。但是出国所需的这笔开支，对这个贫困家庭来说，简直就是个天文数字。果然，父母和兄弟们听他说了此事后，既为他能获得这个机会高兴，又为难以解决出行费用焦虑，伍修权只得再去找钱老师。钱介磐听了沉思良久，感慨地告诉他，在初步确定的人选中，还有与他同一团小组的两个同学，他们的家庭经济状况比较好，但其中一个是几代单传的独苗，家里坚决不让他出远门，更别说出国；另一个，父母已为他找好了出路，不让他出去闯荡冒险。没想到伍修权却为费用所困而难以成行。钱介磐让伍修权先回去，说他再想想有没有别的办法。

伍修权回忆说："眼看着穷困将绑住我的手脚，使我飞不起跳不高，即将坐失这个千载难逢的出国学习机会。世界就是这样不公平，家里有钱的人不愿走，我这愿走的家里又没有钱，想走也走不了。就在我和全家人无计可施到几乎绝望之际，又是革命的师友，向我伸出了温暖的友谊之手，将我一下子拽出了困境。我在高师附小六年级时的级任老师张朗轩先生了解到我的情况以后，马上慷慨地拿出了40元钱……"① 接过张老师塞到手里的银元，伍修权激动得不知说什么好。张朗轩赞扬伍修权是他最好的学生，相信他不会辜负大家的期望，说自己等待着他的好消息。伍修权的许多同学也伸出了友谊之手。何恐的弟弟何立人将自己穿着的一件半新短大衣脱下来送给他，说此去路途遥远，但愿这件衣服能为他挡挡风寒。

预定出发的日子恰是中秋节。即将远行的伍修权和全家人在一起，过了个名副其实的团圆节。母亲用早就准备下的米面做了饼子，烤得黄亮亮的，分给大家，算是吃了月饼。父亲暂停了长吁短叹，为儿子遇到了比自己强得多的"再生父母"而感到宽慰。哥哥弟弟十分羡慕这个兄弟，高兴远超过别离的伤感。母亲更多的是牵肠挂肚，她留下了几个亲手做的"月饼"给四儿当干粮，还破例让大儿子上街买回一点肉炒了盘菜，又炒了盘鸡蛋。父亲特地打回几两烧酒，为四儿饯行。团圆节，伍修权却即将离开这生他养他的家乡，离开朝夕相处的父母和手足同胞，离开这个虽然贫穷却不无温馨的家。见母亲默默走到灶后撩起围裙擦眼泪，伍修权的酸楚之情油然而生。

中秋家宴后，伍修权低头抚慰饮泣的母亲，摸了摸弟妹们稚嫩的脸，跟着送行的父亲和三个哥哥出了家门。月到中秋分外明，但此时此刻，谁也无心赏月。到了汉口第六码头，伍修权的同行者也一一来了，他依依不舍地告别了父兄，提起行李上了轮船。走到甲板上，借着月光回头寻找亲人时，父亲和哥哥们已经淹没在人潮中。

---

①《伍修权回忆录》，中国青年出版社2009年版，第26页。

第二章　赴苏联学习和工作

一、漫长的旅途

1925 年由湖北地区选派与伍修权一起赴苏的共 11 人。男生除伍修权外，另 7 人是胡彦彬、贝云峰、熊效远、梁仲民、潘文郁、濮世铎、高理文；女生 3 人，是黄励、宋伟和杜琳；胡彦彬是带队人。这 11 人中，伍修权年龄最小、学历最低、家境最差、行李最少。

到上海是顺流而下，本来只需航行两三天，但是船过南京时，全部旅客却不得不下船，据说这艘船被军队征用了。原来，时任闽浙联军司令的直系军阀孙传芳，向江苏督办、奉系军阀杨宇廷部发动了进攻，殃及路过南京的旅客。伍修权一行无奈地在南京下关码头上了岸，改坐火车去上海。到达上海时，已是 10 月初了。他们按照组织上交代的地址，找到法租界内一家旅店住下。上海也处于孙传芳、杨宇廷两军相争的战争氛围中，伍修权等奉命不得出门，由胡彦彬出去找有关方面联系，办理出国手续。

10 月 28 日，在上海滞留了二十多天的伍修权一行，步行到黄浦江边的外滩码头，在夜色掩护下，坐小舢板驶出吴淞口，上了一艘苏联的大货船。这艘三千吨位的货轮，原是用来运煤的，稍加改装整修后，由苏联远东城市符拉迪沃斯托克（即海参崴）开来上海，运送货物并接运这批赴莫斯科学习的中国青年。伍修权等得到通知，他们这次出国，用的是去苏联做劳工的名义，每人都按这个口径，编好各自的来历，准备应付可能的盘查。出于保密的考虑，赴苏者上船后也不得暴露，都被领到底层的统舱里住下来。伍修权发现，同行者年龄、身份都相差较大。多数是学生模样，也有身穿西服、脚蹬皮鞋，看起来相当阔气的。因为事先已有交代，一律不准刨根问底，见面时只能简单招呼一下。这批从上海上船的共有一百多人，其中去中山大学的学生有六十多人，主要是由上海、江苏、安徽、湖北、浙江、江西等省份选派出来的。同船的还有一些中国共产党方面的人员，他们是赴苏参加国际会议或去共产国际联系工作的。

伍修权他们这批去莫斯科中山大学的学生，总领队叫俞秀松。他是老资格的中共党员：早在中国共产党建党前，就和陈独秀、李汉俊等在上海发起成立了中国最早的共产主义小组，又受陈独秀指派组建了中国社会主义青年团并任书记，成为青年团的主要创始人。为了安排好这批中国青年的赴苏事宜，共产国际和联共中央又从莫斯科派出杨明斋、周达文两人，专程赶到上海迎接。这两个人在中国共产党建党前夕和初期，是共产国际与中国革命者之间的重要联系人。伍修权等正是在这几位老共产党人的引领下踏上赴苏之旅的。

货轮起航以后，由于海上风浪较大，在波涛中起起落落地晃动。伍修权担心自己晕船，尽量减少活动，躺在舱里歇息。他除了与本组的几个人一起活动之外，很少与别人搭话。船上的生活比较单调，每餐都是面包，加上一点黄油和糖块。开水也限量，定时供应。有的人对此很不习惯，晕船时更是一口也吃不下去。从小生活清苦的伍修权，感觉却大不一样。他能吃能睡，常帮同行者打个水，拿个饭，或扶他们到甲板上透透气。

船在海上航行约三天三夜后，在日本马关对面的门司港口停靠。几天后，正巧是十月革命八周年纪念日，苏联船长和杨明斋、俞秀松等组织全体船员和旅客，举行了一次海上纪念会。先由船长讲话，杨明斋翻译，讲了十月革命的意义，并代表苏方，对乘船的中国青年革命者表示欢迎。俞秀松代表中方人员讲了话，他赞颂了十月革命的伟大胜利和苏联党与政府对中国革命的巨大援助，感谢共产国际和苏联政府派船来迎接中国的青年革命者赴苏学习。俞秀松讲话后，又欢迎同船的日本和朝鲜人员讲话。伍修权开始并不知道船上还有日本人和朝鲜人，连他们是从上海，还是在日本港口停靠时上来的都不清楚。听了介绍并听他们用不同的语言讲话后，才知道自己已处在无产阶级国际主义的友好氛围中。在这次纪念会上，伍修权第一次和大家一起，放声高唱在船上刚刚学会的《国际歌》，那豪迈悲壮的歌声，一下子就抓住了他的心。

11 月上旬，伍修权所乘的轮船到了海参崴，此时苏联已是严冬。船在海上时，伍修权和同行者就把所带的衣服全都穿在身上了。此时，岸上已是一片冰雪。伍修权好奇地观赏着这充满异国风情的白雪世界。刺骨的寒冷，自有何立人送的短大衣帮助抵挡。他裹紧了衣服，提着简单的行李，跟大家一起上了岸。

他们下船前，杨明斋、周达文已经先上岸和苏联的有关方面接了头，为大家的下一步旅程做好了安排。伍修权终于踏进了世界上第一个红色政权国家，他感到异常兴奋。大伙跟着杨明斋在海参崴吃了到苏联后的第一顿美餐，有伍修权从未吃过的俄国红菜汤和土豆色拉等，饭后还有一杯热乎乎的红茶。虽然街上和屋顶上都堆积着皑皑白雪，屋檐下还挂着晶莹剔透的冰凌，但是伍修权已感到了苏联党和人民传递的暖意。

在海参崴稍事停留后，伍修权他们又坐上火车沿着苏联远东和西伯利亚铁路向莫斯科进发。这列火车是以烧劈柴作为动力的，取暖也靠木柴，每节车厢中间都有一个大火炉，不断添加木柴才能保持车厢内的温度。由于火车动力和保温都需要大量木柴，而车的装载量有限，沿途常常需要补充木柴。于是，开上几站，大家就要下车搬运木柴。有时车站上没有现成的木柴，就得到铁路边的树林里，自己动手现锯现砍，劈开搬到火车上。除了搬运木柴，每次停车时还得背几个大冰块上来，以便砸开放进水壶烧化，保证车上的开水供应。在沿途的火车站和铁路边，伍修权看到，当地的苏联老百姓吃的主要是黑面包，副食是马肠做的粗大的灌肠之类。

这趟火车直到 11 月 23 日才到达莫斯科。从 10 月 28 日伍修权他们在上海上船算起，全程共用了 25 天。杨明斋等领着这批鼻子冻得通红却雀跃不止的青年人，列队走出车站，上了一辆大卡车。汽车开动后，伍修权觉得身上的短大衣，像是被莫斯科的寒风刮走了一样，失去了保暖的作用，但他顾不得寒冷，贪婪地观赏莫斯科的壮观景色。卡车在一处楼前停下了。杨明斋高兴地喊道："到了，到了，这就是我们的目的地——莫斯科中山大学！"

二、在莫斯科中山大学

莫斯科中山大学（简称"中大"）创办于 1925 年 10 月，全称中国劳动者孙逸仙大学，先后还用过中国共产主义劳动大学等名称，但人们都习惯地称其为中山大学。

莫斯科中山大学旧址

中大坐落在莫斯科沃尔洪卡大街 16 号。主楼内有高大的门厅和宽阔的走廊，屋顶浮雕华美，室内吊灯堂皇。楼下有餐厅、小吃部、俱乐部等公共设施。其余分别是或大或小的房间，用作办公室、教室、自习室和图书馆。第一期学员的宿舍也在楼内，宿舍里有铺着现成被褥的木床，还有供学员使用的小柜和书架等等。宽大的走廊上排列着自习用的桌椅。从房间到走廊都灯光明亮，冬天暖气日夜开放。中大的校园里，排球场和篮球场掩映于树丛中，其时正是冬天，球场改成了溜冰场。中大校园周围的环境也很优美，有教堂、广场、公园，其间还有形态各异的雕塑，是莫斯科的一处重要游憩之地。中大的学员也成了那里的常客，早晨到广场上锻炼身体，课余去公园散步、读书。

中大从创办到 1930 年底停办，虽然只有短短五年，却是对中国现代革命影响最大的"洋学府"。就在伍修权进入中大的前后一两个月内，共去了 4 批学员，340 余人。其中第一批是从中国北方各省选调的，第二批是伍修权这一批，第三批是从广东出发的，第四批是原在法国等西欧多国勤工俭学的。

伍修权进入中大的第一件事，是填表登记，办理报到手续。学校给每个入学者发了学员证，伍修权的编号为73号，他还记得同是第一期的一位女同学、后来成了王若飞夫人的李培之是1号。学员证上填写的是临时取的俄文名字，伍修权的是他的姓氏“伍”的俄语数字发音加上人名后缀，音译为“皮达可夫”。他们的这些俄文名字，不少被载入了中国共产党党史，如与伍修权同时入校的张闻天，俄文名字是“依思美洛夫”，他将其中的几个音节作为笔名，一是“思美”，一是“洛甫”，后来以“洛甫”闻名。与伍修权同船从上海出发的王稼祥，以英、法、德、俄四种语言里发音近似、意为共产党人的“康莫纳尔”为名。比伍修权迟一年进中大的秦邦宪，俄文取名为“波古良也夫”，他也抽取了其中前两个音“博古”作为别名。取名之时，主要是考虑到中国学员回国以后的安全。出于同样的理由，中大也处于半秘密状态，不对外公开，也不挂牌子。所有的中国学员此后在校活动和对外交往，一律使用俄文名字，中文姓名只在熟悉的同学中相互叫叫。

报到期间还进行了体检，并由专人量了身高胖瘦，不久就发了为每人定做的西服，衬衫、外套、皮鞋等一应齐全。原先衣着寒酸的伍修权，因此而焕然一新。学校还给每个新生拍了一张照片，用于学生证和存档。这是伍修权有生以来的第一张照片。学校的伙食，与伍修权在家时有天壤之别。中国学员的伙食也优于苏联教师。当时一般苏联老百姓吃不上的白面包和牛奶、鸡蛋、灌肠、牛肉，以及咖啡、可可、红茶，伍修权他们常常吃得到，甚至还能品尝到海参崴的特产鱼子酱。校方还派后勤人员到接近中国的苏联远东地区采购猪肉、鸡、鹅、鱼类等中国学员爱吃的副食品，每隔一段时间请中国厨师来做一顿地道的中国饭菜。三顿正餐之外，中间有一次茶点，晚上有一次夜宵。有的学员要求校方降低伙食标准，减去茶点和夜宵，与苏联和祖国人民同甘共苦。

这样高标准地照顾中国学员，源自联共（布）最高层对中大的重视。斯大林是创办中大的倡议者，他亲自来学校对学员讲话并回答学员提出的问题。伍修权就曾聆听后来收在《斯大林全集》中的《和中山大学学员的谈话（1927年5月13日）》。斯大林那次一共回答了中大学员事先以书面形式提出的十个问题，讲了两个多小时。斯大林来中大时，穿着红军大衣，很朴素，抽着那个成了他特征之一的大烟斗。他是格鲁吉亚人，说话带有方言口音，语速比较慢，但声音浑厚，用词准确，有一股深沉、坚定的力量。大家都十分认真地听他讲话，只是他的话经过翻译，听得并不十分明白，直到后来伍修权看得懂原文时再读这篇讲话，才有了更深的理解。在此之前，伍修权已几次见过斯大林。由于他们的宿舍后来搬到离斯大林办公的克里姆林宫不远的地方，伍修权还曾在路上遇到过步行上班的斯大林。他总是穿着一身红军的呢大衣信步独行，即使有警卫，也只远远跟着，不注意看不出来。

中大的学制定为两年。第一期学员按入学前受教育程度的高低编成了11个班，每班20多人。邓小平等因有在西欧勤工俭学的经历，已有一定外语基础，根据原来所学的语种，分别被编入法语、德语等班；王稼祥、沈泽民和吴亮平等原来会英语的，编为英语班；俄语程度较高的学员设有翻译速成班，张闻天、杨尚昆等便是速成班的学员；伍修权等没有外语基础的多数人被编入预科班，先攻语言关。

预科班最初俄语课所占的学习时间最多，每天四个课时，每周学六天，从学俄文字母开始。于是教室、走廊、校园和对面的公园内，不断听到练习发音的 А，Б，В，Г……其中最有乐感，也最难掌握的是舌颤音“Р”。伍修权把学习俄语作为整个学习的前提条件刻苦攻关。他总结了学习俄语的三条经验：一是抓好语法的学习，那时只有一本刘泽荣编的俄语语法书，一回宿舍大家都争着看，伍修权把名词、代词、形容词的变格和动词的变化规律等等，一一背了下来。二是强记单词，把所接触到的新单词抄到小本子上，反复朗读，背熟后换上新的一批，再反复背，如此不断更新，日积月累。三是利用各种机会练习俄语听力和口语，通过实际使用来提高俄语水平。半年多之后，伍修权也能直接听俄语讲课了，各主课的科目和课时随之不断加大。学校的主课，科目很多，主要有作为马克思主义三大组成部分的辩证唯物主义哲学、政治经济学和科学社会主义，以斯大林所著《列宁主义基础》为课本的马列主义理论课，还有社会发展史、世界革命史、联共（布）党史和中国革命史以及经济地理学、语言学、被压迫民族和殖民地民族解放理论等。

伍修权的中大同学，有的已经读过大学，大多数是高中学历，而伍修权初中二年级还没有读完。于是，他更加刻苦地全力攻读。结果，入学前接受学校教育时间最短的伍修权，学习成绩却一路赶超，名次越来越靠前。当然，跟原来就是“大知识分子”的同学相比，伍修权仍然差一截。与伍修权同一批来中大的张闻天、王稼祥等人，一进校就能直接听外语授课，又很快学会了俄文，因成绩突出，入校第二年就承担了翻译和辅导工作。王稼祥的宿舍在伍修权隔壁，他自习的桌子就在伍修权宿舍的门口。令伍修权非常羡慕的是，王稼祥能直接阅读英文和俄文的马列原著。王稼祥也注意到了这个比自己小两岁的湖北青年，见他学习勤奋又谦和有礼，就常主动关心他的学习，解答他提出的问题。王稼祥的帮助使伍修权的学习劲头更足了。政治经济学比较枯燥，伍修权照样学得有滋有味，还找来有关参考资料阅读并写读书笔记。经过一段时间的勤奋努力，他的俄语听说能力和各科成绩进步很快，不但在课外辅导别的同学，还受教官指派，为后一期同学的专业课充当翻译，并能对学员的疑难问题作深入浅出的解答，在自由讨论中作导向性的发言，受到老师和同学们的称赞。

中大还有一门与为中国革命培养军事人才的办学宗旨相联系的军事课。这门课每周一天，主要内容为步兵操练、射击、武器维修等，教官主要是从苏联红军中调来的中高级军官。教学主要分两个步骤，一是理论学习，即在课堂上讲授军事指挥、战略战术，还学习各种武器的构造原理、使用方法、维修保养等知识和技能。二是实际演练，即集体去军事学校或军队训练场进行打靶训练，到作战演习场地进行从单兵到带兵的攻防野战训练，女学员则接受战场救护等方面的训练。中大内还设有一个军事研究室，里面陈列着各式火炮、枪支等，摆放着将战术理论形象化的沙盘模型。此时的伍修权才十八九岁，精力充沛、血气方刚，对

“能学会打仗的课”特别感兴趣，学得也特别起劲。

中大也注重学员的全面发展和情操陶冶。学校经常组织丰富多彩的文体活动，如在校内组织看电影和举办戏剧晚会。中国学员不仅能先于其他人看到最新的苏联影片，还能看到莫斯科的剧团和中大学员自己的演出。后来活跃在中国解放区舞台上的沙可夫、李伯钊、危拱之等红军艺术家，就曾在中大的戏剧晚会上一显身手。伍修权也曾被同学们推上台，串演过一些角色，与李伯钊等结下了艺缘。校方还组织学员欣赏莫斯科国家交响乐团的演出，聆听从贝多芬到柴可夫斯基的优美旋律；观看享誉世界的俄罗斯芭蕾舞，如《天鹅湖》、《胡桃夹子》、《堂·吉诃德》等。除了校方组织的活动，学员自己的俱乐部有时也出面组织。跳交谊舞是具有俄罗斯特色的活动之一，伍修权就是在此时因参加社团活动而学会了跳舞。

中大还组织学员走出课堂，去参观工厂、企业和纪念堂、博物馆等等。通过参观，伍修权开阔了视野，扩大了知识领域，接触了社情民情，增添了对社会主义制度及其优越性的感性认识。比参观更进一步的是参与。苏联当时经常组织星期六义务劳动，中大学员也热情参与。伍修权在参加星期六义务劳动等活动过程中，与苏联普通群众广泛接触，亲身感受了劳动人民当家做主人的热烈政治氛围。

令伍修权难以忘怀的，还有暑假期间学员也可享受的疗养，有时到莫斯科郊区，有时到苏联南方海边的度假胜地。1926 年 5 月，伍修权等被送到莫斯科郊区的休养所疗养。莫斯科的春天自然比伍修权的家乡来得晚，但此时冰河已融化，白桦开始吐绿，肥沃的黑土地上到处可闻到生命的气息，一望无际的松林与远天相接。在那里，每天只在上午抽点时间集体读读报纸，其余时间都可以自由支配，或外出散步，或结伴娱乐，或划船爬山。当然，莫斯科郊外的晚上，也是谈情说爱的好地方，成就了好几对同学夫妻。

伍修权的中大同学中，国民党方面派去的也不少。其中后来成为国民党达官显贵的有蒋经国、谷正纲、谷正鼎、邓文仪、郑介民、康泽等。

共产国际在东方活动的根本任务，是要找到并培植苏维埃的朋友和支持力量。他们不仅需要中国共产党的支持，也需要以孙中山为首的国民党人的支持。因此，促成国共合作，就成为共产国际在东方的一项战略决策。1924 年 1 月，在广州召开的国民党一大上，孙中山提出了“联俄、联共、扶助农工”三大政策。不久，他在给派往苏联考察的蒋介石的手札中写道：“我党今后之革命，非以俄为师，断无成就。”孙中山逝世前留下了发展中苏合作关系的绝笔：“你们是自由的共和国大联合的首领，我遗下的是国民党，我希望国民党在完成其由帝国主义制度解放中国及其被侵略之历史的工作中，与你们合力共作。”这更增加了共产国际和苏共对他及其缔造的国民党的认可度。中大就是在这样的背景下应运而生的。当时，苏联驻广州的总顾问鲍罗廷，被称为广州国民政府的“保姆”，中大的招生就是他一手操办的。1925 年 10 月 7 日，鲍罗廷在国民党中央第六十六次会议上正式宣布在莫斯科建立孙中山劳动大学，建议国民党选派学员去中大学习。这个提议很快获得通过，并成立了由谭延闿、古應芬、汪精卫组成的招生委员会。广州是当时国民革命的中心，最终录取的300多名学员中，广州就占了180名，其中鲍罗廷特别推荐的有20名，如蒋介石之子蒋经国、邵力子之子邵志刚、李宗仁的内弟魏允成、张发奎的弟弟张发明、邓演达的弟弟邓明秋、于右任的女婿屈武等。显然，鲍罗廷推荐的都是国民党政要的子弟，从中不难窥见创办中大也不无拉近与国民党上层的关系，在统治集团内培植亲苏势力的倾向性。

后来多半各为其主、生死相搏的国共两党学员，就这样成了中大的同学。伍修权的老同学、老搭档王智涛回忆说："我们初到苏联时……留学生虽然不多，但成分和政治背景很复杂。官宦富豪子弟多，工农贫家子弟少，国民党派来的多，共产党派来的少。"[①] 蒋经国给伍修权留下的印象是，集合时他老是比别人来得迟。1979年，全国人大常委会《告台湾同胞书》等发表后，蒋经国对大陆仍坚持"不接触，不谈判，不妥协"的"三不"政策。伍修权幽默地说："若再见到这位老同学，我要对他说，你动作又慢了！"自然，蒋经国也有快的时候，最快的是其政治转向。他1925年10月赴苏留学前加入了国民党；到莫斯科不久加入了共产主义青年团，团小组长是邓小平（时用名邓希贤）；1933年成了苏共党员。1927年蒋介石发动"四一二"反革命政变后，蒋经国声称从此与他断绝父子关系；1937年回国后，蒋经国跪下给蒋介石磕了三个响头。

当时联共（布）、中国共产党和国共两党内外交织、错综复杂的情势，对伍修权等青年学子也是一种历练。1925年11月在莫斯科工会大厦举办的中大第一届学员开学典礼，是由苏共中央政治局委员托洛茨基主持的。他热情洋溢又诙谐幽默地说："从现在起，任何一个俄国人，如果他用轻蔑的态度来对待中国学生，见面时双肩一耸，那他就绝不配当俄国的共产党人和苏联公民……"托洛茨基的讲话，对涉世不深的中国青年学子颇具吸引力。12月，联共（布）召开第十四次代表大会，展开了同托洛茨基的斗争，一些中大学员也卷入了这场斗争。此后中大按联共（布）中央的布置，在校内展开了追查、清理、惩处托派分子的运动。支持托派的学员，有的被开除党籍、团籍，有的被送到西伯利亚等边远地区劳改，有的被遣送回国。蒋经国也在打击和清除托派的运动中被流放。在这场斗争中，伍修权拥护联共（布）中央和斯大林，反对托派的态度一直是明朗的，但对站到"对立面"一边的熟人也不那么绝情。他与濮世铎一起读小学时就很要好，伍修权有时住在他家，他也住过伍修权家。一同到中大后，学员每月发十个卢布零用钱，伍修权很节约，也没有什么嗜好，看到濮世铎抽烟钱不够用，就把节余的钱给了他。濮世铎后来受到托派的影响，他们之间在政治观点上出现了分歧，但个人交往还保持着。

在联共（布）反托派斗争的同时，中国共产党方面学员内部的斗争也一波接着一波。其中危害最大的是王明（原名陈绍禹）抬高自己、排除异己的宗派活动。

---

① 王智涛：《青春的回忆》，见《历史风云中的一代英杰——伍修权》，当代中国出版社2008年版，第195页。

1927年，王明在中大导演了一个“江浙同乡会事件”，把伍修权他们从上海带到莫斯科的总领队俞秀松和一些同学被打成了“反党小集团”和“反革命组织”。不过，在中国共产党派去的中大学员中，大多数是像伍修权那样为献身中国革命而努力“学成文武艺”的赤子，仍然将主要精力用在学习上，没有搅进派系斗争的漩涡之中。

比这类内部争斗更激烈的是国共两党争夺人才的斗争。“四一二”反革命政变的消息传到莫斯科，斯大林宣布蒋介石为反革命，中国共产党方面的学员群情激奋，愤怒声讨蒋介石背叛革命的倒行逆施，并走上大街游行，一路高呼“打倒蒋介石”等口号。

经过近两年的刻苦攻读和斗争历练，伍修权逐渐成长为接受了系统教育、具有马克思主义理论功底和共产主义信仰的青年革命者。他说，莫斯科中大“在确立我的革命人生观方面，是起了奠基作用的”。

三、在莫斯科步兵学校

1927年9月，中大第一期学员的学业全部结束。在此之前，已有一部分人提前回国：蒋介石发动“四一二”反革命政变后，一批由国民党方面选派来的学员，不等学业结束就纷纷回国；接着是一批比较能干、学习又好的中国共产党党员和共青团员，根据国内斗争的需要，也陆续奉调回国，邓小平等人就是这时回国的。

先期回国的中大第一期学员，都是从外蒙古越界的。伍修权等按期毕业的学员，按原定计划也应相继回国，但是前几批人走过的外蒙古通道被切断了，其余的途径尚未打通，包括伍修权在内的一批人，被迫滞留在莫斯科。何去何从？蒋介石的叛变、大革命的失败，使中国共产党人认识到不掌握武装不行。中共中央决定从中大毕业原拟回国的学员中抽选一批转入苏联各军事院校，为中国共产党领导的军队培养经过正规教育和训练的军事人才。

当时苏联的军事院校很多，海军、空军和陆军的步兵、炮兵、工兵、骑兵、通讯兵等都有，大都位于莫斯科市郊，那一带原是沙皇军队的军校旧址。在共产国际和苏联方面的安排下，伍修权他们根据各自的条件与意愿，分别报考了不同的军种、兵种和学科门类。伍修权考虑到国内的武装斗争当时主要是游击战争形式，海军、空军等一时还用不上，陆军中的步兵作用最大，就报考了莫斯科步兵学校（简称“步校”）。他的同学朱瑞等报考了炮兵学校，进过黄埔军校并参加过国内战争的左权和陈启科去了培训中级指挥员的高级步兵学校。朱瑞、左权后来又和屈武等进了苏联最高军事学府伏龙芝军事学院（又称“苏联陆军大学”）。

与伍修权同时去步校的11名中国学生被编为一个独立的中国班，班长是广东人梁振鸿，学员有原为黄埔军校学生的彭文畅，从法国转到苏联来的甘瑞、傅汝霖，江西人郭景淳、罗文炳，河南人李星若，陕西人董汝诚，还有原为上海邮电工人的尤赤等。

步校留给伍修权的第一印象，是大不同于中大的军营气息。步校的校舍是俄罗斯兵营式建筑，主楼只有二层。学校行政机关和学员集体宿舍、学员食堂、教职员食堂等，都分设在二楼上。一楼则是教室、礼堂和有各种军事训练器材、体育运动设施的大厅，还有能打篮球、网球和进行单双杠、木马等活动的室内运动场。伍修权所住的学员宿舍比在中大的宽敞了许多，是按一个步兵排的人数设计的，每个房间能住三十多人。宿舍里一人一张木床、一个小柜，靠门处是一排枪架，整齐地排放着装有俄式带棱刺刀的步枪。房间外头照例是俄式建筑共有的宽大走廊，每天操课和集体活动前，都得先在那里集合，然后列队下楼。主楼外的校园范围很大，有一个训练场，早操和队列训练，从单兵到班、排动作以及全校集合都在那里。19 岁的伍修权就在这里开始了全新的军事生活。

步校军事化的集体生活，既刻板又紧张，显然比不上中大，但伍修权很快就适应了。在步校学习期间，每月有 30 卢布的津贴，这对他来说可是从未有过的高收入，除了买一些生活必需品和支援老同学外，偶尔也调剂一下生活。步校的伙食虽然管饱管够，却很少变换花样。离步校不远的莫斯科城郊结合部的街道上，有一家中式餐馆，他自从跟着别人去那儿品尝了久违的中国菜之后，有时也在节假日邀上二三知己去那里小酌。当时在莫斯科的中国共产党党员，从常年居住的到临时过往的一批又一批，市内有数的几家中国饭馆，也就成了他们的小聚之处。有一次，在伍修权多次去过的那家餐馆里，他看到去了伏龙芝军事学院的中大同学左权，正和两位中国同胞相聚，其中一位高大魁梧、三十开外，右眼虽有残疾，举止言谈却气度不凡。经左权介绍，才知那人是久闻大名的刘伯承。他是南昌起义失败后，于 1927 年冬来到苏联的，先在步校学习，后来也去了伏龙芝军事学院深造。刘伯承是四川人，他们要的是川味的回锅肉、辣子鸡丁和麻婆豆腐。左权他们邀伍修权并桌共餐，伍修权虽不太吃辣，也加点了豆豉鱼等川菜，结果辣得不亦乐乎。刘伯承风趣地说："越会吃辣，就越能革命。你看左权同志故乡湖南和我的老家四川，出了多少革命者啊！"

与中大一样，步校的学员也首先面临着信仰、立场、道路的严峻考验。"我们在莫斯科步校学习的两年里，在追随共产党还是国民党的问题上，始终存在着尖锐的思想斗争。受共产国际领导的几十名中国留学生学业结束后，超过半数以上的人已投靠了国民党。剩下的不足一半的青年军官，虽然当时仍接受共产国际和中国共产党的领导，但其中不少人在以后残酷的革命战争中，未能经受考验，叛变了党和革命。真正革命到底的同学寥寥无几。修权没有被国民党的拉拢所腐蚀，义无反顾地坚决摒弃了国民党"。①

把学员置于现实氛围中接受熏陶是步校的教育理念之一。伍修权进步校两个月后，就是十月革命十周年庆典。为了参加这次阅兵式，他们一到步校就投入

① 王智涛：《青春的回忆》，见《历史风云中的一代英杰——伍修权》，当代中国出版社 2008 年版，第 196 页。

到紧张的队列训练中，连续苦练了近两个月。十月革命节那一天，伍修权和同学们凌晨就起床开饭，随后便穿上崭新的红军制服，带上擦拭得锃亮的武器集合整队，在身挂绶带、擎着马刀的指挥员带领下，迈着整齐的步伐，列队走向莫斯科市内，在指定时间进入了通向克里姆林宫的鲍曼区大道集结待命。大阅兵开始后，走在队列中的伍修权，和着嘹亮的军乐节奏，平端着带刺刀的步枪，迈开穿着铁掌马靴的双脚通过红场，阔步迈向主席台。当他们的方队正步通过主席台前时，只听领队一声号令，整个方队一齐向右看，伍修权看到斯大林等苏联党政军高层领导人，春风满面地向受阅部队回礼致意。步兵方队刚刚通过，紧接着是海军、骑兵、炮兵等各路方队。几十万人的群众游行队伍发出的欢腾的声浪以及动人的景象，使伍修权终生难忘。

1927 年 9 月伍修权入校时，同期学员共有三个连队，绝大部分是俄罗斯人，也有乌克兰、哈萨克、格鲁吉亚等加盟共和国的人，还有少量其他国家的学员，分别来自波兰等东欧国家和朝鲜，有的已经加入了苏联国籍或者成了侨民。伍修权到校后，学校将朝鲜学员与中国班合为一个排，编入非俄籍的学员连队，连长是来自苏联红军部队的军官，据介绍是一位得过勋章的战斗英雄，作战和训练都很有一套。步校的校长叫斯多诺森科，是一位中将，伍修权入学一年后，他又晋升了一级。

步校的校部有一个军乐队，军鼓、军号等一应俱全，每次重要的集体活动，军乐队都要来壮声威。大家在行进时都情不自禁地跟着节奏、和着乐曲，把脚步迈得整齐划一。

苏联红军那时还没有正式实行军衔制度，但是已经有了不同的军阶识别标志，步校学员佩戴相当于士官生的领章，上面是一种三角符号，最少的缀有一颗，最多的四颗。全校师生冬天都穿呢制军服，不过尉官以上是细呢子做的，学员穿的是粗呢子大衣和套服。大衣长得一直拖到脚面，脚上的马靴或毡靴则高到膝盖。这是为适应严寒季节而设计的，穿上十分暖和，就是有点笨重。

伍修权他们享受苏联红军的士官待遇，伙食也按照红军的供给标准，每月都能吃到约十公斤肉类，生活水平比当时的苏联老百姓甚至普通干部高不少。步校领导说，部队和军校学员运动量大，体力消耗多，这个生活待遇是必要的。俄罗斯的冬季格外漫长又特别寒冷，这样的“能源”才可以保证他们更好地接受军事训练。

步校所授课目分为军事、政治两大门类，以军事教育为主，占整个教学时间的三分之二。军事课有步兵战术、制式教练、兵器学、射击学、地形学、筑城学，以及军队作战、内务、纪律等条令和警戒、卫戍、执勤等守则。军事课的教官除了从红军中选调来的有实战经验和军事知识的军官外，也有不少是原来的白军军官和沙俄时代的军校教官，他们大都有校级以上军阶，却多数不是联共党员。这些人教学经验和军事知识丰富，教学和其他工作一丝不苟，对学员也很和气。教学方式是课堂、操场结合进行，每课开始时先听老师照本宣科，再结合图表、图例等直观性资料，由教师“纸上谈兵”。学员记笔记并领会其要领，随后到实习教室观察和接触武器等实物，再到操场上实际操作，按战术课或条令内容进行演练。最后再回到教室，通过问答、讨论以巩固所授课程的内容。这种教学过程虽不免有脱离实战环境尤其是中国革命战争实际之弊，却为伍修权打下了扎实的军事理论和军事技术基础。

步兵学校的生活比中大紧张得多，生活规律和作息制度与军队一致。每日黎明即起，整队出操、集体跑步，早餐后马上进课堂或去操场，一口气连上五节课，中间加餐有牛奶、面包，吃午餐时已是下午1点多。饭后小憩，接着又是操练，每天要上够八个小时课。傍晚有点自由活动时间，学员大都去球场或室内运动场，也有人利用这段时间办点写信等私事。晚上自习两个小时，是整理笔记、温习功课或阅读参考书籍的时间。正课以外的临时讲课和辅导讲座等，大都也利用晚上时间。除了八小时睡觉，从黎明到黑夜，全天一环套一环，极少空闲。到学习的后一阶段，军事课更重了，从俄罗斯式步枪到德国式马克沁重机枪和新出的捷克式轻机枪，还有迫击炮等步兵火炮，伍修权都一一学习了使用、分解、故障排除等内容。后来的许多课目都得到室外甚至校外去上。讲步兵攻守战术和地形学、筑城学等课，得开到莫斯科郊外的山野河谷或平川地带去实地演练、观测和操作。这些室外和野外活动都是风雨无阻地摸爬滚打，训练强度大，体力消耗有时达到极限。

骑兵在苏联是一个重要兵种，因此也是步校的必修课之一，学员必须学会骑马和马上作战。从小很少见到马更没骑过马的伍修权，带着新奇感认真学起马术来。苏联的战马主要是顿河流域出产的高头大马，伍修权从学习上马、下马开始，到熟练驾驭、纵马奔驰，后来竟能只用双腿夹住马肚子，两手放开缰绳射击或挥刀砍杀。这身能耐是不知摔了多少跤才练出来的。

为了训练学员的野战能力，步校在冬夏季节把学员拉出莫斯科，进行野营拉练和战术演习。夏季有时是学员自己带帐篷，在远郊区扎营训练，有时则分散住在野营地区农村中，三五人住一家。俄罗斯农民家都有砌得又高又大的暖炕，伍修权就在暖炕上休息过。有一次野营训练，除了步校的师生，还调来了一个师的红军配合教学。先让步校学员跟红军连队一起做攻防演习，后来又将学员集中起来，到一个便于观察的位置上，一边听教员讲解，一边观摩红军的战术演习和战斗动作。这使学员们对从单兵动作到连排战术和部队调动转移等行动，都有了比较全面的了解。冬季外出训练基本不在校外过夜，大都是当夜回到学校。由于俄罗斯的冬天特别寒冷，训练时既要贯彻、体现教学要求，锻炼在严寒条件下行军作战的能力，又要保证学员不被冻伤。伍修权穿着又长又厚的粗呢大衣，套上捂得严严实实、只留出两眼和面部的尖顶毡帽，脚蹬带毛皮里子的高腰长靴，踩着一两尺深的积雪，一步一个深坑，还要按照战术要求，不断做摸爬滚打动作。这些既要付出很大的体力，又要具有很强的意志。每训练一段时间，汗水便湿透了内衣，刺骨的寒风却直往里钻。

伍修权的刻苦精神和认真态度，常受到步校领导和教官的表扬。他与苏联教官们相处得很融洽，一些教职员还把他请到家里做客。步校除了紧张的学习、训练，也不时有一些文娱活动。每逢星期六晚上，步校俱乐部便会组织晚会，学员们各自出些文艺节目，有人引吭高歌，有人朗诵马雅可夫斯基或普希金的诗。伍修权也参加过集体小合唱，有苏联青年用手风琴为他们伴奏。组织者有时还会从附近的工厂请来女工参加晚会，使军营的男人世界中增加了不少情趣，学员们纷纷邀请姑娘们一起跳舞联欢。每隔两三个星期，还能看次电影，放的大都是苏联当时拍摄的黑白影片。

伍修权到步校之后，又有不少党团员和进步青年在中国共产党安排下秘密来到苏联。他们根据国内武装斗争的需要，都迫切要求学习军事。这些人中，有的是“四一二”反革命政变后，在当地无法立足而出来的；有的是参加“八一”南昌起义，部队被打散后出来的；有的曾是上海武装起义的工人骨干；有的是冯玉祥部队的青年爱国军官；还有几个原属农民自发武装，后来成为中国共产党的外围组织“红枪会”中的进步人物。步校的中国学员，最多时达到三百余人，成为当时中国在苏联学习军事人数最多也最集中的军校。这些人一部分进了步校，插进伍修权所在的班。这个班先是扩大为一个排，后来发展为一个连。因为刚来苏联，他们还无法听懂教官用俄语讲授的课程，校方就找了几个华人华侨担任他们的汉语翻译。但这些翻译多半文化水平有限，军事知识更少，苏联教官讲的内容，他们常找不到适当的汉语词汇来表达。伍修权便一边听课一边琢磨该怎么翻译，有时就帮着翻译有关内容。这类“业余翻译”，不仅使伍修权对这一行产生了兴趣，也引起了校方的注意，后来让他当了课堂翻译。

1928 年，又有几批中国学员陆续来到莫斯科。共产国际和苏联方面先在莫斯科郊外找了个地方，用东方大学临时特设的军事班名义，由军事学校派去教官，对他们进行短期军事训练。那时正是夏季，就采取野营方式，连着训练了三个来月，天气较凉时正好受训结束。他们中有参加革命时间较长的斗争骨干，分别从不同路线和渠道先行回国，以充实国内斗争第一线。一些年轻人则被分到中大等院校继续学习，还从中挑选出一百来人来步校接受正规的军事教育。曾分别在基辅军官学校和莫斯科高级步校学习过的王智涛、田德修，因为在东方大学军事班带领和辅导过这批青年人，这时也作为工作人员来到步校。

1928 年“中国连”野外演习旧照

原东方大学军事班的一百来人，大都不会俄语。步校也曾打算让他们先学俄语，但是这批学员中工农出身的比较多，文化水平偏低，学俄语困难很多。步校每期又只有一年时间，光是军政两类课程就把课时占满了，挤不出学俄语的时间。于是，校方决定索性取消俄语课，听课学习全靠翻译。这批学员到达步校是 1928 年 9 月，伍修权这一期已经学满一年，正要结业，于是多数留校工作，成为这批新学员的辅导员、翻译或助教。步校将这批学员编成一个连，大家习惯地称之为“中国连”。全连分为三个排，王智涛担任一排排长，田德修是三排排长，二排排长则由原中国班毕业生、曾在黄埔军校学习过的彭文畅担任。伍修权和梁振鸿担任中国连的俄语翻译。担任了专职翻译，伍修权才悟出了翻译的难处。苏联教官讲课的意思他一听就明白，但是翻译成汉语，表述如何准确简洁、通俗易懂，其中大有学问。好在伍修权到苏联已有三年，俄语已经相当熟练，加之讲课的内容多半是他近年学过的，虽然在《俄汉字典》和《日露词典》[①] 中都找不到现成用词，他却能从汉语中选用近似的词语，或临时创造出代用的新词，将原意明白地译出来，从而逐步“逼”出了自己的翻译功力。

后来校方分派伍修权专任政治经济学课程的翻译兼辅导员。伍修权在中大时就对政治经济学很有兴趣，学得比较扎实，到步校后等于又复习了一遍，不只对内容更加熟悉，并且有了新的理解和认识。他在步校学这门课时，就曾帮过翻译的忙，已是驾轻就熟、成竹在胸了。在担任专职翻译后，常常是主讲这门课的步校政治部主任只讲了三五句话，他就连翻译带解释一讲就是一二十句，教学效果明显提高。因此，主讲忙的时候，就干脆让伍修权代他去讲课。伍修权也不负所望，有时连课本也不看，凭着记忆对学员作生动具体的讲解。这门本来比较枯燥的理论课，学员们却学得津津有味，并取得了很好的成绩。作为一个称职的翻译，得力的助教，伍修权受到从教官到学员的一致好评。

也算是对好评的褒奖吧，1929 年暑假期间，伍修权得到了去苏联南方黑海边的安拉普休假疗养的机会。他住进了附近集体农庄的农民家里，每天晚上都在海风的轻拂中、海涛的伴奏下慢慢入睡，白天则游玩观光或下海游泳。黑海也盛产葡萄，他每天都能吃到新鲜美味的葡萄，休假结束时还买了不少带回莫斯科，请没休假的友人尝尝鲜。当地的集体农庄主席热情邀请他与一起去疗养的同事乔丕成夫妇参加农庄的集会，并要他们在会上给庄员们讲话。乔丕成夫妇极力推荐伍修权讲，伍修权就用俄语即席发言。他的讲话赢得了大家的热烈掌声，连乔丕成夫妇也说他讲得不错，为中国人争了光。

步校中国连从 1928 年到 1929 年学习了一年，多数学员结业后陆续回国，少数留在苏联工作或继续学习。此后步校的中国学员人数就减少了，因为没有整批集体来的，就不再编为单独的连队，来几个中国学员就插在苏联学员的连队中。由于这时在苏联远东的中苏边境地区发生了军事冲突，伍修权和梁振鸿、彭文畅等一起被调往远东。

---

① 日语把俄罗斯译为“露西亚”，故简称“露”。

对莫斯科步校生涯，伍修权说："在我国革命的艰难年代，特别是我国人民革命武装力量的初创阶段，党中央决定派出大批有志于武装斗争的革命者，不远万里，不顾险阻，赴苏学习军事，为我国革命造就了一大批军事人才，是十分必要和正确的。我们在苏联各个军事学校学习过的人，通过回国后的斗争实践，虽然感到苏联的军事教育也有其不足之处，我们在那里学到的东西，并不尽合我国我军的实际需要，但是许多军事上的基本知识和战术、技术，他们的一些行之有效的经验和方法，还是值得我们学习和借鉴的。"①

四、在苏联远东

在中国东北境内，自内蒙古自治区东端到黑龙江省南部，横贯着一条时称中东铁路②的交通干线，它经苏联赤塔由中国满洲里入境，经过齐齐哈尔、哈尔滨和牡丹江向东偏南，再到苏联远东港口海参崴。

中东铁路是沙俄侵华的产物。19 世纪末，根据 1896 年的《中俄密约》和 1898 年的《中俄旅大租地条约》，俄国在中国的土地上，利用中国廉价的劳动力和沿路的各种物资，修筑了一条纵横贯穿中国东北三省、长达 2800 余公里的丁字形铁路。中东路实际上造成了沙俄控制中国东北的局面，故为日本的"大陆政策"所不容，成为 1904 年日俄战争的原因之一。沙俄败北后，依据 1905 年的《朴茨茅斯和约》，中东路的长春至大连段被割让给日本，并改称南满铁路。以哈尔滨为中心，东至绥芬河，西至满洲里，南至长春的部分，仍为沙俄所控制。

1919 年 7 月 25 日，列宁领导的苏维埃政府声明废除沙俄同中国政府所缔结的一切秘密条约和因此而获得的一切特权，放弃沙俄政府从中国攫取的满洲和其他地区的权益。1924 年 5 月 31 日，中苏达成建交协议，签订了《中俄解决悬案大纲协定》(简称"中苏协定")。苏联政府鉴于中东路处于奉系军阀张作霖的势力范围内，乃于同年 9 月与东北地方当局签订了《中华民国东三省自治政府与苏维埃社会主义联邦政府之协定》(简称"奉俄协定")。当时国内各界有识之士无不称赞这是中国自鸦片战争以来所签订的第一个平等条约。

其实，就在那时，斯大林也不无谋求地缘政治和经济利益的考虑。在合营中东路的问题上，当时双方的合作远非和谐：说是中苏两国共管，实际主要由苏联人管理，这就与东北当局发生了矛盾。张学良 1929 年 6 月 22 日至 25 日在沈阳召开对苏会议；7 月 7 日去北平与蒋介石商谈有关中东路的对策；8 月 15 日下达对苏作战动员令；8 月 17 日，南京国民政府发布对苏联交战宣言。东北军还大量征召大都曾是职业军人的白俄流亡者入伍，企图以俄制俄，此举更加激怒了苏联。苏军针锋相对，早在 8 月 6 日就成立了特别远东集团军，司令员布柳赫尔，

①《伍修权回忆录》，中国青年出版社 2009 年版，第 49 页。

② 也称中长铁路，中国长春铁路的简称，自哈尔滨起，西至满洲里，东至绥芬河，南至大连。1952 年 9 月以后，分别改称滨洲、滨绥、哈大三条铁路。

也就是当年北伐军的军事总顾问加伦，于1929年10月率部攻入黑龙江省境内，史称“中东路事件”。

“中东路事件”期间，中国共产党的领导人瞿秋白、李立三、周恩来等提出了“武装保卫苏联”的口号，并组织反对国民党、拥护苏联的群众示威。即便是国民党高层，也不乏为苏联说话、对此次冲突深感遗憾的人士。孙科称之为“……东北地方长官张学良误听宵小的播弄，用武力行动企图从苏联方面抢占中东铁路的事件”，并说：“这是很可惜的，因为中苏两国在此时期不但失掉很好的合作机会，而且种下不幸的恶果。”①

正是在这样的背景下，伍修权等十来个精通俄语的中国人，被从莫斯科步兵学校等处抽调出来赶赴远东。带队的周岱云被留在远东军区所在地伯力，梁振鸿去了海参崴，彭文畅转去赤塔，王懋坚分到黑河对岸的海兰泡，伍修权被派往即将进入中国境内的参战部队。他奉命跟着一个红军步兵营，乘坐舰艇，从伯力沿着阿穆尔河（即黑龙江）开进松花江，深入中国东北的国境线以内，走走停停，航行一昼夜，进入了当地军阀部队已作鸟兽散的松花江南岸的富锦县城。

伍修权随军上岸时，看到的是刚刚经受了战火的一片狼藉。“10月31日，苏舰行至下吉利即向城内开炮，炮弹落处一片火光，县城东部成为一片火海。苏军进城后，纵火烧毁了县政府，炸毁了所有军政机构和电讯、电台设施，街头弹痕累累。正大街东部几乎全被烧尽。城内许多居民纷纷逃于乡下和外埠。事后，群众把苏军攻打县城的军事事件叫‘跑毛子’。”② 原来，伍修权所在的这个红军步兵营是负责搬运战利品的后续部队。他们到达之前，富锦之战已经打完。

在中东路事件中，虽然伍修权是受组织派遣去苏联红军中担任翻译，但看到遭受城门失火之灾的祖国同胞，童年在社会底层滚爬摔打又极富同情心和正义感的伍修权，能不感同身受？于是，伍修权在受命为苏军办事时，还做了一件让祖国同胞受益的事：带队的指挥官下令就地处理掉他们一下子搬不走的官仓物资，伍修权就想方设法让当地的老百姓把其中的面粉扛回家去。

1929年11月，解除了作战任务的部队回到原驻地以后，不再需要翻译人员，伍修权奉命去苏联远东地区的首府伯力市，到设在那里的苏联远东边疆保卫局工作。

这里实际上是当地的最高军事机关。伍修权的主要任务，一是处理这次边境战争的遗留事务。他与周岱云等一起，到设在红河的俘虏营中，对被俘的几千名中国东北军官兵，逐一进行审查讯问和登记立档。名叫韩光第的东北军旅长第一个被审，由保卫局的负责干部主审，伍修权和周岱云做口译和笔录。其余被俘人员的审查工作，就以伍修权等为主，几个苏联人反而成了他们的助手。他们将讯问结果汇编后交给边疆保卫局存档备用。这项工作历时一个月，其间中苏两国进

---

① 孙科：《中苏关系》，中华书局民国35年，第12页。“宵小”指“九一八”事变之后曾任伪满产业大臣等职的吕荣寰；“不幸的恶果”主要指中东路事件给日本侵华留下了可乘之机。

② 韩福新：《中东路事件富同地区战况》，《富锦文史资料》第5辑，第26—27页。

1930年伍修权（左）在苏联远东边疆保卫局

行了外交谈判，在双城子签订了《停战议定书》（又称“双城子会议纪要”），规定两国立即息争，中东铁路恢复中苏合办，苏军尽速退出满洲里，彼此释放所俘军民，重设领事馆等。韩光第等被俘官兵，即根据此项协议全部被遣返回国。第二项任务仍与这次战事有关。这次进入中国东北的苏军各路部队，每到一地都有专人负责收集当地军政机关的公文卷宗和各种档案资料。伍修权等受命将这批卷宗资料进行清理、分类、登记，从中找出有参考价值的内容，译成俄文交给上级审处。当他们打开这些箱箱包包翻阅时，发现里面除了官场指示、报告、文牍手稿和官司案件、民事民情等方面的文件外，就是历年的统计报表之类。当初对此不以为然的伍修权，在后来从事军事和国家安全方面工作时，才明白那时苏联大量搜集并十分重视这批中国资料的原因。第三项任务是审讯嫌疑犯。中苏边境地区活跃着一批往返于两国之间的商人，他们通过非正式途径倒买转卖双方民间的紧缺物资以牟利。边疆保卫局为了防止其中混入中国军方和日本等外国在华势力的特务间谍，每次抓到这些人都严加审讯，弄清他们的真实身份和活动目的。伍修权等审讯的结论是，这些人主要从事民间自发贸易和物资交流活动，虽然不合法，但并未发现政治性的或军方派进的特务间谍之类。呈报上级后，除了少数留有疑点又一时难以查证的人，大都从轻处理，遣送回国。

伯力与中国仅一江之隔，原属中国，后来被沙俄侵占，那里有很多中国人和华裔苏联人。当地宣传部门经常编辑出版一些中文书刊和小册子，介绍苏联的方针政策和国内外形势，对这些华人进行宣传教育。在边疆保卫局担任翻译的伍修权，应宣传部门之约，利用业余时间，按要求将苏联的一些公报和报刊上的通讯报道译成中文，有时一个星期天就能译出上万字中文稿。

伍修权到伯力工作一年后，恰逢远东边疆保卫局成立十周年纪念日。按照苏联的惯例，每到节庆活动，都要发展一批新党员。当时，在那里工作的华侨不少，但大部分受教育程度极为有限，讲的是“洋泾浜”俄语，而伍修权俄语纯熟，又积极肯干。于是，伍修权所在的共青团组织主动推荐他入党。那次一共推荐了五名，只有伍修权一个中国人。在边疆保卫局成立十周年纪念日前夕，伍修权被批准入党，并在庆典大会上宣布，皮达可夫已被批准由共青团员转为联共（布）预备党员，还让他作为新党员代表讲了话。会后，伍修权到伯力市党的机关领取了党证。在边疆保卫局成立十周年的纪念册上，还发表了伍修权应邀用俄文撰写的一篇文章，介绍了中国游击战争的发展和革命形势。

五、金蝉脱壳为归国

伍修权到远东以后，接触到更多来自国内的人员。他了解到，此时的中国革命，还没有走出大革命失败的低潮。虽然革命队伍中一部分意志薄弱者或变节或沉沦，但真正的中国共产党人并没有被吓倒，被摧垮。

明知国内环境险恶、生活艰苦，与留在苏联的工作环境、生活条件有天壤之别，但伍修权还是决心回国。他说：“怀念祖国之情，渴望投身于国内火热斗争的意愿，日夜萦绕在我心头。一来报纸，我首先查找有关中国革命形势，尤其是武装斗争的消息。一想到祖国的同志们正在进行英勇斗争，不惜流血牺牲，亿万人民还在反动统治下忍受着痛苦和凌辱，我就食不甘味、夜不成寐。”①

1928 年秋从莫斯科步校毕业后，伍修权多次提出过回国参加武装斗争的要求。1931 年初，他再次向领导表示了回国的愿望，然而他的请求仍然没有得到如他所愿的答复。边疆保卫局的领导对他说，组织上正在对他继续培养，他不应该离开这里，还是好好干下去吧！接着又做他的思想工作：共产党人都是国际主义者，在哪儿都能够为革命事业服务，都是为世界革命做贡献。

然而，每当参加星期六义务劳动，到郊区的集体农庄参加收割庄稼，看到脱粒机、收割机欢快地工作时，伍修权的思乡之情便油然而生：中国什么时候也能这样呢？回到祖国，投身血与火的革命事业的想法越来越强烈。伍修权向信得过的战友吐露心事，有人悄悄告诉他，回国的问题在伯力是解决不了的，边疆保卫局和远东党组织都不能直接分派他回国，并指点说，他的愿望应该向中共中央驻共产国际代表团反映，由他们考虑并帮助解决。也有人劝他说，这里的领导对他这么赏识，工作和生活条件又比较优越，何不在这里找个爱人落地生根？伍修权知道，王稼祥和师哲等都已和苏联姑娘结了婚，在远东成家的更不乏其人。但他却没有动过这个念头：开始是因为年龄还小，要集中精力学习；后来要回国的念头越来越强烈，当然不往这方面想。现在别人这么一说，他忽然来了灵感。当年 4 月，正是黑龙江化冻之时，一到节假日，伯力市里的很多青年男女，成双成对地郊游踏青。有一天，伍修权走进领导的办公室，欲言又止地说，自己有个女朋

①《伍修权回忆录》，中国青年出版社 2009 年版，第 53—54 页。

友在莫斯科，想请假去看看她。伍修权说得磕磕巴巴，因为他不会说谎。不过假中有真，“女朋友”一说并非空穴来风。王智涛在回忆文章中提到，他们在莫斯科步校时，一位爱称叫卡嘉的女医官对伍修权特别热情。大家看出了点苗头，开玩笑地把伍修权的姓氏加在她的爱称之前，因为按俄国习惯，妻子要随丈夫姓，她听了挺高兴。这次伍修权就是以去莫斯科看她为借口，来圆自己的回国梦。那位领导一听此言不由大喜，当即批了假，还给他开了到边疆保卫局上级机关国家保卫局住招待所的介绍信。当领导和同事们预祝他和“女朋友”早日完婚时，伍修权却因自己说了谎而感到不安。

1931 年五一劳动节那天，伍修权离开了伯力。他只带了出差或旅行必备的随身衣物，多年来配发、添置的服装等都没有动，稿费收入等几笔数目不小的存款也没有动。这样做，一是怕暴露自己一去不归的真实意图，二是对此行能否达到回国的目的还心中没数。

到莫斯科后，他先找到设在共产国际机关的中共代表团，向那里的有关人员提出了回国的请求，请他们帮助自己实现这一愿望。中共代表团的人员听后，研究了一下对他说，国内现在确实需要干部，特别是军事干部，但是他已在远东工作，算是苏联红军的在编人员，特别是已加入了联共（布），组织关系在远东边疆局。按照组织系统，中共代表团不好直接安排他回国，应该由他本人向苏共中央组织部提出回国申请，驻共产国际的中共代表团则以组织名义与苏方协商。

伍修权拿着介绍信去了苏共中央组织部。中共代表团已与他们联系并打过招呼，他被领去见一位负责干部。那是位富态的女士，四十多岁。伍修权到达时，她正在批阅文件，示意他先坐下。她办完手头的事才打量面前的客人，见是个二十多岁的中国小伙子，马上露出长辈的慈爱，询问伍修权的简况。伍修权对她的和蔼产生了好感，向她和盘托出了自己向所在单位撒的谎，说自己在莫斯科其实没有女朋友，是母亲般的联共（布）党和中国共产党以及国内人民革命斗争的强烈召唤，使他来到了莫斯科。这位负责人被伍修权的真诚感染了，她忍不住笑起来说，他作为共产党员和革命战士，要求回国的愿望是正当的，有这样的献身精神和斗争决心更是好的。出于良好的动机，采取了不适当的方式可以得到原谅，并同意他回到自己的“母亲”身边去。听了这话，伍修权乐得几乎要从沙发上跳起来，立即着手办理各种手续。伍修权晚年回忆说，这是他当年搞的金蝉脱壳之计，不然不会那么快回到国内。

伍修权离开莫斯科时，就像六年前来莫斯科时一样，几乎一无所有：当年是因为一贫如洗，此时是把身外之物全部丢在伯力了。不一样的是，他已不是一个刚刚踏上革命道路的 17 岁的毛头小伙子，而是一个信仰坚定、能文能武，立志为中国革命献身的青年革命者。

第三章　战斗在中央苏区

一、百转千回赴苏区

1931 年 5 月下旬，伍修权遵照共产国际和苏联地下交通部门的指示，在指定的时间，按指定的路线到指定的地点找指定的专人，踏上了回国之路。

当时秘密回国有三条渠道：一是从西欧绕行，二是走海参崴海路，三是从陆路偷越国境。前两条路比较安全，但费时太长，路费也贵。鉴于伍修权希望尽早回国的急切心情，经中共驻共产国际代表团与苏共中央有关方面联系后，同意他走比较快捷只是有些冒险的后一条路。

在名为共产国际实为苏共中央秘密交通部门的安排下，伍修权登上了去远东的火车，不过并未去他工作的伯力，而是在邻近中国内蒙古东端的赤塔下了车。按照事先给他的地址，伍修权找到了一家类似招待所的地方，那里是一处秘密联络站，负责接待、中转往返中国的革命者。伍修权到后，见那里住着不少中国人。按照规定，不能打听各自的身份、来历和去向，连姓名籍贯都不能问，见着时只互相点头致意，或问点去哪儿打水、哪里有浴室等生活琐事。他从服饰举止看出，这些人多数和自己一样，是准备回国的，也有少数是刚从国内来的。对要回国的人，联络站根据各人的不同情况，特别是外貌气质，用不同的身份和方法，临时组织二三人同行或单独离苏过境。伍修权被指定与一个俄文名字叫库图佐夫的同胞结伴而行。

随后，伍修权和库图佐夫由苏联联络站安排，从赤塔去了中国边境城市满洲里对面的苏方一侧，那里有一个更为秘密的交通站。在那里，他们被要求脱掉从莫斯科穿来的衣服，换上一套中式的黑色衣裤。在交通站人员的指点下，他们将领来做旅费等路上开支用的美钞和中国钞票，用布带卷好，贴身捆在腰间，并清查了随身携带的其他物品，把容易暴露身份的东西及违禁品一律清理掉，以免引起怀疑，造成麻烦。天黑后，他们奉命上了已坐着好几个俄罗斯人的马车，夹在那些人中间，沿着过境通道向满洲里方向进发。边境地区，两国居民中有些农民家住在一边，种的地在另一边，经常在非正式的过境路上来回跑。有些外出打工和做小买卖的，也夹在其中进进出出。边界上的军警，对此早已习以为常，有时还能从中捞点好处，所以对过往的人常睁只眼闭只眼。苏联的地下交通人员，就钻了这个空子，在两国关系稍微缓和时，将一些中国革命者插进这些人中跟过去。伍修权上马车前，交通站人员见他身体不错，像个干活的，就让他装成到俄国来的林业工人，并编好说辞以应付可能的盘查。

当晚没有月亮，满天繁星。伍修权坐在马车上，一边听着马蹄声，一边回望着车后隐于夜色中的苏联，由着咯噔咯噔的马车，不紧不慢地行进。随着两国边界的临近，伍修权又兴奋，又紧张。他透过同车人的缝隙向前望去，祖国的大地笼罩在沉沉暗夜之中，眼前是国境线上的哨卡，吉凶难卜。哪知过国境线时，却意外简单。两国交界处的中国一侧，只在路边一个不大的土冈上安了个土堡似的哨卡，连铁丝网或木栅栏等也没看到，像是个既无标志又不设防的地方。马车从土堡下面通过时，里头有人用汉语懒洋洋地问："什么人？"问话者却没有露头。赶马车的俄国"老乡"，好像十分随便地也用汉语答道："老毛子！"中国北方地区的人，爱把俄国人称作"老毛子"，边界那边常来常往的俄国人也常这么自称。赶车人答的这一声"老毛子"，竟把国界上神圣而又危险的气氛，一下子给冲淡了。哨卡里头有人又说了句什么话，仍然没有走出土堡，更没有下来检查盘问，马车照常前行，顺顺当当地从哨卡前面过了边界。

伍修权所坐的马车越过国界以后，来到满洲里近郊的一户俄罗斯人家院前。赶车的将他和库图佐夫交给了那家的主人，拉着车上的其余人去了别处。伍修权他们被主人接了进去，这也是苏联方面的一个秘密联络站，主人是以侨民身份做掩护的地下工作人员。他向客人交代了注意事项后，请他们在客厅地毯上休息。

第二天早餐后，他将来客托付给一个只有十多岁的俄罗斯小姑娘，让她带伍修权他们去满洲里火车站。那小姑娘看来是位有经验的老交通员，出门后她让两人和她相隔五十来米，装着互不认识的样子，远远地跟在后面走。一到车站，她就不再"管"他们了，只在分手时似乎无意地瞅了他们一眼，脸上露出一种别人难以觉察的笑容，算是与他们告了别。对此，伍修权回忆道："这事已经过了半个世纪，那个俄罗斯小姑娘的形象还一直留在我的记忆里。尽管近二十年来中苏两国关系恶化了，但是两国人民间传统的革命友谊还是值得怀念的，中国革命者对于真正帮助过我们的同志，是绝不会忘记的。"①

伍修权和库图佐夫买了去哈尔滨的车票，不久就上了火车，离开了满洲里。

1931 年 5 月底，伍修权和库图佐夫在哈尔滨下了火车。按事先的计划，他们先找银行把随身带的美钞换成中国票子，然后到旧货市场，各自选购了一两套长袍大褂和布鞋等换上，以便与街上的人一样，也更适合各自的掩护身份。

正好当天晚上还有火车去大连，他们就连夜启程。火车过了沈阳开到营口时，不知为什么不走了。当时日本侵华活动正日益猖獗，很可能是日本方面有什么军事行动，不准这列火车再朝前开，所有旅客都被迫下了车。伍修权原来打算从大连坐轮船去上海，滞留在营口时，发现这里有开往青岛的轮船，便当机立断

---

①《伍修权回忆录》，中国青年出版社 2009 年版，第 58 页。

改乘轮船先到青岛，再转往上海。

6 月下旬，伍修权到了上海。上海是当时的中共中央所在地，也是预定回国后正式接转关系的地点。船进吴淞口，伍修权心里有说不出的高兴。当年他正是从这里上船赴苏的。阔别六年，跋涉万里，他终于回到“母亲”的怀抱了！下船后，他们马上赶到事先指定的一家旅馆住下来。当时秘密联络的办法是，由中共驻共产国际代表团发电报给中共中央，告知哪些人于何时回国，到达哪里，怎样接头，而本人身上则不得携带任何可能暴露身份的东西。伍修权也是这样，遵照告诉他们的接头办法，将写有自己掩护化名的小牌挂在所住旅馆柜台上的旅客房号板上，然后就等人来找，对上暗号就算接上了关系，再由中共中央组织部决定下一步去向和工作等等。一切就绪后，他们就在房间里等待来人，哪知一连等了几天也没有一个人来找。他们不敢外出，怕接头的人来了找不到。又是几天过去了，左等右等毫无动静。他们在日甚一日的焦急和不安中，在随时可能遭遇突发危险的处境下等了二十来天，仍然未接上关系。

伍修权当时不知道，他回国前夕，在上海处于地下状态的中共中央，连续发生了几件大事。先是当年 1 月上旬，在上海秘密召开的中共中央六届四中全会上，王明等人进入了中共中央核心领导层；紧接着又发生了李求实、林育南等二十多位中共党员被捕并遭杀害事件。4 月，原中共中央政治局候补委员、参与领导特科工作的顾顺章被捕叛变，中共中央得讯后立即采取应变措施，迅速转移各机关及人员，但是大批干部和积极分子还是被捕了，中共地下党组织遭受严重破坏。6 月，几乎与伍修权在上海等待接头同时，又发生了担任中共中央政治局常务委员会主席的向忠发被捕叛变事件。处在祸起萧墙、内外夹击之中的中共中央，自然一时顾不上伍修权他们了。伍修权回国前虽有抛头颅、洒热血的思想准备，然而扑面而来的严酷现实，比他预想的还要复杂、凶险得多。

万般无奈，他们就轮流出去转悠，看看能否碰到熟人。一天，伍修权走到南京路上的先施公司附近，意外遇到了不久前还在苏联远东见过的张存实（又叫张振亚）。张存实与伍修权早就相识，他也上过莫斯科中大，与伍修权是先后同学，后来又在伯力相遇并有过多次交往。伍修权知道张存实在苏联远东军事机关的情报部门工作，常常回国执行任务。此时，两人在上海街头偶遇，伍修权对他说了自己面临的困境。张存实听后让他们别在外头乱闯，说万一碰上认识他们的叛徒会坏了大事，并答应帮他们向有关方面反映情况。

伍修权他们外出“找党”的做法，确实十分危险且违反地下工作纪律。那时斗争情况复杂，形势千变万化，敌中有我，我中有敌，昨天的同志，今天可能已成了敌人，许多人就是偶然不慎而被捕的。伍修权回到旅馆，又焦急地等了两天，终于有人来找他们了。来的是伍修权的熟人，还是世交：当年带伍修权的父亲去北京谋差的吴元泽的侄儿吴德峰。吴德峰时任中共中央秘密交通局局长，许多中共党员接转关系和工作去向，都由他出面接谈并负责安排。

吴德峰与伍修权、库图佐夫见面并接通关系后，又分别听取了他们的汇报，了解了各自的情况。向上级报告后又来告知，他们的工作，组织上已经做了安排，打算让伍修权回到故乡武汉去，因为那里的中共地下组织刚刚遭到破坏，正等着另派人去恢复组织，重新开展工作。吴德峰说，原来派去的一位，也是从苏联回来的，叫陈启科，由于他对那里的情况不熟悉，去了不久就被捕了，组织和工作都未能恢复。考虑到伍修权是武汉人，了解当地情况，组织上认为他去比较合适。

武汉是伍修权的故乡，更是他走上革命道路的起点。那里有他的战友、知己和尊敬的师长，还有他的家人。阔别六年，他多么希望重返故土，看望师长、亲友啊。但这个念头刚在心中一闪，又觉得不妥。他的中大同学陈启科不熟悉当地情况，自然对开展地下工作不利，但自己回武汉，也有不利因素。伍修权对吴德峰说，正因为是故乡，地方熟，人也熟，出门就有可能碰到熟人，这将难以隐蔽身份，不利于开展秘密活动，会给工作带来不便甚至损失。更重要的是，从选择莫斯科步校开始，与反动派真枪实弹较量的思想，已在他的头脑里深深扎下了根。他知道，在蒋介石、汪精卫先后背叛革命的紧要关头，中共中央 1927 年 8 月 7 日在汉口召开的紧急会议上，毛泽东第一次明确提出了“枪杆子里面出政权”的著名论断，并且于当年 10 月 27 日率领湘赣边界秋收起义的工农革命军创建了井冈山根据地。伍修权这次回国，就是奔着工农红军和革命根据地来的。他恳请吴德峰转告组织，去苏区、上前线是自己的心愿，也更能学以致用，发挥所长。过了几天，吴德峰又找到已从联共（布）预备党员转为中国共产党正式党员的伍修权，说组织上批准了他的请求，决定派他到位于闽西、赣南的中央革命根据地去。

这次谈话后不久，吴德峰领来一人，介绍说那人叫郑重，将陪他去苏区，让伍修权跟着他走。刚告别也分配了工作的库图佐夫，伍修权又迎来了下一段征程的新伙伴，同样不知这是假名还是真名。吴德峰让他们从上海坐轮船到香港再转广东汕头，上岸后由地下交通站安排进入苏区。将船票交给他们时，吴德峰还给了伍修权一封经过保密处理的介绍信，告诉他怎样收藏以应付途中可能遇到的检查。

郑重陪着伍修权坐海轮到香港后，在中共香港地下交通站的安排下，又由一位广东籍交通员领着他们坐船到汕头，再改乘内河的船到达由闽西进入中央苏区的必经之地大埔。一路上，他们曾受到多次检查盘问。伍修权打扮成客商模样，随身只带着一只小箱子，里头除了普通衣物，还有几块不起眼的手帕，有一块上面有个小小的暗记，那就是中央有关部门用药液写成的他去苏区报到的介绍信。伍修权沉着应付国民党军警的检查，往往是一面从容地同他们搭话，一面暗中注意着他们翻看箱子时把有暗记的手帕拨拉到哪里了。一关一关，都这样有惊无险地通过了。出了大埔车站，来到郊外河边，他们被带上一条已在等候的小船。当年许多进出中央苏区的中共高层人士，从周恩来、博古到共产国际派来的李德，都在这条交通线上坐过船。那位广东交通员陪着伍修权和郑重坐小木船向粤闽交界处位于白区边缘的一个叫青溪的地方进发，那里也有一个秘密交通站。他们到达时已是黄昏，晚上就由那里安排连夜离开青溪，徒步挺进闽西山区。为了方便赶路，伍修权将小箱子精简下来，只带着简单衣物和那块有记号的手帕上了路。

在白区与红区之间，国民党设了一道封锁线。这道封锁线是国共两党交锋接火的前沿地带。国民党的几十万大军正从四面包抄，妄图一举“踏平红区”、“剿灭共匪”，能否像通过国界那样顺利通过这道封锁线就很难说了。在夜色掩护下向红区进发的伍修权和郑重，为了避开国民党军队和地方保安团的明堡暗哨，跟着交通员走人迹罕至的山间小径。他们深一脚浅一脚地穿林越涧，悄然疾行。交通员显然是熟门熟路，哪里有沟，哪里是坎，都心中有数，不时提醒他们。伍修权虽然在苏联受过严格的军事训练，却没有在深山老林中摸黑行军的经验。虽然磕磕绊绊，他还是越走越快，终于把黑夜抛到了身后。黎明时分，交通员指着远方被朝霞染红的山头说，那边就是苏区了，现在还处于苏区和白区的交界地带，必须迅速通过。伍修权只觉得腿脚越来越沉重，胳膊都摆酸了，汗水把眼睛渍得火辣辣疼，连几斤的小包裹也成了重负。但脚步却不敢放慢，两眼扫视着四周，耳朵捕捉着可疑的声响。谁知道这里有没有白军的巡逻队或潜伏哨呢?

连续跋涉了十几个小时，他们终于闯过了这一关。走出白区后，他们在红区边缘地带的农家歇了歇脚，吃了点东西继续开拔，一直走到太阳偏了西，交通员领着他们爬上一座山冈，朝前面山下把手一挥，回身对他们招呼道：到家啦！交通员说山脚下那个村镇，就是他们此行的目的地虎岗，中共闽粤赣省委及军区领导机关的驻地。

“站在山顶举目望去，只见苏区山林田野，沐浴在一片火红色的落日余晖中。繁茂的树丛竹园迎风曼舞，村庄里正炊烟四起。山下一处平地上还有许多儿童团员在操练，队列整齐，精神抖擞。到处歌声飘扬，军号嘹亮，鸡鸣犬吠，牛哞羊咩，是生机勃勃的动人景象。”① 这是伍修权对革命根据地的第一印象。

面对此情此景，伍修权心潮澎湃。很少作诗的他竟也吟诗一首：

故国忽地起烽烟，
身居桃源忧心重。
终经万里崎岖路，
投入血火战斗中。

二、在第三次反“围剿”中身负重伤

1931 年 7 月初，伍修权在闽西永定县内的虎岗，见到了时任中共闽粤赣边区省委秘书长萧向荣。萧向荣接过他的“介绍信”，用碘酒在那块手帕上一抹，上面就出现了字迹，原来那是用米汤写的，抹上碘酒就能让其“现形”。通过交谈，他了解了伍修权的情况和愿望，经研究，通知他到也在虎岗的闽粤赣军区司令部报到。伍修权马上拿着盖有大红印章的介绍信去军区报到，见到的是也在苏

①《伍修权回忆录》，中国青年出版社 2009 年版，第 64 页。

联学习过、时任军区司令部参谋长的萧劲光。他让伍修权留在军区司令部担任作战参谋。

当天，司令部就给伍修权配发了军衣、军帽和腰带、绑腿，外加一床夹被和一条毛巾，这是他的基本生活用品和装备。换上粗布军衣时，伍修权不由想起留在苏联伯力的呢子大衣等军服。不过他丝毫不觉得遗憾，反而感到与自己不惜献身的中国革命贴得更紧了。这身灰布军服，便是自己从苏联红军脱胎为中国工农红军的标志。

闽粤赣军区的部队，那时刚缴获了几挺德国造的马克沁重机枪，原来只靠步枪、手榴弹和长矛、大刀作战的红军指战员，大都不会使用。萧劲光得知伍修权在苏联学过此类课程，就让他到军区新成立的直属机枪连去，训练部队尽快学会使用这种新式武器。一想到这批蒋介石从德国买来对付红军的洋家伙即将变成红军反“围剿”的战斗力，伍修权就十分兴奋，一到机枪连便连轴转起来。课堂讲解、操场训练、野外演习，从这种机枪的构造、射击原理，到使用、拆卸、维护保养和故障排除，伍修权一一给战士们说明、示范，并手把手地教他们操作，很短时间内就训练出了一批重机枪射手。他也因此受到了红军指战员的欢迎和称赞。

1931 年夏，白军对中央苏区发动了第三次“围剿”。为了配合江西主力红军作战，闽粤赣军区所属部队发起了芦丰战斗。伍修权当时还在机枪连，他和连队指战员一起，连夜急行军开赴前线。萧劲光在行军路上见到伍修权，同意他随连队参加战斗。

部队到达上杭东南芦丰一带时天已发亮。战斗很快打响，白军是国民党军队钟绍奎的一个旅，虽然只有两千多人，却比红军武器精良，弹药充足。伍修权所在的机枪连，因火力比普通连队高出一大截而成了此次作战中军区参战部队的主力。连队战士刚刚学会使用的四挺重机枪，全部摆上了主要阵地。伍修权身先士卒，跟着射手进入射击位置，进行实战指导。他从这挺机枪旁跑到那挺机枪旁，常常言教身教一起来，边说边自己上去开起火来。发现卡壳不响等问题，便不顾一切地冲过去，自己动手排除故障。白军又扑上来时，他索性接过一挺机枪，时而点射，时而扫射，一面叫战士们学着他的动作和方法狠狠打。伍修权说：“我跑出伯力，告别苏联，奔波闯关，为的就是这一天啊！作为一个革命战士，有什么能比亲手打击敌人更为自豪的呢！”[①]

战斗从拂晓一直打到太阳西斜。经过一天鏖战的伍修权已经由“教官”变成了红军战士和指挥员。正当伍修权扭头又一次发出射击口令时，脸的左侧受到重重一击，被猛地撞倒在地。他只觉脑子里嗡的一声，就什么也不知道了。原来是白军的一发子弹击中了他的左腮，几分钟后醒来，一摸发麻的左腮，看到的是满手鲜血。伍修权遗憾的是首次参战就负了重伤，庆幸的是自己还活着，还能继续战斗。正在指挥作战的萧劲光得知伍修权负伤，命令战士把他架下火线。卫生队长

① 《伍修权回忆录》，中国青年出版社 2009 年版，第 65 页。

陈志方一见，忙让人为伍修权清洗伤口，在他左边脸上包上了纱布和绷带。处理好伤口后，他不同意伍修权再回战场，而是把他跟别的伤员一起转送至野战医院。

伍修权负伤不久，战斗也结束了。这一仗狠狠打击了白军，可红军的伤亡也不小。事后他才知道，这一仗，军区部队只是配合作战，参战的主力是彭杨军事学校的师生。这是一所以不久前牺牲的中央农委书记彭湃和中央军事部长杨殷的姓氏命名的红军学校。由于作战部队不够，该校师生全部拉上了战场，学校教育长、从法国留学回来的李林中弹牺牲了。战斗结束后各部队奉命转移，伍修权等伤员被送到才溪野战医院。说是医院，其实病房都分散在老百姓家里，伤员由乡亲们帮助护理，包括端水喂饭等等。伍修权在这里一边接受治疗，一边感受着苏区特有的军民鱼水情。

才溪野战医院的负责人听说伍修权从苏联回来不久，再三动员他给大家讲讲国际形势和外国情况。盛情难却，伍修权答应了。那一天，会场上的军人和当地群众竟有一千来人。这么大的阵势伍修权还是头一回经历，为了不让会议组织者和听众失望，他不顾伤口未愈，站到土台子上滔滔不绝讲起来。他通过自己在苏联的所见所闻和亲身经历，讲世界革命的形势，讲革命胜利后的美好前景，人们听得兴致勃勃。伍修权讲得十分兴奋，从伤口流出来的脓血挂到腮下也浑然不觉。

在才溪医院住了不长时间，一部分干部伤员被转到汀州（又名长汀），那里有个傅连暲担任院长的福音医院。红军来到闽西后，原为基督徒的傅连暲被红军的宗旨和精神所打动，不仅参加了红军，还将整个医院都用来为红军服务。这所医院成为苏区内医术水平最高、条件最好、规模也最大的医院。伍修权来时，伤口还在流脓，经过一段时间的治疗，创口渐渐愈合。医生、护士谁也没有注意到，伍修权的伤口外头虽然长起新肉封了口，里头却留下了一颗子弹头。那颗子弹击中他的时候，已如强弩之末，穿进左腮后被颚骨、牙根一挡，竟嵌在里头。过了一年多，有一回伍修权觉得嗓子里头奇痒，似乎有个什么东西卡在那里。到医院检查，医生用镊子从伍修权嗓子眼里夹出了那颗已变形发黑的子弹头。

医生说，这真是万幸，那颗子弹头如果再向后往里一点，就会伤到脑部中枢神经系统；如果向前往下一点，又是咽喉、气管等重要部位。不论碰到哪一处，后果都不堪设想。

三、参与瑞金中央红军学校的创建工作

伍修权在长汀福音医院住院治疗了一段时间，基本康复后得到通知，让他到离长汀八十多里的江西瑞金去。瑞金其时是红区的核心地区，中国共产党的苏区中央局和中央红军总部都在那里，开辟赣南、闽西中央革命根据地的毛泽东、朱德等红军领袖也在那里。

1931 年 9 月 25 日一早，伍修权一行出发了。带领他们去瑞金的是伍修权在莫斯科中大的老同学、时任红军总政治部主任的王稼祥。同行的还有也是中大同

1981 年，伍修权（中）重访江西瑞金革命根据地旧址

学的李伯钊，她同是从闽粤赣军区来，在汀州医院住过院。他们都奉命去瑞金另行分配工作。

11 月 7 日，即伍修权到达瑞金一个多月后，中华苏维埃共和国临时中央政府宣告成立。成立典礼虽是在瑞金县城外的乡下举行，却是那个年代中国共产党和红区政治生活中的头等大事。其间举行了隆重的阅兵式。阅兵的党政军领导中，有当月被推选为中华苏维埃共和国临时中央政府执行委员会主席和中央人民委员会主席的毛泽东，被任命为中华苏维埃共和国中央革命军事委员会（简称“中革军委”）主席的朱德。受阅方队主要是临时调来的红军部队和组成红校的各军区与军团的军校、教导队等。武器是什么样的都有，除了缴获来的各种枪支和很少几门小炮及几挺重机枪，大都是大刀、长矛、红缨枪之类。阅兵式之后是苏区各界群众的庆祝游行，晚上是盛大的提灯游行晚会。这一天是十月革命 14 周年纪念日。从这天起，江西南部邻近闽西的县城瑞金就成了临时首都，并因此被叫成“瑞京”或“红都”。这里“麻雀虽小，五脏俱全”，党政军民学各界都有：党是中国共产党苏区中央局，政是苏维埃政府，军有红军总部，民有工会、妇委、共青团、少先队等群众团体，学有先后创办的党校、列宁师范和卫生学校，还有正在创建中的中央军事政治学校（从第二期起改名为中国工农红军学校，简称“红校”）。

红校与中华苏维埃共和国临时中央政府同月正式成立。它是由闽西红军学校和红军一、三军团等部队的教导队、随营学校等合并组成的，承担着为红军各部队培养和输送初中级指挥员和政工干部的任务。中国共产党和红军领导人为创办红校，调集了一批有专长有经验的军政干部来担任教学和领导工作。伍修权、李伯钊等奉命到瑞金，就是来参加红校创建工作的。

1931 年 11 月伍修权调入红校时，比他早半年赴苏区工作的叶剑英已当选为中革军委委员兼总参谋部部长，并于 1932 年正式调任红校校长兼政委。叶剑英 1929 年初进入莫斯科中大学习时，伍修权已去了莫斯科步校并留校工作，相互不熟悉。叶剑英向伍修权了解他的经历特别是在莫斯科步校的所学课程及特长，并据此决定伍修权担任红校的射击课教员，负责全校从射击原理到实弹打靶的教学和训练，同时兼任一个学员连队的政治指导员。

红校的学员多是红军中的优秀基层干部和战士骨干。第一期学员被编成四个连队。连队干部在部队时大都是师、团级指挥员，如与后来在云南起义的国民党将领龙云同名的一连连长，曾担任过红军师长，一连指导员是张华；曾任师参谋长的彭绍辉是二连连长，原师政委石衡中是指导员；三连连长是原红军师长粟裕，指导员是刘西平；伍修权当指导员的四连连长林野，是原红十二军参谋长。与这批连队干部相比，伍修权感到他们都有实际战斗经历，自己相比之下实战经验不足，似乎有些滥竽充数。实际上，伍修权苏联军校科班出身的履历，使他具备了与教员身份相匹配的专业优势。红校开学以后，他把自己训练有素的军人风貌和所掌握的知识、技能充分运用到教学、训练的言传身教之中，加之热情、积极、虚心的工作态度，干得相当称职。

伍修权所带的连队，每天一大早就武装整齐地列队出操跑步。叶剑英常常早早到操场指导操练活动，有时还进行示范。红校的学制，每期为四个月。按照教学计划，军事课占全部课时的十分之六，政治课占十分之四，军事课除伍修权主讲的射击原理和武器性能以外，以步兵战术为重点。鉴于红军以夜战、近战为主要手段，军事课又以过半时间进行夜间训练，根据实战需要，让学员掌握进攻、防御，追击、退却和侦察、警戒等战斗手段和原则。在操场上的制式教练等操课项目，大约只占军事课的四分之一课时。另有一些时间用于政治教育，李伯钊便是政治课教员。伍修权要上全校的射击课、本连的政治课，又要负责全连训练学习中的政治工作、党团活动，工作量相当大。但是他年轻肯干，加之学员政治热情高，干部团结配合好，所以工作表现突出，成绩显著。

红校办到第二期，规模扩大，人数也增多了，组成了一个步兵团和一个专门训练政工干部的政治营。该营营长是工人出身的上海人郭耀山，伍修权升任政治营教导员。政治营除了学习一般的军政课目外，着重学习政治工作、党的建设和中国革命史、国际形势等相关的基本知识。结业后，学员全部被分派到红军各部队，大都担任连指导员以上的职务。

紧接着的第三期，除继续编了一个全是步兵的学员团外，还成立了一个专门训练炮兵、工兵和侦察兵的特科营，其教学和训练活动是单独进行的。新的学员团，团长是张经武，他原先在白区从事对国民党军队的兵运工作，到苏区后担任红军师长，政委是何长工，伍修权是教育主任，还有个负责行政、生活的管理处长叫杨梅生。他们几个人通力合作，干得都非常出色。

红校师生的生活待遇与红军指战员一样，没有什么特殊供应。学员们受训几个月就回部队去了，一直在这里工作的干部和教职员就在生活上自己做些调剂。那时常常有人从白区来苏区，其中有不少战友和熟人，如吴亮平、朱瑞、王智涛等，他们来时多少有点没用完的路费，老战友们就拉着他们请客下回小馆，被戏称为“打土豪”。

苏区的物质生活虽极其贫乏，精神生活却很丰富。红校内集中了一批知识分子干部，其中不乏文艺人才，这就使红校成了苏区特别是瑞金的文化活动中心。最初由红校俱乐部主任赵品三和曾在苏联学习过戏剧的李伯钊、危拱之，以及石联星、朝鲜籍青年作曲家崔音波等共同发起，在红校组织联欢晚会，一般每月两次，自编自演文艺节目，有独幕和多幕话剧、歌剧、活报剧，歌咏、舞蹈、相声、双簧之类。赵品三、李伯钊等还把红校干部和教员中的文艺积极分子发动起来参加演出活动，伍修权也在李伯钊等编演的戏中扮演过角色。叶剑英会拉二胡，有时也在晚会上为大家演奏助兴，同台共乐。红校一有晚会，瑞金党、政、军、民、学各界的人都赶来欣赏，毛泽东也是热心的观众之一。这就又引来了中央各机关各部门的文艺爱好者：中央保卫局的钱壮飞、胡底和李克农，苏维埃政府教育部的沙可夫等。就连中国共产党的元老、苏维埃最高法院院长何叔衡也来参加编演节目。于是就以红校的这批人为骨干，发起成立了一个比较固定的演出团体“八一剧团”。这是革命根据地和红军部队中的第一个剧团，为中国革命文艺运动特别是戏剧事业揭开了序幕。此前，苏区和红军基本没有正式的演出，只有一些小型或临时性的广场说唱、化装宣传和活报剧表演之类，从红校的八一剧团开始，苏区才像模像样地演起戏来，还上演除了上海等大城市外别处少有的话剧、歌剧等。为了加强对这个剧团的领导，红校成立了一个戏剧管理委员会，伍修权与赵品三、李伯钊、危拱之、黄火青、钟伟剑等都是这个委员会的成员。

当时才二十多岁的伍修权，在红校不仅是文艺活动的积极分子，也是各种球赛等体育活动中的活跃人物。仅有的几个篮球磨破了，他们就打上补丁，照样争抢得热火朝天。伍修权分管政治工作时，曾参加组织全校墙报评比，让各个学员连队把墙报集中起来展览，由大家评出高下。这些活动配合了红校的教学训练，也推动了瑞金乃至全苏区的文化体育活动。在农村根据地和以农民为主的红军部队中，从军事政治学习到文化体育活动，红校都是组织中心和示范单位，伍修权不只是积极的参加者，也是组织者和发起者之一。

红校每一期结业和新一期开学，都要举行隆重的典礼。当时在瑞金的党政军领导人以及各界代表，都应邀来参加。典礼时，就在红校的大操场上，用竹竿和木板搭起一个主席台，领导人站在上面检阅。参加过莫斯科红场阅兵式的伍修权，当年是队列中的普通一兵，如今成了阅兵方队的指挥者。伍修权和他的战友们率领自己的方队，正步通过主席台前，接受毛泽东、朱德等党和红军领袖的检阅时，别有一种自豪和激情在胸中奔涌。从未见过这种场面甚至没见过这么多红军的苏区干部群众受到极大鼓舞。受阅以后，由红校校长作结业或开学报告，接着是上级领导和各界代表致词。最后是军事技术、队列表演，以及投弹比赛等活动。这些项目显示了学员们的训练成果，特别是成百上千人的集体刺杀，雷鸣般的喊杀声使全场军民大为振奋。

创建第一支工农红军并开创中央苏区的毛泽东，对红校十分关心。他经常参加红校的活动，还多次来红校为师生讲课。

伍修权第一次见到毛泽东便是在红校。他说："我见他以后，第一印象既不像我在苏联见过的那些政治家和革命领袖，更不像人们概念中的军事家和军队统帅，而是一个对人亲切和蔼、言谈诙谐和不修边幅的中国书生，甚至像个农村塾师。"①

当时，以王明为代表的"从莫斯科回来的人"，断言"山沟沟里出不了马列主义"。因而出生于湖南韶山冲，就学于长沙岳麓山，领兵在井冈山上，又多年在山沟里打游击的毛泽东，一直被王明以至共产国际的某些权威人士视为旁门左道。伍修权的直觉却大不一样。他感到，毛泽东虽然一开口就是他家乡的方言土语，说的也多半是一些山沟里看得到、山里人听得懂的事，却从理论和实践的结合上把马克思主义的深奥道理讲得既生动又明白。

有一次毛泽东讲的内容是，帝国主义侵略对中国民族经济的破坏。这本来是个比较枯燥深奥的政治经济学问题，伍修权在苏联学习时，曾费了不少精力去弄清并强记专业术语、实例数据等，并且读过成套的教材及辅助读物，单是必读的马克思的《资本论》就有几大册。莫斯科中大的教官讲课时，总是手捧书本、卡片和提纲，引经据典地照本宣科。毛泽东却是空着两手，连个讲课提纲也不拿，就地取材地从眼前的事情讲起。例如，讲到外国资本对中国的经济侵略，造成中国手工业经济的破产时，他就指着旁边老百姓家的木桶、木盆说，中国自古以来都是用竹篾来箍桶箍盆，这样就有了一批竹篾、竹器手工业者，丰富的竹林资源也就有了销路。可是后来从外国进口了铁丝，用它来箍桶箍盆比竹篾结实省事，却冲击了中国传统的竹篾市场，产品推销不了，大批竹篾手工业者因此失业，原有的民族经济受到破坏，外国资本家却因此发了财。

毛泽东在红校讲课，总是全场活跃，笑声不绝，每个人都被他的生动实例和诙谐语言吸引得兴味盎然。伍修权说："我一下子就被他'征服'了，并且从此坚信和追随他，一生也没有动摇过。"②

被称为"红军之父"的朱德，30 年代初常在苏区反"围剿"前线指挥作战。

①《伍修权回忆录》，中国青年出版社 2009 年版，第 342 页。

②《伍修权回忆录》，中国青年出版社 2009 年版，第 343 页。

他的夫人康克清就住在红校，伍修权常在红校见到回瑞金来的朱德。朱德也为红校师生讲过课，作过战争形势报告，休息时还同大家一起打球或参加联欢。

伍修权回忆说："我第一次见到朱总司令并听他谈话的时候，觉得他根本不像人们传说中的红军领袖，更不像使敌人闻风丧胆的'赤匪头子'，而像一个身穿军衣朴实善良的老农民。他的平易近人与随和宽厚的性格，给我留下了最初的深刻印象。"① 其后的接触中，伍修权对朱德的认识逐步深化，对他的忠诚、谦逊、宽容和忍让的品德深为敬佩，以至无论何时，无论顺逆，"只要一提起朱总司令，就从内心唤起一股崇敬、希望和亲切之情"②。

伍修权为自己能身处被并称为"朱毛"的领袖人物身边而感到十分荣幸，他觉得在红校工作期间，实际上也是受毛泽东、朱德和刘伯承、叶剑英等党和红军领导人直接影响并深受教益的开端。

红校虽然是红军第一所比较正规的军事学校，但草创时期仍然连简单的校舍、教室都没有。教职员工和学员连队分散住在周围的老百姓家中，利用祠堂、庙宇等空房子来讲课或作报告，其余各项操课活动大都在广场上露天进行。广场南边有一条河，从县城边上穿过，红校师生常常通过河上的木桥，到城郊的田野间训练，还有几次行军到南边的武阳一带和会昌县进行作战演习。基本设施因陋就简不说，连学校的建制编制、规章制度和教材，也是在模仿、借鉴中白手起家的。

伍修权在红校工作期间，叶剑英和刘伯承交替担任红校校长和红军总参谋长。伍修权与刘伯承在莫斯科时就认识，没想到此时会在他的直接领导下工作。学校开课之初，没有自己的教材和正式的课本，刘伯承就带领伍修权等红校的教员、干部，搜集了一批国民党军队和军校的军事条令、训练教程和讲义资料，加上苏联红军的各种条令、条例和教学资料，亲自对其研读分析，从中选取适合红军作战需要的内容，组织编写出既有中国革命特点，又切合工农红军特点的军事教材。刘伯承自己动手译出了不少俄文军事文献，编写了人民军队最早的比较系统和完整的军校训练纲要。伍修权不但协助刘伯承校订过他翻译的苏联红军《司令部野战勤务条令》等相关参考资料，而且在他组织指导下参加了红校首批教材的翻译、编写工作。所编译的教材，内容相当广泛：从步兵、炮兵、工兵等兵种训练，到攻防、进退、侦察、战勤等战术要领；从步兵的射击、刺杀、爆破和土工作业等技术，到步枪、轻重机枪、迫击炮等武器的构造、使用和维修、保养等。

刘伯承不只主持编写了各种军事教材，也深入红校教学训练工作的第一线。他几次带领红校师生离开瑞金，到会昌等地去进行夜战、近战攻防演练，与大家一起摸爬滚打。他这种身体力行、以身作则的作风，不仅给伍修权留下了难忘的印象，而且为他树立了效法的榜样。伍修权说："建国以后我看到一些军事院校出版的各种印制精美的书籍、教材和参考资料时，总是联想到当年在瑞金杨家祠

①《伍修权回忆录》，中国青年出版社 2009 年版，第 389—390 页。

②《伍修权回忆录》，中国青年出版社 2009 年版，第 388 页。

堂内，刘伯承亲自带领我们编写出的一本又一本油印的、复写的以至手抄的土纸订成的各种教材和教学资料。虽然是今非昔比，但是，没有当初的那些，哪有今天的这一切呢？”①

四、从团、师政委到军分区司令员

1933 年春季，红校办到了第四期。中共中央决定在红校成立中革军委直属模范团，学员是从各部队选调来的战斗骨干，培训目的是使他们成为红军的优秀基层干部。

在第三期学员团任教育主任的伍修权被提升为模范团政委。这个团的团长是龚楚，参加过湘南起义和井冈山斗争。模范团驻在距瑞金四十余里的武阳圩，在那里进行军政训练。其间，曾抽调一个营到闽西清流，参加由红校校长兼瑞金卫戍区司令员叶剑英指挥的配合第四次反“围剿”的钳制作战行动。这个营上去后，由于白军工事坚固，火力很强，在进攻中受阻，从早上打到下午，部队在敌方阵地前一百多米处无法继续突破，要求增援。

龚楚和伍修权觉得如果增援强攻，只会增加伤亡，便向叶剑英报告了实际情况和他们的顾虑。叶剑英根据所报情况，命令部队原地坚守，天黑后撤出战斗，避免了更大伤亡。

1933 年 6 月，伍修权任政委的模范团与瑞金模范团、中央警卫团、红一军团教导队合编为红一军团第三师，伍修权被任命为该师的政治委员。师长周昆是红军中的一员战将，不过他们作为师级主官主动请缨拔除朋口据点之战却打得并不顺利。

当时白军占着闽西苏区前线的连城、朋口、新泉三个据点，第三师开上去后，发现白军驻防朋口的兵力只有一个团，便报请军委要求攻击朋口，以拦腰切断三地的联系，缓解白军对苏区的威胁。这一作战计划被批准后，周昆和伍修权指挥一个团先攻上去。外围进攻出其不意，部队顺利推进。哪知打到核心地带，从白军的强大火力判断，才知守军并不是一个普通的步兵团，而是配备了重武器的加强团，踞守在坚固工事中，严密地防守着。冲到近处后发觉强攻无门、迂回无路，更没有炮火支援，怎么也打不进去，这才知道吃了敌情侦察不清楚的亏。

伍修权与师长研究决定，不能再打盲目仗。黄昏时分，除留下少数部队监视白军外，其余部队分批后撤，回到根据地休整。

同年 7 月，正在闽西汀州、连城地区领兵作战的伍修权，又被调任为福建军区汀（州）连（城）军分区司令员兼政委，由原来的政工干部改任军政主官。

他上任时，军分区司令部只有两个参谋和一个文书，分区政治部有一个主任和两个干事，此外还有一个管理科长、两个管理员，分区领导机关连他在内总共

① 伍修权：《回忆与怀念》，中共中央党校出版社 1991 年版，第 507 页。

只有十个人。另有一个通讯班、一个警卫班随分区机关一起行动。所属部队除了一支不足一百人的地方游击队外，还有一个实际只有几百人的独立师。伍修权上任后立即对部队进行了整顿改编，保留原有的独立师番号，下面的团和营级机构统统撤销，全师人马合编为四个连，直属师部指挥，战斗力有所增强。伍修权就靠这支“看家”部队，在那里与群众鱼水相依，与白军巧妙周旋，坚守在保卫苏区根据地的前沿阵地上。

汀连军分区当时只占有汀州。汀州、连城之间有个小镇叫童坊，处于苏区和白区的交界地带。伍修权带着他的独立师和分区机关插到那里，试图寻找机会打开一点局面。当时白军正在“围剿”苏区，在两军对阵中，老百姓大都逃了出去，村镇中十室九空，部队进去后连饭都吃不上。伍修权想让部队向连城方面发展，派人探路后得知，在童坊通向连城的方向，中间隔着一座海拔一千多米的高山，制高点已被白军占领，并且修筑了防御工事，严密地监视着苏区这边。那座山叫虎蛇岭，是一道地势险要的山岭防线。伍修权带着部队开到那里，一面派人贴近侦察，一面用望远镜观测，发现果然难以通过，向白区发展的想法只得作罢。

随后，他又带了少数人到苏区内的汀州，从那支游击队中挑选人组成若干个精干的小组，让他们设法避开国民党军重兵把守的地区，分散穿过苏区边界渗入白区，到白军不多的清流、宁化一带去，设法在那里筹些款，弄点东西。只是他派出去的人，连着进出那一带三次，却只能筹到很少一点款。在“内无粮草，外无援兵”的情况下，固守已属不易，更谈不上开辟扩大根据地了。

上任不久的伍修权，在这种情况下去汀州南面约 40 里的河田，找到驻在那里的福建军区司令部，向军区司令员周子昆和政委谭震林汇报了分区面临的情况，请示下一步该怎么办。哪知周子昆和谭震林听他汇报后并未作出明确的指示，似有难言之隐。原来，那时苏区各地正在贯彻以王明为代表的临时中央的“左”倾教条主义路线，中共福建省委书记罗明成了首当其冲的目标。福建军区的领导不少都受到“罗明路线”的牵连，正在接受审查批判。

五、为共产国际派来的军事顾问当翻译

1933 年 10 月，已调回红校担任第五期学员团政委的伍修权又接到一道调令，让他去中革军委向总参谋长刘伯承报到。

刘伯承见到这位老熟人时，没有用带点普通话味道的四川话同他谈工作，而是用俄语向他问这问那，并且要伍修权也用俄语回答。一问一答地交流了片刻，刘伯承才拍拍他的肩膀说：“要得，你的俄语还是很熟练，可以当此重任。”说完才郑重其事地告诉伍修权，他的这次调动是中共中央决定的，他将去的地方非常重要、机密，去了以后一切按中共中央的指示执行。然后又悄悄地说，有一位共产国际派来的军事顾问，已经由上海来到瑞金，中共中央和中革军委领导讨论后决定，调伍修权去为他做翻译。刘伯承交代完任务后，就带他到顾问那儿去。

从独当一面的领导干部到军事顾问身边的工作人员，角色转换来得突然。可伍修权压根就没有考虑个人的升降得失，痛痛快快跟着刘伯承走出了设在瑞金城西沙洲坝的中革军委驻地，向位于总参和总政驻地之间的一处新建的独立房子走去。对于这座独立房子，伍修权已有耳闻。当时中央机关和红军部队主要分散住在当地农户家，祠堂、庙宇等比较宽敞的公房则用作会议和办公地点。唯有这座独立房子是由红军工兵战士和当地的木工、泥瓦匠利用一处已倒塌的古庙旧址临时赶建起来的。它地处一片水稻田中央的高地上，二三百米以外才有别的农舍，人们就按军队观测目标的术语称之为“独立房子”。

刘伯承领着伍修权来到独立房子时，博古已在那里。伍修权的这位莫斯科中大的师弟，其时已是中国共产党临时中央的总负责人。因为白区的环境越来越险恶，中央机关不得不从上海撤出，转移到中央苏区。博古见刘伯承和伍修权来了，忙把他们引见给那位顾问。伍修权看到屋里坐着一位穿着特制红军服装的外国人，个子很高。见刘伯承他们进屋，那人看看来人却没有起身。伍修权见他正严肃地打量着自己，心知这就是共产国际派来的军事顾问了。刘伯承对那顾问礼节性地招呼了一下，就指着伍修权对博古说，伍修权的新任务他已经作了简要交代，请博古和顾问作指示。博古公事公办地用俄语将伍修权介绍给那位顾问，说是他的翻译，也是从莫斯科回来的，在中大时叫皮达可夫。那顾问一面继续盯着伍修权，一面小声重复了一声：“哦，皮达可夫。”博古又向伍修权介绍道：“这位是共产国际派驻中共中央的军事顾问李特罗夫同志，为了对外保密，他的中国名字是李德，以后就这么称呼他。”博古对伍修权作进一步交代说，从现在起，伍修权就在顾问身边工作，负责为他翻译中共中央和中革军委的各种文件、报告、来往电稿和情报资料等等，再将他的指示译成中文向中共中央和中革军委传达。顾问出席各种会议和外出活动，也由伍修权负责陪同并做口译。在顾问身边工作的警卫员、公务员、炊事员、饲养员等，也由伍修权负责领导。顾问在工作和生活上有什么需要，伍修权应随时向中共中央和他本人直接报告。伍修权从博古的要求中听出自己的工作包罗万象：既是翻译，又是秘书、参谋、联络员。

刘伯承对博古说，这里的翻译任务比较重，伍修权一个人忙不过来，考虑将不久前从苏联回来的王智涛也调过来，负责顾问在军事教育、部队训练以及后勤工作等方面的翻译，让伍修权集中精力做好顾问在军事、政治特别是作战方面的翻译。博古征求伍修权的意见，伍修权说自己与王智涛很熟，又简要地介绍了他的情况。博古听后向李德说了，李德点点头表示认可。王智涛很快也来报了到。一个以李德为中心的工作班子，就在独立房子里建立起来并开始运转。

独立房子有三间正屋，堂屋用以召开会议和接待来人，东屋是李德的办公室兼卧室，西头一间是伍修权、王智涛和警卫员等人的宿舍，外头另有一个当厨房用的小厢房，炊事员、饲养员等住在那里。东屋里，有特制的加长木床，还有从当地富户家找来的带抽屉的“公事桌”和几张红漆的靠背木椅，墙角有新做的公文箱和脸盆架之类，地面还特地铺了地板。对李德的生活待遇，也给予了特殊照顾。

1990年伍修权（右）与老战友王智涛在家中合影

伍修权等是与红军指战员一样的待遇，每人每天只有旧制16两的10两糙米的定量。各人把每顿主食用米装在蒲草编的小口袋里，交炊事员放在饭锅里蒸熟后各吃各的。当时他们都是二十多岁，体力消耗也大。加之因为白军的经济封锁，难得见到鸡鸭鱼肉等荤菜，常常连盐都吃不上，只有将青菜腌成酸菜，没油少盐地煮了下饭，大家总带三分饥饿感。

李德开始就职视事时，在瑞金的中共中央和中革军委领导人陆续与他见了面。李德在伍修权的陪同下，视察、走访了中共中央和中革军委等领导机关，有时是去出席会议，有时是去了解情况和检查工作，近处由警卫员和伍修权领着步行去，稍远一些就骑马去。李德为红军干部上军事课或去红校讲课，则由王智涛陪着去。李德喜欢骑马，常在晚饭后和伍修权、王智涛及警卫员一起纵马出游。

伍修权那时的工作内容及程序大体是这样：每天由中共中央和中革军委送来各种电报、文件、请示报告和敌情资料、各军团或军区发来的战况报告，他都立即译成俄文，并根据内容，对照挂在独立房子堂屋墙上的各种军用地图，绘制成作战态势简图，送给李德批阅；再将他的批示或答复译成中文，交中共中央副主席周恩来以及中革军委、红军总参谋部等相关部门去贯彻执行。中共中央的各种指示、决定和报告等，也得先送来由伍修权译成俄文，交李德过目并签署意见，然后再将李德的批示译成中文发回，中共中央根据李德的意见修改定稿后才下发或公布。许多临时的口头请示报告和一般情报资料，也由伍修权口头向李德报告，他答复后再口头告知有关部门或人员。李德的一些批示和意见，开始还说是建议，但是中共中央和中革军委的领导人员却都把它当作指示，主要考虑如何贯彻执行，很少提出异议。李德参加中共中央和中革军委的各种会议时，伍修权陪同出席，将人们的发言内容详细口译给李德听，又将李德的讲话一句句在会上口译出来。从上海发来的共产国际代表团或由他们转达的共产国际执委会指示，一般都由博古译好拿来或派专人直接送交李德。

李德原名奥托·布劳恩，德国共产党党员。1929 年春进入莫斯科伏龙芝军事学院学习，1932 年春毕业后被苏联红军总参谋部派到中国东北搜集日军情报，当年秋天到达上海，在苏联驻沪情报系统工作。李德到沪不久，就与在苏联时便认识的博古联系上了。博古 1930 年 5 月从莫斯科中大回国，1931 年 9 月成为中国共产党临时中央的总负责人。见到李德时，博古正为中共中央领导机关在上海难以立足，即将迁往瑞金苏区而发愁，就向李德请教中国共产党面临的军事问题，并萌生了请他担任军事顾问的念头。共产国际同意李德担任“受支配于中国共产党中央委员会”的“没有指示权力的顾问”。于是，1933 年 9 月底，李德来到瑞金，成了中国共产党临时中央的军事顾问。

共产国际总部在莫斯科的旧址

在李德来到瑞金的同一个月，蒋介石调集 100 万军队发动了第五次“围剿”，直接向中央苏区进攻的兵力就达到 50 万。蒋介石还吸取前四次“围剿”失败的惨痛教训，将过去长驱直入改为重兵包围和步步为营、稳扎稳打的战法，在苏区周围修筑起成千上万座碉楼地堡，构筑了坚固的作战工事，一步步向苏区逼进。李德初来乍到，对中国革命尤其是红军武装斗争的历史和现状、经验与教训所知极为有限。而 1933 年夏被蒋介石聘为军事顾问团总顾问的，则是德国的前国防部长冯·赛克特。当时，中央根据地的主力红军有 8 万多人，地方武装有近 5 万人。当国民党的军队在苏区周围步步为营紧逼时，毛泽东主张跳出包围圈，将红军部队调到敌人后方甚至心脏地区，以打乱国民党的部署，解除白军对苏区的“围剿”。而李德却坚持“以阵地对阵地”、“御敌于国门之外”的战略方针，“以我之处处设防、节节固守对敌之步步为营、节节推进”的战术总要求。

伍修权常常看到李德一本正经地坐在地图前，嘴里自言自语地念叨着苏沃洛夫、库图佐夫和拿破仑、克劳塞维茨等著名军事家的名言警句。凭着从国民党军队缴获来的与实际地形地貌、方位距离有不小差距的地图，用米达尺和红蓝铅笔，在图上量量、画画，加上洋字码，让部队按照他的意图不走样地打。

由于李德的瞎指挥，经伍修权翻译后交给李德的来自前线的各种战报、战况和敌情通报，坏消息多于好消息。

1933 年 9 月 28 日黎川县城失守，当时在那里指挥的是闽赣军区司令员萧劲光。在紧接着的浒湾等地的战斗中，红军仍然没能打好，参加指挥的又有萧劲光。这一连串不利战况给李德迎面一盆冷水，他不是反思自己的指挥失误，而是下令追究萧劲光的责任。萧劲光被押到瑞金后，在李德的“建议”和博古的授意下，搞了个“最高军事裁判法庭公审大会”。李德发狠要将萧劲光判处死刑，但因毛泽东反对，时任中革军委副主席、红军总政治部主任的王稼祥也拒不在判决书上签字，才改为开除党籍、军籍并判处五年徒刑。

在萧劲光挨整的过程中，伍修权对自己进苏区后的第一位直接领导代人受过十分同情，暗自为他着急。他从上报来的各种材料中，已经了解到白军进攻黎川时，由于红军主力执行了李德“分兵把守”、“全面抵御”的方针，兵力分散在各处，萧劲光手头只有一个七十来人的军区教导队和几支地方武装游击队，白军却有三个整师好几万人，红军无法抗击，幸亏及时转移才保存了一点兵力。后来的浒湾战斗失利，责任更不在萧劲光，当时的作战主力是三军团。时任红三军团军团长的彭德怀，为此特地发报向中央说明情况，主动承担了责任，为萧劲光开脱。凡是这类有利于萧劲光的材料，伍修权都迅速翻译出来交给李德，又选择时机向李德介绍萧劲光的革命历史及功绩，说他也是从莫斯科回来的，曾于 1921 年和 1927 年两次去苏联学习，回国后一直在红军中担任高级指挥员，在前几次反“围剿”中都打得很好。这也多少影响了李德，稍稍降低了他对萧劲光的火气。所以后来萧劲光在感谢毛泽东、王稼祥对他的“救命之恩”时，也很感谢伍修权对他的帮助。不过，那时伍修权并不知道，李德他们所以要惩治萧劲光，并将他定为红军中“罗明路线”的代表人物，其实还是冲着毛泽东来的。萧劲光在黎川不以一城一地得失为转移的“打不赢就走”，当然被主张“不放弃根据地一寸土地”的李德视为“右倾逃跑”，成了他们推卸瞎指挥恶果的替罪羊。

李德和博古为了贯彻他们的战略战术，还组成了一个“前方司令部”，到苏区北部前线去监督部队，就近指挥。李德一行到达一军团时，军团长林彪特地召开了团以上干部大会，请顾问讲话。李德讲了他首创的“短促突击”战术。为他这次讲话做翻译的是王智涛，由于李德讲得兴致很高，王智涛的翻译怎么也跟不上，伍修权只得上去帮忙，一个人讲话两个人翻译。

李德离开一军团后，去了三军团。当时彭德怀率三军团守卫在被称为苏区北大门的广昌前线，由北路前敌总指挥陈诚率领的“围剿”大军，正朝广昌步步紧逼而来。李德不是让红军主动诱敌深入，聚而歼之，而是处处设防，来一次“广昌大会战”。彭德怀认为不能进行这个会战，他向李德陈述了理由，两人发生了争论。幸而三军团政委杨尚昆在伍修权等的协助下，设法缓解了李德和彭德怀的争执，才形成了一个折中方案，即将三军团主力部队部署于广昌外围，城内只留下包括一个加强营在内的少量部队。战斗打响以后，李德、博古带着伍修权等去城外的前沿阵地视察。个头特高的李德走进交通壕时，上半身露在外头，又挂着望远镜、戴着眼镜，身后跟着一伙人，很快暴露了目标，白军连着几炮打过来。李德责问陪同的指挥员为什么不开炮还击。指挥员说他们全团只有三门迫击炮，十几发炮弹，都留着将来打攻坚战用。李德听后连声骂他是“农民意识”。他发现红军阵地前沿堆放着许多枝丫朝外的断树，土里还埋着许多竹尖桩等，闹不清那是干什么用的。陪同人员说是群众创造的阻击白军进攻的土办法，李德不屑一顾地说这是些“陈旧”“落后”的古代玩意儿，在现代正规战争中还用这些东西简直是笑话。他让伍修权传达命令，将这个一脑袋“落后观念”、“农民意识”、不懂现代战争的指挥员马上撤职。那指挥员不懂俄语，问伍修权李德在说什么，伍修权把他拽到一边，叫他快离开这里，保护了那位“撞了鬼”的指挥员。

广昌会战的结果不出彭德怀所料，白军于 1934 年 4 月占领了广昌县城，留在城内的红军一个加强营和其余部队 1000 多人壮烈牺牲，城外的部队也由于李德的瞎指挥而无法展开反击。此时，李德又提出分兵六路，全线抵御，使红军越来越严重地陷入被动挨打的局面，不是在强敌进攻下丢失阵地，就是在死打硬拼中伤亡惨重。三军团 12000 余人，这一仗就损失了 2700 多人，加上其后各次战斗中的伤亡，全军团减员 5590 多人。战后，李德、博古让彭德怀和杨尚昆来向他们汇报，彭德怀讲到部队的伤亡数字时，痛心地责备李德丧师失地、损兵折将，是“崽卖爷田心不疼”。伍修权开始没有听清楚彭德怀的这句湖南俗语，经杨尚昆说明后，伍修权照实翻译给李德听。李德虽然口中嘟嘟囔囔说是“封建脑筋”，但他也知道彭德怀不好惹，只得把无名火强压下去。

4 月 28 日，即广昌弃守的第二天晚上，中革军委在距广昌县城二十余公里处的头陂召开会议，总结广昌大会战失利的教训，讨论下一步行动。张闻天提出，当初提出广昌大会战的决策是错误的，这种与白军拼消耗的打法，是不可能打破“围剿”的，广昌这一仗根本就不应该打，更不能这么打。伍修权一面天天为李德转译各种命令、指示，一面时时为部队指战员担心。他越来越感到李德那一套完全脱离中国革命战争的实际，根本行不通。李德却十分自信，不仅从不征求别人意见，而且不容任何人提出异议。7 月，在瑞金召开的最高军事会议上，鉴于第五次反“围剿”以来红军连战连败、伤亡惨重，根据地逐渐萎缩，国民党军已逼近中央苏区，李德、博古受到多数与会者的批评。可李德却把战略、战术的根本性错误归咎于“一些高级指挥员水平太低，根本不懂正规战，死抱着运动战不放，是流寇思想和游击作风导致了失利”。

由于前线战斗频繁，李德讲军事课和指导训练的次数大为减少。军委让王智涛去组织瑞金的防空活动，王智涛就常借故离开独立房子，避开这个暴躁的洋顾问。伍修权却想躲也躲不开，结果常常成为李德的“出气筒”。因为李德训人骂人的话都得由伍修权翻译出来，尽管他在心里是站在被训被骂者一边的，但当着李德的面多半无法表露出来，结果有人误以为他同这个洋顾问“一个鼻孔出气”。

作为与李德朝夕相处的翻译和由其身边工作人员组成的临时党支部的书记，

伍修权虽然要求自己，也要求大家从大局出发，尽力做好本职工作，但耳闻目睹的李德的所作所为，逐渐增加了他对李德的反感。在长期忍气吞声后，他终于跑到时任中共中央组织部部长罗迈（即李维汉）那里，要求另行分配工作。伍修权还找过周恩来，坚决要求调换工作。他之所以找周恩来，是出于对他的敬重和信任。伍修权第一次见到周恩来，是 1931 年底周恩来从上海来到瑞金之后，在干部会上听他讲话。两年后，他与周恩来有了频繁的工作交往："1933 年 10 月，我从红校调到军委，为共产国际的军事顾问李德做翻译。周恩来同志是军委副主席兼红军总政委，由于工作需要，我们几乎每天都有联系和接触。多次来往后，我除了对他卓越的组织才能和指挥艺术有了更深刻的印象以外，还对他作为一个共产党人对党的事业的忠诚，作为一个中国革命者对我国传统道德的继承发扬，有了相当深刻的了解。"①

---

①《伍修权回忆录》，中国青年出版社 2009 年版，第 372 页。

第四章　艰苦卓绝长征路

一、直击战略大转移

由于博古的错误领导和李德的瞎指挥，苏区一天天缩小，白军一步步逼近，形势越来越糟糕。1934 年 10 月 10 日晚，红军主力红一、红三、红五、红八、红九 5 个军团和中共中央及中央军委机关共 86000 余人开始了战略大转移。

伍修权说："这次战略大转移，对于当时的中央领导核心来说是早有准备的，所以不能完全说成是仓促行事。"[①] 有关资料显示，长征前中共中央书记处曾几次召开会议，决定将红军主力撤离中央根据地，并将此决定报告共产国际。不久，共产国际同意了这一转移计划。但是博古、李德没有制定转移的总方针，转移计划也只在高级领导层中通通气，连政治局都没有讨论过，更不要说在广大红军指战员中做思想动员工作了。转移的命令、指示都以"绝对机密"为由，严禁向干部和部队传达。不过伍修权在工作中还是接触了这一核心机密的部分内容，并且参与了与转移有关的实际活动。

按照李德他们的转移计划，有关人员在苏区开始了一系列准备工作。首先是扩充和整编红军部队，苏区各县大力发动参军，把青壮年男子大批动员到红军中来。又将地方武装和游击队、赤卫队甚至少先队，整批整批地集中到主力红军中。瑞金各机关的大批干部分赴苏区各地搞"扩红运动"。

为了保证红军转移中所需的武器弹药等军用物资，苏区内加紧了军工生产。伍修权曾几次跟着李德，到各个由部队修械所发展起来的手工作坊式的兵工厂视察检查，苏区《红色中华》报上还发表了"苏维埃军事工业生产"如何"几十倍增加"的报道，其中包括几家通讯器材、医疗用品和被服工厂的生产成果。红军出发前每人都领到了新的军服、军帽、鞋袜、急救包等等。鉴于苏区这点家业来之不易，许多东西转移后还得使用，博古和李德又决定将各个兵工厂和被服厂的主要设备，连同印刷厂、造纸厂、医院的器材通通拆卸运走。此时的红军，运输靠的是有限的骡马，就组织部队、征招民工，组成了一支五千余人的挑子大军，来了个大搬家。转移行动以前，在独立房子里工作的伍修权等人对李德的办公和

---

①《伍修权回忆录》，中国青年出版社 2009 年版，第 81 页。

生活用品，也做了彻底清理和精简，该带的带，该扔的扔。负责中共中央领导人生活管理的军委总参四局，在李德原有的乘马之外，又增调来一匹专门用来给他驮东西的骡子。

在进行各项具体准备的过程中，伍修权听博古多次向李德提到一些党和红军领导人的名字，还曾见到他们拟定的名单。这是博古与李德在转移前反复思考谋划的一件大事。转移时，有 1.6 万红军和约 1 万伤病员，以及部分党政人员被留下来。确定留在苏区“坚持斗争”的最初名单中，不但有何叔衡、瞿秋白等人，连毛泽东也在其中。有人提醒博古，毛泽东是在中央苏区起家的，把他留下来，如果他与中央分庭抗礼就麻烦了；万一落入敌手，政治影响也极为不利。博古与李德密议后，才让毛泽东随军转移。因为毛泽东当时正发疟疾，就让他像王稼祥等伤病员一样躺在担架上行军。

红军撤出中央苏区虽非仓促决定，但博古、李德的构想和在他们指挥下的行动显示，长征的初始阶段实际上是战败大撤退。早在 5 月份，共产国际就认可了在中央苏区第五次反“围剿”最坏的情况下红军主力战略转移的方案，但从 5 月底到 9 月底的四个月时间里，李德他们一直对红军主力战略转移问题犹豫不决。直到 10 月初形势进一步恶化，白军已推进到中央苏区腹地，才不得不放弃苏区。即便到了此时，战略转移的思路在当时的中共中央最高决策层仍然没有形成共识。李德后来回忆道：“政治局委托我草拟一个八月——十月的新季度计划……在对这个计划进行加工时，我和周恩来之间产生了严重的意见分歧。我原来的想法是，以中央红军三个军团突破封锁线，此外在中央苏区内继续部署战略防御，保证以后主力重返苏区……”① 周恩来的主张，有据可查的见于他发表于 1934 年 8 月 18 日《红星》报上的《新形势下的胜利》：“我们必须坚决地开辟一条通往敌人后方的道路……以开创新局面而不是返回老苏区。”二者的根本分歧在于：李德以重返苏区为目的的突破封锁线，是为避开灭顶之灾而采取的权宜之计。周恩来以“开创新局面而不是返回老苏区”为目的的撤退，才是真正的“战略性转移”。周恩来与李德“严重的意见分歧”，其实贯穿于第五次反“围剿”的全过程。周恩来因为不同意李德的某些军事主张和作战方案而与他进行过多次争论。特别是在如何使用兵力的问题上，李德强调用红军的“多路分兵”对付白军的“多路进击”，周恩来主张集中兵力于一个方向，使红军保持相对的优势和机动兵力。只是由于博古支持李德，周恩来只能在自己的职责范围内采取一些补救措施，以尽量减少红军的损失。

此时，因为博古、李德实际上是迫于无奈的战败大撤退，所以突围方向、行进路线、转移目的地等都是不明确的。就在长征出发之前，共产国际驻华机构和中共上海局用来与瑞金的中共临时中央联系的秘密电台被国民党军警破坏，中共上海中央局的几位负责人先后被捕，共产国际代表团以及李德的顶头上司弗雷

① ［德］奥托·布劳恩：《中国纪事（1932—1939）》，现代史料编刊社 1980 年版，第 103—104 页。

德等人相继撤回苏联，中共中央与共产国际的主要联系渠道被切断。在这种情况下，关于撤出苏区的时间、路线和目的地等，实际都是李德、博古等自行决定的，他们对此行前景也是心中无数。

转移开始之初，中央红军连续突破国民党军一、二、三道封锁线，虽有伤亡，总算还是按照李德、博古的部署朝着既定方向前进。

只是中央纵队那几千副挑子行动实在缓慢。中央和军委机关被编成了两个纵队，机关人员、挑子大军和抬着伤病员的担架队，组成了转移大军的核心部分，一、三军团分任左、右开路先锋，八、九军团在两侧掩护，五军团断后，被称为“甬道式”转移。加之山路险阻、河流挡道、敌机袭扰，以及白军的围追堵截，有时一昼夜只能挪动十几二十里。

每当宿营或途中较长时间休息时，总参电台的手摇马达就开动起来，报务员利用山石、驮架甚至就在膝盖或地上随时收发报。李德常带着伍修权守在报务员或机要员边上，等他们译出电文，由伍修权向他报告内容。有些还得译成俄文供他阅示，再根据李德的口授，起草以中央军委或总参名义发出的电文初稿，经李德审定、博古签字后，有的以红军总政治部乃至中共中央的名义，有的改为训令、动员令发出。报务人员不但要背着自己的背包、米袋和大家一样行军，部队休息时又得马上投入紧张工作，甚至连吃饭喝水都难以保证。

当时从各军团发来的电报，不是报告因何原因部队不能在指定时间到达指定位置，就是报告又被白军缠住正在应战。上报的伤亡掉队和失散人数不断增加，尤其是撤退前征召的未经整训的新兵一批批开了小差，各部队兵力锐减。正当李德和博古对此一筹莫展之时，中央红军的转移计划被国民党察觉。蒋介石调集了几十万大军，在红军的必经之路上布下重兵，准备一举歼灭“西窜赤匪”于湘江两岸。面对这一严峻形势，毛泽东、彭德怀等人分别向中央建议机动迂回、改变前进方向。但是李德、博古还是固执己见，硬往西闯，在国民党军围堵中央红军的第四道封锁线湘江一线上，陷入了白军事先布下的“罗网”。过江后，总参对各部进行清点检查，发现所有部队都遭受了前所未有的惨重损失：红一、红三军团主要是作战伤亡，也有少量部队被围歼在东岸；主要由苏区“扩红”参军的新兵组建的红八军团，过江后仅剩1000余人；红九军团仅存3000余人；最为悲壮的是担任全军后卫的红五军团，特别是红三十四师，拼死冲到湘江东岸后，被数十倍于己的白军团团围住，全师将士几乎无一幸存。统计结果显示，中央红军已从长征开始时的86000余人锐减为30000余人。周恩来沉重地将总参的报告及其翻译件递给博古和李德。他们两人看完报告后十分沮丧，沉默不语。周恩来又把报告递给朱德，朱德悲愤地说，不到两个月就损失了五六万人，这是对中国革命的犯罪！在一旁的张闻天和毛泽东听到朱德痛心的话，连忙过来看报告。张闻天生气地说李德和博古谁的意见都听不进去，就知道一意孤行，现在是不是应当讨论和总结一下了？毛泽东愤然说，仅仅讨论和总结还不够，应该追究责任！在为李德翻译总参的报告时，伍修权被刚踏上长征之路的中央红军一下损失了近三分之二惊呆了。

中央红军湘江惨败后，当务之急是如何挽救红军、挽救党。根据当时掌握的确切情报，白军已布下重兵形成严密的口袋阵等红军去钻，妄图“全歼西窜残匪”。为此，毛泽东提出，红军应立即放弃与二、六军团会合的原定方案，迅速改变行动路线。王稼祥、张闻天完全支持他的意见，他们与周恩来等商量后，在1934年12月12日途经湖南通道县时召开了一个最高军事会议。会上，毛泽东建议部队立即改向白军的兵力相对薄弱的贵州方向前进。博古和李德表示反对，张闻天、王稼祥和周恩来、朱德等多数人赞同毛泽东的建议。伍修权将人们的发言一一翻译给李德听后，李德气得不等散会就拂袖而去。会议接受了毛泽东的意见，部队转向贵州东部的黎平一带。12月18日，中央纵队进驻黎平后，又召开了一次中央政治局会议，根据毛泽东的建议，正式作出了向贵州北部遵义一带前进的决定。会后，周恩来向李德转达了新的政治局决议内容。心情烦躁、正在发烧的李德没等听完，就对周恩来大吵大嚷起来，骂他倒向毛泽东一边，串通起来反对博古和他，并声称拒绝接受这个新决议。一向谦和稳重的周恩来再三劝说告诫，李德就是不听，气得周恩来忍不住也拍了桌子，批评他违反少数服从多数的组织原则，坚持由他一人说了算的蛮横作风。1934年底红军占领乌江南岸时，中共中央政治局又在猴场召开会议，并于1935年1月1日作出决定：北渡乌江，进军遵义，向正在四川的四方面军靠近，建立川黔革命根据地。

从通道会议开始，李德索性不再过问中央红军的军政事务。猴场会议李德也未参加，连议了些什么问题也不知道。身心极度疲惫的伍修权却因此享受了难得的清闲。

二、列席遵义会议

1935年1月7日红军占领遵义后，中共中央决定在此进行短期休整。

李德虽然轻松了，但并不愉快。谁也不来向他请示、报告工作，总参的电讯报告之类也极少再发送给他，李德感到浑身不自在，失落感令他格外郁闷。伍修权看到，从通道和黎平会议以来，特别是进驻遵义之后，不但与李德分歧越来越大的周恩来不断去找毛泽东、王稼祥和张闻天，连博古也因对李德越来越失望而把他晾在一边，转而采纳并听从了毛泽东等人的意见。

导致这些转变的原因是，长征以来，大家都在严肃地思考着党和红军的前途和命运问题。刘伯承回忆说：“广大干部眼看反第五次‘围剿’以来，迭次失利，现在又几乎濒于绝境，与反第四次‘围剿’以前的情况对比之下，逐渐觉悟到这是排斥了以毛泽东同志为代表的正确路线、贯彻执行了错误的路线所致，部队中明显地滋长了怀疑不满和积极要求改变领导的情绪。”① 伍修权也有同感：“许多

① 刘伯承：《回忆长征》，见《星火燎原》选编之三，战士出版社1982年版，第4页。

1981 年伍修权在古田会议旧址留影

指战员忿忿地说，过去几次反‘围剿’，打了许多恶仗，不但没有这么大的消耗，还壮大了许多倍，现在光挨打，真气人！他们痛心地问：这样打下去，结果会怎么样呢？……事实教育了人们，王明等人自称‘百分之百’的正确，却打了败仗；被他们批判排斥了的毛泽东同志的主张，却越来越被事实证明是正确的。人们在胜利时认识了毛泽东同志，在失败中又进一步地认识了毛泽东同志。”[①]“严酷的事实教育我们认识到：山沟沟里不是出不了马列主义，能使革命取得胜利的，才是真正的马列主义。毛泽东的办法就是马列主义在苏区山沟里的实际应用。李德和博古所推行的王明那一套，完全脱离了苏区的实际情况，必然把革命引向失败。”[②]

据伍修权回忆，是王稼祥最早提出召开中央政治局扩大会议（即遵义会议）。他认为应该撤换博古和李德，改由毛泽东来领导。张闻天也在考虑这些问题，当即支持了他的意见。接着，王稼祥又利用各种机会，找其他一些负责人交换意见，取得了他们的支持。周恩来、朱德和从五军团回到军委重新担任总参谋长的刘伯承，以及红军的各级负责人，几乎异口同声地要求改组最高军事指挥机构，恢复早在 1929 年的古田会议上就已经确立的毛泽东及其正确路线在红军中的领导地位。

在这样的形势下，中共中央召开会议的条件成熟了。李德接到 1935 年 1 月 15 日召开中共中央政治局扩大会议的通知。15 日，伍修权作为翻译陪同李德到原黔军师长柏辉章的公馆二楼开会。警卫员们都奉命留在楼下，他和李德上了楼，沿走廊进了东头一个三面有门的过道式大房间。他们进屋时，里头已经坐满了人。以往李德参加会议时总是和博古坐在一起，这次博古已和周恩来、朱德、毛泽东、张闻天、王稼祥等政治局委员、候补委员们围坐在中间一张大桌子四周。红军总参谋长刘伯承和总政代主任李富春、一军团长林彪和政委聂荣臻、三军团长彭德怀和政委杨尚昆等，分别坐在会场靠里的位置上。只在会场边上一个门口处，给李德和伍修权留了座位。

会议一开始由博古主持。他宣布中共中央政治局扩大会开始，主要议题是对第五次反“围剿”进行讨论和总结。李德听了伍修权的翻译，眼里流露出不满。

① 《伍修权回忆录》，中国青年出版社 2009 年版，第 84 页。

② 《伍修权回忆录》，中国青年出版社 2009 年版，第 344 页。

这次会议要讨论的问题如此重大，事先未征求他的意见，连博古都没有向他通气，明显是藐视他这个顾问。他压着火，听伍修权将被人们称之为“主报告”的博古的总结一句句译出来。伍修权注意到，李德对博古承认第五次反“围剿”失败很恼火。但博古在谈到失败的原因时，首先强调客观原因：国民党用于“围剿”的兵力过于强大，又有帝国主义列强的支持，使他们在军事、政治、经济上占有重大优势。对主观原因，提及党和红军政治工作做得还不够深入普及，也没有做好分化、瓦解白军的工作，缺少游击战的配合等，又讲到红军指战员未能贯彻执行好军委制定的战略战术，也是失败原因之一，而这些军事决策本来是“基本正确”的。伍修权译出这些话后，才见李德的眉头稍有舒展。博古讲完以后，周恩来接着作关于第五次反“围剿”的军事报告，即“副报告”。李德听着听着又不高兴了。原来，周恩来强调红军所以失败，首先是由于主观原因，是执行了不切实际的作战指导方针，他坦陈自己在这方面也应承担责任，请求会议对他进行批评。

博古、周恩来报告之后，张闻天代表他和毛泽东、王稼祥三人作了反对和批评博古报告的发言，即“反报告”。“反报告”明确表示，博古的报告“基本上是不正确的”，批评博古所讲的失败原因是“机会主义的结论”。他接着系统地对第五次反“围剿”中在军事领导、战略战术上的错误路线及其所产生的恶果，进行了分析批判。李德没有想到，这个被他视为“马列主义和国际主义者”的张闻天，竟第一个如此激烈地“攻击”同为莫斯科回来的“国际派”核心领导人博古，而他自己竟也被点名批判，不由十分丧气、懊恼。

在张闻天之后接着发言的是毛泽东。他讲了一个多小时，同别人的发言比起来算是长篇大论了。他批评李德制定的军事路线是“进攻时的冒险主义，防守时的保守主义，转移时的逃跑主义”，并通过实例剖析李德在军事决策和指挥上的严重错误。又引经据典，引用《水浒传》中的故事，说有个洪教头，在柴进家中要打林冲，摆开架势连唤几个“来来来”，却被林冲看出破绽，退让几步后一脚踢翻在地。毛泽东的发言，伍修权有的因为来不及解释典故及出处，有的因为其中的奥妙不是三言两语所能译出，对李德只翻译了个大意。从李德的反应看，他并未完全听出毛泽东对其批评的尖锐与深刻。

毛泽东发言时，也是从莫斯科回来的凯丰（原名何克全）忍不住打断他的发言，说毛泽东只会《三国》、《水浒》和《孙子兵法》上的那一套，都是些故纸堆里翻出来的陈旧东西。毛泽东不气不恼地说，《三国》和《水浒》他是看过的，却没有细看过《孙子兵法》，想必凯丰都很精通，请问这《孙子兵法》到底有几章几节，都讲了些什么？一下子反而把凯丰给问住了。他们两人的对话，把会议参加者都吸引住了，李德也瞪大眼睛，让伍修权快告诉他，毛泽东和凯丰在说些什么，别的人为什么发笑。伍修权没对他细说，只说与他没有什么关系。

毛泽东发言之后，王稼祥作了补充发言。他同张闻天一样，对博古和李德丝毫不留情面，直截了当地提出应该撤换造成第五次反“围剿”失败、已被实践证明是不称职的李德和博古，改由既了解实际情况又有丰富斗争经验的毛泽东这样的人来指挥红军。接着点名批评李德极端恶劣的领导作风，说他以个人包办、独断专行代替集体领导，压制正确意见，任意惩办将士，严重破坏了民主集中制和党内正常生活。王稼祥是带着伤病来参加会议的，因为身体不好，说得很轻很慢，伍修权逐句译给李德听，李德只是低着头大口抽烟。

接下来的发言，特别是几位红军高级将领朱德、彭德怀、聂荣臻、李富春等，都指名道姓地批评指责李德，要求把他从指挥位子上“轰”下来。朱德发言时也追究了临时中央领导的错误，谴责他们排斥了毛泽东，弄丢了根据地，牺牲了多少红军指战员。其他人也相继表态，绝大多数人支持对原军事决策人李德、博古的批评，同意撤销他们的军事指挥权。李德不待伍修权翻译出来，仅从发言者的眼神、语气和情绪上，就看出自己已成众矢之的，低着头一支接一支地抽烟。不抽烟的伍修权被呛得难受，却又躲不开，只得硬着头皮执行自己的翻译任务。所有人的发言以至每一句话，特别是重要的内容，伍修权都得及时而准确地翻译出来，既要认真听，又要迅速译，从会议开始直到结束，他得连轴转地说个不停，口干舌燥却连水也顾不上喝。一向盛气凌人的李德对于伍修权的辛劳并不领情，反而在回忆录中说“伍修权显然不乐意给我翻译，而且译得很不完全”。

由张闻天起草的中共中央《关于反对敌人五次“围剿”的总结的决议》即遵义会议决议指出，博古和李德（用华夫代名）等人“在反对五次‘围剿’战争中，却以单纯防御路线（或专守防御）代替了决战防御，以阵地战堡垒战代替了运动战，并以所谓‘短促突击’的战术原则来支持这种单纯防御的战略路线。这就使敌人持久战和堡垒主义的战略战术达到了他的目的……应该指出，这一路线，同我们红军取得胜利的战略战术的基本原则，是完全相反的”。

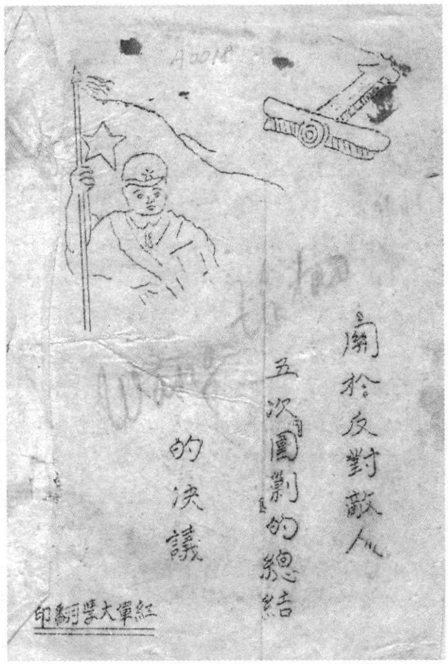

红军大学翻印的遵义会议决议封面

伍修权回忆说：“遵义会议集中全力解决当时具有决定意义的军事问题和组织问题，改组了党和军队的领导，推举毛泽东同志为政治局常委。……又在随后的战斗行军中，成立了以毛泽东同志为实际负责人，有周恩来、王稼祥同志参加的三人军事指挥小组。作为最高统帅部，负责指挥全军行动。……这是遵义会议的最大成就，是中共党内最有历史意义的伟大转折。”①

①《伍修权回忆录》，中国青年出版社 2009 年版，第 89 页。

三、任红三军团副参谋长

红军二打遵义后，彭德怀在上报中央军委的关于部队编制的报告中说，三军团自长征以来减员甚多，近期参谋长邓萍和十团参谋长钟伟剑又在战斗中牺牲，“现在各团部及军团参谋处一空如洗”，希望中央军委能即刻派军团参谋长等指挥人员来。[①]中央军委接到彭德怀报告后，任命叶剑英为三军团参谋长。伍修权被派去当叶剑英的助手，于 1935 年 3 月上旬调任红三军团副参谋长。

伍修权亲见彭德怀当面顶撞李德的刚直，到三军团后又亲身感受到他对知识分子干部的尊重，对彭德怀敬佩之外又多了一点亲近感。伍修权常见彭德怀在战斗和行军休息时埋头读书，读的是毛泽东在苏区时送给他的两部中译本，一本是列宁著《社会民主党在民主革命中的两种策略》，一本是《共产主义运动中的“左派”幼稚病》。伍修权见过这两本书上的毛泽东亲笔批语。前一本上批语的大意是：要是在大革命时读了这本书，就不会犯错误了。第二本上的批语大意为：看了这本书，才会知道“左”与右对革命同样有危害性。彭德怀对这两本书不仅反复看，还特别珍惜。长征后期为了精简文件资料，参谋人员将这两本书卷在别的材料中一起烧掉了，他惋惜不已。

遵义会议后中央红军各部队进行了整编和缩编，三军团撤销了师一级指挥机关，改由军团部直接指挥各团，原来的几位师级指挥员调到军团部，原四师政委黄克诚成了军团司令部的侦察科长；原五师师长李天佑成了司令部的作战科长；20 年代初参加革命并在苏联学习过的唐延杰在司令部管理科担任副科长。三军团司令部有四个科，即作战、侦察、通讯和管理科，加上一个通讯连和一个警卫连，共有二百余人，这些人归伍修权直接领导，组成了一个为彭德怀、杨尚昆和叶剑英服务的班子。伍修权那时常跟作战科的李天佑、黄新友、石敬平以及来自朝鲜的武亭等几位参谋在一起，一有情况首先由他接电话并答复处理，重要问题则报告叶剑英，电报也都是先由他受理再交军团首长。

伍修权出任三军团副参谋长时，是长征以来少有的战事平静、内外安定的日子。红军部队顺利地南渡乌江，绕过贵阳，直插云南，每天连续行军，一下甩开了“追剿”之敌。通常一天行军五六十里至八九十里，基本都是白天走，常常在清晨出发，下午或傍晚宿营休息。行军时军团首长骑马代步，伍修权和参谋人员与战士们一样徒步行军，所以每天都很劳累，可是到了宿营地后却不能马上休息。由侦察科派出提前到达的侦察员们，这时都回到了司令部，黄克诚立即汇总他们侦察到的周围敌情和社情民情等。李天佑则领着警卫连长等在司令部驻地周围查看地形、布置警戒。参谋们打开这一带的地图，标出部队所在位置、预定的下一段行军路线及目标，特别是通过侦察获悉的驻地及周边的敌情。通讯科在部队宿营后特别忙碌，一到驻地马上架设电台，开始收发报，同时铺设通向军团各单位各部队的电话线路，立即与他们建立联系。常常是到驻地不久，电报电话就

① 费侃如：《红一方面军长征日志》，中国出版集团东方出版中心 2006 年版，第 149 页。

都来了，分别报告各部队的行军、到达情况和附近的敌情、社情。管理科的人员也不轻松，大队出发前就派出设营队到预定宿营地看房子、筹粮草，保证官兵宿营后有地方休息，吃得上饭，喝得上水。长征中，三军团的管理科长吴自立是跟着彭德怀一起参加平江起义的，他亲自带领设营队，既负责又辛苦，受到大家的赞扬。伍修权作为副参谋长的职责是尽可能详尽、准确、及时地收集汇总各方面的情况，经甄别、筛选后把重要情况报告给军团首长，然后按军团首长授意起草给中央军委的电报。中央军委的电报指示、通报等也随之发来。军团首长再根据指示和全军情况对本部队下达新的命令，也由伍修权拟定并下发。没有电台和不通电话的部队或单位，就由通讯员徒步送达。

中央红军进入云南，对昆明虚晃一枪后掉头北上，向川滇交界地区进发。每日行军，伍修权总是和作战科长、警卫连长及当地向导走在整个大队的前面，在他们前头是人数不等的尖兵小队。每行军个把小时，伍修权就让司号员吹号，让部队小休息一次。到中午就大休息，炊事员赶紧埋锅造饭，干部战士们不久就狼吞虎咽地吃开了苞谷饭。有时饭刚做好，出发的号声就响了，只得用茶缸或瓷碗盛上边走边吃。后来伍修权也骑马行军时，还常常把马让给身体不好或特别劳累的人骑。

这一段长途行军中，伍修权作为部队行军和指挥机关的日常负责人，虽然肩头压着不轻的担子，超负荷地连轴转，感觉却与在李德身边工作时大大不同，觉得当年归国时抱定的效命疆场的生活，就该是这个样子。能与志同道合的战友们出生入死、休戚与共，心情格外舒畅。

那时，国民党的大部队已经被甩得很远。当地民团、保安队之类，一听说红军来了，便纷纷望风而逃。这种情况使部队中产生了麻痹思想。1935 年 4 月底的一天，下午两三点钟，部队行进在云南北部寻甸县境的白水一带，向川滇交界的金沙江前进。只见从昆明方向飞来一架小飞机，在毫无遮掩的行军队伍上空盘旋。当时除了相隔甚远的几株小树，一点隐蔽物也没有，人们见来的只是一架小飞机，就没理会。而实际上，那是国民党军队的侦察机，在红军战略转向突然“消失”后，国民党“追剿”大军为了追寻红军踪迹，连续派出侦察机四处搜索，终于在云南北部发现了目标。敌机转了两圈飞走不久，来了四架作战飞机，远远地就向行军大队俯冲下来，对无处隐蔽的部队轮番轰炸扫射，低飞时连飞行员的脑袋都看得见。彭德怀下令用步枪、机枪对空还击，敌机才掉头飞走。伍修权赶紧集合部队检查损失情况，只见杨尚昆被弹片击中了右小腿。彭德怀本人没事，他骑的骡子却中了弹片，不能再走了。负伤的还有军团政治部宣传部长刘志坚，是腿部重伤。跟伍修权走在一起的向导不幸中弹牺牲。整个军团机关和部队，在这次空袭中伤亡一百多人，成了三军团二进遵义以来的最大损失。此事惊动了中共中央和军委领导，周恩来派在总政宣传部工作的李伯钊带领一个救护小队赶来帮助救治伤员，部队则继续向金沙江前进。

彭德怀和伍修权等接受了这次的教训，让各部队指定了对空观察哨，组织机枪射手随时准备对空射击，防止敌机再来空袭，并从这一天起改为白天休息，夜间行军。

1935年5月初，中央红军长征到达滇北、川南之间的金沙江。金沙江是长江的上游，这里河道狭窄，水急浪高，又很难找到渡船，部队只得设法架设浮桥。

军团首长派伍修权到正在洪门渡执行架桥任务的十三团去，现场指导那里的架桥工作。当时的十三团团长是原五师师长彭雪枫，政委是甘渭汉，伍修权到后和他们一起，指挥、督促部队架桥。那里地贫民穷，架桥材料非常难找。大家把有限的木料，用绑腿带子拧成的绳子捆在一起，但一到江心就被急流冲散卷走。后来连绑腿带子也用光了，再也找不到别的材料，伍修权同团里的干部商量后，向军团首长报告了情况。

军团首长命令他们将部队带到上游几十里处的皎平渡，随中央纵队及本军团部队从那里乘船过江。十三团遵命连夜奔向皎平渡，其他部队也都转向这一渡口。江边坡陡路窄，部队连日架桥未得休息，指战员全都疲惫不堪，有人走着走着就倒在路边睡着了，不断有人掉队。搞过政治工作的伍修权带着通讯员，一边走一边招呼大家跟上队伍，十三团于6日天亮前赶到了皎平渡。中央纵队此前到达这里时，先找到一只小船，干部团过江后，冒充白军收拾了对岸的守敌，又弄到几只船，一共有了七只木船，每只一次能渡十来个人，刘伯承组织指挥全军在此渡江。

三军团到达时，中央纵队已经过江，伍修权奉命负责本军团的渡江指挥。他严密组织、沉着指挥，让已在南岸集结准备上船的部队，隐蔽在附近的丘陵地带，防止白军空袭骚扰。又指定各部队指挥员，将队伍分为十来个人的一个个小队，排在江边的沙滩上，按顺序上船。伍修权坚守在金沙江南岸指挥部队渡江，四天四夜没有休息，直到三军团的最后一船官兵渡江时，他才一起向北岸进发。

一过江，伍修权即率后续部队随大部队向川南会理一带赶去。回到军团部时，司令部已为他安排好宿营地。伍修权饭后倒头就睡，起床后又马上随队出发，参加进攻会理的指挥工作。会理是四川南端的一个重要市镇，扼守着通往云南的要道，踞守在那里的是川军刘元瑭部的一个师。三军团从南向北接近了会理，城南有一片开阔地，川军的这个师凭借城墙严防固守，部队在对方火力下无法通过。军团首长决定派工兵从地下挖坑道，打算从坑道里送上炸药炸开缺口，并摧毁其火力点。伍修权和李天佑奉命去工兵连，指挥和检查督促坑道作业。战士们日夜不停地挖掘了近一个星期，终于打通了一条地道，将炸药送进去并装好了引线。军团首长也将主力团调了上来，准备炸开城墙后冲进城里占领会理。哪知因炸药量不足，没能炸开城墙，川军的火力反而越发凶猛了，部队还是攻不上去。军团首长当机立断，报中央军委批准后放弃攻城，和中央纵队绕开会理城，继续插向四川境内。

中央红军通过西昌一带进入被称为“倮倮”的彝族地区后，刘伯承按照中国共产党的民族政策，与彝族首领小叶丹结拜为兄弟并赠送枪支，红军得以由此顺利通过，开到了长江另一支流大渡河畔。这里曾是太平天国翼王石达开兵败覆灭之地，国民党派飞机来河边撒传单，扬言要使红军成为“第二个石达开”。大渡河没能挡住红军，一军团从安顺场渡口强渡过去一部分，其余部队又冒雨连夜北进，5 月 29 日夺下了大渡河上的唯一通道——泸定铁索桥。

三军团后续部队通过时，桥上已铺设了临时找来的各种木板。伍修权在桥上见下面惊涛骇浪奔腾呼啸，到桥头又见弹痕累累烟尘处处，可以想见夺桥战斗的艰险与激烈。

过了泸定桥，由于前方川军挡路，中央红军只得折向天全、芦山一带，向海拔四千多米、空气稀薄、地势陡险、终年积雪的夹金山挺进，踏上了长征途中最难走的一段行程。6 月 12 日，中央红军从夹金山南麓的硗碛出发，开始翻越夹金山。三军团在山下一个名叫金汤镇的小村寨停留了一天，将强渡大渡河以来筹集到的粮食做成干粮，穿上了所有能御寒的衣服，第二天一早即出发登山。

由于长途跋涉和连日奔波，又常常忍饥挨饿，伍修权的身体日渐虚弱，军团首长为了照顾他，已不再让他带队行军。部队开始还有队列，走着走着就不成队列了，指战员们根据各自的体力一步步奋力前行。不久伍修权和警卫员也落到了大队后头，他们相互搀扶着慢慢向山顶挪动。最后一段路，他们几乎一点力气也没有了。山上的空气格外稀薄，令人喘不过气来，山风卷着雪花迎面扑来，只觉举步维艰。他们就数着步子走。先是走一百步即站住大喘几口气再走；渐渐地一百步走不动了，就减掉一半，走五十步歇一次；不久五十步也不行了，又减为三十步。不能再往下减了！伍修权看见路边山坡的雪地上，一个又一个筋疲力尽的战友，坐下去就再也没能起来。他心如刀绞，忍住泪水，咬紧牙关鼓励警卫员，也鼓励自己说："走不动也得走，否则只有永远躺在这里了！"两人你搀我扶、一步又一步，终于凭着顽强的意志，倾全力挪到了山顶。这时已是下午 4 点来钟，各路部队相继上了山。爬到山顶时，人累极了，但是又感到突然有了信心，有了希望。下山就顺利多了，尽管山上一会儿下雨下雪，一会儿出太阳，气候变化无常，指战员们下山时还是特别有精神。

中央红军翻越夹金山之后，在峡谷口上一个叫达维的藏族村寨附近，遇到了红四方面军的先头部队——由李先念担任政委的第三十军。1935 年 6 月，在达维所属的懋功（今小金）县城，举行了一、四方面军会师大会。

部队从懋功出发到黑水、芦花，等着红军的是草地，这又是一段与死神较量的严峻征途。部队在草地南缘的黑水、芦花稍事停留，筹集了一些粮草，7 月踏进了草地。这时伍修权腿上长了一处脓疮，不走路都肿胀疼痛，一动更难受，医生每天为他挤脓上药。

部队一进草地就遇上了反动头人率领的藏族骑兵，他们在国民党的唆使下，不断袭击红军。彭德怀对战士的伤亡十分痛心，他让伍修权提出对策。伍修权很快列出了几条：第一条是坚定沉着，占领有利地形；第二条是集中火力，着重打马，马的目标大好打，骑兵没有马就完了；第三条是打退骑兵后不能徒步追击，不要脱离有利地形，只能用火力追击。彭德怀说这几条很好，当即命令迅速传达下去。部队在运用中果然很有效，打死、缴获了一些马，分吃了不少马肉。活马则立刻拉来使用，因为伍修权腿上生疮，就分了一头骡子给他骑。张震在回忆这件事时写道："先头部队过草地时，遭受阿坝头人——华尔功成烈骑兵的袭击。华的骑兵有几千人，在草地机动快，看到红军分散或人少时，就突然袭击。开始，部队没有对付的经验，受到些损失。于是根据上级指示，在部队开展打骑兵的训练。伍修权同志提出了战胜敌人骑兵的战术，训练打骑兵的队形，即部队分三路前进，按骑兵来的方向，分卧姿、跪姿、立姿三种姿势，统一发口令，用密集火力打它。"①

后来伍修权担任红十团参谋长，途经草地北部边缘班佑一带时，就用自己提出的步兵打骑兵之法，亲自带队打退了袭扰之敌，也打死了不少马，十团指战员饱吃了一顿马肉，还给友邻和后续部队送了一些，这是后话。此时，有了骡子代步的伍修权又可以带队行军了。草地上分布着泥滩水洼，人马一不小心就会陷进沼泽。他让司令部的侦察小队走在部队前头，负责寻找有点树丛、水草也较少之处作为宿营地。宿营时，他和警卫员弄来些杂草垫在地上，再铺上一条破军毯，两人合裹着另一条毯子，上面再支起一块油布，勉强挡挡风雪。但风雪交加时很难熬过长夜：风把油布刮得飞了起来，湿淋淋的毯子、衣服冻成了硬壳。有一天行军时，部队被一条河挡住了。在河边发现了不少泥鳅，大家就叫它"泥鳅河"。这条河虽不算大，却湍急冰凉，水深及胸，因是雪山上融化下来的雪水，人一下去就会被冻麻木，很容易被激流冲走。伍修权赶到时，见到军团政治部宣传队的几十个人，其中有些是十来岁的红小鬼，个子小，体力也弱，面对河水不知如何是好。伍修权忙把司令部的几头骡马调过来，加上自己骑的那匹，让个子瘦小的骑上去，个头大一点的拉着马尾巴跟过去，来回几趟，大家都安全到了对岸。

过草地的第四天，伍修权看到一个掉队的年轻人在路上艰难地挪着步子，已经筋疲力尽。他不顾自己腿疮未愈，急忙滑下骡背去拉他，一看原来是军团部的文书黄玉昆，忙把他架上骡子驮到了宿营地。经过救护治疗，黄玉昆终于走出了草地。几十年后，他成了解放军总政治部副主任，并在回忆录中记述了伍修权救他走出草地的感人情景。

四、任红十团参谋长

部队过草地之时，伤病员不断增加，减员数字连续上升，干部也缺额较多。所以，一过草地，伍修权就主动要求到团里工作。军团首长同意了他的要求，决定他到先后两任参谋长钟伟剑、邱阜成牺牲的十团去担任参谋长。十团团长叫黄祯，在长征到达吴起镇之前的一次战斗中不幸中弹牺牲。时任十团政委的杨勇是秋收起义时参加革命的，伍修权早就认识这个小自己几岁的朝气蓬勃的青年指挥员。

中央红军与红四方面军的会师，是长征以来第一次意义重大的会师。会师以后，参加长征的红军队伍扩大到十万人左右。

---

① 张震：《深切怀念伍修权同志》，见《历史风云中的一代英杰——伍修权》，当代中国出版社 2008 年版，第 3 页。

一、四方面军会师时，伍修权是团参谋长，而陈昌浩是四方面军总政委。伍修权的这位湖北老乡、莫斯科中大同学，在老同学面前显得派头十足。在中大时原是沈泽民妻子的张琴秋，因为沈泽民去世，这时已改嫁给陈昌浩，对伍修权还表示了一点同学之谊。毕业于黄埔一期的四方面军总指挥徐向前，也十分谦和朴实，给伍修权留下了很深的印象。

由于中央红军在第五次反“围剿”和其后的多次血战以及爬雪山、过草地中的重大损耗，全军仅剩下约两万人，四方面军却有七八万人。中央红军与四方面军实力的反差，使自恃也是中国共产党创始人、中共中央政治局常委的张国焘产生了“谁听谁”的想法。对此，毛泽东采取了低调的防范措施，让中央红军只称一方面军，不以“中央”称呼，表示了对他的尊重。周恩来则以大局为重，将自己担任的红军总政委职务让给张国焘当。但是，对毛泽东等的良苦用心，张国焘置若罔闻。从一、四方面军会师时起，张国焘就要中共中央和中央军委都听他的。毛泽东和遵义会议后接任中共中央总书记的张闻天等与他多次开会商讨，但张国焘拒绝按原定计划继续北上。

1935 年 9 月 1 日，两大红军实行混合编组时主要由红四方面军组成的左路军和红军总部到达嘎曲河（白河）。张国焘以嘎曲河涨水，不能徒涉和架桥，“茫茫草地，缺粮断炊，不能坐待自毙”为由，令部队“分三天全部返回阿坝”。到阿坝后，又借口“组织问题”未圆满解决而一再贻误战机，使胡宗南得以在松潘集中兵力，红军处于腹背受敌的危险局面。

事关红军将士的生死，中共中央再三电令张国焘执行既定的北上方针。可他执意不听，发电报到右路军，要原四方面军总政委陈昌浩带右路军南下。时任右路军参谋长叶剑英见到这份电报，立即将张国焘策划异动的险情报告了毛泽东。9 月 9 日深夜，中央红军在毛泽东率领下，秘密脱离右路军中陈昌浩所控制的红四方面军的两个军北上。伍修权任参谋长的十团，奉命紧急出动，担任警戒任务，严密保卫中央机关的安全。

天亮以后，伍修权随着毛泽东和已离开右路军指挥部的叶剑英，还有彭德怀、杨尚昆等，正在商量部队继续北上的事，就见原四方面军副参谋长、红军大学教育长李特骑着马赶来追堵，要原属四方面军的部队回头，南下吃大米去。毛泽东很冷静，让李特到旁边一座庙里去坐下来谈。伍修权见李特进去不久又大吵大叫着出来，并骑上马吆喝四方面军的人员都跟他往回走。毛泽东对一触即发的冲突采取了冷处理，说捆绑不成夫妻，让他们走吧，以后他们自己会回来的。

五、任陕甘支队司令部作战科长

毛泽东等带领着一、三军团和中共中央机关共一万多人，脱离了与四方面军的接触后，9 月 12 日在俄界召开了中共中央政治局扩大会议，通过了《中央关于张国焘同志的错误的决定》，并规定这一文件不下发、不传达，只让中央委员以上的高级干部知道，以不扩大此事的影响。会议还决定把原一、三军团和中央纵队合编为中国工农红军陕甘支队，由彭德怀任司令员，毛泽东任政委，叶剑英为参谋长，王稼祥为政治部主任。伍修权被从十团调回，担任司令部作战科长。

整编以后的原中央红军，在毛泽东带领下继续北上，9 月中旬突破甘川边界地区的天险腊子口，9 月 20 日到达甘肃南部的哈达铺。这里是说汉语的回族聚居地，在川西北大草地藏族地区穿行了几个月的红军指战员，又听到了汉语，像回到了家一样高兴。当地群众欢迎远来的红军，部队又吃上了饱饭，还吃到了有当地特色的手抓羊肉和当地人叫作锅盔的烤饼。21 日，毛泽东在从哈达铺缴获的《大公报》上得知：全陕北 23 县几无一县不赤化；编为赤卫队者 20 万，赤军者 2 万。这成了中央红军落脚的向导。22 日，在哈达铺关帝庙召开的中央红军团以上干部大会上，毛泽东作了形势报告，强调“我们要抗日，首先要到陕北去”，“那里就是我们的目的地，就是我们的抗日前进阵地”。此后，部队占领了陕西境内的榜罗镇和通渭县。27 日，中共中央政治局在通渭榜罗小学召开常委会议。这是遵义会议以来又一次具有重要意义的会议，会议决定“以陕北作为领导中国革命的大本营”。这不仅为红军找到了一个战略转移的落脚点，同时也确立了领导全国革命的根据地，对此后中国革命的发展产生了深远影响。

根据这一决定，部队向陕西北部前进，与那里的陕北红军会合。出发前夕，毛泽东指示伍修权起草政治训令，动员全体指战员再接再厉英勇作战，向陕北进发。伍修权写出稿子交毛泽东修改后，立即以陕甘支队政治部的名义正式下发给各部队。

红军向陕北进发时，国民党军队又追了上来，毛泽东下令把“尾巴”切掉，不能把“追剿”之敌带进陕北根据地。

于是，由彭德怀指挥，在吴起镇外摆开了战场，迎击尾随而来的西北地方军阀马步芳的骑兵。“马家军”① 上来的是四个骑兵团，毛泽东要求部队打好这一仗，消灭这股来犯之敌，好给即将会师的陕北红军带上一份特殊的见面礼。

战斗打响后，伍修权陪同毛泽东赴前沿阵地就近观察战况。毛泽东用望远镜一面观察着前方，一面倾听着枪声。枪声逐渐稀疏、远去，他才安心地离开了前沿阵地。

陕甘支队进了吴起镇后，看到墙上有“打土豪分田地”和“拥护苏维埃”等革命标语，又见到了前来迎接和联络的陕北红军，感到真是到了家，见着亲人了。此时是 1935 年 10 月，距离撤出江西苏区恰好一年。10 月，当地的天气已经转冷，长途跋涉的中央红军还穿着单衣。陕北红军派来了他们的后勤部长白如冰，为中央红军送来大批棉衣和粮食。大家不只吃上了香喷喷的小米饭，还穿上了新棉衣，不少人激动得流下了眼泪。

这年 10 月底到 11 月初，已改称陕甘支队的中央红军在甘泉地区与十五军团正式会师。十五军团是由原陕北著名红军领袖刘志丹率领的部队与先期到达的原

---

① 指青海、甘肃、宁夏地方军阀马步芳、马鸿宾、马鸿逵。

长征胜利到达陕北后伍修权（左二）与程子华（左一）、李克农（右二）等合影

红二十五军合编而成的，军团长是原鄂豫皖战将徐海东，政委是中央红军派到红二十五军的程子华，刘志丹是副军团长兼参谋长。陕甘支队与十五军团会合后，恢复一方面军番号，原中央红军合编为新的一军团，与十五军团同归一方面军指挥。新的方面军司令员为彭德怀，毛泽东仍为政委，参谋长还是叶剑英。

毛泽东等中共中央领导人会见陕北人员后，很快作出决定，把中国的“革命大本营”放在陕北，并宣布中央红军历时一年、纵横十一省、行程二万五千余里的长征结束。

一、四方面军分手后，张国焘带着以四方面军为主的左路军再过草地南返川中。10 月 5 日，张国焘另立中央。

被张国焘裹挟南下的原中央红军五、九两个军团和带着总参机关跟左路军行动的朱德、刘伯承等大批将士，受到种种排挤、打击。刘伯承被张国焘撤去了红军总参谋长的职务，调入红军大学任校长。朱德被架空，连身边的警卫人员也被换成了张国焘的亲信。

1935 年冬，面对十倍于己的国民党军队，张国焘仍不听朱德、刘伯承等的劝阻，提出攻下百丈关，打到成都过大年。事与愿违，从 1936 年 2 月张国焘向四川甘孜地区退却到 7 月初同二、六军团会合的半年中，红四方面军将士虽英勇拼杀，歼敌 15000 余人，但所部红军损失近半。张国焘这时才被迫取消伪中央，不得不回头北上。

10 月 22 日，在一、四方面军第一次会师后的一年零四个月后，才实现了红军三大主力的会师。

第五章　初到延安

一、直罗镇战役中智勇化险

1935 年 11 月下旬，恢复了一方面军番号的中央红军对再次“围剿”而来的国民党军发起了反击，全歼了正面之敌一〇五师并击毙其师长，又追歼其一〇六师的一个团，共歼敌 5300 余人，缴获 3500 多枪支。这就是著名的直罗镇战役，毛泽东说这一仗为设在陕北的“革命大本营”举行了一个“奠基礼”。

在这次战役中，一方面军司令部分为两个梯队，彭德怀率第一梯队去了前线，伍修权奉命留在第二梯队。战斗刚结束，前方传来命令，要伍修权立即赶到一梯队去，他得令后带了警卫员就走。从出发地到直罗镇有几十里路，半路上见四个东北军士兵从路边丛林中窜出来，都带着长枪，可伍修权身边只有一支小手枪，警卫员也只有一支驳壳枪。面对这一突发情况，伍修权急中生智：来犯之敌的大部队已被击溃，这几个人显然是被打散后逃跑出来的，处在红军控制区内的这些东北军士兵，犹如惊弓之鸟，不妨用政治攻势来收服他们。于是，伍修权带着警卫员迎上去喊道：“老乡，过来吧，我带你们到我们司令部去，红军保证你们安全。”那几个散兵果然被招呼过来。伍修权对他们交代了红军的政策，还讲了中国人不打中国人的道理，就带着他们继续赶路。那几个人背着自己的枪，跟着伍修权边谈话边向前走，来到一梯队驻地，司令部警卫连马上解除了那几个人的武装。

有人对伍修权说，你也太冒险了，怎么能让他们带着自己的武器一起走呢，万一他们动手反抗，你们两支短枪哪能对付得了？伍修权说，这样做虽有点悬，不过在红军大胜的背景和政策攻心的威力之下，胜算多于冒险。如果马上去缴他们的枪，反而会引起反抗。这样大大方方地接触，使其不知我们虚实，再晓以大义就能收服他们。

直罗镇战役之后，中央红军与张学良的东北军相互采取了和缓以至联合的态度，陕北根据地周边基本相安无事。

二、任七十三师参谋长抱病东征

1935 年 12 月，中共中央召开了瓦窑堡会议，确定了在民族危机空前严重的形势下，建立最广泛的全民族抗日统一战线的总路线。会议通过了毛泽东起草的《关于军事战略问题的决议》，其中强调把国内革命战争与民族解放战争结合起来，把扩大红军同对日作战结合起来；红军应把立足点放在打通抗日路线与巩固、扩大现有根据地两个任务上面来，并将打通抗日路线作为中心任务。这成为红军东征、西征的指导方针。

随后，中共中央决定留下一部分部队，由周恩来、博古和王稼祥负责驻守陕北；毛泽东和彭德怀、张闻天等则率领红军主力东渡黄河，向比较富庶的山西中部进军。东征红军以整编后的一军团和十五军团组成新的一方面军，竖起“红军抗日先锋军”大旗，以彭德怀为司令员，毛泽东为政委，叶剑英为参谋长，杨尚昆为政治部主任。中央军委为了加强新建的十五军团，从中央红军抽调了一批军政干部，分任十五军团各级领导职务，伍修权被派到十五军团七十三师担任参谋长。七十三师原来的参谋长叫毕士悌，又名杨林，是朝鲜人。他很早就来到中国并加入了中国共产党，20年代曾从事多年地下工作，又曾在黄埔军校当过教官，是位优秀的红军指挥员，可惜不久前在战斗中牺牲了。

1936年2月18日，毛泽东和彭德怀发布了东征作战命令。20日晚，东征红军在绥德、清涧等县一百余里地段的数个渡口，乘坐简陋木船和羊皮筏子，同时突破黄河天险。红军入晋后，兵分三路，转战三晋大地，只三五天时间就攻入了山西吕梁地区。国民党守军阎锡山部和蒋介石的中央军分几路围堵红军，都被歼灭。红军乘胜东进，一举推进到位于汾阳、灵石之间的大麦郊一带，接着又攻向距太原四五十公里的交城、文水一带。东征红军在山西所占地区横宽约50公里，纵深约35公里，面积达1800平方公里。部队在汾河流域转了一个大圈子，那里地势平缓，人口较多，有不少村镇。部队攻打县城时，多在黄昏发起攻击，往往是战士们绑扎云梯爬上城墙，手榴弹加刺刀一番猛冲，很快就攻了进去，但也有碰上硬钉子的时候。阎锡山部守军粮弹充足，有恃无恐，只靠硬攻难以奏效。不过东征部队士气很高，越打越勇。只是在激烈的战斗中，陕北红军创始人刘志丹不幸中弹牺牲，成了红军东征中的最大损失。伍修权所在的七十三师作为先头部队，接二连三打了好几个胜仗。

东征红军在短短的两个多月内，消灭了阎锡山部7个团，缴枪4000余支，缴获大炮20多门，俘敌4000余人，扩军8000余人，部队一下子增加了1万多人。此外还缴获不少钱款、粮食，使长期缺粮少弹的红军部队，得到了补给。更重要的是，参加东征的各军团，取得了渡河作战的成功经验，红军的威名和影响，迅速扩展到华北地区，为后来开辟敌后抗日根据地和建立抗日民族统一战线打下了基础。毛泽东亲率的东征行动，以红军大胜而宣告结束——在山西打到5月初，部队停止东征，回师陕北，以行动表示不打内战，一致抗日。

一开始就抱病出征的伍修权，在紧张的连续战斗中，病情不断加重，身体极度虚弱。部队回到陕北向根据地集中时，伍修权终于大病一场，高烧不退，时常昏迷不醒。军团领导得到师里的报告后，立即指示把他送到中共中央所在地瓦窑堡，住进红军总医院。红军总医院设在陕北山沟里，医疗和生活条件都很差，尤其缺少必要的药品和医疗设备。然而环境相对清静，每天小米稀饭管饱，这在当时已经是伤病员上等的疗养条件了。伍修权在那里休养了几天，渐渐能吃点干粮、咸菜了，病情逐渐缓解，终于挺了过来。

三、在中共中央联络局一身三职

伍修权大病初愈，马上要求归队工作。医院领导却转来一个通知，让他不要再回十五军团，马上到设在瓦窑堡的红军总参谋部报到。

原来，陕北的国民党地方实力派调集了以保安团为主的武装力量，准备袭击驻扎在瓦窑堡的中共中央和红军首脑机关。而瓦窑堡只有包括红军大学学员队在内的少量部队，难以应付蜂拥而来的国民党地方武装。中共中央决定避其锋芒，将中央和军委各机关和红军大学、中央医院等等，都转移到西南方向的保安去。

伍修权到总参后即随队向保安转移。中共中央和中央军委总部等机关迁来后，这里因成了中共中央和毛泽东领导全国革命斗争的指挥中心而载入中国革命的史册。在东征中牺牲的刘志丹是保安人，中央决定将保安县改名为志丹县，以纪念这位著名的陕北籍革命领袖。伍修权跟随周恩来、李克农等由瓦窑堡向保安转移。在白家坪，他们遇到了由黄华陪同来陕北的两个美国人，一个是后来闻名天下的著名记者斯诺，一个是从此再没有离开中国的马海德医生。他们都是由于向往革命、崇敬中国革命者，通过宋庆龄的关系来到陕北红区的。正在行军途中的中共中央和红军领导人，热情欢迎了这两位最早进入陕北红区的外国朋友。

1936 年 7 月上旬，中共中央决定成立由周恩来和叶剑英直接领导的专门从事外交和统战工作的联络局，先后由李克农、吴德峰任局长，伍修权被调到联络局工作。伍修权的第一项任务就是接待斯诺和马海德。他们一到保安，联络局就找了一处当地最好的房子，打扫得干干净净，请他们在那里下榻，并尽其所能保证他们生活从优、行动安全，伍修权也成了斯诺在红区最早的红色友人之一。斯诺在《西行漫记》中对伍修权作了生动的记述，只是他未弄清伍修权的具体职务，有时将他写为红军的政委，有时又把他说成红军大学的教授，虽然那时红军大学根本没有这个职称。不过，这些都事出有因。中共中央和中央军委各机关迁到保安后，同红军大学挤在小小的保安县城内，斯诺作为外宾，不只同毛泽东等中国共产党的领导人是邻居，也同红军大学的干部紧挨着。应李德的请求而接受了上级交给的任务——兼职为李德担任战役学课堂翻译，常常与他一起进出红军大学的伍修权，也被斯诺当作该校的人了。

在此期间，著名女作家丁玲等来到了保安，也由伍修权等负责接待。她来到不久，就和从四方面军回来的红军艺术家李伯钊等人，联名发起成立了一个全国抗战文艺协会，伍修权也是这个协会的发起人之一。

联络局的接待对象，除了国际友人、进步文化人士，还有统战对象、来自白区的地下工作人员、各地区和部队来中共中央汇报请示工作的负责干部等。此外，联络局还秘密派人去白区，李克农就几次受该局派遣，潜入当时还被东北军占据着的延安等地，代表中国共产党和红军，与张学良等进行会谈、联络。

在此期间，伍修权还担负着一项日常性工作，那就是派人从西安、北平和南京、上海、武汉等地搜集来各种报纸、杂志和书籍，分头阅读并将重要内容摘录出来按专题汇编成册，印成供中共中央和红军领导人及有关人员阅读的《书刊简报》。这项任务工作量相当大，伍修权白天常同李德和斯诺等在一起，晚上则加班做阅读和摘编书刊的工作。

当时的中共中央联络局，实际上承担着中华人民共和国成立后分属外交部、统战部、中联部等部门的相关工作。伍修权这个原本学习军事、指挥作战的人，此时一身三职：做对斯诺等国际友人的统战工作，以扩大党和红军的国际影响；通过报刊书籍等传媒，做情报搜集和整编工作，为中共中央决策提供依据；为李德授课担任翻译，服务于党和红军高级干部的培养。

四、参与执行西安事变的后备方案

1936 年 12 月 12 日发生了震惊中外的西安事变，东北军的张学良联合西北军的杨虎城，反对蒋介石的积极反共、消极抗日政策，发动兵谏，扣押了来西安督战的蒋介石，一时间全国大哗。两种声音、两种态度、两种处置、两种结果，围绕西安事变，国民党内部倒蒋派与保蒋派翻云覆雨，国共两党间也展开了新的角逐。

早在 1935 年 11 月直罗镇战役后，中国共产党就开始做把东北军广大官兵引向枪口对外、一致抗日之路的统一战线工作。当时传令伍修权到前方去，正是为了让他赶去做东北军战俘的工作。直罗镇战役中，一大批东北军的下级军官被红军俘虏，中共中央决定对他们进行教育后再一一释放。主持这项工作的是叶剑英，他曾经参加过北伐战争，在国民党军队中有一定声望，伍修权被调去协助他。这批被俘军官到安塞集中后，叶剑英和伍修权等向他们多次讲解中国共产党“枪口对外、一致抗日”的主张，鼓励他们站到团结抗日、反对内战的阵营中来。伍修权还遵照叶剑英的布置，为这批被俘军官上了多次政治课。这些工作收到了很好的效果，有位叫高福源的东北军团长，主动提出他可以回去做自己上司王以哲军长的工作，再通过他去说服张学良接受中国共产党团结抗日的主张。伍修权在同高福源谈话中，感觉他是正直的爱国军官，豪爽的东北大汉，对国民党的统治早已不满，就因势利导地对他进行启发开导，使他有所觉悟。后来，高福源回到了东北军，面见了王以哲和张学良，加上陆续释放回去的那批军官的活动，促成了东北军内部特别是张学良的思想转变。

1936 年 1 月 16 日，毛泽东电示彭德怀，派伍修权将中共瓦窑堡会议决议送交驻洛川的东北军六十七军军长王以哲。这次会议决定“尽可能地向国民党上层领导人和军队将领宣传中共的抗日主张，开展争取同盟者的工作”。随后，毛泽东、周恩来等通过传递信件等方式同张学良建立了联系，并于2月派李克农去洛川与王以哲会谈合作事宜，随后周恩来与张学良也在此地进行了秘密会谈。东征战役中，红军主力之所以离开陕北根据地，挥师山西而无后顾之忧，便是以做东北军的工作已经取得的成果为前提的。

同年5月，中共中央成立了东北军工作委员会，主任周恩来，副主任叶剑英，委员李克农、伍修权、朱理治、欧阳钦、边章五等，从组织协调和人员配置方面，进一步拓展了对东北军团结、引导工作的广度和深度。经过多渠道、多层面的接触，东北军和西北军与中国共产党和红军扩大了共识，增进了互信，拓展了合作关系。

西安事变发生后，处在政治旋涡中心的张学良，承受了来自国内外多方面的压力。经过数日苦闷与彷徨后，他终于下定了决心，于17日派飞机把周恩来、叶剑英等接到西安共商大计。紧接着，伍修权也接到通知，放下手头一切工作，与李克农、边章五等赶赴西安，接受紧急任务。他们到达后，马上感到西安以至全国箭在弦上的紧张态势。国民党方面的倒蒋派打着救蒋的幌子，拟调集战机轰炸西安，以达到一箭多雕的目的：既除掉蒋介石，又嫁祸于亲共的张、杨，而把破坏联合抗战的罪名推到共产党头上。海外各国也密切关注着西安事态的发展，有的巴不得事态一发而不可收，妄图坐收渔翁之利，如日本；有的从本国的在华利益和援蒋的既定国策出发，站出来当和事佬，如美国。苏联和共产国际，自“九一八”事变之后，在中国抗日战争期间，主张并积极推进抗日民族统一战线政策，这是中国共产党力主和平解决西安事变的最重要的国际因素。

叶剑英向伍修权等介绍情况，交代任务。他说，根据中国共产党与张、杨达成的协议，准备在蒋介石拒绝接受停止内战、共同抗日方针的情况下，由红军和东北军、西北军组成抗日联军，成立一个联合司令部，在陕甘宁地区率先树起一个抗日民族统一战线的样板，并决定由伍修权和边章五参加联合司令部的筹建工作。领受任务后，伍修权迅即与东北军、西北军负责筹建的将领讨论联合司令部架构、三方人员比例等具体事项。在那些日子里，周恩来、叶剑英、李克农等，每天忙于同各方面谈判磋商，向保安发回报告、请示，中共中央也不断发来密电、急电。待命参加抗日联军司令部筹建工作的伍修权、边章五等，还有奉命陆续来到西安、负责安全保卫工作的罗瑞卿、许建国等，虽未直接参与事变中的高层会谈，却也随着局势的发展变化，分别执行着各自的任务。

李克农时任在西安协调解决西安事变后续事务的中共代表团秘书长，具体负责代表团内部的领导工作，他随时来向伍修权等通报新的情况和中共中央的指示精神。周恩来、叶剑英每天都是很晚才回到驻地，接着又与李克农和负责秘书工作的童小鹏等研究情况，讨论工作，半夜过后才休息是家常便饭。通过各方努力，蒋介石被迫同意接受中国共产党与张、杨共同提出的国共合作、团结抗日的主张。

西安事变和平解决后，筹建西北抗日联军的任务随之解除，转而致力于抗日民族统一战线的推进。伍修权等人奉命离开西安时，将一批爱国青年和几位民主人士一起带回了陕北根据地。

五、任陕甘宁边区政府秘书长等职

1937 年 1 月 13 日，根据红军与东北军的协议，原属东北军防区的延安及其附近地区，由红军接管。中共中央、中央军委等机关、部队随即进驻延安。随后，中华苏维埃共和国临时中央政府成立了西北办事处，博古担任西北办事处主任兼外交部长，伍修权被任命为该办事处外交部秘书长兼交际处处长。

西安事变开创了国共合作、团结抗日的新局面，中共中央所在地延安成了众望所归的革命圣地，各界人士纷纷从全国各地来此，投身到抗日救国的热潮中来，伍修权负责的交际处也成了贵客不断的热闹场所。交际处负责接待的不仅有党内知名人士周扬、艾思奇、陈家康、陈宁、高士其等，还有党外重要人物刘仲容、周素园、张振汉等。其中刘仲容是伍修权在莫斯科中山大学期间的同学，回国后脱离中国共产党去了国民党方面。抗战时期，他响应中国共产党的号召，投身于国共合作和抗日民族统一战线事业。他这次到延安来是与中共中央联系，报告他在国民党方面做工作的情况。伍修权热情接待了这位老同学，又按中共中央的要求为他安全离境返回国统区作了周密的安排。周素园是贵州一位开明绅士，在当地很有影响，读过一些马克思主义著作。红军二方面军长征路过他家乡时，他接受了中国共产党的主张，毅然跟随红军长征，来到陕北。后来由于年高体弱，过不惯陕北的生活，又回了贵州。张振汉原为国民党军队的师长，被俘后，在红军抗日爱国行动和政策的感召下转变了立场，交际处将他礼送出境。张振汉和刘仲容、周素园一样，离开延安后，都为促进国共合作抗日、建立民族统一战线做了不少工作。

伍修权还参与接待了好几位外国朋友，包括也是记者的斯诺夫人韦尔斯和支持中国革命的美国女作家史沫特莱。她们在延安对中国共产党和红军的各方面人物及红区内的生活进行了广泛而深入的采访。斯诺夫人由交际处安排住在当时最讲究的招待客房——延安一座教堂的房间里，还特地调去一个专门照顾她的勤务员。她回国后写了一部《续西行漫记》，让世界对红区生活有了更多了解。史沫特莱随后也将访问所得写了几本书，其中影响较大的一本是《伟大的道路》，记述被称为“红军之父”的朱德冲出旧营垒、投身革命的历程和业绩。

伍修权负责的交际处对以上国内外、党内外人士热情周到的接待，对于扩大中国共产党和红军的影响、宣传中国共产党的政策主张、推动抗日民族统一战线和促进内外思想文化交流都起了重要作用。

1937 年卢沟桥事变后，根据国共两党的协议，中国工农红军主力改编为国民革命军第八路军和新编第四军，八路军开赴华北抗日根据地，新四军进入江浙地区投入抗战。

与此同时，在延安的中华苏维埃西北办事处也改称陕甘宁边区政府，名义上归国民党政府管辖，实际上仍由共产党任命干部、自行管理、自成体系。伍修权从 1937 年 8 月开始改任边区政府秘书长兼交际处处长。边区政府主席原为林伯渠，由于他作为中共中央驻西安的代表主持西北地区的统战工作，长期住在西安八路军办事处，因此未到任主事。张国焘到延安后，中共中央鉴于他在长征中的严重错误，撤销了他在党内、军内的领导权，但在林伯渠未到任时，让他担任陕甘宁边区政府代理主席。

张国焘一直怀疑伍修权是毛泽东派来监视他的。伍修权在边区政府秘书长任上与张国焘共事的半年间，表面上的关系还说得过去，心里的隔阂却难以消除。秘书长主管边区政府内部事务，当时没有多少文件要草拟，都是具体工作。边区政府的日常工作主要是征公粮，保证供给，支援前线。而此时伍修权负责的交际处接待任务却特别重，不断有白区的干部和学员来边区，还有过往的统战人士和国民党官员。伍修权一面尽力之所及放手做好这些工作，一面对张国焘保持一定的警惕。张国焘对伍修权也一样，彼此心照不宣。

1937 年深秋，张国焘的妻子杨子烈带着他们 9 岁的儿子张海崴来到延安，伍修权对他们给予了应有的接待、照顾，希望张国焘一家将心比心，不要与毛泽东等越走越远。但张国焘已另有打算，他在回忆录中说："边区政府主席的职责，我逐渐把它转移到伍修权身上。……这件事的解决，对我来说，真是如释重负……为我后来脱身出走，准备了条件。"[①]

1938 年 2 月，伍修权奉命移交了边区政府的工作。

这年清明节，由国民党政府在西安的行营主任蒋鼎文主持，在红区与白区之间的黄陵县祭扫黄陵，张国焘代表边区政府前往陪祭。他于 4 月初到了黄陵，趁机与国民党方面秘密联络，祭陵后随蒋鼎文去了西安，然后又在对方安排下潜往当时的国民党中央所在地武汉。虽在西安和武汉分别经林伯渠和周恩来等多方劝阻，张国焘仍一意孤行投入了国民党的怀抱。

---

① 张国焘：《我的回忆》第 3 册，东方出版社 1991 年版，第 416 页。

第六章　任兰州八办处长

一、在斗争中扩大统一战线

1938 年 2 月，伍修权被派去八路军驻甘肃办事处[①]（简称“兰州八办”），接替彭加伦担任处长。

为了便于与当地的国民党军政机关打交道，伍修权赴任途经西安八办时，林伯渠为他写了一封带给国民党第八战区司令官兼甘肃省主席朱绍良的介绍信，请他对兰州八办的工作给予协助和支持。林伯渠在写到伍修权姓名时，一边轻轻念叨着一边顺手写了个“吴”字。时任西安八办处长的伍云甫在旁边看到说：“不对不对，他和我同姓。”林伯渠一看也笑道：错了错了，重写重写。伍修权见他已写了大半页纸，就说，不必重写了，不如将错就错连名字也改了，到白区工作取一个化名吧。林伯渠说也好，就按伍修权的谐音，化名“吴寿泉”。

是年 2 月 6 日，伍修权来到位于兰州南滩街 54 号的八路军办事处。到任后，他很快与前任八办处长彭加伦交接了工作，并在谢觉哉带领下拜访了兰州的军政要员和社会名流。谢觉哉是中共中央和毛泽东的代表，主要负责对国民党上层和当地各界的统战工作，同时指导中共甘肃地下党的活动。伍修权则作为八路军总部的代表对外开展活动。谢觉哉 1938 年 9 月调回延安后，兰州八办由伍修权全权负责。兰州八办还有秘书、副官、译电员、通讯员和公务员、炊事员等共十几人，大都经过长征的锻炼和考验，是一支能够在国统区独立开展工作的精干的战斗队。

兰州八办的院子很小，只有几间房子，工作人员都睡通铺。连谢觉哉与王定国结婚时也没有另找房子，就在八办会议、会客兼办公室的西侧小厢房里，和电台报务员同住一屋，只在中间拉了个布帘子。这里的工作环境也十分恶劣，院子内外都布有国民党的暗哨和特务。八办的后院里住着两户人家，一家是国民党杂牌军的一个团长，另一家是甘肃省税务局的局长，这两家人进出都得经过八办。这给工作带来诸多不便，尤其是中共地下党人员进出八办十分危险，伍修权对此颇多忧虑。在熟悉情况、拜会地方贤达和国民党政要的同时，他与谢觉哉商量，通过种种途径将办公地点迁到南稍门孝友街的一个独门独户的大院子里。新址的

① 又称国民革命军第十八集团军驻甘办事处。

1938 年伍修权接替彭加伦担任兰州八办处长时与谢觉哉、丛德滋等合影。前排左起：王德芬、谢觉哉、彭加伦、王德谦、吴渤，后排左起：赵国光、丛德滋、伍修权、袁弱（若水）、汪达文

王姓房主颇有爱国心，他出于对共产党、八路军的支持，让八办无偿使用这处宅院。院内有正房、厢房十来间，临街还有一栋破旧的二层小楼，除供工作人员办公和居住外，还空出好几间作为招待所和库房，用来接待过往人员，存放转运物资。新址外人不能随便进来，便于保密和进行内部活动，办公用房和工作环境也大有改善。然而，他们搬去不久就发现，无孔不入的国民党特务已在院后城墙上布哨，居高临下地监视着院内的活动。

设立于国统区的八路军或新四军办事处，是抗日战争中国共合作的产物，用于随时进行与国民党方面的联络工作，实际成为中国共产党在国统区内的领导中心、开展统一战线工作的对外公开机构。兰州八办的特殊重要性在于，它既承担着领导大西北甘肃、青海、宁夏（简称“甘青宁”）数省统一战线和抗日救亡的重任，又承担着打通“国际路线”战略意图的使命，成了“延安—西安—乌鲁木齐—莫斯科”这条路线上的枢纽。

兰州八办的首要任务是开展统战工作。谢觉哉来兰州时，国民党甘肃省政府主席是他的湖南同乡贺耀组①，两人在第一次国共合作期间共过事，有较深的私交。中共中央让谢觉哉利用这层关系开展统战活动并设立了兰州八办。贺耀组本人比较开明，对谢觉哉和兰州八办比较友好，但受制于蒋介石的反共政策，对与共产党合作，未能有大的作为。倒是他的夫人倪裴君日渐倾向革命，对谢觉哉及

① 贺耀组原名贺耀祖，参加国民革命后改“祖”为“组”。《谢觉哉日记》和《伍修权回忆录》中均用其原名，《兰州革命历史人物传略》和《八路军驻甘办事处》两书中均用其改名，本书采用后者。

其夫人王定国十分尊重，促使贺耀组采纳了中国共产党的一些建议，做了一些有利于团结抗日的事。

倪裴君从同情革命到成为革命队伍中的一员，应该归功于王定国。她赢得倪裴君好感的首先是爽朗和真诚。在进一步交往中，倪裴君逐渐接受了王定国的政治信仰，觉悟迅速提高，不仅积极做她丈夫的工作，经常参加当地的抗日活动，还提出了加入中国共产党的请求。不过，王定国一开始对与倪裴君这样的官太太打交道抱有畏难甚至抵触情绪，认为她们与自己不是一个阶级、阶层的人，很多方面格格不入。王定国从畏难、抵触到主动做官太太们的转化工作，也得益于伍修权到任后对她的点拨引导。她回忆说："我特别记得伍修权一有空就找我聊天，实际上是教我工作方法和做我的思想工作：'跟太太、小姐们打交道是革命斗争的需要。你有你的优势，热情、真诚、纯朴，用这些去感染她们，从感染交流中给她们讲抗日道理，晓之以理，动之以情，说不定她们还能成为你的好朋友呢！'没多久，我逐渐适应了环境，工作顺利开展起来并不断取得成果，甚至真的和一些太太、小姐成了好朋友，我还做了她们投身革命的引路人呢！"①

国民党新一军军长邓宝珊是甘肃军方一位很有影响的爱国将领。谢觉哉与伍修权曾几次去拜访他，取得了他对中国共产党抗日救国主张的理解与支持。他还通过八办将女儿邓小梅送到延安，参加了革命队伍。兰州八办也借助他的地位与影响展开了多种活动。但兰州八办在做邓宝珊所部的工作时也出现过失误。新一军杜汉三团长在邓宝珊影响下积极要求参加抗日，公开拥护中国共产党的主张，经常来八办找谢觉哉和伍修权交谈。国民党当局不久就将他调离并撤职，使他没能发挥应有的作用。这个教训使八办人员认识到，在从事类似工作时，一定要提高保密意识，设法保护对方，避免不必要的损失。伍修权带领大家改进了方式，更隐蔽、稳妥地开展对国民党方面的统战工作。

时任甘肃省政府秘书长的丁宜中也是八办的争取对象。他本是进步青年，在后来成了他妻子的王德谦影响下，积极支持当地的抗日活动，帮助八办开展工作。甘肃省民政厅厅长施奎龄，是周恩来在天津南开时的同学。周恩来路过兰州时，施奎龄特地赶到八办来看望他，在叙旧中表示了对老同学及中国共产党的友好之情，后来他也与八办合作得很好。兰州八办的统战工作还做到了国民党八战区参谋长章亮琛和经济委员张效良、国民党中央派驻兰州的外交特派员李铁铮、甘肃省政府参议杨干丞等人那里，经常与他们联系，建立了友好关系。杨干丞还介绍五个青年由八办送去延安抗大学习，他本人也在谢觉哉安排下去延安参观访问过。伍修权还陪同谢觉哉拜访过当地几位著名士绅，争取到他们对中国共产党的同情和了解。甘肃是回族同胞聚居地，八办很注意做回族上层人士的工作，对回族同胞进行革命宣传。兰州欧亚航空公司技师樊景澜在与八办人员接触后，思

---

① 王定国：《月明千里思旧事》，见《历史风云中的一代英杰——伍修权》，当代中国出版社 2008 年版，第 20 页。

想进步很快，认真学习革命理论，积极参加进步活动，并要求加入中国共产党。八办与当地的中共地下党组织商讨后，批准他为特别党员，他一直与八办保持着秘密联系。

不过，八办的统战工作并非一帆风顺。贺耀组、倪裴君夫妇与中国共产党方面的良好关系很快引起了国民党当局的猜疑和警惕。1937 年底，即谢觉哉到兰州的几个月后，贺耀组就被免去了甘肃省政府主席的职务调任他职，而由八战区司令官朱绍良兼任此职。朱绍良在兰州实行了一系列防共、限共和反共措施，极力压制民众运动，下令禁止进步书刊报纸发行，不断搜捕监视革命者和进步人士，公开宣称日本帝国主义和中国共产党是当前的两大敌人，这使兰州八办的工作面临诸多难题。好在中国共产党的主张日益得到人民的支持拥护，这就迫使朱绍良不得不改变策略、有所收敛，以免承担破坏团结、造成分裂的责任。伍修权和兰州八办人员一面与朱绍良等人的反共政策进行针锋相对的斗争，一面继续耐心地做他们的统战工作，争取他们支持抗战活动。

保存下来的兰州八办的史料中，很多内容是关于统战工作的，有不少是由伍修权署名或由他执笔写成的报告和总结。诸如："凡是我们同任何友党友军人员的接触，都是统战工作的一部分"，"在统战工作中，首先应尊重他人的意见（即或他的意见是不对的），只有这样才能取得人家对我们的尊重和信任，以致放弃他自己的不妥当意见"，"说服人家要有耐心，交涉事情十天半月也要忍耐，急躁的结果反不能得手"，"对长者要尊重，对（友军）长官要谦虚谨慎，对友军的下级则表示诚恳"。他还要求大家学会识别和对付某些口是心非的人，只要对方"不是采取流氓方式胡来，我们不应害怕同他们接近，而要从对方的言行中找出问题来"，"要随时警惕特务、敌探伪装进步，骗取我们的信任，防止可能的泄密与不适当地暴露我方意图"。

与国民党上层在斗争中扩大抗日民族统一战线，还要处理明目张胆的反共事件。在国民党占领区与陕甘宁边区相连的陇东庆阳、合水一带，当地的反动武装公然向八路军挑衅，而国民党反诬八路军制造了磨擦。兰州八办得到报告立即查明情况，由伍修权执笔给朱绍良和甘肃省政府写了一份书面报告，指出："关于合水王区长被押一案……其真相为八路军警备七团采买上士一名赴合水三区购买粮食，请求王区长协助，该区长不但不予协助，反骂八路军是土匪，将上士缴械，连长闻讯赶来，又将连长缴械，因而营长带一队人来索取枪械，不料王区长竟指挥保安队向其放枪，并投手榴弹数枚。在王区长想乘机逃走时，就被营长捉住了……"后来伍修权又就另一起事件致函朱绍良："昨接本军后方留守处主任萧劲光急电称：关于本军在庆阳等处禁止友方设防空哨事，真相实非如此，因当时友方人员既无函件又不说明理由……"

伍修权既要顾及与国民党团结抗日这个大局，又要进行"有理、有利、有节"的斗争。就是在这两难的夹缝中，兰州八办所在的那个不大的院子，成了当地统战工作的联络站，一个极具吸引力的革命活动中心。

二、指导和帮助地下党组织

由于谢觉哉和伍修权分别代表了中共中央和八路军总部，因此指导、帮助当地的中共地下党组织，也成了办事处责无旁贷的工作之一。

中国共产党在甘肃的地下组织，基础比较薄弱，1937年10月才成立了中共兰州工委，以后又扩大为中共甘肃工委。首任工委书记孙作宾是1925年入党的老地下工作者，公开职业是小学教师。工委副书记罗云鹏原名张敬载，1938年初从延安调来。工委成员有负责宣传和做本民族工作的回族党员吴鸿宾，负责青年和学生运动的罗扬实等。时任中共兰州市委秘书的是山东大汉赵子明，他以开豆腐店为掩护，利用给兰州八办送豆制品的机会联系工作、通报情况或参加党课学习。每天都有不少人去喝豆浆、吃早点，地下工作者们借此进行联络。后来历任中国人民政治协商会议全国委员会副主席、国务院副总理、中共中央统战部部长、国家民族事务委员会主任的杨静仁，当时也是豆浆店里的常客。

兰州八办成立后，中共中央便让八办的人员利用合法地位，以各种方式向地下党组织传达中共中央的指示，代为上呈请示报告等。伍修权等也经常参加工委的会议，对他们的工作提出建议并给予指导，工委有的会议和定期的党课活动就在兰州八办内进行。据孙作宾回忆，中共甘肃工委成立后，曾在办事处内开办了党建训练班，对一些党员和经过斗争考验的党外积极分子，进行马列主义和共产党的基本知识教育。谢觉哉讲中国共产党的建设、党史和统一战线形势，伍修权讲国际共产主义运动史和马列主义基础知识。八办还将从苏联运来的《联共

罗扬实

罗云鹏

（布）党史简明教程》和斯大林的一些著作发给大家阅读。由于环境复杂，参加学习的人都是利用夜晚，悄悄进入八办院内，上完课后分头出去。这样白天工作，夜晚学习，大家都很辛苦，而谢觉哉、伍修权更为劳累：学员是分期分批的，讲课则一直由他们承担。党建训练班的举办，对于中国共产党在甘肃工作的开展，起到了重要作用。

1940 年 6 月，罗云鹏和赵子明等不幸先后被捕，罗云鹏的妻子樊桂英和几个月大的女儿罗力立也未能幸免。中共地下党组织和兰州八办立即组织营救，将他们被捕的情况报告了中共中央，建议由周恩来向国民党中央提出放人，又打算由八办请苏联驻兰州代表出面，疏通与国民党的关系，设法帮助他们出狱，但均未奏效。罗云鹏等被捕后，一直在狱中坚持斗争，1941 年他们组织了越狱，但是只跑出了赵子明等两人，罗云鹏又被抓回，遭到更严酷的摧残迫害后壮烈牺牲，他的妻子、女儿多年后才被释放出狱。

由于工委遭破坏，领导力量削弱，值此危急关头，伍修权直接参与了对工委的领导工作。他对工委组成人员进行革命气节教育，提出了进一步隐蔽骨干力量、巩固甘肃地下党工作的措施。在白色恐怖最严重时，兰州八办将可能暴露的地下党人员隐蔽到八办院内，让他们穿上八路军军服，包括杨静仁在内的一些革命青年，后来还以兰州八办工作人员的掩护身份，顺利通过国民党军警的封锁盘查，转移到了延安。

三、组织开展抗日救亡运动

兰州八办还有一项重要任务，就是在甘青宁广大地区特别是兰州组织发动抗日救亡运动。由于甘青宁是偏僻、边远的多民族地区，政权长期为“马家军”所掌控。1925 年，国民党在甘青宁地区还处于地下状态，直到冯玉祥主政甘肃之时，国民党的势力才逐步发展起来，共产党的活动也随之进入这一地区。这一地域性差异，使兰州八办的工作环境，比西安、新疆等地更为复杂艰苦。

那时兰州除了甘肃本地的知识青年，还有从东北、华北等地来的一批流亡学生，从上海等大城市来的一些文化人。国民党为了笼络这些人，在兰州成立了西北训练团、军官七分校兰州总队等组织。朱绍良还接见一些青年，并以赠送学费等来拉拢他们。兰州八办则努力将他们争取到革命阵营里来，在中共甘肃地下党组织密切配合下，通过各种关系成立了多种群众团体。如，甘肃青年抗战团，省外流亡学生抗战团，西北青年救亡读书会、妇女慰劳会，以各地来甘青年为主的中华民族解放先锋队，由杨静仁、鲜维俊等组织的回民教育促进会和伊斯兰学会等。其中由刘日修和罗扬实领导的甘肃青年抗战团，在全省 25 个县建立了 75 个分团，成员达 3000 多人，成了甘肃当时最有影响的抗日统一战线组织。这些进步团体除了在不同工作对象内组织救亡宣传、阅读进步书刊、相互交流讨论和编发墙报外，还经常举行各种座谈会或报告会。兰州农民银行和中国工业合作社协会的进步人士也每周举办一次时事座谈会，讨论抗日民族统一战线、三民主义与抗日救国、怎样保卫西北、怎样领导民众运动等问题。谢觉哉和伍修权经常应邀出席这些座谈会，每去必作重要发言并回答与会者提出的各种问题。这些会议有的是八办通过有关人士策划、组织的，讨论内容和发言者也多半是事先安排好的，使之成了宣传中国共产党主张和政策的讲坛，在社会上引起积极反响。国民党方面则企图破坏这些活动，派出蓝衣社特务混入群众中，故意提出一些反面问题，甚至责问、攻击共产党的主张。每逢这时，谢觉哉和伍修权总是沉着应战，引导进步学生据理力争，驳斥反共言论，使对方理屈词穷、知难而退。

抗战以来，外地不少文化艺术界人士，包括一些著名的作家、艺术家和学者，如茅盾、顾颉刚、萧军、张仲实、塞克、白危、王洛宾等人也先后来到兰州。八办总是对他们热情接待或多方联络，不但邀请他们到一些社会团体参加演讲等活动，还直接支持和帮助组织一些文艺团体，让他们以歌舞、戏剧表演等形式向群众进行通俗易懂、生动形象的宣传教育。这些团体中有以中国共产党的秘密小组为核心的血花剧团，有王德谦、王德芬姐弟五人组成的王家剧团，还有一个原是甘肃省教育厅官办的剧团，被争取过来后改组为西北抗战剧团，谢觉哉推荐萧军、塞克等进步文化人去主持工作。从南方远道而来的新安旅行团和由中共党员主持的平津学生演剧团，在兰州演出的抗战时期著名的街头剧《放下你的鞭子》、《到前线去》、《流亡三部曲》等，使当地群众深受感染，激发和鼓舞了斗志。谢觉哉和伍修权不仅大力支持、出席观看他们的演出，还多次与剧团成员特别是骨干切磋，指导他们的工作和创作，听取他们的意见和要求。许多进步文化人都把八办当作自己的“家”和“指挥部”。

兰州八办除了支持和组织上述群众活动外，还在报刊发表文章，甚至参与报刊的出版和编辑，以教育群众、引导舆论。谢觉哉亲自撰写了一批针对形势、联系实际的时评类文章，以不同笔名在多家报刊上发表；支持创办了由中共党员或进步人士主编的《西北青年》、《战号》、《老百姓》、《热血》、《抗战》、《甘院学生》、《妇女旬刊》等；萧军等主编了《甘肃民国日报》的《西北文艺》和《剧运》等副刊；杨静仁等编辑了以回族同胞为目标读者的《回声》杂志；从德滋创办的《民众通讯》专为各报刊提供新闻稿，一面世就有不小的反响。八办还支持开办了兰州书报社和邹韬奋生活书店分店，专门销售进步书刊。这些报刊和书店都成为宣传共产党主张的重要舆论阵地，大大推动了西北地区的抗日运动。

国民党顽固派很快注意到这个情况，强行禁止这些报刊的发行，甚至勒令停刊或逮捕其负责人。谢觉哉和伍修权一面领导大家进行斗争，一面因势利导适当收缩阵地，将一些活跃的骨干分子保护起来、转移出去。其中不少人坚决要求参加革命，请求八办介绍他们到延安抗大去。八办委托当地党组织对他们考察后，安排他们奔赴解放区。有成批的人去延安时，兰州八办就派专人护送。

四、与苏联代表处沟通协作

在第二次世界大战的大棋局中，中国的抗日战争也是美、苏诸国战略考量中举足轻重的一着棋。日军在华盛顿和伦敦的鼻子底下砰的一声关上了中国的大门，继而把手伸向东南亚，严重损害了他们在中国和整个太平洋地区的既得利益。美、英等国不打算撤出这一地区，但他们在这里没有大规模的陆军部队，而中国国民党政府却拥有300万军队。于是，他们转而支持中国的抗战：仅1941年2月，美国就向中国提供了5亿美元巨额贷款，英国也提供了5000万英镑。

与美、英不同的是，苏联比他们更重视中国共产党及其领导的抗日武装。抗日战争爆发后，由于与苏联接壤的东北地区成了被日本占领的伪满洲国，苏联政府只能通过新疆向中国输送抗日物资及人员，兰州就成了这条重要通道上的要津之一。苏联援华的志愿航空队还在兰州修了飞机场，使这里成为由苏联通向中国内地的一个转运中心。经两国协议，在兰州设立了苏联外交代表处和军事代表处。当时苏联政府与国民党政府有正式外交关系，又与中国共产党及其军队有半公开的联系。因此，兰州八办要经常与苏联驻兰州的外交代表处和军事代表处打交道。沟通中共和苏共的联系，传递两党的文件、情报和其他资料，负责来往于中苏之间人员的接待和支援中国共产党所领导的抗日武装的物资的转运，便成了兰州八办的主要任务之一。

伍修权到任后，与苏联驻兰州的代表机构打交道的活动很多。当时苏联驻兰州的军事代表是阿基莫夫中将，他20年代来过中国，曾在冯玉祥的部队里担任过军事顾问，算得上"中国通"。苏联军事代表处的一位副代表弗拉季米洛夫是苏军的情报人员，后来作为共产国际驻华联络员，用塔斯社记者名义去了延安，还取了个中国名字孙平，并娶了中国妻子，在延安多年。兰州八办有一段时间没有电台，他们与中共中央的联系就是利用苏联代表处的电台，这使伍修权必须频繁地与他们交往。一些苏联人，特别是一个叫萨夫朗诺夫的秘书，也成了兰州八办的常客。苏联代表处的人要学习中文，伍修权就将中共兰州地下党任震英的妻子侯竹友介绍给他们当中文教员，同时由她协助传递信件、资料等，做些联络工作。伍修权本人除帮苏联代表处翻译一些文字材料外，还根据中苏两党秘密协定和共产国际的要求，跟他们交换过情报资料。

就在伍修权到兰州的那一年，苏联代表处于11月7日借甘肃省政府大会堂举行了庆祝十月革命21周年招待会，伍修权应邀出席。赴宴的主要是甘肃和兰州的各界知名人士和党政军要人。招待会按苏联方式进行，正面是主宾席，其余客人对坐在会堂中间的长条桌旁，上面摆着各式西点和大杯啤酒。阿基莫夫作为主人与作为主宾的朱绍良频频举杯，互祝苏联的建设成就、中国的抗战胜利。和伍修权坐在一起的是八办的统战对象、甘肃省农民银行行长顾耕野，二人早已相识，彼此交谈甚欢。

兰州八办与苏联代表处打交道的另一项任务是做物资中转的交接工作。经兰州八办运往延安的苏联援助物资以及书籍、文件等，对正处于国民党和日伪军军事包围和经济封锁中的解放区，既是物质支援，又是精神鼓舞。

1938 年 8 月，伍修权接送了由王稼祥带领的一个车队，满载着从苏联运往延安的高射机枪及子弹、装在大木箱中的无线通讯器材以及医疗设备和药品，还有苏联外文局出版的马列经典著作和《联共（布）党史简明教程》等中文书刊和共产国际的文件资料等，由驻新疆的苏联军队武装护送到兰州，再由八办派专人领着他们沿西（安）兰（州）公路，经庆阳等地直抵延安。

伍修权回忆道："处里的同志每逢来了物资总是全体动员参加装卸、清点和收存。这项工作十分劳累费神，但大家干得都十分起劲，感到自己也在为抗战前线直接贡献力量。"经伍修权之手转运的物资成千上万，多半是当时的紧俏物品，稍微来一点"合理损耗"，就可大大改善兰州八办人员的工作、生活条件。可是，他们从没动过这种念头。从八办过往的老熟人，如果身上有点余钱，却往往成了他们"私款吃喝"的对象。当然，兰州城里的高档饭店他们是不敢光顾的，只能到当地人开的小饭铺吃点价格低廉却有地方特色的牛肉拉面、凉粉、拉皮之类，偶尔尝尝当地有名的陇西火腿，就是高消费了。

兰州八办还是共产国际和苏共中央同中国共产党人员往来的交通站。凡是从苏联回国去延安和其他解放区的人员，在兰州下飞机或汽车后，都由苏联代表处与八办联系后用汽车送过来。为了避免国民党方面注意和阻挠，每当汽车开到八办门口，伍修权总是让车上的人赶紧下车进院，换上八路军军装，并根据各人的情况，给他们戴上标志不同职务和军衔的领章，有的还要化名，对外都说是八办的人。刚从苏联回国的朱德海是朝鲜族人，汉语总是说不好，怕他出去不方便，就给他挂了个较高的军衔，并派了一名副官跟着他，出门时由副官同别人打交道，让他保持沉默以免露出破绽。有时苏联代表处的汽车不便直接开到八办，就约好时间、地点，八办派人在那里等，车上的人下来后就按照暗号跟着走，进城后再悄悄跟进八办院内，新中国成立后曾担任中联部副部长的冯铉就是这样回来的。1938 年夏，王稼祥从莫斯科回国，带回了共产国际的重要指示和支持毛泽东为中国共产党领导人的意见。为确保途中安全，伍修权采取了极为严密的保护措施，指派副官况步才等四人护送王稼祥返回延安。

从延安去苏联的也照此办理。1939 年 9 月，周恩来因臂伤赴苏联治疗，伍修权亲往机场迎接，并安排他在八办居住。周恩来在兰州期间，伍修权高度警戒，并陪同他会见甘肃省政府主席朱绍良、省民政厅长施奎龄等人。周恩来向他们阐明了共产党以国共合作为基础的抗日民族统一战线政策，希望两党真诚合作，全力抗战。与周恩来同行的除邓颖超外，还有去苏联学习的革命烈士孙炳文之女孙维世等。1940 年回国时，周恩来夫妇还是住在兰州八办。

当时兰州八办接待过的共产党及其军队的高层领导及他们的夫人，还有任弼时、邓发、蔡畅、刘亚楼、陈郁、萧三、李天佑、杨至诚、谭家述、孔原、王弼、常乾坤、陈昌浩、林彪及其前妻张梅（又叫刘新民）、博古的妻子刘群先、张文秋和陈振亚夫妇等。还接待过著名的文学家、艺术家，如冼星海、袁牧之等；外国兄弟党领导人，如越南共产党领袖胡志明、日本共产党领袖野坂参三等。

五、营救红西路军失散人员

兰州八办最初是为了营救红西路军失散人员而于1937年5月组建起来的，一开始叫红军办事处。

深入河西走廊的红西路军“由于无根据地作依托，又无兵员、物资的补充，孤军作战，虽然毙伤俘敌约2.5万余人，但在敌众我寡的极端不利的情况下最终失败”。[①] 中共中央和中革军委对西路军的安危和营救西路军失散人员极为重视，通过政治、外交、军事等各种途径，调动各方面可以利用的关系全力组织营救。正在重庆的周恩来利用第二次国共合作之机，通过艰难谈判、多方交涉，迫使国民党高层根据国共合作协议作出不再杀害西路军将士的允诺，并在第一时间派出自己的秘书，以红军办事处等名义组织营救工作。延安大本营则派谢觉哉作为毛泽东的代表赴兰州组织营救。1937年7月20日，谢觉哉赴兰州途中，在洛川中部县“遇总司令，嘱营救在平凉等处人员”[②]。7月29日飞抵兰州的当晚，谢觉哉即与贺耀组长谈，敦促国民党地方当局兑现国共合作协议，以免更多被俘红军遭受被集体活埋等厄运。除与国民党官方交涉外，营救被俘和失散人员的活动在多层面、多渠道展开。中共甘肃地下党组织奉命积极行动，侦察、了解我被俘和失散人员的去向和现状。谢觉哉在张文彬、吴波等协助下，动员地方进步人士参与营救行动。根据周恩来的指示，谢觉哉、彭加伦等找到一位同情中国共产党的基督教徒高金城。高金城利用自己的医生身份和声望，与被俘红军中的中国共产党秘密支部建立了联系，并到西路军失散人员较多的甘北张掖城内，以开办福音医院为掩护，千方百计营救被俘和流落在那一带的西路军人员。当时驻军张掖的“马家军”旅长韩起功部有不少被俘红军，因高金城曾治愈过他的病，韩起功看在“恩人”份上，不但允许高金城办医院，还同意他从被俘红军中挑选一些人作为护士等进他的医院。王定国就是被选中的护士之一，她1936年底随西路军远征至甘肃河西走廊，在永昌地区不幸被俘。进了高金城福音医院后，经中共地下党组织和高金城安排，化装逃出张掖，留在兰州八办工作。王定国自己被解救出来后，立即投入寻找、解救其他失散、被俘红军的工作，先后救出了不少人。

相继来到八办的原西路军人员陆续被送往延安，最多的一批是被编为一个“新兵团”的1500余名被俘人员。谢觉哉和彭加伦等在中共中央的关心、支持和西安八办的帮助、配合下，想方设法使这批人回到了延安。伍修权到任后这项工

---

① 中共中央党史研究室：《中国共产党历史》第1卷，中共党史出版社2011年版，第402页。

②《谢觉哉日记》，人民出版社1984年版，第119页。

作仍在进行，不断有原西路军失散人员历经磨难找到兰州八办。伍修权 1941 年 7 月 15 日写给中共中央的工作报告中提到：“在三八、三九年还陆续收容了少数干部、战士，有一个团政委，一个营长，连排长若干，战士数十名……”① 伍修权了解到，这些被收容的西路军战士在战败失散后，即使幸免被俘的，也活得相当艰难，全靠打零工、卖苦力甚至一路讨饭才到兰州，来时一个个满身伤病、蓬头垢面。伍修权组织兰州八办人员，一一安排他们洗澡、剃头、换衣服，治疗伤病。此后又组织他们学习文件，让他们了解当前的形势和党的政策。许多人康复后回了延安和部队。而其中由马步青放出的 100 多名伤残红军却未能归队。他们被俘后因伤残不能再为“马家军”做苦工，就被马步青打着执行国共合作协议的旗号推给兰州八办。伍修权向延安请示后，根据上级指示，留下其中少数人，其余人员则由兰州八办向八战区交涉，拨出一笔款子，分发给伤残战士，动员他们各自回家。他们大都服从了组织决定，忍受着精神和身体的双重伤痛返回家乡，其中少数人因为行动不便等种种原因而流落异乡。

1940 年，伍修权又率领八办全体人员开展了一场营救西路军人员的特殊战斗。原西路军在李先念带领下突围到新疆的人员，在新疆的中共代表陈云安排组织下，其中的近 400 人分别被编为 4 个队，学习汽车、坦克驾驶，炮兵、骑兵、无线电、航空及兽医等技术。1940 年元月，经中共中央批准，这批人由曾玉良等带领，分乘 30 余辆汽车，从乌鲁木齐返回延安。伍修权与办事处的人员为确保安全派人至星星峡、嘉峪关，排除种种干扰专程迎接，又动员社会各界力量予以支持和关注。车辆、人员行至兰州城外十里店受阻滞留，伍修权率全体八办人员上街采买大饼和馒头，送往临时驻地。他还不顾个人安危，多次前往国民党第八战区司令部严正交涉，痛陈利害。几经努力，国民党军才予以放行。2 月 5 日，这批西路军将士终于回到延安。

六、把八办建设成白区中的红色据点

兰州八办的工作环境一直十分险恶。成立伊始，国民党军警就如临大敌，对八办进行严密防范与控制。兰州八办与中共地下党组织的联系与活动，国民党方面也有所察觉，伍修权成了国民党特务盯梢的重点目标。兰州八办的史料中保存着国民党特务机关编制的“共党详历表”，几乎每份黑名单上都有往往被列在首位的“吴寿泉”或误写为“吴寿全”的记录，如“常召开秘密会议”，“曾同一身着麻色服装之高大青年经孝友街至十八集团军驻兰办事处约一刻钟”。还有他常出入什么地方，与哪些人交往，将某某人“介绍入生活书店工作”等。

国民党方面的活动当然也引起了伍修权和同事们的警觉，他们常常一出门就发现后面有“尾巴”，总要设法甩开他们，有时还故意捉弄一下这些“尾巴”。伍

① 中共兰州市委党史办公室、八路军兰州办事处纪念馆：《八路军驻甘办事处》，第 173 页。

修权不止一次天一亮就匆匆出门，引得特务在身后跟着城里城外转了好一阵，最后他却跑到黄河边上做做早操，或者沿着黄河铁桥到与八办隔河相望的白塔山去散散步，搞得特务疲于奔命却一无所获。伍修权有时还故意夹着一包东西出去，让特务以为是送什么文件，连忙跟踪监视，哪知他转了一圈却进了澡堂，那包“文件”只是几件换洗衣服。国民党为了造谣惑众常常谎报“匪”情，特务机关不断上报和散布消息，说“共产党在兰州潜伏有数千人”、“八路军办事处要暴动”、“战区司令部破获刺客，是八路军办事处派出的”等，虽是无中生有，却把他们自己搞得坐卧不宁。

抗战期间，侵华日军虽然没攻打兰州，其飞机却多次来轰炸，给兰州人民带来了灾难，也给兰州八办制造了麻烦和威胁。1938 年至 1939 年间，日军飞机少则 20 多架，多时曾达 100 多架到兰州进行空袭。兰州八办后院挨着城墙，伍修权和大家一起利用地形挖了一些防空洞。市内各处也由军民分别挖成了或大或小的防空洞和防空壕。这些还不保险，一些单位或人员纷纷搬到城外去住。八办也向市郊皋兰山南侧一个叫八里窑的地方疏散去一些人员和物资，以备过往人员的不时之需。1938 年 9 月 15 日，28 架日机轰炸宁夏首府银川后转到兰州，刚听到空袭警报，飞机已到头顶上，直向市区俯冲。只见几处烟柱腾起，爆炸声震得大地发抖。当时在兰州机场上驻扎的苏军援华空军，很快派出 9 架飞机升空迎战，一下打乱了日机的编队，日机慌忙扔掉剩余的炸弹逃离。当隐蔽在城外的八办人员在空袭后赶回市内时，只见不少民房墙倒屋塌，街上的电线杆多处被炸得东倒西歪，发电厂也被炸坏了，修了好久才重新发电。好在人员伤亡不多，八办的人员也平安无事。

在艰险严酷的环境中，兰州八办在谢觉哉和伍修权的领导下，始终紧张有序地工作、学习和生活着，全力以赴完成中共中央所交给的各项任务。为了加强组织纪律、健全党的生活，发挥党组织的战斗堡垒作用，兰州八办建立了严格的会议制度，坚持每周召开一次党内生活会议或行政会议，交换意见，互相帮助，开展批评与自我批评。八办内部有严密的制度和纪律，规定平时无特别必要一般不外出，无关人员不得打听地下党组织人员的姓名、职务和住址，休息时多半在院内开展下棋、打乒乓球等活动。为了提高大家的政治和文化水平，还制定了学习制度和学习纪律。谢觉哉和伍修权亲自主持学习活动，利用晚上分别主讲中国共产党的方针政策、马列主义基础、中国革命史、国内外时事和语文等。王定国回忆说：

> 在兰州八路军办事处，谢老和伍修权都是严师。那时候，办事处的工作是非常紧张的。即使这样，全体工作人员每天都要学习两次，一次时事学习，一次文化学习。谢老和伍修权既教授党课又教文化课。伍修权教俄文的时候，谢老也像小学生一样认真听讲。除此之外，伍修权每周还要讲一次国际时事。办事处的工作人员无事从不上街，虽然环境恶劣，工作艰苦，素质提高得却很快。
>
> 多少年来，伍老教我学文化的情景，难以忘怀，我始终从心里承认他

是我的良师益友。全国解放后，虽然我们不在一起工作了，却时有来往。即使在他担任中共中央对外联络部副部长和解放军副总参谋长期间，我也经常利用星期天去看望他，并请他为我改诗改文章，他宛如当年，平易诚恳、认真。1989年，我的第一本诗、文回忆文集《留在昨天的情思》出版之前，我求他为我写序。他欣然应允，还在我诗稿的扉页上即兴批上“好诗、好诗”的赞语。半个多世纪过去了，老师看到目不识丁的学生也能写诗、撰文了，自然会批上由衷的赞语。①

说来有趣，伍修权教八办工作人员俄语，房东之子王宗尧也成了受益人。当时还是孩子的他，进进出出听到俄语，开始觉得新鲜，后来有了兴趣。几十年后，他成了重庆大学的俄语教授。

1938年任兰州八办处长时的伍修权

谢觉哉和伍修权与大家一样保持着艰苦朴素的生活作风，享受着基本相同的生活待遇。每人每月发一点零用津贴，谢觉哉最高也才5元（民国时期中央银行的法币），其余干部每月3至4元，战士、职工2元，但是不分老少，平时伙食标准一样，都是一个锅里吃饭，一个盆里吃菜，只有重大节日才来一次小会餐改善一下。由于谢觉哉年纪大、工作重，大家想给他开个小灶，他坚决不答应。伍修权只搞了一次“特殊化”：“伍修权同志调任兰州时是八路军上校，经常要外出活动，穿着军服有时感到十分不便，……为了应付工作的需要，穿着也不能太寒酸，在经费非常困难的情况下，又要‘撑面子’，不得已，到估衣店买了一件旧呢料大衣，不料大衣太窄，穿上后扣不上扣子，但又无钱重买合身的衣服，只好凑合着穿了，以应酬各种场合。当年伍修权风华正茂，训练有素的军人英姿，仪表堂堂，经常穿着敞着怀的大衣，不知内情的

① 王定国：《月明千里思旧事》，见《历史风云中的一代英杰——伍修权》，当代中国出版社2008年版，第20页。

人还以为他这是为了显示‘潇洒’，殊不知实在是没有办法的办法。”[①]

自然，去国民党八战区司令部等军事单位办事，他就不穿这件敞着怀的大衣了，而是特意穿上军服，佩戴好上校军衔。那时李富春和蔡畅的独生女李特特要去苏联找蔡畅，为了等飞机在兰州住了很长时间，特特有时也穿上军服、扎上皮腰带，跟伍修权出去，自称是八办处长的勤务兵。有一次跟伍修权去国民党甘肃省党部，站岗的国民党士兵忙对这位上校长官敬礼、放行，却拦住穿着土布军服的李特特不让进。等伍修权办事回来，她就责问伍修权："国民党的兵为什么向你敬礼，却不让我进去呢？”伍修权笑道，等你长大就明白了。

在大家的共同努力下，兰州八办在远离革命大本营的地方，成了白区中一处充满革命气息的“小解放区”，公开、合法的红色据点，被人们视为一盏在大西北的暗夜里闪闪发光的“白区红灯”。

1941 年初，国民党先在江南制造了“皖南事变”，接着又在全国加紧反共。兰州的形势也空前紧张起来，中共地下党组织连续遭到破坏，不断有人被捕甚至惨遭杀害，八办的活动也受到极大的限制。伍修权按照中共中央的命令，于 5 月离开兰州。

回到延安后，伍修权于同年 7 月 15 日向中共中央写了一份长达万言的《兰州办事处工作报告》，回顾了兰州八办的历史，列举了兰州八办几年来的主要工作成果及其经验教训，并就这方面的工作提出了建议和意见。

---

① 龚成瑾：《伍修权与第三国际交通线》，见《历史风云中的一代英杰——伍修权》，当代中国出版社 2008 年版，第 210 页。

第七章　担任军委一局局长

一、上任之初首先抓司令部建设

1941 年 8 月，经时任中央军委总参谋长叶剑英推荐，伍修权被任命为中央军委一局局长。

一局是作战局，伍修权到任时，共有三十来人，他们是刘志坚、钟人仿、王政柱、朱军、丁甘如、石敬平、安东、雷英夫、张清华、龙桂林、杨迪、周秋野等，几乎都是伍修权在苏区和长征中的战友。抗日战争时期的军委一局，实际上是中央军委的参谋部。伍修权上任之初，首先下大功夫抓司令部建设。

一是进一步明确了司令部工作的地位、作用和工作范畴。他曾对八路军司令部工作作了较全面系统的论述，明确指出：没有健全的司令部机关，便不能指挥今日的战争；参谋工作要服从建军总原则，是建军总原则的组成部分；参谋长是军事指挥员的第一助手，参谋长领导的指挥机关是各部门的核心，作战部门又是司令部的核心。伍修权还对参谋长及司令部的作战、侦察、通讯、训练、管理和警备等各部门的工作范围、职责及各种工作制度作了明确规定。这对共产党所领导的抗日武装在新的条件下重新认识司令部工作的重要性，充分发挥参谋人员的作用，提高司令部的工作效率具有指导作用。

二是对参谋人员提出严格要求。伍修权要求一局的参谋必须做到既参又谋，善于思考，善于研究，对工作一丝不苟，反应敏捷；办事件件有回声，事事有结果；对敌友我的情况、动态要及时掌握，了如指掌；对情况的处理，既要抓住要害与实质，又要提出几种方案或意见，供首长参考、选择；政治上要绝对忠诚，业务上要有处理千变万化情况的能力。

三是特别注重组织学习，提高参谋人员的素质。伍修权针对当时参谋人员文化底子参差不齐的情况，开办了学习班，每周讲一两次参谋业务课。对有一定文化程度的参谋，则要求掌握一门外语，为此也办了一个专门的俄语学习班，参加者每天晚饭后自动到他家门前集合，他亲自上课。他还在一局办了个小图书馆，为参谋人员提供精神食粮。为了不断提高大家的军事理论水平和分析判断能力，他还以身作则地组织大家学习马恩列斯和毛泽东的军事与哲学著作。连德国著名军事理论家克劳塞维茨的《战争论》也成了他们的学习内容。此书当时还没有被译成中文，伍修权就让精通德语的何思敬一段一段地给大家边读原文边翻译讲解。叶剑英很重视和支持这种学习活动，也经常来参加，跟大家一起讨论，有时还作辅导性专题发言。伍修权认为，参谋业务的学习，是提高参谋人员素质的基础课；而学习外语、啃大部头的军事和哲学著作，是参谋人员以更开阔的视野、在更高的层次上洞察敌情、把握战局的提高课。

四是建立正规化的司令部工作秩序。针对全军各部队送上来的作战报告等文件中存在的普遍性问题，伍修权认为很有必要统一认识，统一规定。他领导一局人员起草了《军委对各种报告种类及时间的规定》，经叶剑英批准，发至各级司令部，要求切实遵照执行。主要内容有：对日军、伪军、国民党中友军和顽军的情况，每一个月要综合上报一次，重大情况要及时上报；八路军、新四军的人员、武器统计，每三个月要向军委总部报告一次；战役要报（包括主要经验教训），应于战役结束后七至十天内就上报，战斗统计每个月报告一次。凡每月和三个月报告一次的材料和统计数字，都截至当月 25 日，于 28 日上报。伍修权还规定了会议和汇报制度、作战室值班和交接班制度、保密制度：作战室每星期一举行战况汇报会；坚持 24 小时昼夜值班制，值班参谋接到紧急电报或电话，必须立即报告值班处（局）长；每天早晨由值班处（局）长主持交接班、检查值班日记并签字。对重大情况的分析研究意见，通过《一周战况汇报》呈报有关首长；带战略性的重大情况，则组织专题研究，不定期地编写出《参谋部通报》等，为中央军委提供决策依据。

伍修权在军委一局局长任上提出的司令部定位和有关要求、做法、规定，不但推动了一局的工作，转化为八路军、新四军的战斗力，有的还沿用至今，成了中国人民解放军的优良传统。

二、为中央和军委提供综合性情况报告和各类对策建议

20 世纪 40 年代初，抗日战争处于战略相持阶段，八路军、新四军都分散在各敌后战场。中共中央和中央军委必须切实了解、全盘掌握各地的战况及形势，总部须将中共中央的决策意图及时传达并通报各地。军委一局将由各战场、各部队和敌占区、国统区的地下组织发来的电报和各种报告，综合整理出敌、伪、友、我四个方面的动态资料，加上判断预测，提出处理方案，呈报中共中央和中央军委。重要问题和特殊情况则一事一报，再编写成简明扼要的《战况综合》、《一月军事动态》、《作战室周报》、《每日情况汇报》、《国际资料》等，印发给中共中央和中央军委领导和有关负责人。

这项任务的工作量大，连续性强，责任重大。通常先由一局各科负责起草与各自业务相关的文稿，然后由钟人仿副局长汇编集中。伍修权审改后，交地图科根据简报所述战场态势绘制成简图，附在文字后面；文书科则迅速将简报油印出来并装订成册，及时上送和分发。每到战争形势趋于紧张，敌、伪、友、我情况

变化较大时，一局就加倍繁忙起来，所有人都日夜加班。

一局还定期举办汇报会，很多高层领导都会抽时间参加，地点通常在一局作战室，会场四周的墙上甚至户外的树下，张挂起有关的地图和图表。会议由叶剑英主持，伍修权汇报，再由各科负责人对重点情况作具体补充，最后叶剑英和参加会议的其他领导提问题或作指示。毛泽东、周恩来、朱德、彭德怀、刘伯承、贺龙等，只要在延安就常来参加。临时从各地回延安的徐向前、聂荣臻、陈毅和林彪等，除了常来听会，还来一局查阅相关战况资料和地图。军委一局的报告，是中共中央和中央军委领导了解和掌握全局情况及发展态势的基本信息源，也是指挥全局的重要决策依据。在中共中央和中央军委当时就军事工作发出的指示中，有不少就是伍修权所领导的军委一局提出的建议和方案。

1941 年下半年，侵华日军为“确保华北占领区”，疯狂对各抗日根据地进行蚕食、“扫荡”。这加剧了各解放区战场的不利局面，抗日活动以至军民生活都遇到了很大困难。面对敌我态势的新变化，伍修权认为，必须改变斗争方式，采取更加灵活的作战方法，以打破日军的“清乡”图谋。在叶剑英、王稼祥的主持下，一局为中央军委起草了《关于抗日根据地军事建设的指示》，经毛泽东、朱德审改后，11 月 7 日以中央军委名义下达各战区执行。指示指出：抗日根据地的敌我斗争进入了新的更加激烈的阶段，八路军、新四军的斗争方针应是长期的、分散的游击战争，采取各种方式与日军周旋，如将大部队分散为一支支灵活机动的敌后武工队，展开神出鬼没的游击战。根据地的军事建设，必须适合新的客观环境，武装力量应包含主力军、地方军和不脱离生产的自卫队等人民武装，主力军应采取“精兵主义”，地方军和人民武装则应大发展，平时隐蔽在群众之中，既可有力地打击侵华日军和伪军，又能有效地保护自己。① 指示发出后，伍修权又组织一局专门搜集了晋察冀、冀中和华中地区主要领导人对敌后军事建设的意见，经分析研究，整理成文呈送中共中央、中央军委首长及有关部门，并根据各地情况提出了新的斗争策略：在沦陷区和根据地边缘地带，普遍建立既能应付日军、伪军，又能开展斗争的“两面政权”，由中共地下组织成员和可靠的爱国人士控制这些机构，公开挂牌是敌伪基层组织，实际却在中国共产党领导下从事抗日活动。这种斗争方式使各地的抗日活动更为灵活多样，在全国抗战形势不利的情况下仍然取得了不少进展。

12 月下旬，伍修权又组织一局编写了《1941 年敌后反“扫荡”总结》，呈报中央军委首长，并刊登于《作战室副刊》供有关部门参考。1942 年 3 月，一局搜集了 1941 年日军发动的十余次较大战役的情况，整编出《1941 年战役综合研究》。一局还对八路军、新四军 1941 年反顽作战进行了总结，写成 1.2 万字的总结报告，对正面战场上日军作战的特点及其对国民党诱降的政治目的，八路军、新四军反“扫荡”和反顽作战的经验教训，进行了全面系统的分析研究，对今后

---

① 总参谋部作战部编：《总参谋部作战部部史》第 1 册，解放军出版社 1992 年版，第 297—298 页。

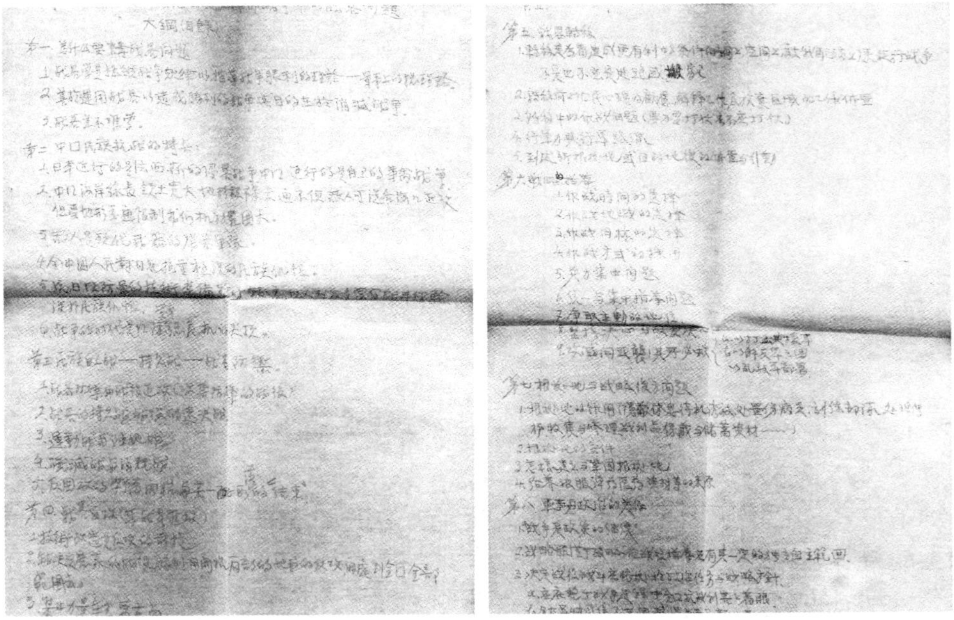

伍修权、郭化若和王智涛为毛泽东主席起草的《抗日民族革命战争中的战略问题》提纲

作战提出了七点指导性意见，一并刊载于《作战室副刊》第 5 期，并上报中共中央、中央军委。

当时伍修权组织一局研究的重大专题还有“对华北敌人‘扫荡’企图的分析”、“华中形势的分析”、“苏南反‘清乡’斗争”、“关于敌后斗争形势和我今后坚持斗争的意见”等。这些资料，得到包括毛泽东在内的中共中央高层领导的肯定，其中关乎世界反法西斯战争成败的特别重大的专题是“日本可能南下进攻的战略判断”。

1941 年，德国继占领法国等大半个欧洲之后，又于是年 6 月发动了对苏联的全面战争，世界所有大国都介入了国家利益乃至存亡的大博弈之中。英、美两国对日本进攻苏联怀有兴趣，但在欧洲的大舞台上，又视苏联为唯一能与德国抗衡的伙伴。德国一开始想与日本形成对苏联的东西夹击之势，后来又希望日本出兵东南亚，使在那里有着巨大利益的英国和美国不能专注于欧洲战场。苏联最担心的是在东、西两条战线上同时作战，为此于 1941 年 4 月与日本签订了《苏日中立条约》，又通过支援中国抗战以拖住日军。第二次世界大战的总体格局，尤其是苏德战场的走势与变数，同样成了中共中央和中央军委关注的焦点之一，搜集资料、分析情况、作出判断，一局自然责无旁贷。日军偷袭珍珠港得手后，日军的战略动向——是北进还是南进，成了世界关注的热点。各同盟国、各国共产党内，对此都争论不休，莫衷一是。中国共产党内部，一度占主导地位的是以化名冈野进的日共主席野坂参三为代表的观点。他们提出，日军将会利用德军在苏联西部的猛烈进攻并已侵占了广大地区的有利形势，以侵占中国东北的关东军大举北进，配合德军从东部发起进攻以夹击苏联，从而谋求德、意、日轴心国的全面胜利。

野坂参三是日本共产党的创始人和主要领导者之一，1931 年至 1940 年在莫斯科任驻共产国际的日本代表，1940 年 3 月随在莫斯科治疗臂伤后回国的周恩来到达延安，应邀担任八路军总政治部对敌工作部顾问等职，5 月创建主要由日军战俘组成的反战同盟及反战核心组织“在华日本共产主义者同盟”。对日军动向的判断，他是最有发言权、最具权威性的。北进的观点也确有根据：希特勒确曾一再要求日本“从满洲进攻西伯利亚”，使苏联陷于两面作战的被动挨打困境；日本政界、军界头目，狂热鼓吹北进的也不少。但是，伍修权等却持相反的观点：侵华日军今后的动向并不是北进，大举入侵苏联；而是南进，兵锋直指中国南方数省和东南亚地区。日军战略动向两种判断的讨论乃至争论持续了数月之久。从延安《解放日报》1942 年 5 月 17 日刊登的当年 4 月 28 日召开的关于“日寇是否要进攻苏联”的讨论纪要可以看出，中央对此十分重视，朱德、叶剑英、吴玉章等都参加了会议。伍修权在会上作了重点发言，其结论是：“日本对苏使用闪击战的可能很小……日本要北进，它的准备的程度和客观条件还是相差很远。”

伍修权之所以敢于否决北进的观点，作出南进的判断，是因为这一判断是他遵照中央军委指示，组织一局在搜集、研究国内外大量情报资料的基础上进行反复论证后得出的。一局认为：从军事上看，日本如果北进，势必会大大分散在中国已经消耗极大的兵力，而与苏联动武，没有足够的兵力和相应的战争物资准备，即使付出沉重的代价，也很难达到预期目的。再加上美国若报珍珠港的一箭之仇，从阿拉斯加出兵侧击，日本不但无力与德国形成对苏联的东西夹击之势，自己反而会腹背受敌。因此，北进对日本来说是啃硬骨头，在军事上三面受敌，毫无胜算。从经济上看，日本是一个国土面积狭小、资源贫乏的国家，加上旷日持久的中日战争导致了日本经济破产、国力枯竭，因而急需大量掠夺别国的资源，尤其是战略物资。而苏联西伯利亚等远东地区经济不发达，缺乏日本急需的、拿来就可以用的战略物资，日本即使花费很大代价攻占了这些地方也达不到以战养战的目的，反而要消耗更多的国力，背上更加沉重的经济包袱。南进则利大于弊：中国南方沿海省市，已在挥鞭可及之处；东南亚都是些弱小国家，军事力量不强，因而日本在军事上取胜要比北进容易得多。中国南方沿海地区和东南亚都极其富饶，特别是有日本急需的石油、橡胶、铁矿石、锡、煤、大米、小麦等战略物资。因此，伍修权和一局的日军战略动向研判者预测，日军的北进趋势减小，南进可能加大。叶剑英同意一局的分析判断，上报中共中央和中央军委，得到充分肯定，在相应战略部署和应对决策中，采纳了他们的结论。① 后来的战争进程表明，上述预见是正确的。

下面的回忆，对南进判断的意义作了评价：

……斯大林得到我们关于日军将“南进”而并非“北进”的有根有据

① 总参谋部作战部编：《总参谋部作战部部史》第 1 册，解放军出版社 1992 年版，第 202 页。

有说服力的分析判断，……才敢在莫斯科保卫战最困难、最紧急、最危急的时刻毫无顾忌、毅然决然从远东方面军抽调了八个步兵师、三个坦克师和航空队紧急驰援莫斯科，在关键时刻起到了关键作用，终于使兵临城下、气焰嚣张、不可一世的德军“功亏一篑”——受到致命打击。

…………

完全可以这么说，一局在伍局长领导下，以其杰出的业绩不但对中国人民抗日战争的胜利做出了重大贡献，而且对苏德战争乃至世界反法西斯战争的胜利也做出过重大贡献！①

三、参与谋划以政治攻势粉碎国民党闪击延安的阴谋

1942年，还在抗日战争的紧张阶段，国民党政府就破坏国共合作协议，不仅不再给正在浴血抗战的八路军、新四军发放军饷，还对中共中央所在的陕甘宁边区实行经济封锁，妄图困死边区政府和八路军。

陕北地区地瘠民穷，难以养活突然增加的这么多外来人口，外地又运不进必要的粮食物资，边区军民的生活陷入极大的困难之中。为了减轻老百姓的负担，解决边区军民的基本生活保障问题，毛泽东提出了“自己动手，丰衣足食”的口号，发动了大生产运动，实行生产自救。全边区党政军民学一切单位，无论男女老少，全体投入大生产运动。伍修权组织军委一局全体人员在王家坪军委总部附近的山上开了荒地种上谷子、棒子和大豆、薯类等，还把大豆榨成油，用豆饼等养了猪，部分解决了吃肉吃油的问题，生产的小米还交了点公粮。他自己还在房前屋后种了西红柿等，部分解决了家里的蔬菜来源。他也像其他人一样用手摇纺车纺过棉纱线和羊毛线。

经济封锁一计未成，军事闪击接踵而至。1943年夏，国民党顽固派乘全国战局相对平稳、共产国际解散之机，发动了第三次反共高潮。蒋介石指使手下人公开鼓吹“解散共产党”、“取消陕甘宁边区”，并集结50万军队，准备“闪击延安”。

当时，八路军主力部队都分散在各敌后抗日战场，整个陕甘宁边区只有两三万部队留守，有的还是地方部队和后勤机关，双方作战兵力悬殊，形势十分严峻。如果从抗日战场抽回兵力参加延安保卫战，势必严重影响抗日作战和抗日民族统一战线的大局，让侵华日军坐收渔利。怎样粉碎国民党的军事闪击，首先摆在了一局全体人员的面前。那时伍修权因患肺结核离职养病，边章五接任了一局局长职务。叶剑英对伍修权说：“你休息不成了，马上来参加战斗吧！”伍修权二话没说，带病上岗主持研究。在叶剑英亲自领导下，伍修权和一局全体人员夜以继日地商讨对策。在对敌情和各方面情况严密论证的基础上，经反复权衡，审慎

---

① 雷英夫：《洞若观火 远见卓识》，见《历史风云中的一代英杰——伍修权》，当代中国出版社2008年版，第99—100页。

选择，提出了使用我掌握的军事情报，公开揭露国民党军队的进攻阴谋，以为退兵之计的对策设想。叶剑英据此向中共中央提出了以政治攻势粉碎国民党闪击延安阴谋的方案。

要揭露国民党顽军的进攻企图，必然要公布有关的敌情资料，这就有可能暴露情报来源，危及共产党打入国民党内部的秘密工作者。叶剑英、伍修权，特别是情报部门的人员，都认为这是个不容忽略的问题。在多方面听取意见的基础上，叶剑英将这一方案，连同可能造成的后果及应对之策，一并向中共中央和中央军委作了报告。毛泽东、朱德等反复考量后，决定以小损失换取大胜利，以保住延安这个大局为重。为避免可能的牺牲，必须尽快通知有关人员及时转移，同时做必要的军事准备。

解决了后顾之忧后，由中共中央和中央军委统一布置，首先在解放区的报纸、电台上公布了国民党顽固派即将进攻边区的消息，详尽披露了国民党军的兵力部署、行动路线以及作战计划，使其“闪击”阴谋暴露在光天化日之下。7月4日，朱德公开发电，质问蒋介石和正调动军队准备进犯边区的胡宗南，指责他们不抗日专反共的行径。7月12日，毛泽东撰写《质问国民党》一文，作为延安《解放日报》社论公开发表并对外广播，接着又在延安召开了万人大会，揭露、声讨国民党顽固派妄图闪击延安的阴谋。国统区的中共地下党组织立即配合，发动各地爱国人士、群众团体等，在全国掀起了抗议高潮。多层面、全方位的政治攻势反响强烈，连美、英等国进步舆论也纷纷应和。

面对国内外强大的舆论攻势，眼见精心制定的作战方案已大白于天下，闪击难以奏效，蒋介石只得偃旗息鼓，由胡宗南出面发电称“敝部换防，请勿误会”，闪击延安阴谋就此收场。

四、参与组织对外军事联络工作

全面抗战进行到第七年，即1944年，随着苏德战场攻守态势的逆转，日本对中国的侵略也成了强弩之末。八路军、新四军却因积极参与敌后抗战而迅猛发展起来。中共中央所在地延安，越来越令世界瞩目，吸引着海内外各方人士，来解放区实地考察，搜集第一手材料，向国内外作宣传报道。

军委一局参与组织的外事活动，工作量最大的一次是1944年6月参加接待来延安的中外记者西北参观团。这批记者有二十多人，其中有美国、英国和苏联各大通讯社等新闻媒体的著名记者斯坦因、福尔曼和爱泼斯坦等。国民党方面的中央社和《中央日报》、《扫荡报》，以及《大公报》、《新民报》等，也都派出了记者。

记者团到延安的第二天，即6月10日，朱德为他们举行欢迎晚会。12日，毛泽东会见了他们，并回答他们提出的种种问题，会后又设宴招待并请他们看边区剧团的演出，接待规格和热烈程度，在延安都是空前的。22日，叶剑英受中央委托，代表八路军、新四军延安总部，对记者团作了题为“中共抗战一般情况介绍”的长篇报告，用一系列数字和大量事实，把一个历史性的结论公之于世：“中国共产党的军队，就在华北、华中、华南这三个敌后战场与十五个以上的抗日根据地，进行异常残酷的、非未曾目击者所能想象的抗日战争，至七年之久。赖有这些敌后战场，才挽救了中国免于被日寇灭亡。”这个由叶剑英挂帅、伍修权具体组织领导、毛泽东亲自修改审定的报告，是一局多年研究成果、工作业绩的结晶。报告定稿后又马上译成外文，使外国记者能够直接阅读，从而极大地震动、影响了中外记者参观团和美军观察组。美军观察组在事实面前不得不改变对“土八路”的看法，主动提出把每周交换一次情报改为每周交换两次。

其中有一批长驻延安的外国人：有以塔斯社记者身份出现的弗拉季米洛夫和苏联医生阿洛夫。还有一个以戴维·包瑞德上校为首的美国军事观察组，又称美军考察团，是由同情中国共产党的驻华美军参谋长史迪威将军派来的，作为反法西斯同盟国军队的代表，与中国共产党和八路军进行直接联系，互通情况以便配合行动。叶剑英要求一局把接待美军观察组和外国记者的生活安排、情况介绍等准备工作做好，并指定伍修权与观察组联系。伍修权对此十分重视。“伍修权局长多次对一局同志讲，一定要搞好同美军观察组的关系，他们是来‘观察’我们的，我们就要使他们在观察中，改变他们来延安前被国民党灌输的许多诬蔑我党我军的谎言而造成的错误印象，让事实证明我们是愿意与他们真诚合作的，使他们了解我党我军在敌后坚持抗日的真实情况。”① 为此，伍修权于 1944 年 3、4 月间组织一局研究总结了抗日战争战略相持阶段的作战情况，指出国民党已由战略退却阶段的抗战第一转向反共第一；编写了近两万字的七年来抗日战争总结，详述了“二战”前夕、日军进攻阶段和作战双方相持阶段各方面的情况及主要经验教训，并在此基础上完成了“对敌后战场的一般介绍”、“关于我军的编制与装备”、“中国抗战敌后战场形势图”等专题报告和图表。向外国友人提供战争形势研判资料和解放区战场的战况通报，也是一局的工作内容之一，因此伍修权也成了这些外宾的亲密朋友。几十年后，曾是美军延安观察组成员的谢伟思，还几次来华拜访伍修权。

抗战时期，苏联派一个观察组常驻延安，负责中国共产党与苏联党和共产国际之间的联络。从 1941 年开始，中国共产党每年都向观察组通报一次八路军、新四军坚持敌后抗日战争的情况，采取的方式是将情况标示在地图上。这项工作由一局负责，伍修权指定杨迪、李少华两个参谋办理此事，并详尽地向他们讲解自己留学莫斯科期间学习、掌握的苏军的标图要素和方法，鼓励他们一定要标好，使斯大林及苏军统帅部看了地图，就能看出中国共产党领导的抗日武装的作战能力、战绩及参谋的水平。每次标绘的情况图，伍修权都认真核实审改，然后经叶剑英审批送出。

① 总参作战部编研室：《运筹帷幄 深谋善断》，见《历史风云中的一代英杰——伍修权》，当代中国出版社 2008 年版，第 96 页。

1944 年，伍修权（右）在延安（美国记者拍摄）

美国首席记者斯坦因随中外记者团来华前，罗斯福总统召见了他，授权他代表自己送给毛泽东一份世界航空图，以示友好。因此，毛泽东决定绘制中国解放区形势图回赠罗斯福，表示与美国合作抗日的诚意，同时展示中国共产党领导的抗日力量。

一局用半年时间精心绘制成中国解放区形势图。由于当时条件有限，只能用最原始的方法——手工绘制，却非常精确。经伍修权阅改后，呈朱德、叶剑英审查通过。1945 年 1 月，毛泽东将此图交美军驻延安观察组转赠罗斯福，还给罗斯福写了封信，介绍了中国共产党的抗战情况和政策。罗斯福为了保住美国在东南亚的既得利益，希望借中国的抗日战争拖住日军南进的脚步，因而是愿意援助中国抗日战争的。他对中国共产党不太了解，处于“观察”阶段，很注意从各方面搜集有关中国共产党的情报和信息。随着交往的增多，他对中国共产党及其军队的了解日益加深。他接连看到《中共抗战一般情况介绍》、毛泽东的亲笔信和形势图后，意识到中国共产党及其军队是一支不可忽视的重要力量。尤其令他吃惊和感兴趣的，是那张手工绘制的“形势图”，此图比例准确、图例清晰，真实反映了中国敌后的政治、军事形势，共产党、国民党、日、伪军事力量一目了然，连日军的营房、基地、工厂等都标得比他们的地图还精确。

随即，美国国防部将此图翻译、复制成英文版提供各有关方面，将其更名为“敌后中国抗战图”。该图对于执行敌后和日本本土作战任务的美国飞行员作用重大，除作为对日军实施轰炸之用处，遇险弃机跳伞的美国飞行员还可根据地图标记，降落到中共领导下的抗日军队控制区迅速求救。罗斯福还给毛泽东回了封信，并回赠了十幅复制的英文版抗战图。

五、参加整风运动和出席中共七大

抗战期间延安政治生活中最重大的事件之一，是中国共产党第七次代表大会的召开。中共六大是 1928 年在莫斯科召开的，此后经过长达 17 年的斗争，中国革命中心终于在陕北扎了根。中共中央进驻延安后，毛泽东开始考虑召开七大。但那时党内的思想并不一致，对许多历史问题存在着不同看法，这成为毛泽东发起整风运动的原因之一。

1937年底，王明以共产国际执委会主席团成员兼东方部长的身份回国后，提出“一切服从统一战线，一切经过统一战线”，主张对国民党让步，在共产党内部造成了严重思想混乱，也给共产党在抗战初期的工作造成了不良后果。“皖南事变”的发生，就是其后果之一，因而成了整风运动的导火线。纠正这种右倾错误及其后果，肃清教条主义的影响，把马克思主义与中国革命的具体实际结合起来，成了摆在共产党面前的一项重大任务。而延安整风正是解决这一问题的重要途径。

整风运动开始于抗战相持阶段局势相对缓和的1942年，共产党及其军队在延安的人员几乎无一例外都参加了。仅在延安一地，参加运动的就有五万人左右。各地区、各部队的主要负责人也陆续集中到延安，一边进行学习总结，一边准备参加七大。毛泽东先后作了《改造我们的学习》、《整顿党的作风》、《反对党八股》等报告，并将其作为运动的指导思想。

设在延安王家坪的军委整风领导小组，由叶剑英、陶铸、胡耀邦、安东、李初梨、舒同、吴溉之等人组成，伍修权也是其成员之一。在学习以毛泽东关于整风问题的讲话和指示为主的相关文件、马恩列斯及共产国际领导人季米特洛夫等有关著述的基础上，经过普遍的批评与自我批评，整风运动进入了主要阶段——审查干部。许多出身、历史比较复杂的人，特别是从白区来到延安没几年的知识分子以至青年学生，都受到了严格的审查。整风领导小组的主要任务也就是审干，各单位都得保证自己这儿没有特务、内奸等。

一局有位处长朱军，在冯玉祥部队从事过秘密工作，曾经两次失掉党组织关系，虽然后来得以恢复，却留下了一些历史疑点，加之他同冯玉祥的儿子关系密切，这就使他成了追查的对象。伍修权对他的历史情况和现实表现作了考查，认为他政治上经受过考验而且相当坚定，是值得信任的，就代表组织及时宣布了对朱军的审查结论。一局测绘科负责绘制作战地图的周秋野一度受诬陷，遭到“逼供信”。伍修权深知他忠实、能干，用事实推翻了其莫须有的罪名，使他通过了审查。一局还有位协理员叫张炽昌，因为在国民党部队搞兵运工作时，组织起义没有成功，被认为是搞假起义，审查时被关了起来。受极左思潮的影响，具体负责审查、看管他的人，对他搞“逼供信”。伍修权等知道后，立即制止了这种做法，保护了这个干部。军委整风领导小组在叶剑英主持下，及时发现并认真纠正了运动中的偏向，对许多受审查的人，在弄清他们的基本事实后，很快宣布组织结论，让他们继续工作；对蒙受冤屈的，则公开予以平反，使他们在政治上恢复名誉，精神上得到安慰。

尽管延安整风出现了这样那样的问题，但总的来看，还是为中共七大的召开奠定了思想和组织基础。《关于若干历史问题的决议》，就是延安整风运动的代表性成果之一。

在中共七大的筹备过程中，中共中央及中央军委各单位都投入了紧张的准备工作。一局直接参加了为朱德的军事报告《论解放区战场》提供资料并参与起草的工作。当时朱德的政治秘书是黄华，他和伍修权等集体讨论并分头执笔完成了报告的初稿，叶剑英进行了审改，再交朱德定稿。这个报告被列为中共七大的主要文件之一，其中吸收了一局撰写的《中共抗战一般情况介绍》的诸多内容。

经过长期酝酿、筹备，中共七大于1945年4月下旬在延安开幕，从4月23日一直开到6月11日。这是建党以来参加人数最多、规模最大、历时最长的党代会，又是第一次既不是在国统区也不是在国外，而是在解放区召开的党代会。伍修权第一次成为党代会代表，他被编在陈毅领导的新四军代表团里。在讨论中国共产党七届中央委员会名单时，伍修权对中央委员候选人之一凯丰提出异议，指出他曾鼓动博古不要交出中央的“挑子”，对遵义会议决议采取了抵制态度，认为他不宜成为新一届中央委员。许多与会者与伍修权有同感，称伍修权敢于直言、坚持原则。凯丰最终落选。

中共七大使毛泽东正式成为中国共产党的领袖，他在会上作的政治报告《论联合政府》中，提出了党在此后一个时期的方针。七大通过的党章明确规定：“中国共产党，以马克思列宁主义的理论与中国革命的实践之统一的思想——毛泽东思想，作为自己一切工作的指针”。从此，毛泽东思想成为中国共产党及其领导的人民军队的指导思想。

六、历史转折点上的战略视野

中共七大处于中国抗日战争和解放战争两个历史时期的转折点：七大期间，德国法西斯于5月初宣布无条件投降；国内各解放区战场也根据中央军委的指示，对日伪军展开凌厉攻势并不断取得胜利。中共七大结束一个来月后的7月26日，中、美、英三国发表《波茨坦公告》，促令日本无条件投降。

正是在这个历史转折点上，伍修权于1945年8月初被任命为军委作战部副部长，再次成了兼任作战部部长的叶剑英的助手。9月2日，日本签署无条件投降书，八年抗战以日本法西斯的彻底失败而告终。摆脱了侵略者奴役的中国人民，在敌后战场上流血牺牲奋勇杀敌的中国共产党及其领导的八路军、新四军，此刻都沉浸在胜利的喜悦之中。伍修权和他的战友们，融入了敲着得胜锣鼓、扭着喜庆秧歌的延安军民之中。

抗日战争胜利后，国内阶级矛盾特别是国共两党之间的斗争，迅速上升到首位。身为作战部副部长，伍修权对此适时提出了应对措施。“1945年8月6日，美军抢先向日本广岛投下了原子弹。8月8日，苏联远东军队向日本军队的精锐关东军，发起三路进攻。伍修权副部长即敏锐地认识到，中国对日作战已进入战略大反攻了。他立即召集一局的同志们开会，对形势进行分析研究，确认大反攻已经到来，明确指出：一是我军应迅速向敌人发动进攻，扩大根据地，抢在国民党军之前，收复在我军包围下的敌占区，不要让胜利的果实叫四川大后方出来的国民党军抢摘去；二是迅速组织八路军、新四军部队进军东北。他说：国民党政府与苏联政府签订了‘中苏友好同盟条约’，国民党蒋介石就是企图限制我军进军东北。我们不要被这个条约所束缚，这个条约对我党、我军是无效的。我军要力争在国民党军没有到达之前抢占东北，这在战略上对我军很有利。伍副部长要求我们迅速研究出抽调八路军、新四军哪些主力部队向东北挺进的意见与建议，以供中央军委下决心的参考。”①

这是在中国历史转折点上的战略视野，是对抗战胜利后的斗争大势了如指掌的应变战略。其总体思路是与抢夺抗战胜利成果的国民党针锋相对，战略方针是在第一时间挺进东北。

伍修权没有想到的是，他自己也融入了共产党及其领导的人民军队第一时间挺进东北的铁流。

---

① 杨迪、龙桂林：《为我军司令部建设做出的重大贡献》，见《历史风云中的一代英杰——伍修权》，当代中国出版社 2008 年版，第 112 页。

第八章　在东北军区参谋长等岗位上

一、进军东北，参与建立巩固的东北根据地

日本投降后，中共中央确定了“向北推进，向南防御”的战略方针，并抽调11万大军、2万干部挺进东北，开创东北根据地。

与此同时，“下山摘桃子”的国民党也把手伸向东北。蒋介石颇有先见之明：“国民党命运在东北。盖东北之矿产、铁路、物产均甲冠全国，如东北为共产党所有，则华北亦不保。”但是，要把东北收入自己的囊中，蒋介石还需要从大后方调兵遣将的时间。于是，他作出和平姿态，连续三次发电，邀请毛泽东去重庆进行和谈。他估计毛泽东不敢去重庆，其如意算盘是一旦毛泽东不去，则将拒绝谈判、破坏和平的责任推到共产党头上；即使去了，旷日持久的谈判也给他赢得了时间。毛泽东毅然决定亲赴重庆谈判，并为此作了周密部署。他在临行前对中共中央和中央军委的高层人员说:“你们在解放区打得越好，我在重庆就越安全。”伍修权对毛泽东亲赴重庆既担心又敬佩。他严格执行毛泽东的指示，严密注视着国民党军队的动向，向全军及时传达中央军委的各项命令，并在毛泽东赴重庆谈判期间参与组织了上党之战，一举歼灭了企图乘隙进攻我晋冀鲁豫解放区的国民党军队3.5万余人，也促进了国共两党“和平协定”的签订。

1945年9月14日，延安上空忽然出现了一架机身上涂有红五星的苏联飞机，随后降落在东关机场。伍修权奉命陪同时任中共中央办公厅主任兼军委秘书长杨尚昆赶去机场迎接。来者是一名苏联红军校级军官及其翻译，由一名八路军干部陪同从沈阳飞来。陪同者是东北抗日联军冀热辽军区（即河北、辽宁和原热河三省交界地区）第十六分区司令员曾克林，那位苏联军官是已进入中国东北的苏军最高指挥官马利诺夫斯基元帅的代表贝鲁罗索夫。朱德和叶剑英会见了苏军代表。贝鲁罗索夫转达了苏方关于解决东北问题的意见，希望中共中央尽快派员去东北，以便协调双方的行动。毛泽东赴重庆期间留守延安主持中央工作的刘少奇，在朱德和叶剑英会见苏军代表的当天下午就召开了中央政治局会议，并让曾克林到会上详细报告东北的情况。曾克林作为直接来自东北，已与苏军打了许多交道的前线指挥员，为中央带来了大量第一手材料。

苏军代表面见朱德和叶剑英时递交的苏军通知文本称，根据苏军统帅部指

示，苏军进入东北之后到退出东北之前，蒋介石军队与八路军“均不得进入满洲”，已进入沈阳、长春和大连等地的八路军部队，“请朱总司令命令各该部退出红军占领之地区”。苏军的态度并未影响中共中央进军东北的既定方针。刘少奇、朱德当天就发电报到重庆，向毛泽东、周恩来通报了苏军代表来延安等情况，并在中共中央政治局会议上作出组建中共东北中央局等相关决定。9 月 15 日晚，叶剑英告知伍修权中央的决定，要他做好第二天就飞赴东北的准备，还关切地说：“你的家属我来帮助照料。”16 日，刘少奇等又给毛泽东发去电报：“红军来延之飞机今晨已飞回。彭真、陈云、伍修权、叶季壮及报务、译电各一个已去东北。因各方商谈结果，以上述各人前去为适宜。中央并决定组建东北局，以彭真为书记，陈云、程子华、伍修权、林枫为委员。办事处暂设沈阳，对外不公开。”

中共东北局领导人到任后，首先要同苏联军队联系、交涉。当时苏军都有军衔，为了工作方便，中共中央就以军委主席毛泽东的名义，授予彭真、陈云、叶季壮中将军衔，伍修权少将军衔，随行的段子俊、莫春和被授予上校军衔。据伍修权回忆，最初拟将彭真等三人和他都授予中将军衔，伍修权表示他们几位都比自己资格老、地位高，自己有个少将头衔，方便工作就行了。当年授予他们军衔的任命书，就是伍修权按照中共中央决定用中俄两种文字写成的。

伍修权等人离开延安，向通往关外的门户山海关飞去。然而，飞临这“天下第一关”时险遭不测。他们乘坐的苏军飞机是一架美国制造的道格拉斯式飞机，到山海关机场降落加油时，在本来就不长的跑道中间一段着陆，由于速度太快，结果一头扎进跑道尽头的稻田里，机头插入泥水中，机尾高高地翘了起来，机舱里的人和堆放的东西，一齐倒向前舱。沉重的电台器材和几个油桶，翻倒下来压住了叶季壮，撞伤了彭真的头部，伍修权和段子俊、莫春和也被碰伤几处。只有陈云有惊无险，飞机急刹时前舱门被一下撞开，他被惯性推进了驾驶舱，毫发无损。叶季壮被撞得最厉害，机上的人连忙将压在他身上的木箱和油桶搬开，但他已站不起来，只得由机组人员抬下飞机。

这时的山海关及其机场，已经在八路军的控制之下。这架出了事故的飞机，立即引来了附近的八路军。首先赶到的是当地红色政权负责人、冀东行署主任朱其文。曾克林一见来人，忙将彭真、陈云等介绍给他们。由于这架飞机已经不能再飞，朱其文就将延安来人接出机场，让卫生员一一为他们检查治伤后，安顿下来休息。下午，朱其文建议他们改乘火车，并将他们送上开往锦州的列车。当天晚上，又由在锦州的八路军将士将他们接下车去休息，第二天再登车北上。

1945 年 9 月 18 日，彭真一行抵达沈阳。一进原张作霖的大帅府，他们立即展开军用地图，开通电话，安装好电报机，紧张地工作起来。当天，先期进入市内的原冀热辽军区李运昌部和成立不久的沈阳卫戍司令部司令员曾克林、政委唐凯等，为刚从延安来的东北局领导人召开了欢迎大会。9 月 19 日，由彭真、陈云主持召开了中共中央东北局第一次会议，对即将开始的工作提出了初步计划，决定抓紧了解和研究东北各地区各方面的情况，为夺取全东北全力奋斗。在东北局召开首次会议的同一天，中共中央发来指示，明确指出："只要我们能控制东北及热辽两省，并有全国人民配合斗争，即能保障中国人民之胜利。"10月9日，中共中央批复，同意成立东北军区司令部，以程子华为司令、彭真为政委、伍修权为参谋长。10月31日，中共中央决定，进入东北的部队与东北抗日联军统一组成东北人民自治军（1946年1月14日更名为东北民主联军），并任命林彪为总司令，彭真为第一政治委员，罗荣桓为第二政治委员，萧劲光为第四副司令兼参谋长，伍修权为第二参谋长。

1948年伍修权任东北军区参谋长时留影

那时林彪和罗荣桓等都还没有到达沈阳，东北的工作主要由彭真主持，伍修权是他与苏联红军驻沈阳指挥机关交涉的助手。

苏联既受到与国民党政府签订的中苏盟约的束缚，又不愿与实力强大的"二战"盟友美国反目成仇而自找麻烦，因此11月10日对国民党政府作了如下承诺：在苏军撤退前五天，国民党可空运部队接收东北各大城市。与此同时，苏军通知中共中央东北局："长春铁路沿线及城市全部移交给国民党政府，中共军队必须撤至铁路线50公里以外；中共所属机关必须从沈阳等大城市撤出……"[①] 苏军在东北的总指挥部设在长春，驻沈阳的最高负责人是苏军第六坦克集团军司令克拉夫钦柯和相当于政委的军委委员杜曼宁。彭真和伍修权主要同这两个人打交道。双方第一次见面时，彭真和伍修权出示了用中俄两种文字写成的军衔任命书，表明了身份。伍修权还向对方郑重介绍了彭真，说他代表中国共产党及其军队在东北的最高领导机关，负责与苏方联系一切有关事宜。每次会谈，都由彭真牵头并作主要发言。头几次接触时，双方态度还比较友好，但伍修权已感觉到，苏方对中国共产党及人民军队，明显地不太了解也不够尊重。11月19日，苏军竟由其驻沈阳卫戍司令卡夫通出面，对我方下达最后通牒，说他奉命正式通知中共中央东北局，限令中国共产党的机关及其部队在三天之内全部撤出沈阳、长春等东北的大城市。彭真和伍修权听后，尽量压住心头的不满，耐心地向其说明中国共产党的立场。当天，彭真又让伍修权向苏军提出，要求与苏军在东北的最高指挥官马利诺夫斯基当面会谈，但是对方却中止了与东北局的联系。苏方另一出尔反尔极不友好的事是原答应将日军军火库

① 邢和明：《蒋介石与莫斯科的恩恩怨怨》，人民出版社2009年版，第401页。

十多万支枪支弹药移交给中共，故我十万大军未携枪弹徒手挺进关外。后苏方突然变卦，拒不兑现承诺，造成中共军队的极大被动。

中共中央得到东北局关于苏军限令中国共产党和人民军队撤出大城市的报告之后，11 月 19 日给东北局的指示是："你们现在的方针仍应在顾及苏联国际信用的条件下力争大城市。"次日则电告东北局"彼方既如此决定，我们只有服从"，把"长春路沿线及大城市让给蒋军"，即将我党在东北的机关及其部队，转移到城市周围和铁路两侧的农村地区去。

对于中共中央新的战略方针，东北局迅速作了传达贯彻。但是，大家虽然在行动上服从，思想上一时想不通的却不少，这在东北局内部和高级领导层也有反映。正在此时，毛泽东于 1945 年 12 月 28 日为中共中央起草的《建立巩固的东北根据地》的指示发到了东北局，中共中央东北局先后召开了抚顺会议和梅河口会议，思想逐步统一到"建立巩固的东北根据地"的方针上来。

二、创办人民军队的第一所航空学校

1945 年 9 月底，曾克林所部报上来一个情况：辽阳有三百多名放下武器听候处理的日本空军人员，包括飞行员和技术人员，因为一时不能回国，生活无着，有人要求到矿山或工厂中去干活以自谋生路。

在几十年的战争中，人民军队吃够了敌方飞机的苦头，伍修权早就渴望有一支自己的空军部队。经过进一步了解，他得知，在东北解放区还有几处日军占领时建成的军用机场，那里停着几架破旧的飞机，据说有的还能飞，机场上的各种设施和航空设备及器材等等，也基本完好。这些情况促使伍修权产生了一个想法，不妨把那批日本原空军人员和荒废的机场、飞机等航空设施都利用起来，以此为基础筹建人民军队自己的空军。他当即向彭真报告了自己的想法。没想到这个想法与彭真不谋而合，中共中央东北局当即决定以新成立的东北军区名义，正式约见这批日本空军人员的代表，向他们介绍中国共产党的政策和意图，了解他们的想法和要求。

伍修权从军区司令部派专人去辽阳接这批日本人。他们坐火车来沈阳的途中，还发生了一点误会。这批日本人都穿着军服，有的还挂着按规定不收缴的军刀，护送他们的抗日联军人员对他们十分客气。同车的旅客见了，愤怒地质问他们为什么同这些日本鬼子搞在一起。群众的愤怒情绪使这些日本人感到紧张、尴尬。带队的东北军区司令部军官忙向旅客们解释，说他们是已放下武器的日本军人，愿意用他们的技术，来为中国服务，自己是奉东北军区首长之命来接他们的。

更让这支航空队的队长林弥一郎等人感动的，是东北军区领导接见他们时的言行。伍修权亲自召见林弥一郎等人，开诚布公地告诉他们，中共中央东北局想创办一所航校，培养自己的航空技术人才。又明确指出，他们也是日本侵华战争的受害者，是日本军国主义分子发动了这场战争并把他们推向战场，造成了妻离子散、家破人亡的可悲下场。现在战争结束了，发挥他们航空技术方面的特长，帮助中国共产党的军队创办航校，才是他们化敌为友的明智选择。将来条件成熟后，一定欢送他们回国。一席坦率、真诚的谈话打动了在场的日本人，他们一面听着，一面点头。林弥一郎也许是想试探一下伍修权这番话的诚意，盯着他身上佩戴的一支精致的勃朗宁小手枪，表示十分喜爱，欲索要当作纪念。为消除对方的疑虑和误解，表示对放下武器的日本军人的信任，经过短暂考虑，伍修权把手枪从腰间取下来，赠给了林弥一郎。

这批日军人员原来对共产党、八路军疑虑重重，对自己即将面临的命运忧心忡忡。伍修权出乎林弥一郎和其他日本军官意料的赠枪之举，不但使他们悬着的心放下了，而且十分感动，称这表明了中国共产党人的胸襟和气魄。他们回去对航空队的其余人转述了这次接见的情况尤其是赠枪之事，大家都表示愿意为中国共产党效力。

言必信，行必果。伍修权对如何正确对待日本留用人员提出了切实可行的方针。他指出：要清醒地认识到，他们是日本军人，受法西斯和武士道的毒害较深，在思想感情上和立场上不是一时半时可以转变过来的。尽管如此，只要他们表示愿意为我们效力，帮助我们培养航空技术人员，我们就不能把他们当俘虏对待。我们的方针是：生活上优待，人格上尊重，工作上严格要求，思想上尽力帮助。只要我们的政策对头，工作得力，就会收到很好的效果。日本人十分强调“军人以服从为天职”，林弥一郎能率部投降，其部属也表示愿为我们效力，这证明他在自己的航空队中是有一定威望的，大家还是听他的话的。要教育争取所有的日本留用人员，关键是做好林的工作，使他心悦诚服，事情就好办了。根据这一指导思想，伍修权带领大家一一落实了答应日本航空队人员的条件：把他们带出监管地点，搬到原属一家企业的办公楼里。整座楼腾空修整并打扫得干干净净，除了少数几个负责为他们服务和做安全保卫工作的干部战士，没有一兵一卒看管他们。伙食待遇也给予特殊照顾，尽量尊重他们的传统习惯，带家属的还发给生活补助。这批日本人感到“走上了一条从来没想过的道路”。

伍修权召见林弥一郎等人是 1945 年 10 月中旬。中共中央获悉此事后，决定立即着手在东北组建一所航空学校。为了落实中央决定，加强对航空工作，首先是航校筹备工作的领导，11 月，中共中央东北局成立了东北航空委员会，伍修权为主任委员，成员有常乾坤、王弼、黄乃一和林弥一郎（改名为林保毅）。这是中国共产党和人民军队的第一个拥有飞机、机场和专业人员的航空事业领导机构。航委会还成立了一个下属单位航空总队，朱瑞兼总队长，吴溉之为政委，常乾坤、白起、林弥一郎为副总队长。这个航空总队是人民空军的第一支航空部队，也是东北老航校的前身。

伍修权在航空委员会第一次会议上宣布：航委会的主要任务就是为创办航校创造条件。鉴于目前形势和具体条件，办航校不能照搬外国的办法，也不能照搬国民党的办法，要尽快招收学员，边建校边训练，用最快的速度，在最短的时间内培养出人民军队自己的飞行员和飞机维修人员。此后，他又对招生问题、训练方针、器材搜集、飞机修理等项工作，做了具体安排、明确分工。比如招生问题，伍修权指出：东北地区在日伪（满）统治下十几年，目前刚光复不久，不宜就地招考飞行学员，应考虑从部队选调。一要出身好，来历清楚，有较高的阶级觉悟；二要身体好，体检合格；三要年轻；四要有一定文化水平。这一系列方针政策，给航校的建立指明了方向，提供了保障。

同年，中共中央东北局和东北军区司令部根据伍修权提出的方案，从各单位各部队抽调出一批有一定文化基础的干部战士，加上在苏联和新疆学过航空、懂点技术的人员，与林弥一郎带来的那批日本人一起，开到本溪地区的奉集堡机场，开始了艰苦的创业。他们修整机场、设施，修理日军留下的破飞机，特别是几架教练机。又发动全体人员和广大军民到处搜集航空器材，前前后后竟找到了40多架破旧飞机，修复了30多架。

1946年3月1日，人民军队的第一所航校——东北民主联军航空学校正式开课了。从1945年10月召见林弥一郎等，到1946年4月接手负责东北地区的军事调处任务，其间伍修权以东北军区参谋长兼东北航空委员会主任委员的身份，直接领导了创建工作的全过程，包括航校领导班子的配备、教员队伍的选调、教育方针和招生原则的确定，做了大量富有成效的工作。因蒋介石悍然发动内战，大举进攻东北，并不断派飞机轰炸，这所东北老航校草创时期曾迁址两次：从吉林的通化迁到黑龙江的牡丹江，再迁到东安（今密山）。师生的课外作业，是千方百计收集飞机零部件，仅发动机就收集了200余台，拼拼凑凑修理组装起来的各型飞机，累计高达120架。他们用自行车打气筒给飞机的轮胎打气，用酒精代替汽油等燃料，经多方努力，教练机终于飞上蓝天。

这记录了东北老航校草创时期的艰辛，更记录了人民空军第一代创业者的精神。1947年，刘亚楼兼任校长，国民党空军驾机起义的刘善本被任命为副校长之一，东北老航校得到进一步发展。

1986年4月，伍修权《在东北老航校建校40周年纪念会上的讲话》中说："当年创建老航校的同志们，坚决执行党中央一定要把航校办起来的指示，在党中央、东北局的领导下，依靠东北地区广大人民群众的支持，在生活艰苦、环境险恶的战争条件下，赤手空拳，以不屈不挠、百折不回的勇气，凭着团结奋斗、艰苦创业的精神，办成了我们自己的第一所航空学校。这在世界航空史上是罕见的。东北老航校的革命精神是中国人民解放军光荣传统的继承、运用和发展……"正是这种精神，培养出了人民空军的第一代飞行员：到1949年7月，该校共培养出航空技术干部560名，其中飞行员126名。参加开国大典空中阅兵的23名飞行员，全部是东北老航校培养出来的。正是有了这样的基础，1949年11月11日，人民空军宣告成立。人民空军正式创建后，在这所航校的基础上成立了7所航校，除老航校之外，还有轰炸机航校2所，驱逐机航校4所，东北老航校因此被誉为中国人民航空事业的摇篮。朝鲜战争打响后，美国总统杜鲁门

1986 年，伍修权（左）出席东北老航校建校 40 周年庆典时与应邀率团来华参加校庆的日本友人林弥一郎再聚首

伍修权领导创建的东北老航校旧址

问侵朝美军总司令麦克阿瑟中国会不会派兵入朝作战时，麦克阿瑟毫不迟疑地回答：中国不会出兵，他们没有空军。如果他们出兵，美国空军将使鸭绿江血流成河。然而，以东北老航校师生为骨干的中国人民志愿军空三、空四师，与苏联空军联手，给了他们另一种回答：在抗美援朝战争中，空四师共击落所谓“联合国军”的飞机 64 架，击伤 24 架；空三师在 1951 年 10 月 21 日至 1952 年 1 月 14 日的 86 天内，共击落美军战机 87 架，击伤 27 架。其中令美军闻风丧胆的王海大队先后击落、击伤 29 架，创造了志愿军击落、击伤敌机的最高纪录，仅王海一人就击落、击伤 9 架，荣获“一级战斗英雄”称号；被誉为“孤胆英雄”的老航校毕业生刘玉堤大队长，创造了单机一次空战击落敌机 4 架的战绩；击落美军“王牌”飞行员戴维斯的张积慧，也是老航校毕业生。在抗美援朝战争中，老航校涌现出一级、二级战斗英雄各 4 人，多人荣立一等功。

伍修权对日本人的说服教育，引发了不小的后续效应，特别是对林弥一郎的赠枪之举，成为他此后致力于日中友好的起点。林弥一郎 1954 年回到日本，后来把唯一的儿子送到中国留学。他在回国后写的日文版《我和中国》中有这样的记述：“我要在这里介绍伍修权参谋长的一段感人故事。在我去（军区）司令部商谈进行协助工作后将要告辞的时候，伍先生从容地走到我的身旁，出乎意料地从（自己）腰间把手枪取下来，塞到我的手里，并说：‘这是长征以来，我一直带在身上的，现在把它送给你，作为今天我们相识的纪念。希望通过你和大家商量，能有尽可能多的人来帮助我们。’这突如其来的事情，使我受宠若惊，久久不能平静。仅在四五天之前，我们才把自己的手枪交出去，而且我们还没有答复究竟是否协助他们，他竟然能把自己一直佩戴的、珍贵而有纪念意义的手枪赠送给一个还不能完全信赖和倚重的对手。这个做法，作为一个日本人实在是办不到的。中国领导人的精明、宽厚以及令人感动的人情味，在这里昭然可见。”

几十年后，林弥一郎重访久别了的中国，他通过中日友好协会与伍修权联系上了。伍修权一听说老朋友来了，马上会见了他。林弥一郎说，1977 年 5 月 2 日的这次“动人的重逢”中，伍修权鼓励说：“但愿今天能成一个转折点，望你们为中国和日本的友好再次出力。”此后，林弥一郎又多次访华，成为致力于中日友好事业的活动家。1985 年他作为日中和平友好会会长来华，时任全国人大常委会委员长彭真也与他见面叙旧。1986 年东北老航校举行建校 40 周年校庆，林弥一郎率一个 50 人的代表团应邀来华参加，在校庆活动中，又一次见到也出席庆典的伍修权。

被伍修权赠枪之举感动的，还有致力于中日友好事业的后来人。1997 年，在中日建交 25 周年之际随访华团来北京并且拜访了伍修权的本间雅子写道：“听到关于伍修权将军的这些故事，我被深深地感动了。如果是在现在这样的和平时期，一个中国人与一个日本人结下友谊是一件很平常的事，但在当时那个特殊的年代，伍修权将军却以如此博大宽容的胸怀对待可以说在中国犯下不可饶恕罪行的日本军人，真是令人敬佩。我希望能借写这篇文章的机会，对伍修权将军表达深深的敬意。”①

伍修权的坦荡、真诚及其感召力，不仅写下了创办人民军队第一所航校的一段佳话，而且改变了一群人的人生道路，在增进中日两国人民友谊的历史进程中产生了深远的影响。

三、在军调部东北执行小组和长春分部

1946 年 1 月 10 日，国共两党继“双十协定”之后，又签订了“停战协定”。

由于共产党的军队主要在北方地区，根据这个协定，就在国民党的华北统治中心北平设立了由国民党、共产党和美国三方代表组成的军事调处执行部，负责监督、检查国共双方执行停战协定事宜。中共中央派叶剑英作为中共首席代表（又称中共代表团团长），到北平参加军调部的工作，与国民党中央派出的郑介民和美国代表罗伯逊，组成国、共、美三驾马车式的军事调处代表机构。

按照国共双方的协定，凡是在国共两党军队相互接触易引起纠纷的地区，都设立军调部下属的同样由三方代表组成的军事调处执行小组。最初，蒋介石出于到东北抢夺抗战胜利成果的目的，单方面宣布东北几省不在停战协定所指的范围以内，并通过陆、海、空三路向东北运送大批军队，这就与已先期到达的共产党领导的军队发生了碰撞冲突。这从彭真、伍修权 1946 年初的两份电报里可以看出：1 月 14 日，“国民党虽已公布停战协定，但其在热河军队仍疯狂向我进攻。在东北仍不承认我之地位，并正积极准备向东北之我军首先是南满之我军大举进攻。我南满各部队为制敌先机并配合热河和西满的自卫作战，应迅速准备坚决消灭沟帮子、打虎山一线及其以南之顽敌……”1 月 30 日，“……辽东为南满最富之区，同时国民党在该地区又无法利用苏军驱逐我们并接收政权，又据息顽敌近在沟帮子、打虎山集结兵力，看来顽敌当前似正企图在东北进入和平之前采取月初大举进攻热河之故伎……”

东北民主联军在战场上的顽强抵抗，加上中共代表在北平军调部谈判桌上的据理力争，3 月 27 日，国共两党和美国三方又签订了专项的《关于派遣执行小组前往东北调处停止冲突的协议》，同时拟成立军调部东北执行小组。叶剑英于 1946 年 4 月初给中共中央东北局发电，说他即将派负责干部专程来东北，商谈建立东北军调执行小组的具体问题，并通知他们，北平来人将乘军调部的美国飞机到达。在北平来人预定到达的这一天，彭真和伍修权、林枫以及从苏联回国不久也参加了东北局工作的李立三等人，一起赶到机场去迎接。飞机着陆后，走出机舱的是也在北平军调部中共代表团的饶漱石。东北局当天就在梅河口召开会

---

①［日］本间雅子：《三个条件与一把手枪的故事》，见《历史风云中的一代英杰——伍修权》，当代中国出版社 2008 年版，第 132 页。

议，由饶漱石传达叶剑英和北平军调部关于成立东北执行小组的决定，主要内容是要求东北局派出负责干部，代表中国共产党参加设在沈阳的东北执行小组的工作，同时在抚顺、本溪、四平和辽西地区成立四个分组，以切实贯彻北平军调部和沈阳执行组所授予的任务。饶漱石说，他自己也将直接参加东北执行小组的工作，并负责与北平军调部的联系。

东北局讨论后决定，由于李立三刚回国尚未分配其他工作，又因他是中共中央委员和原中共中央领导人，加派他为沈阳执行组中共代表团的政治顾问，推举北平派来的饶漱石为执行组的中共方面负责人，伍修权以代表团参谋长的名义主持代表团的日常工作。随后又组成了四个分组并任命了负责人，他们分别是抚顺分组的莫文骅、本溪分组的萧华、四平分组的耿飚和辽西分组的王首道。

东北局将这一切布置停当后，伍修权就和饶漱石、李立三等一起，仍乘那架美国飞机飞往沈阳赴任。军调部沈阳执行小组因为成立较晚，从全国各地的执行小组排下来，是第二十七小组。工作和生活的地点在一栋日式大楼内，苏联军队驻沈期间，这里曾是闻名的中苏联谊社。这座建筑是日本占领期间由日本人设计、为日本人享用的，内部设施全是日式的，每个房间都有榻榻米。更让几个月前才离开这里的伍修权感到别扭的是，在他们下榻处周围，到处都是国民党的特务暗哨和警察宪兵，一切活动都处于其严密监视之下。

伍修权来沈阳时，穿上了与国民党军一样的军服，挂上了国军少将肩章。这是因为不久前中共中央和中央军委给所辖部队下达了指示："各级干部即须执行将校尉的正规（军衔）制度"，并在参加军调部等对外工作的军队干部中率先实行。沈阳执行小组中的国民党军队代表，最初是位叫赵毅的中将，他原是东北军的一个师长，在抗日战争期间曾接触过共产党方面的人，受到过进步思想的影响。因此他到执行小组后，与伍修权等打交道时态度比较友好，也还算诚恳，明显不同于坚决反共的人。然而，他的表现引起了上司的不满，很快被撤换。取代他的另一个中将蔡宗濂对伍修权他们采取了针锋相对的态度。4 月 10 日，发生了国民党特务挑唆、组织三百多人围攻中共代表团驻地的事件。执行小组美方代表先后也有两人，一是戴梯乐上校，一是泰勒上校，他们和美国先后派到国民党中央来的赫尔利、魏德迈、马歇尔等人一样，挂着来调停国共矛盾的"中间人"招牌，实际极力维护国民党和美国的利益，在两党争端中偏袒、支持国民党。名为"三方合作"，实则"两军对阵"。《调处东北停战的协议》等等，其实都是国民党为了发动全国内战使出的障眼法。

伍修权遵照我方谈判的原则：在战场上得不到的，在谈判桌上也不让对手占到任何便宜。由于共产党方面有理有据，弄得国民党代表狼狈不堪，表面公正的美国代表也无法无视事实为其说话。于是，他们就节外生枝地联合提出，执行小组只有视察和提供情况的义务，无权监督执行和判断是非，企图缩小甚至取消执行小组，主要是中共代表的权限。伍修权等又据理力争，强调执行小组就是要监督国共双方对停战协定的执行情况，执行小组成员及其下属的分组，还必须深入

1946 年伍修权（左）在军调部东北执行小组时与李立三（中）、张经武合影

1946 年伍修权（左）任军调部长春执行分部中共首席代表时与耿飚合影

各个发生冲突、引起纠纷的地点，特别是国共两军对峙交锋的前线阵地，进行现场观察和实地调查，根据确凿证据来判断是非。为了调整部署和配置力量，在执行小组内的国民党代表和美国代表只得同意共产党方面提出的建议。

协议规定，国共两军都必须退守到停火以前各自的阵地上。吉林东部重镇拉法车站，因为扼守着几条铁路的交会点，有着极其重要的战略位置，民主联军就在停火协定生效的前一天占领了它。国民党代表据此指责并抗议中共方面违反停火协议，提议责令民主联军交出拉法并撤回原阵地。伍修权等中共代表，指出拉法车站是民主联军在停火协定生效前占领的。国民党方面不服，他们的代表在谈判桌上大吵大闹。结果形成了一个有趣的现象，战场上风平浪静、偃旗息鼓，谈判桌上的斗智斗勇却空前激烈。斗争的结果还是中共一方保住了这个战略要点。

不肯认输的国民党代表又煞有介事地说，共军正在松花江北岸集结部队，准备大规模进犯松花江以南地区。伍修权忙向东北局和东北军区查询此事，得到的回答是根本没有这个打算，目前也不可能那么做，这纯粹是国民党为了掩盖其内战阴谋而蓄意制造舆论、造谣惑众，并指示伍修权等在执行小组内揭露国民党的阴谋。随后，伍修权在小组会上提出，由自己陪同国民党代表和美国代表，一起去松花江沿岸实地考察，看有没有国民党代表所说的情况。其实国民党代表只是按照上头提供的材料说的，也不知到底是否真有此事，美国代表更是搞不清状况，就都同意了伍修权的建议。三方代表同机飞到松花江上空，在江北民主联军阵地上低空盘旋。结果没有发现一点集结部队企图渡江的迹象，除了有少数部队在进行正常训练外，到处是人民群众生产、生活的和平景象。事实证明国民党代表的指责毫无根据，美国代表也连连耸肩说“No，No”，国民党代表这才无话可说。

东北地区国共两军的接触线主要在吉林省与黑龙江省之间的松花江一带。为了就近监督执行停战协定，第二十七执行小组于当年6月从沈阳迁到了长春，并且扩大为军调部长春执行分部。原二十七小组下属的各个分组也作了调整，鉴于辽南大部地区已被国民党部队占领，战局相对稳定，就将原在抚顺、本溪和四平的三个分组撤销，又在松花江两岸的德惠、双城、齐齐哈尔等地各设一个新的分组，共产党方面的负责人分别是袁任远、高铁、朱光等，其中双城和齐齐哈尔都在民主联军的占领区内。

早在第二十七小组迁出沈阳以前，饶漱石就调回了北平军调部，由李立三继任东北执行小组的中共方面负责人。到长春不久，李立三也调回东北局担任敌工部长，伍修权就成了军调部长春分部的中共首席代表。其间，国共两党逐鹿东北的斗争更为激烈，谈判桌上的攻防战不断升级，伍修权觉察到国民党方面有点异乎寻常，事后才知道1946年5月蒋介石曾飞到沈阳和长春，布置、督促东北的反共内战。

军调部长春执行分部的中共代表团住在长春市内一个普通的旅馆内，距离美国代表团住的日式加西式的大和旅馆不算远，国民党代表团住的则比较讲究。此时的中共代表团已经扩大为一个完整的工作班子，除了参谋、翻译和电台、机要人员外，还有几位行政和服务人员。伍修权独当一面带领这支别动队，在特殊战场上寸步不让地斗智斗勇，并在斗争中发现、使用、培养能征惯战的人才。抗战期间曾在西南联大学习机械专业的李汇川，后来从北平来到东北，这时成了中共代表团的秘书兼翻译。代表团内的文字材料和工作报告，对上的汇报请示和对外的文书公函，伍修权都放心、放手地让他起草，自己只负责布置点拨、审定把关。另有位叫周砚的专职女翻译，与李汇川是一对恋人，双双参加革命并同来东北工作。他们来东北前已订了婚，到长春后就办了喜事。他们在长春工作期间，执行分部内的每次三方会谈，伍修权都让他们作为主要工作人员参加。国民党代表和美国代表也有自己的翻译。国民党的翻译，由于政治水平和军事知识太差，怎么翻译也说不到点子上，常使听者莫名其妙。后来得知，此人只是因为这个翻译职位的薪金高，才通过关系来的，根本就不够格。随美国代表来的那个翻译，一直端着架子，只做些文字记录，从不开口。所以每到三方会谈发生争论时，主要就由李汇川、周砚两人翻译。他们不仅反应敏捷，表达也极清晰，把几家的不同观点表述得清清楚楚。美国代表也对他们赞叹不已，说共产党方面真有人才。周砚是个直性子，每次会谈做翻译，遇到国民党代表胡搅蛮缠时，就表示出极大的反感和憎恶，伍修权总是适时悄悄提醒她别发火，要沉着应付。

1946 年 6 月，国民党自以为打内战的准备工作已经就绪，向共产党的中原解放区发起进攻，国共大规模内战全面爆发，“双十协定”和停战协定都成了一纸空文，双方都把主要精力用在战场上，从北平军调部到长春执行分部都渐渐闲了下来。国民党方面把军调谈判当作“聋子的耳朵”，做做样子。伍修权却尽量利用这个平台办实事。民主联军解放长春时，俘虏了国民党的长春市长等一批官员，国民党要求共产党方面释放这些非军事人员。国民党占领沈阳时，也抓走了一批进步文化人。伍修权通过反复谈判，达成作为交换条件一齐释放的协议。结果既救出了一批进步文化人，又使改变了政治立场、愿意为我所用的被俘人员打入了国民党内部。

伍修权在长春期间还利用合法身份为保留电影设备出过一份力。长春有个伪满时期最大的电影制片厂，那里有大量解放区没有的电影设备器材。民主联军初占长春时，从延安赶来的袁牧之等曾去接收了一批东西，但撤出长春时只运出了一小部分，后来又通过中共地下党组织派来了金山等影剧界人士，让他们去接收满影。伍修权就让正以长春执行分部中共方面工作人员身份出现的戏剧家欧阳山尊秘密会见了金山，向他传达了上级的指示，商定了取得并运出那批物资的办法。随后，金山帮助他们在国民党的眼皮底下，将大量电影设备器材妥善保存下来并及时转移出去。

10 月，叶剑英去了一次东北。作为军调部北平总部中共代表团的负责人，

1946年伍修权（左）任军调部长春执行分部中共首席代表时与叶剑英（中）、龙桂林合影

叶剑英对军调部东北执行小组和长春分部的工作一直十分重视。出发前，他通知伍修权到长春机场等着，与他同去哈尔滨。伍修权为能见到已分别一年多的老上级而高兴，早早就去了机场。上飞机后，叶剑英悄悄告诉伍修权，他这次来的公开目的是视察长春执行分部的工作情况并查询民主联军的情况，另一个任务是受中共中央的委托，来调查了解东北局内部的矛盾。围绕如何执行中共中央“建立巩固的东北根据地”的方针，担任东北局书记的彭真与后来进入东北局、负责军事指挥的林彪存在不同认识。鉴于当时东北形势发展的需要，特别是国民党撕毁停战协定、发动全面内战，东北面临更大规模战争的严峻形势，中共中央对东北领导人作了重新任命，“为了统一领导，决定以林彪为东北局书记、东北民主联军总司令兼政治委员”。因此，中央派叶剑英就近从北平过来，对此进行具体了解和适当处理。叶剑英到哈尔滨后与东北局领导人员分别谈了话，从各方面的意见中发现了问题的症结所在，就根据自己的了解和分析，向中共中央如实作了报告。

11月，伍修权觉得军事调处已名存实亡，无事可做，就向东北局提出，要求回军区工作，并且建议搞过敌军工作的李初梨来接替他。东北局和叶剑英同意作此调动。

四、大规模东北军事工业的领导者

1947年2月，伍修权结束军事调处任务回到哈尔滨后，受命分管军工生产。《罗荣桓传》中记录了伍修权接受新任务的过程：

> 国民党破坏停战协定后，伍修权回到哈尔滨，罗荣桓找他谈话，问他对工作安排有什么想法。伍修权在执行小组期间，天天同美方和国民党方面的代表“吵架”，由于对方胡搅蛮缠而憋了一肚子气，他表示希望到前方同敌人真刀真枪地干一场。
>
> “到前方的愿望是很好的。”罗荣桓说，“不过，目前部队作战武器消耗很大，随着战争形势的发展和部队的扩大，后方军工生产越来越重要了。战争的胜负除了取决于其他多种因素之外，有无充足精良的武器弹药，也将产生直接影响。这件工作目前跟不上，很需要大抓一下，军区准备成立一个军工部，你负责领导军工生产怎么样？”伍修权愉快地接受了任务。①

于是，东北局和东北军区发文：“1947年2月18日令字第二号：任命伍修权同志为总部参谋长兼军工部部长，管理军工生产并统管后方各机关。”东北军区此前还没有领导和管理军工生产的专门机构，伍修权受领任务后，组建了小而精干的工作班子，从调查研究入手先摸清家底。手下最初只有两个人，都以秘书名义跟着他干。伍修权让他们一个坐镇哈尔滨军区机关内，负责收集整理这方面的情况资料，以掌握全盘和面上大事；另一个跟着自己深入到各地各个军工生产单位去“实行面对面领导”。伍修权主持这项工作后极少坐在机关里发号施令，他的主要工作方式就是实地了解情况、检查工作，发现问题当场解决。这种指挥位置向一线前移的领导方式，使他在不长的时间内就摸清了全军区军工生产的基本状况：在军区所属范围内，到底有哪些军工生产单位，有哪些产品、多少产量，亟须解决的问题是什么。他从调查中了解到，东北地区的军工生产基地，多数在黑龙江省境内，有的规模还相当大，如哈尔滨、齐齐哈尔、鹤岗、鸡西、牡丹江、东安等地，都建有比较重要的军工企业。在吉林省中朝边境地区的珲春，仍由苏军控制的大连，也有一些日伪时期留下的大型军工厂。

他所到之处，都着力解决关键性问题，提出指导性意见，大到各地区、企业军工领导班子的配备与加强，技术力量的使用与培养，老厂改造与新厂筹建，主打军工产品的定位与升级；细到原有厂房、现有设备的利用与改造，器材和原料，包括战场上遗留的破枪、旧炮、废战车等的挑选回炉等。他还将各地几百家私营小型铁工厂组织起来参加军工生产或并入大厂。在伍修权卓有成效的领导、指导下，在东北地区形成了统筹兼顾、自成系列的军工生产基地，

① 《罗荣桓传》，当代中国出版社2015年版，第266页。

1947年伍修权（右）任东北军区参谋长兼管东北军工生产时主持军工会议

大大提高了生产力。

1947年5月7日，伍修权给东北军区写了一份调研报告：

> 我于4月7日由哈尔滨出发并于昨晚8时回来，是整整一个月，其间在兴山留了6天，佳木斯3天，千镇1天，鸡西2天，东安1天，石砚1天，珲春6天，共20天，其余10天在路上。
>
> ……从我走过的这些地区看来，我认为鸡西、东安结合起来的这个地区，对我之军工生产最为有利，有鸡西的煤、铁，有交通之便，东安较为隐蔽且便于在其周围发展，而珲春为军工部精华所在，但其所处地势在现在和将来对于我均甚不便，故我主张一定要在东安多修几个大的厂房，形势好可在那里开新工厂，形势不好可将珲春的移过来而缩短停工的时间，这是一举两得的一着棋。
>
> ……珲春机械厂、兴山子弹厂是我们的主力厂，机械厂工人中，日人120名，韩人80名，华人40名。子弹厂的工人中，日人109名，韩人89名，华人76名。两个主力厂如此，这是很严重的问题。
>
> ……最后谈到韩振纪与军工部的组织问题。从我见到的五军团干部中，我认为韩是在意识上最好的一个，作风艰苦，老军事干部，懂得些技术而又愿意搞这一套，这是很难得的。上次仓促下命令，以我为军工部长，而对他的工作又没有明文规定，这样在客观上，自然使他难于放手工作。为着真正加强军工部工作，我坚决主张仍以韩为部长兼政委……由韩直接负责，由我从旁帮助，这种方式，对于工作是较为有利的。
>
> ……多数军工干部提议开办百人左右的工业训练班，以便应付可能到来的发展局面。

从这份报告及其落实情况，可以看出伍修权的工作作风、工作效率和精神境界：调研回来的第二天就写出了报告，当月就在东安创建了东北军区军工部直属一厂；一个月走访了六七个军工生产厂、点，既发现问题又提出建议；鸡西、东安“对我之军工生产最为有利”的分析，涉及原材料、交通、安全及发展前景，不难看出其考虑问题的周全缜密；对两个主力厂工人国籍的抽样分析和开办训练班的建议，不难看出其见物更见人、用人先育人的远见卓识；力荐韩振纪及其日后的发展——新中国成立后曾任中国驻苏联大使馆中将武官、中国人民解放军总后勤部副部长等职，不难看出伍修权举能荐贤的胸襟。

以下的相关任免命令、会议和东北军工生产的突飞猛进，是伍修权这份报告及后续工作的连锁反应。

5 月 25 日：“伍修权同志免兼军工部长职务但仍代表总部负专职指导军工部工作。”

9 月 14 日，东北军工会议在哈尔滨召开，会上任命曾留法勤工俭学、原任东北军政大学副校长的红军将领何长工为部长，东北最大的军工生产基地珲春基地的负责人韩振纪、鹤岗基地的王逢源等为副部长。

11 月 8 日：“任命伍修权同志兼军工部政治委员。”

在此前后，各军工基地的负责人也先后进行了调整、落实：除韩振纪和王逢源外，在哈尔滨的是王盛荣，在齐齐哈尔、鸡西和牡丹江的分别是田汝学、乐少华和王厂，在大连的是朱毅和他的副手张珍。伍修权在军工部的搭档和各军工基地的负责人大都是有知识、有经验、有水平的专业干部。对这批军工技术人才

1947 年伍修权兼任东北军区军工部部长时在东北军工会议上作报告

和生产管理干部，伍修权都很赏识并加以重用，从而调动了他们的积极性与创造力。几十年后，伍修权还念念不忘当年那批军工战线上的将士，包括他最初的两位秘书：坐镇哈尔滨的徐良图，后来成了搞计划调度的专家，新中国成立后曾担任国家计划委员会副主任；另一位叫任忠浩，他跟着伍修权几乎跑遍了东北解放区，成了伍修权身边的得力参谋。

此时，东北军工战线上涌现出被称为“中国的保尔·柯察金”的吴运铎等英雄模范人物。吴运铎在生产炮弹做试验时，因为忘我工作奋不顾身，在炮弹爆炸中负了重伤，但他伤残后仍然斗志不减，继续献身军工事业。伍修权不但去看望、鼓励他，还将他树为东北军工战线的标兵，作为大家学习的榜样。新中国成立后，吴运铎写出了记述自己生平的《把一切献给党》，多次参加全国英模大会，在群众特别是青少年中产生了广泛影响。

由于伍修权和东北军工部全体人员的共同努力，东安有了“新中国军事工业发源地”的美称。1947年春，伍修权率化工专家钱志道等几位从延安来的老军工干部到东安选择发射药厂厂址，他们根据地理位置、自然环境、道路交通、基础设施等综合因素和条件，看中了距东安市西9公里的连珠山区新发村。那里原有一个日军修械所，有现成的厂房、营区、医院和专用的铁路。于是，决定在此新建一座专供生产炮弹、枪弹用的发射火药工厂。伍修权定点的当月，就任命钱志道为厂长兼政委，率领近200人的队伍，开始创建当时全国解放区规模最大、人员最多、技术力量最强的发射药厂，即东北军区军工部直属一厂。1997年举行建厂50周年庆典时，这家已改名为黑龙江奋斗化工厂的著名大企业，请伍修权为他们题词。

从1947年2月伍修权走马上任到辽沈战役胜利结束的近两年内，东北的军工生产逐渐由分散走向集中，由小批量生产走向大批量生产，由生产简单兵器到生产枪炮、大口径炮弹。生产规模不断扩大，产品的种类及数量也不断增加，不仅能制造出前线消耗量最大的各种枪弹、炮弹、手榴弹等，而且还试制出爆破筒、反坦克燃烧瓶等新产品，大受前线指战员的欢迎。原来主要是修理各种炮的工厂，也生产出了口径较大的迫击炮和很有威力的步兵炮，连修车厂也装备出了简易的装甲战车。此外又大量生产和供应部队军用电话、电台、轻型发电机等通讯器材。

有数据从规模和产品两个方面显示了当时东北军工生产的盛况：至1948年11月，已拥有生产企业55个，职工人数23674人，生产子弹8240万发，手榴弹1600万枚，迫击炮弹9200万发，各种山炮弹11万发，九二步兵炮26门等，为支援辽沈战役立下了战功。①

东北军工生产突飞猛进的发展，是东北局、东北军区和伍修权对毛泽东寄厚望于东北军事工业的合格答卷。1947年7月10日、8月29日、11月13日，毛泽东三次指示东北局：“东北军事工业应全力接济关内，目前开始的一年内，你

① 于学驷：《东北军事工业的卓越领导者》，见《历史风云中的一代英杰——伍修权》，当代中国出版社2008年版，第145页。

们必须用大力建立大规模军事工业”；“将大量山野炮弹及黄色炸药向南线各军输送。他们对此如大旱之望云霓”；“望东北局用全力加强军事工业之建设，以支援全国作战为目标。”①东北军事工业的历史功勋，远远超出了为辽沈战役提供最基本的物质保障的层面，产生着跨时空的辐射效应：不仅满足了东北战场的需要，还将大批武器弹药和作战物资，通过海运送到山东供给华东战场，通过陆路运往华北等地区，使东北成了当时中共领导的人民军队最大的军工生产和军火供应基地，有力支援了全国的解放战争。时任华东野战军正副司令员的陈毅和粟裕签发信件，感谢东北特别是旅大军工企业对华东部队的巨大支持，粟裕还说，华东的解放、淮海战役的胜利，离不开华东民工的小推车和大连制造的大炮弹。不仅如此，东北军工企业还成了新中国军工生产的工作母机。解放后陆续兴建的与东北军区军工部直属一厂同类的军工厂，其领导干部和技术骨干大都是从该厂选派的；现在东北乃至全国许多带“电”字的工厂，都与东北军区军工部直属二厂有历史渊源关系。

东北军事工业何以能产生如此巨大的跨时空辐射效应，从伍修权当年在东北军工会议上的讲话中可以找到答案：“我们的工作对象有三：一、人，二、机器，三、材料……机器、材料都是死的、被动的，人是决定一切的，因此，我们的工作重点是人。”

作为主抓东北军工生产最久的直接领导者，伍修权不但乐于奉献，而且不惮冒险。当时，深入大连军工基地就不能不冒点风险。自从国民党部队抢占了辽东根据地之后，沟通南满、北满的交通干线被切断，去大连必须绕道朝鲜。但当时朝鲜境内不太安定，除南北分治外，撤入朝鲜境内的东北民主联军伤员也是一个不安定因素。其中有新战士，有加入人民军队不久的原国民党士兵，少数人自恃在战场上有功，不讲道理，制造事端。1948 年 5 月，伍修权同军工部顾问室主任、负责生产技术的赵品三乘火车从哈尔滨出发经图们江进入朝鲜境内，就曾遇到伤兵的纠缠。他们冲上公务车厢，伍修权带的两个警卫员根本招架不住，不得不亮出东北军区司令部的招牌才得以过关。一路上经过几次折腾，总算安全抵达了朝鲜南浦港。为了抢时间，当天下午就上了船，以便晚上通过国民党的海上封锁线。这条船小，沿海岸航行是没有问题的。可是国民党部队只要一发现目标就打炮，为了安全起见，不得不远离海岸行驶。海上无风三尺浪，那天晚上偏偏又刮大风，小船一会儿被推上浪尖，一会儿被抛入浪谷。伍修权的随行人员开始呕吐，先是将吃下的食物呕出来，接着呕胃液，连经常跑这条线的船员也呕吐不止。孤舟冒着被大海吞没的危险，经过十余小时的颠簸，翌晨终于抵达了大连港。

伍修权主管东北军工生产期间，曾多次去大连，与大连建新公司的经理朱毅、副经理张珍等关系密切。他在大连检查指导工作中，注重深入生产一线，帮助解决实际问题。1948 年 5 月，他在建新公司的干部会议上作了形势报告，动员大家要充分发挥重要军工生产基地的作用，为支援华东战场，努力完成当年

---

① 刘统：《东北解放战争纪实》，人民出版社 2004 年版，第 527 页。

1948 年伍修权兼管东北军区军工生产期间与战友们合影（左起：边章五、伍修权、刘向山、韩振纪）

1948 年 4 月，东北军区军工部召开党委扩大会，何长工（中排左四）、林彪（中排左五）、伍修权（中排左七）等参会

20万发75毫米山炮弹的生产任务。伍修权还在旅大财经会议上提出，各解放区为在旅大采购而与苏军的交涉，必须统一领导，必要时物资可以相互借用、调剂，以保证生产任务的完成。大连建新公司没有辜负伍修权的厚望和指导，他们利用大连当时仍由苏军占领着、国民党军队进不来的有利条件，在解放战争期间生产了炮弹50余万发、引信80余万枚、火药450余吨，还有1200余门自造的迫击炮及其他各种军工产品。

伍修权还以中共中央东北局委员的身份，帮助解决旅大地委内部的团结问题。那时大连的情况很特殊，对外是苏联在华唯一的军事管制区，实际上中国共产党在那里设立了党组织和地方政权。从1945年苏军占领大连后，中国共产党就在那里建立了由韩光担任书记的市委机关，以后又扩大为地委。他在工作中和一些人产生了矛盾，有人就告他的状，说他一切都跟着苏联人转，没有自己的主张和政策。伍修权到大连时，这些人也找到他反映情况。伍修权听了多方面的意见，认为搞好内部团结，搞好与苏军的关系才是大局。在与何长工及时任大连地委副书记的李一氓商量后，他在地委干部会议上，讲了在苏军管制下中国共产党的工作原则，要求大家顾全大局，从而统一了思想，加强了团结。

五、痛别结发之妻张毓兰和老战友朱瑞

1948年1月，有“东方莫斯科”之称的北国重镇哈尔滨，已是人民的天下，好日子如同雪化冰消的春天般来到了。可是伍修权的结发之妻张毓兰（曾用名张秀莲）却一病不起。

张毓兰1918年3月6日生于陕北榆林葭县（今佳县）的农家。30年代初陕北“闹红”，当地也有了中共地下党，上过几年小学又生得娇小秀气的张毓兰引起了他们的注意。经过教育和启发，1934年，16岁的张毓兰开始参加革命活动，1935年成了陕北红军中的一名女战士并入了党，1937年调到陕甘宁边区政府邮局工作。

那时，担任边区政府秘书长的伍修权已29岁，到了该解决终身大事的时候了。有热心人介绍他认识了张毓兰，经过接触和同事的撮合，1937年夏天，他们在延安结了婚。翌年2月，伍修权奉调去兰州八办，因怀孕行动不便的张毓兰由老家来人用毛驴接回娘家待产。1938年6月，张毓兰生下了长女曼曼。同年10月，母女二人辗转去了兰州，一家人终于团聚了。张毓兰担任办事处的行政秘书，工作热心、细致。王定国在回忆文章中记述了张毓兰用民间验方为她儿子治病及悉心护理的感人故事。两次途经兰州在八办住过的邓颖超，几十年后见到张毓兰的女儿，提起她仍赞不绝口。伍修权和张毓兰此后又添了一男三女四个孩子。由于伍修权戎马倥偬，没有时间顾及家庭，张毓兰为免除丈夫的后顾之忧，不得不放弃工作。长期一个人带孩子，干家务，还要尽力照顾工作繁忙的丈夫，加上生活艰苦，她对疾病的抵抗力逐步下降。在中央军委一局局长任上日夜操劳

1940年伍修权、张毓兰夫妇和长女曼曼（右）、儿子天福（左）在兰州八办留影

的伍修权得了肺病。在服侍丈夫，使之早日康复的过程中，张毓兰自己却感染了肺结核。虽然叶剑英等多方关心，为因公到北平军调部的伍修权提供了带妻子来北平看病的便利，但是连当年医疗条件最好的德国医院（解放后改名北京医院）也无力回天，检查结果是结核已扩散到肾脏。当时伍修权刚刚调回东北军区主抓军工生产。一面是病重的妻子需要照顾，一面是即将打响的辽沈战役和全国解放战争急需军工生产提供保障。这两头孰轻孰重，伍修权清楚，张毓兰也清楚。她不能因为自己而拖丈夫的后腿，于是放弃了在北平治疗，跟着丈夫到了哈尔滨。丈夫一到哈尔滨又没日没夜地忙开了，忙得几乎难得见一次面。但是张毓兰知足了：丈夫不是不关心自己、不牵挂家庭，实在是分身乏术啊！

此时，张毓兰斜靠在病榻上，还在挣扎着织毛衣，一针又一针，一圈又一圈。肺结核晚期使她喘气都感到吃力，可她还在编织，她为五个孩子每人织了一件毛线衣。在把浓浓的母爱织进千针万线的过程中，孩子们的笑脸不时在她眼前闪现。她想得最多的，是不在身边的两个孩子天福和延力。

天福是伍修权夫妇的第二个孩子，也是伍修权唯一的儿子，1939年10月出生于兰州。1941年伍修权调回延安时，张毓兰怀的第三个孩子已近产期。因为盼孩子早点降生，好早日回延安，就取名“望生”，并采取了催产措施，4月下旬，望生终于出生了。但带着三个孩子，千里辗转诸多不便。中共兰州地下党的战友见状，建议伍修权夫妇留下一个孩子由他们帮助抚养。儿女是娘的心头肉，张毓兰哪里割舍得下？但为了支持丈夫轻装上阵，她还是忍痛同意了。夫妻俩本想留下大女儿，但曼曼已经3岁，又爱说话，怕她说漏了嘴，暴露自己是八路军的后代，不但孩子不安全，还会给收养她的人家带来危险，就忍痛留下了才1岁出头的儿子。几经辗转，最后由中共地下党组织负责人之一罗扬实抱回家交给他父母抚养。罗扬实的父亲是当地小有名气的中医，他的家就是地下党的一个秘密联络点。虽然儿子没有明说这个孩子的父母是什么人，但是老两口心里清楚，就像对自己的亲孙子一样精心呵护。天福从记事起，只知道他们是亲爷爷、亲奶奶。1946 年夏天，多年不见的罗扬实突然回了家，一家人高兴极了。长大了，天福才知道，1942 年罗扬实到延安参加整风运动时，因中共甘肃地下党被康生诬陷为所谓“红旗党”而被关了三年。平反后，罗扬实回到兰州，继续开展地下工作。为了建立一个更加安全、方便的联络点，罗扬实一家从兰州城里的山子石街搬进了兰州南郊八里窑牟家湾的一个农家大杂院。院子前面有条土公路，后面是个大山坡。这个新家就成了中共兰州地下党的一个重要据点。每当地下党的人员在此开会或隐蔽居住时，罗爷爷和罗奶奶负责掩护和生活保障，八九岁的小天福成了他们的小帮手，或是与奶奶到河边抬水，或是拾马粪当燃料，有时还站岗放哨或送信。一天晚上，地下党在家里开会，小天福在门口望风。他看到有个戴礼帽的人在不远处转悠，忙回去报告，开会的人们立即从院子后面牲口圈翻墙撤走了。还有一次，罗扬实给了他一张叠好的纸条，叫小天福送到他去过多次的后五泉山的大姨爷爷家，那里也是地下党的一个据点。罗扬实特别交代，这纸条千万不能让警察看见，万一不行就吞下肚去。小天福听了反而紧张起来。半路上要经过八里窑警察局门前设的一个路卡。平时来去从容，这次小天福过了路卡不远，就急忙奔跑起来。好在路上拉煤炭的车马和行人较多，以为是小孩子在玩耍，才没有引起警察注意。

罗爷爷、罗奶奶、罗扬实与天福（罗斌）在兰州合影

张毓兰心里的另一份牵挂是将近两岁的小女儿延力。1946年底，伍修权随从军调部到长春执行分部来的飞机去北平汇报工作。叶剑英把他接到自己的住处，那是个环境清幽的别墅式院子。伍修权到北平时，恰巧碰到朱德也来到北平。12月1日是朱德的六十大寿。那天晚上，军调部中共代表团的全体人员簇拥在朱德周围，向他敬酒祝寿。其乐融融的革命大家庭氛围，把伍修权的思绪带回了延安，带到了妻儿身边。刚巧军调部有一架飞机去延安，看出了伍修权心事的叶剑英就让他乘便回延安探亲。伍修权第一次见到了1946年2月出生、已经10个月大的延力，抱起来亲了又亲。还想再亲亲三个大点儿的女儿，可是除了七八岁的曼曼还认得爸爸，望生和只有3岁的连连都认生地躲开了。妻子的病情使伍修权下决心把全家接去东北，路过北平时还能带她看看病。哪知他们上返回北平的飞机时，却被美国机组人员拦住了，他们不准家属特别是最小的孩子上飞机，说是保证不了安全。伍修权与张毓兰商量，先将延力留下，给老百姓带着，以后再来接。在伍家担任勤务员的老八路吴树成听到后说："把孩子交给我吧，只要我在，孩子就一定在。我会随开往东北的部队把延力送去。"多年的相处，张毓兰早把他当成了不可或缺的家庭成员，大生产运动时教他纺线，还用他纺的毛线亲手为他织了毛衣毛裤，孩子们也都把吴伯伯视为自己的保护神。面对忠厚善良的吴树成的无私承诺，伍修权和张毓兰把延力托付给他。然而机组人员还是

伍修权担任军委一局局长期间的公务员吴树成及曼曼（左）、望生

不同意让其他几个小孩上飞机。伍修权一咬牙对张毓兰说，今天他一个人先走，另找机会回来接她们。1947 年初，军调部的董越千飞回延安联系工作，叶剑英交代他将伍修权的家人带到北平来。这次，大一点的三个女儿终于上了飞机。张毓兰依依不舍地离开了延安和未满周岁的小女儿延力。

张毓兰再也没有见到儿子和小女儿。“曼曼，把你弟弟和延力找回来呀。”她再三叮嘱大女儿。

1948 年 1 月 18 日傍晚，伍修权回了家。三个女儿看到难得一见的爸爸回来了，高兴地在妈妈的床上蹦来跳去。伍修权从妻子盯着孩子们看不够的眼神中，感受到了她比病痛更揪心的心痛。他让女儿们回她们的卧室睡觉，自己独自守在奄奄一息的妻子身边。

夜深了，张毓兰艰难地睁开眼睛，盯视着守在身边的丈夫，用最后一点力气说：“我，不行了……”说着慢慢合上了眼睛。相依相伴的爱妻就这样离开了他和孩子们，泪水伴着伍修权的思绪默默滚落下来。中年丧妻是人生的大不幸之一。他们结婚仅仅十年，妻子对革命事业的执著和她的真诚、善良，深深地刻在他的心里。无论是在兰州，还是在延安，只要妻子在身边，连他周围的战友都能享受到家的温暖。军委一局的人员把她看成“编外成员”：“她看到我们衣服穿脏了，就叫住，要我们脱下来，帮我们洗（当时延安很困难，没有洗衣服的肥皂，我们只有星期日到延河边去洗），发现我们衣服有破洞，就给我们缝补。……只要她知道一局有哪个同志生了病，她总要去看看、问问，是着凉感冒了，就烧碗姜汤送给喝。冬天，我们这些年轻人不爱糊窑洞的窗户和门的缝隙，只要被她发现了，她就会在我们工作时，带着伍局长的警卫员‘偷偷地’帮我们糊好，使我们下班后，回到窑洞，感到温暖多了。”[①]他们尤其忘不了国民党对延安实行经济封锁的生产自救时期，张毓兰常常把自己家里种的蔬菜炒好了送到一局与年轻参谋们分享，用参谋们纺的毛线为他们编织御寒的衣物。

与妻子的死别，使伍修权痛彻心扉，他后悔给妻儿的关心太少太少。结婚十年间，新婚不到半年，自己就在农历大年前夕告别了怀孕的妻子，匆匆奔赴兰州。去东北时走得更急，中共中央作出组建东北局的决定后，他连夜交接了作战部的工作，第二天一早就飞离延安。把妻子接到哈尔滨的一年间，他有大半年为军工生产东奔西跑。伍修权明白，妻子尽管心里始终放不下两个远在他乡的幼小儿女，却从不在自己面前伤心落泪。伍修权曾经告诉延力，她的名字是妈妈取的。把“延安的力量”延续下去，发扬光大，这是她对儿女们的期望，也是她自己的理想和追求。

为追求光明而奋斗的妻子走了，没有看到新中国的黎明，连常人不难做到的见儿子和小女儿最后一面都不可能。思念浓缩成伍修权对儿女说的一句话：“我

① 杨迪、龙桂林：《为我军司令部建设做出的重大贡献》，见《历史风云中的一代英杰——伍修权》，当代中国出版社 2008 年版，第 116—117 页。

一生亏欠最多的是你们的妈妈。”

伍修权对发妻的缅怀，更多地表现为忘我地工作。他也没有忘记妻子“把天福和延力找回来”的临终嘱托。

不过，延力不是伍修权找回来的，而是吴树成随大部队穿越数省、行程万里送回来的。一路上，他用奶粉或小米糊糊喂延力；部队宿营时，就找正在奶孩子的房东或邻家小媳妇帮忙给延力喂奶，延力一路吃的是百家奶、千家饭。过黄河时，因为夜间行军加上一路劳心劳力造成的极度疲惫，背着延力的吴树成在山崖上摔了一跤，要不是凑巧倒向靠山的一边，他和延力都葬身黄河了。一次遇到敌机轰炸，吴树成用自己的身体护住孩子，延力逃过一劫，可他的背上却留下了新的弹痕。吴树成背着延力辗转近两年走到哈尔滨，再寻到沈阳，吃苦受累，只为了兑现当年他对孩子父母的一句沉甸甸的诺言：“只要我不死，就一定把孩子送到你们身边。”令他伤心的是，他兑现承诺之时，张毓兰已经不在了。

寻找儿子，是在新中国成立之后。1950 年，伍修权委托兰州军区的老战友帮忙寻找。可是拉扯了天福十年出头的罗奶奶，已经与他难分难舍。从感情上承受不了分离的还有天福自己。他说：“经过当时已在马列学院（后更名为中共中央党校）工作的罗叔叔等给奶奶做工作，1952 年春，我读小学六年级时，罗奶奶、罗叔叔一起把我送回了北京。开始只说是送我到北京上学，直到从兰州出发的前一天晚上，奶奶才告诉我是送我到爸爸身边去。我当时就大哭起来，坚决不走。好在奶奶到北京后在罗叔叔家住了下来，我节假日可以经常到罗叔叔家去看奶奶。”

为此，伍修权时常教育孩子们不要忘记这些在最困难的时候给了全家帮助，抚育了儿女的亲人们；要懂得自己并不只是父母的儿女，也是人民的儿女。什么时候都不能忘记人民群众，要用自己的行动回报人民。儿女们没有辜负父母的希望。“我在解放军外语学院学的是德语，1963 年我被派往驻民主德国使馆武官处任翻译。出国前组织上找我谈话，说我父亲的身份特殊，美蒋特务比较关注，要我用个化名。为了纪念罗叔叔一家对我的养育之恩，父亲同意我改姓罗，单名一个‘斌’字来自父亲 30 年代从苏联偷渡回国时所用的化名‘田斌’，一直沿用至今。”2010 年 4 月，古稀之年的罗斌将军谈起这段往事，仍然热泪盈眶。

1948 年，伍修权年初痛别发妻，秋天又一次直面死别：43 岁的朱瑞在辽南义县战斗中献出了年轻的生命。

朱瑞是伍修权在莫斯科中山大学时的老同学，中大毕业后，朱瑞去了莫斯科炮兵学校。回国后，他们先后到了中央苏区，一度同在红军学校工作。以后朱瑞参与领导了国际共产主义运动兵运史上空前的宁都暴动，使包括董振堂在内的国民党二十六路军 1.7 万余人加入了红军队伍。他历任五军团政委、一军团和一方面军政治部主任、中共北方局军委书记等职。后来发挥专业特长，担任了人民军队的第一所炮兵学校——延安炮校校长。到东北后，担任东北军区炮兵司令员兼炮校校长。

辽沈战役开始后，朱瑞亲率炮兵部队参加作战。在进攻义县时，部队缴获了一批美国造新炮，他一听说就迫不及待赶去查看接收。当时战斗刚刚结束，他不顾还没打扫战场，就急急走向战区，不料踩上了国民党军埋设的地雷而牺牲。东北局和东北野战军领导机关共同决定，将朱瑞的遗体运回哈尔滨，为他举行隆重的安葬仪式，由伍修权负责此事。

运送朱瑞灵柩的列车停靠站台后，伍修权和几位主要领导人一起，走进车厢向烈士遗体默哀致敬，随后亲自将灵柩抬下火车，安放到灵车上驶出站台。10月9日，东北局和东北军区领导机关为朱瑞举行了公祭仪式和葬礼，高岗、陈云、张闻天、李富春等在哈尔滨的东北局和东北军区领导人都参加了。伍修权作为朱瑞的生前友好和军区负责人代表军队方面，东北行政委员会副主席、张学良之弟张学思代表地方各界，一起担任了陪祭人。

朱瑞的遗体被安葬在哈尔滨烈士陵园内。伍修权在葬礼以后回到自己的办公室，看到桌上的玻璃板下，还压着不久前朱瑞送给自己的照片。那是朱瑞与他的孩子的合影，他和孩子都含笑对着镜头。伍修权只觉他们正在看着自己，虽然笑容依旧，只是故人已逝，不由无限感慨，当即写下《悼念朱瑞同志》一文。

六、在辽沈战役中的一个紧急作战建议

1948年1月，东北民主联军改称东北人民解放军，分为东北军区和东北野战军，东北民主联军总部改为东北军区和东北野战军领导机关。8月，单独建立东北野战军司令部，林彪任司令员，罗荣桓任政治委员。东北军区仍由林彪兼任司令员和政治委员，高岗任第一副司令员兼副政治委员，吕正操、周保中、萧劲光任副司令员，罗荣桓任第一副政治委员，陈云、李富春任副政治委员，刘亚楼、伍修权任参谋长，谭政任政治部主任，李富春兼任后勤部部长。

辽沈战役开始前，东北军区和东北野战军作了进一步分工，林彪、罗荣桓和刘亚楼负责前线指挥，高岗和伍修权负责后方工作。这样，那时已召回军区司令部的伍修权，就挑起了比领导军工生产范围更广、分量更重的担子，首先是支援辽沈战役的繁重任务。其时，中共中央和毛泽东发给野司的电报指示，野司发往中央军委的请示报告，也同时附发或转发到东北军区。因此，高岗和伍修权虽未直接参加前线指挥，但对中共中央的战略决策、作战部署和东北战局了如指掌，也不断提出自己的建议和意见，局部参与了指挥决策。

10月19日18时，伍修权起草，与高岗联名发出了给东北野战军司令员林彪、政治委员罗荣桓和参谋长刘亚楼并报中央军委的一份紧急作战建议电报：

（一）新七军今早十时开始缴枪，长春问题已解决。在此情况下，估计沈阳之敌将以主力沿北宁线两侧向锦州方向突围并以一部向营口突围。

（二）基于以上情况，我们对当前情况有以下处理意见。

甲、以六个二线兵团补充长春缴获之武器，留置于长春地区负责守备。

乙、以十二纵及另三个独立师由四平以北上车，赶于廿四日以前全部运抵清源，然后以急行军经抚顺、本溪方向，向鞍山、海城前进，以堵塞敌人向营口的退路……

丙、其余各独立师及二线兵团……向彰武、法库、新民方向急进。

（三）长春周围各部队应利用明（廿日）一天时间休整及补充武器弹药后即开始行动。

（四）目前是对我十分有利的革命形势，我有全歼东北蒋军的绝对把握，故应……坚决、英勇、全部消灭东北蒋军。

（五）以上意见如正确，请由林、罗、刘向一兵团下达具体命令并告我们。我们将以一切力量保证其执行。中央有何指示，亦请示知。

这份电报发于长春解放的当天，对东北国民党军余部的动向作出了准确无误的判断，并提出了紧急应对之策。

因为长期从事作战指挥方面运筹帷幄的工作，去东北之前在延安担任军委作战部副部长等职务的伍修权，无论是在负责东北地区的军事调处事项期间，还是在主抓军工生产、统管后方各机关期间，仍以独到的战略视野，关注着东北地区的作战全局、敌我态势。1948 年 5 月 2 日，他在大连视察军工生产时应邀作的报告中指出：“争取于今年全部消灭敌人在东北的军队，一般判断可能实现。东北要作为整个战争的后方，军事上要争取今年入关，增援华北，打下平津……”[①] 伍修

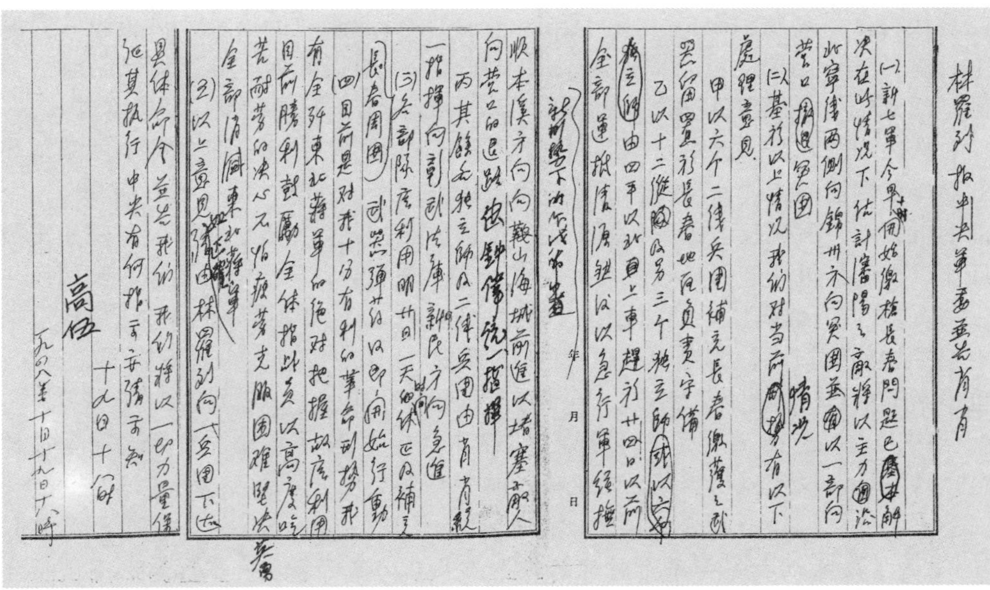

1948 年 10 月 19 日，伍修权起草并与高岗联名发出的紧急作战建议电报

①《大连建新公司兵工生产史料》，中共大连市委党史工作委员会 1988 年编印本，第 147 页。

权在1948年9月12日辽沈战役打响的四个月之前作出的这一判断，几乎与东北解放战争的历史进程完全吻合：11月2日，历时52天的辽沈战役胜利结束；11月23日，东北野战军主力开始南下入关。唯一的缺憾是未能全歼东北的国民党军。

长春解放之时，辽沈战役已进行了37天，人民解放军取得了决定性胜利：东北境内的国民党军残部只剩下困守在沈阳及其周围地区的不到30万人。伍修权清醒地意识到，国民党军残部只剩下仓皇出逃这一条路了。由于国民党军撤向关内的陆上通路全被切断，只剩下了由辽南从海上逃跑的最后一个口子。位于渤海湾的营口，最可能成为其突围方向。其时林彪的关注重点是全歼廖耀湘兵团，野司的主要兵力仍在辽西一带，在营口地区只部署了少量部队。因此，伍修权才和高岗一起，向野司和中央提出了这一紧急作战建议，以抢占并扼守营口，堵住东北地区国民党军残部撤退的唯一缺口。

在高、伍紧急作战建议电报发出的当天，毛泽东为中共中央军委起草的给林彪、罗荣桓和刘亚楼的电报就有三封：第一封指示以五纵、六纵、十二纵堵塞沈阳蒋军向营口的退路。第二封提醒："你们仍应考虑部署有力兵团于营口及其西北与东北地区"，以免蒋军从营口撤退时"你们措手不及"。同时通报了重要敌情："蒋介石在天津集中五万吨船只，准备从营口撤兵的情报是相当确实的。"第三封在高、伍发出建议电报四个小时之后，指出堵塞蒋军向营口退路的战略意义："只要此着成功，敌无逃路，你们就在战略上胜利了。"高、伍的紧急作战建议与中共中央军委的指示精神一致，毛泽东对此高度重视，在收到高、伍电报的第二天发给林彪、罗荣桓和刘亚楼的三封电报中，对高、伍的紧急作战建议作了肯定、强调和补充。10月20日的一封电报在部署"全歼廖耀湘兵团，攻取沈阳"的同时，仍不忘提醒"以一部守备营口"。凌晨4时的电报中指出，高、伍建议中提出的"处理意见"之乙"甚为必要"；"处理意见"之丙"我们认为这也是完全必要的"，电令林彪"不失时机，争取大胜"。三个小时后的晨7时又发电报指示，除"高伍提议六个师"外，"我们觉得似宜增加一个师，共七个师位于营口以北，阻敌逃路"。但逃跑还是发生了：国民党五十二军于24日偷袭营口成功，占领了港口，构筑了工事，准备接应和掩护撤出沈阳的南逃部队。要不是高、伍紧急作战建议的提醒，要不是在中央三令五申督促下林彪采取了紧急补救措施，"敌有全部或大部跑到营口的可能"。毛泽东在10月25日的电报中批评林彪说："你们事先完全不估计到敌人以营口为退路之一，在我们数电指出之后，又根据五十二军西进的不确实消息，忽视对营口的控制，……是一个不小的失着。"①

辽沈战役中从营口逃走的国民党军只有1万多，与歼敌47万的巨大胜利相比，似乎可以忽略不计。为什么毛泽东要说这个"失着""不小"呢？到1948年8月，东北解放区面积已占东北全境的97%，区内人口占东北总人口的86%。东

---

① 此段中的电报引文，见《毛泽东军事文集》第5卷，军事科学出版社、中央文献出版社1993年版，第101—127页。

北野战军已拥有 12 个步兵纵队、1 个炮兵纵队、1 个铁道兵纵队、14 个独立师和 3 个骑兵师，共 70 余万人，加上地方部队，总兵力达 105 万人。在此之前，蒋介石已知东北难保，早在 1948 年 3 月就有了把沈阳主力撤至锦州的计划，以便与华北傅作义配合，进可以夺回东北，退可以撤往关内。5 月初，蒋介石又令国民党东北“剿总”总司令卫立煌打通沈锦路，将主力撤到锦州。只是由于卫立煌的一再反对，直到辽沈战役打响，蒋军统帅部仍在为是否将主力撤到锦州的问题争执不休。锦州之战打响时，蒋介石仍没有放弃解锦州之围的挣扎。当蒋介石把这个任务交给第九兵团司令廖耀湘时，廖不解地问蒋介石，为什么他 5 月初就决心撤退沈阳主力以避免决战，而现在又下这么大的决心要与东北共军决战，以解锦州之围。蒋说：“这是从战略全局考虑的。在撤退东北主力之前，一定要给东北共军一个大打击，一定要来一次决战，否则华北就有问题……”锦州之战打响后，廖耀湘还曾提出：乘东北共军主力攻击锦州时，将在沈阳的国军主力一气撤至营口地区，卫立煌也同意将此作为最后方案。只是由于蒋介石派往沈阳督战的参谋总长顾祝同未得蒋介石之命不敢自作主张，撤至营口的动议才搁浅。毛泽东对蒋介石的战略意图和东北蒋军的基本动向了若指掌，早在 1948 年 2 月 7 日，就致电东北野战军，提出“对我军战略利益来说，是以封闭蒋军在东北加以各个歼灭为有利”，并要求东北野战军下一步考虑南下北宁线作战，截断国民党军由陆上撤向关内的通路。7 月，林彪才下定了南下作战的决心，并电告中共中央。毛泽东 7 月 30 日复电明确指出“应当首先考虑对锦州、唐山作战”。9 月 7 日又电示应“置长、沈两敌于不顾，专顾锦、榆、唐一头”，形成关门打狗之势，务求完胜。但林彪主张先打长春，因而仍将野战军主力留在北线，其指挥机关也还在哈尔滨附近的双城。向锦州挺进的途中，林彪获悉：蒋介石飞抵沈阳，成立东、西两个兵团以夹击东北野战军围攻锦州之师；国民党新五军和第九十五师拟从葫芦岛登陆，增援东线兵团，在海、空军支援下向锦州推进；国民党的华北部队也有北上援助其东北守军的可能。因此，他担忧自己“准备了一桌菜，上来了两桌客”，先攻长春的念头又冒了出来，10 月 2 日晚 22 时向中央军委发电，要求重新考虑原定方案，允许他们回师去打长春。第二天早上 7 时，毛泽东从西柏坡发去急电，三次用“不敢打”严厉批评林彪未执行中央指示：“在五个月前（即四、五月间），长春之敌本来好打，你们不敢打，在两个月前（即七月间），长春之敌同样好打，你们又不敢打。现在攻锦部署业已完毕，……你们却又因……一项并不很大的敌情变化，又不敢打锦州，又想回去打长春，我们认为这是很不妥当的。”同一天的 19 时再次敦促林彪按原定方案先打锦州：“我们坚持地认为你们完全不应该动摇既定方针，……只要打下锦州，你们就有了战役上的主动权”。[①]罗荣桓等也认为锦州之战即将打响，临阵骤变不妥。大家重新研究，认为仍有胜算，才于 3 日清晨再次致电中共中央，表示“我们拟仍攻锦州”。毛泽东看到这

①《毛泽东军事文集》第 5 卷，军事科学出版社、中央文献出版社 1993 年版，第 35、37 页。

封电报，才复电表示“甚好甚慰”。虽然临阵而举棋不定只有几个小时，但关门打狗还是开门打狗两种战略思想之争，不但贯穿于从 1948 年 2 月 7 日到 10 月 2 日八个月中，而且延续到攻克锦州、解放长春之后的辽沈战役收官阶段。正如伍修权说的：“1948 年，毛主席让他围打锦州，他就不去，长期坚持由北向南，先围长春，再一步一步慢慢向南推进……毛主席的方针是，首先打下锦州，切断北宁线，关起门来打狗。”①

仅从取得辽沈战役的胜利而言，林彪先打长春的战役指导思想不能说不精明。从长春由北而南推进，毕竟更能稳操胜券：有已经解放的包括哈尔滨在内的北满根据地作为依托；后勤基地近，运输线短；不必担心冒华北傅作义集团由关内北上，与沈阳守军南北夹击之险。何况关门打狗，确有被逼急了的狗所咬的可能。开门打狗也符合用兵之道——《孙子·军争》云：“穷寇勿迫，此用兵之法也。”但从整个解放战争的战略视野出发，关门打狗、力争完胜，是在为其后两大战役和全国的解放战争创造条件。正因为此，高、伍的紧急作战建议，不仅事关辽沈战役完胜，而且关乎解放战争的全局。

伍修权在提出这一紧急作战建议的同时，为实现“全歼东北蒋军”的目标，还提出“把后勤工作提到战略高度”的要求。后方军民特别是后勤战线的干部职工喊着“前方流血，后方流汗”，“送粮弹，打胜仗，解放全东北”等口号，全力投入了支前活动。战役发起前，东北军区组建了统一指挥的后勤司令部及各个分部、兵站等等，各地又成立了一批战勤总队，设立了许多医院和物资供应站，还组成了负责长途运输的汽车团、辎重团，将各种作战物资送往前线，将伤员及缴获物资及时转运下来。战役期间，从黑龙江北部到辽南战区的漫长交通线和广大地区内，到处车水马龙、人流滚滚。在前线直接参战的野战军部队加上配合作战的地方武装共 100 余万人。而支援前线的战勤大军，仅民工就有 313 万余人，占东北总人口的近十分之一。据统计，随军的担架有 206000 多副、大车 30 多万辆、骡马 90 多万匹，东北人民交纳和运出的军粮 950 余万吨。抢修或新建公路 4370 余公里、桥梁 385 座，还有铁路的修复和运输。大批民工还直接向前线运送木料、沙包等，用于抢修作战工事。

在这场规模空前、声势浩大的另一种意义上的“立体战争”中，伍修权参与了复杂紧张的领导筹划和组织指挥工作，兑现了自己在作战建议中“我们将以一切力量保证其执行”的诺言。

七、任沈阳特别市卫戍司令部司令员

辽沈战役打响后，蒋介石于 1948 年 10 月 2 日、15 日、18 日、25 日四次飞

① 伍修权：《解放战争时期的大连军工生产》，见《大连建新公司兵工生产史料》，中共大连市委党史工作委员会 1988 年编印本，第 36 页。

抵沈阳，妄图挽狂澜于既倒。然而15日迎接他的，是解放军力克锦州；18日欢送他的，是次日的长春解放；25日则是他在东北的谢幕——26日夜至28日，东北野战军全歼廖耀湘兵团十万余人，生俘兵团司令廖耀湘等高级将领；一周后的11月2日，国民党军在东北的最后一个据点沈阳，几乎兵不血刃就宣告解放，辽沈战役胜利结束。

在战役进入尾声，沈阳即将解放之时，东北局就接管沈阳等问题作出一系列决定。其中之一是成立沈阳市军事管制委员会，任命陈云为主任，伍修权和原任七纵队政委、辽东省委书记的陶铸为副主任；伍修权兼任沈阳特别市卫戍司令部司令员，陶铸兼任中共沈阳市委书记和卫戍司令部政委。11月2日晨，陈云带着从哈尔滨赶来的大批军政干部，在沈阳郊区榆林堡召开了军管会干部会议。会议通过了组织分工、几项决定及有关文告、命令等。由于东北野战军已从各路入城，伍修权等会议一结束，马上乘吉普车跟着入城部队进驻沈阳市。

身负新使命的伍修权进城时，据守沈阳的国民党军还没有完全放下武器，不时能听到东北野战军搜索前进和被打散的国民党军残余人员顽抗的零星枪声，还有大批国民党的散兵四出奔逃藏匿，战争状态以至伤亡威胁依然存在。伍修权顾不了这些，催促司机穿过城市外围的炮兵阵地，不断超越前面的步兵部队。有的部队指战员拦住他们的吉普车，说战斗还没有完全结束，劝他们等等再进去，以保证安全。伍修权笑道："我这次是第三次进沈阳了，对这里的情况和道路熟悉得很。现在，敌人已经溃不成军，都是些残兵败将，我们是势不可当的胜利之师，大势已去的分散残敌，不敢也不会对我们怎么样，可以放心向市区前进！"部队指战员劝他还是小心些好，他又说："马上要接管城市，各项工作都急待开展，即使小有危险也在所不惜！"有人认出他是伍参谋长，又是接管沈阳的主要领导人，就带着部队保护着伍修权奔向沈阳市内。

伍修权和从另一条路赶进城的陶铸会合后，即打开沈阳市地图，商讨、制定对全城的接收和防卫方案。随着后续部队和工作人员的陆续到达，他们组成了一个精干的卫戍司令部工作班子，并且马上一一分派任务、布置执行。他们将沈阳全市分为四个卫戍分区，每区由一个师负责，师长兼卫戍分区司令，其首要任务是警戒保卫所管地区，收缴国民党军队的武器弹药，在正式收编其部队前先收容其人员并控制其活动。那时的沈阳，流散在全市各处的国民党军官兵，有的自动放下武器换掉军衣散了伙，有的则集队要求卫戍区去接受他们缴枪投降，也有的只换了装却带着枪藏匿起来。卫戍区指示入城部队搜索国民党军残余人员并解除其武装，及时发现和打击少数企图捣乱的顽固分子。沈阳市卫戍司令部的牌子刚刚亮出，伍修权就得到报告，有几股成建制的国民党部队，派代表找到司令部，要求洽谈接受他们起义事。伍修权一听就让人去回答他们，国民党的东北大军已经彻底失败，再来谈起义问题为时已晚。他和陶铸交换了意见，当即命令他们全部缴枪，先集中起来，等待卫戍区正式收容和处理。这些事分派完毕后，伍修权和陶铸立即集中精力抓全局性的军政大事。

军政大事的当务之急是恢复正常社会秩序。卫戍区让各野战部队都撤出市区，另外调进了经过整训学习、做过入城教育的两个正规师，由伍修权、陶铸直接指挥，按指定区域和职责范围，分赴各要点和要道，执行对全城的警戒、内卫和纠察任务。又调进一支高射炮部队，专门对付国民党空军的报复性空袭。伍修权、陶铸一起对所属部队的主要指挥员和政工负责人作了交代与布置，对他们及其所部指战员提出了严格要求。任务下达后，他们又分赴重要地点检查督促，及时了解、处理各种情况。

军管会和卫戍司令部都设在大和旅馆内，陈云和伍修权、陶铸等几乎日夜都在这里办公。第一天市内还没发电，他们是点着蜡烛开会、议事的，楼内军政人员、干部群众你来我往、进进出出，一派繁忙紧张的景象。军管会除了陈云和伍修权、陶铸几位正副主任，还有张学思、王首道、陈郁、朱其文、江华和陈龙共九名委员，又专设了经济、财政、后勤、铁路等各个处或委员会。全市的军事活动由军管会统管，由卫戍司令部贯彻执行。陈云入城后把主要精力放在政治和经济问题上，筹划沈阳乃至整个东北地区经济和生产的恢复与发展。恢复正常社会秩序最紧迫的工作之一，是使沈阳这座上百万人口的大城市，迅速恢复水、电、粮、煤等等的正常供应，王首道和朱其文等就专管这方面的工作。张学思作为东北地区很有影响的人物，主要负责行政事务。凡是涉及军事以及社会安全方面的工作，主要由伍修权、陶铸负责处理。最初的主要任务是由卫戍部队迅速收容分散在全市各处的俘虏和已放下武器的成建制国民党军队，将他们简单整编后解送到市郊等地，再交给有关方面进行清理整顿、处理安排。

1948 年 11 月 3 日，即沈阳解放的第二天，市内各处就贴出了由伍修权和陶铸联合签署的《沈阳特别市卫戍司令部布告》第一号，公布了维护社会治安和建

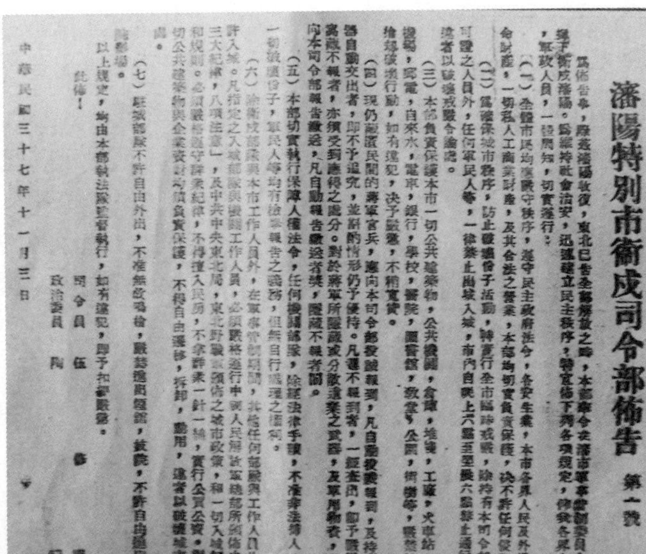

瀋陽特別市衛戍司令部佈告　第一號

為佈告事，際茲瀋陽收復，東北已告全部解放之時，本部奉令安瀋市軍事管制委員會賦予衛戍瀋陽，協[illegible]維持社會治安，迅速建立民主秩序，特宣佈下列各項規定，仰我各界人民，軍政人員，一體周知，切實遵行：

（一）全體市民均應嚴守秩序，遵守民主政府法令，各安生業，本市各界人民及外僑生命財產，一切私人工商業財產，及其合法之營業，本部均切實負責保護，決不許任何侵犯。

（二）為確保城市秩序，防止破壞份子活動，特實行全市臨時戒嚴，除持有本司令部許可證之人員外，任何軍民人等，一律禁止出城入城，市內自晚上六點至翌晨六點禁止通行。違者以破壞戒嚴令論處。

（三）本部負責保護本市一切公共建築物，公共機關，倉庫，堆棧，工廠，火車站，飛機場，電業，自來水，電車，銀行，學校，醫院，圖書館，教堂，公園，博物館等，嚴禁任何搶劫破壞行動，如有違犯，決予嚴懲，不稍寬貸。

（四）現仍藏匿民間的蔣軍官兵，應向本司令部投誠報到，凡自動投誠報到，及持有武器自動交出者，即不予追究，並酌情予優待。凡逃不報到者，一經查出，即予嚴辦，窩藏不報者，亦須受到應得之處分。對於蔣軍所隱藏或分散遺棄之武器，及軍用物資，必須向本司令部報告繳送，凡自動報告繳送者獎，隱藏不報者罰。

（五）本部切實執行保障人權法令，任何機關部隊，除經法律手續，不准非法捕人。對一切敵偽份子，軍民人等均有檢舉報告之義務，但無自行處理之權利。

（六）除衛戍部隊與本市工作人員外，在軍事管制期間，其他任何部隊與工作人員均不許入城。凡指定之入城部隊與機關工作人員，必須嚴格遵行中國人民解放軍總部所頒佈之「三大紀律，八項注意」，及中共中央東北局，東北野戰軍頒佈之城市政策，和一切入城紀律和規則。必須嚴格遵守群衆紀律，不得擅入民房，不拿群衆一針一綫，實行公買公賣。對一切公共建築物與企業資財必須負責保護，不得自由遷移，拆卸，動用，違者以破壞城市論處。

（七）駐城部隊不許自由外出，不准無故鳴槍，嚴禁進戲院電影院，妓院，不許自由[illegible]跳舞場。

以上規定，均由本部執法隊監督執行，如有違犯，即予扣留嚴懲。

此佈！

司令員　伍修權

政治委員　陶鑄

中華民國三十七年十一月三日

1948 年 11 月 3 日，由伍修权、陶铸联名颁布的《沈阳特别市卫戍司令部布告》第一号

立民主秩序的各项重要规定与军民守则，全文共有七条：（1）切实保护人民和外侨的生命财产安全，私人工商业不得侵犯；（2）实行临时戒严，无通行证者禁止出入城市，每晚六时至次晨六时为市内戒严时间；（3）保护公共建筑，任何人不得破坏；（4）蒋军残余迅速向我军自动投诚报到，任何人不得窝藏；（5）除经法定手续外，任何机关部队不得非法逮捕人；（6）除卫戍部队外，其他部队不准入城，允许入城人员必须遵守入城纪律；（7）驻市区部队不准自由外出，不准擅自鸣枪，不准进入烟馆、妓院和影剧院，如有违犯，扣押严惩。

这一布告对于迅速肃清残余敌特，及早消除战争创伤，安定社会各界人心，恢复人民正常生活，以及管理约束人民政府和人民军队的军政人员，防止产生不良影响，都是不可或缺的。

“沈阳解放为时虽仅数日，但由于沈市人民对民主政府之正确认识及竭诚拥护，市内社会秩序，得以迅速恢复……从本布告公布之日起，除宵禁外，本市一切军民人等，均可自由出入。”从 11 月 7 日发布的第二号布告可以看出，人民解放军进城五天内，沈阳已结束了战后的乱象，基本恢复了正常社会秩序。这得力于接管这个东北最大工业城市的红色政权第一周的高效运转。

民生民心方面。3 日，市内各主要商店开始营业，自来水厂开始供水；4 日，照明用电大部恢复，邮政局开始办理业务，市内各机关开始办公，职工、公职人员到原单位报到；5 日，市内电话开通，电报局开始办理业务；6 日，六条有轨电车线路开始通车。

生产接管方面。3 日，接收国民党在全市的军、政、警、经济、后勤、铁路等机关单位和各种官僚资本经营的企业；8 日，东北银行沈阳分行成立，接管官僚资本金融机构；10 日，市内的东北军区军需部所属工厂全部开工生产。

肃反治安方面。3 日，收编国民党警察总队，解除 962 名顽抗警察的武装，对付国民党空军对沈阳市的轰炸；6 日，通令强制收容散兵游勇；7 日，破获“保密局东北特别组”军统特务案，逮捕国民党少将组长等特务 6 人；10 日，限令藏匿民间的国民党官兵在 5 日内到指定机关报到，限期收缴散落在民间的武器等军用品，破获潜伏军统特务组织“保密局沈阳站东北支台”，逮捕特务 28 人，缴获电台 9 部。

媒体建设方面。4 日，沈阳新华广播电台开始播音；5 日，《沈阳时报》创刊，头版头条即刊出了“成立军事管制委员会”的公告，沈阳特别市卫戍司令部布告也接二连三出现在报纸上。

给人民群众一个安定祥和的社会环境，是伍修权进驻沈阳后打的第一仗。卫戍司令部和沈阳市公安局根据军管会的统一部署，组织武装部队和公安人员，以铁腕在全市进行了突击搜捕和反复清查，及时逮捕和处决了一批罪犯，还查出几百名潜伏特务，有的电台还没启封，就连人带机器一起被擒获。卫戍司令部和市公安局又发布联合公告，要求市民群众协助军政机关维持社会治安，不得私留、隐藏反动分子和可疑人员，及时告发和防止这些人的破坏活动。要求卫戍区所有军政人员，除了指定的地点场所，一律不得私自在旅馆、商店和民房住宿，市民群众可以拒绝这类违反规定的人员入住并向有关方面报告。卫戍司令部通过政治部门特别布置所属部队，在内部加强政策纪律教育，要求人人严格遵守规定，在人民群众面前保持良好形象。卫戍部队和公安人员又在地方行政干部特别是原中共地下党员的支持配合下，在各工厂、企业、学校、商店、机关和街道，组成了群众性护厂护院的治安队伍，协助部队和公安机关维护治安。这一系列非常时期的非常措施，使沈阳的社会秩序迅速趋于稳定。

確立瀋陽市革命秩序
成立軍事管制委員會
陳雲伍修權陶鑄任正副主任
發出佈告希全體公教職工照常上班

刊发于 1948 年 11 月 5 日《沈阳时报》创刊号上的沈阳市成立军管会布告

沈阳不仅曾是国民党在东北地区的政治军事中心，也是美国、日本等外国间谍聚集之地，外国特务有的还有着各式各样的“合法”外衣。伍修权等进驻沈阳后，就领导并参与处理了几起十分棘手且震动中外的“涉外事件”。在沈阳的国民党军政机关全部垮台溃散以后，市内留下了美、英、法等国的几个领事馆，都是原国民党政府准予设立的公开的外国代表机构。他们在解放沈阳时都没有走，留在原地一面观动向、摸情况，一面试图与新政权接触。因为他们的政府并未承认新政权，所以卫戍司令部也不正式承认他们，但又不得不与这些人打交道。在沈阳的外国机构中，美国领事馆最大，活动也最明目张胆。这个领事馆其实才设立了一年，美国人早就看出国民党必将丢失东北，就赶在此前预留下以外交机构名义为掩护的特务据点。伍修权知道美国领事馆其实是个国际间谍联络中心，但一时还没有机会端掉他们，只能加以监视和防范。哪知他们却自己找上门来，一个名叫瓦尔德的美国领事主动来向新任市长表示祝贺并邀请市长光临其领事馆。对外事工作经验不足的年轻市长应邀前去，那些美国人乘机缠住他问了不少问题，以致被对方钻了空子。陈云得到报告马上和伍修权、陶铸一起对这个市长进行了严厉批评，三人又联名向中央写报告作了自我批评，承认对干部督查不严造成了外事工作失误。

中共中央得到报告后复电军管会，让他们对这些外国人及其机构立即采取行动：“通过军事管制的方式，达到封锁和孤立他们的目的，不给他们自由活动的余地。”又规定了一些外交原则和外事纪律。美国领事瓦尔德收到军管会收缴美国领事馆电台的照会后，又跑来要求不交或缓交电台。伍修权当即回答：“不论你们的电台有何重要用途，在军事管制期间，一律不得使用。”瓦尔德又说，他们没有了电台，领事馆就无法与美国政府及驻华使馆联系，无法执行维护美国及美侨利益的使命。伍修权说，可以通过军管会审批后用明码电报发出，回电也经过军管会审查收转。瓦尔德说要向美国国内报告，获准后才能交出电台，伍修权断然否决。按照伍修权的命令，卫戍司令部派出两辆满载卫戍区所辖部队战士的卡车，开到美国领事馆，收缴了电台。此次执法行动中还查出一批武器和各种违反军管会禁令的军用器材，伍修权等也迫令美国人一并交出，并让他们具结保证不隐藏任何违禁物品，停止一切对外通讯联络活动。为了加强管制和监督，规定即日起由卫戍部队在领事馆门外和周围设立岗哨，但馆内的粮、煤、食品等生活必需品仍保持供应。

伍修权知道，这些美国人不仅与南京、北平的美蒋特务机关保持联系，还同潜伏在当地的日本等不同国籍、身份的特务秘密勾结。他们的存在和活动必然会给红色政权带来隐患，造成危害。他和主持沈阳公安保卫工作的陈龙、何侠等一起研究，决心釜底抽薪，拔掉这个外国特务据点。凑巧的是，此后不久，领事馆内一个中国职工因为工资问题同美国人发生了争执，美国领事瓦尔德竟动手打了他。伍修权和陈龙等决定，将瓦尔德传唤到市公安局。公安人员出示他殴打中国职工的证据，又揭露了他们以领事馆名义掩盖特务活动的证据，迫使瓦尔德不得不承认自己的手“接触了那位工人的皮肤，使他产生了疼痛感”，并且供认领事馆确有“搜集情报的行为和目的”。伍修权、陈龙等令人据此整理出材料，写出报告，经过军管会讨论并上报中央主管部门批准，由刚刚成立的沈阳市人民法院作出判决，宣布瓦尔德为“不受欢迎的人”，立即驱逐出境并撤销该领事馆。1948 年 12 月 7 日，《黑龙江农民》报登载了这则消息：《沈阳市人民法院判决美国间谍案》。其中说，11 月 26 日，沈阳市人民法院判决了沈阳市公安局破获的美国间谍案，前美国领事馆收买间谍人员，“成立了十一处情报据点，打探咱军事政治情报”，而美国领事馆“就是这些间谍活动的中心”。这起涉外案件成了中外瞩目的重大新闻。在处理瓦尔德事件前后，沈阳卫戍部队又和公安机关一起，按照伍修权等的命令、指示，乘胜迅速捕获了日本等国的潜伏特务，破获并清除了他们的特务组织，保证了新生城市和人民政权的安宁。美国领事被赶走，领事馆被撤销以后，一度在观望的英国、法国领事馆，也悄悄收场，一走了之。

伍修权在沈阳卫戍区司令员任上才忙过了万事开头难的大半个月，林彪即奉命于 11 月下旬率东北野战军入关南下，投入又一场大战——平津战役。1949 年 1 月 15 日，东北野战军改称第四野战军[①]，林彪为司令。东北局由已是中共第七届中央政治局委员的高岗负责。由于陈云将调中央另有任用，高岗还兼任了军区

① 中央军委关于改变野战军番号致各军区、各野战军电，1949 年 1 月 15 日。

政委，同时任命原东北抗联的周保中为军区副司令，李富春为副政委，伍修权仍是军区参谋长。

这时的东北已成为全国最为安全、巩固，也是最大的解放区，又因拥有各个重要工业基地，粮、油、煤等物产资源非常丰富，当然地担负起支援全国解放战争的重任。伍修权除主管军区日常事务之外，另一个工作重心是发挥东北这个大后方的优势，支援全国解放战争。

八、筹建人民解放军的第一所海军学校

1949 年 2 月 25 日凌晨，国民党海军“重庆”号巡洋舰在上海吴淞口外宣布起义。

“重庆”号是国民党海军中最大的一艘军舰，英国制造，排水量 7500 吨，全舰官兵是在英国受训后带舰回国的。辽沈战役初期，蒋介石曾坐此舰到辽南沿海，一面就近指挥作战，一面用舰炮支援已陷入重重包围之中的陆上部队。他想不到的是，就在这艘舰上，也有中国共产党的秘密党员，并且建立了中共地下党组织。1949 年 2 月“重庆”号停泊在长江口外时，中共地下党组织利用机会说服了舰长邓兆祥，将军舰开向北方的解放区海港并公开宣布起义。“重庆”号起义的消息迅速传遍国内外，不只在军事上，也在政治上沉重打击了国民党，鼓舞了正在迎接解放的中国人民，其意义和影响十分重大。

“重庆”号起义后最初驶到山东解放区的烟台港。蒋介石派飞机侦察到其位置后，决心将它炸沉，以免落入人民解放军之手。为了避开轰炸，“重庆”号于 3 月 3 日晨驶抵东北解放区的辽南海港葫芦岛。东北局闻讯立即派伍修权率队前去欢迎。同去的有时任辽西军区副司令的朱军和葫芦岛所在地锦西县长杨平等人。他们赶到时，国民党空军又追寻到这里，企图炸沉“重庆”号。伍修权和朱军、邓兆祥等紧急研究并请示上报后，先调来两个高射炮团负责对空射击，又调来一个独立师负责地面警戒，以保护“重庆”号。但恼羞成怒的蒋介石下令，不炸沉“重庆”号决不罢休。经反复轰炸，军舰和人员有不小损伤。经中共中央军委批准，伍修权责成相关人员将舰上重要设备拆卸下来，对全舰采取防护措施后，使其主动下沉，以保护这艘当时中国的最大军舰。

“重庆”号 3 月 20 日自沉时，舰上的官兵都被接到岸上。伍修权作为中国共产党和人民解放军的代表，正式接受“重庆”号起义并举行隆重的欢迎仪式。他一到葫芦岛就接见了该舰士兵解放委员会的王颐桢等，慰问了邓兆祥等全舰官兵。在欢迎大会上，伍修权代表毛泽东、朱德和东北军区，对起义官兵表示了热烈欢迎和亲切慰问，赞扬并高度评价了他们的正义行动，欢迎他们参加人民解放军，鼓励他们成为人民海军的骨干力量，为解放全中国、保卫新中国贡献力量。他的讲话在“重庆”号官兵中引起了热烈反响。为了避开空袭，这次欢迎仪式是在市郊一处山坡上的树林中进行的。

1949 年 2 月 25 日宣布起义并辗转开抵东北解放区的“重庆”号巡洋舰

1949 年 3 月伍修权在葫芦岛欢迎“重庆”号起义人员

在葫芦岛，伍修权还听取了起义组织者的汇报，详细了解起义经过及舰上人员的情况。早就打入舰上的中共秘密党员、组织全舰起义的士兵解放委员会领导成员之一毕重远，在伍修权接见之前，特地找了一颗带镰刀锤子标识的红五星安在自己的水兵帽上，以表明自己的党员身份。伍修权看到后告诉他，解放军很快将正式佩戴新式帽徽和胸章，式样和图案都已确定并公布了，到时候他们都会戴上。原来，早在国民党招募海军时，中共地下党组织就派党员应召入伍并去英国接受训练，掌握了舰上的技术和知识。随舰回国后解放战争的胜负已渐分明，舰上官兵也发生了分化，中共地下组织又派人以各种方式和身份打入其中，展开策反活动。其中最早入伍的年轻党员毕重远，是从南京报名参加海军的。在英国受训回来后，他秘密串联了舰上思想进步又关系密切的下层人员，组成了士兵解放委员会。“重庆”号巡洋舰停泊在吴淞口期间，上海的中共地下组织也派人打了进来。蒋介石调“重庆”号加强长江防线以阻止解放军渡江南下时，舰上许多官兵看出国民党政府大势已去，大都不愿再参加内战。在此情况下，舰上的中共地下组织和倾向革命的官兵采取了行动。他们先控制了全舰各要害部门并掌握了武器，将可能反对起义的军官看管起来，接着做通了正直、随和的舰长邓兆祥的工作，在他的指挥和带领下，采取了全舰起义行动。舰上随大流被动起义的官兵，由于命运急剧转变，不知前景如何，也不了解中国共产党的政策，不习惯解放区的生活，思想不免动荡起来，不少人忧心忡忡，坐立不安。伍修权了解了这些情况，和随行的干部分别对各类人员做了安抚和鼓励、动员工作，使他们多数人慢慢安定下来，随后又将情况向东北局和中共中央作了报告。

中共中央对“重庆”号巡洋舰起义十分重视。3 月 24 日，毛泽东、朱德联名给邓兆祥和全舰官兵发来了慰勉电报。电文说，“你们就将是参加中国人民海军建设的先锋”，又特派贺龙代表他们来看望和慰问起义者。贺龙到后对大家说，应该好好“表扬”一下“运输大队长”蒋介石，多年来从解放军的武器装备到他自己身上穿的大衣，都是从国民党部队缴获来的，现在又送来了“重庆”号巡洋舰。他欢迎起义官兵从此加入革命队伍，鼓励他们迅速进步，迎接光明。4 月上旬，伍修权指示朱军率全舰起义人员前往沈阳，安排他们参观重工业企业，游览古迹名胜，还乘专列去抚顺参观工厂、矿山和战俘营的学习、生活。

“重庆”号巡洋舰的起义对国民党政府震动很大，蒋介石将海军司令桂永清撤了职，但却制止不了“重庆”号起义的连锁反应，紧接着又发生了国民党海军第二舰队、江阴炮台以及“长治”号驱逐舰的起义。“灵甫”号军舰虽然没能跑出来，舰上官兵却都从香港回到了大陆。这些起义的海军官兵，后来都成了人民海军的早期骨干。

根据中共中央指示和东北局决定，为筹备中国人民解放军的第一所海军学校，伍修权召集东北军区司、政、后负责人参加专门会议，就办学宗旨、教育方针、教学内容、教学机构设置、机关建设、干部补充、起义人员生活待遇、后勤保障、海校选址等问题逐项进行了研究，并作出了相应决定。海校校址暂定在鸭绿江畔的安东六道沟，以辽西军区机关为基础组建海校机关，下辖两个学员大队，大队下设中队。海校所缺干部在东北军区范围内补充。邓兆祥被任命为海校首任校长，朱军任政委，又从东北军区所属部队和军校抽调了一批干部充实、加强学校的领导和教学工作。这所海校的主要任务，是对起义官兵进行系统的政治思想教育，使他们较快地成为人民海军的技术骨干。参加起义的原“重庆”号官兵，绝大多数集体开赴安东，参加了海校的学习培训。海校筹备期间和开学前后，伍修权多次亲临海校传达贯彻中央军委和东北军区的指示，指导和检查建校工作。他要求学校做好对起义人员的团结、教育和改造工作，并帮助海校解决办学过程中遇到的困难和问题。

安东海校后来迁到旅大市，成为人民海军的摇篮。经安东海校学习培训后，以原国民党起义官兵为主的毕业学员分别奔赴华东、大连、青岛等地，参加了人民海军舰艇部队和其他海军院校的建设，成了新中国海军建设的一支重要力量。数十年后，他们相聚时都感慨地说，安东海校的教育、培训使他们终身受益。

九、负责毛泽东访苏途经东北的保卫工作

1949 年 10 月 1 日，毛泽东在天安门城楼上向全世界庄严宣告：中华人民共和国成立了。为这一天奋斗了几十年的伍修权，此时此刻的心情，真是难以言表。

新中国成立两个月后，毛泽东应苏共中央和苏联政府之邀首次访苏，并参加斯大林七十诞辰庆典。毛泽东的出访，引起国内外的密切关注。当时全国的解放战争尚未完全结束，退守到台湾的国民党指使特务分子，力图对此进行破坏。中共中央决定毛泽东乘坐火车前往苏联，而到苏联之前的主要路段在东北。保证毛泽东出访途经东北时的安全，成了当时东北局和东北军区的头等大事。经过研究，东北局决定由伍修权全权负责毛泽东访苏途经东北期间的保卫工作。

毛泽东这次出访，从出境前的安全保卫到出国后的活动计划，都由中央人民政府政务院总理兼外交部长周恩来牵头，会同公安、铁路和军委等有关负责人一起研究部署。伍修权落实中共中央和中央军委对东北局和东北军区的指示，先将山海关至满洲里铁路沿线的不法之徒和可疑分子转移监管，清剿附近的匪徒敌特，并调动几万名解放军指战员沿铁路两侧百米一哨，日夜守卫。此时，新中国首任公安部部长罗瑞卿和中央社会部部长李克农等，侦知台湾国民党特务机关已派出代号“万能”的特务分子潜入北京，企图破坏毛泽东的出访活动；在天津和哈尔滨，也发现了国民党特务的踪迹，这使伍修权感到肩头担子的沉重。

1949 年 12 月 6 日 21 时，毛泽东启程离京。伍修权守候在东北与华北的铁路交接点山海关车站迎接。毛泽东乘坐的专列通过天津时，在铁路上发现了一颗手榴弹，这引起了所有人员的高度戒备。罗瑞卿一面命令专列马上离开天津，一面下车查处这一意外事件。后来查明那只是一颗生了锈的失效手榴弹，大家虚惊了一场。

1949 年 12 月上旬伍修权负责毛泽东访苏途经东北保卫工作时与李克农等在山海关合影（右起：伍修权、毛岸英、滕代远、李富春、李克农）

毛泽东乘坐的专列由三节车厢组成，一节为警卫车，由武装警卫部队一个连及护送的安全保卫人员与铁道部门负责人乘坐，一节为毛泽东及随行人员的专车，一节为后卫和公务专用车厢。这三节车厢的前后顺序并不固定，停靠在车站时可以调前或挪后，使可能的破坏者弄不清毛泽东所乘的到底是哪节车厢。按照规定，如非毛泽东召唤和特别需要，列车工作人员及陪同、护送人员等都不得进入毛泽东所在的专用车厢。车过天津时罗瑞卿下车去处理“手榴弹事件”后，随他来的公安部副部长杨奇清和铁道部公安局及保卫处负责人，继续随车护送。

列车以每小时 70 公里的速度驶向山海关。守候在山海关车站的伍修权等人，直到第二天清晨才迎来了毛泽东所乘的专列。伍修权见到李克农、滕代远、杨奇清等人，在相互通报情况并商讨下段路程有关事项时，忽然看到毛泽东从他所坐的车厢中走了下来。滕代远、杨奇清一见，急忙迎了过去。毛泽东戴着毛绒皮帽，穿着披风式的大氅，兴致勃勃地走到站台上，悠然自得地沿着站台向横跨铁路的天桥走去。他一边走一边对身边人员说：“到了‘天下第一关’，不瞻仰一番岂不可惜！”又问杨奇清：“这里到山海关还有多少路，能不能去看一看？”由于事先并未安排毛泽东下车，杨奇清生怕出事而紧张万分，故意对毛泽东说山海关离此还有好几十里路，现在要去临时找不到车，想让他打消此念。其实山海关城楼离车站并不远，上了天桥就能看到。就在此时，不知道这列专车上到底坐的是谁的列车人员，还有车站工作人员和旅客，都认出了毛泽东，无不喜出望外地传告、欢呼。正在站台上的伍修权，马上和车上车下的警卫人员一起，承担起了保卫毛泽东的重任，警惕地巡视着周围的情况。听了杨奇清和滕代远等人的劝阻，毛泽东不无遗憾地收回雅兴，念叨起“天下第一关”的历史掌故来，说那座城楼是明代大将徐达所建，城上的题字则出自康熙皇帝的手笔，一边说着一边被护卫着重新上了车。见毛泽东回了车厢，伍修权如释重负。向李克农和汪东兴等打过招呼后，他进入毛泽东的车厢，代表中共中央东北局和东北军区欢迎毛泽东，并简要报告了沿途的保卫工作安排。毛泽东听了点点头说：“好的，你们辛苦了，谢谢大家了！”伍修权随后与滕代远、杨奇清等一起上了警卫车。窗外沿途的哨兵，背对铁路，警惕地监视着周围的动静，此外还有一支支巡逻小分队，分布在从山海关到满洲里的近两千公里铁路线上。

毛泽东历来注重调查研究，一路走一路查访了解途经之处的情况。车过绥中和锦州停留时，奉命赶到车站来的绥中县委书记和锦州市长，都被领进毛泽东的车厢。专列开进沈阳，作为东北地区主要领导人的高岗等上车进见，伍修权又陪同他们一起见了毛泽东。车经长春、哈尔滨、齐齐哈尔等地到达边境城市满洲里，停靠在经过清理的站台上。

按照中苏两国的事先约定，由北京开出的专列到此为止，毛泽东等换乘苏联派出的专列驶向莫斯科。有苏联和中国标志的两国列车，停靠在满洲里车站的月台两侧，毛泽东乘坐的专列车厢的门正好相互对着。来到站台上的伍修权，见中苏两国人员会见、接洽并办妥一应手续，苏联驻华大使罗申以及柯瓦廖夫等以主人身份，欢迎毛泽东及随行人员。毛泽东登车前，与中国护送人员一一告别并表示感谢。毛泽东上车后并未马上进入车厢，而是立在车门口的玻璃窗后，向排列在站台上的送行者频频招手致意。列车鸣笛启动，缓缓驶出国界，伍修权才松了一口气。

伍修权没有想到，负责毛泽东访苏途经东北的保卫工作，是他在东北军区参谋长任上的最后一项任务，也是他随访莫斯科的序幕，献身新中国外交事业的前奏。

第九章　随访莫斯科

一、返乡期间接到周恩来紧急电召

圆满完成毛泽东访苏途经东北的保卫工作回到沈阳后，伍修权接到高岗通知，说有要事面告。伍修权赶到高岗那里，见他笑着递过来一份文件。接过一看，原来是一份中华人民共和国中央人民政府任命名单，其中伍修权的新任职务是政务院外交部苏联东欧司司长。已是中央人民政府副主席的高岗说，这是周恩来亲自提名的，也征求过他的意见，他说中央要调只好放人，并惋惜地说，东北军区的事本来想靠伍修权的，现在留不住了。

1949 年 12 月下旬，离乡 24 年的伍修权，利用从东北军区调往外交部的空当，与在沈阳居住的表妹杨秀章一同乘火车前往家乡武汉。几个得讯赶来的本家兄弟，在汉口原大智路的老火车站接到了伍修权，就近到一个堂兄弟家稍事休息，就急匆匆过江，赶到武昌戈甲营，踏进家里人赖以栖身的破旧小院。

当伍修权出现在家门口时，他母亲看着这个穿着军装的中年男子，竟认不出来人便是她日思夜想的四儿了。陪伍修权来的杨秀章上前对老人家说："三姨，您家看看这是谁？这是四哥呀！"伍修权的母亲被这突如其来的喜讯搞蒙了：二十多年音讯全无的四儿突然回来了，就站在面前，这是真的，还是又一个好梦？明白过来后，她泪流满面，说不出话来，只顾一边拭泪，一边上下左右看不够。伍修权看着与自己记忆中判若两人的白发苍苍的母亲，也是感慨万分。这时家里人都跑了过来，看到此情此景，赶快把伍修权他们让到屋里。伍修权一边打量着家里的陈设，一边听大家讲这二十多年间家中的变迁。这才知道，由于家境日渐贫寒，伍修权走后，又搬了几次家，越搬越差。在这低矮破旧的几间小平房里，住着全家老小。更让他伤心的是，他走后，他的父亲和三个兄长、一个妹妹先后在贫病交加中去世。这时家里只剩下三个弟弟，最小的弟弟是他离开武汉后出生的，这是第一次见面。他们都从事着普通的职业，以微薄的收入维持一家人的生活。五弟、六弟都已成家，六弟有一个儿子。与母亲相依为命的，还有二哥留下来的一个女儿。伍修权看着想着，母亲这些年真是太不容易了，不知吃了多少苦，受了多少累呀！

伍修权这次回家，没有住招待所，而是同母亲挤在一张破木床上，白天吃着母亲做的粗茶淡饭，晚间听家人讲述辛酸往事。这么多年不在家，家里发生了这么大的变化，伍修权更加感到母亲的不易和坚强。伍修权对母亲的孝心，植根于苦难的童年生活中："这样的情况下，保证我们全家人食能餬口，衣能蔽体，应该归功于我的妈妈。她以自己的全部心血和辛劳，支撑起我们这个十来口的家。她不仅管给全家人做饭、洗衣、缝补和收拾里外，我家上至老祖母，下至我们这群娃娃，每个人脚上穿的鞋，也全部出自她的巧手。从我记事时起，就见她年年月月不间断地糊鞋帮、扎鞋底和绱新鞋。她还自备了一把剃头刀，亲自动手按时给我们剃头理发。仅仅这两项，就为全家人节省了不少开支。几十个春秋过去了，可是母亲当年劳苦的身影，却一直镌刻在我的心上……"①

伍修权还抽空去看望了母校的恩师和当年的好友。令他痛惜的是，钱介磐和张朗轩两位老师已经去世，其余的师友也大都远离故土，有的不知去向，他只见到了何春桥、江子麟等老师。令他高兴的是，何老师后来曾去法国留学，学成归国后成了武汉大学的生物学教授。他掌握了英语、法语，后来又自修俄语。伍修权和同学们去看他，他非常高兴，还念俄语给伍修权听，请他纠正发音，伍修权也就恭敬不如从命地给老师"指导"了一番。那次回家乡，伍修权还看望了钱介磐的儿子钱运铎和江定位等老同学，后来与江定位在中央音乐学院的弟弟江定仙也成了朋友。在结伴步行去看望师友的路上，伍修权痛心地告诉武汉的老同学，陈潭秋老师已于1943年9月27日在新疆惨遭杀害。大家嘘唏良久，越发怀念陈潭秋、钱介磐、张朗轩等深受同学们敬重的老师。

伍修权返乡才几天，一份电报就通过中南军政委员会送到他手里。打开一看，是周恩来1月5日发来的紧急电召："萧克同志转伍修权同志（他回家省亲现驻武昌）：此间即派飞机去接你来京，有紧急任务。"

伍修权连忙回电，称无需派飞机，自己立即乘火车赶赴北京。周恩来一见他就说："你马上把军衣脱掉，换上西服，跟我一起到苏联去。"

集中时，伍修权才知道，代表团成员，属中央各部门的，除自己外，有中央贸易部部长叶季壮、外交部办公厅副主任赖亚力、工业部计划处长柴树藩、中央财经计划局处长沈鸿、外贸部机要秘书苏农官；来自东北的，有东北人民政府副主席李富春、东北工业部副部长吕东、东北贸易部副部长张化东、大连市委书记欧阳钦等九人。有这么多来自东北地区的成员，是因为这次会谈及即将签订的条约和协定，多半与东北和新疆地区直接相关。新疆地区负责人艾则孜·赛福鼎及陪同他赴苏的邓力群、马寒冰，是到莫斯科后才会合的。

由北京出发的代表团成员集中以后，周恩来亲自主持了出国前的各项准备工作，他让代表团成员以主要精力熟悉、研究和草拟与会谈签约有关的各种文件材料。伍修权直接参与了一批俄文资料的翻译和分析工作，中国将向苏联提供的各种文件材料，也由伍修权负责一一译成俄文。由于准备时间太短，一身戎装的伍修权，来不及定做西服，就跑到北京前门外的估衣店里买了几件现成的西服和大

①《伍修权回忆录》，中国青年出版社2009年版，第6—7页。

衣，外加一顶高加索式的黑皮筒帽子及皮鞋之类。这一切都是在从武昌赶到北京的四五天之内完成的。

1950 年 1 月 10 日代表团启程。旅途中，与会谈、签约有关的准备工作仍在紧张进行。周恩来一路上很少休息，不断研究资料、草拟文稿或与人交谈。在路过苏联境内的新西伯利亚和斯维尔德洛夫斯克时，还与在莫斯科的毛泽东长时间通电话，交换情况，讨论问题。伍修权在代表团中既代表外交部苏联东欧司参与活动，又承担了中俄文资料的互译、介绍工作。在去莫斯科的火车上，他又为周恩来翻译、介绍了相关俄文资料，并将周恩来预定到达莫斯科时发表的演说词译成了俄文。

从毛泽东 1 月 3 日晚上致电中共中央，让周恩来到苏联去主持会谈和签约工作，到代表团启程，仅一周时间。

二、筹备并亲历《中苏友好同盟互助条约》的签订

1950 年 1 月 20 日下午，中国政府代表团经过十天行程到达了莫斯科，受到苏联部长会议主席米高扬、外交部部长维辛斯基、驻华大使罗申和中国驻苏大使王稼祥等的热烈欢迎。在车站的欢迎仪式上，周恩来发表了简短的演说，伍修权做口头翻译。周恩来说，我们此行的目的是奉毛主席之命，来参加关于巩固中苏两国邦交的会商，以促进两国之间的友谊和世界和平事业。

1 月 22 日晚，中苏两国就签订新的条约和协定开始正式会谈，中方参加会谈的有毛泽东、周恩来、李富春、王稼祥、陈伯达；苏方有斯大林、莫洛托夫、米高扬、维辛斯基，后来又加上外交部副部长葛罗米柯和驻华大使罗申。会谈由师哲担任翻译。伍修权等代表团的其他成员则在会下为会谈和将要签订的条约准备各种文件和有关资料。将要签订的主要文件是“中苏友好互助条约”，其他要签约的有：中长铁路问题、旅大问题，两国间贸易、对华贷款及若干重点企业、重要事业的合作问题，聘请苏联专家帮助中国建设以及互设领事馆和联合开采新疆、东北等地矿产问题等。前两个问题的原有协定都是苏联与旧中国政府签订的，随着中国的主权独立和民族解放，这些问题都得重新讨论、正确解决。由于需要翻译、整理和研究的文件资料，种类繁多、内容庞杂，伍修权和大家不分昼夜地工作着。

根据双方商定，苏方拿出了中苏友好同盟条约的初稿。它几乎是 1945 年苏联与国民党政府所订条约的翻版，未能体现苏联与新中国的特殊关系与全新内容。毛泽东让周恩来主持改写，说是修改，不如说是重新起草。1 月 24 日，毛泽东、周恩来、王稼祥、陈伯达、李富春在毛泽东住所开会讨论，充实条约内容。毛泽东提议边讨论边译成俄文。伍修权、师哲、戈宝权、徐介藩在毛泽东住所的一层，用最快的速度将他们讨论的文件译成俄文并打印出来。戈宝权、徐介藩都是当时驻苏使馆的工作人员，精通俄语。这一工作由周恩来直接领导，他将条约的草稿交给

代表团和大使馆的人员，组织大家逐条、逐句、逐字研究、斟酌和修改。条约全文的实质性文字还不到一千字，但是每一个字都经过反复推敲。周恩来强调，这个条约不仅要今天看行，还要在以后看也行，要经得起时间的考验和后人的评判。

由中国代表团改写出来的条约草案，成为后来所签条约的基础，与前稿相比，在文字上、内容上都有不少修改补充。首先是条约的名称，苏方提出的草案完全沿用了他们同国民党政府所签的《中苏友好同盟条约》，周恩来提出应该加上“互助”一词，以体现中苏两国间的新型平等关系。毛泽东也认为应该加进这两个字，说明两国是“平等互利，互相帮助”的关系。于是后来签订时就成了《中苏友好同盟互助条约》。伍修权还回忆了这样一个例子：“条约草案中有一段原来是：缔约国一方一旦受到第三国的侵略，另一方‘得以’援助。周总理觉得还不够肯定，没有表明条约应有的作用，经过再三考虑，将‘得以’二字改为‘即尽其全力’给予援助，这就更肯定更明确了。为了这看来只有几个字的改动，就讨论甚至争论了很长时间。”[①] 伍修权对文本还提出了一些技术性的意见，如条约的俄文本，按照俄文倒装句的习惯，将中华人民共和国排为“Народная республика Китая”，直译就成了“人民共和国中华”。伍修权建议按照汉语的习惯把“中华”排在前头，这在俄语中也是完全通顺的，苏联方面接受了这个意见，在正式的俄文本中就定名为“Китайская Народная республика”。

苏方对中国代表团改出的条约草案，除个别地方略有分歧外，绝大部分都赞同，并对其主题鲜明、文字精确表示十分佩服。经过会谈讨论通过的条约文本，毛泽东看了也表示满意。他让代表团工作人员陈秉承用毛笔以正楷抄写出两份中文本，说应该“作为一个历史性文献保存下来”。陈秉承原在中央军委办公厅工作，出身于书香门第，写得一手好字。他手抄的这两份中文本，不仅每一份无一错漏，两份还写得一模一样。用来签字的正式文本必须是铅印的，并且要中文、俄文并列地一式两份。为了使这个铅印本做到一字不差、正确无误，伍修权和分管代表团内勤工作的赖亚力到苏联的外文印刷厂里，对苏联排字工人进行直接指导、监督，保证无一错漏地排印出来。苏联工人对着文稿，从字架上一个一个地拣出所需的中文方块铅字，在伍修权的具体指导下，将中文部分自右至左地按中国传统习惯竖排出来，俄文部分则用横排形式。又将预定由中方签字的文本将中国国名及中文排在前面，另一份则将苏联国名及俄文排在前面。这项工作非常琐细，伍修权和赖亚力审校了多遍，忙碌了好几个小时。

1950 年 2 月 14 日，《中苏友好同盟互助条约》在克里姆林宫正式签字。毛泽东和斯大林作为两国元首出席了签字仪式，周恩来和维辛斯基以两国外长的身份，分别代表各自的政府在文件上签了字。签字前，伍修权从中国驻苏大使馆拿了笔、墨、砚，送到克里姆林宫交给师哲，摆放到预定由周恩来签字的位置上。

中苏条约签字后，两国接着签署了两项协定。一是《关于中国长春铁路、旅

① 《伍修权回忆录》，中国青年出版社 2009 年版，第 173—174 页。

顺口及大连的协定》；二是《关于（苏联）贷款给中华人民共和国的协定》。除这两项协定外，双方还议定，将苏联在东北从侵华日军手里缴获的财产及苏联过去在北京的兵营房产等全部无偿移交给中国。这些协定和协议对于维护中国的主权、促进中国的经济建设都是十分必要的。上述条约及协定签字后，两国共同声明，1945 年 8 月苏联与中国原国民党政府缔结的各项条约和协定均失去效力。

签字仪式结束的当天晚上，为庆祝中苏条约的缔结和毛泽东、周恩来访苏成功，中国驻苏大使王稼祥在莫斯科大都会饭店举行招待宴会。斯大林一反他过去从不出席在克里姆林宫以外举行的这类宴会的惯例，不仅亲自出席，还带来了苏联党政军各界几乎所有头面人物，使这次宴会的气氛空前热烈。宴会开始，当斯大林和毛泽东一起进入宴会大厅时，全场都沸腾了，大厅内响起雷鸣般的掌声和“斯大林万岁！”的欢呼声。当周恩来说中国要向苏联老大哥学习，中苏友谊牢不可破并将世世代代传下去时，全场又一次响起热烈掌声和“中苏友好万岁！”的欢呼声。

2 月 16 日，斯大林在克里姆林宫举行盛大宴会，招待中国代表团全体成员，苏联党政军领导人又几乎全体参加。宴会上，斯大林和毛泽东频频举杯，互相敬酒祝愿。

伍修权出席了这两次盛宴，并有机会重睹斯大林的风采。他说，自己 20 年代在莫斯科见到斯大林时，他才 40 多岁，这次见到，斯大林已是古稀之年。几十年内乱外患接连不断，特别是经历了卫国战争这些年，他已须发花白，明显衰老了。但他不仅在苏联国内党内，就是在国际共运和世界进步人士心目中，也享有至高无上的威望。此时的斯大林虽然已经进入暮年，但是仍然踌躇满志，心情舒畅，始终保持着他特有的风度、气派和友善的态度。

2 月 17 日是中国农历正月初一，毛泽东、周恩来定于这天启程回国。他们当天下午去了中国驻苏使馆，同使馆全体人员以及留苏学生代表等一起欢度新春佳节，伍修权等中国代表团成员也应邀参加。当晚，毛泽东带着两个多月前随他来的原班人马，与周恩来一起回国，还在莫斯科火车站发表了告别演说。到车站送行的莫洛托夫也向毛泽东转达了斯大林的临别问候。越共领袖胡志明与毛泽东同车离苏。当晚 10 时 30 分，毛泽东、周恩来和胡志明等乘坐的列车徐徐离开了莫斯科车站。

三、参与同苏联成功商签一系列单项协定和具体协议

毛泽东、周恩来回国以后，李富春、叶季壮、伍修权等代表团的多数人，仍然留在莫斯科与苏方进行若干单项协定和具体协议的会谈与签约工作，双方继续着一场又一场马拉松式的会谈。

一进入到关系两国利益的实质性问题，谈判就不那么顺利和谐了，双方在一些问题上发生了分歧和争执。周恩来把原则性与灵活性融为一体的谈判艺术成了大家处理分歧的效法榜样：既强调团结友好，努力发展互助合作关系，又决不拿国家主权和民族尊严做交易。周恩来发来的指示电，也成了大家在后续谈判中与

苏方求大同的指导性意见。1950 年 3 月 19 日，周恩来致电李富春、王稼祥、伍修权：关于中苏专家协定条文，“不必再争，即照苏联政府所提条件办理，我们由此取得经验，加紧学习，谨慎工作，以便第二年精减专家，亦甚有利”。4 月 3 日，周恩来致电李富春、王稼祥、叶季壮、伍修权，提出聘请专家的方针是：“必须请好的、必要的，一改过去多请、滥请而又想讨便宜的作风；同时，也逼得请专家的部门赶快在一两年内向专家学好本事，免得专家走了仍然不能自立。”伍修权从中感受到的是周恩来自力自强的思路，未雨绸缪的远见。

后续谈判中另一个比较突出的问题是中国人民币同苏联卢布的比值应如何定。苏方将卢布比值定得很高，而将人民币的比值压得比较低。中方对此提出了不同的意见，苏方却坚持自己的立场。但是鉴于当时的情况，在许多地方还是中方有求于对方，真闹翻了也不太有利。在请示国内并得到同意后，中方作了些让步和妥协，实际上是在相对不平等的条件下，定下了两国货币的比值。从这类“蜜月期”的分歧中，伍修权明显地感到苏联存在的大国沙文主义和民族利己主义倾向，即使对他们亲密友好的兄弟国家也不例外。

遵循着斯大林式民族主义立场的米高扬及其谈判助手们，几乎在每一个问题上都与李富春等发生争执。伍修权既是会谈中的重要发言者，又得负责会场上的口头翻译和会外的文字翻译，一切都得以国家和民族利益为重，又不得不顾及中苏友好这个大局。在这些协定的谈判过程中，中方强调两国之间真诚合作，相互不占便宜，不使对方受到损失，中国保持独立而不依赖，苏联尽力帮助而不剥削的原则。经过让步与斗争，双方陆续达成多项协定和协议，内容涉及两国互设领事馆，向中国派遣苏联专家及其在华待遇与工作条件，中苏之间互通电报、电话和交换邮件，在新疆创办石油、有色金属和稀有金属等中苏合办企业，成立中苏民用航空公司，近几个年度的贸易换货及苏联向中国供应工业设备器材等等。双方议定几个合办的公司由两国共同负责，并根据各自的条件承担不同的义务，利益由两国共享。伍修权参加会谈、参与签订并亲手译出的各项协定，相继由两国政府予以公布。那一段时间，伍修权与留下的中国政府代表团成员一起，为缩小中苏关系“蜜月期”的分歧而努力求大同，为新中国的外交和建设事业，作了艰苦而有效的努力，取得了丰硕成果。伍修权说：“一个国家既要保持自己的民族独立，努力维护自己的主权，又要有适当的外援，必要时也得以小的妥协换取长远的利益。但是完全依赖外国以至损害民族利益，也是不允许的。当时我们同苏联的关系，总的方面是平等互利的，同时也是既讲友好又有矛盾，既讲团结又有斗争的。”①

随周恩来访苏，是新中国成立后伍修权外交生涯的成功起步。1950 年 4 月完成赴苏任务回国途中，征得李富春同意并报政务院批准，他在沈阳下车办理调动手续，随后带着全家上了开往北京的火车。这一天是 1950 年 5 月 4 日。从这一天开始，伍修权的戎马生涯暂告一段落。

---

①《伍修权回忆录》，中国青年出版社 2009 年版，第 180 页。

第十章 持节联合国

一、被任命为大使衔特派代表

1950 年 6 月 25 日，朝鲜内战爆发。26 日，美国即调动其驻日本的空军和海军支援南朝鲜军队作战。27 日，美国总统杜鲁门下令派遣其驻菲律宾的海军第七舰队侵入台湾海峡。28 日，周恩来代表中国政府发表声明：“杜鲁门 27 日的声明和美国海军的行动，乃是对于中国领土的武装侵略，对于联合国宪章的彻底破坏。”[①] 然而，美国于 7 月 7 日再次操纵联合国安理会通过决议，成立由美国指挥的“统一司令部”，纠集了美国军人占三分之二（其中空军占 93.4%，海军占 85.9%，陆军占 50.3%）的 16 个国家的军队，打着“联合国军”的旗号，支持南朝鲜对北朝鲜作战。

苏联本可以利用其联合国常任理事国的身份，对这一以武力干涉别国内政的决议给予一票否决，却因苏联反对美国等西方国家操纵安理会阻挠中国加入联合国的抵制行动而事与愿违：1950 年 1 月 13 日，苏联常驻联合国代表马立克宣布，在接纳中华人民共和国进入联合国并把台湾当局开除出联合国之前，苏联将拒绝参与联合国安理会及其相关机构的工作，并且不承认其所作出的决议。美国便趁苏联代表缺席之机，操纵联合国安理会通过了出兵朝鲜的决议。

中共中央在全面分析国际国内形势的基础上，决定首先通过外交斗争揭露美国的霸权恶行。8 月下旬，周恩来多次致电联合国秘书长赖伊，就美国出兵朝鲜、侵占台湾并派空军侵犯中国领空进行揭露，提出控诉，严正要求联合国安理会在召开有关会议时，必须有中华人民共和国政府的代表参加。在是否出兵援朝的问题上则持谨慎的态度。10 月 3 日，斯大林敦促中国派兵入朝。毛泽东的回答是：战争给中国人民带来的创伤尚未医治，人民需要和平。而出兵援朝会引起美国和中国的冲突，中国进行和平建设的计划将被完全打乱。然而，10 月 7 日，美军突破“三八线”，直逼平壤。鉴于金日成再次恳请中国出兵驰援，美军已把战火引向鸭绿江沿岸七百公里的中朝陆地边境，10 月 19 日，在朝鲜民主主义人民共和国首都沦陷的危急关头，中国人民志愿军开始入朝。

---

① 中央文献研究室科研部图书馆编：《周恩来人生纪实》，凤凰出版社 2011 年版，第 781 页。

与此同时，通过联合国安理会向国际社会揭露美国侵犯中国领土、干涉朝鲜内政的既定方针仍在积极推进之中。联合国安理会于 9 月 29 日通过决议，同意中国政府派代表参加讨论。当时中国在联合国的席位，尚被退守台湾的国民党当局窃据，新中国任命的驻联合国代表张闻天因此未能赴任。去联合国参加讨论朝鲜和台湾问题的新中国代表团，是在外交战线上开辟“第二战场”，与世界头号帝国主义国家过招。这不只是新中国的一件大事，也是联合国乃至全世界所瞩目的大事。在考虑代表人选时，周恩来想到了伍修权：他是长期在军队工作的儒将，有从事对外联络工作的经历和经验；精通俄语，便于与苏联等国协同作战；在军调部东北执行小组和长春分部工作期间，又与美方人员打过交道。于是，他向毛泽东提名推荐，毛泽东欣然首肯。

10 月 23 日，周恩来复电赖伊，正式通知他们：“中华人民共和国中央人民政府业已任命伍修权为大使衔特派代表，乔冠华为顾问，其他七人为特派代表之助理人员，共九人出席联合国安理会讨论中华人民共和国中央人民政府所提出控诉美国武装侵略台湾案的会议。”接着又在 26 日再次致电赖伊，提出伍修权等去联合国，不仅参加讨论中国控诉美国武装侵略台湾问题，也参加讨论美国武装干涉朝鲜问题的安理会会议。前一份电报上，还开列了伍修权的助理人员，他们是有关专家龚普生、安东和陈翘（陈忠经），翻译浦山和周砚，机要及报务人员孙彪、王乃静。在代表团中，乔冠华号称“中共一大才子”，江苏盐城人，与同乡胡乔木被毛泽东戏称为盐城“二乔”。龚普生曾在联合国担任过职员，对那里的情况比较了解。安东和陈翘是国际问题和外事方面的专家。浦山是毕业于美国哈佛大学的经济学博士。周砚是伍修权在东北军事调处执行小组时的部下，伍修权认为她的外语水平和文才、口才都属一流。孙彪、王乃静也都政治坚定、业务过硬。

周恩来就新中国赴联合国代表问题向赖伊发出第一份电报的当晚，就召集伍修权、乔冠华等讨论并确定代表团赴美后的行动方针与斗争策略。其中最重要的是准备在联合国安理会上的发言稿，外交部为此专门组织了一个秀才班子，由乔冠华牵头起草，毛泽东、周恩来审阅修改后，经中央审查通过，最后由浦山、周砚翻译、打印。对于在国外时哪些问题可以自行相机处理，哪些问题必须向国内请示报告，甚至代表团的出发日期、行动路线及注意事项等，周恩来都一一交代清楚。11 月 13 日，即代表团出发的前一天，周恩来在办公室里接见代表团全体人员，又到外交部的小宴会厅为即将出征的人员鼓气饯行。周恩来说：“你们这次去联合国，任务艰巨复杂，等于参加战斗，大家要齐心努力，把这一仗打好，完成祖国和人民交给你们的光荣任务。”周恩来还通报了朝鲜战场特别是中国人民志愿军的作战情况，他说，现在志愿军正在艰难条件下以劣势装备浴血奋战。中国东北邻近朝鲜的地区特别是安东及鸭绿江大桥，不断受到美国空军的轰炸袭击，人民的生命财产安全受到了严重威胁，对中国已造成了巨大的破坏。为此，中国代表团必须立即出发，把联合国讲台作为又一战斗阵地，揭露美国的侵略暴行。周恩来接着说，这次去的虽然只有九个人，但是他在北京将时刻关注并全力

1945 年 4 月，伍修权（右）拟以“特区”（陕甘宁边区）代表身份赴美国参加联合国成立大会时在延安机场与另两位代表董必武（中）、陈家康合影

支持代表团的一切活动，他们出国并不是孤军作战，背后不仅有四亿七千五百万中国人民作后盾，还有包括美国人民在内的全世界千千万万支持者和同情者，特别是联合国安理会五个常任理事国之一的苏联及和平民主阵营的东欧各国，都将对中国代表团的活动给予支持配合。

出使联合国的新使命，使伍修权想起了五年前的一段往事。那是 1945 年 4 月，在中共七大召开前夕，伍修权受命作为中国共产党和陕甘宁边区的代表之一，参加以时任国民党政府行政院长宋子文为首的中国代表团，出席在美国旧金山召开的联合国成立大会。4 月 6 日，伍修权等随董必武乘美国军用飞机由延安飞抵重庆，国民党方面竟以伍修权有沙眼为由，将他拒之于代表团之外。实际上，国民党方面是为了压缩中共代表的人数，阻扰中共代表特别是像伍修权这样曾留学苏联的代表在联合国与苏联代表的协调、配合，尽量减少中国共产党在联合国事务中的话语权和国际影响力。想不到时隔五年，他却作为中华人民共和国中央人民政府的特派代表，率团出席联合国安理会会议。

想到这里，伍修权代表全体人员向周恩来表示，他们九个人将作为一个战斗集体，不负重托，不辱使命，坚决完成任务。他坚信，能够把劳动人民闹翻身求解放那一仗打好的中国共产党人，也一定能“把这一仗打好”。战略目标：捍卫国家主权和民族尊严；作战阵地：美国成功湖、联合国安理会。

二、在“另一个世界”的入口处

1950 年 11 月 14 日，伍修权一行登上了飞往苏联的客机。代表团将经莫斯科到达捷克斯洛伐克首都布拉格，在那里办理进入美国的签证，再由伦敦转赴纽约。

飞机经蒙古进入苏联，在途中被漫天风雪所阻，被迫降落在苏联的克拉斯诺亚尔斯克。苏联方面想方设法使飞机尽快重新起飞，以按期到达莫斯科。在布拉格，通过捷克斯洛伐克外交部与联合国驻布拉格代表里特尔及美国驻捷大使馆联系，办理了前往纽约的签证。11 月 23 日，他们先乘经瑞士到伦敦的飞机，再换乘英国海外航空公司的客机飞抵纽约。

11 月 24 日，纽约时间 6 时 13 分，载有新中国第一个出席联合国会议代表团的飞机，在纽约机场着陆了。伍修权回忆说："我们清楚地意识到，这里不仅在地理上，而且在政治上，完全是另一个世界。"[①]美国除派安全保卫人员到场外，没有一个官方的迎接者，只有一个据称是联合国礼宾联络科的科长在机场接待了他们。好在苏联及波兰、捷克斯洛伐克等几个友好的联合国成员国的代表赶到机场欢迎，才使中国代表团到达纽约机场的气氛不致过于冷落。一批闻讯赶来的美、苏等国的记者，冲过拦阻他们的机场安保人员，抓拍了几个"红色中国"代表的镜头，提出了"您此刻有何感想"之类的问题，也增添了一点活跃气氛。代表团一行下飞机后，同迎接他们的苏联驻联合国代表马立克等一一握手。伍修权对各国记者宣读了"在纽约机场上的演说"："本人奉中华人民共和国中央人民政府之命，出席联合国安理会讨论'控诉（美国）武装侵略台湾案'的会议。我希望中华人民共和国中央人民政府提出的控诉案，能在安理会上得到公正的处理。果如此，则将有助于亚洲及太平洋的和平与安全。"

一位美国记者这样描述当时的情景及他的心情：他看到，随着载有第一批

1950 年 11 月 14 日，伍修权（左一）率中华人民共和国出席联合国安理会会议的第一个代表团出国时与乔冠华（左三）、龚普生（左二）、周砚（左五）等在机场合影

①《伍修权回忆录》，中国青年出版社 2009 年版，第 188 页。

1950 年 11 月 24 日，伍修权（右）率团到达纽约时苏联驻联合国代表马立克（左）等到机场欢迎

中国人民的真正代表的飞机在破晓时分徐徐降落，机场进口处，在一排警察的监视下，三五成群站在那儿的一百多个摄影师、记者和政府官员们，起了无声的骚动，照相的灯光和汽车的强光直射着飞机门，使黑夜如同白昼。由飞机中走出来七位男的和两位女的，在耀眼的光亮下慢慢走向海关。他庆幸："现在我们中间有了四亿七千五百万人民的真正代表，也就是世界四分之一人类的代表啊！我想起我睡在小床上的孩子，这飞机从东方带来了久久盼望着的和平使者们，他们是为了我的孩子，也是为了所有别的睡着了的和醒着的孩子们。""伍修权代表向挤在扩音机前的记者和摄影师们说：'中美两国人民从来就存在着深厚的友谊。我愿趁这个机会，向爱好和平的美国人民致意。'"①

中国代表团离开纽约机场时，在机场出口处见到聚集在那里的一群人，有的手举标语牌，上面写着欢迎"红色中国"代表来联合国等。这是美国的一些进步人士自发地来欢迎中国代表团，因为美国当局不准他们进入机场接近中国代表，只得守候在新中国代表将要通过的地方。当代表团的车队驶过出口处时，他们一齐向车里的中国代表挥手欢呼，表示欢迎。伍修权后来了解到，他们中有美国和平组织成员和美国共产党员，其职业大多是教师、工人和职员。这些人在中美两国处于敌对关系的情况下，敢于当着戒备森严地监视着中国代表团的美国警察的面，向新中国代表欢迎致意，确实难能可贵。

①《伍修权回忆录》，中国青年出版社 2009 年版，第 189 页。

纽约最大的旅馆之一——华尔道夫·阿斯多利亚大饭店，成了中国代表团下榻之处。他们包下了第九层一个很大的套间，几乎占了这层楼的一半。代表团九个人都住在这里，除了各自的卧室，还有公用的客厅和办公室。代表团住进去以后，严格执行出国前制定的内部纪律，任何人不得自行外出。在代表团主要成员参加会议或有其他活动时，从事机要、报务等内勤工作的人员负责留守，任何情况下不得擅自离开。这使那次在纽约待了近一个月的孙彪和王乃静哪里都没去，寸步不离地坚守在自己的岗位上。代表团的每顿饭，都由服务员送到房间来吃。据苏联、捷克斯洛伐克等国相关人员的介绍，美国的大旅馆房间内常有情报部门安装的窃听器。伍修权召集大家在饭店里商讨问题时，就把房间里的收音机打开，把音量放得大大的，以干扰可能的窃听。有时索性离开房间，到饭店附近一个公园里，相互掩护着边散步边交谈。他们到美国后对许多重要问题的讨论和决定，都是这样进行的。代表团人员出门，会有两个美国人跟着；所住套间的外头，也有两个美国人守着。他们平时像门神似的待在外边，一旦有人外出立刻跟上，有重要活动还要预先通知他们，由他们负责安排或联络、转达。

尽管美国当局对中国代表团故意冷落、严密监视，伍修权等来到纽约的消息，还是很快传播开来："新中国的代表来了！""共产党中国来人了！""铁幕后面的人来了！"这样说的大体有三类人：大多数是希望同中国友好，关心和支持中国人民的美国进步人士；也有一些人误以为中国共产党人真是"赤匪暴徒"，想看看他们的代表到底是什么样子；还有少数对新中国怀有敌意，对红色政权持否定态度的人。这使代表团的住处外头，出现了两种截然相反的情况。有一小部分人，打着攻击新中国、辱骂代表团的标语，喊着反共反华的口号，时不时来骚扰捣乱一下。其中有的是被台湾当局的驻美国机构雇来的，每人每天可得五美元的报酬。另一番景象是，每天都有人给代表团送来花束、花篮，有的还附有对新中国代表表示欢迎、祝福的卡片。从美国和世界各地发来的给新中国代表团的电报和信件更是数不胜数。美国妇女保卫和平代表团发表声明说："我们欢迎你们来到这里，因为我们希望你们的出席（联合国大会）对世界和平将有贡献，这是我们最关切的事情。"美国马里兰和平委员会65位著名人士联名给伍修权发来电报，希望代表团能促成朝鲜停战谈判。这些团体和人士反映了广大人民反对战争、渴望和平的善良愿望，也说明了新中国在世界人民心目中的地位。

当然，美国官方及反共分子对新中国的攻击，也因伍修权一行的到来而加剧。有些美国报纸从代表团的活动到伍修权个人的经历，都作了调侃甚至贬义的报道，说他是一个"受过俄国教育的卸职将军"，甚至伍修权喝不喝咖啡、会不会用刀叉等，都成了花边新闻。这些攻击非但未使伍修权遭受冷落反而使其成了当时的热点新闻人物。

新中国代表团到美国后受到各方关注与格外重视，还有一个重要的原因，就是美国纠集的"联合国军"在朝鲜受到中国人民志愿军的迎头痛击。就在伍修权到达纽约后的几天里，中国人民志愿军发起又一次战役，以美军为主的所谓“联合国军”及南朝鲜军三万多人被一举歼灭。麦克阿瑟扬言要在圣诞节前结束朝鲜战争的大话，被中朝军民粉碎。美国和西方世界不得不承认，这是美国有史以来遭到的最大失败。中国人民志愿军在朝鲜战场的胜利，提高并加强了中国代表团的地位，扩大了其影响。伍修权正是在这样的背景下出现在美国的土地上，当然受到世界各国特别是美国公众的密切关注。

三、出席安理会会议期间的交锋

美国的驻联合国代表明知新中国代表团24日一早已经到了纽约，仍于当天下午的联合国政治委员会会议上，在台湾代表和几个拉丁美洲国家的起哄支持下，要求撤销对新中国代表出席联合国会议的邀请。理由是，如果让新中国的代表出现在联合国讲坛上，等于在国际上承认了共产党中国。

此举遭到苏联代表马立克和东欧几个兄弟国家代表的坚决反对。他们指出，这是联合国规章赋予人民中国的应有权利，新中国代表已经来到纽约，谁也不能阻止他们行使自己的合法权利。埃及等中立国家也委婉地批评美国的提议。会议主席只得对此进行表决，结果苏联的提案以30比8的压倒多数否决了美国方面的提案。不肯罢休的美国代表立即又出了一招，要求会议当天就讨论中国的提案，企图使新中国代表措手不及，从而变相剥夺伍修权参加会议和发言的权利。美国搞的这些小动作，受到了苏联等国的揭露和反对，连有的中立国家也

1950年11月26日，时任联合国秘书长赖伊会见中国代表团（左起：浦山、伍修权、赖伊、乔冠华、龚普生）

1950 年 11 月 27 日，伍修权（中）一行步入联合国安理会会场

感到美国的做法颇为可笑，都同意苏联提议的在 11 月 27 日即中国代表团到达的三天后再讨论这一问题。那位美国代表又无理地提出，11 月 27 日他个人另有活动，不能参加会议。会议主席只得迁就他，将讨论日期再往后挪，但中国代表仍在 27 日正式到会。这使伍修权等人尚未在联合国安理会露面，就已经成为会议的焦点。

1950 年 11 月 27 日，新中国代表团首次出席联合国安理会的政治委员会会议。由于伍修权一行在此之前已成为人们关注的焦点，他们的首次亮相，就成了从联合国到世界各国的头号新闻。对于联合国安理会会议上喋喋不休的讨论和争论，许多代表团都感到乏味，往往采取“事不关己，高高挂起”的冷漠态度，因此平时许多席位都是空的。但在新中国代表到会的这一天，气氛忽然大变，各国代表不仅都准时出席，不少还提前来到，会场变得拥挤起来。人们入座后不约而同地把目光集中在会场的入口处。会议厅门外早已挤满了各国记者，各自抢占了有利位置，照相机和摄影机的镜头瞄准了红色中国的代表将要出现的方向。随着一阵人群骚动和照相机的频频闪光，会场门口的通道上出现了一个身着西服、以军人姿态阔步走进大厅的东方人，他就是中华人民共和国中央人民政府的特派代表伍修权。紧随其后的乔冠华和相关随行人员，也一个个昂然步入会场。全场的目光齐刷刷地集中到他们身上。伍修权回忆道：“我们在联合国官员的引导下，走到为我们安排的位置上，顺序入座。在我面前的桌子上，放着写有‘中华人民共和国’英文字样的席位标志。这个牌子虽小，但是在这个大厅里，却显得十分醒目，因为在当时的世界上，绝大多数国家还没有承认我国。美国等资本主义大国，对新生的人民中国，采取了拒不承认的‘鸵鸟政策’和敌视态度。然而现在，我国的国名和代表正式出现在这个世界最大国际组织的会议厅里。”①

具有象征意义的是，伍修权与他在这次安理会会议上的主要对手杜勒斯，竟是平起平坐。安理会会议厅的设计与一般的会议厅不太一样，15 个安理会理事国和常任理事国的代表，还有被邀请出席大会的各国主要代表的座位，都在一张马蹄形长桌后面，每个座位上都有收听同声翻译的耳机、语言选择开关和发言用的话筒。同声翻译则随时将代表的发言译成不同的语言，传播给各国代表及旁听者。同声翻译室就设在会议厅后面的楼上，里面的工作人员通过一排很大的窗户，直接观察会场的情况，以便及时配合。会议席长桌前稍低一些的地方，是会场记录、电传打字和录音等联合国工作人员的位置。再向前隔着一道木栅栏，是一排排如同剧院观众席似的座位，那是旁听者和新闻界人士的位置。这使得安理会会场从内容到形式，成了名副其实的国际舞台。伍修权的座位，就在杜勒斯右侧，中间只隔着英国代表杨格，相距也就一米左右。杜勒斯以坚决反共著称，朝鲜战争爆发前曾在“三八线”留下了一张查看地图的照片。他是全场唯一不把目光投向刚进入会场的新中国代表的人，以冷漠来表示敌意。伍修权说：“我倒是满不在乎地瞧了这个美国头面人物一眼，只见他满脸僵冷木然的表情，嘴角生气地使劲往下拉，藏在眼镜片后边的两眼，直愣愣地呆视着面前……”②

与杜勒斯态度截然相反的是苏联的代表。伍修权一行进入会议厅时，出席此次会议的苏联代表团团长、外交部长维辛斯基正在发言。伍修权来到纽约后，已经先与他有过接触，就面临的斗争交换了意见，他表示将全力支持中国代表在联合国的活动。当他看到中国代表走进会场入座时，当即盛情欢迎：“请原谅，我暂且中断我的演说。我以我们苏联代表团的名义，借此机会向在主席的邀请下，现在正在会议桌前就座的中国合法政府的代表伍修权先生以及代表团其他成员致敬，并祝他们今天在联合国组织中开始的活动获得成功。”当时的联合国组织，实际上完全被美国操纵，绝大多数国家囿于美国的政治、经济特别是军事压力，在联合国内被美国牵着鼻子走。苏联除了东欧几国外，几乎别无支持者，在联合国内经常处于孤掌难鸣的状态。因此，他们一直努力促成新中国在联合国的合法席位，以便有一个并肩作战的盟友。他们真诚地欢迎中国代表的到来，并在以后的一系列活动中，以各种方式对中国代表团给予帮助、支持。新中国代表的出席，比当天的会议内容吸引了更多的关注。人们把目光和兴趣，全都投向了伍修权等人。虽然伍修权在那天的会议上并没有发言，仍然成了全场的中心人物。

---

①《伍修权回忆录》，中国青年出版社 2009 年版，第 193 页。

②《伍修权回忆录》，中国青年出版社 2009 年版，第 193 页。

11 月 27 日的会议一结束，没等伍修权起身，等候在新闻界位置上的各国记者立即蜂拥到代表席前，各种各样的照相机、摄影机和当时还很稀罕的电视摄像机，纷纷聚焦到中国代表特别是伍修权和他面前桌上的“中华人民共和国”国名牌上。周围的通道出路全被这群记者堵上了，伍修权他们就索性端坐着，坦然面对闪光灯。随后出版的各国包括美国报刊，以及新闻电影和电视广播中，连续报道了红色中国代表出现在联合国会场的消息。

11 月 28 日，伍修权在安理会上作了长篇发言。他环顾会场，以带有湖北口音的普通话庄重地说：

> 主席，各位代表先生们：
>
> 我奉中华人民共和国中央人民政府之命，代表全中国人民，来这里控诉美国政府武装侵略中国领土台湾（包括澎湖列岛）非法的和犯罪的行动。
>
> 中华人民共和国中央人民政府毛泽东主席于 1949 年 10 月 1 日宣告政府成立之日，即已着重昭告全世界，只有中华人民共和国中央人民政府才是代表中国全体人民的唯一合法政府。一年以来，中华人民共和国在军事、经济、政治和文化建设各方面所完成的伟大成就，向全世界雄辩地证明了只有中华人民共和国中央人民政府，才是代表中国人民唯一合法的政府……中国国民党反动残余集团在联合国的所谓“代表”……绝对没有代表中国人民的任何资格！

伍修权发言时，中国在联合国安理会的常任理事国席位，仍然被台湾当局的代表占据着。伍修权坐在长桌右首的第一个席位上，台湾当局代表蒋廷黻等坐在左首起的第四、第五个席位上。伍修权抬头扫了一眼那位“对立面”，正告道：“各位代表先生，我愿意提醒你们，联合国如果坚持拒代表四万万七千五百万人民的一个安全理事会常任理事国于大门之外，它就不可能在任何重大问题上作出合法决定，它就不能解决任何重大问题，尤其是有关亚洲的重大问题。”

针对联合国席位问题发表严正声明之后，伍修权的发言转入控诉美国侵略台湾的正题，用“以子之矛攻子之盾”之法驳斥了美国为开脱其侵略罪行编造出的“台湾地位未定”，应“由联合国考虑”使其“中立化”，甚至交给美国来“托管”等谬论。“首先是 1950 年 1 月 5 日的杜鲁门反对 1950 年 6 月 27 日的杜鲁门。1950 年 1 月 5 日杜鲁门说：‘美国及其盟国承认中国对该岛行使主权。’其次，罗斯福总统反对杜鲁门。1943 年 12 月 1 日，美国罗斯福总统庄严地宣布了‘日本窃取于中国的领土，例如满洲、台湾、澎湖群岛等应归还中国’的《开罗宣言》，当时罗斯福总统或其他任何人也不以为在《对日和约》签订以前《开罗宣言》是无效的，不以为满洲、台湾、澎湖在那时以前仍然应该归日本所有。”他严正指出：“台湾是中国领土不可分割的一部分，台湾的地位早就决定了；台湾只有一个问题，就是美国政府武装侵略我国领土台湾的问题。朝鲜问题的真相不是别的，正是美国政府武装干涉朝鲜的内政，并严重破坏了中华人民共和国的安全。”[①]进而揭露道：“美国的实在企图是如麦克阿瑟所说的为使台湾成为美国太平洋前线的总枢纽，用以控制自海参崴到新加坡的每一个亚洲海港”，使台湾成为美国“不沉的航空母舰”。伍修权又针对美国常驻联合国代表奥斯汀“美国未曾侵略中国的领土”等狡辩，冲着奥斯汀幽默地反诘：“好得很，那么，美国的第七舰队和第十三航空队跑到哪里去了呢？莫非是跑到火星上去了？”说到这里，他转向全场听众提高音量道：“不是的，美国的第七舰队和第十三航空队并未跑到别的地方，他们在台湾。”伍修权挺直身子愤怒地说：“任何诡辩、撒谎和捏造都不能改变这样一个铁一般的事实：美国武装力量侵略了我国领土台湾。”

这一段尖锐泼辣又讽刺幽默的发言，出自乔冠华笔下。他的丰富知识和犀利文笔，在这里充分发挥了作用。这也正是周恩来指派他担任赴联合国代表团顾问的原因，使他和伍修权文武互补、相得益彰。伍修权发言的最后，又转到朝鲜战争问题上，在列举美国飞机、军舰对新中国造成了直接侵犯和严重破坏后，指出中国人民为了保卫自己的主权和安全，支援兄弟的朝鲜人民，奋起“反抗美国侵略乃是天经地义，完全合理的”。

伍修权的演说，中文长达两万余字，在联合国安理会的会议上，是少有的长篇演说。往常对与本国无直接关系的发言特别是长篇演说，很少有人能从头听到尾，但这次却一反常态，全体代表都准时入座，来宾席和记者席座无虚席，临时加座后还有“站票”。人们都对新中国代表将向世界讲些什么，怀着浓厚的兴趣。在伍修权发表演说后休会时，会场上许多人从各自的席位上，特别是从旁听席、来宾席和记者席上，纷纷拥过来，向新中国代表表示祝贺。在前来道贺的人中，伍修权看到了十多年前第一个进入陕北红区、自己曾负责接待的美国记者斯诺，与斯诺一起前来致意的还有也曾访问过中国解放区的夏仁德教授。他们都是为了能直接倾听伍修权的演说，并看看这位久别的红色朋友而特地远道赶来的。在会场旁听的也有不少专程赶来的中国同胞。其中有抗战期间曾在兰州担任国民党政府外交特派员的李铁铮，后来他作为派驻联合国的经社理事会代表来到美国，又辞职成了美国哥伦比亚大学教授。他当年在兰州同伍修权打过多次交道，有过一段友谊，此时虽然离开政坛，却为老相识的来到由衷感到高兴。还有台湾当局外交机构驻纽约工作人员宗维贤，也同李铁铮等一起听了演说，并为伍修权的堂堂正气所触动。在美国从事研究工作的吴仲华博士，为了能听伍修权的演说，在联合国会议厅开门前就赶到，第一个进入安理会旁听席占座等着。他们都从伍修权的演说中感受到中华民族的自尊与自豪，不久就先后离开美国，回到祖国怀抱，为新中国的建设事业作出了各自的贡献。

演讲结束后，苏联代表团团长维辛斯基也向伍修权表示祝贺，并一边笑着一边握紧拳头说：“你的声音很高，很有力。”是的，伍修权的发言气势恢宏，嗓门很高，好像要把中国人民百年来饱受帝国主义欺凌的满腔怒火喷发出来。他很激

① 中共中央党史研究室：《中国共产党历史》第 2 卷，中共党史出版社 2011 年版，第 68—69 页。

动，虽然没有感到自己的声音有多大，但充满了自信，感到中国人民决不是孤立的，即使在帝国主义控制的地方，中国人民的朋友也数不清。

会场内外的强烈反响，也极大地鼓舞了伍修权。11 月 29 日伍修权又应邀出席了安理会会议。这次会议讨论的是美国提出的诬蔑北朝鲜和新中国“侵略大韩民国案”。由于美国的操纵，联合国并未邀请北朝鲜的代表出席会议，所谓“大韩民国”即南朝鲜的代表却堂而皇之地坐在安理会特邀代表的席位上。会议开始后，南朝鲜代表首先发言，控诉北朝鲜和中国对他们的“侵略”。为了对这种极不公正的做法表示抗议，伍修权等决定不参加这场美国导演的“讨论”，没有坐到预留给新中国代表的席位上，而是走到会场上的贵宾旁听席入座，以便就近观察会场动向并待机进行反击。

南朝鲜代表发言之后，会议主席又让台湾国民党当局的代表蒋廷黻发言，这当然都是美国策划的。伍修权见状，认为对蒋介石代表的发言，不能坐视不理，随即坐回到会议的正式席位上。蒋廷黻用英语对中国共产党和新中国进行了一番攻击诬蔑，为他的后台老板美国辩护。面对这场遭遇战，伍修权当机立断，迎头反击。蒋廷黻发言一结束，他马上举手，获准发言后，伍修权说：“我们已声明而且还要声明，你蒋廷黻不能代表四万万七千五百万的中国人民，只有我们才是中国人民的真正代表。你做美国的走狗，做美国的应声虫，这就是你的职业，连伟大的中国语言都不会讲，我怀疑你还是不是一个中国人！”伍修权在回忆录里剖析了蒋廷黻其时的心态：“我在这一头慷慨陈词，满腔义愤地控诉美帝国主义者侵略我国及庇护蒋介石残余集团等种种罪行，蒋廷黻却在那一边连头都抬不起来，一直耷拉着脑袋，并且老是用手遮着前额，不让别人看见他的脸，也许他面对着中国人民的真正代表，多少有点自惭，不大好受吧！”①

伍修权代表新中国的正气凛然的发言，也激发了联合国中文译员的中国心。在伍修权未去前，联大的中文翻译人员曾向蒋廷黻提出，希望他发言时用中文，被蒋廷黻拒绝。因此，伍修权这段义正词严的即席发言，感染了正在后台做同声翻译的一位中国女同胞。她立即迅速准确地翻译出来，使各国使节和来宾在了解新中国代表严正立场的同时，也领略了伍修权作为外交家的机敏、幽默。这位女同胞姓唐名笙，在英国接受过正规而严格的教育，到联合国工作后，痛感自己祖国的国际地位低下。因此，新中国代表来到联合国，特别是倾听并转译伍修权长篇演说之时，她的民族自尊心、自豪感油然而生。

从 11 月 27 日到 30 日，联合国安理会连续举行会议，讨论新中国提出的“美国侵略中国台湾案”和美国提出的北朝鲜和新中国“侵略大韩民国案”。伍修权等根据中国政府的指示，将讨论重点放在美国侵略台湾问题上，建议联合国谴责并制裁美国侵略者，迫使美国军队从已占的中国领土台湾和海峡以及仍笼罩在战火硝烟中的朝鲜全部撤出，以恢复各自的主权。

---

①《伍修权回忆录》，中国青年出版社 2009 年版，第 197 页。

对伍修权在联合国安理会会议上的发言，下面的评价颇具代表性：

> 伍修权的发言震动了整个世界！世界各大报均在头版头条报道并配发评论。美国各大报也都以头版头条报道。
>
> 这是中国代表在美国本土上指着美国代表的鼻子面对面地揭露、痛斥，这是中国代表当着世界列强的面斥责美国。
>
> 翻开中国近代史，中华人民共和国成立以前，哪届政府、哪位外交官敢在国际讲坛上面对面地斥责帝国主义列强？[①]

1951年2月5日，香港《大公报》转载《新观察》中《中国人民的声音第一次响彻联合国》一文。文中对这一历史时刻作了如下评述："过去蒋匪帮的代表在联合国讲话，一律用英文"，伍修权在安理会的发言，"这是联合国会场上第一次听到的中国人民的声音，他们不但代表中国人民，说出中国人民要说的话，而且是用美丽的中华民族的语言，表达了它"。

为伍修权的发言叫好的，又何止中华民族、炎黄子孙！伍修权参加联合国安理会会议回国后，在外交部所作的报告中提到："其中一个黑人名叫戴波伊，他很兴奋地说：'你们这次在安理会的发言，是有色人种第一次指着美国人的鼻子谴责他们，告诉他们地球上不仅只有美国人存在，而且还有其他的人居住着。'"

港澳媒体对伍修权在联合国的发言也是一片赞誉之声。当时正在香港的作家聂绀弩，是伍修权早年在莫斯科中山大学的同学，他写道，1950年的世界十大新闻，第一条是爆发朝鲜战争，"第二条大新闻无疑地应该是伍修权将军在联大对美帝侵略台湾的控诉。那控诉的义正词严，理直气壮，自不用谈，最重要的却是这样指着帝国主义的鼻子直斥他们的罪行，不但在中国是第一次，在世界上也该是第一次。"港澳同胞对伍修权等联合国之行的关注程度，从香港《大公报》的报道可见一斑：1950年11月15日，《我国代表团起程飞赴成功湖出席安理会讨论控美侵台案》；11月25日，《我国控美侵台代表伍修权等昨抵纽约 苏联等国代表团盛大欢迎》；11月28日，以加标题凸显主要内容的方式全文刊载伍修权在安理会的发言；12月1日，《我代表伍修权在安理会发言控美武装侵台提出三项建议》；12月3日，《伍修权第二次发言历举美军侵略我东北台湾的事实要求接受我制止美侵略战争建议……》；12月11日，《纽约通信：伍修权在安理会》；12月18日，《……所谓停战无异坐使美军续侵朝鲜台湾 伍修权向记者揭穿阴谋后定明天返国》；12月20日，《我代表伍修权发表重要文件……代表团一行八人昨自纽约起飞返国》。

新中国代表在联合国对美国的控诉发言，从美国到全世界都引起了巨大反

① 云水：《赴"联大"民族声威震世界》，见《历史风云中的一代英杰——伍修权》，当代中国出版社2008年版，第232页。

伍修权（左）与美国驻联合国代表奥斯汀在安理会上

响。苏联《真理报》发表评论说："联合国中第一次响彻着中国人民代表的声音，这个声音所代表的政府其稳固与人民对它的拥护在中国历史上是无与伦比的。"许多独立不久或正在争取独立的第三世界国家，也都反响强烈，认为新中国代表在联合国反对国际霸权、抗议美国侵略，大长了世界饱受压迫剥削的国家和民族的志气。连美国的报刊和广播，都连续报道了伍修权的演说及照片。美国《生活》画报上登了两组人物头像特写，一组是伍修权正在挥手怒斥美国的侵略罪行，对面的奥斯汀听得嘴巴都气歪了；另一组是奥斯汀在狡辩，伍修权紧抿双唇侧目怒视其对手。在新闻影片和当时还不普及的电视上，也出现了伍修权一行的形象。对此气急败坏的自然也大有人在。奥斯汀对记者说，"我国政府感到极不愉快……尤其不赞成这种攻讦"；杜勒斯说他当时"被一种沮丧的情绪支配着自己的感情"；杜鲁门则因美军在朝鲜战场上的连连失利而宣称"要对中共采取行动"，甚至以"一切武器都必须加以考虑"的核讹诈来威慑中国，妄图以此迫使新中国的代表团退避三舍。美国媒体对新中国代表的歪曲报道也不少。有的美国记者说伍修权"作了两小时尖刻而强硬的谩骂式讲话"。电视新闻中报道伍修权在联合国发言时，镜头里出现了坐在他身后的乔冠华悠闲地晃动着的腿，电视旁白却歪曲说，请看红色中国的代表，正在神经质地发抖，表明了他们内心的紧张。有的甚至与杜鲁门的战争威胁遥相呼应，连篇累牍地挑拨说"红色中国在成功湖蔑视联合国"，美国对中国"不再抱什么幻想"，要直接同新中国"打一场战争"。

在当时的国际大背景下，伍修权的发言所阐述的新中国的严正立场，只能揭露而未能阻止美国对中国和朝鲜的侵略，也改变不了他们在联合国的霸道行径。在以后的会议上，美国还是迫使联合国通过了他们颠倒黑白的提案，接着又操纵联合国，于 12 月 15 日、18 日宣布联合国大会不定期休会、联大政治和安全委员会也无限期休会，从而变相剥夺了中国代表团继续揭露美国侵略、维护中国主权的合法权利。伍修权等将此情况向国内作了报告，等待北京对代表团下一步行动的指示，同时利用休会期间进行了一系列会外活动，变换斗争方式，拓展战场的外延。

一是巩固并扩大与兄弟国家和友好邻邦的统一战线，协同作战。安理会休会期间，伍修权同苏联等兄弟国家代表多次相聚，就当前的斗争交换看法，商讨对策。特别是就维辛斯基在安理会上关于美国侵略中国案的发言，研究了中国代表如何给予支持等问题。还与在联合国支持中国的波兰、捷克斯洛伐克和印度等国代表团主动进行联系，以增进友谊，统一步调。

二是广泛接触美国及国际上的各界友好人士，以扩大新中国的影响。首先是组织了对美国各界欢迎和支持新中国代表的人士的拜访。代表团成员龚普生，早年在美国时就认识著名的男低音黑人歌唱家保罗·罗伯逊。罗伯逊一直同情中国并热爱中国艺术，他演唱的曲目中总有中国歌曲和俄罗斯歌曲，是一位进步的艺术家。伍修权就让龚普生代表大家几次去看望他，表达中国人民对他的友好情谊，希望他能到中国访问和演唱。罗伯逊则送给伍修权一套小型组合工具，以表示他对新中国的友好感情。曾在美国学习和工作过的龚普生、浦山等，还拜访了他们的友人，并通过他们了解美国人民对新中国及其代表团活动的反映。

三是做美方和联合国方人员的转化工作，消除他们对新中国和共产党的误解与偏见，甚至化敌为友。美国和联合国方面为新中国代表团派来一位姓吴的华侨，负责代表团与联合国各机构的联络。伍修权常利用休息时间同这位同胞谈心，给他介绍新中国的情况及发展远景，并以“识时务者为俊杰”等古训相勉，使这位华侨动了心。后来他辞去了在联合国的职务，放弃了在美国的优越待遇和工作条件，毅然回祖国效力。连那几个奉命来监视红色中国代表的美国保镖，也因伍修权一行谦和、平等的态度，逐渐消除了戒备心理，愿意跟我代表团人员闲话家常，甚至悄悄透露一点上头的“秘闻”。为了感谢他们和曾经帮助过代表团的联合国工作人员以及饭店服务人员，代表团给他们每人送了一份从国内带去的小礼品。这使那些在零距离接触中逐渐改变着先入之见的美国人，更觉得红色中国的代表是来自文明礼仪之邦的使者。

四是时刻关注美方动态，及时挫败其相关阴谋，维护中华民族的诚信形象。代表团驻地常有美国人士主动来访，虽搞不清他们的背景、来意，因摸不清底细而不便深交，但代表团人员对他们均以礼相待，以诚相待，并注意收集美方动态。一天，代表团从与来人的接触中得到一个重要信息，美国政府将冻结新中国在美国银行中的全部存款，其中包括代表团存进银行以便随时支用的活动经费。伍修权当机立断，马上派人去银行，赶在下班之前将余款全部取出。12 月 16 日，杜鲁门宣布冻结新中国在美国的公私财产后，接连有几个持我代表团支票的商品推销员找上门来，因支票不能兑现急得满头大汗。原来，主动来访者中也有商品推销员。一天，乔冠华和浦山等看到他们推销的出版物中有国内买不到的《大百科全书》等英文原版书籍，便同伍修权商量从所带经费中挤出一些，一下子买了几套并开出了支票。美国政府冻结中国存款之举，几乎使代表团失信于人。好在代表团抢占先机破解了美方阴招。伍修权马上让人以现金换回支票，才使这些美国商人带着对伍修权一行诚信的惊疑而来，带着对红色中国代表一诺千金的满意而去。这批图书带回国后都发挥了作用，不仅是外交部和有关方面最早的外文资料用书，也因它的版本和来历，成了很有纪念意义的文物。周砚出国时没有来得及置装，临时借了一件旧大衣穿。伍修权特许她在纽约买了一件合体的新款大衣，使她在着装的细节上也更体面地展现出新中国女性的精神风貌。

总之，凡涉及主权与尊严、国格与人格的，事无巨细，伍修权都一丝不苟地严肃对待。他一生淡泊名利，作为新中国的特使赴联合国时却斤斤计较——对美国给予的普通签证耿耿于怀，争外交人员身份；他一向温厚随和，这次却横眉冷对——给与新中国为敌的帝国主义分子脸色看，让国民党残余势力的代表下不来台；他一向节俭，这次却摆起阔来——给美国司机小费一人一百美元；他一向不讲排场，这次却对从伦敦到纽约被安排在机尾甚为不满，回来时指定要坐飞机中间的座位。他说："这不是个人问题，而是国家的尊严。我们是伟大的中华人民共和国的代表……我们应当受人家尊重。"

伍修权一行就这样通过安理会会场之外的战场，在美国公众中，在国际舞台上，为新中国、为中国共产党人树立起新的形象。而这一切，都是在北京大本营、在周恩来的直接领导下进行的。12 月 13 日，周恩来复伍修权、乔冠华电："同意你们于事毕后准备回国，但动身日期可预定于会开完后第三日，第二日则举行一次记者招待会……" 14 日，周恩来复伍修权、乔冠华电：记者招待会上的讲话可用，但还应加一段话："……奥斯汀先生所赞成的在朝鲜首先停战的真正意图，就是要求朝鲜人民军和中国人民志愿部队束手让美国侵略军在朝鲜继续侵略，就是要求台湾仍然被美国武装侵占，就是要求日本军国主义可以被麦克阿瑟重新恢复起来，就是要求美国人民可以被美国统治集团为所欲为地驱入到战争深渊。"

12 月 16 日，新中国代表团遵照周恩来指示，在联合国安理会所在地纽约成功湖举行记者招待会，邀请了各国特别是美国新闻界人士。面对各国记者，伍修权开门见山直奔主题，在揭露了美国操纵联合国以休会方式不让新中国代表发言，封锁中国人民正义呼声的企图后，把准备在安理会政治和安全委员会会议上的发言分发给大家。发言列举了美国对中国干涉、侵略的种种事实，指出美国当前对中国台湾和邻国朝鲜的侵略，其目的都是为了取得进攻中国大陆的跳板，为此，中国人民不得不奋起抗美援朝以保家卫国。这一发言除了重申伍修权 11 月 28 日在安理会会议上发言时提出的制裁美国、制止侵略的三项建议外，还附发了证明台湾自古以来就是中国领土的历史文献及史料摘录，美国为支持蒋介石集团发动内战而使用的各种美国武器与军事装备的图片集，美国侵略朝鲜时对中国领土进行轰炸破坏造成损失的统计图表，具体而形象地揭露了美国对中国的侵略罪行。包括美国记者在内的各国记者，都获得了（有的还是主动来索取的）中国代表团所分发的发言稿及相关资料。尽管这些记者出于各自的不同立场和态度，对伍修权的谈话及代表团分发的资料，作了不同的报道、转发和摘引，但无一例外地在各国报刊及广播、电视等新闻媒体中，再一次使红色中国及其严正立场成为各方人士的聚焦点。

据事后了解，美国政府所以同意联合国邀请新中国派代表去纽约，有一个意图是想与红色政权拉上关系，以免中国完全站到苏联方面去。因此美国试图趁新中国代表来美国出席联合国安理会的机会，设法同新中国方面进行接触以沟通关系，争取有转机的可能。哪知新中国的代表团一到纽约，就旗帜鲜明地同美国政府及其代表进行了针锋相对的斗争，毫无妥协的迹象，更拒绝同美国官方的任何私下接触。加之这时所谓“联合国军”在朝鲜战场上连连溃败，使美国在文、武两大战场上都陷入被动，因此恼羞成怒，试图先取消新中国代表在联合国的发言机会，再迫使中国人民志愿军撤出援朝战场。鉴于代表团在联合国的活动实际上已被迫中止，国内指示伍修权一行适时回国。

新中国代表团在举行记者招待会以后，做了两天的收尾工作。将原定在联合国会议上的其他发言稿，送到联合国秘书处，要求他们作为会议正式文件提交大会，又与苏联等各国代表及友好人士道别，于12月19日启程返国。由于这时已近年底和圣诞节，伍修权在纽约机场发表的声明中，一开始就说：“我们祝贺美国人民圣诞节快乐，新年愉快。我们是为了和平、为了恢复远东的和平而来到这里的……虽然我们制止战争的和平提案被英美统治集团未予应有的考虑即加以拒绝，可是我们并不失望。我们将为和平而继续奋斗。”

第二天上午飞机在伦敦降落时，代表团一下飞机就被各国记者包围了。好在伍修权对此已有准备，他和乔冠华商定并起草了一个对记者的谈话稿，这时就不失时机地面对接连不断的提问和照相机闪光，发表了又一次公开谈话。伍修权针对美国因为在朝鲜战场失利，想用“首先停火”来束缚中朝军队手脚以挽回败局的图谋时说：“蒋介石在（美国）马歇尔将军帮助之下曾经对中国人民摆布过同样的圈套，中国人民对此不是没有经验的，我们愿意向全世界爱好和平的人民揭穿这个欺骗。”“中国人民热爱和平，热烈希望能在不受侵略和侵略威胁的状况下和平建设自己的国家。中国政府一向主张用和平方式解决当前世界的各种重大问题，首先是和平解决由于美国统治集团武装侵略台湾和朝鲜所引起的远东问题。这一次联合国安全理事会虽在美国统治集团的操纵之下拒绝我们和平解决远东问题的基本方案，我们仍将尽一切努力争取远东问题的和平解决。”最后他请记者们向爱好和平的英国人民转达他的敬意。

代表团在伦敦因为转机停留了一天，12月22日才飞抵捷克斯洛伐克首都布拉格，三天后到了莫斯科。伍修权在率团出使联合国安理会的过程中，周恩来的电报接二连三传到伍修权手中。他从中看到的是周恩来对“把这一仗打好”的全方位提点：有对主攻方向的确定，有对攻防策略的点拨，有对战场态势的预见。凯旋之时，一件小事又使伍修权感受到了来自周恩来的无微不至的关爱：周恩来指示相关人员，给中国在国外的民航班机打招呼，留出座位等代表团到达后再起飞，使代表团一行能在1951年元旦前夕回到首都北京，回到亲人身边。

四、成功湖归来庆成功

1950 年 12 月 30 日，以伍修权为首的新中国第一个出席联合国安理会的代表团凯旋。“中国政府派代表出席安理会讨论并发言，充分表达了中国政府和人民对于台湾问题和朝鲜问题的正义立场，在联合国安理会第一次把不可一世的美帝国主义置于被告席上。”[①] 因此，他们所乘的飞机在北京降落时，机场上一片欢腾，掌声和口号声此起彼伏。

中国的党和政府为代表团的胜利归来组织了隆重的欢迎仪式，党政军各机关和人民团体几百名代表聚集在机场上，向代表团献花致敬。时任中央人民政府政务院副总理兼中国人民保卫和平委员会及抗美援朝总会领导人的郭沫若，外交部的张闻天、章汉夫、王炳南，来自中央各机关的廖承志、齐燕铭、荣高棠等，代表政协全国委员会和各民主党派的沈钧儒、陈叔通、黄炎培、邵力子、马叙伦、梁希、章伯钧、罗隆基、张奚若、朱学范等著名人士，与伍修权一行一一握手。郭沫若代表欢迎者致词说：“我们的特派代表在成功湖和苏联代表并肩作战，把美国和它的仆从国的外交阵线打得落花流水了。我们中国人民反对美国侵略和保卫世界和平的坚强意志，感谢伍修权代表负责的传达，已经响遍全世界……”

“中国人民的伟大胜利万岁！”“全世界持久和平胜利万岁！”在口号声和掌声中，伍修权兴奋地致答词：“我们带着中华人民共和国中央人民政府和全国人

1950 年 12 月 31 日，伍修权率团归来时在机场受到热烈欢迎（前左起：乔冠华、伍修权、章汉夫）

① 中共中央党史研究室：《中国共产党历史》第 2 卷，中共党史出版社 2011 年版，第 69 页。

民的意志和希望到联合国安理会，控诉了美国侵略我国领土台湾和轰炸我国东北边境的暴行。我们在安全理事会提出了中国人民合理的要求……全世界爱好和平的人民都认为我们的控诉不仅是代表中国人民的声音，而且也是代表全世界被压迫人民的呼声。”

回京的第二天，伍修权先后向周恩来、毛泽东、刘少奇等简要汇报了此行的情况，然后又和乔冠华等人一起向周恩来作详细汇报。中共中央对他们在联合国的工作一致表示满意，指示有关方面对中国代表团在联合国活动的巨大影响进行广泛宣传，以扩大战果、鼓舞群众。在此之前，国内各报刊就对代表团在联合国的活动作了连续报道和突出宣传。《人民日报》还连续发表社论支持中国代表在联合国的发言和建议。伍修权 11 月 28 日在安理会发言后，国内各报刊立即在头版头条用大字标题予以报道，并用几个整版刊登发言全文，还配发了伍修权的照片。《人民日报》同时发表重要社论，还报道了中华全国总工会、中华全国妇女联合会、中华全国青年联合总会、中华全国学生联合会等团体拥护中国代表发言的声明。

由于中共中央指示要扩大宣传新中国代表联合国之行的胜利，伍修权一面汇报总结，并于 1951 年 1 月 10 日在外交部大礼堂向本部人员作出席联合国安理会的情况报告，一面应邀到各地各单位去作报告或参加座谈。中国人民政治协商会议全国委员会、保卫世界和平委员会与抗美援朝总会，还有北京大学等院校，都特地召开大会，请代表团成员介绍在美国的斗争情况。天津市还举行了万人大会，由市长黄敬主持，邀请伍修权在大会上讲话。

第十一章　任外交部副部长

一、“另起炉灶”从头越

伍修权调到外交部，起因于毛泽东关于外交工作要“另起炉灶”的方针。根据这一方针，新中国成立后对国民党政府外交机构中的人员概不留用，从部队抽调了一大批经过革命战争考验、政治可靠的干部充实到外交战线。

在外交部的干部中，与伍修权同时任命的还有：王炳南，外交部办公厅主任；沈端先（即夏衍），亚洲司司长（未到任）；宦乡，西欧非洲司司长；柯柏年，美洲澳洲司司长；董越千，国际司司长；龚澎，情报司司长。当时由周恩来兼任外交部长，副部长除中华人民共和国首任驻苏联大使王稼祥外，还有李克农和章汉夫，稍后又加上未能赴任的新中国驻联合国代表张闻天。由伍修权分管的驻东欧各国的大使，几乎都是他的红军老战友，日后多半成了享誉国内外的新中国外交战线的领军人物。

但是，“另起炉灶”也有缺少工作经验的劣势。比如，有位翻译人员，因为不懂外事纪律，未经请示就去外国驻华使馆联系工作；新中国成立后不久正赶上苏联红军节，按外交礼仪应发电祝贺，分管人员却没有提前准备。伍修权没有辜负周恩来的识人之明、举荐之功，在苏联东欧司司长任上，不但出色完成了随访莫斯科、出使联合国两件大事，而且一切从头越——带领一班人，从奠基铺路做起，尽快成为周恩来所倡导的“文装的人民解放军”。为此，伍修权首先抓对苏联外交经验的学习，根据实际情况建立各种规章制度；组织学习有关的外交政策、外事知识和外事纪律。他还要求大家把各自主管国的主要节日、纪念日等了解清楚，列出日程表并提前准备好贺电等，交有关部门处理，使工作井然有序。1950 年 12 月被任命为外交部副部长后，伍修权还兼管机关党委的工作。他注重思想建设、组织建设和作风建设，使之真正起到对外交工作保驾护航的作用。

伍修权处处以身作则，更加注重自身的学习。成了周恩来外长的助手之后，伍修权对周恩来的忙与勤感触尤深。伍修权通常每天晚上应召去见他，事先须将当晚要汇报和请示的问题准备好，按时到达后就开门见山地讨论并落实各项工作，尽管有些事十分具体繁杂，周恩来的指示却明确、切实。伍修权说：“我每次都想在他那儿多待一会儿，更多地听取他的指示。但是一想到在他的办公室外面，还有许多同志等着同他谈别的问题，我不能过多地占用他的宝贵时间和精力，不无遗憾地按时从他那儿告辞出来。……周总理在每一个晚上，像这样不同内容不同对象的工作交谈，至少有三五批，都是定好人员、题目和时间，依次等候着同他谈话。”①

伍修权对周恩来的学习效仿，首先表现为努力学习周恩来的为人，严格按照周恩来的要求办事。在国家首次实行级别工资制度时，为了落实周恩来对外交部干部定级的严格要求，他作为外交部负责此项工作的副部长，带头把自己低定为行政六级，使那些同他资历差不多的人也都愉快地接受了较其他部门偏低的行政级别。伍修权说，那么多战友在革命战争中牺牲了，我们能活着看到革命成功已经是十分幸运了，还有什么想不通的，还要向组织上讲什么价钱？这种学习效仿，甚至从学其为人拓展到学其为文。伍修权起草或组织起草的各种外交文件，周恩来都仔细审查、动笔修改。每次拿回周恩来批改过的文稿，伍修权总是一字一句地研究学习，看看他是怎样修改的，体会他为什么要这样改，从中学习周恩来的思想和文风。他深有体会地说：“在我国的外交战线上，周总理既是运筹帷幄的主帅，又是全体外交人员的良师和益友。”②

伍修权在外交部工作期间，还有一件事情使他受益匪浅。1953 年，周恩来召集外交部的领导讨论发展与亚洲各国的关系问题。他先提出了方针原则，然后让大家发言讨论、各抒己见，伍修权也谈了自己的看法。会后由亚洲司司长陈家康根据周恩来所提的原则和大家的发言，归纳整理成文。周恩来作了修改补充后呈报毛泽东，马上得到毛泽东的肯定，批示“照此执行”。这就是 1953 年最后一天周恩来首次提出、中国政府大力倡导的和平共处五项原则：互相尊重领土主权（后改为互相尊重主权和领土完整）、互不侵犯、互不干涉内政、平等互利、和平共处。通过 1954 年的日内瓦会议、1955 年的万隆会议，周恩来将这五项原则带到各友邻国家和国际活动中，受到各国人士的普遍欢迎与称赞，成为举世公认的规范国际关系的重要准则。和平共处五项原则在国际上的普遍认同，标志着中国外交进入了一个新的发展阶段。通过这件事，伍修权深深感受到周恩来集思广益的领导艺术和民主作风，“在妥协中坚持原则，在和解中达到目的”的大智大慧，求同存异、推己及人的大度和品格。

二、发展与苏联东欧的友好合作关系

兼任新中国开国外交部长的周恩来，要解决的第一个问题是为新中国开拓外交空间。

中华人民共和国诞生初期，最早承认新中国并建立外交关系的，主要是以苏

①《伍修权回忆录》，中国青年出版社 2009 年版，第 379 页。

②《伍修权回忆录》，中国青年出版社 2009 年版，第 378 页。

联为首的社会主义阵营各国；而以美国为首的资本主义阵营多数对中国采取敌视政策。因此，发展与苏联和东欧各国的友谊，就成了为新中国拓展外交空间的主要方向。担任副部长后，伍修权此前主管、此时分管的苏联东欧方向，仍然是外交部工作量最大、最活跃、最繁忙的工作方向。

伍修权的主要工作，一是通过与苏联及东欧各国的频繁联系、交往，继中苏会谈并签订一系列协定、协议之后，又与东欧几国分别进行了同样的会谈和签约工作。二是把所签订的这一系列协定、协议落实到国家关系、经济建设的相关部门、相关项目中去。比如，1953 年 6 月 13 日，周恩来致信毛泽东等：为统一管理苏联专家工作，并负责对苏联专家的聘请和分配，提议政务院下设专家工作小组，由伍修权任组长。6 月 24 日，中共中央书记处会议批准了周恩来的这一建议。专家工作小组，一个看似不大的摊子，要落实的多个领域的项目，要协调的国内外部门，真是数不胜数。在伍修权担任外交部副部长的最初几年，中国和东欧各国互派了一批又一批政治、经济、科技和文化等各个方面的代表团，进行互访和会谈交流，在贸易、交通、邮电、科技合作和文化交流等方面订立了 110 余项协定、协议，而同时期与其他国家订立的各种协定，总共才二三十项；与苏联及东欧的贸易额占中国对外贸易总额的 76% 以上。从中可见中国当时与苏联及东欧关系之密切和这一关系的重要性。20 世纪 50 年代初期，中国还与苏联及东欧实行了多边国际铁路的联运合作，不久又先后达成协议并动工修建了两条通往苏联直达欧洲的铁路：一条由中国内蒙古地区的二连浩特，经蒙古人民共和国首都乌兰巴托与苏联西伯利亚铁路接轨；另一条由甘肃兰州经新疆乌鲁木齐到达苏联的阿拉木图。虽因 60 年代中苏关系恶化，两国铁路未能接轨，但在中苏关系解冻的 90 年代，终于连接成了横跨欧亚大陆的交通热线，伍修权是这两条“友谊之路”的最初策划者之一。

50 年代初期的外交部还负责处理党际外交和民间外交方面的事务。为了让世界了解中国，让中国走向世界，一批又一批外国社团、民间组织以及工、青、妇、科技、文化艺术等各方面的团体和人士，纷纷来华访问，一些国际组织的活动也在中国进行，其中绝大多数来自苏联和东欧。接待安排这些团体和人士，组织对他们的迎来送往和交流合作，也成了伍修权日常工作之一。国内也不断派出各种代表团及各方面人士出访，从内部组团到对外联系和安排出发，特别是介绍情况、提供资料等等，也都是他们的事。所以那时的伍修权，既要埋头于各种文件报告和情况资料中，又要不断接触、会见方方面面的中外人士，还要参加或主持各种会议和活动，每天的工作都安排得满满的。

伍修权当年的经常性工作，还有陪同毛泽东、周恩来等会见外宾，接见外国政府代表团，有时还得临时担任翻译。苏联和东欧几国的国庆活动或重大节日，他或是陪同毛泽东、周恩来等党和政府领导人前往致贺，或是代表他们去出席招待会等。凡是在北京签订协定的仪式，他不是去主持、组织，就是去参加、作陪，连一些外国展览的剪彩和外国艺术团体演出的开幕式，他都得到场。

1953 年 3 月 5 日，刚过 73 岁的斯大林猝然病逝。苏联关于斯大林去世的讣告发布后，中国组成了以周恩来为团长的党政代表团，其成员除伍修权和时任驻苏大使张闻天，还包括党、政、军、文，民主党派和工会、青年、妇女等社会团体的各界要人，加上随团工作人员，形成了一个人数多、级别高、代表面广的庞大代表团。3 月 7 日，代表团乘专机离开北京，于次日抵达莫斯科。行前，周恩来让外交部特别通知苏联有关方面，中国代表团是专程前去吊唁，请苏方“摒弃任何接送仪式，一切从简”。当伍修权作为吊唁代表团成员重来莫斯科时，所见都是极其沉重和哀痛的场面。3 月 8 日晚上，中国代表团一下飞机，就在周恩来率领下，和中国驻苏大使馆工作人员一起，列队来到停放着斯大林遗体的莫斯科工会大厦的圆柱大厅，到斯大林灵前敬献花圈、鞠躬致哀、瞻仰遗容。随后分列几行，站立在斯大林遗体旁守灵默哀。3 月 9 日，代表团全体成员又随周恩来参加了在红场举行的追悼大会和葬礼仪式。

曾任外交部部长、国务院副总理等职的钱其琛，对伍修权在外交部的工作是这样评价的：“伍修权同志在外交部任职虽只有八年，但在周恩来总理兼外长的直接领导下对新中国外交事业颇多建树，特别是对中国同苏联及东欧国家团结合作关系的建立和发展做了许多奠基铺路的工作……”①

三、在朝鲜战争停战谈判的台前幕后

1951 年底，在与 1950 年率新中国代表团出使联合国大致相同的时段，伍修权又出现在朝鲜。作为外交部副部长，伍修权为拓展新中国外交空间的努力，包括与封杀新中国外交空间的主要对手美国的较量。而此时，较量的前沿阵地移到了朝鲜战争的停战谈判中。伍修权受命接替李克农，负责停战谈判领导工作。

朝鲜战争进行到 1951 年初夏，战线被基本固定在战争爆发之初的“三八线”一带，呈现胶着和对峙状态。在与中、朝两国军队反反复复的较量中，美国当局终于长了一智，明白再打会再吃亏，大打会大吃亏。对此，身临战场的美国将领认识尤为深刻。继麦克阿瑟之后担任侵朝美军总司令的李奇微认为如再战，“取得那种胜利同付出的代价（人员损失）相比，它的价值还不如付出的代价”。从 1951 年 7 月 11 日起，以“联合国军”为一方，以中国人民志愿军和朝鲜人民军为一方，在“三八线”南侧中朝军队固守的开城，开始了边打边谈、打打谈谈的马拉松式停战谈判。

伍修权的老战友李克农，还有与伍修权同去联合国的外交部部长助理、国际新闻司司长乔冠华等，奉命秘密来到朝鲜坐镇，具体负责中朝军队谈判代表团的工作。伍修权也曾被列为候选人，因他当时正忙于处理苏联东欧方面的事务，一

---

① 钱其琛：《永久的怀念》，见《历史风云中的一代英杰——伍修权》，当代中国出版社 2008 年版，第 175 页。

时脱不开身，就作为这一谈判的第二梯队人员。谈判进行到冬季时，伍修权忽然接到命令，要他赶去开城。原来，李克农患有严重的哮喘病，一到天冷就发病。中共中央考虑到李克农的工作担子太重，想让他休息一下，便决定派伍修权去接手主持谈判工作，并派时任外交部美澳司司长柯柏年为助手，一同前往开城。行前周恩来同他们谈话，对下一阶段的停战谈判事项作了交代、部署。伍修权突击研读了大批与谈判有关的文件资料，对将要接手的工作进行了必要的准备。11月中旬，他们从北京出发，同行的还有李克农的秘书叶成章和一位医务人员。考虑到战斗在朝鲜第一线的人员生活都很艰苦，还采购了一批水果、食品，准备带去慰劳前方的将士。他们先乘火车到安东，然后分乘两辆东北军区派出的吉普车，通过鸭绿江大桥直奔朝鲜中部。

当时，美军利用其空中优势，对我后方补给运输线狂轰滥炸，即所谓“绞杀战”。整个朝鲜半岛北部已是一片焦土，公路被炸得坑坑洼洼，桥梁大都被炸断，行人、车辆只能从附近水面下用石头垫起的“水下桥”上往返。美军的轰炸使白天根本无法行车，伍修权一行所乘的吉普车，只能在夜色的掩护下开进。因美国空军不断出动夜航飞机在朝鲜北部上空侦察骚扰，发现目标即猛烈轰炸，即使是夜间行车也不能开灯，只能摸黑行驶。伍修权影影绰绰看到一路上都是行军队伍和来往车辆。中朝军队的防空哨兵一听到美军的战机飞近就鸣枪示警，所以一路上枪声不断，轰炸声和燃烧的火光此起彼伏。

伍修权一行星夜兼程，终于如期到达朝鲜的首都平壤。只见昔日的繁华都市，只剩断壁残垣。金日成领导的朝鲜劳动党中央、朝鲜政府及其军事指挥中心，虽然名义上是在平壤，实际上隐蔽在离平壤几十公里的山沟里。与他们保持密切联系的中国驻朝鲜大使馆也在附近。伍修权找到中国大使馆，见到了红军时期的战友、驻朝大使倪志亮。在他陪同下，伍修权通过层层岗哨，来到一座巨大的地下掩体内，见到了金日成。伍修权和金日成早就认识并有过交往。在东北军区担任参谋长时，因为城市和交通干线大都被国民党军队占领，要从北满往返辽南地区，人员、物资常借道北朝鲜，伍修权曾为此于1947年、1948年特地去找过金日成和民族保卫相崔庸健等，并得到他们的支持协助。此时，伍修权按照周恩来的交代，将自己此行的任务向金日成作了说明，并请示他的意见。金日成客气地向他介绍了一些情况，表示：美方企图凭借海、空优势，将停战线划到中朝军队的后方，这种无理要求是不能接受的。他希望在开城谈判代表团中并肩工作的朝中两国人员，紧密团结，通力合作，在谈判桌上如同在战场上一样，共同战胜美国入侵者。金日成未用翻译，直接用带东北口音的汉语同伍修权交谈。

见过金日成后，伍修权与柯柏年等乘车前往开城。开城地处两军交锋的前线北侧，由于正在举行停战谈判，那里成了前线唯一没有硝烟的一片净土。它的周围以及通向开城的道路沿线，仍然处于战火之中。车越向南开路越难走，在美军飞机、大炮无数次的狂轰滥炸之下，道路早已百孔千疮。加上往返前线的车辆很多，又都是闭灯行驶，他们的吉普车发生了一次不小的事故。坐在吉普车前座的

1951 年 11 月，伍修权（前左五）赴朝时与中国驻朝鲜大使倪志亮（前左六）等合影

伍修权，正被颠得歪歪倒倒时，忽见前方有个巨大的黑影压过来。司机一看，是从对面开来的一辆大卡车。因为都没开灯，所以双方事先谁也没有发现对方。就在两车即将相撞的时刻，小车司机慌忙猛打方向盘，小车一头栽进路边水坑里，反扣过来。伍修权被甩出车外，后座上的人也都被摔到水沟里。被冰水浸透的伍修权很快清醒过来，大家相互搀扶着爬起来，确认无一受伤。幸运的是，大家把吉普车翻转过来推到路上，发现车辆还能继续行驶。伍修权拖着被泥水浸湿的大衣，招呼大家重新坐进车里，继续前进。开车后，浑身湿衣服被寒风一吹很不好受。正好附近有一处志愿军驻地，伍修权便让大家下车去找地方烤烤衣服，再检修一下车子。志愿军部队一听说是北京来的人，连忙热情接待。

第二天太阳一落山，趁美军白天的飞机已经返回，夜航飞机还没有出动的间隙，伍修权一行继续赶路，直奔开城。按照交战双方协议，为保证停战谈判安全进行，美韩军队的炮火、飞机不得侵袭中朝部队占领的开城地区，所以进了开城也就保险了。不久他们到达设在开城来凤庄的停战谈判中方代表团驻地，与李克农、乔冠华和志愿军代表邓华、边章五等见了面。伍修权忙把从国内带来的水果食品拿出来慰劳大家。考虑到朝鲜不缺苹果和梨，就带了些南方的香蕉之类。哪知这些东西既怕冻又怕碰，打开一看，千里迢迢拉来的水果烂成了一堆。伍修权觉得十分抱歉，李克农却笑道："你们的心意已经到了，只怪我们口福太浅，没能享受到祖国带来的美味。"伍修权、柯柏年的来意，中共中央已经通知了李克农。伍修权见李克农病得确实不轻，对他忘我工作的精神十分钦佩，但劝他接受中共中央对他的关心爱护，早点交接工作，早点回国养病。李克农听后摇摇头说，他很感谢大家对他的关心，但再三考虑后，认为自己在这里工作了近半年时间，各方面的情况，特别是斗争规律，都已摸得很透，如果现在换人，一切又要从头做起，就可能耽误时间甚至造成失误。他说临阵不换将，自己的身体还没到完全不能坚持的地步。

伍修权了解这里的工作情况后，感到李克农确已干得十分顺当，自己在斗争经验和应变决策上，也不及这位老上级。如果马上接手，未必能像他那么挥洒自如，也就同意了李克农的意见。李克农建议伍修权在这里住一段时间，利用这个机会，好好了解一下朝鲜前线和谈判工作的情况，对今后的工作会有好处。伍修权接受了他的建议。经过商量，由伍修权向中共中央报告了李克农的意见，建议让李克农继续主持谈判工作，他自己则作为预备队在这里见习一段时间。如果李克农病情加重难以支撑，他就马上顶替上去。中共中央收到电报后批准了他们的意见。

从 1951 年 7 月起的朝鲜停战谈判，朝中方面公开出面的是朝鲜人民军参谋长南日大将（首席代表）、李相朝中将、中国人民志愿军副司令员邓华和参谋长解方等，伍修权到时又加上了边章五。他们这几位直接出席谈判，被称为第一线或“前方”，同美国人正面交锋。在他们后面有一个“中间站”或叫第二线，那里是乔冠华和柴成文等人，负责为第一线谈判代表提供会谈发言稿并随时出谋划策。再后面是第三线，即后方指挥部，由李克农坐镇，掌握和领导整个谈判工作，直接与毛泽东、周恩来、金日成和时任志愿军司令员的彭德怀联系。但他对外从不露面，只在幕后负责指挥。为了保密，李克农被叫做“李队长”，乔冠华被叫做“乔指导员”，这成了他们的外号。

当时的工作已经形成了一个基本程序，通常是白天由南日、邓华等第一线的人员去与美国代表面对面谈判。当天谈判结束后，邓华等立即向第二线的乔冠华和第三线的李克农汇报谈判进展情况和问题，研究下一步的初步对策。由李克农归纳小结，乔冠华执笔写出给中共中央的报告和请示，经李克农阅改签署后，立即给北京发报。毛泽东、周恩来收到电报后，立即据此研究并制定出新的指导方针和任务要求复电开城。电报一到，李克农、乔冠华他们马上遵照指示制定实施方案，再将中共中央复电和他们的方案电告金日成和彭德怀，既征求意见又通报情况。一待金日成、彭德怀复电同意，乔冠华就拟出次日谈判的发言稿和具体计划。等这一切完成，天已大亮。乔冠华马上向南日、邓华等传达相关指示和意见，将当天的发言稿和斗争方案交给他们，第二天的战斗又开始了。

李克农为了让伍修权了解谈判情况，除让他旁听代表团讨论问题外，还安排他到开城及周围地区做访问调查。入朝以来，尤其是在“三八线”一带的所见所闻，无不令伍修权发指：“三八线”以北的广大地区，几乎被夷为平地，许多城市、集镇和村庄都成了废墟。他看到，中朝军队和居民大都过着半穴居的战地生活，志愿军部队打坑道、钻山洞，借此保存自己。他看到，1951 年冬志愿军的生活条件虽比刚刚入朝时有所改善，但由于运输困难，还是十分艰苦。前线部队就是依托这些坑道，在极端艰苦的条件下，靠大无畏的牺牲精神顶住并战胜了“联合国军”的强大攻势。

当时中朝军队和“联合国军”的交锋接触线，实际上已偏离了原来的“三八线”。战线东北一端斜向“三八线”之北的大片地区，西南一端却插进了“三八线”南侧。北朝鲜方面原想将停战线划回到“三八线”，以便完全收复失地，美军却凭借其空、海优势要将停战线再向北推。后来中方提出折中方案，即以双方实际接触线为停火线，看起来朝鲜北方丢的地方多一些，但是原属南朝鲜的一些比较富饶的半岛地区，特别是文化古都开城一带，都可以划归北朝鲜，相比之下并不吃亏。北朝鲜和美方接受了这一方案，这成为停战谈判的实际成果之一。地处“三八线”南侧的开城，被定为停战谈判地点后，受到的战争破坏大大减少，基本保持了城市的原貌，一批古建筑和设施也被保存下来。伍修权到开城时，这里是朝鲜仅有的一块和平绿洲。为了制止美军飞机和炮火的袭扰，在开城四周角上，每到夜晚就亮起四盏探照灯，以其直上夜空的光柱作为标志，白天则是四个巨大的气球飘浮在四角上空，不分日夜老远就能看到。从南侧过来的美韩代表，车上必须覆盖用以识别的白旗，才能驶入属中朝控制区的谈判地点。中朝方对他们以礼相待，负责他们的安全。但美韩常搞破坏活动，后来就将谈判地点挪到位于军事分界线的板门店了。伍修权说：“在开城谈判中，双方一直在进行无休止的扯皮。我们的原则是，敌人在战场上得不到的东西，也别想从谈判桌上得到。敌人想通过军事压力为他们的谈判代表撑腰，所以前线的一举一动无不反映到谈判桌上来。谈判桌上的紧张斗争，密切配合着前线的激烈战斗。”①

伍修权在开城住了一个来月，见李克农的病情基本稳定，精神也越来越好，还忙里偷闲同大家开开玩笑。当年李克农在陕北与伍修权等共事时，就以爱开玩笑著称。在紧张的停战谈判中，他仍以乐观、幽默为这个战斗集体营造出活泼愉快的氛围。伍修权考虑到再待下去没有多大必要，国内还有许多工作等着他，同李克农商量后又请示北京，经中共中央批准，伍修权和柯柏年于 1951 年 12 月中旬启程回国。归国途中通过敌机封锁区时，又遇一险情，他们的吉普车突然抛锚，空中敌机又飞了过来，大家立即四处隐蔽。幸好司机从路边被敌机炸坏的车辆上找到了可替换的部件，大家帮忙安装，才得以顺利回国。

1953 年 7 月 27 日，朝鲜停战协议在板门店签订。伍修权为维护国家尊严、拓展外交空间所做的工作，并未因为朝鲜停战协定的签字而结束。继李奇微之后担任“联合国军”总司令、美国远东司令部总司令的克拉克哀叹：“我是美国第一个在没有打胜的停战协定上签字的美国将军。”不甘心就此罢休的美国在朝鲜停战协定生效后又起波澜，在联合国“控诉中朝方面虐待联合国军队的战俘”。

---

①《伍修权回忆录》，中国青年出版社 2009 年版，第 213 页。

1951 年 12 月，伍修权（右）在开城朝鲜停战谈判中方代表团驻地与李克农（中）、柯柏年合影

1953 年 11 月 3 日，苏联驻华使馆华士考夫参赞约见伍修权通报这一情况，并告知："莫斯科要我们转请你们收集有关联合国军在朝战俘的材料以供反驳。"美国"控诉"北朝鲜和新中国"侵略大韩民国"于前，"控诉"中朝方面"虐待联合国军队的战俘"于后。对前者的是非，伍修权已在联合国安理会的讲坛上大白于天下；对后者的真相，在朝鲜一个月中的亲历亲见，使他进一步认识了美国所标榜的人权。虽因中国在联合国的合法席位还被台湾当局占据而只能在幕后出力，但伍修权一样尽职尽责。一周后，即 11 月 9 日，伍修权即约见华士考夫，把相关材料，包括战俘的生活情况（中英文各一件）、战俘的感谢信、战俘家属来信、战俘自己写的文章、媒体的反映等转交给他，供公开发表、引证，以正视听。12 月 7 日，伍修权再次约见华士考夫，表示将以兼任外交部长的周恩来的名义致联合国秘书长的一个关于朝鲜政治会议及战俘问题的文件副本交给他。

伍修权在朝鲜战争停战谈判台前幕后的努力，既有力揭露了美国的谎言，又通过与朝鲜和苏联在停战谈判和国际外交斗争中的互动联动，加深了友谊，发展了友好合作关系。

四、收回旅顺口主权的具体执行者之一

1954 年 10 月 12 日，中国和苏联在北京举行了当日公布的中苏两国各项宣言和公报的签字仪式。

代表中国政府签字的是国务院总理兼外交部长周恩来，参加仪式的有毛泽

东、朱德、刘少奇、陈云、邓小平、邓子恢、彭德怀、李富春、习仲勋、李克农、伍修权等；代表苏联政府签字的是苏联部长会议副主席米高扬，参加仪式的是以时任苏共中央第一书记赫鲁晓夫为团长的来华参加新中国成立五周年国庆大典的苏联党政代表团成员。当天的《人民日报》在头版刊发了签字仪式的巨幅照片以及相关的宣言和公报，其中之一便是《中苏关于苏联军队自共同使用的中国旅顺口海军根据地撤退并将该根据地交由中华人民共和国完全支配的联合公报》。

旅顺口在辽东半岛最南端，面积五百余平方公里。清康熙年间在旅顺建水师营，光绪六年（1880 年）开始在此筹建北洋海军。然而，1895 年甲午战争后，旅顺口落入了日本帝国主义之口。俄、德、法三国不甘心旅顺这块大肥肉被日本独吞而“干涉还辽”，清政府不得不以三千万两白银赎回被日寇抢占的辽东半岛。与中国接壤、拥有地缘优势的沙俄帝国为在太平洋扩张势力，借口保护中国，于 1897 年 12 月强占了旅顺、大连，时间长达 7 年。1904—1905 年为争夺以旅顺为中心的地盘而发生在中国领土、领海上的日俄战争，是中国近代史上最屈辱的一页。1905 年 1 月 2 日，俄军向日军投降，旅顺再次沦为日本的殖民地长达 40 年。

旅顺口令日、俄垂涎的，就在这“口”上。它是由黄金山和老虎尾半岛环抱而成的蟹螯形港湾，口门狭窄，港内却很宽阔，可泊巨舰，严冬不冻，是个天然良港，兵家必争之地：内连渤海，可直逼京津；外向黄海，可控制太平洋航线。正因为此，旅顺口成了中日甲午战争和日俄战争的主要战场，当年沙俄和日本帝国主义在大连地区实行近半个世纪殖民统治的政治中心。“一个旅顺口，半部近代史。”这句民谚便是对旅顺口沧桑历史的民族记忆。因此，苏军从旅大撤出，是一个关乎国家主权的划时代的标志。

苏联对交出在中国东北的既得利益，尤其是旅顺口，自然很不情愿。“我们宣布对法西斯德国的盟国日本作战，目的就是收复旅顺口和俄日战争期间沙俄丧失的领地……”时任苏联最高苏维埃主席团主席伏罗希洛夫在苏共高层讨论撤离旅顺口时如是说。苏联与沙俄帝国一脉相承的欧亚情结、向太平洋扩张的战略目标，是深藏于中苏关系蜜月期底层的寒冰。新中国的开国领袖们从大局出发，努力破冰化冻。1950 年 8 月，苏联向周恩来提出，他们 1945 年在大连玉乃普修的蓄水池暂不归还。周恩来在文件上批示：“请伍司长速议，与大连韩光商量解决办法。”伍修权当即落实并报告了具体处理意见，又为周恩来起草了给苏联的照会。意思是该水源地原为中苏军民所共用，如全部由苏联军队使用，旅顺群众用水甚为不便，故仍请及时移交。但中方承诺，保证苏方的用水，苏联原来的投资中方负偿还之责，未完成的中方负责完成。从中可以看出，既坚持了“及时移交”的原则立场，又兼顾了苏方的用水之需和经济利益。

按 1950 年中苏条约签订后两国签署的《关于中国长春铁路、旅顺口及大连的协定》，苏联本应在 1952 年底以前将中长铁路的经营管理权、旅大的苏军基地及其他设备全部移交给中国政府。鉴于当时的远东及世界形势，尤其是美国把朝

1954年10月12日，在北京举行的苏联向中国移交旅顺口海军基地联合公报等的签字仪式现场

鲜战争的战火烧到了鸭绿江边，中国曾提议移交时间后延。到了 1953 年，抗美援朝告一段落，旅顺回归问题自然又提上了日程。2 月，以周恩来为首的中国政府代表团，去大连慰问准备离华的苏军，表示中国政府将正式接受旅顺、大连的回归。2 月 22 日下午，周恩来一行出席了庆祝苏联建军 35 周年、慰问驻旅顺口地区苏军部队大会。周恩来在主会场，伍修权和萧劲光、刘亚楼在其余三个分会场，分别代表中国政府讲话。四份讲稿完全一样，都是由伍修权代表外交部主持起草并经周恩来修改定稿的。但是，直到 1953 年底，苏联仍在作与移交反方向的考虑。12 月 11 日，时任苏联驻中国使馆代办华士考夫约见伍修权转告："接莫洛托夫来电，内称：苏联政府认为将大连中苏造船公司加以扩大和改建是适宜的。"

1954 年 9 月 26 日，在率代表团来华参加新中国五周年国庆之前，赫鲁晓夫在苏共中央主席团全体会议上提出："如果……我们不能在中国社会主义工业化发展即将来临的五年采取最重要的措施，那么，我们就将失去同中国建立和发展友谊的历史机遇。"赫鲁晓夫此举，虽然是出于斯大林逝世后苏联党内围绕继承人问题激烈斗争的需要——借此求得中国领导人的理解和支持，但在客观上促进了苏联从旅顺口撤军。

关于交接旅顺口海军基地的《联合公报》规定，苏军于 1955 年 5 月 31 日前撤出旅顺口海军基地并将该地区的设备移交给中国政府。此前，围绕旅顺口海军基地的交接举行了一系列活动：1955 年 2 月 23 日，中苏友谊塔奠基仪式在旅顺博物馆前广场上隆重举行，参加奠基典礼活动的有中华人民共和国慰问驻旅顺地区苏军代表团团长彭德怀，副团长宋庆龄、贺龙、郭沫若、聂荣臻及代表团其他成员；3 月下旬，在旅顺建立的苏军胜利塔动工；4 月 15 日，中苏双方在驻旅顺苏军司令部举行交接签字仪式，4 月 16 日零时起，一切防务由中方负责；4 月 16 日、27 日、29 日，旅顺市先后举行三次全市各界人民欢送苏军回国大会；5 月底，苏军及相关人员共 12 万人撤离了旅大。

伍修权参与组织了苏军撤出旅大从相关协议的起草、签订到相关军事设施和物资的交接等全过程。作为收回旅大主权的具体执行者之一，在坚持主权原则和巩固发展中苏友谊方面，他协助周恩来总理做了卓有成效的努力。

第十二章　出使南斯拉夫

一、受命经过与走马上任

1955 年 1 月 11 日，中国和南斯拉夫发表了建交公报。周恩来召集伍修权等几位外交部副部长和各司司长，讨论首任驻南大使的人选问题。

南斯拉夫的国内情况很特殊，与苏联和东欧邻国的关系很复杂，与中国的关系也很复杂。出使这样的国家，等于把自己推到了国际政治、外交斗争的风口浪尖上，政治责任也格外重大。因此在讨论大使人选时，人们一片沉默。冷场中，周恩来忽然转向伍修权问："伍修权同志，你去当这个大使，怎么样？"[①] 伍修权不由一愣，这个问题有点突如其来，便如实相告："总理，我一点没有这个思想准备，请你让我好好考虑一下行吗？"周恩来说："那好，你回去考虑考虑，明天再答复我。"

伍修权在分管苏联东欧方面工作期间，涉及中南建交的重大活动有两件。一件是 1954 年秋，苏共中央派中央国际部的特别代表专程来华拜会毛泽东，建议中国与南斯拉夫建交。因事关重要外交机密，由伍修权翻译。苏共代表陈述了他们对于恢复和改善苏南关系的意见，希望各兄弟国家都恢复和建立与南斯拉夫的正常关系，为了与各兄弟党协调一致，建议中国也采取同样的行动。会谈后，毛泽东与周恩来商谈了苏共的建议，经过政治局讨论，最终做出了与南斯拉夫建交的决定。另一件是同年 12 月 10 日伍修权关于中南建交问题给周恩来的报告。为了尽量少占用周恩来的时间和精力，伍修权草拟了两个方案供选择。方案一，周恩来以外长名义致电南斯拉夫外长，表示愿同南斯拉夫建交并互派大使，并草拟了甲、乙两种分寸有异的电报稿；方案二，用时任中国驻苏大使张闻天的名义照会南驻苏大使，转达中国同意与南建交的意愿。此外建议周恩来在某一场合（如政协会议）讲话中对南斯拉夫问题有所表示。周恩来批示：同意以外长的名义给南外长发电，表示愿同南斯拉夫建交，电文请张闻天面交南驻苏大使转达，双方建交的公报，可各自发表，以使南方可提到 1949 年承认新中国的历史事实。或许正因为参与了中南建交的前期工作，熟知其来龙去脉，周恩来才萌生了派伍修

---

①《伍修权回忆录》，中国青年出版社 2009 年版，第 216 页。

权出使南斯拉夫的想法。这一夜，伍修权满脑子翻腾的都是南斯拉夫。

新中国成立初期，毛泽东从新中国的全局利益考虑，在无损主权和尊严的前提下与苏联保持一致，中南关系也以苏南关系为转移，南斯拉夫与苏联共产党之间的交恶，成了影响中南关系的主导因素。东欧几个共产党执政的国家，大都是“二战”中由苏联红军从德军占领下解放出来的，而南斯拉夫主要是靠铁托领导的游击队解放了自己的国土。但是苏联要南斯拉夫像其他东欧国家一样，什么都听他们的，这一做法严重地伤害了已经获得独立解放的南斯拉夫人民尤其是铁托的民族自尊心。他们不愿任由别人驱使，在本国实行符合自己国情却不同于苏联的某些方针政策，因而得罪了社会主义国际大家庭的“家长”，被开除出由苏联和波兰、匈牙利等九个国家组成的欧洲共产党和工人党情报局，并且不承认它是社会主义国家。南斯拉夫在第二次世界大战期间，就同西方国家有合作关系。被排除在社会主义阵营之外后，不得不更多地发展与西方国家的贸易往来。1949年10月5日，南斯拉夫表示承认中华人民共和国并与中国建交的愿望时，中国采取了既未接受又未拒绝的留有余地态度。而南斯拉夫政府在受到冷遇后，仍然执行对中国友好的政策。斯大林逝世后，以赫鲁晓夫为首的新的苏共中央开始调整对外政策，谋求缓和世界局势，加之在反斯大林问题上有共同语言，因此主动改善与南斯拉夫的关系。1953年6月，苏南双方同意恢复外交关系并互派大使。这为中国解决中南建交滞后问题创造了条件。于是有了伍修权呈周恩来的报告，有了1954年12月14日周恩来签署的致南斯拉夫外长的电文：“中华人民共和国政府欢迎同南斯拉夫联邦人民共和国建立外交关系并互派大使。”

1955年1月21日，南斯拉夫驻苏联大使维地奇约见中国驻苏使馆代办温宁说：“我国将派一位政治地位很高的大使到你们国家去，人选现正在物色中，但不知你们将派怎样身份的大使，希望很快将贵大使身份告诉我们，以便我们最后确定人选。”1月23日，周恩来签发了内容为“告我驻南大使身份”的电报：“我方亦拟派政治地位高的大使前往南斯拉夫，人选不日即可提出，请告南大使。”这便是周恩来主持讨论中国驻南大使人选，要伍修权“明天就答复我”的由来。

伍修权认真考虑了周恩来的意见，他想到了两点：一是自己从事外交工作已经四五个年头了，蹲在国内居多，出去较少，应该到外面去积累更多外交工作的实践经验。二是南斯拉夫既然情况复杂、任务重要，领导也已经考虑到自己，风险越大越应该知难而上。于是，第二天就向周恩来表示同意去南斯拉夫工作。2月15日，外交部给中国驻苏大使刘晓发去由周恩来签发的电报：“人民代表大会常委会已决定派伍修权同志为驻南斯拉夫特命全权大使”，要其转达南斯拉夫政府并征求意见。在得到南斯拉夫对中国派伍修权担任大使表示满意的答复后，于3月1日对外公布了这一任命。九天后，即3月10日，南斯拉夫宣布派弗拉迪米尔·波波维奇为首任驻华大使。

中南两国宣布建交并任命首任大使以后，两国之间开始了友好往来。4月底，南斯拉夫应中国邀请，以参加北京的五一国际劳动节庆祝活动为由，派出以贝柯维奇为首的工会代表团来华，就两国建交中的若干具体问题进行磋商。由于多年的隔阂，这次活动出了一点岔子。南斯拉夫代表团在游园时发现，在一幅国际形势图上，南斯拉夫被划到西方资本主义国家一边，并被标为美国在国外的军事基地，贝柯维奇对此表示了不满。周恩来、邓小平得到报告，马上指示有关方面撤去了那幅地图，对南斯拉夫代表团的意见表示理解和接受。就是在这样的情况下，伍修权开始了使馆筹备工作。经相关部委批准，他首先请曾在中央军委一局和东北局与自己共事多年的周秋野作为主要助手，担任使馆政务参赞，具体负责筹建使馆的各项工作，并决定由他带领一个五六人的筹建小组，以驻南使馆临时代办的身份，于 4 月 13 日前往南斯拉夫首都贝尔格莱德，具体落实建馆事宜。苏联和南斯拉夫预定在当年 5 月 26 日，由赫鲁晓夫和时任苏联部长会议主席布尔加宁率代表团赴南访问，以进一步推动苏南两国关系的恢复和发展，并通报各国，希望各兄弟国家的驻南大使届时一起参加在贝尔格莱德的有关活动，以示社会主义“国际大家庭”的团结一致。5 月下旬，驻南使馆全体人员已陆续报到就位，收回旅顺口主权的工作才告一段落的伍修权也收拾行装，于 5 月 24 日，即苏联代表团访南的前两天飞赴贝尔格莱德。

伍修权到任的第二天，在使馆听了周秋野等的情况汇报，26 日在赫鲁晓夫到南斯拉夫前的几个小时，和周秋野等人一起，在南斯拉夫外交国务秘书科查·波波维奇和总统办公厅秘书长等陪同下，向铁托总统呈递了国书。伍修权在致词中代表中国人民和国家领导人，对铁托和南斯拉夫人民表示敬意和祝愿，并表示将在自己的大使任期内，尽全力发展中南两国之间的友好关系。铁托在答词中说，他深信伍修权的出使对发展和巩固中南两国关系和国际合作事业，都具有很大意义。

由赫鲁晓夫率领的苏联代表团飞抵贝尔格莱德时，伍修权作为中国驻南大使，和各兄弟国家大使一起，到机场参加了欢迎仪式。赫鲁晓夫一下飞机，就对敢于与斯大林分庭抗礼的铁托表现得特别热情、谦恭。他在致词中说，苏共就以往对南共的错误态度及其行动“衷心地感到遗憾”，表示要消除那个时期留下的一切芥蒂。但是伍修权看到，铁托对此表现得颇为冷漠。

赫鲁晓夫与铁托等南共领导人经多次会谈，于 6 月 2 日发表了苏南两国共同签署的《贝尔格莱德宣言》。其中苏联重新承认南斯拉夫是社会主义国家，表示两国将再度合作并发展关系。在外交政策方面，还共同表明支持恢复中国在联合国席位的立场，支持中国对台湾的主权等等。伍修权感到，苏南关系确实就此好转，将对欧洲以至世界形势产生积极的影响。他将情况向国内汇报后，毛泽东也据此公开表示，苏南两国关系的恢复“是对世界和平和人类进步的重大贡献”。在与伍修权的交往中，南方显得特别热情、周到。就在赫鲁晓夫访南期间，铁托还单独约见了刚刚到任的伍修权。会见中，铁托愉快地接受了伍修权带去的几件精美的中国民族工艺品，那是毛泽东特地委托伍修权送给铁托的。铁托对伍修权的工作，表示将积极支持，提供各种方便，努力建立并发展两国之间的友好关系。伍修权 1956 年在中共八大上当选为中央委员，铁托还特地向他表示祝贺，并且认为这表

1955 年中华人民共和国驻南斯拉夫首任大使伍修权（左二）与使馆政务参赞周秋野（左三）、武官丁甘如（左一）等在使馆合影

伍修权（二排中）与中国驻南斯拉夫使馆人员合影

明中国共产党对南斯拉夫和中南关系的重视。上行下效，南斯拉夫各方面对中国使馆人员都很热情和真诚，与苏南之间仍然互存戒心形成了强烈反差。

与伍修权上任同时，南首任驻华大使波波维奇也来到北京，他在贝尔格莱德居住的别墅，就成了伍修权的大使官邸。这栋别墅外观虽不豪华，内部设备却很齐全。南斯拉夫又将一处原是他们高级干部住的三层楼房腾出来，作为中国驻南使馆的办公地点。这座建筑相当讲究也颇有气派，楼内的柱子都是大理石砌成的，略加修整后挂上中华人民共和国的国旗、国徽，确有一副大国使馆的威仪。当时中国驻南使馆连同武官处、商务处等机构共有五十余人。政务参赞周秋野的夫人张月担任使馆党支部副书记，协助伍修权负责使馆的党务和政治工作。驻南使馆武官丁甘如也是伍修权在延安和东北时的老战友。商务参赞李琢之、文化参赞卢耀武和一秘苏丹，加上负责机要、通讯、保卫和各种外文翻译的工作人员与服务人员，人数虽然不多，却是伍修权率领的又一个远离大本营的战斗集体。

二、从全面深入的调研开始

中国驻南使馆从大使到工作人员，出国前所接触到的南斯拉夫情况可谓五花八门，对其社会制度的定性的认识，往往相去甚远。

来自苏联方面的，1948 年欧洲情报局开除南共的决议和苏联出版的中文小册子《叛徒铁托》等历史资料中，自然都是负面的评价。苏南关系“解冻”时，为消除苏共党内的不同意见，1954 年初，经赫鲁晓夫提议，专门成立了研究南斯拉夫问题委员会。该委员会经过调查，向苏共中央提交了一份报告，确认南斯拉夫的社会性质为社会主义国家。

即使在中南宣布建交之后，中宣部 1955 年 3 月 12 日所发的《中共中央关于南斯拉夫最近情况的通知》中依旧认为：“南最后倒向帝国主义阵营的可能性是存在的，我们一方面要争取与其改善关系，另一方面只能将其当成资本主义国家看待，要保持应有的警惕和谨慎态度。”在这样的背景下出使南斯拉夫的中国使馆人员，只按通常外交礼仪，将南共方面的人称为“阁下”或“先生”，而对方一开始就称中国使馆人员为“同志”。

对南斯拉夫的看法，有无误导、误读造成的偏见？伍修权不是从现成的结论出发，而是从全方位深入调查研究入手，用自己的眼睛去透视，用自己的头脑去剖析，一切从实际出发。

到任后，结合礼节性拜访，伍修权通过一切途径，进行全方位的调查研究。陆续看到和听到的情况，使他发现事实与先入之见并不相同。当时南共中央一位曾任少共国际（共产国际的青年团组织）书记的老共产党员、负责南共对外联络工作的弗拉霍维奇，向伍修权详细介绍了南斯拉夫与苏联发生冲突的来龙去脉和严重后果。他说苏共操纵欧洲情报局开除南共以后，从政治、经济、军事上采取了一系列封堵行动，造成了南斯拉夫的巨大困难，使南共和人民感到非常痛苦。为了让国家生存下去，在苏联和东欧各国中断对南斯拉夫的一切支持、援助和正常贸易往来后，南斯拉夫不得不从美国进口国内急需的粮食，并接受西方国家的各方面援助。美国当然是企图乘机插手别国事务，但是铁托坚持独立自主的原则，主要在经济上建立与西方国家的关系，在政治、军事上却不与任何人结盟。弗拉霍维奇的谈话以及周秋野等介绍的情况，使对苏联以社会主义大家庭“家长”自居深有感触的伍修权对南斯拉夫产生了新的认识。他在到达贝尔格莱德以后，在大街上看到好几处只有建筑框架却没有封顶的大楼，开始不知道这些建筑为什么半途而废，后来才听说这些是苏联的援建项目。苏南关系破裂后，苏联停止所有援建工程，撤回全部援建人员，连设计图纸都一同带走，迫使工程无法完工，造成了巨大的浪费，更严重伤害了南斯拉夫人民的感情。伍修权感到他们能顶住压力确实很不容易。

伍修权在与南斯拉夫各方面进行广泛接触的过程中，发现南共领导人及广大党员和人民群众，对中国和中国共产党普遍持友好与尊重态度，且怀有一种特别的亲密感情。他们认为中共和南共一样，都是依靠自己的力量，通过武装斗争夺取胜利、建立政权的，两国在革命和建设道路的选择上都更注重结合自己的国情，在事关国家主权和民族独立的大是大非问题上也从不含糊。伍修权等人曾在南斯拉夫的博物馆中看到，陈列的革命文物中竟有南共在战争年代翻译的毛泽东关于游击战争论著的油印本。南共领导人说，他们早就注意和研究毛泽东的战略战术，铁托当年被捕入狱时，就曾读过毛泽东的著作；他们对中国工农红军的二万五千里长征，更是十分钦佩；对由代表新中国在联合国安理会发言的伍修权出任驻南大使，格外欢迎和尊重，一直把中国客人当成一家人。这使伍修权对南斯拉夫又多了几分亲近感。

南斯拉夫对中国使馆人员采取了无保留的开放态度，安排他们几乎走遍了各个联邦共和国及其自治省，参观了几个主要工业基地、革命纪念地和名胜游览地，走访了企业单位、建筑工地和农村，伍修权的全方位调研也由此展开。一提到“南斯拉夫道路”，过去常被说成是大逆不道的东西，通过在南斯拉夫长时间、各方面的观察和了解，伍修权逐渐发现他们的确有些与众不同的做法，但是看来也并不都那么可怕和可憎，有不少东西还是值得中国借鉴和参考的。他印象特别深刻的一点是，长期以来，在苏联、中国以至国际共运内部，都存在着相当严重的个人迷信或个人崇拜问题，铁托却力求避免在国内形成个人迷信盛行之风。伍修权看到，在参加大会或集体活动时，只要不是铁托主持或作报告，他就和别的与会者一样坐在台下。在广场上开大会，他也和所有人一样在下面听别人讲话。只有该他发言时，才走到设在主席台前面一侧的讲台上去，说完仍然回到台下，不总是由他占据主席台的中心位置。伍修权还注意到，铁托并不是什么都一把抓，他只管主持制定大政方针，具体工作则由分管者和执行机关去办。这使铁托有充裕的时间在全国各地视察、调研，随时发现和解决各种实际问题。伍修权感到铁托这个一把手当得轻松自在。决策、把关之外，还有闲心回自己的别墅品品名酒、做做钳工。伍修权认为铁托的工作方式和他们的一些制度，不少是值得参

伍修权（右三）任中国驻南斯拉夫大使期间到南斯拉夫各地进行调研（右一为周秋野）

伍修权（左三）在南斯拉夫与农庄领导人座谈

考的。他和使馆人员将南斯拉夫的各种情况写成了一系列的调查报告，陆续发回国内供中国党和政府制定对外政策时参考。

1955 年 6 月 10 日，到任才三个星期，伍修权就发回了一份《南斯拉夫的情况报告》："同所有南方接触的人员中，都表示他们是执行马列主义和建设社会主义的。90% 以上的工商业都掌握在国家手中，但允许 5 人以下的私人小工厂、作坊继续存在……商业主要掌握在国家公营企业和合作社手里。市场公开标榜'自由竞争，市场价格通过供求关系确定'。" 7 月 30 日，伍修权发回《关于赴波斯尼亚—黑塞哥维那地区参观的报告》，共 17 页，基本结论是："……从国内所有制、政权组织、群众基础等基本问题上来看，总的方向仍是向社会主义发展。" 1956 年发回的报告更多，如《南斯拉夫的农业》、《南斯拉夫共产主义者联盟最近在农村工作方面的动态》、《关于南斯拉夫工人管理制度的若干问题的报告》、《关于南斯拉夫国家机构变动情况的报告》。其中涵盖"南斯拉夫道路"的诸多方面，涉及面宽，内容丰富，最长的达 20 页，对南斯拉夫的农业和农村工作给予了更多的关注，认为他们在农业上不强求形式上的集体化，有点像中国的生产责任制，实际上是一种农业生产的联营合作性质，只是没有采取苏联和中国的形式。

从这些报告中不难看出，伍修权和他领导的中国驻南使馆人员对"南斯拉夫道路"的认识，虽然不可能不受苏联的影响，不可能摆脱当时国内对社会主义的认识等局限性，但是，始终坚持一分为二和实事求是的辩证唯物主义认识论；始终把听其言和观其行有机结合起来，眼睛向下关注普通工人、农民的生活状况；始终尊重南斯拉夫把马克思主义的普遍原理与本国具体情况相结合的实践与探索，肯定其"总的方向仍是向社会主义发展"，基本方面是符合马列主义原则的。

伍修权对南斯拉夫各方面的情况所进行的客观、全面的考察，实事求是的分析，不但确立了使馆大力推进与南斯拉夫发展正常关系的认识基础，也为国内正确看待南斯拉夫、制定对南方针提供了客观依据，产生了互动作用。外交部 1955 年 7 月给伍修权的复电称，他关于南斯拉夫的报告很好，望继续注意研究。国内对南斯拉夫的定性也逐步有所改变。12 月 18 日，中共中央转发中宣部关于南斯拉夫宣传事项的请示中，与 3 月的"通知"相比，基本定性变了，提出南斯拉夫虽并不承认两大阵营，也不愿别人说它是社会主义阵营的一员，"但应该承认它是社会主义国家"。1956 年 9 月 24 日，毛泽东在与参加中共八大的南共代表团谈话时坦率地承认中国共产党过去有对不起南共的地方。

对南斯拉夫社会制度定性的改变，尤其是毛泽东的真诚致歉，有多方面的原因，其中，伍修权发回的以在南斯拉夫获得的第一手调研资料为依据的报告，起了重要的作用。

三、中南友谊如春潮

1957 年 2 月 23 日，外交部苏欧司《对南斯拉夫对外关系中一些特点的研究和几点意见》中，对中南建交后两国友谊的发展作了概括："建交一年多以来，两国友好合作关系，在政治、经济、文化各方面都获迅速发展。"

伍修权在题为"中南友谊如春潮"的文章中，对此作了较为具体的叙述："中南建交以后，两国间的友谊往来，真如解冻以后的春潮一样川流不息，我国派出了一个又一个从官方到民间，从政治、经济到文化、体育的不同代表团，到南斯拉夫进行友好访问……南斯拉夫也相应的派出了各种性质的代表团前往中国……这一期间双方共同签订了经济贸易和科技文化等各方面的协定，报纸上也连续不断地发表了各个代表团来访的消息与中南两国政治活动和建设成就的报导。"

当时的相关报告、总结、往返电报等文献资料，真实地反映了犹如"解冻以后的春潮"的中南友谊。《1956 年的南斯拉夫基本情况和中南关系》中列举了中南两国友好合作关系全面、迅速发展的相关数据："双方互派了各种代表团和代表 31 起（我派出 19 起，南来华 12 起）相互访问；两国 1956 年签订了贸易（总额 500 万英镑）、支付、科技合作、邮电等五个协定，互购影片合同和文化合作 1956 年内部议定书……南对我在联合国、议会联盟等国际组织中代表权给予支持，并主动积极邀请我国参加在南召开的各种国际性会议。"《两年来中南文化交流的情况和我们在工作中的几点体会》，则从文化交流的角度勾勒了此时中南友谊的发展盛况：1955 年双方互派了大型艺术团和新闻工作者代表团；1956 年 4 月签订了《中南 1956 年文化合作内部议定书》，派出中国杂技团、青年钢琴家傅聪、作家刘白羽等访南，接待了南艺术家、戏剧家、作家，双方往来文化性活动 23 起，158 人。

这一中南友谊新篇章，是中南两国、两党共同书写的，代表中国政府的伍修权是中方的执笔者之一。上述各种友好往来活动，都须由中国驻南使馆与国内反复联系，并作出周密的计划安排。国内每个访问团到南斯拉夫，伍修权都要组织欢迎、接待，重要团体还要亲自陪同，和他们一起去会见铁托等南斯拉夫领导人。中国艺术团的演出和展览会的开幕，他都要陪同观看或剪彩。从 1956 年 3、4 月的《对外关系简报》中，可以窥见伍修权活动的忙碌、涉及面之宽和工作的成效：拜会南斯拉夫议会两院院长和联邦执委会秘书长，同英、德、法、日、荷兰、埃及、叙利亚、巴基斯坦等国人员的交往；邀请、接待中国政府参观团、法律工作代表团、妇女代表团、青年代表团等访南；洽谈、协调、落实在贝尔格莱德举办的中国实用艺术展览会、中国参加萨格勒布国际博览会、中国绘画两千年展览、中国的杂技团来南演出、国际法代表来南参加世界国际法会议、学生代表团来南参加世界学生会会议，以及南贸易代表团赴中国等事项。

从促成 1957 年 1 月彭真率全国人大代表团访南一事，可以透视伍修权发展中南友谊的良苦用心。1956 年 11 月 6 日，伍修权给外交部发电建议："北京广播，人大常委会决定派代表团访苏、捷、保，可否考虑借此机会主动向南表示访南……"在得到国内答复后，12 月 19 日伍修权又向国内报告进展情况："今日见南议长比雅杰，彼表示欢迎我人大代表团访南"，并询问访南时间、人数，提出相关建议。几经联系、磋商，1956 年底，南人民委员会主席米尼奇、南联邦国民议会主席比雅杰分别发出了邀请中国全国人大代表团访问贝尔格莱德的信函。访问的相关事项一一落实后，伍修权于 1957 年 1 月 10 日致函米尼奇，告知中国政府已接受邀请，将由彭真率代表团于 1 月 16 日来贝尔格莱德访问。彭真时任中共中央政治局委员、书记处书记、全国人大常委会副委员长兼北京市市长，代表团中还有李济深、章伯钧、胡子昂等民主党派领导人，是中国访南代表团中级别最高的一个。从 2 月 12 日、5 月 6 日、5 月 9 日驻南使馆与国内的往返电报可以看到，伍修权其时还在努力促成周恩来访南，只是由于其后的情况变化而未能成行。

书写中南友谊新篇章的南共方面的主笔是铁托。他把伍修权这位参加过长征的中国人民的友好使者视为知己。不但南斯拉夫欢迎外国政府代表团的重大外事活动，如欢迎苏联赫鲁晓夫、印度尼赫鲁、缅甸吴努等元首的宴会、歌剧晚会等，每次都邀请伍修权参加，而且还邀请伍修权参加非开放性的联谊活动。铁托曾几次邀请他去布里俄尼岛别墅，那里是南斯拉夫位于亚得里亚海边的疗养胜地，不仅气候凉爽、风光秀丽，还有一种能治疗关节炎的泥土，人们常去那里做泥疗。岛上建了不少别墅和宾馆，其中最重要的当然是铁托所住的别墅，其设备精良和装饰华美自不必说，还有个很大的酒窖，铁托曾请伍修权去参观和品尝他珍藏的各种名酒。钳工出身的铁托，在那幢别墅里还设了一间工房，里面有机床和各种工具，铁托常在休息时去那里过把瘾。南斯拉夫外交部人员向伍修权透

1955 年伍修权（前左二）与周秋野（前左一）在南斯拉夫机场欢迎中国访南代表团

伍修权（左）任驻南大使期间与南斯拉夫总统铁托亲切交谈

露，受铁托邀请到他别墅去的外国客人极少，受到数次邀请的客人更少。

中国大使享受到的特殊待遇还有许多。铁托爱打桥牌，常找伍修权做搭档，两人边打牌边用俄语说笑交谈。狩猎是南共领导人每年都要进行的一项活动，有时也邀请与他们友好国家的大使参加。伍修权就曾受到铁托邀请，被安排在紧靠着铁托的右边。据说这是一个荣誉性的位置，如同中国的宴会一样，紧靠主人右边的是最尊贵的客人。铁托告诉伍修权，南斯拉夫的猎获物是他们一项不小的出口换汇产品，因此他们平时是禁猎的，只有冬季才解禁开山。伍修权虽然打过仗却从未打过猎，第一次出击只放了几发空枪，一无所获。在铁托等人指导下，他逐渐掌握了猎枪的性能，竟打中了一只狐狸和一只山鸡。

伍修权书写中南友谊新篇章的成效，从南共其他领导人对他的友好态度也可见一斑。卡德尔和兰科维奇等也曾多次将伍修权等请到家里，以不拘形式的家宴招待中国友人，伍修权与他们也都成了朋友。1955 年中国使馆举行的国庆招待会，南方除铁托外，所有高层领导全部出席。1957 年 10 月 3 日，中国驻南使馆发回“国庆招待会情况”电报：“南方对我国庆甚为重视，在贝市的党政军群众团体的领导人几乎都出席了酒会……在报纸报导方面，1 日战斗报、政治报第一版以头条消息报导南总统致毛主席的贺电……”

从当时南斯拉夫新闻媒体的反应也可看出中南友谊的深厚。1956 年，仅 4、5 月份，南斯拉夫各报刊对中国的报道，就有新闻 120 条、通讯 34 篇、翻译作品 2 篇。6、7 月份，南各报刊对中国人民代表大会第三次会议极为关注。周恩来的政府工作报告，几乎各报刊都摘要转载；其中关于外交的部分，南三大报刊（《政治报》、《战斗报》、《解放报》）都摘要刊登在第一版上。在有关中国革命和对外关系的政治评论中，每每可以看到这样的评述：中国政府是全世界最受人民欢迎的政府，毛泽东是最伟大的马克思主义者；中国人民的劳动热情是值得我们南斯拉夫人民学习的，中国共产党取得的丰富经验是值得我们借鉴的。“波波维奇大使在回答关于这次代表大会在国外舆论界留下的印象时说道：‘这次会议和中国今天所发生的一切，要求大家以现实的态度对待中国的外交政策，应该更好地考虑和承认中国在国际上的合法权利。对于已经摆脱了外国压迫并尽一切努力建设自己的自由民主和独立国家的高尚的中国人民，否认其合法权利是犯了历史性的错误……’”1956 年 12 月 16 日，南发行量最大的《新闻周报》还刊载了伍修权《对中国共产党第八次全国代表大会的感想》一文。

从以上事实中不难看出，伍修权不辱使命发展中南友谊的努力，已经得到广泛认同，结出丰硕果实。

四、在中南关系逆转风波中

“当 1958 年行将来临，也是中南两国建交进入第四个年头的时候，我们以满意的心情来回顾中南两国友好合作关系……”这是伍修权应贝尔格莱德电台之请，向南人民发布的 1958 年新年祝词的开头。然而，“满意的心情”很快难以为继，中南友谊再次面临风风雨雨的考验。

风雨起自南共七大所通过的《南斯拉夫共产主义者联盟纲领草案》。1958 年 2 月 17 日，铁托签署了邀请中共代表团出席南共七大的邀请书。次日，伍修权发回内容为“南共邀我派代表团参加南共七大”的电报，后附邀请书全文，并告知政治报告、南共纲领等的报告人及南共邀请他党、他国出席大会的情况。2 月 27 日，中联部发给伍修权内容为“我党决定派代表团参加南共七大”的电报：

> 伍大使：
>
> 一、请即通知南共中央有关负责同志：“中共中央已经决定派遣代表团出席南共产主义者联盟第七次代表大会……”
>
> 二、请你处代中央草拟一个在大会上宣读的贺词，用电报拍回国内审改。…………

3 月 12 日，伍修权遵嘱发回了供中联部参考的贺词。其中在肯定了南斯拉夫在南共领导下“在社会主义建设事业中取得了重大的成就”之后说：“南斯拉夫的同志们，根据你们国家的具体情况，制定出你们在建设社会主义中新的领导形式、方法和作风，这是很自然的。各国社会主义建设形式和方法的多样化，是对于马克思主义理论的集体贡献……如何使民族特点同马列主义关于社会主义革命和社会主义建设的普遍真理相结合，是摆在我们共产党人面前的严重责任……我们对许多重大国际问题的看法是一致的，而对某些问题具有不同的意见也不足为奇。对于我们更重要的是社会主义各国间的所有问题，完全可以在严格遵守社会主义的国际主义原则的基础上，通过同志式的讨论，加以解决。”3月29日，伍修权又给中联部和外交部发回了《对南共纲领草案的初步意见》。“意见”归纳了南共纲领与我们的共识，提出了带有时代烙印和历史局限性的分歧，如否定了南共针对苏联提出的“反对思想垄断和政治霸权”，基本结论仍然是：“但南斯拉夫人民对于社会主义建设的渴望和相当的干劲也是事实，而且这是最本质的问题，几乎是不可改变的历史事实……”

可是在当时的国际、国内，主观、客观条件下，贺词和“意见”却给伍修权带来了一场灾难。1956年，由于赫鲁晓夫在苏共二十大的秘密报告中彻底否定和批判斯大林，在各国共产党中引起了严重思想混乱，直接引发了波兰、匈牙利事件，苏联采取包括军事在内的各种手段，平定了这些事件。对此，铁托于11月11日在南斯拉夫海滨城市普拉公开发表演说，反对苏共的行动，使刚刚恢复的苏南关系又蒙上了阴影。中共中央在《再论无产阶级专政的历史经验》一文中，对铁托等过分否定斯大林等观点，“向南斯拉夫的同志提出兄弟般的劝告”。加上毛泽东和铁托在社会主义建设等若干问题上的认识和实践存在较大分歧，所以，普拉演讲后，中南关系又紧张起来。1957年11月7日是十月革命40周年纪念日，苏联邀请各国共产党、特别是共产党执政的国家领导人去参加庆祝活动，并利用这一机会召开世界各国共产党会议。中国共产党由毛泽东亲自率团前往，而铁托只派了他的二把手卡德尔去。南共领导人在参加各国党的会议后，只签署了所有党都参加的《和平宣言》，却不支持由社会主义阵营各党签署的《莫斯科宣言》，南共不同意这一宣言将世界划分为帝国主义和社会主义两大阵营，更不同意社会主义阵营必须以苏联为首，进一步明确表明其“不结盟”立场。这件事，在国内开展反右斗争、阶级斗争的弦越绷越紧的大背景下，自然也对中南友谊的发展和巩固产生了负面影响。

1958年4月1日，国内电报通知伍修权，中央已经决定派遣包括伍修权在内的中共代表团出席南共七大。4月3日，赫鲁晓夫给毛泽东写信称南共纲领草案是和《莫斯科宣言》相违背的，许多论断是非马克思主义的。4月7日，苏联驻南大使面交赫鲁晓夫致铁托的信，内称：由于苏共对南共纲领草案中许多原则性问题包括对苏联的评价问题持有不同意见，决定不派代表团，只派驻南大使作为观察员列席南共大会。中国共产党转而决定与苏共统一步调，并于4月19日给伍修权发去“以观察员列席南共大会应遵守的几个问题”的电报，其中第三条交代：“如有兄弟党同志（包括南共）在个别谈话中主动向你问及对南共纲领草案的意见时，你可以表明：‘中国共产党人不能同意南共纲领草案，因为……这个纲领是一个违反马列主义根本原则的文件，是一个与莫斯科十二国宣言相对立的文件。’”伍修权没想到国内对南共纲领草案的定性与自己的看法差距如此之大。

4月28日，国内给伍修权发去由彭真签发的内容为“请伍大使速返国”的电报。5月1日，伍修权在动身回国之时又给国内发回关于南共七大情况的综合性报告，主要内容是：

> 我因病于22日下午始赶赴留布里亚那（今译卢布尔亚纳），因此没有出席开幕式及铁托报告。
>
> 由于各社会主义国家共产党及其他若干兄弟党拒绝派遣代表团出席大会，苏共《共产党人》杂志公开批评南共纲领，这次大会充满了反对苏新国家[①]的民族主义情绪……凡是讲到反苏、南斯拉夫的“独立、平等、非集团”的外交政策……全场均一再鼓掌甚至起立欢呼。
>
> 南共在民族主义基础上是团结的。每次铁托等人入场，全体代表均起立鼓掌，反复地唱《我们是铁托的，铁托是我们的》这一支游击战争期间的歌子。公布中央委员会选举结果，铁托当选时，代表起立鼓掌、欢呼、唱歌达三四分钟之久，情绪是相当激动的。
>
> 虽然大会充满了反苏的空气，但最后通过的决议是比较平稳的，强调要同苏联和其他兄弟党搞好关系……
>
> 铁托在闭幕词中……呼吁他人要理解南共对其他共产党拒绝派遣代表团的不满。
>
> 此外，大会会场因陋就简利用留布里亚那的一个展览大厅。每位代表仅有靠背木椅一张，虽很简陋但也比较节约朴素。大会主席台后面则用马、恩、列的像及“全世界无产者联合起来”的口号作为装饰。

从这些报告可以看出，伍修权虽努力保持与中央一致，对南共“站在阵营之上批评两个阵营”等持批评态度，但向国内传导的南斯拉夫的党心、民心，仍然是一分为二的，实事求是的。

伍修权收到北京立即回国述职的电报后，由于走得匆忙，未向南斯拉夫方面任何人告别。到外交部后才得知，国内认为他主持写的对南共纲领的“意见”和给南共七大的贺词是“与修正主义者唱了一个调子”，其内容“完全错误”。他应在即将召开的中共中央八届二次会议上作检查。在此之前，先在外交部汇报情况并作初步检查。在中共中央八届二次会议上，伍修权听到，对南共和自己错误的批判，调子越来越高。伍修权对一些说法实在接受不了。自参加革命以来，受到如此严厉的批判，对于他来说是第一次。加上想不通，他内心极度痛苦，有时就一个人到当时住处附近的首都剧场去看看话剧，借此排遣郁闷，调节心境。他不想违心地按照上面的口径作检查，就在小组会上按照南斯拉夫的真实情况和自己的认识，作了说明和解释，表示实在不知道该怎么检讨，不知到底错在哪里。他

① 苏新国家指苏联和东欧的新民主主义国家。

这个态度当然过不了关。那时，康生和陈伯达等到处发文章，作报告，煽动批判“以南共为代表的现代修正主义者”，中共中央的一些领导人也接受了他们的观点。5月5日，《人民日报》发表题为“现代修正主义必须批判”的社论，其中说，最近结束的南共七大通过的南共纲领草案“是一个反马克思主义的、彻头彻尾的修正主义的纲领”。中共中央八届二次会议5月23日通过的《关于在莫斯科举行的各国共产党和工人党代表会议的决议》中沿用了这一说法。在伍修权左右为难落不下笔时，一些老战友好意劝他，不论怎么委屈，也得作检讨，不然交代不过去。伍修权挖空心思凑了几条，请一些领导看后，都说具体内容太少、过于空洞，还是难以通过。他只得反复回忆自己在南斯拉夫的所见所闻，罗列出一些“阴暗面”，又按照国内的调子对自己的“错误”作了“上纲上线”的自我批判。他在检查稿的最后说：“在各国共产党的队伍中，并不是所有的人对现代修正主义的危害性都有充分的认识和清醒的头脑，我在参加这次代表大会以前的认识就是很不够的，在大会的进程中，我认真地进行了学习，认识上才有了初步的提高。”

伍修权突然奉召回国，一去不回。这无异于撤回大使，使中南两国关系蒙上了阴影。伍修权回国后没几天，1958年5月9日晚周秋野作为临时代办应邀出席捷克斯洛伐克大使的一个招待会，遇到许多熟悉的南斯拉夫朋友。周秋野照常与他们热情打招呼，哪知对方却一反常态不予理睬，弄得他十分尴尬。回来后才知道，就在此前，《人民日报》发表社论，公开批判南共的“修正主义纲领”，在南斯拉夫引起了极大的反感。他们后来又接到6月10日中共中央转发的《中央外事小组关于我国同南斯拉夫的关系问题给中央的请示报告》，其中说：“目前我们党正在同南领导集团进行一场在国际共产主义运动中具有十分重大意义的政治性和理论性的斗争。为配合该斗争，我们在国际关系上应该对南采取冷淡的方针。”并据此提出“应以对待资本主义国家的原则对待南”、“南驻华使馆不再享受兄弟国家驻华使馆待遇”、“两国间人员往来，我们尽量采取来而不往的原则”、“与南人员接触……不使用‘同志’称呼”等。从社会制度定性到称呼，一切又回到了建交之前。对此，中国驻南使馆的人员想不通，但是只能按照这个口径对外讲话、行事，使馆工作日趋难做。南共七大后中国驻南使馆举行的“八一”和国庆招待会，南方人员到场的寥寥无几。南斯拉夫驻中国大使离任时也未向中国递交召回国书，中南关系就此发生了逆转。1958年，南共成了第一个被中国共产党戴上“现代修正主义”帽子、第一个中断两党关系的共产党。1963年9月，中国发表国际共运大论战“九评”中的第三评——《南斯拉夫是社会主义国家吗？》，严厉指责“铁托集团”是“美帝国主义的反革命别动队”。

1968年，南斯拉夫反对苏联入侵捷克斯洛伐克，中国则谴责苏联的“社会帝国主义”行径，两国的共同点进一步增多。历史翻开了与南重修旧好的新一页。1975年，毛泽东会见南斯拉夫总理比耶迪奇时赞扬“铁托是铁，不怕苏联压迫”，并实现了中南国家关系正常化。1977年铁托访华和1978年华国锋回访，实现了两党关系正常化。1982 年，在中共十二大开幕词中，邓小平在全面总结中国共产党和国际共运正反两方面经验的基础上指出："把马克思主义的普遍真理同我国的具体实际结合起来，走自己的道路，建设有中国特色的社会主义，这就是我们总结长期历史经验的基本结论。"1984 年 5 月 18 日，胡耀邦在欢迎以南共联盟中央主席团主席马尔科维奇为首的南共联盟代表团的宴会上指出："各国党有权独立自主地决定自己的一切事务……我们认为，由于各国党的处境不同，在一些问题上有不同意见和采取不同做法是正常和常有的事。在通常的情况下，有些分歧意见可以通过友好平等的协商、互相等待或共同留待实践去逐步解决。"由此可见，伍修权当年在贺词和"意见"中的基本观点，在中国进入改革开放历史新时期之后得到了普遍认同。

钱其琛对此也有定评："南共七大闭幕后，伍修权同志被召回国，受到了不公正的批判。康生、陈伯达甚至污蔑他同南斯拉夫修正主义'唱一个调子'。关于南斯拉夫问题的是非曲直，后来的实践作出了判断。伍修权同志能在对己不利的情况下，把个人得失置之度外，坚持实事求是的原则，敢讲真话，是非常难能可贵的。"①

---

① 钱其琛：《永久的怀念》，见《历史风云中的一代英杰——伍修权》，当代中国出版社 2008 年版，第 179—180 页。

第十三章　初任中联部副部长

一、在中苏关系恶化的初期

伍修权在检讨和接受批判之后，靠边站了一段时间。时任中共中央书记处书记、中共中央对外联络部部长的王稼祥主动来找他，邀他去中联部工作。王稼祥对伍修权说，他搞了多年外交工作，有相当的经验，又是中共中央委员，从事党的对外交往工作正需要他这样的人。

王稼祥对伍修权的人品、能力知根知底。伍修权对王稼祥也颇为尊重，加之认为他此时相邀，不仅表示了对自己的信任，也在一定程度上表示了他对当时那场批判的态度，又多了一份感动。伍修权知道，中联部与外交部的工作有区别也有共性，此前在工作上多有联系。当中共中央接受了王稼祥的推荐，准备调伍修权去中联部工作时，伍修权问同他谈话的中组部部长安子文，这次是不是因为自己在外交部犯了错误，待不下去了才调动的？安子文明确告诉他，将他从外交部调到中联部主要是工作的需要，中共中央认为他适合并能胜任这项工作，准备任命他为中联部副部长，说明中央还是信任他的。听了安子文的解释，伍修权表示服从组织决定。就这样，1958 年 9 月 5 日，中共中央任命伍修权为中联部副部长。12 月，中直机关党委批准伍修权兼中联部机关党委书记。

当时的中联部，除部长王稼祥外，还有刘宁一、李初梨、赵毅敏和许立几位副部长。伍修权到任后，首先听取情况介绍，看了大量文件，对部里的工作任务有了具体的了解。中联部当时的经常性工作，一是研究国际共产主义运动和各国共产主义政党的情况，向中央作出报告、提出建议；二是负责接待来华访问的外国共产党代表团；三是出席外国各兄弟党的党代表大会。

伍修权调任中联部副部长之初，主要主管与苏联和东欧各党相关的工作。这是他在外交部期间的主要工作方向，也是他担任驻南斯拉夫大使期间接触最多的国际社交圈。但是，在进入情况，把研究国际共运和各国共产主义政党情况的重心投向中苏关系之时，伍修权敏锐地发现，此一时彼一时，中苏两党、两国关系已经从“蜜月期”的分歧演化为“山雨欲来”了。对此，他深感忧虑。

1958 年中苏关于共建长波电台和潜艇舰队之争，以及赫鲁晓夫对中国炮轰金门行动的明一套暗一套，表明中苏矛盾已经涉及关系中国主权的敏感问题。毛

1959 年伍修权（左一）陪同李富春（左二）欢迎卢森堡代表

泽东后来说，中苏闹翻实际上是在 1958 年，他们要在军事上控制中国，我们不干。[①] 但这些分歧仍被双方小心翼翼地遮盖着。赫鲁晓夫甚至把中苏关系恶化的外因推给尤金："有人对我说，苏联正流传着一种看法，说是我挑起了中国与苏联争吵……令我惊讶、痛心和愤慨的是，尤金也在重复这种蠢话，而他这个人在苏中冲突的初期曾任苏联驻华大使……我们与毛发生冲突的外因正是源于尤金本人。"[②]

1959 年，中华人民共和国庆祝建国 10 周年，中国党和政府邀请各国派党政代表团出席庆典。中央为此专门设立了一个接待委员会。按照分工，各国政府代表团，由外交部负责接待；各个未执政的兄弟党代表团，由中联部接待；以赫鲁晓夫为首的苏联党政代表团，由外交部和中联部共同接待。伍修权既是接待委员会成员，又是承担这次接待任务的中联部总负责人。他每天不分日夜地去机场、车站迎接外宾，安排活动日程，陪同中共中央领导会见应邀来华参加国庆盛典的贵宾和参加会谈，其中最重要的是对苏联党政代表团的接待。赫鲁晓夫是在结束同美国总统艾森豪威尔戴维营会谈的第二天飞到北京的，可能还没有从访美的兴奋中摆脱出来，所以在中国政府举行的国庆招待会上，在同毛泽东等的多次会谈中，大谈戴维营精神，强调与美国和平共处，并试图压中国向美国让步，以利于苏美改善关系。而其时美国把中国视为"美国在远东面临的'最大麻烦'"，正加紧"在中国周围建立一个包围圈来'遏制'中国"[③]。因此，毛泽东与赫鲁晓夫

① 中共中央党史研究室：《中国共产党历史》第 2 卷，中共党史出版社 2011 年版，第 641 页。

②《赫鲁晓夫回忆录》第 3 卷，社会科学文献出版社 2006 年版，第 2233 页。

③ 1963 年 12 月 13 日美国远东事务助理国务卿希尔斯曼在旧金山联邦俱乐部的演说：《美国对共产党中国的政策》。

之间“话不投机”。赫鲁晓夫离开北京后，在1959年的最后三个月里，又联系中印边境冲突等，指责中国企图“用武力去试验资本主义的稳固性”，是“好斗的公鸡”。伍修权感觉到，中苏矛盾公开化了。

伍修权对中苏矛盾公开化的感受，也来自去国外参加兄弟党代表大会及国际会议的相关活动。20世纪50年代末至60年代初，各国共产主义政党的党代会及重大庆典，都会邀请兄弟党参加。中共中央对外联络部具体负责组织安排这类活动，中联部的领导也是这些代表团的主要成员之一。伍修权1959年3月到1960年2月作为中共代表团成员赴欧洲出席或列席的三次会议，加深了他对中苏关系恶化前因后果的了解与认识。

1959年3月中旬，伍修权作为以中共中央副主席朱德为团长的中共代表团成员，出席了波兰统一工人党第三次代表大会。由于当时波苏关系正处于低潮中，苏共中央只派去了并非重要领导人的伊格那托夫。他代表苏共中央致祝词，重弹“以苏联为首的社会主义阵营”应加强团结等老调。伍修权听得出，其中既有对波匈事件主角之一的敲打，又有对中国的旁敲侧击，弦外之音仍然是以“老子党”自居的“控制论”。

波兰党会议结束后，伍修权作为以王稼祥为团长的中共代表团成员，出席英国共产党于3月底举行的该党第二十六次代表大会。王稼祥和伍修权是第一次去

1959年3月，伍修权随朱德出席波兰统一工人党第三次代表大会（左起：伍修权、王稼祥、朱德、王炳南）

非共产党执政的西方国家参加共产党代表大会。王稼祥代表中共中央致词时，因英共与中共的方针路线有着不小差别，对其斗争和活动仅表示一般的支持和祝贺，而苏联却对英共采取的“议会道路”和“和平过渡”方式称颂有加。中苏代表团没有正面交锋，却各敲各的锣，各唱各的调。

1960 年 2 月，伍修权作为以康生为团长的中共观察员代表团成员，列席在莫斯科召开的华沙条约各国政治协商委员会高级会议。2 月 4 日会议开始，表面上由匈牙利政府总理明尼赫主持，实际上赫鲁晓夫不但在幕后操纵，而且直接走到前台，鼓吹世界已经进入了通过谈判解决国际争端、建立持久和平的阶段，宣布苏联与“华约”各国将进行单方面裁军，苏军裁减三分之一，加上东欧各国，共裁军 379.5 万余人。会议还通过了贯彻苏联主张的《华沙条约缔约国宣言》，赫鲁晓夫和“华约”各国领导人签字后即宣告生效。康生在发言时，宣读了在国内起草、经中央审定的发言稿，指出有关裁军等问题是一场长期、复杂的斗争，不能仓促行事，中国共产党和中国政府不会盲目追随苏联行动。这个发言无异于是在与赫鲁晓夫公开唱反调。赫鲁晓夫在当晚的招待宴会上，以祝酒方式当着各国代表团的面，对中国的主张进行了不点名的攻击，说有的党只是口头上讲社会主义阵营应以苏联为首，行动上却是在拆台。伍修权一下就听出了赫鲁晓夫的矛头所向。次日，苏共领导成员之一波斯别洛夫和苏联外交部长葛罗米柯，在苏共中央大楼会见中国代表团时，波斯别洛夫宣读了一份苏共中央给中共中央的“口头通知”，正式回答了中国代表团在会上的发言，并对中国共产党的内外政策进行了直接的指责。伍修权目睹了中苏双方在国际会议期间的第一场正面交锋。

此后，苏共的《真理报》和《共产党人》杂志，发表了许多针对中国共产党的文章。来而不往非礼也，在中共观察员代表团回国前，《人民日报》于 2 月 6 日发表了题为“维护和平的决定性力量”的社论，一方面阐明中国的立场和主张，一方面继续强调中苏团结的重要性。1960 年 4 月，在纪念列宁诞辰 90 周年时，中共中央理论刊物《红旗》杂志、《人民日报》等连续发表了《列宁主义万岁》等三篇重要文章，不点名地批判了苏共及赫鲁晓夫的言行，否定了苏共二十大以后的相关方针特别是其外交政策。“苏联报刊随即作出激烈反应，拉开了中苏论战的序幕。”①

从进入中联部以来在国内外接触到的中苏纷争中，伍修权不无忧虑地看到，由于中苏之间战略利益的矛盾，尤其是霸权与主权、控制与反控制的碰撞，“牢不可破”的中苏友谊业已“无可奈何花落去”。

二、参加1959年的庐山会议

1958 年以后国内工作推行“左”倾方针，全国掀起不顾客观规律和实际情

① 中共中央党史研究室：《中国共产党历史》第 2 卷，中共党史出版社 2011 年版，第 643 页。

况的“大跃进”和人民公社化运动，极大地影响、扰乱了国内特别是农村的生产和生活。

中央为此召开了一系列会议，讨论和解决面临的各种现实问题，其中最重要的是1959年7、8月间举行的中共中央政治局扩大会议和八届八中全会（合称“庐山会议”）。7月14日，中共中央政治局委员、国务院副总理兼国防部长彭德怀把他写的一封三千字的信交给了毛泽东。7月16日，毛泽东以“彭德怀同志的意见书”这样一个标题，批示将信印发给与会者讨论，由此引发了庐山会议从纠“左”到反右的逆转。

伍修权作为中共中央委员，参加了这次会议的后半段。他当时的心情是很矛盾、很沉重的。虽然他对国内工作特别是经济方面接触不多，但从了解到的情况和听到的反映中，也感到彭德怀的意见是符合事实的，不料在8月4日晚中央政治局常委向伍修权等晚上山的中共中央委员和候补委员介绍前一段开会的情况时，却听到了彭德怀是“隐患”的长篇发言，占用了那晚会议的一多半时间：“林彪第一个发言，指责彭德怀想当大英雄，因此就要反对毛主席，这是事情的规律。从长远来说他是我们党里面一个隐患。”①

伍修权以前没有上过庐山，炎夏时节初次到这避暑胜地，却兴味索然。尽管会议期间有空闲时间，他却几乎哪儿也没去，除了参加会议就是闷在住处，反复看文件、领会精神，却又总是想不清甚至想不通。所以他在回忆这次庐山会议时引用了两句古诗：“不识庐山真面目，只缘身在此山中。”

由于彭德怀1959年4月至6月间率中国军事代表团访问苏联等国时，曾与赫鲁晓夫会见过，便被怀疑与反对中国“大跃进”的赫鲁晓夫“相互勾结”，被指责为“里通外国”。在追查彭德怀的所谓“里通外国”问题时，伍修权被要求去参加会议并对彭德怀进行揭发批判。伍修权眼见自己熟悉、敬重的彭德怀身体消瘦、精神颓丧，好像变了个人，正无奈地接受批斗。当会议主持者要伍修权发言时，他就劝彭德怀“如实地讲，把问题讲清楚就好了嘛”，想让他明白自己话中有话，又怕专案人员听出弦外之音，只说了几句就住了口。伍修权后来听说，彭德怀对强加给他的所谓“里通外国”问题很恼火，说他又不会说外国话，同外国人打交道，都要通过翻译，真要搞什么“里通外国”的事，能瞒得过翻译吗？翻译完全可以出来揭发么！

伍修权在回忆录中对自己在庐山会议上的责任不诿过：“在庐山会议上，我也曾违心地赞成了所谓‘关于以彭德怀为首的反党集团的决议’……应该说，在我们党的这一错误中，也有我一份责任。”②

庐山会议之后，按照中共中央的部署，中联部也开始了“反右倾”运动，由机关党委书记伍修权负责。尽管他主张尽量搞得和缓稳妥些，力避过火斗争，但

① 中共中央党史研究室：《中国共产党历史》第2卷，中共党史出版社2011年版，第549页。
② 伍修权：《往事沧桑》，上海文艺出版社1986年版，第488页。

是在大势所趋下仍防不胜防，有的人还是因其他方面的问题挨了整。伍修权后来提起这些往事，仍对挨整的无辜者深感抱歉。二十多年后，根据中共中央十一届三中全会精神，已不在中联部工作的伍修权仍通过多种途径，主动为他们平反，纠正了对他们的错误处理。

三、面对赫鲁晓夫的突然袭击和毁约弃盟

1960年6月下旬，罗马尼亚工人党第三次代表大会在布加勒斯特召开。中共中央决定派政治局委员、书记处书记彭真率代表团前往，康生、伍修权、中国驻罗大使许建国等为代表团正式成员，还有乔冠华等四名顾问和阎明复等四名翻译。

中苏两党的分歧，是从1956年苏共二十大开始逐步扩大的。在这次会议上，赫鲁晓夫全盘否定斯大林，在苏联国内和国际上掀起了一股“非斯大林化”浪潮。中共中央曾在1957年兄弟党莫斯科会议上提出不同意见，并发表文章继续肯定、赞扬斯大林。其后因中苏两国共建长波电台和潜艇舰队之争及赫鲁晓夫对中国国内外政策的指手画脚，矛盾不断加剧。在这次罗党大会上，中苏两党会有碰撞早在预料之中。为此，毛泽东给代表团制定了六句话方针：坚持团结，坚持原则，摸清情况，后发制人，据理辩论，留有余地。布加勒斯特会议之前中苏矛盾已公之于众，中国反控制的原则毫不动摇，但仍不愿意打第一枪，不希望撕破脸皮，所以毛泽东为谈判预设了“坚持团结、留有余地”的斗争方略。

为了解布加勒斯特会晤的内容，中共代表团先到了苏联。6月17日下午到莫斯科后，立即同以苏共中央主席团委员科兹洛夫为首的苏联代表团进行了长达八个小时的会谈。会谈是在争论中度过的，主要是苏共指责中共，中共代表团则阐述自己的看法。

罗党三大开幕的第二天，赫鲁晓夫在大会的致词中，指责中共领导人在6月上旬于北京召开的世界工联第十一届理事会上的讲话是分裂国际共运和反苏的活动。22日，彭真代表中共中央致词，对此作了反驳，特别强调在国际共运中各兄弟党加强团结的重要性，结成国际反帝统一战线的必要性。而苏共代表团违背事先的约定，向参加大会的各党代表团散发并宣读了苏共中央6月21日致中共中央的《通知书》，对中国共产党发起突然袭击。当晚，中苏两党代表团又进行了六个多小时的会谈。苏共代表团以赫鲁晓夫为首，成员多，级别高。会谈时大多数时间是赫鲁晓夫蛮横地指责中国共产党“抗拒和平共处”、“纯粹民族主义”、“争夺国际共运领导权”等。彭真侧重阐述中国共产党的观点，同时指出中苏两党之间的分歧所在。会谈中，赫鲁晓夫还提出兄弟党会晤结束后应当通过一个简短的公报。第二天下午和晚上，苏共分别将一份给中共中央的《通知书》和兄弟党会谈公报草案交给了中共代表团。《通知书》针对两个月前中国共产党发表的《列宁主义万岁》等文章中的观点、主张及中国共产党的方针政策，指责中国共产党违背《莫斯科宣言》的精神。苏共在把《通知书》交给中共代表团的同时，

还把它作为会议的参考资料散发给其他社会主义国家共产党和工人党代表团。中共代表团把两党会谈情况以及苏共的《通知书》和公报草案的要点及时汇报给中共中央。

6月24日，出席罗党三大的51个外国党中的12个社会主义国家的共产党和工人党举行了一次会议。在这次长达11个小时的马拉松式会议上，赫鲁晓夫对中国共产党进行的攻击比22日与中共代表团会谈时更为激烈。在他的带动下，苏共代表团其他成员和一些兄弟党的代表，照搬相同的观点甚至使用相似的语言，群起而攻、轮番发言。精通俄语的伍修权比别人更清楚地意识到，这次会议是苏共事先策划好、由赫鲁晓夫直接指挥的对中国共产党的一次有组织的突然袭击。伍修权与彭真在东北共事多年，深知彭真是一位斗争经验丰富的政治家，但是当受到无理攻击时，激愤之情有时也会溢于言表。为了提醒彭真保持冷静，伍修权就在一张纸上写下“哀兵必胜”四个字，默默地递给了彭真。彭真明白伍修权的用意，对他点点头，控制住情绪，对赫鲁晓夫等人的攻击进行即席发言。彭真首先借用了古希腊哲学家亚里士多德的一句名言“吾爱吾师，吾更爱真理”，表示中国共产党虽然尊重苏共及其领导人，但更尊重马克思列宁主义的原则和真理。现在苏共领导不惜破坏国际准则，以“老子党”自居，利用兄弟党的会议，组织对中共代表团的粗暴围攻，并且不允许做解释辩护，这完全是一种“只许州官放火，不许百姓点灯”的行径。彭真的即席发言慷慨激昂、义正词严，因没有发言稿，就由代表团的俄语翻译、中共中央办公厅翻译组组长阎明复做现场口译。伍修权也作了即席发言，他还直接用俄语冲着赫鲁晓夫等人说，兄弟党之间有不同意见，只能进行平等的协商讨论，不允许以势压人和不准申辩，更不应当强求别人服从某党的“指挥棒”。伍修权发言时，赫鲁晓夫先是一愣，接着扭过头作出一副不屑搭理的傲慢姿态以回避他反击的锋芒。伍修权的发言充满激情，彭真和代表团的其他人，对他的及时“出击”深感满意。

对苏联的霸权主义行径早有不满的阿尔巴尼亚劳动党代表团团长卡博也站了出来，他表示，“希望苏共和中共之间的分歧，能通过两党之间的讨论来解决，现在让各国党共同来讨论这个问题是不适时的，阿党中央要在深入研究之后在适当的时机才能对这里所讨论的问题提出看法。”① 这一表态没有对中苏分歧孰是孰非下结论，只是对赫鲁晓夫组织的围攻说“不”，对中国共产党算是“半票”的支持。但来自阿尔巴尼亚的这“半票”，却引起了对赫鲁晓夫集团的“家长”作风也不无反感的兄弟党的共鸣。越南、朝鲜、日本、印度尼西亚等兄弟党的代表也在发言中呼吁中苏两党消除分歧。眼看围攻中国共产党的会议“主题”被搅了个七零八落，赫鲁晓夫气急败坏地站起来，先指责卡博说，他感到痛心的是卡博不与他们站在一起，其发言是对苏共的侮辱，不能代表阿党中央。卡博被逼急了，顶撞说，他讲的话是代表阿党中央的，本来就是苏共和中共之间的分歧。1960年

① 刘晓：《出使苏联八年（1955—1962）》，中共党史出版社1998年版，第101页。

1 月，米高扬就对霍查讲，苏共和中共有很多分歧。米高扬还说，这些情况千万不要对别人讲。卡博的话，把苏共早就在进行反对中共的幕后活动在全体与会者面前抖了出来。赫鲁晓夫完全没有料到，这个小小的阿尔巴尼亚，其财政预算的一半以上，军队的军饷、装备完全靠苏联提供，竟敢站出来“造反”。为了教训一下这个不听话的“小兄弟”，也给中国共产党一点颜色看看，后来对阿施加了百般压力。1961 年 3 月，在苏联的主导下，华沙条约国首脑会议通过一个指名谴责阿尔巴尼亚的决议。5 月，苏联宣布停止对阿的一切援助。8 月，华沙条约国首脑会议拒绝阿派代表出席，实际上是把阿尔巴尼亚开除出了华沙条约国组织。

会议最后讨论公报问题，中苏两党又发生了激烈争论。彭真在发言中指出赫鲁晓夫违反了苏共 6 月 7 日给中共中央信中的建议，要求会议延后两天以便中共代表团征求中共中央的意见，另外还提出了对公报草案的修改意见。赫鲁晓夫我行我素，仗着兄弟党会议上的“多数支持”，违反事先“不作结论，不发公报”的约定，不仅粗暴地拒绝了中共代表团的意见和要求，提出了一个只体现苏共观点并贯彻其意图的“联合公报”，而且逼迫各国党代表团在不能修改一个字的公报上签字。

在国际活动中，当与会者受到攻击又不能马上反驳时，中途退场是表示抗议的一种常见的外交斗争方式。中共代表团作为罗马尼亚工人党的客人来出席他们的党代会，现在却受到了苏共的猛烈攻击。为了避免中共代表团“退会抗议”，不再参加罗党代会这种尴尬局面的出现，罗党中央总书记乔治乌·德治特邀彭真面谈，伍修权陪同前往，乔治乌·德治和罗党政治局委员都参加了会见。他们说，中共代表团是他们请来的客人，无论如何要参加完他们的党代会，否则会使他们的会开得不圆满，也会使兄弟党会议半途而废，这将使东道主下不了台。他们十几个人每人都如此这般地说一通，从傍晚一直说到深夜，目的就是要中共代表团顾全大局和主人面子，继续参加会议。当时彭真已经接到中共中央指示，要在布加勒斯特坚持斗争，利用这次会议宣传中国共产党的主张，反击赫鲁晓夫等的攻击，彭真就顺水推舟地表示理解并接受他们的好意。

6 月 25 日，出席罗党三大的共产党和工人党代表团举行第一次会议，中苏两党之间的分歧因此在更大的范围里扩大化了。布加勒斯特发生的这一切，很快通过电报传到了北京。毛泽东等经过商量，决定发给代表团一个书面指示。周恩来起草的这个指示说，为了能使国际共运内部的对立得以暂缓，中共代表团同意发表一个公报，同时要提出自己对公报的修正意见并发表一份声明。代表团收到指示和声明后，立即在中国驻罗使馆的配合下，由阎明复等翻译、伍修权等审校，迅速译成了俄文和罗马尼亚文。使馆人员迅速打印出中、俄、罗三种文本，分装进五十多个大信封。中共代表团决定在适当时机交给苏共代表团、罗党领导人以及其他兄弟党代表，同时争取机会在会议上口头宣读这一声明。在 6 月 26 日举行的第二次会议上，彭真宣读了这一声明。《中国共产党代表团在布加勒斯特兄弟党会议上的声明》揭露了苏共代表团利用自己的特殊地位，破坏兄弟党之间的协商原则和对此次会议的事先协议，组织了对中国共产党的突然袭击。苏共把中苏两党关系看成父子党的关系，采取了家长式的、武断的、专横的态度。声明强调，中国共产党只相信马列主义真理，绝不会向违反马列主义的错误观点屈服，决不听从任何人的指挥棒。声明指名批评赫鲁晓夫“滥用苏联共产党从列宁以来长期形成的在国际共运中的威信，极端粗暴地把自己的意志强加于人，这种态度同列宁的作风毫无共同之处，这种做法在国际共运中开了一个极端恶劣的先例”。声明仍然留有余地，指出我们同赫鲁晓夫的分歧，从两党整个关系来说，仍属部分性质，应该进行平心静气的商谈，在1957年各国兄弟党《莫斯科宣言》的基础上，使国际共运的团结得以巩固和发展。中共代表团将装有书面声明的大信封送到大会主席乔治乌·德治面前，请他们分发给各个兄弟党代表团，并说为了表示对东道主的尊重所以请他们转发。乔治乌·德治见中共代表团是给他们面子才留下继续参加会议的，不便拒绝中国客人的要求，只得接收下来，让大会工作人员按信封上写好的收件者，当场分发下去。送交和分发声明稿的活动立即引起了全场的注意，各国代表团一收到装有声明的信封，连忙打开来看，读后或是紧张忧虑，或是凝神思考。

在布加勒斯特会议上，伍修权亲历了由于赫鲁晓夫的大国沙文主义霸权行径而导致的中苏两党矛盾公开化、扩大化。时隔半个多月，又亲见了恼羞成怒的赫鲁晓夫所采取的恶化中苏两国关系的严重步骤：7月16日，苏联突然照会中国政府，单方面决定召回遍布中国16个城市、五六百个单位的全部专家计1390名，撤走时还带走了所有图纸、计划和资料，并停止供应中国建设急需的重要设备，大量减少成套设备和各种设备中关键部件的供应，使中国250多个单位处于停顿或半停顿状态。与此同时，苏联撕毁了两国政府签订的12项协定和两国科学院签订的经济援助协议合同等343项，废除了科学技术合作项目257个，其中包括中苏两国国防新技术协定，使得曙光初露的中国航空航天工业处于云遮雾罩之中。

苏联弃盟毁约使中国“三年经济困难”雪上加霜。为了还债，中共中央发出《关于全党大搞对外贸易收购和出口运动的紧急指示》[①]。当时中国工业处在起步阶段，出口创汇主要靠农副产品。在整个国家“揭不开锅”的困境中，1959年全国粮食征购量、出口量竟达到新中国成立以来的最高额，征购674亿公斤，出口41.6亿公斤；1960年征购510.5亿公斤，出口26.5亿公斤，出口量与丰收的1958年相等。[②]

“三年困难时期，因粮食大幅度减产，按保守的估计，因营养不足而死亡约1500万人，成了本世纪中国最悲惨的事件之一……”[③]赫鲁晓夫为逼中国就范而弃盟毁约和中国人民勒紧裤腰带偿还苏联的外债，是这个历史悲剧的成因之一。

---

① 中央文献研究室：《周恩来传》，中央文献出版社2008年版，第1547—1548页。

② 国家统计局：《中国统计年鉴（1983）》，中国统计出版社1983年版，第393、422页。

③ 中国科学院国情分析研究小组：《生存与发展》，科学出版社1989年版，第39页。

四、代表中共中央拜会卡斯特罗

1960 年 8 月，伍修权代表中共中央出席古巴人民社会党（后改名为古巴共产党）第八次代表大会，并应邀与古巴革命领袖卡斯特罗彻夜长谈。

古巴是南北美洲唯一的社会主义国家，加勒比海上的一个岛国。它地处美国的后院，离美国只有 180 海里，一度被美国占领，独立后美国在古巴仍然留有军事基地。卡斯特罗于 1953 年领导了反对巴蒂斯塔独裁政权的 7 月 26 日武装起义，于 1959 年初建立了革命政权，并实行社会主义制度。60 年代，亚非拉地区争取民族独立、解放的斗争风起云涌，中国共产党把支援这些国家的革命视为义不容辞的义务。因此，对加强与拉美各国兄弟党的联系极为重视。

1960 年的 4 月，古巴人民社会党总书记罗加及其夫人应邀来华参加五一国际劳动节的活动。罗加一行到北京后，中联部临时分工由伍修权负责安排并陪同其活动。伍修权和中联部副秘书长李启新等陪同朱德、邓小平、彭真等会见了罗加夫妇。当时正在天津的毛泽东也表示要会见来自古巴的贵宾，邓小平和伍修权陪着罗加夫妇乘火车赶去天津。毛泽东在他乘坐的专列上会见了罗加。会见时，伍修权紧挨着毛泽东，坐在罗加夫妇的对面，参加了宾主双方的友好谈话。更具体的交谈是在陪同罗加夫妇往返天津的途中，邓小平向罗加谈了中国共产党的发展情况和历史经验，中国共产党对国际形势和世界民族革命运动的看法。罗加夫妇访华期间，还在伍修权等陪同下，访问了北京的相关工厂和郊区人民公社，参观了人民大会堂和北京火车站等新建筑，出席了“古巴图片展览”开幕式。“五一”国际劳动节期间，罗加在北京电视台（1978 年更名为中央电视台）发表电视讲话说：“我们每到一地，都看到正在建设新生活的中国人民的快乐心情，看到中国人民关心古巴，支持古巴革命。这使我很受感动，感到像在家里一样。”罗加访华结束前，向邓小平等说，他们将在 8 月召开人民社会党八大，届时将邀请中共代表出席。7 月，中共收到了古巴党的正式请柬。伍修权受命作为中共中央的代表，带领中联部干部陈清海、西班牙语翻译杨恩瑞一起前往古巴。

8 月上旬，伍修权一行三人经苏联到达瑞士，乘荷兰的国际航班前往古巴。同机赴会的还有朝鲜、法国、意大利和东欧几国的兄弟党代表，有的还曾在布加勒斯特会议期间见过。到哈瓦那机场后，伍修权等受到了古巴党和政府的热烈欢迎。他在欢迎的人群中发现了几位中国同胞，一问才知道是新华社记者曾涛等。那时中国与古巴还没有建立外交关系，伍修权到达的两个月前，曾涛等作为新华社驻古巴记者来到哈瓦那，成了来自中国的第一批友好使者。曾涛向伍修权等介绍了古巴各方面的情况，特别是他们正面临的国内外艰难形势。美国对于在自己“后院”冒出来的社会主义国家，当然是不能容忍的，一直在采取各种手段，企图颠覆新生的古巴革命政权，拔掉这个身边的红色据点，从军事上到经济上对古巴实行了严密封锁与扼制，造成了古巴的严重困难。这更激起了卡斯特罗等领导人和人民群众强烈的反美情绪，使他们更坚定地站在社会主义阵营一边，成为当时南北美洲宣布承认中华人民共和国的唯一国家。这次古巴邀请各国兄弟党派代表出席他们的党代会，正是为了向美国显示力量，争取更多的国际支持和援助，进一步扩大其影响。

8 月 16 日，古巴人民社会党八大正式开幕，伍修权和应邀出席的各国兄弟党代表一起登上了大会主席台，见到了传奇式的古巴革命领袖、仍挂着少校军衔的卡斯特罗。罗加向大会作了党的政治报告，表示了坚决反对美帝、坚持民族独立和实行社会主义的决心。大会第二天，伍修权代表中共中央致祝词说，中国共产党和全中国人民，把古巴人民的胜利看作是自己的胜利，将以全力支持古巴的革命和社会主义事业。当时才取得胜利一年多的古巴党和古巴人民群众，革命热情高涨，政治气氛浓郁，他们对于来自遥远东方的中共代表团和所表达的友好感情格外珍惜。在伍修权致词结束时，不仅全场鼓掌欢呼，还齐声高唱《东方红》。伍修权不但从中看到了古巴人民对中国人民及其领袖的真挚感情，也感受到古巴因其特殊处境而与中国共产党在诸多问题上的相通之处。

22 日，即大会结束的当晚，伍修权接到古巴方面的通知，说是卡斯特罗正等着会见他，并马上将他送到了卡斯特罗的办公地点。这位当时才 35 岁的政府总理留着一脸大胡子，穿着一身军装。伍修权带着翻译一到，宾主之间几乎没有什么客套和寒暄，一家人似的马上就坐下交谈起来。伍修权先向卡斯特罗转达了中国领导人对他的问候与祝愿，正想简要介绍中国共产党的情况，卡斯特罗就兴致勃勃地讲开了。他从自己怎样领导武装起义讲起，一直说到斗争的胜利和今后发展的目标。这位古巴领袖以善于发表演说著称，虽然这次只有伍修权和翻译两个听众，仍然滔滔不绝地从上半夜讲到次日凌晨。伍修权从中体会到与志同道合的友人促膝长谈般的亲近感和卡斯特罗渴望被中国共产党和中国人民理解的心态。

辞别卡斯特罗后，伍修权一行又和各国代表团一起去古巴的其他地方参观，从古巴东端一直到最西头的海港圣地亚哥。新华社记者曾涛也和他们同行，一路上了解了许多政治、经济和生产、生活情况。他们看到，主要出产甘蔗的古巴，在美国的封锁包围下失去了原有的市场，只得求助于社会主义阵营各国，以进口大批古巴糖来支持他们，这也是中国 20 世纪 60 年代到处都出售古巴糖的原因。

伍修权和各国的代表们一起，在古巴各地都受到了热情欢迎和盛情款待，当地风光和人民的友好感情，都给他留下了美好的印象。他也用自己的言行，把中国人民的友好之情，如同种子般播撒在加勒比海上的这个神奇的岛国。

五、困难时期与群众共度时艰

与伍修权在中联部共事多年的人都记得，20 世纪 60 年代初中国经济面临严重困难时期，他看到中联部的一些干部和职工由于营养不良而引起浮肿等疾病，心中十分不安，千方百计与群众共度时艰。

伍修权一面用红军长征和延安大生产运动的亲身经历为大家鼓劲提神，增强战胜困难的信心，稳定了民心；一面主持组建生产队伍，建立生产基地，切实改善大家，尤其是困难群众的生活。他通过党委作出决定，中联部的党员领导干部，每年必须完成一个月的劳动日；他建议给体力消耗大的生产人员每天多发二两补助粮，多分一份农副产品。

伍修权在家中更是教育孩子们：毛主席为了和全国人民共渡难关，都不吃肉了，我们也要更自觉地和广大群众一起度过困难。在他的教育下，几个上中学的子女们有一段时间也自觉地到食堂吃饭。

服务人员反映，伍修权家孩子多，正是能吃饭的时候却吃不饱，副食供应又不足，餐桌上几乎每天都是萝卜、大白菜，他自己每顿饭也只吃一个玉米面窝窝头。因此，在研究落实伍修权建议，给重病号和参加劳动的人员增加补助粮和自产农副产品时，有人建议给部领导也适当多提供一份。伍修权听说后当即制止说："越是困难，领导干部就越应带头克服困难，绝不能搞特殊照顾。"

当时中联部办公厅的工作人员为尽可能改善食堂伙食，把部内能利用的空地都种了菜。伍修权的住处四周也不例外，不但空地上种了菜，还养了猪和鸡。负责此项工作的杨茂林见到伍修权时，不好意思地说："伍副部长，我们在你家附近种菜、养猪，施肥的气味和猪叫鸡鸣实在是影响了你们家的正常生活，请你能体谅。"伍修权安慰他说："不要客气，这是特殊情况，搞生产是大事。"

中联部当年的一位年轻的西班牙语翻译赵育霈回忆了给伍修权当翻译留下的印象：他讲话清楚，条理性强，意思明确，一段一段比较短，容易记忆，重要的地方有时还重复一下，她翻译起来就不会太紧张，也比较顺利。有时在宾主谈话的间隙，伍修权还小声提醒她抓紧时间吃点东西。这让她这个面对美味佳肴却经常因专注于口译而填不饱肚子的人真切地感到："伍老具有强烈、牢固的群众观点，心目中时时处处都有群众，尊重、关心、爱护手下工作人员，把他们当作与自己一样平等的同志来对待"。①

① 赵育霈：《伍老敬我一杯酒》，见《历史风云中的一代英杰——伍修权》，当代中国出版社 2008 年版，第 309 页。

第十四章　率团参加东欧四国党代会

一、在保加利亚：不起立、不鼓掌

1962 年 11 月初，伍修权率中共代表团参加保加利亚共产党第八次代表大会。

伍修权担任中共代表团团长，是邓小平点的名。此前，中联部就 1962 年秋到 1963 年初东欧的保加利亚、匈牙利、捷克斯洛伐克和民主德国将相继召开党代会事，于 10 月 13 日给中共中央写了请示报告，对是否派代表团参加，提出了供参考的两种方案：第一方案是都派代表团参加，理由是中国共产党不主动打破先例；第二方案是不派代表团去，只发贺电，理由是赫鲁晓夫会利用这些会议反华，而在作为客人参加他国党代会的礼节性场合很难反击。另外还请示了派哪一级代表团——政治局委员级还是中央委员级等问题。邓小平在该请示件上批示："对四国党代会都派中央委员级代表团，由伍修权、康永和、熊复三人组成代表团参加保大会。"根据这一批示，后来参加东欧四国党代会的中共代表团团长都由伍修权担任，成员除中联部副部长熊复、随团翻译阎明复外，随着到不同的国家而小有变换。

参加保党八大的苏共代表团团长是苏共头号理论家、主管意识形态的苏共中央主席团成员、书记处书记苏斯洛夫。中苏论战中苏方的一系列文件、文章大都是在他主持下写出来的。面对这样的对手，伍修权预感到必有一场较量。不出所料，保共八大一开始就"黑云压城"。刚刚在莫斯科听赫鲁晓夫面授机宜归来的保共中央总书记日夫科夫的政治报告和苏斯洛夫的祝词讲话，都沿袭了苏共二十二大的"论战传统"，对未被邀请的阿尔巴尼亚党发起了攻击，对中国共产党则用比较隐晦的语言进行指责。这种情况早在预料之中，代表团出发前，邓小平指示，要准备他们像苏共二十二大那样反阿尔巴尼亚，所以要准备一段话表明中国共产党的态度，但本着不主动挑起争论的精神，对苏共的方针路线及追随他们的保共不作直接批评，而是对保共和大会做一般性、礼节性的祝贺。不过，事态的发展并不以中共代表团的愿望为转移，在苏共代表团的策划下，保共代表和来自 64 个共产党和工人党的代表团，多半在发言或致词中与保共和苏共相唱和。

大会开幕的第四天，即 8 日上午，伍修权才被安排在大会上致词并宣读中共中央的贺电。致词强调指出："令人感到十分遗憾的是，在你们党的这次代表

1962 年秋到 1963 年初伍修权率团出席东欧四国党代会。图为伍修权（左二）与中共代表团部分成员合影（左三为熊复）

大会上，我们听到了片面无理地指责阿尔巴尼亚劳动党的言论。我们认为，在我们需要加倍努力维护我们社会主义阵营和国际共产主义运动的团结的时候，一个党竟然在自己的代表大会上公开攻击另一个兄弟党，这样重复破坏无产阶级国际团结的恶劣做法，从根本上违反了马克思列宁主义和无产阶级国际主义原则，违反了《莫斯科宣言》和《莫斯科声明》所规定的关于兄弟党、兄弟国家相互关系的准则，决不是马克思列宁主义的郑重态度。这种做法，是只能叫我们的共同敌人帝国主义高兴的。我们诚挚地希望，大家以团结为重，有争执和分歧的各兄弟党、兄弟国家，本着无产阶级国际主义精神和互相尊重独立和平等的原则，通过协商来解决相互之间的一切问题。不管是为了一个党的利益，还是为了各兄弟党的共同利益；不管是为了今天的利益，还是为了长远的利益，我们都没有任何理由不团结起来。”

大概是出于礼貌，伍修权致词前后，会场上照样全体起立并鼓掌。而伍修权要求中共代表团成员，对攻击中国共产党和阿党的发言、致词，或在重大问题上有原则分歧的讲话，在全场照例起立鼓掌时来个冷处理——不起立、不鼓掌，以表示中国共产党的立场。坐在主席台上的伍修权，从同声翻译中能在第一时间听到每个人的讲话内容并视情而动，代表团的其他成员则与团长采取一致行动。例如苏斯洛夫致词时，开始讲话前，出于礼貌，中共代表团也起立鼓掌。而当他致词完毕后，由于他在讲话中攻击了阿党，当全场再次起立鼓掌时，中共代表团全体成员就故意稳坐不动。伍修权虽同他并肩坐着，但始终坚持避而不谈的态度。伍修权和中共代表团的表现，不但使苏斯洛夫十分尴尬，也使大会主持者相当难堪。

但也有兄弟党的代表表示赞赏，认为这种冷处理是有分寸、有水平、讲原则的。

保共八大从 11 月 5 日开到 14 日。开幕式的当天下午，伍修权率代表团全体成员，在中国驻保加利亚大使谢邦治和保共中央委员久罗夫的陪同下，向保加利亚人民的伟大领袖和导师、国际共产主义运动和工人运动杰出的活动家季米特洛夫墓献了花圈。花圈上写着：献给伟大的马克思列宁主义者季米特洛夫同志。会议过程中，伍修权等中共代表团成员与保共领导只在会后有一次单独接触。根据国内指示，伍修权针对日夫科夫在报告中讲到中印边界冲突时偏袒印度、责备中国的言词，阐述了中印边境冲突的真相和中国共产党的原则立场，希望他们不要轻信西方国家以及苏联在此问题上的歪曲宣传，以中国的正式报道为准。

大会闭幕第二天，伍修权等离开索菲亚，结束了东欧四国之行第一站的全部活动。

二、在匈牙利：以祝酒词发布声明

伍修权率中共代表团参加东欧四国党代会的第二站是匈牙利。他们 11 月 18 日飞抵布达佩斯，参加 11 月 20 日开幕的匈牙利社会主义工人党第八次代表大会。

苏共代表团团长是苏共中央政治局委员、书记处书记库西宁。他曾是共产国际的领导人之一，也是苏共中央的资深领导人之一。正因为他资格比较老，不像苏共其他领导人那样锋芒毕露。

会议一开始，大会主持者宣布了一项规定，全体代表和主席台上的领导人与外宾等，在会议中对任何报告、发言和祝词，一律只鼓掌而不必起立。伍修权一听就明白，这是避免出现中共代表团不起立尴尬局面的应对举措。

赴会之前，中共中央指示，鉴于保党大会的经验，代表团在致词中要有充分准备，不仅要回答反阿，而且要回答反华。果然不出所料，会议一开始，在匈党第一书记卡达尔的政治报告和库西宁等外国党的致词及发言中，都对中国共产党和阿党进行了攻击。伍修权在 21 日的致词中，除对匈党作了一般性的祝贺外，对于他们大会上出现的反华、反阿言论，再次表示了遗憾，并在致词中强调说："每一个社会主义国家、每一个马克思列宁主义政党都是独立的、平等的，同时它们在建设社会主义和共产主义的事业中，在反对帝国主义侵略和维护世界和平的斗争中，又是互相援助，互相支持，互相合作的。如果兄弟党之间有不同的意见，应当通过平等协商的途径求得解决，不应当把一个党的意志强加于另一个兄弟党，不应当干涉兄弟党的内部事务，更不应当在自己的代表大会上公开地片面地攻击另一个兄弟党。不幸的是，你们的代表大会又一次重复这种破坏无产阶级国际团结的作法……为了保护和加强社会主义阵营的伟大团结和国际共产主义运动的伟大团结，中国共产党人将继续竭尽自己的一切努力。"

大会仍按苏共的既定方针，不仅对中国共产党和阿党的攻击有增无减，并且调子越来越高。由于大会规定不必起立，中共代表团少了一个表达不同态度的方式。不过并未规定不鼓掌，所以中共代表团成员就在别人照例大鼓其掌时，对攻击中国共产党和阿党的言论，态度严峻地端坐不动，以不鼓掌表示了中共代表团的态度。

大会结束时，预定有一个庆祝宴会，邀请各国代表团赴宴并致祝酒词。匈党政治局委员、中央书记处书记内梅什当天上午来问伍修权，中共代表团在宴会上讲不讲话，伍修权说下午再定。中午收到中共中央的复电，对代表团下一步的行动，作了明确指示，要他们利用时机发表一个声明，以表明中国共产党的立场，回答来自各方的攻击，回电还附来国内拟好的声明稿。伍修权马上向匈党负责人表示，中共代表团要在宴会上讲话。代表团和大使馆的人员一起，迅速将国内发来的声明稿，改为祝酒词的口气，译成匈牙利文和俄文，准备在当晚的宴会上散发。

伍修权考虑到，声明稿内容较多、篇幅较长，如果讲一遍再译一遍，很可能会被苏共代表或宴会主持者打断而不能讲完。他灵机一动，轮到他祝酒时，只讲了一个开场白，然后说，为了不过多地占用宴会的时间，祝酒词全文请翻译代读。翻译一口气念完了全稿，代表团的其他成员当场散发了声明的匈文、俄文稿。对于苏联代表团和跟着其指挥棒转的与会者来说，这个声明是出乎意料的，直到听完了才发现它实际上是中国共产党的一个公开声明，却以这样的方式出现，使得他们措手不及，匈牙利党的领导人似乎不知所措。苏共代表团同匈牙利领导人匆匆商量之后，拉出一个很听苏共话的拉美某党的代表，宣称代表参加宴会的各兄弟党代表团，对中共代表团刚才的祝酒词来了一通反驳和回击。卡达尔也以极不愉快的神情对伍修权说："我们真是没有想到，中国同志会有这么一个讲话，对于你们的这种做法，我们只能表示遗憾。"

中共代表团的任务已经完成，目的也已达到，无须在此多加逗留。伍修权便对卡达尔说："我明白你的意思，今晚的招待会，我们就不能参加到底了，现在就向你告辞。"说完就带着中共代表团人员离开了宴会厅。

三、在捷克斯洛伐克：与勃列日涅夫等斗智

伍修权率中共代表团参加东欧四国党代会的第三站是捷克斯洛伐克。捷共的十二大预定在 12 月 4 日开幕，与匈党大会闭幕只隔几天。伍修权一行未回国，而是就近坐火车去了波兰，稍事休整，准备再战。

11 月 28 日，伍修权从华沙电告国内"对捷党代会情况的估计"：

> 从保、匈两党大会情况看来，赫集团必将继续利用捷党大会攻阿反华。他们一而再、再而三地这样做，显然是集团反华大阴谋的一种有计划的部署，值得我们严重警惕。

从捷党方面来看……将出现攻阿反华的新浪潮。

……代表团准备应付最恶劣的情况。

11月30日，中联部电告伍修权中央对拟在捷共大会上宣读的贺词、贺电的修改、批注情况。对贺词中有一段的批注是："这一段要看捷报告的调子，再作修改。"

12月3日，伍修权一行到达布拉格。苏共带队的是勃列日涅夫，他当时已是苏共中央举足轻重的人物，带着苏共中央国际部的大批人马来到布拉格。在捷共党代会会场内外，苏共代表团的人在各国代表团中来回串联。伍修权预感到一场更严酷的交锋不可避免。

捷共十二大开幕第一天，捷共中央第一书记诺沃提尼作政治报告，第一个猛烈攻击阿党及其"支持者"。紧接着，勃列日涅夫的致词中更大肆指责阿党和"自称马克思主义者的人"。勃列日涅夫说："苏联政府和我们的党，采取了既是列宁主义式地坚定的、也是列宁主义式地灵活的行动，同时表现了最大程度的谨慎，胜利地完成了所提出的任务。在同美国政府的明智的妥协基础上，古巴危机得到了解决。"对自己歌功颂德之后，他话锋一转直指中国共产党："……奇怪的是，有这样一种人，他们自称为马克思主义者，但同时又为没有经过战争冲突使古巴革命得以保全而明显地感到遗憾……依照他们的观点，使古巴遭受美国武器的打击和把社会主义阵营的所有国家及全世界都拖入热核战争的烈火中，是对古巴的最好的帮助。"在勃列日涅夫的带头和发动下，以后的发言和致词几乎都少不了对中阿两党的攻击。

中共代表团当即把围攻加剧的新情况报告国内。12月5日，即捷共安排伍修权致词的当天凌晨，中共中央给伍修权发来关于参加捷共大会的斗争方针指示电，提出三种情况下的应对策略和致词增删问题。紧接着又追发一电复示："在我发言后，如出现对我围攻，同意酒会时予以回击。祝酒词由代表团自行酌定。"代表团当即根据指示对发言稿做了修改补充。当伍修权致词，对捷共党代会又一次重复了破坏无产阶级国际团结的做法表示极大的遗憾时，台下此起彼伏地发出了极不友好的嘘声，接着又拍桌子、又跺地板，想用起哄来阻挠伍修权的发言。稿子还没有念完，如果中断就等于认输。面对如此恶劣的场面，伍修权泰然自若，用更响亮的声音读完了全文，其中包括中国共产党对古巴危机的立场，然后镇定自若地走下讲台。在此之前，有的发言在攻击中国共产党时，还用一点隐晦的语言或采取不直接点名的办法，至此就什么都不顾了，指名道姓地攻击中国共产党，情况比前两国的党代会严重得多。

代表团当即针对这一严重情况商量对策并电告中共中央。他们本打算套用在匈牙利的成功经验，中共中央复示中也已同意在酒会时予以回击，但是一个如同交战中获取的即时情报一样的新信息，使代表团改变了原定行动方案。就在伍修权致词的5日深夜12点，代表团给国内发回特急的"最后行动方案请示电"：对当日凌晨“同意酒会时予以回击”的复示提出：“捷党中央曾作出在酒会上不作祝酒讲话的决定。最近两年，捷方国庆酒会和招待外国贵宾酒会，概未作祝酒讲话。估计捷党预定 8 日招待兄弟党代表的午宴，也将避免进行祝酒讲话。尤其在匈党酒会之后有了戒心，更会如此。这样，我们将失去在酒会上讲话反击的机会。”伍修权还考虑到，苏共和捷共不可能再给中共代表团以新的发言机会。他想到了几年前参加布加勒斯特会议的做法，决定将声明以书面形式发表，并且在请示电中提出了以情况的变化为转移的三种应对策略。其中之二是：“散发声明的方式，拟采取正当途径，送至捷方大会主席团……”接到代表团的报告后，因毛泽东离京在南方视察，刘少奇在 12 月 7 日上午主持中共中央政治局常委会议进行讨论。大家一致认为，东欧几个党的代表大会反阿反华的情况越来越严重，我们应当采取进一步的措施。会议决定由中共代表团发表一个特别声明。会上，邓小平指示工作小组起草一个电报，把中共中央的指示告诉代表团，同时起草一个特别声明一并发到布拉格。工作小组当即起草了这两份文稿，连夜送邓小平并呈刘少奇、周恩来签发，这就是 12 月 7 日《中央关于我参加捷共大会的代表团发表声明问题给伍修权的指示电》。“指示电”规定了以情况的变化为转移的四种声明发表方式，其中之二是：“如无祝酒机会，可将声明交大会主席团，要求转大会并发给所有到会的兄弟党代表。”

收到中共中央指示电已是 8 日凌晨，离大会闭幕只有几个钟头了。代表团全体人员立即进入临战状态，在中国驻捷使馆人员的协助下，把《中国共产党代表团的声明》译成捷、俄两种文字，连同中文一起打印出来，按照代表团的数量，一份份装好，在上午的闭幕式上带进会场。在主席台上的伍修权，将几十份声明文件当众交给了正主持大会的捷共领导人亨德里赫，请会议执行主席将中共代表团的文件作为会议文件散发给各国代表团。因为勃列日涅夫就坐在邻座，伍修权就先给他递过去一份，亨德里赫也向在作大会总结讲话的诺沃提尼递过去一份。诺沃提尼说得正起劲，亨德里赫递给他中国共产党的声明。因事出突然，他对文件瞄了几眼，未及细想，就中断了讲话，很不高兴地说，中共代表团送来了一份声明，要他们转发给各兄弟党，现在他先把这个声明念给大家听一听。伍修权见诺沃提尼从头到尾读了起来，不由暗自高兴，事后说：“他自以为表示了‘气愤’，其实是给我们做了义务宣传，对此我们只能向他表示感谢。”①

诺沃提尼读完中共代表团的声明，才发现自己干了一件蠢事，使伍修权借他的口，对自己和苏共作了一次反击，勃列日涅夫也相当狼狈。上午会议结束时，诺沃提尼带着捷共中央的国际部长，抱着一包没有发出去的中国共产党的声明，匆匆来到伍修权面前，生气地说：“我们没有义务替你们转发什么声明，你们要发就自己送给每一个代表团去。”伍修权把文件接过来，很有礼貌地说：“诺沃提尼同志刚才说，你们不能为我们转发我党的声明，并说我们可以直接送发各兄弟

① 《伍修权回忆录》，中国青年出版社 2009 年版，第 264 页。

党代表团，请问是这样吗？”[①] 伍修权的这几句外交辞令，又将了诺沃提尼一军，他只得表示认可，结果把在他们大会上散发文件的权利交给了中共代表团。伍修权马上给代表团的人员作了分工，让大家下午提前赶到会场，在会议入场时将声明稿发出去。上午开会时诺沃提尼念过一遍，有的人没听清，正好又给了他们一份书面的，都很好奇地接了过去。有的外国代表已经走了过去，还回头来要一份，好仔细看看中共代表团到底说了些什么。散发声明意外地顺利。

果然不出代表团所料，为了不再给中共代表团提供发言反击的机会，会后没有举行全体与会人员的宴会，只分别举行小型午宴招待各国代表团。出面招待中共代表团的是捷共中央国际部长和一个中央委员，一见面就向伍修权递交了一份文件，请他带回转交中共中央。伍修权接过一看，是诺沃提尼在大会做的总结报告中攻击中国共产党的部分。伍修权一边说将尊重贵方的要求，把文件转交给中共中央，一边想应该“礼尚往来”，也给对方一份材料，让他们再为中共代表团服务一下，便拿出带在身边的一些关于中印边境冲突的宣传材料，郑重其事地向对方说，中共代表团也有一些文件资料，要请他们交给捷共中央。对方见伍修权已经接受了他们的文件，也不得不接受了中共代表团的文件。

午宴开始后，双方就中苏两党和国际共运的分歧问题展开了争论，从中午12 点半一直舌战到下午 5 点半。这顿马拉松式的辩论午餐，也算是伍修权与捷共方面的告别仪式。第二天，即 12 月 11 日，中共代表团离开了布拉格。

四、在民主德国：揭露赫鲁晓夫的假团结

东欧四国党代会的最后一家是德国统一社会党第六次代表大会，也是中共代表团东欧之行斗争的“压轴戏”。会前，中共中央已经得到消息，苏共代表团将由赫鲁晓夫亲自出马，其代表团阵容也更为庞大，预计斗争将更为激烈。

研究这一情况时，伍修权向邓小平提出，中共代表团团长一职，是不是改派一位地位和威望更高的中央领导担任，使中共代表团在规格和影响上能与苏共相当。邓小平听后略一思考表示：“我们不能跟着苏共跑，他们变我们不变。中共代表团不必换将，对东欧几国一视同仁，都由你伍修权带队去。”

1963 年 1 月 13 日，中共代表团到达民主德国首都。1945 年苏、美、英、法同盟国军队战胜“二战”的罪魁祸首希特勒后，将德国及其首都柏林一分为四。其中四分之一强为苏占区，即后来的德意志民主共和国，定都东柏林，简称民主德国。美、英、法三国占区则合为德意志联邦共和国，首都设在德国西部的波恩，但在西柏林驻有重兵，简称联邦德国。这使民主德国和东柏林一直处于两大阵营面对面斗争的最前线，苏联也在这里驻扎了大量军队，使民主德国的党和政府实际上处于苏联直接的军事、政治控制之下，处处都得按苏共的旨意行事。赫

① 《伍修权回忆录》，中国青年出版社 2009 年版，第 265 页。

鲁晓夫一行 1 月 14 日飞抵东柏林后，就部署、采取了一系列对付中国的新动作、新举措。

民主德国党代会于 1 月 15 日开幕，有 66 个兄弟党派代表团参加大会。大会开始前宣布了一项新规定：在会上致祝词的，只限于由兄弟党第一书记等主要领导人率领的代表团，以非主要领导人为团长的各党代表团，只按地区分别挑选一个代表致词。接着宣布了作为地区代表发言的党，如日共代表亚洲各党、古巴党代表拉丁美洲各党。还假惺惺地表示，凡是未能在大会致词的外国党代表团，可将祝词交会议主持者，以书面形式发表。伍修权一听，就知道这主要还是冲着中共代表团来的，所谓按地区推选致词代表，不便明说的条件显然是按苏共的意图说话的。原来，在保、匈、捷三国党代会上，苏共及其追随者未能完全控制和操纵各国代表团的发言。赫鲁晓夫不允许再发生这样的情况，就由民主德国党出面作出上述规定，以完全剥夺中共代表团等唱反调的机会。各代表团议论纷纷，认为此举太过分了，不应该剥夺苏共的主要“对立面”中共的发言权。针对这些议论，苏、德两党密议后又追加一条补充规定：原规定不包括中、捷两党。因为捷共中央第一书记诺沃提尼也未亲率代表团赴德，少了捷共代表团发言，就少了一员攻击中阿的大将。这一规定使民主德国党代会一开始就笼罩着很不正常的气氛，伍修权深感赫鲁晓夫操纵着那里的一切活动。

不出所料，民主德国党中央第一书记乌布利希不仅在政治报告中带头攻击中国共产党，而且攻击范围比以往更为扩大，措词更尖刻，上纲也更高。更使伍修权感到意外的是，乌布利希竟在报告中公然干涉中国内政，肆无忌惮地批评中国共产党的内外政策，说是中国未遵守和平共处原则而引起了中印边境冲突。伍修权明白，民主德国在党代会上大讲这件与会议主题没有任何关系的事，显然是赫鲁晓夫的授意。国内获悉代表团发回的上述情况后，于 1 月 16 日 24 时发出《中央关于在贺词中增加一段中印边界问题的内容给伍修权的指示电》：“鉴于乌布利希报告中，对中印边界问题上向我提出了新的攻击，中央决定在你的贺词中加上一段给予回答。”

在乌布利希政治报告之后第一个致词的赫鲁晓夫，在长达两小时又三刻钟的致词中肆无忌惮地攻击中阿之后，却摆出一副和解的姿态，话题一转称：建议从现在起停止各党之间的公开论战，不再在自己党内批评别国兄弟党，并要求最早受到攻击的阿尔巴尼亚劳动党“放弃自己的错误观点”，回到以苏联为首的社会主义大家庭中来。这一手比直接剥夺话语权的新规定更为阴损：既要阿党向他们认罪，又要堵住对方的口，使中共代表团有了发言权也不便反驳，否则就将破坏团结、加剧冲突的责任推到中国共产党一方，他们反而成了团结的倡导者。为了支持和配合赫鲁晓夫的新倡议，民主德国党的中央联络部部长约见伍修权，吹嘘赫鲁晓夫和解建议的正确性与必要性，表示他们将坚决拥护、全力支持，要求中共代表团响应苏共的建议。伍修权指出，问题是苏共首先攻击了中阿两党，被攻击者有理由作出回答。对方则说，谁先攻击谁，现在不必再去追究，既然苏共提出了温和的解决办法，就应该先停止争论。还说，现在苏共已经表示要和解，就看中国共产党采取什么态度，要听听中共代表团将讲些什么。伍修权心想，他们这是企图将我们的军，束缚住我们手脚后听任苏共摆布，我们当然不能中他们的圈套。伍修权等人还发现，一些跟着苏共跑的党的代表团人员，也在会上、会下不断在各国代表团中来回串联，宣称赫鲁晓夫的讲话是“和解的、温和的、可以接受的”，拉拢人们支持赫鲁晓夫，孤立中国共产党。中共代表团研究了这些情况，认为赫鲁晓夫的和解建议虽然只是个烟幕，但迷惑了不少人。只有进一步揭穿苏共借团结之名、行分裂之实的企图，提醒人们对赫鲁晓夫那一套，要听其言，更要观其行，才能宣传中国共产党的主张，扩大中国共产党的影响，使一时受苏联团结假象迷惑的兄弟党理解和赞同中国共产党的原则立场。

伍修权当即将赫鲁晓夫玩的新花样及民主德国党与之配合的新情况报告国内，并建议集中回答赫鲁晓夫的所谓新倡议：“我们经过讨论后，认为德党大会在赫发言后，中心问题是围绕赫提出的停止公开争论而发生争夺团结旗帜问题。”“我们认为，赫此次讲话，大抓团结旗帜，未指名攻击我党，提出停止公开论战，具有两面性。一方面，表明赫集团的虚弱性，感到当前的公开争论对修正主义的统治不利，同时还不敢在目前就在中苏关系上走公开破裂的一步。另一方面，又表明赫集团采取了狡猾的迂回的策略，企图以团结旗帜争取中间派、迷惑左派，以此进一步孤立我党，准备将来公开破裂时把责任推到我党身上。赫的这一行动，是在赫集团及其一伙至今继续大规模攻击我党的背景下采取的，值得充分注意。”电报针对“许多中间性的党都有强烈的团结愿望，左派各党中也有不少人担心破裂”的判断，提出“看来需要在致词中，就停止公开争论问题做原则性的回答，以更高地举起团结旗帜”。随后又发回了拟在致词中增加的一段文字：“中国共产党从来就主张通过内部协商来解决兄弟国家、兄弟党之间的问题，从来就反对把兄弟国家、兄弟党之间的分歧公开在敌人面前。在提出召开各国共产党和工人党代表会议的当时，我们就指出……彼此有争执的兄弟国家、兄弟党采取有利于改善气氛、恢复团结的步骤，包括有关兄弟党之间举行双边或者多边的会谈，在报刊上停止互相攻击，是有必要的。可惜的是，我们的呼吁没有达到阻止把分歧公开化和扩大化的效果。很明显，现在，要达到这一点，有赖于各国共产党人共同努力，尤其是有赖于那些首先进行片面攻击的党采取主动。”

收到代表团改变突破口的建议电后，刘少奇当即于 1 月 17 日召集中共中央政治局会议。会上，大家一致认为，要根据上述情况修改代表团的致词，主张真团结，反对假团结，揭开赫鲁晓夫所谓停止公开论战的真面目。同一天，中共代表团收到中央的复电和对民主德国六大致词的审定稿。预定第二天上午致词，代表团又是马上全体动员，高速运转，将祝词稿翻译、打印出来，打算在发言的同时，仍以书面形式散发出去。中国驻民主德国使馆的人员、新华社驻东柏林记者及一些中国留学生也投入了这项工作。

18 日，伍修权致词并宣读中共中央的贺电时，竟发现赫鲁晓夫没有到场。

伍修权来不及多想，走上讲台，针对赫鲁晓夫做出的“和解”姿态指出，各国兄弟党是应该加强团结，以平等协商方式来消除分歧，但是不能搞假团结真分裂，对于所谓“和解”建议，要听其言更要观其行。就在这次大会上，仍然有人一如既往地利用一国党代会，来攻击另一国党，中国共产党不得不再次对此表示极大遗憾。伍修权的话锋虽直指赫鲁晓夫，但也批评了主持大会的乌布利希，因为正是他在这次大会上与赫鲁晓夫合演了双簧，在“叫停”论争，抢占团结制高点之前点名攻击了中国共产党。客人当面指责主人，主人当然难以容忍，当天会议的执行主席是柏林市委书记维尔纳，他向伍修权摇铃，企图打断他的致词，制止他对本党领导人的批评。台下的代表们也应声而起，发出嘘声，比在捷共大会上闹场更凶，不只有人拍桌子、跺地板，还有人吹起了刺耳的口哨，使会场变成了喧嚣的角力场。伍修权的致词被打断了，他冷静地看着眼前这场闹剧。他发现，这场闹剧显然是事先组织好的，大会执行主席在台上摇铃就是号令，坐在台下的代表们随着铃声行动。伍修权又发现，台下会场中心位置上坐着的，大都是民主德国党的高级干部和中央委员们，主席台上一有号令他们就马上响应，闹得最厉害，坐在后排和两侧位置上的人，看来是一般代表和一些列席旁听者，就不如他们那样闹得起劲，有的人甚至持冷眼旁观的态度。这使伍修权心里有了底。他想，自己正代表着一个伟大的党，执行着自己领袖的指示，作为一个客人来到这里，主人不能也不应该对自己无礼。因此，伍修权像毛泽东在《西江月·井冈山》词中所说“我自岿然不动”，硬着头皮顶住了。当持续了几分钟的喧闹停息后，伍修权立即继续发言，并离开讲稿临时加了一句话：“你们这样做很好，这就使我看到了你们德国同志的‘文明’。”[①] 在大会上做同声翻译的德国人有意不译这句话，正好在那里担任口译的中国翻译梅兆荣立即抓起话筒，用德语补译出去，主席台上的民主德国党领导人听了面面相觑，不得不“文明”地听中共代表继续发言。

此时的伍修权，并不知道台下的大会代表中还有一位老熟人李德。这时他早已恢复了奥托·布劳恩的原名，并作为民主德国党员代表参加了党代会。伍修权与李德已经阔别24年了。那是1939年8月底，李德奉命回共产国际述职。这天正巧有一架飞机送骑马摔伤胳膊的周恩来去苏联治疗，便让李德搭机前往。飞机途经兰州暂停，时任兰州八办处长的伍修权为周恩来等送行时也与李德话别。回到莫斯科后，等待李德的是共产国际监察委员会的审查。李德作检查中承认自己在华期间给中国革命造成了巨大损失，共产国际监委会对李德的处理决定是：有错误，免予处分。理由是：李德的错误在于不了解中国的情况，出了一些错误的主意。中国共产党是一个独立的党，对于李德的意见可以采纳，也可以不采纳。李德的错误意见被采纳，这个责任应由中共中央负责。这个处理决定与中国工农红军遭受的惨重损失相比，太过轻描淡写，理由却拿得到桌面上来：共产国际同意李德担任顾问时的定位就是“作为没有指示权力的顾问，受支配于中国共产党

①《伍修权回忆录》，中国青年出版社2009年版，第270页。

中央委员会”。但从此以后，共产国际再没有重用他。

民主德国党代会闭幕时，当乌布利希陪赫鲁晓夫等人一起进入会场，全场照例起立鼓掌表示欢迎时，伍修权故意冷眼旁观，视若无睹；当乌布利希致闭幕词时，他和中共代表团的其他成员依然不动声色。中共代表团没有出席民主德国党22日的招待宴会就回国了。

五、邻邦友党的声援与毛泽东的称赞

在东欧四国党代会上，虽然对中国共产党的围攻愈演愈烈，但赫鲁晓夫集团像在布加勒斯特会议上一样，未能一手遮天。与他们导演的反华闹剧唱对台戏的，不但有中国友好邻邦的兄弟党，还有属于苏联“卫星国”的东欧党。

在东欧四国党代会期间，朝鲜党旗帜鲜明地站在中国一边，支持中国共产党的立场和观点。在捷共党代会上，朝鲜党不仅没有跟着攻击中国共产党，反而对中国革命和中国共产党做了实事求是的赞扬，不支持在某一国的党代会上攻击另一个兄弟党的做法。其代表团团长李周渊说：“某些同志片面地指责中国共产党和中国人民，不能把这看作是同志式的态度。这必将削弱我们的团结和大大损害工人阶级的共同事业。”他还说：“如果对苏共的态度是衡量一个党的国际主义的话，同样，对中共的态度也是衡量一个党的国际主义的。”

越南劳动党把与中国“同志加兄弟”之情体现在行动中。参加匈牙利党代会的越共代表团团长黄文欢，当中国共产党受到苏共及其他代表围攻时，总是同情中国一方。有时因为种种现实考虑而不便公开站出来说公道话，就悄悄来中共代表团住处看望伍修权。因为没有邀请阿尔巴尼亚党来参加大会，黄文欢还和伍修权一起去阿驻匈大使馆，看望受到缺席围攻的阿党人员，对他们表示关切并通报相关情况。

在参加东欧四国党代会期间，伍修权发现，由于苏共和东道国做得太过分，引起不少兄弟党代表的忧虑和反感。有的代表虽然有一些迎合苏共的言论，在正式发表的讲话中却删去了在大会致词时批评中国共产党的部分。这表明他们不愿将自己有损于兄弟党团结的言论记录在案。在会议休息室里，在中共代表团下榻之处，都有他们的身影，或围坐交谈，或交换信息，或出谋划策，表明了他们党维护团结、反对分裂的立场。

在属于苏联传统势力范围的东欧，除南斯拉夫、阿尔巴尼亚之外，罗马尼亚党也与苏联渐行渐远。在布加勒斯特会议上，罗马尼亚党作为东道国，不得不遵从苏共“老子党”的旨意，参加并提供了围攻中国共产党的“战场”。但是他们对赫鲁晓夫集团以势压人、干涉各兄弟党和兄弟国家内部事务的霸道作风，同样有切肤之痛。这种一切都得服从苏联一党一国意志和利益的做法，也伤害了罗马尼亚人民的民族自尊心。东欧四国党代会期间及其后，罗马尼亚驻华大使在与伍修权的交谈中，已有向中国共产党示好的明显迹象。

1979 年，伍修权等会见来华的越南共产党创始人之一黄文欢（左起：蒋光化、吴学谦、伍修权、黄文欢、区唐亮、乔石、黄群）

即使在由赫鲁晓夫坐镇指挥的民主德国党代会上，也并不是所有的兄弟党都跟着他们一起反华，发言的调子也不尽相同。伍修权致词以后，赫鲁晓夫等人曾经召集几个党的代表团，秘密开会商讨对策，他们的人员也在会场上进进出出，频繁串联，企图组织一场更凶的反击和围攻，但收效甚微。有的只是影射几句，连中国共产党的名字也没有提；有的应付性地作了"劝告"。更能说明问题的是民主德国民众的反应。中共代表团散发致词的德文译本时，有的德国人主动到中国大使馆要祝词书面稿，有人看了当场就表示赞同。有几名中国留德学习冶金专业的青年人反映，指导他们的一位德国老教授，特地请他们聚餐交谈，对中国共产党表示同情和支持。

1962 年底，伍修权率团从捷克斯洛伐克回到北京后，征尘未洗，就接到立即赶赴杭州的通知，正在杭州的毛泽东要当面听取东欧三国党代会的情况汇报。伍修权和代表团成员当面向毛泽东详细报告了参加保、匈、捷三国党代会的情况。毛泽东饶有兴味地听着，不时询问一些问题，听完汇报后对伍修权说："嗯，你们干得还可以。"当时适逢毛泽东 69 岁诞辰前夕，他有感于国际风云的突变和伍修权等冷静应对寒流，认真执行中央指示，于 12 月 26 日诞辰那天，抒写了大气磅礴的《七律·冬云》：

雪压冬云白絮飞，万花纷谢一时稀。
高天滚滚寒流急，大地微微暖气吹。

独有英雄驱虎豹，更无豪杰怕熊罴。
梅花欢喜漫天雪，冻死苍蝇未足奇。

1963年1月底，伍修权率团从民主德国回到北京，按照惯例，对连续几个月在国际共运中的斗争进行总结。在向中共中央汇报时，毛泽东对他们的活动又一次表示了肯定，并于2月份在北京召开中央工作会议，总结前一时期的斗争情况，确定下一阶段斗争的方针策略。会议强调："在重大原则问题上，在马克思列宁主义基本原理上，是不能让步的，在关系到我国国家主权的问题上，更是不能让步的。"与此同时，中共中央决定成立一个反修文章起草小组，直属中央政治局领导，一场持续达十年之久的关于国际共运的公开论战全面展开了。

伍修权也是反修文章起草小组成员，并作为中国共产党的代表，坚守在这场国际纷争的一线阵地上。正如他在回忆录中所说："在特定的历史条件和具体情况下，我们当时尽了自己的党员义务和代表职责，努力维护着党和国家的尊严。在一个历史时期之后，再来回顾这段历史，确有经验教训可以吸取，但是有一点是很清楚的，就是我们党同苏共当年的争论不是我们挑起的，把两党之间的分歧扩大到国家关系上和国际范围内，更不是我们党的责任。我们党遵循着坚持团结、坚持原则、求同存异、后发制人的方针，现在看来还是正确的。"①

在这场国际纷争的一线阵地上，"努力维护着党和国家的尊严"的伍修权，既要在"很难反击"的情况下应对赫鲁晓夫组织的"围攻"，又不能不顾及社会主义阵营的团结这个大局。这就特别需要把原则性与灵活性融为一体的高超斗争艺术。曾任中联部副部长的李北海对此有这样的评价："许多人只知道伍修权在联合国讲台上光辉的一面，却不了解他在国际共运中光彩的一面。在我党几次参加的各国共产党的代表大会中，伍修权不是团长，就是主要成员，在代表团中起到重要作用。他在国际共运中应对各种突发情况的智慧，运用自如，炉火纯青，达到了相当高的境界。"

① 《伍修权回忆录》，中国青年出版社2009年版，第271页。

第十五章　在国内外政治风云加剧中

一、参加1963年的中苏两党莫斯科会谈

1963 年 7 月 5 日，由邓小平、彭真为正、副团长，康生、杨尚昆、刘宁一、伍修权、时任驻苏大使潘自力和中央“反修”写作班子中的姚溱、王力等人为成员的中共代表团离京飞赴莫斯科。

这是伍修权继 1960 年 9 月之后又一次参加中苏两党莫斯科会谈，也是中国共产党派代表团继出席 1960 年 10 月在莫斯科召开的二十六国共产党和工人党声明起草委员会会议、11 月八十一国兄弟党莫斯科会议、1961 年 10 月苏共二十二大之后，再一次为化解国际共运中的分歧，避免中苏关系公开而彻底的分裂所作的又一次努力。

飞机早上 7 点 30 分起飞，为了给代表团壮行，中共中央领导人除毛泽东外一个不少地赶到了机场，为代表团送行的还有代表团成员的亲属和几个兄弟国家的驻华使节。刘少奇、周恩来、朱德和董必武等将代表团全体人员一直送到舷梯下，才一一握手告别。这既表明中共中央对这次中苏会谈的重视，也显示了中国共产党在这场斗争中的决心和信心。中共代表团当日下午抵达莫斯科，在机场迎接的是苏共中央参加这次会谈的全体人员，他们是伍修权等早已打过交道的苏斯洛夫、格里申、安德罗波夫、伊利切夫、波诺马廖夫、萨丘科夫和时任苏联驻华大使契尔沃年科，其中大多是苏共中央主席团成员和书记处书记。

可是在围绕当年 3 月 30 日苏共中央给中共中央的来信和 6 月 14 日中共中央就此公开发表的复信[①]，闹到中方提出强烈抗议、苏方驱逐中国驻苏使馆人员的背景下，这次会谈如同西方新闻媒体形容的，是一场“聋子对话”：每次会谈都是你讲你的，我讲我的。起先中共代表团发言时，常常被苏共代表团的人打断。邓小平提出，双方达成一项“君子协定”，一方代表发言时，另一方代表必须等他讲完，才能反驳或提问，以保证会谈正常进行。后来就在每次两党代表团在会场就座后，先由代表团团长或他指定的人，拿着准备好的发言稿念一遍作为正式发

---

① 指《关于国际共产主义运动总路线的建议——中国共产党中央委员会对苏联共产党中央委员会 1963 年 3 月 30 日来信的复信》，人们习惯称之为“二十五条”。

言，再由代表团的翻译念一遍就休会，双方对彼此的发言并不马上作出回答，而是先带回去研究。中共代表团每次的发言稿都是这样准备的：先对苏方的发言进行分析，据此制定对策方案。大家意见基本一致并经代表团负责人归纳以后，由“秀才”们起草发言稿，再交代表团进行讨论修改。凡有重要问题，邓小平、彭真等就和他们一起边议边写，最后由邓小平定稿，有的问题还要发回国内请示中共中央。在会谈中，由于伍修权精通俄语，苏共代表发言时，他先听一遍俄语，又听翻译用中文重复一遍，连听两遍后就能够发现其中的漏洞。在代表团内讨论时，他就一一把漏洞挑出来，再就此提出反击的办法。将发言稿译成俄文时，他也帮助翻译并负责审校。

会谈进行中，苏共突然在 7 月 14 日发起了新的更大规模的攻势。这天苏联重要报刊、广播等媒体公开发表了长达 38000 余字的《苏联共产党中央委员会给苏联各级党组织和全体共产党员的公开信》，说他们“有必要……就中国共产党中央 1963 年 6 月 14 日的来信阐述自己对国际共产主义运动最重要问题的立场”。中共代表团的翻译和伍修权等懂俄语的，连忙找来当天的报纸，向代表团全体人员边译边讲“公开信”的主要内容。紧接着“公开信”的发表，苏联《真理报》等连续发表社论和文章。苏联全国各地的报刊也连篇累牍地发表反华文章和反华活动报道，还有大量拥护苏共中央、诋毁中国共产党观点的“读者来信”等等。与此同时，东欧各国的宣传机关和欧美等支持苏共的党也都在转载中苏两党论战文章的同时，分别发表反华声明和文章。由苏共发动的对中国共产党新的围攻，使本来就如同“聋子对话”的两党会谈，失去了化解分歧的任何实际意义。7 月 20 日，双方共同决定会谈告一段落，如要继续举行，则另行商定时间和地点。这是两个星期以来达成的唯一协议。

中共代表团于 7 月 21 日下午回到北京，等待他们的是一场超乎常规的隆重欢迎仪式，机场上聚集着不下五千人的欢迎队伍，翻卷的红旗和高举的标语横幅连成一片。代表团一出机舱，全场齐呼口号，锣鼓喧天，一派欢腾景象。毛泽东亲自前来迎接，党、政、军、民、学各方面负责人，几乎全部到齐，列队等候在舷梯前，他们后面还有各国驻华使节和代表团成员的亲属等。毛泽东兴致勃勃地陪着代表团绕场一周，让他们同全场欢迎群众见面，引起一阵阵欢呼。代表团归来的盛况，出现在全国各种新闻媒体的报道中，《人民日报》等大报，都在头版头条位置以通栏标题和大幅照片，报道当时的欢迎场景。照片上的毛泽东，满面春风地和其他中共中央领导人同代表团全体成员在飞机前合影，伍修权也手捧花束出现在合影之中。

代表团的车队离开机场以后，直驶中南海。全体中央领导人听取邓小平、彭真等详细汇报此行的情况，毛泽东不断插话提问。伍修权感到，毛泽东对此行格外重视，主要是显示中国共产党的坚定立场。不出所料，9 月 6 日，中共中央以《人民日报》编辑部、《红旗》杂志编辑部的名义发表《苏共领导同我们分歧的由来和发展——评苏共中央公开信》，对中苏两党分歧的由来、原因和性质进行了全面阐述。

二、苏联驻华大使深夜紧急通报赫鲁晓夫下台

1964 年夏，正当中苏论战不可开交之时，苏共提议在 1965 年某个时候再召开一次世界共产党大会，并建议先在 1964 年 10 月 15 日召开筹备会议。然而，就在苏联原定举行筹备会议的前一天，赫鲁晓夫被解除了一切职务。因为工作关系，伍修权成了中国共产党从正式渠道得知赫鲁晓夫下台消息的第一人。

1964 年 10 月 15 日深夜，伍修权已入梦乡，宿舍里直通中央的机要电话突然响起。他连忙抓起电话，刚说了一声“喂”，就听电话那头急促地说：“修权吗？别睡了！你马上起来，处理一件事。”来电话的是时任中共中央办公厅主任杨尚昆。他此时来电话，必定有要事。伍修权睡意顿消，忙问：“尚昆同志，什么事？你说吧！”杨尚昆说，刚才接到苏联驻华大使契尔沃年科的电话，说苏共中央授权由他将一件要事立即向中共中央通报。与外国党联系的事，属于中联部的工作范畴，决定由你出面，马上会见契尔沃年科，看看到底是什么重要情况。杨尚昆说罢问道：“修权，你听清了吗？”伍修权回答听清了并复述了要点，杨尚昆又交代伍修权，会见苏联大使后立即将情况向他报告。

放下电话，伍修权才想起已是深夜，机关早已下班了，中联部办公楼会客室的门锁上了。一看表，与杨尚昆约定的接待契尔沃年科的时间也快到了，临时找人来开门接待外宾，时间已不允许。情急之下决定，就在自己家的客厅里接待这位苏联大使。他忙把勤务员叫起来，简单收拾了一下，又通知了机关门卫，让他们把外宾领到自己家里来。

契尔沃年科按时到达，伍修权与他会面后也没有什么客套寒暄，一坐下就请客人说话。只见这位大使不很自在地说，他奉苏共中央之命，向中共中央通报：苏联共产党中央委员会 10 月 14 日全体会议决定解除赫鲁晓夫的一切职务，由勃列日涅夫任苏共中央第一书记，柯西金任苏联部长会议主席，米高扬仍为最高苏维埃主席。契尔沃年科说完这几句话，就算完成了他此行的任务，静静地看着伍修权，似乎在等待着主人的反应。伍修权这些年没少和这位苏联大使打交道，但在两党两国交恶之后，每次见面不是各执一词就是冷眼相对，有时还争得面红耳赤。这回契尔沃年科深夜来访，竟带来这么个意外消息。当时中国共产党已把赫鲁晓夫当作批判谴责的第一号目标，他的忽然下台是一件好事。伍修权心想，苏联大使带来的既然是这么个好消息，就应该受到欢迎，随即改换了公事公办的严肃态度。当他向契尔沃年科询问进一步情况时，对方却说，请等待苏共中央和苏维埃主席团的正式公报，摆出一副“无可奉告”的姿态。深谙外交规则和外事纪律的伍修权知道，对方今天也只能说这么多了，忙以亲切友好的态度送走了客人。

契尔沃年科一走，伍修权立刻拨通红机子，将情况报告了杨尚昆。这时已是 10 月 16 日凌晨，很快毛泽东等都知道了这个消息。伍修权一早也向中联部领导干部和机关里的人员通报了这一“特大新闻”。当天的国外电讯，也都在传播着这条消息。接着听到了苏共中央十中全会和苏联最高苏维埃主席团发表的公报，

正式宣布赫鲁晓夫由于"年迈和健康状况恶化"，应他本人的"请求"而解除其各项职务。伍修权把这份公报反复看了几遍，透过官场语言和外交辞令，感到赫鲁晓夫不会突然主动"请求"交出手中的大权，肯定是被赶下台的。赫鲁晓夫确实是被赶下台的。下台时，他气呼呼地说了句大实话："你们今天能罢免我，也多亏了我创建的宽松体制！"

就在赫鲁晓夫下台的当天，中国成功爆炸了第一颗原子弹。这两条看似毫不相干的爆炸性消息，一时间成了震动世界的特大新闻。10月17日伍修权同罗马尼亚大使谈话，在对方祝贺中国第一颗原子弹爆炸成功的话题之后，伍修权转入了就赫鲁晓夫下台交换意见的正题："他领导苏联的时期，特别是近几年，在对外政策方面，对社会主义国家关系方面，国内政策方面等采取了一系列的错误政策。赫鲁晓夫的所谓'和平共处'，就是同美国搞妥协，苏美合作解决世界问题……我们初步认为赫鲁晓夫的下台是一个好的开端，将会引起重大的变化。"

把赫鲁晓夫的下台看作"一个好的开端"，反映了中国共产党人争取国际共运团结的真诚愿望。

三、反击苏联国防部长严重挑衅

为寻求转机再次随周恩来访苏

中共中央希望以赫鲁晓夫的下台为契机，与苏共重修旧好。中共中央、中国政府和全国人大对新上任的勃列日涅夫、柯西金和留任的米高扬，以毛泽东、刘少奇、周恩来、朱德的名义发了贺电；对苏联成功发射和回收载人宇宙飞船，中国政府也随即表示了热烈祝贺。苏联方面也作出了积极回应，勃列日涅夫、柯西金联名复电，对中国的祝贺表示感谢。

周恩来指示各有关方面，对苏联领导人的变更，第一表示欢迎、祝贺，第二要做工作，促进中苏两党两国关系向好的方向转变。中国报纸上几年来第一次发表了对苏联建设成就的报道和苏联新领导人的讲话，转载了苏联《真理报》的社论和文章，以此向苏联表达了重修旧好的良好愿望。伍修权抱着与苏联有"一个好的开端"的真诚愿望，以巨大的热情投入到相关工作之中。

10月下旬，周恩来在中南海西花厅接见了苏联大使契尔沃年科，表示中国方面考虑在十月革命47周年时，派出由中国党和国家领导人率领的代表团前往莫斯科，希望与苏共新领导进行接触，如果苏方以为不妥，则欢迎苏联领导人秘密或公开访华。苏联大使经请示后答复周恩来，同意中国派团参加十月革命庆典。周恩来建议苏方邀请各社会主义国家都派团参加莫斯科的庆典，以便各兄弟党和兄弟国家领导人互相接触。接着又分别接见了朝鲜、越南及东欧几国大使，与他们进行了沟通，建议有关各国以赫鲁晓夫下台作为改善关系的契机，利用参加十月革命庆典的机会，交换意见，共商大计。周恩来的建议很快得到积极响应。

中国党政代表团很快组成，周恩来、贺龙为正、副团长，伍修权和乔冠华、姚溱，前后两任驻苏大使刘晓和潘自力，时任外交部苏联东欧司司长余湛等，都是代表团成员，此外还有中联部、外交部和中央办公厅等单位的一批工作人员，组成了五六十人的庞大代表团。此举一方面显示出中国希望与苏联改善关系的诚意，一方面也是为了了解苏共新领导人的真实意图及政策走向。周恩来指示，代表团的任务主要是与苏方进行接触、了解情况、交换意见、寻求团结反帝的新途径。中共中央对这次出访寄予厚望，为了进一步创造友好氛围，中国党和国家领导人在十月革命节前夕联名致电苏联领导人，向他们致以节日的祝贺。刘少奇、邓小平、彭真等，还亲临苏联驻华使馆出席苏联大使为庆祝十月革命节举行的招待会，并在报刊上转载了苏联《真理报》的社论和纪念文章，形成了多年不见的团结友好气氛。契尔沃年科认为，这些举动，特别是周恩来亲率代表团访苏“将成为中苏关系中的转折阶段”。

1964 年 11 月 5 日，周恩来早晨才从上海飞回北京，来不及休息就又上了飞机，率团飞往苏联，刘少奇、邓小平、彭真等到机场送行。越南政府总理范文同率代表团与中国代表团同机赴苏。据伍修权回忆，周恩来抓紧旅途中的时间与范文同交换意见，还让他看了准备在莫斯科纪念大会上发言的讲稿。

周恩来和代表团主要成员曾对苏联的态度和接待情况进行了分析预测，估计苏方到机场欢迎中国代表团的，很可能是与周恩来的国务院总理职务对等的苏联部长会议主席柯西金。在途经新西伯利亚降落时，代表苏联政府前来迎接的人员，职务不高、态度冷淡。因此大家估计苏方很可能只派一个部长会议副主席来机场欢迎，但周恩来说不管对方派什么人来接，我们都以热对冷、坦诚相待。由于莫斯科与北京有七个小时的时差，代表团到达莫斯科才是当天傍晚 6 点多。比原来预计的情况要好，在机场迎接中、越两国代表团的是柯西金和苏联一批党政军负责人。

中国党政代表团被接到位于莫斯科列宁山的苏联政府别墅下榻。近十几年来，伍修权曾多次到莫斯科，青年时期又曾在这里学习和工作多年，不仅熟悉这里的环境，更有许多熟人和老朋友，只是后来由于两国关系恶化，与这些人的联系也中断了。他希望随着两国关系的好转，能与他们重叙友情。但是他发现遇见的几个熟人都显得很生分，甚至故意表示冷淡，有意躲闪开他的目光。伍修权还看出，欢迎人群中有许多苏联内务部的保安人员。这使他意识到重叙友情是自己的一厢情愿。

周恩来到达莫斯科的第一个公开活动，是 11 月 6 日率中国代表团全体人员去红场拜谒列宁墓并敬献花圈。第二天，按照预定的日程，周恩来率代表团主要成员前往克里姆林宫，拜会新任苏共中央第一书记勃列日涅夫，首先向他表示了对十月革命 47 周年及苏联所取得的各项建设成就的祝贺，并希望能在庆祝大会上致词，不料却被勃列日涅夫婉拒。其实，中国代表团的祝词内容主要是高度评价十月革命的伟大意义，希望中苏两国能够团结对敌。勃列日涅夫答应周恩来的祝词以书面形式发表，可直到中国代表团回国，也没见诸报端。与勃列日涅夫的会见只进行了30分钟，就在很不热情的气氛中结束了。两年前在参加捷共代表大会时，伍修权曾与勃列日涅夫有过接触，虽然对此人没有留下好印象，伍修权还是为他拒绝周恩来在大会致词的不明智之举感到惋惜。

周恩来接着率团拜会了柯西金，本希望同这位相当于政府总理的新任部长会议主席能在政治、经济领域方面谈得深入、具体一些，然而对方却避实就虚。据伍修权所知，此人是不敢越雷池一步的。接着，中国代表团拜会了苏共中央的几朝元老米高扬。伍修权过去常同他打交道，对他所知甚详。周恩来与米高扬更是老朋友，1949年初，米高扬奉斯大林之命，秘密来到西柏坡，与毛泽东、刘少奇和周恩来等会谈。新中国成立后，他作为苏联主管外贸和经济的部长会议副主席，多次与周恩来等会谈和签订协议。1956年中共八大时，他是来华祝贺的苏共代表团团长。周恩来本想先与他叙旧，哪知对方毫无诚意，光打哈哈，什么实质性的话题也不提，会见只进行了十分钟。

与挑衅者和“没有赫鲁晓夫的赫鲁晓夫政策”交锋

1964年11月7日上午，中国党政代表团全体人员应邀参观了红场上的阅兵典礼和群众游行，周恩来和贺龙同苏联领导人一起登上了列宁墓前的主席台，其他人则在一侧的观礼台上。下午，参加在克里姆林宫举行的庆祝大会。晚上，出席了盛大的节日招待会。

在这次庆祝酒会上，发生了苏方挑衅的严重事件：时任苏联国防部长马利诺夫斯基向贺龙敬酒时嚷嚷说：“我们现在搞掉了赫鲁晓夫，你们也要搞掉毛！”周恩来等认为，马利诺夫斯基不只是攻击了中国共产党和毛泽东，更是在挑拨中国共产党的内部关系，企图煽动推翻中国党和国家的领袖。鉴于苏联曾多次对别国策动颠覆活动，因此对马利诺夫斯基的挑衅不能视为偶然，而是中苏关系中的一起严重事件，决定向苏方正式提出此事并表示抗议。在讨论中，伍修权介绍了他早年同此人打交道的情况，1945年8月马利诺夫斯基作为苏联远东军司令率部进军中国东北时，拒不听取中共中央东北局的意见，蛮横无理地命令部队将已进驻沈阳的中共中央东北局及其所属部队赶出城市，此人这次是故态复萌。代表团的人员都对其恶劣言行感到非常气愤，认为必须向他提出严正警告。

次日上午，苏联领导人对中国代表团进行回拜。勃列日涅夫带领柯西金、米高扬和安德罗波夫、葛罗米柯来到中国代表团驻地。宾主正式交谈一开始，周恩来即向对方提出发生在昨晚招待会上的恶劣行为，严正指出，在昨晚那样的重要场合，当着西方各国使节和记者，马利诺夫斯基公然煽动撤换中国党和国家的领袖，是严重的挑衅事件。为此，中国代表团不得不向苏方提出严正抗议。勃列日涅夫听了连忙辩解说，马利诺夫斯基的言论不能代表苏共中央，只是他的个人行为。周恩来说，马利诺夫斯基的言行已经造成了恶劣影响，苏方应该对此表明态度并承认错误。勃列日涅夫表示，自己和其他苏联领导人都为这一事件感到不安，对马利诺夫斯基的行为都很生气，说苏共中央将对此人进行谴责。周恩来要求苏方首先应该向中国代表团认错和道歉。勃列日涅夫只得表示了歉意，但仍辩解说马利诺夫斯基当时是“酒后失言”，加上他的话又经过翻译，未必准确，很可能是听错了，企图将此事作为一场误会不了了之。周恩来马上反驳道，马利诺夫斯基不是“酒后失言”，而是“酒后吐真言”，代表了苏联领导层一些人的想法。因此这不完全是他的个人行为，也不是一个简单的偶然事件，而是赫鲁晓夫思想行为的继续和发展。周恩来指出，即使在赫鲁晓夫时期，也没有发生过这样公开挑衅和攻击侮辱中国党和国家领袖的恶劣事件，苏共必须严肃对待和处理这一事件，中国代表团要将此事向中共中央和毛泽东报告。勃列日涅夫忙说，他们也认为马利诺夫斯基是胡说八道，并且他们已向中国代表团道歉，希望这事到此结束。周恩来说事情还不能到此为止，这次事件所造成的恶劣影响，绝不是用“误会”两个字所能解释和消除的，苏方必须加以澄清并公开认错。勃列日涅夫只好尴尬地说：“那当然，那当然！”中共代表团通过此事维护了党和国家的尊严，也向对方宣示了中国共产党的严正立场和团结一致，警告对方不要想钻空子，迫使对方承认了错误。

继 11 月 8 日的不愉快会见之后，中国代表团和苏共领导人又在 9 日、11 日、12 日举行了几次正式会谈。周恩来原想通过这次访问达到了解情况、交换意见、改善关系的目的，却未能得到苏方同样善意的回应。米高扬明白地说，在苏中分歧上，现在的苏共中央与赫鲁晓夫的方针路线是完全一致的，甚至在细节上也是没有任何分歧的。这就把继续会谈、交换意见、消除分歧的路给堵死了。

本来中国共产党希望通过两党当面交换意见，促使苏共新领导取消赫鲁晓夫提议在 1965 年召开的意在围攻中国共产党的国际会议。周恩来将开不开这次会，作为检验勃列日涅夫与赫鲁晓夫有无区别的一个标志。他向苏方明确表示了中国共产党的意见，如果苏共仍然坚持要召开这次会议，就表明赫鲁晓夫以“老子党”自居的倾向还在发展。但这时已是“话不投机半句多”了，勃列日涅夫说，他们的方针路线是苏共中央集体决定的，他们仍然要“一如既往地”执行原来决定，如期召开会议。

在中国代表团与苏共领导人的最后一次会谈中，周恩来向苏方明确表示，中国共产党仍然对苏联怀着改善关系的良好愿望，但是由于苏共领导坚持赫鲁晓夫的方针，特别是马利诺夫斯基的挑衅事件，严重破坏了会谈的气氛，使这一愿望难以实现。中国共产党坚决反对、决不参加苏共按赫鲁晓夫既定方针召开的分裂会议，奉劝苏共在这个问题上“不要走绝路，要悬崖勒马”。苏共领导既已表示在与中国共产党的分歧上与赫鲁晓夫完全一致，那么就谈不到停止论战的问题。造成这一后果的是苏共领导，但是中共对苏共的协商之门一直开着。

在这次访苏中，伍修权陪同参加了大部分活动。他再次看到，周恩来不愧是伟大的外交家，他利用与苏共领导会谈的空隙，先后会见和拜访了一大批来苏联参加庆典活动的各国代表团和各方人士，向兄弟党的代表通报了中苏会谈的情况，说明了中共在中苏关系和国际共运论战等问题上的原则立场和对苏共新领导的看法，特别指出现在苏共执行的是“没有赫鲁晓夫的赫鲁晓夫政策”。13日上飞机回国前，周恩来还去中国驻苏使馆看望了全体工作人员和在苏研究人员、留苏学生代表等。

11月13日夜，中国代表团乘原机离开莫斯科，14日下午到达北京。伍修权从机窗中看到机场上满是欢迎的队伍和彩旗、横幅。一出机舱，就见毛泽东、刘少奇、朱德、董必武、邓小平等党政军领导人及各界知名人士迎候在舷梯前。毛泽东等人与周恩来一行一一握手，又兴致勃勃地合影留念，接着绕场一周，向欢迎人群致意。

中国党政代表团离开机场后，车队直接开进了中南海，向毛泽东等具体汇报这次出访的情况。代表团回国不到一周，继“九评”之后的《赫鲁晓夫是怎样下台的？》一文发表。文章说，赫鲁晓夫的下台“宣告了马克思列宁主义、毛泽东思想的伟大胜利”，又警告“没有赫鲁晓夫的赫鲁晓夫主义是走不通的”，等于是对前一阶段的中苏论战和国际共运问题作了个小结。

伍修权后来反思这场论战时认为：“对于这场三十多年前的国际论战，我党已在种种场合用不同方式作了新的评价和结论，认为它是可以避免和不该发生的，任何国家的党，都不应该干涉别国的内部事务及其方针政策，应当尊重各党和各国人民自己的选择。从斯大林到赫鲁晓夫的苏联，都曾不断干涉过我们的内部事务，多次批评指责我们的方针政策。不过，我们也对人家的一套进行过毫不客气的严厉批判和全盘否定，我个人认为我们当时的某些论点和若干做法也是值得商榷的。”①

四、访问阿尔巴尼亚和罗马尼亚

参加阿尔巴尼亚解放20周年庆典

1964年11月26日是阿尔巴尼亚解放20周年纪念日，阿党和政府盛情邀请中国派团参加庆典。中国党政代表团由时任中共中央政治局委员、国务院副总理李先念率领。成员除伍修权外，还有时为中共中央候补委员、国防部副部长兼南京军区司令员的许世友，全国总工会书记狄子才，北京市副市长范瑾和中国驻阿大使许建国。同时应邀赴阿参加庆典的还有中国文化代表团曹瑛一行、中阿友协彭康等人。

代表团于11月25日乘巴基斯坦航空公司的包机到达阿首都地拉那，受到最高规格的隆重接待。前往机场欢迎代表团的，有阿党政军领导人和各界群众代表，还有中国驻阿使馆人员、援阿专家和留学生代表，以及正在当地访问的由轻工业部副部长罗叔章率领的科技代表团。中国党政代表团抵达当天即与阿党第一

①《伍修权回忆录》，中国青年出版社2009年版，第362页。

书记霍查、部长会议主席谢胡、国防部长巴卢库和卡博等热情会见。在主人陪同下，代表团向革命烈士墓敬献花圈，然后参观了地拉那的民族解放博物馆和艺术展览馆、阿尔巴尼亚最大企业斯大林纺织联合工厂和地拉那大学等，所到之处都受到最热烈的欢迎。

阿解放 20 周年庆典于 11 月 26 日在地拉那最大的游击队体育宫举行，中国党政代表团和科技代表团、文化代表团、中阿友协代表团全体人员应邀参加。朝鲜、越南、古巴、罗马尼亚、阿尔及利亚、印度尼西亚、日本、新西兰、澳大利亚、比利时等国，也派了代表团或代表。大会开始时，当恩维尔·霍查首先将中国贵宾介绍给大家时，全场起立、掌声雷动，人们齐声欢呼："恩维尔——毛泽东！"纪念大会上，霍查发表了长达几个小时的演说，介绍阿尔巴尼亚革命和建设的成就，称颂与中国的伟大友谊，批判苏共对马列主义的背叛以及对阿尔巴尼亚的攻击和破坏。伍修权说，霍查是个能说会道的人，虽然他们当时内政外交状况都不太令人乐观，他演说时却充满了自信。他常一边讲话一边吸烟，一支接一支，抽的都是中国产的大中华烟。

节日活动的第二天，在广场上举行了阅兵和群众游行，中国代表团和各国来宾都应邀参加，参加检阅的人数之多，使伍修权感到有点意外。阅兵式的前列是以霍查、谢胡等领导人的名字命名的军事院校的方阵和以阿民族英雄斯坎德培命名的少年军校方阵，随后是阿人民军的陆、海、空军和人民自卫志愿部队的民兵方阵。在观礼台上的伍修权注意到，所有受阅部队的分列式队形和方队行进步伐，同自己几十年前在莫斯科步兵学校参加十月革命庆典受阅时如出一辙，完全沿用苏联的模式。受阅部队的飞机、坦克、大炮和几枚小型导弹，也是前些年苏联支援的。阅兵式后是盛大的群众游行，场面气氛和群众的热烈情绪与中国不相上下。当晚在游击队宫举行了庆祝宴会和文艺晚会，霍查、谢胡等又陪着李先念等一起欣赏了阿尔巴尼亚民族歌舞。晚会进行了好几个小时，演出结束时，李先念和霍查等人上台向演员表示祝贺。

正式庆典结束后，其他来宾一一回国，中国代表团应邀赴阿各地参观，全程陪同的是时任阿党政治局委员、部长会议副主席的科列加，其党政职务与李先念相当。从 11 月底到 12 月初，代表团走访了阿南部海滨城市发罗拉、萨兰特和山区小城培拉特等，参观了供应阿全国电力的水电站，以及由中国援建的毛泽东纺织联合工厂等大型企业。所到之处，中国贵宾都大受欢迎。有一次，阿群众竟冒雨夹道欢呼。李先念是中国主管经济工作和对外经济援助的副总理，他这次率团访阿，不只是参加庆典，还与阿方就中国的经济援助问题进行了会谈，带有考察性质。中国科技代表团也与阿方签订了两国科技合作议定书，李先念等出席了签字仪式。李先念、伍修权等还听取了中国驻阿使馆和援阿专家组的情况汇报。

在中国代表团访问结束前，以霍查为首的阿全体领导人，设宴为李先念一行饯行。代表团于 12 月 5 日离开地拉那回国，8 日回到北京。

参加罗马尼亚共产党九大

1965 年 7 月，罗马尼亚共产党举行第九次代表大会，向中共中央发出了邀请。中共中央决定派邓小平率团前往，康生、伍修权和中国驻罗大使刘放为代表团成员。

代表团于 7 月 17 日清晨乘专机离京，当天下午到达布加勒斯特。罗党中央总书记齐奥塞斯库、国务委员会主席斯托依卡、部长会议主席毛雷尔等都到机场迎接。伍修权与齐奥塞斯库等人大都见过面，也去过几次布加勒斯特。1965 年 3 月乔治乌·德治去世后，齐奥塞斯库继任罗党领导人，并恢复了共产党的名称，代表大会也从罗共成立时算起。齐奥塞斯库对苏联的控制公开表示不满和抵制，进一步改变了对中国共产党的态度，重新开始了与中国的友好交往，所以伍修权这次造访时感到亲切愉快，一扫 1960 年出席布加勒斯特会议时的沉重感。

罗共九大于 7 月 19 日上午开幕，齐奥塞斯库等罗共领导人和邓小平及苏共等各党代表团团长一起在主席台就座。当时罗共有 160 余万党员，参加这次大会的有 1390 名代表。由于他们已经注意到要走独立自主的道路，对于苏联和东欧几国的“一体化”方针并不那么热心，正在努力发展自己的民族经济。这次大会面临的国际局势仍很复杂，中苏两党两国仍处于对立状态，国际共运中的分歧并未解决，罗共领导人在会上既要呼吁团结，又要表明自己的立场，讨论和决定本党本国的路线方针。齐奥塞斯库在报告中说，由于各国的经济发展水平、历史和民族特点所形成的活动条件不同，出现了不同的看法和做法，是很自然的事。每一个党都有权利独立地决定自己所采取的方式，制定自己的政治路线。这不应该成为各党之间争论的内容，而应该看作是马列主义普遍真理在本国具体条件下的应用，是对世界共运革命经验宝库的贡献。这些话既否定了苏共自奉为“老子党”的霸权行径，也表明对中国共产党的某些提法不完全认同。

邓小平 7 月 20 日代表中共中央向罗共九大致祝词。他赞扬了罗共的成就，特别是他们坚持了各兄弟党和国家关系的应有原则，坚持了独立自主的方针，为维护社会主义阵营及国际共运的团结，“进行了不调和的斗争，作出了重大的贡献”。同时重申了中国共产党的一贯立场，认为只有坚持马列主义原则，遵循各兄弟党和国家关系的准则，才能达到真正的团结。与 1960 年罗党三大时中共代表团遭到突然袭击不同，在这次大会上，中国共产党反对苏共霸权、维护民族独立的斗争，得到了罗马尼亚的同情与支持。所以在邓小平致词时，罗共领导人和大会代表们都反应热烈，致词前后都全场起立，长时间鼓掌，致词中间也多次热烈鼓掌。

罗共九大于 7 月 24 日闭幕，当晚是盛大宴会。罗共领导人在宴会上只叙友谊，不提争端，中共和苏共等各代表团，虽然立场观点仍不相同，看在主人的面子上，“和平共处”于灯红酒绿之中。罗党大会结束后，邓小平率中共代表团全体人员，看望了中国驻罗使馆的工作人员、在罗工作和学习的中国人员代表。中共代表团离开布加勒斯特的前一天，即 7 月 26 日，齐奥塞斯库、斯托依卡等人为邓小平等设宴送行。

在这类出访中，伍修权虽然只是代表团成员，但作为主管党际外交的中联部副部长，他是代表团里操心最多、事务最忙的一位。团长要在台前抛头露面，是国家的形象大使，自然是第一责任人。但台后的具体事务，如组团、行程、出访内容、团长讲话等的筹备、草拟，与出访国的沟通、协调，事无巨细，都是伍修权的职责所在。

五、参加农村“四清”运动

1965 年 10 月，中央机关的大批干部响应中共中央的号召，参加农村的“四清”运动。伍修权因为工作中常要与外宾交流双方国内的建设与发展情况，觉得自己对农村现状的感性认识比较欠缺，因而把下乡“四清”当作调查研究的好机会。经多次主动申请，终于获彭真批准参加“四清”运动。

伍修权搞“四清”的地点是安徽西部的六安、霍邱一带，中联部跟他下去的有吴映平、陈清海、洪左君、于洪海等人。他们到安徽后与省委、地委和县委的“四清”工作队编在一起，几个人分管由几个生产队组成的一个点。为了不暴露身份，伍修权临时化名吴光，人们平时都叫他老吴。刚刚下乡时，“四清”工作团的团部为了照顾他这位来自北京的领导干部，让伍修权和秘书于洪海住在六安县木厂埠公社所在的一个小镇上，条件比农村稍好些。伍修权觉得有点特殊化，要求同其他工作队队员一样，也住到生产队去，便在工作队调整部署时，调换到霍邱县的陡岗公社。伍修权和于洪海直接蹲到一个生产队里。中联部另外的几个人，也分布在附近几个生产队里，仍然归他领导。伍修权平时吃饭，也像其他“四清”工作队队员一样，到社员家里吃派饭。按照当时规定，轮到派饭的社员家不得用豆腐以上的好菜招待他们，只许吃普通农家的家常便饭。仍然有点特殊的是，伍修权身边有一个保卫干部，负责他的安全。

伍修权和于洪海住进村外一处旧草屋，四周都是农田，这使他想起在中央苏区瑞金时他与李德等同住的独立房子，屈指算来已有三十多年了，当年的中华苏维埃已成为中华人民共和国。使他深有感触的是，农村的面貌、农民的生活依然令他揪心。他们所在的村子不通电，晚上只能用油灯照明。当地农民的生活很苦，副食主要是腌酸白菜，吃豆腐就算是会餐了。农民住的大都是用稻秆盖顶的土坯房，有的农家连床也是用土坯垒起来的，棉被则破旧不堪。生产队几乎没有副业，农户手头几乎没有现金，只能用鸡蛋向货郎换取一些日常生活用品，如煤油、火柴、食盐、线等。年终分红时，多数人扣除各项从队里预支的钱，分到手里的现金已是寥寥无几了。有的人到头来还欠队里的钱，成为负债户。所以“四清”工作队员吃一天派饭所付的三角五分现金，对农户来说竟成了一笔不小的收入。伍修权看到这种状况，感慨地说：“中国解放已经十多年了，但农村经济还这么落后，农民弟兄的生活还如此艰难。不下来看一看是不知道的。作为一个参加革命多年的老党员，对此心里不能不感到沉重！”[①] 所以，在参加“四清”期间，他总想尽量为当地人民群众多办点好事、实事。除了“四清”工作之外，伍修权还同社员一起去田间参加劳动。农民群众对他还像革命战争年代对八路军一样贴心。他们见伍修权将近 60 岁了，干农活很费劲，总是挑些轻活给他干。在与贫下中农“四同”（同吃、同住、同劳动、同学习）的过程中，伍修权同许多农民交上了朋友，能听到他们的知心话。

“四清”是在阶级斗争“年年讲，月月讲，天天讲”的背景下进行的，重点是整党内“走资本主义道路的当权派”。许多“四清”工作队下去后，对农村干部队伍严格审查、严厉批斗、大批撤换，打击面过大，严重挫伤了农村基层干部的工作积极性。伍修权本来也是带着这样的任务下乡的，但他作为一名历练丰富的过来人，长期以来养成了实事求是的思想作风和凡事重调查研究的工作方法，仍然十分注重政策问题。他一开始就关照自己领导的工作队队员，一定要深入群众，认真调查研究，多掌握第一手材料。对干部的处理要慎重，不能偏听偏信，更不能将人“一棍子打死”，要实事求是地处理问题。当工作队队员向他汇报一些干部的问题时，他总是说农村干部大多数是好的，不好的只是极少数。他们很辛苦，既要参加劳动，又要参加各种会议，挣的工分也不多。即使有些错误，对他们还是要采取团结教育的态度。

伍修权用政策指导、启发“四清”工作队员，也用政策教育、激励“四清”对象。1965 年 11 月底，伍修权在公社党员大会上说：“在这次四清运动中，清经济已告一段落。多数同志有一些小毛病，只要坚决改，坚决走社会主义道路，把革命坚持下去，就是好党员、好干部。有少数人四不清问题严重一些，有没有前途？有前途。只要坚决改，坚决按毛主席指示去做，就有光明前途。如果坚决不改，这就很不好，那前途就很危险了。对坚决不改的干部，我们也应抱有希望，可以等一年半年，愿改的还是有前途的。只要坚决改，都是有希望、有前途的。”1965 年 12 月 14 日，他在中共六安地区“四清”工作团委员会第四次全会上的讲话中进一步指出：“四清这一工作有个发展过程：第一个过程，是搞揭露过程，就是揭露四不清，越充分越好，讲过头一点也没有关系，只要工作队同志心里有数。在这个时候，缩手缩脚，群众发动不起来。第二个过程，就是很客观地、实事求是地落实，这个工作也做得比较好。第三个过程，就是定案以后，最后落实到退赔问题。退赔要根据‘二十三条’的精神，最关键的是合情合理地赔，实行减缓免。这个阶段是政策性最强的阶段，好坏就决定在这个阶段。处理经济四不清问题，也要根据我们党一贯实行的思想批斗从严、组织处理从宽的原则，就是思想斗争从严，退赔从宽一点。当然我们每个同志都想努力使退赔工作做得正确，但是不容易，每个案件都做到百分之百地正确，谁也不敢这样保证。

---

① 吴映平、洪左君：《再识修权“四清”中》，见《历史风云中的一代英杰——伍修权》，当代中国出版社 2008 年版，第 55 页。

1965 年 10 月，伍修权响应中共中央号召，下乡参加农村“四清”运动。这是 1966 年春节伍修权在安徽留影

这就联系到偏严偏宽的问题。我想，偏严有它的利弊，偏宽也有它的利弊，两者比较起来，偏宽一点比较好；这是比较，不是宽大无边，比较起来偏宽一点好。偏严，会使干部思想不通，长期有抵触情绪，变成我们集体经济发展中的一种阻力。尽量做到合情合理，又适当偏宽一点，这样对犯错误的干部来说，是比较容易接受的。”伍修权的指导思想为他所领导的工作队员所接受。这使他所在的那个点上的干部，既受到了教育，又受到了保护，在改选时也多数被留任，没有“打击一大片”。

伍修权也曾审查和处理过一个“四不清”干部，这个人的主要问题是假公济私，挪用集体的钱给自家盖房子，不过他的妻子是个劳动模范。伍修权曾多次找这个干部谈话，耐心地规劝他好好坦白交代，争取改过自新。但是这个干部不思悔改，反而对揭发自己问题的群众打击报复，在当地激起民愤。伍修权的好心落了空。即便如此，仍给那人留有出路，只撤了他的职。

据当年跟伍修权一起下乡的中联部干部说，这期间，伍修权与农民打成一片，与跟他下乡的部下也融为一体。住在另一个生产队的洪左君病倒了，伍修权就和于洪海一起去看望他。那是 1966 年 3 月的一天上午，淅淅沥沥的雨虽然停了，但乡间小道湿滑难行，稍不小心就会摔倒。伍修权穿着棉衣棉裤，外加一件军用棉大衣，脚穿雨靴，临时找了一根较粗的树枝作为拐杖，在泥泞中徒步走了四公里，来到洪左君蹲点的生产队。安徽的三月天还是很冷，但当他出现在洪左君面前时，已是满头大汗。

伍修权关爱部属，也与他们一起搞“精神会餐”。那年春节，他们是在乡下

1966年春节伍修权（前排中）到安徽淮北煤矿考察（前排右三为王平）

过的，大家都不免有点思念亲人。正好吴映平收到一封女儿写来的信，伍修权就让他向大家公开，让同事们分享他的快乐。吴映平的女儿在信中说，爸爸如果一年不抽烟，就能把省下来的这笔钱给她买一辆自行车。伍修权听了说："烟你可以照抽，自行车也还是可以买。我就不行，烟抽不来，自行车也买不了，两头都没有。"引得大家哄堂大笑。人们一直记着他的平易近人和幽默，他的关心部属和善做政治工作。

伍修权自己也认为，在"四清"中虽然生活比较艰苦，但却非常愉快。愉快来自与朴实的农民、年轻的干部同甘共苦，更来自对农业、农村、农民美好未来的预期。出于对农业生产和农村生活情况的关注，参加"四清"期间，伍修权先后走访了当地和周边的几个农田水利建设项目，位于皖西的佛子岭、梅山和响洪甸等处的几个大水库，参观了由淮河中游的淠、史、杭三条河组成的大型灌溉工程。他对这些工程寄予厚望："当时预计，这套工程设施全部配套运转使用并发挥作用以后，不下五年，当地的农、林、渔业生产以及发电、航运等事业必将大大发展，人民生活也会大大改善，这里的面貌就将大变。"①

1966年4月，因外事工作需要，伍修权离开六安。回京后，他并没有忘记同他一起下乡搞"四清"的吴映平和洪左君等，抽出时间登门看望他们的家人，歉意地说："我把他们带到安徽搞'四清'，可是我先回来了，他们还留在那里。"接着告诉他们的家人，他们在那里一切都好，请放心。短短几句话，温暖了家属们的心。作为一般干部的家属，部领导亲自登门他们还是第一次遇到。

①《伍修权回忆录》，中国青年出版社2009年版，第286—287页。

第十六章　在"文化大革命"中

一、"文革"初期在"很不理解"中勉力而为

1966年8月8日，中共中央八届十一中全会通过了《关于无产阶级文化大革命的决定》(简称"十六条")。8月18日，毛泽东首次接见红卫兵，天安门广场上举行了百万人的盛大集会。伍修权作为在京的、未被打倒的中央委员，也应邀上了天安门城楼参加观礼。伍修权对运动自认是属于"十六条"中所说的"很不理解，很不认真，很不得力"的状态。

大会结束后，参加集会的北京和来京串联的红卫兵通过天安门广场，接受毛泽东等的检阅。此后，全国各地到处成立了红卫兵组织，到处是铺天盖地的大字报、大标语。中联部和全国一样，从办公楼内外到院子里的墙上都贴得满满的，揭发批判部里的领导干部。其中也有揭批伍修权的，虽然也上纲上线地对他进行了批评指责，但大都只是一些工作中的问题。如说他在外事活动中，没有积极宣传毛泽东思想；有时对外宾讲述自己的革命经历，开口"想当年""突出自己"；在与苏共人士打交道时讲友谊多，搞斗争少。伍修权看了这些大字报，心里反而感到踏实，看来部里的干部和群众，绝大多数还是尊重自己的，大字报上的意见，大部分可以接受，即使有一些过头话，本着"有则改之，无则加勉"的精神，也可以留作参考。

与贴大字报一样成风的，是北京红卫兵率先发起的"破四旧"，即"大破一切剥削阶级的旧思想、旧文化、旧风俗、旧习惯"。这股风也刮进了中联部大院，中联部的红卫兵组织到他们认为有"四旧"的领导家抄家，没收甚至砸烂各种"四旧"。抄家的红卫兵在伍修权家却抄出了"感动"。"文革"初，王力等人提出要在中联部搞"破四旧加一洋"，因为中联部是外事单位。伍修权是从国外回来的，自然首当其冲。红卫兵在他家里是看到了"旧"：一条绿色毛毯是当年部队发的，一床棉被也是供给制时期的粗布缝的，虽然并非家徒四壁——有伍修权及其家人主动集中放在客厅里的出国时穿用的几套好一点的衣服和外国赠送的小礼品等。即便如此，仍然大大出乎红卫兵们的意料，他们容易被误导、被利用，也容易激动、感动：抄家后竟写了一张大字报，说伍修权留洋并不"洋"，表示要学习他的老红军作风。

“文革”初期，伍修权对运动虽然很不理解，但还是想尽量跟上形势，努力多了解一些运动的情况和动向。伍修权的四个还在读书的女儿参加了各自学校的红卫兵组织，她们把自己的观点讲给爸爸听。伍修权只是听，从不轻易表态，他说：“你们要自己把稳了，走自己的路，做自己的事，我不会过多地干预你们。”孩子们也常常领一些同学到家里来，就“文革”中的一些问题进行讨论甚至争论。伍修权有时就有意识地到他们中间去听他们讨论，偶尔也向他们提出一些问题，听那些“小将”们向他宣传一些新观点。他努力从正面来看待这场运动。在中共中央召开的一次会议上，他谈到自己接触红卫兵的情况和一些感受，被编到会议简报中，竟引起了毛泽东的注意。在当年10月举行的中央工作会议上，毛泽东说：“伍修权有四个孩子分为四派，有很多同学到他家里去，有时几个或十几个人，接触多了，就没有什么可怕的了，觉得他们很可爱。”

伍修权参加“四清”回到中联部时，王稼祥已正式调离中联部，到中央外事工作小组边工作边休息，部长一职由刘宁一代理，加上已成为中央文革小组成员的王力，时任中共中央政治局常委、文革小组顾问的康生就替代邓小平主管起中联部的工作来。伍修权被康生等看成是“王稼祥的人”，但由于他有较高的威望和工作能力，康生还是想拉拢他，在“横扫一切”时没有将他打入“牛鬼蛇神”之列，而是仍然让他抓机关日常工作。当时中联部有一项经常性工作，就是接待来华访问或长驻中国的外国党代表团或领导人。为此部里设有一个专门的招待所，伍修权常去那里检查工作，会见外宾。他对招待所的工作人员说，接待工作很重要，政治性强，必须严格遵守外事纪律。客人们大都是外国党的领导人，对他们要非常尊重，绝对不准向他们打听任何问题，他们的身份、来历和活动也不准向外泄露。他希望工作人员以所为家。当时部里要扩建招待所，有人主张建一栋能多住些客人的大楼，也有人主张建一批适合外国党高级领导人住的小楼，两种意见相持不下。伍修权认为双方都有道理，便提出一个折中方案，一方面盖一座不太大的主楼，同时再建几幢小楼，以便接待不同的客人，大家对此都很满意。按他的方案建成的招待所，就是至今仍在使用的万寿宾馆。遗憾的是中联部的宾馆虽然扩大了，但经过国际共运的大分化、大改组，中国共产党的客人和朋友却明显减少了。除了一些公开来访的兄弟党领导人，还有些秘密来华的外宾，他们或是来学习中国革命经验，或是来养病、休息，或是为了逃避迫害来此避难。去看望他们，向他们通报各种情况，听取他们的意见建议，成了伍修权的日常工作之一。

1966年11月，阿尔巴尼亚劳动党召开第五次代表大会，并举行建党25周年庆典。中共中央决定派代表团参加大会，康生成为中共代表团团长，李先念为副团长，伍修权仍然是代表团成员。其时，“文革”已席卷全国，为了安全和保密，没有组织欢送，也没有发布消息，赴阿代表团乘专机悄悄离开了北京。10月28日，中共代表团到达地拉那。霍查、谢胡等阿党主要领导人一起会见了中共代表团。代表团按照主人的安排，在阿党政治局委员卡博陪同下，到阿各地参观访问。在海港城市都拉斯召开的欢迎中共代表团大会上，中国客人在如雷的掌声中走上主席台，康生在大会上作了近两个小时的演说。11 月 2 日，康生代表中共中央和毛泽东向大会致祝词。当他向全场展示毛泽东亲笔签名的贺电，并宣读全文时，大会形成了高潮。贺电说：“‘海内存知己，天涯若比邻。’中阿两国远隔千山万水，我们的心是连在一起的。”几乎是每宣读一句电文，全场就欢呼鼓掌一阵，读完全文，全场又一齐起立欢呼，掌声经久不息。当沸腾情绪稍稍平息，代表们重新落座时，康生又代表中共中央向阿尔巴尼亚劳动党及其“五大”赠送了一面红色锦旗，上面用中阿两种文字绣着金字：“中阿两党两国人民的革命团结和战斗友谊万岁！”全场再次沸腾。

回国后，康生将回国时秘密带回的一个不便公开身份的波兰贵宾的陪同任务交给了伍修权。为了使这位外宾了解中国的革命历史和革命经验，伍修权陪他外出的第一站就是毛泽东的家乡湖南韶山。那时，成千上万的红卫兵都涌去韶山，他们那一股对毛泽东的崇敬之情，别说追随毛泽东干了几十年革命的伍修权，连波兰贵宾也感动不已。宾主还在韶山同红卫兵们一起吃了一顿忆苦饭。

哪里想到，回到北京不久，伍修权却成了革命的对象。

二、两次挺身而出保护老干部

“文革”开始后不久，康生和王力就操纵中联部的运动，大搞“残酷斗争、无情打击”。第一个被拉出来当靶子的是创立侨党并担任侨党负责人的中联部副部长许立，罪行之一是他曾对外宾说，许多重要哲学著作都是大部头巨著，毛泽东的哲学著作却是《实践论》、《矛盾论》等几本小册子。这句话是要表达毛泽东的哲学著作少而精，本无贬义，但是阶级斗争的弦绷得紧紧的造反派，却把此话上纲上线为“反对毛泽东思想”，又罗织了其他罪名，连续对他进行批斗。

许立勤恳忠实、性格倔强。他在批斗会上不肯低头承认莫须有的罪名，结果斗得更狠，上纲更高，被打成了“反对毛主席、反对共产党、反对社会主义”的“三反分子”。造反派对他多次批斗，坐“喷气式”、挂黑牌子成了家常便饭。

对许立遭受的残酷折磨，伍修权实在看不下去了。他不顾自己也已泥菩萨过河，仍然仗义执言。下面的回忆叙述了伍修权挺身而出保护许立的一幕：“修权同志当时还在主持负责部内工作。他在部内大会、小会上反复强调《十六条》中的‘要文斗，不要武斗’，要求‘造反派’们‘君子动口不动手’。修权同志说：‘许立同志在以往几十年的革命斗争中，为党做了很多有益的工作，现在已经六十多岁了，又有高血压，请同志们还是要照顾这一点。再过三十年以后，你们也六十多岁了，如果那时候你们也遭到同样的情况，就会知道应该怎么办了。’修权同志是在提醒和告诫‘造反派’们不要搞得太过分。谁知反而被他们抓住，说修权同志是用宣扬‘资产阶级人道主义’来反对‘阶级斗争观念’，是压制了‘造反派’

的‘革命热情’和‘造反精神’，由此，修权同志也成了一个被批判的靶子。”①

对自己站出来说话会撞到造反派的枪口上，伍修权多少有一点心理准备。令他痛心的是，眼看着一些老干部受迫害，自己却无能为力。没有倒在革命战争年代枪林弹雨中的许立，却在“文革”中倒下了：批斗仍在继续，后来下放到“五七”干校劳动改造，被迫去干淘厕所等力所不能及的工作。百般折磨中，许立一病不起，含冤辞世。

1966年秋，康生带着王力来中联部看大字报，大为不满地指责中联部的干部群众“没有抓住大方向”，断言“毛泽东思想还没有进中联部的门”。他指示中联部连续召开动员大会和党团员大会，并且到会上煽动，说中联部不是高举毛泽东思想红旗的部，而是打着王稼祥白旗的部。中联部的要害问题是搞了“三和一少”，应该集中火力批判“三和一少”，这才是运动的斗争大方向。说王稼祥是提出“三和一少”的“反革命修正主义外交路线”的代表人物，是埋在党内的“定时炸弹”，竭力鼓动人们对王稼祥“彻底揭发，批倒斗臭”。

康生所说的“三和一少”，是指王稼祥牵头提出的《关于对外关系几个问题的建议》。这封1962年2月27日呈送周恩来、邓小平、陈毅的“建议信”，主要谈了三个问题：第一，请考虑是否有必要用中国政府的名义发表一个全面性的外交政策的声明或报告，针对赫鲁晓夫争夺和平旗帜的问题，树立自己的和平形象。第二，避免把支持老挝和越南的担子全部放在自己的肩上，避免把美帝国主义的锋芒全部集中吸引在中国身上，建议中共中央对越、对老政策作适当调整。第三，关于中印边界问题，要高举和平共处五项原则的旗帜，高举通过和平谈判解决中印争端的旗帜。同时，还提出对外援助如何实事求是、量力而行的问题。

“建议信”出台的国际国内大背景是：国内经济处于困难时期，需要有时间和更多的精力关注国内的经济建设，而当时中国共产党在国际共运中所采取的政策造成的国际大环境对中国大力发展经济很不利。为了争取更多的时间和精力搞好本国的经济恢复，王稼祥在中联部部务会上提出了上述看法，供大家讨论。在会上，大家对王稼祥所提建议都很认可，没有表示反对的，包括刘宁一、赵毅敏等人都是支持的，只有伍修权提出在目前这个时候向中央提出这个建议时机不很成熟。伍修权提出这一当年不便细说但得之于深思的不同意见，或许想起了庐山会议上横遭批判的彭德怀，“意见书”与“建议信”，前者说内政，后者言外交。“意见书”会不会是“建议信”的前车之鉴呢？也许想起了国际共运中的种种斗争，“建议信”会不会被人与中苏论战挂起钩来？后来的事态发展证明伍修权并非杞人忧天。“建议信”呈送给周恩来、邓小平和陈毅之后，他们没有表示任何不同意见。这不但可以从“建议信”发出的大半年后邓小平点名要伍修权率中共代表团参加东欧四国党代会看出来，而且可以从中体会出邓小平点将中所隐含的

---

① 张学同：《坚持真理 坚持原则 勇于负责的楷模》，见《历史风云中的一代英杰——伍修权》，当代中国出版社2008年版，第38—39页。

低调处理国际共运矛盾的深意。只是认为问题非常重要，应该引起毛泽东等的重视，“建议信”才被转发给了毛泽东和中共中央政治局、书记处的其他成员，成了1962年第319号传阅文件。1962年7月25日至8月24日在北戴河召开的中央工作会议上，毛泽东在指出国内问题上有人主张搞“三自一包”的同时，也把“建议信”提出的对外工作主张定性为“三和一少”。

王稼祥主持中联部工作期间，对康生插手中联部持抵制态度。虽然“建议信”事件前后，王稼祥因疾病缠身基本离开了中联部部长的岗位，但1966年3月10日，他调任中央外事小组副组长，中共中央有请王稼祥重新出来工作的意图。因此，“文革”开始后，在康生、王力的直接唆使下提出的所谓“王稼祥复辟”，使他难逃厄运。部内的造反派先是向王稼祥的家里送去一大批大字报，勒令他贴在屋内天天看。没过几天又组织了几十个人到他家里，把他从床上架到客厅里进行批斗。康生、王力还授意造反派将王稼祥揪回部里，逼他来看大字报，交代“罪行”，接受批斗。“文革”中，“牛鬼蛇神”被批斗时，大都胸前挂着黑牌、头戴高帽、两臂反背作“喷气飞机”状，连身体健康的人都受不了，何况长期重病在身的王稼祥？伍修权看了深感痛苦。

王稼祥被揪斗的情况反映到了周恩来那里，周恩来极为关注。伍修权回忆说：“在一次中央的会议间隙中，他找到我当面交代要设法保护王稼祥同志，他说：‘修权同志，你是了解王稼祥同志的，也了解中央对他的态度，你应该替他出来讲讲话。’又说：‘毛主席有过指示，王稼祥同志对党是有功的。现在他身体不好，不应揪斗他，把人斗死了，只有损失，没有好处！’由于考虑到林彪、康生之流对他的忌恨，他嘱我尽量用我自己的语言去向群众讲清道理，不必透露是他的指示。”① 对于周恩来当时的处境，伍修权心中有数，他虽然还是中共中央主要领导人，但是重大事情都得听毛泽东和林彪的，更要直接与康生、江青和陈伯达等人打交道，许多事不能他说了算，甚至说了也不算，在大批干部受冲击被揪斗向他求救时，他也常常无能为力。保护王稼祥的事，他只得托付给伍修权。

伍修权明知王稼祥及所谓的“三和一少”是康生点了名的“斗争大方向”，可是为了完成周恩来的嘱托，他再次挺身而出，在中联部内召开了十七级以上干部会，根据周恩来的指示精神向大家介绍了王稼祥的重大贡献，说他在国内革命战争时期特别是在遵义会议上拥护毛泽东，起了重要作用，是有功劳的；在许多问题上是站在毛泽东一边的，毛泽东曾多次赞扬过他。他的身体本来就不好，如果把人斗死了，那就不好了。造反派马上把以上情况捅到康生、王力那儿。于是，一顶“王稼祥的黑干将”的政治帽子扣到了伍修权的头上。“建议信”也被康生进一步上纲上线：1967年，康生说“三和一少”应叫“三降一灭”—— 投降帝、修、反，扑灭各国革命运动。

“建议信”里提出的意见，也是伍修权在外交部和中联部工作期间经常碰到、

①《伍修权回忆录》，中国青年出版社2009年版，第384页。

1966年底伍修权全家合影（左起，前排：伍一曼、徐和、伍修权、罗斌；后排：伍星、伍望生、伍延力、伍连连）

想到的问题。伍修权深知，中苏关系破裂后，中国共产党同全世界近80个被称为“修正主义”的共产党断绝了关系，同时面临美、苏两个超级大国的军事威胁和经济封锁，在国际社会中处于十分孤立的境地。对此，他不能不忧从中来。伍修权也知道，多年来，中国对周边地区和非洲等100多个国家实施了超出国力的对外援助。三年经济困难时期，按人民币计算，中国偿还外债20.42亿元，对外援助12.32亿元，其中1961年的援外支出是5.19亿元，与偿还外债的支出6.58亿元接近。[①]对“建议信”基本内容的认同，使伍修权毫不犹豫地在“建议信”上签了名：签名时，当时的第一副部长刘宁一在王稼祥签名后有点犹豫，伍修权见状便先签了名，以示对王稼祥的支持并共同承担责任。此后，刘宁一于1966年6月27日被任命为中联部代部长，伍修权却成了康生的眼中钉。吴学谦这样评价伍修权对王稼祥的支持和保护：“今天回过头来看，这些建议与我党十一届三中全会后调整对外路线、方针和政策的精神是一致的。然而，在当时党内生活极不正常的情况下，支持提出这些重大建议是要有高度的革命事业心和政治勇气的。王稼祥同志因此遭到非难和打击。修权同志以大无畏的气概，主动为稼祥同志分担责任，并尽力保护稼祥同志。”[②]1979年3月9日《中共中央联络部关于为

① 财政部综合计划司：《中国财政统计：1950—1985》，中国财政经济出版社1987年版，第89页。

② 吴学谦：《可敬可亲的良师益友》，见《历史风云中的一代英杰——伍修权》，当代中国出版社2008年版，第9—10页。

所谓“三和一少”、“三降一灭”问题平反的通报》指出：“康生等人强加于中联部和整个外事战线的所谓‘三和一少’、‘三降一灭’修正主义路线的罪名，完全是诬陷不实之词，必须予以推倒。”

三、为保护干部和群众成了“黑帮分子”

1967 年元旦过后，中联部的主要领导干部都被勒令就自己的问题特别是“文革”以来的表现，向群众作公开检查并听取批判。伍修权在 1 月 12 日的全体大会上自告奋勇说：“那我先来检查吧！”

伍修权这次检查事先做了充分的准备，他说，自己对“文革”很不理解，思想总是落后于形势，迟迟跟不上来。接着重点检查了自己“文革”以来的问题，运动初期中联部向下属单位派出工作组时，伍修权也表示支持，执行了“压制群众”的“资产阶级反动路线”。这就成了他的第一条“罪状”。伍修权还承认自己曾经“怕字当头，怕受委屈”、“等着挨整罢官”等。

“文革”初期，伍修权根据中联部部务会议精神，写过一份如何应对造反派夺权的报告。这份预案属正常请示件，却被康生当作伍修权反对“文化大革命”、试图镇压造反派的铁证。造反派则秉承康生、王力的意旨，不让伍修权过关，大会小会对他进行围攻。不分日夜轮番批斗，使伍修权因体力不支而晕倒，高烧 39.8℃，中联部医务室的大夫提出必须马上送伍修权进医院。他在医院住了十天，造反派说不能让伍修权把医院当成避风港，强迫他立即出院继续交代问题。

虽然对群众组织采取尽量合作不对立的态度，但伍修权有时也难以按捺心中的愤慨。那时最常用的斗争方式是“打语录仗”，即各自从《毛主席语录》中找出对自己有利的“最高指示”来批判或反驳对立面。面对造反派的无理取闹，伍修权也会选出几条语录予以回敬。一次，他打开“语录”朗声说：“伟大领袖毛主席教导我们说：‘谁是我们的敌人？谁是我们的朋友？这个问题是革命的首要问题……’”他想用这条“最高指示”提醒对方，不能用对待敌人的方式来对待他。造反派头头回道：“你就是我们的敌人，你就不配读《毛主席语录》！”伍修权听了抓住他这句话追问：“你根据什么说我是敌人？中央有哪个文件，哪条指示说我已经是‘敌人’了？”康生、王力等虽然唆使造反派用“群众”名义对他连轰带斗，但由于没有抓到他什么重要把柄，因此还没有把他定为敌我矛盾。

随着斗批运动的愈演愈烈，中联部也形成了两派群众组织。在康生、王力直接操纵下，造反派对另一派群众组织工勤总部的打压逐步升级，从“保皇组织”、“工贼组织”到“反革命组织”。工勤总部的人，不论是干部还是职工，都被拉出去批斗，勒令他们停止工作，下伙房劳动，连有的炊事员、招待员也被停职反省、挨打被斗。造反派还抓了好几个“反革命案件”：外出的汽车爆了胎成了“政治破坏”；大标语上毛泽东的“毛”字被喇叭挡住了，也是“恶毒攻击”，并据此要求部领导宣布对工勤总部实施取缔、镇压。

按照康生、王力的意旨，当时的中联部代部长主持部务会议讨论此事，决定以部的名义正式宣布取缔工勤总部。伍修权当即表示反对，他提出，部领导对两派群众组织，要坚持“一碗水端平”，不能支一派压一派，更不能毫无根据地把一派群众组织打成反革命。如果那样做，就会犯运动以来最大的错误。在此前后，康生叫这位代部长传话给伍修权：“如果你同我们站在一边，康老说还保你。”伍修权淡然一笑，未予理睬。这一来，就进一步得罪了极左的造反派头头和为他们撑腰的康生、王力一伙。

一次，工勤总部召开大会质问这位代部长为什么要把他们打成反革命组织。一个造反派头头当即带着一批人冲进会场，导致了武斗的发生。当时在场的还有外训班的一些外国学员和外宾的孩子。这事惊动了中共中央，周恩来赶来中联部，看望了受伤的外宾之子，向外宾表示了歉意，要求中联部领导马上查处此事，做好善后工作。伍修权也去医院慰问了伤者，还劝说两派不要激化矛盾。

康生、王力一伙则利用他们挑起的武斗事件加紧了对伍修权的围攻，召开了“粉碎伍修权资产阶级反动路线反扑大会”，把他定为中联部的“资产阶级反动路线代表人物”和“工贼组织的黑后台”，并且剥夺了他在会上的答辩权。伍修权只得以毛泽东提倡的大字报这一形式，于 1967 年 4 月 6 日在中联部大院内贴出一张大字报，公开阐明自己对中联部运动的看法，提出要坚持实事求是，坚持群众路线，批评个别领导人支一派、压一派的错误做法。明眼人一看便知，这张“四六大字报”的矛头是指向康生、王力一伙的，一贴出来，立即引起强烈反响，得到中联部广大干部群众的支持，也刺痛了康生、王力一伙。4 月 8 日凌晨，康生、王力即以中央文革小组办事组的名义，发出了“对中联部‘文化大革命’运动的重要指示”，鼓动中联部的干部群众跟伍修权划清界限。“四八指示”下达后，康生、王力又来到中联部，连夜召开大会，由王力当着康生的面正式传达中央文革小组和康生对中联部的“重要指示”。

在康生、王力的直接煽动下，造反派立即调动人马冲进伍修权家。这天是星期六，伍修权的几个还在上学的孩子都回了家。一家人刚刚睡下不久，就听到高音喇叭叫了起来：“打倒彭真黑帮分子伍修权！”“把里通外国的反革命修正主义分子伍修权揪出来！”阵阵喊声把伍修权一家人都惊醒了。造反派冲进去把伍修权揪到走廊里，反扭双臂，先在他家里开现场批斗会，接着拉到中联部大院里游斗。

伍修权被“揪出”的第二天，叶群传达了林彪对伍修权问题的指示。他们把伍修权同彭真连在一起，定为“彭真黑帮分子”，叶群几次向中央文革小组传达林彪“指示”，说伍修权“是个危险人物，是坏人，是隐患，在东北的时候就反对林彪，东北所有的坏事他都有份”。康生、王力等一得到林彪的“尚方宝剑”，马上向中联部和各单位造反派做了传达和布置，掀起了“坚决揭露”、“彻底批判”、“愤怒声讨”伍修权的高潮。从中联部大院内到天安门城墙上，贴满了揭露伍修权“滔天罪行”的大标语、大字报。当晚又召开了批伍大会，批斗主持人宣布，为了杀杀伍修权的气焰，决定游街示众。几个人拿起早已准备好的“走资本主义道路的当权派”的牌子往他脖子上挂时，发现伍修权不仅穿了棉军大衣，还穿了双大棉鞋。主持人问：“你对批斗是不是有准备？”伍修权答：“是有准备。”问：“为什么？”答：“群众运动嘛！”问：“你既然知道要斗你，为什么不害怕？”答：“白天不做亏心事，半夜不怕鬼叫门！”自作聪明的主持人被伍修权的话噎住了，半晌说不出话来。忽然，他好像抓到救命稻草般大喊起来：“看，伍修权把咱们革命群众比作鬼了！”当晚的批斗、游街，比4月8日晚上的更甚。

被斗得身心俱伤的伍修权在二女儿望生的搀扶下走到院子里。这时已是红日高照，而他的“黑夜”刚刚开始。伍修权晕晕乎乎回到家里，家里已被抄得一片狼藉。他洗了把脸才稍稍镇定下来，只是越想越不对头，自己革命几十年了，怎么一下子成了“反革命修正主义分子”呢？作为中共中央委员、高级领导干部，怎么说“打倒”就被“打倒”了呢？尤其使他想不通的是，决定自己命运的竟是林彪、康生几句不明不白的话，并且由一伙造反派头头宣布对他的惩处。

痛苦不堪又不知如何是好的伍修权，想到毛泽东是了解自己的，两年前伍修权陪同一位外国党领导人去见毛泽东，在谈话中毛泽东指着他对外宾说：“从苏联回来的人，他是没有反对过我的一个。”[①]伍修权是多么想把满腹疑惑和不解向毛泽东报告啊！他几次把手伸向直通中南海的红机子，却又缩了回来。他对家里人说：“不到万不得已，绝对不能去打扰毛主席。”儿女们说：“您自己不愿打电话去，就由我们出面上书毛主席。”他还是不同意。考虑再三，伍修权给周恩来办公室去了个电话，报告了中联部发生的事。电话是办公室秘书接的，答应马上转告周恩来却无回音。伍修权也知道，在这种时候，每天不知有多少同样的电话打到那里，何况周总理也正处于艰难甚至危险之中，即使出面干预，也不可能救得了每一个向他告急的人。电话告急的下文证实了伍修权的推测：不几天，造反派冲到伍修权家，把他家直通中南海的红机子拆了。显然是周恩来办公室曾给中联部来过电话，查询伍修权挨批斗的事，造反派才采取了这个反制措施。

在中联部大院内，住着几个久居中国的外国党领导人。其中一位与伍修权是近邻，平时常来往。中联部那次武斗中，这位外宾的孩子也被打伤了，伍修权曾去慰问，做善后工作。伍修权被打成“黑帮分子”后，这位外宾对他忽然遭此厄运感到难以理解并为之不平。有一天他们在门口碰上了，这位外宾表示要向他了解情况并给他提供帮助。伍修权说自己现在处境不好，外出活动有诸多不便。他本想借此推托，哪知这位外宾说他到伍修权家来谈。却之不恭，伍修权只得在自家楼下客厅里接待了他。对方急切地问他到底因为什么挨整。伍修权向对方简要说了一下情况，劝他不要卷入中国共产党的内部事务中来，很快就把客人送走了。但是这位外宾后来还是向周恩来提出了此事，认为伍修权不该挨整。这事被造反派视为伍修权唆使外宾向中央告康生的状，他们又对伍修权采取了一个反

① 张万年、迟浩田：《历史风云中的一代英杰——深切悼念伍修权同志》，《人民日报》1998年2月4日第12版。

制措施：勒令他全家立即搬出与外宾为邻的原住处，迁到一处没有电话的旧房子里，并严令他不得乱说乱动，一切行动都要向造反派报告请示。

此时，伍修权的问题已经由“人民内部矛盾”变成了“敌我矛盾”，不仅在中联部内，还被其他单位的造反派以各种名义轮番拉去批斗，其中有两次规模最大的批斗会，给他留下的印象最深。一次是在北京体育馆里，他的胳膊被反剪着押进会场，会场坐满了人，一起被批斗的还有全国人大常委会副委员长班禅额尔德尼·确吉坚赞和中联部副部长许立。“造反派”一会儿斗班禅，一会儿批伍修权。当时正值盛夏，挂黑牌子的绳子又卡住了脖子，几乎透不过气来。即使在这种逆境中，伍修权还在为班禅不平，为党担忧：班禅是对西藏和平解放有很大贡献的爱国人士，怎么也会遭此厄运？中国共产党一贯的统战政策跑哪里去了？另一次是在中国人民大学广场上召开的批斗张闻天、伍修权大会。一开始以伍修权为主角进行批斗，张闻天只是陪斗。伍修权感到奇怪，张闻天曾担任过中共中央总书记，地位比自己高多了。正当伍修权不解时，可能造反派也有所悟，就将他与张闻天调换位置，让伍修权当起陪斗来。这两次揪斗会，都是万人大会。

那时，人民大学的三个造反组织联合结成了“人大三红”。由于中联部的工作性质，“文革”期间本来不准部外的群众组织进入部内串联。但经康生特许，“人大三红”成立了一个所谓的“揪伍兵团”，被允许到中联部揪斗伍修权。与之相关的“首都大专院校红代会”等组成的“社会斗批改联络站”，还出版了题为“伍修权罪行录”的铅印小册子，作为他们编印的“斗批改丛书”中的一本。“前言”中写道，伍修权被揪出来“是毛主席的无产阶级革命路线的又一重大胜利”，“长期以来，伍贼与彭（真）贼结成死党，狼狈为奸，大肆吹捧苏修、南修，积极鼓吹刘（少奇）修的‘三和一少’，给修正主义头子们贴金镶玉，恶毒攻击我们伟大领袖毛主席及林副主席，在文化大革命中顽固坚持反动立场，反对中央文革，犯下了滔天罪行！”这本小册子的编者们搜罗了伍修权在各个历史时期的材料，列举其“罪状”：从中央苏区反“围剿”到遵义会议上，伍修权给李德当翻译，成为“左”倾机会主义者的“帮凶”；长征中“得到彭德怀的重用，被提拔为三军团副参谋长”；解放战争时期与彭真、林枫、吕正操结成“桃园四结义”，合伙反对林彪执行的“毛主席的无产阶级革命路线”。中联部的造反派更不甘落后，在他们 1967 年 4 月 28 日炮制的《黑帮分子伍修权在南斯拉夫问题上的罪行录》中称：在担任中国驻南大使期间，“他犯下了一系列反党反社会主义反毛泽东思想的罪行。对于他的这笔账，必须彻底清算，必须系统深入地加以批判”。而其中辑录的“伍修权在南斯拉夫问题上的一部分反动言论”，第一部分就是“南斯拉夫是社会主义国家，社会主义的本质没有变”。

伍修权经历了四十多年革命斗争的锻炼和考验，没想到这场运动把他一下打成了“牛鬼蛇神”，使他受到从未有过的打击和侮辱，精神上极其痛苦，还要没完没了地接受各种批判斗争和审讯逼供，尤其是随叫随到日夜进行的“专案审查”。比这更可怕的是他的罪名已升格为“一贯反对毛主席，一贯反对毛泽东思

1948 年底，伍修权与徐和结婚。图为结婚照

想，一贯反对毛主席的革命路线”的“三反分子”，“里通外国”的“苏修特务”和“国际间谍”。他陷入了有口难辩的痛苦和无奈之中。当时，刘少奇、邓小平、彭德怀、贺龙、张闻天、王稼祥等开国元勋，都被加上各种罪名，受到残酷迫害，不少人含冤而死。而一些心术不正、妄图一手遮天的人，却掌握着对干部、群众的生杀大权。落到这些人手里，就只有“死路一条”了。在极度痛苦和悲愤中，伍修权于 1967 年 6 月 23 日深夜，在手边一张纸上留下了遗言：郑重声明自己“不是彭真黑帮分子”，表示“对不起毛主席的培养和教导”，并勉励儿女要听党的话，继续走革命的路，然后吞下了身边所有的安眠药片，以死抗争。

伍修权的老伴徐和发现了丈夫的反常情况。徐和是伍修权的第二任妻子。1948 年 5 月，伍修权到大连指导军工生产，遇到了在延安就相识的冯铉、李斐仪夫妇。他们得知张毓兰病故后伍修权又当爹又当妈的情况，热心地为他介绍了他们所在单位中共中央社会部的徐和。他们把徐和找来，引见之后，让两人摆开围棋对弈。伍修权从冯铉夫妇的介绍和与徐和的交谈中，知道她出生于江南水乡名镇南浔，其父徐一冰早年赴日本留学，归国后于 1908 年在上海创建了中国第一所专科体育学校中国体操学校，1914 年又在家乡开办了南浔贫儿院，1922 年因病英年早逝。徐和从两江女子体操学校毕业后，先后在天津南开女中、重庆陶行知育才学校等任教，后在其弟徐迟的影响下接受了进步思想，1946 年来到东北解放区。她既有对伍修权革命经历的敬重，又有对其中年丧妻不幸遭遇的同情。在冯铉夫妇的促成下，两人同意共同撑起这个家。徐和说她参加革命还不太久，正在争取入党。为了不使家庭问题影响对方的进步，伍修权说可以等她解决了入党问题再办婚事。当年 11 月，徐和入了党并与伍修权组成了家庭。结婚之时，李富春、蔡畅夫妇等赶来贺喜。此时，看着昏迷不醒的丈夫，徐和悲从中来：结婚还不到 20 年，莫非丈夫就要离自己而去？她迅速把中联部医务所的贾违仁大夫请来，一起把伍修权送到北京医院，这才把他从死神手里夺了回来。

四、从机关隔离到卫戍区“监护”

伍修权一出医院，造反派受康生指使，宣布对他进行隔离审查，由软禁在家改为在机关里集中关押。

“文革”中，被揪斗的对象，被称为“牛鬼蛇神”；关押他们的地方，被称为“牛棚”。关伍修权的“牛棚”设在中联部大院的南小楼里，他进去时那里已关了不少人。伍修权是所谓的“要犯”，因此单独关押，被关在里面的一间，外间由造反派人员日夜轮班监视着。“牛棚”只管关，不管饭，饭由各家送，但只能送饭不能见人。开始时监管人员对送来的饭菜检查比较严，时间长了就有些松懈了。伍修权的子女们就仿照父辈“地下斗争”的方法，在送的食品里，时常会悄悄塞进一张用糖纸包着的小纸条，或把报纸上的相关消息剪下来放在饭盒底部，及时向他通报“牛棚”外一些比较重要的消息。

在“牛棚”关了一段时间后，像伍修权这样已被“斗倒斗臭”的老干部，被扔在一边。但造反派不让他们“闲”着，又变着法子整他们。清理废旧大字报、打扫公厕、在院子里平整土地、给暖气锅炉劈柴，这些活伍修权都干过。造反派本来是想用这些来惩罚“牛鬼蛇神”的，伍修权虽然每天干得汗流浃背，却从体力劳动和来自群众的体谅中获得了精神上的慰藉。有的干部群众不忍看到他们敬重的老领导受折磨，常常从伍修权手里抢过工具帮着干，或者抢在前头把造反派分派他们干的活做完了。

1968 年 4 月，伍修权被关进“牛棚”满一年时，由于揪出的人越来越多，“牛棚”里人满为患，一度被转移到院内的 22 号楼继续接受隔离审查。后来 22 号楼的新“牛棚”也住不下了，就把他这类“死老虎”赶回家住。正是周末，孩子们回到家时，发现爸爸回来了，都高兴得不得了。伍修权十分慈爱地拥抱了孩子们，这是他少有的感情外露。孩子们已经许久没有看到父亲的笑容，没有感受到父爱的温馨了。但伍修权忧虑的是，中联部自许立和他先后被“打倒”以后，其他的副部长赵毅敏、熊复等人，也都被一一揪出全部“打倒”了。康生宣称“那里的领导人都是坏人，特务、叛徒很多，部长和副部长都垮了”。伍修权怎么也接受不了这个现实，怎么能全盘否定中央重要部门的整个领导班子，并将之一棍子打死!

伍修权从“牛棚”放回家后，在家过了一个五一节。5 月 3 日在机关大院干活时，一辆军用吉普车朝他们劳动的地方开了过来。中联部一个造反派头头跟着两个军人下了车，他们叫住伍修权并宣布说，接上级命令，由北京卫戍区将伍修权押走，对他实行“监护审查”。说着就一人一边，将伍修权强行押上了车。吉普车路过家门口，他见妻子正在外头，却不能打招呼，就这样突然被绑架似的抓走了。事后得知，这又是康生搞的鬼：他以“监护审查”的名义，让卫戍区把伍修权关起来。

被押上吉普车的伍修权感到车正沿着长安街向东开，他多么想看一眼熟悉又久违了的天安门啊。小车开出市区约几十公里，进了一个部队营区。一个部队干部把他带进一座二层小楼上的房间里，冷冷地甩下一句话：“你就住在这里，好好地反省检查自己吧！”伍修权一看，这间房大约有十二三平方米，里面有一张旧木板床、一张破桌子，外加一把木椅子。那人指着光板床上的一条破棉被说：“这是留给你用的。”伍修权一看真是哭笑不得，用它当被子盖太小，当褥子垫太薄，卷起来当枕头又太脏，这简直是一种人身侮辱。那人说完转身将伍修权锁在屋里。后来由中联部转送来家人托带的衣服、被褥等生活用品，伍修权不得不“既来之，则安之”，开始了六年半被监禁的岁月。

关伍修权的地方，是北京卫戍区一个团在通县的驻地，“文革”中许多被揪出来的领导干部，都被送到这里“监护”。名义上，除了监督管制，还要进行保护，实际上是在坐牢。进行了特殊改造的营房也很像牢房：本有一门一窗，窗户玻璃上却涂满了白色油漆，使被囚的人看不见外头，不折不扣的“不见天日”；窗框上加钉了粗厚的木板木条，使人无法打开。门上有一个鸡蛋大的圆洞，供哨兵巡查、监视之用。通常只有开饭时间房门才打开一下，让炊事员给里头的人送饭。饭食终年不变，早上是一大碗棒子面糊糊加一块咸菜，中午和晚上各两个棒子面窝头，外加半碗熬白菜或萝卜，偶尔吃上白面馒头或豆类就算改善伙食了。伍修权说：“这种伙食在当时的全国人民中，按说也不是最差的，我在年轻时也长时期过着困苦的生活，但是这与我近一二十年的生活水平相比，可就悬殊很大了，最初确实难以适应。尤其是思想负担很重，精神受到压抑，根本谈不上什么胃口，只是勉强吃点维持生命而已。”①

从送饭的开门声中，伍修权听出他的左右及对面都关着跟他一样的“监护”对象，只是见不着他们。唯一能出牢房的机会是上厕所，获准后，在走廊上无人时才押去。有时厕所隔板另一侧也有人，他忍不住想试探一下那边会不会是熟人，便故意咳嗽几声，引得对方也以咳嗽回应。不过还没等答话，看守就发觉了他们的意图。一顿训斥之后，又宣布了新的戒律，上厕所禁止咳嗽。这下不仅不能再在如厕时寻“知音”了，还剥夺了他们咳嗽的权利。除了上厕所，能出牢房的机会还有每隔几天的一次放风，不过仍见不到任何一个被关押的人。放风时都是一个个地错开出去，放风地点也经过了特别设计：将一个大院分隔成几个十几平方米的天井，放风的人互相看不到，高处的哨兵却将他们的一举一动尽收眼底，每次只能享受 30 分钟的阳光，呼吸一点户外的新鲜空气。伍修权每次都充分利用放风的机会，活动身体、做深呼吸，享受一下平常人不在意的极其珍贵的阳光和空气。

所有在那里被“监护”的人，一律用数字代号相称，伍修权是 42 号。为了便于“监护”，“囚室”内通宵不准关灯。伍修权本来就常常失眠，开着灯更无法入睡，心情格外烦躁，只能闭眼假寐挨时间。有时实在忍受不了，用毛巾盖在脸上遮光，却常被看守强令取掉。灯光煎熬不好受，夏夜蚊虫的叮咬，也使他受不

①《伍修权回忆录》，中国青年出版社 2009 年版，第 309 页。

了。因营区周围都是农田，蚊虫小咬甚多，夜里一见灯光就钻进来。开始是有蚊帐的，挂了几夜就被收走了，说是蚊帐挡住了看守的视线，不利于“监护”。于是，一到夏季，他们就成了蚊子的袭扰对象。长期无法安睡，伙食又差，尤其是精神压力，伍修权的身体很快垮了，先是逐渐消瘦，接着出现浮肿，每天头晕目眩、四肢无力。伍修权请求看病吃药，但那时“医疗为政治路线服务”，“监护”这群“黑帮”的人竟说：“你们这些人都是敌我矛盾，我们对于敌对分子是不讲仁政的，你们的身体就自己支撑着吧！”

“监护”使伍修权失去了行动自由，却捆不住他思想的翅膀。饱受病痛和精神折磨的伍修权，在失眠的长夜里，竟想起了几年前生的一场病。那是1964年底，多年持节衔命在国际共运一线征战的劳神劳形，伍修权病倒了。1965年春季不得不暂停工作，在组织安排下到海南去疗养。南太平洋的海浪、亚龙湾的沙滩、在海风中舞出灵秀之气的椰林、在亚热带花草包裹中的温泉，使伍修权享受到难得的闲适。他乡遇故交，更是赏心乐事。在南海之滨，伍修权碰上了曾经多次访问毛泽东，并将他关于“帝国主义和一切反动派都是纸老虎”的著名论断公之于世的美国记者、三S（斯诺、斯特朗、史沫特莱）之一的斯特朗女士。闻名不如见面，两人一见如故，常常聚在一起打桥牌。斯特朗那年80岁，斗志却丝毫不减，每次“交战”，不赢绝不收场。伍修权与老人在“天涯海角”度过了一个愉快的春季，病体也渐渐康复。可是现在……想想自己革命大半辈子，没有坐过国民党的监狱，却进了共产党自己的特别牢房，感慨油然而生。

难挨的夏天终于熬过，严冬紧跟在短暂的秋季之后来到了。“监护”室内没有暖气，天冷后装了炉子，发了一些煤面炭末，各人自己做煤球取暖。伍修权童年在老家捡过煤渣，做过煤球，没想到几十年后还能派上用场。每次做出一批，够烧三五天，然后再做再烧，弄得手上总是黑乎乎的。就这样，他熬过了一个个逼供比蚊子更磨人的夏季，一个个心里比囚室更寒冷的冬季。

“监护”的时间长了，伍修权逐渐发现关在他旁边的大约是些什么人。有一回他被叫去提审，半路上有个战士追上来，对押送他的战士说，带错人了，要找的是蒋南翔。于是，他知道隔壁住着的，是曾任高教部部长和清华大学校长的蒋南翔。还有一次从厕所出来，迎面碰上了中共中央统战部的平杰三，只见他满脸胡须。押伍修权的战士连忙命令他转过身去，不准看对面的人。直到平杰三走后，那战士仍不放心地问他刚才看到谁了，伍修权故意说不认识。以后又陆续得知，铁道部部长吕正操、解放军海军副司令张学思、中联部副部长赵毅敏等，也都关在这里。多半是老战友、老同事，如今却咫尺天涯，不能接触，不准相认。

“监护”生活几乎与世隔绝，但伍修权照样能从这密封的“罐头”里提取精神营养。他利用这难得的“清闲”，把一部《毛泽东选集》翻来覆去通读了好几遍。因为整天被独自关着，没有聊天的对象，于是他就朗读起《毛选》来。后来允许他们看报了，每天一份《人民日报》又成了他“监护审查”中的必需品。报纸一到，他就连忙拿起来看，从国家大事到国际要闻，从头版头条到末版下角。国内，中央召开了什么会议，有什么动向和迹象，有哪些人出席和出现，他都反复琢磨；国际，哪个国家发生了什么情况，哪儿有些什么活动，他都像当年搞国家外交和党际交往时一样关心。

70 年代初，中共中央九届二中全会以后，原中共中央政治局常委、中央文革小组组长陈伯达的名字在报上突然消失了。与此同时，报上又号召全党学习马列主义原著，识破和批判“假马列主义的骗子”。伍修权虽然不知其中内幕，却意外地获准阅读《共产党宣言》等马列主义经典著作。他如获至宝，在度日如年中，又有了新的精神食粮。伍修权读书上了瘾，又向管理人员提出，请他们通知家人将马克思的《资本论》给他送来。他青年时期对政治经济学很感兴趣，却一直未能挤出时间通读《资本论》，一心想利用这个空当通读一遍，却不知为什么提了几次始终没有拿到，而是给了他长篇小说《艳阳天》和《金光大道》。这两部小说里的农村虽然与伍修权参加农村“四清”运动时所见差别颇大，可填补了他囚禁生活中的不少空白。

伍修权在铁窗中阅读《简明中国哲学史》时，看到几句佛教偈语：“身是菩提树，心如明镜台。时时勤拂拭，莫使惹尘埃。”他掩卷沉思，感悟良深，提笔写下小诗一首：

身为共产党，坚贞为革命。时时勤检讨，莫使染病根。

这时仍不断有人来提审“监护”对象。负责伍修权专案的有三个人，陆、海、空军各一人，由陆军的干部负责。伍修权对他印象最深的是派头不小：每次提审，他朝中间一坐，审问前还要先泡上一杯茶，抽的烟也是比较高级的。他们刚开始打交道就顶上了牛，争执的焦点是伍修权的问题到底是什么性质的。那人端着架子对伍修权说：“对于你的问题，应该先按敌我矛盾来考虑，自觉地以此为根据进行交代检查，这样才有利于解决你的问题，否则对你将是很不利的。”伍修权不吃那一套，理直气壮地说：“我究竟是什么性质的问题，应该首先依据事实来说话。在还没有弄清我到底有什么问题的情况下，不能先定下我是属于敌我矛盾的性质。”①

可是专案组的人对这些话根本听不进去，伍修权给他们摆事实讲道理，就必然要讲到自己的经历。专案组那个头头见伍修权不肯就范，气得直拍桌子，训斥他是拒不认罪、态度恶劣。明知是“秀才遇到兵，有理讲不清”，伍修权还是要说，他对革命事业的执着，此时演化成了在歪理面前决不低头的执拗。

---

①《伍修权回忆录》，中国青年出版社 2009 年版，第 311 页。

五、亲属和身边工作人员受株连

根据康生的授意，在伍修权遭到残酷批斗之时，他的亲属和身边工作人员，无不惨遭株连。首当其冲的，是他的妻子儿女。

伍修权被“监护审查”前后，他的家几次被抄。只是中联部一般干部的徐和在抄家搬家中苦不堪言，后来也被株连进了“牛棚”。1969 年夏，她和单位的许多人被下放到位于黑龙江肇源县的中联部“五七”干校监督劳动，几十个女同事挤在一个大房间里，睡大通铺。安家落户没多久，发生了珍宝岛事件等中苏边境武装冲突。在中苏可能开战的背景下，中联部的这批人员又被迁往河南沈丘县。那时徐和虽已年近花甲，仍然不得不一边为丈夫和孩子牵肠挂肚，一边与同事们一起苦熬了好几年。

伍修权的长女曼曼是北京军区总医院的医生，从事的是业务工作。当时她已有身孕，产期在即，却照样被隔离审查。孩子才生下来，专案组又来搞逼供，她又急又气，奶就回了，孩子一出生就遭株连之苦而自幼体弱。二女望生当时是北京外国语学院的学生。“文革”初期是学院“红旗大队”的头头，因在外事系统保周恩来和时任外交部部长陈毅而被称为“保皇派”。其父被批斗时，她多次陪着上台保护父亲，被斥为“铁杆保爹派”。她前后被审查了两年，后被分配到安徽淮南。三女连连当时就读于中国人民大学，专修马列主义，性格又随和温厚，却照样受株连，被批斗。先是以“反对林彪、反对康生”的罪名不予毕业分配，接着去部队接受再教育，后来去了河北广宗县。四女延力“文革”时是北京国际关系学院的学生，在与中学同学聚会时，对康生等当时的“风云人物”发了些不吐不快的牢骚，不料被某校造反组织整成黑材料上报了康生。康生在一次大会上点名说：“伍修权在国际关系学院读书的那个女儿很恶劣，反对毛主席，反对林副主席，反对江青同志，至于反对我就更不要提了。历史上一切坏人都反对我。”于是，延力被打成“现行反革命”，从审查对象变成了专政对象。在学校被关押、批斗了七个多月后，又“发配”到河北尚义县劳动改造。小女伍星“文革”开始时还在北师大女附中读初中，因是“黑帮子女”，她连报名去北大荒军垦农场也未获批准。几经周折，才去了内蒙古乌兰察布盟武川县的一个半农半牧的小山村“插队落户”，在那里一待就是五年。

伍修权的儿女中，受株连之苦最甚的是他的儿子罗斌。罗斌当时已经在总参二部工作。康生授意对罗斌立案审查，并且把罗斌专案作为伍修权专案的一个“重要分案”。罗斌毕业于解放军外国语学院，1961 年分配到总参二部工作，1963 年被派到中国驻民主德国使馆武官处担任翻译。他 1966 年 8 月回国休假时，正碰上“文革”，便到总参二部参加学习班。年底，根据周恩来关于驻外使馆人员应分批回国参加“文化大革命”学习的指示，他又参加了外交部驻外使领馆归国人员学习班。亲历了康生、王力一伙在外交部煽动炮打周恩来，打倒陈（毅）姬（鹏飞）乔（冠华），在中联部打倒王稼祥、伍修权、许立，镇压持不同意见的干部群众等种种倒行逆施之后，罗斌对中央文革小组，特别是对康生产生了极度怀疑和不满。联系到他所知和社会上广为流传的康生在过去各个时期的极左劣迹，罗斌在自己的“文革”记事本上，以“党内最大的反革命两面派”为标题，不点名地列出了对康生的十余条怀疑。1968 年 5 月 28 日，即在伍修权被“监护审查”二十多天后，受康生指使，外交部驻民主德国使馆的一个造反派组织以突然袭击的方式当众撕下罗斌的帽徽领章，宣布他是“现行反革命”，当场扣押并宣称：“你的问题非常严重，不但康老有指示，伯达和江青同志也知道！你要老老实实交代你攻击和炮打无产阶级司令部的问题，你还要揭发伍修权的问题。”此后，这个造反组织的专案组对罗斌开始了连续数周的突击审讯。审讯采取车轮战术，分组轮番上阵，勒令罗斌昼夜站着交代问题，后来断断续续的审讯又持续了数月。在此期间，专案组在抄家搜查中找到了罗斌的记事本，并且破解了其中“党内最大的反革命两面派”指的是康生，他的“罪名”被“坐实”，罗斌不得不承认“这是对康老的攻击”。专案组抓住这一“突破口”，逼供集中到一点：要他承认“炮打康生”是受其父亲指使。罗斌坚守一条：这事与父亲无关。然而，康生操纵下的伍修权专案组仍然利用这一“突破”大做文章，谎称：“你儿子已经招了炮打康老，把你也供出来了，你还不老实交代！”但伍修权称自己在中联部运动等问题上与康生是有不同意见，但并没有“炮打”他。罗斌的灾难，也远未到此为止：1968 年底，经黄永胜批准，总参二部成立了罗斌专案组，继续对他进行隔离审查和批斗。1969 年 10 月，他被作为“重点审查对象”“发配”到河南总参“五七”劳动学校监督劳动改造。

伍修权被康生打倒后，惨遭株连之灾的还有他远在武昌的 80 多岁的老母亲等亲属和他的秘书等身边工作人员。

与伍修权一夜之间成了“反革命黑帮分子”的同时，打倒伍修权的各种标语和大字报，也贴到了他武昌老家的院子内外。1967 年 4 月的一天，几乎是与伍修权在北京的家被抄同步，武昌戈甲营小巷里忽然涌来一群红卫兵，冲进伍修权的母亲等亲属的住处，又喊口号又贴标语又抄家。老奶奶不识字，但耳朵还好使，只听人们吼着要打倒“反革命修正主义分子伍修权”。“修正主义”是怎么回事她不知道，“反革命”三个字却听见了，但觉得这与她的四儿毫无关系。她喃喃地对那些红卫兵说：“我儿子修权哪会反革命？他革命的时候还没你们呢！”于是这位耄耋老人也受到了训斥。红卫兵们是根据康生说的伍修权家是“反动官僚兼大地主大资本家”来抄家的，哪知这个“大地主大资本家”的老窝竟是这么衰败破落。他们找到伍修权少年时期的一个同学外调，那位老汉指着伍家道：“看看嘛，有哪个反动官僚和大地主大资本家，是住这种破房子的？”那伙造反派什么“反动罪证”也没找到，但这次抄家还是以“胜利”告终：他们发现老奶奶有个念经用的神龛，立即连同其中的菩萨像砸得粉碎，还一度封门，把老奶奶赶到斜对门一个废弃的天主教堂里暂住。老人家 1960 年曾被儿子接到北京，1964 年因故土难离又回了武昌老家。她总算避开了在北京眼见她的四儿进“牛棚”的惨剧，没想到还是没能躲过城门失火之灾。饱受了痛失丈夫和几个儿女苦难的老奶奶，心再次被揉碎了。她心目中的偶像是救苦救难的观世音菩萨，却被“扫地出门”，寄居于戴十字架的洋基督门下。

伍修权的七弟伍修凡和七弟媳米爱国原是部队技术干部，却也受株连。他们受清查后被迫离开部队，到长沙一家工厂当了工人，直到伍修权获释后才落实政策，重返部队。

“文革”前担任伍修权秘书的于洪海，也因受牵连被关了起来，勒令他揭发交代伍修权的所谓“罪行”。忠厚老实的于洪海熟悉并敬重自己的首长，怎么威逼也不乱说，造反派把他定为“不可信任的人”，发配到大西北边远地区改造。他的档案材料转去后，因接收方对造反派的定性有不同看法，拒不接收，于洪海才被送到“五七”干校劳动。

六、劫后余生的妻儿“探监”

1972 年 6 月的一天上午，在伍修权监护地的一间会客室门口，他的妻子儿女眼巴巴地注视着门外。

来了，四年未曾见到的亲人来了。可出现在妻儿眼前的伍修权，已不再是当年风度翩翩的外交官，而是一位垂暮老人，一脸病容，体态臃肿，连说话的声音也沙哑凝滞，满含沧桑。当年合身的二尺六腰围的裤子，套在因浮肿虚胖而变成三尺三的腰上，上面的两颗纽扣自然扣不起来。见此情景，家人莫不心酸。其实，为了不让妻子儿女因见到自己囚徒般的模样而难过，伍修权在接到与家属见面的通知后，已经把自己“修理”了一番：他从看守人员那里要来了刮胡刀，在他们的监视下刮了胡子。

恍若隔世的亲人相见，伍修权与妻子儿女一样，既有庆幸，更有凄楚。他看着妻子，“文革”灾难催人老，老伴真的老了。他又用爱怜的目光环视儿女们，来回扫视了几次，颤声问：“望生呢？”得知望生没事，因为刚生了孩子，没能从安徽赶回来，才松了一口气。

这次探监之前，相关人员交代他们，只能谈家常，不能谈政治，不许打听监护审查的情况。可儿女们顾不得这些条条框框，像四年前父亲被关进“牛棚”时在饭盒里夹带纸条、在水果上刻张笑脸一样，他们为给父亲传递消息、送去安慰做了精心准备：几个女儿有意挡着看守的视线，叽叽喳喳大声说话，以此来掩护罗斌向父亲通报情况。伍修权就是在此时、以这种方式听到了“九一三”事件中林彪外逃的大体经过，知道了毛泽东和周恩来关于落实干部政策的指示，特别是已经“解放”了哪些干部的消息。

伍修权感到自己的苦难就要熬到头了，感到党和国家的前途即将出现转机。

探视一直进行到中午，由卫戍区部队安排吃了午饭。虽是连队大锅饭，却是四年来首次与家人聚餐，还是使伍修权感到无限温馨。

这次劫后余生的家属探监，前因之一是林彪事件后政治空气的微妙变化。1971 年国庆节前后，伍修权在看报时发现，“林副统帅”之类的提法从报纸上消失了，叶群、黄永胜等林彪手下的一批重要人物，也都一一销声匿迹了。伍修权通过对一系列异常迹象的推断，敏锐地察觉出形势的变化。10 月以后，专案组忽然为林彪的问题来找他。其中两件是在东北军区时的事，一是林彪与苏联驻哈尔滨领事馆的关系，二是他同美国来华人员的接触。伍修权听出这是在调查林彪的历史问题，便不露声色地说了所知道的情况。说到自己曾两度陪同军调部的美国代表去哈尔滨见林彪一事时，伍修权实事求是地说，这些活动都是组织安排的。专案组以为他不敢揭发，便直言相告：“你现在不要有什么顾虑了，林彪已经成了一个大坏蛋，你有什么就只管说吧！”伍修权回答：“我只知道讲事实。”不过，他暗自为来人证实了自己的猜想而高兴，为历史出现了转机而高兴。然而“文革”并未随林彪事件而终止，康生、江青等人仍然大权在握，对伍修权等人的专案审查照旧抓住不放。在审查到伍修权的所谓“里通外国”、“苏修间谍”问题时，又卡了壳。在抗日战争前后，按照中苏两党情报部门的内部协议，有一些在苏联工作的中国共产党党员，被派回中国来为苏联做情报工作，并与中国共产党交换情报资料。伍修权曾参与处理、安排过这方面的事，但在审查中他对一些情况和经过的记忆，同有关的旁证材料对不上，结果被认为是“继续隐瞒”和“极不老实”。据伍修权回忆，1939 年在兰州八路军办事处时，曾将从苏联回来的林曈介绍去延安，1946 年在东北时，又由他将林曈安排在东北军区的通讯联络处。林曈同时还为苏联情报机关工作，这是根据两党协议通过组织进行的，当时两党关系处于团结合作的正常时期。但是由于这段历史从未公开过，伍修权向专案组怎么解释也不行，他们根本不了解也不理解这些背景情况，加之年代久远，林曈在一些具体问题上的说法，与伍修权讲的不完全一致，专案组又不肯轻易否定“苏修间谍”这个罪名，于是对伍修权的审查始终没有终止。不过，林彪集团的垮台，还是给受到政治迫害的人们带来了松动的迹象。以前关在“牛棚”、被“监护”和坐牢的人，一直遭受着残酷的迫害与折磨，“九一三”事件后有人向中共中央揭发了这一问题，毛泽东知道后批评和制止了这种“法西斯审查方式”，北京卫戍区按照新的指示精神，也开始改善伍修权等“监护”对象的生活待遇，他们的处境逐步有所好转。首先是伙食标准提高了，伙食费由原来的每天四角五分增加到六角，还给他们专门派了两名炊事员，吃上了米饭、馒头等细粮，菜的质量也有所提高。由于长期受到虐待，营养不良，所有“监护”对象的体质都明显下降，许多人生了病，伍修权也早已衰弱不堪、疾病缠身。卫戍区部队按上级指示，派医生为他们检查身体。伍修权除了原有的心脏病外，又患了严重的糖尿病，医生就让他服药治疗。由于失眠，还准许他吃一点安眠药。

妻儿探监的前因之二，是罗斌和伍一曼的种种努力和伍修权诸多老领导、老战友的关心帮助。1972年春，罗斌专案的负责人专程去河南向他宣布：“你的问题，敌我矛盾按人民内部矛盾处理，定性为犯有严重政治立场错误。”冤案的彻底洗雪虽然还得好几年，但罗斌的处境较前几年大有好转了。同年5月初，他被允许请假回北京。罗斌立即会同姐姐伍一曼，一起为父亲之事找了时任中联部部长耿飚，了解父亲的情况并希望能见到父亲。耿飚在家里接待了他们姐弟二人，安慰说：“组织上已经查清，你们的父亲历史上没有问题，主要是炮打无产阶级司令部，也就是炮打康老的问题。你们也不要着急，不会拖太久了。探望你们父亲的事，我来安排。”姐弟俩心里踏实了，所谓“炮打康生”，他们明白是怎么回事。罗斌认为有必要给中央写封信，把自己所知道的有关情况说清楚。他立即给周恩来写了一封信，主要说明在中联部运动问题上，伍修权同康生有不同意见，但并没有炮打他；自己确曾“攻击”过康生，但此事与父亲无关。申诉信写好后，他们又找到一直关心着伍修权之事的王稼祥夫妇。王稼祥夫妇亲切地接待了他们，并留他们共进晚餐。王稼祥看完信感慨地说：“你爸爸是个老实人，是个好人哪！”还告诉他们，可找胡耀邦向中共中央转呈此信。胡耀邦夫妇也亲切地接待了他们，认真地看完信，询问了相关情况，还找来住在同院的胡克实一起商量研究，把信中罗斌自认“攻击”过康生改为对康生曾有过“非组织议论”。胡耀邦还向他们交代了尽快把此信交到周恩来手里的办法。

1972年6月，他们如愿接到了中联部可以去探望父亲的电话通知，立即告诉分散在多个省区的继母和妹妹们赶回北京。这才有了劫后余生般的家属探监。

七、从“监外就医”到再次“收监”

如同黑暗的牢笼中透进一缕阳光的探监，此后还有几次，每次都给伍修权带来了外面的最新消息。儿女们了解他患病的情况后，又联名上书周恩来，请求及早安排治疗。

当时的周恩来，已成为蒙冤的广大干部群众的希望所在。他每天都会收到大批求援信件，在日理万机的情况下，也总是尽量给求助者以帮助。1973年春，被“监护”了整整五年的伍修权，终于获准住进了北京中国医学科学院阜外心血管病医院。阜外医院条件较好又便于保密，到这里住院的未获“解放”的老干部，需经周恩来批示并对江青集团保密。与伍修权同期来阜外医院就医的还有黄克诚、吕正操、刘澜涛、李井泉、罗瑞卿、张爱萍、李维汉、林枫、周荣鑫、江一真、熊复、徐冰、王尚荣、雷英夫等人。对外都不得透露这些病人的身份和姓名，一切活动都由军队干部负责处理，一律不准外出和对外联系。

伍修权是由卫戍区的人押送进医院来的，住院后病房内还有一个战士不分日夜地守护监管着。好在医生、护士对伍修权态度都很好，治疗也很认真，看来上面已向他们打过招呼。医院的生活也比卫戍区好多了，伙食费提高到每天八角钱。虽然只增加了两毛钱，却是极大的改善，伍修权可以在规定的标准内，自己预定饭菜，这也是被剥夺多年的一份自主权。

阜外医院是治疗心脏病的专科医院，伍修权的心脏病经住院治疗有所好转。由于营养得到基本保证，身体状况也日渐好转。1973 年 3 月，专案组换了负责人，新来的干部态度和作风大大好转。对方让他多想想自己历年来究竟有哪些错误，不要老是记挂自己的功劳和正确方面，告诉他如能严格检查自己，对问题的解决有好处。伍修权感到言之有理，就按当时的认识和要求，再一次梳理了自己的所谓问题。虽然在梳理中不无被当时的主流意识扭曲了的自我检讨，但在原则问题上没有随波逐流。对于涉及康生、江青等的问题，则尽量回避，不过多纠缠。伍修权在家里和很小范围内曾对康生和江青有过表示不满的议论，认为江青成为毛泽东夫人，是挖墙脚行为，硬把贺子珍给挤走了，她长期没做什么实际工作，“文革”中却摇身一变成了“伟大旗手”，到处“代表毛主席”出头露面、招摇过市。专案组让他把这些议论写成书面材料，他就是不写，几经坚持，也就不了了之。这次专案组确实比较认真负责地调查核实了他的材料，排除了许多不实之词，连他的家庭出身、加入青年团和共产党的时间、地点等等，都一一核实订正，做了结论。虽然仍有“上纲上线”的话，却将他的“滔天罪行”一一去掉了。他的问题也由“敌我矛盾”改为“人民内部矛盾”了。专案组答应把对他的审查结论和有关材料尽快上报，让他安心等待。

伍修权不再是“敌我矛盾”了，一直在病房守护的战士，也因朝夕相处成了他的忘年交。那战士家在与湖北邻近的洞庭湖畔，与伍修权是大同乡。这个纯朴的农家子虽然不知道自己守护的人的具体身份和真实姓名，却从专案组与伍修权的谈话中，听出他是个老革命。加上伍修权遵守规矩、谦和可亲，因此对他相当尊重，主动给他帮助，在没有别人在场时，还请他讲讲革命故事。从湖南、湖北出来的几位将帅的事，那小战士听得尤为入神，对那些革命前辈由衷地表示敬佩。有一回他忽然问伍修权什么叫作“超天才”，并且悄悄说林彪的儿子林立果，就被人称为“超天才”，他弄不懂是什么意思。一直被关着的伍修权闹不清这是怎么回事，他也不知道九届二中全会批判“天才”论的情况和背景，只能对那战士从字面上解释“天才”的意思。他们还悄悄地“探讨”一些问题，伍修权从中了解到外头的一些情况。那战士很重情义，有一次伍修权不慎摔坏一支体温表，他打算从自己的伙食费中省下钱来照价赔偿。那战士却不同意，说伙食费只能用来吃饭，他可以帮伍修权去领一支新的，不必赔偿。这使伍修权一直感念那个善良纯朴的小战士。

1973 年从春天到秋季，伍修权一直住在阜外医院，疾病已得到有效控制，审查结论也已上报，他一心盼着早日“解放”，可始终没有下文。其实当时形势只是稍有好转，并未根本改变。在这一年召开的中共第十次代表大会上，康生、江青等人挂上了中共中央政治局委员、常委甚至副主席的头衔。周恩来在毛泽东支持下纠“左”，为大批受诬陷的老干部恢复名誉。但是“解放”干部的工作，仍然障碍重重。1974年初，康生、江青等人发起了“反对复辟回潮”、“反对右倾翻案”甚至“批周公”的新攻势，使“解放”干部问题被迫搁置起来，政治气氛更加压抑，“大批判”的调子越来越高，周恩来的处境异常艰难。连已经“解放”出来并在中共十大上再次当选为中央委员的王稼祥，也在“批林批孔批周公”中猝然辞世。伍修权并不了解这些情况，以为很快就能获得“解放”，便主动提出出院，心想只要离开医院，就可以马上恢复自由。不料冬天批准出院后，又被送回卫戍区，重新关进了那间门窗紧闭的囚室，连家属探视也被取消了。

1974年8月，“批林批孔”运动的高潮过去了，恢复了家属探视，伍修权又见到了家人。这次见面的地点改在北京市内铁狮子胡同的一幢小楼里，看守也不像先前那样严密。伍修权最关心的当然是“解放”干部的情况。利用节日，公布一批参加庆典活动的干部名单，这是当时“解放”干部的特有形式。“八一”那天，伍修权从报上看到不少熟悉的名字出现在参加招待会的名单中，其中有杨成武、王尚荣、吕正操等。

伍修权企盼着能在“中国人民从此站起来了”的10月1日喜获佳音。可是，国庆节一天天临近了，“解放”的消息仍杳如黄鹤。

八、终于获得第二次“解放”

1974年9月29日，伍修权的囚室内，进来了一个卫戍区的干部，让他赶紧收拾东西跟自己走。那干部帮他提着简单不过的行李，领着伍修权走出囚禁之地，来到一个大会客室。

会客室里有几位军人正在等伍修权，一见他马上自我介绍说，他们都是中联部军管会的干部。然后庄重而客气地对伍修权说，他们是奉中共中央之命来通知他，对他的审查已经全部结束，他将参加9月30日晚上在人民大会堂举行的国庆招待会。伍修权终于回家了！徐和见到他悲喜交集，看着老伴大不如前的健康状况，她心痛地问：“你想吃点什么？”伍修权想了想，伸出两个手指说：“两个荷包蛋。”家里人都知道这是他爱吃的食物之一。徐和在厨房翻了半天，只找出一个鸡蛋，很遗憾地说，只有一个了。伍修权笑了笑说：“一个也好。”他这一笑，儿女们差点流出眼泪来。

第二天，中联部接待处专为外宾理发的师傅给伍修权理发修面，使他焕然一新。伍修权早早赶到集合地点，和中联部的其他几个人一起去人民大会堂出席国庆25周年招待会。当伍修权步入阔别8年的人民大会堂时，不断见到久违了的老战友。寒暄中才知道，他们大都是和自己一样刚“解放”的，虽然一个个饱受折磨，但都为获得新生庆幸不已。尤其使他们兴奋的是，就在这次国庆招待会上，他们又看到了多年不见却思念更切的周恩来，又听到了他那熟悉而亲切的声音。当周恩来登台致词时，伍修权和全场的人一起，无比激动地长时间鼓掌。周恩来几次打手势，大家才渐渐平静下来，全神贯注地倾听着他的每一句话每一个字。伍修权心痛地看到，周恩来明显消瘦衰老了，却仍然全力以赴地在为党和国家操劳，为包括伍修权在内的成千上万蒙冤受屈的干部重返工作岗位尽力。

正是由于周恩来的努力争取和苦心安排，一大批被“打倒”的干部才得以重见天日。他不顾康生和江青集团的阻挠，取得了毛泽东的同意，由一个一个到整批整批地“解放”各级干部。这次国庆节前，他亲自定下了招待会出席人员的名单，通过参加国庆招待会的方式，宣布他们“解放”并让他们集体“亮相”。在招待会上，伍修权还看到了一些老战友和民主人士的夫人等亲属。原来他们本人已在“文革”中不幸去世，周恩来便把他们的亲属请来，以示慰问和恢复名誉。1974 年 10 月 1 日的《人民日报》和全国各大报纸，都以整版的篇幅刊登了国庆 25 周年招待会出席者的几千人大名单，其中之一便是伍修权。

参加国庆招待会后，伍修权接到等待中共中央另行分配工作的通知。终获第二次“解放”的伍修权利用这一空当，又一次回老家拜见已九十出头的母亲，并把饱受株连之苦，又为自己牵肠挂肚了八年的母亲再次接回北京。1975 年元旦，伍修权全家在京相聚，四代同堂，过了一个劫后重逢的大团圆年。除夕之夜，他第一次向儿女们较详细地讲了自己的革命经历和人生感受。说到动情处，不由潸然泪下，孩子们也听得热泪盈眶。

1975 年 1 月 13 日至 17 日，伍修权出席了第四届全国人民代表大会，被编在天津代表团内。周恩来也参加了天津代表团的座谈，他对伍修权等人说，对熟悉的人，他就不多谈什么了，这次主要是看望和慰问年长的爱国民主人士。他一一问了这些人的生活情况、意见和要求，又询问了一些年轻的新代表的姓名、年龄和工作，希望他们不负人民信任，不要脱离群众，努力为人民服务。伍修权发现，近在咫尺的周恩来虽然还是那么和蔼可亲，言谈思路还是那么清晰敏捷，但身体和精力大不如前。伍修权知道，周恩来从 1974 年起就因病住院，但在病中仍然坚持工作。这次代表大会从会议文件到国家领导班子的组成，处处都浸透着他的心血。在天津代表团的座谈会上，周恩来坦然说：“我已经得了癌症，工作的时间不会太长了，这也是自然规律，是不以人的意志为转移的。现在我正在同疾病作斗争，但愿自己还能再坚持一阵，在可能的情况下，我还要和大家一起奋斗，共同实现我们的奋斗目标。”伍修权感到周恩来说得安详自若，但是让人听得既心酸又心疼。他的身体原来可以说是很健康的，是十年动乱、内忧外患把他折磨成这样。

正是在这次全国人民代表大会上，周恩来在政府工作报告中提出：“在本世纪内，全面实现农业、工业、国防和科学技术的现代化，使我国国民经济走在世界的前列。”伍修权和全体代表一起，一次又一次地为周恩来的报告鼓掌。四届人大继续任命周恩来为国务院总理、邓小平等为副总理，并决定在周恩来治病期间，由邓小平主持国务院日常工作。伍修权也成为这届全国人大的常委会委员。

1974 年 10 月，伍修权（左四）偕夫人徐和（左二）回武汉探母时与母亲及七弟一家合影

1975 年春节的伍修权全家福

康生当选为人大常委会副委员长，张春桥也成了地位仅次于周恩来、邓小平的国务院副总理，还兼任了解放军总政治部主任，中国党和国家的许多重要领导岗位，仍被这伙“文革”上台、造反起家的“左”派占据着。

从1967年初停止工作到终于获得第二次“解放”，八个年头过去了。前面仍是一条艰险曲折的道路，伍修权写诗自勉：

人生八年有几何？
岁月蹉跎风浪多。
奋斗一生如一日，
晚晴高唱晚节歌。

第十七章　主管总参二部

一、重返军队出任副总参谋长兼总参二部部长

1975年1月中旬，伍修权在参加第四届全国人民代表大会期间及其前后，看望了许多老战友，也拜访了朱德、董必武、刘伯承、叶剑英等老领导。叶剑英在1973年中共十大上当选为中共中央副主席，这时正主持中央军委工作。伍修权拜访叶剑英时，提出想与这位老上级谈谈心，叶剑英答应了。

伍修权多次在叶剑英领导下工作。1931年在瑞金红军学校，他就是叶剑英的部下；长征途中，他们曾是红三军团的正、副参谋长；以后在陕甘支队、中央军委总部、军调部，伍修权都在叶剑英的直接领导下工作。他与叶剑英确是相交既久，相知甚深。

1975年2月的一天，叶办通知伍修权，说叶剑英让他去谈谈，他按时赶去了。这时，叶剑英与正在跟病魔斗争的周恩来、再次复出的邓小平等一起，同占据着中央和军队重要领导岗位的康生和江青集团较量，工作相当繁重。伍修权应邀到达时，时任新疆军区司令员的杨勇正在同叶剑英商谈中国军事代表团赴朝鲜访问的事。直到他们谈话结束，叶剑英才抽出身来，招呼伍修权过去。因为是老熟人，叶剑英开门见山地说："早就想同你好好谈谈，但是总想既然见面就要解决一些实际问题，现在中央还没有分配你的工作，我们是不是就谈谈你的工作问题，你先说说自己的打算吧。"

伍修权表示希望重返军队工作。叶剑英说："那好，你本来是在总参工作的，就考虑回来干老本行吧。"叶剑英又说，军队工作前些年在林彪主持下，许多方面都被搞乱搞坏了，至今还留有恶劣影响，现在总参很需要既懂业务又与林彪搞的那一套毫无关系的领导干部，他认为伍修权是个合适的人选。关于具体岗位，叶剑英让伍修权好好考虑一下，是否回到总参，把二部的工作抓起来。伍修权想，总参是自己的"老家"，在老上级领导下干熟悉的工作相对顺手一些。随后就高兴地对叶剑英说："既然你认为我还合适，我很愿意回总参来，特别乐意再在您领导下工作，就听您的安排吧！"叶剑英说，那就这样，由他来促成此事。

因为军队高级干部都要经毛泽东批准任命，叶剑英让伍修权先给毛泽东写一封信，信写成后由他转呈毛泽东，并由他推荐伍修权担任总参的新

职务。

1975 年 3 月 9 日，伍修权提笔给毛泽东、叶剑英写信。给毛泽东的信整整写了六页。他写道："在您和党中央的亲切关怀下，我的问题于去年 9 月得到解决，内心的感激和激动是难以形容的。"接着对自己革命历程中的几个主要阶段——中央苏区、延安整风运动、东北时期、国际共运斗争和"文革"，有的作了与历史事实和当时的认识相一致的反思，有的作了带有明显时代烙印的被扭曲了的检讨。信的最后点题说："我对军队一直很有感情，同军队同志还有一定联系，如有可能，我愿重回军队做一点工作。"

信发出之后，伍修权复出的事立即运转起来。

3 月 14 日，叶剑英给周恩来等写了个便函：

> 转上伍修权同志给我一信，并转呈主席一信，请先审阅后再呈主席。
>
> 对伍修权同志要求工作的问题，如何安排请考虑，建议中央政治局常委会碰头时谈一谈。妥否，请酌！

对于伍修权的职务，叶剑英原来只是考虑到要充实加强总参二部的领导班子。中央军委讨论这项任命时，不少人认为伍修权是 20 年代参加革命的红军老干部，只当个二部部长低了些，提出由他担任副总参谋长兼二部部长，并且以此上报给了中央军委主席毛泽东，不久就获得毛泽东的批准。

4 月 8 日，叶剑英带伍修权去总参上任。他向应召来到中央军委会议厅的总参及二部主要领导干部，宣布了中央军委对伍修权的任命并将他介绍给大家。叶剑英指着伍修权说："你们都认识吧？老红军都认识他。"伍修权一看，在场的杨成武、张才千、李达、王尚荣等几位副总参谋长，都是土地革命时期和抗日战争时期就已相识的，其余的也都知名或见过，大家都向他热情招呼表示欢迎。介绍了伍修权的简要情况后，叶剑英说，"他是很耿直的，有股子犟劲，很严格，守原则……作风正派"，特别是从事了多年外交和外事工作，"国际知识比我们多"。叶剑英指出，二部过去成绩很大，但这些年受林彪路线影响很深，派性严重，形成"壳壳"、"坨坨"，潜力发挥不出来，工作上也有不少问题，现在是亡羊补牢，到了非整顿不可的时候了。"中央要他作副总长兼二部部长，就是要抓好二部的整顿工作，按照主席安定团结精神，把二部工作做得比以前更好。"

宣布伍修权任命的会议是由副总长杨成武主持的。他首先代表总参党委常委和二部党委，欢迎伍修权到总参工作并出任副总长兼二部部长。他说："刚才叶副主席介绍了伍修权同志的革命历史，不仅加强了二部的领导，同时加强了总参的领导力量。"与会者也对伍修权表示欢迎。对叶剑英和杨成武对自己的评价，伍修权表示："我是愧不敢当的，我对党的工作做得不多，在工作中的缺点错误却不少，一个月以前我还写信给主席，又一次检查了自己的缺点错误。"最后他坦然说道："我已是67岁的人，不过还有革命热情，决心把工作做好。但是如果在实践中发现不行，同志们可以帮助批评；要是实在不行，大家就说：同志，你应该靠边站。这样我也会愉快接受，决不影响情绪。"叶剑英和杨成武等对伍修权的坦诚态度十分赞赏，对二部今后的工作，进行了简要的交谈讨论。

4月11日，中央军委发文总参党委，正式公布了对伍修权的任命——经毛主席批准：任命伍修权为副总参谋长兼总参二部部长。

4月21日，总参二部召开全体干部大会，欢迎伍修权到任。他在欢迎会上说，"我又成了一个新兵"。

5月1日，中央军委发文："经毛主席和党中央批准，同意增补伍修权同志为总参党委委员、常委委员。"

二、受命抓二部整顿

伍修权重返军队之时，1975年1月被任命为中央军委副主席兼总参谋长的中共中央副主席邓小平，提出了在全国各条战线抓整顿的方针，其中之一是"军队要整顿"，叶剑英对"抓好二部整顿"更提出了明确要求。

伍修权贯彻邓小平和叶剑英整顿工作方针之初，江青和王洪文、张春桥等正不断插手军队，企图把军队控制在他们手里，一再对军队整顿工作进行干扰破坏。因此，整顿工作既要不折不扣地执行和落实邓小平、叶剑英的指示，又要排除江青集团的干扰，整顿工作要稳妥推进。

"文革"的并发症之一是资产阶级派性，几乎所有的单位、部门都分裂为一个个大小不同的派别，有优良传统和一流队伍的二部也不例外。伍修权对这支队伍的总体看法是"绝大多数干部是兢兢业业努力工作的，革命事业心是强的"[①]，但也存在"壳壳"或"坨坨"。这成了伍修权到二部后遇到并必须攻克的一大难题。伍修权对部内外情况的复杂和形势的严峻有清醒的认识，所以对二部的整顿，他强调要稳妥，不能操之过急，坚持上靠中央军委、总参党委，下靠二部广大干部群众；坚持以提高思想为主，组织处理为辅。

为了充分掌握第一手资料，尽快进入角色，从政治、思想、组织和业务上理顺关系，伍修权按照自己一贯的工作思路和工作方法，首先抓调查研究。整顿初期，他主持召开有二部各单位负责人和群众代表参加的整顿座谈会27次，持续了2个多月，听取了100多人次的情况汇报和意见、建议。为此，伍修权让工作人员在自己的办公室里安了一张木板床，有时中午不回家休息，让工作人员拿饭盒打到办公室来，匆匆吃点，稍事休息就接着工作，既节省了时间，也免得不断出车。有时，他甚至晚上也住在办公室里，为二部的整顿和建设呕心沥血。他坚持边整边改，把调查研究、思想教育和班子调整结合起来，为消除领导和干部中

① 伍修权1981年12月17日给总参谋长等并报邓小平的报告。

因派性造成的隔阂与矛盾，形成一心扑在工作上的合力开了个好头。

伍修权抓整顿是在极端困难的政治气候下进行的，他也因此付出了代价。1976年1月8日，周恩来与世长辞。伍修权在病榻上得知噩耗，一面布置二部做好悼念周恩来的工作，一面为党和国家今后的命运忧心忡忡。果不出其所料，“四人帮”利用周恩来病危和去世，加紧了抢班夺权的活动，并且把邓小平作为他们的首要攻击目标。邓小平提出并主抓的整顿工作，被他们批为反对“文革”的“右倾翻案风”；将当年清明节期间人民群众在天安门和全国各地自发悼念周恩来和反对“四人帮”的活动，诬为以邓小平为后台的“反革命事件”。邓小平被撤销了党内外一切职务，“批邓、反击右倾翻案风”的运动随之在全国展开。总参各单位不得不按中央关于“批邓”的指示精神统一思想。在这样的背景下，伍修权主抓的二部整顿，只进行了几个月就被迫停下。他也被一些抵制整顿的人批为“还乡团团长”，有人还给“四人帮”写信，告伍修权“忠实执行了邓小平以整顿为纲的反革命修正主义路线”。

那段时间，伍修权与广大干部群众一样，心情既沉重又迷惘。

1976年7月6日，朱德溘然长逝；7月28日，发生了损失惨重的唐山大地震；9月9日，毛泽东也与世长辞。这一系列变故尤其是毛泽东的逝世，使中国的政治形势更为动荡不安，充满了凶险气氛，“四人帮”加紧了夺取党和国家最高权力的活动。

毛泽东追悼大会的第二天，伍修权参加了中央军委召开、三总部和各军种兵种负责人参加的战备会议，随后又连续在总参和二部层层布置贯彻中央军委指示的战备行动，在紧张而沉重的气氛中度过了新中国成立27周年国庆节。10月7日上午，伍修权到总参作战部参加具体落实和监督执行中央军委指示的会议，当晚又参加总参党委常委紧急会议，听取中央两项重大决定：一是将“四人帮”立即隔离审查；二是宣布中央政治局一致通过，由华国锋接任中共中央主席和中央军委主席，将来再提请中央全会追认批准。这两项决定，特别是揪出“四人帮”，当时是绝密的，伍修权听传达后高兴得夜不能寐。10月8日一上班，他首先向总参二部政委孔原等二部主要领导干部通报了消息，又立即召开二部党委会，正式传达中央的重大决定。当夜又与杨成武个别商谈了面临的新情况和当前的工作。接着连续几天，他参加总参党委常委会议，传达华国锋讲话与叶剑英指示，并一一迅速贯彻执行。伍修权不仅在二部，而且还去了作战部等部、局，检查战备工作，听取汇报，了解情况，收集对于粉碎“四人帮”的反映，研究国内外各种新的动向，决定应采取的对策和行动。那些日子里，总参机关如同正在进行一场特殊形式的战役，各个部门、各个环节、各个岗位，时时刻刻都在高速运转中。

北京以及全国各地的人民群众对中共中央决定和一举粉碎“四人帮”的行动热烈拥护，连续举行了庆祝活动。10月21日、22日和24日，伍修权在布置检查总参有关部、局工作的同时，也连续参加了总参和中央分别召开的庆祝粉碎“四人帮”、声讨其罪行的大会及游行活动。21日晚，他在总参机关声讨“四人帮”罪行的大会上听取了许多人的发言。22日下午，像所有在京机关、部队、院校、团体等单位的干部群众一样，他走上北京长安街，参加总参机关的庆祝游行，和几位副总长一起，走在总参游行队伍的前头。24日，他又参加了中共中央在天安门前召开的庆祝粉碎“四人帮”的百万人群众大会，这次他也上了天安门城楼与民同庆。

集会游行和庆祝大会之后，二部按照中共中央、中央军委和总参党委部署，转入对“四人帮”的“揭批查”运动，揭露批判“四人帮”及其极左路线对本系统本单位的干扰、破坏和影响。二部由于工作业务关系，与“四人帮”没有直接联系，但林彪、江青的极左流毒尤其是“文革”的派性后遗症仍相当严重。为此，伍修权1977年1月12日在有关会议上大声疾呼：“……当前有个很现实的问题，就是算旧账……你们之间的旧账，同全党、全军、全国人民与‘四人帮’的账比起来，是微不足道的……要把一切仇恨集中在‘四人帮’头上，要算这场严重的阶级斗争的大账。”

三、全面加强总参二部工作和科技强军

从到总参二部上任起，伍修权就根据中央军委和总参党委的要求及形势和任务的需要，与二部领导成员一起，带领全体人员，在有关制度的恢复完善和手段的拓展和建设等方面，做了大量工作。

抓领导班子建设。伍修权向上级主管部门推荐，按组织程序配备了熟悉业务又能充分信任的孔原为搭档。孔原1925年加入中国共产党，1927年参加南昌起义，曾在莫斯科中山大学学习，并在共产国际中共代表团工作过。革命战争年代先后在中共中央北方局、南方局担任过重要领导职务；解放后历任政务院财经委员会委员、首任海关总署署长、对外贸易部副部长、国务院外办副主任等职，是中共第六、第八届中央候补委员。“文革”前，他是中共中央调查部部长。“文革”中也被“打倒”，后虽获“解放”却还未分配工作。伍修权就向中央军委和总参党委推荐孔原担任二部政委。孔原调二部后，总参一时解决不了他的住房，伍修权就压缩了自己家的一半面积，让他家同自己家合住一个宅院。此后，伍修权和孔原对二部的各级领导班子陆续做了小幅、平稳的调整，特别是把几位“文革”中受冲击或已调离的有工作经验的同志充实到部领导班子中来。

抓规章制度的完善和落实。为恢复被“文革”搞乱了的规章制度，伍修权努力使自己在延安担任中央军委一局局长时期抓司令部建设的行之有效的规定和做法，在历史新时期得以发扬光大。

采取措施清除“文革”中的极左思潮。伍修权与二部领导班子一起组织召开各类业务工作会议，清理“文革”中极左思潮对干部思想和业务工作的不良影响，进一步明确工作方向。为一些在“文革”中被错整的人员平反，使大家放下包袱大胆工作。特别是协调国家各有关部门，在工作方面密切配合。

加强部队训练和高科技手段建设。伍修权十分关心部队有关分队战术训练，特别是夜训问题，亲自到部队调查研究，使之与部队整体训练很好地结合起来。注重高科技手段建设，以提升中国人民解放军在该领域的可比性和话语权。

加强工作队伍和专业技术人才的建设和培养。为了培养、储备干部，在机关编配了承担不同任务的专职干部。加强人员培训，提高人员素质。加强人员在岗学习，要求各单位组织大家学习政治、军事、科技、文化和外语，以提高全体人员的综合素质。加强对国内外公开报刊图书资料的搜集和整编，成立了专门出版机构。

加强营房和后勤建设，改善办公、住房和生活条件，为各项业务工作的开展创造了良好环境。二部办公、住房条件一直较差。伍修权亲自出面同各方面联系协调，为二部争取到土地，建起了新的办公楼和干部住房。

翻开时任秘书张长鹰、孙维岚所记的《伍修权副总参谋长工作日记》（1975 年 4 月—1982 年 12 月），就可看到，伍修权当时不但白天的工作排得满满当当，连晚上和节假日也多半有活动。

1975 年初春，根据中共中央、中央军委的指示，总参成立了国际形势研究小组，任务是对国际形势、国际重大问题进行分析研究，及时提出看法，上报中共中央、中央军委参考。1975 年 7 月，伍修权接替另一位副总参谋长王尚荣任该小组组长，小组办公室也转到总参二部。

从成立到 1977 年 11 月，国际形势研究小组先后研究了 27 个专题，其中 24 个专题呈报中共中央、中央军委、总参谋部及有关部门，主要有：《为战略包围欧洲，苏联在非洲与美国争夺愈演愈烈》、《黎巴嫩长期动乱的根源和前景》、《对卡特对外政策初步分析》、《美国加紧与苏联争夺印度洋、波斯湾的一些做法》、《对印度可能武装入侵孟加拉的看法》、《苏美争夺南太平洋的动向》、《美、苏军力对比》等。

在深入进行专题研究的基础上，小组对中央赋予的“世界大战会不会很快爆发”的关键课题，进行了综合性研判。研究认为：美苏两国，无论是国力还是军力，谁也不占绝对优势，特别是双方的战略核打击能力旗鼓相当。这种“核恐怖平衡”，加上尼克松访华对国际局势的影响，世界大战十年之内打不起来。

这一论断，为中共中央此后不久确定的国家战略——从立足于早打、大打、打核战争转入以经济建设为中心的历史新时期提供了重要参考。

除了在北京的各项活动，伍修权还去外地总参所属单位及院校检查工作、了解情况，把关注的重点投向后备力量的培养和科技强军。

在 1978 年 2 月专任副总长前后的两年间，他去过位于南京的解放军外国语学院、郑州军事工程技术学院和测绘学院、合肥电子工程学院等。到这些单位后，他不只听取那里负责人的汇报，还找来有关人员及院校师生开会座谈或分别交谈，在大会上作报告，对他们的工作进行指导。

1977 年 6 月 6 日，他在总参机关的一次会议上强调：“实现我军革命化现代化建设的速度问题，是一个十分尖锐的政治问题……我们必须和敌人争时间比速度，尽快把部队建设搞上去。”1978年10月18日，伍修权在电子对抗和雷达管理工作业务会议上的讲话中指出：“电子对抗是现代战争中的重要作战手段之一，是实现国防现代化的一项重要内容。美、苏两霸对此极为重视，他们认为‘争取和保持电子优势比第二次世界大战中夺取空中优势还重要’。”

1981年，伍修权参加中共中央十一届六中全会后赶往河北承德，对在那里召开的解放军某工作会议作具体指导和重要讲话。同年9月，他与总参相关领导一起，陪同邓小平、胡耀邦等中共中央领导人，去张家口地区检阅了在那里举行的大规模军事演习。参加这次演习的，不仅有陆军的步兵、炮兵、装甲兵、工程兵、通讯兵以及导弹部队和后勤保障、医疗救护等各个兵种与专业队伍，空军部队也投入了歼击机、轰炸机、直升机和伞兵部队等。伍修权在事前就多次参加了筹划这次演习的研究讨论，对即将举行的演习做指导。他为演习中展现出来的中国人民解放军现代化、正规化建设成果而深感兴奋和自豪。

四、在拨乱反正和平反冤假错案中

拨乱反正与十一届三中全会

1977年中国政治舞台上最重大的事件之一，是在7月召开的中共中央十届三中全会上，通过了恢复邓小平1975年、1976年各项职务的决议，实际上是公开为他平了反。“打倒刘、邓、陶”是“文革”制造的最大的冤假错案，为邓小平平反，是为“文革”中被打倒的当时还健在的中共中央最高领导的平反，从而揭开了拨乱反正的序幕。

伍修权听取了会议内容的传达，又一次和总参机关干部一起，到天安门城楼前参加了庆祝邓小平复出的游行活动。此前，6月12日，伍修权曾专程去看望尚未再次复出的邓小平，这时邓小平虽然还“靠边站”，但是由于他在党内和军内的影响，他在1975年提出的整顿方针和反对江青反革命集团所赢得的威望，特别是他曾连续三次被“打倒”，引起人们的关注与敬重，不少人去看望、请教他，支持他复出，伍修权也是在这种情况下去拜访他的。

1977年的又一重大事件，是邓小平复出一个月后于8月召开了中共十一大。伍修权是中共七大代表和八届中央委员，在中共九大、十大时已被关进“牛棚”，未能参加这两次大会。这次就不同了，中共十一大召开前，他就参加了有关的酝酿和筹备活动，不但在1977年6月17日召开的中共总参谋部委员会常务委员会扩大会议上被推选为总参出席中共十一大的代表，并且参与了十一大政治报告初稿的讨论修改。

华国锋在8月12日开幕的中共十一大上所作的政治报告中，宣布从1966年开始的“文化大革命”到此结束，重申了周恩来在四届全国人大会议上提出的在中国建设四个现代化的纲领与目标。在大会产生的新的中央领导核心中，华国锋正式当选为中共中央委员会主席，叶剑英、邓小平、李先念、汪东兴为副主席。伍修权和他的搭档孔原，都成为本届中央委员。

8月下旬，华国锋、叶剑英、邓小平主持召开了军队高层领导干部参加的军委座谈会。伍修权参加了会议，参与讨论、制定了军队在今后一个时期的工作方针和任务。按照十一大和军委座谈会精神，当时的主要方针就是“抓纲治国”、“抓纲治军”以“拨乱反正”。所抓的“纲”，就是彻底清查和消除林彪、江青两个反革命集团在各方面造成的破坏与影响，迅速恢复党的传统作风与各项政策，恢复和发展国民经济和正常的生产与生活；要拨的“乱”，就是“文革”以来特别是林彪、江青两个反革命集团所推行的极左路线及其影响。在这一方面，伍修权不仅深知其害，而且深受其苦。即使在林彪、江青两个反革命集团垮台以后，拨乱反正仍然像整顿一样，是一场相当尖锐复杂的大战役。

1978年11月10日至12月15日，中共中央召开工作会议，讨论由邓小平、陈云等提出的纠正“文革”错误并解决遗留问题，将工作重点转移到经济建设上来等许多重大建议。工作会议期间，伍修权出访了菲律宾和缅甸，回国后又住院检查身体，只在会后看了有关文件，但参加了12月18日至22日召开的中共中央十一届三中全会。在这次会议上，批判和否定了“两个凡是”[①]的错误方针，不再提新中国成立以来特别是“文革”以来一直奉行的“以阶级斗争为纲”和“无产阶级专政下继续革命”等口号，确定了“解放思想、开动脑筋、实事求是、团结一致向前看”的正确方针，决定以社会主义现代化建设为工作重点，着手解决党和国家面临的从政治、经济直到各项工作上的一系列严重问题。伍修权深知这些新的方针、决策，必将根本改变党和国家的前途和命运，他不仅参加了讨论，更为此大受鼓舞。

中共中央十一届三中全会被誉为“中国共产党建党以来又一次历史转折性的遵义会议”。伍修权倾心支持并积极参与了党的这次历史转折。会后，他立即投入了传达和贯彻会议精神的工作，接着又参加从当年底到1979年初的军委座谈会。随后相继召开的中共中央十一届四中全会、五中全会及其决议、决定，都按照三中全会所确定的方针原则，使全党全国各方面的工作，发生了根本性的转变，开始了改革开放的新长征。

就在这改革开放拉开序幕的新的历史转折点上，邓小平接任了中央军委主席职务，他兼任的总参谋长一职，改由杨得志担任。这使伍修权所在的总参以至整个部队系统的工作，也相应地有了重大的改变和发展。但要根除“文革”的严重后果，还得经过相当尖锐复杂和长期的斗争。为林彪、江青两个反革命集团横行时所制造的一批又一批冤假错案平反，便是这场斗争的继续——拨乱反正之役的重要组成部分。

---

① “两个凡是”指：“凡是毛主席作出的决策，我们都坚决维护，凡是毛主席的指示，我们都始终不渝地遵循。”

参与组织总参系统平反冤假错案

1978年12月30日，经中央军委批准，总参谋部机关召开大会，为受林彪、江青两个反革命集团迫害的人平反昭雪，恢复名誉。主持总参日常工作的副总长杨勇主持大会，机关干部、战士、职工、家属11000多人到会。

大会开始时，全体起立，向被迫害致死的老一辈无产阶级革命家彭德怀、贺龙、陈毅、徐海东等默哀。副总参谋长迟浩田宣读了中共总参谋部常务委员会作出的11个平反决定，得以平反的有徐海东、张爱萍、彭绍辉、王尚荣、萧向荣、傅秋涛、孙毅、薛明、孔原等52人。会上还宣读了北京军区等有关单位为杨勇、李达、王诤、刘少文平反的决定和结论，传达了中联部、北京卫戍区对伍修权、刘光甫的平反情况。杨勇代表总参党委在大会上讲话，在总参党委常委讨论这一讲话稿时，伍修权表示完全赞成。

林彪、江青两个反革命集团，在总参直接间接造成了许多冤假错案，他们在打倒原总参领导人和一批老干部的同时，又制造了一系列耸人听闻的"反革命案件"。从"文革"初期总参作战部的"八二五"事件到1976年清明节的天安门事件中，上自总参和各部局的领导干部，下到各单位的一般干部和普通群众，许多都被当作反革命，挨斗、被关直至受迫害而伤残或去世。

在平反大会上，人们声泪俱下地控诉了林彪、江青两个反革命集团残酷迫害干部群众的种种罪行。贺龙的夫人薛明在会上说，林彪、"四人帮"认为贺龙是他们篡党夺权的障碍，便使用了各种残忍、卑劣的手段，将他迫害致死，又把薛明押送到贵州深山里，企图困死、拖死她。听了这些控诉发言的伍修权，和大家一样万分愤慨，更加坚定了引导干部和群众把一切仇恨集中在林彪、江青两个反革命集团及其反革命修正主义路线上，带领大家顾全大局朝前看，努力贯彻安定团结既定方针的信念。

在此期间，伍修权先后参加了一批老战友的追悼会和平反昭雪活动。他们分别是林枫、周荣鑫、阎红彦、姚溱、彭绍辉、罗瑞卿、王诤、余立金、苏振华、潘自力、徐文烈、许明、周士第、张闻天、徐冰、伍云甫、章汉夫、安子文、向仲华、陈奇涵、李逸民等。同样遭受了不白之冤的伍修权，全力支持并积极参与了这项工作，对二部应予平反者的报告和结论材料，在认真审查后，及时批准并给予平反。

拨乱反正之役也使伍修权本人和他的儿子罗斌得到了彻底平反。

伍修权虽然"解放"、恢复工作在先，但洗雪林彪、康生一伙强加给他的种种罪名，却在此之后。1979年6月15日，中联部党的核心小组作出《关于伍修权同志的复查结论》，在简历之后郑重宣布：

经复查，伍修权同志的历史没有问题。

在文化大革命中，伍修权同志曾受林彪、"四人帮"和康生等人的迫害，于1968年4月29日被监护审查，1974年9月底解除监护。

原中央专案小组第一办公室彭真、刘仁专案组于1973年7月7日所作“关于伍修权同志的审查结论”称“伍修权犯有路线错误”，是不符合事实的，应予撤销。

伍修权同志在以毛主席为首的党中央领导下，在周总理的领导下，长期从事军事和外事工作，贯彻执行了党的路线，做了大量工作，为党的革命事业做出了贡献。在文化大革命中，对林彪、“四人帮”、康生推行的极左路线进行了针锋相对的斗争。康生等人强加给伍修权同志的“彭真黑帮分子”、“苏修特务”、“南斯拉夫修正主义分子”、“现行反革命”等莫须有的罪名，纯属诬陷不实之词，应一律予以推倒，为伍修权同志彻底平反。

罗斌1973年底虽得到总参二部通知，他的“问题”“不做结论，一风吹”，可以正式上班，但直到1978年12月总参二部党委才给他做出彻底平反的组织结论：罗斌在“文革”期间坚持实事求是，对林彪、“四人帮”和康生等迫害老干部的罪行进行了坚决抵制和斗争，强加给他的一切诬陷不实之词一律推倒，彻底平反。

设身处地为他人昭雪、解难

伍修权设身处地为同样遭受不白之冤者平反昭雪、排忧解难。

1982年4月19日，伍修权与孙作宾、郭维城、徐彬如、吴鸿宾、任震英等联名在当天的《甘肃日报》上发表了题为《抗日英名代代传——纪念丛德滋牺牲40周年》的纪念文章。40年前的这一天，为党和人民献出了年轻生命的丛德滋的鲜活形象跃然纸上。丛德滋1933年从东北大学毕业后，进入当时东北军的领导机关——国民党政府军事委员会北平分会政训处，却“书生意气，挥斥方遒”，“政训”起蒋介石来，揭露其“攘外必先安内”的行径。他的通讯、评论等发表后被“以‘共党嫌疑’羁押于武汉行营”，张学良设法将其营救出来后安排在其总部办公厅工作。1936年西安事变期间，成立了由周恩来主持的红军与东北军、十七路军“三位一体”的联合办公厅，丛德滋是该厅下设的宣传委员会的委员，并担任其机关报《解放日报》的总编。东北军被肢解、《解放日报》被勒令停刊后，他于1937年抗日战争全面爆发后，到妻子王竹青的老家山西继续从事救亡工作，并与邓小平等相识。年底由当时在西安的林伯渠介绍到兰州后，通过张学良的堂兄张汉臣的关系打入国民党第八战区，担任该战区政治部主任、号称国民党军统局“十三太保”之一的曾扩情的秘书，为顺利开展工作创造了条件。为统战工作的需要，他在谢觉哉等支持下发起创办了民众通讯社，不仅写了一系列抗日救亡文章，还为共产党提供了舆论阵地，并直接参加了掩护革命者和进步人士、调查营救西路军失散人员等工作。1938年秋，经谢觉哉、伍修权介绍，他成了中共特别党员。1941年1月23日，丛德滋在知道自己的真实身份可能已经暴露的情况下，仍坚守阵地，不幸被捕，虽受百般折磨而坚强不屈。第二年，32岁的丛德滋被国民党军警杀害。新中国成立后，谢觉哉和伍修权对这位革命烈士的遗孀和子女关怀备至。丛德滋的女儿丛丹回忆称：“1950年全国解放后，伍伯父通过

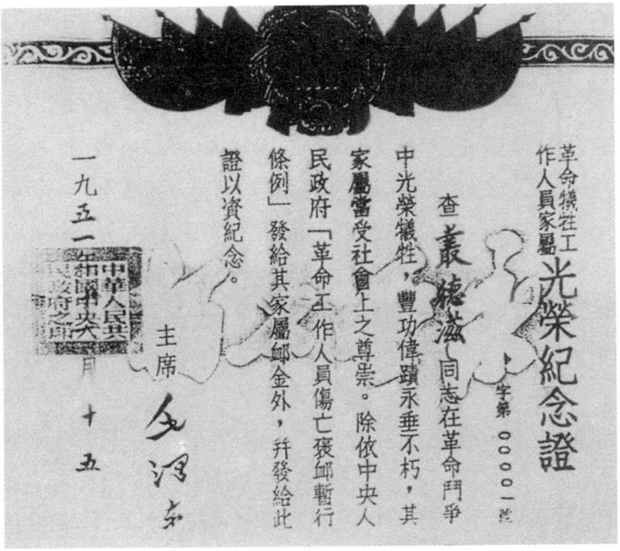
革命犧牲工作人員家屬光榮紀念證

字第 00001 號

查叢德滋同志在革命鬥爭中光榮犧牲，豐功偉績永垂不朽，其家屬當受社會上之尊崇。除依中央人民政府「革命工作人員傷亡褒卹暫行條例」發給其家屬卹金外，并發給此證以資紀念。

主席 毛泽东

一九五一 月 十五

颁发给革命烈士丛德滋家属的新中国第一号“光荣纪念证”

组织寻找到我们的下落，在他亲自关照下，由兰州市政府妥善安排了我母亲的工作，解决了我们姐弟入学读书等问题。1951 年父亲遗骨迁入刚刚建好的‘华林山烈士陵园’，政府又给我家颁发了盖有‘中华人民共和国中央人民政府’大印、并有毛主席亲笔签名的第一号光荣纪念证。当伍伯父知道这一切后，在给我母亲的信中说：‘这是对德滋的最大安慰，了却了积留在我心中多年的夙愿。’”① 这张印有“查丛德滋同志在革命斗争中光荣牺牲，丰功伟绩永垂不朽，其家属当受社会上之尊崇。”等的新中国第一号“光荣纪念证”背后，还有一个感人的故事：烈属证由当时的内务部负责办理，时任内务部部长的谢觉哉第一个想到的就是在兰州担任党中央代表时介绍入党、后来惨遭国民党军警虐杀的丛德滋。

谁想得到，1967 年，灾难突然降临到丛德滋的女儿丛丹的头上，罪名是“冒充烈士子女”。原来，早在 1943 年，即丛德滋牺牲的第二年，在陕甘宁边区整风审干时，康生诬陷中共甘肃地下党是“红旗党”、“假共产党”，并以不实之词污蔑丛德滋。“文革”期间，丛德滋又被扣上“苏修特务”的罪名。1969 年，北京的外调人员找到丛丹，说她父亲和伍修权都是“苏修特务”，要她交代其父与伍修权的关系。颇有其父之风的丛丹严词以对，此后批斗和陪斗成了她的家常便饭。1970 年，在甘肃师范大学任教的她被下放到“五七”干校，只发基本生活费，住集体宿舍，政治重压造成了她家庭的破裂。在精神、肉体的双重折磨中，她病倒了，一个肾脏坏死，住院治疗中还被造反派押出医院批斗。1974 年底、1975 年初，丛丹在报纸上看到当年她父亲的直接领导者伍修权参加国庆招待会、出席全国人民代表大会的消息。“劳改”八年申诉无门的她，如同绝处逢生，要

① 丛丹：《情深泪自多》，见《历史风云中的一代英杰——伍修权》，当代中国出版社 2008 年版，第 363—364 页。

去北京找她的伍伯父。干校后来的领导也是位老干部，听了她的诉说，帮她出了个以转院治病为由去北京的点子。1977 年夏天，她怀揣第一号烈属证去了北京，辗转找到了伍修权。丛丹回忆说："当我来到北京一座普通的小四合院，见到了思念已久的伍伯父全家，伍伯父紧紧握住我的手说：'孩子，这些年你受苦、受委屈了。'听到这话，我再也按捺不住多年来深藏、压抑在心底的感情，像决堤的江河，眼泪夺眶而出，这是我在'文革'下放改造的八年中，想哭而没有地方哭，想流而不敢流的泪水啊！只有在伍伯父面前才能尽情地流淌，才能排除多年积存下来的恶劣心情。……"① 伍修权听了丛丹的哭诉为之色变，自责说："我是对不起死者，也对不起活人哪！"一天晚饭后，伍修权对丛丹说："走，我带你去见个人。"到了目的地，丛丹发现，迎出来的竟是邓小平。邓小平听伍修权介绍来人后，亲切地对丛丹说："你长得很像你父亲。"一句家常话，又激起了丛丹心头的千重涌浪，她又哭了起来。卓琳关切地劝她别哭。邓小平说："让娃儿哭个够，她不在我们这里哭，到哪里哭去？"哭泣变成了号啕。丛丹清楚地记得，那一天是 1977 年 9 月 26 日。

1979 年 9 月 12 日，伍修权亲笔写了他和王定国、孙作宾联名给甘肃省委的信："我们共同证实丛德滋烈士是 1938 年秋由中共中央批准为特别党员……"就在这一年，中共甘肃省委为丛德滋的冤案彻底平了反，丛丹受株连的问题也得以纠正。2009 年 3 月，中国人民解放军电视制作中心制作了《丛德滋烈士革命历史简况》，在中央电视台第七套《军事纪实》栏目中分上、下两集播出。这可以说是伍修权牵头的证明信和纪念文章的续篇。

伍修权与杨献珍一起为红色谍工潘文郁平反昭雪一事，反映了他为还战友以本来面目不避风险的精神。潘文郁是中国共产党早期党员、才华横溢的政治理论家，参加过中共六大、六届三中全会，是中共中央机关刊物《红旗》、《布尔什维克》的主编之一，《资本论》最早的翻译者之一。20 世纪 30 年代曾被派赴国民党鄂豫皖"剿匪"司令部做地下工作，是共产党与张学良接触最早的人员之一。后被国民党发觉，1935 年就义于武昌，年仅 29 岁。但潘文郁历史复杂，在第一次国共合作时期跨党加入了国民党，又有过秘密接头时被捕的曲折经历而被人"咬住"不放：1984 年 11 月 26 日还有人在《人民日报》上发表文章诬之为"叛徒"、"托派"。当革命老人谭巽平为潘文郁辩诬并请杨献珍替潘文郁申诉时，杨献珍写信给伍修权，希望与他共同努力解决这一冤假错案。潘文郁虽然是 1925 年与伍修权同船去苏联学习的，但在武昌时并不是同学，在莫斯科中山大学也不是一个班的。但伍修权并不因与潘文郁并无深交就置之不理，也不因潘文郁一案极其复杂，解决起来压力和阻力很大就退缩。他认为辩诬申诉材料观点正确，事实清楚，有理有据。经过几年努力，终于拨开历史迷雾，推翻了强加在潘文郁身上的诬蔑不实之词。

---

① 丛丹：《情深泪自多》，见《历史风云中的一代英杰——伍修权》，当代中国出版社 2008 年版，第 364 页。

从下面一段回忆中，可以窥见伍修权为老战友洗雪沉冤的良苦用心。“伍修权功勋卓著，身居高位，但他从未忘记他的红军战友们。他和我爷爷赵宝诚（中华苏维埃共和国中央工农民主政府总务厅长，1935 年主力红军长征后牺牲——笔者注）、奶奶石澹峰 1931 年曾同在江西中央苏区当红军。1969 年我奶奶石澹峰被‘四人帮’迫害致死，在她身后留下了许多不实之词。1979 年，为了给奶奶恢复名誉，我的父亲石毅给伍副总长写了信，伍老收到信不仅亲笔写了证明材料，还亲自找到曾衔接毛泽东、朱德在井冈山会师的革命前辈何长工，何长工同志也给奶奶写了证明材料，有了两位德高望重的革命家证明，奶奶的冤案终于得以纠正，恢复了老红军身份，伍老可以说是我们全家的大恩人。此后，伍老常抽时间给我的父亲写信，无微不至地关怀着烈士的后代。一次爸爸寄给伍老一张爷爷赵宝诚和奶奶石澹峰 1929 年在上海做党的地下工作时的照片，伍老立即提笔嘱咐，让爸爸把这张照片传给子女，‘留作崇高的回忆’。”①

经伍修权作证而得以平反的人中，还有四十多年前伍修权在苏联远东边疆保卫局期间认识的王一飞、刘凤翔夫妇。王一飞在“文革”中被打成“里通外国”的“苏修特务”，在审查批斗中病故。刘凤翔因受株连也被开除党籍，赶出原住处，在一间阴暗潮湿的破屋中苦度晚年。“文革”结束后她得知伍修权又出来工作，就来找他诉说苦衷。了解内情的伍修权见她生活十分困难，就对她伸出了援助之手，将刘凤翔夫妇的情况向有关方面作了反映。中组部老干部局受理此事后，他又介绍刘凤翔去面见老干部局负责人。根据伍修权等的证明和建议，刘凤翔夫妇得以平反。中组部老干部局的相关人员对 20 年代就参加革命又饱经风霜的刘凤翔说：“你不仅是位老干部，还是我们党已为数不多的老老干部中的女老干部。”刘凤翔听后激动得热泪盈眶。伍修权知道这一结果后感慨地说：“好了，终于雨过天晴，她总算能安享晚年了！”

---

① 石宁：《铭记伍修权的恩情和教诲》，见《历史风云中的一代英杰——伍修权》，当代中国出版社 2008 年版，第 358 页。

第十八章　主管总参二部、三部和外事局

一、改革开放新时期军事外交的良好开局

邓小平借重："你把外事局也管起来吧。"

1978年2月，鉴于伍修权已满70周岁，中央军委为了适当减轻他的工作负担，决定他专任副总参谋长，不再兼任二部部长。不过，伍修权分工主管的工作范围反而更宽了。邓小平对他说："你把外事局也管起来吧！"

伍修权做过多年中国政府和中国共产党的外交工作，对外事工作比较内行，感到自己在这方面还有点发言权，就答应了邓小平的委托，由原来主管二部，扩大为分工主管二部、三部和外事局。从伍修权工作日记中可以看到，他在1978年的一个月里就几次出席中共中央召集的外事工作会议。这种会议由主管外交和外事工作的中央领导人主持，通常每月都有三至五次，会上对当时的国际局势及中国的对策和具体的外交、外事活动计划，进行讨论并制定方案。由于伍修权是军队外事工作的主要负责人，所以中共中央的外事工作会议他每会必到，后来还担任了中共中央外事工作领导小组副组长。

中共中央十一届三中全会以后，中国进入了改革开放的历史新时期，全方位和平外交的中国外交新格局也应运而生。除了与第三世界和周边国家增进友谊或重修旧好之外，也与不同社会制度和意识形态的国家建立广泛的国际统一战线，使中国摆脱长期的封闭状态。伍修权正是在这样的历史背景下，受命挑起了主管军事外交的重担。

主持确定和贯彻新时期军事外交工作方针

根据中共中央、中央军委的部署，伍修权主持确定了军事外交为改革开放新时期的国家外交战略服务，为军队现代化建设的全局服务的历史使命。在反对强权政治和霸权主义的同时，努力为经济建设、民族振兴争取和平的国际环境。

为此，伍修权大力加强同周边传统友好国家的军事交往，中日军事交往也随之展开；积极推进同西亚、非洲和拉美国家的军事交往；同美国的军事关系有了重要发展；同东欧各国的军事关系得以逐步改善；对苏联的军事关系，则在紧张对峙中酝酿着新的变化。在他主管军事外交工作期间，中国与世界各国的军事交往与国家的总体外交同步推进。

伍修权在领导外事局组织接待好各种来访军事团组的同时，精心安排总参和各军种、兵种领导人和各种团组的出访。他十分重视对外军援和军训工作的改革，强调对外军援要与国力军力相适应，要注重提高效益。他大力支持并推动中国军队与外军，特别是同发达国家军事专业技术的交流与合作，以服务于中国军队的现代化建设。他重视中外军队文体团组的相互交流，以促进了解，增进友谊。在他主持下，中国人民解放军参加了国际军体理事会，并在北京首次承办了该会第三届国际射击锦标赛。他十分重视对外宣传工作，关心解放军对外开放部队、院校等单位的建设，要求中国军队的涉外人员要思想红、业务精、作风硬。

伍修权亲自参与接待来访团组和率团出访，使军事外交呈现出前所未有的活跃态势。一批批外国军事代表团和军界人士相继访华。仅伍修权出面接待、会见、会谈或陪同会见的外军代表团和客人，就有遍及世界五大洲六十多个国家的上百个代表团，近千人次，有时还要陪同重要的团组和贵宾到全国各地参观访问。

除接待军方人士外，伍修权还经常参加中共中央的重要外事活动，他早就相识的外国领导人，如铁托、金日成、齐奥塞斯库和红色高棉领导人乔森潘、英萨利等来访，他都参加了会见、会谈和欢迎宴会。伍修权还应邀会见各国驻华大使和驻华武官，向他们通报中国及国际上军事方面的相关情况，交换有关的信息资料，阐述中国对当前国际形势和国际重大问题的立场与政策。伍修权也经常应邀出席各国驻华使馆的国庆节和建军节等招待会。

回访南斯拉夫：穿越二十载风风雨雨

在此期间，伍修权也频频率团出访，或为建立、巩固、发展友谊添砖加瓦，或为打破僵局解冻破冰，为向全方位和平外交过渡架桥铺路。

1977 年 6 月，伍修权应邀率解放军老战士代表团一行七人回访南斯拉夫。这是他“文革”后第一次出国，与“文革”前最后一次出访已相隔十年之久。代表团于 6 月 17 日离京，先是从罗马尼亚过境。罗马尼亚也是伍修权去过多次的国家，在布加勒斯特下飞机时，受到了罗军总参谋长、国防部副部长等高级将领和中国驻罗大使及武官的欢迎。尽管伍修权一行是路过，罗方还是盛情接待，国防部部长特曼上将会见了伍修权，还为中国代表团设宴洗尘，请他们参观罗军高等军事学院，游览首都。

19 日，代表团抵达南斯拉夫，更受到了高规格的接待。伍修权后来才知道，“文革”中康生、王力等将他的“罪名”公之于众，无意中帮了他一个忙：南斯拉夫方面原以为，中南关系破裂是伍修权这个大使向国内报告了不真实的情况。“文革”中，南斯拉夫驻华使馆的人员看到了“揭露”伍修权的大字报，才知道伍修权一直在为维护和发展中南友好关系而努力并因此挨了批判。铁托等南共领导人这才了解了真相，重新把伍修权当作南斯拉夫真正的朋友。鉴于中南两党之间有过一段不愉快的历史，所以这次双方都不谈过去，只向前看，一切活动都以“增进了解，促进友谊”为目的。南斯拉夫早就有个全国性的老战士协会，最高领导机关是协会的联邦委员会，在南斯拉夫享有较高的政治地位，在党和群众中影响很大。以中国老战士代表团名义访南的伍修权一行，这次主要由南斯拉夫老战士协会负责接待，其主席纳季大将、南联邦国防部长留比契奇大将、南联邦议会议长格里戈罗夫等军队和国家领导人，都与伍修权会见和交谈，对中南两国和两军的团结合作，进行了具体的协商讨论。双方在会谈中都希望加强和发展中南友好合作。

南斯拉夫对伍修权接待得热情周到，并提出“一切向伍修权开放”。他们说，伍修权是中国对南斯拉夫最了解最友好的高级领导人之一。为表示对伍修权的真诚敬意，在中国代表团结束访问前，南方多次向伍修权暗示，问他在南斯拉夫还有什么愿望与要求，他们一定办到，还明确表示铁托总统很关心这次访问。南方接待者的意思，是他可以提出会见铁托的要求。但伍修权根据这次出访的任务、性质及其规格，感到没有必要会见铁托，如果会见中铁托提到中南两国两党的关系问题，他个人也不便表态，就客气地感谢了主人的好意，说这次访问使自己深为满意，收获很大，别的就没有什么要求了。

6 月 29 日，代表团结束对南访问。回国后伍修权将此行情况及结果，向中共中央和中央军委作了详细报告。伍修权一行这次对南斯拉夫的访问，成了两个月后铁托应邀访华的前奏。铁托访华时，特别提出希望会见老朋友伍修权。伍修权以副总参谋长的身份参加了对铁托的欢迎宴会和会见，在中南两党穿越了二十载风雨历程后在北京重逢再聚，还主持了与南斯拉夫军方负责人的对口会谈，对自己当年为中南友谊所做的努力终于开花结果甚感欣慰。

出访周边诸国

1978 年 11 月，伍修权率中国军事友好代表团一行十人访问了东南亚邻国菲律宾。代表团于 11 月 10 日经香港飞赴马尼拉，在机场受到菲陆军司令阿巴特少将和时任中国驻菲大使陈辛仁等的欢迎，并在他们陪同下会见了菲国防部长恩里莱和武装部队参谋长埃斯皮诺上将等菲军方主要领导人。菲方为表示对中国军事友好代表团的隆重欢迎，还特地安排了仪仗队，伍修权在菲国防部长等陪同下检阅了仪仗队。随后又分别到菲海军司令部、陆军司令部和空军司令部，会见了海军司令奥格比纳尔、陆军司令阿巴特和空军司令萨绵恩托等。还去保安军司令部拜访了后来的菲律宾总统、时任保安军司令的拉莫斯。在菲军参谋长埃斯皮诺举行的宴会上，菲方按照其民族传统方式，为伍修权举行了很有特色的祝福礼，使宴会充满了热烈友好的气氛。菲律宾政府直到 70 年代中美恢复正常关系后，才改变了对中国的敌对态度，其时执政的马科斯总统及其夫人等连续来华访问。由于菲律宾全国有近 50 万华侨和华裔，对其经济、文化和政治都有相当影响，菲律宾共产党及其游击队武装也比较活跃，加之美国对他们的侵占和压迫，促使菲律宾政府不得不谋求与中国的友好交往，以解决其内部的问题。伍修权作为第一个访菲的中国军方负责人，当然会受到菲方的重视与欢迎。代表团在访问中与菲军高级将领，就两军的友好合作问题进行了多次会谈，讨论并达成相关协议与协定。

访菲结束后，伍修权一行于 11 月 21 日飞赴缅甸首都仰光。几个月前访华的缅甸国防部长觉挺上将和缅军副总参谋长、仰光军区司令等三军高级将领和相关方面负责人，到机场热烈欢迎中国军事友好代表团。时任中国驻缅大使莫春和，33 年前曾与伍修权一起从延安飞赴东北，真正是他乡遇故知了。觉挺上将访华时，伍修权代表中国军方接待了他，这次伍修权的回访，也受到了主人格外热情的接待。中国军事代表团拜会了缅甸总理，与有关军政领导人会见会谈，还应邀去眉苗的缅甸军事大学，会见了部分军校师生，参观了教学活动和环境设施，了解了课程的内容和进度。中国与缅甸不仅是国土相连的亲密邻邦，而且有长期的友好关系。早在新中国成立之初，缅甸就承认了中国政府，又最早支持中国提出的和平共处五项原则，成为这五项原则的倡导国之一。缅甸政府和军队领导人曾多次来华访问，周恩来、陈毅等也曾出访缅甸。两国政府签订了互不侵犯条约和一系列和平协定，虽然在“文革”时期一度关系紧张，但 70 年代以后两国政府重新开始了友好往来。缅甸国防部部长和中国人民解放军副总参谋长的相互访问，标志着两国军事合作新阶段的开始。11 月 27 日，代表团离开仰光回国。

1979 年 2 月中旬，越军在与中国接壤的广西和云南边界地区制造冲突，中方被迫自卫还击。伍修权参与了中共中央、中央军委和总参谋部的作战决策和指挥活动。3 月 12 日至 15 日，伍修权出访泰国，除推进睦邻关系外，专程向泰国军政领导人通报中国对越自卫还击战的情况和意图，以便取得泰国对中国这次军事行动的理解和支持。在为自卫还击战提供决策依据的过程中，伍修权对越方的挑衅非常愤慨痛心，同时，对与越南人民“同志加兄弟”的传统友谊充满了怀念之情，期盼中越关系能早日走上健康发展之路。除在兰州八办时有幸接待过越南人民的伟大领袖胡志明外，60 年代，伍修权又多次接待、陪同来中国访问或休假的胡志明，先后到苏州、黄山、武汉和济南等地考察、参观。

1965 年伍修权（坐者右二）陪同越南劳动党主席胡志明（前左一）在中国考察座谈

1981 年 5 月 12 日，伍修权（后排中）率中国军事友好参观团到达平壤市火车站时朝鲜少年儿童向代表团献花并合影

1981 年 5 月，伍修权率中国军事友好参观团访问朝鲜。代表团共 11 人，其中好几位都参加过抗美援朝。代表团 5 月 11 日由北京乘火车出发，12 日到达朝鲜首都平壤，受到朝鲜党政军领导人的热烈欢迎。朝鲜与中国是共患难过的兄弟邻邦，从战争年代到和平时期，伍修权曾多次去过那里，与不少朝鲜领导人早已相识，所以朝鲜高规格地接待了以伍修权为团长的参观团。参观团到达平壤后，先后拜会了朝鲜人民武装力量部部长吴振宇大将、副部长白鹤林上将、总参谋长吴克列上将及总政治局局长尹致镐中将等，并分别进行了会谈。又在白鹤林上将和尹致镐中将的陪同下，瞻仰了万景台金日成旧居，参观了万景台革命学院、抗美战争纪念馆、军事大学和少年宫等，应邀去开城访问驻守在南北朝鲜对峙前线北侧的朝鲜人民军部队，参观了军事分界线上戒备森严的水泥高墙和铁丝网等防卫设施，以及板门店停战谈判签字大厅。开城驻军司令设宴招待了伍修权一行。宴会后，伍修权等看望了中国驻开城联络处全体人员。伍修权看到，这里的战火虽然早已停息，但却不见多少和平气息，南北两方依然紧张地对峙着，仅仅是没有了当年的枪炮声和飞机轰炸、扫射声。参观团离开开城后，又去元山乘军舰访问了朝鲜人民军海军部队，去黄州的空军部队看了飞行表演，还去了一个三五一高地上的前沿阵地，看望了驻守在那里的前线部队指战员。战争虽已过去，和平却未来到，朝鲜人民尤其是军队仍然处在紧张的战备甚至战争气氛之中。

参观团访朝活动的最高潮，是受到金日成的接见。伍修权与金日成是老相识了，所以金日成破例走到厅堂门口迎接伍修权。两人不用翻译，用汉语直接交谈。金日成一见到伍修权就称“老战友”，问伍修权这是他们的第几次见面。伍修权说是五六次吧，金日成马上摇手说不对不对，不算战争时期至少也有八次，还说他们最后一次见面，是伍修权陪他去武汉会见毛泽东主席。金日成还发布命令，除向代表团授勋外，将朝鲜最高荣誉勋章一级国旗勋章授予伍修权，以感谢他为发展朝中友谊做出的重要贡献，也借此表达了对中国人民的深厚情谊。事后有人问伍修权，说他记忆力很好，怎么会少说了与金日成相见的次数呢？伍修权说金日成是朝鲜党和国家的最高领袖，不宜将自己与他的个人交往说得太多，以免有拉关系和突出自己之嫌。5 月 26 日，参观团结束了半个月的访朝活动回到北京。

把军事外交延伸到欧美国家

从 80 年代初开始，中国的军事外交已不限于周边及有着传统友好关系的国家，而是逐步延伸到欧美各国。

1982 年 5 月，伍修权率中国军事代表团出访西班牙，这是中国军队首次组团去西班牙。5 月 4 日晚，代表团乘中国民航班机离京，次日早晨到达巴黎。5 月 8 日，代表团乘法航班机飞赴西班牙首都马德里，分别会见了西班牙三军参谋长拉卡耶陆军中将、国防部副大臣安赫尔海军上将等将领，听取了他们关于国家防卫战略及防务政策的报告，就中西两国的军事合作问题交换了意见，随后访问了其空军基地、航空学校、陆军学院、海军基地、装甲兵部队和一座兵工厂。新华社的报道中说，这“是自 1973 年中、西两国建交以来访问西班牙的第一个中国军事代表团”。西班牙对伍修权等中国客人的接待很热情，除了请他们访问军队及军事单位，还请他们去了一个被称为“阵亡者山谷”的巨大墓地，佛朗哥也葬在那里。伍修权应邀参观佛朗哥墓地时，主人请他在贵宾留言簿上题词签名。这是对贵宾的尊重，却给伍修权出了一道难题，因为佛朗哥是西班牙法西斯头子，“二战”中曾与希特勒结盟，战后又投靠美国，使西班牙共产党领导人有家难归，长期流亡国外。伍修权早就从多次接触过的西共领袖伊巴露丽和卡里略等那里了解到佛朗哥的反动与残暴，现在要让他为这个法西斯分子题词，不免有点难以下笔。他稍一思考后，提笔写道：“一个时代结束了，一个时代开始了。”这使同行者和主人都感到了伍修权作为资深外交家的应变才智和外交艺术。

离开西班牙后，代表团于 5 月 19 日到达罗马达·芬奇国际机场，开始了西南欧洲之行的第二站活动：访问意大利。意大利国防部长拉戈里奥会见了伍修权一行。伍修权还听了意大利国防参谋长桑蒂尼中将对其防务政策和军事工业情况的介绍，会见了意大利情报局局长；参观了设在那不勒斯的空军学院，位于著名水城威尼斯的军区司令部和海军司令部；在世界奇观斜塔所在的比萨市，考察了意军一个装甲兵师；还登上了意海军的教练舰，参观了海军基地及其舰艇部队和别处少见的帆船演练。这使他们对意大利的陆海空三军都有了直观印象。20 世纪 60 年代以前，中国与意大利的联系只限于共产党方面，伍修权与意共领导人陶里亚蒂和隆哥等都有过接触。这次伍修权率团造访，由于中苏两国两党仍然处于对立中，也未恢复与意共的关系，所以伍修权去时未见也未提及意共的事，只限于与意大利军方的接触。

伍修权这一时期活跃的外交活动，为中国改革开放历史新时期的军事外交开辟了良好的局面。

二、创建国际战略学会等团体并以团体名义出访

伍修权在中国改革开放新时期国家着手调整外交战略之际的重要工作之一，是于 1979 年创建了北京国际战略问题学会（1992 年 10 月更名为中国国际战略学会）和解放军军人协会等团体。

根据中共中央的战略部署，鉴于中外军方的正式或非正式交往日益增多，中央军委批准由总参创建与国外对口的相关团体，以适应对外工作和加强国际战略形势调研的需要，伍修权受命负责这项开创性的工作。

1979 年 4 月 9 日，总参谋部发出通知，建立对外的名义性机构——中国人民解放军军人协会，以开展国际反霸统一战线工作，考察引进外国先进军事技术装备，由伍修权兼任会长。5 月 18 日，伍修权主持召开了解放军军人协会的第一次会议，讨论、决定了协会的总体方针、组织机构和工作方式。

伍修权投入心血最多的，是 1979 年 4 月 21 日成立的北京国际战略问题学会。伍修权主持制定的《北京国际战略问题学会章程》，明确了学会的性质和宗旨："研究国际战略问题的学术团体，研究有关国家安全及世界和平的战略问题，与外国战略研究机构、团体及人士开展学术交流，为共同反对霸权主义、维护世界和平贡献力量。"战略学会为推进国际战略研究，培养高层次战略研究人才发挥了重要作用，为中国国际战略的总体决策提供了参考，同时，在加强舆论宣传、理论研究和拓宽军事外交途径方面发挥了独特的作用。伍修权曾在其会刊《国际战略研究》发表《为维护世界和平而奋斗》等文章，向国际友人推介中国独立自主的和平外交政策。在首任会长伍修权的领导下，通过几任会长和几代会员的不懈努力，这个学会不仅成了中共中央和中央军委制定军事方针的重要咨询和研究机构之一，也成为在国内外具有重大影响的中国战略研究的权威组织之一。

1980 年 2 月 27 日至 3 月 12 日，应联邦德国国防军军人协会的邀请，伍修权第一次以中国人民解放军军人协会会长的名义，率代表团一行六人去联邦德国进行友好访问。代表团 2 月 26 日出发，27 日清晨到达巴黎，换乘航班赴目的地。联邦德国军人协会主席福兰特等和时任中国驻联邦德国大使张彤、武官林千在波恩机场迎接伍修权一行。在他们的陪同下，伍修权先后与联邦议会国防委员会主席韦尔纳、自民党议员路德维西和社民党议员、党团安全政策负责人诺伊曼等进行了会谈，就国际形势等问题交换了看法。在科布伦茨、科斯拉和慕尼黑等地，伍修权一行分别访问了联邦德国国防军军官学校、国防军总医院和边防军的驻地、卫生院等军事单位，受到热烈欢迎，还乘直升飞机观察了"冷战"时期在民主德国和联邦德国边境线上构建的高高的围墙、长长的铁丝网。

代表团在访问中每到一地，都与当地的军政领导人尤其是军人协会负责人交谈接触。当时联邦德国与中国建交还不到八年，一直是东西方两个阵营之间的重要前哨阵地，因此在对待和处理与中国特别是中国军队的关系方面，表现十分谨

慎。这次出访也成为了中国与有正式成员党一百多个、在近五十个国家处于执政地位的社会党国际成员国建交或建立党际关系的序幕之一：1984 年 5 月，社会党国际的领导人，联邦德国社会民主党主席、前总理勃兰特应中国党和政府之邀访华；1985 年 10 月，应勃兰特邀请，中国派代表团参加了在维也纳举行的社会党国际第二次裁军与发展会议，中国同社会党国际的联系得以加强。

1981 年 10 月 8 日，应北京国际战略学会之邀，美国前国防部长、霍普金斯大学战略和国际问题研究所高级研究员布朗一行五人来华访问。伍修权举行了欢迎宴会，陪同时任中共中央军委主席的邓小平会见了他们。9 日，与布朗及随他来访的有关人士举行会谈，就国际战略及双边关系交换意见时，伍修权坦率地指出："中美建交两年多来，双边关系不断发展和前进……我们希望中美关系继续发展。但是，如果美国政府不利用这一有利因素，不做有利于发展中美关系的事情，以至于使中美关系倒退，那么，我们也有思想准备。"

不出伍修权所料，后来事态的发展起伏多变，但就大势而言，中美军事外交一直在不断克服种种障碍中推进。

三、研究探索与苏联东欧恢复关系

对修复与苏联东欧关系的前瞻性研究

伍修权分工主管二部、三部和外事局期间受命完成的另一项重大历史性课题，是以恢复正常关系、实现全方位和平外交为宗旨的对苏联东欧的理论研究与实践探索。

在以改革开放为显著特征的历史新时期到来之后，特别是中美建交之后，重新认识苏联并据此确定新的对苏政策，不但是中国国际战略研究的重要课题，而且是中国转向独立自主的全方位和平外交的关键课题。正是在这样的大背景下，伍修权受命组织开展了对苏联东欧问题的再研究、再认识。

1980 年 7 月 16 日，伍修权召集中调部、中联部、外交部、新华社、社科院和总参二部、三部、军科院等单位的相关人员，落实 5 月 27 日中央军委办公会议关于加强对苏联情况研究的决定。参加这项研究的，不但有中国党、国家、军队的相关主管机关，有新闻媒体、科研部门的"国家队"，还有他分别担任会长、名誉会长、顾问等职的学术性团体，如中国苏联东欧问题研究会、中国未来研究会、三 S 研究会等。他一面经常在军委驻地或相关学会的会址等地召集和主持会议，交流情况、资料，交换意见、建议，部署重点分课题的深入开展，一面不断到中南海等地参加会议，提供决策依据和建议。正如伍修权在为《苏联社会科学研究》杂志撰写的发刊词中指出的："作为一个辩证唯物主义者，应该说，无论中苏关系如何，对苏联的研究，对苏联社会科学的研究，对苏联社会主义建设理论和实践的研究，都应放在重要地位去抓。因为这对我国社会主义理论的发展和完善，对我国四个现代化的实现，有着极为重要的意义。"又说，对于苏联的经验教训，“如果我们总结得好，并真正把它们作为借鉴，必将成为我们的宝贵财富，并发挥其巨大的物质力量。”对苏联所走过的道路，“既不应该像五十年代那样实行盲目的全面肯定，全面学习；也不应该像六七十年代那样简单地一概否定。总之，要很好地、客观地进行调查研究，掌握第一手资料，包括多进行访问调查，在真实材料的基础上，对苏联的现状和历史状况作出客观的评价，对苏联模式的利弊作出客观的、科学的结论，以作为我国社会主义建设的借鉴”。

对中苏关系的前景，伍修权曾预言：“我作为早年曾在苏联学习和工作过的中国老战士，建国以后又直接参与了许多缔造中苏友谊的活动，并曾多次访问苏联或去过莫斯科，尽管我们两国之间有过一些不愉快的事，现在还存在一定的分歧、隔阂和障碍，但是我始终相信，两国人民和广大党员还是有着友好的愿望的，并且相信两国间某些尚未解决的问题，可以通过讨论寻求一致或取得理解。因此，我对我们两国关系的未来，还是乐观的。”①

伍修权还以学术领域为阵地，致力于中苏两党两国关系的修复与发展。1982年，他接受了中国翻译家协会名誉会长之职。在中国译协的成立大会上，他幽默地说：“新中国建立后，我在周总理身边工作，总理曾经问我是几级翻译。我不能吹牛，我说我是三级翻译。所以，我今天是用三级翻译的身份来讲话。”他接着讲了翻译工作的原则与要求，又说：“翻译工作者面临的任务十分艰巨。为了祖国的四化，我们要把世界各国有利于我们建设的知识、资料，尽可能地吸收进来。同时，我国是一个有着古老文化的国家，欣欣向荣的国家，我们也应该把我们的文明和成就有选择地向外国介绍，促进文化交流。这都需要搞翻译工作的同志来做。”伍修权还应邀担任了中国俄语教学研究会的顾问，先后会见了一批俄语教学专家，为俄语教学刊物题词。在俄语研究会的一次学术讨论会上，他特地送去一份祝词说：“俄语对于我国的无产阶级革命和社会主义建设事业，较之其他外语有着更为密切的特殊关系。我国的许多老一代无产阶级革命家和大批新中国建设人才，都专门学习过俄语，有不少人还曾从事过多年俄语教学和翻译工作。正是他们，把马克思列宁主义和苏联等国的革命与建设经验，以及各种理论知识、文学艺术等等，陆续介绍并传播到我国，从而大大促进了我国的革命和建设事业。”无论是翻译研究，还是俄语教学研究，在伍修权眼里，都不只是学术阵地，而是一个让世界了解中国、让中国走向世界，服务、服从于民族复兴大业的阵地。

在伍修权主持下，经过相关单位通力合作，深入系统的调查研究，最后就苏联和东欧各国的社会性质问题，向中共中央和中央军委递交了一个综合性的战略调研报告，基本结论是：苏联从社会经济制度看仍是社会主义国家，但其外交政策是霸权主义的；东欧各国则都是社会主义国家。这个报告无疑对中国外交政策的调整发挥了重要作用，是一项为全方位外交战略的确立和推行提供战略依据的前瞻性研究。不但推进了中国与东欧各国国家关系的逐步全面恢复，也缓解了中

① 《伍修权回忆录》，中国青年出版社2009年版，第182—183页。

苏僵持了二十年之久的敌对状态，并推动了其后中苏关系的修复和发展。

张万年、迟浩田是这样评价伍修权领导的包括苏联东欧研究在内的国际战略研究的："他高度重视对世界形势的分析与研究，经常组织有关人员研讨国际战略格局的发展趋势，亲自掌握国际重大事件的动向，及时向中央提出报告和建议，为党中央、中央军委决策提供依据。"

伍修权强调："搞国际形势研究，不能关起门来搞学究式的那一套，必须了解人家在想什么，怎么想的，这就需要广泛开展国际间学术交流活动，走出去，请进来。"[①] 他不但是苏联东欧研究的组织者，而且是修复中国与苏联东欧关系的身体力行者。与东欧诸国关系的修复，仍然从已"解冻"的南斯拉夫开始。

继1977年之后，1982年，伍修权又两次访问南斯拉夫。第一次是结束了对西班牙和意大利的访问之后，5月30日，伍修权率团转往南斯拉夫首都贝尔格莱德，在那里停留到6月3日。在此期间，南斯拉夫人民军总参谋长佩·格拉察宁上将、南共联盟中央主席团执行书记米·达利耶维奇中将、南人民解放战争老战士协会联邦委员会主席安·迪米特列夫斯基分别会见了伍修权一行。因为铁托总统已于1980年5月去世，伍修权还瞻仰了铁托墓并敬献了花圈。

南共于1982年6月召开十二大，邀请中共中央派代表团参加大会。中国共产党接受了邀请，委派曾于50年代访问过南斯拉夫的中央政治局委员彭真率代表团前往。作为中南友谊的开创者之一，伍修权自然成了代表团成员，成员还有时任全国总工会主席的政治局委员倪志福和中联部顾问张香山等。代表团到达贝尔格莱德后，出面欢迎、接待、会谈的南共中央领导人，多半是伍修权认识的。当时的南共中央主席团主席德拉戈萨瓦茨对彭真、伍修权等说："我们对中国共产党派出代表团前来参加我们的代表大会表示感谢，并对此给予高度评价。"南共中央书记丘拉菲奇也说："我们对两党、两国关系的顺利发展非常满意，我们将继续为加强这种关系而努力。"彭真说："在我们之间，互相学习，互通有无，取长补短的地方很多，这种发展对于我们两国人民都是有利的。"南共十二大6月26日开幕，彭真宣读的中共中央致南共十二大的贺电中说："南共联盟本着对本国工人阶级和人民负责的精神，从南斯拉夫的实际情况出发，创造性地运用马克思主义，创立了社会主义自治制度，使社会主义建设事业获得了辉煌的成就。"称赞他们已经成为"一个崭新的、独立的、各民族人民团结友爱和繁荣的社会主义国家"。此地此言、此时此刻，想起1958年以观察员身份参加南共七大的台前幕后及其后二十多年的风风雨雨，伍修权感慨万千。他特别赞成中央贺电中对南共这样的评价："在国际共产主义运动中，不畏强权，不怕高压，为勇敢捍卫各国共产党和工人党独立自主、完全平等的基本准则进行了不调和的斗争，从而对促进国际共产主义运动和工人运动的健康发展做出卓越的贡献，提供了良好的

① 中国国际战略学会办公室:《遵循老会长教诲开拓学会工作新局面——纪念伍修权会长诞辰100周年》,《国际战略研究》2008年第1期。

范例。”

伍修权为自己当年发展中南两党两国关系的努力，在中国改革开放的历史新时期翻开了新的一页而欣慰，更为中国与东欧各国关系逐步恢复正常而高兴。

四、把思想统一到新的《决议》上来

20 世纪 70 年代末到 80 年代初是中国的重大历史转折时期，党内党外、全国上下各种思潮纷至沓来。

由于毛泽东晚年错误地发动了历时十年的“文化大革命”，给党、国家和人民造成了严重损失，有些人就全盘否定毛泽东，否定共产党，否定社会主义。伍修权从周围人们的反映和各种内参资料中了解了这些情况，冷静地表示，不能因为毛泽东有错误，就否定他一生的功勋，他领导中国人民推翻了三座大山，创建了新中国，又努力建设社会主义，这是谁也不能否认的。如果把他根本否定了，实际上也就否定了中国共产党领导的新民主主义革命史、社会主义建设史。

在此前后，针对当时的各种错误思潮，邓小平提出了著名的四项基本原则：“坚持社会主义道路，坚持无产阶级专政，坚持共产党的领导，坚持马列主义、毛泽东思想。”接着又在 1981 年 6 月召开的中共中央十一届六中全会上，通过了《关于建国以来党的若干历史问题的决议》（以下简称《决议》），全面论述和重新评价了近几十年来中国共产党领导社会主义建设的成败得失，特别是毛泽东晚年及其发动“文化大革命”的严重错误。伍修权完全支持四项基本原则，衷心拥护新的“历史问题的决议”。

针对当时的社会思潮及其在总参机关内的反应，总参党委决定建立党课制度，在总参范围内全面系统地学习贯彻《决议》。1981 年 10 月 22 日，伍修权为参加总参直属院校政治工作会议的全体与会者上了一堂党课，内容是“关于正确评价毛泽东同志历史地位、坚持和发展毛泽东思想”。伍修权全面、系统地阐明了自己对此的认识，他说：“《决议》对毛泽东同志的高度评价，决不是夸张，不是溢美之词，我们这些跟随他老人家革命几十年的老党员、老战士，都有着深刻的体会。”他强调，正是由于毛泽东的正确领导，党和人民才取得了那么多的伟大胜利，虽然毛泽东有错误，他的历史地位和伟大贡献，却是无可否认和不容否定的。他指出，在当前一些错误思潮影响下，有的人思想信念发生了动摇，对党和国家的前途丧失信心，不再信奉马列主义和毛泽东思想，“而有些党组织和领导干部，对这些错误倾向却不闻不问，不抓不管，缺乏积极有力的批评和斗争”。

关于怎样对待和认识毛泽东晚年的错误，伍修权在讲话中说：“毛泽东同志和其他伟大人物一样，他是人不是神，不可能完美无缺，不可能不犯错误。要求自己的领袖不犯错误，是不符合历史唯物主义观点的。”他认为毛泽东“是在探索社会主义道路过程中的失误”，不同意有人把许多错误都算到毛泽东一人头上，认为《决议》中有关“文革”十年的提法是实事求是的：“这十年中的一切成就，是在以毛泽东同志为首的党中央集体领导下取得的。这个期间工作中的错误，责任同样也在党中央的领导集体。”他还罪己说：“就我自己来说，虽然不是中央领导同志，但毕竟是个中央委员，一些错误的决定，如庐山会议反右倾，决定搞‘文化大革命’等问题，也和大多数同志一样，是举了手的，不能说自己一点责任也没有。”他不同意“两个凡是”的观点，认为“绝不能把毛泽东同志晚年的错误观点当作毛泽东思想加以维护和坚持”。

伍修权所作的这个党课辅导报告，是对《决议》的正确诠释，产生了积极的影响，总参将他的讲稿铅印出来，下发各单位学习讨论。

第十九章　参与主持“两案”审判

一、庭审之前

从1980年春天起，一生经历了国际、国内许多重大历史事件的伍修权，直接参与了对林彪、江青两个反革命集团案（简称“两案”）主犯的审判工作。

这一工作是从1979年开始的。当年7月，中共中央成立了以胡耀邦为组长的“两案”审理领导小组，中共中央政治局常委在听取领导小组汇报并讨论以后决定，对林彪、江青两个反革命集团图谋篡党夺权的案件，按照法律提起公诉并进行审理。

“两案”审理工作的首要难题是，林彪、江青两个反革命集团明面上的若干活动，有的与党的曲折历程胶着在一起，有的经过毛泽东的批准，从组织原则看有的似乎是合法的。如何将毛泽东的错误与林彪、江青等人的罪行严格区分开来？“两案”审理领导小组根据林彪、江青两个反革命集团所犯罪行的特点，在反复讨论中逐步理清了思路。时任中共中央政法委员会主任的彭真归纳了大家的意见，提出林彪、江青两个反革命集团是“中间硬两头软”。所谓“中间硬”，是指往往有毛泽东的批示、中共中央红头文件等尚方宝剑。“两头软”，一是毛泽东表态前，他们搞了什么两面派手法，编造了什么假材料欺骗毛泽东；二是表态后，又背着毛泽东却打着他的旗号干了些什么。

抓住了“两案”前后“两头”的问题，一系列互相纠缠、不易分清的问题终于迎刃而解了。有统计显示，“文革”十年中，中共中央和国家机关各部委被审查的干部共29885人，占干部总数的16.7%，其中中央副部级和地方副省级以上的高级干部被立案审查的达75%。据最高人民法院1980年9月统计，仅因刘少奇问题而受株连的案件就有2.6万多件，被判刑的达2.8万多人。这是林彪、江青两个反革命集团激起天怒人怨的根本原因，也是突破“两案”审理难题的客观依据。

为了加强对“两案”审理工作的领导，中共中央于1980年6月决定成立“两案”审判指导委员会（亦称“领导小组”），彭真为主任，时任中共中央政治局委员、书记处书记的彭冲为副主任，伍修权和最高人民法院院长江华、最高人民检察院检察长黄火青、中央纪律检查委员会常务书记王鹤寿、公安部部长赵苍璧都是成员。在指导委员会之下，还有以党政军特别是公检法系统负责人为成员的四个小组，参加对审判“两案”的讨论研究。伍修权之所以参与此事，他说：“我被推选入这个领导小组，主要是考虑到受审的主犯中有许多是军人，还都是红军时代就参加革命的老资格，我被认为在资历和声望上能够担当起这项任务，就由胡耀邦、杨得志等同志推荐，参加了这个指导委员会。”①

1980 年 9 月 29 日，全国人大常委会根据中共中央建议，宣布成立最高人民检察院特别检察厅和最高人民法院特别法庭，公开审判“两案”主犯。同时任命黄火青为特别检察厅厅长，喻屏、史进前为副厅长；任命江华为特别法庭庭长，伍修权、曾汉周和黄玉昆为副庭长；任命曾汉周为第一审判庭审判长，伍修权为第二审判庭即特别军事法庭审判长；还任命了包括著名法学家费孝通和 8 位各民主党派代表在内的 35 名审判员。参加审判工作的共有 400 多人，其中有临时抽调上来的 6 个省的公安厅长和从中央到地方以及军队的一大批既有较高政策水平又有丰富办案经验的专业干部。第一审判庭负责审理江青反革命集团的主犯，陈伯达也在其中；第二审判庭专门审判黄永胜等林彪反革命集团的主犯。

伍修权实际上从 1980 年 6 月起就参加了这项工作，包括参加中共中央的有关会议，听取审判工作准备情况的汇报，阅读有关“两案”的大量材料。为了当好“大法官”，伍修权认真细致地抠起法律法规来，包括法律知识、法律条文，以及国内外相关的各种法律文本、案例资料等。他特别对作为这次审判依据的中国刑法和刑事诉讼法等法令，一条一款甚至一句一字地研读琢磨，将各被告的罪行与这些条款一一“对号入座”，又参照国内外别的有关法律和相似案例，讨论应该怎样审判定性。为了在即将开始的审判中做到胸有成竹、言出有据，参加审理“两案”的人员把有关的条文都背熟了，随时能说出按哪条哪款该如何如何的法律依据。除了对书面材料的研读，还看了一批国内外法律题材和有审判内容的故事影片、电视剧及专题录像片，从中获得间接的参考启发，也增加一些法庭程序和审判方法等方面的感性知识。

全国人大常委会正式宣布任命后，伍修权投入了更紧张、繁重的审判准备之中，其中之一是对罪犯精神状态和现实表现的把握。为此，伍修权等几位特别法庭、特别检察厅负责人，曾几次一起或分别去关押着那批罪犯的秦城监狱和北京军区看守所，听取监管人员关于在押案犯情况的汇报并进行观察和检查。在开庭审讯以前，特别法庭还按照预定的审判程序和进行方式，组织了几次模拟审讯。这样的审判预演共进行了四次，地点先在关押林彪反革命集团案犯的北京军区白庙看守所，最后一次是正式开审一个星期前在公安部机关大院内。伍修权还直接参加了审判的准备活动以及对案犯的思想工作。为了减少审判时的阻力，摸清被告的想法，伍修权与态度一直不好的李作鹏谈话。他与此人早在江西苏区时就认识，当时伍修权为李德做翻译，李作鹏是通讯科的译电员。后来在东北解放战争

①《伍修权回忆录》，中国青年出版社 2009 年版，第 324 页。

中，伍修权是军区参谋长，李作鹏是野战军司令部的参谋处长。李作鹏一见伍修权，不得不在这位老上级面前低下头来。伍修权在对他进行告诫、提醒的同时，也对他进行了严肃批评，自称“硬肩膀”的李作鹏还是收敛了不少。

按照法定程序，对即将受审的各个案犯，先要一一进行预审。据1980年的一份《公安预审阶段已经基本结束》的报告记载，从1980年4月下旬开始，在审判指导委员会的领导下，先后调集了全国各地和军队的公检法干部和原中纪委二办一部分人员共四百余人，做了近五个月的调查和审讯，核对事实、证据。犯罪事实查清后，公检法三长进一步共同核对了罪证，并编制预审草卷。在对各案犯及有关证人预审和讯问时，除文字记录外，还录了像，伍修权等一一看了这些录像，先间接了解、熟悉这些案犯的情况及其表现，对有关案情有了非书面的直观印象。

在开展预审工作的同时，另一个特别重要并更为艰巨的任务是写出并通过起诉书，为这次审判提供定罪根据。为此，办案人员查阅了4075卷案宗，翻阅了2.73万余份材料；调查询问了311人次证人，取得了1075份证词；对案犯进行了几百次预审，取得了104份供词证词。在此基础上，1980年7月开始起草起诉书。彭真多次参加了修改、讨论，并征求了宣传、新闻、法学方面人士的意见。8月17日至20日，彭真、彭冲主持召开了有60多人参加的审判指导委员会扩大会议，对起诉书草稿进行详细认真的讨论。伍修权参加了每一次讨论，从起草、修改到最后通过的稿子中，包含了他的不少意见和建议。与特别军事法庭直接相关的林彪反革命集团问题，最初将其罪行列为八项，最后的起诉书中归纳为四大项，与林彪一伙直接有关的是前三项，即：一是诬陷、迫害党和国家领导人；二是迫害、镇压广大干部和群众；三是妄图谋害毛泽东，策动武装政变。第四项“策动上海武装叛乱”是林彪反革命集团垮台五年后江青反革命集团于1976年干的事。在已定案的上述四大罪行共48个具体事件中，属于第二审判庭审判的有24个，正好是“两案”全部罪行的一半。

10月，“两案”审判工作准备就绪，只等开庭了。11月初，经过多方反复讨论修改、上下一致通过的《中华人民共和国最高人民检察院特别检察厅起诉书》，作为此案“特检字第一号”文件，正式送交特别法庭并分发到全体审判人员手上。伍修权捧着这份倾注了自己大量心血的起诉书，虽然只有三十多页、两万来字，却感到分量异常沉重。他本着一向的观念和作风，时时事事都兢兢业业、谨严务实。

特别法庭全体人员重新研读了特别检察厅正式呈交的起诉书，一致决定正式受理这一案件。

二、世纪审判

11月20日午后，伍修权换上了法官制服，来到正义路公安部大院礼堂。经过一年多的精心准备，千百人的辛勤劳动，对“两案”的公开审判，终于要开庭了。他和一批同样穿戴整齐的审判和检察人员，庄重地走进由礼堂改建成的特别法庭。

特别法庭台上，正中上方高悬着国徽，下方是审判和检察人员席位；稍下两侧，一边是记录员的席位，一边是律师的席位。台口有一长溜面对审判台、分隔成十档的栅栏式框架，那里是十个受审主犯的位置。他们后面的观众席，除第一排坐着法庭工作人员、医护人员和法警等，其余全是这次公开审判的旁听者。伍修权和江华、黄火青等相继进入厅内时，已经座无虚席。伍修权在人们中间看到了几张熟悉的面孔：刘少奇的夫人王光美、贺龙的夫人薛明、罗瑞卿的夫人郝治平、王稼祥的夫人朱仲丽等。她们代表成千上万被林彪、江青两个反革命集团以及康生等人残酷迫害、含冤辞世者，来见证这场正义战胜邪恶的历史性判决。

迈着沉稳的步伐，伍修权紧挨着江华在审判台正中席位上入座。江华宣布开庭，法庭人员向庭长报告，本案十个被告人都已传唤到庭候审，江华下令传被告人。第一个被押进来的是王洪文，以下依次是姚文元、江腾蛟、邱会作、吴法宪、黄永胜、陈伯达、李作鹏，张春桥是倒数第二个，最后一个是江青。他们被一一押进法庭时，从场内特别是旁听席上，传出一种虽然极其轻微却难以抑制的声浪。

十个案犯全部站到被告席上后，江华庄严地宣布了全国人大常委会关于成立最高人民检察院特别检察厅、最高人民法院特别法庭审判“两案”主犯的决定，又宣读了全国人大常委会任命的特别法庭庭长、副庭长和审判员名单。宣读完名单后，江华才命令被告坐下。接着进入首次开庭的预定程序：宣读对“两案”十个主犯的起诉书。这份起诉书宣读了整整两个小时，黄火青和史进前各读了一半。在长篇起诉书宣读过程中，全场一片肃静，从审判席、旁听席到被告席上的所有在场者，都在凝神倾听。连预计不会老实受审的江青，也规规矩矩地静听着对他们的起诉。每个被告席上有个能扩音的助听装置，她把小耳塞牢牢地按在自己的耳朵上，还用手掌兜着耳廓迎着宣读者歪起脑袋听着，似乎生怕漏听了什么重要内容。

起诉书宣读完毕后，江华又向被告宣布，江青等五人将在由曾汉周为审判长的第一审判庭受审，黄永胜等五人将在由伍修权为审判长的第二审判庭受审，又宣布了法庭纪律和规定，并告诉他们，在审判过程中有为自己辩护的权利和最后陈述的权利。在被告们都听清后，命令法警将他们一一押了出去。这时已是下午5时20分，从正式开庭到完成第一次审判程序，用了近两个半小时。几乎一动不动地坐了几个小时的伍修权，为首次开庭十分顺利，情况比预计的好而高兴。

特别法庭开庭后，第二审判庭首先开审。除审判长伍修权、副审判长黄玉昆外，有15名审判员，负责审理黄永胜、吴法宪、李作鹏、邱会作和江腾蛟5名主犯，正好每三人专审一个，分为5个小组。这几个小组是早就分好的，各组对自己分管被告的案情，已经有了全面、系统和深入的了解。按照特别法庭规定，每次出庭的审判人员只要超过半数就可以开庭，第二审判庭有9人就行。但那时大家积极性特别高，不管有没有自己的事，都是全体出庭，每会必到。

1980 年 11 月，伍修权等在审判林彪、江青两个反革命集团案主犯的法庭上（前右四起：黄火青、江华、伍修权、黄玉昆、曾汉周）

第二庭首审吴法宪是 11 月 23 日，审判庭设在北京西郊颐和园南侧的空军学院礼堂里，那里已按照审判需要经过了修整改建。由于地处军事禁区内，外国记者找不到这里，比较符合保密要求。审判是下午开始的，吴法宪被押解到庭后，伍修权宣布开庭。审判员向吴法宪提出的第一个问题，是他如何把空军的领导大权，私自交给了林彪之子林立果，使他利用其地位、特权，策划并进行了大量反革命活动。对于起诉书所列举的吴法宪在这方面的罪行，他早已供认不讳，审判员提出讯问后，他承认了全部事实，还重述和补充了一些细节，表示认罪，首次审讯进行得很顺利。16 时 47 分，伍修权宣布：“对于被告人吴法宪追随林彪、叶群，给予林立果‘两个一切’[①] 的特权的罪行以及由此所造成的严重后果，事实是清楚的，证据是充分的。”接着命令吴法宪退庭，并宣布当日庭审结束。

第二审判庭首次庭审的第二天，伍修权和江华等一起参加了由曾汉周主持的第一审判庭的首次审讯——对王洪文、姚文元进行法庭调查。11 月 25 日下午，

① 指吴法宪给了林立果对空军可以“指挥一切，调动一切”的特权。

第二审判庭继续开庭，仍由伍修权主持，江华和黄火青等也到场。受审的是江腾蛟、黄永胜和李作鹏三人。这天主要审江腾蛟，被告传唤到庭后，伍修权宣布了特别法庭的规定，命令法警将黄永胜、李作鹏带下去候审，先审江腾蛟参加林立果的“小舰队”、参与策划谋害毛泽东的问题。江腾蛟在审判员的讯问下，交代了他与林彪、叶群及林立果密切关系的来由与内情，供认他参加了林立果秘密召集的“发动武装起义”和谋害毛泽东的“三国四方”会议。“三国”指沪、杭、宁，即以空四军政委王维国为首的上海方面、以空五军政委陈励耘为首的杭州方面、以南京军区空军副司令周建平为首的南京方面；加上原南京军区空军政委江腾蛟就成了“四方”。江腾蛟罪行中最主要的是企图谋害毛泽东，他出了许多坏主意，阴谋用炸铁路桥、炸油库，用飞机炸、用喷火器烧等手段杀害毛泽东，并被林立果指派为这一行动的“第一线指挥”。审江腾蛟一开始就以此为突破口，罪行突出，罪证充分，审讯比较顺利。

接下来对黄永胜、李作鹏的审讯，就不那么顺利了。25 日下午审过江腾蛟后，先后对黄永胜、李作鹏讯问了同一件事，即 1971 年 9 月上旬，李作鹏将自己探听到的毛泽东在巡视南方各地时对一些党政军干部的谈话内容报告了黄永胜，黄永胜又向叶群做了密报，促成了林彪反革命集团加紧发动政变。黄永胜开始推说“记不清楚”此事，但是有他与叶群秘密通话的电话记录在，法庭出示了各种证据证词后，黄永胜不得不承认了这项罪行。经过审判员的讯问和被告的供述，伍修权宣布本庭对这一事实的调查结束，让法警押下了黄永胜，带上了李作鹏。当讯问李作鹏为什么将毛泽东在南方的谈话内容密报给黄永胜时，他辩解说，黄永胜是总长，他是副总长，应该向黄永胜通个气，想将此事说成是工作关系。法庭也提出证据和证词对李作鹏作了反驳，虽然被告仍然不服，但是事实清楚：1971 年 9 月 6 日，李作鹏在武汉获悉了毛泽东南巡讲话的内容，当天返回北京后，即告诉了黄永胜。黄永胜连夜打电话告诉了在北戴河的叶群，致使林彪、叶群等下决心杀害毛泽东。伍修权宣布对此事的法庭调查结束，当天的审讯至此休庭。

在第二审判庭受审的林彪反革命集团主犯中，黄永胜是个首要人物。他同林彪、叶群的关系特别密切，审讯中就以此作为突破口。他给叶群打电话，有一次通话竟长达 135 分钟，这么长时间到底谈了些什么？他当然不讲真话，开始说是核对一个作战文件。法庭出示证据，证明他们这次密谈与那个文件无关。又拿出另一个证据，是他同叶群一次通话时林立果偷着录的音。这个电话录音时间近 3 个小时，审讯黄永胜时播放了这一录音的片断，并宣读了对录音的部分文字记录。此后，伍修权又主持了 12 月 18 日、19 日、20 日对黄永胜的连续三天法庭辩论。黄永胜到庭后，伍修权对他宣布，根据法律，他可以为自己辩护，还有最后陈述的权利。接着由公诉人按照法庭调查结果发言，指出黄永胜与林彪、叶群出于“共同的犯罪动机”，“紧密勾结，狼狈为奸”，主要是策划“夺取党和国家领导权”。他向叶群、林彪密报毛泽东南巡讲话，即使不是在主观上，也是在客观上配合林彪等的政变行动。黄永胜听后辩护说，他没有参与也不知道林彪的许多反革命活动，认为自己“不是反革命集团主犯”，又对诬陷迫害彭德怀、叶剑英、聂荣臻等领导人和总参干部等问题，作了长篇的辩护发言。他事先已为此写好了稿子，按照法庭规定，审判中是不准被告拿稿子的，但是伍修权特许他辩护中记不清时，可以看一下，但不许照稿子念。12 月 19 日，黄永胜又对起诉书所列他的罪行一一作了长时间辩解，公诉人随后对他的辩护进行反驳。12 月 20 日的第三场辩论一开始，伍修权让公诉人接着发言。公诉人发言后伍修权对黄永胜说：“我现在允许你继续作补充的辩护，同时也提醒你，我们已经听了你将近三个小时的辩护，所以过去讲过的，请你注意不要重复了。”伍修权在这里，对被告使用了一个“请”字，当时虽未引人注意，却反映出了他的为人作风。黄永胜表示打算放弃继续辩护和陈述，并且表示：“我放弃这个权利，不是法庭强迫我的，是我自愿的。”伍修权又以和缓的口气对他说：“那么，法庭认为你没有新的话要说了，所以同意你不再辩护。”黄永胜说“是”后，公诉人作了补充发言。伍修权问黄永胜：“你现在还有什么最后陈述的话？”在黄永胜表示再也不想说什么后，伍修权道：“被告黄永胜已不再作最后陈述。法庭对公诉人的发言，被告人的辩护和陈述，在评议的时候将予以考虑。被告人黄永胜，现在你下去听候特别法庭评议后，宣布对你的判决。”黄永胜说了声“好”。至此，对黄永胜五次法庭调查、三次法庭辩论，前后拖了整整一个月的马拉松式审判宣告结束。

第二审判庭审理的几个被告，李作鹏是能不认账的事决不认账，不过在“九一三”事件中由他放跑了林彪的座机这个问题上，他却无法为自己开脱罪责。案件的情况是：1971 年 9 月 12 日夜，周恩来得知林彪等已私自调动了 256 号三叉戟飞机，停放在山海关海军机场上，便通过李作鹏通知机场值班人员，必须经过周恩来、黄永胜、吴法宪和李作鹏四人一起批准，才允许这架飞机起飞。但是李作鹏篡改了周恩来的指示，说是上述四人中的一人批准即可放飞，致使飞机得以升空，林彪落荒而逃。法庭调查此案时，调集了证人、出示了证据，李作鹏不得不承认了所控事实。

邱会作的罪行，与黄、吴和李相比，有自身的特点。“文革”初期，邱会作是军队系统被斗得最惨的一位总部领导。林彪急书手令，与陈伯达共同签名，叶群等持手令将其救出。可是，林彪救了他，也害了他。邱会作的罪行集中在两条：一是积极参加林彪反革命集团篡党夺权特别是“砸烂总政”等活动；二是在总后系统制造了 100 多个冤案，他直接指使对 462 人进行刑讯逼供，造成 8 人死亡，一批人致残或被逼疯，其中有包括傅连暲、贺诚等在内的总后各级领导干部。在人证物证面前，邱会作不只承认了事实，还表示“向死者低头认罪，向死者的家属低头认罪”。

对这几个林彪反革命集团主犯的一一突破，使伍修权主持的第二审判庭的审判工作进行得相当顺利、圆满。这当然是审判参与者共同努力的结果，但作为第二法庭审判长的伍修权发挥了独特作用。伍修权针对案犯的特点，向他们逐个进行分析，往往一语中的、切中要害，点拨大家抓住关键点，选准突破口，用铁的事实使案犯不得不就范认罪。另一方面，即使对林彪死党，伍修权也不因过废功、株连他人。“他强调说：‘黄永胜他们几个人当然也犯了罪，但他们与江青集团是有区别的，他们经过二万五千里长征，革命战争中是立过战功的……’”他还谈到，“四人帮”搞株连，我们不搞株连。吴法宪的儿女，考上大学的一样上大学。“伍老的谈话是客观的、实事求是的，充分体现了无产阶级政党的政策。听了伍老的谈话，我们对搞好辩护充满信心，后来我的辩护发言是成功的，这与听了伍老的一席话密切相关。”① 中共中央领导人对第二庭的审判工作都表示满意，邓小平说，第二庭的审判工作进行得比较好，并且指示加强第一庭的审判和宣传报道。

1980 年 12 月 29 日，第一庭在第二庭停审一个星期之后，也结束了全部法庭调查和辩论工作，下一步就是对十名主犯罪行量刑的评议和判决，这也是这次审判活动最后也是最重要的阶段。

三、量刑与宣判

通过法庭调查和辩论，确认各被告共同或分别犯下的罪行后，如何按照中国现行法律对他们量刑和判决，成了全党全国以至全世界关注的焦点问题。

当时从党内到党外，从中央到地方，到处都为此进行着热烈讨论甚至激烈争论，人们用各种方式向特别法庭表达自己的愿望和建议。在一次高层会议上，江华说，判他们死刑也是罪有应得，但综合多种意见，考虑多种因素，判为死缓更为稳妥。伍修权赞成江华的意见，他说：“我们都是林彪、江青进行反革命活动时期的当事人，曾经亲身受到他们的迫害，正因为此，我们要克服可能有的感情因素，要更加冷静客观地来处理这件事，要经得起后人的检验。”

后来特别法庭也同意只将江青、张春桥判死缓。对于江青反革命集团中其余的人，王洪文在集团中的地位、作用稍低于江青、张春桥，判无期徒刑。姚文元的量刑应该再轻些，就判了有期徒刑的最高年限 20 年。黄、吴、李、邱和江腾蛟五人，根据各方面的反映和意见，认为这些人都有一定的革命经历，有的还有过战功，他们的罪行主要是党性丧失殆尽、私欲恶性膨胀，上了林彪的贼船，参加了篡党夺权的活动。并且早在 1971 年 9 月就被捕关押了，有的人一直态度较好。江腾蛟最早交代自己的罪行并揭发同伙，有助于侦查和审判工作；吴法宪、邱会作对自己的罪行也都供认不讳并认罪。邱、吴、李、黄、江分别被判了 16 年、17 年、17 年、18 年、18 年徒刑。陈伯达也是 18 年，因为他 1970 年就已羁押，刑期只剩了 6 年。

---

① 马克昌：《仰慕与怀念》，见《历史风云中的一代英杰——伍修权》，当代中国出版社 2008 年版，第 65 页。

从1981年1月20日起，即开庭公审十个主犯的整整两个月后，特别法庭连续召开审判人员全体会议，特别检察厅厅长、副厅长和检察员等列席参加，对经过26遍修改的判决书草稿，进行最后一次讨论修改。江华强调，审判这样的重大案件，具有深远的历史意义，特别法庭做出的判决书也是历史性文件，要求大家再作认真讨论、仔细修改，使其成为一个成功案例。伍修权对判决书的前25稿，都已逐字逐句推敲改动过，现在又一次参加集体讨论，大家读一段议一段，重要的地方甚至逐句逐字讨论。出现相持不下的意见时，会议授权江华和伍修权等裁决。于是他们在大会后又做了研究，确定了最后的修改方案。1月21日继续举行全体会议，讨论并通过判决书的第二十七稿。22日的会议改到人民大会堂天津厅内，举行特别法庭合议庭的评议，由两个审判庭分别就各自审判的被告案情，介绍判决根据。第一审判庭由曾汉周介绍；第二审判庭因伍修权一度住院，他委托刘继光审判员向会议作具体介绍。随后大家作了讨论发言，最后对10名主犯的量刑进行表决。表决之前，江华说，这次审判是依照全国人大常委会的决定，根据国家法律进行的，特别法庭说是特别，其实是合法、依法的。法庭充分考虑了被告们犯罪的时间、地点和条件，尤其是他们各自的犯罪特点与历史条件，一一依法对其判决，所以我们在法律上是能站得住的。随后由参加会议的庭长、副庭长和审判员逐一举手表决，通过了对10名被告的量刑判决。1月23日上午，伍修权参加了在人民大会堂召开的审判指导委员会会议，听取了彭真对审判工作最后阶段的指示；下午，特别法庭举行了判决书签字仪式。1月24日，伍修权主持召开了特别法庭全体会议，对即将举行的宣判大会等工作进行检查落实。

1981年1月25日，中华人民共和国最高人民法院特别法庭，对“两案”主犯进行了终审判决。10个受审主犯被押解到庭，一字排在审判台前听候宣判。这天，法庭里的气氛格外庄严肃穆，旁听席上坐满了人。江华、伍修权、曾汉周、黄玉昆和35名审判员，面对站在被告席上的10个主犯，面对旁听席上近千名全国各界各地的代表，面对正期待和注视着这次判决的亿万人民群众和海内外同胞，面对全世界不同立场不同身份却同样关注这次审判的各方面人士，宣读《中华人民共和国最高人民法院特别法庭判决书》。由于判决书全文长达1.6万余字，江华宣读了前一半，后一半由伍修权接着宣读。虽然当时伍修权已经73岁，但宣读时腰杆笔挺、声音洪亮。

当宣读最后的量刑判决部分时，全场上下从审判台到旁听席鸦雀无声，气氛尤其凝重，连10个被告也竖起了耳朵。当江华宣布刑期时，刚宣布“判处被告人江青死刑”，还没说出“缓期二年执行”，江青就慌忙叫喊起来，喊的仍然是“造反有理”“革命无罪”等。伍修权下令：“把死刑犯江青押下去！”在场的记者报道了对“两案”相关人员进行历史性宣判的一幕：张春桥几乎站立不住地歪向一边，姚文元“颓丧地闭上眼睛”，陈伯达“嘴巴直哆嗦”，吴法宪“两腿在发抖”。

在庭长宣告闭庭时，全场竟打破了法庭原定的限制规则，忽然爆发出抑制不住的掌声、欢呼声和祝贺声。正如新闻媒体所言：“从天安门的声讨到正义路的审判，是历史发展的必然……表明中国人民已经同自己灾难深重的‘过去’诀别！”“历史的审判，正义的判决，将教育人民，总结历史的经验……不让十年浩劫的历史悲剧重演！”

四、为了完成这份使命

历时 81 天的“两案”审判工作圆满完成了。宣判的第二天上午，在京西宾馆召开了外地来京及中央各部各单位的旁听代表全体会议。大会在伍修权主持下，由江华对代表们作了这次审判全面情况的报告。先后列席旁听审判的，共有六万余人次，不仅代表了中国党和军队以及全国各行各业的干部群众，也及时反映了各方面的意见。通过电视、广播和报纸等新闻媒体了解审判情况并随时提出各种意见的，全国不下几亿人。

1981 年 1 月底到 2 月上旬，伍修权参加了特别法庭全体人员和原第二审判庭人员的总结会议，议定并通过了呈交给中共中央和全国人大常委会的审判工作总结报告。为了完成好“两案”审判这份使命，伍修权“老牛自知夕阳晚，不待扬鞭自奋蹄”。据记载，特别法庭在历时 67 天的公开审判中，共开庭 42 次，伍修权出庭 30 次，其中第二审判庭开庭 22 次，伍修权主持 16 次。在此期间，特别法庭、审判指导委员会和中共中央的有关会议，他都每会必到，总参的重要工作和会议以及外事活动，还得照常参加或主持。因此，伍修权常常是一天内从白天到夜晚连续去几个地方出席几项活动，只能在沙发上或汽车里打个盹，有时累得他正吃着饭就伏在餐桌上睡着了。这使他在第二庭审判工作结束后不久就病倒了，1981 年 1 月 7 日不得不住进医院。可就是在病榻上，他也不肯休息，不仅仍然不断看文件、批报告、研究材料、听取汇报、与人谈话，还抱病出席相关重要会议。1 月 9 日、11 日、12 日和 15 日，他都出席了中共中央召开的专门研究“两案”审判问题的重要会议。到 19 日就怎么也躺不住了，出院后一边继续吃药，一边参加各种会议和活动，直至完成全部工作。

伍修权说：“这次审判，是我国政治生活中的一件大事，对于我个人来说，也是我一生历史上光荣而重要的一页，尤其是我已经年过古稀，进入晚年了，还能参加这一举世瞩目的工作，亲自审讯并判处了我国一批当代最大的阴谋家、野心家，不能不感到十分荣幸和不虚此生。”①

①《伍修权回忆录》，中国青年出版社 2009 年版，第 340 页。

第二十章　在中顾委常委任上

一、担任中顾委常委兼中顾委机关临时党委书记

1982 年 9 月，中国共产党召开第十二次全国代表大会，伍修权作为上届中央委员和本届大会代表，照例参加了这次盛会。

在中共十二大上，中共中央领导机构出现了一个新的组织——中共中央顾问委员会（简称“中顾委”）。新的党章规定，中顾委享有与中央委员会基本相同的权利和义务，只是其成员年龄偏高，主要由原来担任高级领导职务、基本退出第一线领导岗位的人员组成。正是在这次大会上，伍修权当选为中共中央顾问委员会委员，并且成为地位相当于中共中央政治局委员的中顾委常委。中共中央之所以决定成立中顾委，是鉴于老一代无产阶级革命家，自 20 世纪 20 年代参加革命以来，经过了大半个世纪的长期奋斗，至此大都进入了七八十岁高龄，连参加

1982 年 9 月，伍修权在中共十二大小组会上发言

革命时才十五六岁的伍修权，也已年逾古稀。为了中央领导机构成员的年轻化，邓小平等主动退居二线，将领导岗位腾出来，让给比较年轻的后继者。为了使退居二线的老革命能继续发挥作用，贡献力量，就新设了中顾委。

伍修权还兼任了中顾委机关在京委员临时党委书记。因此，中顾委秘书长荣高棠和办公室负责人等，不断来找他请示工作、汇报情况，还给他在位于中南海的中顾委机关安排了办公室。

鉴于十年动乱对党风党纪的严重破坏，虽经几年的拨乱反正，但是党内在思想、作风和组织上仍然严重不纯。为了改变这种状况，中共十二大决定要有计划、有步骤地在全党开展整党工作。伍修权就任中顾委机关党委书记后，就负责中顾委机关及在京中顾委委员的整党工作。他按照中共中央的决议和决定，先布置大家学习有关整党的文件，定期进行集体讨论，又参与处理并过问了中央机关在整党中发现的一些问题，审阅批示上报材料，在坚持四项基本原则、反对资产阶级自由化，加强中顾委机关自身建设方面，做了大量工作。

进入中顾委的伍修权，实际上也意味着即将退居二线。正如张万年、迟浩田在悼念文章中所说："1982 年，伍修权以实际行动响应邓小平同志关于废除领导职务终身制的号召，在总参率先提出退居二线。"总参党委决定保留伍修权的办公室，便于他阅读文件、了解情况。他仍然常常参加军委和总参的有关会议和重要活动，继续顾问总参的工作。

二、参与领导组建国家安全部

在国务院设立国家安全部以取代中央调查部一事，中共中央酝酿了较长时间。1981 年底，中共中央政法委员会为此提出了相关建议。1983 年 1 月，中共中央书记处原则上同意了设立国家安全部，并决定由时任中共中央书记处书记的陈丕显和伍修权等五人起草《关于组建国家安全部的报告》。

起草工作在伍修权具体主持下进行。他指出，撤销中央调查部，组建国家安全部，是一项重大战略决策，一项严肃的政治任务，必须全力做好。为此，他组织起草小组认真学习中共中央有关指示，对组建国家安全部的指导思想、任务职责、机构设置、人员编配以及办公管理等方面的重要问题，都进行了深入细致的调查研究，充分发扬民主，听取方方面面的意见和反映。

经过自上而下反复讨论、论证，起草小组认为组建国家安全部适当其时、条件具备。报告前后写了三稿，3 月下旬，陈丕显主持中央政法委员会讨论了第三稿。会上伍修权对某些重要的不同意见和疑虑，进行了实事求是的分析比较，作了有说服力的发言。他说:"建国初期是打扫房子再接客，锁国状态"，现在则"不能用老黄历看新问题"。他就"从缓计议"的意见分析说："也有两种情况，一种是认真的态度，希望把工作做得细致些、慎重些；另一种是拖的态度"，"无限期地拖下去"。他从国内外形势和工作大局以及尊重绝大多数人的合理意见出发，提出还是力争在六届人大召开以前解决为好，这是新一届人大，总理要组阁。对有人担心公安、安全两部今后工作上会扯皮，伍修权严肃指出：“扯皮是党风问题，就是不顾大局、官僚主义的表现。这次组建安全部，大家应有一定的觉悟，改变我们的党风，有问题摆到桌面上来，怎样解决有利就怎样解决，不要扯皮。”与会同志认为伍修权的发言站得高，他的意见和他主持起草的报告稿得到大家的赞同。

1983 年 4 月 7 日，中共中央书记处讨论并一致同意《关于组建国家安全部的报告》。邓小平会前看了报告说：“这是一件新事物”，“可先照此实行”。陈云、李先念、叶剑英等也都表示同意。这次中央书记处会议决定成立中央安全领导小组，领导小组组长为陈丕显，副组长为伍修权，组员为孔原等六人。1983 年 7 月 1 日，国家安全部正式成立。

在组建国家安全部的过程中和建部后的工作中，伍修权同陈丕显一起，就国家安全工作中的一些重大问题作出决策，提出指导性意见，发挥了重要作用。伍修权为自己在退居二线后，又受命完成了中共中央赋予的这项重大任务而深感欣慰。

三、出任中指委委员兼检查组组长

1983 年 10 月召开的中共中央十二届二中全会决定：用三年时间分期分批地对党的作风和党的组织进行一次全面整顿。

整党的背景是：十年内乱的流毒尚未肃清，派性尚未消除，党内的“三种人”尚未完全清理，“文革”的遗留问题依然很多。另一方面，改革开放、搞活经济刚刚起步，一部分党员领导干部以权谋私、贪污受贿的案件逐渐增多。为了有效地解决此类问题，全会选举产生了以时任中共中央总书记胡耀邦为主任的中共中央整党工作指导委员会（简称“中指委”），伍修权是成员之一。中指委决定成立检查组，任务是查处在整党中揭发出来的大案要案。几经筛选，检查组组长的担子落到了伍修权的肩上。胡耀邦向他交代任务时说：“检查组组长职务不高，但工作很重要，需要一个在党内享有崇高威望的同志来领导，所以就找到你。”

伍修权深知，大案要案检查组要处理的往往是盘根错节、牵一发而动全身的老大难问题，不但要真抓实干，还要不怕得罪人，敢碰硬钉子。但他更知道，“这个工作关系中国的前途命运”，当即表示：“请中央放心，我一定完成党交办的新任务。”伍修权向检查组人员反复交代：“检查工作一定要坚持实事求是，重调查研究，重事实，重证据。历史上、特别是文化大革命制造了那么多冤假错案，这次整党我们可不能再有冤假错案了，经我们检查的案件要经得起历史检验。同志们到这里工作，在北京、在中央是顶了天的，我们要对党负责，对人民负责。”①

① 唐启荣：《永久的怀念》，见《历史风云中的一代英杰——伍修权》，当代中国出版社 2008 年版，第 79 页。

在中共中央整党工作指导委员会工作期间，伍修权（左一）与薄一波（左二）、康克清（左四）、胡启立（中）等合影

他强调，检查组的工作最重要的一条，就是要坚持原则、坚持实事求是、坚持真理。有了这“三个坚持”，还要十分认真地、深入地进行调查研究，尊重地方及有关党组织，对每个案件都要弄清案情，反复核查，根据事实和证据下结论，做到既不放过一个坏分子，又要保护每一个好人，使案件的结论和处理，经得起历史的检验。

检查组成立之后，接受了一批又一批各式各样的揭发、举报和控告材料。伍修权亲自主持并布置工作人员，一一进行调查核实和研究处理。这可不像他两年前参加“两案”审判那样黑白早已分明、是非自有公论。揭发、举报的问题，不仅其性质难以分辨，有真的有假的，有半真半假的，有事出有因查无实据的，而且云遮雾绕、盘根错节。这迫使伍修权埋头扎进了一个个棘手的案件之中。

在检查组受理的案件中，有的被检举揭发者职务较高，上有后台下有基础，势大根深不好查处。伍修权总是鼓励大家不要有顾虑，说我们也是上有中央下有群众，党心民心力量更强，只要对党对人民负责，不论是谁，有问题就彻查，就处理。有时对被举报者查了好久，却没有什么问题，有人认为白忙活了。伍修权却说，被举报的干部经过审查没有问题，这不是更好吗？通过检查组的工作，无论是查处了坏人，还是保护了好人，都是对党对人民负责，也是对被审查的干部负责。

伍修权根据自己兼职多、工作忙、时间紧的特点，对检查组的工作做了科学的安排，每周抽出一到两天时间到检查组办公，听取汇报、研究案情、部署下一步的调研工作。遇到困难和阻力，他就亲临一线，排除干扰，承担风险，化解阻力，求得问题的妥善解决。就这样，检查组在伍修权的组织领导下，三年中查处了上百件大案要案。

1985 年 5 月，伍修权又累得病倒了，医生一检查让他马上住院治疗，他却照常到中指委去参加会议，结果一下发烧到 40℃，才被“押送”进医院。住院后刚退了烧，他又将检查组的人找到病房里，交代必须马上查办的几件要案。检查组成员这样评价伍修权：“整党三年多来，凡是中央领导批转检查组查处的老大难案件，在伍老高水平的领导和他在全党的崇高威望影响下，一个个阻力被冲破，一层层保护层被剥开，一批批被迫害、遭打击的同志得到平反，有问题的人受到处理。三年来在伍老领导下查处的上百起案件至今已过去二十多年，没有一件反复，真正经得起历史检验。”[①]

伍修权担任检查组组长期间，所办的最复杂、最困难，也最有影响的案件之一，是杨小民故意杀人案。

1979 年 2 月 26 日上午，25 岁的杨小民到青海省省委大院的水房挑水，与 17 岁的王强相遇。王强倒水不慎，水溅到杨小民裤子上，两人发生口角。次日上午 9 时，两人再次在水房相遇，再次发生口角。王强回家后躺在床上休息时，杨小民戴着口罩、眼镜、白色卫生帽突然闯进去，趁其不备，用五寸藏刀连刺其胸部、腰部，先后刺了 14 刀。邻居们闻讯赶到时，王强已躺在地上人事不省，杨小民则手握滴血的刀扬长而去。王强虽当即被送到医院抢救，终因伤势过重，于 28 日凌晨死亡。

案件本身事实清楚。西宁市公安部门依法将杨小民逮捕，然而杨小民在看守所扬言：“我不怕，我爸爸管保卫，有办法。”西宁市城中区法院审理此案时认定，杨小民犯故意杀人罪，手段凶残，于 9 月 6 日依法判处死刑，立即执行。西宁市中级人民法院很快核准这一判决，并于 11 月 3 日报省高级法院复核。然而省高院复核的结果却出人意料：改判为死缓，改判的理由是“罪犯年轻”，“因小事引起杀人”，“两人搏斗的情况存在，谁先动手说不清”等。省高院为何把这个事实再清楚不过的案子模糊成“说不清”了呢？原来，杨小民的父亲时任中共青海省委办公厅副主任，而且正如杨小民所扬言的，确实“有办法”。他公权私用，通过人际关系网与省高院主要负责人联手徇私枉法，使这件本来不复杂的案件复杂起来，成了事关党纪国法的大案。

杨小民改判的消息一经传出，社会舆论大哗，被害人家属在西宁市西大街省高院门口向围观的群众哭诉，群众也一致谴责“官官相护”，还到城中区检察院要求对杨小民杀人案抗诉，市检察院也同意抗诉。但是，省检察院检察长却说：“这个案子是省委研究决定改判的，你们抗诉就是抗省委！”1984 年，迫于群众的压力，省委将杨案材料印发西宁地区各单位讨论。讨论中，群众对改判杨小民

① 唐启荣：《永久的怀念》，见《历史风云中的一代英杰——伍修权》，当代中国出版社 2008 年版，第 83 页。

为死缓提出尖锐批评，要求追究有关人员和领导的责任。然而，弄权的案犯之父却于 1982 年 1 月由省委办公厅副主任升为省委副秘书长兼办公厅副主任；1983 年又提升为省委副秘书长兼办公厅主任。在杨小民案轻判中起主要作用的法院院长被提升为副省长，其他有关人员也得到提升。杨小民入狱后即被培训了一年，当上了医护人员；入狱两年后被改判无期徒刑。

此案在青海省激起公愤，群众反映强烈。最高人民法院曾多次干预此案，要求复查，但拖了五年未能纠正。在此期间，最高人民检察院、新华社和中国青年报等单位，均在内部刊物上刊登被害人家属的控诉，强烈要求纠正此案。特别是《光明日报》驻青海记者站站长陈宗立的介入捅破了这张巨大的关系网。顶着重重压力，经过几个月艰苦调查，他终于揭开了此案背后的黑幕，并三次写内参，引起了中共中央的高度重视。邓小平、胡耀邦、习仲勋、陈丕显、薄一波等均作了批示，要求严肃处理。牵头查处的任务又落到由伍修权任组长的中指委检查组头上。1985 年 1 月，中央整党工作指导委员会、中央纪律检查委员会、中共中央组织部、最高人民法院、最高人民检察院等部门，根据中共中央指示组成联合调查组，深入青海，在充分调查研究、掌握大量证据的基础上，于同年 5 月完成了《关于杨小民故意杀人案的调查报告》，认定杨案是“官官相护，枉法裁判，包庇罪犯的徇情案”，提出“彻底纠正此案，是关系到党的威信和民心所向的大事”，只有严肃处理，“才能正党风，平民愤，恢复党的高大形象”。6 月 13 日，中共中央书记处专门就杨小民案召开第 212 次会议，会议认为，“在这个案子的错判和长期未予纠正的问题上，青海省委的一些领导同志是有责任的。对那些在此案中徇私枉法的人，不管是谁，都要实事求是地予以严肃处理。”7 月初，上述五个部门再次组成工作组二赴青海，进一步调查有关人员的责任问题。经过三个月的工作，于 12 月 1 日向中共中央提交了《关于杨小民错判案有关责任者的错误事实、性质及处理意见的报告》。

从 12 月 6 日开始，中指委连续举行办公会议，研究对杨案有关责任者的处理问题。会议在中南海举行，经过激烈争论，伍修权肯定并坚持的联合工作组所作出的调查结论得到多数人认可：青海省法院在审理此案中的很多做法和说法都是错误的，是歪曲事实的，实质上是官官相护，包庇罪犯，对此案的错判负有直接责任；省委和省委主要负责人负有重要责任。这一错案由于长期得不到纠正，给党的形象和国家法律的尊严造成了严重的损害，应彻底纠正。

伍修权率中指委检查组全体人员，坚持为纯洁党风、惩治腐败而抗压复查、坚决纠错。杨小民案终于有了公正的判决：改判死刑，立即执行。广大群众闻讯，放鞭炮庆贺正义得到伸张。邓小平 1986 年 1 月 17 日在中央政治局常委会上讲话中为查处这个案子叫好：“青海省杨小民那个案子拖了多年，几任省委书记没有解决，现在处理了，处理得好。就是要查处这样的案子，才会有震动。”①

---

①《邓小平文选》第 3 卷，人民出版社 1993 年版，第 152 页。

1984年整党刚刚开始时，中指委领导批转来一份揭发某大陆和香港合资的大型企业的材料。由于所揭发的问题严重，揭发者口气肯定并建议对该企业立即进行停业整顿、检查账目，中指委领导的批示中也有严肃查处的倾向。

检查组受理此案后，伍修权认为，现在刚刚进行改革开放，引进外资和合办企业都带试行和示范性质，这家企业又是北京最早引进外资的企业，如果在事情没弄清楚之前就停业整顿，很可能会造成外商的紧张不安以致撤资，甚至引起连锁反应，影响到以后的外资投入和继续引进。据此，伍修权决定调查工作先在中方人员中进行，不得影响、干涉外方人员的正常经营活动。他亲自组织强有力的专业班子，展开深入细致的调查，并出面找时任国家财政部部长王丙乾，从财政部借调来几位精通业务的高级会计师，清查了该企业的两万多笔账目，盘点了全部不动产。通过外事部门了解外商所在地区及国际上有关的价格、税额等情况。伍修权还亲自找当事人、揭发人及其他有关人员分别交谈，兼听双方的陈述与申诉，并两次亲临现场视察该企业的规模和营业情况。来龙去脉摸清、汇总后，伍修权又请来这方面的专家，与国家引进外资的各项政策规定一一审核、对照，提出评估性意见。结果表明，该企业的所作所为，符合对外开放政策及相关规定，外方并未赚到超出国际惯例的“大钱”，中方虽因经验不足等原因一度出现过亏损，但并无受贿、贪污等行为。调查结论不只否定了原来的揭发，保证这一合资企业得以照常营业，更为这一企业内部存在的管理和人事等问题找到了真正的症结，帮助和促成了其改进与发展，也鼓励了同类企业和外资的继续投入。但是，调查结论与领导的倾向性批示相左，怎么办？唯实不唯上，伍修权表示：“这不是问题，我去说。”果然，作了批示的领导听了调查结果和善后意见，非但不以为忤，反而很是欣慰。

检查组还接到胡耀邦批转来的反映北京民航管理局问题的举报，其一是说该局所属的某飞行大队的队长，是林彪反革命集团的爪牙，曾经阻止武警上他的飞机，执行外事任务时又曾私分外汇等。该飞行大队是专门执行中央领导外出的飞行任务的，不能有半点闪失。伍修权当即派得力人员三进民航，终于查清了全部事实：这位飞行大队长是战斗英雄，由于政治可靠、技术过硬才被选调到民航，负责驾驶中央领导人乘坐的专机。“九一三”事件时他不在北京，不知道林彪外逃的事，回京后仍向人称林彪为“副主席”，被认为他仍然“忠于林彪”。不让武警上飞机的事，是因为他按照有关规定和国际惯例，凡武装人员非经特许都不得登机执勤。所谓“私分外汇”，是他在机长职责范围内为了节省机上工作人员在国外的食宿费用，由原来的实报实销改为规定每人使用外汇的限额并分发、包干到人，结果为国家节省了60%的外汇开支。了解情况后，伍修权说，这个人过去是英雄，现在又业务好、作风正，仍然是英雄，一定要保护这样的人。与此同时，检查组查清了这些举报之所以不实的根源：北京民航局领导班子严重不团结。检查组将此结论上报中指委，责成国家民航总局对北京民航局的派性问题进行严肃批评，调离负有责任的一名负责人，调整了领导班子。胡耀邦见到报告后批示："报告对问题实事求是，是就是，非就非，这些问题解决得很好。"

中组部和中纪委给检查组转来几份湖南某地干部群众的检举材料，状告当地"文革"期间的一个造反派头头在粉碎江青反革命集团后仍然拉帮结派，冲击党政机关，危害地方安宁。1986年，伍修权不顾自己已78岁高龄，率检查组和中组部组成的联合工作组去长沙，与中共湖南省委共同对此进行调查，发现问题的症结是湖南省领导层中有这个人的保护伞。

就在深挖毒根的关键时刻，伍修权接到家里急电，他104岁的老母亲寿终。伍修权对母亲极为孝顺，1974年秋，他刚从八年"牛棚"生涯中解脱出来，就第三次把她接到北京颐养天年。十余年间，他工作再忙再累，一到家总不忘给母亲请安。103岁那年，老人家不小心跌倒，大腿骨折，头也破了。虽送医院救治，还是不能再下床走动了，伍修权对她的看望、安慰也更勤了。为了减少母亲的寂寞感，伍修权还把表妹请到北京来与老人做伴。母亲辞世，送终是尽孝的大事，伍修权多么想赶回北京见母亲最后一面。可正邪角力需要他留在火线，坐镇指挥。时任副总参谋长的张震给他打来电话，问需不需要接他回来料理母亲的后事。伍修权说不要了，这是家务事，我们自己处理吧。他打电话吩咐孩子们，特别是儿子罗斌料理好奶奶的后事，替他尽孝。

伍修权没有分身送母亲最后一程，他所办的这又一个棘手的大案却交出了大忠大孝的合格答案：为首的害群之马被定为"三种人"，其保护伞受到了停职审查处理。他对检查组人员说："如果这样处理有人责难，我负责。"这个在湖南闹了七年的老大难问题，终于得到妥善解决，时任湖南省委书记毛致用致函中指委表示感谢。

对这些上百件大案要案的公正查处，是伍修权晚年为党和国家改革、发展、稳定作出的重大贡献之一。

四、参与中共十三大的筹备工作

1987年，中国共产党召开第十三次全国代表大会。伍修权受命参与这次党代会的筹备工作，包括为实现党高层领导班子新老交替的两个方面。

一个方面是为了进一步实现领导班子年轻化，早在十三大召开的两年前就开始执行的劝退任务。

一批批老领导陆续从领导岗位和中央委员会退下来，成为新的中顾委委员或常委，这使中顾委成员过多。中共中央决定劝说一些年逾八十的老领导完全休息，把中顾委的位子也腾出来，让给中共十三大前后即将退出领导岗位的后来者。这个劝退的任务交给了伍修权。

劝进易，劝退难。作为中顾委机关临时党委书记，伍修权不仅在北京做了一批老革命家的工作，还受中央委托去了几个省市，劝说住在那里的高龄老领导也退出中顾委，他在谈话中常常现身说法地以自己为例去劝导别人。在那前后伍修权应约给报纸写了篇文章，题为《上下去留只等闲》。文中写道，新中国成立以后的几次评级授衔换装，“用有些人的话来说是‘什么也没捞着’，说句笑话，我就像旧戏里薛平贵回窑时所唱的，‘这几年，我也是，时运不佳呵！’对于这些事，尽管我一时也曾有过一点想法，但是从来没有讨价还价过，更没有向党伸过手。”“（十二届）四中全会以前，我受中央顾问委员会委托，到几个地方看望了一些老同志，就他们是否继续担任‘中顾委’委员问题，征求他们各自的意见。这些老同志考虑到形势发展的需要，都主动请求，乐意从原来的位置上退下来。”

绝大多数老革命识大体、顾大局。在他们的主动配合下，伍修权受命承担的劝退任务推动了党和国家领导机构的新老交替：在 1985 年 9 月召开的中共中央十二届四中全会上，64 位年逾七十的中央委员、37 位年逾八十的中顾委委员、30 位年逾七十的中纪委委员，都退了下来。

另一个方面是参与对中共十三大即将进入党、政、军高层领导班子的人员的考核与选拔。

这项工作开始于 1986 年 9 月。参与其事的有以薄一波为首的 7 位德高望重的老革命家，内部叫作“十三大人事安排小组”。

这项工作将伍修权一下推到了参与把守进入党和国家最高决策层的高级领导干部的入口。伍修权深知这又是一项党和人民赋予自己的重大使命，是为国家长治久安当伯乐的工作，具有替党计长远、替民谋福祉的现实意义和历史意义。为此，他不能不诚惶诚恐、如履薄冰。在那段时间内，近八十高龄的伍修权仍然不断找相关干部个别谈话，查阅档案资料，对一些重要干部进行调查审核和考察。许多高级领导人的履历、政绩和实际表现、上下反映等等，他们翻来覆去地研究、比较和选择，在此基础上一一写出鉴定式的推荐意见，在坚持领导班子年轻化，使德才兼备并具有开创精神的干部脱颖而出等方面，提出了许多宝贵意见。

这项工作做得极其慎重机密，伍修权身边的工作人员只见他日日为此忙碌，从不敢有一点懈怠。他本人虽未透露工作内容，世上却没有不透风的墙，还是有人闻风而动，想方设法来接近他。一位谋求提升的沿海某市负责人，上门拜访在中央有人事安排发言权的老领导，顺便送了两瓶五粮液，还悄悄留了一个装有人民币的信封。伍修权发现后十分生气，当即派身边工作人员退回去，那人拟提升的事也没了下文。伍修权一生恪守的党性原则是：越是上门要官要权的，越是不能重用，决不徇私舞弊、暗箱操作。

第二十一章　外交家的风采添新篇

一、以国际战略学会为阵地推进全方位军事外交

退居二线后，伍修权以国际战略学会会长等身份，接待外国代表团或去各国访问，以民间外交服务于国家总体外交和军事外交。

1983 年 8 月中旬，美国众议院军事委员会主席普赖斯率议员代表团访华时，伍修权以国际战略学会会长身份接待了他们。在会谈中，伍修权向他们阐述了中国的防务与战略方针："中国的战略方针是积极防御的而不是进攻性的，即中国不想占领别国的一寸土地，也不允许别国占领我国的一寸土地。"他还指出中国重点发展防御性常规武器，但也要发展核武器，不过目的"完全是为了防御，为了打破核垄断"，而且中国早就声明，"决不首先使用核武器"。

1984 年 2 月，伍修权在京与美国前白宫安全顾问兹比格涅夫·布热津斯基等美国战略专家进行了会谈。美联社电讯说，布热津斯基等虽然下榻于通常接待高级官方来宾的钓鱼台（国）宾馆，但其会议对外却说是"非官方的私人讨论"，只是"所讨论的主要是全球战略、军备控制和战略稳定问题"。他们的这次会谈，是为时任美国总统里根访华做准备的。与布热津斯基同时来华的，就有为里根访华打前站的 40 名先遣人员。里根定于当年 4 月下旬来华访问。他来京前的 4 月 21 日，伍修权又以国际战略学会会长的名义对新闻界说，美国总统里根即将对中国进行正式访问，这是中美关系朝着积极的方向继续发展的又一标志。新华社就此报道说："伍修权在回顾三十多年来中美关系的发展时说，中美关系经历了从兵戎相见到友好合作的漫长而曲折的过程。我不禁对沧桑之变感慨万分，对于今天中美关系在各个领域的发展感到高兴并寄以希望……伍修权强调说，中美之间建立稳定而友好的关系，对于保持世界和平和稳定，无疑是一个极其重要的因素。因此只有从两国关系和世界的局势出发，才能充分估计中美关系发展的重大意义。"新华社的报道又说，伍修权也指出了中美关系尚存在台湾问题等障碍，他"希望美方能从大局出发，不要在中国统一的问题上设置障碍。他相信只要美方认真负责地按照两国的历次公报行事，中美之间的友好合作就有着广阔的前景。"当时中国还没有由外交部举行记者招待会，以宣布中国政府的某项重要决定或对某个国际问题所持态度的制度，伍修权的这番谈话实际上起到了官方发言

人的作用，产生了重大的国际影响。

因为伍修权是参与处理中美关系的重要人物之一，里根访华后不久，他也应邀赴美访问。他在美国走访了许多地方，参观了不少军事设施，会见了一批军政要人。这既表明了世界局势的重大改变，也表明了中国应对世界多极化趋势的积极态度。

伍修权担任国际战略学会会长期间，还与美国的教授、作家等知名人士广泛交往，如斯坦福大学裁军与军备控制研究中心主任路易斯教授，美国《纽约时报》副总编辑、著名作家哈里森·索尔兹伯里等，与后者还成了朋友。索尔兹伯里从事新闻工作五十多年，属于美国资产阶级自由派人士，对华态度友好，曾三次访华。他早就立志写一部关于红军长征的书，以往由于中美关系尤其是中国本身的政治形势，总是未能如愿。直到中美建交、中国改革开放之后，他才与夫人和抗战期间到过延安的谢伟思一起，来华访问并搜集关于长征的写作素材。在采访之前，他先向伍修权提交了采访提纲，内容极其广泛。好在这些问题，伍修权已在回忆录中作了认真的回顾和系统的叙述，就胸有成竹地接受了采访。1984年3月28日，已访问了李先念、杨尚昆、邓颖超等的索尔兹伯里夫妇，用一天时间与伍修权就长征的始末及李德等问题，作了深入具体的交谈。伍修权与索尔兹伯里是初次见面，与谢伟思却早已相识，谢伟思曾作为美军观察组成员在延安住过，这次是旧交新友相见。索尔兹伯里对要访问的内容已经有了一定的了解，但有些却与伍修权所掌握的情况并不一致，例如关于李德来华前的经历和他的来历，他们交换了各自的看法。1985年，索尔兹伯里关于长征的名著《长征——前所未闻的故事》问世，并给为此书提供了重要素材的伍修权寄赠了这本书的英文原版。不久，这本书的中文译本也出版了。伍修权读了译本后，在1986年的《人民日报》上发表了书评，称颂作者夫妇在古稀之年踏着红军长征的足迹寻踪觅迹，在纪念长征胜利50周年前夕写作并出版的这部新作“是中美两国人民友谊以及各国朋友对我国人民友好感情的又一丰碑”。又说：“我当年曾被斯诺写进自己的著作中，如今索尔兹伯里又多处将我的谈话和回忆写入他的作品。我为此感到荣幸，更为从斯诺到索尔兹伯里等美国朋友，对我国革命和解放事业关注、热心的珍贵友情，几十年如一日地不断加深发展感到高兴。”索尔兹伯里得知伍修权对他的新著发表书评后，马上来信表示感谢说：“我将永远难以回报你和我所有的中国朋友以及为本书提供帮助的人。确切地说，这本书是集体的成果。”此后索尔兹伯里每次访华都要来拜访伍修权，还特地向他提供了后来收集到的有关李德的资料。一位中国老革命家，同一位美国进步作家的友好交往，成了伍修权在全方位和平外交的大背景下推进中美民间外交的一段佳话。

1985年4月，伍修权以国际战略学会会长的身份出访日本，是以日中友协会长茅诚司名义邀请并接待的，由日本防卫厅长官主持会谈，并且会见了日本首相中曾根康弘和参议院宇都宫德马等军政界要人，所以一开始就受到国际上的关注，各国通讯社都进行了报道。法新社从东京发出“伍修权今天抵达此间”的消息后说，“预料这位中国人民解放军前副总参谋长将会与日本首相中曾根康弘会面”，“还会与日本政府高级官员讨论防卫问题”。日本报纸对伍修权的访问更是作了逐日连续报道，东京首家大报《读卖新闻》在其《今日人物》专栏中刊发了伍修权的照片，并对伍修权的履历、业绩甚至性格，作了生动的介绍，文中不仅说伍修权“性格豪爽，阐述问题观点鲜明”等，连他1950年在联合国演说时讽刺不说中国话的蒋方代表，在南斯拉夫问题上先受到批评和误会后来又受到欢迎，以及曾是“缔结中苏条约的功臣”等，都作了具体评介。4月10日下午，伍修权应邀在东京都对日本各界人士发表了题为“国际和平与中日友好”的重要演说，提及世界大战和历次战争造成的灾难，他说：“中日两国人民对此都有着极为深刻的切身体会，绝对不能容忍另一次战争浩劫的发生……所以，维护世界和平既是中日两国人民共同的迫切愿望，也是我们共同面临的紧迫课题。”“两国发展长期友好的意义已经超出了两国关系本身，既有助于亚太局势的和缓和世界和平的稳定，也可能成为不同社会制度国家和平共处的典范。”只要双方“进一步增强理解，加强信赖，消除不必要的疑虑，为发挥既有潜力，推进睦邻友好关系作出切实的努力，那么，可以预计中日友好前景是十分广阔而光明的”，“我们愿同日本人民一道为这崇高的事业作出积极的贡献”。伍修权的这次演说，以及在此前后与日本防卫厅长官加藤和首相中曾根等的会见交谈，日本各报、各国通讯社及香港等海内外报纸都迅速作了报道。

伍修权与中曾根的会见由时任中国驻日大使宋之光陪同，伍修权在向中曾根赠送中国古代军事名著《孙子兵法》时，还附送了一本自己的回忆录《我的历程》。伍修权到达日本时，当地报纸特地评介了他“在中国要人里是少有的”回忆录，说“这些回忆录是非常珍贵的史料”，“写得很坦率，因而是很有意义的”。

伍修权在演说中关于“国际关系进一步朝着多极化的方向发展”，以及“我国不同任何大国建立战略关系，也不同任何大国结盟”的表态，表明了中国扬弃“一边倒”、“一条线”外交战略，以全方位外交应对多极格局的新的外交战略，重申了邓小平在中共十二大开幕词中所表明的基本立场：“独立自主、自力更生，无论过去、现在和将来，都是我们的立足点”，“任何外国不要指望中国会做他们的附庸。”日本前防卫大学校长、和平与安全保障研究所会长猪木正道回忆当年与伍修权交谈时的情景时说：“伍会长是中国当代革命历史的见证人之一，是一位学识渊博的战略家，与他谈话颇受教益，令人非常钦佩。”①

伍修权是4月7日离京赴日的，20日飞返北京，在日本进行了近两个星期的访问，为这两个对世界特别是亚洲和平起着举足轻重作用的国家间的沟通与合作，做了重要的促进工作。

伍修权不但通过“走出去，请进来”等活动扩大民间外交的渠道，还通过会刊等学术刊物增加民间外交的张力。1986年，国际战略学会有了自己的学术期

① 中国国际战略学会办公室:《遵循老会长教诲开拓学会工作新局面——纪念伍修权会长诞辰100周年》，《国际战略研究》2008年第1期。

1985 年 4 月，伍修权（左二）以北京国际战略问题学会会长身份率团访问日本时在夫人徐和（左一）、中国驻日大使宋之光（右一）陪同下会见日本首相中曾根康弘

刊——《国际战略研究》。伍修权十分重视会刊的质量，亲自参与会刊的研究和编辑，不时对会刊的政策方针甚至文章的题目等提出意见和要求，并与编辑们仔细讨论。他这样做的目的，从他 1985 年 9 月为《解放军报》的《国际军事》副刊撰写的题为“为保卫和平而研究战争”的发刊词中可见一斑：“应该面向世界。因为不研究世界各国的国家战略、军事战略，不研究外国的军事思想、作战方针和方法以及现代化装备，我们就不能做到知己知彼。”“我们应追随时代的脚步，尽可能广泛地获取外军的信息，扩大视野，更新观念，从更高层次和更大范畴去研究军事，探索未来战争的规律。”

二、以中苏友协为阵地推进两国两党关系的修复与发展

1987 年 7 月 28 日，外交部党委批复对外友协党组：经研究并请示中组部，同意伍修权任中苏友协（苏联解体后更名为中俄友协）会长。伍修权之所以 79 岁高龄还乐意挑起这副担子，并且担任会长直至生命的终点，是想圆一个梦，一个与他的青春岁月紧密相连的中苏友好之梦。为此，在中国进入改革开放历史新时期之初，他就组织了对苏联东欧的专题研究。担任新一届中苏友协会长，是伍修权以民间外交服务于全方位外交，旨在修复两国关系、重建两党友谊的又一次努力。

担任中苏友协会长以后，伍修权不断参加中国由对外友协或中苏友协组织的活动和集会，应邀出席苏联驻华使馆及来华代表团举行的节庆活动或礼节性会见。在这类场合见到苏联友人时，他往往用俄语与对方直接对话交谈。人们都为

他的俄语听说能力不减当年惊叹不已，他自己则陶醉在对青春岁月的美好回忆之中。1987 年 11 月是十月革命 70 周年大庆，有人建议伍修权率中苏友协代表团赴苏参加庆典，他也对重访莫斯科怀着浓厚的兴趣，便与苏方联系，与中苏友协对口的苏中友协马上表示欢迎。不巧的是，中苏友协代表团定于 11 月 5 日出发，伍修权却在 4 日突然生病住进了医院，临时改由对外友协会长章文晋代替他率团赴苏。代表团到莫斯科后，苏联方面因伍修权未能前来而感到遗憾，就在代表团结束访苏时再次向伍修权发出邀请，称在他健康状况允许时随时可以来苏联访问。1988 年 5 月，苏中友协会长齐赫文斯基院士来华访问，伍修权出面接待，并与之签订了中苏友协与苏中友协两年合作计划。同年 7 月 7 日至 25 日，伍修权率中苏友协代表团到苏联做了长达 18 天的友好访问。他参观了留学苏联期间的母校莫斯科中山大学旧址和莫斯科步兵学校等，与各方进行了友好接触，推进了中苏关系的修复。苏联的新闻媒体对代表团的活动作了详尽报道。

伍修权感到高兴的是，他的这次访苏，成了中断 20 余年的中苏两党、两国关系阴转晴的先兆之一。第二年 5 月 15 日，苏联最高苏维埃主席团主席、苏共中央总书记戈尔巴乔夫，应中华人民共和国国家主席杨尚昆之邀访华，邓小平同戈尔巴乔夫会谈时宣布：中苏两国、两党关系实现正常化。

尽管两年后苏联解体，但伍修权为中苏两国、两党友好关系的传承和发展添砖加瓦的努力没有中止，他继续担任中俄友协会长。1992 年 9 月，原苏联部长会议副主席、俄中友协主席阿尔希波夫一行来京时，他对身边工作人员交代说：“阿尔希波夫是中国人民的老朋友，50 年代我在外交部工作时，他是苏联援助中国专家组组长。他对中国是很友好的，是真心实意帮我们国家搞建设的。这次来访若不是官方邀请，我们更应该热情接待。”[①] 阿尔希波夫一行到达北京时，伍修权因病住院，他向医生请了假，先于客人到达北京饭店。老朋友相见，双方紧紧拥抱，用俄语进行了亲切友好的交谈，他们为两国民间往来做了许多有益的工作。

三、以欧美同学会为阵地推进中国统一大业

1985 年，应欧美同学会领导人茅以升、赵君迈、杨放之等邀请，伍修权参与了同学会的领导工作；1986 年 11 月，78 岁高龄的伍修权在理事大会上当选为欧美同学会常务副会长。

欧美同学会成立于 1913 年，最早的成员是一批留学西欧和美国的知识分子。新中国成立后，赴美留学的少了，增加了也属欧洲的从苏联和东欧各国学成归国的留学生。他们大批进入欧美同学会，使该组织成了团结海内外人士的桥梁。80 年代，其会长由中国著名桥梁设计大师茅以升担任，但他是一位年高学者，不可

① 臧峰：《亲切的教诲 世人的楷模》，见《历史风云中的一代英杰——伍修权》，当代中国出版社 2008 年版，第 370 页。

能处理和过问会内的日常事务，必须有一位常务副会长来主持工作。当年留苏的老同学们，就推举已是副会长的伍修权担任此职。同学会以及统战部方面，鉴于伍修权的声望、地位和人缘，都认为非他莫属。在老同学们的鼓励支持之下，伍修权就在改革开放新时期出国热的高潮中走马上任，并使之成为科教强国、科教强军大背景下留学人员回归热的引力之一。

伍修权就任常务副会长后，在继承同学会“留学报国”办会宗旨的基础上，又与时俱进地大力倡导弘扬爱国主义精神，以共同振兴中华为己任，为民族崛起和统一大业，发挥桥梁纽带作用。他每周至少去上班一二次，主持研究、处理具体工作。伍修权到任后做的第一件实事，是出面申请并定下了在编的30名人员，落实并加强了工作班子。他所做的第二件实事，是要回了同学会原来的会址。同学会的会址原在北京饭店（现贵宾楼）西侧的南河沿南口，“文革”期间被别的机关占用了。80年代后欧美同学会恢复活动，却连一个像样的办公会所也没有。伍修权向全国政协报告了此事，并直接请示中共中央，得到了先后在法国、苏联留过学的欧美同学会资深会员邓小平的支持，有关部门归还了这处会址。接着他组织了对旧会址的整修和扩建。不久，北京贵宾楼朝西的对门，就出现了一个与之呼应并焕然一新的大红门面，里面不仅有新修建的同学会活动场所和服务工作机构，还设立了文化俱乐部、茶座舞厅、图书室、理发室和西餐厅、咖啡厅等，不仅吸引来大批在京的新老归国留学人员，还是会见、接待海外人士的地点，成了海内外学者常来也爱来的“会员之家”。伍修权曾多次出面，与著名的外籍华人学者、作家，如杨振宁、李政道、韩素音、靳羽西、林同炎等在这里进行恳谈，共商祖国四化和统一大业。伍修权为欧美同学会办的第三件实事，是创办了会刊《神州学人》，并由他出面请邓小平题写了刊名。《神州学人》以反映海外学子尤其是其中学成归国者为祖国腾飞、民族振兴建功立业的业绩为主，发行海内外，成了凸显宗旨、展示业绩、促进交流、聚集人气、扩大影响、引领潮流的窗口，服务于留学群体、归国学人，是科教兴国、科教强国的阵地。伍修权所做的第四件实事是成立了欧美同学基金会。由于欧美同学会活动经费有限，伍修权就找到香港企业家等，争取到他们的支持赞助，进而成立了基金会，保证了活动的需要。在那几年间出的同学会简报和工作纪要中，常常能看到伍修权主持召开相关会议，会见接待外籍学者等的消息。那时同学会内从方针的制定、重大活动的主持、重要经费收支的审批，到人员的进出调动，同学会成员出国访问的机票问题等，都由他处理解决。其时他已八十高龄，仍不厌其烦地承担着这些琐细事务，从活跃于中国党政军舞台的外交家，转型为统战人士、科技精英的知心朋友。

欧美同学会会员及慕名而来的海归赤子、海外名流，包括伍修权在统战领域广泛团结的志士仁人，在拓展中国全方位外交中的能量裂变，从下面几位伍修权的密友、知己在促进祖国统一、香港回归中的作用可见一斑。

赵君迈1955年回到北京后，担任欧美同学会常务副会长等职，是第二、三、四届全国政协委员，第五、六届全国政协常委。伍修权与他的交往可以追溯到

1946年。当时，国民党在沈阳逮捕了进步作家金人，共产党几次组织营救未果。时任军调部长春分部中共首席代表的伍修权提出，以被俘的国民政府长春市市长赵君迈进行交换，国民党代表同意了。其实，伍修权是一箭双雕，既救出了金人，又不显山不露水地把已成为共产党诤友的赵君迈送回了他可以更好地发挥作用的旧营垒中。伍修权1986年成了赵君迈欧美同学会常务副会长职务的继任者，则是他们的工作关系和私密交往在40年后的续篇。

徐展堂是香港北海集团主席、全国政协常委，在香港商、文两界被称为“奇人”。徐展堂说，对他的事业发展和人生选择，影响最大的是伍修权。伍修权在与他的多次长谈中，用自己的亲身经历开导他要对国家、对香港的未来有信心，鼓励他抓住机遇发展自己的事业。1982年中英谈判期间，许多港商认为前途堪忧，低价抛售物业，移民国外。徐展堂却牢记伍修权的话，对香港的前途充满信心，反而把在国外的资金抽回香港，低价吸纳廉价地皮。中英签署联合声明后，香港经济回升，徐展堂的事业滚雪球般发展起来。财大气粗后，他回馈社会，资助内地教育。在受聘担任香港港事顾问和特区筹委会成员后，伍修权推心置腹地对他说：“你在香港要做西瓜，外表花里胡哨，里面是红的。”香港回归前夕，中英谈判因新机场等问题而搁浅时，他直飞英国，利用与英国上层的良好关系，秘密会见了英国外长并促成了时任英国首相的约翰·梅杰访华，中英两国签署了新机场谅解备忘录。香港回归后，他荣膺金紫荆星章。徐展堂还居中促成法国希拉克总统访华，为发展中法友谊作出了贡献。他将伍修权题赠的墨宝“根深不怕风摇动，干正何惧月影斜”条幅挂在家中，并以此为座右铭认真履行全国政协常委的职责，协调了许多重大事务。徐展堂每次来北京，都登门拜访与他肝胆相照的忘年交挚友。他说:“当年伍伯伯的话都言中了。他的远见卓识，使我大受教益。”

蔡文治曾就读于日本士官学校，“九一八”事变后愤而回国，先后进入黄埔军校第九期、陆军大学第十三期，毕业后任大本营（后改称军事委员会）第一部少将科长、陆军总部中将副参谋长等职，移居美国后被聘为美国国防部顾问。但他不忘故土，热爱祖国。1980年10月，蔡文治偕夫人吴佩琪（吴佩孚的胞妹）来到北京，受到叶剑英、徐向前等接见。伍修权与蔡文治是湖北老乡，同是武汉人，因而也会见了他，并且在促进海峡两岸的统一方面作了多层面沟通，从此两人过从甚密，私交渐笃。后来蔡文治数次回国，被选为黄埔同学会理事，一直致力于祖国的统一大业，他还作为顾问参加旅美爱国华人发起的中国和平统一促进会的成立大会。1984年，蔡文治会同在美国居住的第一期黄埔同学李默庵、宋希濂、侯镜如等成立了黄埔同学及其家属联谊会，被推选为会长。

伍修权以高远的眼光、开阔的视野，把统战工作和民间外交结合起来，服务于国家总体外交和祖国统一大业。

第二十二章　老战士的忠诚续华章

一、为红军西路军失散老战士请命

1983 年 9 月，伍修权再次踏上了四十多年前艰苦战斗过的兰州。这一年，他与当年在兰州八办的老战友王定国相约结伴回一趟兰州，以了却他们多年来的一件心事。这就是伍修权在回忆录中说的："我一直想在有生之年，找个机会重回兰州，查询和了解一下当年流散在甘、青一带的原西路军同志的情况，看看能否做一点补救性的善后工作，使这些同志在过了几十年艰辛生活之后，能有一个比较安适的晚年。"①

1983 年伍修权（右）与王定国重返兰州时在兰州八办纪念馆合影

他们到兰州后的第一项活动，就是在红军时期的老战友、兰州军区政委萧华陪同下，瞻仰市郊的革命烈士陵园及其中的纪念碑、纪念馆，对着安葬在那里的牺牲者、特别是熟悉的英烈的墓碑，一一深情看望。接着，伍修权亲自或委托随员到西宁、银川、河西走廊等地区，对红军西路军失散老战士的情况进行了深入走访、调研。

伍修权的心债最初来自原红军西路军妇女独立团团长王泉媛。她是从江西参加中央红军并长征的，在中央苏区时经朱德夫人康克清介绍，与时任中共湘赣省委书记、苏区中央局秘书长的王首道结了婚。长征途中一、四方面军第一次会师混合编队时，她编入左路军并被裹

①《伍修权回忆录》，中国青年出版社 2009 年版，第 119 页。

挟南下，后又随军西征，不幸在河西作战中被俘。因为她是妇女独立团团长，被俘后国民党马步芳部逼她动员部下投降并嫁人，又谎称她已带头投降。她历经磨难逃出魔窟，找到兰州八办提出想去延安，回到王首道身边。伍修权向延安报告后，答复是：告诉王泉媛，不必去延安，让她返回江西老家去。延安当时对西路军回归人员的基本政策是：第一年回来的允许归队，第二年的先要通过审查，第三年的遣送回乡。当时虽是第二次国共合作时期，但国民党对共产党及其军队人员“拉出去、打进来”等渗透活动从来没有停止过，在极其复杂、严酷的斗争环境下，作出这样的规定也在情理之中。而王泉媛恰恰是后一种情况，且对“投降”传言一下子拿不出说明自己清白的证据。伍修权只好给了王泉媛一笔路费，让她自寻生路去了。一个曾经活跃的红军女干部，从此跌入了命运的低谷，她辗转回到老家吉安后，不只成了普通农妇，还在历次政治运动中受到冲击，“文革”时更被折磨得死去活来。直到落实政策时，得知此事的伍修权亲自为王泉媛写了证明信，说明她是服从组织决定，离队回家乡去的，不是自行脱离革命，也没有投降叛变，她的离队是他一手经办的，建议王泉媛所在地政府承认她的革命历史，给予她一定的政治和生活待遇。有关方面重新审查和处理了王泉媛的问题，才使这位饱受磨难的西路军失散老战士终于在晚年获得一些慰藉。但伍修权并未因此释然，为西路军失散老战士做点什么成了他的心债。

王定国对西路军老战士的牵肠挂肚，比伍修权多了一层切肤之痛。王定国1936年底随西路军远征至甘肃河西走廊，在永昌地区不幸被俘，后经中共地下党组织安排，终于脱险，留在兰州八办工作，后成了谢觉哉夫人。王定国自己被解救出来后，协助谢觉哉和伍修权找到并救助了一些失散的西路军战友，但是因为环境和条件的限制，仍有不少人在甘肃、青海等西北地区苦苦挣扎。全国解放以后，王定国联系上了他们中间的一些人，又从地方上了解到这批人的处境一直不好，许多人生活极其艰难。过去因为对历史问题的甄别和平反尚无明确政策，新中国成立之初工作千头万绪，一时无暇顾及，现在伍修权和王定国都退居二线了，且相关政策已明确，就决定同去兰州，做些调查补救工作。

伍修权一行到达兰州后，在省市民政部门协助下，查出了一批当年西路军失散老战士的下落。伍修权亲自登门去看望安明秀等几位在兰州的西路军失散老战士，又让随行人员跟着王定国，在当地干部的陪同下，先后去了张掖、临夏、西宁等地。通过查找发现，在甘青宁地区总共还有一千几百名西路军失散老战士，年龄大都到了七十上下，绝大多数分散在农村和牧区，生活艰难。王定国一路走访，一路把自己带的钱和衣物分送给他们，直到只剩下身上穿的一身衣服才作罢。

伍修权深入了解特别是亲眼看到这些情况后，心也被刺痛了。在兰州和甘北地区走访一圈后，伍修权奉召回京，于9月15日离开甘肃。临行前，他对有关人员交代：“我在中央有发言权，你们给我写个材料，我带回去好讲话。”伍修权的随行人员遵嘱与王定国等留在大西北一直忙到10月份，与当地相关人员一起，汇集各地的情况资料，根据各方面的反映与建议，特别是西路军失散老战士本身的意见和要求，写出了《关于甘肃、青海、宁夏等地原红军西路军人员情况的调查报告》。甘肃省民政厅也提出了《关于西路军老红军当前生活方面存在的若干问题及解决意见》，住在兰州的部分西路军失散老战士特别是女战士，也联名写出了致中共中央的申诉信，请王定国带回北京。

伍修权在阅读由王定国等带回北京的这些材料时，再次心潮翻滚，为这批处于困境中的老红军呼吁，设法救助他们的决心变得越来越强烈。

为此，他对西路军兵败的前因后果进行了一番再研究。反思结果，集中反映在他后来为《祁连雪》一书所写的序言等文章中："在参加过长征的红军部队中，有一支曾经三过雪山草地的队伍，不仅走的路程长，费的时间久，而且在长征胜利结束后又经受了更为严酷的考验与磨难。成千上万的红军男女指战员，在比长征更为险恶的环境中，创造了无数顽强不屈的动人事迹。这便是原属红四方面军的红军西路军，其中也包括着原属一方面军的五军团。他们在到达甘肃以后，又奉命西渡黄河，却在河西走廊陷入敌军重围。经过浴血苦战，终因弹尽粮绝，伤亡惨重而遭致失败。少部分同志突围去了新疆，绝大多数同志都牺牲、伤病、流散以至被俘。由于种种原因，他们的作战事迹和个人遭遇，历来鲜为人知。但是，我们所有知道一些情况的人，尤其是当年红军西路军中的老同志，却永远不会忘记那悲壮惨痛和惊心动魄的一页。"① 后来伍修权又在一篇文章中，针对一些人对西路军有关历史的误解指出，西路军"指战员为了实现党的任务，不顾长征的疲劳和弹药、服装的缺乏，以有我无敌的无产阶级英雄气概，在极其艰苦的条件下，与优势敌人进行了极其顽强的战斗。从 1936 年 11 月至 1937 年 3 月，先后毙伤敌前敌总指挥以下 2.5 万余人"，"西路军斗争虽然失败，但其忠于党、忠于人民事业的革命精神，不怕牺牲、艰苦奋战的悲壮历程，将永留史册。"②

认识指导实践，与当年领导兰州八办时的工作内容之一遥相呼应，伍修权给中组部和中共中央书记处写了专题报告，正式提出了为红军西路军失散老战士解决历史遗留问题的建议。他在建议信中提出，首先应该确认这批失散老战士的老红军身份，一律正式称为"红军西路军老战士"，还具体提出了改善他们的生活待遇，解决他们的公费医疗、居民户口、住房和子女就业等问题的建议，建议正面宣传西路军的战斗事迹，并在甘青宁地区西路军作战、受难的地点，建立纪念碑和烈士陵园等，使人们了解西路军的历史功绩。

在兰州八办时营救西路军失散人员中留下的刻骨铭心的记忆，深入兰州走访、调研中痛心疾首的所见所闻，历史与现实、感性与理性的撞击，促使伍修权奋笔直书，为西路军失散老战士请命。

中共中央书记处收到伍修权的建议信和相关附件后，责成中组部会同国务院民政部、财政部、卫生部和解放军总政治部讨论研究，共同制定出解决西路军

---

① 黄景渊、史溶：《祁连雪》，甘肃人民出版社 1988 年版。

② 伍修权：《尊重史实　实事求是》，《人民日报》1990 年 7 月 29 日第 5 版。

失散老战士问题的办法。解决方案的报告呈送中共中央后，时任中共中央总书记胡耀邦作了批示，基本同意了上述各部门以伍修权的建议为蓝本的解决方案。不久，上述各部联合发文，对西路军失散老战士的安置办法作出了具体规定。此文件下发到有关省市贯彻执行之时，西路军失散老战士政治地位发生了翻天覆地的变化，生活待遇也随之改善。当他们知道这一切最初是由伍修权和王定国提出的时候，纷纷以集体和个人的名义，用各种方式向替他们说话并救助他们的领导表示敬意。伍修权和王定国也不断收到他们或是邮寄或是请人带来的信件和谢礼，其中有他们自己种的百合、红枣和瓜子等农副产品，也有他们选购来的有地方特色的小礼品。这批老战士中有人因为年高体衰去世了，其子女还来信向伍修权、王定国感谢。

王定国对伍修权为红军西路军失散人员请命是这样评价的："我为战友，为西路军鸣不平，尚'情有可原'，是我'分内之事'……他与西路军无任何'瓜葛'，西路军失散人员问题又是既棘手又敏感拖了几十年的老大难问题，进入古稀之年的伍修权若是'颐养天年'或'睁只眼闭只眼'、视而不见，不去管那易招惹是非的'闲事'也绕着走，谁又能说什么呢？对功成名就的他也丝毫无损，反倒能落个安闲自在！可是伍修权就是伍修权，他可不那么想，他认为那样干是对革命，对同志，对党不负责的表现，无异于犯罪！于是他挺身而出、仗义执言、秉公直书，为这些失散的老战士请命、鸣不平！这才是无产阶级革命家的英雄本色和高风亮节！"①

王定国的赞誉并非溢美之词。救助西路军失散老战士是伍修权担任中顾委常委后"顾问"的直接涉及中国共产党形象的大事，也是他作为中指委检查组组长所检查的时间跨度最长的冤案。80 年代以来，从西北几省到中央宣传、文化和党史部门，也开始了对西路军历史的正面介绍，甘肃张掖、青海西宁等地都建立了西路军纪念碑和纪念馆，编写出版了各种反映西路军斗争史实的书籍，还创作、演出或播映了西路军题材的戏剧和影视作品。

二、言传身教传递革命接力棒

笔耕不辍留财富

张万年、迟浩田在纪念文章中说伍修权"笔耕不辍，撰写了大量回忆文章，为我们留下了弥足珍贵的历史资料和许多有益的思考"。

伍修权撰写的纪念和回忆文章，绝大多数写于退居二线以后担任中顾委常委的十年间，1982 年至 1984 年三年间的笔耕成果尤为丰硕。写作时间较早的，多数也在这一时段内进行了梳理、修改。

---

① 王定国：《月明千里思旧事》，见《历史风云中的一代英杰——伍修权》，当代中国出版社 2008 年版，第 22 页。

伍修权写大人物、大事件，把历史的那一幕定格在自己的文字方阵之中，供后来人品评、思考。在他笔下，多灾多难的 1976 年，让人掩卷沉思："几个月内，我们连续失去了三位党和国家的主要领导人，当时真有'天柱折，地维绝'之感。……与此同时，更使我们焦心的是，'四人帮'正打着他的旗号妄图抢班夺权，他们已经把全党全国搞得乱了套，一旦篡夺了党和国家的最高领导权，后果将不堪设想。"① 他用笔展示老战友的品格、情操，是对逝者英灵的祭奠，对革命精神的传导，更是对林彪、江青两个反革命集团的愤怒控诉："我们党内有一些老同志，职位不算高，却有很高的品德；名气不算大，却受许多同志的敬仰。他们的经历看起来很平常，但有不少闪光的篇章。"在他笔下，我们看到从 30 年代的古城兰州一路顶风冒雨走过来的革命者罗扬实的忠勇、淡定："一生中几次遭受康生之流的打击迫害"，却"丝毫不减弱对党的热爱之情，丝毫不动摇对共产主义事业的坚定信念"。他的笔端喷射着愤怒，更流淌着希望："正在他要把愿望化为现实，在各种新型飞机设计中施展自己的才能时，十年动乱开始了，徐舜寿同志遭到了残酷的迫害，于 1968 年 1 月 6 日不幸去世。在最后的时刻，他还说：我不能死，我还没有老，我还能为党工作。他只活了五十个春秋，正当壮年。他的凌云壮志正待实现，国家的航空事业，也亟待发展，有多少工作正等着他去完成，他却不幸早逝了！"这与其说是给这位具有自主知识产权的中国第一架飞机"101 号"的设计者立碑，不如说是对十年动乱的控诉，对炎黄子孙飞天梦成真的呐喊！

伍修权笔下的主人公，既有党和国家的领导人、威名赫赫的将帅，也有不无两面评价的悲剧式人物；有自己的革命引路人，也有蒙冤几十年的当年战友。而他的笔耕成果，主要是作为重大党史见证人、重要事件参与者的回忆录，其中纵向的时间跨度超过半个世纪，横向的地域跨度遍及五洲四海。直接打过交道、进入笔端的人物，有正面的，有反面的，有是是非非多两面评价的。所涉及的事件，有国内的，也有国外的；有成功和经验，也有失败和教训；还有成功中的教训，失败中的经验。对这一切，伍修权无不以自己独特的经历为主线，用自己的眼睛去观察，用自己的心灵去感受，给后人追忆或评说当年，汲取营养、记取教训留下宝贵财富。正因为此，媒体对伍修权的笔耕成果大感兴趣，竞相使之面世。这些作品的发表、出版时间，大都始于 1982 年，一直延续到其身后的 2009 年，历时二十多年而热度不减、关注依旧。邓颖超看了《往事沧桑》，在一次会议上见到伍修权时说："修权，你那个回忆录写得很好啊！"胡耀邦在一次中央会议中间休息时对伍修权说："修权同志，你的回忆录我看了……你应该这么写，就这么写下去。"1993 年春节，时任中共中央总书记的江泽民登门探望伍修权时，主要话题就是伍修权的回忆录。江泽民提到伍修权回忆长征中过雪山的一段，发表感想说，这说明革命征途中的每次胜利，都要付出巨大的代价，都要有坚强的决心。提到伍修权回忆在苏联留学的一段，江泽民说自己也在苏联学习过，两人

①《伍修权回忆录》，中国青年出版社 2009 年版，第 366—367 页。

还用俄语对了话。江泽民表示他特别爱读伍修权 1950 年去联合国的那部分，说伍修权当年此行大长了中国人民的志气，令人感到得意和钦佩。关注伍修权笔耕成果的还有外国友人。1985 年 8 月，伍修权一年前访日时结识的日本中国友好协会会长茅诚司和日中友协评议员、华文翻译家波多野宏一教授致信中国《世界知识》总编辑，要求由他们将伍修权的回忆录《在外交部八年的经历》译成日文在日本出版，因为这“是更深刻地认识中国外交和加深日中互相理解的重要材料”。

通观伍修权及与之直接相关的书籍，可以分为两种：伍修权写的，包括自传和回忆他人的；写伍修权的，包括传记作品和纪念文章。如果说后一种是伍修权用无愧于无产阶级革命家、军事家、外交家的光辉一生写在祖国大地上、人民心田里的巨著，那么，前一种则是他对中国共产党领导全中国人民在各个历史时期所进行的艰难曲折、波澜壮阔的斗争历程的忠实记录，也是他以笔代枪，传播革命理想信念，讴歌真善美、鞭挞假恶丑的阵地。

伍修权写回忆录的最初动因是为了完成抢救历史资料的任务，他才会在后记中郑重其事地说明“本书虽然署着我的名，实际上却包含了不少同志的劳动和心血”，并历数耗费了精力、贡献过力量的协助者和合写者。他不仅自己带头撰写回忆录，还鼓励、支持年轻人抢救、整理史料。下面的记述可以窥见其良苦用心：“文武全才的伍老将军历来十分重视党史、军史、革命文献的抢救、挖掘和整理工作。在落实红西路军流落人员政策的过程中，伍老又因势利导地启发我们：‘你们不是掌握了不少西路军的史料吗？我看你们先不要忙于去写剧本、电影之类，应该先抢救，整理这批史料，这是笔宝贵的精神财富，不要被淹没掉。’我接受了这个意见，同程士荣同志合著了纪实文学集《祁连雪》一书，陈云同志为该书题写了书名，徐向前元帅题了字，伍修权同志亲自撰写了序言。他在序言中写道：‘作者为我们搜集抢救并献出了这一批十分珍贵的革命史料，它将成为人们学习传统和鼓舞斗志的良好读物。’别人也许不知道，可是作为作者的我们却十分清楚‘这批十分珍贵的革命史料’、‘这笔宝贵的精神财富’正是在伍老亲切关怀、具体指导、亲自指挥下才抢救下来的啊！有的甚至就是他老人家亲自提供的啊！”①

留下精神财富，需要一种思想，一种思想家才有的可以转化为巨大能量的无形物质。这种思想，是在伍修权历经磨难、锲而不舍的革命征程上锻造出来的，是他从失学起步的艰辛求学之路上养成的敏而好学中积淀起来的。“尽管身世沉浮，岗位转换，重任在肩，公务压身，伍老却始终酷爱读书。一有余暇就手不释卷，悉心攻读，刻苦钻研，直至晚年仍‘痴情不改’。伍老家有四个大书柜，装着满满的几千册书，涉及政治、经济、军事、哲学、历史、文学等。书上圈圈点点，多有批注。书中夹有许多书签，以备查阅。……伍老到总参工作的八年和任

① 黄景渊：《情系兰州祁连雪》，见《历史风云中的一代英杰——伍修权》，当代中国出版社 2008 年版，第 27 页。

晚年伍修权在家中看报

中顾委常委的十年间，工作繁忙，但无论多累多晚，一定要在当天将党和国家领导人的重要讲话及新华社编的两本大参考认真读完。”①

正是这种思想，这份执着，使伍修权从见证、参与到书写历史，以他独特的笔耕成果，给历史、给现在、给未来，留下了一笔超越时空的精神遗产。他在为王稼祥夫人朱仲丽所著《灿灿红叶》写的序中，盛赞其作品是“以她的晚晴之年，作她更引人瞩目的最后冲刺”，是“她晚年从另一方面对人民作出的新贡献”。这不也是伍修权自己笔耕不辍的写照吗？

应邀在兰州、武汉大学、国家体委作报告

邓小平在中顾委第一次会议上指出，中顾委成员的又一任务是：“做一个报告员……可以讲现在的问题，也可以讲历史，讲历史我们可是有资格，都是革命几十年的人，革命故事多得很。”伍修权不仅用笔，而且多次应邀作报告，与年轻人面对面地传递革命接力棒。

1983 年 8 月他去兰州时，给兰州军区近千名干部作报告。在简述自己走过的革命道路，有过的经验教训之后，他针对当时年轻人中严重存在的“天南海北都可以，就是不去新西兰”，即只想到天津、南京、上海、北京等大城市，不愿去新疆、西藏和以兰州为代表的西北地区的思想动态说：“对于这些想法和说法，我借

① 张长鹰：《业绩风范铸英名》，见《历史风云中的一代英杰——伍修权》，当代中国出版社 2008 年版，第 63 页。

1983 年伍修权重返兰州时应邀题词

用一句外交场合的话，叫做‘我方表示遗憾’，因为这里头不仅是个苦乐观的问题，也反映了一种人生观或世界观问题，有的青年同志真是身在福中不知福，并不知道什么是真正的苦和乐，更不知道他应该追求的到底是什么样的理想和目标。”对伍修权的这次报告，听众普遍认为内涵丰厚又生动风趣，对大家很有帮助。

1983 年 11 月，伍修权应邀回故乡，参加武汉大学校庆期间，对武大师生员工及校友、来宾共七千余人作了长达三个半小时的报告。伍修权是作为武大校友应邀参加校庆的。他少年时期就读的小学和中学附属于武昌高等师范，而武昌高师是武汉大学的前身之一，他也就成了武大校友。应邀在校庆大会上讲话时，伍修权说：“我本来不是武大的学生，只算是附中的校友，由于你们校领导政策宽大，把我也算做武大校友了，我感到很荣幸。”他的话引来全场热烈的掌声。在校庆大会上，学校领导向人们介绍到伍修权时，有一位在场的外宾听到他的名字，惊讶地问：“伍修权，是不是 1950 年在联合国安理会发表演说，被称为大闹联合国的那一位？”当人们证实就是他时，那个外宾更为惊讶地“啊”了一声，为自己能与这位国际舞台上的名人一起赴会而深感荣幸。当时在场的武大师生员工，更为拥有这么一位中外知名的老校友而十分自豪。也正因为此，他在参加校庆期间应邀所作的长篇报告，虽然主要是讲中共党史，听众对此并不陌生，但由这样一位校友现身说法地讲，效果就出奇地好。

1984 年 11 月，伍修权应国家体委之邀，在北京体育馆对几千名运动员和体委机关干部作了长达近四个小时的报告。这个报告是配合国家体委整党工作的一项内容，在讲到坚持四项基本原则时，伍修权说：“我希望你们都能做一个坚定的拥护社会主义的爱国者。为什么这样讲呢？因为现在有的（虽然是个别的）青年人政治上糊涂得很，结果干了蠢事，例如登过报的那个网球运动员胡某，由于自己意志不坚定，被某些别有用心的人引诱、包围和利用，要求在美国‘政治避

1983年伍修权回到当年就读小学与老师们在一起

难'。其实她有什么'难'要'避'呢？她根本不懂什么叫政治，结果反而成为人家的一颗'政治棋子'，被用来攻击和诬蔑我们的祖国，引起了国际间的争端，损害了国家的利益，同时也断送了自己……据说她以后有次参加什么比赛，不仅没有得到冠亚军，名次一直被排到第五十几名以外，连再参加比赛的资格都没有了。这里面除了技术原因以外，更主要的是她原来凭借祖国给予的强大精神力量没有了，她成了一个失去灵魂的人。"

参加遵义会议50周年纪念活动

1985年遵义会议50周年时，当年亲历这次会议的人，健在的已不到三分之一。中共中央决定在当年遵义会议召开之日，在北京和遵义同时举行50周年纪念活动，北京由杨尚昆出席并讲话，伍修权去遵义参加纪念活动。

伍修权在离开北京前与杨尚昆商定，在遵义举行的纪念大会上，他将使用杨尚昆在北京纪念会上的同一讲话稿。伍修权一行到达贵阳后，在中共贵州省委领导陪同下，和应邀参加纪念活动的各地来宾一起，转赴主要的纪念活动地点遵义市。车队进入遵义市区，只见满街灯火通明，到处是今非昔比的高大楼房和宽阔街道，到处沉浸在由横幅、彩旗、彩灯、彩饰等营造的喜庆气氛中。

遵义会议50周年纪念活动的内容之一，是举办关于遵义会议的学术讨论会，全国各地的党史研究者来了一百多人，提交了七十余篇研究论文。伍修权作为遵义会议的亲历者，同当年也在遵义的红军干部、退居二线后担任中央党史资料征集委员会副主任的童小鹏，被邀请先去参加学术讨论会。伍修权应邀在会上即席讲话，他说，对遵义会议的重大意义，最初人们并没有马上意识到，因为长征途中开过多次各种会议，但是遵义会议产生的深远影响，却是当时任何会议所不可比拟的。我们应该本着解放思想和实事求是的精神，对此进行深入研究，发掘新的史实，提出新的看法，为党史研究和现实需要做出新的贡献。

1985 年伍修权参加遵义会议 50 周年纪念活动时在当年坐过的位置上留影

纪念活动的另一项，是为建在遵义市郊的凤凰山红军纪念碑和烈士陵园揭幕剪彩。伍修权等揭开红色帷幕，露出了时任中央军委主席邓小平的题词“红军烈士永垂不朽”。绕过纪念碑是原红三军团参谋长邓萍之墓。邓萍是红军 1935 年第二次进驻遵义时牺牲的，伍修权与他曾同在瑞金红军学校工作，并且就是在他牺牲后才到三军团担任副参谋长的。他在墓前凭吊了这位熟悉的烈士，又向随行人员轻轻介绍邓萍不仅有较高的军事才能，而且多才多艺。他还向人们说起也在二进遵义的战斗中牺牲的三军团十团参谋长钟伟剑，他们在红校一道工作过。邓萍墓后边是一排排“红军坟”，墓区前也立了碑，伍修权逐字逐句读完碑文，沉重地说：“长征和革命的胜利，是多少烈士的鲜血和生命换来的啊！”

1 月 15 日下午，伍修权又去当年设在原遵义天主教堂的红军总政治部旧址及遵义会议历史文物陈列馆，参加了重新修复并正式开放的剪彩仪式。他一一回答了记者们关于遵义会议和长征历史中的许多问题。他的谈话和形象，通过新闻媒体出现在电视、广播和报刊上。

重登娄山关是这次纪念活动的一个重要内容，伍修权不顾年高，也兴致勃勃地和一大批也已七八十岁的老红军一起去了。1 月 16 日一早，车队离开遵义，直奔娄山关。车到娄山关下，伍修权就甩开手杖，把大衣一脱，领头走上闻名遐迩的如铁雄关。他站到“娄山关”碑前，和大家一起欣赏毛泽东手书的《忆秦娥·娄山关》诗词巨碑。还登上又一处山崖，在刻有红军书法家舒同新题的“娄山关”巨字的石壁前，再次和大家合影留念。接着又不要别人搀扶，一步步走到当年发生过激战的关口小金山上，在那里残存的作战工事前和新立的遵义战役纪念碑下，一边凭吊参观，一边评说当年。

1 月 17 日，即当年遵义会议闭幕之日，遵照中央决定，在北京和遵义同时举行纪念大会。这天伍修权被迎进以红军进攻遵义时的作战地点“红花岗”命名的礼堂内。大会在中共贵州省委书记的主持下，由伍修权作此次纪念活动的主题讲话，他登上讲台后未念讲稿，而是说了这样一段开场白："此时此刻，在首都北京人民大会堂，也同我们这里一样，由中共中央召开同样内容同一主题的盛会，我手里的这份讲稿，也就是与此同时，由杨尚昆同志在北京纪念会上讲的同一个稿子，我现在的讲话，等于是他的讲话在遵义的同声转播。让北京和遵义，从中央到地方，用同一语言同一声音，来纪念伟大遵义会议的50周年……"这别开生面又富有深意的开场白，使伍修权的讲话虽然与杨尚昆用的是同一份讲稿，却不乏他特有的热诚和机敏。

纪念大会的当夜，市内举行了盛大的花灯焰火晚会，全城鞭炮、锣鼓、军乐、广播乐曲特别是万民同庆的欢呼声响彻云霄。一位与伍修权一起观礼的老红军感叹说："如果不是当年的遵义会议，我们别说在这里看景观灯，恐怕连尸骨都不知丢到哪里去了！"伍修权激动地说："还应该说，如果不是毛泽东、周恩来、朱德和张闻天、王稼祥等同志的正确主张，我们可能根本到不了遵义，中央红军和中央机关早就被敌人消灭了，长征和中国革命的结果，就很难想象了！"

活动期间，他约了童小鹏一起，再次来到遵义会议会址的小楼上忆当年。在参观周恩来、朱德和刘伯承等的住处时，他看到留着长胡子的周恩来照片时说，长征时周恩来是留了胡子，但是没有照片上这么健康，当时很瘦，这张照片是长

1985年伍修权作为主宾赴贵州参加遵义会议50周年纪念活动。图为伍修权（右）与童小鹏在遵义会议纪念馆合影

征结束后在陕北拍的。他在朱德住处见床上有条棉褥子，说那时从总司令到小战士，讲究官兵平等，只在稻草上面加被单，谁都没有这种褥子。在刘伯承住处见到床头挂的斗笠，他取下一边摸着一边说，长征时我们就是用它遮风挡雨躲太阳。会议室楼下是一间宽敞的“作战室”，伍修权看着桌上的马灯和西门子皮包电话机，怀念地说，现在看这些东西既破旧又落后，可是红军就是用这些来战胜白军的，没有这些就没有后来的胜利和今天的强大军队和现代装备。他和童小鹏还抓起电话耳机试着摇了几下，似乎接通了那些难忘的岁月。

在会址小楼的墙外，有一株高过楼房的老槐树，伍修权说过去好像没见这棵大树。纪念馆的陪同人员说，红军来时它才是棵小树芽芽，几十年下来就长成了这么棵大树。伍修权感叹道：“是啊，树苗长成大树，革命发展壮大了，我们人也老了。可是这里的一切，我们都不能忘记，它们都是艰难斗争的历史见证。”

参加董必武百岁诞辰纪念活动

1986 年 3 月，湖北省举办纪念董必武百岁诞辰的活动。伍修权被家乡父老聘为主宾，并由他作为北京派来的代表，作纪念活动的主要讲话。

由于当时全国的整党工作还在继续，董必武又曾是党和国家政法工作的主要领导人，伍修权的讲话中，就把联系实际讲讲如何学习董必武作为主线。经过他反复修改的讲稿，在引述了董必武关于政法工作的言论和行动后指出：“今年年初，中央领导同志就端正党风问题，作了一系列重要指示，我认为其中最重要的一点，就是共产党员特别是党的负责干部，包括我们许多老干部，在端正党风和建设社会主义精神文明方面要做出表率。而要做到这一点，一方面是每个党员和干部自觉遵守党纪国法，真正奉公守法，不做任何违法乱纪的事；另一方面是各级政法机关和每个政法干部，必须如董老所教导的那样，严格执行法制，任何至亲好友以及名人高官，一旦触犯法纪，决不徇私留情。”

这次纪念活动分在两处举行。先是 3 月 4 日上午在武汉市武昌区董必武 1920 年创办的私立武汉中学旧址的广场上举行。伍修权去后和当地领导及来宾一起坐在临时搭建的主席台上，面对着几千名席地而坐的青少年学生和干部群众即席讲话，说了自己在少年时期，怎样在董必武和陈潭秋等的教育引导下，走上了革命道路。又讲了中共召开一大时，只有包括董必武在内的 13 名代表，全国各地共有 50 多名共产党员，逐渐发展成现在有几千万人的世界第一大党，成为领导十几亿中国人民的核心力量。伍修权说：“我们今天来纪念他的百岁诞辰，决不只是一个缅怀前人的纪念仪式，而是一个学习革命先辈，继承光荣传统，回顾历史经验和发展革命事业的有重要现实意义的切实行动。”

武汉市的纪念大会一结束，伍修权即和中共湖北省委领导一起乘车过江北上，一路颠簸赶到离武汉 200 公里左右的董必武故乡——大别山南麓的红安（原名黄安），去参加定于 3 月 5 日即董必武诞生之日在那里召开的又一纪念大会，以及董必武学术讨论会等一系列活动。在学术讨论会上，伍修权向来自全国各地的董必武研究者发表了即席讲话，回忆了他与董必武的一段往事。60 年代他随董必武到河南、陕西、山西等地参观考察，了解各地的工农业生产和群众生活情况。其时董必武已近八十高龄，但每到一地都深入了解查询各种情况，认真地掌握第一手材料，“虚心态度和细致程度，根本不像一个高龄领导人，倒像一个求知欲很强的奋发青年”，“直到晚年还表示自己要活到老学到老，并谦虚地说学到老也学不了”。他强调，当前“更需要像董老那样刻苦钻研和不断探求新的知识，继承发扬他那种孜孜不倦、始终不懈的学习精神，做到如董老那样一直站在时代的前列”。

在红安县的董必武百岁诞辰纪念大会上，伍修权才正式按稿子讲述了董必武一生的贡献与业绩，并再次强调了纪念活动的目的之所在：“我们今天来纪念董老的百岁诞辰，决不是走个形式，而是要真正地遵循董老的教导，发扬董老的作风，实现董老的遗愿，促进我们革命事业的更快发展。在这方面，我愿和大家一起努力，为党风和社会风气的根本好转而共同奋斗！”同一天，他又为董必武纪念馆及其塑像揭幕剪彩，还作为主宾参加了其余各项活动，当晚观看了反映董必武早期革命活动的汉剧。在第二天祭扫烈士陵园时，伍修权对烈士纪念碑和墓群默哀行礼后，看到刻在碑上的一首民谣：“小小黄安，人人好汉；铜锣一响，四十八万；男将打仗，女将送饭。”他深有感慨地说，仅仅一个红安县，就有好几万革命烈士。在新中国成立以后第一次授衔时，这一个县就出了二百几十位将军，董必武、李先念还担任过中华人民共和国主席（董老曾任代主席），说明红安人民对革命的伟大贡献。作为历史过来人，应该永远牢记人民群众和革命先辈的功勋。

由于伍修权是中共中央整党工作指导委员会成员，那次回武汉还肩负了解检查湖北省整党工作的任务。就在他离京前不久，中共中央又连续下达了几个关于严守党纪国法、反对不正之风以及不准公款吃喝的具体规定。主人生怕违反规定，严格执行四菜一汤的规定，伍修权却认为这样很好。老家的亲属来了，宾馆留他们和伍修权一起吃饭，他马上让警卫员补交了几位亲属的伙食费。伍修权这样严格遵守党纪、执行规定，在当地传为美谈。

不过，当地接待人员不知道，伍修权这次在武汉期间也“特殊”过一回：董必武百岁诞辰的第二天，即 3 月 6 日，是伍修权 78 岁生日。为了身体力行发扬董老的精神，并抵制公款吃喝风，他不让随行人员将这事透露出去，只与身边的工作人员就着食堂的普通饭菜，自掏腰包喝了点酒，办了一次秘密的生日小宴。

三、担纲为辽沈战役建馆、编书

1985 年 4 月 29 日，中共中央办公厅、国务院办公厅和中央军委办公厅批准了中共辽宁省委、沈阳军区党委 1984 年 10 月 11 日《关于在锦州修建辽沈战役纪念馆的请示》。1986 年 4 月 8 日，中共中央组织部、解放军总政治部联合发出

《关于辽沈战役纪念馆建馆委员会组成人员的通知》，人员构成如下：主任：伍修权；副主任：洪学智、张秀山、贺晋年、郭峰；常务副主任：刘振华；委员：王首道、梁必业、程子华、曾克林、戴念慈等 24 人。

这又是胡耀邦点的将。批准建馆后，胡耀邦找到伍修权，提出由他担任辽沈战役纪念馆建馆委员会主任。伍修权见当年东北军区的老领导已所剩无几了，既然中央授命于他，也就答应了。与筹建辽沈战役纪念馆相关的另一件事也找上门来，那就是担任《辽沈决战》一书的总负责人。伍修权这个当年用枪炮书写东北解放战争史的军区参谋长，此时用另一种方式来书写这段历史了。

为辽沈战役建馆、编书是两件麻烦事。麻烦在既涉及林彪、高岗问题，又涉及面广量大的林彪、高岗的老部下问题；既涉及苏军与国共两党的微妙关系，又涉及美国以调停为幌子介入后名为“三方合作”，实乃“两军对阵”的种种内幕，其中最伤脑筋的是林彪问题。陈云在 1983 年 8 月为《辽沈决战》初稿题写书名时提出了此书编写的指导思想，他要求遵循“全面的、符合历史唯物论的”思想路线，正确对待林彪问题：“写这本书要触及一些敏感的问题，林彪的问题，避开林彪不是唯物主义的”，“当时正确的地方，我们也不必否定”。1984 年 1 月 11 日，陈云给时任国务院农业发展研究中心副主任的张秀山复信中又提出：“除了在‘文化大革命’中，跟林彪干了许多坏事的人，其余的人不要使他们因为过去是林彪的老部下就抬不起头来，林彪是林彪，林彪的老部下是林彪的老部下，同样，高岗是高岗，高岗的老部下是高岗的老部下，这个问题我们应当采取历史唯物主义的态度。”① 总的指导思想明确了，但具体到某个人、某件事，仍然有不同的意见。此书一拖几年，定不了稿。辽沈战役纪念馆展出内容的筛选，稿件、图片、解说词如何写？同样因林彪问题而左右为难。因此，非知根知底、识见超群者不能为。这是胡耀邦请伍修权牵头的原因。

在建馆委员会开始工作之前，由沈阳军区政委刘振华为组长、锦州市委书记周峻山为副组长的辽沈战役纪念馆筹建工作领导小组，已经做了大量工作。伍修权接受任务后，关于辽沈战役建馆和编书的工作，就不断有人来向他请示汇报，呈送各种计划、方案、报告、预算，以及须由他审定的文稿。周峻山和后来被任命为辽沈战役纪念馆首任馆长的张安等，两次进京面见伍修权，汇报纪念馆筹建工作情况。第一次是 1985 年 9 月 25 日，伍修权在办公室接待了他们。当来人呈上初步拟定的主要由各大军区负责人组成的建馆委员会名单时，伍修权看后爽快地说：“我办两件事，一是和张秀山同志商量名单；二是商量好后寄给你们，由你们上报中央。”第二次是 1986 年 1 月 20 日，伍修权在家里听取了 1985 年 12 月中旬纪念馆筹建工作领导小组会议研究的三个问题的汇报。他对建馆委员会名单和资金分期投放方案表示认可。对建筑方案提出了四条建议：经领导小组审定后要搞个模型，看着有立体感；建馆委员会开会时，设计单位要派代表参加，对

① 辽沈战役纪念馆筹建办公室：《情况反映》1986 年第 3 期。

方案进行说明并解答大家的疑问；确定设计方案的会议在锦州开，让建馆委员会成员看现场；建全景画馆，派人出国观摩很有必要。[①]其间，伍修权不断与中央及各部队、各地区与辽沈战役有关的领导人等接触，与设计纪念馆的建筑专家们联系，以及时了解各方情况，听取各种意见。他先后四次主持召开建馆委员会会议。第一次会议于1986年7月8日至11日在锦州召开，同时举行纪念馆开工奠基仪式。伍修权在开幕词中指出："建好这座纪念馆，是中央和广大人民群众，尤其是当年参战、支前的老同志托付给我们的一项光荣任务，是我们应尽的历史责任。"他又说："修建辽沈战役纪念馆具有重要的历史意义和现实意义。辽沈战役是解放战争中三大战役的第一个战役，它的胜利从根本上改变了国共双方力量的对比，缩短了原来预计的战争进程，为整个解放战争的顺利发展奠定了基础。为这个战役修建一座纪念馆是完全必要的，不仅纪念东北广大军民在党中央领导下共同创造的历史功绩，纪念在战役中英勇献身的革命烈士，更重要的是要通过这个战役的史实教育人民群众和人民军队，尤其向青年一代进行革命传统和革命理想教育，鼓舞广大军民为社会主义现代化建设做出贡献。"会议讨论并通过了建馆计划和设计方案。第二次会议于1987年6月15日至17日在锦州召开。会议听取了建馆工作进展情况和工程预算报告，视察了施工现场，审查了陈列馆的陈列样稿和全景图草图，伍修权作了会议总结。第三次会议于1988年3月12日至14日在北京召开。会议听取了建馆办公室关于建馆工作进展情况的报告，审查了陈列大纲、陈列细目、陈列艺术总体设计方案和全景画等大型艺术作品样稿，伍修权在会议结束时讲了话。第四次会议于1988年10月底在锦州召开。会议主要任务是在正式开馆之前检查验收纪念馆的建筑工程和所陈列的展览。10月31日，即辽沈战役胜利40周年纪念日前夕，伍修权率建馆委员会全体人员和参加新馆设计施工和创作、陈列的专家们，以及庆祝新馆建成的各地来宾，在解放军沈阳军区、中共辽宁省委和锦州市委主持下，在新馆广场举行了隆重而热烈的开馆典礼和剪彩仪式。展现在人们眼前的，是矗立着由朱德题写碑铭的辽沈战役纪念碑的开阔广场，广场后部掩映在苍松翠柏丛中的是由叶剑英题写馆名的雄伟壮观的纪念馆：建筑面积1.18万平方米，其中主馆8600平方米，附属设施3200平方米。全馆陈列板面500多延长米，陈列文物、资料、照片1000多件、艺术作品27件。还采用了投影和闭路电视等新的陈列手段，特别是当时全国独此一家的集声、光、影于一体的全景展馆，给人如同置身于当年战场的心灵震撼。它以圆周画面和部分实物实景，加上光亮、音响等气氛渲染，全方位、高视角、超时空地再现了当年的锦州大战。各方面的负责人和观众看了都表示满意。伍修权在中心看台上转了几圈还意犹未尽，似觉重回当年而被深深感染了。在纪念馆陈列的文物中，就有几件出自伍修权之手：一件是1945年9月他在延安手书的用中俄两种文字写成的致苏联红军关于彭真和他自己身份的证明文件，下面

① 辽沈战役纪念馆筹建办公室：《情况反映》1986年第3期。

盖着中共中央军委的大红印章；一件是彭真签发、伍修权翻译，有中俄两种文字的中共黑龙江省委书记陈雷的通行证；一件是辽沈战役后期由伍修权起草，与高岗联名发出的给林彪等并报中央军委的紧急作战建议。辽沈战役纪念馆馆长周文富说，这几件现在已经属国家一级文物。

对辽沈战役纪念馆，专业部门验收的评价是：质量一流，全国排名第三，仅列国家博物馆和军事博物馆之后。为了这个一流，陈云、韩先楚、伍修权和建馆委员会中当年辽沈战役的战将功臣，耄耋之年还在为之不遗余力地奔走操劳。伍修权不但提出总体要求：要搞一流的建筑，要体现中国风格，要体现军事特色，在具体事务上也一丝不苟，前后六次亲临现场，连细节都过问，还带队考察了徐州淮海战役纪念馆和河南陈官庄纪念塔。特别是全景画馆，有一幅锦州大战的全景画，他约请、组织了北京和沈阳的一批著名画家共同完成这项创作任务。此前，中国只有北京卢沟桥抗日战争纪念馆有一幅“半景画”，国外也只有苏联等少数几个国家有全景画。设计人员要到苏联去学习、考察，伍修权给外交部打招呼，使相关人员很快成行。半年以后，他又和建馆委员会人员再次云集锦州，对已完成的全景画稿及陈列设计进行审查，提出修改意见。对有争议的问题，伍修权一句话就让专业人员吃了定心丸：“政治上我负责，技术上你们负责。”为了统一认识，他与参加辽沈战役的老将军们一次次座谈、讨论，还请了研究军史特别是辽沈战役史的专家共同把关。内容初步确定后，做成了展板小样，再一块块展板、一段段影像地推敲、核实。

《辽沈决战》一书，自伍修权担纲后，久拖不决的老大难问题也一一得以突破，在 1983 年 5 月形成的 40 余万字书稿的基础上，逐步扩容为 150 万字的大部头巨著。在东北军区参谋长任上与苏军交涉、与美蒋对垒、与枪炮为伍的伍修权，统领当年以枪杆子把解放东北的不朽篇章写在白山黑水之间的老将军们，以笔杆子书写辽沈战役的历史。其间，历史文献的收集涉及众多的部门，需要史海钩沉；回忆文章的作者遍及天南地北，需要沟通协调。1988 年 10 月，与辽沈战役纪念馆落成开馆同时，作为给东北解放 40 周年的献礼，《辽沈决战》一书终于出版了。伍修权却因在辽沈战役建馆和出书，加上中顾委常委，特别是中指委检查组的几摊子事情中积劳成疾而病倒了。那段时间与伍修权接触颇多的纪念馆老馆长张安等，二十多年后回忆当年的情景，仍由衷地赞叹：“解放战争才打了三年，《辽沈决战》这本书搞了五年，不是伍老斡旋，就出不来。”

伍修权在辽沈战役纪念馆建馆委员会第四次会议上说：“还有一个问题，就是要很好地利用这个阵地广泛地向群众进行革命传统教育，继承和发扬革命前辈和先烈们的光荣传统，使它在两个文明建设中发挥更大的作用，充分发挥这个馆的社会效益。”伍修权把辽沈战役纪念馆和《辽沈决战》一书当作一个阵地，一个继承发扬革命传统的阵地。构筑这个阵地，是一场战斗。40 年前用枪杆子，40 年后用笔杆子，书写历史所用的武器虽不同，伍修权等老一辈无产阶级革命家对国家和人民的忠诚，却一脉相承、老而弥笃。

四、情系民生，关心老区建设

顾大家，重民生

“文革”初期伍修权抓中联部机关日常工作的那段时间里，仍然一如既往地倡导艰苦朴素、俭以养廉的作风。那时宴请外宾，接待人员通常都要安排吃烤鸭，而当时烤鸭价钱比较高。伍修权知道后说，外宾不是为了吃才来北京的，不能这样浪费。他见接待人员常用海参、鲍鱼招待外宾，就告诉他们，并非所有的人都爱吃这些东西，有人认为是吃“虫子”，这种费钱不讨好的做法要改变。“咱们的国家还很穷，很多人民群众还吃不饱饭，你们搞接待工作千万不能大手大脚，一定要注意节约。”从伍修权的话里不难看出，“四清”中因人民还没有过上好日子的自责和感受，被他带到外事接待工作中来了。

身在北京，心系延安，胸怀世界。他对自己度过了六年战斗岁月的延安及那里的外宾接待工作，更多一份关注。他说，咱们经常带外宾去延安，目的是让他们体会一下延安精神，学点革命经验，他们学得越多，对他们国家的革命和治理就越有好处。不是让他们去延安吃西餐的。如果吃西餐，北京的西餐还不比延安的好吃吗？延安人民现在还很苦，吃不饱穿不暖，生活很困难。他交代工作人员：“下次你们去延安对接待人员说，就说我说的，不要给客人们吃西餐，要给他们吃一些延安的土特产，如小米饭、莜麦面、土豆、南瓜、胡萝卜等等，这样才能达到让他们去延安的目的。”[①] 可见，伍修权是从“延安人民现在还很苦”的民生角度强调接待要节约的，是从学习延安精神、帮助他国革命的全局思考问题的。

1983 年在兰州故地重游期间，伍修权还为兰州人民办了一件实事。兴隆山是兰州的著名风景区，当年伍修权曾应国民党军方之邀游览过。在伍修权的记忆里，兴隆山是兰州的胜境之一：“但见那山峦重叠，林木茂密，晨雾初散，景色如绘，不禁使人赏心悦目，心旷神怡。”兰州解放以后，这里成了兰州军区某部的驻地，因为是个保密单位而成了外人不得入内的军事禁区。改革开放以来，甘肃省、兰州市很想把这里作为旅游区加以开发利用，使其既为当地人民服务，又能创造经济效益。他们乘伍修权来兰州的时机，向他表达了这个愿望。

伍修权听了他们的陈述，认为地方上的人员提出的要求不无道理，应该支持这个意见，便会同兰州军区的相关人员去那里考察，与有关领导进行协商研究，请他们考虑将这处驻地腾出来，他则代为向中央军委和总参谋部报告并请求批准。军区负责人认为伍修权的意见是对的，与省、市领导商讨后妥善处理了此事，兴隆山又成了当地人民群众的旅游胜地。

伍修权历来清正廉洁并严格要求子女。1978 年中共十一届三中全会确定了改革开放政策。此后，随着国家经济形势的好转，各种公司相继成立，不少人的

① 齐吉树：《谆谆教诲记心间》，见《历史风云中的一代英杰——伍修权》，当代中国出版社 2008 年版，第 304 页。

腰包鼓了起来。当时，伍修权的三女儿伍连连的一个朋友，邀请她一起组建个公司，邀请者有经营外贸业务的经验，而伍连连有广泛的社会关系、人际资源，公司的“钱景”可想而知。恰在此时，陈云在中纪委会议上提出了高级干部的亲属不许经商的意见。伍修权专门召集子女打招呼：“改革开放政策我坚决拥护，但是党的纪律也必须遵守。党内有纪律，高级干部子女不许经商，你们必须遵守，谁个也不许经商。我们的眼里不能只看到钱，还要有大局观念。”伍连连当即回绝了朋友的邀请，伍修权的其他子女也没有一个下海经商。与先富起来的人家相比，伍修权一家人仍然过着俭朴的日子。

三次深入大悟县

伍修权顾大家、重民生，尤其牵挂革命老区。80年代，他曾三次深入大别山区的革命老区湖北省大悟县。

邓小平在中顾委的第一次会议上说，联系群众、深入基层、了解情况和调查研究，向中央报告和提出建议，是中顾委成员的任务之一。他要求中顾委委员除了身体不好的，都经常联系一个地方或单位，也就是抓一个相对固定的点。伍修权响应邓小平的号召，把大悟县选为自己的联系点。他之所以选大悟为点，一是因为大悟县是紧邻红安的著名革命老区之一；另一个原因是他有个侄女婿刘大江时任大悟县副县长，刘大江每次来京开会等都要来看望四爹，一面讲讲自己县里的情况和问题，一面请他帮助解决一些县里的实际困难。刘大江谈的情况引起伍修权极大的兴趣，他也热心为那里办点实事。

1983年11月19日，他第一次深入大悟，听取了中共孝感地委和大悟县委、县政府领导人的汇报，视察、参观了县城的工厂、学校、烈士纪念碑和纪念馆等。又冒着寒风冷雨，驱车四十多公里，深入三里公社马鞍大队张家畈生产队，向基层干部了解三农情况，听取党的农村政策在当地的执行现状及其反映，还爬坡到几户农民家中，深入了解、嘘寒问暖。不管是听干部汇报，还是与农民交谈，他都亲笔做记录，一些数字、比例等等，都认真问清楚、记下来。在掌握实际情况后，他对县里的干部说，大悟县人民在战争年代为革命承受了巨大牺牲，全县当年三四十万人口，就有革命烈士6万余名，其中留下姓名的干部高达8000多人。自己作为一个老同志，看到这里的人民群众特别是农民还没有摆脱贫困，心中十分不安。他正式宣布，大悟有什么问题和要求，都可以直接与他联系，向他提出。

两年多后的1986年3月，伍修权第二次来到大悟。这时刘大江已是县委书记了，他干得确实不错，上任的“第一把火”，就是把地方财政收入和老百姓人均纯收入中重复计算等的水分挤干，还贫困县以本来面目。好心人劝他，衡量政绩的第一标志是经济发展状况，你这不是跟自己的乌纱帽过不去吗？可他让老百姓日子过得好一点的想法远远超过了对自己政绩的关心。他不浮夸、不虚报，为官一任造福一方的做法，很对他四爹的胃口。伍修权回京后，经多方反映情况，大悟县被列为全国应予扶贫支援的老苏区县之一。他特别重视增强当地的“造血功能”，牵线搭桥上了几个大项目——化肥厂、汽车配件厂、电扇厂和大理石厂，大悟县的经济和社会发展开始上台阶。伍修权对大理石厂特别感兴趣，对他们把当地盛产的石头加工为建筑材料，为本县换来经济收益大为赞赏，认为他们“充分利用本地资源，发挥山区优势，立足本地，发展经济”，是条正确道路。

1989 年，81 岁高龄的伍修权第三次深入大悟，听取并实地调研深化经济体制改革、山区经济开发等工作的进展情况。去农村看了看，在县城转了转，他亲眼看到了发展与变化，心里才踏实了。扶贫先扶志，他再次强调：“你们要发扬老区人民光荣传统和艰苦奋斗精神，团结奋斗，建设大悟，振兴大悟。”

伍修权三次去大悟回京后，都给中共中央和中顾委写了调查报告，详细列举了当地工农业生产和群众生活水平的统计数字，反映他们的困难与问题，特别是一些新提上来的年轻干部在工作和思想上的苦恼，并对这些问题提出了自己的看法和解决的建议。

大悟的领导干部有感于伍修权对他们的大力支持和热心帮助，总想表示一点谢意，伍修权不但从不接受，而且尽量为他们减轻负担。他三次深入大悟县，都是趁机去的：第一次是趁参加武汉大学校庆之机，第二次是趁到大悟邻县红安参加董必武诞辰 100 周年纪念之机，第三次是趁应邀去广州参加富申集团成立 5 周年活动途经武汉之机，目的是为贫困县节省一点往返路费等接待开支。没有时刻把老百姓的温饱挂在心上的公仆情怀，就不会为老区办好事如此之实，为他们减负考虑得如此之细。

发起筹建中国老区建设促进会

年事渐高后，伍修权再想深入老区已经心有余而力不足了。但对老区人民的牵挂，驱使他换一种方式继续为老区建设出力：82 岁高龄时还担任了中国老区建设促进会（简称“老促会”）名誉会长。

伍修权是筹建老促会的发起人之一。1988 年 6 月 2 日，他参与组织了发起筹建老促会的第一次会议。1989 年 10 月 28 日，伍修权与后来担任老促会首任会长的裴丽生联名写信给时任中共中央总书记的江泽民和国务院总理李鹏，报告成立老促会有关事宜。信中说到发起成立老促会的历史和现实原因及参与者的心情：“中国革命老根据地，对中国革命胜利和社会主义建设，做出了重大牺牲和贡献。建国以来，在党中央和国务院的关怀下，老区的经济有所发展，人民生活有所提高。但由于老区地处边远山区，交通不便，经济基础薄弱，文化教育、科学技术比较落后，资金和人才缺乏，至今仍有不少群众的温饱问题尚未完全解决。许多老同志对此感到不安。”

1990 年 7 月 5 日，老促会在北京成立。伍修权诚恳地问老促会的另一位发起者：“你看，我能为你们做什么呢？”对方说只想借重他的声望和影响，请他担任老促会的名誉会长。他听了慨然答道：“可以。我就当个名誉会长，会里有什么需要我出面的事，我就去办。”一诺千金，伍修权直接为老促会、间接为老区人民办的实事还真不少。1992 年 3 月 13 日，伍修权和王平、陈丕显、杨成

1988 年，伍修权（中）八十大寿时迟浩田（左一）和老革命家刘英（左二）、帅孟奇（右二）登门祝贺（右一为夫人徐和）

武、陈锡联一起接见参加第一次全国各省老促会会长座谈会的全体人员，对老促会形成一个全国性的联动网络起了推动作用。在这次会上，伍修权说："饮水思源，我们任何时候也不能忘了老区。今天，我们为报答老区人民，为老区办一点实事，这是理所当然的、责无旁贷的，也是应当引以为荣的事情。而老区人民对于我们所做的一分努力则念念不忘，他们也就为此而感谢党。看到老区一天天富裕起来，兴旺起来，这是我们最大的心愿。"

第二十三章　燃烧的晚霞

一、牵挂国事天下事

1992 年，84 岁高龄的伍修权出席了中共十四大，并被选为大会主席团成员。大会同意不再设立中顾委，伍修权从此退出了领导岗位。但是，直到垂暮之年，他依旧对国事天下事事事关心。

伍修权一如既往地牵挂着老区建设。1993 年 6 月 20 日，他参加了老促会在钓鱼台国宾馆召开的由该会经济协作委员会倡议并筹备的支援中国老区经济建设恳谈会。参加会议的还有老促会名誉顾问王平、陈丕显、杨成武、程思远、刘澜涛等 30 多位老革命家、民政部和国务院扶贫办的领导和 11 家中外企业的代表。伍修权在发言中说："发展老区经济建设，一要靠自己，自力更生；二要争取国内国外各方面的支援，对这些支援，我们都是很感谢的。"1997 年 9 月底，他还接受了《老区建设画报》几位记者的访问。

伍修权一如既往地牵挂着家乡父老。在参加支援中国老区经济建设恳谈会的前一个月，他趁在武汉疗养之机，坐着轮椅去大冶视察，参观了程子华领导的被中共中央、中央军委誉为"模范兵变"的大冶兵暴旧址以及有三千多年历史的铜绿山古矿遗址。听取了黄石市、大冶县负责人的工作汇报，对大冶的改革开放、工农业生产、城市建设、社会发展等方面，提出了要求和希望。为了改善投资环境，适应开放开发需要，大冶县委、县政府向国务院申请撤县设市、向交通部申请改造 106 国道和大金省道[①]。伍修权在两份申请报告上分别写下了自己的心愿："希望大冶早日设市"，"大冶是革命老区，曾为革命作出过重大贡献，请给予扶持"。在伍修权的支持和方方面面的关心下，半年后，国务院批准了大冶撤县建市。国家先后两次拨给大冶"两路"建设补助资金 900 万元。伍修权于 1994 年 12 月 27 日题写"振兴大冶"条幅，转赠给大冶人民。直到生命的最后几个月，他仍然关注着大冶近况。1997 年 3 月，在京办事的时任大冶市委书记马清明等听说伍修权病重住进了北京三〇一医院，立即去医院探视。听了大冶近年来各项工作取得的可喜成就，伍修权欣慰地点头。

---

① 大金省道，起于大冶市区，止于其与武昌、咸宁、鄂州交界处的金牛镇。

伍修权也牵挂着革命师友、烈士后人。1993年5月在武汉疗养并视察大冶期间，他又一次参观了陈潭秋纪念馆、陈潭秋中学等。5月3日，他继1983年之后，第二次踏进了半个世纪前就读的母校，跟大家讲述当年的情景并挥毫题词："继续发扬潭秋精神"。在位于该校的陈潭秋纪念馆，他在陈潭秋等当年高师附小的老师合影前驻足良久。1995年6月，他应邀给武汉市相关部门为次年的陈潭秋100周年诞辰编写的书写了序言。伍修权念念不忘自己的革命引路人，对昔日的师友同样怀着深厚的革命情谊。1992年，当何恐的孙子何康平拜访他时，他再次倾吐了对先后从容就义、为国捐躯的何恐、何立人兄弟俩的情谊："何恐是位了不起的人啊！聪明强干，组织能力极强，那时候是白色恐怖的年代，他经常避开特务、探子的耳目，组织我们这些进步青年上团课，讲革命道理。""当年党派我到苏联学习，临别时是何立人同学当场脱下身上穿的短大衣送给我……是同学、挚友无私的支援，给了我无限的温暖和勇气。"从那以后，他把对烈士的怀念崇敬转化成对他们后代的关爱、体贴，先后三次接见何康平，从思想上、工作上到生活上关怀备至。

伍修权还牵挂着国际友人、祖国统一。1996年，88岁高龄的他再一次会见了出席东北老航校50周年校庆后专程来京拜会他的日本友人林弥一郎。去世的前几天，躺在病榻上，他还问秘书："去香港的时间确定了吗？香港回归祖国了，

伍修权在恩师陈潭秋墓前

1993 年 5 月，伍修权再访小学母校时应邀题词

我一定要去看看！”

他最牵挂的是党和国家的兴旺发达。1997 年 9 月中旬，伍修权作为特邀代表出席了中共十五大，又一次被选为大会主席团成员。他一如既往地认真审阅会议材料，仔细阅读会议简报；一如既往地关心民生问题，在会上提出了“我们要重视和发展农业，抓好农业生产和农民生活，解决给农民打白条问题”等建议。

二、同病魔作斗争

晚年，因为糖尿病等多种疾病缠身，伍修权饮食忌油腻荤腥。无论是办公，还是到中南海等处开会，只要不是离家太远，他一般都回家吃清淡一点、软一点的饭食，而秘书、司机等身边工作人员在单位或开会地点吃工作餐。因此，他坐车回家前，总要首先问身边工作人员吃饭了没有，宁愿自己坐在车里等他们吃完饭，决不让他们空着肚子等他回住地。

伍修权对人一向温厚宽容。一次，他刚下了一半车，一只脚还在车门口，司机就开始倒车。身旁的另一位工作人员见他打了个趔趄，眼看要摔倒，立即扑过去一把抱住。对这种严重违规事故，随便换个人都难免火冒三丈，批评、撤换也在情理之中。可伍修权却没有说一句责备的话，更没有“秋后算账”。另一次，伍修权准备下午出院，警卫员中午去买饭时，没安排好值班，伍修权在卫生间门口绊了一跤，前额和膝盖都磕破了。身边工作人员向他检讨说自己的工作没做到位时，他和蔼地说："怨我自己，要出院了，我太高兴啦，乐极生悲。"

躺在病房里，伍修权仍然关心着身边工作人员。在他家里十多年的炊事员到退休年龄了。伍修权交代秘书与有关方面协商，安排好她的晚年生活。秘书到医院向他汇报组织上对这位炊事员进行了妥善安置后，他才放了心。他的重情重义、视兵如子，令他身边的工作人员都非常感动。

1995 年 5 月，伍修权的右眼因青光眼失明，但他从不向人述说痛苦，连孩子们都是过了些天才知道父亲失明。每当孩子们关切地问或劝他少用眼睛时，他总是平静地以笑作答。

伍修权晚年做过三次大手术，其间，他都是抱着既来之则安之的平静心态。无论是术前医生向他讲述手术的必要性，术后的改善情况，还是手术的风险，他都泰然处之，给医护人员以鼓励和信任。手术顺利完成后，他仍然坚持看书学习，有时一看就是两个小时左右。亲属和身边工作人员时常建议他看书不要太久。他表示接受，稍事休息，恢复精力后，还是不停地读书、看报、阅读文件。

虽然病重，伍修权仍然不忘感恩，对医院的领导和医护人员说："谢谢你们，你们辛苦了。"医生和护士们说："伍老很配合治疗，从没见伍老发脾气。"吕正操等病友们也亲切地称他是"模范病员"。

三、不尽的思念

1997 年 11 月 9 日零时 25 分，伍修权因病溘然长逝。伍宅的客厅临时改为灵堂，从 9 日白天起，就络绎不绝地来人吊唁。挽联、挽诗挂满了灵堂的几面墙，花圈、花篮从小院大门到灵堂的过道两边形成了一个夹道。

一批又一批伍修权的战友同事、亲朋故旧，上自原国家主席、军委副主席等，下至他的身边工作人员，都来到灵前，向他的遗像致敬默哀。有的长者拄着拐杖，来送他最后一程；有的晚辈代表自己难下病榻或已辞世的先辈，来向他献上几代人的别情；还有的从武汉、兰州、哈尔滨等地赶来痛悼逝者。杨尚昆来到伍修权灵前，沉重地说："当年参加过遵义会议的人，原来还有我同修权两个人，现在只剩下我一个了！"全国政协常委、香港名流徐展堂为痛失亦师亦友的长者而伤心不已，跪倒在伍修权遗像前痛哭不止。

伍修权逝世的噩耗通过人民日报、新华社等媒体传出后，唁电、唁函从全国以至世界各地飞来。武汉大学校长来电说："我们武大为有伍老这样一位杰出的校友而无比自豪。"日本友人林弥一郎和当年同他一起由伍修权引上新的人生之路的老伙伴们，纷纷发来唁电并托人送来花圈花篮。林弥一郎在唁电中说："回想当初，在'八一五'战败的混乱中，我们无所适从，一心只想回到日本。从东北地区南下的时候，经伍修权阁下引导，我们参加了东北民主联军，使我们有机会将自己微薄的技术献给最有意义的事业。他是我们的恩人，是他使我们树立起了新的人生观，对此我们深表谢意，对他的不幸逝世，我们深表哀悼。我将遵循已故伍修权阁下的教诲，通过日中和平友好活动，为世界和平做出贡献，以报答他的恩情。”日本九州的日中和平友好会成员、中国解放战争期间曾在东北工作过的内田元五等日本友人也发来唁电。时任俄罗斯驻华大使、汉学家罗高寿和俄中友协副主席、俄国科学文化合作中心驻华代表库利科娃一起，专程来到伍修权灵前敬献花圈。他们在唁函中写道：“伍修权同志作为杰出的外交家、军事长官、著名的政治与社会活动家在我国很知名，受到我国人民的尊敬。”“中俄友好协会会长伍修权同志是我国忠实的老友。他……为加深我们两国与人民的互相谅解，加强传统友谊、发展睦邻与合作关系做出了很大的贡献。”

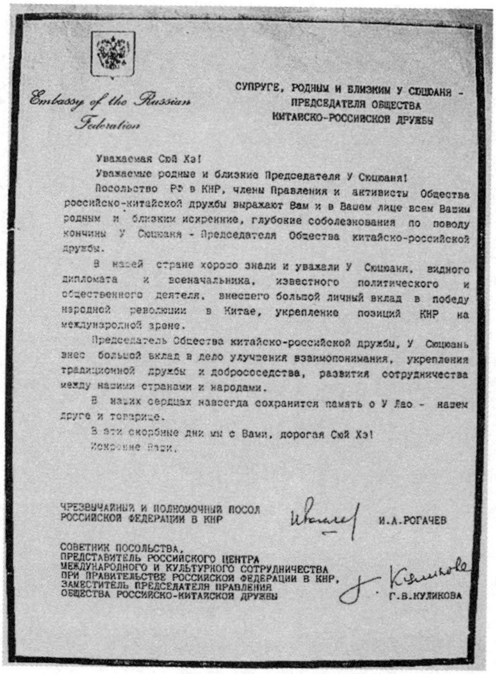
Embassy of the Russian Federation

СУПРУГЕ, РОДНЫМ И БЛИЗКИМ У СЮЦЮАНЯ - ПРЕДСЕДАТЕЛЯ ОБЩЕСТВА КИТАЙСКО-РОССИЙСКОЙ ДРУЖБЫ

Уважаемая Сюй Хэ!

Уважаемые родные и близкие Председателя У Сюцюаня!

Посольство РФ в КНР, члены Правления и активисты Общества российско-китайской дружбы выражают Вам и в Вашем лице всем Вашим родным и близким искренние, глубокие соболезнования по поводу кончины У Сюцюаня - Председателя Общества китайско-российской дружбы.

В нашей стране хорошо знали и уважали У Сюцюаня, видного дипломата и военачальника, известного политического и общественного деятеля, внесшего большой личный вклад в победу народной революции в Китае, укрепление позиций КНР на международной арене.

Председатель Общества китайско-российской дружбы, У Сюцюань внес большой вклад в дело улучшения взаимопонимания, укрепления традиционной дружбы и добрососедства, развития сотрудничества между нашими странами и народами.

В наших сердцах навсегда сохранится память о У Лао - нашем друге и товарище.

В эти скорбные дни мы с Вами, дорогая Сюй Хэ!

Искренне Ваши,

ЧРЕЗВЫЧАЙНЫЙ И ПОЛНОМОЧНЫЙ ПОСОЛ РОССИЙСКОЙ ФЕДЕРАЦИИ В КНР　И.А.РОГАЧЕВ

СОВЕТНИК ПОСОЛЬСТВА,
ПРЕДСТАВИТЕЛЬ РОССИЙСКОГО ЦЕНТРА МЕЖДУНАРОДНОГО И КУЛЬТУРНОГО СОТРУДНИЧЕСТВА ПРИ ПРАВИТЕЛЬСТВЕ РОССИЙСКОЙ ФЕДЕРАЦИИ В КНР,
ЗАМЕСТИТЕЛЬ ПРЕДСЕДАТЕЛЯ ПРАВЛЕНИЯ ОБЩЕСТВА РОССИЙСКО-КИТАЙСКОЙ ДРУЖБЫ　Г.В.КУЛИКОВА

俄罗斯驻华大使罗高寿和俄中友协副主席库利科娃致伍修权夫人和亲属的唁函

伍修权的亲属忘不了他的音容笑貌、关爱慈祥。徐和悲痛地对伍星说：“我和你爸爸还有一年就是金婚了！”她搬离居住二十多年的小院时，还带走了与伍修权初次见面时对弈、起了牵线作用的围棋留作纪念。伍修权的六位子女是这样表述他们对父亲的思念之情的：

> 我们的哀伤与悲痛是无法用语言来表达的。他带着曾经为祖国的解放而浴血奋斗的历程、带着奉献自己一生无怨无悔的信念、带着对祖国美好未来的祝愿走了。从此我们再也见不到敬爱的爸爸了！
>
> 他走得那么匆忙，那么突然，没有留下一句话，但他以自己一生的言行告诉我们：人应该怎样生，人生的道路应该怎样行！①

1950年在联合国安理会痛斥美帝侵略行径，伍修权一脸怒容；审判林彪、江青两个反革命集团，他一身正气。但在晚辈心目中，他却不是一个板着面孔的长辈。伍修权的四女婿、全国政协委员乐美真勾勒了他的另一面：“生活中的他全然不是这个样子。他是一个慈父，温文尔雅，笑容可掬。每到星期六，他到厨房转转，笑着对阿姨说：孩子们回来，多烧几个好菜……他下班回来，总要先到百岁的母亲身边坐坐，有时走到后楼，看看襁褓里的外孙。我真的没有一次看到他发

①《伍修权回忆录》，中国青年出版社2009年版，第412页。

火，真的没有。在家庭中，从不命令人，从不麻烦人是家人对他一致的印象。”

伍修权的侄女伍齐秀也忘不了四爹对她的关爱。她的父亲 1948 年因病亡故，奶奶对这个成了孤儿的孙女特别爱怜，一手把她拉扯大。爱屋及乌，伍修权对她也多了几分关爱。至今，退休多年的伍齐秀还保存着四爹给她的几封信。她考上大学时，伍修权于 1965 年 8 月 7 日给她去信说：“这件事引起了我几十年前的回忆。当我在小学毕业不能升中学时，结果有几位同学每人帮助一元、两元，这样才在中学读了一年……现在你要求进大学，我们怎能不支持你呢？”时隔二十多天，又于 8 月 31 日去信鼓励：“今后应好好学习，保持艰苦的作风，不要羡慕某些同学钱多吃穿好，青年人要有志气有骨气……”伍齐秀大学毕业前夕，伍修权写信祝贺并给她提出了今后的努力方向：“（1）注意政治挂帅和毛主席著作的学习；（2）继续提高业务水平，当个又红又专的接班人；（3）听党的话，争取做个共产党员；（4）生活上注意保持艰苦朴素作风，这是革命的好传统；（5）现在可以谈婚姻问题了，但不要急、要慎重，希望能和五爹和我商量，这样对待婚姻对你会有好的帮助。”

以伍修权为荣的还有他的族人。湖北省黄石市阳新县王英镇，有始建于三百年前的伍氏宗祠。宗祠院墙外，有湖北省人民政府于伍修权 100 周年诞辰之际所立的“湖北省文物保护单位”石碑。天井里是被伍氏族人奉为始祖的伍子胥的塑像。藻井的廊檐内，中间是乾隆年间由翰林编修陈光亨题写的“世德发祥”匾额；右上方是族人为伍修权制作的新匾，上书“功著千秋”四个大字，下有“伍公修权系安乐里落叶祖进仪公二十三代孙”云云。

伍修权身边的工作人员，对他的去世充满了依依不舍的离情别意。80 年代被派到伍修权身边先干勤务员、后当警卫员的王飞，在与伍修权多年的接触中，真切地感受到他的公仆本色：他家的一日三餐，总是像普通人家一样简简单单，节假日孩子们回来才改善一下。这位来自农村的战士有的是力气和为首长家着想的忠厚，他看院子角角落落有点空地，就种点蔬菜、喂几只小鸡，既可以改善伙食，大白菜的烂叶子等还派上了用场。

伍修权的战友和同事，心底珍藏着对伍修权的敬重和挚爱。吴学谦视之为良师益友：“修权同志德才兼备、文武双全，他的伟大革命精神、光辉业绩和崇高的人品，永远值得我们尊敬和学习。我们作为曾与他在中联部共事多年的部下和战友，深感他是我们的良师益友。”[①] 伍修权副总长职务的后继者徐信赞叹其风云变幻志节不移：“伍老的一生富于传奇色彩，亲身参与或经历了许多重大历史事件，经常处在时代的风云漩涡之中。令人敬佩的是，他始终保持了坚定正确的政治方向，大风大浪不迷航，风云变幻不移节。”[②]

① 吴学谦：《可敬可亲的良师益友》，见《历史风云中的一代英杰——伍修权》，当代中国出版社 2008 年版，第 8 页。

② 徐信：《将军之风 山高水长》，见《历史风云中的一代英杰——伍修权》，当代中国出版社 2008 年版，第 254 页。

在伍修权领导下工作过的人员，从部门主管到方方面面的专职人员，心底都留下了对这位长者的独特感受。总参外事局原副局长沈少星说：“伍修权是个能敞开心扉对他说心里话的人，他善于倾听，不批评，不插话，不表态，但考虑、协调后会给予妥善解决。”伍修权主管军事外交工作期间的总参外事局干部葛云松说：“伍老原则性和灵活性结合得特别好。我们对他不是敬畏，而是感到可敬可亲。”伍修权担任外交部副部长期间的部下杨清华说：“他给我的印象是爽朗的军人风度，处理问题，干净利落，是即是是，非即是非，绝不模棱两可，从不含糊其词；他又是忠厚长者，对同志真诚坦率，很有儒将风度，作风民主，平易近人，能听取不同意见，从不搞个人说了算的‘一言堂’。”[①] 伍修权担任中指委检查组组长期间在他直接领导下工作的唐启荣说：“我有生之年能在伟大的无产阶级革命家伍老的直接领导下工作近四年之久，无疑是我革命生涯中最闪光的亮点。伍老为革命鞠躬尽瘁的革命精神是一种无穷精神动力，是学不尽、用不完的精神财富。”[②] 伍修权主管军事外交工作期间的总参外事局干部王光明说：“跟伍老时，我们很轻松。许多事，他都亲自动口、动手，我们省了好多事，好多心。他和周总理有许多相像的地方，有总理风范。”

四、政声人去后

中共中央发布了伍修权逝世讣告：

> 中国共产党优秀党员，忠诚的共产主义战士，久经考验的无产阶级革命家、军事家、外交家，原中共中央顾问委员会常委、中国人民解放军原副总参谋长伍修权同志，因病医治无效，于 1997 年 11 月 9 日零时 25 分在北京逝世，享年 90 岁。
>
> …………
>
> 伍修权同志的一生，是革命的一生，光辉的一生，为人民无私奉献的一生。在长达七十多年的革命生涯中，无论遇到任何艰难曲折，始终具有坚定的共产主义信念，对党对人民无限忠诚。他具有坚强的党性原则，实事求是，坚持真理，公道正派，不畏邪恶，敢讲真话。他顾全大局，胸怀坦荡，光明磊落，从不计较个人得失。他勤于学习，勇于探索，团结同志，爱护下级，谦虚谨慎，平易近人。他自觉执行党内政治生活准则，廉洁自律，艰苦朴素，严格要求亲属子女及身边的工作人员，教育他们继承和发扬党的优良传统。他认真学习马列主义毛泽东思想和邓小平理论，坚决贯彻执行党的

---

① 杨清华：《光辉的榜样 不尽的思念》，见《历史风云中的一代英杰——伍修权》，当代中国出版社 2008 年版，第 29 页。

② 唐启荣：《永久的怀念》，见《历史风云中的一代英杰——伍修权》，当代中国出版社 2008 年版，第 84 页。

十一届三中全会以来的路线方针政策，衷心拥护以江泽民同志为核心的党的第三代领导集体。他以共产党人的高尚品质和无产阶级革命家的高风亮节，身体力行实践了为共产主义奋斗终生的誓言。

伍修权同志和我们永别了！他把毕生的精力献给了党，献给了祖国，献给了人民，他的光辉业绩将永载史册，他崇高的革命精神和无私的革命品德，将永远铭刻在人们心中！

伍修权同志永垂不朽！①

1997 年 11 月 20 日下午，安放着伍修权遗体的玻璃棺，由礼兵护卫着安放到八宝山革命公墓灵堂中央。

伍修权病重期间和逝世后前往医院看望或以各种形式向其亲属表示慰问的，几乎涵盖了当时党和国家的所有领导人、健在的老一辈无产阶级革命家和各界名人。这是中国共产党和中国人民对“中国共产党优秀党员，忠诚的共产主义战士”伍修权的定评。

在八宝山送别次日的《人民日报》上，刊登了六幅反映伍修权革命历程的照片。按时序为：长征胜利后在陕北；1950 年在联合国安理会上；1960 年陪同毛

1997 年 11 月 20 日伍修权遗体告别仪式在八宝山革命公墓大礼堂举行

① 《伍修权同志生平》,《人民日报》1997 年 11 月 21 日，第 4 版。

泽东会见古巴人民社会党总书记罗加及其夫人；1980 年审理林彪、江青“两案”；1983 年与邓小平、乌兰夫会见原莫斯科中山大学老同学；1993 年在住处与去探望的江泽民亲切交谈。这组照片，是伍修权长达七十余年无产阶级革命家、军事家、外交家生涯的剪影，也是从职务、级别来说，在送别人员身份、数量上超规格的原因。而遗体告别仪式中来自战友、亲朋的感人至深的哀思，源自他的人格魅力。“俄罗斯、日本、韩国、波兰、德国、美国等国驻华使节和友好人士发来唁电或唁函”，则凸显了国际社会对作为外交家的伍修权的广泛认同。

政声人去后，民望闲谈中。从政者的声望中最具天然去雕琢属性的是民望，即老百姓的口碑——金杯银杯，不如老百姓的口碑。伍修权的业绩和声望，不因“人去”而淡化。阅读写伍修权和伍修权所写的书籍，寻访伍修权的革命历程和思想轨迹，聆听调研采访中人们对他的由衷赞美，在脑海中聚合成的伍修权形象，竟应验了“仰之弥高”的古训。

武汉黄鹤楼下，有一个“毛泽东词亭”，亭名是伍修权所题。硕大的石碑上，刻着毛泽东手书的《调寄菩萨蛮·登黄鹤楼》。“昔人已乘黄鹤去”，王定国的一首诗，却把伍修权的口碑留在字里行间：

一回追忆一怆然，
耄耋之年忆修权。
六十年前同抗战，
一生几度系祁连。
……
悼文虽短溶思念，
旧事旧情字行间。
若有九泉冥冥界，
当慰伍老心一片。①

这情真意切的口碑之歌，不由得令人联想起臧克家的诗《有的人》：

有的人活着，
他已经死了；
有的人死了，
他还活着。
……
他活着别人就不能活的人，

① 王定国：《月明千里思旧事》，见《历史风云中的一代英杰——伍修权》，当代中国出版社 2008 年版，第 22—23 页。

他的下场可以看到；
他活着为了多数人更好地活着的人，
群众把他抬举得很高，很高。

1995年金秋十月，是臧克家的九十诞辰。老诗人托人捎话，邀请伍修权参加自己的生日宴会。伍修权来了，颤巍巍地来了。鲐背之年的老诗人和米寿老革命家执手问候，举杯相祝。老革命家的耳畔，回荡着臧克家的人生之歌；老诗人的脑际，浮动着伍修权的如诗人生……

生平大事年表
（1908—1997）

1908 年诞生

■ 3 月 6 日　出生于湖北武昌（今武汉市）。

1920 年 12 岁

■ 春　开始上小学。就读于武昌高等师范学校附属小学附设的复式班。

1921 年 13 岁

■ 夏　转入武昌高师附属小学，连跳两级插入四年级。

1922 年 14 岁

■ 秋　升入武昌高师附小五年级，中国共产党创始人之一陈潭秋是其级任老师、革命引路人。

1923 年 15 岁

■ 12 月　经陈潭秋、何恐介绍加入中国社会主义青年团，并被指定为高师附小的第一任团小组长；参加并参与组织集会游行等革命活动。

1924 年 16 岁

■ 春　列宁逝世后，参加了由陈潭秋主持的以悼念列宁为主题的党团员骨干分子会议等活动。

■ 夏　高师附小六年级毕业后失学，到共进书社当学徒。

■ 冬　复学，经考试插入高师附中初中一年级。

1925 年 17 岁

■ 春　孙中山逝世后，参加了陈潭秋等组织的一系列纪念孙中山的活动。

■ 夏　参加陈潭秋和董必武等组织的揭露“五卅”惨案真相和外国列强暴行的活动。

- 秋　升入初中二年级。课余在陈潭秋创办并担任校长的武昌徐家棚工人子弟学校帮助工作，并接触处于社会底层的劳苦大众。
- 中秋节经中共湖北地区党组织推荐，踏上赴苏联留学之路。
- 11 月 23 日　抵达莫斯科，成为莫斯科中山大学的第一期学员，以“皮达可夫”的俄文名字编入预科班。

1926 年 18 岁

- 1 月　参加莫斯科中山大学创办以来的首次开学典礼。
- 本年　强攻俄语言关，开始系统学习马列主义。

1927 年 19 岁

- 5 月 13 日　聆听斯大林在莫斯科中山大学的讲话。
- 9 月　完成在莫斯科中山大学的全部学业，根据国内斗争的需要，进入莫斯科步兵学校学习。
- 11 月 7 日　作为莫斯科步兵学校学员，在红场参加了纪念十月革命胜利十周年盛大阅兵。

1928 年 20 岁

- 6 月　中共六大在莫斯科召开期间，听瞿秋白作六大精神和国内政治形势的报告。
- 9 月　莫斯科步兵学校结业，留校担任翻译和教官，培训中国连学员。

1929 年 21 岁

- 10 月　“中东路事件”发生后，被抽调为随军翻译赶赴远东，其后被留在位于伯力市的苏联远东边疆保卫局工作。

1930 年 22 岁

- 12 月　在苏联远东边疆保卫局成立十周年之际，由青年团员转为苏联共产党（布）候补党员。

1931 年 23 岁

- 5 月　经联共（布）和共产国际中共代表团批准回国。
- 5 月下旬　踏上回国之路。
- 6 月下旬　到达上海，与党组织接上头后，即从联共（布）预备党员转为中国共产党正式党员，并被派往位于闽西、赣南的中央革命根据地。
- 夏　参加中央红军第三次反“围剿”，在芦丰战斗中身负重伤。
- 9 月下旬　随中国工农红军总政治部相关人员转移到瑞金。

■ 11 月　调入中国工农红军中央军事政治学校，被任命为射击课教员兼第一期学员团第四连指导员，参与红校的草创工作。
■ 11 月 7 日　参加中华苏维埃共和国临时中央政府成立大典。

1932 年 24 岁

■ 本年　协助刘伯承编写红校教材；担任红校第二期政治营教导员、第三期步兵团教育主任。

1933 年 25 岁

■ 春　调任中华苏维埃共和国中央革命军事委员会直属模范团政委；参加第四次反“围剿”。
■ 6 月　担任中革军委直属红一军团第三师政委。
■ 7 月　调任中国工农红军福建军区汀（州）连（城）军分区司令兼政委。
■ 10 月　受命为共产国际派驻中共中央的军事顾问李德当翻译。

1934 年 26 岁

■ 10 月 10 日　开始撤离中央苏区，参加二万五千里长征。

1935 年 27 岁

■ 1 月 15 日至 17 日　作为李德的翻译列席遵义会议。
■ 3 月上旬　被任命为红三军团副参谋长，成了时任该军团参谋长叶剑英的助手。
■ 10 月　参加了与陕北红军在吴起镇的会师，结束了历时一年的长征。
■ 11 月 21 日至 24 日　参加了直罗镇战役。

1936 年 28 岁

■ 4 月　担任红十五军团第七十三师参谋长，参加东征战役。
■ 7 月　调到中共中央联络局。
■ 12 月中旬　到西安，参与执行西安事变的后备方案。

1937 年 29 岁

■ 2 月　担任中华苏维埃共和国临时中央政府西北办事处交际处处长等职。
■ 8 月　担任陕甘宁边区政府秘书长兼交际处处长。
■ 夏　与在陕甘宁边区政府邮局工作的张毓兰结婚。

1938 年 30 岁

■ 2 月　被任命为八路军驻甘肃办事处处长，授上校军衔。

1939 年 31 岁

- 9 月　接送因臂伤赴苏联治疗的周恩来以及奉命返回共产国际述职的李德等。

1940 年 32 岁

- 3 月　接送由莫斯科返回延安的周恩来夫妇，以及任弼时、师哲和日本共产党主席野坂参三等。

1941 年 33 岁

- 5 月底　调离兰州，为旅途方便，把儿子天福（后更名罗斌）留在当地，由中共甘肃地下党的人员代为抚养。
- 7 月 7 日　回到延安。
- 8 月　被任命为中央军委一局（作战）局长。

1942 年 34 岁

- 4 月 28 日　在中央军委组织的“日寇是否要进攻苏联”的专题研究中，协助叶剑英作出日军南进的战略判断。

1943 年 35 岁

- 夏　参与主持研究以政治攻势粉碎国民党顽固派闪击延安阴谋的对策。
- 本年　参加始于 1942 年的整风运动，并担任中央军委整风领导小组成员。

1944 年 36 岁

- 6 月　参与组织接待来延安的中外记者西北参观团。

1945 年 37 岁

- 春　参与起草朱德在中共七大上所作的军事工作报告。
- 4 月　拟以特区（即陕甘宁边区）代表身份，随董必武参加中国代表团，赴旧金山出席联合国成立大会，后被国民党方面以有沙眼为由排除在代表团之外。
- 4 月 23 日至 6 月 11 日　作为代表出席中共七大。
- 8 月初　被任命为中央军委作战部副部长。
- 9 月 16 日　被任命为中共中央东北局委员，为便于与苏联红军联络授予少将军衔。
- 9 月 18 日　到达沈阳。
- 10 月 9 日　被任命为东北军区司令部参谋长。
- 10 月中旬　召见由林弥一郎任大队长的日本航空大队人员，主持创建人民军队的第一所航空学校。

- 10月31日　中共中央决定，进入东北的部队与东北抗日联军统一组成东北人民自治军（1946年1月14日改称东北民主联军），被任命为第二参谋长。
- 11月　兼任中共中央东北局航空委员会主任委员。

1946年 38岁

- 4月　出任国共两党和美国三方联合组成的军事调处执行部沈阳执行小组中共代表团参谋长，负责代表团日常工作，挂上了国军少将肩章。
- 6月　沈阳执行小组迁到长春，扩大为长春执行分部，出任执行分部中共首席代表。

1947年 39岁

- 2月18日　被任命为东北军区参谋长兼军工部部长，管理军工生产并统管后方各机关。
- 5月7日　向东北局提出建议，使军工厂实行专业化、规模化生产，保障了东北战场的需要。
- 9月14日　主持东北军工会议，集中解决加强统一领导的问题，推动了军工生产的发展。
- 11月8日　兼任东北局军工部政治委员。

1948年 40岁

- 1月18日　结发之妻张毓兰病故。
- 3月16日至4月6日　主持召开东北军区军工部党委扩大会议，检查部署工作。
- 5月　到大连军工企业建新公司检查指导工作，并应邀于5月2日作东北解放战争形势报告。
- 8月　回到东北军区司令部，负责包括军工生产在内的辽沈战役的后勤保障等工作。
- 10月19日　起草并与高岗联名发出给林彪、罗荣桓、刘亚楼并报中央军委的紧急作战建议。
- 10月　撰写《悼念朱瑞同志》，发表于《东北日报》。
- 11月2日　沈阳解放，出任以陈云为主任的沈阳市军事管制委员会副主任、沈阳市卫戍区司令员。
- 11月3日　与沈阳市卫戍区政委陶铸联名签署沈阳市卫戍区司令部第一号布告。
- 11月　再婚。第二任妻子徐和，其时在中共中央社会部位于大连的某研究机构工作。

1949 年 41 岁

■ 年初　东北军区和东北野战军正式分为两个单位，回到东北军区参谋长任上。

■ 3 月　接见国民党“重庆”号巡洋舰起义人员，开始主持筹建中国人民解放军的第一所海军学校。

■ 12 月上旬　负责毛泽东首次访苏途经东北境内时的全程保卫工作。

■ 12 月 18 日　调任政务院外交部苏联东欧司司长。

1950 年 42 岁

■ 1 月 5 日　回武昌省亲期间接周恩来电召：“此间即派飞机去接你来京，有紧急任务。”

■ 1 月 10 日　作为中国政府代表团成员，随周恩来赴莫斯科参加新中国首次最重大的外交活动——中苏会谈、签约。

■ 2 月 14 日　参加在莫斯科举行的《中苏友好同盟互助条约》签订仪式。

■ 2 月 17 日　到莫斯科火车站欢送毛泽东、周恩来回国。与李富春等继续留在莫斯科进行相关协定的谈判工作。

■ 4 月中旬　离开莫斯科回国。

■ 10 月下旬　被任命为大使衔特派代表，率新中国代表团出席联合国安理会。

■ 11 月 24 日至 12 月 19 日　在联合国安理会控诉美国侵略中国领土台湾和对中国的战争威胁。

■ 12 月　被任命为中华人民共和国外交部副部长。

1951 年 43 岁

■ 11 月中旬　受命赴朝鲜，拟接替李克农主持朝鲜停战谈判的领导工作。后因李克农坚持带病工作而作罢。

1952 年 44 岁

■ 2 月　作为中国政府代表团成员，赴乌兰巴托参加蒙古党和国家领袖乔巴山的葬礼。

1953 年 45 岁

■ 2 月　负责中国政府正式接收旅顺、大连回归的具体组织、实施工作。

■ 3 月　作为中国党政代表团成员，赴莫斯科参加斯大林葬礼，赴布拉格参加捷克斯洛伐克总统哥特瓦尔德葬礼。

■ 6 月 13 日　周恩来提议，政务院下设以伍修权为组长的专家工作小组，统一管理苏联专家工作。此提议 24 日经中共中央书记处会议批准。

1954 年 46 岁

■ 9 月 15 日至 28 日　出席中华人民共和国第一届全国人民代表大会。

■ 秋　毛泽东接见苏共中央特使，听取其关于苏南关系进展情况和发展目标的通报。由于事涉机密，伍修权亲任翻译。

■ 10 月 12 日　出席在北京举行的《中苏关于苏联军队自共同使用的中国旅顺口海军根据地撤退并将该根据地交由中华人民共和国完全支配的联合公报》等的签字仪式。

1955 年 47 岁

■ 3 月 1 日　对外公布被任命为中华人民共和国首任驻南斯拉夫特命全权大使。

■ 5 月 24 日　赴贝尔格莱德上任。

■ 5 月 26 日　向南斯拉夫总统铁托递交国书。

■ 6 月　经过对南斯拉夫的多方面深入调研，陆续向国内发回有重要参考价值的报告。

1956 年 48 岁

■ 9 月 15 日至 27 日　出席中共八大并当选为中共中央委员。

1957 年 49 岁

■ 1 月　经种种努力，促成彭真率全国人大代表团访问南斯拉夫。

1958 年 50 岁

■ 3 月 12 日　遵嘱起草并发回供中联部参考的中共中央给南共七大的贺词稿。

■ 3 月 29 日　给中联部和外交部发回《对南共纲领草案的初步意见》。

■ 4 月 22 日　以观察员身份列席南共七大。

■ 4 月 28 日　奉召回国述职，因国内认为伍修权主持起草的对南共纲领的“意见”和给南共七大的贺词内容“完全错误”，在中共中央八届二次会议上受到批判。

■ 9 月 4 日　外交部发电中国驻南使馆通知免去伍修权大使职务。

■ 9 月 5 日　中共中央决定任命伍修权为中共中央对外联络部副部长。

■ 12 月　中直机关党委批准伍修权兼中联部机关党委书记。

1959 年 51 岁

■ 3 月中旬　作为以朱德为团长的中共代表团成员，出席波兰统一工人党第三次代表大会。

■ 3 月底　作为以王稼祥为团长的中共代表团成员，出席英国共产党第二十六次代表大会。

■ 4 月　当选为第三届中国人民政治协商会议常委。

■ 8 月　出席在庐山召开的中共中央八届八中全会（即庐山会议）。

1960 年 52 岁

■ 2 月上旬　作为以康生为团长的中共观察员代表团成员，列席在莫斯科召开的华沙条约各国政治协商委员会高级会议。

■ 6 月下旬　作为以彭真为团长的中共代表团成员，参加罗马尼亚工人党第三次代表大会暨兄弟党布加勒斯特会议。

■ 8 月　代表中共中央参加古巴人民社会党第八次代表大会，并应邀面见古巴革命领袖卡斯特罗。

■ 9 月 17 日至 22 日　作为以邓小平为团长的中共代表团成员，参加在莫斯科举行的中苏两党会谈。

1961 年 53 岁

■ 9 月　作为中共代表团成员，出席朝鲜劳动党第四次代表大会。

1962 年 54 岁

■ 2 月 27 日　在王稼祥牵头提出的《关于对外关系几个问题的建议》上签名。

■ 11 月中上旬　率中共代表团参加保加利亚共产党第八次代表大会。

■ 11 月中下旬　率中共代表团参加匈牙利社会主义工人党第八次代表大会。

■ 12 月上旬　率中共代表团参加捷克斯洛伐克共产党第十二次代表大会。

1963 年 55 岁

■ 1 月中旬　率中共代表团参加民主德国统一社会党第六次代表大会。

■ 2 月　被中共中央确定为中央反修文件起草小组成员。

■ 7 月 5 日　作为邓小平、彭真率领的中共代表团成员，参加中苏会谈。

■ 9 月 6 日　“九评苏共中央公开信”（简称“九评”）的第一篇《苏共领导同我们分歧的由来和发展》发表，参加“九评”系列文章的相关工作。

1964 年 56 岁

■ 10 月 15 日　深夜代表中共中央听取苏联驻华大使关于赫鲁晓夫下台的通报。

- 11月上旬　作为周恩来率领的中国党政代表团成员，赴莫斯科参加十月革命47周年庆祝活动，以寻求改善中苏关系的转机。
- 11月下旬　作为李先念率领的中国党政代表团成员，参加阿尔巴尼亚解放20周年庆典。

1965年57岁

- 2月9日　回母校武昌高师附属小学（其时已成为中华路中学）参观考察。
- 春末夏初　陪同来中国休假的越共主席胡志明到苏州、黄山和武汉等地参观考察。
- 7月中下旬　作为邓小平率领的中共代表团成员，参加罗马尼亚共产党第九次代表大会。
- 10月　带队去安徽西部的六安、霍邱地区参加“四清”运动。

1966年58岁

- 8月1日至12日　参加通过了《关于无产阶级文化大革命的决定》的中共中央八届十一中全会。
- 8月18日　毛泽东第一次检阅来京串联的红卫兵，作为未被“打倒”的在京中央委员在天安门城楼参加观礼。
- 10月　作为康生、李先念为正、副团长的中共代表团成员，参加阿尔巴尼亚劳动党第五次代表大会暨建党25周年庆典。

1967年59岁

- 4月8日　被打成“黑帮”遭揪斗，先是软禁在家，后来关进“牛棚”。

1968年60岁

- 4月29日　被监护审查。
- 5月3日　被关押于北京卫戍区某团在通县的驻地。

1972年64岁

- 6月　被关押四年后，妻子儿女第一次获准“探监”。

1973年65岁

- 7月7日　原中央专案小组第一办公室彭真、刘仁专案组《关于伍修权同志的审查结论》称“伍修权犯有路线错误”。

1974年66岁

■ 9月29日　解除监护，恢复了人身自由。

■ 9月30日　参加在人民大会堂举行的国庆招待会。

1975年67岁

■ 1月13日至17日　参加中华人民共和国第四届全国人民代表大会，当选为全国人大常委。

■ 3月9日　给叶剑英、毛泽东写信，要求恢复工作。

■ 4月11日　经毛泽东批准，被任命为副总参谋长兼总参二部部长。

■ 5月1日　增补为中共总参党委常委。

1976年68岁

■ 10月24日　参加中共中央在天安门广场召开的庆祝粉碎“四人帮”的百万群众大会。

■ 11月7日　到中南海出席李先念、陈锡联召集外交部、中联部、中调部和总参二部、三部，以及新华社负责人参加的会议。

1977年69岁

■ 1月　撰写《献给周总理的一束心花》（在周恩来逝世一周年纪念大会上的讲话）。

■ 6月　应邀率中国人民解放军老战士代表团回访南斯拉夫。

■ 7月11日、12日　在北京召集各军区有关部长会议，研究加强力量建设问题。

■ 8月12日至18日　参加中共十一大，再次当选为中共中央委员。

■ 8月下旬　参加由华国锋、叶剑英、邓小平主持召开的军委座谈会。

■ 10月17日至26日　陪同瑞典三军总司令辛纳格伦上将率领的军事代表团到内蒙古、南京、苏州、杭州、上海等地访问。

■ 本年　组织总参国际形势研究小组，作出世界大战十年之内打不起来的国际形势研判报告，为中共中央此后不久确定的国家战略——从立足于早打、大打、打核战争转入以经济建设为中心的历史新时期提供了参考。

1978年70岁

■ 2月24日　以副总参谋长身份主管二部、三部和外事局，免去所兼总参二部部长职务。

■ 9月14日　召集外交部、外贸部、公安部、统战部、中联部、新华社、交通部、铁道部、民航局、总参二部等单位负责人开会，传达经华国锋、叶剑英、邓小平批准的相关文件。

- 9月25日　在人民大会堂参加华国锋、叶剑英、邓小平、李先念、汪东兴等接见全国科学大会和其他会议的代表。
- 11月10日至27日　率中国军事友好代表团访问菲律宾和缅甸。
- 12月11日　出席中共中央军委会议。
- 12月18日至22日　出席中共中央十一届三中全会。
- 12月30日　参加总参系统平反冤假错案大会。

1979年71岁

- 1月　撰写《我军的忠勇将领徐海东同志》。
- 春　参与军委、总参关于对越自卫还击作战的决策等工作。
- 4月9日　中国人民解放军军人协会成立，兼任会长。
- 4月21日　北京国际战略问题学会成立，兼任会长。
- 6月15日　中联部党的核心小组作出《关于伍修权同志的复查结论》："康生等人强加给伍修权同志的……莫须有的罪名，纯属诬陷不实之词，应一律予以推倒，为伍修权同志彻底平反。"

1980年72岁

- 2月27日至3月12日　以解放军军人协会会长名义，率代表团访问联邦德国。
- 6月　受命担任中共中央"两案"审判指导委员会成员、9月担任特别法庭副庭长和第二审判庭审判长，参与主持对林彪、江青"两案"的历史性审判。
- 7月16日　召集中调部、中联部、外交部、新华社、社科院和总参二部、三部、军科院等单位的相关人员，落实5月27日中央军委办公会议关于加强对苏联情况研究的决定，为恢复中国与苏联和东欧各国的关系提供依据。

1981年73岁

- 3月　受命担任中共中央外事工作领导小组副组长。
- 5月　率中国军事友好参观团出访朝鲜。
- 10月上旬　为应北京国际战略问题学会之邀来华访问的美国前国防部长布朗一行举行欢迎宴会，并在中央军委主席邓小平等会见布朗时陪同。
- 10月22日　为总参部分干部作题为《正确评价毛泽东同志的历史地位和毛泽东思想的伟大意义，把思想统一到〈若干历史问题的决议〉上来》的长篇讲话。

1982年74岁

- 2月　回忆录《征程漫漫》发表于《人民文学》2月号上。
- 3月10日　《读〈彭德怀自述〉，学彭老总品德》一文脱稿。
- 4月19日　与孙作宾等联名，在《甘肃日报》上发表《抗日英名代代传——纪念丛德滋牺牲40周年》一文。
- 4月23日　在国务院参加中央外事工作领导小组会议，讨论美国副总统访华事项。
- 5月　率中国军事代表团出访西班牙和意大利。
- 6月10日　《同学·战友·师表——怀念王稼祥同志》一文脱稿。
- 6月　作为以彭真为团长的中共代表团成员，再赴南斯拉夫，参加南共第十二次代表大会。
- 9月1日至18日　出席中共十二大，当选为中央顾问委员会常委、中顾委机关在京委员临时党委书记。
- 10月　被聘为中国翻译家协会名誉会长。
- 12月13日　免去副总参谋长职务，退居二线。
- 本年　《伍修权回忆录》在《中共党史资料》1982年第1期上开始连载。

1983年75岁

- 年初　与航空工业部部长莫文祥联名发表《忆徐舜寿同志》一文。
- 2月10日　与杨献珍等联名在《人民日报》发表《怀念罗扬实同志》一文。
- 4月7日　中共中央书记处一致同意伍修权等主持起草的《关于组建国家安全部的报告》，并决定由伍修权担任中央安全领导小组副组长，继续参与领导组建国家安全部的工作。
- 8月中旬　以北京国际战略问题学会会长名义接待美国众议院军事委员会主席普赖斯率领的议员代表团。
- 秋　与谢觉哉夫人王定国重返兰州，为替红军西路军失散老战士解决历史遗留问题深入甘青宁做调查研究。
- 10月　担任中共中央整党工作指导委员会委员，中指委检查组组长。
- 10月7日　所撰《忆陈潭秋》一文，发表于《长江日报》。
- 11月　参加武汉大学校庆，应邀对武大师生及校友、来宾作长篇报告；首次深入作为联系点的革命老区大悟县。
- 12月16日　所撰《向刘帅致敬》，于刘伯承诞辰91周年时发表。
- 12月23日　所撰《饮水思源——纪念毛泽东同志诞辰90周年》一文，发表于《光明日报》。
- 本年　回忆录《在外交部八年的经历》出版。

1984 年 76 岁

- 2 月　以北京国际战略问题学会会长名义接待为美国总统里根 4 月访华打前站的以原白宫安全顾问兹比格涅夫·布热津斯基为首的美国战略专家。
- 3 月　撰写《英雄一代千秋业——回忆在叶帅身边工作的日子里》。
- 4 月　为《谢觉哉传》作序。
- 5 月　应邀赴美访问。
- 7 月　自传《我的历程（1908—1949）》出版；撰写《鉴往而知今——学习徐向前同志〈历史的回顾〉（上）随记》。
- 10 月　撰写《忆我的老师》。
- 11 月　应国家体委之邀，在北京体育馆给运动员和体委机关干部作长篇报告；撰写《追求真理锲而不舍——怀念张闻天同志》和《一代英杰一生坎坷——纪念李立三同志诞辰 85 周年》。
- 12 月　为王稼祥夫人朱仲丽所著《灿灿红叶》作序。

1985 年 77 岁

- 1 月中旬　受中共中央委托，赴贵州参加遵义会议 50 周年系列纪念活动。
- 4 月　以北京国际战略问题学会会长名义率团出访日本，10 日应邀在东京都对日本各界人士作题为“国际和平与中日友好”的演说。
- 9 月　执行中共中央委托的“劝退”任务，推动了中国共产党领导机构新老交替的顺利完成；为《解放军报》的《国际军事》副刊撰写题为《为保卫和平而研究战争》的发刊词。

1986 年 78 岁

- 2 月　撰写《学习〈董必武选集〉并纪念董老百年诞辰》。
- 3 月　作为主宾，赴武汉和红安参加董必武诞辰 100 周年纪念活动；第二次深入大悟县。
- 4 月　母亲辞世，享年 104 岁。
- 4 月 8 日　受命担纲为辽沈战役建馆、编书，以纪念辽沈战役胜利 40 周年。
- 4 月　应邀参加亲自创建的东北老航校成立 40 周年庆典。
- 6 月　专题性回忆文集《往事沧桑》出版。
- 7 月 8 日至 11 日　主持在锦州召开的辽沈战役纪念馆建馆委员会第一次全体会议，并举行纪念馆开工奠基仪式。
- 9 月　作为中共十三大人事安排小组成员，参与为将于 1987 年召开的中共十三大和相继召开的中华人民共和国第七届全国人民代表大会挑选和推荐党和国家领导班子的预备人选。
- 11 月　担任欧美同学会常务副会长，创办会刊《神州学人》。
- 11 月 24 日至 12 月 2 日　以北京国际战略问题学会会长的名义率团出访

巴基斯坦。

1987 年 79 岁

- 7 月 28 日　出任新一届中苏友好协会会长。
- 10 月 25 日至 11 月 1 日　出席中共十三大。
- 11 月 2 日　再次当选为中顾委常委。

1988 年 80 岁

- 6 月 2 日　参与发起筹建中国老区建设促进会。
- 7 月 7 日至 25 日　率中苏友协代表团访问苏联。
- 10 月底　主持在锦州召开的辽沈战役纪念馆建馆委员会第四次全体会议，并举行纪念馆落成典礼。

1989 年 81 岁

- 5 月 15 日　苏共中央书记戈尔巴乔夫来访，下午与中国人民友好协会会长章文晋，接待到访的戈尔巴乔夫夫人赖莎·戈尔巴乔娃。
- 参加大连陆军指挥学院成立 40 周年大会。
- 第三次到湖北省大悟县调研。

1990 年 82 岁

- 7 月 5 日　被聘为中国老区建设促进会名誉会长。
- 7 月 29 日　所撰《纪念英勇战斗的红四方面军指战员》发表于《人民日报》。

1991 年 83 岁

- 5 月　回忆录《回忆与怀念》出版。
- 6 月　撰写《忆朱德》一文。
- 7 月 1 日　出席中国共产党建党 70 周年庆祝大会。

1992 年 84 岁

- 5 月 24 日至 31 日　出席了由军事科学学会和广东省中共党史学会主办的“叶剑英学术研讨会”并发言。
- 9 月 16 日　宴请原苏联部长会议副主席阿尔希波夫一行。
- 10 月 12 日至 18 日　出席中共十四大，被选为大会主席团成员。
- 12 月　出席中国人民对外友协、外交学会、中俄友协举办的欢迎俄罗斯总统叶利钦的欢迎会。

1993 年 85 岁

■ 5 月 3 日　再次回中学母校，并挥毫题词“继续发扬潭秋精神”。

■ 5 月　回武汉疗养期间去大冶视察。

■ 6 月 20 日　参加老促会在钓鱼台国宾馆召开的由该会经济协作委员会倡议并筹备的支援中国老区经济建设恳谈会。

■ 8 月 16 日　俄罗斯大使罗高寿、参赞库列科娃宴请伍修权夫妇，原苏联部长会议副主席阿尔希波夫，中国对外友协会长韩叙夫妇作陪。

■ 12 月 10 日　在人民大会堂参加朱德诞辰 107 周年纪念会。

1994 年 86 岁

■ 6 月 21 日　在全国政协会见了前苏联部长会议副主席阿尔希波夫一行，民政部副部长闫明复等参加。

■ 6 月 23 日　出席全国教授协会第三次代表大会开幕式。

■ 6 月 28 日　听取军事科学院军史部汇报编写第四野战军战史的有关情况。

■ 9 月 16 日　出席外交部组织的《世界知识》创刊及世界知识出版社建社 60 周年庆祝会。

■ 12 月 27 日　给大冶人民题赠“振兴大冶”条幅。

1995 年 87 岁

■ 1 月 4 日　接受中央电视台海外部和遵义电视台为纪念遵义会议 60 周年采访。

■ 1 月 14 日　参加外交部新春团拜会。

■ 1 月 17 日　出席遵义会议 60 周年座谈会并发言。

1996 年 88 岁

■ 4 月　会见参与东北老航校创建的日本友人林弥一郎。

1997 年 89 岁

■ 春　接见在东北兼管军工生产时创建的原东北军区军工部直属一厂的代表。

■ 7 月 7 日　接待来访的日本客人。

■ 9 月 12 日至 18 日　作为特邀代表出席中共十五大，再次被选为大会主席团成员。

■ 9 月 24 日　参加了中国关心下一代工作委员会举行的“老前辈和首都大学生座谈十五大精神座谈会”。

■ 11 月 9 日　逝世。

后　记

《伍修权传》是根据中共中央书记处和中央军委的决定编写的。2009 年 9 月，解放军总参谋部将编写任务赋予总参谋部第二部，由编研室具体承担。

在总参党委、总参编委会领导下，总参二部成立了由部常委组成的编写工作领导小组，编研室抽调力量组成了编写组。

从 2010 年 4 月起，编写组先后三次组织调研、采访与查档，所获取的写作素材，主要由三个方面构成：一是《往事沧桑》、《历史风云中的一代英杰——伍修权》等伍修权的回忆录和纪念文集等；二是对伍修权战斗、生活过的北京、武汉、遵义、延安、兰州、东北等地和他的战友、亲属等上百人次进行的调研、采访；三是从相关档案馆、纪念馆、图书馆查阅的历史文献和其他相关书籍等参考资料。在此基础上，于 2011 年 5 月完成了初审稿，6 月底 7 月初组织了初审；2011 年 11 月中旬完成了复审稿，2012 年 3 月底组织了复审；2012 年 12 月完成了终审稿送审件，经总参编委会批准，报国家新闻出版广电总局组织终审。

在调研、采访、查档和写作、修改过程中，给予编写组支持和协助的单位有：解放军国际关系学院；湖北省军区政治部编研室、中共密山市委、甘肃省委党史办公室、兰州军区某部；中共黄石市委、大冶市委、阳新县委、大悟县委；解放军档案馆、外交部档案馆、中联部档案馆、中央档案馆、黑龙江省档案馆；武汉革命纪念馆、遵义会议纪念馆、延安革命纪念馆、辽沈战役纪念馆、东北老航校纪念馆、八路军兰州办事处纪念馆；黑龙江图书馆、旅顺口图书馆、辽宁省图书馆、南京图书馆、南京大学图书馆；黑龙江省富锦市地方志办公室等。

接受采访的人员有：曾任职于总参二部的刘精蒲、臧峰、孙维岚、李振川；曾任职于总参外事局的沈少星、田涛、葛云松、季荣根、杜锡冬、张连泰、王光明；曾任职于原驻南斯拉夫使馆的张月；曾任职于中联部的骆亦粟；曾在中共中央整党工作指导委员会检查组工作的吕璜、裔葆生、翟桂然、肖林、孙建文、杜建中、王发宇；曾在伍修权身边工作的王飞、庞志霞、张长林、李洪祥；密山市的张耀彬、陈兴良等；组织原国民党“重庆”号巡洋舰起义的士兵解放委员会领导成员毕重远；《光明日报》原驻青海记者站站长陈宗立；甘肃省相关地区或部门负责人黄植培、袁志学；老革命吴鸿宾的女儿吴仲英，革命烈士丛德滋的女儿丛丹，红军西路军老战士安明秀的子女马玉虎、马玉珍、马玉凤等。伍修权的子女、侄女等亲属不但接受或陪同采访，还提供了相关出版物、照片等诸多素材。其中特别值得一提的是，洪炉的同名书稿为这部传记的写作提供了丰富的资料；总参二部刘精蒲、张爱民、王焕义撰写的五万字的《伍修权传》在风格、史实等方面给了编写组诸多借鉴和启迪。

参加初审会的，有《伍修权传》编写组全体成员；伍修权的子女伍一曼、罗斌、伍望生、伍连连、伍延力、伍星。参加复审会的，除《伍修权传》编写组成员外，有总参编委会常务副主任张志辉，总参编委会办公室王博程、魏宏、李艳梅、刘琨；总参办公厅编研室吴洪东、宋绍松；外交部赵希迪、马吉霞；中联部崔合营；伍修权的子女代表罗斌、伍连连等。以书面形式参与审改的有：中联部原副部长、全国政协委员李北海，《人民日报》原副总编、全国政协委员张虎生，中联部原副秘书长彭望东等伍修权在中联部工作期间的同事；总参二部编研室原主任王焕义、张爱民，总参二部萨本望研究员，解放军国际关系学院副院长杜农一教授等。伍修权在总参任职期间的秘书、曾任军事院校副院长的张长鹰将军，不但以书面形式参与了历次审稿，而且提供了珍贵的史料和照片。《当代中国》丛书编辑部给予了具体帮助。军事科学院军史部研究员温瑞茂、徐金洲同志在审读过程中提出了宝贵建议。

《伍修权传》编写组成员先后有：朱志高、杨晓武、唐靖华、吴新华、刘小湄、陆继鹏、曹加峰。朱志高、唐靖华先后担任编写组组长，吴新华为主笔。

编写出版伍修权传记，全面、客观、真实、生动地记述这位无产阶级革命家的斗争经历和历史功绩，再现其政治、军事、外交才能和人生风范，是编写组的责任。我们始终坚持以历史唯物主义和辩证唯物主义为指导，力求客观地采用史料，忠实地展现原貌，写出一部经得起历史检验的信史。但由于《伍修权传》所涉及的内容，时间跨度长，涵盖范围广，特别是涉及的人物和事件多，加上编写人员水平有限等主客观因素，本书肯定仍有疏漏和不当之处，敬请广大读者批评指正。

《伍修权传》编写组

2015年9月

UNREAD

历史的基因 德国

森林、山川与
德意志精神

Germany

[日] 池上俊一 ／著　　沈佳炜 ／译

SPM
南方出版传媒
广东人民出版社

图书在版编目（CIP）数据

德国 /（日）池上俊一著；沈佳炜译．-- 广州：
广东人民出版社，2021.8
（历史的基因）
ISBN 978-7-218-15141-0

Ⅰ．①德… Ⅱ．①池… ②沈… Ⅲ．①德国—历史
Ⅳ．①K516

中国版本图书馆 CIP 数据核字（2021）第 135766 号

LISHI DE JIYIN: DEGUO

历史的基因：德国

（日）池上俊一 著；沈佳炜 译

出 版 人：肖风华

责任编辑：李丹红
装帧设计：陈 木
美术编辑：梁全新
特约编辑：杨子兮 节晓宇

出　　版：广东人民出版社
地　　址：广州市新港西路 204 号 2 号楼（邮政编码：510300）
电　　话：（020）85716809（总编室）
传　　真：（020）85716872
网　　址：http：//www.gdpph.com
发　　行：未读（天津）文化传媒有限公司
印　　刷：大厂回族自治县德诚印务有限公司
开　　本：880 毫米 × 1230 毫米 1/32
印　　张：6.5　　字　　数：120 千
版　　次：2021 年 8 月第 1 版
印　　次：2021 年 8 月第 1 次印刷
定　　价：68.00 元

关注未读好书

未读 CLUB
会员服务平台

本书若有质量问题，请与本公司图书销售中心联系调换
电话：（010）52435752

目 录

前 言

不知诸位对“德意志”[1]有着怎样的印象。或许有人会联想到代表其饮食文化的“啤酒与香肠”，也有人认为它是“音乐之国”或“环保先进国”，还有人称其为“足球强国”。

而我一提起德意志，总会想到“与自然的深深联系”。当然，地球上任何一个国家或地区的人都无法脱离自然而生存，很多国家实行了一系列措施宣传，并保护着它们优美的自然景观。但我所关注的是，德意志人从很早开始就将自然视作自己的“生存根基”，一直致力于深入挖掘与理解其运作机制，意欲在与自然合而为一或深入交流的基础上塑造出人类和文化的理想形态。

我们要看到，比起以国境划分的“国民”，他们更注重以血

1　统一的德意志帝国于 1871 年建立，为了行文方便，本文中未明确指代泛德意志概念的部分，统一用“德国”称呼，烦请留意。——编者注

缘为纽带的“民族”；比起灵活而浮于表面的“文明”，他们更看重坚实而深沉的“文化”。以理性与理性主义为基础的启蒙思想没有在他们的土壤上扎根，而神秘主义、浪漫主义以及有机哲学却十分盛行。

德意志人这样的思考和视角，也与他们现实中的行为和态度有关。从祖先日耳曼人的时代开始，他们便视森林为充盈着鲜活食物、洋溢着生命活力的场所，积极投身于狩猎采集活动。如今仍有很多人每天去森林里散步或享受森林浴。同样，从近世到近代，不仅矿业作为财富源泉支撑着德意志经济，山岳与洞穴还孕育了独特且丰富多彩的传说和思想。河流亦复如是。

在医疗方面，德意志人认为其目的是恢复身体的自然平衡，如中世纪的草药研究，近代的温泉疗养，皆旨在通过摄取或接触自然物质获得治愈。而现代德意志人对环保与有机的爱好，以及家庭菜园热潮与反核运动等，也都是自古以来与自然的相处方式的现代化表现。

德意志的地理环境亦在一定程度上促进了他们与自然建立密切的联系。以西南部的黑森林地区为代表，德国国土覆盖着茂密的森林，南部和中部为大片山地。而莱茵河、多瑙河、易北河等大河则形成了航运大动脉，维系着人们的生活。

然而，单凭自然环境并不能塑造一个国家的国民性，始于古代、中世纪的漫长历史所发挥的作用同样不容忽视。德国的前身神圣罗马帝国没有固定的自然国界，甚至可能跨到法国、英国、西班牙，直到晚期仍处于数百个领邦[1]分立的状态。16世纪宗教改革后，各个领邦都确定了自己的“国教”，民众失去了个人的信仰自由。人们无法获得超脱的身份认同，遂产生了对日耳曼原始时期“民族”的憧憬之情。于是，继承了日耳曼民族血统的德国人越过希腊、罗马的文物，以及基督教及其衍生的各种制度，转向日耳曼与德意志的“自然”追求身份认同。

本书将从与自然相关的观点，阐述形成德国以及德国人的“历史”。其中尤为重要的三点是：森林、大地（尤其是山川）以及大地上的水源（尤其是河流）。德国各个时代的政治、社会、经济、文化、宗教，都与上述自然环境有着不可分割的关系。我将阐明，再没有一个欧洲国家与自然有如此紧密而显著的联系，并探讨构成近现代德国人精神和生活态度的基础。

德国人与自然的紧密联系既发挥了积极作用，也带来了负面影响。关于后者，只要想想极度热衷自然保护的德意志第三帝国（纳粹德国），同时也对犹太人进行过残忍迫害就足够了。

1　13世纪以后神圣罗马帝国、德意志王国中的地方小国家。——译者注（若无说明，本书脚注均为译者注）

那么，如何才能既保留悠久历史塑造出的德国独有特性，又发扬其积极之处呢？我希望能通过追溯德国从起源到现代的历史，获得些许启示。

第一章

日耳曼的森林及其统治

圣尤斯塔斯在森林中偶遇奇迹之鹿

地势与气候

首先让我们来概览一下德国（为了方便介绍，下面的部分内容也包括了奥地利与瑞士在内的德语圈国家）的地势与风土，因为这是与“自然”产生密切联系的基础。

无论从地质条件还是气候条件来看，德国都是一块森林资源丰富的土地。与相邻的法国不同，德国的地貌并不以草原为主。郁郁葱葱的广袤森林，相伴而生的植物群，水量丰沛的大河大川，南部和中部的山岳地带，以及沉睡其中的丰富矿物资源，决定了德国农村与城市的生活方式，推动了后来的产业发展，也造就了德国人难以改变的思考模式。

1990年两德统一后，现代德国在东西方向上获得了扩展，但仍是一个南北延伸的国家。不过它并不像日本或意大利那般细长，而是方一些，版图有凹有凸、稍显纵长。正因如此，在介绍德国的风土气候时，“南北之别”是很重要的。德国的总面积实际上比日本（37.8万平方千米）还小，仅有35.7万平方千米，人口也略少于日本，约有8100万。就欧洲大陆而言，德国的人口仅次于俄罗斯，比意大利、英国、法国等国的人口都要多。德国北临北海与波罗的海，南面有阿尔卑斯山脉作为隔断。

在约2万年前的人类历史最初期，德国的北部地区曾覆盖着坚固的冰川，日照不多，到处都是宛若风干山丘的砂地、黏质土壤，气候寒冷的荒野与湿地一望无垠。土地整体自然很贫瘠。但是，从北海沿岸沼泽地带延伸到干燥砂地为止的这片土地却很肥沃，中部区域更是形成了肥沃的农村地带，且因地势低洼，湖泊星罗棋布。

中部地区则是丘陵地带，以石灰岩与红砂岩为主。东侧有海拔 1000 米级的山岳，可以说这片山岳和丘陵大致区分了德国的南北。西侧是一些山地与山脉，中央则耸立着哈茨山。东侧从伦山到厄尔士山也连绵着多座山脉。中部莱茵河谷与黑森洼地则是天然形成的南北交通要道。

最后是南部地区。这里以延伸至西端的黑森林为首，分布着广袤的森林，海拔约 1500 米，以砂岩与石灰岩为主。最南端是德国境内的阿尔卑斯山麓地带，那里有数个大湖泊，如施瓦本－巴伐利亚高原的博登湖，其间丘陵散落，形成鲜明对比。构成当地主要景致的是湿地与广大的堆积平原，丘陵和缓，土壤肥沃。此外，以慕尼黑为中心城市的巴伐利亚州拥有德国阿尔卑斯山的一部分——巴伐利亚阿尔卑斯山，有着 3000 米的高山。这里的岩石以片麻岩、花岗岩为主。

德国境内河网纵横，除了莱茵河、多瑙河、易北河之外，还有美因河、威悉河、奥得河、施普雷河、鲁尔河、萨勒河、摩泽尔河等。这些河流为农工商业等的发展做出了多方面的贡献，同时也培养了德国人的审美意识与自然之爱。

如上所述，德国拥有众多广袤的森林，高低山脉错落起伏，其间平原连绵，数条大河循隙而过，使得各地都能欣赏到姿态万千的秀美景观。

那么德国的气候如何呢？总体偏凉，不能说很温暖，冬季十分寒冷。德国位于大西洋的海洋性气候与东部欧亚大陆的大陆性气候之间，属于所谓的西风带。无论哪个城市，夏天的最高气温平均都在 20～24℃上下。全年有雨，无明显的雨季和旱季。而高山地带的气候当然更为恶劣。

威廉·海因里希·里尔（Wilhelm Heinrich Riehl，1823—1897 年）是德国民俗学始祖之一，同时还是一名记者。他曾把德国的地势、河流体系、气候、植被种类分成三大块，并将人们的习俗、农业生产方式、社会生活、信仰形态等与地理环境相结合，以自然史般的笔致描述了形形色色的德国人。

我虽不认为气候风土会有如此决定性的影响，却也认同在文化、社会，乃至历史根基方面，地理环境都有着不容小觑的影响。德国人有其独特的与自然的相处之道，这一方面受到历史的制约，另一方面却也是创造历史的根基。

日耳曼人的入侵与罗马帝国的灭亡

现在，让我们来回顾从古代到中世纪初期的德国历史。话虽如此，德国这个国家却直到 19 世纪才出现，因而确切地说应该是“将来成为德国的那块土地的历史”。

提起德国人的祖先，我们都会联想到日耳曼民族。所谓日耳曼民族，即指那些被认为原住于北德意志的印欧语系民族。他们在约公元前 3 世纪南下，再分裂成北日耳曼人、西日耳曼人、东日耳曼人等。他们在森林深处或是湖沼地区结成部族生活，为了获得更肥沃的土地而频繁迁移。

约公元前 2 世纪末，由于一些部族入侵高卢（大致相当于现在的法国）、伊比利亚半岛等罗马帝国的领地，双方关系渐趋紧张，但并未引发大的纷争。同时，不容忽视的是：也有在罗马帝国境内定居下来的日耳曼人成为罗马士兵或农民，两者相安无事。

然而，罗马人与日耳曼人之间矛盾日益尖锐却是不争的事实。公元 9 年，罗马的日耳曼尼亚总督瓦鲁斯向日耳曼人发动攻击，却在条顿堡森林（位于埃姆斯河与威悉河之间）反被著名军事家阿米尼乌斯所率领的日耳曼联军歼灭。

为了抵御日耳曼人的侵略，罗马人建造了连接多瑙河与莱茵河的防御设施——界墙，也就是由木栅、壕沟、碉堡三要素构成的长城要塞线。其建造始于公元90年左右，历经70余年终于完成。

罗马帝国虽然在很长一段时间内抵御住了日耳曼人的大规模入侵，但由于其内政混乱，3世纪后日耳曼诸部族开始从欧洲北部向南部和西部迁徙，到了4世纪下半叶更是大举迁徙，最终导致罗马帝国陷入了巨大的动乱之中。这便是所谓的“日耳曼人大迁徙”。哥特族是位于多瑙河北岸的日耳曼部族，他们受到东边的匈奴的压迫，渡过多瑙河，大规模南下，涌入罗马帝国境内。

罗马帝国在公元395年狄奥多西一世皇帝死后，分裂为东、西罗马帝国。公元410年，阿拉里克率领的西哥特族来到意大利半岛，攻陷了罗马城。驻扎在莱茵地区的罗马军队因此被召回，当地遂成了真空地带，继莱茵河右岸中、下游流域的萨利安法兰克人来到此地后，各个部族便开始了大规模迁移。

当我们将目光投向“德国”便会发现，除了法兰克人的一支，图林根人、萨克森人、阿勒曼尼人、巴伐利亚人、伦巴底人，都踏上了这块将来会成为德国的土地。而罗马帝国则愈加混乱不堪，曾任罗马近卫军统领的奥多亚克获得雇佣兵的支持，在公元476年废黜了西罗马帝国最后的皇帝罗慕路斯·奥古斯都，西罗马帝国就此灭亡。

法兰克王国的建立与分裂

就这样，从罗马时代到中世纪的过渡期开始了。在割据欧洲的日耳曼诸民族中，对将来的德国与法国最为重要的，莫过于建立了法兰克王国的法兰克人。

首先，法兰克王国于5世纪末建立了最初的王朝——墨洛温王朝，在初代国王克洛维一世（481—511年在位）时代，他改宗天主教，同时还将疆界从莱茵河推进到加龙河，大大扩展了版图。然而克洛维死后，由于分割继承制，王国一分为四。公元526年东哥特国王狄奥多里克去世后，法兰克王国为扩张统治领域，南下进军征服了勃艮第王国，接着又从东哥特王国获得了普罗旺斯。自此，法兰克王国几乎将整个高卢地区都纳入了统治。

各个部族纷纷在当时的德国国土上建立起自己的国家，北部是萨克森人，南部是阿勒曼尼人，中部是图林根人，东南部为巴伐利亚人，莱茵河口及低地处则是弗里斯人。

墨洛温王朝后来由于各分国间的斗争、贵族势力的抬头与反叛，始终没有实现国家的统一与安定。最终，以东边分国（奥斯特拉西亚[1]）的宫相[2]之位获得极大实权的丕平一族掌握了霸权。丕平二世在公元679年前后成为宫相，他的儿子便是赫赫有名的查理·马特。而后查理·马特的儿子丕平三世（小丕平）于公元751年发动政变，墨洛温王朝就此覆灭。

丕平三世开创的加洛林王朝在查理·马特的孙子查理大帝（768—814年在位）手中迅速强盛。加洛林王朝以查理大帝为核心，联手教会以及神职人员共同治理王国。为改变日耳曼习俗，使天主教深入人心，查理大帝颁布了一系列政策对人们生活的所有方面进行干预，且被汇整于法令集（capitularia）之中。在查理时代，巴伐利亚、萨克森等日耳曼部族王国都开始臣服于法兰克王国。

公元840年，查理大帝的儿子虔诚者路易去世；公元843年，《凡尔登条约》缔结，规定将法兰克王国一分为三来继承：长子洛泰尔为意大利王，统治中法兰克以及北意大利；日耳曼人路易统治作为日耳曼地区的东法兰克；秃头查理则统治西法兰克。公元870年洛泰尔死后，日耳曼人路易与秃头查理签订了《梅尔森条约》，将洛林地区（中法兰克）分为东西两半。东法兰克与东

1　即指法兰克王国墨洛温王朝东北部分。

2　德语原文为Hausmeier，原为掌管家政的宫廷职务，后逐渐演变成行政职务，因王权衰弱，成为政治实权者。

洛林合并而成的疆域，几乎就是后来的德国版图。

神圣罗马帝国的诞生

然而，宗教、文化方面姑且不论，法兰克王国所实现的政治“统一”极为短暂。很快，封建诸侯分立状态便日益凸显。单看德国（东法兰克）这部分便不难发现，整个国家已没有统一的中央集权组织，数个继承部族时代传统的公国接连兴起。东边的马扎尔人、北面的诺曼人纷纷入侵，在城市与教会中大肆劫掠。

公元 911 年，法兰克公爵康拉德虽被部族诸侯与主教推选为东法兰克国王，但手中权力甚微。康拉德在死前留下遗言，将王权转交给另一部族的萨克森的亨利。公元 919 年，萨克森王朝拉开序幕。亨利骁勇善战，历尽千辛万苦镇压南德意志的巴伐利亚人，并于公元 933 年在里亚德击败马扎尔人，与之缔结休战条约，借由每年献上贡品阻止对方的掠夺。在此期间，他也不断巩固国家防御。

图1-1　宝座上的奥托二世

这位亨利的儿子便是奥托一世（936—973 年在位），被尊称为奥托大帝的伟大君王。奥托于公元936年登基，成为东法兰克的国王，后于955年在莱希费尔德战役中大败马扎尔人。公元962年，教皇若望十二世在罗马为他加冕，奥托从此成为“神圣罗马帝国皇帝”。因此，奥托既是延续到1806年的“罗马帝国”的第二任复兴者，又是“神圣罗马帝国”实质上的创始者（形式上始于查理大帝的加冕）。这个皇帝不仅继承了罗马皇帝的身份，亦是基督教世界的守护者，在基督教世界仅此一人，因此皇帝有着远高于国王的权威。

奥托为了掣肘屡向其显露反意的部族势力而与教会联手。他优待主教，赋予他们世俗行政管理权及职位。由于神职人员皆为独身，此举也可避免继承纠纷。这些神职人员能读会写，行政能力强，奥托便在全国范围内任命这些人为他的官僚，并且，奥托还将教会、修道院视为国王的财产与领地。这个体制被称为“帝国教会制度”。

与法国、英国不同，德意志皇帝并不依靠血缘关系世袭，原则上以“选举”决定。这也是王国内无法消除的不安定因素。幸运的是萨克森王朝顺利地将王位传到了第四代子孙。可第四代奥托三世膝下无子，1002年，初代亨利一世的曾孙巴伐利亚公爵以亨利二世（王位1002—1024年、帝位1014—1024年）之名继承萨克森家族。此后便再无男性继承人，必须重新选举。贵族与高级神职人员推选了法兰克尼亚的康拉德，就此萨克森王朝更迭为萨利安王朝。

康拉德（王位 1024—1039 年、帝位 1027—1039 年）自恃身为皇帝便是所有民族的君主，招致各个领邦的不满。他南下前往意大利时甚至引发了德意志诸侯的叛乱。可若因此返回德意志，意大利半岛的局势就会不稳。在必须同时实行东方政策与意大利政策时，就无法安定德意志国内的局势，这是中世纪的德意志皇帝的一大烦恼。

萨克森王朝以后，德意志国王兼任罗马帝国皇帝便成了惯例。教皇的权威与皇帝的权威宛若椭圆的两个焦点，直到中世纪末都团结凝聚着欧洲世界。

日耳曼的森林与神话

但是德国（人）在“帝国”这个拥有无上权威的政治参照轴之外，还有另一个参照轴，那便是自然。他们始终将自然视为立身之本，与自然有着深厚而坚韧的关系。而这也是中世纪至近代的德国（人）的特征。

森林与德国（人）的关系尤为深厚。日耳曼人奉行崇拜自然的多神教，认为众神都居于天国“瓦尔哈拉”，那里也是光荣战死的士兵与英雄的住所。多神教信徒并没有教堂那样的固定祭祀场所，他们以巨石、泉水、巨木等自然之物为崇拜对象。

法兰克人皈依基督教较早。尤其是加洛林王朝的查理大帝，他奉行与教会协力统治王国的方针，向信奉异教的民族发动战争，击溃顽强抵抗的萨克森人，迫使他们接受洗礼。另外，他还在法令集里攻击异教习俗，教会也屡屡召开公会议与主教区教会会议，下令改变日耳曼人自古以来的迷信。

从爱尔兰以及不列颠岛渡海而来的传教士亦进行了一系列促使日耳曼人改变宗教信仰的活动。这个时期，德意志地区尤其值得注目的人物是被称为“德意志使徒”的圣波尼法爵（Saint Boniface，约 675—754 年）。他出生于英格兰，使很多德意志民族的人改宗基督教。

我们或许以为，德国人会从此皈依基督教，异教的神殿变为基督教教堂，基督教的教谕广泛传播。然而“基督教化”运动在德意志地区的进展却比在法国、英国或意大利都要迟缓。其主要原因是，德意志的森林广袤无比，它与居民的生活、性情紧密相连而不可分离。而且这种“森林心性”虽然看似湮灭于漫漫历史长河之中，但在近代，它作为“德意志民族”的意识形态又渐趋复苏。

回溯历史，古罗马历史学家塔西佗（约 55—117 年）曾在其著作中描绘日耳曼人的习俗，其中有强调日耳曼人是“森林子民”的记述：

> 出于对祖先乌占以及远古的敬畏之情，同系的支族（苏维汇人）会在固定时日派遣代表齐聚于神圣的森林中，公开举行野蛮的活人祭祀，这就是他们宗教仪式的恐怖开端（primordia）。对森林的崇拜还不止于此，无论是谁都比神卑微低下，他们承认神的力量，进入森林的时候必须套上锁链，以示对该处神力的皈依。[1]

当然，中世纪的德意志居民并不是以狩猎采集为生，而是农耕者。但农民的身份与古代的“森林心性”同时存在，并不矛盾。连中世纪的德意志战士也认为森林是发挥野性之力的神圣场所，是战神奥丁与雷神托尔率领的军队、亡灵的军队驰骋的场所，而国王与骑士则是其后裔。这是他们渴望相信的。

尤其是历代德意志国王，他们深信森林的神圣性赋予并保障着他们的权威。因而他们需要定期回到森林之中获得重生。森林是野兽与怪物生存的恐怖之地，也是人类与社会周而复始、生生不息的母体与恩泽之地。

1 《日耳曼尼亚志》田中秀央、泉井久之助译，岩波文库。——编者注日耳曼人会布置神圣的森林以进行礼拜。当然，此外如山顶、河流、泉水等场所也作为众神的居住之地受到崇拜，但没有哪个地方比森林更受重视。因此，对继承了日耳曼人传统的中世纪德意志人来说，森林被视为神秘空间，控制这里的是有别于人们日常生活世俗秩序的另一种秩序。

神圣的菩提树

中世纪初期（5 世纪至 10 世纪）的圣人传说中，曾有这样一个故事：传教士舍命砍伐异教徒眼中的神圣之树 —— 松树、橡树、菩提树。先前提到的圣波尼法爵就冒着性命之虞砍倒了神圣的橡树，使萨克森人改信基督教。

然而，在被砍伐的树木背后，仍残存着无数异教神灵。即便神殿变成了教堂，人们表面上完成了从树木崇拜到圣母玛利亚崇拜、圣人崇拜的转变，形式上遵守着基督教教义，异教的祭礼却仍留存于他们内心深处。异教众神变得更人性化，它们以“小人”“巨人”“妖精”的形式延续着生命，留存在世上。

《尼伯龙根之歌》（1200 年或 1205 年）是一部著名的德国叙事诗。在这部作品中，森林频频出现在生死攸关的决定性场景中。比如英雄齐格弗里德被暗杀的场景，便展开于他前往狩猎的森林中。他在汲饮泉水时被长枪刺中死去，而身边就有一棵茂盛的菩提树（图 1-2）。

森林中树木众多，而对于德国人来说，菩提树似乎尤为神圣。在日耳曼的习惯法中，审判需要在菩提树下进行。作为德国的象征，它也被写入歌中传唱。中世纪的宫廷恋歌诗人瓦尔特·冯·德·福格尔魏德（Walther von der Vogelweide，约1170—1230 年）曾作过一首名为《菩提树下》的恋爱歌曲，更近的则有舒伯特那首著名的《菩提树》（1827 年）。人们喜爱菩提树的凛然之姿、浓密之叶、悠久寿命、芬芳气息，乃至在其上采蜜的蜜蜂嗡鸣。或许是由于菩提树的上述美好品质，中世纪时它作为“爱之树”，成了男女幽会的场所（图 1-3）。

图1-2　据《尼伯龙根之歌》，哈根的长枪即将刺入齐格弗里德体内

图1-3　菩提树被描绘为“爱之树”

冷杉、橡树亦被人们赋予了神圣性。冷杉树枝作为驱除女巫、防范灾厄的工具，常被悬挂于房屋入口。到了近代，冷杉更是成了众议热点，还被描绘入画。橡树则代表着雷神托尔，是力量、坚韧、不朽的象征。它在诗中被歌颂，也常用作货币与徽章的图案。

从国王的森林到领主的森林

接下来，让我们考察一下德国森林从古代到中世纪的情况。古罗马时代，森林是“无法用于耕作之地”，是“未曾文明开化之地”，具有“野蛮”的特征，与代表文明的城市完全相反，往往受到人们的鄙视。广袤的森林亦被认为是公共之物。然而第二次布匿战争（公元前 218—前 201 年）后，随着木材需求骤增，人们认识到森林在经济上的重要性，开启了森林的私有化进程。另外，公共森林也分为属于罗马人民的公共森林与作为皇帝私有财产的皇室森林。

日耳曼人通常认为森林最初都是无主之地，也就是说，“任何人都可以蒙受其恩泽，它是大家共有的空间”。但在 5 世纪至 10 世纪的法兰克时代，变化开始显现。当时发放的特许证与法典中，出现了意为“皇室所有林”的新拉丁词[1]“forestis”或

1　指相对于古典拉丁文的中世纪拉丁文。——编者注

“foresta”。此前，森林一直是用“silva”或“nemus”来表示的，而这个新词则特指由国王独占使用的森林。

不过不久，这些属于国王的森林便被全权委托给了家臣[1]，即从封建主仆关系的领主处转移到了家臣、贵族或修道院手中。至此，森林终于实现了“私有化”——家臣被授予了皇家狩猎场权。

御猎场权的授予始于9世纪初，10世纪下半叶发展迅猛，并于1080年前后结束。12世纪时虽还有一些零散的授予，但已无全盛期的势头。而贵族们只有被国王授予这项权力，才能在森林中修筑城堡与修道院。故可以说御猎场权的授予是一项奠定了中世纪社会基础的权力转让。

进入中世纪后半期，森林的私有化趋势已确凿无疑，可实际上仍存在着一些算是共有资源的“公共森林”。长期以来，即便是有主之林，人们也被容许砍伐一些木柴、枝条带回去自用。如上，即便在私有观念诞生之后，在日耳曼人法律秩序中属于全体居民的公共财产的森林，依然存在着。

德国的森林里究竟生长着哪些树木呢？如今针叶树作为建筑材料被广泛种植，而在中世纪则主要为落叶阔叶树，以欧洲山毛榉与枹栎类为主体，另外还生长着榆树、西洋鹅耳枥、榛树、白

---

1 英文为Ministerialis，此词指中世纪神圣罗马帝国的非自由身份的贵族，其中大多数为骑士。

桦、接骨木、椤树、菩提树等。它们曾被用作建材、木柴、炭火，也为人们提供珍贵的天然蜂蜜。

当时的阔叶林中栖息着各种动物，有猞猁、鹿、野猪等哺乳类，猫头鹰、啄木鸟等鸟类，独角仙等昆虫类，还有青蛙。现在林中不少动物已然灭绝或是数量锐减，让人不禁开始怀念往昔物种丰富的森林。

森林的恩惠——火腿与香肠

森林也是放牧的场所。在欧洲西北部，尤其是德国，谷物产量低下，寒冬时节家畜饲料匮乏。因而一到秋天，人们就把今春出生的小猪带到森林里大快朵颐——吃山毛榉、橡树、水楢的果实，也就是橡子。等饱食橡子的小猪们变得膘肥体圆，就把它们做成腌肉与香肠（图 1-4）。

火腿与香肠起源于希腊、罗马时代，传播到高卢后又扩散到欧洲各地。德国从 11 世纪开始就有关于它们的记录，从它们出现在“慵懒天国”[1] 里就能看出，火腿、

图1-4　以森林橡子喂养家猪

1　Schlaraffenland，中世纪神话中的理想乡。——原书注

香肠在德国有多么受人喜爱。在气候恶劣的德国，它们作为可储存食物显得尤为重要，直到今天仍保持着德国料理的基本食材的地位。

当今的德国无疑是香肠的主要产地。其香肠品质卓绝，种类繁多，据说总计多达1500种，大致可分为如下三类：

- 煮肠　将馅料塞进肠衣后经过热加工的香肠。
- 生肠　以生肉为原料不经热加工直接食用的香肠。
- 熟肠　以经过热加工的内脏、舌、猪皮等为主要原料所制成的香肠。

当然，各地的香肠有所不同。德国人最钟爱的食用方式莫过于煎烤（烤肠，在此基础上切成小段浇酱汁的咖喱肠）。

第六章中也会提到，现代德国人为了不弄脏厨房，晚餐时习惯吃无须开火的冷食。火腿与香肠是餐中必不可少的食材。而我们要知道，德国现代烹饪食材的代表——火腿与香肠，其实是来自中世纪的“森林的恩惠”。

狩猎文化及其演变

在与森林有关的国王大权（君主独占之权）中，最重要的是狩猎权。自法兰克时代开始，森林作为狩猎的特权场所，频繁出现于史料中。狩猎并非单纯的王侯游乐，它与军事远征、外交使团派驻、贵族集会一样，被定位为王室的“义务”。

图1-5 马克西米利安一世猎熊

这恐怕是每位日耳曼之王记忆深处的回响。对于国王及臣服于他的人民来说，国王狩猎是保障森林和平、守护领民[1]与其土地的象征性行为。君主被一再强调为最优秀的猎人也是出于这个原因。查理大帝在临死前仍不舍狩猎，仿佛狩猎能力是衡量统治能力的标尺一般。

图1-6 16世纪的王侯狩猎

1 居于领地内的民众。

不久后贵族也拥有了狩猎权，中世纪中期以后，狩猎成了他们最大的乐趣。对于坚信自己体内流淌着日耳曼战士血液的贵族来说，狩猎是给他们带来荣誉的行为。贵族们的狩猎活动亦有着控制自然世界的象征意义。所以，狩猎活动从准备到正式开始分为好几个阶段，形成了一套周密而成体系的仪式。

其中猎物的肢解尤具仪式感，被认为是战士必须掌握的技能。通过肢解仪式，才能将野兽变成适合食用的肉块，而人类也得以夸耀他们对野性世界的支配。但是到了中世纪下半期，上述仪式性、象征性要素被弱化，狩猎呈现出向特权娱乐性质转变的趋势。

自中世纪到近代，狩猎始终是一项深受王侯贵族喜爱的活动。“狩猎”等于“贵族活动”的观念至今依然存在。即便到了现代，出身名门的男子或政治家仍喜欢在广阔的私有土地与国有土地上狩猎。令人惊讶的是，据说前东德领导人昂纳克曾在大片国有土地上随意狩猎。当然，在这个森林之国，狩猎作为一项普通的娱乐与体育活动亦广受平民百姓的欢迎。现在，德国已有35万人取得狩猎许可，法律对狩猎活动也做了严格规定。

在德国，每年都会猎获100万只以上的狍子、约50万头野猪、约50万只野兔、35万只野鸡。此外，还有一个惊人的规定，即除住宅区、商业区、公园、墓地等地以外，德国所有土地（包括田地与牧场）都可以狩猎。人们狩猎的野味不但在餐厅菜单中十分常见，也常出现于普通家庭的餐桌上。德国不愧为一个森林之国。

从地中海到内陆河流

说完森林，让我们将目光投向河流。我在前文中讲到，罗马帝国为了抵御日耳曼人的入侵，修建了一道连接多瑙河、莱茵河等大河的要塞线——界墙。不难看出，自古代末期起人们就有利用河流这种自然界线作为防线的思想。

除防御外，河流还发挥着十分重要的作用。让我们从商业和经济的角度来看看古代到中世纪的时代转变。曾有人认为，因为7世纪伊斯兰势力的抬头，地中海沿岸的商业活动以及船舶航行受到阻挠，于是以内陆农业为中心的西欧农业社会、封建世界才得以建立。然而最近这样片面的看法不再流行，取而代之的观点是，中世纪初期农村与近郊的物资交易已颇为发达（也就是说商业与贸易已产生），手工业也欣欣向荣。

我们需要注意，在此之前，河流作为重要的军事界线，虽曾被积极运用于军队输送与物资补给等方面，但它作为商贸道路的利用并不充分。而自中世纪初期开始，利用莱茵河、多瑙河等一些纵贯横跨德意志的大河所进行的商务贸易则呈现出蓬勃的活力。这是划分古典时期和中世纪的重要史实。

罗马帝国曾将地中海称为“我们的海”，从中不难看出，它的经济重心始终在其南部与地中海东西部。罗马帝国正因控制着这片巨大的内海，发展了繁盛的贸易，才使得其文明的繁荣成为可能。

但是罗马帝国灭亡之后，不，是远在这之前，活跃于海上的航海者、商人便已骤减，而乘船往来于内陆大河进行贸易的商人数量却与日俱增。受益于河运交通，大河沿岸不断有新的城市形成并发展壮大。在某种程度上，中世纪的德意志便是在这内陆自然的恩惠之一——河流的恩惠之下稳步前进的。

第二章

依山傍河的生活

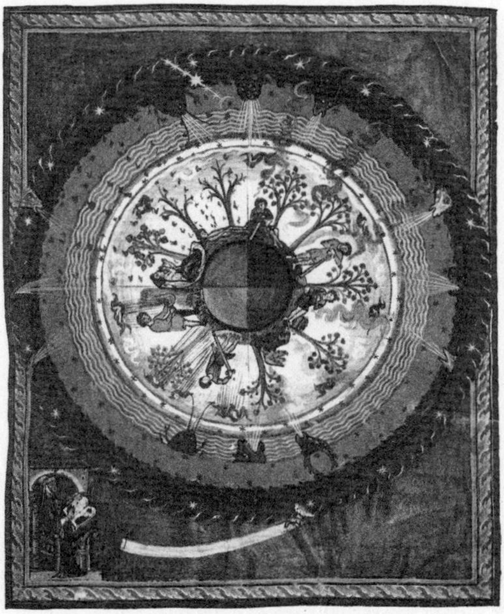

修女希尔德加德的幻视——“生命之源的自然”

接下来继续回顾德意志中世纪中后期的历史。萨克森王朝重现了查理大帝的帝国辉煌，并将帝国中心明确地从法兰克转移到了德意志。然而这个王朝并没有持续多久。如前所述，历经四代继承人后，它就被萨利安王朝取代了。

主教叙任权斗争的背景

萨利安王朝成立初期发生的重大事件便是叙任权斗争（任命神职人员的权力）。这是德意志皇帝与罗马教皇之间发生的首次巨大冲突。对峙两方为亨利四世（1056—1106 年在位）与格列高利七世（1073—1085 年在位）。

前者的父亲亨利三世继承了之前王朝的帝国教会政策，在保护修道院的同时与罗马教皇密切合作，致力于改革运动。但随着教皇权力的扩大，教会不愿再让世俗权力介入圣界。于是其子亨利四世在位时，双方围绕主教叙任权发生了斗争。

当格列高利对亨利下达破门律逐出教会，而家臣们“对君主尽忠，随君主征战”的效忠宣誓也随之解除之际，亨利曾表现出忏悔之情。他来到意大利北部岩山的卡诺莎城堡门前，在冰天雪地中足足站了三天三夜才求得教皇的原谅。这就是发生于 1077 年著名的卡诺莎之辱（图 2-1）。

但此后亨利四世反守为攻，返回德意志平定诸侯叛乱，随即攻入意大利，迫使格列高利逃至萨勒诺。然而亨利的儿子们发动的叛乱使形势再一次逆转。最终，亨利在失意中与世长辞。

图2-1　卡诺莎之辱。向玛蒂尔达女伯爵恳求调停的亨利四世

亨利的儿子亨利五世于1111年登临帝位，但叙任权斗争仍未结束。1122年，教皇卡利克斯特二世与亨利五世终于签订《沃尔姆斯宗教协定》。此协定中规定“皇帝放弃主教任免权，但可以先于教皇指定主教”。

然而，为何德意志皇帝（国王）认为自己可以介入教会的人事委任呢？实际上在德意志，国王被认为是神圣之人，而非世俗之人。因皇帝自诩为基督教世界至高无上的祭司，所以理所当然地认为自己能够指导教会以及神职人员并进行改革。他万万没想到，自己的行为居然会被诘责为“世俗权的介入”。

在德意志国王等于神圣罗马皇帝的情况下，此种神圣性一方面可解释成是来自基督教教义，但它也融入了日耳曼式的“自然神圣”的神圣性。这便是德意志历史上伴随权威与权力的特殊神圣性。

在展开叙任权斗争的同时，亨利四世还决定在教会政策之上实施“帝国家臣政策”，以对抗封建诸侯的割据林立。这是一个将直属于皇帝的非自由身份[1]的家臣置于国王—皇帝的直辖领地中，让他们进行组织管理，使领地得到扩张的战略计划。然而这遭到了贵族的反对，他们开始反抗皇帝。结果，皇帝不但没有在领地与组织方面建立起加强皇权的制度，反倒使诸侯稳固了各自领地的统治权并延续至今，使德意志形成了地方分权的政治制度。

在由选举决定王位、皇位的制度下，王权与帝权日益弱化。当萨利安王朝随着亨利五世的逝世（1125年）而终结时，有选举权的主教与诸侯推选了苏普林堡家族的萨克森公爵为洛泰尔三世。他在临死之际指定女婿巴伐利亚兼萨克森公爵，即“傲慢者”亨利为继任人。可诸侯们并不喜欢这个骄傲自大的男人，选了霍亨斯陶芬家族的康拉德三世登基帝位。从这些过程可以看出，选侯[2]的权力要远高于皇帝的遗志。

那么为何王权是由选举决定而不是由血缘决定呢？这是源自古日耳曼时代的惯例。最初在德意志王国（帝国），先是国王

1　与居住在自由地，参与公共制度，构成共同体的自由民相对，是服从于领主制统治，担负赋役劳动，无选择居所、结婚、继承等自由之人。——原书注

2　指七个有选举罗马人民的国王和神圣罗马帝国皇帝的权力的诸侯。

鼓动诸侯推选自己的儿子为共同统治者，他死后，他的儿子便登基为王，实质上就是世袭制。可有时也会出现选侯权力过于强大而无法贯彻国王意志的情况，并且由于后述的“大空位时代”，血统继承权就此淡出历史舞台，取而代之的是纯粹的选举王位制。

当然，每选举一次，国王的实质权力便会被削弱一分，最终成为诸侯们的傀儡。这也是德国不同于法国、英国、西班牙，一直到近代都没有建成一个强大统一国家的原因之一。

图2-2 腓特烈一世（巴巴罗萨，红胡子国王）

康拉德三世去世后，他的侄子腓特烈一世（1152—1190 年在位）受诸侯推举而登上帝位。腓特烈一世在处理完意大利的各项事务后，便立即着手解决德意志的国内问题，例如其母方表兄弟巴伐利亚公爵狮子亨利[1]的反叛。之后，就在他率领十字军第三次出征，打算在对基督教的奉侍中度过余生时，不幸于奇里乞亚的萨列法河

1 狮子亨利（1129—1195 年），德意志诸侯和统帅，萨克森公爵和巴伐利亚公爵。

中溺亡。

腓特烈一世死后，他的儿子亨利六世也英年早逝，德意志陷入了一片混乱之中。接着便出现了韦尔夫家族的奥托四世与亨利六世的弟弟菲利普的双重王权。菲利普被暗杀（1208 年）后，教皇英诺森三世为了对抗奥托四世，便拥立亨利的儿子腓特烈二世（1215—1250 年在位）。趁着奥托在布汶战役（1214 年）中大败于法国国王腓力二世，腓特烈侥幸在亚琛加冕为帝。

腓特烈二世是一位学识渊博而不拘一格的伟大人物。他反抗教皇，立自己的儿子亨利七世为德意志国王，自己则在西西里统治着意大利。

领邦分立时代的来临

在腓特烈二世几乎不踏足德意志的这段时间里，德意志诸侯趁机取得了关税征收权、货币铸造权、筑城权、审判权等一系列国王大权，对自己的领邦进行了强有力的控制，并致力于城市建设与农田开垦。

1254 年，腓特烈的继任者康拉德四世去世后，德意志便迎来了大空位时代（1254—1273 年），开启了无君主时代。仿佛倒退至皇帝统治以前的部族时代，早前扎根于地方的势力开始浮现。

单看萨克森、施瓦本、洛林、弗兰肯、巴伐利亚这五个部族大公的领地，就可以发现曾经民族大迁徙时其部族的源头。这象征着查理大帝的合理的制度改革、推进基督教化、加强中央集权——法国稳健地走在这条路上，而德国走上的是一条与其截然相反的道路。

就这样，领邦内贯彻了“领邦内皇帝”——领主的统治。而现今德国各州在司法、教育、年历等方面都拥有较大权限，这也与上述历史紧密相关。

神圣罗马帝国从10世纪的奥托一世时代一直延续到19世纪初，而皇帝拥有极大权力的时代却仅到13世纪。13世纪下半叶后，神圣罗马帝国便有名无实，变成了一种领邦与城市分立的联邦制。在随后的6个世纪里，神圣罗马帝国一直维持着这种状态。

大空位时代后，哈布斯堡家族的鲁道夫一世（1273—1291年在位）于1273年被选侯推举为国王。这是哈布斯堡家族出身的首位国王兼皇帝。

哈布斯堡家族原有的土地为瑞士西北部及莱茵河上游，鲁道夫收复了奥地利，又取得了施泰尔马克。而后围绕继承问题，哈布斯堡家族与卢森堡家族展开了激烈的争夺。而作为外部势力的教皇与法国的参与，令局势变得更为错综复杂。

1346 年，当波希米亚国王的儿子、卢森堡家族的查理四世（1346—1378 年在位）被选侯们推选为王，这场长期的争斗才告一段落。查理在担任波希米亚国王的同时，也巩固了德意志王权。1356 年，他颁布了著名的“金玺诏书”，承认领邦支配者的至高权力，将选侯人数固定为七名并给予其特权，将选举规定成文。可以说在他的治理下，德意志国政恢复了久违的活力。

然而卢森堡家族的统治并不长久，继查理的儿子瓦茨拉夫与西吉斯蒙德之后，哈布斯堡家族的阿尔布雷希特二世，即西吉斯蒙德的女儿伊丽莎白之夫，继承了帝位。

此后，神圣罗马帝国实质上长久地处于哈布斯堡家族的世袭统治之下。阿尔布雷希特二世于登基第二年去世后，腓特烈三世（1440—1493 年在位）登基。腓特烈三世昏庸无能，领土在其统治下渐渐丧失，其对政治与教会改革也漠不关心。

中世纪农民的概况

下面让我们了解一下中世纪时占据德国大半人口的农民。在 5 世纪至 9 世纪的法兰克时代，庄园可分为领主直营地与农民保有地。即便是有人身自由的农民，也要奉命按期去领主的直营地服劳役，还必须缴纳年贡。而非自由身份的农民则一年到头都得在直营地劳动。最初的粗放型农业收成相当有限，后来由于农业技术的改良，适用于坚硬土质的有轮重犁的诞生以及水车的改进，逐渐改变了土地利用与家畜饲养的方式。

图2-3 向领主缴纳年贡的农民

中世纪盛期（11世纪至13世纪），因为人口骤增，城市繁荣，货币经济发展，农业经济效益也大幅提升。农民们的实力得到增强，庄园领主直营地的赋役大幅减少，大半都转变为以货币缴纳地租，向领主缴纳的租税渐趋固定。与此同时，农民的村落共同体也获得了一定的自治权与审判权。

此外，耕地增加，耕作方式从二圃制变为三圃制，作物以小麦、黑麦、大麦、燕麦等麦类为主，辅以豆类作物以谋求多样化，从而解决了因天气反常所导致的歉收问题。从中世纪后期开始，为了酿造啤酒而大量种植啤酒花，可以说是德国独有的景象。

农业经济进步，谷物价格也随需求增加而上涨，给农民带来了积极的影响。但顺利抓住机遇者与错失机遇者之间却产生了悬殊的差距。尤其是在葡萄栽培地区与城市近郊，财富激聚，阶级分化现象十分明显。

到了中世纪后期，即14世纪至15世纪，由于农业生产衰退，人口锐减，再加之农业产品价格低迷，农村再次模样大改，荒废的村庄不断增加。特别是 1347 年至 1350 年蔓延至欧洲的黑死病，至少夺走了三分之一人口的生命。所到之处横尸遍野，抛妻弃子、独自逃跑的景象随处可见。

向东部移民为何必要

农民也多受惠于森林。中世纪盛期，在与领主权力相对的村落共同体的权力大幅增强的同时，农民们也取得了森林的使用权。此外，通过开拓森林、开垦土地并迁移入住，农民们获得了更为自由的身份与特权。其中规模最大的垦殖是向易北河（与萨勒河）东面进行的“东向移民运动”。

在易北河对侧开展的新土地开垦，不仅改变了部分中世纪农民的生活，也对日后此地与南边的奥地利成为德国统一运动的北部中心意义重大。德国的国界线本就增减移动，从未固定。这也是让整个德国历史有别于其他欧洲各国的原因。

这既是德国的弱点，亦是其优点。德国北部临海，南有阿尔卑斯山脉区隔他国，而东西方向呢？如往西面推进，则会与法国发生利益冲突。倡导“自然国界”的法国一直以来都想以莱茵河作为国界，而视莱茵河为己物的德国却始终执着于将其西侧地带也收入囊中。后来成为德法纷争导火索的阿尔萨斯－洛林问题便起源于此。

西进将会引发与法国的冲突，东面却是一片蛮荒之地。由于德国国王在实施意大利政策的同时，还要实行东方政策来稳固王权，所以当人口增加，新土地变得必要时，国王便将其开发管理委托给有实力的诸侯，以压制人们的不满。

易北河原为德国与东边荒蛮之地的界线，斯拉夫人直到9世纪都居住在那片土地上。德国人的扩张始于10世纪，他们先是在公元968年于马格德堡设置了大主教管辖区作为向东方扩张的据点。12世纪，殖民活动正式开始。这片易北河流域虽然山地稀少，低地广阔，但土壤贫瘠，并不适宜农业生产。因而此次垦殖还伴随着与自然的搏斗——开垦荒地，改良土壤，使之适宜农作物生长。在垦殖过程中，斯拉夫人惨遭驱逐。

垦殖与占有进程中担任主角的是农民、手工业者，还有商人。其中农民的数量非常多，想必他们是为逃离领主制的压迫而奔向东方的新天地。当时也有领导他们的殖民负责人。骑士阶层中那些家族排行在次子以下、无法获得广阔领地的骑士也向东方进发，一旦获得土地便招募农民。此外，勃兰登堡边区伯爵领地不断推进易北河与奥得河中间的区域德国化，并向东方更进一步。

同时，我们也不能忽略修道院的举动。熙笃会修道院最先向东方扩张，从12世纪上半叶到14世纪上半叶，它修建据点，推进开拓荒地。其中意义最为重大的是于1190年为保护圣墓而设立的条顿骑士团。第四代总团长赫尔曼·冯·萨尔扎（Hermann von Salza）时代，他们在波罗的海沿岸的普鲁士殖民，赶走原住民拉脱维亚人与立陶宛人，获得了广大的统辖领域。

条顿骑士团领地比勃兰登堡边区伯爵领地还要更偏东。骑士团对当地的统治一直持续到1525年。尔后，条顿骑士团因宗教改革而世俗化，变成了普鲁士公国。再后来，勃兰登堡边区伯爵领地（后来成了选侯领地）与普鲁士公领合并为普鲁士王国，促成了1871年的德国统一。

开展东向移民运动期间（12世纪中叶到14世纪末），德国的居住领域与语言区域扩大了三分之一以上，人口与谷物产量也随之增加。德国人的足迹遍布易北河以东的波罗的海沿岸（普鲁士、波美拉尼亚、梅克伦堡、勃兰登堡），以及原斯拉夫人的居住地，即现在的捷克、斯洛伐克、波罗的海三国、罗马尼亚、匈牙利以及俄罗斯国境附近。

割据山城的领主们

德国世俗社会的统治阶层是贵族，他们作为一方领主，以城堡为中心，统治着其下的农民。城堡根据修筑地点的不同可分为好几类。首先是建在地势险恶的山上用于防御外敌的山地城堡，能从山上的要塞将一切尽收眼底。其次是为统治更辽阔地域而修筑的平地城堡。另外还有在特别垒高的土堆上建起来的土堆城堡。

德语区有数千座城堡，其中大多位于河畔的小山丘之上俯瞰四下（图 2-4）。这些城堡大多是贵族所建，它们自中世纪盛期起，便是管辖土地与居民的据点。

图2-4　萨勒河畔的古城

萨勒河沿岸所建城堡有 60 座以上，以密集程度闻名于世。其原因在于这条河长久以来都是“疆界之河”。例如 10 世纪时，萨勒河的西侧是法兰克、日耳曼的领域，东侧则是斯拉夫人的领域。

历史上曾有过两个筑城高峰期，第一个高峰期是在 11 世纪中叶到 13 世纪，公爵与伯爵这种高级贵族都十分热衷建造城堡；第二个高峰期始于 13 世纪中叶，下级贵族与家臣也开始能够建造城堡。建筑在森林的城堡大多都划定了耕地的出口，通常能集中强化领主的统治。

可事实上，领主通常并不具备相应的主权，也就是说，很多城堡都是被擅自建造在领主无权限或是权限不明的地方。

图2-5　忙于建造城堡的人们

因此，城堡便成了初次建立统治的可视象征，这自然引发了互相竞争的贵族之间的筑城纠纷。在中世纪后期，城堡就这样成了管辖区域的中心点、官员们的居所。与此同时，附近的村落便不复存在。从此城堡逐渐成为统治与管理的中心，还成为举行审判等严肃的司法活动、进行大规模集会的场所。

建造城堡并居住其中耗资巨大，故而建造城堡不单是为了安全与防御，其中也有宣示财富与权力的意图。中世纪后期，不断取得城堡及其周边土地的统治权、壮大家族势力的风潮日益蔓延。如卢森堡家族，据说在13世纪末时已拥有近100座城堡。

可是对于受统治的农民而言，领主们所建造的城堡却象征着沉重的统治。即使很多城堡的生活实际上都十分寒酸，但在空间上与领主隔离，以及来自城堡的轻视，都使人们强烈体会到社会阶层的差距。

尤其因为领主罚令权[1]中包含了筑城的赋役义务，领民不论身份高低，都会被召集去参与城堡的建筑、修缮、粮食供给或是监督工作。赋役规模越大，领民便越是精疲力竭，无暇顾及自己的工作。

河畔的城市建设

不仅是城堡，德国的繁华城市也大多位于河川沿岸或横跨两岸。这些城市的建立并非为了夸耀权力与财富，而是为了交通便利以及商业发展。商人将物产运到遥远的城镇或乡村时，河流是必不可少的运输之路。流经森林的河川则是木材最适合的运输之路。在交通运输工具不发达的中世纪，运输粮食、建筑材料等较重的东西时，河运要比陆运更廉价与便捷。

图2-6　莱茵河畔的施派尔大教堂

1　Bann，德语，为实现、维持和平与正义所实行的命令、强制、处罚权的总称。

莱茵河畔有着科隆、波恩、美因茨、沃尔姆斯、施派尔、斯特拉斯堡等大城镇；多瑙河畔则有着乌尔姆、雷根斯堡、帕绍等城镇。而位于巴伐利亚州的大城市慕尼黑，则因狮子亨利于1157年在伊萨尔河畔的慕尼黑村庄架桥征收关税，再加上货币铸造与市场的开设，从此走上了发展之路。

就这样，随着河运发展，德国城市亦逐步发展壮大。在此我们来简单了解一下中世纪城市所发挥的作用。

德国城市兴起于萨克森王朝（919—1024年）以及随后的萨利安王朝（1024—1125年）。虽然也有一些城市早在罗马时代便已形成，但多数是新建城市。来自遥远地方的商人们定居一处，形成城市，又在商人法的基础上制定了城市法，从此城市获得了独立的法律地位。

12世纪至13世纪时，大型城市成了商业与产业的中心。城市的治理方式各异，如城市领主统治、领主代官统治，以及城市自治。城市内有商人、手工业者组成的同行团体——公会，规定了经营形式、商品价格、制造规范、品质管理等。公会是师傅们的联合团体，其下有手工业者、学徒。手工业者经过数年的学习累积经验后，如果能通过师傅的考验，就能成为师傅。

商人与手工业者阶层推动了城市的形成与发展，除此之外，作为领导阶层的家臣阶层，即供职于城市领主的非自由身份的官员，也在扩张势力。他们原为军队指挥官、征税人、货币铸造负责人、庄官[1]等，在城市中转变为领导官员。中世纪城市的鼎盛时期是在 14 世纪至 15 世纪，据说当时仅德国就有 3000 多座城市。

商业、手工业的繁荣使城市日益富庶，可绝大多数情况下，政治实权都被掌握在一些城市贵族阶层的家族手中。中世纪末期，对这些极少数门阀的反对蔓延至社会，富裕商人与贫穷手工业者之间矛盾不断锐化，有时也会爆发动乱或进行制度改革。

此外，在中世纪城市中，也有很多人受到歧视，如刑吏、剥皮人、乞丐、流浪乐师、经营浴室以及理发店者、娼妓等。他们被认为是“无名誉之人”，不是被排挤就是受到严格的管控。

汉萨同盟与沿海城市

德国的重要城市不只在内陆河畔，实际上，北部沿海地区也出现了一系列极为重要的城市，它们就是北德意志汉萨同盟的城市群。

这个同盟是北海、波罗的海沿岸城市为确保商业特权而成立的联合组织，但它不仅是商人公会，还是军事团体，在政治方面

1 庄园内担任征收、上缴地租以及维持治安等任务的人。由中央领主派遣，或从地方有实力者中任命。

亦握有重权。汉萨同盟以吕贝克、汉堡等北德意志城市为中心，其鼎盛时期，从比利时到爱沙尼亚，加盟城市多达 160 个。12 世纪，汉萨同盟由商人公会转变为城市同盟，并于 1370 年从丹麦国王手中夺得了波罗的海航海自由的保障。

图2-7　汉萨城市汉堡的港湾风景

汉萨同盟各城市互相联结，活动范围西至英格兰与佛兰德，北抵斯堪的纳维亚诸国，东达俄罗斯西北部。柯克船（大型帆船）将粮食、木材、毛织物、皮毛、铜、鱼、盐、黄油、啤酒、蜜蜡等运往四面八方。同盟一直持续到 17 世纪，但它的极盛期仅在 14 世纪至 15 世纪，后由于荷兰向波罗的海扩张而陷入低迷。

汉萨同盟统领的北方商业圈虽然临海，但实际上其城市的活跃与河流也有很大关系。因为易北河与威悉河流入北海，奥得河流入波罗的海，它们的众多支流远近交汇。同时，正因为有了连接河流的运河，远洋贸易与内陆流通相结合，才有了各地市集的商贸往来。自 14 世纪末起，运河开凿渐呈蓬勃之态。

16世纪，以马克勃兰登堡[1]地区为中心扩张领土范围的霍亨索伦家族，终于也将普鲁士的继承权收入囊中。17世纪，他们又向北德意志一带进一步扩大了版图。17世纪下半叶，霍亨索伦家族在扩张领土的同时，系统地整治了河流与运河交通。而这为汉萨同盟的城市提供了广阔的销售渠道。

阿尔卑斯山与山口之路

在前文中，我阐述了中世纪德国河流作为交通之道、贸易之路的极端重要性。当然德国还有陆路，但是除部分干道外，都是未经铺设的崎岖险路，且因为要穿过森林，也有迷路或被盗贼袭击的隐患，要找到一条安全的路甚是不易。商人、使节或去往遥远圣地的朝圣者常行走于陆路之上，探险的骑士或贵族们则驱马而行。

德国有一条特别的陆路。那便是连接德国与意大利的道路，即翻越阿尔卑斯之路（山口）。众所周知，阿尔卑斯是将欧洲分为南北两部分的巨大山脉。从“阿尔卑斯的这边”与“阿尔卑斯的那边”的表达方式中可以发现，它是罗马时代以及中世纪分隔意大利半岛与欧洲大陆文明的分水岭。虽然阿尔卑斯山脉现属于

1　马克，意指边疆、边境地区。

法国、瑞士与奥地利，但它与德语国家之间却有着很深的历史渊源。

对于德意志皇帝来说，这条道路、这个山口也十分特殊。出于加冕仪式以及确认意大利为帝国领土的需要，皇帝有义务周期性地翻越阿尔卑斯山前往意大利。在众多可翻越阿尔卑斯山的山口中，德意志皇帝（国王）与其军队最常使用的是布伦纳山口（Brenner Pass）。

自公元 962 年奥托加冕为皇帝以来，德国与意大利的政治联系变得紧密且来往频繁。彼时的阿尔卑斯山除了是阻隔意大利与北方世界的屏障，不如说是连接教皇与皇帝、连接整个基督教世界的重要纽带。

从加洛林时代开始，为了方便翻越阿尔卑斯山，一些山口上还设了投宿处。到 11 世纪至 13 世纪，随着交通往来愈加频繁，大部分山口都有了投宿处，甚至还出现了更为舒适的旅馆。

与此同时，无偿牵引骡马的工作也作为一项义务强加给了沿路的庄园农民。从 13、14 世纪开始，有了专门的骡马牵引者，各地也成立了运输业者公会，取代了先前的农民。他们在一定的行程范围内收取费用运送商品及货物。除了布伦纳山口可以乘坐交通工具通过外，其他所有山口道路在 14 世纪到 16 世纪，都只能利用骡子或驮马通过。

如果山口附近有河流或湖泊，运输便会容易很多。而多亏了雪橇以及为数众多的驮马，山口道路的冬季如夏季一般繁忙，往来者络绎不绝。不同道路的运输耗时长短不一，有的甚至要花上近一个月。越过阿尔卑斯山，昂贵的布匹、香辛料、武器等从意大利运往各地，而奴隶、金属制品则被带回意大利。

但是对德国（人）来说，阿尔卑斯山所具有的意义并不仅在于它既是屏障又是通道。巨大的山体宛若屏风一般东西横亘，这巍峨的山脉是令人瞻仰的永恒景观。到了近代之后，它本身不再作为翻越的对象，而是作为攀登的对象，成了一个崇高的存在。

说起阿尔卑斯之国，我们都会想到瑞士。这座山的农民、牧人们面对统治者们的高压管制，合力抵抗，显示了极强的凝聚力。哈布斯堡家族的鲁道夫在与波希米亚国王奥托卡二世（1253—1278 年在位）的争夺中登上了帝位，他死后，乌里、施维茨、翁特瓦尔登三州的农民数次组织叛军与哈布斯堡军队交战，逐步取得了事实上的独立。

1315 年，上述“老三州”[1]于莫尔加滕战役中战胜了哈布斯堡家族。第二年，皇帝路易四世授予了它们“帝国自由城市”的特

---

1 也称森林三州，此三州及其联盟是今天瑞士联邦的基础。

别许可。1353 年同盟州增加，形成八州同盟。1513 年，十三州同盟结成。在 1648 年的《威斯特伐利亚和约》中，它们获得了国际社会的承认，1815 年的维也纳会议则认可其为永久中立国。

森林的化身——野人

在此则让我们来关注一下有趣的“野人”形象，它显示了中世纪德国人与自然、森林的紧密联系。“野人”是中世纪欧洲人想象中的生物（图 2-8），他们粗暴却十分胆小，住在山林里，常见于幽深洞穴之类的隐蔽处，总是手持一根长长的棒子，过着原始的采集狩猎生活。他们毛发浓密，不会说人类语言，只会发出嘶哑之声，且不具备理性，所以并不被当成人类。

图2-8　野人

野人是森林的化身。他们有的是小矮人，有的却有巨人、怪物那么大。有的善良亲切，有的凶狠可怕。人们有时也会想象野人不只有男性，还有夫妇以及有小孩的家庭。

这种野人虽然也出现在欧洲其他国家的文学及美术作品中，但在德国却与其民俗尤为相融。在想象中，他们会帮忙照管家畜、制作奶酪，不听从他们的建议便会倒霉。人们举办以野人为主角的野人剧、舞蹈、游行，在狂欢节或是春季庆典时，还会打扮成野人出没于大街小巷。

野人与小矮人、家养精灵（kobold）以及其他各种妖精都沾亲带故。或许正因为德国人对森林有着非比寻常的迷恋，所以一直到近代，野人始终以传说或童话的形式陪伴在人们身边。

另外，从中世纪到现代，以树叶覆盖全身的“绿人”也会出现在狂欢节等节日的化装游行中，在抄本的插画乃至普通家庭的门扇、衣橱等雕刻中亦常能见到他们的形象。绿人也是野人的一种，甚至被雕刻于教堂之中。我们现在仍能在弗赖堡、特里尔、班贝格、马尔堡、斯特拉斯堡等地的教堂看到他们的身影。

拥有不可思议力量的修女

接下来，我将介绍一位对自然、森林的恩惠有着深切执念的修女。她叫希尔德加德·冯·宾根（Hildegard von Bingen，1098—1179年），是12世纪的预言者，莱茵的西比拉[1]（本章开篇页画中左下角便是希尔德加德）。她天禀幻视之力，因能凭此做出预言而闻名。同时她还有一套与宇宙和人类相关的独创思想论述。

1　在古希腊、罗马的传说中，告知神谕的女先知。

另外，她还潜心自然。这个“自然”的独特之处在于，它既是理念上的自然，亦是现实中的自然。针对后者，希尔德加德对“植物”之力的见解十分重要。她所著的《自然学》以及《病因与治疗》中表现的智慧，主要来自日耳曼的传统及经验。

希尔德加德还研究了植物与其功效扎根于大地的神圣形态学，称“我们需要知晓，自然物质中蕴含着神奇的美德”。此外，她还根据季节与气候、大气之灵与古代众神的活动时期，说明了东方植物与西方植物哪个药用价值高、哪个对健康的维持与恢复更有效、是否存在危险性。

希尔德加德对疾病进行预后、预测、诊断，并开出以植物为基础的处方药，在此她提出了“绿性”（viriditas）这个概念。所谓的“绿性”，即指蕴含在植物中的自然物质或是特性，有提高疾病治愈力的功效。对于希尔德加德来说，这并不是单纯的颜色或性质，而是具有实体的、对身体有利的物质。

绿性的源头即是大地的分泌物（体液），它经过水与阳光的作用，转变成了叶子、花朵与果实，对人体也有好处。就这样，在希尔德加德的理念中，绿性变成一个有关健康的中心概念，一个附加创造原理，一种“重获年轻之力”。从更宽广的角度来看，绿性可以说是继承了日耳曼多神教与自然宗教对森林与大自然的赞美思想。

顺带一提，不知道是不是受希尔德加德的影响，德国人到现在仍对抗生素等化学药品的副作用心存畏惧，而对自然疗法情有独钟。药店、自然食品店里，药草以及汤药放得满满当当。这些针对肠胃病、感冒、畏寒、神经衰弱等病症调配而成的自然药品，都是基于中世纪对绿性的信任传统。

第三章

宗教改革与自然魔力

矿山的劳动情景

在德国历史上，“宗教改革”是划分中世纪与近代的一大重要事件。它不仅是宗教层面上的一个巨大变革，还在各个政治势力和社会阶层的剧烈冲突中，成为确立身份制度以及德国国家制度框架的契机。

当时的主要产业是矿业与纺织业。商人、手工业者们厌恶腐朽的规制，谋求更能自由逐利的社会环境。其中我们可以看到脱离中世纪行会生产制度的资本主义萌芽。它造就了令人们对改革满怀渴望的社会局势，尖锐地刺痛了天主教会的弊病。

宗教改革与文化革新携手并进。这么说是因为美因茨的印刷业者谷腾堡（约1400—1468年）发明的活字印刷术，使记述宗教改革创始者马丁·路德（1483—1546年）思想的著作广为传播。路德亲自翻译的德语版《圣经》也于1523年、1538年各印刷了5000册、20万册。自此，小商贩、手工业者、农民等平民也能阅读《圣经》了。

另外，像小册子和传单这样便宜又容易买到的阅读资料也大量印刷上市，天主教徒与新教徒之间展开了宣传战。受新教教义吸引的丢勒、老克拉纳赫等画家，亦纷纷创作作品为运动助力。就这样，以德国为中心的北方文艺复兴便与宗教改革同步发展了。

马丁·路德与宗教斗争

现在我们来看看宗教改革的原因与结果。中世纪末期，罗马教廷因为“阿维尼翁之囚”[1]（1309—1377年）、“教会大分裂”（1378—1417年）以及世俗国家的发展而焦头烂额，威信尽失。文艺复兴时期，罗马教廷重新夺回了权力与光辉，开始着手改造罗马。然而此次大改造，却伴随着进一步背离福音精神的负面影响。

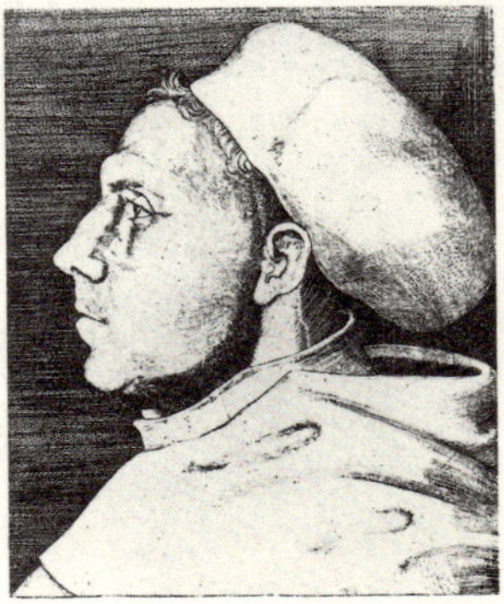

图3-1 路德的肖像

其中，德意志的修道士马丁·路德（图3-1），循着英国的约翰·威克里夫、波希米亚的扬·胡斯等先驱者的足迹，发动了德意志宗教改革。1517年，他抨击在罗马天主教廷横行无阻的赎罪券为腐败之最，并在其担任神学教授的维滕贝格的城堡教堂上贴出了《九十五条论纲》，主张“因信称义”，引起很大反响。这场运动很快便呈现出星火燎原之势，在瑞士与法国，新的改革者纷纷出现。与此同时，整个社会风潮为之一变，开始对现存秩序

1 指圣座迁移到法国阿维尼翁（当时为教皇领地）的一段时期，其间七任教皇和大部分枢机均为法国人。

举起反抗的旗帜。

教皇的破门律并未使路德屈服，他成立了一个新教派，而像萨克森、黑森、普鲁士、勃兰登堡等北部自然环境恶劣的新兴领邦则开始信奉新教。路德主义经由“东向移民运动”，迅速远播到已成为“德意志”土地的北德意志、斯堪的纳维亚半岛等地。1521 年，虔信天主教的查理五世在沃尔姆斯召开议会，要求路德撤回其异端言论，却遭到拒绝。他下令将其逐出帝国，而萨克森选侯则将路德置于自己的保护下。

图3-2 讽刺画——路德的敌人们（教皇与天主教神学者）

在宗教改革前后，德意志的国家体制与政治的发展历程是怎样的？16 世纪的第一位神圣罗马皇帝是哈布斯堡家族的马克西米利安一世（1508—1519 年在位）。他通过与勃艮第公爵之女玛丽的联姻获得了荷兰、弗朗什 - 孔泰、佛兰德的统治权，并为各方面都亟待改革的帝国四处奔走。他改革帝国议会、帝国军队、帝国最高法院，力图将受到分立领邦限制的帝国政治、外交、司法、军事实质化。然而，这些凌驾于领邦之上的机构并没能充分发挥作用，后来领主以及各城市依旧与皇帝呈对峙之态。

在马克西米利安时代，德意志与法国国王始终纷争不断，而东面则与匈牙利、土耳其干戈相交。马克西米利安的儿子“美男子”菲利普一世（勃艮第公爵，1482—1506年在位）与西班牙天主教双王[1]的继承人胡安娜结婚。由于祖父、父亲的相继去世，其子卡洛斯猝然成为卡洛斯一世并登临西班牙王位。1519年，卡洛斯一世又被推选为神圣罗马皇帝，成为查理五世（1519—1556年在位），并于1530年在博洛尼亚接受教皇的加冕。由此，哈布斯堡家族建立起了一个横跨德意志、意大利、西班牙，乃至新大陆的世界帝国。

查理五世与法国国王弗朗索瓦一世进行了数次意大利战争，后于1529年签订《康布雷和约》。查理推崇来源于罗马帝国的天主教理念，他在德意志西南部的城市施派尔召开帝国会议企图阻止宗教改革，可遭到了五名帝国诸侯与十四个帝国城市的反对。他们在1530年结成诸侯同盟（施马尔卡尔登同盟）以对抗皇帝与天主教。而皇帝亦于1539年与天主教诸侯结成纽伦堡同盟与之抗衡。

天主教方面则以特利腾大公会议（1545—1563年）为契机，大力推进自我改革，并对拒绝参加会议的新教徒实行镇压。这便是施马尔卡尔登战役（1546—1547年）。由于压倒性的军事力量优势，在与新教徒的对抗中，皇帝取得了暂时性的胜利。但领主

1　指天主教教徒阿拉贡国王费尔南多二世与卡斯蒂利亚女王伊莎贝拉一世。

们却不论宗教派别，唯恐自己的独立权力被削弱而加大反击。皇帝企图强化统治权的尝试最终以失败收场。

领邦教会的诞生

代替失意的查理召开奥格斯堡宗教和谈（1555 年）的是他的弟弟斐迪南一世。该和谈公开承认天主教与路德派为帝国内的两个教派（加尔文派、茨温利派、再洗礼派则不予承认），规定“当地统治者有权决定其臣民的教派归属”。个人依旧没有信仰自由，唯三百个领主与帝国城市当局获得了选择信仰（领邦教会）的权力。

就这样，新教获得了与天主教同等的权力，德意志也因此陷入了难以挽回的分裂境地。不要说帝国，就连王国也变成了一个有名无实的存在。

但宗教冲突并没有因奥格斯堡宗教和谈而落下帷幕，斗争依旧持续，还导致新教同盟（1608 年）以及与之抗衡的旧教同盟（1609 年）相继结成。由于这两个同盟的背后分别是西欧的加尔文派势力（尤其是荷兰）与天主教盟主西班牙，这意味着宗教问题不再局限于德意志，亦将相邻国家卷入其中，引发频繁的国际纷争。

总而言之，宗教改革与其后的宗教战争的结果是，德意志成立了以宗教为基础的领邦国家体制。各个领邦就好比是“初期近代国家”，强化了内部的中央集权，培养了一批对领主俯首帖耳的官僚，使行政机构渐趋完善。

当时，为了让臣民服从，尤其必须确立神职人员、贵族、自治城市等的特权身份（等级制），领邦开始大力提倡与规范家庭、学校的宗教和道德教育，并推进贫民救济、流浪者政策，落实社会福利。通过对宗教的控制，领主进一步强化了权力。

德意志农民战争与自然

让我们把话题转回到路德。将此次路德改革视为希望降临的是长年在领主的横征暴敛下苟延残喘的农民。即便城市崛起，商人享尽荣华，农民的生活环境依旧十分艰难，于是在15世纪至16世纪，为收复“古老的权利”，各地陆续发生农民起义。其中规模最大的是1524—1525年的“德意志农民战争”。在包括（现今的）奥地利与瑞士的德意志南部，大规模的农民起义此起彼伏。

农民军烧毁城堡、占领修道院，圣俗诸侯措手不及、狼狈不堪。可很快以施瓦本同盟军最高指挥官格奥尔格·特鲁赫泽斯·冯·瓦尔德堡（Georg Truchsess von Waldburg）所率领的军队为首，诸侯军队加强了攻势，从1525年4月到1526年春，农民军被接连击破，据说有7万至10万的农民惨遭屠戮。

实际上，此次农民战争亦与自然有着密不可分的关系。农民战争发端于德意志西南部的黑森林区域，而后扩展至南德意志的高地一带以及瑞士，甚至德意志中部。1524年6月23日，黑森林的图林根封邦伯爵领地的农民率先起事，而后各地组成了许多农民军，如黑森林－黑高（Schwarzwald-Hegau）农民军、阿尔高农民军、博登湖农民军、巴尔特林根农民军、巴登边境伯爵领地农民军、布赖斯高（Breisgau）农民军、阿尔特多夫农民军、阿尔萨斯农民军、陶伯河谷农民军、内卡尔－奥登瓦尔德（Neckar-Odenwald）农民军等。从地势上来说，这些农民都来自高地、低谷以及深林区域。或许山岳地带的农民要比平原地带的农民更具革命性。

图3-3　袭击农民的雇佣兵

另外，让我们着眼于禁止农民狩猎与保护狩猎动物这一问题。1525年3月制定的《十二条款》反映了上莱茵地区与上施瓦本地区农民的不满与诉求，它在两个月间再版25次，印刷总数多达25000册，影响巨大。农民们要求取消什一税，废除农奴人身依附关系制，并要求取得任免本地区牧师的权力。除此之外，他们还要求获得狩猎与捕鱼自由。

例如第四条中，农民们要求解除禁令，认为贫穷的农民没有狩猎与捕鱼权很不合理。此外他们还申诉，因为上层人士保护狩猎动物导致庄稼被糟蹋，生活困苦不堪。而第五条则与森林相关，他们要求将森林的砍伐权恢复公有，并提出应当选举护林员。

布罗肯峰的传说

这一时期，关于山的传说与民间信仰越来越盛行。这是一个过渡时代，由于发达的采矿业，人们与山的接触越发频繁，可即便如此，自然的威胁仍不容小觑。有关山的逸闻传说屡见不鲜，比如山中栖居着各种山灵，它们曾拯救因矿难而被困于地下的矿工；又或者山中的岩石是具有生命的母体，它们分泌水与养分滋养着进入大地体内工作的矿工。

人们还把一些特殊的山当作冥界。例如格林兄弟在《德国传说集》（1816—1818 年）中曾写，翁特山位于现奥地利的萨尔茨堡附近，山内是一个洞窟，里面有教堂、修道院、宫殿、庭院，以及金银之泉，还站着负责看守的小矮人。

另外又有这样一个传说：基夫霍伊泽是一座位于中德意志哈茨山地南部，地处图林根与萨克森－安哈尔特境内的山，红胡子国王巴巴罗萨在那儿等待最后的审判。如前文所述，虽然巴巴罗萨在十字军远征途中溺亡，可人们认为他仍长眠于基夫霍伊泽的洞窟中。传言他坐在石凳上沉睡，而不断长出的胡子，不知已将石桌绕了几圈。他等待着一个需要自己的王国，等待着那个决定性时刻的到来。

这个传说原先是关于他的孙子腓特烈二世的，但到了 16 世纪，巴巴罗萨亦被加入其中。其家族霍亨斯陶芬很有威望，而长眠于自然界的“山中洞窟”这一传说更使他们威信大增。与此类似的长眠于山或洞穴的帝王传说还有很多。

此外，当时还盛行着喻示山与女巫之间联系的传说。哈茨山地的最高峰布罗肯峰海拔 1141 米，终年云雾缭绕。相传每到 4 月 30 日的晚上，女巫们便会齐聚于此召开恶魔崇拜集会——“巫魔会”。

图3-4　布罗肯峰。女巫正飞翔于上空，身影渺不可辨

日耳曼、凯尔特宗教等基督教之前的教派，原本是在这一天举办“沃普尔吉斯

之夜”以庆祝春天到来。而基督教会为压制这些教派，将其妖魔化，描绘成女巫的狂欢日。

歌德的作品《浮士德》（1808—1832年）对布罗肯峰与沃普尔吉斯之夜的描写相当有名。在第一部临近末尾处，受梅菲斯特引诱的浮士德登上布罗肯峰，被女巫们召开的沃普尔吉斯之夜的狂态魅惑，与歌声最优美的女巫跳起舞来。

相较于平原地带，“女巫”更多地诞生于山区。下一节所叙述的猎巫运动便起源于15世纪初的阿尔卑斯山脉西面（瑞士），尤其是伯尔尼地区，人们认为此处存在大量女巫。

女巫迫害的真相

既然说到女巫，接下来我将就撼动近代德国社会与宗教界的“猎巫运动——女巫迫害”做一番阐述。此中我们亦能看到其与自然的密切关联。

所谓“女巫”，其实是指15世纪到18世纪，在欧洲各地被教会法庭或世俗法庭残酷迫害的无辜人，且主要集中于1570年至1640年间。其中并非没有男性，但女性占了八成，此外还有孩童。

迫害的起因是，当村落或城市出现了难以解释的疾病、死亡或极端恶劣的气候、饥荒、虫害时，势单力薄的人便会成为众矢之的，被迫承担一切责任。

人们一般相信的说法是，“女巫”与恶魔缔结契约，专做坏事。她们制作毒药给人类与动物服食，运用邪眼（evil eye）让服用者生病或死去，令谷物枯败而死。人们还相信女巫会施展各种妖术、诅咒，使孕妇流产，使男性生殖器官消失，使幼童死亡。她们定期在夜晚涂上从恶魔那儿领的膏药，乘扫帚去参加“巫魔会”。她们在那里礼拜恶魔，吃孩童，跳狂热的舞蹈，之后再乘着扫帚归来，表现得若无其事。

图3-5　乘扫帚外出的女巫

女巫经由邻居或是家人的告发而被逮到法庭。法官则根据研究恶魔的“恶魔学者”所整理的手册进行审讯。对于那些千篇一律的问题，她们只被允许做出预设的回答，不然等待她们的就是遍及全身的针刺检查、水刑、脚刑、拔指甲等酷刑，直到她们承认自己是女巫。因此审判的有罪率极高。在屈打成招的供认中，她们还会被迫“坦言”与恶魔的契约、与梦魔的性行为、巫魔会之行，甚至是一起去巫魔会的家人及朋友的名字。

约有四分之三的女巫迫害以及处刑发生在以德意志为中心

的神圣罗马帝国，据说被害者总计有三万人以上。而在那些教会组织势力强大的地区，女巫迫害则更为猖獗，比如美因茨、科隆、特里尔的选侯领地，还有主教领地、德意志骑士团领地，等等。

为何德国女巫众多

为何猎巫运动在德国尤为盛行呢？原因之一是新教与天主教的教派对立，令信仰世界分裂成两半，人们开始对灵魂救赎与世界秩序产生前所未有的不安与怀疑。另外也有人解释说，德国中央权力匮乏，导致地方权力肆意横行，事态发展难以控制。

这些“女巫”本应如前文的希尔德加德·冯·宾根一般受人尊敬。她们熟悉草药，有时当产婆接生，亦用占卜帮助邻里乡亲。她们违逆带有反自然特征的中世纪天主教，不断提高物质、自然物、人体方面的知识，救助被各种疾病折磨的人。

在探究残酷的女巫迫害的原因时，我们或许可以参考这样一个视角：男性对作为“自然”精神化身的女性的神秘性，感到畏惧与厌恶。

德国与自然的关系比任何地区都要紧密，在这片土地上诞生了像希尔德加德这样的女性，她们能展开从植物知识到宇宙与人体对应关系的思考。可正因如此，当善与恶、对与错的关系被颠覆时，便发生了绝无仅有的女性迫害惨案。

图3-6 女巫的“巫魔会”

另一个可能受德国影响的因素是，我们或许可以说，公权力强化了社会规范，而君主为了维护其权力，创造出“女巫”这一概念。也就是说，为了维持严格的社会纪律，“打击邪恶，捍卫正义的君主”形象非常重要，因而恶徒作为惩罚对象，其存在对君主有利。

以公共权力如此规范社会的活动，德国称其为“政治”。所谓的“政治”，就是一系列为树立、重振良好正当的社会秩序的统治、管制活动的总称。自15世纪末起，为数众多的领邦、城市（整个帝国都是如此）相继发布行政令，规范生活的方方面面，例如宗教、经济、卫生、家庭等。由此，身份等级秩序与宗教道德被强加于民，人们的生活变得压抑而拘束。在德国，驱逐女巫也成了实现“正当”秩序与道德的行政手段。

女巫被定为规范化社会的行政对象，以及人与自然关系的扭曲发展，我认为这两点就是德国近代早期发生凄惨猎巫运动的原因。

设有王宫的矿山城镇——戈斯拉尔

从中世纪后半期到18世纪，矿石开采以及相关的工业是德意志各领邦与城市财富的来源。德国的近代早期，也是一个矿业发展繁荣并以此为中心积攒财富的时代。那时的采矿业一本万利，属于明星产业。

过去，矿山以水车为动力，将地下浅层挖出的矿物运到地面。而到12世纪至14世纪，通过技术革新，人们已经可以挖掘较深的竖坑了。德国到处都在开采银、铜、锡、铅矿，银的产量更位居世界首位。对矿山享有支配权的领主们都获得了巨额收益。

中世纪德国最重要的矿山是萨克森的戈斯拉尔。关于这座矿山的发现，有这样一个传说：萨克森王朝的国王奥托一世逗留在戈斯拉尔东面的城镇时，曾让家臣骑士去哈茨山地狩猎。山势险恶马不能前，骑士遂把马拴在树旁，徒步去狩猎。当他回来时，看到爱马正用蹄子刨地，而其所刨之处正是矿脉所在。不过这并非史实，而是16世纪人们编的传说，可不管如何，银矿山就在哈茨山地。国王对矿山收入寄予厚望，将其保护起来，还在戈斯拉尔建造了宫殿。

11世纪初，萨克森王朝的第五代国王亨利二世率先在这座城镇建造宫殿，接着萨利安王朝的康拉德二世也在此地建造王城。之后的200年间，这个城镇变得越发重要，成了帝国会议召开地。12世纪，围绕这座城镇，皇帝腓特烈一世（红胡子国王）与萨克森公爵狮子亨利甚至还展开过激烈的争夺战。

此后，戈斯拉尔的发展亦十分顺遂。13世纪，它既是汉萨城市同盟之一，又是萨克森城市同盟之一。戈斯拉尔矿山亦被称为“拉摩尔斯”（因矿山位于城市南部而得名），于1992年被列入世界文化遗产名录。

富格尔家族与矿山开发

支撑德国矿业发展的当然不只戈斯拉尔，还有一些中级山岳地带，如艾费尔高原、厄尔士山脉、哈茨山脉、绍尔兰、黑林山脉、施瓦本高地、苏台德地区、图林根山地等。这些山地与高地上，虽然金矿甚微，但银矿丰富，充实了领主的钱袋。不久后人们发现了铁矿，附近的铁工业也逐渐发展起来。

说起来，矿山开发与本章开头讲到的“宗教改革”“农民战争”也并非毫无关系。富格尔家族与韦尔瑟家族一样，在矿山开发与金融业有着举足轻重的地位，足以左右整个欧洲经济。他们起家于14世纪的奥格斯堡，从匈牙利国王那里借来诺伊索尔（现名班斯卡－比斯特里察）矿山开采银矿，并将之精炼售卖。在雅各布二世时代（1459—1525 年），富格尔家族通过银贸易踏上了富裕之途。雅各布二世先后向蒂罗尔公爵西吉斯蒙德、马克西米利安一世以银矿的优先购买权为担保，实现了巨额融资以确保利益。此后，他又直接参与矿坑口经营，设立精炼所。此外，铜对于加农炮等武器的不可或缺性导致其需求一路飙升。雅各布二世抓住这个机遇获取了巨额利润。

另外，在严苛待遇下苦不堪言的矿工们则屡屡举行罢工或爆发起义。其中，1525 年在萨克森东面厄尔士山脉爆发的矿工起义便与农民战争有关。

矿山劳动者们袭击了市政厅、矿山监督官府邸、城堡等，毁掉了所有证书、誊本簿，并向经营方强硬地提出了自己的要求——《十二条款》。其他矿山亦爆发了同样的运动。有些矿工甚至成为农民战争的领导者。不过作为矿山经营者的富格尔家族自然支持领主一方。

顺带一提，路德的父亲在升为管理人员之前，曾是一名萨克森的矿工。路德就是在与这位父亲的矛盾冲突中走上了宗教家之路。虽然他的思想说不上带有矿工色彩，却也是一个耐人寻味的事实。

散布各地的矿山城镇

对于矿业来说，森林的存在必不可少，因为人们需要燃烧木材以熔化铁矿。矿业地带与森林、山岳密不可分。可以说，德国所拥有的比其他欧洲国家更丰富的森林、山岳地形，成就了这个产业。

萨克森的知名矿山城市除戈斯拉尔外，还有其东面拥有铜矿山的曼斯费尔德以及南萨克森拥有银矿山的弗赖贝格、施内贝格、安娜贝格、马林贝格等。蒂罗尔的矿山亦颇负盛名，初期发掘了数座铁矿山。而自中世纪末开始，以施瓦茨银矿山为代表的一系列银矿山变得更为重要。此外，还有摩拉维亚的伊赫拉瓦银矿山。13 世纪下半叶，与南萨克森接壤的波希米亚的库滕贝格发现了巨大的银矿山，1300 年人们开始铸造银币。尔后，于 16 世纪发现的约阿希姆斯塔尔银矿山亦十分重要。

14 世纪至 16 世纪，矿业出现了飞跃性的发展。此后领主的实力愈加雄厚，矿山的什一税与金属生产优先购买权的利益共同构成了其巨大的收入来源。随着矿山开发作为领邦实业日渐体系化，领邦矿山的官员也被相继任命，例如管辖者、什一税征收官、造币所所长、矿山法官等。此外，还成立了矿工工会以居间调停为数众多的打工者与经营者。前述的富格尔家族那样的大资本家则或是通过收购大量的矿山股份，或是通过借贷给面临财政困难的领主从而取得作为抵押的矿产优先购买权的方式，大举进军矿业。

根据劳动体制我们可以做出如下推测。例如，作为施瓦茨银矿山的一部分，法尔肯施泰因地区在其最盛期（16世纪20年代）有着几十个矿区，产矿量多达十数吨。全区总计有数千工人，而各矿区人数又从100至500人不等。起先每个坑口处都有数名工人，挖掘坑道、开凿、搬运、精炼、排水等作业均无分工。但技术的革新使得向地下深处挖掘的竖坑采掘成为可能，于是分工化逐渐形成。

而对于近代工业更为重要的煤矿，我将在第五章阐述。

盐业推动城市发展

德国的制盐城市比比皆是。生活中必不可少的盐，自古以来就是当权者的独占目标。他们将其作为管制商品，通过征收税金大攫其利。“gabella”是中世纪税金的一种，属于间接税中的商品税，但最初是作为盐税征收的。

虽然沿海城镇的晒盐业相当发达，但其实欧洲还存在着丰富的岩盐矿，由古代海水蒸发后析出的盐层堆积而成。无须赘言，在并不面临地中海的德国，岩盐更为主流。盐所带来的巨大收益推动了城市的发展。

德国产岩盐的城市大多位于内陆。岩盐的德语是“halite”，想必“哈尔、哈雷、哈尔施塔特、施瓦本哈尔、巴特赖兴哈尔”等城市名便是当地岩盐业历史悠久的证明。

制盐的方法除了刮取岩盐（干式）外，还有将盐泉煮沸以析出食盐（湿式）的方法。煮沸盐泉需耗费大量木材，人们便借助河流用筏运输木材。因而盐同森林与河流也密不可分。只有管理好森林，制盐业才能继续发展，所以各个制盐城市都在努力规划资源利用，以实现可持续发展。

位于德国与荷兰国境附近的博尔特岩盐矿自古以来十分有名。而在奥地利则有哈尔施塔特岩盐矿，位于阿尔卑斯山中风景秀丽的哈尔施塔特湖畔。令人惊讶的是，据说3000年前人们就已经开始在这里开采岩盐了。另外，在奥地利因斯布鲁克以东约8000米远，有个名为“哈尔”的城镇，在13世纪中期发现了岩盐矿，从而产生了巨大的开采量。其开发权属于蒂罗尔伯爵，到14世纪中叶，其年均开采量为3000吨。国家预算的三成几乎都来自盐矿收入。

自然学与炼金术

银矿、铁矿、煤矿、岩盐矿，可以看出，哺育并支撑着德国重要产业的正是山岳与大地的恩惠。而精炼需要大量的水，物资搬运需要河流，森林则为熔炉熔融金属以及煮沸盐泉提供燃料，我们不难断定，森林与河流亦与之协力推动着自近世到近代的德国的经济、社会的发展。

这个时代，自然与人类、人类身体、社会之间的密切关系不仅孕育出了我在前章所述的与山岳相关的神秘传说，还促进了自然学的发展。

首先，与矿山有着直接关联的人物有格奥尔格·阿格里科拉（Georgius Agricola，1494—1555年），他是著名的矿山学家，同时也是医生，著有《矿冶全书》（*De re metallica*），于1556年出版（图3-7）。这本书是他对自己居住地区的采矿业的观察汇编，详细介绍了探矿、采掘、冶金、精炼等最新技术，阐述了采矿的实用性，其中虽有对各地迷信的批判，但也不乏对矿山的神秘遐想。比如，作者将山之

图3-7 《矿冶全书》插图。人们在锅炉间进行精炼作业等

精灵分为“会带来危害的恶灵”与“模仿矿工工作但仅为取乐的善灵”两种。

还有于1492年至1495年问世的《朱庇特的审判》，由拉丁语对话体写就，作者是在矿山城市担任教职的人文主义者施内沃格尔。在书中，他说“发现银矿脉后，被财富冲昏了头脑的人们不仅开采矿石令孕育了自己的大地母亲受伤流血，还忘却了自古以来对众神的崇敬之情”，对矿山开采作了一番批判。另外，他也叙述了作为大地之子的人类为了社会利益不得不开发矿山破坏自然的实情，并对开采工作表示理解。

以上作者不论是赞同还是批判矿山开采，都带有一种德国特有的有机观点，即将大地视为“有生命的神秘母体”。实际上这个时代，是科学与自然学的一大变革时期。德国自然学的各个领域均涌现出大量著作，尤以炼金术、魔法相关书籍为多。也正因此，德国对矿山的思考总带着几分炼金术与魔法的色彩。

在炼金术与魔法这方面，最具代表性的是帕拉塞尔苏斯（Paracelsus，1493—1541年），他既是炼金术士也是医疗化学家。帕拉塞尔苏斯出生于瑞士的艾因西德伦，受业于意大利，之后被聘为瑞士巴塞尔大学的教授，却因思想过于激进而惨遭放逐，长期过着流浪生活。他立志于创造出能治愈所有人类的炼金术，研究蔓延于矿工中的流行病，开创了一套在水银、硫磺中加入盐作为第三元素的炼金术物质原理学说。此外，他还全身心地投入于矿物质药品的开发之中。

格劳贝尔的《德意志的繁荣》

还有一个人也很重要，他就是1603年出生的自然哲学家约翰·鲁道夫·格劳贝尔（Johann Rudolf Glauber）。他自学化学哲学，又发明了各种化学器具，一直有着造福朋友与祖国的愿望。从格劳贝尔的著作《德意志的繁荣》（1656—1661年）中可以看到他期望充分利用自己的研究成果来解决战后经济问题，以重振三十年战争（在下一章将叙述）给德国留下的荒废国土，并从土耳其人的侵略危机中保护基督教世界的气概。他深信“德国有着比其他欧洲国家更为富饶的自然珍宝，而拥有这些隐秘财富的德国才应当成为世界之王”。此外，他还记述了应当如何俭省富国而不浪费财富。他向人们传授浓缩葡萄酒、啤酒和小麦的技术，以便在生产过剩时不至于浪费，还建议城主们将这些浓缩物品储存起来，以备战时受围困之需。

格劳贝尔认为，德国的财富不仅有从肥沃土壤中长出的葡萄与小麦，还有木材与矿物。他认为“如果用炼金技术将丰富的矿物提纯，就可以获得巨额利润。而火与盐则能使贱金属改良为贵金属”。他主张“为了国家利益可以砍伐覆盖大部分国土的森林”，亦提到“从木材焚烧后的灰烬中会产生珍贵的盐，而盐里蕴藏着酒石[1]与硝石这些重要商品”。他认为“硝石可作为医药原料，亦可代替农民的堆肥[2]。另外作为火药原料也不可或缺，能够强化军备”，并提出“如果不燃烧木材，而用自己开创的手法——压缩木材榨取树液，则能更有效地生产盐，造福更多民众”。

我所介绍的上述学者，无疑兼备了将自然视作魔法的思想与面朝近代化学实验的志向，他们坚信对自然的介入与德国的产业、社会发展息息相关。可以说他们都是在近代早期的德国应运而生的人物。

1 主要成分是酒石酸氢钾，是制造酒石酸的原料。

2 把落叶、稻草、垃圾、野草等堆积起来腐烂发酵后制成的有机肥料。

第四章

从哈布斯堡帝国到德意志帝国

前去狩鹿的玛丽亚·特蕾西娅

17 世纪的德国历史是围绕着奥地利与普鲁士两国展开的。因为唯有这两个南北相望的领邦拥有能征服他国而统一德国的实力。奠定这一局面的是欧洲最大的宗教战争“三十年战争”（1618—1648 年）。我们首先就从三十年战争说起。

三十年战争及其结果

三十年战争的起因是哈布斯堡家族的斐迪南二世登上波希米亚王位后镇压新教徒，强迫他们改宗天主教。可这并非只是一场宗教战争，其背后是法国的波旁王朝与奥地利 - 西班牙的哈布斯堡家族的矛盾冲突。

属于哈布斯堡家族阵营的有罗马教皇、意大利诸国、波兰，而反哈布斯堡家族阵营中则有法国、荷兰、英国、斯堪的纳维亚半岛诸国、瑞士等国家，战况激烈无比。17 世纪至 18 世纪，法国成为天主教的领导者，荷兰与英国则成了新教之雄，德国内部新教与天主教的矛盾与国外这两方势力的对立相互联动。

哈布斯堡的统帅是波希米亚贵族华伦斯坦，反哈布斯堡集团的统帅则是丹麦国王克里斯蒂安四世。随后瑞典国王古斯塔夫 · 阿道夫与德意志北部的新教联手，可并未与华伦斯坦分出胜负[1]。

法国在与宗教立场本属对立的新教教徒古斯塔夫·阿道夫联手前，始终躲在幕后操纵时局。1635年4月法国正式宣战，又加之丹麦与瑞典的矛盾，奥斯曼帝国的介入，局势愈加复杂莫测。

1648年，《威斯特伐利亚和约》终于签订。法国从奥地利获得了阿尔萨斯，此外还取得了洛林地区的三个主教区。瑞典获得了北海、波罗的海沿岸。荷兰与瑞士则获得了完全独立。而常年作为战场的德国则饱受摧残，曾经的1700万人口也减少了三分之一。众多村落被毁，帝国愈加有名无实。《威斯特伐利亚和约》不仅规定将德国部分领土割让给法国与瑞典，还再度确认了300个以上的帝国诸侯（领邦、城市）享有主权。此外，天主教、路德派、改革派（加尔文派）成为三大主要教派，其他教派的存在也暂时得到了认可。

普鲁士对奥地利

此后，从17世纪下半叶到18世纪，普鲁士（新教的霍亨索伦家族）与奥地利（天主教的哈布斯堡家族）两国展开了决定

1 在吕岑会战中，虽然华伦斯坦兵败撤退，但是古斯塔夫·阿道夫却不幸阵亡。

“德意志未来命运”的霸权争夺。

15世纪以后，波兰西侧国境附近的勃兰登堡边境伯爵领地（后成为选侯领地）是霍亨索伦家族的封地。而更东面的波罗的海沿岸的普鲁士公国则本就是同家族的德国条顿骑士团团长阿尔布雷希特的领地，二者在1618年合而为一。

1640年，选侯腓特烈·威廉着手普鲁士公国的大改革，准许大批与公国交好的荷兰人移民入境，使贫瘠的土地变得富饶。同时，他接纳大量在法国遭受迫害的胡格诺派（新教徒）。这批胡格诺派新教徒大部分是颇具才干的手工业者或工厂经营者，他们促进了普鲁士的工业与贸易发展。另外，《威斯特伐利亚和约》不仅规定将莱茵河下游沿岸的小领地与普鲁士合并，还给予它马格德堡大主教领地以及东波美拉尼亚地区等。1701年，腓特烈一世在东普鲁士的柯尼斯堡加冕为王，普鲁士王国真正的历史由此拉开序幕。

以腓特烈·威廉一世（同名选侯的孙子，1713—1740年在位）为核心，普鲁士开始向军事化国家迈进，力图实现国富兵强。王国严禁诸侯在衣食住方面奢靡铺张，推崇质朴刚毅之风，并配备了8万受过正规训练的常备军。就这样，国家的权势不断提升，一个官僚主义军事国家逐渐形成。

1740年腓特烈·威廉一世之子腓特烈二世（1740—1786年在位）即位，他就是后来被称为腓特烈大帝的伟大国王。腓特烈二世对国家的强盛（扶持产业、强化常备军）贡献巨大。他先是横加干涉哈布斯堡家族的继承问题，企图占领相当于奥地利矿山资源宝库的西里西亚，从而引发了西里西亚战争。普鲁士获得了法国的支持，而奥地利女王玛丽亚·特蕾西娅（1740—1780 年在位）则同英国、荷兰、萨克森等结成了同盟。

1745 年，普鲁士以保有西里西亚为条件，承认玛丽亚·特蕾西娅的丈夫洛林公爵弗朗茨一世为神圣罗马帝国的新皇帝。由此，与三代前的神圣罗马帝国皇帝约瑟夫一世的女儿缔结了婚姻的巴伐利亚选侯查理·阿尔布雷希特挑起了奥地利王位继承之战。他在法国的支持下妄图继承帝位，可最终图谋失败，1748 年 10 月《亚琛条约》缔结。

接着便爆发了七年战争（1756—1763 年）。这次玛丽亚·特蕾西娅与法国同盟，俄国也加入其中。令与三国为敌的普鲁士苦不堪言，蒙受巨大损失。然而之后的国际形势却向着有利于普鲁士的方向发展了。由于敌对国的财政困难、厌战情绪以及国王的骤然离世，普鲁士侥幸赢得了七年战争的胜利。《胡贝尔图斯堡和约》承认了普鲁士对西里西亚的所有权。

此后，腓特烈推行重商主义，接纳来自法国的胡格诺派人士，发展金融业、手工业，在重视“容克”（农业企业家）的同时增强国力。1772 年他还协同俄国、奥地利瓜分波兰，吞并了西普鲁士、艾门兰以及诺泰奇河中游。1778 年他又参加了巴伐利亚王位继承战争。除此之外，在整顿官僚组织、进行军事重组、扶持农业及丝织业、编撰法典、改革司法等方面他也断行不疑。

那么奥地利又是怎样一幅光景呢？直到 17 世纪，奥地利一直是诸领邦以及波希米亚、匈牙利诸王国的集合体，加之东西面土耳其、法国的入侵，其王权的确立并不容易。虽然在三十年战争中，奥地利的实力与权威锐减，但它仍多次击退了奥斯曼土耳其的进攻，并于 1699 年从奥斯曼帝国手中夺取了匈牙利全域。由此建立了幅员辽阔的奥地利 – 匈牙利帝国，往昔的光辉再次照耀其上。与此同时，其国内的政治、行政机构也不断整顿完备。

1711 年，约瑟夫一世猝然离世，其弟查理即位，成为查理六世（1711—1740 年在位）。查理六世与路易十四的孙子腓力五世争夺西班牙王位。在自利奥波德一世（1658—1705 年在位）时代起就一直持续的西班牙王位继承战中，向来与荷兰一同支持神圣罗马帝国的英国却一改其态，退出了对法大同盟。1713 年，《乌德勒支和约》签订，翌年《拉施塔特和约》签订。至此，查理不得不放弃西班牙王位。

查理膝下无子，便决意立其女儿玛丽亚 · 特蕾西娅为继承人。他发布国事诏书以承认其继承权。这样玛丽亚 · 特蕾西娅继承家业成为真正的女帝。如前所述，她虽被普鲁士夺走了西里西亚，但将国内治理得井井有条，推行了一系列军事、财政、行政改革措施。此外家喻户晓的是，她还生育有16个子女，嫁给法国路易十六世的玛丽·安托瓦内特便是她最小的女儿。丈夫去世后，她开始与长男约瑟夫二世（1765—1790年在位）共同治理国政。他们体恤农民，减轻赋役，解散耶稣会，并致力于扶持产业。

受其母影响的约瑟夫二世虽以开明专制君主著称，可他过于激进，改革最终失败，且亦未能如愿收复并扩大领土。

除了普鲁士、奥地利之外，萨克森、汉诺威、巴伐利亚等一些领邦也积极实行重商主义政策，以增强经济实力。不管怎么说，天主教占主导地位的南部奥地利与大半为新教徒的北部普鲁士势均力敌，展开了对统一德国主导权的争夺。

领邦中的城市

三十年战争后，公爵领、伯爵领、骑士领、帝国城市、主教领、修道院领等1800多个领邦相继成立，领邦分立主义渐呈体系化。各个领邦间不仅存在法律体系上的差异，互相设置的关税亦严重阻碍了商业的发展。巨额关税令领君坐享其成，却给以商人为代表的普通市民带来极大不便。许多诸侯都谋划使自己的领邦如君主专制国家那样强盛并成为文化中心，可仅是在不损害其自身利益的范畴内进行。

城市的自律性与自由性当然也受到了压制。因为城市财务官是以领君任命的监察官身份进入城市的。领君的干预力量十分强大，他可以操纵能影响城市经济的军装、武器产业，还通过军事裁判权对市民的生活横加干涉。除此之外，只有贵族才能参与政治，一般市民只能成为教师、法官、牧师，至多也就是担任低位官吏。

宗教改革本该促进城市自治精神的发展，但最终领邦城市的宗教选择权并没有如诸侯想象的那般得到承认。领邦城市暴露在外部的攻击下，政治上越来越软弱。许多领邦法令都在依据身份制维持社会秩序的同时施行领邦臣民体制，并以公共福祉为由，介入农民、手工业者、小市民的日常生活，对其进行严密的监控与管制。

开明专制君主腓特烈二世与马铃薯

普鲁士王国在德国统一过程中发挥了核心作用。其第二代继承人便是腓特烈大帝。接下来我会对这位大帝再稍作叙述。

腓特烈二世与其刚毅的父王腓特烈·威廉截然不同，他热爱法国文学，喜好音乐，亦是一位与哲学家伏尔泰有往来的文人。作为一位开明专制君主，他对臣民仁慈，视让国民过上幸福的生活为自己最大的使命。他鼓励发展文艺，在宗教方面亦十分宽容。他还命人仿照法国的凡尔赛宫，在柏林郊外的波茨坦建造了一座无忧宫。

可腓特烈二世并不是一位温和之人，前文中我便已叙述过他作为实干家在政治、军事方面所发挥的领导能力，在此我想重点说的是这位大帝与马铃薯的关系。马铃薯从南美经由西班牙、意大利传入，到17世纪末已开始种植，但最初只具药用、观赏用价值，或被当成猪饲料。三十年战争后，农民们失却土地，境况悲惨，随之而来的频繁饥馑更让他们苦不堪言。于是德意志西南部率先开始栽培这种曾经被忽视却营养丰富的蔬菜，供人食用，并逐渐在全国推广。

腓特烈大帝敏锐地感知到马铃薯的普及能拯救农民，进而强化普鲁士的国力（对此，其他领君亦有同感）。他不单效仿父亲腓特烈·威廉一世奖励种植马铃薯，还将薯种无偿派发给农民，并命令守卫以及士兵严格检查从栽种到收获的过程。可以说腓特烈大帝打算强制普及马铃薯种植。

图4-1　视察马铃薯栽培农家的腓特烈大帝

1756年3月24日，他向普鲁士的全体官吏发布了《马铃薯法令》，其中大力倡导道：马铃薯不仅营养价值高，利用价值大，在相同的劳动量下其产量也更为可观；要让农民理解栽培马铃薯的好处，鼓励种植；同时不单要指导农民栽培，还应当派龙骑兵及其他雇工监督，等等。

就这样，有了国王的亲自指示，加之与农民更为接近的领主、知识分子的指导，记录着栽培方法的小册子的发放，还有技术革新与农地扩大，马铃薯传遍普鲁士全域。不仅是农民，连士兵也爱上了马铃薯。

约翰·格奥尔格·克里尼茨（Johann Georg Krünitz，1728—1796年）既是一位词典编纂者，又是一位百科全书派学者，他曾不遗余力地倡导马铃薯的种植，强调其优良品质并大力推荐。他阐述道："马铃薯是庶民的玛纳（天国的面包），与肉、鱼、汤等一切食物都很相配，即便每天吃也不会腻。"对于因谷物不足而忍饥挨饿的穷人来说，马铃薯是真正的福音，甚至可以说，它壮大了军队，也使产业革命成为可能。

让我们再在马铃薯的话题上稍作停留。在德语中，马铃薯一般被叫作"Kartoffel"。但也有"Erdapfel"的叫法，它与法语"大地的苹果"（pomme de terre）几乎同义，有些地方便广泛采用此种叫法，这些人认为从意义上来看，它比由"松露"（Trüffel）

演变而来的“Kartoffel”更为贴切。不管怎么说，我认为这宛若与大地一体成长的马铃薯，作为生机蓬勃的自然恩赐之食，是与德国的饮食相合宜，且具有象征意义的食物。

虽然德国人并非只吃马铃薯与香肠，但它们毋庸置疑是德国饮食的代表。新教推崇简朴，视多食与美食为罪孽深重的浪费。在欧洲，美食文化繁荣的地方皆是天主教的地域。

16世纪以后，受反对美食的新教的影响，德国家庭的餐桌纷纷呈现出清冷乏味之貌。其中马铃薯与香肠因营养价值高，又能根据烹饪方式实现多种变化而为人们所钟爱。即使在今天，德国种类繁多的马铃薯作为万能食材仍被用于沙拉、浓汤、马铃薯泥、炸薯条等菜肴中，或是作为原料被用于松饼等甜点中。据说德国人每人每年可吃掉60千克以上的马铃薯。

即便到了19世纪市民文化蓬勃开展之际，德国依旧推崇简朴饮食，这与法国截然相反。在20世纪的纳粹主义中，简朴饮食甚至被提升至了信仰的高度。融合多种食材的大杂烩，即加入马铃薯、蔬菜、面粉制品，偶尔还会加入鱼肉的大杂烩（Eintopf），在德国乡村极为寻常，亦是十分普遍的节俭表现。到了纳粹统治时期，马铃薯成了“德国民族团结的标志、全国人民应该与元首一起食用的国民食物”。

现在，德国北部仍存在着在冬天吃“Grünkohl”的传统，这道菜由羽衣甘蓝（一种卷心菜）、香肠与马铃薯等煮制而成。按照成例，人们要冒着严寒徒步到兼营餐厅的旅馆去吃这道菜肴。他们的手推车中装了足量的酒精饮料以防冻僵，途中还会玩掷球游戏。

这个传统的高潮是以食量或是徒步过程中游戏的结果来选出“羽衣甘蓝国王”（或国王夫妇），选出的“国王”（夫妇）就得负责主办并准备下一年的传统活动。这既是一个徒步旅行活动，又是一个尽享严酷自然与大地恩惠的习俗。

德国启蒙主义的评价

普鲁士的腓特烈二世与奥地利的约瑟夫二世皆以开明专制君主著称。前者倡导人权平等、改革刑法、废除拷问、并努力减少死刑。后者则废除农奴制、实现信仰自由化、消除法律面前的身份等级差别、废除修道院。

可这样的政治启蒙主义并没有广泛渗透于社会中。因为开明专制君主自身并不怀疑“贵族—市民—农民”这一身份等级制度的正确性，亦不会以大幅牺牲高级官吏、军官这种支持国王统治的贵族的利益为代价，去保护农民或废除世袭隶农制度。

让我们来看看德国的宿敌法国。同英国一样，法国各阶层的民众都很重视“在个人独立、精神自由的基础上进行国家改革”

的启蒙主义。法国实行政教分离，尽量不让宗教束缚市民生活，并贯彻着这样一种理念：一个国家理想的存在方式应该是人们遵守基于自由决意之上的法律，而法理高于民族。市民整体便是社会，只要遵守国家法律，拥护民主共和政体，所有人都是这个国家的一员。法国依据法律精神确立了市民与社会共同体的领域（英国亦是如此），形成了公共性的基础。

然而德国的情况却与之大相径庭。首先，倡导“因信称义”的路德主义是因其符合身份等级制度而被广泛接受，它对于古典修养以及扎根于其中的市民理念是极为淡漠的。因为德国诸多领邦的政治制度培育不出民主的国家意识。

但德国却创造出了“国家的栋梁不是市民，而是民族”的神话。在宗教战争的旋涡中，由于诸侯与皇帝的对立以及诸侯间的分裂，国家统一遥遥无期。另外，德国虽然小邦分立，宗教上也一分为二，但仍保持着在根源上主张一体的民族传统 —— 日耳曼之魂。他们既不归属于拉丁性，也不归属于希腊性。他们不相信任何外来形式与被强加的秩序，认为只有从大地与自然中诞生而来的传统习俗才值得信任。

如此一个与启蒙主义、合理社交、罗马法律理念都渐行渐远的德国，自然会屡屡与以罗马天主教会和拉丁文化为支柱构建中央集权制度的法国爆发激烈的冲突。

然而进入近代后，德国不再一味轻视古典修养。德国哲学正是以希腊哲学为出发点的。另外，高级中学[1]也以希腊语、拉丁语的古文教育为中心。

可是德国的大学只是取得开启仕途资格的场所。对德国人来说，古典修养是成为技术官僚（technocrat）的准备，是附属于国家的。最终，它并没有成为促进优良市民社会形成的推动力。

公共场所的出现与家庭内部的情感生活

但是，我们不能忘记，德国也有其特有的“启蒙主义”。18世纪，受法国影响，启蒙思想传播到了德国（虽说不够充分），各领邦的中等规模城市都成了思想传播的中心。由艺术家、牧师、教师，甚至是邮局局长等主办的读书会、咖啡馆、沙龙等相继成立，共同的志趣将贵族、神职人员、上层市民联系在一起。这是市民作为公民协力参与政治的一缕微光。

在启蒙主义时代，家庭的形态与观念也发生了改变。家庭从以往的生产活动据点变为了情感共同体、以爱与人性联结起来的共同体，并与工作场所渐渐分离。同时，保障个人隐私、适用于不同使用目的的房屋空间也逐渐形成。然而在追求舒适的近代家

1　德国自16世纪以来的传统中等教育机构。九年制，以大学预备教育为目的。

庭中，女性却被禁锢于家门内，被男性要求具备与这个安宁场所相称的顺从与纯真品质。

另外，青年们踏上旅途，为谋求要职而游访重要建筑，拜访著名学者、艺术家、企业家。此种游学旅行，亦在这一时代成为惯例。以此惯例为契机，一张遍及各地的资讯网络形成，它将无法统一为民族国家的德意志凝聚在一起。这也带动了旅行书籍的出版热潮。旅行安全性的提高以及将邮政马车升级为公共交通设施，也有助于年轻人的游学旅行。游学旅行广受好评，被认为具有陶冶情操、提升素养、开阔视野的作用。

当宫廷与城市中萌生消费文化、享乐人生的态度时，不仅文学、音乐、戏剧活动呈现出一片欣欣向荣之势，人们也越来越多地关注起英国与法国的时尚，对带抽屉的衣橱、扶手椅等新式家具的需求不断增多。同时，桌子的数量与种类日益增加，烛台、镜子、陶瓷餐具、窗帘、遮帘、挂画也丰富了住宅文化，并适应了资产阶级的品位。

此外，观赏庭院亦应时而生，果园、温室、菜园、灌木丛、洞窟、池塘中，遍植着多种装饰用树木花卉。新兴市民阶层就这样被他们共同的兴趣与文化紧紧联系在一起，无论他们生活在哪个领邦。

可是，不同于法国，随着德国反动政治的愈演愈烈，启蒙主义所带来的趣味仅仅停留在趣味层面，几乎不曾发挥过公开政治批判的作用。这一点在文学中十分明显。在19世纪的法国文学中，公共事务与现实主义必不可少。与此相对，德国文学却通常只涉及一些微小愉悦的人际关系或对自然的欣赏，详细的内容我将在下章阐述。总而言之，德国虽已受到启蒙主义的影响，可由于市民们缺乏畅谈政治的场所，启蒙主义的力量十分微弱，未能超出趣味的范畴。

19世纪，德国经济极速发展，掀起了工业化与城市化的浪潮。随着机械化作业的日益单调以及工人与工薪职员的增加而引起的劳资关系变化等，以往农村的价值观、社会意识、行为准则不再适应当下劳动者的劳动环境。

在这种情况下，人与人之间形成了新的组织形式。在德国，“协会”“工会”“联合会”“兴趣小组”等自发团体如雨后春笋般涌现。直到20世纪初，它们代替家庭与邻里，作为一个互相帮助、交流情感以及娱乐休闲的场所，发挥了积极作用。

裨益领主的农业改革

现在，让我们将时间稍往回拨。近代初期开始，易北河东部的君主（边境伯爵、选侯）势力不断弱化，而贵族势力日渐增长。在14世纪至15世纪所谓的封建领主制危机中，土地荒废，村舍败落，农民数量骤减，而易北河东部的领主制统治却越发强盛。

自16世纪起，普鲁士贵族便亲手操控粮食的生产与贩卖，从中攫取了巨额利润，逐渐变为“容克”，也就是农业企业家。他们还废除农民的土地保有权，扩大直营地，并将农民降级为小舍农[1]，无限制地加重赋役，强迫农民的孩子做其佣工，庄园领主所有制（Gutsherrschaft）就这样形成了。除以普鲁士为中心的易北河东部的德国诸领邦外，波兰、波希米亚、匈牙利也发生了同样的变化。

到了18世纪，农场规模扩大，很多下层农村家庭的男子被雇用。为生产远销英国的粮食，农场扩大了经营规模，并采用了独特的劳动雇佣形式——以一年为单位雇用整个家庭在分配的土地上劳作，而农民可以从中获得一定比例的粮食收成。因为夫妻可以同时受雇及分配宿舍，劳动者们的结婚积极性提高，至少这一年内的生活有了保障。

另外，居住于易北河西面的农民原比易北河以东的农民更自由，他们只需以货币或实物向领主缴纳地租即可，并无劳动赋役。然而，到了19世纪，由于农民解放，政府大规模推进将土地

1 只拥有自己的家与一小块土地的农民。

所有权转让给农民的政策，贵族不愿减少收入，便将地价的偿付条件制定得比易北河东面要苛刻很多。农民无力在短期内付清，不得不花费几十年分期偿付。有些领邦也会设立农村信用合作组织来帮助农民偿付。而在1848—1849年，不堪忍受的西南德意志农民终于揭竿而起。虽然此次起义遭到镇压，但最终导致大量农民迁往美国。

森林的荒废与复原

得益于优越的气候与地理条件，德国在古代与中世纪早期曾拥有苍郁广袤的森林，然而自公元1000年起，随着森林砍伐以及开垦运动席卷整个欧洲，森林一步步走向荒废。农业发展、小麦等作物的急剧增产、人口的增加，这些都切实建立于森林的被消耗之上。同时，放养于森林的家猪亦破坏了森林下层植被，阻碍了树木生长。

中世纪末以来，领主将森林的减少归咎于农民的土地开垦。面对此种指责，农民们坚称“有自己的固有使用规则，只砍伐必要的树木，而所谓违法狩猎一些增长过多的野兽，不仅不会破坏自然，还有助于各种树木的生长”，并在各地成立了森林合作社。

即便如此，进入近代早期后，德国的森林还是遭受了极大的破坏。比起农民的开垦，主要原因应该是工业大发展导致的燃料用木材的大量消耗。冶炼矿石、制作陶瓷与玻璃、精制食盐，这些都需要燃烧大量木材。从17世纪末到18世纪，人口激增，加之滥砍滥伐，森林急剧减少。

此时，一些学者与林业官员敲响了警钟，计划使森林恢复原貌。他们需要付出巨大努力才能将业已荒废的森林恢复如初。萨克森的官房[1]官员兼矿业管理局局长汉斯·卡尔·冯·卡洛维茨（Hans Carl von Carlowitz，1645—1714年）等人大声疾呼森林的保护与再生的必要性。

但到了18世纪，即便是植树造林挽救森林危机，人们也不再种植生长缓慢的阔叶树（橡树、山毛榉等），改而种植生长迅速、适应于任何土壤的针叶树（云杉、冷杉），待其长大再一齐砍伐，周而复始。

尤其在德国，由于云杉木材用途多样，所种之木皆为云杉。这与日本到处种植杉树如出一辙。于是便导致了病虫害频发、土壤日益贫瘠、树木腐朽倒塌等一系列问题。此后，林业官员与森林学者们意识到了这些问题，开始思考如何以合理方式植树造林，以保全森林整体、保护林木景观。有关这一点，我将在第六章说明。

1 负责机要、总务、预算审计、人事等日常管理工作的办公厅。

第五章

产业发展与山的馈赠

为研究而登山的地质学家、植物学家、测量人员、画家

邻国法国在强大的王权之下早已建立起统一的国家，而直到1871年才完成统一的德国则显得较迟，甚至晚于曾分裂为城邦的意大利。虽然德国在适应法国大革命的影响中曾尝试统一，但由于奥地利与普鲁士旷日持久的霸权争夺，其统一的实现亦几经波折。现在就让我们来一览其过程。

无果的社会改革

1789年，西部邻国法国爆发了大革命，长期以来势力强盛的王权、特权阶级的封建领主被打倒。在“自由、平等、博爱”的标语指引下，所有市民都开始宣扬自己的权利。

而那些自上而下加强统治的德意志领邦，却并不希望法国市民的自发运动影响德意志，特别是普鲁士与奥地利。于是它们向法国革命政府挑起战事，并协同英国等国横加干涉。

1792年9月20日，本以为能够轻松取胜的普鲁士于瓦尔密战役中败北。专注于波兰瓜分问题的腓特烈·威廉二世国王（1786—1797年在位）与重回温和路线的法国政府（督政府）签订条约，将莱茵河左岸割让给法国。奥地利则联手英国，同革命主流雅各宾派作战。可无奈拿破仑·波拿巴在意大利所向披靡，最终奥地利被迫在坎波福尔米奥签订了媾和条约。

然而，此时的德国处于300余个小国分立的状态，语言、法律、行政体系都各不相同，仅靠联邦制维系在一起。所以法国的理念几乎没能在德国传播，市民与劳工没能团结起来自下而上发动革命。

同时，社会改革的举措亦是由政治家们自上而下推行的。腐朽的封建制与领主制使德国积贫积弱，因而各领邦推进自由化与社会改革的近代化运动势在必行。于是，在一些主要领邦内，自由化与社会改革的举措应运而生。构成莱茵邦联的诸国走在前列，紧接着是诞生了施泰因、哈登贝格、沙恩霍斯特、威廉·冯·洪堡等著名政治家的普鲁士。

但是这些改革几乎都被扼杀于萌芽状态。虽然要求法律面前人人平等、取消农民的人身依附关系、实现司法近代化、改革关税租税、改革教育、创设市民军、废除农奴制、实现城市自治、实现商贸自由的呼声很高，可一旦市民要将之写入法律，便会遭到贵族阶层的百般阻挠。市民们连领邦内的改革都无法实现，更不要说作为主力推进德国统一了。这个国家的民族统一是通过诸侯、领主们自上而下的决定与调整才艰难实现的。

其原因在于一系列“新邦联”的重组。1805年，与拿破仑所率军队开战的奥地利遭到德意志诸多领邦的背叛，铩羽而归。翌年，“神圣罗马帝国”解体，领邦被整顿为40余个，其中16个领邦结成了以拿破仑为护国主的“莱茵邦联”。但其中大部分是中等规模的领邦，普鲁士、奥地利、不伦瑞克、黑森州皆被排除在外。

同年的耶拿会战中，普鲁士被拿破仑打得溃不成军，签订了《蒂尔希特条约》（1807 年），一半的人口与国土被夺去。与此同时，巨额的战争赔款、拿破仑对英国的大陆封锁令，导致普鲁士经济崩溃，民不聊生。

因拿破仑而觉醒的爱国之心

从 1807 年到 1808 年，哲学家约翰·戈特利布·费希特（Johann Gottlieb Fichte，1762—1814 年）在被拿破仑占领的柏林发表了著名的《对德意志民族的演讲》。他向那些视领邦为祖国的人呼吁道，应领会高尚的德国精神，心怀包容德国全体人民的祖国之爱。

1813 年 10 月，趁着拿破仑远征俄国失利之机，普鲁士、奥地利、俄国、瑞典与英国军队在莱比锡郊外一举击溃了拿破仑的军队。1814 年到 1815 年，为了确定欧洲的新版图，维也纳会议召开。

此时的普鲁士因获得了莱茵河左岸和威斯特法伦而国富兵强，并力图将德国统一为独立的国家联邦，但遭到了奥地利外交大臣梅特涅（1773—1859 年）的反对。1815 年 6 月“德意志邦联”暂时成立，可这只是一个由以奥地利、普鲁士为首的39个主权国与城市组成的联合体，并不具备任何实际效力。邦联议会只在普鲁士与奥地利两大国利害一致时发挥作用。

可尽管如此，在一个人民对地区、领邦、城市抱有认同感，却没有整体“德国人意识”的国家中，反对拿破仑的德国解放战争（1813—1814年）第一次真正唤醒了人民的爱国之心，这是不争的事实。费希特的呼吁终于有了共鸣。

普鲁士引领的统一

德国统一的开端潜藏于意想不到之处，那便是“关税壁垒”。各领邦一面为领土问题争执不休，一面竭力加固自己的体制。为此它们需要去除一切阻碍，力促经济与产业发展。而39个德意志领邦各自发行的货币以及施行的关税制度则阻碍了自由的经济活动。由于领邦间的关税壁垒，农作物价格高涨，德国国内的饥荒雪上加霜。甚至同一领邦内也存在着众多税收壁垒。

1818年，普鲁士公布新关税法以取消国内关税。1834年，普鲁士联合其他18个领邦结成关税同盟，并逐步扩大同盟范围。奥地利等国虽也做过一些抵抗，但到1842年，39个领邦国家中已有28个相继加入了“德意志关税同盟”。其后不久，受法国二月革命的影响，要求修改宪法与统一德国的呼声高涨，人们强烈要求取得出版自由、审判自由以及结社权利等等（三月革命）。1848年5月，在各领邦举行的选举中，选出了约650名议员。同月18日，旨在制定宪法的国民议会于法兰克福的圣保罗教堂召开。

然而，在实际起草宪法时，议会内分裂为保守派与民主主义激进派，宪法制定举步维艰。在法兰克福议会上，“大德意志”派期冀奥地利脱离哈布斯堡帝国而与其他领邦合并，“小德意志”派则渴望建立一个除却奥地利的统一德国诸邦。

1849年3月27日，法兰克福议会中的小德意志派获得胜利。议会最终决定将德意志诸国以联邦制统一，确定了帝国宪法，并拥立普鲁士国王为世袭皇帝。可赶赴柏林的议会代表团的提议被国王腓特烈·威廉四世断然拒绝，德国统一宪法也被搁置。

此后，各地的民众起义与抗议活动此起彼伏，但皆遭到旧体制镇压。三月革命的成果丧失过半，各联邦宪法被修改得非常保守。结果到1850年，德意志邦联再度恢复。

在这之后德意志邦联持续动荡，难以实现统一。然而，德国作为一个工业国，其经济的腾飞，提高了觉醒于自由主义的市民们的政治自觉性。1861年，德国进步党成立并迅速成为议会第一党。面对进步主义的势力，1862年，威廉一世任命的首相兼外交大臣俾斯麦（1815—1898年）断然推行强权政治，压制自由主义者。

俾斯麦为了转移民众的注意力，发动了志在必得的普丹战争（1864年），迫使丹麦割让了石勒苏益格－荷尔斯泰因，由奥地利与普鲁士两国共同统治。在后来的普奥战争（1866年）中，普鲁士再次取胜，夺取了奥地利统治的荷尔斯泰因。

图5-1　普奥战争的讽刺画中被描绘成牧羊人的俾斯麦（右）

败北的奥地利不得不离开“德意志”舞台。德意志邦联就此解体，取而代之的是囊括了美因河以北全部德意志领邦国家的北德意志联邦，普鲁士还积极鼓动其他领邦加入。1867年2月12日，北德意志联邦举行了制宪议会的直接选举，俾斯麦当选为首相。

另外，奥地利则形成了奥地利－匈牙利二元君主制。原先设想的南德意志联邦并未结成，巴伐利亚、符腾堡和巴登大公国则与普鲁士缔结了军事协定，加强与普鲁士乃至北德意志联邦的联系。

随后德国以西班牙王位的继承问题为外交策略，挑起与法国的矛盾，普法战争（1870—1871年）开始。俾斯麦击溃了法国的抵抗，毛奇指挥的闪电战则攻略了原属法国的色当与梅斯。1871年1月28日，巴黎开城，签订停战协定。法国不得不将阿尔萨斯－洛林地区割让给普鲁士，并支付高额的战争赔款。

由于连年征战，德国全域爱国热情高涨，南德意志四国与北德意志诸国缔结了旨在建立“德意志帝国”的条约。1871年1月18日，在巴黎凡尔赛宫中，普鲁士国王威廉一世加冕为德意志帝国皇帝（王位1861—1888年、帝位1871—1888年）。这是一个建立于君主立宪制与联邦制基础之上的帝国。就这样，德国终于实现了统一，被称为德意志第二帝国。

但正如前文所述，这个帝国是联邦诸国中以领君为首的贵族阶层相互妥协的产物，它建立于各君主间的契约之上。德国建国的特点在于缺乏广大的国民阶层的参与，这为其日后埋下了隐患。

山中的温泉疗养地

以普鲁士为代表的德意志诸邦的理念，与法国奉为理想的自由、平等抑或文明、国际协助、民主主义等思想风马不接。在德国，信奉启蒙主义与进化论历史观的市民阶层没有决定性的政治力量。因而自由知识分子阶层与国家之间的关系亦十分疏离，他们的思想并不在政治、历史之中，而是深入到了血缘、大地与自然。“友自然之力，习自然奥义”的理念弥补了启蒙主义未能落地生根的缺憾，成为知识精英们共同的目标。

而将山与水，将大地深处的能量直接传送至人类身体的便是温泉，亦即温泉疗养。当然，温泉自古以来就家喻户晓。自中世纪前半期至其盛期，温泉疗养曾稍见颓势，可中世纪后期以及文艺复兴时期，短途温泉疗养旅行成了欧洲各国贵族与富裕市民的一大乐趣。与此同时，为了让身份较低的市民也能享受到此种乐趣，温泉亦渐渐完善了相应的设施。

有证据表明，德国自 13 世纪起便已开始使用温泉。起初只有附近居民使用，但到了 14 世纪，开始有旅客为温泉远道而来。春夏季的温泉旅行成了人们规律性的习惯。自 14 世纪末起，重新认识温泉的信息日益增多，大量温泉设施被建立在森林、山区等一些远离城市的地方。

此外，伴随着文艺复兴运动，医生与人文主义者以极大的热情撰写各种“温泉论”。意大利人文主义者波焦·布拉乔利尼（1380—1459 年）曾在写给友人尼科洛·尼科利的书信中记叙了德国（德语圈国家）的温泉。当时他是教皇秘书，因为康斯坦茨大公会议而来到德意志南部的康斯坦茨。波焦在周边的图书馆寻找古代文献之余，也曾造访如今位于瑞士的温泉（阿尔高州的巴登），他在 1416 年 5 月 18 日的书信中所谈及的便是那时的印象。

图5-2　传说中的浴场图景（老卢卡斯·克拉纳赫作《重返青春之泉》，1546年）

据其书信，那个温泉场所位于群山环绕的溪谷中，设有豪华的客舍、两个位于广场的民用公共浴场以及众多私人浴场。公共浴场用现成的低矮隔板分隔男女，但留有多处开口以方便人们交谈。当时，在温泉场所招待友人、玩纸牌、浮桌用餐、享珍馐饮美酒蔚然成风。

在公共浴场里，不管是妙龄少女还是迟暮妇人都一丝不挂，她们大胆地从男人面前走过，仿佛是高雅的女神，如花神芙罗拉或维斯塔贞女[1]，行为举止纯真无邪。私人浴场则显得清洁干净，男女浴池隔板的较低处也设有数个小窗，人们可以透过小窗一起饮酒、谈话、互动。温泉上方设有围栏，人们可以在那里休憩，

1　维斯塔贞女是古罗马炉灶和家庭女神维斯塔的女祭司，负责守护罗马国家圣火。

观察浴池中的人，也可以相互交谈。

虽然也有一些来泡温泉的女性是来治疗不孕症的，但大多数人的目的是放松身心。他们有的夫妇相伴，有的与友人一道，又或只身携仆。甚至有人从300多千米外的地方远道而来，就连修士与祭司也乐在其中。在那里，所有口角与恶意、不和与纷争都不可思议地消失了。浴场中赤身裸体的男女亦不令人觉得猥琐下流，唯有一种淳朴自然之感。如上所述，波焦简直将温泉描绘成了“天堂”。

酷爱温泉的歌德

在德国，16世纪的自然学家们纷纷就温泉与矿泉的价值、它们对身体哪个部位的何种病症有效等展开论述，一直到19世纪，温泉论、温泉纪行的著作都层出不穷。其中最具代表性的便是约翰·沃尔夫冈·冯·歌德（Johann Wolfgang von Goethe，1749—1832年）的作品。

图5-3 歌德

德国的温泉场所有些在古时候就已经存在了，有些是中世纪或近世的王侯和修道院建立的，形形色色各有不同。而在歌德所处的18世纪下半叶到19世纪，那些温泉地已经演变成了被自然包围的优雅设施，也是精英们的疗养观光胜地。

歌德在1785年至1823年间到过波希米亚的温泉场所，包括卡尔斯巴德、弗朗兹巴德、玛丽恩巴德、特普利采、埃格尔，总计22次，此外他还在巴特皮尔蒙特、巴特滕施泰特、威斯巴登等地逗留过，并积极促进魏玛附近的巴特贝尔卡（Bad Berka）温泉的设立。歌德自身为治疗丹毒、胃部不适以及心脏病，会定期前往温泉疗养。从歌德给友人的书信中我们可以知晓，有时他也会因为对从政做官感到疲惫，为了放松身心而去。

据说温泉有神奇的力量，有些温泉甚至吸引着欧洲各方人士慕名而来。比如卡尔斯巴德[1]，歌德初到此地时，它已是欧洲热门的温泉胜地。1785年，他写信告知友人默克："这简直像是图林根的剧场突然被搬到了波希米亚。"

另外还有现属捷克的玛丽恩巴德（图5-4），时至今日它依旧是欧洲人气鼎盛的温泉度假胜地，其饮泉场所尤为出众。歌德于73岁之际恋上了一个在当地结识的19岁女孩——乌尔丽克·冯·莱韦措，他的诗歌《玛丽恩巴德悲歌》便是诞生于此次

1 现属捷克，位于布拉格西面靠近德国国境的山中。

图5-4　玛丽恩巴德的温泉疗养所

失恋之中，不过这是题外话了。

位于莱茵河上游东岸附近的巴登－巴登自古以来便是闻名遐迩的温泉胜地。它由古代罗马人开发，中世纪末至近世初期时开始有王侯贵族们造访，而到18世纪它则作为一个疗养所发展了起来。19世纪初期，一批豪华的宫殿式建筑平地而起。从19世纪到20世纪，著名的政治家、作曲家、小说家、画家们亦频频至此。这个温泉胜地简直成了欧洲的政治家、文化人的外交、社交场所。其为食盐泉，温度颇高，据说对风湿症、神经痛相当有效。

德国人的温泉热潮始于中世纪中期，它与异教时代以来人们对水的治愈力，亦即药效的信仰密不可分。自然之水，无论冷水还是温水，都会带来那来自地壳深处，或是湖底矿物泥的珍贵的自然疗效。这样一种“自然的恩惠与人类有机相连，并能使人恢复本初的健康”的观念，在德国比在任何国家都要受重视。

歌德在《浮士德》第二部开头处写到，身心俱疲的浮士德躺在繁花遍野、绿草如茵的柔美大地上，接受着盘旋其上的妖精们的治愈。同样，歌德在《亲和力》（1809 年）中，以物质与物质的结合与分离为喻，描述了拉近人与人之间距离的神秘亲和力。就像从石灰石中释放出的酸性气体与水结合便成了矿泉，无私地奉献于健康人士和病人们。

基于如上的思考方式，在 19 世纪的德国，不囿于温泉的自然疗法风靡一时，它们现今则以医疗替代、医疗补充之名继续存在着。这不是开方用药，而是基于“让自然所拥有的治愈之力使人体恢复健康”的理念，借助水、土壤、阳光、空气等的作用以及草药、食疗、体操、水浴、呼吸改善、按摩等的功效。在工业化的推进与城市化的发展中，人们斥责远离自然的近代文明为疾病以及精神堕落的根源，而将与近代文明相对立的自然疗法奉若神明。

许多知识分子成了自然疗法的推崇者，至 19 世纪末，据说德国已有 100 多家这种采用自然疗法的疗养所。

甚至时至今日，德国医学的基础也不是“吞药治疾”，而是“发挥自然治愈之力”。温泉疗养正是实现这种理念的方式，它的功效亦得到了政府的承认，健康保险也早已覆盖温泉疗养，长期居留型温泉设施（kurort）的总数接近 400 家。近年由于财政赤字，补助期限缩短，有时也会无法获保。情况似乎正在逐渐改变。

登山时代

19 世纪的德国，既有盛极一时的温泉疗养，亦处于登山运动大发展时期。当时，资产阶级虽然没有政治实力，但在文化、社会方面的影响力却越来越大，他们对山岳萌生出一种强烈的憧憬之情。

近代以前，人们总对山抱有恐惧感，认为那是恶魔的领域，除非万不得已，不然不会去靠近或攀登。但到了 18 世纪下半叶，由于水晶探索热潮以及猎捕岩羚羊等目的，前往山区的人逐渐增多。与此同时，在自然科学方面，人们亦对山岳萌生出兴趣来，而在此前山岳极少被作为调查研究的对象（参照本章开篇页画）。

无须再次指明，阿尔卑斯山脉是欧洲的高山群，覆盖了法国、瑞士、德国、意大利。攀登高峰成为当时人们的目标，1786 年，人类首次成功登顶海拔 4810 米的勃朗峰。

18 世纪下半叶，人们建造了一些山中小屋向登山者提供床铺、食物以及急救用品。进入 19 世纪后，4000 米级的高山上也接连出现了登山者的身影。一些富裕的英国人组成了大型登山队，并配备了仆从和向导。瑞士的实业家及学者们则在挑战登顶的同时也带有学术目的。地质学家、冰河学家、测量人员、植物学家、画家等跟向导攀登，进行调查研究。

图5-5 冰河攀登（1830年）

就这样，山岳向导成了一个有利可图的职业，于是从业者更加全力以赴，其数量与日俱增。将准备登山用具、应对落石雪崩的措施、设定路线等全权委托给向导负责的登山家亦开始进入人们视线。此外，甚至还有一些向导被包季雇用。1850 年到 1865 年是攀登阿尔卑斯的顶峰时期，尤其是 1859 年到 1865 年间，68 座山峰被初次登顶，其征服者主要是英国人。

但是德国人却并不满足于英国人那种依赖他人的登山方式，他们崇尚独立攀登，并追求以登山本身为目的的登山。故而 19 世纪以后，不带向导的“单独行”作为历练自身体魄的大众运动在德语国家逐渐普及。

1869 年，德国登山协会成立（现有会员 75 万人，是世界上最大的登山者协会)。第一次世界大战后，德国、奥地利以及意大利的登山者日益增多。在这些国家中，虽然惊险的攀岩运动十分流行，但也有很多人并不执着于登顶，只为享受漫步山间的乐趣。

一直到20世纪前后，登山仅是德国上流阶层的运动，比如学者、大学教师、高级中学教师、医生、高级官员、律师，等等。但从第一次世界大战前开始，普通工人也能趁着闲暇去攀登一些无须花费太多时间与金钱的中级山岳（海拔1000～2000米）。在第一次世界大战后的魏玛时期，登山热潮亦在市民间兴起。装备、用具的改善以及购买便利性的提高促进了登山运动向更广泛阶层群体的普及。伴随着巨大危险与不可胜数的死亡事故，高山攀登运动成为宣扬“抗争自然、克服困难、挑战高度”的民族主义的一种手段，其成就甚至曾被大众媒体报道。

现今人们已不再背负着国家的名望而登山。很多德国人出于个人兴趣趁休假期间前往德国南部或奥地利的阿尔卑斯山徒步或露营。

铁工业牵引的经济

对于德国来说，19世纪既是一个政治革命的时代，也是一个经济发展、技术革命的时代。或许亦可以换言之，这是一个“政治倒退萎靡，经济却快速发展”的时代。

如前所述，1834年德意志关税同盟成立，这个同盟虽不囊括德国全体，但加盟区域内的关税被全数撤销。其后，相关领邦的经济显著发展，制铁业步入正轨，建造了一批锻造工厂、铸铁工厂以及精炼炉。同时随着纺织工厂的建立，纺织工业亦步入发展之途。这些机械工业在英国业已发展得规模宏大且技术先进，相较之下德国的规模则显得甚为微小。但由于拿破仑的大陆封锁战略，德国无法再依赖英国，这便刺激了其工业的发展。

工业发展迎来了实质性局面，1853年关税同盟延长，奥地利趁此机会表示希望加入，可遭到了普鲁士的拒绝。德意志帝国成立后，统一货币、确立金本位制度、设立中央银行、制定专利法等一系列措施的实施，促进了经济的统一。从1890年到1914年，经济持续发展，德国逐渐蜕变为一个工业国家。

由于德国工业化起步比英国晚得多，它便越过了纺织等轻工业，一开始就以钢铁以及铁路相关产业（重工业与机械工业）为主体产业。当然，在麻、羊毛、丝，尤其是棉等纺织产业方面，德国亦采用织机，实现了一定程度的发展。

德国的铁工业发祥于其东南部的上西里西亚。直到19世纪中叶，巴伐利亚王国的莱茵－普法尔茨、萨尔地区、莱茵河中游的支流沿岸、拿骚的拉恩－迪尔河地区、绍尔兰地区、西格兰、艾费尔高原、哈茨山地、图林根森林、厄尔士山脉等地，都散布着许多小规模制铁厂。其铁工业正是在那些尽享“森林、山岳、河流”恩惠的土地上发展起来的。

1835 年 12 月，一条连接巴伐利亚的纽伦堡与菲尔特，全长 6000 米的铁路修建完工，这是铁路铺设的伊始。到了 1870 年，铁路已有 25000 千米长。虽然德国的铁路建设远落后于法国、英国，但它一步步发展前进着。可以说，铁路日益取代了此前的河流，成了联结各分立领邦，构筑一大交通网络的伟大工具。它以快捷的商品、产品运输，将供给方与需求方紧密相连，扩大了市场。

除了铁路建设与制造火车机车、货车对铁的需求外，作为能源的煤炭需求也与日俱增。可以说如果没有煤田，就没有德国的近代工业，甚至欧洲的近代工业都不会诞生。正因为有了煤炭，才能加热高炉，驱动机车以及蒸汽机。

由于煤炭十分沉重，运输极为不便，人们便就地建造工场。1848 年，德国有 6 个大煤田，分别位于亚琛周边、下莱茵、萨尔地区、萨克森、上西里西亚、下西里西亚，591 个煤矿点上有 35502 个工人，总计开采煤炭 4383566 吨。而到了 1864 年，煤矿点、工人数以及开采量都分别激增至 670 个、99141 人、

19408532 吨。此外，德国褐煤储量也相当可观。

鲁尔地区的重工业发展

莱茵河下游右岸埋藏着丰富的煤炭与铁矿资源。借助莱茵河便捷的水运，这个地带逐渐成为欧洲最大的工业地带。人们取汇入莱茵河的鲁尔河之名，称之为鲁尔工业区。这是一片位于煤井上方，宽 30 千米、长 100 千米的工业区。

19 世纪初，这里不过是一个贫穷的农村，没有任何大城镇。然而 19 世纪中叶，工业革命之后，人们引入了用此地开采出来的煤炭（不是木炭）来精炼附近出产的铁矿石的方法，由此鲁尔地区突飞猛进地发展起来。

自从蒸汽机发明后，采煤技术的进步亦是一日千里。大量劳动力从各地汇集于此，企业也纷纷转移至此。至于工业用水，莱

图5-6　鲁尔河与工业区（1866年）

茵河及其支流的供给绰绰有余。

从1834年到1847年，普鲁士的高炉炼铁产量从13.45万吨增加到了22.9万吨，西里西亚与莱茵兰的矿山业欣欣向荣。而拥有鲁尔地区的莱茵兰则无论在技术、资本或位置层面，都日渐成为近代矿业中心。

19世纪50年代以后，由于炼铁的需要，鲁尔地区的高炉建设进一步发展，生铁消耗量大幅上升。同时，伴随着铁路建设与机械制造的发展，铁制品的需求急剧增加，使鲁尔地区在19世纪实现了飞跃性发展。1911年，鲁尔地区独占鳌头，生产了德国关税领域三分之一以上的生铁以及二分之一以上的钢。

20世纪初，钢铁工业用煤量越来越大，1909年超过了1500万吨，约占鲁尔地区煤炭开采总量的十分之三。以煤炭产地为中心，德国的工业与经济蒸蒸日上。

鲁尔地区傲视其他煤田而立于不败之地的原因在于它拥有莱茵河及鲁尔河，又充分运用铁路使煤炭得以销往四面八方。鲁尔地区的产煤量为1850年166.5万吨、1860年427.6万吨、1870年1157.1万吨、1880年2236.4万吨、1890年3551.7万吨、1900年6011.9万吨、1910年8908.9万吨，真可谓是日新月盛。

图5-7 机车工厂（1855年）

延续至今的“德国制造”

就这样，19 世纪中叶以后，德国的机械工业发展迅猛，大规模的机械工厂在各地纷纷涌现。其后，机械工业逐渐多样化，产品种类也与日俱增。20 世纪初其品种已数不胜数，自行车、摩托车、汽车、电力机车、缝纫机、打字机等新产品层出不穷。

时至今日，机械制造依旧是德国经济的顶梁柱，其中有多达四分之三的产品出口到世界各地。提起德国的代表性产品，汽车（曾经的戴姆勒 - 奔驰股份公司、保时捷）自不待言，我们还能联想到整体厨房、咖啡机，抑或一些更为小巧的器具与金属制品，它们都结实耐久且具实用性。

此外，奥格斯堡的铁、银、铜手工艺品与莱茵兰的索林根的秉承了中世纪以来传统的刀具都十分有名。与索林根同属北莱茵－威斯特法伦州的雷姆沙伊德的钢制品与施托尔贝格的黄铜制品亦是自古以来遐迩闻名。

值得一提的是，占据全球大半市场份额的众多机器制造公司（例如自动封入、封装系统），多数是行外人闻所未闻的中小型企业（Mittelstand），这是德国的特色。即便是大型垄断企业，亦立足当地，十分重视手工艺者的技艺。

地方分权的传统得到充分利用，产品精密耐用而值得依赖，这便是所谓的“德国制造”。

经久不衰的河流运输

此前我已叙述过，在唯有北面临海的德国，纵横奔腾的大河所造就的河流运输自古代、中世纪以来就十分重要。而到了 19 世纪，拖航业的近代化与体系化亦引人关注。即便当时已有铁路，但运输煤炭、铁矿石、谷物等分量重、体积大的物品时，依旧是河流更为便利。

为运输这类重物，1841 年科隆蒸汽拖船公司成立。1850 年前后，加上其他公司所拥有的船只，总计有蒸汽拖船 25 艘、铁制货船 192 艘、木制货船 400 艘、帆船 61 艘航行于莱茵河上，往来运输大量货物。出于同样的理由，易北河、美因河、埃姆斯河、摩泽尔河、鲁尔河、利珀河、萨勒河、奥得河中的蒸汽船也逐渐增多。

20 世纪初，河流水运更加活跃，大型装载船舶不断增加。比如钢铁制船舶的载重量为 3500 吨，相当于 250 辆货车的载重量。

1908 年，德意志帝国内可航行的内陆水运全长为 15269297 千米。其中单纯的河流有 8667320 千米，其余皆为运河化了的河流或是内陆湖内的水路或是运河。

进入 20 世纪后，被称为莱茵－美因地区的上莱茵北部地区，由于便利的水运，工业用水丰富，加上劳动力充足，逐渐发展成为德国最大的工业区。加之 20 世纪 20 年代为了大型船舶的通航，人们对注入莱茵河的美因河、内卡河进行了修整，尔后煤炭或一些初级原材料的运输便也畅通无阻了。

此地不同于鲁尔地区，虽没有地下资源，但却有着世界上最大的综合化工厂 BASF[1]、同为化工厂（尤其是焦油染色工业）的赫斯特公司，以及位于吕瑟尔斯海姆的欧宝汽车工厂等知名企业。可以说是河流成就了它们。

此外，前述的鲁尔工业地带位于现在的北莱茵－威斯特法伦州，其州首府是处于莱茵河下游的杜塞尔多夫。这里汇集了制铁、化学、机械、金属加工等主要企业，其产量占德国总产量的

---

1 中文名为巴斯夫，缩写 BASF 来自其以前的全名“Badische Anilin-und-Soda-Fabrik”（巴登苯胺苏打厂）。

大半，不得不说这多亏了莱茵河的恩惠。

如前章所述，德国与法国、英国不同，始终未能完成以王权为轴心的统一，进入近代后中世纪的领邦分裂再次被制度化。而在这一时期，将初期近代的“德国”统一起来的除了河流，除了水，再无其他可能。

共同的自然观、根源性自然与人类的深厚联系透过漫长的历史长河渐渐渗入德国人民的心中，与德语一起在无形之中将他们一体化，这或许是一个不可辩驳的事实。但说到底这只是精神的一体性，并不能统一社会、政治与经济。与此相对，河流则将具体的城镇与城镇、地区与地区相联结，促成经济上的交流。谋求关税的撤销与赢得自由通行的保障，是为了将德国的河网物尽其用。

父亲河莱茵河

德国境内有着众多浩浩荡荡的大河，与日本的河流截然不同。除了莱茵河、多瑙河外，还有易北河、摩泽尔河等。它们宛若大动脉一般，运输着载有大量货物的船只。这些河流不是向中央集聚，而是联结地区与地区，将全国联结为一个整体。

1992 年，一个萌发于古代的宏大规划终于实现了 —— 贯通莱茵河、美因河与多瑙河，结成一张北起北海、南抵黑海的水运网。

接下来就让我们分别了解一下德国的三大河流——莱茵河、多瑙河、易北河。首先是莱茵河。

莱茵河自北向南贯穿德国西部。对于德国人来说，它是历史上最重要的河流之一。莱茵河全长1230千米，发源于瑞士境内的阿尔卑斯山区，沿瑞士、奥地利国境北上，流入博登湖后，自湖西而出，急流西行，继而右折一路北上。这条大河流经多条运河，与罗讷河、马恩河、埃姆斯河、威悉河、易北河相贯通。

时至今日，莱茵河上仍有约6万艘船往来不休，据说它是世界上交通最繁忙的内陆河流。莱茵河运输着沉重的煤炭、矿石、建筑材料以及石油等，支撑着德国的物资流通。可以说，没有莱

图5-8　莱茵河与山城（1895年）

茵河就没有德国（与荷兰）的工商业。

莱茵河因其重要的历史地位，被人们唤作“父亲河”，是德国人的心灵故乡。自中世纪以来，莱茵河谷的居民间流传着成千上万个传说，将这一思想绵延至今。其中，一个名为克里斯多福的耿直大力士形象深受人们喜爱，他因驮负耶稣过河之举而广受赞誉，并被描绘入画，雕刻成像，传颂至今。

在德国的浪漫主义文学运动中，莱茵河被颂扬的次数不胜枚举。首先，弗里德里希·荷尔德林在其 1801 年的长诗《莱茵河》中赞颂了这条大河，同年弗朗兹·布伦塔诺在虚构诗《罗蕾莱》中吟咏了少女罗蕾莱从莱茵河畔的岩壁上纵身投河的悲剧，后来的诗人、画家、作曲家亦源源不断地从莱茵河中获得灵感。1805 年，弗里德里希·施莱格尔在《荷兰、莱茵河流域、瑞士和法国部分地区的游览书札》中赞美了莱茵河的美丽景致与伟大历史的协调，他的叙事诗《沉没之城》（1807 年）亦涉及了这条大河。

其后，由于反抗法国的解放战争，兼具爱国主义与政治性的莱茵抒情诗层出不穷，并被传唱。其中格外著名的是海因里希·海涅的《罗蕾莱》（1824 年）。

多瑙河与易北河

接下来是多瑙河。这条大河全长 2857 千米，沿途流经十余个国家，奥地利、匈牙利都将它视为本国河流珍爱无比。多瑙河发源于德国的黑森林地区，汇集了德国境内阿尔卑斯山脉的众多支流，它在森林中形成美丽的溪谷，并横穿巴伐利亚地区。

与激流滚滚、具有男性气概的莱茵河不同，被唤作“母亲多瑙河”的这条大河水流平缓宁静，是多民族共存融合的象征。有时人们也会将莱茵河与多瑙河相对立，认为莱茵河才是德国的象征，多瑙河则是哈布斯堡帝国奥地利的象征。

而在小约翰·施特劳斯（1825—1899 年）的圆舞曲《蓝色多瑙河》（1867 年）的合唱版中，莱茵河被称作多瑙河的兄弟，可以说这两条河流正象征着两国的勠力同心。而这两条大河在博登湖附近确实有过交汇。

多瑙河以南是阿尔卑斯山麓，这块广大的绿野是德国首屈一指的粮仓。从阿尔卑斯山流下的数条支流，使肥沃的泥沙沉积在此。田间种植着大麦与小麦，与之相邻的还有德国最大的啤酒花种植地——哈拉道（Hallertau）。大麦、啤酒花以及从阿尔卑斯山顺流而下的天然泉水，自然使此地的啤酒酿造业十分兴盛。

另外，多瑙河流域是一块天主教信仰笃深的土地，许是因此，当地留存着众多巴洛克风格的教堂，这亦是其特征之一。

图5-9　啤酒酿造

最后，让我们对易北河也作一番了解。易北河发源于捷克与波兰国境附近的克尔科诺谢山，全长1165千米，是一条贯穿捷克与德国的大河。它自德国与捷克国境的厄尔士山脉一路向北，穿过北德国平原注入北海。众多运河将易北河与其他河流相连，成为内陆交通要道。在古时易北河是德国与外部（斯拉夫）的界线，而如今它则成了德国东西两边的分界线。

易北河在汉堡附近汇入北海，故自汉萨城市同盟时代以来它便是大量物资往来的重要通道，并通过许多支流和运河与内陆重要城市相连。但由于河流沿岸的领邦各自设定了诸多关税，导致税金占了物资成本的一半以上。虽然1815年的维也纳会议已提出河流航行自由的要求，但其完全实施则到了1870年。

同莱茵河、多瑙河一样，因为城市污水与工业废水，易北河也面临着严重的水质污染问题。虽然如此，但其中游地区还残存着人类未曾染指的自然，现为欧洲最大的自然保护区之一。那里不仅生长着各种植物，还是水禽、河狸、水獭等动物的栖息地，并被列为“联合国生物圈保护区”而受到保护。

河流中的自然变迁

河流就这样一直在物质与精神方面支撑着德国（人）。实际上，自 18 世纪中叶到 20 世纪，在以河流为代表的德国水域范围内，曾有过一次大规模工程，完全改变了其水域面貌。我希望大家能对此有所了解。

人们在蜿蜒曲折与分流湍急的河边修筑堤坝使其直线快流，清除河流中的砂石沉积与沙洲令河运畅行无阻，又在溪谷中修建大坝以调节洪水、灌溉田地及发电，此外还挖掘运河连接河流以扩大水运网。而池塘、湖泊、湿地、沼泽、泥炭沼则多数被围垦或是填埋成了耕地。改造自然以服务人类的行为自中世纪便已有之，而进入近代之后，其规模与速度都翻了一番。

前章提到的普鲁士开明专制君主腓特烈二世曾大举开凿运河以连通易北河与奥得河，并围垦奥得河以东的湿地以及沼泽，他比同时代的任何人都积极地改造自然，除河流等水域，山岳、森林，甚至草原都在其改造范围内。我也曾听闻“德国的景观是德国人的心灵故乡，绝不能被人为改造，它保持着日耳曼故乡的原貌，被人们爱护至今”这样的话，但为了生活的便利与产业的发展，德国的自然确实也存在着被彻底改造的一面。

此外，批判此种改变的口号“保护景观之美”，其中也是指人所认为的“美”，仍旧是以人为中心的思考方式，这是不争的事实。而对于同样将自然改造至今的日本来说，这亦是必须铭记于心的事实。

崇尚自然的德国浪漫主义文学

我在此前已阐述过，对于德国，文艺复兴的理性主义与人文主义的影响微乎其微，甚至启蒙主义也几乎未曾留下什么痕迹。纵观 18 世纪到 19 世纪的艺术与思潮，反倒是追求与自然紧密联系的浪漫主义十分盛行。

从 18 世纪末到 19 世纪上半叶的德国浪漫主义是早前 18 世纪 60 年代末到 80 年代中期开展的新文学运动——“狂飙突进运动”（Sturm und Drang）的延续。狂飙突进运动反对启蒙主义，重视自然与情感生活，歌颂人类激情、想象力以及个人的伟大。其主要表现形式为散文与戏剧，初期代表人物有歌德、席勒，除此之外还有莱泽维茨、瓦格纳、伦茨等人。

继承了上述思想并将之深化的便是浪漫主义。其中以诺瓦利斯的《海因里希·冯·奥弗特丁根（蓝花）》（1802 年）为代表，取材自矿山的作品亦不计其数。

在《蓝花》中，主人公海因里希通过旅行实现自己内心的成长，与地道里老矿夫的交谈以及与身居洞穴的隐者的相遇是其重要主题，人的内心世界与自然，特别是与大地之下的世界就这样奇幻地产生交流。据说在 1797 年 12 月到 1799 年 5 月，诺瓦利斯曾在弗赖贝格矿山学校就读，需要每天下到矿坑里。

恩斯特·特奥多尔·威廉·霍夫曼曾写过一部短篇小说，名为《法伦矿山》（1819 年）。该小说以阴森的笔致逼真地描绘了一个充满幻想与欲望的地下世界。主人公是矿夫埃利斯，他看到了一个 100 多年前因塌方事故而丧生的矿夫亡灵，自此他眼前便总是出现充满情色而又不可思议的幻象。而后埃利斯为了给新婚妻子一份礼物，在婚礼当日深入地底去寻找宝石，可塌方再度发生，埃利斯一去不返。50 年后，埃利斯的妻子纵身投向丈夫已变为化石的遗体之上自尽而死，其夫的遗体也随之化为灰烬。

浪漫主义频频提及中世纪的十字军、神秘主义、骑士精神及哥特式建筑，对远方的土地与遥远的过去抱有强烈的兴趣。与此同时，神秘的“自然”亦是其灵感之源。刚才我所列举的矿山便是其中之一，更常登场的则有想象中的幽暗森林、岩石遍布的峡谷、山体斜面的原野、断崖或洞穴等。除了诺瓦利斯、霍夫曼之外，还有路德维希·蒂克、约瑟夫·冯·艾兴多夫等作家与诗人，他们在赞美日耳曼神话的同时，以精湛的笔触描绘梦中的森林与山岳。

这个时代的浪漫主义文学中所掀起的自然热潮与格林兄弟（兄雅各布，1785—1863 年；弟威廉，1786—1859 年）的活跃并非毫无关系。他们因收录有《白雪公主》《小红帽》等作品的《格林童话》[1]而家喻户晓。正是因为格林兄弟将意象纷呈的《民间故事之森》收集整理，这些传说才能流传至今，持续魅惑着古代日耳曼人和近代德国人。

在《格林童话》中频繁出现的森林既是日常世界的一部分，又与异界相通。应该说它本身就是妖精、女巫、巨人以及奇异动物们所栖居的异界。这是生与死矛盾共存的空间，它在给予慈悲与恩惠的同时，又是一个恐怖的存在。在《格林童话》的 201 篇目中，有森林出现的多达 84 篇。1816 年，格林兄弟出版了《德国传说集》，其第一版共计 579 篇传说故事，其中有森林出现的有 118 篇。

格林兄弟心中有这样一个理念：挖掘基督教之前的自然信仰、树木信仰与各种古老习俗所孕育的“德国性”，并使之重焕

1　1812 年，原名为《献给孩子和家庭的童话集》。——原书注

生机。在他们汇编的童话传说中，巨人、小人、森林族、苔藓族[1]一一登场。

格林兄弟并非要召唤出存在于世界外部的理念或超越之神，在他们的观念中，理想化的“自然”是人道德的源泉，是社会的基础。此间，人的精神与自然世界情感相通、心意相连，通过与自然的一体化，人能够再度恢复生命力，消除所有疾病。德国人始终未能在古典时代（希腊、罗马）文化或充满荣光的基督教王国中找到认同感，而这个“自然”兴许是他们唯一能信任依赖的。

浪漫主义的上述思想在 19 世纪乃至 20 世纪的德国文学中都留下了浓墨重彩的印记。一如前章所提及的，19 世纪的法国文学在“自然主义”“写实主义”的大旗之下产生了以巴尔扎克、左拉等为代表而创作的一系列尖锐指刺社会问题的作品，而同时期的德国文学却消极地逃避社会转向自然，众人皆以各自的旋律歌颂自然，其中流淌着一种静谧的达观。

诗人弗里德里希·荷尔德林受歌德影响，在其作品《归乡》（1801—1804 年）中赞颂了阿尔卑斯雄伟壮丽的群山、清冽的河流与瀑布。阿达尔贝特·施蒂弗特（1805—1868 年）的《水晶》

---

1 居住于杂木林与荒野的昏暗之所或是地下洞穴的小人，全身覆盖苔藓，以绿色苔藓为窝。——原书注

则讲述了圣诞之夜，一对在山中遭遇暴风雪的幼年兄妹避难于冰河下的岩石丛中等待救援的故事。这个作家以浸润着清洁空气的静谧荒野、流淌着洁净无垢之水的美丽森林等为舞台，创作了许多颂扬无邪纯洁的作品。

其他能联想到的还有瑞士的医生兼植物学家阿尔布雷希特·冯·哈勒（Albrecht von Haller）的诗集《阿尔卑斯》（1729年），同属瑞士的诗人萨洛蒙·格斯纳（Salomon Gessner，1730—1788年）、德国女诗人阿内特·冯·德罗斯特－许尔斯霍夫（Annette von Droste-Hülshoff）的自然诗等。在德国有着一个或可称作“山林文学”的领域，其作品举之不尽，列之无穷。

山岳绘画与有机体思想

接着让我们关注同样偏爱描画自然的德国绘画。最具代表性的要数活跃于19世纪上半叶的风景画家卡斯帕·大卫·弗里德里希（Caspar David Friedrich，1774—1840年）。他喜爱描绘草原、海滨以及山岳。而在他之前，出生于瑞士北部的卡斯帕·沃尔夫（Caspar Wolf，1735—1783年）亦画了200余幅与众不同的阿尔卑斯山。此外还有出生于蒂罗尔地区的约瑟夫·安东·科赫（Joseph Anton Koch），以及其他许多与弗里德里希同时代的，为山岳的魅力所折服的画家、版画家。

他们绘仿佛拒人于千里之外的耸立高山、屹立不倒的巨大岩石、浮现于山丘背后云海中的群山、峡谷或瀑布、壮阔的冰川以及蔚为奇观的洞窟，每幅画都充满静谧、庄严又崇高的氛围。

另外，在音乐世界中则有理查德·施特劳斯的《阿尔卑斯交响曲》（1915 年），其以音乐形式表现了攀登阿尔卑斯山之状。这部作品分为 20 个部分，每个部分都有各自的标题，对应着 20 个登山阶段（现在则通常分为 22 个场景）。

在 19 世纪的德国，“登山是精神的体验，人类会随着攀登而变高贵，最终抵达真实”的理念被广为信奉。据说一旦立于山巅，远远俯瞰尚沉没于幽暗之中的城镇与田园时，便会涌现出一种“再也不想回到污秽下界”之感。随着登山作为这样一种精神体验而蔚然成风，山岳亦作为一个审美对象受到人们的关注，想必由此山岳便成了文学与美术的重要主题。

约翰·戈特弗里德·赫尔德（Johann Gottfried Herder，1744—1803 年）是活跃于 18 世纪下半叶的德国思想家。他反对启蒙主义的理念，认为只有通过自然才能抵达真正的人性，并且主张世上存在的所有文化都有同等的权利，它们是由民族性格与民族所活跃于的自然条件相互作用决定的，即文化的多样性是与自然的多样性相呼应的。

这是一种相信自然统一性，相信人类与自然的内在联系的有机体思想。这种思想与前述的自然疗法的流行息息相关，遵循了“生命并非单一个体人类的生命，是有机、不可分割、与自然融为一体”的生命观。

18 世纪末到 19 世纪中叶的思想家与科学家都持有独特的有机体自然观，这种自然观念囊括人类之生命又凌驾其上。同时，人们认为人类只有通过这种大自然的伟大潜力才能走向未来，渺小的人类世界与深远而崇高的自然形成鲜明对比。最具代表性的是哲学家弗里德里希·威廉姆·约瑟夫·谢林（Friedrich Wilhelm Joseph Schelling）的自然哲学。

综上，我认为在 18 世纪至 19 世纪的文学家、画家、哲学家与民间传承中，“德国自然观”一脉相承。

第六章

自然崇拜的明暗

柏林的徒步旅行活动（1930年）

普鲁士在1870年至1871年的普法战争中击败法国之后，南德意志四国（巴伐利亚、符腾堡、巴登、黑森－达姆施塔特）随即加入北德意志联邦，改国名为“德意志帝国”，国王威廉一世加冕为帝，帝国由此统一。

那么统一之后，德国的政治与制度又是如何演变的呢？俾斯麦是使普鲁士走上强盛，领导德国实现统一的核心人物，在其后的19年中，俾斯麦作为国家宰相统领着政治的走向。然而在他下台后，德国却一步步陷入了大战的悲剧之中。

从俾斯麦退场到威廉二世亲政

普鲁士是作为一个军国主义国家发展起来的，因而在军队、各行各业或组织中都有着严苛的纪律。全国国民如同置身工厂一般，受到机械化的管控。中产阶级夹在贵族、官僚与工人之间，未能采取任何颠覆统治秩序的大胆行动。这便是1848年3月“革命”的失败之由。1871年成立的以普鲁士为中心的德意志帝国，其统一是通过三次战争实现的，故而军队的威信进一步上升。

在社会上，担任军队将校的贵族们普遍受到尊敬，他们以精英自居，走路耀武扬威。产业化亦是由军人贵族、宫廷贵族领导，而不是由资产阶级企业家、资本家推动的。虽说市民阶层逐渐崛起，但那些通过士官候补生考试的人，他们模仿军人贵族的态度与规范，亦渐呈贵族化。若名誉受损必决斗，这样一种名誉第一的思考方式也蔓延于市民之间，甚至成为德国人行为方式的传统。

俾斯麦曾为了本国利益而屡屡发动战争，但实现统一之后，他不再热衷于战争，转而重视欧洲的势力均衡与协调合作，力图在这种平衡之中实现德意志帝国的稳定发展。

然而，许是因为这位宰相体内流淌着容克之血，他在国内奉行高压的贵族主义，丝毫不接受民主主义。他完全不把以资产阶级为主角的议会制民族国家放在眼中，将反对自身政策之人都视为帝国的敌人。随着工业化发展，工人阶层人数激增，且已成为一股不容忽视的势力，可俾斯麦却对他们的呼声充耳不闻。不仅如此，他还制定了《社会党人法》（1878 年 10 月）以镇压他们组织的工人运动，并于 1878 年到 1890 年对社会主义运动实施了镇压。

但俾斯麦遭到了非常强烈的反抗，拥护工人的运动蓬勃开展。俾斯麦慌了神，改为怀柔政策，制定了一些社会保障法令，可这并未挽回民心。1889 年，在埃森与盖尔森基兴，多达 14 万名矿工举行了罢工。

德国因此面临能源危机。俾斯麦企图借此镇压社会主义者，但这个应对却是一个错误之举。1890 年，他终于被皇帝威廉二世

（1888—1918 年在位）责令辞职。

着手亲政的威廉二世气量小，还频频失言，他虽然极力推进扩张的世界政策，但进展并不顺利。威廉二世手下的宰相也很难管理由保守派与市民派组成的联合政府，难以果断地将政策贯彻到底。且作为最大政党的社会民主党无法参与制定政策，这阻碍了反映大众呼声的政治实践。

在此期间，欧洲各国争权夺利，矛盾冲突不断。在德国，威廉二世采取了旨在向东方扩张的 3B 政策，以从柏林经由拜占庭连接巴格达的铁路铺设事业为中心，竭力获取各项权力。从中感到威胁的英国被迫改变策略，于 1907 年同法国、俄罗斯帝国结成了三国协约以对抗德国、奥地利、意大利的三国同盟（1882 年）。

此时，德国一面牵制法国入侵摩洛哥，一面将其诉诸国际会议，意欲对法国借题发挥。可英国、俄国、意大利却支持法国，美国的罗斯福亦袒护法国，因而会议通过了对法国有利的妥协政策。会议暂时避免了决定性冲突，却在摩洛哥埋下了日后的战争火种。

第一次世界大战的爆发与魏玛体制

然而，离德国较近的巴尔干诸国的形势却更为严峻。由于俄国对泛斯拉夫运动的支援，奥匈帝国的安定岌岌可危，于是奥匈帝国便暂且与曾反目为敌的德国改善了关系，并于 1908 年吞并了波斯尼亚和黑塞哥维那。1914 年 6 月 28 日，奥匈帝国皇储在其吞并的波斯尼亚首都萨拉热窝被一个塞尔维亚青年暗杀，由此引发了一场大规模的战争。这就是给欧洲带来巨大灾难的第一次世界大战。

德国计划速战速决，向法国发动了进攻。可战况并不尽如人意，德军在马恩河战役中败北。同盟军奥匈帝国军队亦被俄国打得一败涂地，在无能的皇帝与宰相的领导之下，军队最高统帅部肆意妄为地推进作战。战争的主要舞台从陆地转移到了海洋，德国以 U 型潜艇发动所谓的潜艇队攻击后，美国也加入了战争。

1918 年 11 月 11 日，战争以德国的失败而告终。人们对君主制丧失了信心，再无人愿意去捍卫它。威廉二世退位后，德国帝国很快便土崩瓦解，并迅速变为共和制。由于其国民议会设在魏玛，遂被称为魏玛共和国。另外，战后奥地利与捷克、匈牙利、意大利等盟友分裂，变成了以德国人为主体的奥地利共和国。

德国陷入了无可挽回的疲惫与衰弱之中。在历经了工人士兵代表会的革命后，1919 年 1 月选举产生的国民议会上，成立了由社会民主党（SPD）、中央党（Zentrum）、民主党（DDP）三党联合执政的政府。随后便通过了奠定典型议会制民主主义体制基础、具有划时代意义的《魏玛宪法》。这部宪法后来对其他国家产生了重大影响。

根据《凡尔赛条约》，德国失去了所有的海外殖民地以及13%的本国国土，并被要求支付巨额战争赔款（1320亿金马克），举国上下苦不堪言。右翼政党煽动说，这份屈辱的和平条约的全部责任，皆在于共和国以及统领共和国的社会民主主义政权。此举取得了成功，国内政治日益动荡。

就这样，德国人民不再认为魏玛体制，即基于西欧模式政治人道主义的民主制（国民通过直接选举选出大总统，议会选举是男女平等参与的普通选举，国民可以直接提议立法）是正当的。并且在议会上，中央党与社会民主党都没有独到的国家理念，可他们却无视国民意愿，高举国际目标。很多人都开始对其心生怀疑。

在漫长的历史中，"理应服从立于国家之巅的伟大掌权者的命令"这个观念在德国始终根深蒂固。或许对于这样的德国来说，民主制特有的选举制度、政党联合执政或是理性化机械化机制都还为时尚早。即便德国突然摇身一变成了魏玛共和国，向众人说"设立议会制，皇帝已不存在"，但议会中政党间的互相争论、协商、妥协，只令人觉得白白浪费了大量时间，这种谁都不承担责任的政治形态很快遭到了厌弃。人们需要的是自信而负责，具有决断力并下达命令的强力帝王。

与此同时，收复《凡尔赛条约》中割让的领土，让帝国重生的想法在这个以自然为生活基础的民族中愈演愈烈。为颠覆魏玛体制，构建崭新的政治形态，具备赫尔德式有机思想的民族理念在国家体制与立宪政治的动荡之中、在信仰与传统的分裂之中渐渐抬头。而过去的官吏、法官以及军队统帅保存实力苟延残喘至今，这也鼓励了这种打倒民主制度的民族情绪。

随后，前军队官兵发动卡普政变（1920 年 3 月）、魏玛政府与苏维埃俄国签订提议相互放弃赔款的《拉帕洛条约》（1922 年 4 月）、法国占领鲁尔地区（1923 年 1 月），一系列事件接踵而至。通货膨胀愈加严峻，社会不安情绪加剧。

希特勒与第二次世界大战

在上述形势下上台的便是希特勒。1921 年起，他就作为民族社会主义德意志工人党（纳粹党）的党魁主张废除《凡尔赛条约》，高唱反犹太主义。1923 年 11 月，希特勒企图在慕尼黑夺取政权未遂，被投入监狱。其后，德国进入了短暂的经济恢复与安定时期，加之签订《洛迦诺公约》（1925 年）、加入国际联盟（1926 年）等事件，似乎暂时得到了国际上的认可。

然而，1929 年开始的大萧条亦殃及了德国，美国中止了对德国的资金借贷。在大量失业与贫困带来的慌乱中，以希特勒为首的纳粹党趁机扩大了其势力范围。

不幸的是，在与战胜国达成和解中起主导作用的杰出宰相施特雷泽曼亦于当年去世。1932年，希特勒的政党一跃成为第一大党，翌年他便担任总理。希特勒因成功地重振经济而广受拥戴，但他禁止异党，镇压工会，德国国内的基本人权也几乎等同于无。

希特勒兼任总理与总统，独揽大权，并取得了军队的最高统帅权，获得了国防军的支持。冲锋队（SA）、党卫军（SS）等相继成立。1933年10月，德国退出国际联盟；1935年1月，收复国际联盟管辖的萨尔地区；同年3月复活征兵制；1936年3月，撕毁《洛迦诺公约》进驻莱茵兰；1938年10月，吞并奥地利与捷克、波兰国境沿线的山地苏台德地区，同时与奥地利合并；1939年3月，入侵捷克斯洛伐克；同年9月，入侵波兰。德国的一连串举动最终引发了第二次世界大战。这场大战持续了五年半，其中5500万人丧失了生命，欧洲荒废已极。

而在德国国内，希特勒开展了更为残酷的暴行，那便是对犹太人的迫害与大屠杀。1935年9月制定的《纽伦堡种族法》有两条法令：其一是《帝国公民权法》，该法令规定只有德国人及其近亲才享有公民权与完全参政权（犹太人的公民权被剥夺）；其二为《保护德国血统和德国荣誉法》，该法令禁止德国人及其近亲与犹太人私通，禁止犹太人雇用45岁以下的雅利安女佣。

此后数年间，纳粹将大量犹太人强制迁往国外定居，并没收了他们的全部财产。1941年6月苏德战争爆发后，强制移民政策破产，于是纳粹着手执行“犹太人问题的最终解决方案”。他们逮捕犹太人并将其送到强制收容所，以“解决”为目标，将他们关进毒气室等地屠戮。整个欧洲惨遭杀害的犹太人总数高达600万人。

热衷于徒步旅行的青年

那么，纳粹德国理想中的“德国人”究竟是什么样的人种，什么样的民族呢？

答案是“金发碧眼，身材高挑，继承着自古以来不掺杂质的纯正血统的健康人种”，即雅利安人。其中，青年作为肩负着德国下一个时代重任的一代，尤为纳粹所重视。

1926年，一个名为“希特勒青年团”的组织成立了。这是一个全德国14至18岁的青年都可以加入（1936年后，每个符合条件的青年都必须加入）的组织，隶属于纳粹党卫军。为了成为健康的士兵，青年们会参加体育运动、军事训练、社会服务活动、野营等一系列活动。此外也有10至14岁的少年团及女子部，他们在纳粹管理的机构内接受“像德国人一样思考和行动”的教育。

希特勒青年团除进行秩序井然的军事训练外，还非常重视野外露营，这不禁让我联想到了其与“徒步旅行”之间的关联。实际上，从纳粹时代的希特勒青年团组织吸收了徒步旅行这一事情上，我们也能发觉其连续性。

那么徒步旅行究竟是一种怎样的运动呢？它在 19 世纪末到 20 世纪初起源于柏林，随后扩散到德国各地，以培育身心健康的青年与宣扬爱国主义为目标，于 1901 年正式成立组织。青年们贴近自然，在森林与村庄中进行一天或是半天的集体徒步旅行，偶尔也会持续数周。他们身着短裤，背负行囊，甚至还有人背着一把吉他。入夜时分，青年们则会举办篝火晚会，齐唱传统民谣，欢跳民族舞蹈。

其中也有人怀着浪漫的自然崇拜情怀，憧憬着古代日耳曼，向雄伟的山岳以及辽阔的荒野进发。然而更多时候，他们的活动场所是附近有人类来往的森林、草原以及山野。这个运动不同于攀登高山，并不需要专门的装备、特别的训练以及充足的体力，反倒有些远足意味。青年们经常夜宿古堡，据说这就是现在青年旅舍的起源。

实际上，即便在最鼎盛的时候，参加徒步旅行结社的全德国青年也似乎不足 3 万人。可要是将那些偶尔参加或关注着同样运动的非正式成员也算进去的话，那它可谓是将众多青年都卷入其中的运动，且无疑在其后的时日中给青年们留下了有形无形的影响。

“德国体操”运动

在徒步旅行之前，曾有过一个为复兴德国而振兴体育的运动。它由一个民族主义者弗里德里希·路德维希·雅恩（Friedrich Ludwig Jahn，1778—1852 年）率先发起。雅恩认为德国会被拿破仑侵略与统治，是因为传统运动文化的衰退。于是他在召集众友、征得青年的同意后，策划了一场体育振兴运动。这便是“德国体操”（Turnen），它同时也是一种青少年教育活动。

雅恩在柏林郊外开辟了一块运动场地，稍加修整草地，搜罗了一些竞走、掷标枪、跳高等运动所需用具，然后按照项目类别依次举行小组活动。据说在 19 世纪初，其运动场所已达 150 处，参加活动的人数为 12000 人。这场复兴运动大受欢迎的原因还在于青年们可以趁运动之余广交朋友，增进友谊。

受雅恩思想影响的学生们组成“大学生协会”（Burschenschaft），以大学为据点展开爱国主义相关活动。1817 年 10 月，数百人聚集在德国中部图林根森林的瓦尔特堡中，纪念并庆祝莱比锡战役（1813 年）中德国对拿破仑取得的胜利，还呼吁建立一个统一与自由的德国。

1819 年，梅特涅将“大学生协会”视为危险予以禁止，体操运动亦遭到全面禁止。1842 年体操禁令解除后，各地便迅速成立了体操俱乐部以开展各项运动并促进交流。其后，展示训练成果、相互竞争切磋的体操节相继开展，1860 年则举办了全国规模的德国体操节。可以说正是借由体操，伴随着体操节上的爱国主义典礼，参与者与观众们渐渐意识到了德国的统一，并产生了对帝国的归属感。

现代德国人爱好运动和体育俱乐部组织的高参与率都与这个“德国体操”运动密切相关。另外，从与徒步旅行的关联性上看，德国人至今热衷漫步山野，这或许已成了他们生活中根深蒂固的习惯。

卓越的林业

从古至今，德国人始终认为“森林是守护人类的存在”。森林里有正义与爱。进入近代后，浪漫主义诗人们便不断歌颂森林的美丽与正义。《格林童话》中也有在森林的糖果屋中，差点被坏巫婆吃掉的汉泽尔和格莱特获救，而巫婆最终被烧死的故事。因为森林能明辨善恶。

因而森林不单是砍伐木材的场所或仅有治水之用，它亦是德国人灵魂的归所。正因如此，人们竭尽全力地恢复曾经被开发而破坏的森林。

近代以后，人们渐渐掌握了树木的特性，开始以贴近自然的方式，在保持树种、树龄多样性的前提下砍伐树木，而不再采用20世纪伊始那种一次性砍伐所有树木的方式，那样会破坏生态系统。它带来的好处是省去了清除枯死于病虫害的树木与肥料的费用，地表不再裸露，各种树木与低矮的灌木丛形成了层次分明、丰富多样的生态系统，野生动物也能在此生存了。

实际上，日本是世界屈指可数的森林国，森林面积占了国土面积的三分之二。尽管很多森林中以木材利用为目的恣意种满了杉树与扁柏，可遭荒弃的森林亦不计其数。而德国国土的森林覆盖率虽为31%，但德国人在以红松、云杉为代表的针叶树林中混杂了山毛榉与枹栎等阔叶树，保持了良好的林木平衡。并且，当基础木材（主要砍伐木材）被砍伐运出后，它的枝丫以及间伐材[1]乃至木材加工后的木片、锯屑都会被善加利用而不会被白白浪费。它们被制成纸浆、柴火、木屑、木颗粒燃料等，除了应用于家具、酒桶以及建筑外，它们还被作为工业用材，也常应用于家庭供暖与热水供给系统。

1　为主要树木的发育伐掉的不要的树木。

在德国，除了保证丰富的森林资源得到有效利用外，森林本身亦是市民们的休憩之所。从使森林成为生命、生活之源的理念出发，德国有计划地培育管理着森林。每片森林都设有纵横交错的林间道路，还有可供歇息的小屋及长椅，以及完善的指路标识，市民们可以轻松愉悦地踏入森林。他们在森林享受散步、慢跑、携伴远足、骑行驾马、采摘野菜野果的快乐，消解压力，休养身心。因此，人们努力维护和管理森林，保护生态系统。

此外，众所周知，保持森林的良好状态也有利于保持土壤、调节气候（防范温室效应）与减少二氧化碳排放。同样，森林也扮演着储蓄庞大水量的蓄水池角色。 林木茂盛的地方一般很少有洪水。

德国的山岳地带雨水充沛，积雪颇多，森林起着调节水量，防止河流决堤的作用。森林宛若大坝，将贮藏于其下的地下水缓缓释放，均匀地供给河流。它还利于涵养湖沼之类的滞留水，保持土壤表层的水分。对于被它包围的河流来说，森林也起到了防波堤的作用，保护其河流流域不受风灾水害与泥石流的侵袭。经过森林的过滤，水质亦能保持良好。

德国的森林分为州有林、自治体团体林、民有林三种。那些不适宜企业经营的险峻山岳地带由州负责保护与管理。而民间能够维持经营的地方则为民营化管理。中世纪时国王与教会拥有的广袤森林，现在都以国有林、州有林的形式转移到公共管理之下。

在德国，林业相当受欢迎，森林学很发达。虽然普遍认为森林的管理与建设应该由对当地生态系统了如指掌且专业知识丰富的森林局、营林署的森林官员来负责，但似乎还存在着地区主导的机构。经营有方的林业成了继汽车、电器、电子、机械行业之后的一大主要产业。这一点与同样有着广袤森林却无法很好发挥其作用的日本有着天壤之别。

森林保护与生态系统

从前文所述中可以发现，森林保护是保护整体自然的核心政策，因而在德国，水源林、自然保护林随处可见。森林还包围着田地，防止了肥沃表土的流失。若是没有森林，农业也无以为继。

致力于实现可持续性森林机能是为了保护整个自然生态系统。不管是植树还是砍伐，营林署在管理时都要考虑到树龄与树种之间的平衡，他们不惜人手与预算，不放过任何角落，关注着每棵树木。将农药投放控制至最低限度，避免破坏土壤及森林，不砍伐筑有野鸟巢穴的树木，以自然更新促进树木的更迭换代，换句话说，就是要建立一个由固有物种组成的生态系统。

西德于1970年修改宪法，初次将“环境保护”这一法律概念写入宪法。此后又制定了国土保护法，汇集并调整各州散乱不一的森林法，使得全国统一实施具体措施成为可能。

地方主导确有许多优势，比如可以因地制宜地进行应对，但若要实施更高效率、更大规模的保护政策，还是从全国层面来推进会更为有效。无论是州还是国家都花费巨额预算以贯彻到底的意志保护着自然，实在很符合德国的作风。

无意识的地层

至此，我已列举了一些与“自然”有着直接或是间接联系的德国思潮，比如希尔德加德·冯·宾根的自然论、浪漫主义与其中的自然崇拜，还有赫尔德的有机体说自然观。接着来谈谈20世纪的代表心理学说——精神分析学与深层心理学，代表人物有奥地利的西格蒙德·弗洛伊德与瑞士的卡尔·古斯塔夫·荣格。他们虽然并不属于现在的德国，但可以看作德语圈国家，即广义德意志的成员。

图6-1　弗洛伊德

弗洛伊德（图 6-1）于 1856 年出生于摩拉维亚的弗赖堡（今属捷克），并于 1939 年在伦敦去世。他一生都在维也纳生活、做研究。弗洛伊德认为，“人们平素生活时都是依靠着‘意识’，即自我意识。这样的人群所缔结的便是正常的人际关系，亦被称之为社会。可实际上在这些表示‘显在内容’的意识之后或之下，还存在着一个蕴藏着‘潜在内容’的潜意识世界，它亦深刻界定着人际关系”。

他的观点是，在潜意识的世界里，有一个叫“本我”的欲望蠢蠢欲动。当然，它平时受到意识的审查而被压抑或忘却，但即便如此，这个潜意识的世界也深刻地决定着人类精神。

弗洛伊德认为人的心有层序，处于最深处的便是潜意识，因而将其挖掘出来并探明究竟是相当重要的。以一个人的个人史而言，便是要追溯到婴幼儿时期的母子关系，这被称为“精神分析学”。受到一种可怕、不安心理的纠缠，不得不去直面或因束缚而战栗，这虽然是病理性的，但可借此让人倒退至幼儿阶段。因此，所谓的精神分析其实类似于一种“精神的地理学或考古学”。

图6-2　荣格

荣格（图 6-2）于 1875 年出生于

瑞士图尔高州的一个小村庄，是一位新教牧师的儿子，于1961年逝世于苏黎世湖畔的屈斯纳赫特。荣格在巴塞尔接受了中学及大学教育，并作为苏黎世著名的伯格尔茨利精神病医院的精神科医生迈出了其职业生涯的第一步。荣格曾与弗洛伊德有过合作，但在第一次世界大战后分道扬镳。而后荣格一边接诊登门看病的患者，一边完善自己的理论。

荣格认为，在患者的幻觉、妄想和梦中，出现了一种普遍的象征符号。这些符号比弗洛伊德所说的被意识压制的潜意识领域更深层，可以说属于人类集体潜意识。他发现了很多诸如此类极具普遍性的形象可能性，即原型，和那些在梦和各民族的神话中化为具体形象的原型形象（符号）。弗洛伊德追溯到了个人历史的婴幼儿时期，而荣格的这种手法则追溯到了人类的起源时期。

我们可以这么理解，弗洛伊德与荣格的精神分析学中有着一种德意志（德语圈国家）的心理学者特有的基本态度，即挖掘精神的深层。

接下来我们也来了解一下20世纪的哲学家海德格尔（1889—1976年）。他的人生在黑森林中拉开序幕，也在黑森林中落下帷幕。不仅如此，每至大学休假他也总是隐居在林中村落的小屋中。在与自然相交之时，他的思想不断深化，研究硕果累累。于是人们给他取了个绰号叫“黑森林的哲学家”。在《创造性的地景——我们为何留在乡间》（1933年）这篇文章中他曾坦言：“群山与农夫们的世界支持并指导了我全部的工作。”[1]

显而易见，海德格尔同样将自然作为其思想的源泉，只不过角度与弗洛伊德、荣格有所不同。但令人震惊的是，他居然倾倒于希特勒，并作过支持纳粹德国的演讲。这或许也是出于一种对德意志民族与自然之间独特关系的信念。

时任弗赖堡大学校长的海德格尔在为某个被纳粹奉为英雄、受到枪决的士兵所作的追悼演讲中说，“这位士兵越过枪口，以慧眼远眺黑森林的群山、森林与峡谷，为德意志民族和帝国死而后已”，并让学生总代表宣誓忠于希特勒。

“音乐之国”的神话

至19世纪中叶，多达300个小邦分立的德国虽然实现了统一，但却依旧无法成为一个中央集权制国家，地方分权制度根深蒂固，各地的文化政策及语言（方言）亦持续留存。在德国，以歌德、托马斯·曼（1875—1955年）为代表的世界文学寥若晨星，而地方文学却车载斗量，这种现象可以联系前述地方主义来解释。

但在音乐方面，情况却完全不同。音乐有着跨越地区而遍及

1 《海德格尔全集》第十三卷《源于思想的经验》，创文社。——原书注

各处的力量。德国始终以“音乐是欧洲各国的典范，被人们尊崇为音乐之国”为傲。

但其实这种想法由来并不久远。实际上直到17世纪，人们普遍认为“意大利才拥有完整且卓越的音乐样式”。无论实践或理论，意大利都被视为17世纪上半叶欧洲的音乐中心，其他国家唯有向它学习的份儿。到了18世纪，意大利歌剧仍称霸全欧，且阻挫了英国、德国的国民歌剧的起步。然而，在这个世纪，也出现了从各个民族的音乐喜好中甄选并混合其精粹的歌剧形式，渐渐成为一种各民族共通的优良品位。

把意大利样式、法国样式与本国固有样式混合，形成一种世界音乐，完成这个大业的便是德意志的莫扎特[1]。他的音乐成为无人不喜的普遍品位，现在轮到其他国家模仿德国了。

有趣的是，从自然与德国（人）的深厚联系这一论点出发诞生了一个观点——“音乐不是对自然的模仿，而是自然本身，是自然的普遍性语言。既然如此，没有歌词与歌声，仅有乐器的纯音乐才是最好的”。后来这个浪漫主义的音乐美学经由威廉·亨里希·瓦肯罗德（Wilhelm Heinrich Wackenroder）、恩斯特·西奥多·阿玛迪斯·霍夫曼（Ernst Theodor Amadeus Hoffmann）得

1　现在一般认为是奥地利人。——编者注

以完成。乐器之国德国，这一观念及其同一性形成于18世纪70年代，并于19世纪最终确立。由此德国性与普遍性达成了一致，人们开始意识到海顿的伟大。

另外，18世纪下半叶以后，特别是19世纪，具有赫尔德性质的“民众—民族精神论”一经扩散，人们便开始觉得品位混合是不纯的。赫尔德曾在《民歌集》（1778—1779年）第二部的序文中如此阐述：“民众踏着自然之道，有着健全之思，其感知源于神启，是引导众人的良心之声。民众是比知识分子更接近自然的造物，是理想却业已失落的存在。”

于赫尔德而言，音乐是塑造人类精神最根源性的艺术。即使是尚不会说话的幼儿，都能歌唱。它是民族感情的纯粹流露，表现着全体民族的和谐情感。既然如此，作为德国精神支柱的作曲家才是伟大的，巴赫作为最初的伟人从历史中复苏，而在德国音乐的最终阶段，贝多芬的交响曲则被定位为欧洲音乐史上的最高峰。

随后登场的是理查德·瓦格纳（Richard Wagner，1813—1883年）。继承了赫尔德思想的瓦格纳将民族（Volk）与国民（Nation）区分开来，并将前者置于后者之上。他说，“国民以及国家是人工构成物，而民族则指的是作为更具人类普遍性的‘民众—民族’”。

正因德国很晚才建立民族国家，德国人才没有属于同一个国家的国民意识，而是形成了固守于地区的民族性意识。然而，当谈及“德意志民族”时，人们会联想到一个无形却更为深广的集体，它宛如镜子一般映照着自我的日常。那是将作为“类存在物”的人与现实中独立存在的个体之间的鸿沟填埋的基础。能够超越平面的、人为建构的国民性而抵达人类普遍性的，正是“民族”。因而瓦格纳投身于真正扎根于民众、民族的音乐剧创作，意欲创造出一个理想的德国。

我常思索，瓦格纳追求“民族”的音乐，不也可以说成是以与民族一体化的自然为源泉的吗？瓦格纳的作品大多来源于中世纪的传说故事，他不仅自己作曲还自己作词。他朝着一种将造型艺术、诗、音乐等领域融合起来的综合艺术（乐剧），追求着更为根源的德意志性、日耳曼性，因而更接近自然。

举一个具有象征性的例子，比如音乐剧《尼伯龙根的指环》中出场的齐格弗里德是一个在森林中长大的自然之子，他远离世俗的财富与社会的阴谋，担负着将分裂的人类与自然再度统合的重任（图6-3）。

图6-3　自然之子齐格弗里德

现代德国的代表作家托马斯·曼亦屡屡发表将音乐与德国人相联系的言论，如“没了德意志精神，如何还是一个音乐家”。他的代表作《浮士德博士》（1947 年）便是上述思想之果实。在这篇小说中，一个根植于民族与血缘的国度暴行遍野，目光炯炯的青年成列行进，民众沉浸于幸福之中。以此为背景，小说围绕着代表德国之魂的人物 —— 主人公作曲家阿德里安·莱韦屈恩展开。莱韦屈恩始终远避社会与世人，在被沼泽地、森林、草原所包围的农舍或山间客栈中闭门作曲与思考。这部作品亦是“音乐与自然是德国人之魂”的代名词。

总而言之，我同意下述看法，即“德国被视为一个音乐之国，且非民族音乐而是具有普遍与广泛性的音乐，最早也是从 19 世纪开始的。然后，以音乐这一无形的内在艺术为媒介，德国这个近代国家的国民—民族主义逐渐走上美的构筑之路，而其音乐之国的地位则超越现实的分裂状态成为一种民族认同”，但同时，我亦认为应该进一步对这种音乐与自然的密切关系做一番论述，而非局限于意识形态。

“纯净的帝国”

在本章开头我已简述了德国人在第一次世界大战中所遭受的重创，以及战败后是如何被逼得无路可走，最终被纳粹思想吸引的始末。纳粹与希特勒的行为是对全人类的罪孽，是荒谬绝伦的犯罪。然而，我们也不能全盘否定他们所做的一切。

实际上，近年来的研究表明，就连现在的生态学思想也承袭着纳粹时代积极推行过的一系列法令与运动。此前我已对其中的部分做过阐述，而接下来我将就其更早些的时代稍作介绍。

在德国，人们总是把厨房收拾得整洁干净，一如几何学、数学一般合理化物品的使用，却对烹饪的内容及外观、味道不甚费心劳力。午餐作为一天中的主餐，人们会开火烹调，而晚餐为了不弄脏厨房则只吃一些冷菜，也就是面包、沙拉、芝士、火腿等。将厨房收拾得干净整洁才是这种烹调的最终目的，人们直到今日仍遵循着这个饮食习惯。它起源于魏玛时代，并确立于纳粹时代（1933—1945 年）。

根据藤原辰史的《纳粹党的厨房》（水声社），纳粹的德意志第三帝国曾被称为“纯净的帝国”。这表现在被第三帝国作为主要目标的性别问题与种族主义上，即视犹太人为寄生虫并将之消灭的暴行。同时，家庭主妇亦被要求为实现“纯净的帝国”出一份力——杜绝浪费，创造清洁的空间。如除去厨房里的脏污，驱逐并消灭害虫，归类烹调所余食材后再利用。

希特勒毕生禁绝烟酒，喜好素食。党卫队首领希姆莱、副元首鲁道夫·赫斯，以及他们的大多数部下都是素食主义者，且十分关注自身健康。纳粹还进行了一系列反对酒精与尼古丁的运动，致力于预防医学，力求强身健体。他们打算创造一个“健康的国家”。

男性以成为健康士兵为目标，女性则以成为照顾家庭的健康母亲为目标。与现在处于健康热潮下的日本一样，德国当时也有过同样的宣传，比如计算食物的营养价值、推荐用大豆代替肉类、全麦面包纤维丰富既利于身体健康也利于缓解便秘等。

后因相信了法国作家兼外交官戈比诺（1816—1882 年）所谓“人种混杂会招致文化衰退”的人种论，德国人以为西洋文明正在威胁着德意志民族，步入了民族至上主义的歧途。他们怀着一种具有种族主义性质的民族主义，呼唤着基督教之前的日耳曼世界的到来。

雅利安人与北方日耳曼人被认为是“优良人种”，为了育种的纯粹性，德意志民族共同体齐心协力，如兄弟般友好共处。而犹太人、残疾人、精神病患者、体弱多病者等则被认为是“劣等人种”而受到清除，共产主义者及社会主义者亦被排除。他们均被送到集中营，惨遭屠戮。据闻即便是那些躲过了杀身之祸的人，如果被判定患有遗传疾病，也依据优生学原则被迫接受了绝育手术，其人数约达 40 万。这些俱是依保护德国人的“血统法则”而行之事。

所谓的雅利安人，原本只是一个语言学上的分类，它是对属于印欧语族的人种与民族的总称。而希特勒却将其限定在了北欧地区，南亚地区的印度人则被完全排除在外。

纳粹为了扩张德国（人）的版图，开始向东部殖民。根据最初的计划，殖民需要180万农村人及220万城市人。这是一个将波兰人、犹太人强制迁居或流放杀害，壮大并增强“血统高贵”的德意志民族的计划。他们在这片土地上贯彻德意志民族性，导入不施用化肥的有机农业，在景观上也力图再现“日耳曼风格的景观”。通过对铁路、运河、道路、城市、农村等的建设，宅基地、防风林、田边树篱、岸边斜坡的植物等的修整，或是湿地排水等举措，纳粹意欲将拓殖地的环境改造得如故乡一般，与此同时，他们还试图创造出混交林。

在我看来，这就是将过去的东向移民运动，以及腓特烈二世的自然改造之举，再次扭曲地在“东方”实行的运动。

纳粹与自然保护

另外还有一点，纳粹时期，在修建高速公路时，亦讨论了其与自然的融合问题，致力于景观的保护与修复。高速公路建设始于1933年秋季，到1935年5月从法兰克福到达姆施塔特之间已有部分开通，而后到1941年年末建设中止，全部开通的道路不足3900千米。

在建设高速公路之际，人们不但重视中央隔离带与道路两旁的绿植，还十分注意保护两侧绵延的森林，通过绿化和植树造林，保护表层土壤，并有意识地再建与修复森林的边缘部分，摒弃冰冷的混凝土。后来建成的道路沿着自然地势的起伏划出优美的弧线，两侧常年郁郁葱葱，绿意盎然。直到现在，人们依旧能一边欣赏美丽的风景一边享受舒适的驾驶之旅（图 6-4）。

图6-4　高速公路

纳粹不仅在修建高速公路时高举保护自然、保护景观的大旗，还在其统治时期制定了数个保护自然与生态的法律，例如禁止虐待动物、保障其权利的《动物保护法》（1933 年，直到 1970 年才失效）、《帝国自然保护法》（1935 年）、《森林荒废防止法》（1934 年生效，1975 年失效）等便是纳粹时期制定的。自然保护热潮正可谓是发端于纳粹时期，而其相关法律与各种骇人听闻的断种法、种族主义法几乎是同时通过的。

然而也有人认为，这与其说是纳粹发起的，毋宁说是继承了自魏玛共和国以来的传统。在纳粹的乡土保护运动之前，自 19 世纪末起德国就曾广泛地开展过具有相同倾向的运动，这也是不争的事实。那是一场与保护民俗文化相结合的保护自然、风景与景观的运动，比如1904年音乐家恩斯特·鲁道夫创立的“乡土保护联盟”就曾广受支持。

这个乡土保护运动以德国的中产市民与“文化市民阶层”[1]为中坚力量，与自然疗法崇拜、爱护动物、顺势疗法[2]、反酒精反尼古丁的运动也有所交集。因而纳粹其实是延续了旧有的自然保护运动，将之在多个领域内实现法制化。

“市民菜园”运动

在此，我顺便也简述一下出赁小块园艺用地的“市民菜园”（Kleingarten，图6-5）运动。最初，它是城市贫民阶层种植可食用植物以自给自足的菜园。19世纪30年代以后，为弥补工业化、城市化而导致的绿化的减少，德国各大城市都开始实施绿化工程。绿化工程发展到20世纪，逐步完善了18世纪以来修建的景观式庭院中的步道。

图6-5　市民菜园

1　指18世纪中叶，接受过高等教育的资产阶级阶层。

2　19世纪前半期，德国的哈内曼提倡的治疗方法，指对所有的病症用能引起同样症状的药物微量进行治疗的方法。

但到 19 世纪 70 年代以后，这种菜园则更多地带有富裕阶层休闲场所的色彩，由整个家庭照料其周围花坛的园艺活动风靡一时。这种园艺活动与当时人们对自然疗法的热衷有关。19 世纪末到 20 世纪初时，作为解决大城市住宅问题的一个方法，“市民菜园”运动中的小屋也曾短暂地发挥过住宅的作用。

就这样，人们不断地重新构筑绿化环境，规划城市的公园与庭院，修建道路绿化作为绿地的一部分。因普遍认为“园艺能提高人们的道德心与精神修养，能够令身心保持健康”，故而在上层市民阶层，不仅是男性，女性也会参与到园艺活动之中。

自 19 世纪末始，德国的学校便广设花坛以进行园艺作业。花坛中种植了蔬菜、果树、花卉、药草以及香草，人们认为动手学习的过程能够加深学生对自然的理解，并带来道德上的升华。

可以说，纳粹继承并贯彻了 19 世纪以来在德国各地兴起的绿化工程以及前文中介绍的乡土保护运动。然而，这种自然观因结合了畸形的种族与民族思想，最终发展到了破坏社会的地步。

纳粹统治时期，德国为了实现架空的“纯粹民族”“高等人种”，丧心病狂地以伪科学利用血脉与自然。他们用喷射毒气等方式残忍杀人，然后制作肥皂、肥料等，以实践使用人体的“有机农法”……这样惨绝人寰的大屠杀与“爱护自然”“生态学”融为一体，直叫人心惊胆战。

第七章

从经济大国到生态大国

参加丰收节的孩子们

在前一章中我们概览了到第二次世界大战为止的德国历史，而在此最终章节，让我们继续来了解其战后的历史走向。

欧洲中的德国

第二次世界大战后，德国国民“绝不再重蹈战争覆辙，绝不再让诸如纳粹的恐怖民族主义者抬头”的承诺与欧洲全体人民的誓言，最终以战后赔款与数目繁多的新制法律的形式得以实现，并催生出欧洲共同体与欧洲联盟。战后，德国政治外交的基本方针不再是“德国的欧洲”，而转变成了“欧洲的德国”。

1945 年 5 月 7 日，德国无条件投降，由美、英、法、苏四国军队占领。在波茨坦会议上，与会众国在德国的去纳粹化、废除军备、分散经济力量、进行民主主义教育等方面达成共识，并付诸实践。

第二次世界大战后，德国原本的统一政府不被承认。德国分裂为东德（德意志民主共和国）与西德（德意志联邦共和国）。西德的新宪法《德意志联邦共和国基本法》于 1949 年 5 月生效。东德也不甘示弱，1949 年 10 月，《德意志民主共和国宪法》生效。

1955 年，曾被德国合并的奥地利恢复了主权。另外，多达 1200 万德国人遭到波兰、匈牙利、捷克斯洛伐克的驱逐，他们冒着生命危险涌入东西德国。

国际局势依旧动荡不安。继1948年2月25日布拉格政变后，苏联又有西侵的攻势。西侧诸国一致抵抗，最终在1949年签署了《北大西洋公约》，并成立了北大西洋公约组织（NATO）。

西德在1955年恢复主权后亦加入上述组织，重整军备。与此同时，美国积极推进“马歇尔计划”，向西德提供复兴援助。在经济部长艾哈德的领导下，西德采取了基于公平市场秩序的自由主义经济，创造了经济复兴奇迹。

由于美国、苏联、亚洲诸国的崛起，欧洲诸国的弱化已是大势所趋。在此种情形下，欧洲深切地认识到，保持团结一致才能提高并维持欧洲在世界中的存在感。第二次世界大战后即任西德总理一职、切实推进复兴事业的老总理阿登纳于1950年3月提出“德法联合”的设想。而法国方面，其外交部长舒曼也于5月发表了“舒曼计划”，与德国协力合作发展经济。

其后，欧洲煤钢共同体（1951年）、欧洲原子能共同体和欧洲经济共同体（1957年）相继成立。1967年，他们又推动成立了统合上述组织的欧洲共同体。欧洲共同体的加盟国最初只有六国，而后逐年壮大。

此外，西德在科尔政权（1982—1998年）的领导下，以外交部长根舍为中心，与法国总统密特朗展开通力合作。1991年，原欧共体成员在马斯特里赫特决议将欧洲共同体变为欧洲联盟以强化其作用。1993 年 11 月条约生效后，加盟国日益增多。就这样，在欧洲一体化的进程中，德国（西德）与法国一起发挥了中流砥柱的作用。

德国再次统一

即便是政治体制与意识形态始终未变的东德，也从西德获得了经济、物质上的利益而渐渐推进改革，两国国民的宏愿——德国再统一问题，亦被提上议程。

虽然苏联领导层希望东德保持华沙条约组织战略同盟国的身份，但东德国民却被西德深深吸引。事态进展迅速，1989 年 11 月 9 日，隔绝两国的柏林墙被推倒。翌年 10 月 3 日，德国统一。

从经济方面来看，20 世纪 50 年代以后，由于美国马歇尔计划的援助，西德的经济实现了飞跃式发展，人们在废墟上建立起最先进的工厂，配备了最新锐的设备。其产品质量优良，风靡全球。从 1950 年到 1980 年，西德的经济增幅达到了一个令人惊异的数字：354%。

就连最初被认为是累赘的东德的经济增长亦十分显著，并逐步缩小着差距。德国的经济增长在欧洲居于首位，其产品具有很强的国际竞争力。德国是欧盟最为重要的经济大国，它拥有着欧洲最庞大的人口以及最强大的经济实力，在欧债危机爆发之际，德国虽然身担重负，但仍为欧盟的存亡奋斗。

就这样，德国在现今的欧洲站稳了脚跟，不断增强着存在感。然而本书中反复提及的地方自治、地方习俗与传统依旧势力强大。它们始于神圣罗马帝国，经过 1871 年的统一，一直传承至今，其政治体现就是联邦制——地方政府所在的州与城市拥有很大权力。

东西合并后，现在的德国由 16 个州组成。虽然各州与联邦政府共担职责，但在教育、文化方面施行独立方针，在财政、治安及其他许多领域也发挥着作用。为了协调、联合各州的权限与职责，德国设有联邦参议院，由各州政府派出代表出席参加审议。

欧盟虽然实现了经济一体化，但政治上的一体化却停留于非常初期的阶段。它是否能发展成联邦制一般呢？或许这是一路饱尝分裂之苦的德国充分发挥其经验的时刻。“是帝国还是国民国家”“是大德意志主义还是小德意志主义”，再追溯到中世纪的小国分立……今日，走过如上历史的德国，正是肩负欧盟重任的中心国家。

虽然德国的领邦或州曾在民族主义时代投下阴影，可如今在我们思考欧盟的未来之际，它却反而备受关注。在国境相对化的现在，要是能将各个领邦连接成网，扩展到整个欧洲，那么我想欧盟的充实完善便指日可待了。

德国是否已然克服历史

哪怕是看起来一帆风顺的德国，也并非已解决所有的问题。从西德时代到实现统一的现在，德国与欧洲各邻国保持着外交往来，不断为自己犯下的罪孽赎罪，直面历史并竭力“克服历史”。可即便如此，学术界仍存在一些试图减轻德国罪行并将之相对化的危险倾向，甚至还爆发了排斥外国人的运动。

现在，德国约有 8100 万人口，其中约两成拥有移民背景。尤其自德国再度统一之后，从东欧回国的德裔居民以及申请庇护者显著增多。

然而直到 2005 年移民法实施后，德国才承认自身为移民接受国。1999 年成立，并于 2000 年生效的新国籍法虽然放宽了血统主义原则，有条件地引入了出生地原则，但在此之前人们始终固守血统主义的事实，却也表明了德国在法律与心理方面都没有建立起完善的移民接受体制。

大量人口从土耳其、意大利、波兰、希腊、克罗地亚、塞尔维亚、俄罗斯等国涌入，德国的外籍劳动者及其家属持续增加。但是由于直到最近仍旧存在的血统主义，在德居住的外籍人士不管历经几代子孙，依然不能凭借出生于德国的事实获得该国国籍。而那些身处国外且不拥有国籍，但能从其血统、语言、教育、文化等因素中确认到德国属性的人士反倒会被承认为德国人。

上述新国籍法与2005年生效的新移民法使得入籍人数大幅增加，法律上的歧视现象亦得到改善。可话虽如此，只要“成为德国人便是要归属德意志民族，但外国人必定无法在文化层面上成为德国人”的民族观依旧存在，德国就没有实现真正意义上的接受移民。

归根结底，德国必须要否定“自然和历史的德意志民族”。然而考虑到我们在本书中所了解到的悠久深远的历史沉淀，要做到这点并不容易。对照日本的在日外籍人士与移民接受现状，其困难程度不难想象。

但最近（2015年）德国在接受叙利亚难民问题上的积极态度却出人意料。回神细思，要说德国已是模范“移民接受国”，或许也不是无稽之谈。

迟来的国民

那么德国历史的本质究竟是什么？德国究竟是一个怎样的国家？让我们兼带着对本书的总结，一起来思考这些问题。

在从10世纪到19世纪的漫长岁月中，德意志（地区）曾是一个光辉灿烂而强大无比的帝国，但这正如德国的犹太裔社会学家赫尔穆特·普莱斯纳（借助捷克语）所描述的“迟来的国民”一样，与地方分立以及民族国家的缺失有着千丝万缕的联系。

17世纪，融合了希腊、罗马与基督教思想的政治的人文主义使西欧诸国日渐走上了强国之路，其后列强陷入了瓜分世界的帝国主义狂潮之中。而在同一时期，德意志帝国却走向式微。虽然领邦得益于当时的经济形势迅速实现工业化，但市民阶层的发展壮大却备受阻挠，这导致实现国家统一的力量十分薄弱。

在政治上，德国既没有启蒙主义，也没有人文主义可以依靠，天主教失势后其历史观也渐渐废弛，蒙受精神打击的人们，无法从历史层面上正确把握自身。帝国不再拥有实体，而仅存在于人们的回忆之中。另外，他们还没有成熟到可以建立一个民族国家。

德国成立统一国家的时间相当晚，是在1871年。且先不论临海的北部，其南部与东南部的国境线在此之前亦从未确定过。不仅如此，德国连一个像巴黎、伦敦那样的中心城市都没有。

意大利曾是德意志帝国的一部分，在其他时期，奥地利、匈牙利、瑞士、尼德兰也曾是德国的一部分，而在哈布斯堡帝国时期，甚至连西班牙都是其中的一部分。国境线不断伸缩反复，变化不定，既意味着其中有着形形色色的部落、民族交流往来，杂然而居，同时也意味着这将成为与邻国纷争的焦点。

在19世纪的统一运动中，大德意志主义与小德意志主义针锋相对。根据大德意志主义，为了保持光荣的帝国之名，应以维也纳为中心，放弃柏林。与此同时，近世以后作为德国精神支柱的路德精神也不再发挥作用。而根据小德意志主义，则须不再继承天主教文化传统，放弃维也纳这个怀念神圣罗马帝国的中心。

倘若既不遵循大德意志主义也不遵循小德意志主义，而依据民族自决，由德意志民族成立一个国家的话，就会破坏其他国家（波兰、奥地利、瑞士、法国）。总之，不管采取哪种做法都无法圆满解决。最终，小德意志主义占了上风，如前所述，德国以普鲁士为轴心实现了统一。

迟到的创造性

普莱斯纳曾说，“我们德国人是迟到的人。作为国民，我们无法挽回历史的迟滞。然而这份延迟却并不单纯意味着不利的命运，作为外在无能之物的恒常，这份延迟亦蕴含着创造的可能，是诉诸内在能力之物”[1]。近现代艺术发展的失衡充分体现了其所言

1 《迟来的国民》，土屋洋二译，名古屋大学出版社。——原书注

的“迟到”“迟滞”与“延迟”。如前所述，德国的近代小说并不发达，而这反倒促进了没有语言与形象的音乐作为与其相适的表现形式发展壮大。

并且在德国，新教的文化理念使人们从孤独以及深度的角度出发，去表达难以用语言表达的事物。总而言之，德国人无法想象没有深度的文化，由是德国文化的精髓便是哲学与音乐。

德国的知识分子将其个人的存在寄托于世界观的深度上。这与重视个人主义、表层逻辑与口才的法国、英国、美国大相径庭。

然而，战后价值观念发生改变，德国年轻人憧憬美国。他们不仅在舞厅中跟着摇滚乐跳舞，还喜欢嚼口香糖、喝可乐、穿T恤、穿皮衣、穿牛仔裤，并涌现出很多“猫王”普雷斯利、披头士的狂热爱好者。柏林墙倒塌后，“电子舞曲”（techno，发祥于美国底特律）在柏林异常火爆，据说俱乐部文化席卷了街头巷尾，这大概也标志着德国精神发生了巨大转变。

与自然的深厚联系

在漫长的历史长河中，德国人形成了一种独特的有深度的文化，而与之密不可分，促其创新发展的便是“自然”。一方面，此种情形下的“自然”是理念，是意识形态，它持之以恒地影响着德国精神。而另一方面，在上述理念以及意识形态背后，则有着现实的森林、山岳、河流、大地、矿物、温泉、绿地等自然外在体现，以及与之深切而亲密的交往和运用。关于这点，我们已在本书中得到了确认。既追寻着理念，又追寻着与理念所寄宿的具体实物的接触，便是德国风格。

这与日本人欣赏风花雪月时清淡风雅的感性截然不同。虽说同样热爱自然、崇拜自然，德国人却时而在行动与肉体上进行深入挖掘，时而又腾空高飞。

所谓具体的自然，即森林、山岳、河流。或许我们也可以将它们统称为“大地”。这样的自然在近代却并不是供人欣赏怡情的景观，而是寄宿着可怕力量的人莫可知的存在。可德国人却认为无论多严峻的自然，都该与它直面相对，将之驯服并利用。他们以整个身体，以全部灵魂与自然交往。

基于上述精神，中世纪初期，德国人开始频频利用森林与河流。同样，近世以后，以矿山开发为重点，对山岳的利用亦开始向前迈进。无须赘言，它们促进了各城市、领邦的经济与社会的发展。

德国人对自然的上述态度亦催生出了日耳曼众神的神话，以及有关妖精与野人的民俗传说。同时，围绕大地、矿物、植物展开的炼金术与自然主义思想也日臻完善。

进入近代之后，德国由于缺乏“受过教育的资产阶级”(Bildungsbürgertum)，又受到福音主义信仰的束缚，启蒙主义的渗透并不充分，反倒是浪漫主义思想盛行，由此便孕育出了其特有的自然审美观。内在性、根源性、战斗的狂热、深沉的思索，这一切都与德国人的性格紧密相连，往往以森林、山岳、河流等自然事物为媒介。且上述自然与民族幻想相重叠，帮助无法从地理及历史上进行定义的德意志民族为自我定义。

普鲁士实现了德国统一，这意味着近代德国的政治可能性存在于东方边境，在易北河与其东面的荒蛮之地，也就是所谓的垦殖地。总而言之，德国人唯有借助荒蛮的“自然”才能实现统一。

与政治结合的危险性

在近2000年的岁月中，德国人不仅利用具体的自然服务于生活，还与自然保持着更为深层的精神与身体方面的交流。自然使他们从对动荡政治与悬空状态的不安中解脱，并持续给予他们安心感、自豪感与荣耀感。

德国既没有巴黎、伦敦那样的中心，亦没有希腊罗马或基督教传统可作为凭依之所，且国家曾经四分五裂、领邦林立。德国人所认定的扎根之地，是暧昧却有根源性的自然与风景，是跃动着生命与爱的有机体世界，亦即自然世界。单个的个人与其灵魂只构成其中的极小部分。

因而19世纪后，在德国掀起民族主义浪潮之际，人们展开了根源与自然、家乡与祖国、血缘与地缘等连带感强烈的情感充沛的宣传。其根本观念是，对于德国人来说，自然才是家乡，一旦与其分离，德国人便不再有作为德国人存在的理由。可谓是十分感性的民族主义。

根据对此独特自然观做过深入研究的当时的思想家们的见解，其自然与语言有着紧密的联系。他们还主张“德国人的祖先与其他日耳曼民族相异，始终居于原民族的居住地，并原封不动地保留着最原始的语言”“因而只有德意志民族才是与其根源相通，发展了真正原有文化的民族”。

在这里，语言被看作一个民族的基础，仿佛动植物一般分化、成长。思想家们认为“德国人的语言亦与自然的根源性相连，而其他民族因包容外族语言，从原住地迁移到其他地区，导致民族堕落，文化停滞”。

上述观点后来演变成了“说德语的地区都该被统一为德国”。而这种德国民族中心主义与纯血主义、世界主义联合后将会导致多么可怕的结果，纳粹德国已为我们做了赤裸裸的演示。

不断向上

以自然和语言作为民族、国民的根基，优点在于能跨越政治立场，适用于全体德国人。因为人的内在与自然相互补充，克服政治上的分裂，导向祖国之爱。但这并不是单纯地水平扩展乡土之爱。若眷恋身边的自然，怀抱着一体化的感情（即乡土之爱），就会局限于地方主义，并不利于民族与国民的统一。

因而必须要有另一个超越性的要素，一个并非水平，而是垂直方向的要素。前文已述，德国人有着不断深挖内在的文化。不同于气候温暖土壤肥沃的南部欧洲，德国面对的是严峻的自然，又因与地中海、大西洋皆不相连，德国人无法通过广阔的海洋去了解世界、接触他人，这便促使他们不断向自身内在挖掘。然而于德国人而言，自然亦同超越、崇高、飞翔等跃入天际般的理念有着密不可分的关系。

例如，中世纪时德国建造了许多尖顶耸立的哥特式教堂，有科隆大教堂、乌尔姆大教堂、施派尔大教堂、斯特拉斯堡大教堂等。有人说这代表着一种“森林”，内部的圆柱、角柱以及在其顶端延伸的拱肋是树木与树枝，而外部可见的小尖顶则代表着茂密的针叶林。

或许这样的解释也是合理的，但我认为，德国偏爱建造高耸的尖顶教堂，反映了德国人不愿屈身于被城墙所包围而无法水平扩张的狭窄城市空间的意识特性。中世纪之后，向往高空渴望飞翔的愿望以及对自然的独特崇敬与意识，深刻地影响了德国与德国人的历史。我们就称之为搏击长空、渴求超越的愿望吧。

图7-1 德国的大教堂

另外，就18世纪以后的山岳崇拜我已作过说明，但在此我要介绍一个对巍峨山岳的憧憬之情作出过更明确阐述的哲学家，他就是尼采（1844—1900年）。尼采时常会把自己喻作登山者。例如，在《查拉图斯特拉如是说》（1885年）第三部的《回家》一章中，他曾写道："人们不可搅动泥坑，人们应当住在山上。我用充满至福的鼻孔，又呼吸到山上的自由！最后，我的鼻子从一切世人的气味中被解放出来。”[1]只有山岳才是与脱离了世俗日常的超人相衬的居所。“高山之巅是众神所在，众神从山巅而来”的这种思考方式与传统日耳曼的宗教情感也是一脉相承的。

或许这种对高度的崇拜同样影响着此前德国国家的存在方式。因为法国和英国都未曾拥有帝国与皇帝的的至高权威，拿破仑除外。而德国却从奥托大帝时代起，在将近1000年的岁月中享受着帝国与皇帝的荣耀。

但是这对权威与巍峨高山的憧憬却以世俗化的形式同希特勒的国民社会主义结合了。他居于一栋位于上巴伐利亚贝希特斯加登的山上别墅，穿着登山服现身，欢迎攀登至其住所的“信徒”们。此外，在莱尼·里芬斯塔尔导演的纳粹党大会纪录片中，希特勒乘着飞机，降临在翘首以盼的群众面前。

不仅如此，对于艾格山北壁登顶者以及喜马拉雅山脉南迦帕尔巴特峰探险队的遇难者，希特勒也十分关心。他大概是期望通过这些行为举止强化纳粹与自己身上的神话传说。

对秩序的追求

德国常被称为“哲学的国度”或“音乐的国度”。许多人都

---

1 引自《查拉图斯特拉如是说》，生活·读书·新知三联书店，2007年，216页。

曾指出，将现实与经验作为一个整体，力图统一性地把握概念并创造出宏大的体系是德国哲学的特征。这点在黑格尔（1770—1831 年）的哲学上体现得尤为明显。在音乐方面，层次分明、秩序井然的结构历来为人们所推崇，这在贝多芬的交响曲中十分典型。实际上，追求秩序的特点，也时常出现于人们对待自然的态度之中。

在日耳曼时代，秩序井然、和平安宁的村落被认为是人类与驯化了的家畜的领域（家庭、耕地），即“小宇宙”；而外部混沌的自然世界（森林、荒野、山岳、海洋）则被认为是野兽妖魔栖息的“大宇宙”，两者泾渭分明。在而后的中世纪社会中，人们依旧保持着这种思想。比如村落、城镇俱为墙壁包围，人们坚信只有墙壁内才有法律与正义，才能过上安心有序的生活。

后来，这种有序与无序的严格区分唤起了人们想要给无序的自然世界带去秩序的冲动。这在中世纪的森林砍伐、植树造林与开荒灌溉等行为中表现得尤为显著。进入近代后，人们征服自然的行动更加积极，一如我在第五章所述，尤其是在 18 世纪下半叶到 19 世纪，不仅是森林与荒野，河流、湖泊、沼泽等水域的改造工程亦受到着力推进。

再后来，“市民菜园”盛行时，小块的园艺用地被规划得整整齐齐，其间的建筑物（门、栅栏、集会所、凉亭）亦被人们精心美化，而在前文中我们已了解到城市中的绿化也建设得秩序斐然。这些是一脉相承的。

总而言之，德国人常常以一种崇敬和畏惧的眼光看待自然，宛若窥探漩涡般的深渊，又仿佛瞻视遥不可及的高山。但与此同时，他们对身边的自然加以修整，试图使之赏心悦目、方便利用的态度亦是自古以来就显而易见的。德国人大概曾欲通过对身边自然的彻底加工、控制、分类与秩序化，来慰藉由于社会动荡、认同感动摇而产生的不安情绪。

上述对自然的态度也反映在现代德国人的性格之中。我们可以用勤勉、节俭、守秩序、爱干净、完美主义等词汇去形容德国人的性格。实际上，很多德国人都很注意家与办公室的整理及清洁，有着在各领域机构中追求彻底而全面的管理与统合的倾向。

走向环境先进国

最后，让我们来了解一下现代德国的环境政策。

西德为了应对当时鲁尔工业地区的空气污染等问题，曾在 20 世纪 60 年代末全面推行生态政策，并且在德国社会民主党出身的勃兰特总理的领导下，还提出了“环境保护规划”，旨在保护大气、土壤、水质、动植物等组成的生态系统。20 世纪 80 年代，垃圾减量政策开始贯彻实施，并在 1991 年与 1994 年分别制定了《包装废弃物条例》与《循环经济与废弃物管理法》。这些法令规定，包装及容器的制造商与分销商必须负责垃圾的回收与再利用，而公众也认识到需要尽力减少包装。这些观念逐渐深入人心，成果颇丰。

再者，所谓的“生态住宅”不但自己能产生能量，还能防止能量浪费，也受到人们的热切关注，为政府所推崇。它与生态社区、生态城镇计划联动，今后的发展引人注目。

在与环境的关系中，特别值得关注的政治动向是绿党的活动及其作为政党的显著发展。受到20世纪70年代的环境污染、森林枯萎等问题的触发，1979年绿党成立。其创始成员在20世纪80年代初期就表现出根本的价值观转变。他们叫停科技进步，常常呼吁工业社会变革。

绿党质疑原子能，推崇自然能源，这对社会民主党产生了影响。20世纪80年代初，绿党首次进入联邦议会，受到发觉经济高速增长所带来的负面影响的人群的支持，势力日渐壮大。绿党稳稳地扎根于地方自治体与各州之中，从1998年到2005年，它与社会民主党联合执政，促进了资源回收再利用系统等环境保护政策的蓬勃发展。

然而，绿党并不总是一帆风顺。就核电政策，绿党曾遭到鲁尔工业地带的劳动者们的反对。但自1986年春天的切尔诺贝利核事故发生以后，对核电的不信任感开始在社会上蔓延，绿党的支持率也逐日上升。可产业界，尤其是制造业界极力反对废止核电，德国电力工业联合会亦举棋不定，到了21世纪，当局所制订的脱核能计划仍难付诸实践，甚至反而延长核电厂的运转年限。可即便如此，国民的反核电意识依然高涨，迫于众多游行参加者的压力，以福岛核电事故（2011年）为契机，默克尔总理领导的基督教民主联盟政权决定废除核电，事态有了很大进展。

在背后支持着上述环境政策的是全国国民对生态、自然的喜爱之情。即便经历了两次世界大战，“市民菜园”依旧长盛不衰，居民们都竭力守护着城市的绿色。1990年德国统一之时，东西两德的“市民菜园”相关组织也联合起来，成立了一个巨大的“德国菜园爱好者联邦联盟”。据称在21世纪初，其下已有15200个协会，约100万个区划的庭院受其成员管理，参与人数几近500万人。

此外，无论是食物、化妆品、肥皂，还是洗涤剂，德国国民都追求有机，20世纪70年代末频频发生的食品丑闻是导致此种现象的原因之一。化学产品污染了大地与河流，并随之进入了人们的食物与饮用水之中。在耕地上播撒化学肥料、杀虫剂、除草剂的行为则破坏了大地的天然构成，农作物都变得奇形怪状。知晓了上述实情的德国国民受到冲击，率先走上了有机之路。

加之2001年起又有来自德国联邦食品农业消费者保护部的鼎力支持，如今在德国，天然食品是一大热点，全国约铺展了4000家“Reformhaus”[1]，售卖通过严格检测的天然食品，以及天然化妆品、天然药品。同时，连锁药妆店“迪姆药妆”亦广受欢迎，随处可见，它贩卖德国女性们爱用的天然化妆品与身体护理品。如上所述，德国人对于生态、有机的喜爱与他们的自然保护热演变成了国家性、国民性的运动，为全世界树立了楷模。

我衷心祈愿作为环境先进国声名远扬的德国不会再度陷入非理性的深渊，不会再以自然之名诅咒、制裁、压抑人们。我希望《基本法》（宪法）中所渗透的不可侵犯的人权尊重思想，国家权力的一切根本在于国民的民主理念不会被摒弃。第二次世界大战后的德国与曾为盟国的日本对此应该都受益匪浅。

我深信，在吸取了两次世界大战的教训，议会制民主主义已根深蒂固并为普通民众所接受的现今，在成为欧盟这个超国家政治体中心的现今，德国虽依旧倾心于民族与自然，但它已变得更为注重理性，不会再如过去那般囿于非理性主义与恶魔般的思想而重蹈覆辙。

---

1 Reformhaus是德国一家绿色食品和有机护肤品零售商店，创建于1900年，如今德国已经开设有将近2000家的实体店。

后　记

在《意大利面里的意大利史》与《法国甜点里的法国史》中，我以食物为切入点，追溯了各个国家的起源，也曾有过将德国史如法炮制的念头。

但考虑到单凭马铃薯、香肠或啤酒只能对德国历史极其有限的一部分进行趣味性阐述，我便放弃了以食物为切入点。并且我想，要是没有对笔下对象的爱、尊敬或感动——比如在谈到恶政与迫害时，要是没有对牺牲民众的关心——便无法书写历史。在此我坦言，不似对意大利面与法国甜点，我并不痴迷于德国的食物。

于是在经过反复思考与调查之后，我想到了“自然”，特别是“森林、山岳与河流”。文学方面自不待言，就连音乐、绘画方面，对自然的描写亦是极其重要的元素。且我认为那并不是纯粹的兴趣，而是一种更为深沉的全身性、全精神性的牵绊。自然也不单是艺术所表现出来的表象，或是哲学家引以为据的概念。

想必再没有一个国家的国民如德国人一般，既乐于凝视自然，又喜于置身其中，还不厌其烦地改造自然。

如此这般，一面是精神意义上的自然，一面是物理意义上的自然，在两者的交织中，德国（人）从古日耳曼时代走到了现代，走过了2000年的历史。我希望能在解开其自然与历史深切联系的同时，将之娓娓道来。本书便是怀着上述心情写就的，不知究竟是否成功。

本书的整体视角、观点，当然是来自我本身，执笔之际，除德语与英语书籍外，我也翻阅了众多日语文献。但我无法将所有参考书目一一列举，在此，我仅罗列了一些使我大受裨益的日语文献，特别是与自然有关的书，以及我觉得有趣的、对理解德国和德国哲学很有帮助的书。

[日] 鱼住昌良，《德意志的古都与古城》，山川出版社，1991年。

[日] 大野寿子，《黑森林里的格林》，郁文堂，2010年。

[日] 小盐节，《莱茵河的文化史——德意志的父亲河》，讲谈社学术文库，1991年。

[日] 小野清美，《高速公路与纳粹主义——景观生态的诞生》，Minerva书房，2013年。

[日] 岸修司,《德意志林业与日本的森林》,筑地书馆,2012年。

[日] 小林敏明,《风景的无意识——卡斯帕·大卫·弗里德里希论》,作品社,2014年。

[日] 成城大学文艺学部欧洲文化学科编,《欧洲与自然(欧洲文化系列①)》,成城大学文艺学部,2014年。

[日] 野岛利彰,《狩猎文化——以德语圈为中心》,春风社,2010年。

[日] 藤原辰史,《纳粹党的厨房——"饮食"的环境史》,水声社,2012年。

[日] 穗鹰知美,《城市与绿化——近代德意志的绿化文化》,山川出版社,2004年。

[日] 吉田孝夫,《山与妖怪——德意志山岳传说考》,八坂书房,2014年。

[日] 吉田宽,《"音乐之国德意志"的系谱学》全三卷,青弓社,2013—2015年。

[德] 诺博特·伊里亚思(米夏埃尔·施罗特编 / 青木隆嘉译),《德意志人论——文明化与暴力》(*The Germans: Power Struggles And The Development Of Habitus In The 19th And 20th Centuries*),法政大学出版局,1996年。

[德] 胡贝特·基塞韦特（高桥秀行、樱井健吾译），《德意志产业革命——作为发展原动力的地区》（*Industrielle Revolution In Deutschland. Regionen Als Wachstumsmotoren*），晃洋书房，2006年。

[美] 艾伦·乔治·德布斯（川崎胜、大谷卓史译），《近代炼金术的历史》（*The Chemical Philosophy: Paracelsian Science And Medicine In The Sixteenth And Seventeenth Centuries*），平凡社，1999年。

[德] 卡尔·哈泽尔（山县光晶译），《森林讲述的德意志历史》（*Forstgeschichte : Ein Grundriß Für Studium Und Praxis*），筑地书馆，1996年。

[德] 赫尔穆特·普莱斯纳（土屋洋二译），《迟来的国民——德意志民族主义的精神史》（*Die Verspätete Nation : Über Die Politische Verführbarkeit Bürgerlichen Geistes*），名古屋大学出版会，1991年。

本书的构想是与曾负责《意大利面里的意大利史》与《法国甜点里的法国史》的朝仓玲子女士共同提炼完善的，但由于她后来休了产假，编辑作业则由同在一个编辑部的盐田春香女士接手。盐田女士除制作地图、选择插画外，还协助将文章修改成适宜读者阅读的文体，并指出了许多不足之处，费心良多。我在此表示衷心的感谢。

另外，新潟大学教育学部副教授小林繁子女士通读了原稿，教授了我很多德国史专有名词的严谨用法以及固有名词的日语表达。在此我亦对她表示衷心感谢。

虽然这本书无法带来一个“美味”的阅读体验，但倘能令读者在接触雄伟宏大且生机勃勃、奥妙无穷的自然中，获得德国历史的醍醐之味，我便不胜欣喜了。

2015 年 10 月 池上俊一

德国史年表

（粗体字为自然相关年表）

公元前 1000—约公元约前 500 年	日耳曼诸民族开始从斯堪的纳维亚半岛南部迁居于北德意志
公元前 113—439 年	日耳曼民族与罗马人争战不休
9 年	在条顿堡森林之战中罗马军溃败于日耳曼人
90—约 160 年	**罗马人在莱茵河与多瑙河之间修筑界墙**
约 98 年	**塔西佗书就《日耳曼尼亚志》，记述了“森林之民”日耳曼民族**
375 年	西哥特族入侵罗马帝国领，日耳曼民族开始大迁徙
476 年	西罗马帝国灭亡
481 年	克洛维即位法国国王，开启墨洛温王朝，并持续至 751 年
719 年	**卜尼法斯开始在德意志传道，砍倒日耳曼人视为神圣的橡树**
751 年	小丕平（丕平三世）即位法国国王，开启加洛林王朝，并持续至 987 年
800 年	查理大帝受教皇加冕，成为罗马皇帝
约 9 世纪	**森林作为狩猎的特权场所在史料中频出。贵族们的狩猎热情高涨**
804 年	查理大帝征服萨克森
843 年	根据《凡尔登条约》，法国王国一分为三
870 年	根据《墨尔森条约》，洛林分裂为东西两半，现在的法国、德国、意大利已具雏形

（续表）

962 年	奥托一世加冕为罗马皇帝，神圣罗马帝国成立，并延续至 1806 年
11—12 世纪	**在莱茵河等大河沿岸，城市纷纷建立**
11—13 世纪	**阿尔卑斯山口出现众多投宿处**
1075—1122 年	教皇格列高列七世与皇帝亨利四世之间的叙任权斗争
1150—1160 年	**希尔德加德·冯·宾根完成《自然学》与《病因与治疗》，倡导“绿性”思想**
约 12 世纪中叶后	**东向垦殖运动蓬勃开展**
1152 年	腓特烈一世（巴巴罗萨）当选国王
1226 年	普鲁士被承认为德意志骑士团领地
1254—1273 年	大空位时代
14—15 世纪	**德意志矿业实现飞跃性发展**
1347—1350 年	黑死病大流行
1356 年	查理四世颁布金玺诏书
约 1440 年	谷腾堡发明活字版印刷术
1517 年	马丁·路德发表《九十五条论纲》。宗教改革开始
1524—1525 年	德意志农民战争
1525 年	**农民在《十二条款》中主张对森林的权利**
1555 年	奥格斯堡宗教和谈
1556 年	**阿格里科拉完成《矿冶全书》**
1570—1640 年	女巫迫害的巅峰
1618—1648 年	三十年战争
1656—1661 年	格劳贝尔的《德意志的繁荣》公开出版
17 世纪末—18 世纪	**森林的乱砍滥伐现象加剧，森林复原计划提上议程**

（续表）

1701—1918 年	普鲁士由公国升为王国
1740 年	腓特烈二世即位普鲁士国王，玛丽亚·特蕾西娅即位奥地利大公
1756 年	腓特烈二世颁布“马铃薯法令”
1756—1763 年	七年战争
1784—1791 年	约翰·戈特弗里德·赫尔德的代表作《关于人类历史哲学的思想》刊行
1785—1823 年	歌德频频造访温泉胜地
18 世纪末—19 世纪上半叶	森林、山岳、矿山、洞窟等题材受到德国浪漫主义的青睐
1806 年	莱茵联盟脱离帝国，神圣罗马帝国解体
1814—1815 年	维也纳会议
1816 年	格林兄弟完成《德国传说集》，其中收录了许多与自然相关的传说
1824 年	海因里希·海涅的《罗蕾莱》发表
1834 年	德意志关税同盟成立
1835 年	纽伦堡与菲尔特之间开通了德国第一条铁路
19 世纪 40 年代—20 世纪初	河流拖航业步入现代化，蓬勃发展
1848 年	法兰克福国民议会召开
19 世纪中叶后	德国的工业化突飞猛进
1850—1865 年	攀登阿尔卑斯山的巅峰时期
1850 年—20 世纪初	在煤炭、铁矿丰富的鲁尔地区，铁工业得到巨大发展
1862 年	俾斯麦就任普鲁士首相
1866 年	普奥战争
1867 年	以普鲁士为盟主的北德意志联邦成立（至 1871 年）。奥匈帝国成立（至 1918 年）

（续表）

1869 年	**德国登山协会成立**
19 世纪 70 年代后	“市民菜园”运动蓬勃开展
1870—1871 年	普法战争
1871 年	德意志帝国成立。威廉一世加冕为德意志皇帝
1874 年	**瓦格纳创作取材于日耳曼传说的《尼伯龙根的指环》**
1901 年	**徒步旅行组织正式成立**
1904 年	**设立乡土保护联盟**
1914—1918 年	第一次世界大战
1919 年	魏玛宪法出台，魏玛共和国诞生
1929 年	经济大萧条开始，并持续至 1933 年
1933 年	兴登堡总统任命希特勒为总理
1933 年	**开始建设高速公路**
1933—1935 年	**纳粹制定《自然与动物保护法》**
1939—1945 年	德军进犯波兰，第二次世界大战
1949 年	西德通过基本法，德意志联邦共和国成立（5 月）。东德颁布民主共和国宪法，德意志民主共和国成立（10 月）
1955 年	西德恢复主权，加入北大西洋公约组织
1967 年	欧洲共同体诞生
1980 年	**绿党在西德全国范围内成立**
1990 年	东西德统一（10 月 3 日）
1991 年	**制定《避免和回收包装品条例》**
1993 年	根据《马斯特里赫特条约》，欧洲联盟成立
2002 年	欧洲联盟共同货币欧元进入流通
2011 年	**默克尔政府作出“脱核电”决定**